2005年11月14日，国家主席胡锦涛访问西班牙期间与正在西班牙考察的中材国际董事长司国晨亲切握手。

2003年10月16日，国务院总理温家宝在印尼参加东盟商务与投资峰会期间亲切接见中国建材工业对外经济技术合作公司总经理贺岚曦。

2003年6月3日，中共中央政治局常委、全国人大常委会委员长吴邦国考察都江堰拉法基水泥有限公司。

2003年9月4日，中共中央政治局委员、国务院副总理曾培炎（右）和中国建筑材料工业协会会长张人为（左）在第十八次国际水泥大会会前亲切会面。

2004 年 8 月 14 日，中共中央政治局委员、国务院副总理吴仪考察都江堰拉法基水泥有限公司。

2003 年 1 月 6～23 日，中国水泥协会会长雷前治率团出访了美国、墨西哥及巴西。图为代表团参观考察 RMC 公司旧金山水泥中转库。

2003年9月4～5日，中国材料工业科工集团公司主办的国际水泥大会在北京中国大饭店隆重举行。

2003年10月18日，中材国际南京水泥工业设计研究院分别举行建院五十周年庆祝大会及中材国际研发中心奠基仪式。

2004年4月16日，中国建材集团董事长宋志平参观中联南阳水泥日产6 000吨水泥一期工程。

2004年3月4日，中国水泥协会举办了水泥行业十届人大代表恳谈联谊会。从前左至右依次为：张才奎、唐月明、雷前治、蒋明麟、牛建国、陈章水。后排左至右依次为：张建新、李留法、李自明、徐惠明、王永域、庄春来。

2004年5月18日，中国建筑科学研究院五十周年庆典仪式。

2004年6月24日，中国水泥协会与国家发改委、中国人民银行和银行业监督管理委员会召开水泥行业发展银企座谈会。图为为解决水泥企业贷款难问题召开讨论时的情景。

热烈祝贺中材国际隆重上市
上市公司
上海证券交易所

The 7th East Asian Cement Forum
二零零五年五月十八日 澳门
18th May 2005 Macau

1．2005 年 1～4 月期间，面对水泥行业持续低迷的形式，为了掌握长江中下游水泥市场及企业面临的突出问题获得一手资料，雷前治会长前往长江中下游调研，先后视察安徽海螺集团、上海集团总公司、上海水泥协会、华新水泥股份有限公司等单位。图为与武汉理工大学校领导合影（右三起蒋明麟、雷前治、郭文叁）。

2．2005 年 4 月 12 日，(左起)司国晨、谭仲明、叶春和、贾成柄、张人为、朱从玖、甘智和、韩修国、雷前治、汤世生、王伟、周勤业共同出席中材国际上市仪式。

3．2005 年 4 月 19～26 日，印度联合水泥有限公司欢迎到访的中国水泥代表团。

4．第七届东亚水泥论坛于 2005 年 5 月 18 日在澳门举行。

5．2005年11月1日，国务院参事室副主任蒋明麟(右二)一行考察合肥水泥研究设计院。

6．2005 年 10 月 20 日，由商务部主办、中国水泥协会承办的首届非洲国家水泥行业官员研修班在北京中民大厦举行。图为中国水泥协会会长雷前治（左一）与非洲代表亲切握手。

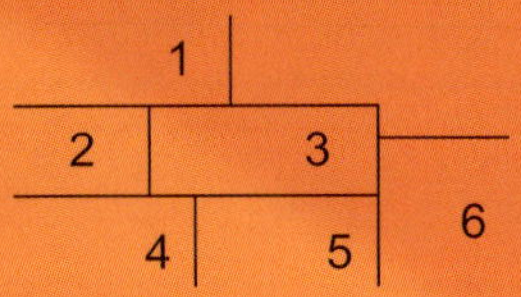

2003年1月6～23日，中国水泥协会会长雷前治率团出访了美国、墨西哥及巴西。图为雷前治会长与巴西水泥协会主席 Renato Jose Giusti 先生亲切交谈。

2003年8月16～22日，中国水泥协会会长雷前治，国家发展和改革委员会经济运行局副局长牛建国及发改委产业政策司有关人员对甘肃水泥行业经济运行情况进行调研。

枞阳海螺日产10 000吨生产线

铜陵海螺日产10 000吨水泥生产线

海德堡日产6000吨水泥生产线

西藏水泥厂日产2 000吨水泥生产线

《中国水泥年鉴》2001～2005 年

协 办 单 位

（排名不分先后）

浙江三狮集团有限公司

上海建筑材料集团水泥有限公司

中国材料工业科工集团公司

中国联合水泥有限责任公司

浙江虎山集团有限公司

江西兰丰水泥集团有限公司

江苏金峰水泥集团

广西鱼峰集团有限公司

天瑞集团水泥有限公司

发刊词

组织编辑和出版《中国水泥年鉴》的动因主要来自两个方面：

一是进入21世纪以来，中国水泥协会先后访问了美国、巴西、印度、欧盟等水泥协会，分别签署了合作协议，其中最具体、最有效的内容是相互交流信息。然而，对方所提供的资料中无一例外都有一本年度总结，在交换信息资料时，中国水泥协会能提供的仅仅是一本《中国水泥》杂志和《数字水泥》网刊，既不对称，也十分尴尬。中国是水泥生产和消费大国，2005年水泥产量占全球的45%，但中国水泥协会在职能、机构、人员结构等方面均与国际存在相当大的差距。随着中国水泥市场国际化程度不断提高，加强中国水泥协会内部建设，使之在国际水泥界发挥应有的作用，是本届协会班子的历史责任。千里之行，始于足下。编制年鉴是协会内部又一项重要硬件建设。

二是随着中国经济社会市场化程度不断提高，行业内外的许多关心水泥工业的经济学家、专家和水泥工作者多次呼吁和建议水泥协会建立一个及时、准确、权威的，能动态反映全行业生产经营和发展情况的信息库。虽然国家统计局、中国建材协会信息部即中国建材数量经济监理学会、中国数字水泥网等不断发布这些信息，但缺乏一本综合性的年度报告，希望水泥协会能满足大家的愿望。专家们认为，编辑和出版这样的书不仅适应中国经济社会发展的需要，而且把水泥工业发展的足迹客观、真实地记录下来，供后人研究参考，是利于当代、功在千秋的好事。

经过两年的酝酿，2006年5月才设立机构、聘任专职人员，开始收集资料，筹集资金，并得到行业内外人士的大力支持，编辑部所有工作人员也作了艰苦卓绝的努力。本来准备在成稿以后组织行业内外的有关专家和同仁集体修改，但按照出版部门的规定，已经没有时间了。由于从成立机构到成稿，时间太短，人员又少，资金也不充足，又是第一次尝试，因此无论是内容还是形式，可能会让一些专家失望，但还是按时出版了，也算是本届班子向全行业的一个交待。

年鉴究竟如何办？仁者见仁，智者见智，不管如何众说纷纭。我希望年鉴编辑部能广泛收集、虚心听取大家意见，集思广益，使年鉴能最大限度地满足最广泛的要求。我更希望业内有识之士、会员单位、所有关心水泥行业的企业家、工程技术人员、学者、专家，本着对自己负责、对历史负责、对后人负责的态度，都来热情关怀和支持这本年鉴，使这棵不到一岁的幼苗能在水泥工业发展的历史长河中健康成长！

雷前治

2007年1月18日于北京

中国水泥年鉴（2001～2005）

China Cement Almanac

中国水泥协会编

吉林教育出版社

中国水泥年鉴（2001～2005）

China Cement Almanac

中国水泥协会编

责任编辑：王世斌
书　　号：ISBN　978－7－5358－4786－9
出版发行：吉林教育出版社
经　　销：全国各地新华书店
印　　刷：北京市雅彩印刷有限责任公司
售后服务：010－68319533（兼传真）
开　　本：880mm×1230mm　1/16
彩　　页：52 页
印　　张：47
字　　数：1800 千字
版　　次：2007 年 3 月第 1 版
印　　次：2007 年 3 月第 1 次
定　　价：480 元

本书如出现印装质量问题，由中国水泥协会《年鉴》编辑部负责调换、联系电话（010）－88376671

《中国水泥年鉴》(2001~2005)
编委会和编辑部工作人员

编辑说明

一、《中国水泥年鉴》2001～2005卷(下称《年鉴》),是由中国水泥协会首次组织编纂的一部大型权威性工具书。它将客观反映"十五"期间中国水泥工业的全貌,是对水泥行业这一重要发展时期真实客观的历史记录,也是为中国水泥向国际市场敞开窗口(将出版英文版)、进行宣传交流的一个平台。

二、本《年鉴》的编纂得到了国家有关政府部门和中国建材工业协会领导的关注和支持,联合各省市水泥协会、部分大型水泥企业和中国建材数量经济监理学会,在中国水泥协会秘书处的领导下,与《中国水泥》杂志、数字水泥共同进行编写工作。《年鉴》由中国水泥协会会长雷前治担任编委会主任,中国水泥协会常务副会长曾学敏等20位副会长、中国水泥协会秘书长孔祥忠担任编委会副主任,并特邀各省、区、市水泥协会、部分大型水泥集团、水泥院所的代表担任编委。

三、本《年鉴》内容共分九篇。第一篇是特载,主要介绍"十五"期间国家出台的政策法规、各地方政策、重要文章、领导关注、媒体关注及行业热点。第二篇是总体发展情况,详细介绍我国新型干法生产线(不完全统计)的企业名称、地点、规模、投产日期。第三篇是综述,反映各省水泥工业概况。第四篇是水泥行业经济运行情况分析。第五篇是标准、专利、科技成果。第六篇是先进集体及先进个人。第七篇是企业篇,选择在行业内有影响力、技术先进、改革较有成效的企业进行形象宣传,在行业史上一展领军企业风采。第八篇是中国水泥大事记。第九篇是统计数据,该部分为本《年鉴》的点睛之笔,统计了五年来我国水泥产品产量、进出口情况、产品价格及主要财务指标。

四、本《年鉴》中收录的全国各地水泥行业有关情况和统计数据,来源于各省、自治区、直辖市经贸委、建材行管办或水泥协会。某些主题和数据可能在不同部分和不同篇章中有所涉及,应综合对照才能更全面掌握有关情况。统计数据以中国建材数量经济监理学会提供材料为准。

五、本《年鉴》分部类、栏目、条目3个层次,根据资料分类的需要,在少数栏目下设有类目。条目为本年鉴的基本文献形式。条头一律用黑体字加"【】"表示。"★"表示本部分下有注解。

六、本《年鉴》收集资料的范围是全国性的。暂未包括我国台湾省、香港特别行政区和澳门特别行政区。需要说明的是,第三篇中,吉林、贵州两省的水泥工业情况因故空缺。

七、本《年鉴》在搜集资料、编辑、整理、校对的过程中,承蒙编委会、特约编委、特约编辑及各地方行管办、水泥协会的大力支持,为本《年鉴》的出版做了大量的工作,在此谨致谢忱。

八、由于本《年鉴》收录的是长达5年时间的中国水泥工业资料,虽然尽最大努力从多方搜集史料,但限于时间紧迫,资料繁杂,难免有所遗漏,望广大读者对本卷《年鉴》中的不足之处给予批评、指正。

《中国水泥年鉴》编辑部

2006年11月30日

“十五”期间中国水泥工业成绩斐然

◎中国水泥协会

水泥是国民经济建设中不可缺少的基础原材料。改革开放以来，中国的水泥工业获得了较快发展，为国家经济持续、快速发展做出了重要贡献。进入21世纪，在中国建筑材料工业发展的舞台上，以水泥工业结构调整为主要标志，新型干法水泥的高速发展成为最为抢眼的一幕。通过几代水泥人的艰苦努力，中国水泥人抓住机遇，奋起拼搏，克服各种困难，在设计制造、技术装备和工程建设速度和质量等方面取得了一系列重大进展和突破。“十五”期间，中国水泥工业实现了历史性跨越，代表国际先进水平的新型干法水泥加速发展，正在以前所未有的速度替代落后的生产工艺，取得了让世界同行刮目相看的巨大成就。

一、新型干法高速发展　结构调整成效显著

“十五”期间，由于全社会固定资产投资的快速增长，强劲拉动了国内的水泥消费，水泥进入新一轮高速增长期。2005年底，全国规模以上水泥企业共有5 000多家，资产总规模4 000多亿元，从业人员约135万人。2005年全国水泥产量10.6亿吨，较2000年净增4.6亿多吨，五年平均年增长12%；与此同时，国家采取了一系列宏观调控措施，使水泥工业结构调整取得突破性进展，新型干法水泥生产能力迅速提高。

新型干法水泥发展步入快车道。由于新型干法水泥技术装备成熟可靠，使之单位生产能力投资大幅度降低，其主要技术经济指标已全面优于立窑水泥。在市场需求的拉动下，新型干法水泥生产线大规模建成投产，几代水泥人的梦想变成了现实。到2005年底，新型干法水泥熟料的生产能力超过4.2亿吨，平均年增长45.3%，新型干法水泥产量超过4.2亿吨，平均年增长42.3%。在“十五”期间水泥产量增长的4.6亿吨中，新型干法水泥增长了3.6亿吨，占到水泥增量的77.7%。新型干法水泥产量的比重已由2000年的12%提高到2005年的40%，新型干法的高速发展，使水泥行业的产业结构发生了转变，多年来水泥工业发展靠立窑支撑的局面得到根本改变，目前，新型干法水泥发展已经形成了由政府导向、市场拉动、企业自主发展的良好局面，新型干法水泥在水泥工业发展中已占主导地位，结构调整取得了明显效果。

二、立窑发展得到遏制　落后工艺快速淘汰

“十五”期间，在市场需求的拉动下，立窑水泥产量虽然仍有所增长，但与新型干法水泥相比，其速度和数量明显降低，而且其增长期主要是在2003年以前。新型干法水泥生产工艺以其所具有的技术、经济、规模、市场的优势，逐步挤压了立窑水泥的市场空间，立窑等落后工艺水泥的发展已经得到了有效的遏制。能耗高的湿法窑和干法中空窑在加快淘汰，大部分湿法窑已停产、拆除。

落后工艺生产的水泥总量在逐年减少，2004年减少了2 680万吨，2005年又减少2 500万吨以上。这一轮落后生产能力的淘汰，主要是由市场选择和推动的，再加上部分地区加快了淘汰落后的政策引导力度，各地根据实际情况，采用了多种有效方式实施对立窑的淘汰。一是地方立法：广东珠海、山东青岛采取立法的形式强制淘汰机立窑；二是颁布政府令：如北京、上海、浙江颁布政府令，确定淘汰落后的目标和时间表，到期后严格执行；三是采取补贴和奖励政策：如山东淄博、广东东莞、河南安阳，对拆除立窑的企业，给予相应的补贴和奖励；四是购买能力：如海螺集团，通过购买落后企业，将落后生产能力全部淘汰，然后建立新型干法生产线或粉磨站。

由于新型干法水泥的发展基本满足和适应了新增的市场需求，具有明显的技术和经济的比较优势，

在市场的有力推动和政策的引导下，立窑等落后工艺水泥的盲目发展得到了有效遏制，淘汰落后的步伐进一步加快。

三、科技创新取得突破　自主创新跃上新台阶

“十五”期间，我国水泥工作者刻苦钻研，积极进行技术创新和优化设计，水泥生产技术和装备取得突破性进展，拥有大量的自主知识产权，专利及专有技术涵盖了水泥制造的整体工艺流程，一批科研项目获国家和省部级科技奖项，大大缩小了我国水泥生产技术装备与世界先进水平的差距。国家“十五”重大技术装备研制项目“日产10 000吨生产线工艺技术及相关工程设计技术开发”和“生产工艺自动化控制系统及装备研制”顺利通过验收。“新型干法水泥生产关键技术与装备开发及工程化应用”、“水泥窑预热、预分解系统集成优化和工程应用”科研项目，分别荣获国家科技进步二等奖。

“新型干法水泥生产关键技术与装备开发及工程化应用”项目以降低生产煤耗与电耗，提高系统适应性与可靠性为目的的预分解烧成工艺技术及装备，以降低污染减轻环境负荷为目的的环保技术与装备，利用系统工程理论解决工程化应用问题。该项目以日产2 500 ~6 000吨级新型干法水泥生产技术与装备为目标，综合利用流体力学、燃烧学、粉体工程等科学理论和计算机信息技术，通过计算机数值模拟仿真等研究手段，结合工业性实验结果，实现工艺技术与装备的创新。开发出的系列成套工程化关键技术及装备，已在近200条新型干法水泥生产线中应用，占国内新型干法水泥工程建设项目的70%以上。

“水泥窑预热、预分解系统集成优化和工程应用”项目自主开发了达到国际先进水平的水泥预热、预分解系统技术，解决了NPC系统优化和规模大型化等技术难题，加速了我国水泥工业技术创新、技术进步、结构调整、资源节约、发展循环经济等的步伐，为我国水泥工业技术装备的国产大型化做出了突出贡献。

国产化、低投资为“十五”期间我国新型干法水泥的发展奠定了基础。在科研设计院所、装备制造单位和水泥生产企业的共同努力下，出现了项目单位投资大幅度下降、建设工期缩短、达标达产快的好势头，曾长期困扰我国水泥工业的“新型干法水泥投资高、效益不理想”的问题已得到彻底解决。新型干法生产线的投资由原来吨投资1 000 ~1 200元降低到300元上下。通过实施工艺装备的低投资、国产化工程，使先进的工艺技术装备在全国得到了大面积推广应用。

经过多年的探索和实践，中国的新型干法水泥生产技术和装备制造技术已日臻成熟，日产2 000吨新型干法水泥生产技术装备全部实现国产化，日产4 000吨、5 000吨生产线国产化率达到90%以上，生产线投资大幅度降低，其先进性、可靠性大幅度提高，工艺技术和施工安装达到国际先进水平。目前，我国成为日产8 000吨、10 000吨生产线最多，并能够成套出口的水泥技术装备强国。“十五”期间，建成投产的4条日产万吨生产线，标志着我国新型干法水泥生产技术已处于世界领先地位，是传统工业向新型工业化的重大转折，成为我国水泥工业发展史上的里程碑。

四、节能利废成绩斐然　循环经济彰显活力

随着新型干法水泥熟料生产工艺技术水平的不断提高，水泥工业节能技术也有了长足的进步，水泥单位产品综合能耗呈下降趋势。过去受技术及装备的限制，大量的中、低温余热未能被充分利用。现在余热发电技术日益成熟，大幅度降低生产成本，取得了良好的经济效益和社会效益。利用低温余热发电，已经成为水泥工业节能降耗的有效途径之一。如今，近百条采用余热发电技术的新型干法水泥生产线投入运营和正在建设之中。有关数据表明，全行业水泥熟料热耗已由4 600 ~6 700千焦/千克下降至2 900 ~3 200千焦/千克。与2000年相比，2005年吨水泥综合能耗从168千克标煤下降到153千克标煤，下降8.9%。其中，煤炭单耗从128千克标煤，下降到110千克标煤，降幅达14.1%。

“十五”期间，水泥工业成为了资源综合利用的重点领域。2004年水泥工业综合利用各种固体废渣约23 000万吨，其中，石灰石矿尾矿渣和其他废渣替代原料和高炉矿渣的使用量约2 700万吨；利用粉煤灰和煤矸石替代黏土或混合材的使用量约5

960万吨；利用硫酸渣替代铁矿石的使用量约1 800万吨；高炉矿渣的使用量约1.1亿吨；利用炉渣、电石渣、化学石膏等替代原料的使用量约1 540万吨。以上合计，共减少各种固体废渣和尾矿渣堆存占地16.3万亩，节省石灰石、黏土、天然石膏和铁矿石等矿产资源约5 860万吨，节省标煤约480万吨。

水泥行业利用独特的工艺生产特点，可以将大量的工业和生活废弃物成功地运用到水泥生产的过程中去，使之成为水泥生产的原料和燃料，从而成为利废大户。水泥窑处置废弃物及焚烧垃圾节能又环保，在经济发达国家已广泛实施。近几年，我国水泥科研设计单位投入力量，结合我国实际情况，借鉴发达国家成熟的经验，基本掌握了水泥窑处置工业废弃物时对危险废弃物进行无害化处理的关键技术。北京水泥厂、上海万安集团、广州越堡集团、宁波舜江等一批水泥企业也进行了积极探索与实践，并取得了可喜的成果，为下一步发展水泥工业循环经济奠定了基础。国内很多优秀的水泥公司，注重发展与环境保护之间的协调，并将循环经济应用于企业自身的发展，北京水泥厂、内蒙古乌兰水泥厂、吉林亚泰集团三家企业已被国家确定为第一批循环经济试点企业，水泥工业朝着可持续发展的广阔领域稳步迈进。

经过我国水泥工作者的不断努力，研制新的工艺方法和高效除尘设备、隔音或消音设备，解决粉尘和噪音污染，目前水泥厂主要粉尘排放点的排放浓度可降到50毫克/标立方米以下。“十五”期间，水泥工业在产量增加62.5%的同时，粉尘排放量降低了32.3%。我们现在建设的大型新型干法水泥厂，完全可做到空气清新，环境优美，真正是花园式的工厂。

五、大型企业集团迅速成长 国际竞争力显著增强

2000年以前，还没有一个水泥集团生产规模能达到1 000万吨，“十五”期间，通过跨地区兼并重组和产能的扩张，目前中国已经拥有了近10个规模超过或者接近1 000万吨的大型水泥集团。其中，海螺集团产能已经名列世界第7位，产能突破6 000万吨。生产线建设规模趋向大型化，企业向规模化、集团化发展。前十大水泥企业产量占总产量的比例由2000年的4.4%提高到2005年的15%。形成一批具有明显竞争优势的水泥企业。大型新型干法水泥企业的规模经济优势和技术经济优势得到充分体现。2005年全行业实现利润80.5亿元，按统计口径计算，60万吨规模以上企业效益占全行业效益的73%。大型水泥集团迅速发展对提高水泥行业生产集中度、加快水泥工业结构调整、提高区域水泥市场的控制力、起到了很好的导向和示范作用。这些大的集团不仅生产规模得到了迅速扩大，而且有科学的管理和先进的技术作支撑。

上世纪80年代初，我们国家从日本、丹麦引进了新型干法水泥成套设备。如今，中国大型新型干法水泥成套装备出口到欧美和亚非拉国家，这是中国水泥工业的历史性跨越。由于我国大型成套水泥装备技术成熟可靠、价格合理，具有从设计、施工、安装、工程总承包的系统集成服务能力，水泥成套装备工程建设服务出口快速增长，在国际水泥工程技术装备及工程服务市场的份额已达到20%以上，进一步增长的潜力仍然很大。随着我国水泥技术装备国际竞争力的提高，中材国际、中国建材装备、中国建材集团等公司积极参与国际水泥工程总承包，在国际水泥工程竞争中，频频中标，取得了骄人业绩。

中国水泥设计及技术装备的出口呈现出三个转变，由初期的承担设计及部分装备出口向工程总承包和交钥匙工程转变；由初期承担小规模生产线和粉磨站工程向承担大规模生产线工程转变；由初期只承担东南亚和非洲国家的项目向承担欧洲国家、南美洲国家及中东地区等国家的水泥项目转变。目前对外承担的项目以大规模水泥生产线和大型水泥粉磨站为主，据中国水泥协会统计，“十五”期间签订的对外工程合同额已超过25亿美元。项目遍及法国、西班牙、意大利、墨西哥、突尼斯、伊朗、沙特、苏丹、智利、阿尔巴尼亚、土耳其、巴基斯坦、越南、泰国、阿曼、老挝、津巴布韦、阿联酋等20多个国家。

六、行业管理卓有成效 健康发展任重道远

“十五”期间的实践证明：“发展才是硬道理”。水泥工业之所以取得了令人振奋的好成绩、呈现出令人鼓舞的好局面，最根本的就是坚持了科学发展观的思想；与国务院水泥工业主管部门制订行业发

展规划、产业政策、行业法规、行业标准分不开；与各级政府重视和引导分不开；是水泥行业广大干部职工的辛勤努力的结果。

中国水泥协会在宏观调控中，努力为政府和企业服务，积极配合国家发改委深入企业，开展调查研究，反映企业呼声，发挥桥梁和纽带作用。在国家发改委等政府主管部门的指导下，积极开展行业发展方面的重大课题研究，向政府有关部门和企业提供发展规划建议和重点行业市场供求分析等报告，努力为行业振兴进言献策，为政府正确决策提供依据。

我国水泥工业快速健康发展取得了明显的成绩，但前进中仍然面临一定的困难和挑战，主要是粗放型特征仍比较明显，生产集中度和劳动生产率均比较低，资源和能源消耗高，环境污染比较严重，特别是立窑、湿法窑、干法中空窑等落后装备还占相当比重。

党的十六大提出，21世纪头20年全面建设惠及十几亿人口的更高水平的小康社会，实现国内生产总值到2020年比2000年翻两番，给我国水泥工业提供了前所未有的机遇，也对水泥工业发展提出了更高的要求。

我国水泥工业的发展，必须全面贯彻落实科学发展观，以结构调整为主线，推进全行业的科技进步，转变增长方式，进一步提高发展的质量和效益，坚持在结构调整中发展总量，注重水泥生产增长与国民经济各方面发展的协调，注重水泥工业发展与市场需求增长的协调，走一条产业结构和布局合理、科技含量高、资源消耗低、污染排放少、经济效益好、人力资源优势得到充分发挥的全面协调可持续发展的道路，为我国国民经济发展做出更大的贡献，中国水泥工业必将傲然屹立于世界水泥大国之林。

目　录

第一篇　特载

第二篇　新型干法生产线（不完全统计）

第三篇　综述

第四篇　经济运行情况

第五篇　标准、专利、科技成果

第六篇　先进集体及先进个人

第七篇　企业篇

第八篇　中国水泥大事记

第九篇　统计数据

第一篇

特载

中共中央、国务院关注水泥工业结构调整

政策法规

地方政策

重要文章

水泥论坛

领导关注

媒体关注及行业热点

中共中央、国务院关注水泥工业结构调整

2001年

中央经济工作会议

2001年11月27日~29日，中共中央、国务院召开的中央经济工作会议在北京举行。

会议指出，2001年是“十五”计划的起始之年。在世界经济增长明显减缓的情况下，我国经济仍然保持较好的发展势头。国民经济持续、快速、健康发展，结构调整力度加大，固定资产投资增速加快，消费需求平稳增长，对外贸易保持增长，利用外资继续增加，西部大开发取得重要进展，财政收入增加，金融运行平稳，各项改革不断深化，经济增长质量和效益继续提高。

国务院第142次总理办公会：国务院领导高度重视水泥工业结构调整

2002年10月，国务院第142次总理办公会纪要指出：钢铁和水泥行业低水平重复建设现象严重，污染环境、浪费资源，给经济持续健康稳定发展带来很大隐患。请国家计委和国家经贸委根据我国钢铁和水泥生产情况以及国际同行业发展趋势，从规模、结构和质量等方面统筹考虑，该淘汰的坚决淘汰，制订出钢铁和水泥全行业整顿和发展规划，报国务院批准。国务院领导的高度重视，将对今后水泥工业的快速、健康、稳定发展产生重大影响。

2002年

中央经济工作会议

2002年12月9日至10日，中共中央、国务院召开的中央经济工作会议在北京举行。会议确定，2003年经济工作的总体要求是：加快经济结构的战略性调整，积极发展农业和农村经济，大力推进新型工业化，促进国民经济持续、快速、健康发展，实现速度和结构、质量、效益相统一。

会议指出，实现这一总体要求，必须坚持以发展为主题，以结构调整为主线，以改革开放和科技进步为动力，以提高人民生活水平为根本目的。

2003年

中央经济工作会议

2003年12月5日至7日，中共中央、国务院召开的中央经济工作会议在北京举行。

会议指出，继续加强和改善宏观调控，保持和扩大经济发展的良好势头；着力调整经济结构和转变增长方式；着力加强资源节约和环境保护，积极促进产业结构优化升级；着力推进改革开放和自主创新，着力促进社会发展和解决民生问题，推动经济社会发展切实转入科学发展的轨道，努力实现国民经济又好又快发展，为党的十七大召开创造良好环境。

2004 年

中央经济工作会议

2004 年 12 月 3 日至 5 日，中央经济工作会议在京召开。

会议指出，当前，各方面加快改革发展的积极性很高，经济自主增长活力增强，结构调整步伐加快，2005 年国民经济继续保持平稳较快发展的有利条件较多。但我们也要清醒地看到，当前加强和改善宏观调控取得的成效还是阶段性的，经济运行中的矛盾和问题仍然比较突出，还存在不少长期积累、制约全局的深层次矛盾和问题。转变经济增长方式、加快经济结构调整、推进协调发展、加快完善体制机制刻不容缓，需要坚持不懈地努力。

会议指出，2005 年是贯彻落实科学发展观、巩固宏观调控成果、保持经济社会良好发展态势的关键一年，也是全面实现“十五”计划目标、衔接“十一五”发展的重要一年。2005 年经济工作的总体要求是：以邓小平理论和“三个代表”重要思想为指导，认真贯彻党的十六大和十六届三中、四中全会精神，全面落实科学发展观，坚持发展是党执政兴国的第一要务，进一步提高驾驭社会主义市场经济的能力，加强和改善宏观调控，着力推进改革开放，加快调整经济结构、转变经济增长方式，更好地利用重要战略机遇期，实现经济社会全面协调可持续发展。

2005 年

中央经济工作会议

2005 年 11 月 29 日至 12 月 1 日，中共中央、国务院召开的中央经济工作会议在北京举行。

会议强调，“十五”时期是我国历史进程中不平凡的五年。面对动荡起伏的国际环境，面对突如其来的非典疫情和重大自然灾害的严重冲击，面对经济运行中出现的不稳定不健康因素，我们正确判断形势，积极有效应对，牢牢把握改革发展稳定的大局，坚持以经济建设为中心，工业化、城镇化、市场化、国际化步伐加快，社会主义现代化建设取得举世瞩目的巨大成就。

会议指出，这五年的经济社会发展工作，尤其是最近两年多来加强和改善宏观调控的成功实践，使我们加深了对社会主义市场经济规律的认识，增强了驾驭经济社会发展大局的本领。加强和改善宏观调控的过程，实质是加深理解和全面落实科学发展观的过程，我们在充分运用以往宝贵经验的基础上，又得到一些对经济社会发展具有指导意义的经验和启示，主要是：坚持把又快又好发展作为搞好宏观调控、促进科学发展的根本要求；坚持把区别对待、分类指导作为搞好宏观调控、促进科学发展的重要原则；坚持把着重运用经济和法律手段作为搞好宏观调控、促进科学发展的主要方式；坚持把推进结构调整和转变增长方式实现总量平衡作为搞好宏观调控、促进科学发展的重要着力点；坚持把深化改革、完善体制机制作为搞好宏观调控、促进科学发展的重要保障；坚持把维护群众利益、提高人民生活水平作为搞好宏观调控、促进科学发展的出发点和落脚点。实践证明，科学发展观是对经济社会发展一般规律认识的深化，是指导发展的世界观方法论的集中体现，是推进社会主义经济建设、政治建设、文化建设、社会建设全面发展的指导方针，必须贯穿于全面建设小康社会和社会主义现代化建设的全过程。

2005年是进一步巩固和发展宏观调控成果、保持经济社会发展良好势头的关键一年

2004年12月1日，中共中央政治局召开会议，分析当前经济形势和研究2005年经济工作。

会议指出，2005年是“十五”计划的最后一年，也是进一步巩固和发展宏观调控成果、保持经济社会发展良好势头的关键一年。做好2005年的经济工作，对于全面实现“十五”计划目标，为“十一五”期间经济社会发展奠定坚实基础，具有十分重要的意义。

会议强调，做好2005年的经济工作，最重要的是进一步贯彻落实科学发展观，把科学发展观贯穿到经济工作的各个领域和各个方面，加强和改善宏观调控，深化改革和扩大开放，推进经济结构调整，促进经济增长方式转变，坚持把维护和发展人民群众的根本利益作为经济工作的出发点和落脚点。

会议指出，根据我国宏观经济形势的发展变化和巩固宏观调控成果的要求，2005年要实行稳健的财政政策和货币政策，加强各项宏观调控政策措施的协调配合，合理调控总量，着力调整结构，促进经济平稳较快增长。

温家宝

加强和改善宏观调控，继续保持经济平稳、较快发展

2005年3月14日上午10:10，十届全国人大三次会议闭幕。会后，温家宝总理来到人民大会堂三楼中央大厅会见中外记者，并回答记者提出的对上年宏观调控有怎样的评价，今年宏观调控有什么特点，力度会不会进一步加大等问题。

温家宝说，过去两年我们在经济上打了一场遭遇战，我们及时、果断地采取了宏观调控的措施，打了一套“组合拳”。现在可以说，宏观调控取得了明显的成效。我们成功地避免了经济的大起大落，避免了物价的过度上涨。保持了经济平稳较快的运行，保持了物价的基本稳定。但是我们丝毫不可松懈，摆在我们面前的形势如同逆水行舟，不进则退。我想换一个角度给大家讲一下：

第一，宏观调控的基础还不巩固，粮食增产、农民增收的困难加大，特别是生产原料价格上涨的幅度大了。固定资产投资的规模极有可能反弹，煤、电、油、运依然紧张。一、二月份，电力增长12%，但是却有25个省、市、区发生拉闸限电的现象，这就反映经济、生活这根弦绷得还很紧。

第二，在我们的面前遇到一系列“两难”的问题。经济发展慢了不行，那样就业压力就会更大，财政收入会减少，许多应该办的各项事业缺乏资金。快了也不行，经济生活长期处于紧张阶段，难以为继。

第三，中国经济发生的问题，说到底是结构性的问题，经济增长方式问题和体制问题。而解决这些深层次的问题需要时间。

综上所述，我想明确告诉大家，摆在政府面前的第一位任务，是通过加强和改善宏观调控，继续保持经济平稳、较快发展。

“行百里者半九十”。绝不能半途而废，当然我们将更加注重区别对待，有保有压，注重采用经济机制的调节和经济手段的调节。

曾培炎

加强节能工作的五点重要措施

2005年6月11日，中共中央政治局委员、国务院副总理曾培炎出席部分单位节能工作座谈会时强调，必须从战略

高度充分认识节约能源的重要性。在谈到当前节能工作的重点时,他提出了五点重要措施。

首先,要加快结构调整。国家支持低耗能的第三产业和高新技术产业,鼓励用先进实用技术改造传统产业。积极调整和优化能源结构,支持清洁煤技术的开发应用,加快发展水电、核电、天然气等清洁能源,以及风能、太阳能、生物能等可再生能源。淘汰能耗高、效率低、污染严重的技术设备,制止高耗能行业的盲目投资和低水平扩张。

第二,加强节能管理。能耗较多的重点行业和企业,要制定和实施科学的节能降耗计划。有关部门要建立和完善节能法规体系,制定更加严格的能源管理制度和强制性、超前性产品能耗标准。加强市场监管,严格执行国家节能法规,依法推进节能工作。

第三,发展循环经济。建立生产者责任延伸制度,推动资源的回收利用和循环使用。在企业、工业区、居民社区和城市、区域等各个层次,推行绿色生产和消费。努力提高资源利用率,加快创建资源节约型和环境友好型企业。

第四,完善体制机制。要加快推动煤、电、石油等能源产品价格的市场化改革进程,建立能够体现能源稀缺程度的价格形成机制。完善财税体制,抓紧研究开征燃油税,提高资源税征收标准等问题。

第五,广泛开展宣传。提高公众的资源忧患意识和节约意识,努力把节约能源变成全社会的共同行动。

曾培炎

把节约放在首位

2005年6月25日,中国发展高层论坛——建设节约型社会国际研讨会在北京召开,中共中央政治局委员、国务院副总理曾培炎出席并讲话。他指出,加快建设节约型社会是中国落实可持续发展观,实施可持续发展战略的重要举措,也是编制国民经济和社会发展“十一五”规划的重要内容。中国将坚持资源开发与节约并重、把节约放在首位的方针,以尽可能少的资源消耗,创造尽可能大的社会效益。

曾培炎说,改革开放以来,中国在促进经济加快发展的同时,努力控制资源消耗和环境污染。上世纪最后20年,中国每万元GDP能源消费量累计下降66%,远大于同期世界19%左右的平均降幅;我们以能源消耗翻一番为支撑,实现了GDP翻两番的目标。他指出,人口多、人均资源不足是中国的基本国情,随着工业化、城镇化步伐的加快,要求我们必须节约资源,高效和循环利用资源。

本世纪头20年,我们要按照科学发展观的要求,坚持实施可持续发展战略,大力发展循环经济,加快建设节约型社会,努力走一条资源消耗低、环境污染少的新型工业化道路。

国务院常务会议:重点推动四个方面的改革

2005年8月24日,国务院总理温家宝主持召开国务院常务会议,总结今年以来经济体制改革工作,研究部署深化改革的重点任务。

会议听取了国家发改委关于今年以来贯彻落实《国务院关于2005年深化经济体制改革的意见》情况的汇报。会议认为,今年以来,经济社会发展总体形势是好的,经济运行继续朝着宏观调控的预期方向发展。

会议提出,各地区、各部门要继续贯彻党中央、国务院对今后一个时期改革工作的部署,抓住宏观调控取得积极成效、经济保持平稳较快发展的有利时机,加大改革力度,重点推动四个方面的改革。

(一)继续推进涉及经济结构调整和增长方式转变的改革。针对经济结构不合理、经营粗放,某些行业和领域建设过度扩张,高耗能、高耗材、高污染、低效益等问题,从体制、机制上采取有力的改革措施,为落实科学发展观、转变增长方式提供体制机制保障。

(二)继续推进涉及政府职能转变的改革。政府不该管的事要坚决交给企业、中介组织和市场;政府该管的事一定要管好。国务院有关部门要更加注重宏观管理,既要使企业成为投资的主体,又要加强对全社会投资活动的指导、调控和监管,防止盲目投资和重复建设。

(三)继续推进涉及维护人民群众根本利益的改革。尤其要做好就业、社会保障、教育、医疗、扶贫、环保、安全生产等方面的改革工作。

（四）继续推进涉及对外开放的改革。完善涉外经济管理体制，做好加入世贸组织后过渡期的各项工作，妥善应对贸易摩擦，改善贸易结构，优化投资环境，提高利用外资水平。各方面的改革都要着眼于体制机制创新和制度建设。

中共中央政治局常委、国家副主席曾庆红视察宁夏宏威建材集团公司

2003年6月15日，中共中央政治局常委、国家副主席曾庆红在宁夏回族自治区党委书记陈建国、自治区主席马启智等有关领导的陪同下，视察了宁夏宏威建材集团公司。在听取了集团公司董事长杨正有的工作汇报后，曾庆红对该公司依靠技术进步、实现规模发展的思路给予了肯定。他指出，要加快自治区工业经济结构的调整步伐，严格执行国家"上大改小"的水泥产业政策，淘汰落后生产力，发展新型干法水泥工艺，与时俱进，开拓创新，走新型工业化道路。

曾庆红还就企业今后的发展提出了三点指导性意见，一是要坚持做到资源开发与环境保护的统一，决不能以破坏环境为代价来发展经济，抓住西部大开发的历史机遇，继续扩大生产规模，壮大企业发展实力，走高起点建设、规模化发展的路子。二是继续加强党员干部的政治思想教育，不断提高运用马列主义的立场、观点、方法来分析问题、解决问题的能力，努力实践"三个代表"的重要思想。同时，要加强和改进企业党组织的建设，通过改制抓党建，抓好党建促改制，使企业组织隶属关系与资产、资本结构的变化同步调整，确保基层党、群组织的健全。三是在我国加入WTO以后，企业更要坚持在管理、科技、人才、市场等方面不断地创新，努力探索市场经济条件下不断加快企业发展的新方法、新思路，打造企业的核心竞争力，把企业做大做强做精，实现可持续发展。

中共中央政治局委员、国务院副总理吴仪到都江堰拉法基水泥公司考察调研

2004年8月14日，中共中央政治局委员、国务院副总理吴仪到四川考察调研。

在都江堰拉法基水泥公司，吴仪问公司总经理周海红："公司的环保指标怎样?"周海红立刻汇报说："国家规定每立方米废气中，粉尘排放含量不超过100毫克，我公司目前在50毫克以下。"对此，吴仪表示满意。

当了解到拉法基都江堰公司散装水泥所占比例还不太高时，吴仪嘱咐省市领导，要搞好物流配送，发展现代物流业，提高水泥散装率。

国务院副总理黄菊给国际水泥论坛的贺信

2004年9月1日

国际水泥论坛今天在上海召开，我谨代表中国政府表示衷心祝贺，并向出席论坛的中外嘉宾表示热烈的欢迎！

本次论坛是2004年度国际水泥行业的一大盛会。论坛将全球水泥工业的可持续发展作为主题，具有十分重要的现实意义。水泥业是各国重要的原材料行业，其可持续发展将直接影响到各国乃至世界经济的持续健康发展。希望通过本次论坛，与会各方能就水泥工业的现代化及其发展进程中的技术、市场和投资等问题进行认真探讨与充分交流，从而推动世界水泥工业的良性发展。

中国实行改革开放25年来，经济社会发展取得巨大成就，国内生产总值年均增长9.4%。2003年尽管受到非典疫情的影响，中国国内生产总值仍比上年增长9.1%，人均超过

1千美元，人民生活总体上达到小康水平。进入2004年以来，中国政府加强和改善宏观调控，一方面缓解了经济运行中的矛盾和问题，一方面确保国民经济继续平稳较快增长。在实现国家经济发展和全面建设小康社会的进程中，中国政府坚持树立和落实科学发展观，确保在经济发展的同时，实现社会进步和环境改善，实现人口、资源与环境的和谐统一，功建当代，泽被后人。

中国经济的持续快速增长为中国水泥行业的快速发展带来机遇。从上个世纪80年代起，中国的水泥行业飞速发展，总产量连续19年位居世界第一。水泥行业技术水平、装备制造和工程建设发展很快，产业结构调整和技术进步也取得显著成效。中国水泥行业发展的基本方针和总的指导思想是贯彻科学发展观，合理利用资源、节约能源、保护生态环境，推进技术进步，提高集约经营水平，走可持续发展和新型工业化之路。中国政府继续支持水泥企业通过“走出去”、“引进来”，积极开展国际合作与交流，不断提高技术和管理水平。

朋友们，世界的繁荣离不开每个国家的进步，世界水泥工业的可持续发展同样需要各国的共同参与。相信在这次论坛搭建的交流平台上，大家能够增进了解，促进合作。中国愿意同所有国家一起努力，为全球水泥工业更快、更好地发展做出更大贡献。

中央政治局常委国务院副总理黄菊考察海螺集团

2005年4月26日，中共中央政治局常委、国务院副总理黄菊在国务院有关部门负责人张国宝、尤权、廖晓军、张小建、唐双宁、候之春，省领导郭金龙、王金山、任海深、张学平、黄海嵩等陪同下，对海螺、奇瑞等企业考察。

黄菊首先来到海螺集团白马山水泥厂，参观了正在运行的水泥熟料生产线、中央控制室和新型干法水泥生产工艺流程，听取了海螺集团董事长郭文叁有关海螺集团发展情况以及水泥生产能力和在建项目实施情况的汇报。黄菊对近年来海螺集团的快速发展给予肯定，希望企业进一步加快发展，做大做强。

政策法规

2001年

《水泥产品生产许可证换（发）证实施细则》摘要

一、全许办批准文号及批准日期

《实施细则》名称	批准文号	批准日期
水泥产品生产许可证换（发）证实施细则	全许办［2001］9号	2001年8月20日

二、总则

根据国家有关许可证法规，为加强水泥质量管理，保证产品质量，制定本细则。

水泥产品生产许可证分为四个申证单元（见附件1）。生产企业按每个产品分别申请，按申证单元分别取证。第一申证单元和第二申证单元中，如果企业取得其中一种水泥产品的生产许可证，就可生产本单元内其他同强度等级（标号）的水泥产品。

获得水泥产品生产许可证的企业可以销售水泥熟料，仅获得水泥熟料生产许可证的企业不得生产水泥。水泥粉磨站必须使用有许可证企业的熟料，增设熟料生产线必须重新申请生产许可证。水泥粉磨站只允许生产通用水泥。

三、产品审查部

国家质量监督检验检疫总局全国工业产品生产许可证办公室水泥产品审查部（简称全国工业产品生产许可证办公室水泥审查部）设在中国建筑材料工业协会。

地　　址：北京市三里河路11号

邮政编码：100831

联系电话：010－68352736

联 系 人：高　原　刘保秋

四、产品质量监督检验机构

国家水泥产品质量监督检验中心负责全国特种水泥检验工作；其它经全许办批准的水泥产品质量监督检验站负责通用水泥的检验工作。（联系方式见附件2）

五、企业取得水泥产品生产许可证的必备条件

1 必须持有工商行政管理部门核发的营业执照；

2 水泥产品质量必须符合现行国家标准、行业标准；

3 建立完善的质量体系并对水泥的生产过程进行有效的质量控制；

4 必须建有化验室并按有关规定验收合格，取得化验室合格证；

5 必须具备能够保证水泥质量的生产工艺装备；

6 换证企业生产主机设备不得使用：土（蛋）窑水泥生产线、普通水泥立窑生产线、窑径小于2.2米（含2.2米）的水泥机械化立窑生产线（包括1999年5月22日以后扩径改造的）、窑径2.5米及以下干法中空窑、直径1.83米以下水泥粉磨设备及其他国家明令淘汰或禁止的落后生产工艺装备；1999年9月1日后新建企业不得采用：水泥机立窑、湿法窑、立波尔窑、干法中空窑及其他国家制止重复建设、禁止投资的工艺技术。1999年9月14日以后新建的粉磨站水泥磨的单套磨机设计规模必须大于20万吨/年［必须采用直径2.2米以上（不含）的闭路粉磨系统］。

7 新建企业必须具备经相应环保部门批准的该建设项目环境影响报告书或环境保护设施竣工验收报告；

8 按《水泥产品生产许可证企业生产条件现场考核办法》审查企业各项条件，其中否决项必须合格，考核分数必须达到合格分数线（560分）以上；

9 联合企业各分厂必须同样达到上述规定条件并单独具有符合条件的化验室。

六、水泥产品生产许可证的换（发）证申请与受理

凡持水泥产品生产许可证的企业，在有效期满后仍继续生产者，必须在规定期限内向省市质量技术监督局提出换证申请。新建企业可随时提出申请。

省市质量技术监督局对企业上报的申报材料进行审核，并组成审查组对企业进行审查，将符合条件的企业名单及申报材料报送审查部。审查组对产品进行抽样，封存后由企业送检。审查部对各省市审查结果进行抽查。

水泥产品生产许可证的有效期为五年。许可证编号为：XK23－201 □□□□□，其中：23为行业编号；201为第二次换证水泥产品编号；□□□□□ 企业生产许可证编号。

七、收费标准

水泥产品生产许可证收费包括:审查费、产品质量检验费和公告费。

审查费每个企业2200元,由企业申请时交省市质量技术监督局。

产品质量检验费按国家物价局核定标准收取,由企业直接交检验单位。

公告费每个证书400元。由企业申请时交省市质量技术监督局。

附件1　水泥产品生产许可证申证单元划分

序号	申证单元	序号	申证单元
	第一申证单元		第三申证单元
1	硅酸盐水泥	10	低热微膨胀水泥
2	普通硅酸盐水泥	11	自应力硅酸盐水泥
3	矿渣硅酸盐水泥	12	明矾石膨胀水泥
4	火山灰质硅酸盐水泥	13	快凝快硬硅酸盐水泥
5	粉煤灰硅酸盐水泥	14	无收缩快硬硅酸盐水泥
6	复合硅酸盐水泥	15	铝酸盐水泥
	第二申证单元	16	自应力铝酸盐水泥
1	石灰石硅酸盐水泥	17	硅酸盐自应力水泥
2	磷渣硅酸盐水泥	18	快硬高强铝酸盐水泥
3	砌筑水泥	19	快硬铁铝酸盐水泥
4	钢渣矿渣水泥	20	膨胀铁铝酸盐水泥
	第三申证单元	21	自应力铁铝酸盐水泥
1	油井水泥	22	低碱度硫铝酸盐水泥
2	道路硅酸盐水泥	23	快硬硫铝酸盐水泥
3	型砂水泥	24	自应力硫铝酸盐水泥
4	快硬硅酸盐水泥	25	特快硬调凝铝酸盐水泥
5	中热硅酸盐水泥	26	I型低碱度硫铝酸盐水泥
6	低热矿渣硅酸盐水泥	27	膨胀硫铝酸盐水泥
7	抗硫酸盐硅酸盐水泥		第四申证单元
8	白色硅酸盐水泥	1	硅酸盐水泥熟料
9	彩色硅酸盐水泥		

说明:第二申证单元待标准修改后与第一单元合并。

附件2　水泥产品生产许可证检验单位

国家中心　国家水泥质量监督检验中心
地址:北京市朝阳区管庄建材大院东楼
电话:010-65765120

黑龙江　黑龙江省建筑材料质量监督检验站
地址:黑龙江省哈尔滨市西大直街370号
电话:0451-6334652

吉　林　吉林省产品质量监督检验院
地址:吉林省长春市卫星路20号
电话:0431-85374701
吉林省建筑材料产商品质量监督检验站
地址:吉林省长春市开阳街
电话:0431-87679177

辽　宁　辽宁省建材产品质量监督检验站
地址:辽宁省沈阳市皇姑区崇山东路61号
电话:024-86610662

河　北　河北省建材产品质量监督检验站
地址:河北省石家庄市合作路159号
电话:0311-7046631

青　海　青海省建材工业产品质量监督检验所
地址:青海省西宁市五四大街43号
电话:0971-6112217

江　西　江西省建材产品质量监督检验站
地址:江西省南昌市何坊西路305号
电话:0791-5211603

河　南　河南省水泥质量监督检验站
地址:河南省郑州市红旗路25号
电话:0371-3822656
河南省产品质量监督检验所
地址:河南省郑州市东明路17号
电话:0371-6329520

广　西　广西质量技术监督局建材产品质量监督检验站
地址:广西南宁市星湖路36号
电话:0771-5314042

北　京　北京市水泥质量监督检验站
地址:北京市房山区琉璃河站前街5号
电话:010-89381623

新　疆　新疆建材非金属产品质量监督检验站
地址:新疆乌鲁木齐市友好南路74号
电话:0991-4511759

广　东　广东省水泥产品质量监督检验站梅州站
地址:广东省梅州市江南一路44号
电话:0753-2249147
广东省水泥产品质量监督检验站韶关站
地址:广东省韶关市新华北路156号
电话:0751-8776620
广东省水泥产品质量监督检验站广州站
地址:广东省广州市南岸路塘前新街6号
电话:020-81816795

宁　夏　宁夏建材产品质量监督检验站
地址:宁夏银川市上海西路23号
电话:0951-5043901

陕　西　陕西省水泥产品质量监督检验站

地址:陕西省西安市金花北路副12号
电话:029-2529432
陕西省第二水泥质量监督检验站
地址:陕西省蒲城县渭清路中段付62号
电话:0913-7211229

浙 江 浙江省地方水泥质量监督检测站
地址:浙江省杭州市文三路553号
电话:0571-5126648
建材产品质量监督检验站
地址:浙江省杭州市教工路533号
电话:0571-8088608

海 南 海南省产品质量监督检验所
地址:海南省海口市机场路46-2号
电话:0898-5332288

安 徽 芜湖产品质量监督检验所
地址:安徽省芜湖市
电话:0557-4815493
安徽省水泥质量监督检验站
地址:安徽省合肥市濉溪路300号
电话:0551-5527641

甘 肃 甘肃省建筑材料产品质量监督检验站
地址:甘肃省兰州市段家汉路866号
电话:0931-8497968

山 东 山东省水泥质量监督检验站
地址:山东省济南市济微路72号
电话:0531-7963179
农业部建材产品质量监督检验测试中心(泰安)
地址:山东省泰安市迎春路35号
电话:0538-8222026

内蒙古 内蒙古自治区产品质量监督检验第八站
地址:内蒙古呼和浩特市乌兰察布东路601号
电话:0471-4963328
赤峰市产品质量监督检验所
地址:内蒙古赤峰市红山区钢铁街南五段8号
电话:0476-8337771

重 庆 重庆市水泥质量监督检验站
地址:重庆市江北区塔坪21号
电话:023-67869211
农业部乡镇企业建材产品质量监督检测站
地址:重庆市江北金紫山乡镇企业干校内
电话:023-67512416

福 建 福建省水泥质量监督检验站
地址:福建省福州市杨桥中路174号
电话:0591-3713981
福建省水泥产品质量监督检验二站
地址:福建省三明市列东杜鹃新村12幢
电话:0598-8222209

贵 州 贵州省建材质量监督检验站
地址:贵州省贵阳市沙冲南路60号
电话:0851-5797103

湖 南 湖南省建筑材料质量监督检验授权站
地址:湖南省长沙市人民中路140号
电话:0731-5160348
湖南省乡镇企业水泥质量监督检验授权站
地址:湖南省长沙市树木岭路128号
电话:0731-5581984

江 苏 江苏省技术监督建材产品检验站
地址:江苏省南京市马台街139号
电话:025-3210639
徐州市产品质量监督检验所
地址:江苏省徐州市湖北路西段
电话:0516-5725534

山 西 山西省技术监督局水泥产品质量监督检验站
地址:山西省太原市红沟路129号
电话:0351-4422726
山西省产品质量监督检验所
地址:山西省太原市长治路222号
电话:0351-7225793

上 海 上海市建筑材料及构件质量监督检验站
地址:上海市宛平南路75号
电话:021-64689194

云 南 云南省建筑材料产品质量监督检验站
地址:云南省昆明市高新技术开发区昌源中路
电话:0871-8214833
滇西产品质量技术监督检验中心
地址:云南省大理市下关关平路78号
电话:0872-2121972

湖 北 湖北省建材产品质量监督检验站
地址:湖北省武汉市武昌姚家岭234号
电话:027-87822836
湖北省宜昌市产品质量监督检验所
地址:湖北省宜昌市厦门路2号
电话:0717-6333891

四 川 四川省质量技术监督局水泥产品质量监督检验站
地址:四川省成都市马鞍西路15号
电话:028-3328070
四川省产品质量监督检验所
地址:四川省成都市东门街2号
电话:028-6264749

关于印发《散装水泥发展“十五”规划》的通知★

国经贸资源[2001]1022号

各省、自治区、直辖市、计划单列市及新疆生产建设兵团经贸委(经委),国务院有关部门,有关协会,有关地方散装水泥办公室:

为贯彻落实党的十五届五中全会和《中华人民共和国国民经济和社会发展第十个五年计划纲要》精神,进一步推进散装水泥的发展,我委组织制定了《散装水泥发展“十五”规划》,现印发给你们,请结合实际情况贯彻落实。

散装水泥发展“十五”规划

发展散装水泥具有节约资源,保护环境,促进水泥工业结构调整,改善劳动条件等多方面的综合经济效益。为贯彻落实“十五”计划纲要,促进经济和社会的可持续发展,特制定散装水泥发展“十五”规划。

一、散装水泥发展现状

水泥散装量、散装率增长较快。“九五”期间,我国散装水泥继续保持了快速、健康的发展势头。2000年,全国散装水泥生产量为11 120万吨,比1995年增长190.64%,散装率由1995年的13.1%上升到19.07%,提高6.97个百分点。据测算,“九五”期间累计生产散装水泥4.28亿吨,是“八五”期间的1.9倍,年均增长13.7%。相当于节约木材1 412万立方米,节电31亿千瓦时,节煤334万吨,节水5亿多立方米,减少固体废弃物排放258万吨,减少水泥损失2 140万吨,创综合经济效益193亿元。

散装水泥综合配套能力明显增强。2000年,全国散装水泥设施的综合配套能力为1.2亿吨,比1995年的6 200万吨增长近1倍,其中,专用汽车1.4万多辆,专用火车4 861节,专用轮船1 017艘,发放库容量617万吨,固定接收库和流动罐总容量达到306万吨。“九五”期间散装水泥设施设备综合配套能力年均增速为14%。另外,预拌混凝土生产能力已达到1.47亿立方米,散装水泥和预拌混凝土联动发展格局正在形成。

政策法规建设有新突破。“九五”期间,国务院批转了原国内贸易部等六部委关于《进一步加快发展散装水泥的意见》(国函[1997]8号),成为指导我国散装水泥发展的纲领性文件,财政部印发了《散装水泥专项资金管理暂行办法》的通知(财综字[1998]157号),明确了散装水泥专项资金的性质、征收对象和标准,进一步规范了资金的管理;各项规章制度不断健全,先后制定了《目标管理责任制实施办法》、《统计人员岗位标准和评比奖励办法》、《铁路专用车辆管理办法》等;全国18个省、区、市结合本地实际,颁布了加快散装水泥发展的政府令。散装水泥管理工作开始步入科学化、法制化和规范化的发展轨道。

散装水泥示范市、县活动取得新进展。根据我国国情,大力发展预拌混凝土是大、中城市发展散装水泥的必由之路;普及散装水泥网点建设,实现生产、销售、运输一条龙服务,是推动农村使用散装水泥的基本途径。“九五”期间,各市、县按照《“九五”期间全国城市发展散装水泥示范市考核标准及验收办法》和《“九五”期间全国农村发展散装水泥示范县(市)考核标准及验收办法》,积极开展创建示范市、县活动,目前已有23个市、县验收合格,成为全国发展散装水泥示范市、县。直辖市散装水泥供应率超过70%,地级以上城市超过40%;农村示范市、县散装水泥使用率超过50%。通过总结推广这些市、县的经验,有力地推动了散装水泥的发展,起到了典型示范引路,带动全面发展的作用。

散装水泥发展仍处在初级阶段。与国际先进水平相比,我国水泥的散装率仍然很低,到2000年仅为19%,而工业化国家一般经过二十多年的发展,在二十世纪七十年代初就基本实现了水泥散装化(散装率达70%以上);目前我国每年生产袋装水泥4.7亿吨,如果采用纸袋包装,浪费的包装纸折合优质木材1 551万立方米,加上水泥损失,每年的经济损失达212亿元;每年排放固体废弃物283万吨,占全国固体废弃物总量的6%,进入空气中的水泥粉尘达236万吨,不但浪费水泥资源,而且对城市环境造成了严重污染,是城市主要的空气污染源之一。此外,人们的思想观念,管理水平,技术水平和人员素质等与实施可持续发展的要求都还有不小的差距。

二、“十五”散装水泥发展面临的形势

“十五”时期是实现我国社会主义现代化建设第三步战略目标和建立社会主义市场经济体制的关键时期,我国在近期还将加入世界贸易组织,散装水泥面临前所未有的发展机遇和挑战。

“十五”时期我国将全面实施可持续发展战略,更加重视节约资源,保护环境,改善城市环境质量和加快城乡生态建设,这为散装水泥发展创造了良好的宏观环境,同时也提出了更高的要求;以提高经济效益为中心,加快传统工业的改组改造和水泥工业结构调整,为散装水泥的发展创造了十分有利的基础条件;为扩大国内市场需求,拉动经济增长,国家

将进一步加大水利、交通、能源等基础设施建设，加快城市化进程，实施西部大开发战略，将为散装水泥的发展创造巨大的市场空间；随着全社会生态和环保意识的日益增强，对城市环境质量尤其是空气质量的要求将越来越高，国家将加强环境污染综合治理，为散装水泥的发展创造良好的社会环境；北京"申奥"成功以及各地区、各部门采取措施支持北京举办2008年奥运会，将有效地拉动经济增长，同时也为散装水泥发展带来新的契机。

在看到发展机遇的同时，还要清醒地认识到"十五"发展所面临的巨大挑战。目前我国水泥的散装量、散装率还很低，与实施可持续发展战略的要求差距很大。如何在较短的时间内，使我国散装水泥的发展上一个大台阶，是"十五"期间发展散装水泥工作面临的最大挑战；我国水泥企业生产规模小，产业结构不合理；建筑单位施工技术和手段现代化程度不高；散装水泥技术装备较为落后，技术开发能力不强；职工队伍观念更新相对滞后，思维方式和工作方法短期内难以适应市场经济条件下发展散装水泥的要求；我国即将加入世界贸易组织，水泥企业将面临来自国外企业的激烈竞争。这些都是"十五"期间散装水泥发展面临的挑战。

三、指导思想与发展目标

（一）指导思想

认真贯彻实施可持续发展战略，以节约资源，保护生态环境为目的，以水泥工业结构调整，实施西部大开发战略和加快基础设施建设为契机，以市场需求为导向，以科技进步为支撑，大力提高水泥散装量，加快发展预拌混凝土和干粉砂浆，实现散装水泥持续、快速、健康发展。

（二）发展目标

到2005年，全国散装水泥生产量由2000年的11 120万吨增加到20 280万吨，水泥散装率由19%提高到31%；散装设施综合配套能力由2000年的1.2亿吨提高到2.34亿吨。

到2005年，预拌混凝土生产能力要达到3亿立方米，预拌混凝土占混凝土浇注总量的比例达到20%，其中大中城市要达到50%以上。直辖市、省会城市、沿海开放城市和旅游城市要积极发展预拌混凝土，2003年12月31日起，禁止在城区现场搅拌混凝土；其他城市2005年12月31日起，禁止在城区现场搅拌混凝土。预拌混凝土搅拌站和一、二、三级预制构件厂要求全部使用散装水泥。

四、主要对策与措施

（一）认真贯彻落实国家鼓励发展散装水泥的方针和政策

国函[1997]8号文件，确立了散装水泥发展的方针和政策，是新时期散装水泥发展的指导文件。"十五"期间，要把贯彻落实现行方针政策作为首要任务，抓好现有政策的落实，用足用好优惠政策。并根据当地的具体情况制定实施细则。

同时，还要尽快研究出台《散装水泥管理办法》，积极争取将发展散装水泥的内容纳入《清洁生产法》、《劳动安全法》、《环境保护法》、《大气污染防治法》等相关法规之中；目前还没有出台政府令的省市，应认真研究并积极争取尽早出台政府令，运用法律、法规推动散装水泥发展。

（二）加强征管，提高专项资金收取率和使用效能

设立散装水泥专项基金是发展散装水泥的一项重要经济政策，也是实现散装水泥发展"十五"规划目标的有力保证，必须认真落实好。散装水泥管理部门要按照国务院281号令的要求，建立必要的监督机制，积极协调有关部门，采取有效措施，加大专项资金的征管力度，提高基金的征收比例。同时要认真总结经验，研究改进基金的使用方式，引导社会资金加大对散装水泥的投入，提高基金的使用效率，充分发挥专项基金政策的宏观调控作用。

（三）提高技术装备水平和综合配套能力

依靠科技进步，加大对发展散装水泥新技术、新设备、新产品的研制开发和推广应用的投入，加强标准化工作。根据我国国情，注重开发和研制适合中小城镇和农村建设需要的散装水泥和预拌混凝土装备。大力发展散装水泥水路运输设施装备。同时要加强软课题的研究，制定长远发展战略，提高科技对发展散装水泥的贡献率。大力发展预拌混凝土和干粉砂浆，提高散装水泥质量和技术含量。加大对散装水泥技术装备的投资力度，重点支持一些经济效益好，具有示范作用的项目。政策性银行贷款对发展散装水泥的基建与技改项目、专用设备应有所倾斜，在利率上应给予适当优惠，还贷年限上适当延长。还要研究制定有利于吸引外商投资散装水泥设施设备的相关政策措施。

（四）转变职能，提高管理、协调和服务水平

继续做好散装水泥示范市、县的试点工作。结合建立市场经济体制，研究改进和完善散装水泥示范市、县的管理工作。在认真总结"九五"全国发展散装水泥示范市、县经验的基础上，研究制定"十五"期间发展散装水泥示范市、县的新标准，发挥示范市、县的典型引路作用，推动各地区均衡协调发展。

进一步加强对发展散装水泥的宏观管理，健全和完善各项规章制度，继续实行目标管理责任制，调动各个方面的积极性，共同推进散装水泥的发展。

积极探索市场经济条件下散装水泥管理模式，营造有利于散装水泥发展的市场环境。各级散装水泥管理部门要切实转变职能，提高自身素质和管理水平，为企业做好政策咨询、信息发布等服务工作，帮助企业协调解决发展散装水泥工作中出现的问题。加快信息化、网络化建设，提高管理水平和工作效率。充分利用协会等中介组织，做好政策宣传、技术咨询、信息发布、职工培训、经验交流等服务工作。

（五）强化宣传，进一步深化对发展散装水泥重要意义的认识

"十五"时期，要进一步加大散装水泥宣传工作的力度。

要在总结"九五"开展"散装水泥宣传周"活动经验基础上，将"散装水泥宣传周"与"全国节能宣传周"结合起来，把发展散装水泥作为"节能宣传周"的一项重要内容，大力宣传推广散装水泥与节约资源，城市环境保护及创建文明卫生城市，与水泥工业结构调整和提高建筑业技术水平的关系，提高全社会对发展散装水泥工作重要意义的认识。在宣传形式上要有新的突破，在利用传统媒体宣传的基础上，积极采用现代传媒手段，多层次、多渠道开展宣传活动。"十五"期间各地区都要建立散装水泥宣传网站，使之成为全国和世界了解散装水泥发展的窗口。

★ 国家经济贸易委员会2001年10月10日发布的1022号文。

2002年

水泥企业质量管理规程★

国家经济贸易委员会[2002]1号

第一章 总则

第一条 为加强水泥企业管理，不断提高水泥产品质量，根据《中华人民共和国产品质量法》和水泥及硅酸盐水泥熟料标准，参照GB/T19000－ISO9000族标准，制定本规程。

第二条 本规程适应用于中华人民共和国境内所有水泥生产企业（含水泥熟料生产企业和水泥粉磨站）。

第三条 企业应强化质量意识，树立法制观念，严格执行国家的有关法规和标准，积极采用GB/T19000－ISO9000族标准，建立健全质量管理体系，结合企业实际制定可行的质量管理体系文件，并确保有效运行，实行质量否决权，设立质量基金。

第四条 厂长（经理）是本企业产品质量的第一责任者。

厂长（经理）可以任命管理者代表全权负责质量管理，化验室主任在厂长（经理）或管理者代表直接领导下对产品质量具体负责。

第五条 各级政府建材行业主管部门要加强对企业产品质量管理的监督检查，督促企业认真执行本规程，不断提高质量管理水平。各级建材行业协会要组织并帮助企业贯彻本规程。

第二章 质量管理机构

第六条 质量管理机构的设置

企业应设立厂长（经理）或管理者代表为首的质量管理组织和符合《水泥企业化验室基本条件》的化验室。

质量管理组织设专门机构或专职人员负责企业的质量管理工作，各车间、部门设立相应的质量管理组织，负责本部门的质量管理工作。

化验室内设控制组、分析组、物检组和质量管理组等，分别负责原燃材料、半成品、成品质量的检验、控制、监督与管理工作。

化验室需取得合格证：水泥年生产能力60万吨及以上规模的企业需取得中国建筑材料工业协会颁发的化验室合格证，其他水泥企业需取得各省级政府建材行业主管部门或其授权的各省级建材工业协会颁发的化验室合格证。

水泥企业化验室合格证的评审考核办法另行规定。

第七条 质量管理机构的职责

（一）负责和监督企业质量管理体系的有效运行。

（二）组织制定企业的质量方针和质量目标。

（三）编制适合本企业实际的质量管理体系文件。

（四）制定质量奖惩制度，负责协调各部门的质量责任，并考核工作质量。

（五）组织企业内部质量审核。

（六）负责重大质量事故的分析处理。

（七）监督企业质量基金的使用与管理。

（八）组织开展群众性质量活动。

第八条 化验室的职责。

（一）质量检验

按照有关标准和规定，对原燃材料、半成品、成品进行检验和试验。按规定做好质量记录和标识，及时提供准确可靠的检验数据，掌握质量动态，保证必要的可追溯性。

（二）质量控制

根据产品质量要求，制定原燃材料、半成品和成品的企业内控质量指标，强化过程控制，运用科学的统计方法掌握质量波动规律，不断提高预见性与预防能力，并及时采取纠正、预防措施，使生产全过程处于受控状态。

（三）出厂水泥（熟料）的确认、验证

严格按照有关标准和规定对出厂水泥(熟料)进行确认,按相关标准和供需双方合同的规定进行交货验收,杜绝不合格品和废品水泥出厂。

(四) 质量统计

用正确、科学的数理统计方法,及时进行质量统计并做好分析总结和改进工作。

(五) 试验研究

根据产品开发和提高产品质量等需要,积极开展科研工作。

第九条 化验室的权限。

(一) 监督、检查生产过程受控状态,有权制止各种违章行为,采取纠正、预防措施,及时扭转质量失控状态。

(二) 参与制定质量方针、质量目标、质量责任制及考核办法。评价各车间(部门)的过程质量,为质量奖惩提供依据,行使质量否决权。

(三) 有权越级汇报企业质量情况,提出并坚持正确的管理措施。

(四) 有水泥出厂决定权。

企业领导不得无理干预化验室的职权,更不能借故打击报复,违者追究责任,严肃处理。

第十条 化验室人员配备。

(一) 化验室应配备主任、工艺、质量调度、统计及检验等专业技术人员和工人。企业根据具体情况可配备一定数量科研人员。检验人员人数必须能满足检验工作需要,原则上不得低于全厂生产职工总数的4%(最小不得低于12人)。

(二) 水泥熟料生产企业、水泥粉磨站、钢渣水泥厂可根据实际情况配备专职或兼职人员。

(三) 化验室人员素质

化验室主任:具有工程师以上职称或多年从事化验室工作,熟悉水泥生产工艺具备较丰富的质量管理经验和良好职业道德,有一定的组织能力,能坚持原则,熟知与本企业有关的各项标准和质量法规。

工艺技术人员:具备初级以上技术职称,具有良好职业道德,经过专业训练,掌握水泥生产理论知识和检验技术,熟知有关标准规章制度,坚持原则,认真负责。

检验员:具有高中(或相当于高中)以上文化水平,责任心强,熟知本岗位的操作规程、控制项目、指标范围及检验方法,经专门培训、考核,取得省级以上(含省级)政府建材行业主管部门或其授权的建材行业协会或其授权的质检机构签发的操作合格证。

化验室人员要相对稳定,化验室内业务骨干的调动应征求化验室主任意见。

第三章 质量管理制度

第十一条 企业结合实际情况,按本规程要求,制定企业质量管理实施细则,编制生产过程质量控制图表和原燃材料、半成品、成品的内控质量指标,及参照 GB/T 1900 - ISO 9000 族标准编制为保证质量管理体系有效运行所必需的程序文件。

第十二条 化验室应建立健全内部管理与检验制度,主要包括:

(一) 各组职责范围、岗位责任制和作业指导书。

(二) 质量事故报告制度。

(三) 抽查对比制度(包括与上级对比验证和内部抽查对比)。

(四) 检验和试验仪器设备、化学试剂的管理制度。

(五) 标准溶液专人管理和复标制度。

(六) 水泥用标准砂管理制度。

(七) 文件管理制度。

(八) 样品管理制度。

(九) 人员培训和考核制度。

(十) 检验原始记录、台账与检验报告填写、编制、审核制度。

第十三条 检验与试验仪器设备、化学试剂的管理要求。

(一) 仪器设备必须按水泥产品标准和《水泥企业化验室基本条件》要求配置齐全,并符合有关技术标准。

(二) 检验用的化学试剂应验证其生产企业名称、产品等级、执行标准及生产许可证的编号,严禁使用不符合要求的化学试剂。

第十四条 产品对比验证检验和抽查对比的管理要求。

(一) 企业应按《水泥企业产品质量对比验证检验管理办法》的要求,定期向国家水泥质量监督检验中心或省级建材(水泥)质量监督检验站寄(送)样品,进行对比验证检验,不断提高检验水平,同时接受质量监督检验机构的监督,检验结果以质量监督检验机构的结果为准,凡无故不按规定寄(送)样品者,对比合格率按零统计。

(二) 为了确保检验数据的准确性和复演性,化验室对各检验岗位人员要组织密码抽查和操作考核。

抽查次数:生产控制岗位每人每月不少于4个样品;化学全分析岗位每人每月不少于2个样品;单项物理检验岗位每人每月不少于4个样品;强度检验岗位每月不少于2个样品;同一岗位的对比检验(操作)每月应进行一次。

(三) 必须参加国家或省级建材行业质检机构组织的物理检验和化学分析大对比。

各企业检验中所用基准物质,必须是国家有证的标准样品和标准物质。

(四)水泥及原燃材料质量的各种试验、检验方法要严格执行有关标准。

(五)试验允许误差(见表1)。

附表 1　试验允许误差表

允许误差范围 试验类别 试验项目	同一试验室不大于	不同试验室不大于	误差类别
水泥密度	±0.02g/cm³	±0.02g/cm³	绝对误差
水泥比表面积	±3.0%	±5.0%	相对误差
水泥细度	筛余≤5.0 的为 ±0.5% 筛余 >5.0 的为 ±0.5%	筛余≤5.0 的为 ±1.0% 筛余 >5.0 的为 ±1.5%	绝对误差
标准稠度用水量	±3.0%	±5.0%	相对误差
凝结时间	初凝：±15min；终凝：±30min	初凝：±20min；终凝：±45min	绝对误差
抗折强度	±7.0%	±9.0%	相对误差
抗压强度	±5.0%	±7.0%	相对误差
水化热	±10J/g	±15J/g	绝对误差
白度	±0.5%	±1.5%	
不溶物	±0.10%	±0.10%	
水泥烧失量	±0.15%	±0.30%	
水泥三氧化硫	±0.15%	±0.20%	
水泥（熟料）氧化镁	±0.20%	±0.30%	
稠化时间	±4min	±6min	
胶砂流动度	±5mm	±8mm	
生料细度	±1.0%	/	
生料水分（湿法）	±0.5%	/	
生料碳酸钙（氧化钙）	±0.30（±0.25%）	/	绝对误差（简易分析）
生料氧化铁	±0.15%	/	
立窑全黑生料发热量	0.4%		相对误差

注：其他化学分析约许差按有关标准要求执行

第十五条　质量记录、档案、资料、报表管理及上报的要求。

（一）按照《档案法》的有关要求，做好质量技术文件的档案管理工作，原始记录和台账建议使用统一的表格，各项检验要有完整的原始记录和分类台账。并按月装订成册，由专人保管，保存期为三年，台账应按期存技术档案室，长期保存。企业应积极创造条件，建立企业质量管理数据库，利用互联网与其他企业及有关部门进行质量信息交流。

（二）各项检验原始记录和分类台账的填写，必须清晰，不得任意涂改。当笔误时，须在笔误数据中央划两横杠，在其上方书写更正后的数据并加盖修改人印章，涉及出厂水泥熟料的检验记录的更正应有化验室主任签字。

（三）对质量检验数据要及时整理分析，每月分析小结并提出改进意见，全年应有专题总结。

（四）质量月报、年报要按统一表格填报齐全，月报于每月 10 日前，年报于下年 2 月 10 日前报有关相应的管理部门，同时抄报和与之进行对比验证检验的质检机构。

附表 2 水泥企业产品质量（ ）月报

原国家建材局制定，国家统计局（81）编印工字 58 号文批准

企业名称（盖章） 所属集团名称： 当年生产规模： 万吨 / 年 年 月 本表规定月后 10 天报出

原材料

原材料名称	化学成分(%) LOSS	SiO_2	Al_2O_3	Fe_2O_3	CaO	MgO	SO_3	R_2O	合计

煤工业分析 类别	分析值
水分 (%)	
细度 (%)	
灰分 (%)	
挥发分 (%)	
固定碳 (%)	
热值 (kJ/kg)	

生料 类别	CaO(%) 出磨	CaO(%) 入窑	入窑生料 细度 (%)	水分 (%)	KH	n	p	细度	三氧化硫	混合材料	安定性合格率
平均值 X											
合格率 (%)											

熟料

类别	化学成分(%) SiO_2	Al_2O_3	Fe_2O_3	CaO	MgO	fCaO	R_2O	不溶物	烧失量	率值 n	p	KH	KH	矿物组成 C_3S	C_2S	C_3A	C_4AF	物理性能 初凝 h:m	终凝 h:m	比表面积	细度 (%)	安定性合格率 (%)	3 天强度 (MPa) 抗折	3 天强度 (MPa) 抗压	上月 28 天强度 (MPa) 抗折	上月 28 天强度 (MPa) 抗压
平均值 X																										
合格率 %																										

出厂水泥 本月

品种等级	本月生产水泥 生产量（万吨）	出厂量（万吨）	出厂编号数	水泥组分 石膏 (%)	混合材种类	混合材掺量 (%)	包装质量 标志齐全率 (%)	破损率 (%)	平均袋重 (kg)	袋重合格率 (%)	物化性能 不溶物 (%)	烧失量 (%)	氧化镁 (%)	三气化硫 (%)	碱含量 (%)	细度 (%)	安定性	初凝 h:m	终凝 h:m	3 天抗折 (MPa)	3 天抗压 (MPa)
合计																					

出厂水泥 补报上月

品种等级	28天抗折 (MPa)	28天抗压 (MPa)	28天抗压最小值	28天抗压最大值	水泥28天抗压 Cv	出厂水泥合格率 (%)	28天抗压标准偏差	富裕强度合格率 (%)	出厂水泥质量分等(%) 优等品	一等品	合格品	不合格品	废品	厂与质检机构对比检验结果 类别	3天抗折 (MPa)	28天抗折 (MPa)	3天抗压 (MPa)	细度 (%)	初凝 h:m	终凝 h:m	三氧化硫 (%)	氧化镁 (%)	不容物 (%)	烧失量 (%)
														出厂										
														质检										
														误差										
														合格否										
合计														合格率										

注:1. 表中标准偏差按月计算;2. 年度质量年报根据本表各栏填写;3. 各类企业报送范围:与国家水泥质检中心进行对比的企业报中国建筑材料工业协会标准质量部，各省(区、市)政府建材行业主管部门，国家水泥质检中心。其他水泥企业报本省(区、市)政府建材行业主管部门和与之进行对比的质检机构。

企业负责人： 化验室负责人： 填表负责人： 报出日期：

（五）上级发布的有关质量方面的通报和文件，必须认真学习贯彻，除及时归档外，质量及主要生产部门应有相应的复制件，以便使用。

第十六条 人员培训和考核要求。

（一）提高企业职工的质量意识和技术素质，是保证产品质量的重要环节，每年要制定培训和考核计划。

（二）每年要按计划对检验人员进行质量教育和技术培训、考核，建立检验人员培训档案，考核成绩应作为评价其技术素质的依据之一，对连续两次考核不合格者，应调离质检岗位。

第四章 原燃材料的质量管理

第十七条 企业应根据质量控制要求选择合格的供方，建立并保存合格供方的档案；采购合同应经审批，以保证所采购的原燃材料符合规定要求；供应部门应严格按照原燃材料质量标准均衡组织进货。

第十八条 原燃材料的质量应能满足工艺技术条件的要求，按质分别存放，存放应有标识和记录，避免混杂。坚持“先检验，预均化（或按质搭配），后使用”的原则。

第十九条 混合材、石膏、水泥助磨剂质量必须符合相关标准要求，企业初次使用时，必须经过试验，确认能保证产品质量方可使用。进厂水泥助磨剂应按批次进行质量检验与控制。企业启用新开辟的混合材生产复合硅酸盐水泥，必须按 GB12958－1999《复合硅酸盐水泥附录 A 启用新开辟的混合材料的规定》执行。使用化学副产石膏应经过充分试验研究，并经过省或省级以上权威机构鉴定。

第二十条 矿山开采必须执行《水泥原料矿山管理规程》。制定开采计划及质量指标时，首先要满足配料要求，不同品位的矿石要分别开采，按化验室规定的比例搭配进厂。企业自备矿山外包给其他单位开采的水泥企业，要签订外包协议书，并进行控制。

第二十一条 原燃材料应保持合理的贮存量，其最低可用贮量为：石灰石或钙质原料 5 天（外购石灰石 10 天）；硅质原料、燃料、混合材 10 天；铁质原料、铝质原料、石膏 20 天。

企业根据各原燃材料准备的难易程度，在能保证正常生产前提下，可适当调整其最低可用储量。

当低于最低可用贮存量时，厂长（经理）或管理者代表应积极采取包括限产在内的各种措施，限期补足。

第五章 半成品的质量管理

第二十二条 化验室会同有关部门制定的重要质量控制方案，经总工程师或管理者代表批准后执行。化验室负责监督、检查上述方案的实施。

第二十三条 生料质量是熟料质量的基础。为保证生料质量，配料岗位应根据化验室下达的控制指标要求进行配料。配料要严格、计量要准确、操作要精心，力求配料均匀、稳定。入磨物料及出磨生料的质量控制要求见表 3。掺加矿化剂的企业要增加相应的检测项目，矿化剂的掺入必须均匀、准确。

附表 3 过程质量控制指标一览表

序号	类别	物料	控制项目	指标	合格率	频次	取样方式	备注
1	入磨物料	石灰石	粒度	≤25mm	≮80%	自定	瞬时	
			水分	≤1.0%	≮80%	自定	瞬时	湿法工艺除外，烘干磨、立磨自定
		粘土	水分	≤2.0%	≮80%	自定	瞬时	
		混合材	水分	≤2.0%	≮90%	自定	瞬时	
		原煤	水分	≤4.0%	≮80%	自定	瞬时	风扫磨指标自定
		熟料	粒度	≤30mm	≮70%	自定	瞬时	
			MgO[1]	≤5%	100%	24 小时 1 次	瞬时	
		石膏	粒度	≤30mm	≮70%	自定	瞬时	
2	出磨生料	生料	CaO(T_{CaCO_3})[2]	K[3] ±0.3%(0.5%)	≮60%	分磨 1 小时 1 次	瞬时或连续	湿法工艺频次自定
			Fe_2O_3[2]	K±0.2%	≮80%	分磨 2 小时 1 次	瞬时或连续	
			细度	≤K	≮87.5%	分磨 1 小时 1 次	瞬时或连续	80μm 方孔筛筛余
			含煤量	K±0.5%	≮80%	分磨 4 小时 1 次	瞬时或连续	立窑企业也可根据实际情况自定等效的检测方法
			全分析	/	/	自定	瞬时或连续	

续表

序号	类别	物料	控制项目	指标	合格率	频次	取样方式	备注
3	入窑生料	生料	CaO	K±0.3%	≮80%	1小时1次	瞬时或连续	
			(T_{CaCO_3})	K±0.5%	≮80%	1小时1次	瞬时或连续	
			全分析	⁄	⁄	24小时1次	连续	
		生料球	水分	K±0.5%	100%	自定	瞬时	
			粒度分布	Φ5~12mm	≮90%	自定	瞬时	
			高温爆破率	≤10%	⁄	自定	瞬时	
			耐压力	≥500g/个	100%	自定	瞬时或连续	
4	入窑煤粉	煤粉	水分	≤2.5%	90%	4小时1次	瞬时或连续	使用褐煤企业自定
			细度	≯12%	≮80%	4小时1次	瞬时或连续	80μm方孔筛筛余
			灰分	相邻2次±2.0%	≮70%	24小时1次	瞬时或连续	
			挥发分	相邻2次±2.0%	≮70%	24小时1次	瞬时或连续	有良好预均化堆场者可自定频次
5	立窑入窑煤粉	煤	粒度	≤5mm	100%	自定	瞬时	全黑生料除外
			粒度	≤3mm	≮90%	自定	瞬时	
			煤流量	K±3.0%	100%	1小时1次	瞬时	
		生料	生料流量	K±4.0%	100%	1小时1次	瞬时	
6	出窑熟料	熟料	容重	K±75G/L	≮85%	1小时1次	瞬时	粒度：5mm~7mm，半干法窑5mm~10mm控制与否自定
			fCaO	≤1.5%	≮85%	自定	瞬时或综合	旋窑
				≤3.0%	≮85%	4小时1次	瞬时或综合	立窑
				≤3.0%	≮85%	2小时1次	瞬时或综合	白水泥
				≤1.0%	≮85%	2小时1次	瞬时或综合	中热水泥
				≤1.2%	≮85%	2小时1次	瞬时或综合	低热水泥
			化学成分	⁄	⁄	分窑24小时1次	瞬时或综合	取样点在破碎机出口
			物理性能	⁄	⁄	分窑24小时1次	瞬时或综合	取样点在破碎机出口
			KH	K±0.02	≮80%	每月统计一次		湿法旋窑及日产2000吨以上(含)窑外分解窑
			KH	K±0.02	≮70%			上一栏以外的窑型
			KH标准偏差	≯0.020				旋窑
			KH标准偏差	≯0.030				立窑
			n	K±0.10	≮85%			
			p	K±0.10	≮85%			
			28天抗压强度	≥48MPa	⁄			
7	出磨水泥	水泥	细度	≤K	≮85%	分磨1小时1次	瞬时或连续	80μm方孔筛筛余
			比表面积	≥K	≮85%	分磨1小时1次	瞬时或连续	产品标准有要求的检测
			混合材掺加量	K±2.0%	≮85%	4小时1次	瞬时或连续	
			MgO[4]	≤5.0%	100%	24小时1次	连续	
			SO_3	K±0.3%	≮70%	2小时1次	瞬时或连续	
			物理性能	⁄	⁄	24小时1次	连续	

注：[1]产品标准对熟料中MgO有规定的检测，但全年每个月熟料MgO≤3.0%可不检测；压蒸安定性合格可放宽到6%。

[2]控制生料率值的企业，控制项目与要求为：

控制项目	指标	合格率	频次
KH	K±0.02	≮60%	分析频次自定
n	K±0.01	≮60%	每月统计一次
p	K±0.01	≮60%	

[3]K是企业控制值。

[4]产品标准对水泥中 MgO 含量有规定时检测，压蒸安定性合格，控制指标可放宽到6%。全年每个月水泥 MgO≤3.0%可不检测。

第二十四条 出磨生料不得直接入窑，应按化验室指定的库号入、出库。要采取必要的均化措施，并保持合理存量，其最低可用贮量，旋窑为2天，立窑为4天（有生料均化库的生产线，库存量可不受可用贮量限制，但要满足均化效果要求），确保入窑生料成分适宜、均匀、稳定。湿法窑入窑料浆水分应尽量降低并减少波动。立窑和立波尔窑企业要不断提高料球质量，料球水分要适宜，颗粒要均齐，热稳定性要好。入窑生料（生料球）的质量控制要求见表3。

第二十五条 入窑煤粉质量应相对稳定。立窑入窑生料配煤要配置计量准确的煤、料流量控制装备，和满足均化需求的混合设备。应合理选择煤的粉碎设备，加强碎系统管理，严格控制入窑煤的粒度。燃煤的质量控制要求见表3。

第二十六条 熟料质量是确保水泥质量的关键。保持窑的热工制度稳定及提高看火工操作水平是保证熟料质量的关键环节。为此，看火工必须经过培训、考核，（机立窑需取得操作合格证）方能上岗操作。窑的热工制度必须稳定，入窑料煤等参数必须合理，操作必须统一，并根据窑情及时采取调整措施，防止欠烧料、生烧料的出现。

第二十七条 加强出窑熟料的率值控制，缩小熟料率值标准偏差见表3。保证熟料强度，熟料，熟料强度检验按照JC/T853－1999《硅酸盐水泥熟料》标准执行。

第二十八条 出窑熟料按化验室指定的贮库（部位）存放，不得直接入磨，必须搭配均化后使用，并应保持合理贮量，其最低可用贮量应保证5天的使用量。熟料中不得混有杂物，质量差的熟料要分开存放有明显标识，经化验室检验后方可按规定比例使用。

第二十九条 水泥磨喂料设备应能满足物料配比的计量要求，确保配比准确。发生断料或不能保证物配比时应迅速采取有效措施予以纠正。化验室对熟料、石膏和各种混合材的配比要有书面通知，操作岗位要有相应的操作记录。

第三十条 入磨熟料温度应控制在100℃以下，出磨水泥温度控制在135℃以下，超过此温度应停磨或采取降温措施，防止石膏脱水而影响水泥性能。

第三十一条 不同品种、强度等级的水泥应按生产计划组织生产。出磨水泥的质量控制要求见表3。

第三十二条 水泥库应有明显标识，出磨水泥必须送入化验室指定的库内，不允许上入下出或在磨尾直接包装。同一库不得混装不同品种、强度等级的水泥。生产中改品种、强度等级或由低强度等级改磨高强度等级时，应用高强度等级水泥处理；低强度等级库改装高强度等级水泥时，必须进行清库。专用水泥或特性水泥必须用库贮存。

每班必须准确测定各水泥库的库存量并做好记录，按化验室要求做好出入库管理工作。出磨水泥最低要保持5天的贮存量。

第三十三条 出磨水泥必须检验产品标准中技术要求规定的有关性能，检验项目、频次见表3。出磨水泥的检验数据不能作为出厂水泥的质量检验数据。

第三十四条 主要生产过程中重要质量指标三小时以上或连续三次检测数据不合格，属于过程质量事故，化验室应及时向车间警告，车间应及时采取纠正措施，做好记录并报有关部门。

第六章 出厂水泥（熟料）质量管理

第三十五条 决定水泥出厂的权力属于化验室。化验室应配备专业技术人员负责水泥出厂的管理等有关事宜。出厂水泥质量必须按相关的水泥标准严格检验和控制，经确认水泥各项质量指标及包装质量符合要求时，方可出具水泥出厂通知单。各有关部门必须密切配合，确保出厂水泥质量合格率和28天抗压富裕强度合格率两个100%，努力提高水泥均匀性、稳定性以及一等品率和优等品率。出厂水泥不合格属于重大质量事故，应按照有关法规严肃处理，并要追究领导和直接责任者的责任。

第三十六条 要加强出厂水泥的质量控制，其内控指标必须严于现行国家（行业）标准，以保证出厂水泥的实物质量。

出厂水泥质量的主要要求是：

（一）出厂水泥合格率100%

（二）28天抗压富裕强度合格率100%

通用水泥28天抗压富裕强度不小于2.0MPa

白水泥28天抗压富裕强度不小于1.0 MPa

中、低热水泥28天抗压富裕强度不小于1.0 MPa

道路水泥28天抗压富裕强度不小于2.5 MPa

钢渣水泥28天抗压富裕强度不小于2.5 MPa

（三）袋装水泥20包的总质量不小于1 000kg，单包净含量不小于49kg，合格率100%

（四）28天抗压强度控制值≥水泥国家（行业）标准规定值十富裕强度值十3S

$$S=\sqrt{\frac{\Sigma(R_i-\bar{R})^2}{n-1}}$$

式中：S——月（或一统计期）平均28天抗压强度标准偏差；

R_i——试样28天抗压强度值（MPa）；

$\bar{R}$——全月（或全统计期）样品28天抗压强度平均值（MPa）；

n——样品数，n≥20，当小于20时与下月合并计算。

（五）28天抗压强度月（或一统计期）平均变异系数（Cv）目标值不大于4.1%。

（六）均匀性试验的28天抗压强度变异系数（Cy）目标值不大于3.0%。

（七）专用水泥和特性水泥其他特性指标的目标值要求。

1. 白水泥富裕白度0.5%；

2. A级油井水泥稠化时间为：标准值十5分钟，G级油井水泥稠化时间为：90分钟标准值+5分钟，120分钟标准值－5分钟；

3. 中热硅酸盐水泥水化热为：标准值 - 8kJ/kg；低热矿渣硅酸盐水泥水化热为：标准值 - 6kJ/kg；

4. 道路硅酸盐水泥磨损量为：标准值 - 0.5kg/㎡；

5. 钢渣水泥比表面积为：标准值 + 30 ㎡/kg。

第三十七条　要加强水泥的均化，采用空气搅拌、机械倒库或多库搭配等均化措施，提高均匀性，缩小标准偏差，企业每季度要进行一次水泥均匀性试验，努力实现单包水泥各项质量指标达到产品标准要求。

第三十八条　严禁无均化功能的水泥库单库包装，要严格按照化验室签发的书面通知，按库号和比例放库，决不允许随意改变库号和比例。

水泥库要定期清理和维修，卸料设备要保持完好，保证正常出库。

第三十九条　水泥入散装库前必须经过均化，确保散装水泥的均匀性。

第四十条　水泥包装标志必须齐全、清晰，与内装的出厂水泥品种、质量相符。包装物也必须符合 GB 9774 - 1996《水泥包装袋》或 JC579 - 1995《水泥吨装袋》的规定。

企业要建立包装质量抽查制度，每班每台包装机至少抽查 20 包，其包装质量和标志必须符合标准要求，发现不符合要求时，应及时处理。散装水泥应出具与袋装水泥包装标志内容相同的卡片。

成品在检验合格后存放一个月以上的袋装水泥，化验室应发出停止该批水泥出厂通知，并现场标识。经重新取样检验，确认符合标准规定后方能重新签发水泥出厂通知单。

第四十一条　出厂水泥必须按产品标准取代表性样品进行检验并留样封存，封存日期按相关产品标准规定。出厂水泥编号的吨数，应严格执行产品标准，禁止超吨位包装。

第四十二条　出厂水泥质量交货与验收必须严格执行各相关产品标准。

第四十三条　不合格水泥的处理。

（一）出厂水泥的自检结果中任一项指标不合格时，应立即电告用户停止使用该批水泥，企业与用户双方将该编号封存样寄（送）国家水泥质检中心（省级站）进行复检，以复检结果为准，经复检不合格则属于重大质量事故。

按合同要求进行实物质量验收中，双方共同签封的样品在有效期内被省级或省级以上国家认可的水泥质检机构判为不合格品或废品的，也属于重大质量事故。

凡发生重大质量事故，企业要查明原因，追究有关责任部门和个人的责任。

（二）出厂水泥自检或经复验，富裕强度不足，属于未遂质量事故，企业要及时查明原因，制定纠正措施。

（三）因水泥安定性不合格或某项质量指标未达到产品标准而借地存放的，一律按废品或不合格处理。

第四十四条　企业应积极做好售后服务，建立和坚持访问用户制度。企业每年至少要信访有代表性的用户两次以上，广泛征询对水泥质量、性能、包装、运输及执行合同等方面的意见，建立用户档案，制定改进措施。

第四十五条　生产商品熟料的企业，参照出厂水泥管理方法进行管理，制定严于现行熟料产品标准的企业内控指标，保证出厂熟料的实物质量。

第七章　附则

第四十六条　日产 2 000 吨以上（含 2 000 吨）的新型干法预分解窑水泥生产企业，其原燃材料、生料和熟料的质量控制及检验人员配备，可根据本企业生产工艺状况和检验设备自动化程度，参照本规程制定相应的内控指标。

第四十七条　专用水泥和特性水泥生产企业，原燃材料、生料的质量控制，可根据水泥的特性要求，制定不低于本规程要求的内控指标。

未列入本规程的专用水泥和特性水泥生产企业应参照本规程制定企业的质量管理细则，并组织实施。

第四十八条　本规程自 2002 年 4 月 1 日起执行。原《水泥企业质量管理规程》同时废止。

第四十九条　本规程由国家经贸委负责解释。

2002 年 1 月 14 日

★国家经济贸易委员会 2002 年 1 月 14 日发布的 1 号文。

水泥企业化验室基本条件★

中华人民共和国国家经济贸易委员会[2002]01 号

第一条　总则

为完善水泥企业的检验条件，提高检测水平，确保水泥产品质量，特制定水泥企业化验室基本条件。

第二条　环境条件

（一）必须建立满足产品质量检验用的试验室，样品存放室、药品试剂库等。周围环境的粉尘、噪音、振动、电磁辐射等均不得影响检验工作。

（二）化验室的面积、采光、温度、湿度等均应满足检验任务及国家标准规定的要求。

化学分析用天平及高温设备（高温炉、烘干箱）要与分析试验室隔开。

化验室小磨及高压釜应单独放置。

（三）化验室内仪器设备应放置合理，操作方便，保证安全。化学分析试验室应有通风柜（罩），供排除有害气体用。

（四）试验室应保持清洁，与试验无关的物品不准带入。

第三条　检验人员

检验人员配备及素质要符合《水泥企业质量管理规程》要求。

第四条　检验设备

（一）出厂水泥检验以及生产控制检验所需设备应齐全（见附表），其性能应满足有关规定的技术要求，常用的仪器设备应有备用件。

附表　仪器设备技术要求、检定（校验）周期一览表

编号	仪器名称	主要技术要求（精度）	检定（校验）周期
1	水泥电动抗折试验机	示值相对误差 ±1.0%，使用中 ±2% 示值相对变动性不大于 1%，灵敏度≥1%	12 个月
2	水泥胶砂搅拌机	间隙范围：搅拌叶与锅底，锅壁间隙 $1.5^{+1.2}_{-0.5}$ mm 搅拌锅转速（65 ±3）r/min（负载） 搅拌叶片转速（137 ±6）r/min（负载）	12 个月
3	行星式水泥胶砂搅拌机	间隙范围：叶片与锅底、锅壁的工作间隙 3 ±1mm 搅拌叶片的转速：低速档：自转（140 ±5）r/min，公转（62 ±5）r/min；高档速：自转（285 ±10）r/min，公转（125 ±10）r/min；	12 个月
4	水泥胶砂振动台	振动频率：（46.7～50）Hz（2800～3000 次/min） 振幅范围：0.85 ±0.05mm（台面中心放上空试模与漏斗时的全波振幅）	12 个月
5	水泥胶砂振动台	振动频率：（46.7～50）Hz（2800～3000 次/min） 振幅范围：0.75 ±0.02mm（台面中心放上空试模与漏斗时的全波振幅）	12 个月
6	水泥胶砂试体成型振实台	振实台的振幅：15 ±0.3mm 振动频率：60 次/60 ±2s 台盘上装上空试模后包括臂杆、模套和卡具的总重量：20 ±0.5kg 台盘中心到臂杆轴中心的距离：800 ±1mm	12 个月
7	40mm ×40mm 水泥抗压夹具	上、下压板长度：40 ±0.1mm 上、下压板宽度、厚度：大于 40mm；大于 10mm 上、下压板与试件整个接触表面的平面公差为 0.01mm 上、下压板粗糙度：不低于 $\overset{0.1}{\bigtriangledown}$；不高于 $\overset{0.8}{\bigtriangledown}$ 上、下压板自由距离大于 45mm 定位销高度不高于下压板表面 5mm；间距为 41mm～55mm	6 个月
8	40mm ×62.5mm 水泥抗压夹具	上、下压板长度：40 ±0.1mm 上、下压板宽度：>40mm 上、下压板厚度：>10mm 上、下压板与试件整个接触表面的平面公差为 0.01mm 上、下压板粗糙度：不低于 $\overset{0.1}{\bigtriangledown}$；不高于 $\overset{0.8}{\bigtriangledown}$ 上、下压板自由距离 >45mm 定位销高度不高于下压板表面 5mm；间距为 41mm～55mm	6 个月
9	水泥净浆搅拌机	间隙范围：搅拌叶与锅壁，锅底间隙 2 ±1mm； 搅拌叶负载公转：（62 ±5）r/min（慢速） （125 ±10）r/min（快速） 搅拌叶负载自转：（140 ±10）r/min（慢速） （285 ±20）r/min（快速）	12 个月
10	净浆标准稠度与凝结时间测定仪	试杆与试锥，试杆与试针的总质量分别为 300 ±1g 试锥最大偏离度：使用中的 <1.5mm 试针应垂直，平头截面磨损不大于 10%	12 个月
11	水泥安定性试验用沸煮箱	沸煮箱绝缘电阻≥2MΩ 两根电热管总功率在 3600～4400W，小功率电热管功率在 900～1100W 温控时间：自动升温 30 ±5min，恒沸 180 ±5min 手动：应具有在任意情况下使大功率电热管开、闭功能	12 个月
12	水泥安定性试验用雷氏夹	雷氏夹弹性值：$\Delta d = d_2 - d_1 = 17.5 \pm 2.5$mm $d_1 = d_3$（卸荷后）	3～6 个月
13	雷氏夹膨胀测定仪	膨胀值标尺，弹性值标尺刻度相对误差 < ±2%	12 个月
14	水泥标准筛	用标准粉检定时，新筛修正系数 C 应在 0.85～1.05 范围内，使用中的筛子修正系数 C 应在 0.85～1.15 范围内	使用 3 个月或测 150 个样品后
15	透气法比面积仪	对比校验：用标准粉按检验方法标准中的规定进行，检测结果与原仪器采用的标准时间相差不超过 2%	自定

续表

编号	仪器名称	主要技术要求(精度)	检定(校验)周期
16	秒表	精度 0.1s	12 个月
17	游标卡尺	量程 200mm,分度值 0.02mm	12 个月
18	压力试验机	示值相对误差 ±1.0%;示值相对变动性 1.0 示值相对进回程差 1.5%	12 个月
19	分析天平	分度值:0.1mg,最大称量 200g	12 个月
20	电子天平	分度值:1mg,最大称量 200g	12 个月
21	药物架盘天平	分度值:2g,最大称量 2000g	12 个月
22	药物架盘天平	分度值:0.1g,最大称量 100g	12 个月
23	胶砂成型配料用称量用天平	分度值:1g,最大称量 1000g	12 个月
24	高温炉(热电偶)	使用温度:400~1300℃热电偶,精度 ±10℃	6 个月
25	电热干燥箱(温度计)	带鼓风设备,最高温度 200℃,温度计精度 1℃	12 个月
26	水泥试体自动控温养护箱	温湿度均匀,温度:20±1℃,相对湿度≥90%	6 个月
27	酸度计	测量 pH 范围 0~14,最小分度为 0.02pH 单位	12 个月
28	分光光度计	稳定性:±5%	12 个月
29	水泥胶砂流动度跳桌	圆盘跳动落距:10±0.1mm 跳动部分重量:3.45±0.01kg 胶砂流动度标准样检验流动度在允许范围内	12 个月
30	水泥胶砂试模	模腔宽度范围:$40^{+0.05}_{-0.10}$mm 模腔高度范围:40+0.10mm 试模重量:6~6.5kg	12 个月
31	下料漏斗	白铁皮厚度:0.5mm 下料口宽度:4mm~5mm 漏斗重量:2.0~2.5kg	用前自校
32	定硫仪	测试精度:0.10%	用前自校
33	测氟仪	测试精度:0.10%	用前自校
34	定碳仪	测试精度:0.2%	用前自校
35	超微振动粉碎机		
36	化验室统一小磨	500mm×500mm,48r/min,球配正确	
37	混料机		
38	振动筛分机		
39	磁力搅拌器		
40	蒸馏水器	5L/h	
41	离子交换器		
42	酒精喷灯		
43	水浴、砂浴		
44	玛瑙研钵		
45	煤工业分析专用器皿	挥发分坩埚,灰皿,架	
46	铂坩埚与银坩埚	30mL	
47	生料发热量测定仪(氧弹热量计)	0.4%	

注:1. 表中 1~13 为水泥检验专用仪器,由水泥专用仪器检验校准机构进行校准。

2. 表中 16~25 为通用计量器具,送有关计量检定机构定期计量检定。

3. 表中 14~15,26~34 为自校检验器具,按周期自校。

4. 表中 35~47 为一般检验仪器设备,使用中维护和保养。

(二)计量器具应按期检定并有有效的计量检定合格证。检验仪器应按期校准并有有效的校验证书。

(三)化验室的仪器设备要列出仪器设备一览表和计量检定周期表并建立设备档案,档案内容包括名称、规格、型号、生产厂家、出厂日期、出厂合格证、使用说明书及使用过程中维修、检定、校验等记录及证书,并建立仪器设备使用、维修、管理和计量校准制度。

第五条　仪器设备技术要求和检定(校验)周期

(一)仪器设备的精度要求,产品型号和检定(校验)周期见附表。

(二)除附表中所列仪器设备外,企业可视规模和生产品种,添置部分测试用高级仪器设备,如偏光、反光显微镜、激光粒度分析仪、火焰光度计、压蒸釜、白度计、稠化仪、X射线萤光分析仪、原子吸收光谱仪、生料强度测定仪、空隙率测定仪等。

(三)常用和必备的仪器设备,如空调、恒温及易损件、滴定管、容量瓶、烧杯、量筒等由企业自定。

(四)当水泥产品标准或检验方法标准修订后,企业应根据标准要求及时更换仪器设备。

第六条 本条件自2002年4月1日起实施,原《水泥企业化验室基本条件》同时废止。

第七条 本条件由国家经贸委负责解释。

★国家经济贸易委员会2002年1月14日发布的1号文。

水泥企业产品质量对比验证检验管理办法★

中华人民共和国国家经济贸易委员会[2002]01号

第一条 为提高水泥企业检验水平与准确性,规范企业检验操作,促进产品质量不断提高,根据《水泥企业质量管理规程》,制定本办法。

第二条 在国家经贸委领导下,中国建筑材料工业协会具体负责全国水泥企业产品质量对比验证检验工作。

国家水泥质检中心负责水泥年生产能力60万吨及以上规模的企业、省级质检机构不具备检验条件的特性水泥生产企业的对比验证检验工作。

省级政府建材行业主管部门或其授权的省级建材工业协会认定的省级建材(水泥)质检站负责本省(区、市)水泥企业(除大中型水泥企业外)及特性水泥企业的对比验证检验工作。

国家钢渣水泥质检中心负责钢渣水泥企业的对比验证检验工作。

国家水泥质检中心每年必须与国际水泥实验室进行对比验证检验工作,其对比结果报中国建筑材料工业协会。省级建材(水泥)质检站每两个月与国家水泥质检中心进行对比验证检验工作。

第三条 各企业要按照第二条规定送相应的质检机构进行对比验证检验工作,有权拒绝非认定的质检机构提出的对比检验要求。

第四条 对比验证检验以水泥质检机构的结果为准,其结果作为企业进行内外质量考核评审的依据。

第五条 水泥质检机构对来样应及时进行检验,最终检验报告应于接到样品后45天内(在收到企业自检报告前提下)发出,并对检验结果负责。

第六条 为保证对比验证检验工作的质量,水泥质检机构有权对水泥企业化验室的检验仪器、技术条件、检验记录、质量管理制度等进行检查和利用企业的检测手段,组织企业检验人员对该企业的产品质量进行检验。

第七条 水泥质检机构工作人员和检测人员要坚持原则、秉公办事、实事求是、认真负责,严格执行国家标准及有关规定。内部应定期进行重复性试验,不断提高检验水平。在合格试验室对比中,其检验结果应在平均值正负1倍标准偏差范围内。

第八条 对比验证检验的具体规定:

(一)对比频次

1. 规定与国家质检中心对比企业的通用水泥应按品种每两个月送样1个。

2. 特性水泥和专用水泥企业按每个品种每两个月送样1个。

3. 水泥年生产能力60万吨以下的企业应每两个月送样1个。

4. 钢渣水泥企业每月送样1个。

5. 非常年生产的品种,可在生产期内均衡送样。

因企业在作对比验证检验的同时接受监督,故所送样品必须是本企业按规定随机选取的出厂水泥样,并且在一年内应涵盖所生产的所有品种和强度等级的水泥。国家或省级抽查样可不受上述频次限制,但抽查样可代替对比验证检验样。

(二)对比要求

1. 企业应有专人负责对比验证检验工作,并制定相应的管理办法。

2. 对比样品抽取后应立即通过0.9mm方孔筛,并混合均匀,平分成送检样、企业自检样、封存样。

3. 送检样品必须在该编号水泥出厂后3天内寄(送)出。

4. 样品的重量、送样单和包装一律按水泥质检机构的要求和统一格式填写、包装。

5. 企业必须及时向水泥质检机构寄送对比验证检验样的自检报告,质检机构收到企业自检报告后应及时发出该企业的对比验证检验报告。

(三)对比检验项目

有关水泥产品标准中的全部技术要求。

第九条　对长期对比超差或质量低劣和一再发生重大质量事故的企业，水泥质检机构有权建议政府建材行业主管部门严肃处理。

第十条　对比验证检验费用由被检企业或质检机构承担，在新的国家收费标准发布之前，暂按原国家物价局、财政部[1992]价费字496号文规定执行。

第十一条　本办法自2002年4月1日起执行，原《水泥企业产品质量对比验证检验管理办法》同时废止。

第十二条　本办法由国家经贸委负责解释。

★国家经济贸易委员会2002年1月14日发布的1号文。

关于用高新技术和先进适用技术改造提升传统产业的实施意见★

国经贸技术[2002]247号

各省、自治区、直辖市、计划单列市、副省级城市及新疆生产建设兵团经贸委（经委），国务院有关部门，各委管国家局，有关行业协会，有关中央管理企业：

为全面落实《国民经济和社会发展第十个五年计划纲要》提出的目标和任务，实现我国经济结构战略性调整和产业结构优化升级，充分利用高新技术和先进适用技术改造提升传统产业，以信息化带动工业化，增强我国传统产业创新能力和国际竞争力，促进我国社会生产力跨越式发展，现就用高新技术和先进适用技术改造提升传统产业提出如下实施意见：

一、加快用高新技术和先进适用技术改造提升传统产业是我国经济发展的重要历史任务

（一）改造提升传统产业是综合国力持续增强的根本保证

传统产业在今后相当长时期内仍将是我国国民经济发展的主体，是促进经济增长的基本力量，是实现现代化的重要基础。目前，我国传统产业占国民生产总值的90%以上，占工业增加值的91%，固定资产原值的95%，利润的80%，上交税金的95%，从业人数的94%，出口的87%。传统产业创造了绝大部分的产值、利税和就业机会，有着庞大的规模和雄厚的基础。用高新技术和先进适用技术改造提升传统产业，大力推进传统产业优化升级，充分发挥比较优势，积极参与国际产业分工，对于提高我国国民经济的运行质量和效益，实现综合国力持续增强有着重要的现实意义和深远的历史意义。

（二）改造提升传统产业是实现经济结构战略性调整的必然选择

随着世界经济结构的加速调整和跨国公司的并购浪潮，以及国内需求结构的重大变化，我国经济结构战略性调整、优化和提高产业国际竞争力，已成为当前和未来一个时期经济建设与发展的中心任务。实现我国经济结构战略性调整目标，必须把传统产业的改组改造放在重要位置，通过上市、兼并、联合、重组等形式，大力培育和发展一批拥有自主知识产权、主业突出、核心能力强的大公司、大集团，发挥其在经济结构调整中的重要支撑和推动作用。通过采用高新技术和先进适用技术改造提升传统产业，使之获得新的发展动力和市场空间，创造新的竞争优势，进入新的发展阶段。

（三）改造提升传统产业是应对经济全球化趋势的重要举措

经济全球化已成为世界经济社会关注的焦点问题。我国已经加入世界贸易组织（WTO），随着市场准入的扩大、关税的削减和非关税措施的减少，外国产品、服务和投资等必将更多地进入我国市场，对我国传统产业中那些技术水平低、管理落后、产品附加值低的企业带来严重冲击。与此同时，跨国公司的不断发展壮大，对经济全球化也将产生重要影响。据有关方面统计，全球6万多家跨国公司以及遍及世界各地的70万个分支机构的产值已经占到了全球总产值的25%，全世界每年产生的新技术70%以上为世界500强所拥有。要实现我国民族工业的振兴和综合国力的提高，核心是要在世界市场上取得支配权。因此，加快采用高新技术和先进适用技术改造提升传统产业是我国提高国际分工地位、全方位参与国际竞争的迫切要求。

（四）改造提升传统产业是高技术产业发展的重要基础

科学技术日新月异，蓬勃兴起的技术革命，推动了社会和经济的发展。改造提升传统产业和发展高技术产业是我国经济发展的重要命题。改造提升传统产业是实现高技术产业化的载体，是高技术产业发展的重要基础。通过用高新技术和先进适用技术改造提升传统产业，促进传统产业结构优化升级，提高其技术和装备水平，为发展高技术及实现产业化提供了重要保障和基础条件。以信息技术、先进制造技术为代表的高新技术在传统产业中的广泛推广应用，推动传统产业的高技术化，为传统产业的生存和发展注入了新的活

力，从而必将极大地带动传统产业的整体提升，进一步增强传统产业的国际竞争力。

(五)改造提升传统产业是实施“以信息化带动工业化”战略的突破口

信息技术已经成为当代最先进的技术手段，信息技术的渗透与融合，将在提升国民经济各部门的产业技术水平中发挥核心作用。发达国家经验表明，虽然以信息化推动工业化将增加30%的投资，但可以提高产品档次和质量、改善生产环境、降低能源和原材料消耗，从而增加85%的经济效益。加速改造提升传统产业步伐和实现以信息化带动工业化，必须以信息技术的应用为重点，努力提高能源、交通、原材料、轻纺等领域一批骨干企业的生产过程自动化、控制智能化和管理信息化水平。积极推进信息技术与制造技术的紧密结合，提高产品质量、水平，降低成本，缩短生产周期，提高劳动效率及产品和企业综合竞争能力，加速实现以信息化带动工业化进程。

当前我国传统产业存在的主要问题：一是企业组织规模小而散，社会化、专业化水平低；二是产业结构和产品结构不合理，多数行业的低水平生产能力过剩与高技术含量、高附加值产品和工艺装备依靠进口并存；三是企业管理水平低，市场开拓能力差；四是主要生产技术、工艺和装备落后；五是企业技术开发投入不足，自主创新能力弱；六是优秀人才资源匮乏。

二、用高新技术和先进适用技术改造提升传统产业的指导思想和原则

(一)指导思想

在十五届五中全会精神和“十五”计划纲要指导下，以市场为导向，以企业为主体，以产业结构优化升级和提高国际竞争力为目标，以建立和完善技术创新体系，提高产业技术创新能力为基础，以研究开发、集成应用高新技术和先进适用技术为手段，以信息技术的推广应用为重点，加速我国传统产业改造提升步伐。

(二)原则

用高新技术和先进适用技术改造提升传统产业应遵循以下原则：

1. 坚持以结构调整为主线。围绕我国经济结构战略性调整的总体目标，改造提升工作的核心是优化产业结构，提升产品的技术档次，使传统产业的发展尽快步入以技术进步为主要增长方式的轨道上来。

2. 坚持可持续发展。改造提升传统产业要坚持资源开发与节约并举，注重节能降耗，防止污染，提高资源利用效率。

3. 坚持以市场为导向。改造提升传统产业要充分发挥市场机制在优化配置资源中的基础性作用，针对市场需求，进一步增加产品品种，提高产品和服务质量。

4. 坚持以企业为主体。企业是市场竞争的主体，在用高新技术和先进适用技术改造提升传统产业过程中，必须充分发挥企业的主体作用。

5. 坚持培育企业核心能力。改造提升传统产业要紧紧围绕培育和增强企业的核心能力，加强技术创新体系建设和知识产权保护，提高创新能力。

6. 坚持与制度创新、管理创新紧密结合。改造提升传统产业要与建立现代企业制度和加强企业全面管理相结合，转变生产经营模式、提高管理水平，实现资源的有效配置。

7. 坚持自主创新与引进技术相结合。加强产学研联合，研究开发产业发展所需共性技术、关键技术和装备，积极做好引进技术消化吸收创新工作，增强自主创新能力。

8. 坚持有所为、有所不为。集中力量，重点选择一批具有比较优势、基础较好的产业进行改造提升，实现局部领域的突破和跨越式发展。

三、用高新技术和先进适用技术改造提升传统产业的目标和任务

(一)目标

总体目标：到“十五”末期，培育一批具有较强创新能力和核心竞争力、国际知名的大型企业集团，发展“专、精、特、新”，并颇具活力的中小企业群体，大幅度提高产业集中度和专业化水平；研究开发一批具有自主知识产权技术和工艺，研制一批重大技术成套装备和主导产品，为改造提升传统产业提供技术支持，使我国传统产业中重点骨干企业的技术装备、主要技术经济指标接近或达到20世纪90年代中期国际先进水平，部分产业达到或接近国际同期先进水平；探索出一条适合中国国情的用高新技术和先进适用技术改造和提升传统产业的新途径和成功经验。

“十五”期间主要行业目标如下：(其他行业略)

建材行业的主要目标：以节能、节土、利废、环保为目标，开发和应用先进适用技术和高新技术，对水泥、玻璃、墙体材料、建筑卫生陶瓷、非金属矿深加工和玻璃纤维等主要产品生产工艺进行改造、升级，到“十五”末使建材工业的万元产值能耗降低20%，新型干法水泥比例提高到20%，水泥散装率达到31%，平板玻璃、建筑卫生陶瓷和玻璃纤维的整体生产工艺技术水平接近国际先进水平。新型墙体材料比例提高到40%，节约土地110万亩。建材生产的主要污染物粉尘、二氧化硫排放总量减少20%以上，工业废弃物综合利用量提高40%，年减少天然资源开采使用量1.5～2亿吨。重点开发“生态水泥”等绿色建材产品生产工艺及装备，改造提升现有生产能力。

(二)任务

1. 以信息技术推广应用为重点，提高传统产业的信息化水平。

运用信息技术提高连续生产过程自动化、控制智能化及

管理信息化水平,提高传统产业的生产效率和产品质量;发展自动检测与控制技术,实现生产过程的自动化和最优化,提高工厂综合自动化水平;发展企业信息管理系统技术,实现实时管理与数据共享,提高企业管理水平。

2.以先进制造技术应用为重点,推进制造领域的优质高效生产。

发展数控技术,提高设备的自动化水平;发展计算机辅助设计与制造技术,提高制造自动化、柔性化和集成化水平;发展与应用综合自动化技术,重点推行并行工程、敏捷制造、企业资源计划等先进制造方式;研究开发新工艺,推广新型制造技术,提高制造效率和产品质量。

3.以研制重大技术装备和成套设备集成为重点,提高行业装备制造水平和制造业装备水平。

选择对行业影响大、应用面宽的核心技术与关键设备,组织技术开发与科技攻关,促进在行业中的应用,提高重大技术装备研制水平和成套设备集成能力,满足传统产业装备更新换代的需要。重点是数控技术和数控机床,机器人技术及机器人,先进发电、输电和大型工程施工成套设备,大型自动化成套设备及大马力拖拉机及配套农机具、环保型柴油发动机等。

4.以产业共性技术和关键技术开发应用为重点,促进传统产业的技术升级。

围绕产业结构升级急需解决的共性技术、关键技术及配套技术,加强产学研合作,加大技术开发投入,开发形成一批拥有自主知识产权的产品和技术,并积极推广应用。

5.以高技术、高附加值产品研制为重点,提高行业主导产品的研制水平,促进产品的升级换代。

围绕市场需求,立足产品结构调整,积极开发高新技术产品,重点加强智能化、数字化和网络化等高技术、高附加值主导产品的研制,提高和改善产品可靠性和质量,形成知名品牌。

6.以节能降耗和环境保护为重点,推广应用一批新工艺和新装备。

开发和推广应用一批高效节能降耗和环保的新工艺、新装备,提高生产效率和资源综合利用率,防止环境污染,实现可持续发展。

四、政策和措施

(一)继续深化改革和制度创新,推进传统产业的改组和结构优化

加快国有及国有控股大中型企业建立现代企业制度步伐,建立规范的法人治理结构和重大决策可追溯责任的董事会议事制度。通过上市、兼并、联合、重组等形式形成一批主业突出、核心能力强的大型企业和企业集团。利用市场机制,引导中小企业向“专、精、特、新”方向发展。加快企业组织结构调整,形成大中小企业协调发展的格局。打破行业、部门、地区和所有制界限,支持跨行业、跨产业利益共同体的发展,构建符合市场经济规律的现代产业链。

(二)组织实施三个“行动计划”,积极推进传统产业的改造提升

围绕《国家产业技术政策》,重点组织实施“推广应用信息技术改造提升传统产业行动计划、研究开发关键技术和工艺改造提升传统产业行动计划、研制开发主导产品和装备改造提升传统产业行动计划”三个行动计划,围绕改造提升传统产业的重点和目标,支持产业共性技术、关键技术和成套装备的技术创新和推广应用,为传统产业的改造提升提供有效保障。

(三)积极开展试点工作,探索改造提升传统产业的成功方法

选择3~5个行业和2~3个城市或地区开展试点工作,试点行业或地区结合自身实际,制定试点方案,采取切实有效的政策措施开展工作,并不断总结经验,加以推广,促进我国传统产业的结构调整和升级。有重点地选择一批有条件的企业开发推广应用电子信息技术,支持企业建立以设计开发、生产制造为核心的制造集成系统,以财务、成本、人事为核心的经营管理系统,以电子商务为核心的营销系统,提高企业生产技术和管理水平。

(四)以重点建设和重大技改工程为依托,支持重大技术装备成套设备研制与应用

研究提出鼓励和支持重大技术装备研制的政策措施,研究制订重大装备研制规划,引导有关部门、行业协会或联合会,中央管理企业及具有一定组织协调能力的单位,加快重大技术装备开发研制和应用。依托国家重点建设和重大技改工程,结合市场需求,鼓励和支持自主创新研制,大力推动产学研联合,在重点行业扶持重点企业(集团)研制先进适用的重大技术装备,力争掌握核心技术,提高成套设备集成能力。以提供成套设备和承包工程项目等不同方式,培育一批具有可持续开发、研制和成套设备集成能力的企业,参与国际市场竞争。

(五)加强以企业为主体的技术创新体系建设,增强传统产业创新能力

继续支持企业建立技术中心,形成有利于自主创新的组织体系和运行机制,开发有自主知识产权的主导产品和核心技术,培育核心能力。建立和完善面向市场、主要为中小企业服务的技术创新服务体系。发挥转制科研机构,特别是转制为大型科技型企业的综合优势,进一步完善以企业为主体的产学研相结合的机制,加强对行业共性、关键性、前瞻性技术的联合开发,促进行业结构调整和技术升级。

(六)加大对技术创新的投入,探索风险投资机制

适度增加财政投入,建立专项资金,加大对改造提升传统产业支持力度。充分利用“国债贴息”、“政府采购”等财政政策,支持行业骨干企业的技术创新和技术改造。支持符合条件的优势企业,通过资产重组、合资嫁接、股票上市、股权置换、加速折旧等多种形式拓宽融资渠道，并积极引导商业银行和社会资金支持对传统产业的改造提升。通过建立风险基金等形式，积极探索改造提升传统产业的风险投资机制。鼓励和支持企业加大对技术创新的投入，企业每年应安排一定的资金用于开发新技术、新产品，提高企业创新能力。

（七）充分利用税收优惠政策，鼓励和支持企业采用高技术与先进适用技术进行改造提升

充分利用现已出台的有关税收优惠政策。如在计算机软件开发与产品转让、技术咨询服务收入、国外技术的转让、设备与配套件的引进，在增值税、营业税、所得税和关税等方面实行相应的减、抵、免政策。研究制定改造提升传统产业的设备投资抵扣所得税、缩短折旧周期等新的政策措施。

（八）加强立法工作，加大执法力度

建立和完善适应社会主义市场经济体制的法律法规体系。加快修订及制订新的传统产业主要相关产品的标准、污染物排放标准、生产能耗标准等，加大执法与贯彻标准的力度，通过法律、法规促进企业改造工艺与装备水平，提高资源利用率、减少污染物排放，实现经济效益和环境效益的统一。

（九）提高知识产权保护的意识，大力培养复合型人才

重视和加强专利工作，增强专利保护意识，依法加大知识产权保护力度，开展企事业管理人员与科技人员知识产权法律知识方面的培训。要通过再教育（培训）等手段，重点培养具有专业知识与管理经验的复合型人才，适应国际竞争环境的人才需求。对用高新技术和先进适用技术提升传统产业做出重大贡献的项目和人员表彰和奖励应加大力度。积极探索按劳分配和按要素分配相结合的分配机制，鼓励对企业优秀技术人员采用股权、期权等各种分配激励方式。

（十）加强标准化工作，实现与国际接轨的标准化管理

加大研究制定标准、规范的投入，建立和完善行业技术标准和技术法规，建立以技术标准、法规等手段为主的市场监管体系和严格规范的市场准入和退出机制。严格产品质量标准，提高标准的制定水平，限制劣质产品进入市场，加速淘汰落后生产工艺。加快建立和完善符合国际准则的认证检测机构和产品质量标准体系，大力推行ISO9000质量标准体系和ISO14000环保标准体系和职业安全健康认证体系。

（十一）适应WTO规则，制定行业发展的应对措施

认真研究WTO规则，特别是有关技术性贸易壁垒、反补贴、反倾销等协议、保障措施和争端解决机制，建立以企业和行业协会为主体的反倾销应诉新机制，利用国际惯例，合理实施产业保护。依据国际惯例和我国有关法律法规，建立起反倾销预警系统，为我国产业的发展创造必要的市场空间，科学地维护我国的经济安全。充分利用加入WTO后有限的过渡期间，清理、完善有关法律法规，特别要研究制定反倾销法、反补贴法，加强行政执法力度，整顿和规范国内市场经济秩序。

（十二）扩大对外开放，积极利用国外资源改造提升传统产业

鼓励和支持企业以合资、合作、技术入股等多种形式，加强国际间合作。通过争取国际金融企业投入和外国政府优惠贷款等方式，吸引外资进入传统产业改造领域。通过与跨国公司共同组建技术开发中心，在较高层次上开展合作，尤其要注重优秀人才和先进管理方式的引进，促进传统产业的全面升级。

用高新技术与先进适用技术改造提升传统产业是一项系统工程。请各地区、有关部门和中央管理企业结合本地区、本行业、本企业实际，积极采取切实可行的政策措施，并充分发挥行业协会等中介组织的作用，认真抓好传统产业的改造提升工作。

附件：用高新技术和先进适用技术改造提升传统产业的重点

国家经济贸易委员会
二〇〇二年四月十七日

附件：

用高新技术和先进适用技术改造提升传统产业的重点

为适应世界经济、科技发展趋势，结合我国传统产业现状，根据《用高新技术和先进适用技术改造提升传统产业的实施意见》，“十五”期间通过组织实施“推广应用信息技术改造提升传统产业行动计划、研究开发关键技术和工艺改造提升传统产业行动计划、研制开发主导产品和装备改造提升传统产业行动计划”三个行动计划，引导和推动我国传统产业的改造提升。为此，提出煤炭、石油、石化、化工、电力、钢铁、有色金属、机械、船舶、轻工、纺织、医药、建设、建材、交通运输、铁路、邮政、商贸流通等行业用高新技术和先进适用技术改造提升的重点如下：

十四、建材行业（其他行业略）

（一）推广应用信息技术改造提升传统产业的重点

1. 水泥、浮法玻璃、建筑卫生陶瓷和墙体材料产品的热工窑炉自动监测与燃烧系统优化控制技术，包括热工原料（空气）成分检测技术、专家控制系统软件包、信息技术、仿真技术等；

2. 原料自动配料技术、产品生产与销售全过程信息化控制管理系统；

3. 数码成像、微机制图、激光制版等在装饰装修材料产品的应用技术；

4. 浮法玻璃在线缺陷检测与智能化自动切割分片系统。

（二）研究开发关键技术和工艺改造提升传统产业的重点

1. 以工业废弃物、城市生活垃圾和建筑垃圾为原料的建材产品生产工艺技术与资源综合利用技术；

2. 熔窑、窑炉长寿化技术和提高熔窑、窑炉热工效率的节能技术；

3. 玻纤收尘过滤材料等新型粉尘治理技术、烟气脱硫和氮氧化物减排等环保技术；

4. 提高建筑卫生陶瓷档次和装饰效果，发展环保、节水和抗污、自洁、抗菌等多功能产品的新工艺、新技术和新装备。

（三）研制开发主导产品和装备改造提升传统产业的重点

1. 日产5 000～8 000吨水泥熟料成套装备和新型干法窑外分解技术；

2. 高强承重砼空心砌块成型机、外墙板成型设备等新型墙体材料关键装备及新型墙体材料主导产品；

3. 2～13微米超细粉碎用分选、分级技术等非金属矿深加工关键装备；

4. 全面提高“洛阳浮法”玻璃生产工艺技术装备水平、建筑陶瓷砖新型装饰技术装备和卫生瓷中高压注浆工艺技术装备；

5. 开发年产2～3万吨规模的电子级玻璃纤维池窑拉丝技术装备及电子级玻璃布生产技术。

★国家经济贸易委员会2002年4月17日发布的247号文。

2003年

国务院办公厅转发国务院体改办等部门关于深化转制科研机构产权制度改革若干意见的通知★

国办发[2003]9号

各省、自治区、直辖市人民政府，国务院各部委、各直属机构：

国务院体改办、科技部、财政部、国家经贸委《关于深化转制科研机构产权制度改革的若干意见》经国务院同意，现转发给你们，请贯彻执行。

2003年2月24日

附件：

国务院体改办　科技部　财政部　国家经贸委
关于深化转制科研机构产权制度改革的若干意见

为了进一步贯彻落实《中共中央、国务院关于加强技术创新，发展高科技，实现产业化的决定》（中发[1999]14号）精神，加快转制科研机构建立现代企业制度的步伐，促进技术创新和科研成果产业化，现就深化转制科研机构产权制度改革提出以下意见。

一、调整和完善产权结构

（一）转制科研机构实行产权制度改革，要按照建立现代企业制度的要求，根据《国务院办公厅转发科技部等部门关于深化科研机构管理体制改革实施意见的通知》（国办发[2000]38号）、《国家国有资产管理局关于印发〈国有资产产权界定和产权纠纷处理暂行办法〉的通知》（国资法规发[1993]68号），以及财政部《关于国家经贸委管理的10个国家局所属科研机构转制中有关国有资本核定问题的通知》（财管字[1999]276号）等文件规定，进行清产核资，明晰产权，及时到财政、工商等部门办理产权变更登记和注册登记等手续。

凡是产权归属不清或存在产权纠纷的，有关部门要本着有利于推进技术创新、支持科技人员创业和企业长远发展的原则，依照有关规定合理界定，协调处理。

（二）转制科研机构要根据自身特点，依法进行以公司制为主要形式的企业改制。一般转制科研机构原则上都要改制成为多种经济成分参股的有限责任公司或股份有限公司。涉及国家安全和重大社会利益的转制科研机构改制，应形成国家股和多个国有法人股并存的股权结构 。

鼓励社会法人资本、个人资本和外商资本等多种资本投资入股或受让股权，将转制科研机构改制成为多元股权的公司制企业。允许职工个人自愿投资入股；在公正、公平的条件下，鼓励经营管理人员和科技人员持有较大比重的股份。

（三）对从事一般竞争性业务的转制科研机构，允许向社会整体转让产权。

（四）转制科研机构改制时，原则上不再新设职工集体股。由于历史原因已经设立的，要规范和完善管理办法。现有集体股可用于以后加入企业的科技人员和经营管理人员的股权激励；也可本着自愿协商的原则，由本企业经营管理人员和科技人员购买，其余部分吸引其他资本认购。暂时难以转让的部分，可委托信托投资机构管理。对集体股收益和股权转让所得，经职工代表大会审议通过，可用于原有入股职工补充养老保险、医疗保险等方面。

二、规范国有资产处置

（一）转制科研机构因改制、改组、兼并、破产和出售等引起国有资产产权变更的，要严格执行财政部《企业国有资本与财务管理暂行办法》（财企[2001]325号）和《企业公司制改建有关国有资本管理与财务处理的暂行规定》（财企[2002]313号），以及有关政策法规，经出资人同意，征求债权人意见，在严格评估和审计的基础上，通过职工代表大会审议，按照市场规则和规范程序合理处置国有资产，防止国有资产流失。

（二）转制科研机构改制时，对主要承担行业共性技术开发、基础性研究以及鉴定、检测等工作的公益性资产，可不折股。对这类资产要通过依法审计、严格评估，将其价值计入改制后公司国有独享的资本公积，由国有股东与改制后的企业签订委托管理协议。改制后新增的公益性资产也可按此办理。

（三）对转制前用于开办学校、幼儿园、医院等形成的非经营性资产，改制时可按照《国务院办公厅关于转发国家经贸委国有大中型企业建立现代企业制度和加强管理的基本规范（试行）的通知》（国办发[2000]64号）、国家经贸委等六部门《关于进一步推进国有企业分离办社会职能工作的意见》（国经贸企改[2002]267号）精神，结合实际情况和需要，进行剥离，暂时无法剥离的，可按本意见中关于公益性资产的规定办理。

（四）转制科研机构改制时，在剥离公益性资产后，可从企业净资产中，对欠缴的职工养老统筹、医疗费、所欠职工工资，以及解除劳动关系的经济补偿金、抚恤对象安置费等，实行一次性扣除。

（五）转制科研机构转制前属于职工奖金、工资储备基金和福利基金的结余，原则上结转转制后的单位，继续用于职工奖金、工资发放和职工福利。经职工代表大会审议通过，也可将其中一部分用于职工的补充养老保险、医疗保险。

（六）转制科研机构的划拨土地使用权，按照国土资源部《关于改革土地估价结果确认和土地资产处置审批办法的通知》（国土资发[2001]44号）的规定，经评估后，可以采取出让、租赁、作价出资（入股）或授权经营等方式处置。对转制科研机构的国有房产处置，可按照此办法办理。

（七）转制科研机构的国有资产出售，要依法、公开、有偿进行。涉及价值较大的国有资产出售，应当采取拍卖等公开竞价方式进行。涉及单位合并、分立、解散、撤销、破产的，其资产处置按照国家有关部门政策规定办理。

（八）对以政府财政资金资助为主、列入国家科研计划项目的研究成果及所形成的知识产权，转制科研机构应按照《国务院办公厅转发科技部、财政部关于国家科研计划项目研究成果 知识产权管理若干规定的通知》（国办发[2002]30号），确定产权归属，并可按规定在企业改制时作价入股。转制科研机构削减事业费到位后形成的知识产权，应区分情况明确其产权归属。

三、建立规范的产权激励和约束机制

（一）转制科研机构改制后，按照工资总额增长低于税后利润总额增长、职工平均工资增长低于劳动生产率增长的原则，根据有关法规自主决定职工工资标准和分配办法，建立以岗位效益工资为主的基本工资制度，在产权约束机制到位、法人治理结构健全的情况下，逐步取消工资总额控制。

（二）改制科研机构要加大对在技术开发、经营管理、市场开拓及成果转化中起关键作用、有突出贡献者的激励力度。要积极探索实行新产品利润提成、新产品销售收入提成、科技成果入股和建立补充商业保险等多种激励方式，调动科技和经营管理人员的积极性，吸引优秀人才。

（三）转制科研机构改制可对有贡献的职工特别是做出突出贡献的科技人员和经营管理人员实行股权激励，具体办法按照《国务院办公厅转发财政部、科技部关于国有高新技术企业开展股权激励试点工作指导意见的通知》（国办发［2002］48号）执行。

四、加强国有资产管理

（一）对改制科研机构的国有资产或国有股权，由国家授权投资的机构依法行使出资人职能，享有资产收益、重大决策和选择管理者等权利，承担保值增值责任。在国务院未明确国家授权投资机构的具体政策法规之前，可暂由其所归属的企业集团（公司）或主管部门、机构依法行使出资人职能。

（二）行使出资人职能的单位要加强对转制科研机构的国有公益性资产，剥离、借入、剩余土地使用权，以及转制前社会非经营性资产等的管理，保证国有资产的安全和有效使用。

（三）国有资本处于控制地位的改制科研机构要按照党管干部和市场机制选择经营管理者相结合的原则，建立健全公司法人治理结构和相应的有效约束机制，承担国有资产保值增值的具体责任。

本意见暂先在中央所属转制科研机构中进行试点，转制科研机构试点办法的制定及组织实施工作由科技部会同财政部、国家经贸委等有关部门进行。各部门要在各自的职责范围内认真做好具体操作工作，切实保证改革的顺利推进。

地方所属转制科研机构可参照本意见进行试点。

★该通知是由国务院经济体制改革办公室、科技部、财政部、国家经济贸易委员会2003年2月24日共同发布的9号文。

国家经济贸易委员会　国家环境保护总局 公布《国家重点行业清洁生产技术导向目录》（第二批）★

2003年第21号

为贯彻落实《中华人民共和国清洁生产促进法》，引导企业采用先进的清洁生产工艺和技术，我们组织编制了《国家重点行业清洁生产技术导向目录》（第二批），现予公布。

本目录涉及冶金、机械、有色金属、石油和建材5个重点行业，共56项清洁生产技术。这些技术经过生产实践证明，具有明显的经济和环境效益，各地区和有关部门应结合实际，在本行业或同类性质生产装置上推广应用。

2003年2月27日

附件：《国家重点行业清洁生产技术导向目录》（第二批）简介（水泥部分节选）

编号	技术名称	适用范围	主要内容	投资及效益分析
48	新型干法水泥窑纯余热发电技术	水泥行业	窑头、窑尾分别加设余热锅炉回收余热。回收窑头、窑尾余热时，优先考虑满足生产工艺要求，在确保煤磨和原料磨的烘干所需热量后，剩余的废热通过余热锅炉回收生产蒸汽。一般窑尾余热锅炉直接产生过热蒸汽提供给汽轮机发电，窑头锅炉若带回热系统的可直接生产过热蒸汽，若不带回热系统的则生产部分饱和蒸汽和过热水送至窑尾锅炉过热。	以2 000吨/天新型干法水泥窑，发电系统装机3 000千瓦计，总投资2 088万元。按达到的生产水平2 300千瓦计算，年新增发电能力1 623万千瓦时，扣去自耗电12%，年供电量1 428万千瓦时，可降低生产成本297.7万元，投资净利润率14.26%，具有良好的经济效益。

续表

编号	技术名称	适用范围	主要内容	投资及效益分析
49	新型干法水泥采用低挥发分煤技术	水泥行业	为保证低挥发分燃煤在回转窑和分解炉内的稳定正常着火和燃烧，采取以下主要措施：一是采用新型大推力多通道煤粉燃烧器，强化煤粉与空气的混合；二是采用部分离线型分解炉，使初始燃烧区有较高的氧浓度和燃烧温度，适当加大分解炉炉容，延长煤粉停留时间；三是增加煤粉细度，提高煅烧速率，缩短燃尽时间。	该技术可以大幅度降低水泥燃料成本，减少污染物排放。按年产30万吨水泥熟料计，总投资约260万元，投资回收期为1～2年。
50	利用工业废渣制造复合水泥技术	水泥行业	使用钢渣、磷渣、铜渣、粉煤灰、煤矸石多种工业废渣作为水泥掺和料与少量熟料（≤30%）一起，采用机械激发、复合胶凝效应等多机理激发的技术手段制造水泥。对性能不明的工业废渣作掺和料，要进行必要的物理化学性能测试。	以年产10万吨水泥规模为例。按老厂改造、分别粉磨方案计算，需要投资440万元。按老厂改造、混合粉磨方案计算，需要投资190万元。按建新厂、分别粉磨方案计算，需要投资1 100万元。从经济上看，建新厂二年半可收回全部投资；按老厂改造、分别粉磨方案一年可收回全部投资；按老厂改造、混合粉磨方案，半年可收回全部投资。与传统工艺相比，粉尘产生量可减少35%以上，二氧化碳、氮氧化物产生量减少40%以上，吨水泥熟料消耗和煤耗均减少40%以上，水泥生产成本大大降低；同时，使工业废渣得到综合利用。
52	挤压联合粉磨工艺技术	年产20～100万吨水泥企业的生料和水泥成品的粉磨作业，以及高炉矿渣、煤等脆性物料的粉磨作业	由关键设备辊压机、打散分级机以及传统粉磨设备球磨机构成。挤压后的物料粒度大幅度下降，易磨性显著改善，与辊压机配套使用的打散分级机集料饼打散与颗粒分级两项功能于一体，球磨机选用先进的高细高产磨技术，开路操作。高效率的磨内筛分装置具有类似选粉机的分选功能，可有效抑制过粉磨现象；强化研磨功能的微段研磨体的加入以及极具针对性的研磨体级配可有效提高粉磨效率，实现大幅度增产。	日产700吨挤压粉磨系统，投资600万元；日产1 000吨挤压粉磨系统，投资800万元；日产2 000吨挤压粉磨系统，投资1 800万元。投资回收期约3年。该技术节能效果明显，台时产量增加80%～90%，节电30%，研磨体消耗降低60%；同时，设备噪音明显降低，粉尘排放得到有效控制。
53	开流高细、高产管磨技术	水泥生料、熟料，非金属矿、工业废渣的高细粉磨和深加工。	该技术是对普通开流管磨机内的隔仓板及出口篦板进行改造，并在隔仓板间增设筛分装置，使物料能在磨内实现颗粒分级，从而大大提高系统的粉磨效率。	根据磨机的规格不同，投资规模在20万元与50万元之间不等。投资回收期为六个月到一年。该技术不造成任何环境污染，磨机台时产量增加30%～40%，降低钢材消耗及能耗25%～30%。

续表

编号	技术名称	适用范围	主要内容	投资及效益分析
54	快速沸腾式烘干系统	水泥、非金属、化工及各类工业废渣的烘干处理	该技术是对回转式烘干系统进行综合技术改造,其中供热系统采用小炉床型高温沸腾炉;烘干机内部使用新型组合式扬料装置;通风、除尘系统因条件不同有针对性地选用收尘设备。整套系统集烘干、节能、环保为一体,从而大大提高系统的热效率。	根据生产规模不同,总投资在10~80万元之间不等,投资回收期为3~6个月,主要设备使用寿命为5~8年,该项技术是对各类工业废渣及粉尘进行综合治理,废气中粉尘排放浓度低于80毫克/标准立方米,台时产量增加80%~120%,节能40%~80%,能达到增产增效、综合利用废渣、降低能耗及粉尘治理之目的。
56	散装水泥装、运、储、用技术	水泥、流通、建筑业	散装水泥采用密封装、卸、运输方式,不存在破包问题,可大量减少水泥粉尘排放,同时,可降低袋装水泥包装物的消耗,降低生产和使用的成本。	袋装水泥生产和使用的综合成本要比散装水泥高出约50元/吨。若全部实现散装化,全国每年能节约240亿元。投入产出效益为1:3。

★该目录是由国家经济贸易委员会、国家环境保护总局2003年2月27日联合发布的第21号公告。

关于妥善处理清理整顿小水泥企业有关遗留问题的通知★

国经贸厅运行[2003]23号

各省、自治区、直辖市、计划单列市及新疆生产建设兵团经贸委(经委):

《国务院办公厅转发国家经贸委关于清理整顿小玻璃厂小水泥厂意见的通知》(国办发[1999]49号,以下简称《通知》)决定对产品过剩、污染严重、浪费能源、质量低劣、不符合安全生产条件的小水泥进行清理整顿。经过三年多的努力,清理整顿工作取得了明显成效,全国大部分地区已基本完成国家下达的目标和任务。

但是,近来仍有一些地方反映少数列入清理整顿的小水泥企业存在一些遗留问题,要求进行适当调整。经研究,现就有关事项通知如下:

一、根据2002年中央经济工作会议和全国经贸工作会议精神,水泥工业要以发展为主题,以结构调整为主线,认真执行《通知》规定,继续淘汰落后生产能力,认真组织开展本地区清理整顿小水泥企业的检查验收工作。已经完成清理整顿任务的地区要巩固和扩大工作成果,努力防止已关闭(淘汰)小水泥企业死灰复燃。少数没有完成的地区要加大工作力度,尽快将列入清理整顿范围的小水泥企业关闭或淘汰。

二、根据《通知》和《工商投资领域制止重复建设目录(第一批)》(国家经贸委第14号令,以下简称14号令)等的规定,重申凡属下列情况的落后小水泥企业要依法予以取缔、关闭或淘汰:

(一)无生产许可证生产的;

(二)窑径小于2.2米(含2.2米)机立窑生产线的;

(三)关于公布《第一批严重污染环境(大气)的淘汰工艺与设备的通知》(国经贸资[1997]367号)发布后新建、扩建机立窑及在国家经贸委第14号令发布后新建水泥湿法窑、立波尔窑、干法中空窑等落后水泥生产工艺的。

三、对前期清理整顿工作中确实存在下述遗留问题的,由有关省级经贸委负责重新核实,分别做出调整、保留或延缓关闭(淘汰)处理决定,报国家经贸委(经济运行局)备案,同时抄送全国工业产品生产许可证办公室。

(一)因行业主管部门机构改革和企业改制、租赁等原因,造成在核实取缔、关闭和淘汰企业名单过程中出现错报、漏报现象的;

(二)部分老、少、边、穷地区(以国务院文件范围为准)经济尚未脱贫,且水泥主要地产地销,对周边市场冲击不大,当地县级以上政府提出延缓关闭或淘汰申请的。

处理清理整顿小水泥企业遗留问题政策性强、影响面广,各地务必坚持实事求是,从严掌握。对弄虚作假和违反政策的,一经发现,我委将予以纠正并通报批评。

★国家经济贸易委员会办公厅2003年3月5日发布的23号文。

关于发布《水泥企业化验室评审考核管理办法》（试行）的通知★

中建材协标发[2003]045号

各省、自治区、直辖市及计划单列市建材主管部门，建材协会：

受国家经贸委的委托，中国建筑材料工业协会制定了全国统一的《水泥企业化验室评审考核管理办法》(以下简称《管理办法》)，上报国家经贸委。因政府机构改革，该《管理办法》目前未能由国家经贸委发布。为了不影响水泥企业化验室评审考核工作的开展，更好地配合国家经贸委2002年第1号公告发布的《水泥企业质量管理规程》、《水泥企业化验室基本条件》、《水泥企业产品质量对比验证检验管理办法》三个法规的有效实施，该《管理办法》现由中国建材工业协会发布试行，请遵照执行。

2003年3月31日

水泥企业化验室评审考核管理办法（试行）

第一章　总　则

第一条　为了提高水泥企业化验室检验工作质量和生产过程控制水平，保证企业持续稳定地生产合格水泥产品，应对水泥企业化验室质量体系、检验能力和运行情况进行评审考核，根据《水泥企业质量管理规程》第六条规定，特制定本办法。

第二条　制定本办法的依据为：

(一)《水泥企业质量管理规程》；

(二)《水泥企业化验室基本条件》；

(三)《水泥企业产品质量对比验证检验管理办法》。

同时还参照了GB/T15481《检测和校准实验室能力的通用要求》。

第三条　本办法适用于中华人民共和国境内所有水泥生产企业化验室(含水泥熟料生产企业、水泥粉磨企业和水泥配制企业)。

第二章　评审考核的管理

第四条　水泥企业化验室评审考核工作由中国建筑材料工业协会负责。

中国建筑材料工业协会负责年生产能力60万吨及以上规模的通用水泥企业以及特性水泥、专用水泥企业化验室的评审考核和发证。

省级政府建材行业主管部门或其授权的省级建材工业协会负责其他水泥企业化验室的评审考核和发证，评审考核结果定期报中国建筑材料工业协会备案。

第五条　负责评审考核的单位需下设办事机构，其职责为：

(一)受理评审考核申请；

(二)制定评审考核计划；

(三)组织现场评审考核；

(四)汇总、上报评审考核材料；

(五)对获证企业的监督检查；

(六)承办评审考核的其他有关事项。

第三章　评审考核的步骤

第六条　评审考核的申请

(一)申请单位必须按水泥企业化验室评审考核表(见附录)的具体要求，进行自检自查，在符合要求的情况下，方可向负责评审考核的单位提出申请。

(二)申请单位须根据企业的生产能力，向相应的评审考核办事机构提出评审考核申请(详见本办法第四条)。

(三)申请单位应提交以下文件：

1. 化验室评审考核申请书，申请书格式由中国建筑材料工业协会统一规定；

2. 化验室质量管理手册。

第七条 申请的受理

（一）评审考核办事机构负责申请的审核。

（二）审核的重点是《申请书》各项内容是否填写齐全、正确；《化验室质量管理手册》编写是否符合要求；申请单位是否属于评审受理的范围。

（三）经审核符合规定要求的申请，予以受理。评审考核办事机构向申请单位发出受理申请通知，通知申请单位准备接受评审考核。

（四）经审核不符合规定要求的申请，则不予受理。评审考核办事机构向申请单位发出不受理申请通知，说明不能受理的理由。

第八条 现场评审考核

申请受理后，办事机构组织评审组进行现场评审考核。主要程序是：首次会议、现场考查、评审、与被评审方领导沟通、末次会议。

第九条 评审报告

评审报告由评审组编写，经评审组长及各评审员签字后送办事机构，由办事机构报发证单位审批。评审报告格式由中国建筑材料工业协会统一规定。

评审结论应明确写明“通过”、“基本通过”或“不通过”。

第四章 评审内容和评定方法

第十条 评审内容

评审内容共分七大方面、二十八项，详见本办法附录。

第十一条 评定方法

一般应按照《水泥企业化验室评审考核表》的规定逐项评审考核，水泥熟料生产、水泥粉磨、水泥配制企业可根据各自生产的特点减项。每项评审考核分为：“符合”、“基本符合”和“不符合”三种情况。

评审的结论分为“通过”、“基本通过”和“不通过”。

（一）满足下述两条者为“通过”。

1. “符合”项数超过总项数的80%；

2. 无“不符合”项。

（二）出现下述两条之一者为“不通过”。

1. 重点项（即※号项）出现“不符合”；

2. 非重点项“不符合”项数超过三项。

（三）余下情况者为“基本通过”。

第五章 评审组及评审人员

第十二条 评审组一般由3～5人组成，组长和成员由办事机构指定。评审员应是熟悉水泥生产、水泥检验的人员，须经中国建筑材料工业协会组织的培训考核合格，并取得中国建筑材料工业协会颁发的证书。评审组的工作质量由发证单位监督检查。

第六章 合格证的发放、监督管理和复查换证

第十三条 对评审考核合格的水泥企业化验室，由发证单位审查批准，并颁发水泥企业化验室评审考核合格证，（以下简称合格证）。合格证格式由中国建筑材料工业协会统一规定。

第十四条 合格证有效期为五年。有效期内，由办事机构组织一次监督检查。监督检查参照本办法的评审内容和评定方法进行。

第十五条 当合格证有效期满六个月前，企业须提出换证申请，逾期不提出申请的，由发证单位注销其合格证。

第十六条 在合格证的有效期内，凡发现下列情况之一者，由发证单位撤销其合格证：

（一）因水泥质量问题造成重大工程质量事故的；

（二）企业质量管理混乱，将未经检验、不合格品或废品水泥出厂的；

（三）连续两次国家、省级水泥产品质量监督抽查不合格的；

（四）未能通过化验室监督检查的。

第十七条 被撤销合格证的水泥企业化验室经整改自查合格后可重新申请评审考核。

第七章 附 则

第十八条 负责评审考核的单位向申请评审考核和接受监督检查的水泥企业，酌收审核工本费。

第十九条 本办法由中国建筑材料工业协会负责解释。

第二十条 本办法自发布之日起施行。

★该通知是中国建筑材料工业协会2003年3月31日发布的045号文。

附录:水泥企业化验室评审考核表

序号	评审内容	评审意见			
		符合	基本符合	不符合	说明
1. 机构设置					
1.1	化验室应为企业厂长(经理)或管理者代表直接领导的质量检验、监控部门。				
1.2	化验室内应设分析、物检、控制和质量管理等机构。				
1.3	有化验室机构设置框图,表明化验室内各机构相互关系及其负责人姓名。				
2. 人员					
2.1	人员配置				
	(1)化验室应配备主任、工艺管理、质量调度、统计及检验等专业人员和工人。(2)检验人员人数必须能满足检验工作需要,原则上不低于企业全部生产职工的4%,最少不低于12人。(水泥熟料生产企业、水泥粉磨企业、水泥配制企业、钢渣水泥厂可根据需要配备专职或兼职人员。日产2 000吨及以上的新型干法预分解窑水泥企业,检验人员由企业根据本企业生产工艺状况和检验设备自动化程度自定。)				
2.2*	人员素质				
	(1)化验室主任 具有中级以上技术职称或多年从事化验室工作;熟悉水泥生产工艺;有一定的组织能力;能坚持原则,熟知与本企业有关的各项标准和质量法规。 (2)工艺技术人员 具有初级以上技术职称;经过专业训练,掌握水泥生产理论知识和检验技术;熟知有关标准和规章制度;能坚持原则,认真负责。 (3)质量调度人员 具有高中(或相当于高中)文化水平;基本掌握水泥生产知识和生产技术;熟悉本企业生产工艺流程及质量控制点、控制项目和指标;能及时采取措施处理生产过程中有关质量问题。 (4)质量统计员 具有高中(或相当于高中)以上文化水平;熟悉《统计法》、数理统计方法和水泥企业质量统计方法;实事求是,坚持原则。 (5)检验人员 具有高中(或相当于高中)以上文化水平;经过培训考核,取得上岗操作证。主要岗位的检验人员须取得省级及以上政府建材行业主管部门或其授权的建材行业协会、质检机构签发的上岗操作合格证;熟知本岗位的操作规程、控制项目、指标范围及控制方法;责任心强。				
2.3	人员培训				
	(1)化验室应有年度培训考核计划。(2)培训计划如期实施并有记录。(3)化验室人员应建立技术档案,其内容包括:从事技术工作经历、资格证书(复印件)、培训考核记录等。				
3. 化验室质量管理手册					
3.1	手册内容齐全、适宜				

续表1

序号	评审内容	评审意见			
		符合	基本符合	不符合	说明
3.2	管理制度内容齐全、合理				
	(1)化验室内各机构职责范围、岗位责任制。(2)样品管理制度。(3)标准溶液配制与复标制度。(4)检验和试验仪器设备管理制度。(5)水泥标准砂及化学试剂管理制度。(6)抽查对比制度。(7)检验原始记录、台账与检验报告的填写、编制、审核制度。(8)文件管理制度。(9)实验室内务管理制度。(10)人员培训、考核制度。(11)质量事故报告制度。(12)化验室质量管理手册执行情况检查制度。				
3.3	手册宣贯				
	通过宣贯使化验室工作人员了解本化验室的质量目标、职责权限、规章制度及与本岗位有关的要求,宣贯要有记录。				
3.4	手册执行情况检查				
	化验室应按《化验室质量管理手册执行情况检查制度》进行检查并有记录。				
4.仪器设备					
4.1	仪器设备一览表				
	应有仪器设备一览表,内容包括:编号、仪器设备名称、规格型号、主要技术指标、购置日期、制造单位、检验项目、使用地点。				
4.2*	仪器设备的配备与数量				
	(1)通用水泥(出厂熟料)产品检验仪器设备配备率100%,专用水泥和特性水泥产品检验仪器设备配备率可根据情况允许低于100%。(2)过程控制检验所需仪器设备配备率100%。(3)仪器设备数量能保证满足正常生产检测的需要。				
4.3*	仪器设备主要技术条件				
	符合现行标准中的技术条件、《水泥企业化验室基本条件》及其他有关规定的要求。				
4.4*	计量仪器设备的检定与校验				
	(1)计量仪器设备按规定进行计量检定或校验。(2)建立本企业化验室计量检验仪器设备检定校验周期表。(3)自行校准的仪器须有负责自校的单位编写并经审批的自校方法。自校要有记录。(4)在用的计量仪器设备应有有效的检定校验合格证,并有明显的标识。				
4.5	仪器设备作业指导书				
	主要仪器设备应有作业指导书。作业指导书的内容要齐全。				
4.6	仪器设备的使用维护和维修				
	(1)对仪器设备进行正常维护,主要仪器设备要有记录。(2)当仪器设备出现误操作或过载、显示数据可疑,或通过检定等方式确认有缺陷时,应立即停止使用。修复的仪器设备要经检定(校验)合格才能使用。对仪器缺陷所造成的影响要予以纠正,并对已检验的结果重新评价。上述各过程均应有记录。(3)大型或精密仪器设备应有使用记录本,并如实填写。				

续表2

序号	评审内容	评审意见			
		符合	基本符合	不符合	说明
4.7	仪器设备档案				
	建立仪器设备档案,档案内容齐全。				
5. 试验及环境条件					
5.1*	试验技术条件				
	(1)试验各环节(包括养护)的温度湿度等技术要求符合现行标准的规定要求,并有必要的监控设施及记录。(2)试验小磨及高压釜单独放置。(3)化学分析用天平及高温设备(高温炉、烘干箱),要与分析试验室隔开。(4)有停电、停水、防火等应急设施或措施,以保证检验质量。				
5.2	环境条件				
	(1)实验室通风、采光、照明良好,仪器设备、管道、电气线路布局合理,便于安全操作。(2)实验室清洁整齐,不存放与检验无关的物品。(3)实验室内外环境的粉尘、烟雾、振动、噪声、电磁辐射等均不得影响检验工作。(4)分析室设有通风柜(罩)。				
6. 检验工作					
6.1	检验能力				
	现行标准和《规程》规定的控制项目,均能按要求检验。型式检验中的特性指标允许分包给有条件的实验室。				
6.2	检验项目				
	对标准规定的产品各项质量指标及《规程》要求的过程质量控制项目要做到全项检验、无漏项、无漏检。				
6.3	检验方法				
	(1)与企业生产产品有关的标准、规定等技术文件应齐全。(2)当产品技术标准所规定的检验方法操作性不强时,应根据有关标准、规定制定详细的作业指导书。				
6.4*	检验质量				
	(1)按《水泥企业产品质量对比检验管理办法》规定,按时送水泥样与指定的质检机构进行对比,评审申请前12个月(新建厂6个月)综合对比合格率不小于80%,其中强度对比合格率不小于80%。(2)按《规程》定期进行内部密码抽查,评审申请前12个月(新建厂6个月)抽查合格率不小于90%。(3)按《规程》参加国家或省级建材质检机构组织的物理检验与化学分析大对比,其最近一次对比中物理检验超差项不得多于30%,化学分析超差项不得多于20%。				
6.5*	原始记录、台账、报告、报表				
	(1)每一个检验岗位都有原始记录。原始记录、台账、检验报告有一定格式,设计合理、信息量充分。(2)各类原燃材料、半成品、成品建立分类台账。(3)出厂检验报告需有化验室负责人或其授权人签字。(4)各类原始记录、台账及出厂检验报告、报表如实正确填写。原始记录、台账的更改按《规程》规定进行。(5)正确使用法定计量单位,检验数据的有效位数应符合有关规定。(6)原始记录与各分类台账、报表按期装订成册,专门保管,期限三年,其中出厂水泥(熟料)台账按期存档,长期保存。				

续表3

序号	评审内容	评审意见			
		符合	基本符合	不符合	说明
6.6*	样品管理				
	(1)水泥样品有满足贮存要求的单独样品室。各检验室设有相应的样品储存设施,样品摆放整齐。(2)样品储存及水泥样品的封样、标识、保管有专人负责。(3)样品有明显唯一性标识。水泥样品的封存符合要求,并有完整的封存样品记录。				
7.质量控制					
7.1	原燃材料质量控制				
	(1)化验室应参与制定原燃材料采购技术标准,并监督、检查实施情况,应参与对供方的评价和重新评价,并有相应的记录。(2)进厂原燃材料应按质分别存放,化验室对其品种、产地、进厂日期、检验状态进行标识,并按规定取样检验,根据检验结果确定使用方案。(3)对企业初次使用的各种符合标准要求的混合材、水泥助磨剂、石膏、工业副产石膏等,化验室按照《规程》要求进行试验,确认能保证产品质量后再使用,相关记录应予保存。(4)有矿山的企业,化验室应参与制定和调整矿山开采计划,应及时取样检验,确定矿石进厂搭配比例。				
7.2	半成品质量控制				
	(1)化验室应会同有关部门按照《规程》要求,确定过程质量控制点,制定过程质量内部控制指标和其他重要的质量控制方案,经批准后负责监督检查实施情况。(2)化验室应根据配料方案及生料成分波动情况及时调整生料的控制参数,确定出磨生料的出、入库号,并监督、检查。出磨生料不得直接入窑。(3)化验室应根据熟料质量指定存放储库(部位),并下达不同质量熟料搭配使用的配比通知。(4)化验室应根据熟料、石膏和混合材的质量,按生产计划的品种、强度等级等下达书面水泥配比通知,并监督实施,混合材应按标准规定使用。(5)化验室应根据生产水泥的质量状况正确、及时下达入库、倒库、出库、清库、均化的通知,并监督实施。应避免上入下出或无均化功能的单库水泥出厂。(6)对过程质量事故,化验室应及时通知相关部门,协助制定纠正措施,并跟踪验证。(7)化验室应将过程质量控制点的检验结果及时通知相关人员、部门。				
7.3	出厂水泥(熟料)质量控制				
	(1)化验室应有水泥(熟料)出厂的决定权。化验室应配备专业人员负责水泥(熟料)出厂的质量管理。(2)化验室应有适应本企业的出厂水泥(熟料)质量控制指标和确认程序,确保出厂水泥(熟料)的质量。(3)化验室应下达书面包装(散装)通知,内容包括:水泥品种、强度等级、编号、包装日期、数量、水泥库号、存放位置等,并严格执行产品标准的水泥出厂编号规定。(4)化验室应按编号对袋装水泥包装质量进行抽查,并有记录。(5)化验室应按产品标准取样检验,在确认出厂水泥各项质量指标合格后方可下达水泥出厂通知,并按产品标准规定留样封存。(6)成品在检验合格后存放一个月以上的袋装水泥,化验室应发出停止该批水泥出厂通知,并现场标识。经重新取样检验,确认符合标准规定后方能重新签发水泥出厂通知单。(7)当用户需要时,化验室应及时提供检验报告。				

国务院关于改革现行出口退税机制的决定★

国发[2003]24号

各省、自治区、直辖市人民政府,国务院各部委、各直属机构:

为认真贯彻党的十六大精神,促进外贸体制改革,保持外贸和经济持续健康发展,国务院决定,对现行出口退税机制进行改革。

一、改革现行出口退税机制的必要性和紧迫性

对出口产品实行退税是国际通行做法,符合世贸组织规则。我国从1985年开始实行出口退税政策,1994年财税体制改革以后继续对出口产品实行退税。出口退税政策的实施,对增强我国出口产品的国际竞争力,扩大出口,增加就业,保证国际收支平衡,增加国家外汇储备,促进国民经济持续快速健康发展发挥了重要作用。

我国现行的出口退税机制存在一些亟待解决的矛盾和问题,主要是出口退税机制不利于深化外贸体制改革,出口退税结构不能适应优化产业结构的要求,出口退税的负担机制不尽合理,出口退税缺乏稳定的资金来源等。这些问题的存在使出口退税资金无法及时得到保证,导致欠退税问题十分严重,而且呈现逐年增长的势头,如不及时采取有效措施予以解决,势必影响企业正常经营和外贸发展,给财政金融运行带来隐患,损害政府的形象和信誉。从改革机制入手抓紧解决出口欠退税问题已迫在眉睫。

二、改革出口退税机制的指导思想和具体内容

(一)改革的指导思想

按照"新账不欠,老账要还,完善机制,共同负担,推动改革,促进发展"的原则,对历史上欠退税款由中央财政负责偿还,确保改革后不再发生新欠,同时建立中央、地方共同负担的出口退税新机制,推动外贸体制深化改革,优化出口产品结构,提高出口效益,促进外贸和经济持续健康发展。

(二)改革的具体内容

1.适当降低出口退税率。本着"适度、稳妥、可行"的原则,区别不同产品调整退税率:对国家鼓励出口产品不降或少降,对一般性出口产品适当降低,对国家限制出口产品和一些资源性产品多降或取消退税。调整退税率的详细产品目录,由财政部会同发展改革委、商务部、税务总局制订,报国务院审批后发布。

2.加大中央财政对出口退税的支持力度。从2003年起,中央进口环节增值税、消费税收入增量首先用于出口退税。

3.建立中央和地方共同负担出口退税的新机制。从2004年起,以2003年出口退税实退指标为基数,对超基数部分的应退税额,由中央和地方按75:25的比例共同负担。

4.推进外贸体制改革,调整出口产品结构。通过完善法律保障机制等,加快推进生产企业自营出口,积极引导外贸出口代理制发展,降低出口成本,进一步提升我国商品的国际竞争力。同时,结合调整出口退税率,促进出口产品结构优化,提高出口整体效益。

5.累计欠退税由中央财政负担。对截至2003年底累计欠企业的出口退税款和按增值税分享体制影响地方的财政收入,全部由中央财政负担。其中,对欠企业的出口退税款,中央财政从2004年起采取全额贴息等办法予以解决。

三、做好出口退税机制改革各项工作

出口退税机制改革是一项重大的体制改革和管理制度创新,关系外贸和国民经济发展全局,各地区、各部门要统一思想,提高认识。财政、商务(外经贸)、税务、海关、外汇等部门要从大局出发,认真履行职责,严格按职能分工,密切配合,共同做好出口退税机制改革各项工作。改革方案出台后,各地区、各部门要切实抓好贯彻落实,加强对改革工作的监督检查和业务指导,密切跟踪改革方案的实施情况,加强调查研究,根据出现的新情况、新问题,及时研究解决办法,确保改革的顺利进行。对违反出口退税机制改革统一规定的行为,要追究相关地区和部门的责任。

★国务院2003年10月13日发布的24号文。

关于限期禁止在城市城区现场搅拌混凝土的通知★

商改发[2003]341号

各省、自治区、直辖市及新疆生产建设兵团经贸委(经委、商委、内贸办、财贸办)、商务厅(局)、公安厅(局)、建设厅(委)、交通厅(局),散装水泥办公室:

为节约资源,保护环境,根据党的十六大提出的走新型工业化道路的要求和《国务院对进一步加快发展散装水泥意见的批复》(国函[1997]8号)、原国家经贸委《关于印发散装水泥发展"十五"规划的通知》(国经贸资源[2001]1022号),现就限期禁止在城市城区现场搅拌混凝土的有关事项通知如下:

一、发展预拌混凝土和干混砂浆是发展散装水泥的重要途径。各地区应当采取措施,鼓励发展预拌混凝土和干混砂浆,将限期禁止在城市城区现场搅拌混凝土纳入工作日程。

二、北京等124个城市(具体名单见附件)城区从2003年12月31日起禁止现场搅拌混凝土,其他省(自治区)辖市从2005年12月31日起禁止现场搅拌混凝土。各城市要根据本地实际情况制定发展预拌混凝土和干混砂浆规划及使用管理办法,采取有效措施,扶持预拌混凝土和干混砂浆的发展,确保建筑工程预拌混凝土和干混砂浆的供应。

三、预拌混凝土生产企业要符合城市建设规划、建筑行业发展规划以及环保要求,具备国家规定的资质条件,接受建设行政主管部门的资质审查。未经建设行政主管部门批准的混凝土生产企业,不得向社会供应预拌混凝土。

四、从事预拌混凝土的生产企业要建立完善的质量控制体系,在标准化管理、计量管理、工序控制、质量检验等方面严格执行有关规定,确保预拌混凝土的质量。

五、预拌混凝土和干混砂浆生产企业必须全部使用散装水泥。

六、各地公安交通管理部门应结合本地实际情况,研究制定商品混凝土和散装水泥专用车辆在市区通行的措施。

七、各省、自治区、直辖市建设部门要尽快编制预拌混凝土预算定额。预拌混凝土的价格按照各省、自治区、直辖市有关定额标准核定的价格计算。因使用预拌混凝土而增加的费用,列入工程造价。

八、散装水泥行政管理部门和建设行政主管部门要密切配合,加强对预拌混凝土生产企业产品质量和建设施工现场的监督检查和运输协调服务。

九、按规定应当使用预拌混凝土的建设工程,未经批准擅自现场搅拌的,有关城市建设行政主管部门要责令其停工并限期改正。

附件:限期禁止城区现场搅拌混凝土的城市名单

二○○三年十月十六日

附件:

限期禁止城区现场搅拌混凝土的城市名单(共计124个)

一、直辖市(4个)

北京市、天津市、上海市、重庆市;

二、省(自治区)辖市及大中城市(120个)

1、河北省(5个)

石家庄市、廊坊市、唐山市、承德市、秦皇岛市;

2、山西省(2个)

太原市、大同市;

3、辽宁省(10个)

沈阳市、大连市、鞍山市、抚顺市、本溪市、丹东市、锦州市、盘锦市、营口市、葫芦岛市;

4、吉林省(2个)

长春市、吉林市;

5、黑龙江省(3个)

哈尔滨市、牡丹江市、大庆市;

6、江苏省(13个)

南京市、苏州市、无锡市、常州市、镇江市、扬州市、南通市、连云港市、淮安市、盐城市、徐州市、泰州市、宿迁市;

7、浙江省(11个)

杭州市、宁波市、温州市、嘉兴市、湖州市、金华市、衢州市、绍兴市、台州市、丽水市、舟山市；

8、福建省(6个)

福州市、厦门市、泉州市、漳州市、莆田市、三明市；

9、安徽省(7个)

合肥市、芜湖市、黄山市、安庆市、滁州市、蚌埠市、马鞍山市；

10、江西省(3个)

南昌市、九江市、赣州市；

11、山东省(5个)

青岛市、济南市、泰安市、威海市、烟台市；

12、河南省(5个)

郑州市、洛阳市、安阳市、开封市、漯河市；

13、湖南省(3个)

长沙市、岳阳市、常德市；

14、湖北省(1个)

武汉市；

15、广东省(23个)

广州市、深圳市、珠海市、江门市、惠州市、佛山市、清远市、韶关市、湛江市、肇庆市、南海市、中山市、汕头市、梅州市、阳江市、顺德市、潮州市、揭阳市、汕尾市、东莞市、河源市、云浮市、茂名市；

16、广西自治区(4个)

南宁市、桂林市、柳州市、梧州市；

17、云南省(4个)

昆明市、大理市、丽江市、景洪市；

18、贵州省(1个)

贵阳市；

19、四川省(3个)

成都市、乐山市、绵阳市；

20、陕西省(1个)

西安市；

21、甘肃省(1个)

兰州市；

22、青海省(1个)

西宁市；

23、宁夏自治区(1个)

银川市；

24、新疆自治区(5个)

乌鲁木齐市、吐鲁番市、石河子市、克拉玛依市、库尔勒市。

★商务部、公安部、建设部、交通部2003年10月16日共同发布的341号文。

国务院办公厅转发发展改革委等部门关于加快推行清洁生产意见的通知★

国办发[2003]100号

各省、自治区、直辖市人民政府，国务院各部委、各直属机构：

发展改革委、教育部、科技部、财政部、国土资源部、建设部、水利部、农业部、税务总局、质检总局、环保总局等部门《关于加快推行清洁生产的意见》已经国务院同意，现转发给你们，请认真贯彻执行。

2003年12月17日

附件：

关于加快推行清洁生产的意见

为认真贯彻落实《中华人民共和国清洁生产促进法》(以下简称《清洁生产促进法》)，加快推行清洁生产，提高资源利用效率，减少污染物的产生和排放，保护环境，增强企业竞争力，促进经济社会可持续发展，现提出以下意见。

政主管部门在排污费使用上优先给予安排。为鼓励企业实施清洁生产，企业开展清洁生产审核和培训等活动的费用允许列入企业经营成本或相关费用科目。在国家设立的中小企业发展基金中，应当根据需要安排适当数额用于支持中小企业实施清洁生产；地方人民政府应当根据实际情况，为中小企业实施清洁生产提供适当财政支持。各地要结合本地实际情况，建立地方性清洁生产激励机制，积极推行清洁生产。

（四）实施清洁生产试点工作。有计划、有步骤地在重点流域、重点区域、重点城市和重点企业实施清洁生产试点。充分运用市场机制，实施企业清洁生产自愿行动计划和清洁生产区域示范试点工作，在工业企业较集中的区域，建立清洁生产示范园区，推动清洁生产工作由点到面开展。要发挥大型企业和企业集团的作用，带动中小企业全面实施清洁生产。积极稳妥地开展排污交易试点。

按照企业自愿与政府政策激励相结合，政府指导推动与企业自主实施和社会监督相结合的原则，在重点行业和重点流域组织开展创建清洁生产先进企业活动，树立一批资源利用率高、污染物排放量少、环境清洁优美、经济效益显著，具有国际竞争力的清洁生产企业。同时，要积极推广先进企业的典型经验。

三、加快结构调整和技术进步，提高清洁生产的整体水平

（一）抓好重点行业和地区的结构调整。针对我国工业技术和装备水平总体比较落后，资源利用率低，浪费大，重污染行业在工业结构中所占比重较大的现状，继续抓好冶金、有色金属、煤炭、电力、石油、石化、化工、轻工、建材等重点行业的结构性调整工作，解决“结构性污染”。对国务院划定的“三河”（淮河、海河、辽河）、“三湖”（太湖、巢湖、滇池）、“二区”（酸雨控制区和二氧化硫控制区）、一市（北京市）、一海（渤海），以及113个大气污染防治重点城市、三峡库区及其上游、南水北调工程沿线地区等重点流域区域，要加快淘汰落后生产能力的进程。严格贯彻执行国家公布的限制和淘汰落后生产能力、工艺和产品目录，进一步淘汰落后的技术、工艺和设备，坚决依法关闭浪费资源、产品质量低劣、污染环境、不具备安全生产条件的厂矿。禁止淘汰的落后设备向其他地区转移。

（二）加快技术创新步伐。国务院有关部门和各级地方人民政府要加大科技投入，推广产学研相结合，提高清洁生产技术开发水平和创新能力，用先进适用技术改造传统产业。科技开发计划应将清洁生产作为重点领域，积极安排清洁生产重大技术攻关项目，加大对中小企业清洁生产技术创新的支持力度。积极引导和鼓励企业开发清洁生产技术和产品，提高清洁生产技术水平。

（三）加大对清洁生产的投资力度。各级投资管理部门在制定和实施国家重点投资计划和地方投资计划时，要把节能、节水、综合利用，提高资源利用率，预防工业污染等清洁生产项目列为重点，加大投资力度。积极引导企业按照清洁生产的要求，加大资金投入，调整产品结构，努力降低污染物的产生和排放。鼓励和吸引社会资金及银行贷款投入企业实施清洁生产。

四、加强企业制度建设，推进企业实施清洁生产

（一）企业要重视清洁生产。企业是清洁生产的主体，企业管理者要转变观念，提高认识，真正把实施清洁生产作为提高企业整体素质和增强企业竞争力的一项重要措施来抓。要切实加强对清洁生产工作的领导，建立健全清洁生产组织机构，明确清洁生产目标，并纳入企业发展规划，做到依法自觉实施清洁生产。

（二）认真开展清洁生产审核。清洁生产审核是企业实施清洁生产的主要手段。按照自愿审核与强制审核相结合的原则，国家鼓励和支持企业自愿开展清洁生产审核。排放污染物超过国家和地方规定的排放标准，或者超过经有关地方人民政府核定的污染物排放总量控制指标的企业，以及使用有毒、有害原材料进行生产或者在生产中排放有毒、有害物质的企业，应当依法实施清洁生产审核，并按有关规定将审核结果报当地环境保护和发展改革（经贸）行政主管部门。

（三）加快实施清洁生产方案。要坚持“积极主动、先易后难、持续实施”的原则，制订切实可行的实施计划。优先实施无费、低费方案，中、高费方案要纳入企业规划和固定资产投资计划，逐步实施。积极筹措资金，确保清洁生产方案的落实，努力提高能源、原材料的利用率，减少商品的过度包装和污染物的产生与排放，树立企业良好的社会形象。

（四）鼓励企业建立环境管理体系。环境管理体系是企业管理的组成部分，能够帮助企业从环境管理方面促进清洁生产的实施。有条件的企业，在自愿的原则下，可按照ISO14000系列标准（GB/T24000－ISO14000），开展环境管理体系认证，提高清洁生产水平。

（五）建立企业清洁生产责任制度。要实行企业清洁生产领导责任制，做到层层负责、责任到人；加强宣传和岗位培训，努力提高职工清洁生产意识和技能；实行装置运行达标管理，避免由于管理不善而出现“跑冒滴漏”现象，造成资源浪费和环境污染；建立奖励制度，使清洁生产工作与经济效益挂钩。通过加强企业管理，推进清洁生产的实施。

五、完善法规体系，强化监督管理

（一）完善清洁生产配套规章。按照《清洁生产促进法》的要求，发展改革委要抓紧研究制定强制回收的产品和包装物回收管理办法，制定和公布国家重点行业清洁生产技术、工艺、设备和产品导向目录，以及限期淘汰的生产技术、工艺、设备和产品的名录，并会同环保总局组织制定清洁生产审核办法等配套规章。

（二）加强对建设项目的环境管理。在固定资产投资项目中，涉及环境影响的项目，在进行环境影响评价和可行性研究中应对原料使用、资源消耗、资源综合利用以及污染物产生与处置等进行分析论证，优先选用资源利用率高以及污染物产生量小的清洁生产技术、工艺和设备，并在建设项目设计、施工和验收等各个环节中加以落实。对使用限期淘汰的落后工艺和设备的建设项目，不得批准其环境影响评价报告书（表），擅自开工建设的要依法予以关闭。

（三）实施重点排污企业公告制度。为加强公众监督，省、自治区、直辖市环境保护行政主管部门根据企业污染物的排放情况，可在当地主要媒体上定期公布污染物超标排放或者污染物排放总量超过规定限额的污染严重企业名单。列入污染严重企业名单的企业，应当按照有关规定公布主要污染物排放情况。重点排污企业的污染物排放口应安装污染物在线自动监测系统。对不公布或未按规定要求公布污染物排放情况的企业，环境保护行政主管部门应依法予以处罚。

（四）加大执法监督的力度。各级环境保护行政主管部门要严格环境执法，严肃查处各类污染环境行为，坚决制止企业非法排污。对造成重大环境污染事故的，要依法追究有关人员的责任。各级环境保护行政主管部门要会同有关部门开展经常性的环保检查和清理整顿工作，防止“十五小”、“新五小”企业死灰复燃。对检查中发现的国家明令淘汰的落后生产能力、工艺和产品，造成环境污染的，环境保护行政主管部门要依法予以处罚，吊销有关企业的排污许可证。地方各级环境保护行政主管部门在核发排污许可证时，应将清洁生产审核结果作为核定企业污染物排放总量的重要依据，对未进行清洁生产审核的企业应比照已审核的企业执行。涉及生产、销售国家明令淘汰产品的行为，由各级质量技术监督部门依法予以处罚。因排放污染物超过国家或地方排放标准，被责令限期治理的企业，应积极采用清洁生产工艺和技术并限期达到治理要求，否则环境保护行政主管部门不得同意恢复生产，有关部门不得提供相应的生产条件。环境保护行政主管部门对不按要求实施清洁生产审核或不如实报告审核结果的企业，依法予以处罚。

六、加强对推行清洁生产工作的领导

（一）加强组织领导。各级人民政府和有关部门要切实加强对推行清洁生产工作的领导，建立和完善部门间的协调机制。各级发展改革（经贸）行政主管部门要切实担负起组织、协调清洁生产促进工作的职责。各级发展改革（经贸）和环境保护等行政主管部门要加强对清洁生产的指导。各级环境保护行政主管部门要加强对清洁生产实施工作的监督管理，各级科学技术、农业、建设、水利和质量监督等行政主管，要各负其责，协同配合，共同做好推行清洁生产工作。

（二）做好法规宣传教育。各级人民政府和有关部门要

对宣传和贯彻《清洁生产促进法》做出集体部署。要充分利用报刊、广播、电视、网络等宣传舆论工具，广泛深入持久地宣传《清洁生产促进法》，使全社会正确认识清洁生产在可持续发展中的重要作用，接受清洁生产理念，为该法的顺利实施创造良好的氛围。同时，应通过宣传和教育，鼓励公众购买和使用节能、节水、废物再生利用等有利于环境与资源保护的产品。各级人民政府和有关部门要带头倡导绿色消费，在政府采购时，应将满足使用要求的节能、节水、废物再生利用等有利于环境与资源保护的产品优先纳入采购计划。要加强清洁生产教育和培训，特别要加强对企业管理者、技术人员及员工的培训，正确理解和掌握《清洁生产促进法》的有关规定，把清洁生产落实到产品开发、工艺设计、工程设计、装备制造和生产服务管理等各个环节。教育部要研究提出将清洁生产技术和管理课程纳入高等教育、职业教育和技术培训的方案。

（三）建立清洁生产信息和服务体系。各级人民政府有关部门要积极组织和支持建立清洁生产信息系统和技术咨询服务体系，向社会发布有关清洁生产技术、管理和政策等方面的信息，加强清洁生产信息交流。要积极推动清洁生产国际交流与合作，学习借鉴国外推行清洁生产的成功经验，引进清洁生产技术和设备，提高我国清洁生产水平。要充分发挥行业协会等中介机构和科研单位、大专院校的作用，在政府领导下或接受政府委托，建立行业清洁生产中心和信息系统，制定本行业清洁生产指标体系、规划、规范，为企业开展清洁生产审核、技术开发与推广、信息咨询、宣传培训等提供服务。

（四）做好督促检查工作。各地区、各有关部门要根据《清洁生产促进法》和本意见制订具体政策措施，确保各项规定落到实处。发展改革委和环保总局对落实本意见的情况进行监督检查，并向国务院报告。

★国务院办公厅2003年12月17日发布的100号文。

关于制止钢铁、电解铝、水泥行业盲目投资若干意见的通知★

国办发[2003]103号

各省、自治区、直辖市人民政府，国务院各部委、各直属机构：

发展改革委等部门《关于制止钢铁行业盲目投资的若干意见》、《关于制止电解铝行业违规建设盲目投资的若干意见》和《关于防止水泥行业盲目投资加快结构调整的若干意见》已经国务院同意，现转发给你们，请认真贯彻执行。

各地区、各部门要根据本通知精神，尽快组织力量，对各地钢铁、电解铝、水泥等投资建设项目进行认真清理，并将清理结果于2004年2月底前报国务院。国务院将派出检查组，督促检查各地贯彻落实本通知精神的情况。

中华人民共和国国务院办公厅

2003年12月23日

附件：

关于防止水泥行业盲目投资加快结构调整的若干意见

发展改革委　财政部　国土资源部　建设部　环保总局　质检总局

水泥是国民经济建设的重要原材料。近年来，受固定资产投资、第二产业、建筑业及房地产业投资高速增长的拉动，我国水泥工业市场需求旺盛，生产能力快速扩张，结构调整加快，效益显著提高。特别是新型干法水泥快速发展，大型水泥企业实力明显增强。但是，目前我国水泥工业发展中存在几个突出问题：一是水泥总量中有75%以上是立窑等落后工艺生产的，少数地区又出现新建落后立窑，扩径改造及已淘汰的小水泥“死灰复燃”等现象。二是局部地区新上项目过于集中，生产能力增长过快，市场出现恶性竞争。三是大量立窑水泥企业石灰石矿资源利用率只有40%，严重浪费资源、污染环境。针对上述问题，为防止水泥工业盲目投资和低水平重复建设，促进水泥工业健康发展，提出以下意见：

一、完善产业政策

根据水泥工业发展新形势，尽快修订水泥工业产业政策，进一步明确国家支持、限制和淘汰的水泥工艺、技术和产品。支持加快发展新型干法水泥，重点支持在有资源的地方建设日产4 000吨及以上规模新型干法熟料基地项目，鼓励地方和企业以淘汰落后生产能力的方式，发展新型干法水泥。各地要根据水泥工业发展的实际情况，制定加快淘汰现有立窑及其他落后工艺水泥的目标和进度，并严格禁止新建和扩建机立窑、干法中空窑、立波尔窑、湿法窑水泥项目。行业协会等中介组织要建立和完善市场信息发布制度，正确引导投资方向。

二、科学规划布局

各地在发展水泥工业中应遵循"控制总量、调整结构、提高质量、保护环境"原则，统筹考虑本地资源、能源、市场需求等情况，认真做好水泥工业规划和布局。各地区要有针对性地采取措施，切实制止低水平重复建设。

三、严格市场准入

各级国土资源行政主管部门要严格新建、扩建水泥项目建设用地管理。建设行政主管部门要推广高性能混凝土的应用，限制立窑水泥、制止不符合标准的水泥进入重点建设工程和建筑物结构工程，保证工程质量。质检部门要严格生产许可证管理，对违反产业政策，违规新建立窑企业，不得发放生产许可证，对无证生产企业坚决依法予以取缔。对国家产业政策明令限制、淘汰的落后水泥建设项目，金融机构不得提供贷款，证监会不得核准含有此类项目公司的首次公开发行和再融资申请。财税部门要进一步研究完善现行的资源综合利用中有关水泥的税收政策。

四、强化环境监督

环境保护行政主管部门对新、改、扩建水泥生产项目要严格执行环境影响评价、"三同时"（同时设计、同时施工、同时投产使用）和污染物排放总量控制制度。对现有水泥生产企业要严格执行污染物排放许可证制度，没有排污许可证的一律不准排污。逐步安装在线监控装置，提高监控能力。对超过国家或地方规定污染物排放标准以及污染物排放总量控制指标的水泥生产企业，各级地方人民政府按照管理权限对超标企业实行限期治理，限期治理期间要实行限产达标排放，限期治理到期后仍然达不到要求的，必须停产整治，直至关闭或取缔。要抓紧修订《水泥工业污染物排放控制标准》，改变现行水泥生产污染物排放按建厂时间划分的不合理做法，统一水泥企业的污染排放标准。

五、加强资源管理

加强石灰石矿产资源管理，在保护生态环境的前提下，确保石灰石及配料采矿权布局合理，合理开发利用石灰石资源。制定和完善在石灰石矿山开发中的环境保护、土地复垦和生态恢复，以及水泥生产过程中的清洁生产、资源节约和综合利用等方面的政策和措施。

（其他行业略）

选择项目原则

1. 重点支持技术创新能力强，产品技术先进成熟、附加值高、有市场的优势企业。

2. 项目承担企业的银行信用等级在AA以上，资产负债率低于70%，项目固定资产投资高于5 000万元以上。

3. 水泥行业项目的自有资金比例不低于总投资的40%，其他行业则不低于30%；项目贷款额小于企业净资产。

4. 企业经营情况良好，经济效益较好，并适当向中西部倾斜。

5. 各产品的规模要求：

(1)水泥行业：重点支持20家大企业集团，以及重点污染地区的排头兵企业；(2)资源综合利用粉煤灰砖：年产1.2亿标砖以上，项目建设期不超过一年；(3)化学建材：重点支持管材行业排头兵企业，支持彩色型材的发展；(4)无机非金属材料：重点支持玻纤行业排头兵企业，以及年产3万吨以上池窑拉丝生产线的改造，支持重点地区的玻璃钢管道的规模化生产；(5)其他新型建材产品：技术含量高，有市场的优新产品。

★国务院办公厅2003年12月23日发布的103号文。

产业结构调整方向暂行规定★

（征求意见稿）

第一章　总　　则

第一条　为推进经济结构战略性调整，促进产业结构优化升级，引导投资方向，防止盲目投资和低水平重复建设，根据国家有关法律、法规和政策，制定本规定。

第二章　产业结构调整的目标和原则

第二条　产业结构调整的目标：按照统筹城乡发展、统筹区域发展、统筹经济社会发展、统筹人与自然和谐发展、统筹国内发展和对外开放的要求，推进产业结构优化升级，逐步形成以高新技术产业为先导、基础产业和制造业为支撑、服务业全面发展的产业格局，提高产业整体国际竞争力。充分发挥市场对资源配置的基础性作用，逐步形成以企业为主体、市场调节为主和国家宏观调控相结合的产业结构调整新机制。

第三条　产业结构调整的原则：坚持以人为本和科学发展观，促进国民经济持续、快速、协调、健康发展；坚持以信息化带动工业化，以工业化促进信息化，走科技含量高，经济效益好，资源消耗低，环境污染少，人力资源得到充分发挥的新型工业化道路；坚持紧密结合经济运行实际，适时把握产业结构调整的方向和重点。坚持将吸引外资与促进产业结构优化升级相结合，积极推进我国与世界各国合理的产业分工。

第三章　当前产业结构调整的方向和重点

第四条　巩固农业基础地位。加快农业产业化步伐，鼓励发展优质、生态、安全的现代农业，支持建设绿色、无公害农产品以及有机食品优势产业带。以良种工程建设为重点，加强农业产业链开发，大力发展农畜产品深加工。

第五条　有选择、有重点地加快发展高新技术产业。优先发展对经济增长有重大带动作用的信息产业、新材料和生物技术产业。积极培育具有中国特色和竞争优势的高新技术产业群，在突出产业、资源和经济特色的基础上，有效推动高新技术产业生产基地的建设，推进高新技术产业的集聚。

第六条　以增强产业整体素质为核心，加快产业技术装备升级。以加快对传统产业的改造作为实施“信息化带动工业化”的突破口，鼓励运用高新技术和先进适用技术改造、提升机械、汽车、钢铁、石化、有色、煤炭、轻工、纺织、建材等传统产业，促进传统产业技术升级。以增强重大装备研发能力为重点，加快装备工业升级，围绕新型发电设备、城市轨道交通设备、环保装备、数控机床、测控设备，突出抓好重大装备的国产化工作。

第七条　坚持在推进工业化的同时实现经济与人口、资源、环境的协调发展，转变经济增长方式，依靠科学技术、降低消耗，防治污染，提高资源利用效率，切实保护生态环境。支持推广采用节能、降耗、节水、环保的先进技术设备和产品，强制淘汰消耗高、污染大、质量差的落后生产能力、工艺和产品。

第八条　以发展劳动密集型服务业和现代服务业为重点，大力发展第三产业，扭转服务业发展长期滞后局面，充分发挥其吸纳就业的主渠道作用，要从体制、政策、投入等方面采取有力的措施，提高第三产业在国民经济中的比重。对就业容量大、同群众生活息息相关的商贸、餐饮、旅游等传统服务业，要实行充分竞争；对知识密集度高、在市场发挥中介作用的会计、律师、咨询等新兴服务业，要实现规范有序发展；对涉及国民经济安全的金融、保险、电信等服务业，要逐步放宽市场准入并实行有效监管；对提高国民素质、增强国家发展潜力的教育、文化、卫生等服务领域，要加大扶持力度和完善发展机制。加速发展物业管理、家政服务、社区服务等新兴劳动密集型服务业，振兴现代物流、技术咨询、信息服务等现代服务业。加快文化、体育和非义务类教育的产业化步伐。优先支持运用现代经营方式和服务技术改造传统服务业，提升服务业的素质和水平。加快以服务业为主体的第三产业升级，促进第一、第二产业调整，提高我国产业整体竞争力。

第九条　优化产业布局，推动地区经济协调发展。有步骤、有重点地推进西部地区产业结构调整，重点围绕国家对西部巨大的基础设施投资，充分发挥现有工业基础的作用，着重发展具有比较优势的特色经济和具有竞争力的产业或产品，积极引导东部地区资金、技术、人才等资源向中西部地区流动。贯彻落实《中共中央国务院关于实施东北地区等老工业基地振兴战略的若干意见》，在大力推进体制创新和机制创新的基础上，按照走新型工业化道路的要求，推进产业结构调整，积极培育支柱产业和优势产业，全面提升和优化第二产业，加快重点行业和骨干企业的技术改造，支持重点骨干企业的联合重组，鼓励外资和民营资本参与老工业基地改造。

第四章　产业结构调整指导目录

第十条　《产业结构调整指导目录》是本规定的重要配套文件，是国家指导产业结构调整、引导投资和政府投资管理部门管理投资项目的主要依据之一，由国家发展和改革委员会会同有关部门制订，报国务院公布；根据经济运行实际情况和国家宏观调控的要求，需要对《产业结构调整指导目录》进行调整时，由国家发展和改革委员会会同有关部门适时修订，报国务院公布。《产业结构调整指导目录》由国家发展和改革委员会负责解释。

第十一条　《产业结构调整指导目录》分为鼓励类、限制类和淘汰类，不属于鼓励类、限制类和淘汰类，且符合国家有关法律、法规规定的，为允许类。允许类不列入《产业结构调整指导目录》。《产业结构调整指导目录》除鼓励类中涉及《外商投资产业指导目录》的限制类和禁止类条目外，适用于我国境内的各类企业。《外商投资产业指导目录》应根据《产业结构调整指导目录》及时调整。

第十二条　列入鼓励类目录的原则是：

（一）国内有从研究开发到实现产业化的技术基础，有利于技术创新，形成新的经济增长点；

（二）当前和今后一个时期有较大的市场需求，发展前景

广阔,有利于提高短缺商品的供给能力,有利于开拓国内外市场;

(三)有较高技术含量,有利于促进企业采用新工艺、新技术和产业技术进步,提高产业竞争力;

(四)符合可持续发展战略,有利于资源节约和综合利用,改善生态环境;

(五)有利于发挥我国比较优势,特别是中西部地区、东北等老工业基地的能源、矿产资源和劳动力资源等优势;

(六)有利于扩大就业,增加就业岗位;

(七)法律、行政法规规定的其他情形。

第十三条 列入限制类目录的原则是:

(一)生产能力严重过剩,新上项目对产业结构没有改善;

(二)工艺技术落后,已有先进、成熟工艺和技术替代;

(三)不利于节约资源和保护生态环境;

(四)法律、行政法规规定的其他情形。

第十四条 列入淘汰类目录的原则是:

(一)严重危及生产安全;

(二)环境污染严重;

(三)产品质量低劣;

(四)原材料和能源消耗高;

(五)法律、行政法规规定的其他情形。

第十五条 对鼓励类投资项目,按照国家有关投资管理规定进行核准或备案;在投资总额内进口的自用设备,除《国内投资项目不予免税的进口商品目录》和《外商投资项目不予免税的进口商品目录》所列商品外,免征关税和进口环节增值税。有关部门应适时调整《国内投资项目不予免税的进口商品目录》和《外商投资项目不予免税的进口商品目录》。

第十六条 对设在西部地区鼓励类产业项目营业收入占企业总收入70%以上的企业,在2010年以前,减按15%的税率征收企业所得税。

第十七条 对限制类投资项目,各级政府投资主管部门要严格按照有关投资管理规定进行核准。

对未经核准的限制类投资项目,政府不予投资,各银行、金融机构不予贷款,土地管理、城市规划、环境保护、消防、海关等部门不得办理有关手续。凡违背规定进行投融资建设的,要追究有关人员的责任。

第十八条 对淘汰类项目,禁止投资。各地区、各部门和有关企业要制定规划,采取有力措施,限期坚决淘汰。一律不得进口、转移、生产、销售、使用和采用淘汰的生产能力、工艺和产品。有关产品进口管理部门要根据《产业结构调整指导目录》适时调整《禁止进口目录》。

对不按期淘汰落后生产能力、工艺和产品的企业,有关部门要限令其停产,属取证产品的,质检等部门要取消其生产许可证,工商行政管理部门要吊销其营业执照,有关金融机构要停止贷款。对情节严重者,要依法追究直接负责的主管人员和其他直接责任人员的法律责任。

第十九条 中央和地方政府有关部门要认真贯彻执行本规定和《产业结构调整指导目录》。

第五章 附 则

第二十条 本规定自2004年 月 日起施行。原国家计委、原国家经贸委发布的《当前国家重点鼓励发展的产业、产品和技术目录(2000年修订)》、原国家经贸委发布的《淘汰落后生产能力、工艺和产品的目录(第一批、第二批、第三批)》和《工商领域制止重复建设目录(第一批)》,自《产业结构调整指导目录》发布实施之日起废止。

★该规定由国家发展和改革委员会2003年12月26日公布。

国家发展改革委关于印发《水泥强度检验用标准砂管理办法》的通知★

发改运行[2003]2257号

各省、自治区、直辖市及计划单列市经贸委(经委)、计委(发展改革委):

为规范水泥强度检验用标准砂研制、生产、销售和使用,根据《中华人民共和国标准化法》和《中华人民共和国产品质量法》规定精神,特制定《水泥强度检验用标准砂管理办法》。现印发给你们,请按照执行。

附:水泥强度检验用标准砂管理办法

中华人民共和国国家发展和改革委员会

2003年12月26日

水泥强度检验用标准砂管理办法

第一章 总 则

第一条 水泥强度检验用标准砂(简称标准砂)是水泥强度试验用基准材料。为规范标准砂管理,保证质量,满足需求,根据《中华人民共和国标准化法》和《中华人民共和国产品质量法》有关规定,特制定《水泥强度检验用标准砂管理办法》。

第二条 本办法适用于标准砂研制、生产、监制、经销、使用、监督和资源管理的全过程。

第三条 本办法规定的标准砂是指符合国家标准 CB/T17671《水泥胶砂强度检验方法(ISO 法)》要求的在中国境内生产、销售、使用的标准砂。

第四条 国家发展改革委负责对标准砂生产经营实行监督管理。指定专门定点企业(简称定点企业)从事标准砂的生产经营工作;指定有关单位从事标准砂生产的监制工作。地方行业主管部门负责本地区标准砂的监督管理。

第五条 国家发展改革委根据需要设立由研制、生产、使用、监制、管理等有关单位专家组成"标准砂生产与管理技术评审专家组",对有关标准砂生产与管理等重大技术问题进行评审。

第二章 砂源地与开采加工

第六条 标准砂生产用砂源地由标准砂研制单位和生产企业依据科学研究与系统试验的结果以及经技术审查通过的成果提出建议,报国家发展改革委审批。建议中应附以下资料:

1. 足以说明标准砂符合水泥强度检验方法和相关文件要求的研究报告。

2. 用相关砂源地砂子配制标准砂的方案、标准样品实物和标准样品的溯源结果。

3. 包括成品含量、可用储量、可采年限和与环境相容性等内容的砂源地地质勘探报告。

4. 全国标准样品技术审查委员会审查通过的技术审查结论和证书。

第七条 经批准启用的砂源地,其所在县级政府对标准砂砂源负有保护与管理的责任,并在与定点企业和研制单位共同商定的基础上确定专门企业开采和初加工。

第八条 定点企业和监制单位应会同所在县级人民政府确定的企业提出砂源地的保护、原砂开采、初加工具体实施方案。标准砂初加工产品只能供给定点企业和比对标准砂生产使用。

第九条 为保证标准砂稳定生产,定点企业应会同监制单位建立标准砂备用砂源地。备用砂源地的确定由研制单位和定点企业依据科研结果提出建议。建议应附第六条中1、2、3 的资料外,还应提出专家初步评审意见、备用砂源地的保护方案和启用时的程序文件。

第十条 当砂源地需要更换时,由定点企业提出启用备用砂源地的建议,监制单位进行鉴定试验或型式检验,并提供与第六条中相类似的资料。启用备用砂源地建议,由定点企业在征求研制单位同意后通过当地省级行业主管部门报国家发展改革委,经组织有关专家进行专题评审后批准实施。

第十一条 因不能继续开采而应废弃的砂源地,由定点企业提出实施和善后的方案,研制单位认同,通过当地省级行业主管部门报国家发展改革委批准予以实施。

第三章 生产与监制

第十二条 指定厦门艾思欧标准砂有限公司为国内标准砂的定点企业;指定中国建筑材料科学研究院为标准砂的监制单位。

定点企业和监制单位应实施 CB/T15000.7 - 2001《标准样品生产者能力的通用要求》。

第十三条 定点企业应积极推行和完善全面质量管理制度,按照 GB/T19000 - 2000 标准建立质量管理体系,保证稳定生产、及时供应;严格按照 GSB08 - 1337 规定的品质要求及监制的内控要求组织生产,严禁不合格标准砂出厂和销售。

第十四条 监制单位应组成专门的监制机构,按照标准砂生产监制工作细则规定开展监制工作。依据 GB/T17671 - 1999 关于验证试验的要求,对定点企业进行年度审查。

监制工作细则由监制单位与定点企业共同商定,并报国家发展改革委备案。

第十五条 定点企业和监制单位年度结束要书面报告本年度标准砂生产、销售及质量情况。遇生产和销售过程中出现重大问题,要及时向国家发展改革委报告。

第四章 经 销

第十六条 标准砂实行统一定点经销制度。定点企业为全国标准砂的总经销单位,负责组织协调省级定点经销单位的标准砂经销工作。

第十七条 省级定点经销单位由定点企业考察提出建

议，经所在省级行业主管部门审核后报国家发展改革委确定，并实行动态管理。

第十八条　定点经销单位建立标准砂用户档案，及时了解标准砂使用情况和用户意见，保质保量供应，并协助维护本地区标准砂经销秩序。

第十九条　定点企业和定点经销单位要加强标准砂价格管理，根据正常经营情况下的成本费用水平、税金和合理利润确定标准砂销售价格，并保持相对稳定。制定和调整标准砂价格应及时抄报国家发展改革委备案。

第五章　使用管理

第二十条　水泥强度检验必须使用本办法规定的标准砂。

第二十一条　所有标准砂用户必须在定点经销单位购标准砂。

第二十二条　标准砂用户要建立标准砂专项管理制度，加强标准砂进货管理，严格审验手续，防止假冒标准砂流入。

第六章　监督管理

第二十三条　国家发展改革委组织有关专家对定点企业和监制单位相关工作进行年度评审。

第二十四条　国家水泥质量监督检验中心负责对标准砂的产品质量实行监督。

第二十五条　地方行业主管部门要会同同级质检、工商、建设、公安等部门加强对本地区标准砂市场的管理，打击制售假冒标准砂行为，维护正常经营秩序。

第二十六条　各级水泥质检站在进行水泥企业质量抽查时，要调查了解标准砂的质量及使用情况，发现问题，及时报告当地行业主管部门。

第七章　罚　则

第二十七条　定点企业和监制单位违反本办法，视情节轻重分别给予通报批评、限期整改，并追究有关人员责任。

第二十八条　定点销售单位违反本办法，销售不合格或假冒标准砂的，视情节轻重分别给予通报批评、罚款、取消定点资格的处罚。

第二十九条　严禁制造销售假标准砂，经发现要追究当事人和单位负责人的责任，情节严重涉嫌犯罪的，送交司法部门依法处理。

第三十条　用户使用假标准砂进行水泥质量检验的，应视情节轻重给予处罚，可收回生产许可证、化验室合格证和降低建筑资质。

第八章　附　则

第三十一条　定点企业、监制单位和监督单位应依据本办法分别制定标准砂定点销售管理办法、生产监制和监督工作细则，报国家发展改革委备案。

第三十二条　本办法由国家发展改革委负责解释。

第三十三条　本办法自2004年1月1日起施行。在GB/T17671全面实施之前，也适用国家标准GBl78《水泥强度检验用标准砂》要求的国标砂。

自本办法生效之日起，原国家建材局发布的《水泥强度检验用标准砂管理办法》同时废止。

★国家发展和改革委员会2003年12月26日发布的2257号文。

2004年

关于贯彻执行国务院办公厅转发发展改革委等部门关于制止钢铁、电解铝、水泥行业盲目投资若干意见的紧急通知★

环发[2004]12号

各省、自治区、直辖市环境保护局(厅)：

为贯彻执行《国务院办公厅转发发展改革委等部门关于制止钢铁电解铝水泥行业盲目投资若干意见的通知》(国办发[2003]103号)(以下简称“国办通知”)的要求，现紧急通知如下：

一、各省、自治区、直辖市环保局(厅)要立即组织力量对现有钢铁、电解铝和水泥生产企业的污染物排放情况按照污染物排放标准和排污总量控制指标逐一检查，将达不到排放标准或排污总量控制指标的生产企业名单于2004年3月20日前报送我局，我局拟于2004年3月底前首次向社会公布，以后定期公布环保不达标企业名单。各地要加强对以上生产企业的日常环境监督检查。

二、各省、自治区、直辖市环保局(厅)要立即组织力量对已建、在建、拟建钢铁、电解铝和水泥项目认真清理，按照"国办通知"要求，对未按规定程序报批环境影响报告书擅自开工建设的项目，在建的一律停建，投(试)产的一律停产，并依照有关法律法规进行处理。同时在省级主要新闻媒体上公开曝光。清理结果于2004年2月20日前报我局。

三、列入我局公布的环保不达标名单的企业，由所在地环保部门按国办通知的要求，报当地人民政府责其限期治理。限期治理期间，按照达标排放和环保部门下达的污染物排放总量控制的要求限产限排，限期治理到期后仍然达不到要求的，必须停产整治。

四、各级环保部门要按照管理权限，对所有达到排放标准和排污总量控制指标的钢铁、电解铝和水泥生产企业发放排污许可证，对不达标企业在限期治理期间或新建项目试生产期间发放临时排污许可证。没有排污许可证的企业一律不准排污。

五、列入我局公布的环保不达标名单的企业，各地环保部门要强制实施清洁生产审核，并加强技术指导和监督清洁生产方案的实施。鼓励达标企业开展清洁生产，进一步削减污染物排放。

六、2004年底前，要求所有钢铁、电解铝和水泥行业省级重点污染企业安装符合国家规定的在线监控装置，与当地环保部门联网，并保证正常运行。经省级环保部门验收合格并正常运行的企业在线监控装置的监测数据，环保部门应当认可并作为环境监察依据。

七、自本通知发布之日起，各省、自治区、直辖市环保部门按照《关于对申请上市的企业和申请再融资的上市企业进行环境保护核查的通知》(环发[2003]101号)的规定，对钢铁、电解铝和水泥行业生产企业首次公开发行股票和再融资申请进行环境保护初步核查，并将初步核查意见及建议报我局核定。核定结果在我局网站上公示10天，我局结合公示情况提出核查终审意见后函告中国证券监督管理委员会。

★国家环境保护总局2004年1月17日发布的12号文。

《散装水泥管理办法》★

[2004]5号令

根据《中华人民共和国清洁生产促进法》，制定《散装水泥管理办法》，现予以发布，自发布之日起施行。

第一条　为加快发展散装水泥，节约资源，保护和改善环境，提高经济和社会效益，促进经济与社会可持续发展，根据《中华人民共和国清洁生产促进法》，制定本办法。

第二条　本办法所称散装水泥，是指不用包装，直接通过专用装备出厂、运输、储存和使用的水泥。

第三条　在中华人民共和国境内从事水泥生产、经营、运输、使用的单位和个人，适用本办法。

第四条　国务院商务行政主管部门负责全国散装水泥发展和管理的协调工作。国务院财政、建设、铁路、交通、质量技术监督和环境保护等行政主管部门，按照各自的职责，负责散装水泥的有关工作。

县级以上地方人民政府确定的部门负责本行政区域内散装水泥的监督管理工作。县级以上地方人民政府财政、建设、交通、质量技术监督和环境保护等行政主管部门，按照各自的职责，负责本行政区域内散装水泥的有关工作。

各级散装水泥办公室负责本行政区内散装水泥行政管理的具体工作。

第五条　国务院商务行政主管部门会同有关部门制定并发布国家鼓励发展和限期淘汰的散装水泥适用的生产技术、工艺、设备和产品目录。

第六条　袋装水泥生产企业(包括水泥熟料粉磨站，下同)、使用单位应当严格按照财政部、国家经贸委发布的《散装水泥专项资金征收和使用管理办法》(财综[2002]23号)的规定缴纳散装水泥专项资金。

第七条　新建、扩建和改建水泥生产企业，应当按散装比例70%以上发放能力的要求进行设计和同步建设，按期投入使用。新建、扩建和改建水泥生产企业，应当依法进行环境影响评价。

第八条　现有水泥生产和使用单位应当配置散装水泥发放和使用装备，其散装比例和实现期限由各省、自治区、直辖市人民政府散装水泥行政主管部门确定。

第九条 水泥生产企业应当遵守国家生产许可证管理法规规定,取得生产许可证后,方可生产散装水泥。

第十条 水泥生产企业应当按照水泥质量管理规程组织生产,不得生产、销售不合格的散装水泥。

第十一条 散装水泥生产、经营、运输、使用单位和个人,应当执行国家有关计量规定。

第十二条 散装水泥生产、经营、运输、使用单位和个人,应当依照《中华人民共和国统计法》向散装水泥行政主管部门报送有关统计报表。

第十三条 散装水泥生产、经营、使用单位和个人,必须采取措施,确保生产、装卸、运输、储存、使用的设施和场所符合安全和环境保护的要求。

第十四条 县级以上地方人民政府有关部门应当鼓励发展预拌混凝土和预拌砂浆,根据实际情况限期禁止城市市区现场搅拌混凝土,具体规定由国务院商务行政主管部门会同国务院建设行政主管部门制定。

第十五条 预拌混凝土、预拌砂浆生产企业必须全部使用散装水泥。水泥制品生产企业也应当积极使用散装水泥。

第十六条 散装水泥生产、经营、使用单位和铁路运输部门应当加强协调配合,做好散装水泥专用车调度与管理工作,提高车辆运输效率。

第十七条 国家鼓励和促进散装水泥发展。县级以上地方人民政府有关部门应当对发展散装水泥事业做出显著贡献的单位及个人给予表彰和鼓励。

第十八条 违反本办法第六条规定,不及时足额缴纳散装水泥专项资金的,由有关部门按照《散装水泥专项资金征收和使用管理办法》第四章的有关规定处罚。

第十九条 违反本办法第十条、第十一条、第十二条、第十三条规定的,由有关部门分别按照《中华人民共和国质量法》、《中华人民共和国计量法》、《中华人民共和国统计法》、《中华人民共和国安全生产法》、《中华人民共和国环境保护法》等有关法律法规处罚。

第二十条 违反本办法第十四条规定,擅自现场搅拌混凝土的,由有关部门依据有关规定处罚。

第二十一条 违反本办法第十五条规定,不使用或不完全使用散装水泥的预拌混凝土、预拌砂浆生产企业,由建设行政主管部门责令整改,并可处以每立方米混凝土100元或者每吨袋装水泥300元的罚款,但罚款总额不超过30 000元。

第二十二条 各级散装水泥行政管理部门应当协同有关行政主管部门做好发展散装水泥和预拌混凝土的行政执法与处罚工作。

第二十三条 本办法所称的预拌(亦称商品)混凝土(砂浆),是指由水泥、集料、水以及根据需要掺入的外加剂和掺合料等按一定成分,经集中计量拌制后通过运输车运至使用地点的混凝土(砂浆)拌合物。

本办法所称散装水泥发放能力,是指散装水泥库容量占水泥仓库容量的比例。

第二十四条 本办法由商务部会同有关部门负责解释。

第二十五条 本办法自发布之日起施行。

★该管理办法由商务部、财政部、建设部、铁道部、交通部、国家质量监督检验检疫总局、国家环境保护总局于2004年3月29日联合发布的5号文。

国务院办公厅关于清理固定资产投资项目的通知★

国办发[2004]38号

各省、自治区、直辖市人民政府,国务院各部委、各直属机构:

当前,我国经济持续较快发展,经济效益进一步提高,经济形势总体上是好的。但是,经济发展中存在的一些突出矛盾和问题没有得到有效缓解,有的还在进一步发展。集中表现在固定资产投资增长过快、规模过大,同时煤、电、油、运和重要原材料供求紧张的矛盾突出。当前,要着力解决投资膨胀问题,促进经济平稳较快发展,防止出现大的起落。为了进一步加强宏观调控,国务院决定开展固定资产投资项目清理工作。

一、清理工作的指导思想和原则

(一)清理工作要贯彻落实科学发展观,各方面要把思想统一到中央的决策和部署上来,充分认识当前经济发展中存在的投资膨胀问题,以及由此带来的不利影响。通过此次清理,各地区、各部门要把工作的着力点切实转到提高经济增长的质量和效益上来,坚决克服相互攀比、盲目上项目、铺摊子的现象。

(二)清理工作依据现行的法律、行政法规和国家政策进行。主要按照国家产业政策和行业规划、土地管理、环境保护、银行信贷、项目审批等方面的法规和政策,国务院关于控制钢铁、电解铝、水泥以及党政机关办公楼和培训中心、城市快速轨道交通、高尔夫球场建设等通知的要求进行清理。对不符合要求的项目要采取措施,该停止建设的要停止建设,该限期整改的要限期整改。

(三)清理工作坚持突出重点,分类指导,区别对待。在遏制投资过快增长势头的同时,注重结构调整。对技术含量低、明显超出市场需求、不符合结构调整要求的项目,特别是盲目投资和低水平重复建设的高耗能、高耗水、高物耗、污染严重的项目,要坚决压下来。对其中政府行为推动的建设项目,要加大清理力度。对技术含量高、符合结构调整要求的项目,需要加强的农林水利、生态建设、环境基础设施、社会事业等薄弱领域的项目,要继续给予支持。

(四)清理工作要按照项目隶属关系进行。发展改革委负责清理的组织工作,并与监察部、国土资源部、建设部、人民银行、审计署、环保总局、银监会等部门按照各自职责分工,加强对清理工作的督导和检查。

二、清理的范围

各地区、各部门和各有关单位要对所有在建、拟建项目进行一次全面清理、审核。在建项目是指已开工建设的项目;拟建项目是指项目单位已提出申请,政府部门正在受理且尚未开工的项目。

要重点清理:(1)钢铁、电解铝、水泥以及党政机关办公楼和培训中心、城市快速轨道交通、高尔夫球场、会展中心、物流园区、大型购物中心等项目;(2)2004 年以来新开工的所有项目。

农林水利(含农村“六小”工程)、生态建设、教育(不含大学城)、卫生、科学(不含科技园区)项目不在清理范围内。

三、清理的内容

清理中要对在建、拟建项目逐个进行审核,清理的内容是:

(一)是否符合国家产业政策和行业规划。

(二)是否符合土地利用总体规划并纳入土地利用年度计划。

(三)是否符合国家环境保护的有关规定并通过环境影响评价。

(四)是否符合城市总体规划。

(五)是否符合项目审批等各项建设程序。

(六)是否符合信贷政策和固定资产贷款的有关规定。

(七)是否符合《国务院办公厅转发发展改革委等部门关于制止钢铁、电解铝、水泥行业盲目投资若干意见的通知》(国办发[2003]103 号)、《中共中央办公厅、国务院办公厅关于继续从严控制党政机关办公楼和培训中心项目建设的通知》(中办发[2003]3 号)、《国务院办公厅关于加强城市快速轨道交通建设管理的通知》(国办发[2003]81 号)、《国务院办公厅关于暂停新建高尔夫球场的通知》(国办发[2004]1号)的要求。

(八)是否属于《国务院办公厅关于严格禁止违规建设135 万千瓦及以下火电机组的通知》(国办发明电[2002]6号)、原国家经贸委《淘汰落后生产能力、工艺和产品的目录(第一、二、三批)》(国家经贸委令第 6 号、16 号、32 号)规定范围内的项目。

(九)是否符合与项目建设有关的其他法律、行政法规和国家政策。

四、清理后的处理

(一)对国家明令禁止建设的、违反土地管理法等有关法律、行政法规和国家政策的在建项目,要停止建设。

(二)对不符合环保规定、城市规划、项目审批等建设程序以及信贷政策等要求的在建项目,要暂停建设,限期整改。

(三)对符合法律、行政法规和国家政策要求的在建项目,要在落实好项目建设条件的基础上,合理安排建设进度。

(四)对不符合法律、行政法规和国家政策要求的拟建项目,一律取消立项,严禁擅自开工建设。

(五)对钢铁、电解铝、水泥项目,年内原则上不再开工新项目。个别调整优化结构的重大项目,确需今年开工的,须报国家批准。

五、工作方式

(一)地方项目由省级人民政府负责清理;中央项目由国务院有关部门和有关单位负责清理;中央和地方共同出资的建设项目,中央投资为主的由国务院有关部门和有关单位负责清理,地方投资为主的由省级人民政府负责清理。

(二)发展改革委负责具体组织和督促落实清理工作,并从国家产业政策、行业规划、项目审批程序等方面对清理工作进行督导和抽查。

(三)国土资源部、建设部、环保总局分别从土地管理、城市规划、环境保护等方面进行督导和抽查;银监会从信贷政策和固定资产贷款规定方面进行督导和抽查,并负责落实对城市建设打捆项目贷款的抽查。

(四)由发展改革委牵头,监察部、国土资源部、建设部、人民银行、审计署、环保总局、银监会等部门参加,组成工作班子,负责具体落实清理工作。

六、工作进度

(一)各地区、各部门和各有关单位要高度重视,加强领导,主要负责同志要亲自挂帅,抽调人员组成临时机构,明确责任,制定周密工作方案,从速组织开展项目清理工作。

(二)各地区、各部门和各有关单位的清理工作要在发出通知之日起 1 个半月内完成,并将清理结果和处理措施报发展改革委。(1)清理范围内所有在建、拟建项目的清理结果和处理措施;(2)对重点清理的项目中总投资 1 000 万元及以上的项目,以及清理的其他项目中总投资 3 000 万元及以上的项目,按项目提出停止建设、暂停建设限期整改、取消立项和符合要求的处理意见。

(三)各地区、各部门和各有关单位的清理工作结束后,发展改革委、监察部、国土资源部、建设部、人民银行、审计署、环保总局、银监会要对清理情况进行抽查。抽查工作结束后,发展改革委会同有关部门,形成清理报告上报国务院。

(四)各地区、各部门和各有关单位要从大局出发,切实做好清理工作,如实上报清理结果,防止出现地方、行业保护主义。特别要妥善处理好项目停止或暂停建设后可能出现的问题,制定预案,做好善后工作。对弄虚作假、有意隐瞒不报的,对因工作原因造成停止或暂停建设后出现新的不良后果的,一经查实,要追究有关领导的责任。

(五)清理固定资产投资项目,政策性强,涉及面大,国务院各部门要认真履行职责,密切配合,加强沟通,及时发现并协调解决清理工作中的突出问题。重大问题要向国务院报告。

★国务院办公厅2004年4月27日发布的38号文。

国务院办公厅关于深入开展土地市场治理整顿严格土地管理的紧急通知★

国办发明电[2004]20号

各省、自治区、直辖市人民政府,国务院各部委、各直属机构:

为制止乱占滥用土地,防止突击批地,抑制一些行业、地区固定资产投资过快增长,保证国民经济平稳运行,牢固树立和落实科学发展观,切实落实最严格的耕地保护制度,推进国土资源管理体制改革,国务院决定在全国范围内继续深入开展土地市场治理整顿。现将有关问题通知如下。

一、继续深入开展土地市场治理整顿

各省、自治区、直辖市人民政府要依据《中华人民共和国土地管理法》及有关法律法规的规定,从现在开始,集中半年左右的时间,继续深入开展土地市场治理整顿。治理整顿的主要内容包括:

(一)清理检查2003年以来的土地占用情况,整顿未批先用、征而未用、乱占滥用和随意改变土地用途等问题;

(二)清理检查2003年以来的土地审批情况,重点是新上项目的用地情况,整顿违反国家产业政策、超规划、超计划、越权和分拆批地等问题;

(三)清理检查耕地占补平衡数量和质量的情况,整顿占优补劣,占多补少甚至不补等问题;

(四)清理检查新增建设用地土地有偿使用费的征收和使用情况,整顿随意减免和侵占、挪用土地有偿使用费等问题;

(五)清理检查征用农民集体土地的补偿、安置情况,继续整顿降低补偿标准,挪用、截留和拖欠被征地农民补偿费等问题;

(六)清理整顿经营性土地使用权招标、拍卖、挂牌出让中存在的问题。

上述治理整顿工作,由各省、自治区、直辖市人民政府负责,结合正在进行的清理开发区、治理整顿土地市场的有关工作认真组织清理检查,对清理检查出来的问题,要限期进行整改,并依法严肃处理。国土资源部要会同发展改革委、财政部、农业部、建设部、监察部、审计署等部门对治理整顿工作进行督导、抽查和验收。

二、严格建设用地审批管理

治理整顿期间,全国暂停审批农用地转非农建设用地;治理整顿结束后,对因检查和整改不力,经验收不合格的地方,报经国务院同意后,继续暂停审批农用地转非农建设用地,直至达到规定的整改要求。

能源、交通、水利、城市重大公共设施等重点建设项目用地,确属急需的,报国务院批准;对已经国家批准且在规划范围内的卫生、教育等项目建设用地,按有关规定从严审批。暂停涉及基本农田保护区调整的各类规划修改。对新批的县改市(区)和乡改镇,要暂停修改涉及土地利用的各类规划。

三、切实保护基本农田

十分珍惜、合理利用土地和切实保护耕地是我国的一项基本国策,是维护国家粮食安全和社会稳定十分重要的内容。要认真贯彻《基本农田保护条例》,坚决守住基本农田这条"红线",任何单位和个人不得突破。国土资源部和农业部要把开展基本农田保护检查作为土地市场清理整顿的重点,着重检查基本农田保护制度的建立和执行情况。通过检查和整改,切实纠正擅自调整基本农田保护区、违法违规占用基本农田、随意变更土地用途等突出问题，依法严肃查处违法违规占用基本农田行为；摸清基本农田现状，完善基本农田保护制度；进一步明确地方政府在基本农田保护方面的责任，将基本农田落实到村组、农户和地块。不得进行跨市、县的基本农田易地代保，对已发生的要坚决纠正。

四、严格执行土地利用总体规划和年度计划

土地利用总体规划和年度计划，是《中华人民共和国土地管理法》赋予政府调控土地供需的重要手段，必须依法维护规划和计划的严肃性。要加强对土地利用总体规划和年度计划执行情况的监督检查，对擅自修改土地利用总体规划的，要追究有关地方、部门及其领导人的责任；对擅自突破年度用地计划的，也要追究责任并扣减下一年度用地指标。各类开发区新增建设用地属于农用地的，要纳入当地土地利用年度计划统一管理。

五、严格执行耕地占补平衡制度

耕地占补平衡制度是严格保护耕地的法定内容，各地区、各有关部门必须不折不扣地贯彻执行。建设单位必须按照《中华人民共和国土地管理法》的规定，履行补充耕地的义务，不能自行补充耕地的，要依照地方有关标准，足额缴纳耕地开垦费；各地要严格按照建设项目占地的数量，进行耕地占补平衡，补充的耕地要在数量和质量上与原有耕地相当；严格控制易地占补平衡，未经国务院批准，不许跨省域进行耕地占补平衡。国土资源部门要把上述要求列入考核和检查的内容，切实做好把关工作。

六、积极推进国土资源管理体制改革

完善土地管理体制，是严格土地管理的重要举措。要坚决贯彻党中央、国务院关于国土资源管理体制改革的重大决策，认真执行《国务院关于做好省级以下国土资源管理体制改革有关问题的通知》（国发[2004]12号），积极推进国土资源管理体制改革。要加强省级人民政府对实施土地利用总体规划和年度计划管理、基本农田保护、农用地转用和征地审批管理及批后核查、执法监督的责任。抓紧研究改革征地制度和土地有偿使用费使用办法，制定限制和禁止供地项目目录，完善用地定额标准，严格建设项目的审批和管理。

继续深入开展土地市场治理整顿，严格土地管理，是2004年加强宏观调控、实现国民经济平稳较快发展、防止经济大起大落的一项重要措施。各地区、各部门要切实把思想和行动统一到中央的决策部署上来，明确责任，加强配合，认真组织贯彻落实，坚决维护中央宏观调控的统一性、权威性和有效性。对有令不行、有禁不止，特别是顶风违法违纪的行为要坚决查处。

★国务院办公厅2004年4月29日发布的20号文。

关于进一步加强产业政策和信贷政策协调配合控制信贷风险有关问题的通知★

发改产业[2004]746号

各省、自治区、直辖市及计划单列市、新疆生产建设兵团发展改革委（计委）、经贸委（经委），人民银行各分行（营业管理部）、各省会（首府）城市中心支行，银监会各监管局，国家政策性银行，国有独资商业银行、股份制商业银行：

为深入贯彻党的十六届三中全会和中央经济工作会议精神，树立和落实科学的发展观，促进经济增长方式转变，推进产业结构优化升级，提高经济增长质量，切实解决当前部分行业低水平盲目扩张和信贷增长过快，产业结构失衡等突出问题，现就进一步加强国家产业政策和信贷政策协调配合，控制信贷风险有关问题通知如下：

一、统一思想，提高认识。产业政策和信贷政策是国家实施宏观调控的重要手段，当前，进一步加强产业政策和信贷政策的协调配合，采取有效措施，停止对产业政策明确淘汰产品的信贷支持，控制对采用落后工艺、技术装备项目的贷款，特别是控制信贷资金流入低水平盲目扩张行业，不仅是加强宏观经济调控和防范金融风险的需要，也是树立和落实科学发展观，实现经济、社会全面可持续和协调发展的需要。对此，各方面必须高度重视，把思想和行动统一到中央的决策和部署上来。产业政策和信贷政策要根据产业发展情况和宏观调控要求适时、适度进行调整，逐步完善产业政策与信贷政策间良好、能动的协调配合机制。今后，国家发展改革委将定期发布和适时调整相关产业政策，指导社会投资方向；人民银行和银行监管部门将配套提出加强和改进银行信贷管理、优化信贷结构的政策措施，为商业银行适时调整信贷投向提供有效的支持和服务；商业银行也要提高风险管理能力，改进信贷投向管理技术和手段。

二、调查分类,区别处理。根据当前经济运行和产业发展的实际情况,国家发展改革委会同有关部门制定了《当前部分行业制止低水平重复建设目录》。列入禁止类目录的原则是:严重危及生产安全;环境污染严重;质量不符合国家标准;原材料和能源消耗高及国家法律、法规规定的禁止投资的项目。列入限制类目录的原则是:生产能力严重过剩,新上项目对产业结构没有改善;工艺技术落后,已有先进、成熟工艺技术替代;不利于节约资源和保护生态环境及法律、法规规定的限制投资的项目。

各级发展改革委(计委)、经贸委(经委)及相关金融机构对《当前部分行业制止低水平重复建设目录》所涉及的企业要立即组织调查,分类排队,区别不同情况进行处理,具体是:

(一)对属于禁止类目录的国家明令淘汰的生产能力、工艺和产品建设项目,一律停止建设,对已建成的项目要坚决限期淘汰、依法关闭;各金融机构要立即停止各种形式的新增授信支持,对已实施的项目授信要采取妥善措施予以收回。

(二)对于限制类目录所涉及的建设项目,各级投资主管部门要立即停止审批,拟建项目一律停止建设;在建项目暂停建设,由各级投资主管部门牵头进行清理整顿,区别对待,分类处理;在清理整顿期间,各金融机构要停止给予新的各种形式授信支持。

三、各司其职,协调配合。各有关部门要按照职责分工,加强沟通协调,各个环节齐抓共管,形成合力。

(一)各级发展改革委(计委)、经贸委(经委)要认真贯彻国家产业政策,严格执行投资项目审批管理规定,及时向有关商业银行通报对《当前部分行业制止低水平重复建设目录》涉及项目的清理情况,协助有关金融机构做好调整信贷投向、化解信贷风险、保全信贷资产的相关工作。

(二)人民银行各分行(营业管理部)、各省会(首府)城市中心支行要认真贯彻总行制定的信贷政策,适时发布信贷政策指引,协调、督促、指导商业银行建立和完善信贷风险预警控制体系,不断优化信贷投向。

(三)银监会各监管局要及时将本通知转发至辖区内各城市商业银行等有关金融机构,采取措施加强对当地商业银行信贷投向的监督检查,促使商业银行贯彻产业政策和信贷政策,着力调整信贷结构,防范信贷风险。

(四)各商业银行要根据国家宏观调控的要求,关注行业发展,贯彻国家产业政策。针对各自经营情况,按照《当前部分行业制止低水平重复建设目录》尽快调整信贷投向,认真组织对该目录涉及项目贷款的清理,采取切实有效的措施,保全信贷资产。要建立市场信息预测体系,准确把握市场供求关系和产业变化趋势,实现贷款科学决策,合理配置信贷资金,规避信贷风险。对风险较大的行业,可根据风险大小,区别不同企业和项目,采取在规定范围内上浮贷款利率和上收贷款审批权限等方式,加强风险控制。

(五)建立定期协调和信息通报制度。各银行每季度要将贷款行业结构和质量情况及时报送人民银行。国家发展改革委、人民银行和银监会要定期召开会议,研究分析产业政策和信贷政策的协调配合情况,及时发现问题,提出解决对策。

四、对违反本通知要求或政策执行不力,违规审批项目和提供授信支持,造成严重损失的,要依照有关法律法规,追究有关当事人和负责人的责任。

五、2004年6月底以前,各省、区、市发展改革委(计委)、人民银行各分支机构、银监会各监管局要将贯彻落实本通知的情况分别报送国家发展改革委、人民银行、银监会。国家发展改革委、人民银行、银监会下半年将视情况组成联合检查组对各地执行情况进行抽查。

六、本通知原则适用于农村商业银行、农村合作银行、城市信用合作社和农村信用合作社。

附件:一、《当前部分行业制止低水平重复建设目录》

二、《贷款行业结构季度报表》(略)

附件一:

当前部分行业制止低水平重复建设目录(其他行业略)

三、建材行业

(一)禁止类

1. 六机以下垂直引上平板玻璃生产线

2. 平板玻璃普通平拉工艺生产线及日熔化量100吨以下的"格法"平拉生产线

3. 窑径2.2米及以下水泥机械化立窑生产线

4. 无复膜塑编水泥包装袋生产线

5. 年产70万平方米以下的建筑陶瓷砖、年产20万件以下卫生陶瓷生产线

6. 年产400万平方米及以下的纸面石膏板生产线

7. 窑径2.5米及以下水泥干法中空窑(生产特种水泥除外)

8. 直径1.83米以下水泥粉磨设备

9. 水泥土(蛋)窑、普通立窑

10. 建筑卫生陶瓷土窑、倒焰窑、多孔窑、煤烧明焰隧道窑

11. 卫生陶瓷隔焰隧道窑、匣钵装卫生陶瓷隧道窑

12. 建筑陶瓷砖成型用的摩擦压砖机

13. 石灰土立窑

14. 陶土坩埚玻璃纤维拉丝生产工艺与装备

15. 砖瓦18门以下轮窑以及立窑、无顶轮窑、马蹄窑等土窑

16. 400型及以下普通挤砖机

17. 简易移动式砼砌块成型机、附着式振动成型台(2005年)

18. 单班年生产能力小于1万立方米的混凝土砌块固定式成型机、单班年生产能力小于10万平方米的混凝土铺地砖固定式成型机

19. 人工浇筑、非机械成型的石膏(空心)砌块生产工艺

20. 年产100万卷以下沥青纸胎油毡生产线

21. 真空加压法和气炼一步法石英玻璃生产工艺和装备

22. 6×600吨六面顶小型压机生产人造金刚石

23. 使用非耐碱玻纤或非低碱水泥生产的玻纤增强水泥(GRC)空心条板

24. 陶土坩埚拉丝玻璃纤维增强塑料(玻璃钢)制品

25. 25A空腹钢窗

26. S-2型混凝土轨枕

27. 一次用水量9升以上的便器

28. 角闪石石棉(即蓝石棉)

29. 普通双层玻璃塑料门窗及单腔结构型的塑料门窗

30. 二次加热复合成型工艺生产的聚乙烯丙纶复合防水卷材、棉涤玻纤网格(高碱)复合胎、聚氯乙烯防水卷材(S型)

31. 墙体或吊顶工程用菱镁类复合板

32. 手工切割、非蒸压养护加气混凝土生产线

33. 不符合环保、安全生产要求的非机械化非金属矿开采

(二)限制类

1. 非浮法及日熔化量500吨以下普通浮法平板玻璃生产线

2. 年产100万平方米及以下的建筑陶瓷砖生产线

3. 年产50万件及以下的隧道窑卫生陶瓷生产线

4. 新建和扩建水泥机立窑、干法中空窑、立波尔窑、湿法窑;新建日产1 500吨及以下新型干法水泥生产线

5. 年产2 000万平方米以下的纸面石膏板生产线

6. 沥青纸胎油毡生产线;年生产能力在500万平方米以下的改性沥青防水卷材生产线;年产100万卷以下沥青复合胎防水卷材生产线;聚乙烯丙纶复合防水卷材生产线

7. 中碱玻璃球生产线、铂金坩埚球法拉丝玻璃纤维生产线

8. 年产量小于15万平方米的石膏(空心)砌块生产线、单班年产量小于5万立方米混凝土小型空心砌块以及单班年产量小于15万平方米混凝土铺地砖固定式生产线、以粘土为主要原料年产量小于5万立方米人造轻集料(陶料)生产线

9. 年产量小于10万立方米的加气混凝土生产线

10. 年产量小于3 000万标砖的煤矸石、页岩烧结实心砖生产线

11. 年产量小于5 000吨岩(矿)棉生产线

注:1、禁止类条目后括号内数字为淘汰期限,淘汰期限为2005年是指应于2005年底前淘汰,其余类推;未标淘汰期限的条目,为立即淘汰。

2、生产规模大于限制类条目规定,但环保指标不达标的项目,均禁止投资。

★国家发展改革委、中国人民银行、银监会2004年4月30日联合发布的746号文

国务院关于投资体制改革的决定★

国发[2004]20号

改革开放以来,国家对原有的投资体制进行了一系列改革,打破了传统计划经济体制下高度集中的投资管理模式,初步形成了投资主体多元化、资金来源多渠道、投资方式多样化、项目建设市场化的新格局。但是,现行的投资体制还存在不少问题,特别是企业的投资决策权没有完全落实,市场配置资源的基础性作用尚未得到充分发挥,政府投资决策的科学化、民主化水平需要进一步提高,投资宏观调控和监管的有效性需要增强。为此,国务院决定进一步深化投资体制改革。

一、深化投资体制改革的指导思想和目标

(一)深化投资体制改革的指导思想是:按照完善社会主

义市场经济体制的要求，在国家宏观调控下充分发挥市场配置资源的基础性作用，确立企业在投资活动中的主体地位，规范政府投资行为，保护投资者的合法权益，营造有利于各类投资主体公平、有序竞争的市场环境，促进生产要素的合理流动和有效配置，优化投资结构，提高投资效益，推动经济协调发展和社会全面进步。

（二）深化投资体制改革的目标是：改革政府对企业投资的管理制度，按照"谁投资、谁决策、谁收益、谁承担风险"的原则，落实企业投资自主权；合理界定政府投资职能，提高投资决策的科学化、民主化水平，建立投资决策责任追究制度；进一步拓宽项目融资渠道，发展多种融资方式；培育规范的投资中介服务组织，加强行业自律，促进公平竞争；健全投资宏观调控体系，改进调控方式，完善调控手段；加快投资领域的立法进程；加强投资监管，维护规范的投资和建设市场秩序。通过深化改革和扩大开放，最终建立起市场引导投资、企业自主决策、银行独立审贷、融资方式多样、中介服务规范、宏观调控有效的新型投资体制。

二、转变政府管理职能，确立企业的投资主体地位

（一）改革项目审批制度，落实企业投资自主权。彻底改革现行不分投资主体、不分资金来源、不分项目性质，一律按投资规模大小分别由各级政府及有关部门审批的企业投资管理办法。对于企业不使用政府投资建设的项目，一律不再实行审批制，区别不同情况实行核准制和备案制。其中，政府仅对重大项目和限制类项目从维护社会公共利益角度进行核准，其他项目无论规模大小，均改为备案制，项目的市场前景、经济效益、资金来源和产品技术方案等均由企业自主决策、自担风险，并依法办理环境保护、土地使用、资源利用、安全生产、城市规划等许可手续和减免税确认手续。对于企业使用政府补助、转贷、贴息投资建设的项目，政府只审批资金申请报告。各地区、各部门要相应改进管理办法，规范管理行为，不得以任何名义截留下放给企业的投资决策权利。

（二）规范政府核准制。要严格限定实行政府核准制的范围，并根据变化的情况适时调整。《政府核准的投资项目目录》（以下简称《目录》）由国务院投资主管部门会同有关部门研究提出，报国务院批准后实施。未经国务院批准，各地区、各部门不得擅自增减《目录》规定的范围。

企业投资建设实行核准制的项目，仅需向政府提交项目申请报告，不再经过批准项目建议书、可行性研究报告和开工报告的程序。政府对企业提交的项目申请报告，主要从维护经济安全、合理开发利用资源、保护生态环境、优化重大布局、保障公共利益、防止出现垄断等方面进行核准。对于外商投资项目，政府还要从市场准入、资本项目管理等方面进行核准。政府有关部门要制定严格规范的核准制度，明确核准的范围、内容、申报程序和办理时限，并向社会公布，提高办事效率，增强透明度。

（三）健全备案制。对于《目录》以外的企业投资项目，实行备案制，除国家另有规定外，由企业按照属地原则向地方政府投资主管部门备案。备案制的具体实施办法由省级人民政府自行制定。国务院投资主管部门要对备案工作加强指导和监督，防止以备案的名义变相审批。

（四）扩大大型企业集团的投资决策权。基本建立现代企业制度的特大型企业集团，投资建设《目录》内的项目，可以按项目单独申报核准，也可编制中长期发展建设规划，规划经国务院或国务院投资主管部门批准后，规划中属于《目录》内的项目不再另行申报核准，只须办理备案手续。企业集团要及时向国务院有关部门报告规划执行和项目建设情况。

（五）鼓励社会投资。放宽社会资本的投资领域，允许社会资本进入法律法规未禁入的基础设施、公用事业及其他行业和领域。逐步理顺公共产品价格，通过注入资本金、贷款贴息、税收优惠等措施，鼓励和引导社会资本以独资、合资、合作、联营、项目融资等方式，参与经营性的公益事业、基础设施项目建设。对于涉及国家垄断资源开发利用、需要统一规划布局的项目，政府在确定建设规划后，可向社会公开招标选定项目业主。鼓励和支持有条件的各种所有制企业进行境外投资。

（六）进一步拓宽企业投资项目的融资渠道。允许各类企业以股权融资方式筹集投资资金，逐步建立起多种募集方式相互补充的多层次资本市场。经国务院投资主管部门和证券监管机构批准，选择一些收益稳定的基础设施项目进行试点，通过公开发行股票、可转换债券等方式筹集建设资金。在严格防范风险的前提下，改革企业债券发行管理制度，扩大企业债券发行规模，增加企业债券品种。按照市场化原则改进和完善银行的固定资产贷款审批和相应的风险管理制度，运用银团贷款、融资租赁、项目融资、财务顾问等多种业务方式，支持项目建设。允许各种所有制企业按照有关规定申请使用国外贷款。制定相关法规，组织建立中小企业融资和信用担保体系，鼓励银行和各类合格担保机构对项目融资的担保方式进行研究创新，采取多种形式增强担保机构资本实力，推动设立中小企业投资公司，建立和完善创业投资机制。规范发展各类投资基金。鼓励和促进保险资金间接投资基础设施和重点建设工程项目。

（七）规范企业投资行为。各类企业都应严格遵守国土资源、环境保护、安全生产、城市规划等法律法规，严格执行产业政策和行业准入标准，不得投资建设国家禁止发展的项目；应诚信守法，维护公共利益，确保工程质量，提高投资效益。国有和国有控股企业应按照国有资产管理体制改革和现代企业制度的要求，建立和完善国有资产出资人制度、投资风险约束机制、科学民主的投资决策制度和重大投资责任追究制度。严格执行投资项目的法人责任制、资本金制、招标投标制、工程监理制和合同管理制。

三、完善政府投资体制，规范政府投资行为

（一）合理界定政府投资范围。政府投资主要用于关系

国家安全和市场不能有效配置资源的经济和社会领域，包括加强公益性和公共基础设施建设，保护和改善生态环境，促进欠发达地区的经济和社会发展，推进科技进步和高新技术产业化。能够由社会投资建设的项目，尽可能利用社会资金建设。合理划分中央政府与地方政府的投资事权。中央政府投资除本级政权等建设外，主要安排跨地区、跨流域以及对经济和社会发展全局有重大影响的项目。

（二）健全政府投资项目决策机制。进一步完善和坚持科学的决策规则和程序，提高政府投资项目决策的科学化、民主化水平；政府投资项目一般都要经过符合资质要求的咨询中介机构的评估论证，咨询评估要引入竞争机制，并制定合理的竞争规则；特别重大的项目还应实行专家评议制度；逐步实行政府投资项目公示制度，广泛听取各方面的意见和建议。

（三）规范政府投资资金管理。编制政府投资的中长期规划和年度计划，统筹安排、合理使用各类政府投资资金，包括预算内投资、各类专项建设基金、统借国外贷款等。政府投资资金按项目安排，根据资金来源、项目性质和调控需要，可分别采取直接投资、资本金注入、投资补助、转贷和贷款贴息等方式。以资本金注入方式投入的，要确定出资人代表。要针对不同的资金类型和资金运用方式，确定相应的管理办法，逐步实现政府投资的决策程序和资金管理的科学化、制度化和规范化。

（四）简化和规范政府投资项目审批程序，合理划分审批权限。按照项目性质、资金来源和事权划分，合理确定中央政府与地方政府之间、国务院投资主管部门与有关部门之间的项目审批权限。对于政府投资项目，采用直接投资和资本金注入方式的，从投资决策角度只审批项目建议书和可行性研究报告，除特殊情况外不再审批开工报告，同时应严格政府投资项目的初步设计、概算审批工作；采用投资补助、转贷和贷款贴息方式的，只审批资金申请报告。具体的权限划分和审批程序由国务院投资主管部门会同有关方面研究制定，报国务院批准后颁布实施。

（五）加强政府投资项目管理，改进建设实施方式。规范政府投资项目的建设标准，并根据情况变化及时修订完善。按项目建设进度下达投资资金计划。加强政府投资项目的中介服务管理，对咨询评估、招标代理等中介机构实行资质管理，提高中介服务质量。对非经营性政府投资项目加快推行"代建制"，即通过招标等方式，选择专业化的项目管理单位负责建设实施，严格控制项目投资、质量和工期，竣工验收后移交给使用单位。增强投资风险意识，建立和完善政府投资项目的风险管理机制。

（六）引入市场机制，充分发挥政府投资的效益。各级政府要创造条件，利用特许经营、投资补助等多种方式，吸引社会资本参与有合理回报和一定投资回收能力的公益事业和公共基础设施项目建设。对于具有垄断性的项目，试行特许经营，通过业主招标制度，开展公平竞争，保护公众利益。已经建成的政府投资项目，具备条件的经过批准可以依法转让产权或经营权，以回收的资金滚动投资于社会公益等各类基础设施建设。

四、加强和改善投资的宏观调控

（一）完善投资宏观调控体系。国家发展和改革委员会要在国务院领导下会同有关部门，按照职责分工，密切配合、相互协作、有效运转、依法监督，调控全社会的投资活动，保持合理投资规模，优化投资结构，提高投资效益，促进国民经济持续快速协调健康发展和社会全面进步。

（二）改进投资宏观调控方式。综合运用经济的、法律的和必要的行政手段，对全社会投资进行以间接调控方式为主的有效调控。国务院有关部门要依据国民经济和社会发展中长期规划，编制教育、科技、卫生、交通、能源、农业、林业、水利、生态建设、环境保护、战略资源开发等重要领域的发展建设规划，包括必要的专项发展建设规划，明确发展的指导思想、战略目标、总体布局和主要建设项目等。按照规定程序批准的发展建设规划是投资决策的重要依据。各级政府及其有关部门要努力提高政府投资效益，引导社会投资。制定并适时调整国家固定资产投资指导目录、外商投资产业指导目录，明确国家鼓励、限制和禁止投资的项目。建立投资信息发布制度，及时发布政府对投资的调控目标、主要调控政策、重点行业投资状况和发展趋势等信息，引导全社会投资活动。建立科学的行业准入制度，规范重点行业的环保标准、安全标准、能耗水耗标准和产品技术、质量标准，防止低水平重复建设。

（三）协调投资宏观调控手段。根据国民经济和社会发展要求以及宏观调控需要，合理确定政府投资规模，保持国家对全社会投资的积极引导和有效调控。灵活运用投资补助、贴息、价格、利率、税收等多种手段，引导社会投资，优化投资的产业结构和地区结构。适时制定和调整信贷政策，引导中长期贷款的总量和投向。严格和规范土地使用制度，充分发挥土地供应对社会投资的调控和引导作用。

（四）加强和改进投资信息、统计工作。加强投资统计工作，改革和完善投资统计制度，进一步及时、准确、全面地反映全社会固定资产存量和投资的运行态势，并建立各类信息共享机制，为投资宏观调控提供科学依据。建立投资风险预警和防范体系，加强对宏观经济和投资运行的监测分析。

五、加强和改进投资的监督管理

（一）建立和完善政府投资监管体系。建立政府投资责任追究制度，工程咨询、投资项目决策、设计、施工、监理等部门和单位，都应有相应的责任约束，对不遵守法律法规给国家造成重大损失的，要依法追究有关责任人的行政和法律责任。完善政府投资制衡机制，投资主管部门、财政主管部门以及有关部门，要依据职能分工，对政府投资的管理进行相互监督。审计机关要依法全面履行职责，进一步加强对政府投资项目的审计监督，提高政府投资管理水平和投资效益。完善重大项目稽查制度，建立政府投资项目后评价制度，对政府投资项目进行全过程监管。建立政府投资项目的社会监督机制，鼓励公众和新闻媒体对政府投资项目进行监督。

（二）建立健全协同配合的企业投资监管体系。国土资源、环境保护、城市规划、质量监督、银行监管、证券监管、外汇管理、工商管理、安全生产监管等部门，要依法加强对企业投资活动的监管，凡不符合法律法规和国家政策规定的，不得办理相关许可手续。在建设过程中不遵守有关法律法规的，有关部门要责令其及时改正，并依法严肃处理。各级政府投资主管部门要加强对企业投资项目的事中和事后监督检查，对于不符合产业政策和行业准入标准的项目，以及不按规定履行相应核准或许可手续而擅自开工建设的项目，要责令其停止建设，并依法追究有关企业和人员的责任。审计机关依法对国有企业的投资进行审计监督，促进国有资产保值增值。建立企业投资诚信制度，对于在项目申报和建设过程中提供虚假信息、违反法律法规的，要予以惩处，并公开披露，在一定时间内限制其投资建设活动。

（三）加强对投资中介服务机构的监管。各类投资中介服务机构均须与政府部门脱钩，坚持诚信原则，加强自我约束，为投资者提供高质量、多样化的中介服务。鼓励各种投资中介服务机构采取合伙制、股份制等多种形式改组改造。健全和完善投资中介服务机构的行业协会，确立法律规范、政府监督、行业自律的行业管理体制。打破地区封锁和行业垄断，建立公开、公平、公正的投资中介服务市场，强化投资中介服务机构的法律责任。

（四）完善法律法规，依法监督管理。建立健全与投资有关的法律法规，依法保护投资者的合法权益，维护投资主体公平、有序竞争，投资要素合理流动、市场发挥配置资源的基础性作用的市场环境，规范各类投资主体的投资行为和政府的投资管理活动。认真贯彻实施有关法律法规，严格财经纪律，堵塞管理漏洞，降低建设成本，提高投资效益。加强执法检查，培育和维护规范的建设市场秩序。

★国务院2004年7月16日发布的20号文。

清洁生产审核暂行办法★

国家环境保护总局令第16号

为全面推行清洁生产，规范清洁生产审核行为，根据《中华人民共和国清洁生产促进法》和国务院有关部门的职责分工，国家发展和改革委员会、国家环境保护总局制定并审议通过了《清洁生产审核暂行办法》，现予以发布，自2004年10月1日起施行。

第一章　总则

第一条　为促进清洁生产，规范清洁生产审核行为，根据《中华人民共和国清洁生产促进法》，制定本办法。

第二条　本办法所称清洁生产审核，是指按照一定程序，对生产和服务过程进行调查和诊断，找出能耗高、物耗高、污染重的原因，提出减少有毒有害物料的使用、产生，降低能耗、物耗以及废物产生的方案，进而选定技术经济及环境可行的清洁生产方案的过程。

第三条　本办法适用于中华人民共和国境内所有从事生产和服务活动的单位以及从事相关管理活动的部门。

第四条　国家发展和改革委员会会同国家环境保护总局负责管理全国的清洁生产审核工作。各省、自治区、直辖市、计划单列市及新疆生产建设兵团发展改革（经济贸易）行政主管部门会同环境保护行政主管部门，根据本地区实际情况，组织开展清洁生产审核。

第五条　清洁生产审核应当以企业为主体，遵循企业自愿审核与国家强制审核相结合、企业自主审核与外部协助审核相结合的原则，因地制宜、有序开展、注重实效。

第二章　清洁生产审核范围

第六条　清洁生产审核分为自愿性审核和强制性审核。

第七条　国家鼓励企业自愿开展清洁生产审核。污染物排放达到国家或者地方排放标准的企业，可以自愿组织实施清洁生产审核，提出进一步节约资源、削减污染物排放量的目标。

第八条　有下列情况之一的，应当实施强制性清洁生产审核：

（一）污染物排放超过国家和地方排放标准，或者污染物排放总量超过地方人民政府核定的排放总量控制指标的污染严重企业；

（二）使用有毒有害原料进行生产或者在生产中排放有毒有害物质的企业。

有毒有害原料或者物质主要指《危险货物品名表》（GB12268）、《危险化学品名录》、《国家危险废物名录》和《剧毒化学品目录》中的剧毒、强腐蚀性、强刺激性、放射性（不包括核电设施和军工核设施）、致癌、致畸等物质。

第九条　第八条第一项规定实施强制性清洁生产审核的企业名单，由所在地环境保护行政主管部门按照管理权限提出初选名单，逐级报省、自治区、直辖市、计划单列市及新疆生产建设兵团环境保护行政主管部门核定后确定，每年发布一批，书面通知企业，并抄送同级发展改革（经济贸易）行政主管部门；同时，将名单在当地主要媒体上公布。

第八条第二项规定实施强制性清洁生产审核的企业名单，由各省、自治区、直辖市、计划单列市及新疆生产建设兵团环境保护行政主管部门会同发展改革（经济贸易）行政主管部门，结合本地开展清洁生产审核工作的实际情况，在分析企业有毒有害原料使用量或者有毒有害物质排放量，以及可能造成环境影响严重程度的基础上，分期分批确定，书面通知企业，并在当地主要媒体上公布。

第三章　清洁生产审核的实施

第十条　第八条第一项规定实施强制性清洁生产审核的企业，应当在名单公布后一个月内，在所在地主要媒体上公布主要污染物排放情况。公布的主要内容应当包括：企业名称、法人代表、企业所在地址、排放污染物名称、排放方式、排放浓度和总量、超标、超总量情况。省级以下环境保护行政主管部门按照管理权限对企业公布的主要污染物排放情况进行核查。

第十一条　列入实施强制性清洁生产审核名单的企业应当在名单公布后两个月内开展清洁生产审核。

第八条第二项规定实施强制性清洁生产审核的企业，两次审核的间隔时间不得超过五年。

第十二条　自愿实施清洁生产审核的企业可以向有管辖权的发展改革（经济贸易）行政主管部门和环境保护行政主管部门提供拟进行清洁生产审核的计划，并按照清洁生产审核计划的内容、程序组织清洁生产审核。

第十三条　清洁生产审核程序原则上包括审核准备，预审核，审核，实施方案的产生、筛选和确定，编写清洁生产审核报告等。

（一）审核准备。开展培训和宣传，成立由企业管理人员和技术人员组成的清洁生产审核工作小组，制定工作计划；

（二）预审核。在对企业基本情况进行全面调查的基础上，通过定性和定量分析，确定清洁生产审核重点和企业清洁生产目标；

（三）审核。通过对生产和服务过程的投入产出进行分析，建立物料平衡、水平衡、资源平衡以及污染因子平衡，找出物料流失、资源浪费环节和污染物产生的原因；

（四）实施方案的产生和筛选。对物料流失、资源浪费、污染物产生和排放进行分析，提出清洁生产实施方案，并进行方案的初步筛选；

（五）实施方案的确定。对初步筛选的清洁生产方案进行技术、经济和环境可行性分析，确定企业拟实施的清洁生产方案；

（六）编写清洁生产审核报告。清洁生产审核报告应当包括企业基本情况、清洁生产审核过程和结果、清洁生产方案汇总和效益预测分析、清洁生产方案实施计划等。

第四章　清洁生产审核的组织和管理

第十四条　清洁生产审核以企业自行组织开展为主。不具备独立开展清洁生产审核能力的企业，可以委托行业协会、清洁生产中心、工程咨询单位等咨询服务机构协助开展清洁生产审核。

第十五条　协助企业组织开展清洁生产审核工作的咨询服务机构，应当具备下列条件：

（一）具有独立的法人资格；

（二）拥有熟悉相关行业生产工艺、技术和污染防治管理，了解清洁生产知识，掌握清洁生产审核程序的技术人员；

（三）具备为企业清洁生产审核提供公平、公正、高效率服务的制度措施。

第十六条　列入实施强制性清洁生产审核名单的企业，应当在名单公布之日起一年内，将清洁生产审核报告报当地环境保护行政主管部门和发展改革（经济贸易）行政主管部门。中央直属企业应当将清洁生产审核报告报送当地环境保护和发展改革（经济贸易）行政主管部门，同时抄报国家环境保护总局和国家发展和改革委员会。

第十七条　自愿开展清洁生产审核的企业，可以参照本办法第十六条规定报送清洁生产审核报告。

第十八条　各级发展改革（经济贸易）行政主管部门和环境保护行政主管部门，应当积极指导和督促企业按照清洁生产审核报告中提出的实施计划，组织和落实清洁生产实施方案。

第十九条　各级发展改革（经济贸易）行政主管部门、环境保护行政主管部门以及咨询服务机构应当为实施清洁生产审核的企业保守技术和商业秘密。

第二十条　国家发展和改革委员会会同国家环境保护总局建立国家级清洁生产专家库，发布重点行业清洁生产导向目录和行业清洁生产审核指南，组织开展清洁生产培训，为企业开展清洁生产审核提供信息和技术支持。

地方各级发展改革（经济贸易）行政主管部门会同环境保护行政主管部门可以根据本地实际情况，组织开展清洁生产审核培训，建立地方清洁生产专家库。

第五章　奖励和处罚

第二十一条　对自愿实施清洁生产审核，以及清洁生产方案实施后成效显著的企业，由省级以上发展改革（经济贸易）和环境保护行政主管部门对其进行表彰，并在当地主要媒体上公布。

第二十二条　各级发展改革（经济贸易）行政主管部门在制定和实施国家重点投资计划和地方投资计划时，应当将企业清洁生产实施方案中的节能、节水、综合利用、提高资源利用率、预防污染等清洁生产项目列为重点领域，加大投资支持力度。

第二十三条　排污收费可以用于支持企业实施清洁生产。对符合《排污费征收使用管理条例》规定的清洁生产项目，各级财政部门、环保部门在排污费使用上优先给予安排。

第二十四条　中小企业发展基金应当根据需要安排适当数额用于支持中小企业实施清洁生产。

第二十五条　企业开展清洁生产审核的费用，允许列入企业经营成本或者相关费用科目。

第二十六条　企业可以根据实际情况建立企业内部清洁生产表彰奖励制度，对清洁生产审核工作中成效显著的人员，给予一定的奖励。

第二十七条　对违反第十条规定的企业，按《中华人民共和国清洁生产促进法》第四十一条规定处罚；对第八条第二项规定的企业，违反第十六条规定的，按照《中华人民共和国清洁生产促进法》第四十条规定处罚。

第二十八条　企业委托的咨询服务机构不按照规定内容、程序进行清洁生产审核，弄虚作假、提供虚假审核报告的，由省、自治区、直辖市、计划单列市及新疆生产建设兵团发展改革（经济贸易）部门会同环境保护行政主管部门责令其改正，并公布其名单。造成严重后果的，将追究其法律责任。

第二十九条　有关发展改革（经济贸易）行政主管部门会同环境保护行政主管部门的工作人员玩忽职守，泄露企业技术和商业秘密，造成企业经济损失的，按照国家相应法律法规予以处罚。

第六章　附则

第三十条　本办法由国家发展和改革委员会和国家环境保护总局负责解释。

第三十一条　各省、自治区、直辖市、计划单列市及新疆生产建设兵团可以依照本办法制定实施细则。

第三十二条　军工企业清洁生产审核可以参照本办法执行。

第三十三条　本办法自2004年10月1日起施行。

★国家发展和改革委员会、国家环境保护总局2004年8月16日联合发布的16号文。

国家发展改革委关于钢铁、电解铝、水泥行业项目清理有关意见的通知★

发改工业[2004]1791号

各省、自治区、直辖市及计划单列市、新疆建设兵团发展改革委（计委）、经贸委（经委）：

按照国务院的统一部署，根据国务院办公厅转发的《发展改革委等部门关于制止钢铁电解铝水泥行业盲目投资若干意见的通知》（国办发[2003]103号）的要求，在各级地方政府的配合下，我委会同有关部门对钢铁、电解铝、水泥行业投资在建、拟建项目进行了清理，按照区别情况，妥善处理的原则，提出了项目清理意见，已经由国务院批准。现将三个行业项目清理情况及处理原则通知如下：

一、清理中暴露出的问题必须引起高度重视

（一）我国钢铁、电解铝、水泥行业产能增长过快。到2003年底，全国共有钢铁生产企业871家（其中炼铁企业472家，炼钢企业264家），比“十五”初期统计增长了2.1倍，形成炼铁能力2.78亿吨、炼钢能力3.1亿吨、轧材能力2.93亿吨，仅2003年就新增炼铁能力1.1亿吨、新增炼钢能力1亿吨。更为严重的是在建炼铁、炼钢能力分别为1.43亿吨、1.52亿吨，规模十分惊人。

到2003年底，我国已建成电解铝厂140家，形成电解铝能力800万吨，产量556万吨，其中当年新增产能260万吨。目前，在建电解铝项目19个，产能200万吨，此外，还有拟建电解铝项目9个，产能150万吨，已有和在建电解铝能力已超过国内市场预期需求，能力过剩问题突出。

到2003年底,我国水泥生产能力已达10亿吨,当年产量8.62亿吨,其中新型干法水泥生产能力比重达到25%,较上年提高9个百分点。目前在建和当年建成投产的新型干法生产线共242条,总能力2.28亿吨。2004年开工在建项347个,总计生产能力1.6亿吨,其中88%是日产2 500吨以上的新型干法水泥生产线,其余为日产1 000吨以下规模的项目。局部地区新上项目过于集中,生产能力增长过快,同时也存在少数地方违规建设明令淘汰的落后立窑的现象。

(二)盲目投资低水平重复建设严重。钢铁在建项47%是以螺纹钢、线材、窄带钢为主的长线产品。从装备水平上看,在建高炉小于1 000立方米的共256座,合计占在建总能力的58%,转炉小于100吨的150座,合计占在建总能力的45.3%,均不符合103号文件规定的准入标准。50%的新增规模来自原规模不足100万吨或根本未从事过钢铁生产的企业,盲目投资低水平重复建设问题十分严重。已建成的140家铝厂遍布全国25个省市自治区,其中有些省区电解铝企业超过21家,盲目投资、布局混乱问题突出。

(三)投资增速过快,相当部分资金来自银行贷款。2003年,钢铁行业完成投资1 445亿元,增长96.2%;电解铝工业完成投资300亿元,增长75%;水泥行业完成投资303亿元,增长137%。均大大高于全国固定资产投资增长26.7%的平均水平,三个行业投资增速明显过快。

据人民银行、银监会调查,2003年,钢铁行业增加贷款500亿元,增长23.6%;电解铝行业增加贷款131亿元,增长46.8%;水泥行业增加贷款165亿元,增长23.4%,贷款增长相对较快。根据对典型项目的调查,银行贷款比例钢铁项目一般为总投资的60%,电解铝和水泥项目均为总投资的70%左右。

(四)违法违规占用土地现象普遍。三个行业新建项目违规占用土地和耕地比较普遍,主要问题是:均未经过合法的审批手续或欠资问题严重。有的未向土地部门申请,经当地政府默认,就擅自占用土地;有的采用未征先用或边征边用;有的虽经过批准征用但只交纳很少的土地出让金,欠交部分用项目建成后的税收抵免。

(五)未经环境评估或环保审批把关不严。许多地区对环保重视不够,有的地区环保审批形同虚设,把环保审查仅作为手续办理,相当一批项目边办理环保审批边开工建设,有的甚至未办理环保审批就违法开工。某地方违规审批的1个50万吨电解铝项目根本未办理环保评价手续就开工建设,受到国家环保总局点名通报。

钢铁、电解铝、水泥三个行业盲目投资、低水平重复建设加剧了全国煤、电、油、运供应的紧张局面,资源、能源、环境的制约凸现,如不及时采取有效措施,必将导致产能严重过剩,结构失调,投资效率降低,给国民经济健康、持续发展以及社会稳定造成不利的影响。国家采取宏观调控后,钢铁、电解铝、水泥工业盲目投资的势头得到一定程度的遏制,一批不符合条件的项目停建和缓建,结构调整正在稳步推进。事实充分说明党中央、国务院对三个行业采取的一系列宏观调控措施是十分必要和及时的。

在对钢铁、电解铝、水泥三个行业实施宏观调控取得一定成效的同时,应当清醒地看到取得的成效还是初步的,阶段性的。上半年,这三个行业投资增幅仍然处在较高水平,特别是随着7月份钢材价格回升,一些地区的钢铁企业已经出现停产的恢复生产、停建的恢复建设的现象,应引起各地高度重视,防止出现反复。必须继续认真贯彻实施国务院宏观调控的决策,决心不能动摇,工作不能放松。

二、对在建拟建投资项目的处理原则

为巩固宏观调控成果,妥善处理在建项目的遗留问题,保证国民经济平稳较快发展,对三个行业在建、拟建项目的处理应遵循以下原则:

(一)要按照确定的政策抓紧清理,务必严肃认真,不走过场。要清醒认识到这次投资项目清理实际上是对这些行业进行实实在在的结构调整,必须根据总量需求和结构优化的要求把握标准,按照产业政策,严格市场准入,防止反弹。对不符合条件的拟建项目,一律取消立项,停止前期工作,不得再建;对在建项目要区别情况,妥善处理,该停建的坚决停建,该限期整改的要严格整改,符合条件的可以继续建设,尽量减少损失。

(二)在抑制低水平盲目扩张、技术落后、能耗高、污染严重企业的同时,要继续支持符合产业政策、技术先进、产品市场前景好的企业,加快实施有利于产业升级和结构调整的重点项目建设。钢铁行业要加快钢材精品基地建设,推进联合重组。电解铝行业在调控总量的前提下,结合淘汰落后能力,适度建设有稳定氧化铝原料供应和电力保障的电解铝,加快现有大型铝基地的建设。水泥行业要继续支持上大压小,鼓励大型企业跨地区的发展、重组和联合。

(三)金融机构要根据不同情况,对三个行业的建设项目区别对待发放贷款。各金融机构对于国家已批准的钢铁、电解铝、水泥建设项目应继续给予支持。对不符合产业发展政策、行业规划、市场准入条件的项目,金融机构不得给予贷款;证监会不得同意项目单位上市融资、增发、配股及发行可转换债券;土地部门不予审批土地;环保部门不予审批环境影响评价报告书。

(四)外资项目也要纳入统一管理,与内资企业一样严格按产业政策和上述原则清理、善后。

三、具体处理意见　按照上述原则,对三个行业在建拟建项目的具体处理意见是:

(一)钢铁行业

1.对于已经国务院和国家发展改革委、原国家计委、原国家经贸委审批的项目,支持继续搞好建设。

2.对未经国家批准违规建设的项目,正在进行土地平整、征地拆迁、设备订货和正在开展前期工作的项目要坚决停下来，特别是新建企业或另开新区建设的企业。

3. 对于符合国办发[2003]103 号文准入技术条件的在建项目，符合国家布局和行业发展规划的，由省级投资主管部门提出处理意见，报国家发展改革委核准。

4. 对于不符合国办发[2003]103 号文件准入技术条件的在建项目，要暂停建设，严格整顿。凡属 300m³ 及以下高炉、20 吨及以下转炉、20 吨及以下电炉等国家产业政策禁止投资的项目，一律停止建设。

（二）电解铝行业

1. 对于不符合铝工业产业发展政策、市场准入条件和未经国家审批的电解铝和氧化铝项目，要坚决停止建设。本着谁审批、谁投资、谁负责的原则，妥善处理善后问题。

2. 对于有淘汰本地区自焙槽或小预焙槽落后能力的违规在建项目，在落实氧化铝原料和电力供应的前提下，结合本地区淘汰落后产能，由省级投资管理部门从严把关，按国家有关规定重新核准。

3. 对于已经开展前期工作的拟建电解铝项目，严格执行国家有关规定，按程序办理。任何未按国家规定审批和没有落实合法铝土矿来源的氧化铝建设项目，一律不得开工建设。

（三）水泥行业

水泥工业发展要有保有压，加快结构调整，支持大企业的发展，重点支持在有资源的地方建设日产 4 000 吨及以上规模新型干法熟料基地项目；鼓励地方和企业以淘汰落后生产能力的方式发展新型干法水泥；除一些受市场容量和运输条件限制的特殊地区外，原则上不再建设日产 2 000 吨以下新型干法水泥项目；坚决遏制落后工艺的水泥项目建设。

1. 对于日产 4 000 吨及以上、中西部地区日产 2 000 吨及以上符合国家产业政策和发展规划、布局合理的项目，由省级投资主管部门核准，报国家发展改革委备案。国家环保部门按照有关环保要求，对项目环境影响评价报告书进行确认；国土部门按规定办理土地使用手续；对符合信贷条件的项目，银行可以提供信贷支持。条件具备的方可恢复建设。

2. 对日产 1 500 吨以下规模新型干法水泥在建项目，由省级投资主管部门提出处理意见后，报国家发展改革委核准。

3. 对立窑水泥、其他形式回转窑等国家产业政策禁止建设的项目，在建的一律停建，质检部门不得发放生产许可证，并依据有关法律法规处理。请各地发展改革委（计委）、经贸委（经委）会同当地有关部门按上述原则和要求开展下步工作。

★国家发展和改革委员会 2004 年 8 月 25 日发布的 1791 号文。

关于进一步落实差别电价及自备电厂收费政策有关问题的通知★

发改电[2004]159 号

各省、自治区、直辖市人民政府，国家电网公司、南方电网公司：

2004 年 6 月，经国务院批准，国家发展改革委出台了对电解铝、铁合金、电石、烧碱、水泥、钢铁等 6 个高耗能行业试行差别电价的政策，并规范了企业自备电厂的有关价格、收费政策。前一段，各地认真制定并出台实施方案，工作进展总体顺利，但部分地区也出现了对政策认识不一致、落实不积极、执行时间滞后等问题。为了进一步推进和落实此项工作，根据中共中央中发[2004]15 号文件精神，现就有关问题通知如下：

一、对高耗能企业实行差别电价政策，是加强和改善宏观调控的一项重要措施，有利于抑制高耗能行业盲目发展，缓解煤电油运紧张局面，促进经济结构调整和产业技术升级。各地要把思想统一到中央决策上来，充分认识实行差别电价政策的重要意义，克服畏难情绪，采取有力措施，态度要坚决，进度要加快，认认真真、不折不扣地落实差别电价等政策，改善电力供求关系，促进国民经济平稳较快发展。

二、各地要按照国家产业政策的要求，对电解铝、铁合金、电石、烧碱、水泥、钢铁等 6 个高耗能行业区分淘汰类、限制类、允许和鼓励类企业试行差别电价。对允许和鼓励类企业，电价随各地工业电价统一调整；对限制类和淘汰类企业，电价在以上基础上再分别提高每千瓦时 2 分钱和 5 分钱。目前国家发展改革委正在修订《产业结构调整指导目录》（以下简称《目录》），在新的《目录》颁布之前，对有关高耗能企业要严格按现行产业政策分类标准执行差别电价；新的《目录》颁布之后，按新的分类标准执行差别电价。

三、向企业自备电厂征收基金及附加的适用范围为：除国家鼓励发展的资源综合利用(利用余热、余压发电、煤矸石发电等)、热电联产自备电厂之外的自备电厂。资源综合利用电厂、热电联产电厂分别按原国家经贸委《关于印发<资源综合利用电厂(机组)认定管理办法>的通知》(国经贸资源[2000]660号)和《关于做好关停小火电机组工作中小型热电联产机组审核工作的通知》(国经贸电力[2000]879号)予以认定。对按国家政策规定免征三峡基金、农网还贷基金或城市公用事业附加费的企业,其拥有的自备电厂不缴纳相应的基金或附加。应急备用柴油发电机组与企业自备电厂性质不同,不缴纳政府性基金及附加。

四、对企业自备电厂征收的基金仅限于三峡基金、农网还贷基金和城市公用事业附加,不得再加收其它基金及附加。农网还贷基金征收标准统一为每千瓦时0.02元。

五、对以上三项基金及附加,原则上按企业自备电厂自发自用电量征收;对不具备电量计量条件的企业,也可按自备电厂装机容量和所在省上一年度平均发电利用小时确定总发电量,扣除其上网电量和厂用电量后按相应标准征收。具体使用管理办法有关部门将另行下达。

六、与电网连接的所有企业自备电厂(含资源综合利用、热电联产电厂)均应向接网的电网公司支付系统备用费。系统备用费标准按合理补偿成本的原则确定,可参照所在省电网现行大工业销售电价中基本电价水平(按变压器容量计收标准)确定,也可按自备电厂与电网已协商一致的水平确定。系统备用费按并网协议中约定的电网所能提供的备用容量交纳;对没有约定备用容量的,按企业变压器容量或最大需量扣减电网向其供电的平均负荷确定。具体水平由省级价格主管部门按以上原则制定,报国家发展改革委备案。

七、省级政府价格主管部门要牵头会同有关部门成立工作小组,对高耗能企业和自备电厂进行甄别和分类,制定出切实可行的操作方案;省级发改、经贸等部门要密切配合价格主管部门的工作,各司其职,分工合作,妥善、及时处理执行中的矛盾。各地最迟要于10月1日之前将差别电价政策落实到位,同时请省级价格主管部门将执行差别电价的具体措施和方案、有关高耗能企业的分类名单、用电量及调价影响报国家发展改革委备案。

八、鉴于向自备电厂征收基金、附加以及收取系统备用费工作比较复杂,为做好准备工作,可适当推迟执行时间,电解铝、铁合金、电石、烧碱、水泥、钢铁等6个高耗能企业的自备电厂不得晚于10月20日执行,其它企业的自备电厂不得晚于12月31日执行。省级价格主管部门要会同发改、经贸等部门调研摸清企业自备电厂的名单、类型、电量等基本情况并制定具体征收办法,报国家发展改革委和国家电监会备案。

九、建立差别电价执行情况报告制度。从9月1日起到10月20日,各地要每隔10天报告一次差别电价等政策的执行情况及存在的问题。国家发展改革委会同电监会将通过简报、政务信息等方式及时反映、通报各地进展情况,对执行好的地区进行表扬宣传,对执行不力的地区进行通报批评。

十、各级价格主管部门及电力监管机构要集中力量,督促落实有关差别电价及自备电厂收费政策。各区域电力监管机构要积极参与以上工作。对在规定期限内未执行到位的地区,国家发展改革委和国家电监会将派出工作小组,进行重点督查和催办。对情节严重的,将提出国务院进行通报批评,并追究有关人员的责任。

★国家发展和改革委员会、国家电力监管委员会2004年9月6日共同发布的159号文。

企业投资项目核准暂行办法★

国家发改委19号令

依据《中华人民共和国行政许可法》和《国务院关于投资体制改革的决定》,为了规范政府对企业投资项目的核准活动,特制定《企业投资项目核准暂行办法》,现予发布施行。

2004年9月15日

第一章 总 则

第一条 为适应完善社会主义市场经济体制的需要,进一步推动我国企业投资项目管理制度的改革,根据《中华人民共和国行政许可法》和《国务院关于投资体制改革的决定》,制定本办法。

第二条 国家制订和颁布《政府核准的投资项目目录》(以下简称《目录》),明确实行核准制的投资项目范围,划分各项目核准机关的核准权限,并根据经济运行情况和宏观调控需要适时调整。

前款所称项目核准机关,是指《目录》中规定具有企业投资项目核准权限的行政机关。其中,国务院投资主管部门是指国家发展和改革委员会;地方政府投资主管部门,是指地方政府发展改革委(计委)和地方政府规定具有投资管理职能的经贸委(经委)。

第三条 企业投资建设实行核准制的项目,应按国家有关要求编制项目申请报告,报送项目核准机关。项目核准机关应依法进行核准,并加强监督管理。

第四条 外商投资项目和境外投资项目的核准办法另行制定,其他各类企业在中国境内投资建设的项目按本办法执行。

第二章 项目申请报告的内容及编制

第五条 项目申报单位应向项目核准机关提交项目申请报告一式5份。项目申请报告应由具备相应工程咨询资格的机构编制,其中由国务院投资主管部门核准的项目,其项目申请报告应由具备甲级工程咨询资格的机构编制。

第六条 项目申请报告应主要包括以下内容:

(一)项目申报单位情况;

(二)拟建项目情况;

(三)建设用地与相关规划;

(四)资源利用和能源耗用分析;

(五)生态环境影响分析;

(六)经济和社会效果分析。

第七条 国家发展改革委将根据实际需要,编制并颁发主要行业的项目申请报告示范文本,指导企业的项目申报工作。

第八条 项目申报单位在向项目核准机关报送申请报告时,需根据国家法律法规的规定附送以下文件:

(一)城市规划行政主管部门出具的城市规划意见;

(二)国土资源行政主管部门出具的项目用地预审意见;

(三)环境保护行政主管部门出具的环境影响评价文件的审批意见;

(四)根据有关法律法规应提交的其他文件。

第九条 项目申报单位应对所有申报材料内容的真实性负责。

第三章 核准程序

第十条 企业投资建设应由地方政府投资主管部门核准的项目,须按照地方政府的有关规定,向相应的项目核准机关提交项目申请报告。

国务院有关行业主管部门隶属单位投资建设应由国务院有关行业主管部门核准的项目,可直接向国务院有关行业主管部门提交项目申请报告,并附上项目所在地省级政府投资主管部门的意见。

计划单列企业集团和中央管理企业投资建设应由国务院投资主管部门核准的项目,可直接向国务院投资主管部门提交项目申请报告,并附上项目所在地省级政府投资主管部门的意见;其他企业投资建设应由国务院投资主管部门核准的项目,应经项目所在地省级政府投资主管部门初审并提出意见,向国务院投资主管部门报送项目申请报告(省级政府规定具有投资管理职能的经贸委、经委应与发展改革委联合报送)。

企业投资建设应由国务院核准的项目,应经国务院投资主管部门提出审核意见,向国务院报送项目申请报告。

第十一条 项目核准机关如认为申报材料不齐全或者不符合有关要求,应在收到项目申请报告后5个工作日内一次告知项目申报单位,要求项目申报单位澄清、补充相关情况和文件,或对相关内容进行调整。

项目申报单位按要求上报材料齐全后,项目核准机关应正式受理,并向项目申报单位出具受理通知书。

第十二条 项目核准机关在受理核准申请后,如有必要,应在4个工作日内委托有资格的咨询机构进行评估。

接受委托的咨询机构应在项目核准机关规定的时间内提出评估报告,并对评估结论承担责任。咨询机构在进行评估时,可要求项目申报单位就有关问题进行说明。

第十三条 项目核准机关在进行核准审查时,如涉及其它行业主管部门的职能,应征求相关部门的意见。相关部门应在收到征求意见函(附项目申请报告)后7个工作日内,向项目核准机关提出书面审核意见;逾期没有反馈书面审核意见的,视为同意。

第十四条 对于可能会对公众利益造成重大影响的项目,项目核准机关在进行核准审查时应采取适当方式征求公众意见。对于特别重大的项目,可以实行专家评议制度。

第十五条 项目核准机关应在受理项目申请报告后20个工作日内,做出对项目申请报告是否核准的决定并向社会公布,或向上级项目核准机关提出审核意见。由于特殊原因确实难以在20个工作日内做出核准决定的,经本机关负责人批准,可以延长10个工作日,并应及时书面通知项目申报单位,说明延期理由。

项目核准机关委托咨询评估、征求公众意见和进行专家评议的,所需时间不计算在前款规定的期限内。

第十六条 对同意核准的项目,项目核准机关应向项目申报单位出具项目核准文件,同时抄送相关部门和下级项目核准机关;对不同意核准的项目,应向项目申报单位出具不予核准决定书,说明不予核准的理由,并抄送相关部门和下级项目核准机关。经国务院核准同意的项目,由国务院投资主管部门出具项目核准文件。

第十七条 项目申报单位对项目核准机关的核准决定有异议的,可依法提出行政复议或行政诉讼。

第四章 核准内容及效力

第十八条 项目核准机关主要根据以下条件对项目进

行审查：

（一）符合国家法律法规；

（二）符合国民经济和社会发展规划、行业规划、产业政策、行业准入标准和土地利用总体规划；

（三）符合国家宏观调控政策；

（四）地区布局合理；

（五）主要产品未对国内市场形成垄断；

（六）未影响我国经济安全；

（七）合理开发并有效利用了资源；

（八）生态环境和自然文化遗产得到有效保护；

（九）未对公众利益，特别是项目建设地的公众利益产生重大不利影响。

第十九条　项目申报单位依据项目核准文件，依法办理土地使用、资源利用、城市规划、安全生产、设备进口和减免税确认等手续。

第二十条　项目核准文件有效期2年，自发布之日起计算。项目在核准文件有效期内未开工建设的，项目单位应在核准文件有效期届满30日前向原项目核准机关申请延期，原项目核准机关应在核准文件有效期届满前作出是否准予延期的决定。项目在核准文件有效期内未开工建设也未向原项目核准机关申请延期的，原项目核准文件自动失效。

第二十一条　已经核准的项目，如需对项目核准文件所规定的内容进行调整，项目单位应及时以书面形式向原项目核准机关报告。原项目核准机关应根据项目调整的具体情况，出具书面确认意见或要求其重新办理核准手续。

第二十二条　对应报项目核准机关核准而未申报的项目，或者虽然申报但未经核准的项目，国土资源、环境保护、城市规划、质量监督、证券监管、外汇管理、安全生产监管、水资源管理、海关等部门不得办理相关手续，金融机构不得发放贷款。

第五章　法律责任

第二十三条　项目核准机关及其工作人员，应严格执行国家法律法规和本办法的有关规定，不得变相增减核准事项，不得拖延核准时限。

第二十四条　项目核准机关的工作人员，在项目核准过程中滥用职权、玩忽职守、徇私舞弊、索贿受贿的，依法给予行政处分；构成犯罪的，依法追究刑事责任。

第二十五条　咨询评估机构及其人员，在评估过程中违反职业道德、造成重大损失和恶劣影响的，应依法追究相应责任。

第二十六条　项目申请单位以拆分项目、提供虚假材料等不正当手段取得项目核准文件的，项目核准机关应依法撤消对该项目的核准。

第二十七条　项目核准机关要会同城市规划、国土资源、环境保护、银行监管、安全生产等部门，加强对企业投资项目的监管。对于应报政府核准而未申报的项目、虽然申报但未经核准擅自开工建设的项目，以及未按项目核准文件的要求进行建设的项目，一经发现，相应的项目核准机关应立即责令其停止建设，并依法追究有关责任人的法律和行政责任。

第六章　附　则

第二十八条　省级政府投资主管部门和具有核准权限的国务院有关行业主管部门，可按照《中华人民共和国行政许可法》、《国务院关于投资体制改革的决定》以及本办法的精神和要求，制订具体实施办法。

第二十九条　事业单位、社会团体等非企业单位投资建设《政府核准的投资项目目录》内的项目，按照本办法进行核准。

第三十条　本办法由国家发展和改革委员会负责解释。

第三十一条　本办法自发布之日起施行。此前发布的有关企业投资项目审批管理的规定，凡与本办法有抵触的，均按本办法执行。

★国家发展和改革委员会2004年9月15日发布的第19号令。

国家环境保护总局关于发布国家污染物排放标准《水泥工业大气污染物排放标准》的公告★

环发［2004］184号

为贯彻《中华人民共和国大气污染防治法》，防治环境污染，保护环境，保障人体健康，现批准《水泥工业大气污染物排放标准》为国家污染物排放标准,该标准为强制性标准,由我局与国家质量监督检验检疫总局联合发布。

标准名称、编号及实施日期如下:

水泥工业大气污染物排放标准(GB4915－2004,自2005年1月1日起实施)

以上标准由中国环境科学出版社出版,可在国家环境保护总局网站(www.sepa.gov.cn)查询。以上标准自实施之日起替代下列标准:

水泥厂大气污染物排放标准(GB4915－1996)

特此公告。

★国家环境保护总局2004年12月29日发布的184号文。

2005年

国务院关于鼓励支持和引导个体私营等非公有制经济发展的若干意见★

国发[2005]3号

各省、自治区、直辖市人民政府,国务院各部委、各直属机构:

公有制为主体、多种所有制经济共同发展是我国社会主义初级阶段的基本经济制度。毫不动摇地巩固和发展公有制经济,毫不动摇地鼓励、支持和引导非公有制经济发展,使两者在社会主义现代化进程中相互促进,共同发展,是必须长期坚持的基本方针,是完善社会主义市场经济体制、建设中国特色社会主义的必然要求。改革开放以来,我国个体、私营等非公有制经济不断发展壮大,已经成为社会主义市场经济的重要组成部分和促进社会生产力发展的重要力量。积极发展个体、私营等非公有制经济,有利于繁荣城乡经济、增加财政收入,有利于扩大社会就业、改善人民生活,有利于优化经济结构、促进经济发展,对全面建设小康社会和加快社会主义现代化进程具有重大的战略意义。

鼓励、支持和引导非公有制经济发展,要以邓小平理论和"三个代表"重要思想为指导,全面落实科学发展观,认真贯彻中央确定的方针政策,进一步解放思想,深化改革,消除影响非公有制经济发展的体制性障碍,确立平等的市场主体地位,实现公平竞争;进一步完善国家法律法规和政策,依法保护非公有制企业和职工的合法权益;进一步加强和改进政府监督管理和服务,为非公有制经济发展创造良好环境;进一步引导非公有制企业依法经营、诚实守信、健全管理,不断提高自身素质,促进非公有制经济持续健康发展。为此,现提出以下意见:

一、放宽非公有制经济市场准入

(一)贯彻平等准入、公平待遇原则。允许非公有资本进入法律法规未禁入的行业和领域。允许外资进入的行业和领域,也允许国内非公有资本进入,并放宽股权比例限制等方面的条件。在投资核准、融资服务、财税政策、土地使用、对外贸易和经济技术合作等方面,对非公有制企业与其他所有制企业一视同仁,实行同等待遇。对需要审批、核准和备案的事项,政府部门必须公开相应的制度、条件和程序。国家有关部门与地方人民政府要尽快完成清理和修订限制非公有制经济市场准入的法规、规章和政策性规定工作。外商投资企业依照有关法律法规的规定执行。

(二)允许非公有资本进入垄断行业和领域。加快垄断行业改革,在电力、电信、铁路、民航、石油等行业和领域,进一步引入市场竞争机制。对其中的自然垄断业务,积极推进投资主体多元化,非公有资本可以参股等方式进入;对其他业务,非公有资本可以独资、合资、合作、项目融资等方式进入。在国家统一规划的前提下,除国家法律法规等另有规定的外,允许具备资质的非公有制企业依法平等取得矿产资源的探矿权、采矿权,鼓励非公有资本进行商业性矿产资源的勘查开发。

(三)允许非公有资本进入公用事业和基础设施领域。加快完善政府特许经营制度,规范招投标行为,支持非公有资本积极参与城镇供水、供气、供热、公共交通、污水垃圾处理等市政公用事业和基础设施的投资、建设与运营。在规范转让行为的前提下,具备条件的公用事业和基础设施项目,可向非公有制企业转让产权或经营权。鼓励非公有制企业参与市政公用企业、事业单位的产权制度和经营方式改革。

(四)允许非公有资本进入社会事业领域。支持、引导和规范非公有资本投资教育、科研、卫生、文化、体育等社会事业的非营利性和营利性领域。在放开市场准入的同时,加强政府和社会监管,维护公众利益。支持非公有制经济参与公有制社会事业单位的改组改制。通过税收等相关政策，鼓励非公有制经济捐资捐赠社会事业。

（五）允许非公有资本进入金融服务业。在加强立法、规范准入、严格监管、有效防范金融风险的前提下，允许非公有资本进入区域性股份制银行和合作性金融机构。符合条件的非公有制企业可以发起设立金融中介服务机构。允许符合条件的非公有制企业参与银行、证券、保险等金融机构的改组改制。

（六）允许非公有资本进入国防科技工业建设领域。坚持军民结合、寓军于民的方针，发挥市场机制的作用，允许非公有制企业按有关规定参与军工科研生产任务的竞争以及军工企业的改组改制。鼓励非公有制企业参与军民两用高技术开发及其产业化。

（七）鼓励非公有制经济参与国有经济结构调整和国有企业重组。大力发展国有资本、集体资本和非公有资本等参股的混合所有制经济。鼓励非公有制企业通过并购和控股、参股等多种形式，参与国有企业和集体企业的改组改制改造。非公有制企业并购国有企业，参与其分离办社会职能和辅业改制，在资产处置、债务处理、职工安置和社会保障等方面，参照执行国有企业改革的相应政策。鼓励非公有制企业并购集体企业，有关部门要抓紧研究制定相应政策。

（八）鼓励、支持非公有制经济参与西部大开发、东北地区等老工业基地振兴和中部地区崛起。西部地区、东北地区等老工业基地和中部地区要采取切实有效的政策措施，大力发展非公有制经济，积极吸引非公有制企业投资建设和参与国有企业重组。东部沿海地区也要继续鼓励、支持非公有制经济发展壮大。

二、加大对非公有制经济的财税金融支持

（九）加大财税支持力度。逐步扩大国家有关促进中小企业发展专项资金规模，省级人民政府及有条件的市、县应在本级财政预算中设立相应的专项资金。加快设立国家中小企业发展基金。研究完善有关税收扶持政策。

（十）加大信贷支持力度。有效发挥贷款利率浮动政策的作用，引导和鼓励各金融机构从非公有制经济特点出发，开展金融产品创新，完善金融服务，切实发挥银行内设中小企业信贷部门的作用，改进信贷考核和奖惩管理方式，提高对非公有制企业的贷款比重。城市商业银行和城市信用社要积极吸引非公有资本入股；农村信用社要积极吸引农民、个体工商户和中小企业入股，增强资本实力。政策性银行要研究改进服务方式，扩大为非公有制企业服务的范围，提供有效的金融产品和服务。鼓励政策性银行依托地方商业银行等中小金融机构和担保机构，开展以非公有制中小企业为主要服务对象的转贷款、担保贷款等业务。

（十一）拓宽直接融资渠道。非公有制企业在资本市场发行上市与国有企业一视同仁。在加快完善中小企业板块和推进制度创新的基础上，分步推进创业板市场，健全证券公司代办股份转让系统的功能，为非公有制企业利用资本市场创造条件。鼓励符合条件的非公有制企业到境外上市。规范和发展产权交易市场，推动各类资本的流动和重组。鼓励非公有制经济以股权融资、项目融资等方式筹集资金。建立健全创业投资机制，支持中小投资公司的发展。允许符合条件的非公有制企业依照国家有关规定发行企业债券。

（十二）鼓励金融服务创新。改进对非公有制企业的资信评估制度，对符合条件的企业发放信用贷款。对符合有关规定的企业，经批准可开展工业产权和非专利技术等无形资产的质押贷款试点。鼓励金融机构开办融资租赁、公司理财和账户托管等业务。改进保险机构服务方式和手段，开展面向非公有制企业的产品和服务创新。支持非公有制企业依照有关规定吸引国际金融组织投资。

（十三）建立健全信用担保体系。支持非公有制经济设立商业性或互助性信用担保机构。鼓励有条件的地区建立中小企业信用担保基金和区域性信用再担保机构。建立和完善信用担保的行业准入、风险控制和补偿机制，加强对信用担保机构的监管。建立健全担保业自律性组织。

三、完善对非公有制经济的社会服务

（十四）大力发展社会中介服务。各级政府要加大对中介服务机构的支持力度，坚持社会化、专业化、市场化原则，不断完善社会服务体系。支持发展创业辅导、筹资融资、市场开拓、技术支持、认证认可、信息服务、管理咨询、人才培训等各类社会中介服务机构。按照市场化原则，规范和发展各类行业协会、商会等自律性组织。整顿中介服务市场秩序，规范中介服务行为，为非公有制经济营造良好的服务环境。

（十五）积极开展创业服务。进一步落实国家就业和再就业政策，加大对自主创业的政策扶持，鼓励下岗失业人员、退役士兵、大学毕业生和归国留学生等各类人员创办小企业，开发新岗位，以创业促就业。各级政府要支持建立创业服务机构，鼓励为初创小企业提供各类创业服务和政策支持。对初创小企业，可按照行业特点降低公司注册资本限额，允许注册资金分期到位，减免登记注册费用。

（十六）支持开展企业经营者和员工培训。根据非公有制经济的不同需求，开展多种形式的培训。整合社会资源，创新培训方式，形成政府引导、社会支持和企业自主相结合的培训机制。依托大专院校、各类培训机构和企业，重点开展法律法规、产业政策、经营管理、职业技能和技术应用等方面的培训，各级政府应给予适当补贴和资助。企业应定期对职工进行专业技能培训和安全知识培训。

（十七）加强科技创新服务。要加大对非公有制企业科技创新活动的支持，加快建立适合非公有制中小企业特点的信息和共性技术服务平台，推进非公有制企业的信息化建设。大力培育技术市场，促进科技成果转化和技术转让。科技中介服务机构要积极为非公有制企业提供科技咨询、技术推广等专业化服务。引导和支持科研院所、高等院校与非公

有制企业开展多种形式的产学研联合。鼓励国有科研机构向非公有制企业开放试验室，充分利用现有科技资源。支持非公有资本创办科技型中小企业和科研开发机构。鼓励有专长的离退休人员为非公有制企业提供技术服务。切实保护单位和个人知识产权。

（十八）支持企业开拓国内外市场。改进政府采购办法，在政府采购中非公有制企业与其他企业享受同等待遇。推动信息网络建设，积极为非公有制企业提供国内外市场信息。鼓励和支持非公有制企业扩大出口和“走出去”，到境外投资兴业，在对外投资、进出口信贷、出口信用保险等方面与其他企业享受同等待遇。鼓励非公有制企业在境外申报知识产权。发挥行业协会、商会等中介组织作用，利用好国家中小企业国际市场开拓资金，支持非公有制企业开拓国际市场。

（十九）推进企业信用制度建设。加快建立适合非公有制中小企业特点的信用征集体系、评级发布制度以及失信惩戒机制，推进建立企业信用档案试点工作，建立和完善非公有制企业信用档案数据库。对资信等级较高的企业，有关登记审核机构应简化年检、备案等手续。要强化企业信用意识，健全企业信用制度，建立企业信用自律机制。

四、维护非公有制企业和职工的合法权益

（二十）完善私有财产保护制度。要严格执行保护合法私有财产的法律法规和行政规章，任何单位和个人不得侵犯非公有制企业的合法财产，不得非法改变非公有制企业财产的权属关系。按照宪法修正案规定，加快清理、修订和完善与保护合法私有财产有关的法律法规和行政规章。

（二十一）维护企业合法权益。非公有制企业依法进行的生产经营活动，任何单位和个人不得干预。依法保护企业主的名誉、人身和财产等各项合法权益。非公有制企业合法权益受到侵害时提出的行政复议等，政府部门必须及时受理，公平对待，限时答复。

（二十二）保障职工合法权益。非公有制企业要尊重和维护职工的各项合法权益，要依照《中华人民共和国劳动法》等法律法规，在平等协商的基础上与职工签订规范的劳动合同，并健全集体合同制度，保证双方权利与义务对等；必须依法按时足额支付职工工资，工资标准不得低于或变相低于当地政府规定的最低工资标准，逐步建立职工工资正常增长机制；必须尊重和保障职工依照国家规定享有的休息休假权利，不得强制或变相强制职工超时工作，加班或延长工时必须依法支付加班工资或给予补休；必须加强劳动保护和职业病防治，按照《中华人民共和国安全生产法》等法律法规要求，切实做好安全生产与作业场所职业危害防治工作，改善劳动条件，加强劳动保护。要保障女职工合法权益和特殊利益，禁止使用童工。

（二十三）推进社会保障制度建设。非公有制企业及其职工要按照国家有关规定，参加养老、失业、医疗、工伤、生育等社会保险，缴纳社会保险费。按照国家规定建立住房公积金制度。有关部门要根据非公有制企业量大面广、用工灵活、员工流动性大等特点，积极探索建立健全职工社会保障制度。

（二十四）建立健全企业工会组织。非公有制企业要保障职工依法参加和组建工会的权利。企业工会组织实行民主管理，依法代表和维护职工合法权益。企业必须为工会正常开展工作创造必要条件，依法拨付工会经费，不得干预工会事务。

五、引导非公有制企业提高自身素质

（二十五）贯彻执行国家法律法规和政策规定。非公有制企业要贯彻执行国家法律法规，依法经营，照章纳税。服从国家的宏观调控，严格执行有关技术法规，自觉遵守环境保护和安全生产等有关规定，主动调整和优化产业、产品结构，加快技术进步，提高产品质量，降低资源消耗，减少环境污染。国家支持非公有制经济投资高新技术产业、现代服务业和现代农业，鼓励发展就业容量大的加工贸易、社区服务、农产品加工等劳动密集型产业。

（二十六）规范企业经营管理行为。非公有制企业从事生产经营活动，必须依法获得安全生产、环保、卫生、质量、土地使用、资源开采等方面的相应资格和许可。企业要强化生产、营销、质量等管理，完善各项规章制度。建立安全、环保、卫生、劳动保护等责任制度，并保证必要的投入。建立健全会计核算制度，如实编制财务报表。企业必须依法报送统计信息。加快研究改进和完善个体工商户、小企业的会计、税收、统计等管理制度。

（二十七）完善企业组织制度。企业要按照法律法规的规定，建立规范的个人独资企业、合伙企业和公司制企业。公司制企业要按照《中华人民共和国公司法》要求，完善法人治理结构。探索建立有利于个体工商户、小企业发展的组织制度。

（二十八）提高企业经营管理者素质。非公有制企业出资人和经营管理人员要自觉学习国家法律法规和方针政策，学习现代科学技术和经营管理知识，增强法制观念、诚信意识和社会公德，努力提高自身素质。引导非公有制企业积极开展扶贫开发、社会救济和“光彩事业”等社会公益性活动，增强社会责任感。各级政府要重视非公有制经济的人才队伍建设，在人事管理、教育培训、职称评定和政府奖励等方面，与公有制企业实行同等政策。建立职业经理人测评与推荐制度，加快企业经营管理人才职业化、市场化进程。

（二十九）鼓励有条件的企业做强做大。国家支持有条件的非公有制企业通过兼并、收购、联合等方式，进一步壮大实力，发展成为主业突出、市场竞争力强的大公司大集团，有条件的可向跨国公司发展。鼓励非公有制企业实施品牌发展战略，争创名牌产品。支持发展非公有制高新技术企业，鼓励其加大科技创新和新产品开发力度，努力提高自主创新

能力,形成自主知识产权。国家关于企业技术改造、科技进步、对外贸易以及其他方面的扶持政策,对非公有制企业同样适用。

(三十)推进专业化协作和产业集群发展。引导和支持企业从事专业化生产和特色经营,向"专、精、特、新"方向发展。鼓励中小企业与大企业开展多种形式的经济技术合作,建立稳定的供应、生产、销售、技术开发等协作关系。通过提高专业化协作水平,培育骨干企业和知名品牌,发展专业化市场,创新市场组织形式,推进公共资源共享,促进以中小企业集聚为特征的产业集群健康发展。

六、改进政府对非公有制企业的监管

(三十一)改进监管方式。各级人民政府要根据非公有制企业生产经营特点,完善相关制度,依法履行监督和管理职能。各有关监管部门要改进监管办法,公开监管制度,规范监管行为,提高监管水平。加强监管队伍建设,提高监管人员素质。及时向社会公布有关监管信息,发挥社会监督作用。

(三十二)加强劳动监察和劳动关系协调。各级劳动保障等部门要高度重视非公有制企业劳动关系问题,加强对非公有制企业执行劳动合同、工资报酬、劳动保护和社会保险等法规、政策的监督检查。建立和完善非公有制企业劳动关系协调机制,健全劳动争议处理制度,及时化解劳动争议,促进劳动关系和谐,维护社会稳定。

(三十三)规范国家行政机关和事业单位收费行为。进一步清理现有行政机关和事业单位收费,除国家法律法规和国务院财政、价格主管部门规定的收费项目外,任何部门和单位无权向非公有制企业强制收取任何费用,无权以任何理由强行要求企业提供各种赞助费或接受有偿服务。要严格执行收费公示制度和收支两条线的管理规定,企业有权拒绝和举报无证收费和不合法收费行为。各级人民政府要加强对各类收费的监督检查,严肃查处乱收费、乱罚款及各种摊派行为。

七、加强对发展非公有制经济的指导和政策协调

(三十四)加强对非公有制经济发展的指导。各级人民政府要根据非公有制经济发展的需要,强化服务意识,改进服务方式,创新服务手段。要将非公有制经济发展纳入国民经济和社会发展规划,加强对非公有制经济发展动态的监测和分析,及时向社会公布有关产业政策、发展规划、投资重点和市场需求等方面的信息。建立促进非公有制经济发展的工作协调机制和部门联席会议制度,加强部门之间配合,形成促进非公有制经济健康发展的合力。要充分发挥各级工商联在政府管理非公有制企业方面的助手作用。统计部门要改进和完善现行统计制度,及时准确反映非公有制经济发展状况。

(三十五)营造良好的舆论氛围。大力宣传党和国家鼓励、支持和引导非公有制经济发展的方针政策与法律法规,宣传非公有制经济在社会主义现代化建设中的重要地位和作用,宣传和表彰非公有制经济中涌现出的先进典型,形成有利于非公有制经济发展的良好社会舆论环境。

(三十六)认真做好贯彻落实工作。各地区、各部门要加强调查研究,抓紧制订和完善促进非公有制经济发展的具体措施及配套办法,认真解决非公有制经济发展中遇到的新问题,确保党和国家的方针政策落到实处,促进非公有制经济健康发展。

★国务院2005年2月19日发布的3号文。

国务院关于加快发展循环经济的若干意见★

国发[2005]22号

各省、自治区、直辖市人民政府,国务院各部委、各直属机构:

改革开放以来,我国在推动资源节约和综合利用,推行清洁生产方面,取得了积极成效。但是,传统的高消耗、高排放、低效率的粗放型增长方式仍未根本转变,资源利用率低,环境污染严重。同时,存在法规、政策不完善,体制、机制不健全,相关技术开发滞后等问题。本世纪头20年,我国将处于工业化和城镇化加速发展阶段,面临的资源和环境形势十分严峻。为抓住重要战略机遇期,实现全面建设小康社会的战略目标,必须大力发展循环经济,按照"减量化、再利用、资源化"原则,采取各种有效措施,以尽可能少的资源消耗和尽可能小的环境代价,取得最大的经济产出和最少的废物排放,实现经济、环境和社会效益相统一,建设资源节约型和环境友好型社会。为此,提出如下意见。

一、发展循环经济的指导思想、基本原则和主要目标

(一)指导思想

以邓小平理论和"三个代表"重要思想为指导,树立和落实科学发展观,以提高资源生产率和减少废物排放为目标,以技术创新和制度创新为动力,强化节约资源和保护环境意识,加强法制建设,完善政策措施,发挥市场机制作用,促进循环经济发展。

（二）基本原则

坚持走新型工业化道路，形成有利于节约资源、保护环境的生产方式和消费方式；坚持推进经济结构调整，加快技术进步，加强监督管理，提高资源利用效率，减少废物的产生和排放；坚持以企业为主体，政府调控、市场引导、公众参与相结合，形成有利于促进循环经济发展的政策体系和社会氛围。

（三）发展目标

力争到2010年建立比较完善的发展循环经济法律法规体系、政策支持体系、体制与技术创新体系和激励约束机制。资源利用效率大幅度提高，废物最终处置量明显减少，建成大批符合循环经济发展要求的典型企业。推进绿色消费，完善再生资源回收利用体系。建设一批符合循环经济发展要求的工业（农业）园区和资源节约型、环境友好型城市。

（四）主要指标

力争到2010年，我国消耗每吨能源、铁矿石、有色金属、非金属矿等十五种重要资源产出的GDP比2003年提高25%左右；每万元GDP能耗下降18%以上。农业灌溉水平均有效利用系数提高到0.5，每万元工业增加值取水量下降到120立方米。矿产资源总回收率和共伴生矿综合利用率分别提高5个百分点。工业固体废物综合利用率提高到60%以上；再生铜、铝、铅占产量的比重分别达到35%、25%、30%，主要再生资源回收利用量提高65%以上。工业固体废物堆存和处置量控制在4.5亿吨左右；城市生活垃圾增长率控制在5%左右。（注：上述有关指标将根据"十一五"规划作相应调整）

二、发展循环经济的重点工作和重点环节

（五）重点工作

一是大力推进节约降耗，在生产、建设、流通和消费各领域节约资源，减少自然资源的消耗。二是全面推行清洁生产，从源头减少废物的产生，实现由末端治理向污染预防和生产全过程控制转变。三是大力开展资源综合利用，最大程度实现废物资源化和再生资源回收利用。四是大力发展环保产业，注重开发减量化、再利用和资源化技术与装备，为资源高效利用、循环利用和减少废物排放提供技术保障。

（六）重点环节

一是资源开采环节要统筹规划矿产资源开发，推广先进适用的开采技术、工艺和设备，提高采矿回采率、选矿和冶炼回收率，大力推进尾矿、废石综合利用，大力提高资源综合回收利用率。二是资源消耗环节要加强对冶金、有色、电力、煤炭、石化、化工、建材（筑）、轻工、纺织、农业等重点行业能源、原材料、水等资源消耗管理，努力降低消耗，提高资源利用率。三是废物产生环节要强化污染预防和全过程控制，推动不同行业合理延长产业链，加强对各类废物的循环利用，推进企业废物"零排放"；加快再生水利用设施建设以及城市垃圾、污泥减量化和资源化利用，降低废物最终处置量。四是再生资源产生环节要大力回收和循环利用各种废旧资源，支持废旧机电产品再制造；建立垃圾分类收集和分选系统，不断完善再生资源回收利用体系。五是消费环节要大力倡导有利于节约资源和保护环境的消费方式，鼓励使用能效标识产品、节能节水认证产品和环境标志产品、绿色标志食品和有机标志食品，减少过度包装和一次性用品的使用。政府机构要实行绿色采购。

三、加强对循环经济发展的宏观指导

（七）把发展循环经济作为编制有关规划的重要指导原则

各级政府及有关部门要用循环经济理念指导编制"十一五"规划和各类区域规划、城市总体规划，以及矿产资源可持续利用、节能、节水、资源综合利用等专项规划，对资源消耗、节约、循环利用、废物排放和环境状况作出分析，明确目标、重点和政策措施。

（八）建立循环经济评价指标体系和统计核算制度

发展改革委要会同统计局、环保总局等有关部门加快研究建立循环经济评价指标体系，逐步纳入国民经济和社会发展计划，并建立循环经济的统计核算制度。地方各级人民政府有关部门要积极开展循环经济的统计核算，加强对循环经济主要指标的分析。

（九）制定和实施循环经济推进计划

地方各级人民政府要组织发展改革（经贸）、环境保护等有关部门，根据本地区实际，制定和实施循环经济发展的推进计划。国务院有关部门要研究制定矿产资源集约利用、能源和水资源节约利用、清洁生产，以及重点行业、重点领域发展循环经济的推进计划。

（十）加快经济结构调整和优化区域布局

加强宏观调控，遏制盲目投资、低水平重复建设，限制高耗能、高耗水、高污染产业的发展。大力发展高技术产业，加快用高新技术和先进适用技术改造传统产业，淘汰落后工艺、技术和设备，实现传统产业升级；推进企业重组，提高产业集中度和规模效益；大力发展集约化农业。发展改革委要抓紧制定《产业结构调整暂行规定》、《产业结构调整指导目录》以及加快服务业发展的指导意见，推进产业结构优化升级。同时，要根据资源环境条件和区域特点，用循环经济的发展理念指导区域发展、产业转型和老工业基地改造。开发区和重化工业集中地区，要按照循环经济要求进行规划、建设和改造，对进入的企业要提出土地、能源、水资源利用及废物排放综合控制要求，围绕核心资源发展相关产业，发挥产业集聚和工业生态效应，形成资源高效循环利用的产业链，提高资源产出效率。

四、加快循环经济技术开发和标准体系建设

（十一）加快循环经济技术开发

国务院有关部门和地方各级人民政府有关部门要加大

科技投入,支持循环经济共性和关键技术的研究开发。积极引进和消化、吸收国外先进的循环经济技术,组织开发共伴生矿产资源和尾矿综合利用技术、能源节约和替代技术、能量梯级利用技术、废物综合利用技术、循环经济发展中延长产业链和相关产业链接技术、"零排放"技术、有毒有害原材料替代技术、可回收利用材料的回收处理技术、绿色再制造技术以及新能源和可再生能源开发利用技术等,提高循环经济技术支撑能力和创新能力。

(十二)抓紧制定循环经济技术政策

发展改革委要会同科技、环保等有关部门研究制定发展循环经济的技术政策、技术导向目录,以及国家鼓励发展的节能、节水、环保装备目录。支持引进国外发展循环经济的核心技术,加快新技术、新工艺、新设备的推广应用。

(十三)建立循环经济技术咨询服务体系

各地区、各部门要积极支持建立循环经济信息系统和技术咨询服务体系,及时向社会发布有关循环经济技术、管理和政策等方面的信息,开展信息咨询、技术推广、宣传培训等。充分发挥行业协会、节能技术服务中心、清洁生产中心等中介机构和科研单位、大专院校的作用。

(十四)制定和完善促进循环经济的标准体系

要加快制定高耗能、高耗水及高污染行业市场准入标准和合格评定制度,制定重点行业清洁生产评价指标体系和涉及循环经济的有关污染控制标准。加强节能、节水等资源节约标准化工作,完善主要用能设备及建筑能效标准、重点用水行业取水定额标准和主要耗能(水)行业节能(水)设计规范。建立和完善强制性产品能效标识、再利用品标识、节能建筑标识和环境标志制度,开展节能、节水、环保产品认证以及环境管理体系认证。

五、建立和完善促进循环经济发展的政策机制

(十五)加大对循环经济投资的支持力度

各级投资主管部门在制定和实施投资计划时,要加大对发展循环经济的支持。对发展循环经济的重大项目和技术开发、产业化示范项目,政府要给予直接投资或资金补助、贷款贴息等支持,并发挥政府投资对社会投资的引导作用。各类金融机构应对促进循环经济发展的重点项目给予金融支持。

(十六)利用价格杠杆促进循环经济发展

调整资源性产品与最终产品的比价关系,理顺自然资源价格,逐步建立能够反映资源性产品供求关系的价格机制。发展改革委要积极调整水、热、电、天然气等价格政策,促进资源的合理开发、节约使用、高效利用和有效保护。逐步提高水利工程供水价格;完善农业水费计收办法;调整城市供水价格,合理确定再生水价格,大力推进阶梯式水价、超计划、超定额用水加价制度。扩大峰谷电价和丰枯电价执行范围,拉大差价,在有条件的地区加快实行尖峰电价和季节电价;对高耗能行业中淘汰类、限制类项目,严格执行按国家产业政策制定的差别电价政策。加大供热体制和供热价格改革力度,逐步建立基本热价和计量热价共同构成的热价形成机制,实行差别热价和煤热联动政策。逐步理顺天然气与其他产品的比价关系,建立天然气价格与可替代能源价格挂钩的机制。地方各级人民政府价格主管部门要研究制定并落实各项促进循环经济发展的价格政策。

(十七)制定支持循环经济发展的财税和收费政策

财政部门要积极安排资金,支持发展循环经济的政策研究、技术推广、示范试点、宣传培训等,并会同有关部门积极落实清洁生产专项资金。各级财政和环保部门要安排排污资金,加大对企业符合循环经济要求的污染防治项目的投入力度。有关部门要加快研究建立促进节能、节水产品和节能环保型汽车、节能省地型建筑推广的鼓励政策。继续完善资源综合利用的税收优惠政策,调整和完善有利于促进再生资源回收利用的税收政策,加快建立大宗废旧资源回收处理收费制度。适时出台燃油税,完善消费税制。积极研究以资源量为基础的矿产资源补偿费征收办法,进一步扩大水资源费征收范围并适当提高征收标准,优先提高城市污水处理费征收标准,全面开征城市生活垃圾处理费。研究完善限制国内紧缺资源及高耗能产品出口的政策。在理顺现有收费和资金来源渠道的基础上,积极探索建立和完善企业生态环境恢复补偿机制。政府采购目录要优先考虑节能、节水和环保认证产品。

六、坚持依法推进循环经济发展

(十八)加强法规体系建设

要结合我国国情,加快研究建立和健全循环经济的法律法规体系。当前要抓紧制定节能、节水、资源综合利用等促进资源有效利用以及废旧家电、电子产品、废旧轮胎、建筑废物、包装废物、农业废物等资源化利用的法规和规章。研究建立生产者责任延伸制度,明确生产商、销售商、回收和使用单位以及消费者对废物回收、处理和再利用的法律义务。

(十九)加大依法监督管理的力度

各地区、各部门要认真贯彻落实《中华人民共和国节约能源法》、《中华人民共和国可再生能源法》、《中华人民共和国清洁生产促进法》、《中华人民共和国固体废物污染环境防治法》和《中华人民共和国环境影响评价法》等有关法律法规。依法加强对矿产资源集约利用、节能、节水、资源综合利用、再生资源回收利用的监督管理工作,引导企业树立经济与资源、环境协调发展的意识,建立健全资源节约管理制度。各级环境保护部门要将发展循环经济与环境保护工作紧密结合,严格执行环境影响评价和"三同时"制度,逐步实行排污许可证制度;严格控制污染物排放总量,加强对企业废物排放和处置的监督管理,降低排放强度;鼓励有条件的企业在自愿的基础上,开展环境管理体系认证。

(二十)依法推行清洁生产

认真实施《中华人民共和国清洁生产促进法》,加快企业

清洁生产审核,积极实施清洁生产审核方案。对污染物排放超过国家和地方规定的标准或者总量控制指标的企业,以及使用有毒、有害原料进行生产或者在生产中排放有毒、有害物质的企业,要依法强制实施清洁生产审核,监督实施清洁生产方案。发展改革委、环保总局要在全国范围内组织开展创建清洁生产先进企业、环境友好企业活动,引导企业加快实施清洁生产。

七、加强对发展循环经济工作的组织和领导

(二十一)加强组织领导

各地区、各部门要从战略和全局的高度,充分认识发展循环经济的重大意义,增强紧迫性和责任感,结合本地区、本部门实际,抓紧制定具体的实施方案,采取切实有效措施,加快推进循环经济发展。发展改革委牵头,会同环保总局等有关部门建立健全推进循环经济发展的协调工作机制,做好组织协调和指导推动工作,及时解决推进循环经济发展中遇到的重大问题。有关部门要在各自的职责范围内积极落实各项政策措施,加快推动循环经济发展。地方各级人民政府要确定一位领导同志负责循环经济发展工作,明确有关部门的职责分工,做到层层有责任、逐级抓落实。

(二十二)开展循环经济示范试点

发展改革委要会同环保总局等有关部门和省级人民政府,在重点行业、重点领域、产业园区和城市组织开展循环经济试点工作,探索发展循环经济的有效模式。通过试点,提出发展循环经济的重大技术和项目领域,进一步完善促进再生资源循环利用、降低污染排放强度的政策措施,提出按循环经济模式规划、建设、改造工业园区以及建设资源节约型、环境友好型城市的思路,树立一批先进典型,为加快发展循环经济提供示范。

(二十三)加强宣传教育和培训

各地区、各部门要动员社会各方面力量,大力开展形式多样的节约资源和保护环境的宣传活动,提高全社会对发展循环经济重大意义的认识,把节约资源、保护环境变成全体公民的自觉行为。要将树立资源节约和环境保护意识的相关内容编入教材,在中小学中开展国情教育、节约资源和保护环境的教育。要组织开展相关管理和技术人员的知识培训,增强意识,掌握相关知识和技能。编写消费行为导则和资源节约公约,引导合理消费,规范消费行为,开展多种形式的实践活动,逐步形成节约资源、保护环境的消费方式。

发展改革委要会同环保总局等有关部门,对各地推进循环经济发展的情况进行监督检查,重要情况要及时向国务院报告。

★国务院2005年7月2日发布的22号文。

国务院关于做好建设节约型社会近期重点工作的通知★

国发[2005]21号

各省、自治区、直辖市人民政府,国务院各部委、各直属机构:

改革开放以来,特别是中央提出加快两个根本性转变以来,我国推进经济增长方式转变取得了积极进展,资源节约与综合利用取得一定成效。但总体上看,粗放型的经济增长方式尚未得到根本转变,与国际先进水平相比,仍存在资源消耗高、浪费大、环境污染严重等问题,随着经济的快速增长和人口的不断增加,我国淡水、土地、能源、矿产等资源不足的矛盾更加突出,环境压力日益增大。"十一五"是我国全面建设小康社会、加快推进社会主义现代化的关键时期,必须统筹协调经济社会发展与人口、资源、环境的关系,进一步转变经济增长方式,加快建设节约型社会,在生产、建设、流通、消费各领域节约资源,提高资源利用效率,减少损失浪费,以尽可能少的资源消耗,创造尽可能大的经济社会效益。

建设节约型社会的指导思想是,以邓小平理论和"三个代表"重要思想为指导,认真贯彻党的十六大和十六届三中、四中全会精神,树立和落实以人为本、全面协调可持续的科学发展观,坚持资源开发与节约并重,把节约放在首位的方针,紧紧围绕实现经济增长方式的根本性转变,以提高资源利用效率为核心,以节能、节水、节材、节地、资源综合利用和发展循环经济为重点,加快结构调整,推进技术进步,加强法制建设,完善政策措施,强化节约意识,尽快建立健全促进节约型社会建设的体制和机制,逐步形成节约型的增长方式和消费模式,以资源的高效和循环利用,促进经济社会可持续发展。为此,现就做好今明两年建设节约型社会重点工作通知如下:

一、加快建设节约型社会的重点工作

(一)大力推进能源节约

1.落实《节能中长期专项规划》提出的十大重点节能工程。研究提出《十大重点节能工程实施方案》,明确主要目标、重点内容、保障措施、实施主体,以及分年度实施计划、国

家支持的重点。2005年启动节约和替代石油、热电联产、余热利用、建筑节能、政府机构节能、绿色照明、节能监测和技术服务体系建设等7项工程。

2. 抓好重点耗能行业和企业节能。突出抓好钢铁、有色、煤炭、电力、石油石化、化工、建材等重点耗能行业和年耗能万吨标准煤以上企业节能，国家重点抓好1 000家高耗能企业，提出节能降耗目标和措施，加强跟踪和指导。

3. 推进交通运输和农业机械节能。加快淘汰老旧汽车、船舶和落后农业机械。加快发展电气化铁路，实现以电代油。研究提出优先发展公共交通系统的具体措施。开发和推广清洁燃料汽车、节能农业机械。推动《乘用车燃料消耗量限值》国家标准的实施，从源头控制高耗油汽车的发展。按照国务院批准实施的试点工作方案，稳步推进车用乙醇汽油推广工作。

4. 推动新建住宅和公共建筑节能。抓紧出台《关于新建居住建筑严格执行节能设计标准的通知》。贯彻实施《关于发展节能省地型住宅和公共建筑的指导意见》和《公共建筑节能设计标准》，新建建筑严格实施节能50%的设计标准，推动北京、天津等少数大城市率先实施节能65%的标准。深化北方地区供热体制改革，推动既有建筑节能改造。开展建筑节能关键技术和可再生能源建筑工程应用技术研发、集成和城市级工程示范，启动低能耗、超低能耗和绿色建筑示范工程。

5. 引导商业和民用节能。推行空调、冰箱等产品强制性产品能效标识管理，扩大节能产品认证，促进高效节能产品的研发和推广，加快淘汰落后产品。在公用设施、宾馆商厦、居民住宅中推广采用高效节电照明产品。严格执行公共建筑夏季空调室内温度最低标准，在全社会倡导夏季用电高峰期间室内空调温度提高1～2度。在农村大力发展户用沼气和大中型畜禽养殖场沼气工程，推广省柴节煤灶。

6. 开发利用可再生能源。推进大型水电、风电基地建设；在西部电网未覆盖地区发展小水电和太阳能发电，在东部沿海地区和有居民的海岛大力推进海洋可再生能源开发利用；在农村地区推广风能、太阳能利用。组织生物质能资源调查及生物质能技术示范和推广；研究制定可再生能源配额、价格管理等配套规章和实施措施。大力推进能源林基地建设和开发利用。

7. 强化电力需求侧管理。落实电力需求侧管理及迎峰度夏工作的部署，加强以节电和提高用电效率为核心的需求侧管理，完善配套法规，制定有效的激励政策，推广典型经验，指导各地加大推行力度。

8. 加快节能技术服务体系建设。推行合同能源管理和节能投资担保机制，为企业实施节能改造提供诊断、设计、融资、改造、运行、管理一条龙服务。

（二）深入开展节约用水

1. 推动节水型社会建设。认真研究提出关于开展节水型社会建设的指导性文件，适时召开全国节水型社会建设工作会议。继续开展全国节水型社会建设试点工作，重点抓好南水北调东中线受水区和宁夏节水型社会建设示范区建设。研究提出水资源宏观分配指标和微观取水定额指标，推进国家水权制度建设。

2. 推进城市节水工作。积极开展节水产品研发，加大节水设备和器具的推广力度，指导各地加快供水管网改造，降低管网漏失率。推动公共建筑、生活小区、住宅节水和中水回用设施建设。推进污水处理及再生利用，加快城市供水和污水处理市场的改革。

3. 推进农业节水。继续推进农业节水灌溉，推广农业节水灌溉设备应用，大力推进大中型灌区节水改造，积极开展农业末级渠系节水改造试点。在丘陵、山区和干旱地区积极开展雨水积蓄利用，支持农村水窖建设，推广旱作农业技术，发展旱作节水农业，扩大节水作物品种和种植面积。开展农村、集镇生态卫生旱厕试点。

4. 推进节水技术改造和海水利用。推进高耗水行业节水技术改造、矿井水资源化利用。推进沿海缺水城市海水淡化和海水直接利用。

5. 加强地下水资源管理。严格控制超采、滥采地下水。防治水污染，缓解水质性缺水。

（三）积极推进原材料节约

1. 加强重点行业原材料消耗管理。严格设计规范、生产规程、施工工艺等技术标准和材料消耗核算制度，推行产品生态设计和使用再生材料，减少损失浪费，提高原材料利用率。

2. 延长材料使用寿命和节约木材。鼓励生产高强度和耐腐蚀金属材料，提高材料强度和使用寿命。加强木材节约代用，抓紧研究提出《关于加快推进木材节约和代用工作的意见》。

3. 研究实施节约包装材料的政策措施。重点研究禁止过度包装的政策措施，2005年针对社会反映强烈的月饼等过度包装和搭售问题，从市场价格入手出台规范性意见。落实发展散装水泥的政策措施，从使用环节入手，进一步加大散装水泥推广力度。

（四）强化节约和集约利用土地

1. 实行严格的土地保护制度。修订和完善建设用地定额指标，完善土地使用市场准入制度。推进土地复垦。

2. 开展农村集体建设用地整理试点。指导村镇按集约利用土地原则做好规划和建设，促进农村建设用地的节约集约利用。启动“沃土工程”，加强耕地质量建设，提高耕地集约利用水平。

3. 研究提出节约集约用地的政策措施。重点研究提出城市建设节约利用和集约利用土地的政策措施，以及交通基础设施建设集约利用土地的意见。

4. 进一步限制毁田烧砖。认真实施《国务院办公厅关于进一步推进墙体材料革新和推广节能建筑的通知》（国办发

[2005]33号),推动第二批城市禁止使用实心黏土砖。有关部门要适时联合召开"全国推进墙体材料革新和推广节能建筑工作电视电话会议"。

(五)加强资源综合利用

1. 推进废物综合利用。要以煤矿瓦斯利用为重点,推进共伴生矿产资源的综合开发利用。以粉煤灰、煤矸石、尾矿和冶金、化工废渣及有机废水综合利用为重点,推进工业废物综合利用。

2. 做好再生资源回收利用工作。以再生金属、废旧轮胎、废旧家电及电子产品回收利用为重点,推进再生资源回收利用。推进生活垃圾和污泥资源化利用。

3. 开展秸秆综合利用,推行农资节约。推广机械化秸秆还田技术以及秸杆气化、固化成型、发电、养畜技术。研究提出农户秸秆综合利用补偿政策,开展秸秆和粪便还田的农田保育示范工程。推广节肥、节药技术,提高化肥、农药利用率。鼓励并推广农膜回收利用。

二、加快节约资源的体制机制和法制建设

(一)加强规划指导和推进产业结构调整

把加快建设节约型社会作为编制国民经济和社会发展"十一五"规划及各类专项规划、区域规划和城市发展规划的重要指导原则。编制《节水型社会建设"十一五"规划》、《海水利用专项规划》、《全国节水灌溉规划》、《全国旱作节水农业发展规划》、《资源综合利用规划》、《可再生能源中长期发展规划》、《农村沼气工程建设规划》、《保护性耕作示范工程建设规划》。加快出台《产业结构调整暂行规定》和《产业结构调整指导目录》,明确鼓励类、限制类和淘汰类产业项目,促进有利于资源节约的产业项目发展,淘汰技术水平低、消耗大、污染严重的产业。

(二)健全节约资源的法律法规

抓紧制定和修订促进资源有效利用的法律法规。配合全国人大财经委研究提出《中华人民共和国节约能源法》修订建议,重点研究建立严格的节能管理制度、明确激励政策、规范执法主体、加大惩戒力度等。配合全国人大环资委研究提出《中华人民共和国循环经济促进法》。修订《取水许可制度实施办法》,起草《节约用水管理条例》。抓紧出台废旧家电回收处理管理条例,完善回收体系,建立生产者责任制。加强石油节约、建筑节能、墙体材料革新、包装物和废旧轮胎回收等资源节约与综合利用法律法规建设,做好相关立法工作。

(三)完善资源节约标准

编制《2005~2007年资源节约与综合利用标准发展计划》。制定风机、水泵、变压器、电动机等工业用能产品和家用电器、办公设备强制性能效标准,完善主要耗能行业节能设计规范。研究制定《轻型商用车燃料消耗量限值标准》。制定《绿色建筑技术导则》、《绿色建筑评价标准》、《建筑节能工程施工验收规范》。修订节水型城市考核标准和雨水利用标准,完善重点用水行业取水定额标准。加大农业节水灌溉设备国家标准的制修订和实施力度。制定和实施新的土地使用标准,建立土地集约利用评价和考核标准,完善村镇规划标准。研究提出重要矿产资源开发和综合利用行业标准,制定《矿山企业尾矿利用技术规范》。

(四)理顺资源性产品价格

加快资源性产品价格的市场化改革进程,逐步建立能够体现资源稀缺程度的价格形成机制。落实全国水价改革与节水工作电视电话会议精神,推进阶梯式水价制度和超计划、超定额用水加价收费方式。逐步推进农业水价改革试点,依法全面整顿农业供水末级渠系的水价秩序,取消水费计收中的搭车收费,制止截留挪用。加大实施峰谷分时、丰枯和季节性电价力度,扩大执行范围。对高耗能行业中国家淘汰类和限制类项目,继续实行差别电价。研究制定建立煤热价格联动机制的指导意见。改革天然气价格形成机制,理顺天然气与其他产品的比价关系。运用价格机制调控土地,提高土地使用效率。

(五)完善有利于节约资源的财税政策

研究制定鼓励生产、使用节能节水产品的税收政策,以及鼓励发展节能省地型建筑的经济政策。研究制定鼓励低油耗、小排量车辆的财税政策。调整高耗能产品进出口政策。积极研究财税体制改革,适时开征燃油税,完善消费税税制。加大公共财政对政府节约资源管理和政府机构节能改造的支持力度。逐步扩大节能、节水产品实施政府采购的范围。完善资源综合利用和废旧物资回收利用的税收优惠政策。在理顺现有收费和资金来源渠道的基础上,研究建立和完善资源开发与生态补偿机制。

(六)推进节约资源科学技术进步

国家科技计划继续加大对节约资源和循环经济关键技术的攻关力度,组织开发和示范有重大推广意义的共伴生矿产资源综合利用技术、节约和替代技术、能量梯级利用技术、废物综合利用技术、循环经济发展中延长产业链和相关产业链接技术、雨洪收集和苦咸水综合利用技术、高效节水灌溉技术和旱作节水农业技术、可回收利用材料和回收拆解技术、流程工业能源综合利用技术、重大机电产品节能降耗技术、绿色再制造技术以及可再生能源开发利用技术等,努力取得关键技术的重大突破。在中央预算内投资(含国债项目资金)中继续支持一批资源节约和循环经济重大项目,包括重大技术示范项目、重大资源节约技术开发和产业化项目等。贯彻实施《中国节水技术政策大纲》,修订《中国节能技术政策大纲》,编制重点行业发展循环经济先进适用技术目录。加大新技术、新产品、新材料推广应用力度。

(七)建立资源节约监督管理制度

建立高耗能、高耗水落后工艺、技术和设备强制淘汰制度。完善重点耗能产品和新建建筑市场准入制度,对达不到最低能效标准的产品,禁止生产、进口和销售;对公共建筑和民用建筑达不到建筑节能设计规范要求的,不准施工、验收备案、销售和使用;对矿山尾矿中资源品位严重超标的,要采取强制回收措施。在2004年有关部门联合开展资源节约专项检查的基础上,组织各地节能监察(监测)中心对年耗能万

吨标准煤以上重点企业开展节能监督检查。对北方采暖地区、夏热冬冷和夏热冬暖地区建筑节能标准执行情况分别组织一次规模较大的专项检查。针对2005年3月1日起施行的强制性能效标识管理和7月1日起施行的《乘用车燃料消耗量限值》国家标准,组织全国性的国家监督抽查活动。继续开展禁止使用实心黏土砖专项检查。对检查中发现的各种浪费资源的做法和行为,要严肃查处。研究建立循环经济评价指标体系及相关统计制度。加强和完善能源、水资源以及节能、节水统计工作。

三、加强对资源节约工作的领导和协调

(一)切实加强组织领导

发展改革委、教育部、科技部、财政部、国土资源部、建设部、铁道部、交通部、水利部、农业部、商务部、国资委、税务总局、质检总局、环保总局、统计局、林业局、法制办、国管局、电监会、海洋局等有关部门要根据确定的建设节约型社会近期重点工作,按照职责分工,尽快制定具体政策措施,积极做好资源节约工作。为了加强各有关部门间的协调配合,由发展改革委负责做好组织协调,牵头建立由有关部门参加的部门协调机制,加强指导、协调和监督检查。组织实施资源节约的主要工作在地方,地方各级人民政府特别是省级人民政府要对本地区资源节约工作负责,切实加强对这项工作的组织领导,并建立相应协调机制,明确相关部门的责任和分工,大力推进资源节约工作。各地区、各部门在推进建设节约型社会工作中,要注重发挥人民团体和行业协会的作用。

(二)政府机构要带头节约

各级政府部门要从自身做起,带头厉行节约,在推动建设节约型社会中发挥表率作用。要制定《推动政府机构节能的实施意见》,建立政府机构能耗统计体系,明确能耗、水耗定额,重点抓好政府建筑物和采暖、空调、照明系统节能改造以及公务车节能。落实《节能产品政府采购实施意见》,推行政府机构节能采购,优先采购节能(节水)产品和节约办公用品,降低费用支出。各级政府在认真做好机关节约工作的同时,更要抓好全社会的节约工作。为此,要抓紧建立科学的政府绩效评估体系,进一步健全干部考核机制,将资源节约责任和实际效果纳入各级政府目标责任制和干部考核体系中。

(三)组织开展创建节约型社会活动

要研究制定《创建节约型社会实施方案》,在"十一五"期间创建一批节约型城市、节约型政府机构、节约型企业、节约型社区,发挥示范作用,并探索出一条符合我国国情的资源节约的路子。要及时总结和推广节约型社会建设中的经验和典型。在冶金、有色、煤炭、电力、化工、建材、造纸、酿造等重点行业,在矿产资源综合利用、生物质能综合利用、废旧家电、废旧轮胎、废纸回收利用、绿色再制造等重点领域和产业园区及城市组织开展循环经济试点。通过试点探索发展循环经济的有效模式,确定发展循环经济的重大技术领域和重大项目领域,完善再生资源回收利用体系,提出按循环经济发展理念规划、建设、改造产业园区和建设节约型城市的思路。

(四)努力营造建设节约型社会的良好氛围

建设节约型社会涉及各行各业和千家万户,需要动员全社会的力量积极参与。2005年要围绕"大力发展循环经济,加快建设节约型社会"这一主题,继续开展"资源节约行"活动。要组织新闻媒体采访,集中宣传节约资源的先进典型,揭露和曝光浪费资源、严重污染环境的行为和现象。要在工矿企业职工中开展"我为节约做贡献"活动,在中小学校开展"珍惜资源、从我做起"活动,在宾馆开展"争创绿色饭店"活动,在社区开展"创建绿色社区"活动,在中央国家机关开展"做节约表率"活动,在全国质量月开展"降废减损兴质量"活动。要认真组织好全国节能宣传周、全国城市节水宣传周以及世界水日、土地日、环境日等宣传活动,开展节水型社会建设公益广告和征文活动。同时,要加强建设节约型社会的研讨和交流,2005年底在北京举办建设节约型社会展览会,择时组织开展节能节水和资源综合利用先进典型推广现场会及技术交流会。

各地区、各部门要从战略和全局的高度,充分认识建设节约型社会的重要意义,按照国务院的统一部署和建设节约型社会的各项工作安排,结合本地区、本部门实际,抓紧制订具体实施方案,精心组织,认真抓好落实,切实抓出成效。

★国务院2005年7月5日发布的21号文。

商务部办公厅关于对南宁市发展散装水泥示范市予以确认的通知★

商办改函[2005]44号

广西壮族自治区经济委员会:

2002年,你区在成功创建平果、巴马县全国散装水泥示范县的基础上,根据国家和你区发展散装水泥的总体目标和要求,开展了南宁市创建"十五"期间发展散装水泥示范市工作。经我部委派专业人员考核,南宁市创建散装水泥示范市工作取得了有效进展,散装水泥量和散装率有了大幅度提高,2004年散装水泥使用率达到46%,超过全国平均水平近13个百分点,各项工作均达到全国散装水泥示范市考核标

准。南宁市发展散装水泥的良好成果为南宁市成功承办中国－东盟博览会以及优化城市环境，提高建筑施工质量创造了有利条件，该市创建散装水泥示范市的经验对广西自治区及其他西部地区发展散装水泥工作有很好的借鉴作用。

鉴此，我部决定对南宁市发展散装水泥示范市予以确认。希望你们再接再厉，积极研究新形势下发展散装水泥的新举措，为建设节约型社会做出更大贡献。

★商务办公厅2005年9月9日发布的44号文。

国家鼓励发展的资源节约综合利用和环境保护技术★

[2005]65号

为进一步推进资源节约综合利用和环境保护技术进步，加快新技术的推广应用，引导投资方向，促进经济社会可持续发展，经各地方、国务院有关部门、有关行业协会推荐，专家评审、评估和广泛征求意见，现将《国家鼓励发展的资源节约综合利用和环境保护技术》260项技术予以公布。

国家发展改革委 科技部 国家环保总局

二○○五年十月二十八日

附件：

国家鼓励发展的资源节约综合利用和环境保护技术

（水泥工业技术部分10项）

1. 立磨粉磨高炉矿渣技术

该技术采用立磨粉磨设备，以挤压粉磨为原理，以燃油热风为热源，兼粉磨与烘干为一体对高炉矿渣进行粉磨；结合实际产品质量优化确定粉磨过程参数；同时，优化改进设备条件，实现钢铁行业废渣综合利用，提高废弃物综合附加值的目的。该技术可改善全球温室效应，减少自然资源的消耗。该技术适用于拥有炼铁废渣资源的企业，钢铁行业，实现从钢铁行业向非钢产业的转化，完成炼铁废弃物资源的综合利用。

2. 钢渣综合开发利用技术

该技术将钢渣进行破碎、筛分、磁选、烘干，利用发行后的球磨机进行粉磨、分选，生产出用作水泥和混凝土使用高活性掺合料的磨细钢渣粉，可代替10%～40%的水泥；提高混凝土的后期强度和性能，降低混凝土的水化热。该技术在保证混凝土性能前提下，有效地降低水泥用量，减少石灰石消耗，减少CO_2、SO_2及NOx排放量。该技术适合在条件具备的大型钢铁企业和地区应用。

8. 利用磷石膏废渣制硫酸联产水泥技术

该技术将磷石膏废渣经处理与焦炭及辅助材料进行反应，生成的CaO与物料中的SiO_2、Al_2O_3、Fe_2O_3等发生矿化反应，生成水泥熟料，与石膏、混合材制得水泥。SO_2气体经处理，催化氧化成SO_3制得H_2SO_4。利用该技术每年可以综合治理50万吨磷石膏废渣，消除了环境污染，减少CO_2温室气体的排放，避免了硫铁矿矿山和石灰石矿山的开采。该技术适用于磷铵、硫酸、水泥三产品的独立生产装置和联合生产装置，也适用于年产3、6、12、15、24、30万吨的大型磷铵生产装置的配套。

11. 矿渣微粉生产技术

该技术利用工业废料粒化高炉矿渣，经微粉化细磨后掺入水泥中，代替水泥熟料生产水泥，也可直接加入到混凝土中代替水泥。该技术的加工电耗是全国平均值的60%，即充分利用资源又降低了能耗。

13. zwl - vi 型早强减水剂的工艺技术

该技术是利用混凝土外加剂、染料中间体 MF 分散剂生产过程中产生的工业废渣（萘系硫酸盐工业废渣），通过高密压滤和高新技术处理，使各项组分进行分离，烘干、粉碎，配以其他组分复配混合，生产新型环保型化学建材——早强减水剂（混凝土外加剂），生产过程没有二次污染。该技术的推广能解决国内混凝土外加剂行业中每年所产生的 52 万吨工业废渣对社会（包括土地、水）的污染。产品适用于多种混凝土。对五大通用水泥均有良好的适应性。

14. 磷石膏制水泥缓凝剂的工艺技术

该技术是通过磷石膏与类硅酸盐废料成球造粒，在生产硫酸的废热、废气提供的湿热条件下，磷石膏中的游离酸与废料中的活性 SiO_2、Al_2O_3、CaO、Fe_2O_3 发生反应，使其中的有害物质变为对水泥有益的磷酸盐类、类硅酸盐物质，其制成品可替代天然石膏作水泥缓凝剂。该技术可消除磷石膏堆放对土地、水资源造成的污染，适用于有磷石膏排放的磷铵、磷酸盐生产企业，尤其是土地紧张、堆存困难地区和地处江、湖岸边易造成水质污染的企业。

17. 工业石膏制水泥缓凝剂生产技术

该技术是利用工业石膏替代天然石膏作水泥缓凝剂。工业石膏的主要成分为二水硫酸钙。选择一种廉价易得且对水泥无害的碱性添加剂，中和工业石膏中残存的酸性物质，消解其对水泥性能的影响，再经快速煅烧和粒化成型，制成水泥缓凝剂。该技术主要适用于化工磷复肥、柠檬酸及火力发电厂烟气脱硫行业副产的工业石膏，规模、适用地区不限。

20. 粉煤灰代替天然黏土作硅、铝质校正原料的技术

该技术是利用湿粉煤灰代替天然黏土作硅、铝质校正原料，通过试验、研究和合理的配方，提高原料磨产量，降低煤耗，使用效果好，大大改善了电厂的环境污染，避免采矿对生态环境的破坏，同时也节约了天然资源。该技术适用于水泥行业新型干法窑的原料辅料配料。

27. 低热硅酸盐水泥生产及应用技术

低热硅酸盐水泥是以贝利特（$\beta-C_2S$）为主导矿物的硅酸盐系列水泥，具有工作性好、水化热低、后期强度高且后期强度增进率高、高温强度稳定性好、干缩小、耐磨好、抗化学侵蚀能力强、耐久性好等一系列优异性能。低热硅酸盐水泥熟料烧成煤耗比通用硅酸盐水泥低 15% 以上，窑台时产量提高 20% 以上，CO_2、SO_2 和 NOx 等有害气体的排放量相应减少；其熟料中 $C_2S \geqslant 50\%$，水泥强度等级达到 42.5 级；由其配制的高性能混凝土和水工混凝土具有优良工作性、力学性能、热学性能和耐久性。低热硅酸盐水泥适用于民用建筑、水利工程等领域应用。

30. 水泥窑焚烧处理有毒有害废弃物技术

该技术利用水泥熟料生产过程中的高温强热环境焚烧处置废弃物，可以保证废弃物得到彻底的焚烧。烟尘并入水泥回转窑的废气处理系统处理，残渣固熔在水泥熟料中，不影响熟料的质量和性能。使用该技术可以保证废弃物得到彻底的焚烧，部分废弃物可作为水泥生产的替代原燃料节省水泥生产天然原燃料消耗。该技术适用于建材行业，特别适用于规模在日产 2 000 吨以上的新型干法水泥生产线。

★国家发展改革委、科技部、国家环保总局 2005 年 10 月 28 日共同发布的 65 号文。

国家发展改革委关于继续实行差别电价政策有关问题的通知★

发改价格[2005]2254 号

各省、自治区、直辖市发展改革委、物价局、经贸委、电力公司：

经国务院批准，2004 年 6 月，我委对电解铝、铁合金、电石、烧碱、水泥、钢铁等 6 个高耗能行业试行了差别电价政策；2004 年 9 月，我委又会同国家电监会下发了《关于进一步落实差别电价及自备电厂收费政策有关问题的通知》（发改电[2004]159 号），对差别电价政策作了进一步完善。差别电价的实施，对促进产业结构调整和优化升级起到了积极作用。为此，决定继续实行差别电价政策，现将有关事宜通知如下：

一、实行差别电价政策，是将价格政策与产业政策结合起来实施宏观调控的一次新的尝试。实践证明，差别电价政策对遏制高耗能行业盲目发展，扶优抑劣，促进结构调整和产业升级，提高能源利用效率，促进经济、环境与资源的协调发展起到了积极的作用，是非常必要和及时的。各地要把思

想统一到中央决策上来，进一步提高对差别电价政策重要意义的认识，在总结上一年经验的基础上，继续采取有力措施，认真贯彻落实差别电价政策。

二、差别电价的政策界限仍按《关于进一步落实差别电价及自备电厂收费政策有关问题的通知》（发改电[2004]159号）规定执行。目前我委正在研究制定《产业结构调整指导目录》（2005年本）（以下简称《目录》），待新的《目录》颁布后，按新的分类标准执行差别电价，具体规定届时将另行下达。

三、执行差别电价增加的收入以及对自备电厂征收的基金可用于疏导各地急需解决的电价矛盾。具体由各省（区、市）价格主管部门根据实际情况提出实施方案，报我委核批。

四、为进一步体现"扶优抑劣"的调控原则，促进行业健康发展，对电解铝、铁合金、氯碱三个高耗能行业中规模大、技术先进的鼓励类企业，我委将会同有关部门，结合电价改革，采取优先安排大用户直供电试点，或逐步按照用电负荷率和电压等级合理确定电价水平等措施，给予必要的扶持。

五、各地要积极采取措施，认真执行差别电价政策，并及时报告执行情况及存在问题。

中华人民共和国国家发展和改革委员会

二〇〇五年十一月一日

★国家发展改革委2005年11月1日发布的2254号文

国务院关于发布实施《促进产业结构调整暂行规定》的决定★

国发[2005]40号

各省、自治区、直辖市人民政府，国务院各部委、各直属机构：

《促进产业结构调整暂行规定》（以下简称《暂行规定》）已经2005年11月9日国务院第112次常务会议审议通过，现予发布。

制定和实施《暂行规定》，是贯彻落实党的十六届五中全会精神，实现"十一五"规划目标的一项重要举措，对于全面落实科学发展观，加强和改善宏观调控，进一步转变经济增长方式，推进产业结构调整和优化升级，保持国民经济平稳较快发展具有重要意义。各省、自治区、直辖市人民政府要将推进产业结构调整作为当前和今后一段时期改革发展的重要任务，建立责任制，狠抓落实，按照《暂行规定》的要求，结合本地区产业发展实际，制订具体措施，合理引导投资方向，鼓励和支持发展先进生产能力，限制和淘汰落后生产能力，防止盲目投资和低水平重复建设，切实推进产业结构优化升级。各有关部门要加快制定和修订财税、信贷、土地、进出口等相关政策，切实加强与产业政策的协调配合，进一步完善促进产业结构调整的政策体系。各省、自治区、直辖市人民政府和国家发展改革、财政、税务、国土资源、环保、工商、质检、银监、电监、安全监管以及行业主管等有关部门，要建立健全产业结构调整工作的组织协调和监督检查机制，各司其职，密切配合，形成合力，切实增强产业政策的执行效力。在贯彻实施《暂行规定》时，要正确处理政府引导与市场调节之间的关系，充分发挥市场配置资源的基础性作用，正确处理发展与稳定、局部利益与整体利益、眼前利益与长远利益的关系，保持经济平稳较快发展。

国务院

二〇〇五年十二月二日

促进产业结构调整暂行规定

第一章 总 则

第一条 为全面落实科学发展观，加强和改善宏观调控，引导社会投资，促进产业结构优化升级，根据国家有关法律、行政法规，制定本规定。

第二条 产业结构调整的目标：

推进产业结构优化升级，促进一、二、三产业健康协调发展，逐步形成农业为基础、高新技术产业为先导、基础产业和制造业为支撑、服务业全面发展的产业格局，坚持节约发展、清洁发展、安全发展，实现可持续发展。

第三条 产业结构调整的原则：

坚持市场调节和政府引导相结合。充分发挥市场配置资源的基础性作用，加强国家产业政策的合理引导，实现资源优化配置。

以自主创新提升产业技术水平。把增强自主创新能力作为调整产业结构的中心环节，建立以企业为主体、市场为导向、产学研相结合的技术创新体系，大力提高原始创新能力、集成创新能力和引进消化吸收再创新能力，提升产业整体技术水平。

坚持走新型工业化道路。以信息化带动工业化，以工业化促进信息化，走科技含量高、经济效益好、资源消耗低、环境污染少、安全有保障、人力资源优势得到充分发挥的发展道路，努力推进经济增长方式的根本转变。

促进产业协调健康发展。发展先进制造业，提高服务业比重和水平，加强基础设施建设，优化城乡区域产业结构和布局，优化对外贸易和利用外资结构，维护群众合法权益，努力扩大就业，推进经济社会协调发展。

第二章　产业结构调整的方向和重点

第四条　巩固和加强农业基础地位，加快传统农业向现代农业转变。加快农业科技进步，加强农业设施建设，调整农业生产结构，转变农业增长方式，提高农业综合生产能力。稳定发展粮食生产，加快实施优质粮食产业工程，建设大型商品粮生产基地，确保粮食安全。优化农业生产布局，推进农业产业化经营，加快农业标准化，促进农产品加工转化增值，发展高产、优质、高效、生态、安全农业。大力发展畜牧业，提高规模化、集约化、标准化水平，保护天然草场，建设饲料草场基地。积极发展水产业，保护和合理利用渔业资源，推广绿色渔业养殖方式，发展高效生态养殖业。因地制宜发展原料林、用材林基地，提高木材综合利用率。加强农田水利建设，改造中低产田，搞好土地整理。提高农业机械化水平，健全农业技术推广、农产品市场、农产品质量安全和动植物病虫害防控体系。积极推行节水灌溉，科学使用肥料、农药，促进农业可持续发展。

第五条　加强能源、交通、水利和信息等基础设施建设，增强对经济社会发展的保障能力。

坚持节约优先、立足国内、煤为基础、多元发展，优化能源结构，构筑稳定、经济、清洁的能源供应体系。以大型高效机组为重点优化发展煤电，在生态保护基础上有序开发水电，积极发展核电，加强电网建设，优化电网结构，扩大西电东送规模。建设大型煤炭基地，调整改造中小煤矿，坚决淘汰不具备安全生产条件和浪费破坏资源的小煤矿，加快实施煤矸石、煤层气、矿井水等资源综合利用，鼓励煤电联营。实行油气并举，加大石油、天然气资源勘探和开发利用力度，扩大境外合作开发，加快油气领域基础设施建设。积极扶持和发展新能源和可再生能源产业，鼓励石油替代资源和清洁能源的开发利用，积极推进洁净煤技术产业化，加快发展风能、太阳能、生物质能等。

以扩大网络为重点，形成便捷、通畅、高效、安全的综合交通运输体系。坚持统筹规划、合理布局，实现铁路、公路、水运、民航、管道等运输方式优势互补，相互衔接，发挥组合效率和整体优势。加快发展铁路、城市轨道交通，重点建设客运专线、运煤通道、区域通道和西部地区铁路。完善国道主干线、西部地区公路干线，建设国家高速公路网，大力推进农村公路建设。优先发展城市公共交通。加强集装箱、能源物资、矿石深水码头建设，发展内河航运。扩充大型机场，完善中型机场，增加小型机场，构建布局合理、规模适当、功能完备、协调发展的机场体系。加强管道运输建设。

加强水利建设，优化水资源配置。统筹上下游、地表地下水资源调配、控制地下水开采，积极开展海水淡化。加强防洪抗旱工程建设，以堤防加固和控制性水利枢纽等防洪体系为重点，强化防洪减灾薄弱环节建设，继续加强大江大河干流堤防、行蓄洪区、病险水库除险加固和城市防洪骨干工程建设，建设南水北调工程。加大人畜饮水工程和灌区配套工程建设改造力度。

加强宽带通信网、数字电视网和下一代互联网等信息基础设施建设，推进“三网融合”，健全信息安全保障体系。

第六条　以振兴装备制造业为重点发展先进制造业，发挥其对经济发展的重要支撑作用。

装备制造业要依托重点建设工程，通过自主创新、引进技术、合作开发、联合制造等方式，提高重大技术装备国产化水平，特别是在高效清洁发电和输变电、大型石油化工、先进适用运输装备、高档数控机床、自动化控制、集成电路设备、先进动力装备、节能降耗装备等领域实现突破，提高研发设计、核心元器件配套、加工制造和系统集成的整体水平。

坚持以信息化带动工业化，鼓励运用高技术和先进适用技术改造提升制造业，提高自主知识产权、自主品牌和高端产品比重。根据能源、资源条件和环境容量，着力调整原材料工业的产品结构、企业组织结构和产业布局，提高产品质量和技术含量。支持发展冷轧薄板、冷轧硅钢片、高浓度磷肥、高效低毒低残留农药、乙烯、精细化工、高性能差别化纤维。促进炼油、乙烯、钢铁、水泥、造纸向基地化和大型化发展。加强铁、铜、铝等重要资源的地质勘查，增加资源地质储量，实行合理开采和综合利用。

第七条　加快发展高技术产业，进一步增强高技术产业对经济增长的带动作用。

增强自主创新能力，努力掌握核心技术和关键技术，大力开发对经济社会发展具有重大带动作用的高新技术，支持开发重大产业技术，制定重要技术标准，构建自主创新的技术基础，加快高技术产业从加工装配为主向自主研发制造延伸。按照产业聚集、规模化发展和扩大国际合作的要求，大力发展信息、生物、新材料、新能源、航空航天等产业，培育更多新的经济增长点。优先发展信息产业，大力发展集成电路、软件等核心产业，重点培育数字化音视频、新一代移动通信、高性能计算机及网络设备等信息产业群，加强信息资源开发和共享，推进信息技术的普及和应用。充分发挥我国特有的资源优势和技术优势，重点发展生物农业、生物医药、生物能源和生物化工等生物产业。加快发展民用航空、航天产业，推进民用飞机、航空发动机及机载系统的开发和产业化，进一步发展民用航天技术和卫星技术。积极发展新材料产业，支持开发具有技术特色以及可发挥我国比较优势的光电子材料、高性能结构和新型特种功能材料等产品。

第八条 提高服务业比重，优化服务业结构，促进服务业全面快速发展。坚持市场化、产业化、社会化的方向，加强分类指导和有效监管，进一步创新、完善服务业发展的体制和机制，建立公开、平等、规范的行业准入制度。发展竞争力较强的大型服务企业集团，大城市要把发展服务业放在优先地位，有条件的要逐步形成服务经济为主的产业结构。增加服务品种，提高服务水平，增强就业能力，提升产业素质。大力发展金融、保险、物流、信息和法律服务、会计、知识产权、技术、设计、咨询服务等现代服务业，积极发展文化、旅游、社区服务等需求潜力大的产业，加快教育培训、养老服务、医疗保健等领域的改革和发展。规范和提升商贸、餐饮、住宿等传统服务业，推进连锁经营、特许经营、代理制、多式联运、电子商务等组织形式和服务方式。

第九条 大力发展循环经济，建设资源节约和环境友好型社会，实现经济增长与人口资源环境相协调。坚持开发与节约并重、节约优先的方针，按照减量化、再利用、资源化原则，大力推进节能节水节地节材，加强资源综合利用，全面推行清洁生产，完善再生资源回收利用体系，形成低投入、低消耗、低排放和高效率的节约型增长方式。积极开发推广资源节约、替代和循环利用技术和产品，重点推进钢铁、有色、电力、石化、建筑、煤炭、建材、造纸等行业节能降耗技术改造，发展节能省地型建筑，对消耗高、污染重、危及安全生产、技术落后的工艺和产品实施强制淘汰制度，依法关闭破坏环境和不具备安全生产条件的企业。调整高耗能、高污染产业规模，降低高耗能、高污染产业比重。鼓励生产和使用节约性能好的各类消费品，形成节约资源的消费模式。大力发展环保产业，以控制不合理的资源开发为重点，强化对水资源、土地、森林、草原、海洋等的生态保护。

第十条 优化产业组织结构，调整区域产业布局。提高企业规模经济水平和产业集中度，加快大型企业发展，形成一批拥有自主知识产权、主业突出、核心竞争力强的大公司和企业集团。充分发挥中小企业的作用，推动中小企业与大企业形成分工协作关系，提高生产专业化水平，促进中小企业技术进步和产业升级。充分发挥比较优势，积极推动生产要素合理流动和配置，引导产业集群化发展。西部地区要加强基础设施建设和生态环境保护，健全公共服务，结合本地资源优势发展特色产业，增强自我发展能力。东北地区要加快产业结构调整和国有企业改革改组改造，发展现代农业，着力振兴装备制造业，促进资源枯竭型城市转型。中部地区要抓好粮食主产区建设，发展有比较优势的能源和制造业，加强基础设施建设，加快建立现代市场体系。东部地区要努力提高自主创新能力，加快实现结构优化升级和增长方式转变，提高外向型经济水平，增强国际竞争力和可持续发展能力。从区域发展的总体战略布局出发，根据资源环境承载能力和发展潜力，实行优化开发、重点开发、限制开发和禁止开发等有区别的区域产业布局。

第十一条 实施互利共赢的开放战略，提高对外开放水平，促进国内产业结构升级。加快转变对外贸易增长方式，扩大具有自主知识产权、自主品牌的商品出口，控制高能耗高污染产品的出口，鼓励进口先进技术设备和国内短缺资源。支持有条件的企业"走出去"，在国际市场竞争中发展壮大，带动国内产业发展。提高加工贸易的产业层次，增强国内配套能力。大力发展服务贸易，继续开放服务市场，有序承接国际现代服务业转移。提高利用外资的质量和水平，着重引进先进技术、管理经验和高素质人才，注重引进技术的消化吸收和创新提高。吸引外资能力较强的地区和开发区，要着重提高生产制造层次，并积极向研究开发、现代物流等领域拓展。

第三章 产业结构调整指导目录

第十二条 《产业结构调整指导目录》是引导投资方向，政府管理投资项目，制定和实施财税、信贷、土地、进出口等政策的重要依据。

《产业结构调整指导目录》由发展改革委会同国务院有关部门依据国家有关法律法规制订，经国务院批准后公布。根据实际情况，需要对《产业结构调整指导目录》进行部分调整时，由发展改革委会同国务院有关部门适时修订并公布。

《产业结构调整指导目录》原则上适用于我国境内的各类企业。其中外商投资按照《外商投资产业指导目录》执行。《产业结构调整指导目录》是修订《外商投资产业指导目录》的主要依据之一。《产业结构调整指导目录》淘汰类适用于外商投资企业。《产业结构调整指导目录》和《外商投资产业指导目录》执行中的政策衔接问题由发展改革委会同商务部研究协商。

第十三条 《产业结构调整指导目录》由鼓励、限制和淘汰三类目录组成。不属于鼓励类、限制类和淘汰类，且符合国家有关法律、法规和政策规定的，为允许类。允许类不列入《产业结构调整指导目录》。

第十四条 鼓励类主要是对经济社会发展有重要促进作用，有利于节约资源、保护环境、产业结构优化升级，需要采取政策措施予以鼓励和支持的关键技术、装备及产品。按照以下原则确定鼓励类产业指导目录：

（一）国内具备研究开发、产业化的技术基础，有利于技术创新，形成新的经济增长点；

（二）当前和今后一个时期有较大的市场需求，发展前景广阔，有利于提高短缺商品的供给能力，有利于开拓国内外市场；

（三）有较高技术含量，有利于促进产业技术进步，提高产业竞争力；

（四）符合可持续发展战略要求，有利于安全生产，有利于资源节约和综合利用，有利于新能源和可再生能源开发利用、提高能源效率，有利于保护和改善生态环境；

（五）有利于发挥我国比较优势，特别是中西部地区和东北地区等老工业基地的能源、矿产资源与劳动力资源等优势；

（六）有利于扩大就业，增加就业岗位；

（七）法律、行政法规规定的其他情形。

第十五条　限制类主要是工艺技术落后，不符合行业准入条件和有关规定，不利于产业结构优化升级，需要督促改造和禁止新建的生产能力、工艺技术、装备及产品。按照以下原则确定限制类产业指导目录：

（一）不符合行业准入条件，工艺技术落后，对产业结构没有改善；

（二）不利于安全生产；

（三）不利于资源和能源节约；

（四）不利于环境保护和生态系统的恢复；

（五）低水平重复建设比较严重，生产能力明显过剩；

（六）法律、行政法规规定的其他情形。

第十六条　淘汰类主要是不符合有关法律法规规定，严重浪费资源、污染环境、不具备安全生产条件，需要淘汰的落后工艺技术、装备及产品。按照以下原则确定淘汰类产业指导目录：

（一）危及生产和人身安全，不具备安全生产条件；

（二）严重污染环境或严重破坏生态环境；

（三）产品质量低于国家规定或行业规定的最低标准；

（四）严重浪费资源、能源；

（五）法律、行政法规规定的其他情形。

第十七条　对鼓励类投资项目，按照国家有关投资管理规定进行审批、核准或备案；各金融机构应按照信贷原则提供信贷支持；在投资总额内进口的自用设备，除财政部发布的《国内投资项目不予免税的进口商品目录（2000年修订）》所列商品外，继续免征关税和进口环节增值税，在国家出台不予免税的投资项目目录等新规定后，按新规定执行。对鼓励类产业项目的其他优惠政策，按照国家有关规定执行。

第十八条　对属于限制类的新建项目，禁止投资。投资管理部门不予审批、核准或备案，各金融机构不得发放贷款，土地管理、城市规划和建设、环境保护、质检、消防、海关、工商等部门不得办理有关手续。凡违反规定进行投融资建设的，要追究有关单位和人员的责任。

对属于限制类的现有生产能力，允许企业在一定期限内采取措施改造升级，金融机构按信贷原则继续给予支持。国家有关部门要根据产业结构优化升级的要求，遵循优胜劣汰的原则，实行分类指导。

第十九条　对淘汰类项目，禁止投资。各金融机构应停止各种形式的授信支持，并采取措施收回已发放的贷款；各地区、各部门和有关企业要采取有力措施，按规定限期淘汰。在淘汰期限内国家价格主管部门可提高供电价格。对国家明令淘汰的生产工艺技术、装备和产品，一律不得进口、转移、生产、销售、使用和采用。

对不按期淘汰生产工艺技术、装备和产品的企业，地方各级人民政府及有关部门要依据国家有关法律法规责令其停产或予以关闭，并采取妥善措施安置企业人员、保全金融机构信贷资产安全等；其产品属实行生产许可证管理的，有关部门要依法吊销生产许可证；工商行政管理部门要督促其依法办理变更登记或注销登记；环境保护管理部门要吊销其排污许可证；电力供应企业要依法停止供电。对违反规定者，要依法追究直接责任人和有关领导的责任。

第四章　附则

第二十条　本规定自发布之日起施行。原国家计委、国家经贸委发布的《当前国家重点鼓励发展的产业、产品和技术目录（2000年修订）》、原国家经贸委发布的《淘汰落后生产能力、工艺和产品的目录（第一批、第二批、第三批）》和《工商投资领域制止重复建设目录（第一批）》同时废止。

第二十一条　对依据《当前国家重点鼓励发展的产业、产品和技术目录（2000年修订）》执行的有关优惠政策，调整为依据《产业结构调整指导目录》鼓励类目录执行。外商投资企业的设立及税收政策等执行国家有关外商投资的法律、行政法规规定。

★国务院2005年12月2日发布的40号文。

地方政策

北京市

关于进一步严格控制本市水泥生产规模的通知★

京计工字[2002]1742 号

各有关单位：

近年来，我市加大了水泥产品结构调整力度，截止到2000年底，我市共淘汰能耗高、污染大、质量低劣的小水泥生产能力175万吨，水泥生产能力由过去的993.8万吨下降到目前的818.3万吨，2001年全市水泥生产产量为803万吨。与此同时，通过环境治理和结构调整、全市水泥粉尘排放量每年减少6.4万吨。但是，2002年以来，我市水泥产量增长幅度较大，截止到2002年6月底全市共生产水泥462万吨，比2001年同期增长20.7%。增长的主要原因是：新的水泥技改生产线2002年投产、部分回转窑生产线扩大窑的产量、增加新的磨机、应属于淘汰的机立窑生产线没有及时停产。水泥生产总量的增加，影响了我市环境，也与首都经济发展战略不相适应。为了进一步严格控制本市水泥生产总量，特此通知如下：

一、严格控制水泥生产规模。从现在起各有关部门一律停止审批新的水泥基建、技改项目、水泥生产总量严格控制在800万吨以下。

二、各有关区县政府要确保按时关闭所有机立窑生产线：顺义区牛栏山水泥厂于2002年底前关闭；房山区所有机立窑生产线在2003年底前关闭；其余机立窑生产线在2005年底前关闭。市经委负责制定关停机立窑水泥生产线时间进度表。

三、严格控制水泥生产许可证发放。凡是环保未达标的企业或未按等量替换原则新建水泥生产线的企业现再发放水泥生产许可证，市建委不再纳入备案管理；产品号不得进入水泥市场。

四、市、区县政府有关部门不再批准增加水泥生产能力的技改项目，水泥生产企业不得扩大水泥磨机生产能力。

五、各水泥企业要进一步加强环境治理，控制无组织排放，市、区县环保部门要加大监察执法的力度，对环保不达标的企业责令停产整顿。

六、大力发展散装水泥，促进水泥的清洁生产和使用，2005年底水泥散装率达到75%以上，2008年水泥散装率达到85%以上。

七、市、区县有关部门要加强对关停水泥企业督促检查，限期停产，已停水泥生产线不得恢复生产。

本通知自2002年9月1日起执行。

★该通知是由北京市发展计划委员会、北京市经济委员会、北京市建设委员会、北京市环境保护局、北京市质量技术监督局于2002年8月30日共同发布的1742号文。

关于在本市建设工程中推广使用预拌砂浆的通知★

京建材[2004]13 号

各区县建委、各局(集团)、总公司、各有关单位：

预拌砂浆是指由混凝土搅拌站和干拌砂浆专业厂家生产的，用于建设工程中的各种砂浆拌合物，是我国近年发展起来的一种新型建筑材料。预拌砂浆分干拌砂浆和湿拌砂浆两种，干拌砂浆又分普通砂浆(砌筑、抹灰、地面砂浆)和特种砂浆(瓷砖粘结类砂浆、界面砂浆、外墙外保温专用砂浆、饰面砂浆、地面自流于一砂浆等)两大类，出厂方式分为散装和袋装两种。在北京市推广使用预拌砂浆，取消现场搅拌对改善环境、提高建设工程质量，实现2008“绿色奥运、科技奥运、人文奥运”的目标具有十分重要的意义。为贯彻落实《商务部、公安部、建设部、交通部关于限期禁止在城市城区现场搅拌混凝土的通知》(商改发[2003]341 号)文件精神，加快发展预拌砂浆，现将有关要求通知如下：

一、本市行政区域内的房屋建筑、市政基础设施应积极推广使用预拌砂浆，四环路以内工程、奥运工程应率先使用，工程维修、家庭装修提倡使用干拌砂浆，我市鼓励发展节约资源、提高工程质量、保护环境的散装干拌砂浆。

二、施工单位使用预拌砂浆时，须严格执行《北京市干拌砂浆应用技术规程》（试行）（DBJ/T01-73-2003）和有关的技术规程，并向供方索取产品质量合格证书和国家认定检测部门出具的干拌砂浆检测报告。

三、市建委建设工程造价管理处编制预拌砂浆概算定额，建设工程中因使用预拌砂浆所增加的费用，应将其列入建设工程造价。

四、建设工程中取消现场搅拌、全部使用预拌混凝土和预拌砂浆（不含袋装砂浆）的，所缴纳散装水泥专项资金予以全额返还。

五、各区县应根据本地区实际情况制订合理的推广计划，并着重解决散装物流配送和施工机具的配套问题；为工地文明施工创造条件。

六、推广预拌砂浆是一项系统工程，各有关部门应加强指导、监督、协调工作，及时解决发展中的各种问题，加快预拌砂浆的推广使用进程。

特此通知

★北京市建设委员会2004年1月7日发布的13号文。

关于公布第四批禁止和限制使用建材产品目录的通知★

京建材[2004]16号

通知要求自2004年4月1日起，北京市行政区域内新建和改建工程按通知的规定进行设计。黏土砖（包括以黏土为部分原料，掺加其他材料生产的实心砖、多孔砖、空心砖）自2004年6月1日起禁止在本市建设工程中使用，其中怀柔区、延庆县、密云县行政区域内建设工程自2004年12月1日起禁止使用。通知所公布的其他禁止和限制产品自2004年10月1日起，按通知规定的范围停止使用。

2004年1月7日

禁止使用建材产品目录（略）

限制使用建材产品目录（水泥部分）

序号	产品名称	限制使用产品名称	限制使用原因	限制使用范围	替代产品
8	水泥	袋装水泥	依据商改发[2003]341号文产品不符合国家产业政策	预拌混凝土、预拌砂浆、预制构件等水泥制品	回转窑生产的散装水泥

★北京市建设委员会、北京市规划委员会2004年1月7日共同发布的16号文。

上海市

关于印发上海市《散装水泥专项资金征收和使用管理实施办法》的通知★

沪财建[2002]111号

各区县财政局，上海市散装水泥办公室，各区县散装水泥办公室：

为进一步贯彻落实国务院有关清理整顿政府性基金精神，规范政府收入分配秩序，减轻社会负担，加强散装水泥专项资金收支管理，根据财政部、国家经贸委《关于发布〈散装水泥专项资金征收和使用管理办法〉的通知》（财综[2002]23号）的有关规定，特制定《上海市散装水泥专项资金征收和使用管理实施办法》，现印发给你们，请按照执行。

特此通知

上海市财政局

上海市建设和管理委员会

二〇〇二年八月一日

散装水泥专项资金征收和使用管理实施办法

第一章 总 则

第一条 为贯彻落实"限制袋装，鼓励散装"的方针，规范散装水泥专项资金(以下简称"专项资金")收支管理，根据财政部、国家经贸委《关于发布(散装水泥专项资金征收和使用管理办法)的通知》有关规定，特制定《上海市散装水泥专项资金征收和使用管理实施办法》(以下简称"实施办法")。

第二条 "专项资金"属于政府性基金，收入全额缴入地方国库，纳入同级财政预算，实行"收支两条线"管理。

第三条 "专项资金"征收、使用和管理政策由上海市财政局会同上海市建设和管理委员会统一制定，市、区(县)财政局和散装水泥办公室组织实施。

第四条 "专项资金"征收、使用和管理应当接受财政、审计部门和上级散装水泥行政管理部门的监督检查。

第二章 征 收

第五条 凡本市袋装水泥生产企业、使用单位，应按照本"实施办法"规定缴纳"专项资金"。

第六条 本市水泥生产企业每销售1吨袋装水泥(包括纸袋，复膜塑编袋，复合袋等，下同)应缴纳"专项资金"1元，在管理费用中列支；本市使用袋装水泥的单位每使用1吨袋装水泥应缴纳"专项资金"3元，建设单位计入建安工程成本，水泥制品(指预制混凝土构件、混凝土砌块、商品砂浆等，下同)企业在管理费用中列支。

第七条 本市水泥生产企业销售的袋装水泥缴纳的"专项资金"由市、区(县)散装水泥办公室(以下简称"市、区(县)散办")负责征收。

第八条 向使用袋装水泥的单位征收"专项资金"，按下列规定办理：

(一)建设工程

1.凡在本市行政区域范围内新建、改建和扩建的建设工程项目，建设单位在领取建设工程项目《建筑工程施工许可证》之前，应按建设工程项目使用水泥预算总量50%向市、区(县)散办每吨预缴3元"专项资金"。凡已领取《建筑工程施工许可证》开工，但尚未预缴"专项资金"并尚未办理竣工验收备案手续的建设工程项目，建设单位应按上述规定，及时向市、区(县)散办每吨预缴3元"专项资金"。市立项的建设工程，由市散办负责征收专项资金；区(县)立项的建设工程，由区(县)散办负责征收专项资金。

2.建设单位在报送竣工验收备案之前，应持水泥销售单位开具并注明水泥种类(散装水泥或袋装水泥)的水泥销售发票到原办理预缴款的市、区(县)散办办理"专项资金"预缴款清算工作。若水泥销售发票未注明水泥种类，按袋装水泥处理。经审核无误的，市、区(县)散办将按实际使用袋装水泥量进行清算，实行多退少补。

(二)水泥制品

1.本市二级预制混凝土构件生产企业在企业"资质证"年检之前两个月内，混凝土砌块生产企业在产品"准用证"年检之前两个月内，本市没有实行产品"准用证"管理的其他水泥制品生产企业在每年第一季度内，应先按上一年度实际使用袋装水泥总量向市散办每吨预缴3元当年度"专项资金"。

2.年度结束后，次年企业年度"资质证"和产品"准用证"年检之前，水泥制品生产企业应持水泥销售单位开具并注明水泥种类(散装水泥或袋装水泥)的水泥销售发票到市散办办理上年度"专项资金"预缴款清算工作。若水泥销售发票未注明水泥种类，按袋装水泥处理。经审核无误的，市散办将按上年度实际使用袋装水泥量进行清算，实行多退少补。三级预制混凝土构件生产企业的"专项资金"征收工作按企业隶属关系由各区(县)散办参照上述办法负责征收。

第九条 "专项资金"预缴款清算，可由市、区(县)财政部门根据实际情况对各级散装水泥办公室实行备用金制度，各级财政部门应合理确定备用金数额，定期清算退库，补充备用金，备用金账户只能用于预缴款的清算，不得挪作他用，如违规则取消实行备用金。

第十条 各"专项资金"执收单位在征收"专项资金"时，必须使用由上海市财政局统一监制的专用收据(票样附后)，并有专人负责专用收据的申领、使用、回收、记录等工作。

第十一条 "专项资金"的缴库，采用集中汇缴方式，即执收单位应将每日所收款项，汇总填写《上海市财政局缴款书》，全额缴入同级国库，各级财政部门负责监督"专项资金"收缴入库。

第十二条 "专项资金"缴入国库，填列"基金预算收入"科目第80类"工业交通部门基金收入"第8016款"散装水泥专项资金收入"；财政部门拨付"专项资金"，填列"基金预算支出科目"第80类"工业交通部门基金支出"第8016款"散装水泥专项资金支出"。

第十三条 "专项资金"代征手续费按实际代征缴入国库数额的2‰比例，由同级财政部门计提和拨付，纳入预算管理。任何征收单位不得自行在征收收入中抵扣手续费。

第十四条 除国务院、财政部规定外,任何地方、部门和单位不得擅自改变“专项资金”征收对象、扩大征收范围、提高征收标准或减免“专项资金”。

第三章 使 用

第十五条 “专项资金”使用范围包括:

(一)新建、改建和扩建散装水泥、预拌混凝土、预拌砂浆专用设施;

(二)购置和维修散装水泥、预拌混凝土、预拌砂浆设备;

(三)散装水泥、预拌混凝土、预拌砂浆建设项目贷款贴息;

(四)散装水泥、预拌混凝土、预拌砂浆科研、新技术开发、示范与推广;

(五)发展散装水泥宣传;

(六)代征手续费;

(七)经同级财政部门批准与发展散装水泥有关的其他开支。

其中(一)、(二)、(三)和(四)开支合计,不得少于当年“专项资金”支出总额的90%。

第十六条 散装水泥行政管理部门作为行政机关或预算拨款事业单位的,其管理经费由同级财政部门按照编制从正常预算经费中核拨;散装水泥管理部门目前仍作为经费自理事业单位的,其管理经费由同级财政部门严格按照基本支出预算和项目支出预算管理规定,暂从“专项资金”中拨付,今后应逐步从正常预算经费中核拨。

第十七条 “专项资金”用于固定资产投资和更新改造的,作为增加国家资本金处理。

第十八条 市、区(县)散办、应按同级财政部门规定编制年度“专项资金”预、决算,并报同级财政局审批和上级散装水泥办公室备案。

第十九条 “专项资金”用于散装水泥、预拌混凝土、预拌砂浆设施、装备建设或改造项目的,按照下列程序办理:

(一)由使用单位提出书面申请及项目建设可行性报告;

(二)由散装水泥办公室组织专家组对项目可行性报告进行审查;

(三)基本建设、技术改造项目和科研开发项目,应按国家规定的审批程序和管理权限办理;

(四)经散装水泥办公室审核后,报同级财政部门审批,纳入“专项资金”年度预算;

(五)财政部门根据“专项资金”年度预算拨付项目资金。

第四章 法律责任

第二十条 凡袋装水泥生产企业、使用单位不按规定及时足额缴纳“专项资金”的,由市、区(县)散办及其委托单位督促补缴应缴的“专项资金”,并自滞纳之日起,按日加收应缴未缴“专项资金”万分之五的滞纳金。

第二十一条 凡袋装水泥生产企业、使用单位虚报袋装水泥量,或者拒缴“专项资金”的,由市、区(县)散办及其委托单位责令其改正,并限期补缴应缴的“专项资金”。

第二十二条 市、区(县)散办及其委托单位不按本“实施办法”规定征收“专项资金”,不按规定使用上海市财政局统一印制的政府性基金专用票据,截留、挤占、挪用专项资金的,由同级财政局责令其改正,并根据《国务院关于贯彻实施(中华人民共和国行政处罚法)的通知》的有关规定,处以一定数额的罚款。

第二十三条 对违反本“实施办法”第二十条至第二十二条规定行为的行政主管部门、企业或单位主要负责人及直接责任人员,依照《关于违反行政事业性收费和罚没收入收支两条线管理规定行政处分暂行规定》(国务院令第281号)以及国家其他有关法律法规的规定,给予行政处分或处罚;触犯刑律、构成犯罪的,移交司法机关依法处理。

第五章 附 则

第二十四条 本“实施办法”所称的区(县),是指浦东新区、闽行区、宝山区、金山区、嘉定区、松江区、青浦区、奉贤区、南汇区和崇明县。

第二十五条 本“实施办法”由上海市财政局会同上海市建设和管理委员会负责解释。

第二十六条 本“实施办法”自2002年7月1日起执行,市财政局《关于印发(上海市散装水泥专项资金管理实施细则)的通知》(沪财综[1999]15号)同时废止。

★上海市财政局、上海市建设和管理委员会2002年8月11日联合发布的111号文。

关于在本市建设工程使用预拌（商品）砂浆的通知★

沪建建[2002]656号

各区、县建委（建设局）、环保局、各有关局（集团、总公司），各外省市沪办建管处：

为防止建设工程施工现场砂石料堆场及砂浆搅拌所产生的粉尘污染，改善本市空气质量，进一步强化建设工地文明施工管理，保障工程质量，经研究决定，在本市建设工程推行使用预拌商品（砂浆）。有关事项通知如下：

一、预拌（商品）砂浆是指由专业厂（站）生产的，用于建设工程各类砌体砌筑，面层抹灰和饰面材料助灰等普通砂浆拌合物。

二、时间要求：

（一）2003年1月1日起，本市内环线以内的新开工工程必须使用预拌（商品）砂浆。

（二）2003年7月1日起，本市外环线以内的新开工工程，以及市郊区（县）城镇地区新开工公共建筑和住宅工程必须使用预拌（商品）砂浆。

（三）2004年1月1日起，本市范围内新开工工程全部使用预拌（商品）砂浆。

三、预拌（商品）砂浆生产和使用应当符合上海市《预拌砂浆生产与应用技术规程》和《干粉砂浆生产与应用技术规程》的要求。

四、预拌（商品）砂浆生产单位应当事先向市建材办提出申请，经批准后，按照批准的范围生产、经销预拌（商品）砂浆。每批预拌（商品）砂浆必须向用户提供产品质量保证书。施工单位应当购买、使用经批准的预拌（商品）砂浆。

五、商品砂浆质量保证书、检测报告等相关资料应列入工程技术档案。

六、商品砂浆的价格，应参照市建设工程标准定额总站发布的指导价格执行。

七、商品砂浆的生产、使用列入文明施工、工程质量评定的检查与考核范围，作为评比各级文明工地（场站）、优质工程奖项的条件之一。使用商品砂浆的工地应当取消砂、石灰（膏）、水泥材料等堆放场所。

八、有特殊情况，确实不能使用预拌（商品）砂浆的，应由建设单位向工程受监安监站提出申请，并统一由市安质监督站核准。

九、对未按规定使用预拌（商品）砂浆的单位，由各级建设行政部门依法处理，对产生扬尘污染的单位，由环保部门依法处理。

十、各建设工程安全质量监督部门、各环保监察部门应当按照本通知的要求，加强监督检查，确保建设工程使用商品砂浆。

十一、本通知由上海市建筑业管理办公室负责解释。

★上海市建设和管理委员会、上海市环境保护局2002年9月12日联合发布的656号文。

关于进一步加快发展本市散装水泥的意见★

沪建建[2002]813号

各有关单位：

发展散装水泥是节约资源、保护生态环境、保证工程质量，提高工程进度；降低工程造价和促进经济可持续发展的重要措施，具有显著的社会效益、环境效益和经济效益。散装水泥使用率是衡量一个城市环境质量和建筑业现代化的重要标志，是上海建设现代化国际大都市的重要举措之一。为贯彻落实《国务院对进一步加快发展散装水泥意见的批复》和国家经贸委《散装水泥发展“十五”规划》，现就进一步加快发展本市散装水泥提出如下意见：

一、指导思想

以提高散装水泥使用率为目的，以上海城市建设和管理新一轮发展为契机，抓住黄浦江两岸综合开发和“一城九镇”建设的机遇，以在全市范围内新开工工程限制现场搅拌和预制混凝土构件厂、混凝土砌块生产企业必须全部使用散装水泥为抓手，加快发展预拌混凝土、预拌砂浆和散装水泥。加大散装水泥专项资金（以下简称“专项资金”）的征收力度。推动本市散装水泥装备、技术、设施、管理水平的进步，实现本市散装水泥新一轮持续、健康、快速发展。

二、发展目标

(一)散装率:本市散装水泥生产率保持85%以上。

(二)使用率:从2002年起每年提高10个百分点,至2005年全市散装水泥使用率达到80%。

三、散装水泥管理

上海市散装水泥办公室(以下简称"市散办"。)在国家散装水泥办公室(以下简称"国家散办")及上海市建设和管理委员会领导下,在上海市散装水泥工作协调小组指导下负责日常管理工作。

各区(县)散装水泥办公室(以下简称"区(县)散办")按市散办的相应职责,负责本地区散装水泥工作,业务上受市散办指导。

上海市散装水泥工作协调小组及相关委、办、局,根据各自职责,积极参与本市散装水泥推广发展的协调、管理工作。

四、散装水泥使用

(一)工程建设单位和承接本市建设工程的建筑施工企业,应配备相应规模使用散装水泥和预拌混凝土的设施、设备,暂不能使用预拌混凝土的工程,应配置工程预算水泥使用量的散装水泥设备。

(二)2003年7月1日起在本市外环线内、郊区(县)政府所在镇和"一城九镇"内的建设工程(包括市重点工程)必须使用预拌混凝土和散装水泥;其他城镇应积极准备,至2003年12月31日起所有城镇区域内禁止现场搅拌混凝土。

(三)预拌混凝土搅拌站、预拌砂浆生产企业、砌块生产企业和二、三级预制混凝土构件厂等水泥制品生产企业,必须全部使用散装水泥,其他制品生产企业到2003年1月1日起全部使用散装水泥。

(四)持有进沪水泥"准用证"的外省市企业进沪水泥散装率2002年应达到15%,以后每年提高15－20个百分点,至2005年达到70%以上,作为"准用证"年检考核条件之一。

五、散装水泥专项资金的管理

散装水泥专项资金(以下简称"专项资金")属于政府性基金.为限制生产、使用袋装水泥,鼓励生产、使用散装水泥,根据财政部、国家经贸委颁发的《散装水泥专项资金征收和使用管理办法》(财综[2002]23号)和市财政局、市建委印发的《上海市散装水泥专项资金征收和使用管理实施办法》(沪财建[2002]111号)的有关规定,市、区(县)散办要加强对专项资金的征收和管理。

(一)各级散办要加大对本市水泥生产厂销售袋装水泥征收专项资金的征收力度和拖欠专项资金及逾期贷款的催缴、催还力度,对拒不缴纳专项资金、长期拖欠贷款的单位,应当通过法律手段,予以追缴、追讨。

(二)根据国家关于"散装水泥专项资金由地方各级散装水泥办公室负责征收,也可委托其他单位代征"的规定,市散办可委托上海市建设工程招投标管理办公室(以下简称"市招投标办")、上海市建设工程安全质量监督总站(以下简称"市安质监总站")等单位,对使用水泥的建设工程项目及预制混凝土构件厂和混凝土砌块生产企业等单位,按规定征收专项资金。

各区(县)散办可根据本地区实际情况,确定专项资金代征单位,加大向袋装水泥用户征收专项资金的力度。

六、散装水泥监管

(一)混凝土搅拌站、构配件生产厂、预拌砂浆、混凝土砌块、矿渣微粉等生产企业及施工现场使用散装水泥的检查工作主要由市散办、市建筑材料质量监督站、市安质监总站等部门具体负责。对违反使用要求的由各主管部门按有关规定处理。

(二)市、区(县)散办应会同技监、环保等行政主管部门,加强对散装水泥质量、计量、环保等监督管理。对违反规定,致使质量不合格、计量不准确、不符合环保要求的,由各行政主管部门对责任者依法处理。

(三)本市散装水泥生产、中转、混凝土搅拌站、构配件、预拌砂浆、混凝土砌块、矿渣微粉等生产企业,应按国家及本市统计的有关规定,及时、准确地向企业所在市、区(县)散办报送统计报表,区(县)散办将统计汇总报市散办,市散办将统计汇总及情况分析,报送市建材业管理办公室和国家散办。对不按规定上报统计报表的单位,由市、区(县)散办责令限期改正,二次未报的。按《统计法》有关规定进行处罚。

(四)经华东地区散装水泥工作协调会商定,凡有进沪水泥的外省市水泥生产企业,必须按月向所在省散装水泥办公室报当月进沪水泥散装量及包装量。由各有关省的散办协助汇总后寄上海市散办。

(五)市散办会同水泥协会、混凝土协会,加强对水泥交易分中心和商品混凝土交易分中心的工作指导,提高进场交易率,做好服务工作。

★上海市建设和管理委员会、上海市发展计划委员会、上海市经济委员会、上海市农业委员会、上海市城市交通管理局、上海市财政局、上海市质量技术监督局、上海市环境保护局、上海市水务局、上海市公安局交巡警总队2002年11月12日联合发布的813号文。

关于进一步加强本市建设工程水泥质量管理的通知★

沪建建[2002]839号

各有关单位：

为保证本市建设工程质量和安全，进一步加强水泥质量管理，杜绝劣质水泥流入本市建设工程，依据《上海市建设工程材料管理条例》，现将有关规定通知如下：

一、用于本市建设工程的水泥实行准用管理。水泥生产单位应取得《上海市建设工程材料准用证》（以下简称《准用证》），凭《准用证》在本市开展经营活动。

二、对申请《准用证》的水泥企业，实行半年的公示考察期。核发临时《准用证》，并实行为期半年的公示考察。

三、在《准用证》有效期内，持证企业变更企业名称、产品商标、生产工艺的，必须到市建委办理变更手续后，方可在产品包装、产品相关质量证明材料上使用、明示变更内容。

四、监制生产的水泥质量由监制方和被监制方共同承担责任。被监制方必须是已取得《准用证》的生产企业。水泥产品质量证明材料由被监制方出具。

五、本市行政区域内的建设单位、施工单位、预拌商品混凝土生产单位、商品砂浆生产单位、水泥预制品生产单位等水泥使用单位（以下简称水泥使用单位），必须使用有《准用证》的水泥，不得使用无证水泥。水泥使用单位应当核验《准用证》。市建材质监站应加强对《准用证》复印件的管理，《准用证》复印件统一采用由市建材办监制的专用连号复印纸。

六、本市建设工程的结构、承重部位、住宅工程以及预拌商品混凝土搅拌站、水泥预制品生产企业、商品砂浆生产企业必须使用回转窑水泥，不得使用立窑水泥。

七、水泥使用单位采购的水泥必须进入市建设工程交易中心水泥分中心或指定受理点进行交易，取得相应交易凭证。

八、水泥使用单位在使用水泥前，必须对水泥进行进货检验和质量检测，严禁使用不合格水泥。

九、建设工程监理单位应当将建设工程使用的水泥质量和使用情况纳入建设工程监理范围。监理单位应当监督、检查施工单位对水泥的质量检测，核验水泥《准用证》复印件、水泥质保书等质量证明材料。未经监理单位签字认可的水泥不得在建设工程中使用。

十、对于违反本通知规定的建设单位、建设监理单位、施工企业、水泥生产和经销企业、商品混凝土搅拌站、商品砂浆生产单位、水泥预制品生产企业，依据《上海市建筑市场管理条例》和《上海市建设工程材料管理条例》有关条款予以处罚并通报批评。

十一、本市各建筑、建材管理部门应在各自职责范围内，严格按本通知要求执行。

十二、建材质量投诉举报电话：64438614。

★上海市建设和管理委员会2002年11月20日发布的839号文。

关于要求报送进沪水泥统计报表的通知★

沪建材办[2003]021号

各进沪水泥生产企业：

为进一步提高外省市进沪水泥的散装率和上海市散装水泥使用率，确保上海建设工程质量，根据上海市建设和管理委员会、上海市发展计划委员会等十委、局沪建建[2002]813号《关于进一步加快发展本市散装水泥的意见》和沪建建[2003]114号《关于开展本市主要建材产品统计工作的通知》中的有关规定，上海市建材业管理办公室已委托华东地区散装水泥办公室（以下简称散装办）协助做好《准用证》前期管理和进沪水泥统计工作。现将有关事项通知如下：

一、各进沪水泥生产企业应按所在省散装办的要求，及时准确地向主管散装办报送进沪水泥统计报表。

二、各进沪水泥生产企业应在每年第一季度到所在省散装办办理上一年度“外省水泥企业进沪散装率证明”，作为《准用证》年度审验资料之一。

三、凡未按要求向主管散装办报送进沪水泥统计报表和取得“外省水泥企业进沪散装率证明”的进沪水泥生产企业，将暂缓办理《准用证》年度审验。

特此通知

★上海市建材业管理办公室2003年5月30日发布的021号文。

浙江省

促进散装水泥发展办法（2002 修订）★

浙江省人民政府令（第 151 号）

《浙江省人民政府关于修改〈浙江省散装水泥管理办法〉的决定》已经省人民政府第 73 次常务会议审议通过，现予公布，自公布之日起施行。

省长 柴松岳

2002 年 8 月 28 日

附件：

促进散装水泥发展办法

（1996 年 4 月 17 日浙江省人民政府令第 71 号发布，根据 2002 年 8 月 28 日《浙江省人民政府关于修改＜浙江省散装水泥管理办法＞的决定》修订）

第一条　为加速发展散装水泥，节约资源，促进技术进步，改善生产条件，减少环境污染，保护生态环境，提高社会经济效益，根据国家有关规定，结合本省实际，制定本办法。

第二条　本省境内从事水泥生产、经营、运输、使用、管理及相关的机械制造、科研设计等单位和个人，均须遵守本办法。

第三条　省经济贸易行政主管部门（以下简称省经贸行政主管部门）主管全省的散装水泥工作。各市、县（市、区）人民政府确定的部门主管本行政区域内的散装水泥工作。

县级以上散装水泥办公室（以下简称散装办）负责散装水泥的具体管理工作，业务上受上级散装办指导。各级散装办应当配备专职负责人，实行目标责任管理。

第四条　各级散装办的主要职责是：

（一）贯彻执行国家关于发展散装水泥的法规、政策，负责本办法的具体实施和监督检查；

（二）编制散装水泥发展规划和年度计划，并组织实施；

（三）按规定征收、管理和使用散装水泥专项资金；

（四）负责散装水泥工作的信息交流、宣传教育、职工培训、统计和新技术、新工艺、新设备的推广应用；

（五）协调解决发展散装水泥工作中出现的问题；

（六）协同有关部门做好预拌混凝土的推广应用。

第五条　各级人民政府应当加强对散装水泥工作的组织领导。各级财政、建设、交通、公安、质量技术监督、统计、环境保护等有关部门，应当按照各自的职责，支持配合各级散装水泥行政主管部门及其散装办做好发展散装水泥工作。

第六条　对发展散装水泥事业做出显著成绩的单位和个人，各级人民政府或有关部门应予表彰、奖励。

第七条　现有水泥生产企业（包括水泥熟料粉磨站，下同）必须配置散装水泥发放设施，其散装比例和实现期限由省经贸行政主管部门确定。

第八条　新建、扩建或改建的水泥生产企业，须按散装率 70% 以上发放能力的要求进行设计和同步建设。扩初设计审查时，须有同级散装办参加；未达到发放能力要求的，有关部门不予批准建设。

第九条　水泥生产企业应当配置散装水泥均化、化验等设施、设备，确保出厂的散装水泥符合国家规定的质量标准。散装水泥生产、经营、运输和使用单位应加强计量管理，严格执行国家和省有关散装水泥计量管理的规定。

第十条　散装水泥生产、经营、运输、使用、设备制造和管理的单位、个人，必须按国家和省散装水泥统计的有关规定，及时、准确地报送统计报表。

第十一条　县级以上散装办应当协同质量技术监督行政主管部门，加强对散装水泥质量和计量的监督、检查。

第十二条　散装水泥生产、经营、运输、使用单位和个人，必须采取措施，确保装卸、运输、储存、使用设施、设备符合安全和环境保护的要求。

第十三条　工程建设或施工单位应当配置与使用散装水泥相适应的设施、设备。

第十四条　各级人民政府及有关部门应当鼓励发展水泥熟料粉磨、预拌混凝土、水泥制品和预拌砂浆。预拌混凝土和水泥制品企业，散装水泥使用率应达到90%以上。

城市市区范围内的建设工程应当加快推广使用预拌混凝土，并限期禁止现场搅拌混凝土。推广使用预拌混凝土的措施及禁止现场搅拌混凝土的管理办法，由省经贸行政主管部门会同省建设行政主管部门根据国家有关规定，并结合各地实际制定。

各级人民政府应当鼓励在城市规划区范围内推广使用预拌混凝土。

第十五条 对散装水泥专用汽车（含混凝土搅拌车、流动罐自装卸运输车、气卸式散装水泥罐车，下同）和散装水泥船舶征收的有关规费，应予适当优惠。

第十六条 散装水泥专用汽车进入市区和城镇的交通控制路段时，各级公安交警部门应给予办理通行手续，提供行车便利，以保障建设工程正常施工。

第十七条 铁路部门和省散装办应当加强全省散装水泥铁路运输管理，实行优先安排计划、优先配车、优先运输，并做好散装水泥专用罐装车调度工作，提高运输效率。

★浙江省人民政府2002年8月28日发布的151号文。

关于我省水泥企业资源综合利用认定工作的意见★

浙经贸资源[2003]39号

各市经贸委（经委）：

我省资源综合利用认定工作在各级各部门的共同努力下，狠抓落实，讲求规范，取得显著成绩。特别是我省水泥行业，通过资源综合利用企业（项目）的认定，提高了资源综合利用水平，有力地促进了水泥行业的结构调整，全省新型干法水泥的比例迅速提高。通过享受优惠政策，增强了企业发展后劲。为更好地运用国家经济政策，实现我省水泥行业战略性结构调整的目标，现就我省水泥企业资源综合利用认定工作提出如下意见：

一、继续贯彻执行《浙江省资源综合利用企业（项目）认定实施办法》（浙经贸资源[2001]703号），严格规范资源综合利用企业（项目）的认定工作。要加强对申报认定企业申报材料的审查，要区分不同生产工艺，分别核算认定。

二、根据我省的实际，从2003年1月1日起，有下列情况之一的原则上不再进行资源综合利用企业（项目）认定：

（一）规模在年产15万吨水泥及以下的机立窑水泥企业；

（二）水泥机立窑直径2.6米及以下（设计规格）的生产线（企业）；

（三）在申报建设新型干法水泥生产线或水泥粉磨站项目时承诺淘汰的机立窑生产线（自新项目投产之日起）；

（四）国家、省以及各市、县（市、区）人民政府明文要求限期淘汰的水泥生产线；

（五）有环保事故或在例行环保检查中受到处罚的，以及发生重大产品质量事故、安全生产事故的，原则上2年内不予资源综合利用企业（项目）的认定。

三、鼓励企业发展散装水泥。申报资源综合利用认定企业：回转窑水泥生产线水泥散装率原则上要达到50%及以上，二年后审核要达到70%及以上。除第二条（一）、（二）、（三）、（四）外的机立窑水泥生产线水泥散装率原则上要达到40%及以上。

四、切实加强对本地区已认定的资源综合利用企业的资源综合利用比例、环保、安全等项工作的监督管理，大力推进清洁生产。资源综合利用企业必须获得县级以上环保主管部门通过污染源达标排放的证明。

望各市在工作中认真执行上述意见，加强对申报认定企业的审查，提高企业资源综合利用的整体水平。

★浙江省经济贸易委员会2003年1月8日发布的39号文。

“十五”后三年水泥工业发展指导意见★

浙经贸建冶煤[2003]303号

改革开放以来，浙江省水泥工业一直以较快的速度发展，水泥产量年增长率平均在15%以上。在2000年以前，水泥生产设备基本以机立窑为主，新型干法水泥生产线只有6条，日产2 000吨以上的新型干法水泥生产线还是空白，新型干法水泥的生产能力只占全省水泥产量的2%。

1998年以来,我省根据国家水泥工业结构调整、总量控制的产业政策,采取了强有力的措施进行拆窑压产,淘汰落后生产能力1 000万吨,同时积极实施政策导向,有计划、有步骤、有控制地适时引导和鼓励企业建设新型干法水泥生产线。在市场需求拉动及新型干法水泥生产线建设基本解决设备国产化、吨投资大幅下降的条件下,2001年以来,我省水泥企业充分发挥民间资金雄厚的优势,掀起了投资建设新型干法水泥生产线的热潮,水泥工业产业升级取得突破性进展,我省水泥工业进入了一个新的发展阶段。在这种新的形势下,原我省建材工业"十五"规划已明显不适应新的发展要求。

省十一次党代会提出了建设"绿色浙江"的发展战略,更加注重自然生态环境的保护和社会经济的可持续发展,对水泥工业的发展也提出了更高的要求,水泥工业结构调整和产业升级的任务仍十分繁重。根据我省社会经济发展状况和水泥工业发展特点,适时调整并制定我省"十五"后三年水泥工业发展意见,对加快水泥工业结构调整进程,引导水泥行业健康快速发展具有十分重要的意义。

一、我省水泥工业的现状

2002年我省水泥产销量达到5 793万吨,比2001年增长18%。其中,新型干法水泥产量700万吨,占水泥总产量的12%。水泥销售收入132亿元,比上年增长18.5%;实现利润7.2亿元,比上年增长13.1%。发放散装水泥2439万吨,比2001年增长32.96%,散装率达到42.47%。全省水泥行业从业人员10万余人。

通过几年来的拆窑压产和新型干法水泥生产线的建设,我省水泥企业从1999年的408家减少到目前的290家,企业减少了109家;企业平均规模从年产6.7万吨增加到现在的20万吨,增大了2倍。到目前为止,全省建成投产的新型干法水泥生产线达到了27条,其中日产2 000~2 500吨水泥生产线6条。日产4 000~5 000吨的水泥生产线也已有4条正在建设之中。全省新型干法水泥的比例有了较大的提高,水泥工业的结构性矛盾得到了明显的改善,但仍存在着一些突出问题,主要表现在:

(一)全省水泥工业的结构性矛盾还未根本解决,机立窑生产能力仍然较大,由机立窑水泥生产工艺所引起的环境污染问题还没有得到根本解决。根据统计,我省目前通过生产许可证审查企业的机立窑还有415台,总生产能力仍有4 500万吨。到"十五"期末,根据预测我省水泥年需求量7 700万吨计算,要实现全省新型干法水泥比例达到60%的要求,还必须再淘汰机立窑生产能力1 500万吨以上,并使新型干法水泥年生产能力达到4 700万吨。如何进一步加快淘汰机立窑和建设新型干法水泥生产线的速度,仍然是摆在我们面前的紧迫任务。

(二)水泥企业组织结构和产业集中度还有待进一步提高,新型干法水泥发展的技术结构和企业规模还未达到最佳状态。近几年我省建成投产的新型干法窑大部分都是日产1 000吨的生产线,日产2 000吨规模的只有6条,日产4 000吨以上的生产线还是空白,具有规模经济的大型和特大型的新型干法生产线比例偏低。

二、"十五"后期我省水泥市场需求分析

由于近几年国家采取了积极的财政政策,拉动内需,扩大基本建设投入,加大企业技术改造力度,使国民经济保持较高的发展速度。我省地处东南沿海、长江三角洲南翼,北邻上海,有着良好的区位优势,经济发展迅速,工业增长速度和经济效益均居全国前列。"十五"以来,全省加快推进工业化、信息化、城市化、市场化、国际化进而实现现代化的进程,为我省水泥工业快速发展创造了良好的条件,我省水泥的市场需求量一直持续保持较快的增长速度。2000年、2001年和2002年我省的水泥总产量分别为4 050、4 673、5 793万吨。水泥产量的增长速度分别达到了15.4%和18 %。"十五"后三年国家将可能继续实施积极的财政政策,拉动内需,保持较高的经济发展速度。我省也将进一步推进城市化进程,加快基础设施建设,积极引进外资,加大技术改造力度,实施建设先进制造业基地战略。同时,我省与上海、江苏为邻,2002年约有750万吨水泥进入上海、苏南市场。尤其是上海申博成功以后,将带动大规模基础设施建设和房地产改造,对水泥等建设材料需求量将大幅增长,对我省水泥工业的结构调整和产业提升带来新的机遇。

根据目前我省及周边地区的经济发展情况,预计在"十五"期间我省对水泥的需求量将持续保持一个较高的增长速度。"十五"后三年按水泥需求量年递增10%保守测算,在"十五"期末,我省对水泥的年需求量将为7 700万吨。

三、我省水泥工业发展的指导思想和发展目标

(一)指导思想

根据国家产业政策和我省经济社会发展的总体要求,我省水泥工业发展的指导思想是:以市场为导向,以发展为主题,以产业结构调整为主线,加快我省水泥工业技术创新和技术改造步伐,促进产业优化升级。支持、鼓励企业进行联合、重组,促进水泥工业集约化生产。大力发展资源综合利用型企业,加强环境保护,加速淘汰落后生产工艺,加快水泥工业结构的战略性调整,实现水泥工业生产和生态环境相协调的可持续发展。

(二)水泥工业的发展目标

1.产量目标

水泥产量:根据市场需求测算,到2005年我省对水泥产品的年需求量约为7 700万吨以上(原规划目标5 000万吨)。

到2005年我省新型干法水泥产量达到4 700万吨(原规划目标1 250万吨)。

水泥散装率:54%(原规划目标38%)。

2. 结构调整目标

“十五”后三年继续压缩机立窑水泥生产能力:1 500 万吨。

新型干法水泥占水泥总量比例:60%(原规划目标25%)。

填补日产4 000 吨新型干法水泥生产线空白,新建日产4 000 吨以上新型干法水泥生产线:6 条。

3. 企业组织结构调整目标

企业平均规模:年产 35 万吨。

“十五”后三年发展2 家规模在600 万吨以上企业集团;3 ~4 家规模达到300 ~600 万吨的水泥企业集团。

4. 环保目标

所有水泥企业粉尘全部达标排放,年减少粉尘排放20 万吨。

开发低品位原燃材料及城市、工业废渣利用技术,实现资源综合利用和清洁生产,发展绿色建材,建设花园式新型水泥企业。

5. 主要技术经济指标

新型干法窑吨熟料标准煤耗:110 千克。

新型干法窑吨水泥综合电耗:90 千瓦时。

新型干法窑全员劳动生产率:4 000 吨/人·年。

四、“十五”后三年水泥工业发展的布局原则和发展重点

(一)水泥工业的发展布局

我省石灰岩资源分布不均,主要集中分布在浙赣线以北。全省的石灰岩资源已经探明的储量有21 亿吨,经初步调查测算全省的石灰岩储藏量达到200 亿吨左右。目前能够进行大规模开发的比较理想的奥陶、石炭和三叠系地层的石灰岩主要分布在湖州、杭州、衢州等三个市辖区内。另外还有诸暨市等地的寒武系灰岩,虽然 CaO 含量较低,但储量较大,且当地水泥企业经过长期试验摸索,并经过了新型干法窑生产水泥的实践,已经积累了用这些寒武系灰岩生产水泥的成熟经验,发展水泥工业也具有一定的石灰岩资源基础。因此,根据目前我省石灰岩资源的分布条件,衢州的衢江区、常山县和杭州的建德市及其周边邻近市县,是我省水泥工业长远发展规划和布局应主要考虑的地区;长兴、富阳、诸暨等地为近期考虑适当发展的地区;其他接近市场的嘉兴、宁波、绍兴、台州、温州等地区适宜建立一定规模的粉磨站。

“十五”后三年我省水泥工业投资项目的布局原则:严格控制新建水泥项目,禁止在风景旅游区内以及民居、村庄等环境敏感区域附近新建水泥生产项目。在石灰岩资源集中分布区域附近布置建设水泥熟料生产线,发展水泥熟料生产基地。在距市场较近、交通便利地区适当建设水泥粉磨站,以利用当地城市垃圾及工业废渣和其他可利用的混合材资源,实现资源综合利用和清洁生产。根据目前的资源、市场、运输等综合建设条件情况,重点建设五个水泥熟料生产基地。

1. 衢州水泥熟料基地。该基地范围包括常山县、衢江区、江山市、龙游县。基地内已探明石灰岩储量5.5 亿吨,测算石灰岩总储量110 亿吨以上。产品市场主要以衢州、温州、台州、丽水为主,辐射金华、江西和福建。目前该基地区域内已建成投产的有虎山集团、红火集团、江山何家山、常山虎跃、常山天马等6 条日产1 000 吨水泥生产线,新型干法水泥年生产能力216 万吨。规划“十五”期末在衢州基地内形成新型干法水泥年生产能力800 万吨。

2. 建德水泥熟料基地。该基地以建德市为中心,包括金华市本级、兰溪市。该规划区内已探明石灰岩储量3 亿吨,测算石灰岩资源总储量55 亿吨以上。该水泥熟料基地的水泥产品供给市场以温州、台州、丽水、金华为主,辐射杭州,如果今后水路疏通,可沿新安江、富春江、钱塘江和杭甬运河销售到宁波。该基地区域内目前已建成投产的新型干法生产生产线有日产2 500 吨的4 条,日产1 000 吨的4 条,新型干法水泥年生产能力432 万吨。规划“十五”期末该基地内形成新型干法水泥年生产能力1 200 万吨。

3. 富阳水泥熟料基地。该基地以富阳为中心,包括桐庐、杭州、萧山等地。该规划区内已探明石灰岩储量3.7 亿吨,测算可用石灰岩资源总储量12 亿吨以上。该基地的水泥产品市场以杭州、宁波、为主,辐射绍兴、台州等地。该基地目前已建成投产的新型干法水泥生产线有日产1 000 吨2 条,新型干法水泥生产能力72 万吨。规划“十五”期末该基地内形成新型干法水泥年生产能力600 万吨。

4. 诸暨水泥熟料基地。该基地以诸暨为中心,包括绍兴县。该规划区以开发利用当地寒武系低品位石灰岩为主,从富阳调运部分高品位石灰岩进行搭配使用。区内已探明的石灰岩储量820 万吨,测算可利用石灰岩储量2.5 亿吨以上。该基地水泥产品供给的市场主要以绍兴、宁波、台州为主,辐射杭州、金华、温州等地。该基地内目前已建成投产的新型干法水泥生产线有日产1 000 吨3 条,新型干法水泥年生产能力108 万吨。规划“十五”期末该基地形成新型干法水泥年生产能力600 万吨。

5. 长兴水泥熟料基地。该基地以长兴县为中心,包括湖州市区、德清、安吉等地。该规划区内已探明石灰岩储量7.12 亿吨,测算可利用石灰岩资源总储量15 亿吨以上。该熟料基地的水泥产品供给的市场以湖州、嘉兴、上海为主,辐射杭州和江苏等地。目前该基地内已建成投产的新型干法水泥生产线有日产2 500 吨和日产2 000 吨各1 条,日产1 000吨5 条,新型干法水泥生产能力341 万吨。规划“十五”期末在该基地内形成新型干法水泥生产能力1 200 万吨。

浙江省水泥工业五个重点培育发展的新型干法水泥熟料生产基地一览表

序号	熟料生产基地名称	各基地新型干法水泥生产线建设现状（水泥：万吨/年）		各基地规划的新型干法水泥生产能力规模（水泥：万吨/年）		备注
		已建成的生产线	已建成和立项的生产线	“十五”期末建成生产线	“十一五”期末建成生产线	
1	衢州水泥熟料基地	216	648	800	1 500	
2	建德水泥熟料基地	466	980	1 200	1 900	
3	富阳水泥熟料基地	72	702	600	900	
4	诸暨水泥熟料基地	108	534	600	600	
5	长兴水泥熟料基地	341	1 065	1 200	1 600	
6	其他地区	108	292	300	400	
	合计（新型干法水泥所占比例）	1 311	4 221	4 700（60%）	6 900	

在离石灰石资源较远、市场较好的地区，如嘉兴市、宁波市、台州市、温州市、丽水市、绍兴市（除诸暨市外）、湖州市区和杭州市区重点发展水泥粉磨站，严格控制水泥熟料生产线的建设项目。粉磨站的建设要限制新布点项目，以老企业改造为主，同时要有一定的生产规模和技术水平。

（二）重点支持的企业和项目

1. 重点支持熟料基地规划区内新型干法水泥年生产规模200万吨以上的企业，实现骨干企业的生产自动化、控制智能化、管理信息化、营销网络化，促进企业生产经营方式的根本性变革，发展为我省先进的大型、特大型水泥企业集团，提高产业集中度。

“十五”后三年重点支持的水泥企业：

（1）培育年产600万吨以上新型干法水泥企业集团

浙江三狮集团有限公司

浙江尖峰集团股份有限公司

（2）培育年产300～600万吨新型干法水泥规模的企业集团

浙江虎山集团

浙江红狮集团（浙江红狮水泥股份有限公司）

浙江兆山新星水泥集团

浙江山鹰建材集团有限公司

2. 重点支持熟料基地规划区内建设日产4 000吨及以上新型干法水泥生产线项目，限制日产4 000吨熟料以下新型干法水泥生产线建设，促进我省水泥生产工艺技术进一步向更高层次发展。各基地内重点支持的日产4 000吨及以上新型干法水泥生产线项目布局如下：

（1）富阳基地2条。目前已在筹建的企业有尖峰登城水泥有限公司；

（2）建德基地5～6条。目前已在筹建的企业有浙江三狮集团、建德红狮水泥有限公司、建德海螺水泥有限公司等。争取在“十五”后三年建成日产5 000吨新型干法生产线3条；

（3）诸暨基地。不考虑；

（4）长兴基地3～4条。目前已在争取或筹建的企业有三狮水泥有限公司、康达（浙江）水泥有限公司公司、长兴煤山众盛建材有限公司；

（5）衢州基地1条。目前还未有企业有明显的意向。

3. 在淘汰落后生产能力的前提下，对在离石灰岩资源较近以及建设条件较好的地区，允许部分水泥老企业采用日产2 000吨以上新型干法水泥生产线进行技术改造。

五、对策和措施

（一）利用政策引导和市场手段相结合，加快机立窑淘汰和结构调整速度

这两年水泥市场需求量增加较快，新建新型干法生产线的水泥生产能力增量基本被市场需求的增加消化，机立窑水泥生产仍有较好的经济效益，因此一些企业对新建新型干法窑已经承诺淘汰的机立窑生产线也抱着观望态度，不愿按时拆除，千方百计想延长机立窑的生产时间，增加了机立窑淘汰的难度。为了确保我省水泥工业结构调整目标的实现，必须采取政策引导和市场手段等多重措施。

1. 充分发挥资源综合利用政策，利用税收杠杆的调节作用，免税政策优先向新型干法水泥企业倾斜，严格执行我委《关于我省水泥企业资源综合利用认定工作的意见》（浙经贸资源［2003］39号），缩小机立窑企业的政策享受范围。

2. 进一步贯彻执行《关于加强我省建设工程使用水泥管理的通知》（浙经贸建冶煤［2002］1273号），加大在重点工程、混凝土搅拌站、水泥制品企业、交通水利工程、高层建筑等领域限制使用机立窑水泥的监督检查力度，利用市场手段加快机立窑水泥淘汰步伐。

3. 严格执行国家环保政策，依法行政，加大环保检测力度，对于不能做到达标排放的企业坚决关停，对城市、风景旅

游区等环境敏感地区影响景观、污染环境的机立窑企业实施关停。

4. 在水泥生产许可证发放审查过程中，严格执行国家产业政策。所有新型干法水泥生产线在投产后3～6个月内都必须申请水泥生产许可证审查，并按照上大压小等量淘汰的产业政策，提供履行压小承诺的完成拆窑证明。

5. 利用各种媒体通过各种方式广泛进行宣传，加强社会和用户对新型干法水泥的认识。

（二）严格执行国家产业政策，正确引导水泥项目的建设

我省水泥工业结构调整虽然已经取得了明显的成效，但是一方面机立窑的数量仍然较大，另一方面要防止水泥生产线建设过多产生新一轮重复建设。因此，仍然要加强水泥生产线建设的引导，按照全省和当地水泥发展规划的要求，合理布局，控制发展规模，严格执行国家产业政策，上大压小，在新型干法水泥生产线建设项目立项前企业或当地政府必须按要求承诺淘汰机立窑生产线。坚持以现有企业技术改造为主，重点鼓励和支持发展日产4 000吨熟料及以上新型干法水泥生产线，限制发展日产2 000吨及以下熟料生产线。

（三）加强石灰岩资源管理，建设石灰石供应基地

我省石灰岩资源主要分布在浙西北地区。根据我省石灰岩资源状况，按照国土资源部门的石灰岩资源地质勘查和开发利用规划，贯彻“在保护中开发，在开发中保护”的原则，优先保证大型、特大型水泥企业的资源供给。在水泥熟料基地规划区内鼓励和支持企业进行石灰岩资源的地质勘查工作，建设大型矿山，形成石灰石供应基地。矿山企业要采用先进开采技术，实行大规模机械化开采，有效合理利用资源。对一些乱采滥挖、浪费资源、破坏环境的小矿山要依法整治。

（四）实施人才战略，造就一支适应现代化水泥工业要求的人才队伍

现代化水泥工业需要大量掌握现代科学技术的专业人员，懂生产善经营的管理人员。我省水泥工业向现代化迈进，迫切需要大量人才。解决人才不足的问题要从两个方面着手，一是企业建立吸引人才的机制，通过各种渠道招聘人才，特别是招聘掌握现代技术和管理理论、实践经验丰富的技术人员和管理人员；二是充分调动各方面力量办好职业技术学校，搞好职业技术培训，为水泥工业造就和输送有专业理论和技能的工人。

★浙江省经济贸易委员会2003年3月25日发布的303号文。

关于加快水泥工业结构调整的指导意见★

水泥是国民经济建设的重要原材料。近年来，水泥工业市场需求旺盛，生产能力快速扩张，经济效益显著提高。但发展中也出现了一些值得注意的问题。为贯彻落实国务院办公厅关于防止水泥行业盲目投资加快结构调整的文件精神，引导全省水泥工业优化结构和健康发展，促进先进制造业基地建设，省经贸委提出以下指导意见：

一、近年水泥工业结构调整取得明显成效

1998年以来，我省抓住经济快速发展的有利时机，大力推进水泥工业结构调整，全行业发展态势较好，稳步地从水泥大省向水泥强省迈进。

（一）压缩落后生产能力进展明显

1998年，全省734台水泥窑中机立窑占91.8%，回转窑仅占8.2%。机立窑中有1/3属于国家产业政策明令淘汰范围，回转窑也多为高耗低效小规模的落后设备。在以后的三年多，全省加大控制总量和淘汰落后生产能力的工作力度。重点是拆除直径2.2米以下的机立窑，省财政用于支持拆窑的补贴资金共2 300万元。到2001年底，共拆除机立窑230台，压缩落后生产能力1 000余万吨。2002年和2003年，在水泥市场价格逐步走高的情况下，继续关闭机立窑42台，压缩落后生产能力400万吨。从1998至2003年，全省水泥企业从408家减少到270家，企业平均产能从9万吨提高到26.4万吨。

（二）新型干法水泥跨越式发展

2000年下半年以来，企业投资新型干法水泥生产线形成热潮。2001至2003年，经省审批立项的新线累计70余条；到2003年底，已建成的新型干法水泥生产线共42条，设计生产能力2529万吨，其中日产5 000吨2条、日产2 000至2 500吨19条。新型干法水泥占全行业生产能力的比重由2000年的2%迅速提高到2003年的36%。其比重在2002年首次高于全国平均水平，预计到2004年底可以超过50%。1998年开展水泥工业结构调整以来，除建设新型干法窑水泥生产线外，没有新建过其他窑型的水泥生产线。去年，全省水泥总产量达7 140万吨，增长23%；利润占全国同行总量的23.9%；生产经营创近年来最好水平，各项指标名列全国前位。

二、当前水泥工业发展存在的主要问题

水泥工业发展的形势越好，越要保持清醒的头脑。对存

在的问题不容忽视并重视解决：

(一)落后的机立窑依然不少

目前全省还有机立窑近400台，机立窑及其他落后生产能力约4 500多万吨。部分企业所作新生产线投产后拆除机立窑的承诺，没有兑现。机立窑属于落后生产工艺，劳动安全条件差，环境污染严重，产品质量偏低。与新型干法生产工艺相比，机立窑生产工艺无论技术上还是规模效益上，都处于劣势。尤其是在环境保护、生产安全、产品质量和建设工程质量保证等社会效益方面，机立窑生产工艺更是不适应我省现代化建设和生态省建设的要求。如不加快淘汰落后的机立窑，必将延缓水泥工业结构调整和产业升级的步伐。

(二)投资和产能增长过快

2003年，全省以水泥为主的非金属矿物制品业的投资增长了100.6%。到年底，新型干法水泥生产线，已建成了42条，设计生产能力2 529万吨；加上机立窑及其他生产能力4 500多万吨，总的实际生产能力在7 500万吨以上。此外，在建和拟建的新型干法水泥生产线还有43条，设计生产能力4 776万吨。如全部生产线都建成，水泥总生产能力将达1.2亿吨，而预测到2005年末全省水泥的市场需求在8 500至9 000万吨左右。目前如在不缺电、生产正常的情况下，现有水泥的生产能力已基本满足近期水泥市场需求。如不加紧淘汰机立窑等落后生产能力，目前在建生产线投产后，势必会较快越过产销平衡点，导致市场过度竞争，影响全行业健康发展。应该说，现在的企业投资多数较为理性，但也存在一些跟风投资的行为。

(三)电力制约加重

水泥工业属高耗能行业。2003年，全省电力供应紧张，水泥企业一直在限电的情况下运行。特别是下半年有些时段，大部分企业生产设备时停时开，生产能力只能发挥70%至80%，个别企业只发挥50%。一些新建成的大型干法水泥生产线因此不能按时投产达产；少数新型干法生产线由于经常停窑，窑内耐火材料严重受损，企业经济损失较大。今年全省缺电形势依然严峻，最大电力缺口高达430至630万千瓦，仍将影响企业正常生产经营。

三、推进水泥工业结构调整的主要政策措施

从浙江实际出发，认真贯彻落实国务院办公厅关于防止水泥行业盲目投资加快结构调整的文件精神，推动全省水泥工业持续、协调、健康发展，把各方面加快发展的积极性保护好、引导好、发挥好，防止大起大落。水泥工业的进一步发展，必须坚持科学发展观和走新型工业化道路，统筹考虑能源和矿产资源、运力、生态环境、市场需求等支撑条件，着力转变片面追求产能扩张、粗放经营的经济增长方式。

按照“控制总量、调整结构、提高质量、保护环境”的原则，加大水泥工业结构调整的力度。支持发展新型干法水泥先进生产工艺，加快淘汰机立窑及其他落后生产能力。力争2004至2005年两年内，压缩机立窑水泥生产能力50%；到2005年末，新型干法水泥占水泥总产量的比例达到60%以上。以建设衢州、建德、富阳、长兴和诸暨五个水泥熟料基地为重点，打造我省水泥工业的先进制造业基地。

(一)严格执行国家产业政策，切实防止水泥行业投资过热

国务院办公厅的文件进一步明确了水泥工业的产业政策和防止投资过热的对策措施，要结合浙江实际贯彻执行好。

1.加强规划和政策引导。按照国务院办公厅的文件要求，合理调整与完善相关政策措施。水泥主产区要做好水泥发展规划和产业布局的完善工作，积极引导企业和社会的投资方向。各地经贸部门要会同国土、环保、质检、金融等部门，加强对水泥建设项目的投资、用地、信贷、环评和质量监管，落实国家有关调控措施，严格市场准入。

2.支持发展以信息化、智能化为控制技术的新型干法水泥生产工艺。重点支持建设日产4 000吨及以上规模的新型干法水泥项目。新型干法水泥要在符合产业准入条件、选址、用地、环保和石灰石资源、电力保障落实等要求的情况下，按规划有序发展。原则上不再新建日产4 000吨以下新型干法水泥生产线项目。

3.其他方面。水泥粉磨站建设，要符合磨机直径3米以上的条件，符合环保和当地水泥发展规划的要求，并做到合理布局、原料落实。支持条件合适的日产2 000吨及以上熟料新型干法水泥生产企业发展余热发电，重视节约能源，缓解当前电力供应紧张的矛盾

(二)采取有效措施，加快淘汰落后生产能力

加快淘汰机立窑等落后生产能力，是推进水泥工业结构调整、实现行业健康发展的关键。要充分发挥市场机制的作用，并运用法律、经济和必要的行政手段，加大淘汰落后水泥生产能力的力度。

1.实施机立窑及其他落后生产工艺的淘汰计划和目标。严禁建设水泥落后生产线；原则上，要求在2005年以前淘汰50%的机立窑，在2007年以前淘汰全部机立窑。各市、县(市、区)经贸部门，要在当地政府的领导下，制订并实施淘汰机立窑及其他落后生产能力的计划，分期分批淘汰机立窑及其他落后生产能力。

2000年以来，在申报新型干法水泥建设项目时，企业和当地政府或行业主管部门承诺在新生产线投产后拆除机立窑生产线。目前，部分企业承诺淘汰机立窑的期限已到，各地经贸部门要严格督促有关企业兑现承诺。

2.切实加强资源综合利用企业认定工作管理。严格执行《关于我省水泥企业资源综合利用认定工作的意见》(浙经贸资源[2003]39号文)。取消规模在年产15万吨及以下、机立窑直径2.6米及以下、建设水泥项目时承诺淘汰未兑现的企业和各级政府明文规定要求限期淘汰的水泥企业

的资源综合利用认定;发生环保事故或在例行环保检查中受到处罚,以及发生重大产品质量事故、安全生产事故的企业,2年内不予资源综合利用认定。

3. 控制机立窑生产线的供用电。水泥行业的用电,优先保障新型干法水泥生产企业的需要。在机立窑没有完全淘汰的情况下,将机立窑生产企业列入首先限电的对象和序列。

4. 严格限制机立窑水泥在建筑市场的使用范围。各有关部门要严格按照国家的要求和省经贸委等四部门关于加强我省建设工程使用水泥管理的通知(浙经贸建冶煤[2002]1273号文)的精神,加大对施工现场使用水泥的检查力度,严把施工进货检验关和监理关,防止将不符合要求的水泥使用到工程上。

5. 加强石灰石矿产资源管理。切实保护我省的石灰石矿产资源,确保采矿权合理布局,提高开发利用水平。企业在取得矿山开采和安全生产许可证后,必须在查清石灰岩矿床赋存条件和矿石品位变化规律的情况下,做好开采设计,采用先进的开采方法和开采设备,科学规范开采。在矿山开发中重视环境保护和生态恢复工作。

★该意见由浙江省经济贸易委员会于2004年3月9日发布。

广东省

建设工程项目使用袋装水泥和现场搅拌混凝土行政许可规定★

第46号公告

《广东省建设工程项目使用袋装水泥和现场搅拌混凝土行政许可规定》已由广东省第十届人民代表大会常务委员会第十九次会议于2005年7月29日通过,已予以公布,自公布之日起施行。

第一条 为推广散装水泥和预拌混凝土的使用,节约资源,减少环境污染,保障建设工程质量,根据《行政许可法》,结合本省实际,制定本规定。

第二条 本省行政区域内建设工程项目使用袋装水泥和现场搅拌混凝土的行政许可,适用本规定。

第三条 省、市、县建设行政主管部门负责本辖区建设工程项目使用袋装水泥和现场搅拌混凝土的管理工作。

使用袋装水泥和现场搅拌混凝土的行政许可的具体业务由各级散装水泥管理办公室(以下简称主管机构)负责。

第四条 设市城市的城区、县城区、中心镇镇区、开发区、珠江三角洲建制镇的建设工程项目和本省行政区域内的交通、能源、水利、港口等建设工程项目,禁止使用袋装水泥和现场搅拌混凝土。

同一建设工程项目建筑面积三百平方米以上的砌筑、抹灰、装修装饰工程,或者混凝土使用总量十立方米以上的建设工程,确需使用袋装水泥和现场搅拌混凝土的,施工企业应当办理行政许可。

第五条 办理行政许可应当符合下列情形之一:

(一)因交通运输条件限制,专业运输车辆无法到达施工现场的;

(二)建设工程项目施工现场三十公里以内,没有预拌混凝土供应的;

(三)使用特种类型混凝土等特殊原因的。

第六条 施工企业申请办理行政许可的,应当向建设工程项目所在地县或者市级人民政府主管机构提出,并提交以下材料:

(一)建设单位和施工单位的申请报告;

(二)施工许可证复印件;

(三)施工企业营业执照、资质证书复印件。

主管机构收到施工企业申请后,应当在五个工作日内作出准予或者不准予行政许可的决定。

第七条 同一建设项目使用袋装水泥和现场搅拌混凝土的行政许可与该建设工程施工许可证有效期相同。因第五条许可的情形之一发生变化的,主管机构应当终止许可。

第八条 省人民政府可根据本规定制订实施细则。

第九条 本规定自公布之日起施行。

★广东省第十届人民代表大会常务委员会2005年7月29日发布的第46号公告。

广西壮族自治区

加快全区水泥产业结构调整若干意见的通知★

桂政办发[2002]130号

各地区行署，各市、县、自治县人民政府，区直各委、办、厅、局：

《加快全区水泥产业结构调整若干意见》已经自治区人民政府同意，现印发给你们，请认真贯彻执行。

广西壮族自治区人民政府办公厅

二○○二年八月十九日

附件：

加快全区水泥产业结构调整若干意见

我区是全国惟一同时拥有优质石灰石、水电、沿江沿海三大优势的省区，水泥工业是我区具有资源优势的传统产业之一，随着市场变化，水泥产业结构性矛盾日益突出。为加快我区水泥产业结构调整步伐，落实自治区第八次党代会提出的富民兴桂新跨越的奋斗目标，根据国家产业政策及我区实际，特制定若干意见如下：

一、结构调整的基本思路与目标

基本思路：淘汰落后、制止低水平重复建设，支持新型干法水泥，鼓励企业以资本为纽带联合重组企业集团，通过"上大改小"和"以大带小"，实现产业合理布局与企业专业化分工，提高产业集中度，培育一批具有国际市场竞争优势企业，促进产业优化升级。

目标："十五"末，全区新型干法水泥年生产能力达1 000万吨以上，产量占全区25%以上，水泥散装率达25%左右；年产量排名前四位的水泥企业集团产量占全区50%左右；每吨水泥平均综合能耗比"九五"下降10%以上。

二、产业技术与产品结构调整

（一）采用先进适用技术、工艺和装备改造传统产业。重点发展日产熟料2 000吨及以上新型干法水泥生产线；鼓励中小立窑企业改造为水泥粉磨站（闭路粉磨系统）、散装水泥站及符合国家产业政策的水泥制品企业或新型建材企业；鼓励发展年生产规模20万立方米及以上的预拌砼搅拌站；鼓励开展资源综合利用；鼓励利用新型干法窑余热发电；大力推广企业信息化技术应用；

（二）大力发展散装水泥。水泥生产企业（含水泥粉磨站）必须配置散装水泥设施，其中新建水泥生产线的项目，散装水泥设施能力必须达到项目设计生产能力的70%；

（三）淘汰落后生产能力。贯彻国家经贸委令1999年第6、16号《淘汰落后生产能力、工艺和产品的目录》和全国工业产品生产许可证办公室《关于公布水泥产品生产许可证换（发）证实施细则的通知》（全许办[2001]09号）精神，对生产主机设备使用窑径2.2米及以下的水泥立窑、窑径2.5米及以下的干法中空窑、直径1.83米以下水泥粉磨设备的水泥企业，以及1999年9月1日后新建的水泥机立窑、湿法窑、立波尔窑、干法中空窑及其他国家制止重复建设、禁止投资的工艺技术的水泥企业，2002年底前，注销或不予换发水泥生产许可证；

（四）实施总量调控，制止低水平重复建设。严格执行国家经贸委令1999年第14号《工商投资领域制止重复建设目录》，各级人民政府及有关部门严禁审批建设任何规模的水泥机立窑、湿法窑、立波尔窑、干法中空窑水泥生产线项目（含改扩建）。原则上只批准建设日产熟料2 000吨及以上新型干法水泥生产线，其中特种水泥只批准建设日产熟料1 000吨及以上新型干法生产线。

各地必须在作出淘汰、关闭、转产落后生产能力计划的前提下，方可实施先进生产能力的改建、扩建；计划将改、扩建项目投产后生产的水泥、熟料在区外销售并在当地建立粉磨站的企业，应说明当地市场及淘汰落后生产能力情况。

三、组织结构与产业布局结构调整

（一）鼓励以优势企业为核心、以资本为纽带，通过联合、相互参股、兼并等资产重组形式发展跨地区的产权多元化、建立现代企业制度的企业集团；鼓励中小企业通过以资本为纽带的联合重组等形式组建企业集团；国有企业要结合产权制度改革，加快企业公司制改造；

（二）鼓励大企业和企业集团“以大带小”和“上大改小”。鼓励大企业利用人才、技术、管理、资金优势，以租赁、参股、控股、兼并、联合等形式改造提升中小企业，将符合条件的周边立窑厂及靠近市场的中小水泥企业改造为现代化水泥粉磨企业、水泥制品企业、墙体材料或新型建材企业，实现大小企业专业化分工、共同发展、规模经营，避免恶性竞争，增强集团核心企业及行业的整体竞争力。

★广西壮族自治区人民政府办公厅2002年8月19日发布的130号文。

四川省

四川省人民政府关于加快水泥工业结构调整的意见★

川府函[2004]283号

各市(州)人民政府，省级各部门：

为深入贯彻党的十六大和十六届三中、四中全会精神，树立和落实科学发展观，推动水泥行业走新型工业化道路，促进水泥行业持续稳定健康发展，现就我省水泥工业加快结构调整提出以下意见。

一、充分认识当前我省水泥工业发展面临的严峻形势

水泥是国民经济重要的基础原材料。经过多年的发展，我省水泥工业在规模和水平上有较大提高。截至目前，我省现有水泥企业410家，生产能力约6 200万吨。2004年预计全省水泥产量3 900万吨，比上年增长3.8%，仅占生产能力的63%。总体上看，水泥工业总量过大，结构不合理的矛盾突出。主要表现在：

一是企业数量多，规模小。水泥企业遍及全省21个市(州)的110个县(市、区)，平均规模仅为15万吨，平均产量不到10万吨。生产能力大于30万吨的只有45家，89%的水泥企业能力小于30万吨。

二是工艺落后，劳动生产率低，经济效益差。全省水泥企业中，新型干法窑生产能力485万吨，占全省水泥生产能力的7.8%；机立窑能力4 770万吨，占77%。全省水泥企业人均实物劳动生产率415吨。其中，新型干法生产企业实物劳动生产率8 000吨。2003年全省水泥产量占全国的4.4%，税利仅为全国的2.9%，亏损面高达30%。

三是过度投资、低水平重复建设的情况严重。“九五”以来，全省共关闭取缔小水泥厂51户，累计淘汰落后能力424万吨。但近年来不少地方小水泥厂盲目改扩建，低水平重复建设的情况有所加剧。全省水泥生产能力2001年为4540万吨，3年间产能净增1 660万吨，结构依然未得到改善。

2004年初，根据《国务院办公厅转发发展改革委等部门关于制止钢铁电解铝水泥行业盲目投资若干意见的通知》(国办发[2003]103号)精神，省政府发出了《关于贯彻国务院制止钢铁电解铝水泥行业盲目投资的意见的通知》(川府办发电[2004]13号)，对全省水泥行业进行了清理整顿，取得一定效果。但是最近以来在需求拉动下，一些地方和企业受利益驱动，违规新建、扩建水泥项目，甚至违法生产的情况又有所抬头。同时，我省除部分大中型水泥企业外，大多小水泥厂无自备矿山，靠收购民采石灰石进行生产，利用率仅40%。据环保部门统计，水泥生产过程中排放的粉尘量占全省工业排放总量的40%。这些问题如不及时解决，势必导致生产能力过剩、市场无序竞争、浪费资源和污染环境，甚至造成金融风险和经济社会其他方面的隐患。各级政府和省级各部门要高度重视，清醒认识当前我省水泥工业面临的严峻形势，切实加强水泥行业发展的宏观调控和引导。从规划布局、市场准入、生态建设、矿山整治、环境保护等方面采取措施，推动水泥工业加快结构调整，实现产业优化升级。

二、明确水泥工业结构调整的指导思想和目标、原则

四川水泥工业结构调整的指导思想是，进一步树立和落实科学发展观，按照走新型工业化道路的要求，切实转变增长方式。坚决贯彻“控制总量、调整结构、淘汰落后、上大压小”的方针和产业政策，以市场为导向，以结构优化为中心，大力发展新型干法水泥熟料基地，切实制止低水平重复建设。推进兼并联合，加快改组改造，支持重点企业向大型化、集团化、现代化方向发展。节约并合理利用资源和能源，加强环境保护和生态建设。促进我省水泥工业持续稳定健康发展。

水泥行业结构调整的目标是，到2010年水泥生产能力控制在6 400万吨，总量得到有效控制；新型干法水泥达到50%以上，产业结构明显改善；水泥企业矿山复垦率达到70%以

上,可持续发展能力显著增强。节能降耗,余热、工业废渣等资源综合利用普遍推广,水泥散装率提高到30%以上。

推进水泥工业结构调整,必须遵循和重点把握以下原则。

(一)坚持规模效益原则。大力支持和鼓励在有条件的地区发展日产熟料4 000吨及以上规模的大型新型干法窑;禁止新建和改扩建日产熟料2 000吨以下的新型干法窑、任何规模的立窑水泥及其他形式回转窑水泥。

(二)坚持资源保障和合理利用原则。建设大中型水泥项目必须有可靠的资源保障。

日产熟料2 000吨以上的水泥项目必须有自备矿山。一般情况下主要原料矿山服务年限应不低于50年。矿山建设必须规范设计,合理开采。禁止采用对资源具有破坏性的民采民运的方式。

(三)坚持技术进步原则。结构调整要体现科技进步和技术创新。新上项目要采用先进可靠的技术设备,避免一味追求节省投资和降低成本,搞低水平重复建设。现有湿法旋窑、机立窑、干法中空窑等要加快用先进适用技术和装备节能降耗,治理污染,提高水平。

(四)坚持环境和生态保护原则。严格执行国家有关规定,加大环保执法力度,限期淘汰、关闭落后的水泥生产能力。对新建项目必须严格环保审批。切实加强矿山管理,落实矿山复垦及生态保护措施。鼓励企业在开展清洁生产,粉煤灰等工业废渣、城市垃圾和有害废弃物等利用方面发挥更大作用。要大力发展散装水泥和商品混凝土,水泥生产企业的水泥散装率必须每年有较大提高。

(五)坚持扶优扶强原则。按照一定条件和标准,着力培育龙头企业。鼓励重点企业通过兼并、重组、控股等方式跨区域、集团化发展。大力扶持对行业有带动作用,对市场有引导作用,具有竞争力的大型企业集团。逐步实现集约和规模经营,促进市场和资源的合理配置。提高水泥工业集中度。

(六)坚持合理布局的原则。水泥熟料基地规划布点和建设应充分考虑区域平衡和市场、资源等条件。凡以文化、旅游、高新技术和第三产业为发展重点的特大城市和大城市以及风景名胜区控制范围内一律不准建设水泥项目。严格控制不具备条件的地方和企业盲目扩大生产能力。

(七)坚持有进有退原则。坚持等量淘汰或超量淘汰。凡新建水泥项目,应同步落实等量或超量淘汰落后能力的方案和措施。鼓励在发展大项目的同时兼并小水泥企业。有条件的可改建为粉磨站、散装水泥中转库或发展商品混凝土等水泥接替产业。

三、结构调整的重点及区域规划布局

我省具有发展水泥工业的良好条件,吸引了国内外投资者的关注和重视。要避免一哄而起,防止低水平重复建设和盲目发展,更要充分肯定和注意保护各方面的积极性。对地方和企业尤其是民间投资要保护好、调动好、引导好。充分发挥市场配置资源的基础性作用,切实加强宏观引导和调控。

推进我省水泥工业结构调整的关键是“上大压小”。支持和鼓励大型新型干法水泥加快发展,淘汰关闭落后的工艺和装置。实践证明,大水泥不上,小水泥就淘汰不了。要利用市场机制,促进优胜劣汰。发展新型干法水泥要合理布局、科学规划。根据水泥工业发展的客观规律,结合资源、能源、交通等条件和分布实际,考虑各地区水泥工业现状和预期需求,按照比较优势确定规划布局重点。

(一)川西地区。资源主要分布在都江堰、彭州、绵竹、乐山的沙湾和峨眉山等地。一是峨眉山熟料基地。依靠现有重点企业,新建2条日产5 000吨新型干法水泥生产线。二是成都熟料基地。抓紧都江堰日产4 000吨生产线和彭州2×4 200吨/日新型干法生产线建设。尽快落实“等量淘汰”措施。三是根据市场情况,在有条件的地方建设一条日产2 000吨以上新型干法生产线。

(二)川北地区。资源主要分布在江油、广元、北川、南江等地。2010年前规划建设:一是绵阳熟料基地。建设北川2×5 000吨/日新型干法生产线。二是依托现有基础,在江油建设一条日产5 000吨新型干法生产线。三是抓紧建设南江日产2 000吨新型干法生产线。四,是根据市场情况,广元预留一条日产2 000吨以上新型干法生产线。

(三)川东北地区。资源主要分布在华蓥、开江、邻水、大竹等地。在现有基础上规划考虑:一是邻水再扩建一条日产2 500吨以上新型干法生产线。二是在达州布点建设4 000吨新型干法熟料基地。

(四)川南地区。资源主要分布在珙县、叙永、古蔺等。

自贡、资中等地有一些石灰石资源,但矿层较薄。一是尽快建成川南日产2 500吨新型干法水泥生产线。二是考虑金沙江流域水电开发等重点工程需要,规划2010年前在宜宾再建一条日产4 000吨新型干法水泥生产线。三是在泸州新建一条日产2 500吨新型干法生产线。

(五)川西南地区。资源集中分布于攀枝花、西昌、天全等地。2010年前规划建设攀枝花和西昌各建一条2 500吨以上新型干法生产线。

甘孜、阿坝等民族地区和部分边远山区根据资源和市场情况,具备条件的可因地制宜建设适度规模的新型干法水泥生产或供应基地。

四、加快水泥工业结构调整的政策措施

加快我省水泥行业结构调整,必须大力发展新型干法水泥,坚决淘汰落后工艺和装置,切实制止盲目投资和低水平重复建设。各地、各部门要按照科学发展观的要求,始终抓住发展这个第一要务,深入推进“三个转变”,充分发挥市场配置资源的基础性作用,切实加强水泥工业发展的宏观引导。

(一)加强协调配合,严格市场准入

根据《国务院关于投资体制改革的决定》(国发[2004]

20号)，水泥项目由省级投资主管部门核准。省级有关部门要加强协调配合。省发展改革委要加强发展规划及布局研究并按《企业投资项目核准暂行办法》的规定严格水泥项目核准；省经委要加大技改力度，支持现有企业节能降耗，治理污染。加强国内外发展态势的研究和分析，建立和完善市场信息发布制度，加强管理和指导；环境保护行政主管部门要严格执行环境影响评价、"三同时"和污染物排放总量控制等制度；国土资源行政主管部门要切实加强用地和矿山管理。新建、扩建项目用地必须符合土地利用总体规划，纳入土地利用年度计划并按有关规定办理。切实加强矿产资源管理，合理开发利用。制定和完善矿山开发的土地复垦、生态恢复等政策和措施；安全监察行政主管部门要切实加强矿山安全评价和企业安全生产管理；质监部门要严格生产许可证管理，对无证生产企业坚决依法予以取缔；财税部门要进一步研究完善现行的资源综合利用中有关水泥的税收政策。

对不符合国家产业政策和本《意见》规划的或越权审批、违规建设的水泥项目，投资主管部门不予核准，国土资源行政主管部门不得办理建设用地和采矿许可手续，环境保护行政主管部门不得办理审批手续、不核发排污许可证，金融机构不得提供信贷支持，质监部门不予颁发生产许可证，工商行政管理部门不予颁发营业执照。

(二)加大执法力度，严格查处违法生产的水泥企业

质量技术监督行政主管部门要依法加强对水泥企业和市场流通领域水泥质量的监督检查。对监督检查中产品达不到标准要求的企业限期停产整顿。对限期整改仍不合格的企业，一律依法撤销并予以处理。要及时查处、打击假冒伪劣产品，不让其流入市场。环保部门要对现有水泥生产企业严格执行污染物排放许可证制度。没有排污许可证的一律不准生产。逐步安装在线监控装置，提高监控能力。对超过国家或地方规定污染物排放标准以及污染物排放总量控制指标的水泥生产企业，要按照管理权限对超标企业实行限期治理，限期治理期间要实行限产达标排放。限期治理到期后仍然达不到要求的，必须停产整治，直至关闭或取缔。

(三)贯彻国家产业政策，坚决淘汰落后工艺和装置。遵照国家有关规定和政策，结合我省实际，推进水泥工业结构调整，发展新型干法水泥，必须坚持等量淘汰或超量淘汰原则。凡新建水泥项目，项目所在地市(州)政府应落实等量或超量淘汰落后生产能力的具体措施，其淘汰承诺书和具体进度安排经省发展改革委核准后交有关执法部门监督执行。根据国家有关规定，凡达不到环保要求和质量标准的机立窑，直径2.5米及以下(不含特种水泥)的干法中空窑和不宜改造的湿法窑等，应按规定限期淘汰。各市(州)政府要组织有关执法部门逐一进行清查。凡规定应淘汰的落后水泥生产装置，应实行拆除、废毁处理。严禁以技改为名搞简单扩径、扩产改造。各级国土资源、环保、质监和工商等部门要从加强环保、维护生态、市场整治入手，加大执法力度，严格查处违法违规的小水泥企业。进一步规范市场行为，建立公平竞争机制，迫使立窑和其他落后生产装置在平等竞争中尽快退出市场。提高市场准入"门槛"，合理引导水泥消费，不断淘汰立窑水泥等落后产品并作为一项长期任务坚持下去。

(四)推广应用高性能混凝土，加强建设工程中水泥使用管理。小水泥大量存在，制约了高标号优质水泥发展。建筑应用标准在很大程度上直接决定或影响着水泥的消费品种、质量和结构。建设行政主管部门要推广高性能混凝土的应用，限制立窑水泥、制止不符合设计标准要求的水泥进入建设工程，保证工程质量。要会同有关部门研究制订新标准，提高混凝土标号。研究"水泥产品市场准入实施细则"，修订建筑工程设计规范和标准。商品混凝土、重要建设工程、各类建设工程的重要部位必须使用旋窑水泥(不包括中空旋窑水泥)，不得使用立窑水泥。以高质量水泥和掺加工业废渣微粉等手段全面提高水泥制品、构件及混凝土的性能和质量，逐步建立起建筑工程质量保证与监督机制，有效地提高建筑物寿命，确保建设工程质量，维护人民生产财产安全。在满足经济社会发展需要的前提下减少全社会对水泥的实物消耗，有效节约资源，减少能源消耗，减轻环境污染。

(五)扶持一批大型企业集团加快发展。我省水泥工业集中度低。"小水泥"大量存在是导致行业落后、无序竞争的主要原因。要加快淘汰落后水泥工艺，必须优先支持一批大企业集团加快发展，使其成为我省水泥行业加快结构调整的主要力量和投资主体。通过大企业实施对中小企业的收购、兼并和改扩建，实现低成本扩张。优先支持实力较强，对行业发展有带动作用，对市场有导向作用的大型企业，通过资产重组、联合以及股份制等形式发展跨部门、跨地区的企业集团。重点水泥企业要加快信息化建设，利用先进技术提升管理水平，提高竞争力。省发展改革委、省经委等有关部门要在项目前期工作经费、贷款贴息等方面给予支持，对重点企业和企业集团，在发展规划、项目核准、股份制改造、企业债券及银行贷款等方面给予倾斜。

(六)进一步解放思想，努力扩大对外开放。实现我省水泥工业结构调整目标，必须进一步解放思想，以良好的环境和条件吸引国内外投资者。我省具有加快发展大型新型干法水泥的技术、经济和市场条件，要充分发挥优势。鼓励兼并、控股，实施改组改造。将现有水泥企业以淘汰落后生产能力的方式，发展大型新型干法水泥企业。各地、各部门要在符合国家产业政策和本《意见》原则规定的前提下开展招商引资，建设新型干法水泥基地。积极引进国外先进技术和工艺，提高我省利用城市垃圾、工艺固体废弃物制水泥、余热利用等资源综合利用水平。

★四川省人民政府2004年12月30日发布的283号文。

重要文章

树立科学的发展观　走新型工业化道路★

——在全国水泥行业工作会议上的讲话

国家发展与改革委员会副主任　欧新黔

首先，祝贺全国水泥行业工作会议暨中国水泥协会2004年常务理事会议的召开。会前我听取了雷前治会长和牛建国同志有关这次会议的专题汇报，我认为这次会议的召开是及时的，会议的内容很重要，有利于水泥行业全面准确地贯彻落实国务院国办发[2003]103号文件和2月4日国务院电视电话会议的精神，促进水泥工业健康稳定发展。

2003年，是水泥行业取得巨大发展的一年，为了满足市场需求的增长，水泥产量有较大幅度的增长，企业效益显著提高，新型干法水泥加快发展，水泥行业形成了在高速发展中实现结构调整和优化的局面，为国民经济快速发展做出了重要贡献。但是，目前水泥行业发展中也存在几个突出问题：一是水泥总量中仍有75%以上是由立窑等落后工艺生产的，结构调整和落后工艺淘汰改造的任务仍很艰巨，而目前少数地区和企业新建立窑的现象仍然存在；二是局部地区新上项目过于集中，生产能力增长过快，市场出现恶性竞争；三是大量立窑企业浪费资源，污染环境问题仍然十分突出。

为巩固当前经济发展的好形势，中央已经确定2004年经济工作“稳定政策、适度调整、深化改革、扩大开放、把握全局、解决矛盾、统筹兼顾、协调发展”32字方针。对水泥行业来说，水泥市场需求仍会稳定增长，但也必须保持清醒的头脑，要注意两个问题对行业发展产生的影响：一是控制信贷规模和投资增长速度后，对水泥市场的影响要有清醒的认识，切不可对市场需求的增长预期盲目乐观，造成投资的盲目性和新上项目的盲目性，避免低水平重复建设对行业和企业带来的损失；二是当前资源约束的矛盾日益突出，煤、电、油、运等支撑条件比较紧张，短期内难以根本缓解，水泥生产对煤、电、运的依赖度较高，资源的约束对水泥的正常生产可能会有较大影响。

水泥行业在面临外部发展环境变化的同时，自身还肩负着十分繁重的改造任务，要完成在发展中实现结构调整的目标，水泥行业要把握两个问题。

一、水泥工业要坚定不移地走新型工业化发展道路

国办发103号文虽然提到钢材、电解铝与水泥行业都存在盲目投资问题，但情况有区别，特别是水泥行业结构调整的目标已经十分明确，即坚定不移地发展大型化新型干法水泥，逐步淘汰以立窑为主的落后工艺，争取用10年左右时间，基本完成水泥工业的结构调整任务。没有新型干法水泥的加快发展，就不能实现对落后技术的淘汰。因此，国务院文件明确提出“支持加快发展新型干法水泥，特别是重点支持在有资源的地方建日产4 000吨及以上规模新型干法水泥熟料基地项目”。企业应认清水泥工业发展的这一必然趋势，积极加快用新型干法水泥先进技术对落后技术的淘汰。

二、转变观念，树立科学的发展观

从中央到地方、到企业，要认真学习和落实国办发103号文《关于防止水泥行业盲目投资加快结构调整的若干意见》的精神，转变观念，树立科学的发展观，既要保护发展新型干法水泥的积极性，又要避免发展的盲目性。对局部地区新上项目过热的情况，要加以限制，在鼓励发展新型干法水泥的同时，逐步淘汰质量无保证、环保不达标的落后工艺。同时，新型干法水泥技术也要不断创新和发展，在节能、利用低品位燃料、原料、处理工业废弃物和城市垃圾等方面，推进技术进步。

水泥协会在2003年做了大量卓有成效的工作，协会在协助政府开展宏观调控、制定政策、调查研究、联系企业、信息统计、形势分析等方面付出了辛苦劳动。在此，我向水泥协会的领导、各位理事和代表表示诚挚的感谢。同时希望在新的一年里，让我们更加紧密地团结在以胡锦涛同志为总书记的党中央周围，深入学习和贯彻“三个代表”重要思想，牢固树立和认真落实“全面、协调、可持续”的科学发展

观，扎扎实实做好贯彻国务院文件，加快水泥工业结构调整的各项工作，为促进国民经济持续快速协调健康发展做出新贡献。

水泥工业结构调整要与时俱进★

中国建筑材料工业协会会长　张人为

水泥工业是国民经济和城乡建设中不可缺少的基础原材料，目前国内外尚无一种材料可以替代它的地位。

改革开放以来，我国水泥工业取得了惊人的发展，基本满足了国民经济和城乡建设的需要。然而，水泥产量的快速增长主要是以立窑水泥的发展为支撑的，上个世纪90年代以来，水泥产量过剩，优质水泥短缺的结构矛盾日益突出，优质水泥数量远远不能满足市场需求。水泥工业结构调整问题历史地、更加突出地提到了全行业面前。

早在1994年6月，国家建材局党组在全面分析形势和思考建材工业中长期发展战略时，明确指出："临近和进入21世纪，我国建材工业的发展要以产量增长为主转到大力提高集约化生产程度、提高工艺装备水平、提高产品质量和配套能力的轨道上来，即以提高经济运行质量和经济效益为中心，把跨世纪中国建材工业逐步建成具有国际竞争力的现代原材料工业"。并于1995年9月制定完成了《中国建筑材料工业跨世纪发展战略》，提出了建材工业"由大变强、靠新出强"的跨世纪发展战略。《战略》实施第一阶段即"九五"期间的重点任务是要加快产业结构调整的步伐。水泥工业结构调整是建材行业的重中之重。通过5年的努力，水泥工业形成了"发展"与"淘汰"相结合的结构调整机制，取得了显著成效。

一、为新型干法水泥快速发展奠定了基础

"八五"期间，水泥工业的技术进步成效明显。尤其是大力吸引外资在沿江沿海建成了一批中外合资的大型预分解窑生产企业，促进了产业结构调整，也使全行业清楚地认识到大型预分解窑工艺无可比拟的先进性。但是由于当时建设新型干法生产线投资高、建设周期长、达产达标慢，造成了投产之时，就是企业亏损之日，从而使建线可望而不可及。针对这种情况，从1996年开始，我们组织新型干法水泥低投资国产化工作，试图通过技术创新、优化设计、国产设备、业主负责等措施和工作，实现不降低项目技术水准前提下的低投资，更好体现技术和经济的圆满结合。由于全行业上下的协同努力，终于使新型干法生产线的投资大大降低，由原来的吨投资1 000～1 200元降低到400～500元，为"十五"新型干法水泥技术的发展奠定了基础。"九五"期间平均每年新增新型干法熟料生产能力634万吨。2001年新增能力为1 743万吨，2002年新增能力将更多，预计"十五"期间新增新型干法水泥6 000万吨生产能力的规划目标将超额完成。

二、淘汰落后生产能力成效显著

水泥工业大量的落后生产能力已制约了行业的健康发展，应坚决予以淘汰。在市场经济条件下，淘汰落后生产能力本该通过市场竞争实现优胜劣汰。但在社会主义市场经济尚不完善的情况下，面对利益格局多元化，必须采用法律的、经济的和行政的多种手段来实现。1999～2000年，通过贯彻执行国办发[1999]49号文件和国家经贸委6号、14号和16号令使得淘汰小水泥取得显著成绩。截止2000年底全国累计关闭、淘汰小水泥窑3 108条，压缩落后生产能力6 336万吨，完成淘汰目标值的63.4%。2001年继续淘汰落后水泥生产能力3 114万吨，累计接近完成1亿吨的预定目标。

三、"发展"与"淘汰"相结合加快企业发展步伐

"发展"与"淘汰"相结合的结构调整机制加快了"海螺"、"渤海"、"天山"、"华新"、"亚泰"、"中联"、"秦岭"、"山水"、"祁连山"、"葛洲坝"、"福泥"、"三狮"等企业集团和"太平洋"、"金猫"等中外合营企业的发展步伐，2001年"海螺"、"天山"、"亚泰"已分别年产1 300万吨、545万吨和300万吨水泥，都几倍于原有产量。同时也促进了水泥工业产权多元化的进程，尤其是国企改制和民营资本投资建设新型干法生产线方兴未艾，预示着水泥工业将以一个更具活力的产业立足于国民经济之中。

回顾历史是为了更好地前进，水泥工业结构调整虽然取得了显著成绩，但是水泥工业长期以来形成的结构性矛盾和问题，绝非一蹴而就。往往旧的矛盾解决了，又产生新的矛盾，何况水泥工业目前结构调整的形势是老账未清，新账接踵而至。

四、结构调整的形势不能过于乐观

截止到2000年底，各类水泥窑约7 500台，其中新型干法窑137台，占总台数的1.8%；水泥企业4 425家，产量5.93亿吨，平均生产规模只有13.4万吨；新型干法水泥产量7 000万吨，占产量的11.7%，单线平均生产规模只有50万

★该文章是作者在2004年2月26日全国水泥行业工作会议暨中国水泥协会2004年常务理事会议上的书面发言。

吨;325#、425#水泥占总产量的90%,525#及以上水泥只占10%;前10家大型水泥企业的生产集中度只有5%;2000年全行业刚刚扭亏为盈,盈利额9.2亿元,平均每吨水泥仅盈利1.55元。技术结构、产品结构和企业组织结构的调整优化任务十分艰巨。

五、调整过程中存在的问题不容忽视

发展新型干法水泥目前已成为大家的共识。但生产线建设规模有向小型化发展的苗头。"九五"期间投产的新型干法生产线达59条,其中日产700吨和日产1 000吨生产线各12条,两者之和占总条数的41%。近两年建设的小规模生产线愈来愈多,2001年投产37条生产线,1 000吨以下达21条,比例高达57%。这种现象应引起大家的高度重视,不要走小型预热器窑的发展道路。新型干法工艺的真正优势是大型化,经济规模至少是日产2 000吨以上。新型干法工艺发展的同时也带来了人才的匮乏、管理缺位等问题,这些都值得我们研究解决。

六、贯彻"限制、淘汰、改造、提高"的发展方针还须努力

水泥工业数量主体的立窑水泥企业如何更好地贯彻"限制、淘汰、改造、提高"的发展方针,推动一大批有条件的企业在改造提高上取得扎实成效,还要付出极大努力。

我国水泥工业在今后几十年内仍将是具有发展潜力的朝阳工业。我国水泥人均消费量虽已超过国际人均水平,但以人均消费量累计计算,与发达国家相差甚远,新型干法水泥的比例还很低,因此,在相当长的时间内,新型干法水泥发展空间还是十分可观的。

进入新世纪如何发展新型干法水泥,不能停留在目前的概念上,建一条带预分解系统的水泥窑就是发展新型干法了。新型干法的内涵(定义)是:"以悬浮预热和预分解技术为核心,把现代科学技术和工业生产的最新成果广泛地应用于水泥生产的全过程,形成一套具有现代高科技特征和符合优质、高效、节能、环保以及大型化、自动化的现代水泥生产方法"。因此,发展新型干法要在充分体现其内涵的基础上与时俱进。

1. 与时俱进就是要跟踪世界先进水平

我国新型干法生产线的技术水平、管理水平良莠不齐,一些技术经济指标同国际先进水平相比,还存在差距。新世纪的水泥工业必须瞄准国际最新科技成果,结合我国国情,消化吸收国际已有的高新技术,进行理论创新、技术创新、装备创新,对新型干法工艺生产全过程不断有新的突破,使我国新型干法工艺生产线在技术装备水平、生产管理水平及各项技术经济指标方面均达到国际先进水平,最终体现在优良的水泥实物质量和企业的经济效益上。

2. 与时俱进就是要建设环境型水泥工业

环境材料的实质是指那些对资源、能源消耗少,对生态环境影响小,可以再生利用或降解,并且具有优质使用性能的材料。由于水泥的主要成份是硅酸盐矿物质,具有与环境友好、与大气圈共融的属性,其本身是一种生态产品。传统的水泥工业给人们留下了灰尘飞扬、装备落后、经营粗放的不良形象。如何使水泥工业污染排放接近于零,同时又以各种工业废弃物及生活垃圾为原燃材料制造水泥,是进入新世纪水泥工业的重大课题。生态水泥技术是工业化国家水泥生产技术发展的方向和主流。我国工业废弃物和城市生活垃圾等的排放量超过10亿吨,"世界上没有垃圾,只有放错位置的财富",变废为宝是水泥生产工艺得天独厚的属性。首先,水泥生产工艺自身具有环境自净性;其次,水泥生产可以实现再生资源的综合利用;第三,水泥回转窑同垃圾焚烧炉等环保设备相比,它具有处理有毒有害废弃物不可比拟的优势。实现这些优势,把水泥工业建设成生态环境型工业是时代赋予我们的光荣使命。

3. 与时俱进就是"靠新出强"

与时俱进就是要落实"靠新出强"的发展战略,正确处理好大力发展新型干法水泥和"限制、淘汰、改造、提高"立窑水泥的辩证关系。

"靠新出强"的"新"就是要创新,其核心内容是技术创新。技术创新是指企业应用创新的知识和新技术、新工艺、采用新的生产和经营管理模式,提高产品质量,开发生产新的产品,提供新的服务,占据市场并实现市场价值。"靠新出强"还包括经营管理模式创新、企业组织结构创新、培养创新人才、构筑创新机制,形成创新环境等。这些都需要我们与时俱进不断地从实践中创新发展,日臻完善。

大力发展新型干法水泥和"限制、淘汰、改造、提高"立窑水泥(也包括一些小旋窑水泥)是关系中国水泥工业持续、快速、健康发展的互为联系、密不可分的一个整体的两个方面。改革开放20多年特别是"九五"期间新型干法的技术进步已为当前大力发展创造了坚实的基础,现在确实是发展新型干法预分解窑生产线的最好时期。立窑水泥仍是我国水泥工业的数量主体,它是在我国经济发展的特定环境中应运而生和发展壮大的。它对历史有贡献,现实有需求,未来要升级。从长远看,立窑工艺将为新型干法等先进工艺所逐渐替代。水泥结构调整本质上是全行业经过一个历史时期的奋发努力,逐步提高新型干法水泥的比重、减少立窑水泥的比重,与国民经济和社会发展相协调,与世界水泥工业发展大势相一致。江总书记在"七一"重要讲话中指出:"我国还处在社会主义初级阶段,人口多、底子薄,经济文化发展很不平衡,生产力不发达的情况总体上还没有改变。……我们必须坚持不懈地发展先进的生产力。对于仍然存在的不适应先进生产力和时代发展要求的一些落后生产方式,既不能脱离实际的简单地加以排斥,也不能采取安于现状、保护落后的态度,而要立足实际,创造条件加以改造、改进和提高,通过长期努

力,逐步使他们向先进适用的生产方式转变。”这应该成为我们正确处理大力发展新型干法水泥和改造提高立窑水泥这两件大事辩证关系的指导思想。水泥工业中两种工艺的一增一减是个渐进过程,决不能一蹴而就,只能积极推动,力求加快。在这个历史进程中要对有条件的立窑企业围绕稳定提高质量,减少环境污染为中心进行改造、提高工作,它还将是大有作为的。我们一定要认真贯彻国家关于水泥结构调整的有关法律法规,执行国家经贸委制定的一系列方针、政策和规划指导。如继续坚持以现有企业改扩建为主,大力发展预分解窑生产线的方针,优先发展日产4 000吨以上熟料生产线,鼓励发展日产2 000吨以上熟料生产线。除边远山区、交通不便和经济欠发达的地区,以及生产特种水泥项目外,原则上不再新建、扩建日产1 000吨及以下规模生产线。禁止新建、扩建机立窑、湿法窑、立波尔窑、干法中空窑等落后工艺生产线。

中国水泥协会为积极推动水泥工业结构优化升级做了大量有效的工作,希望再接再厉、更上一层楼。

★该篇文章2002年6月发表于《中国水泥》杂志。

循环经济与中国建材产业发展★

中国建筑材料工业协会会长　张人为

建材工业是重要的基础原材料工业,在国民经济发展中具有重要作用。传统意义上的建材工业是典型的资源、能源消耗型工业,在其快速发展的同时,面临着资源、能源的过度消耗和环境的严重污染。建材工业是仅次于电力、冶金行业的耗能大户,占全国能耗的9%、全国工业能耗的13%,万元产值能耗近5吨标煤,所耗能源基本上是不可再生的化石类能源——煤和石油。根据中国现已探明的储量来看,能源形势十分严峻。从资源方面看,以占建材产业近半壁江山的水泥工业为例,生产水泥的主要原料石灰石资源保有储量全国仅为542亿吨,以目前全国水泥生产年消耗的石灰石量计算,仅够维持几十年的时间,说明资源枯竭问题亦迫在眉睫。再从环境方面看,建材工业年排放CO_2、SO_2分别为约8亿吨和200余万吨,分别占全国工业总排放量的1/4和1/10左右,粉尘排放在全国工业排放总量中也占有较大比例,这些排放对日益严重的温室气体效应、酸雨的形成和大气质量都有较大影响。由于我国生态前景堪忧,对建材产业的环保压力更显沉重。若不加快改变目前的现状,还按传统老路走下去,建材工业的发展将难以为继。

党的十六大提出,全国要在本世纪头20年,集中精力全面建设惠及十几亿人口的更高水平的小康社会,要走出一条科技含量高、经济效益好、资源消耗低、环境污染少、人力资源优势得到充分发挥的新型工业化道路,实现经济、社会和环境的协调发展。胡锦涛总书记在2003年中央人口资源环境工作座谈会上指出:“要加快转变经济增长方式,将循环经济的发展理念贯穿到区域经济发展、城乡建设和产品生产中,使资源得到最有效的利用。最大限度地减少废弃物排放,逐步使生态步入良性循环。”我们要认真学习贯彻十六大和胡锦涛总书记的讲话精神,发展循环经济,实现建材工业的可持续发展。

循环经济的概念在20世纪60年代由美国经济学家K·波尔丁首次提出。1972年意大利的罗马俱乐部发表了《增长的极限》的研究报告,指出了传统的线性经济的发展危机。1987年,联合国环境与发展委员会提交《我们共同的未来》研究报告,初步明确了循环经济的发展理念。目前,发达国家的循环经济已经历了20世纪80年代的微观企业试点和90年代区域经济的新型工厂——科技工业园区后,进入了第三阶段——21世纪宏观经济立法阶段。德国最先制定了《循环经济法与废料法》,1996年10月开始生效。日本、美国等国家也相继制定了相关法律。经过多年的研究和实践,发达国家已经在理论、应用及立法等方面取得了一定的成就和进展。近几年来,国内一些地方和部门也开始将发展循环经济提到发展经济的重要议事日程,循环经济正得到越来越广泛的关注。

循环经济是一种新的经济形态,它要求按照生态规律组织生产、消费和处理废物,合理利用自然资源和环境容量,在物质不断循环利用的基础上发展经济,使经济系统和谐地纳入到自然生态系统的物质循环过程中。它倡导的是一种与环境和谐的经济发展模式,既不是“生产过程末端治理”的难以治本的先污染后治理模式,更不是传统的不考虑环境因素的“资源——产品——污染排放”的线性物质流动经济。循环经济根据资源的减量化、产品的反复使用和废弃物的资源化原则,组成一个“资源——产品——再生资源——再生产品”的闭环反馈式经济循环过程,使得整个过程不产生或少产生废弃物,最大限度地减少末端处理,达到物质、能量利用最大化,废弃物排放最小化的目的。“3R原理(Reduce——减量化、Reuse——再使用、Recycling——再循环)”可以说是循环经济的核心内容,是提高资源、能源利用效率,保护生态和促进经济发展所遵循的基本原则。

建材工业作为传统产业,发展循环经济有利于提高能源、资源的利用效率,减少环境污染,推动行业的可持续发展。在行业内应用3R的减量化原则,就是降低天然资源的投入量,提高能源和资源的使用效率,减少建材生产的废弃物排放。通过节能技术的开发和推广,减少建材生产总能耗,从而延长建材产业静态可持续发展的时间,可以为科技界发现新能源或开发利用可再生能源留有充分的余地。利用3R的再使用或反复利用原则,可以通过提高产品质量延长其使用寿命来实现,实际上相当于提高资源的利用效率,进而大幅度节省资源,延长现有资源的使用期限,这也会给新资源的发现或可再生资源的开发创造更多的时间。利用3R的再循环原则,使物质资源永续利用,达到基本上无损失和零排放,实现三级生态系统的理想目标,这需要依靠加快科学技术的进步来逐步实现。

循环经济具体实现形式是由企业内部的清洁生产和资源循环利用的小循环、共生企业间或产业间的生态工业网络的中循环以及区域和整个社会的废物回收和再利用体系的大循环3个不同层面构成。小循环是根据生态效率的理念,推行清洁生产,企业内部实现资源和能源的部分、全部循环或梯次利用,如水泥厂内实现废水、余热、废渣的循环利用等。中循环是根据生态学的原理,通过企业间的物质、能量和信息的交换与集成,形成企业间的工业代谢和共生关系,构成生态工业园区。建材工业通过利用副产品、二次能源和废弃物,在构建不同企业、不同行业企业间的比较完整的闭合工业生态系统,达到园区资源的最佳配置和利用方面,已经越来越显示出其对发展循环经济的独特作用。如丹麦的卡伦堡生态工业园区是目前国际上工业生态系统运行最为典型的代表,该园区以发电厂、炼油厂、制药厂和石膏制板厂4个厂为核心,通过贸易方式把其他企业的废弃物或副产品作为本企业的生产原料,建立工业共生和代谢生态链关系,实现园区的污染零排放。其中将烟气脱硫的副产品化学石膏用于石膏板厂做原料;粉煤灰用于生产水泥和筑路;炼油厂产生的火焰气用于干燥石膏板,从而创造了经济效益,也实现了能量、资源的梯级多次使用。中国现已开展了生态工业园的研究和实践,新近通过国家论证的山东鲁北国家生态工业园规划,它有磷铵、硫酸、水泥联合生产和石膏制酸、清洁发电等生态工业链,横跨化工、建材、电力等10个行业,最终将鲁北生态工业园区建设成为磷铵硫酸水泥综合联产、海水一水多用、热电联产、煤化工、石油化工、林纸一体化的系统工程,是国内第一个纯工业企业类型的生态工业园。山东鲁能集团也正在探索建立生态工业园,通过采煤、发电、水泥和新型墙材生产为核心形成产业链,用电厂的粉煤灰和煤矿排出的煤矸石来生产水泥和墙材,企业内部实现水、热及废渣的纵向闭合循环利用。大循环是企业及社会间通过废弃物的再生利用,实现消费过程中和消费过程后物质和能量的循环,如利用水泥生产工艺的特点,消纳、处理工业和生活垃圾、有毒有害废弃物,不存在二次污染和不需要特殊处理废气,不但节省水泥原料资源、利用热能,还可为社会发展和保护环境做出贡献。

建材工业发展循环经济具有得天独厚的优势,已有不少成功的实践。水泥行业已经成为利废大户,从能源和资源两方面利用各种废弃物,如利用粉煤灰、高炉矿渣等工业废渣作原料取代天然资源,减轻了环境负荷。利用工业和生活垃圾等可燃废弃物作原料和燃料,减少化石类资源的消耗。其他工业部门难以处理的有机和无机废料,都可通过气化或在水泥回转窑中作原燃料使用。在水泥制品和混凝土行业,利用工业废渣作掺和料,已经得到了较为广泛的应用。通过技术进步,努力提高混凝土的性能,延长其使用寿命,也是减少废弃混凝土、减少资源消耗的方法之一。目前高性能混凝土(HPC)的研究已经显示出了水泥混凝土提高耐久性、延长使用寿命的潜力。而开发直接有益于生态环境的生态混凝土(Environmentally Friendly Concrete/Eco - concrete)更为混凝土行业的发展提出了新的思路。在墙体材料工业中,可以大量消纳和利用工业废渣和农业废弃物,替代天然资源制造环保利废型墙体材料,如粉煤灰砖、煤矸石砖、建筑用纸面草板等产品,显著节省资源和能源,保护环境。玻璃行业实践循环经济也大有潜力可挖,除了工艺线内20%左右的废玻璃自身回炉利用,实现企业内部的小循环外,像一些发达国家那样实现80%～90%的废旧玻璃的回收利用,对中国玻璃工业来说将产生巨大的节能、节省资源和保护环境的效益。玻璃纤维生产过程中的废丝也可像废玻璃一样回收利用。非矿产业的尾矿利用和矿山植被恢复,还有发展和扩大应用热塑性玻璃钢产品等都是节约资源、保护环境的循环经济典型实例。在建筑垃圾利用方面,建材行业也大有作为,是未来发展循环经济的一项重要内容。随着国内城市改造规模的日益扩大,城市建筑垃圾的堆存量将越来越大。建筑垃圾大多为固体废弃物,经处理后可作为再生资源重新利用。从理论上说,大部分的建筑垃圾都可以循环利用。如砖石、混凝土等废料经破碎后,可以代替砂和骨料,用于生产砂浆、混凝土和其他建材产品,其中的钢筋可以挑选出回炉,达到资源多层次循环利用的目的。对于开发可再生资源而言,应提倡发展木质建材产品。木材是天然的建筑材料,是可再生和可以永续利用的传统建材资源。当我国森林覆盖率达到相当水平之后,只要遵循砍伐率小于再生率的循环经济发展原则,就可实现使用可再生的木质建筑材料代替部分不可再生的矿物建材产品,这是实现建材行业循环经济发展的有效途径之一。由此可见,建材行业过去已经自觉或不自觉地按照循环经济发展理念进行了大量有益的尝试。

根据循环经济理论的指导,建材行业发展循环经济还有十分广阔的前景。传统化石类资源和能源总有一天是要枯竭的,建材行业要在传统资源和能源日益短缺、生态环境日益严峻的局面下保证自身的生存和发展,并继续对国民经济发展和社会进步做出贡献，最佳的出路就是要在保护环境的前提下，努力提高资源利用效率、节省能源，不断提高产品的质量和性能，并积极开发新资源、大力发展新产品和新技术，将建材产业融入整个社会的生态大循环中去。根据社会发展和国家的经济建设需要，基础材料产业将不断提升自身的科学技术发展水平。科学技术的发展又会进一步推进循环经济的深入，使建材工业在未来新的形势下不断提升自己，逐渐向高级生态系统发展，获得更广阔的生存和可持续发展空间。

中国循环经济的实践还处在试验、示范的初级阶段，推动循环经济发展要加强相关理论和实践模式的研究。为加快循环经济的立法进程，全国人大环境与资源委员会已于2003年全面启动了国家的循环经济立法调研，建材工业被列为调研的传统产业。它将通过对我国循环经济的条件和基础分析，提出符合我国国情的发展循环经济的战略思想、主要领域、相关产业、关键技术、有关步骤和政策措施；研究加快循环经济发展的政策、法律法规建议，创建开发建立循环经济的技术支撑体系；同时也为国内建材产业建立循环经济发展模式提供思路和指明发展方向。科技部将中国建筑材料工业协会的“循环经济与中国建材产业发展”课题列为国家软科学研究计划项目。希望建材行业的干部职工能够踊跃参与课题研究，集思广益，共同推进循环经济在建材行业的发展。

新世纪的建材工业努力实践循环经济，意味着传统工业的生态化转型，从不可持续发展的传统工业转向可持续发展的生态工业，并最终实现与资源、环境、经济和社会的全面协调与可持续发展。在全行业大力倡导以知识经济为基础的全新的循环经济发展模式，是实现建材工业可持续发展的必然选择。全行业要认真对待循环经济的兴起，提高认识，深刻理解，积极行动起来，用创新的思路、创新的理念、创新的技术和创新的发展模式，在经济结构战略性调整中发展循环经济，用循环经济的理论指导产业的持续健康发展，走新型工业化道路，实现建材工业的“由大变强”和永续发展，为全面建设小康社会做出新的更大的贡献。

★该文章是作者在2003年9月19日召开的中国硅酸盐学会年会上所作的特邀报告。

总结历史经验　积极发展新型干法水泥★

国家经济贸易委员会副秘书长　甘智和

经过建国几十年来的努力，特别是在改革开放政策的指引下，我国水泥工业发展取得了巨大成就，水泥产量已连续16年位居世界第一。我国2001年水泥总产量已达到6.4亿吨，其中新型干法水泥熟料的生产能力已达到8 000万吨，新型干法水泥产量达到9 000万吨，新型干法水泥生产总量占当年水泥生产总量的比例已达到14%左右。水泥工艺技术及装备、设计及研究等技术水平不断提高，水泥行业的新技术、新装备的研制和开发能力明显提高。日产2 000吨和日产4 000吨水泥生产装备已基本具备自行设计、自行生产的能力。但是我们还必须看到，与世界先进国家相比，我国水泥工业的技术水平和产品结构仍存在较大差距。特别是在新型干法水泥的发展上，仍然存在着总量不足，分布不均衡、技术水平不高等突出问题。总结新型干法水泥发展的经验与教训，认识水泥行业存在的问题，对加快水泥工业的结构调整是十分必要的。

一、新型干法水泥发展历史的启示

我国新型干法水泥技术的发展起步于第六个五年计划，国家、企业、科研单位先后投入了大量的物力、人力和财力，我国新型干法的生产技术、设备制造技术和建设水平，取得了长足的进步。“七五”期间，经过科研人员的努力，取得科技攻关的成功，解决了原理性生产技术和小规模生产技术的突出问题，并开始向大型化生产性技术的探索和实践。江西万年水泥厂的建设迈出我国日产2 000吨新型干法水泥大型化的第一步。为突破大型化生产性技术，我们整整花了近10年的时间。改革开放为水泥工业的发展提供了良好的契机，结合国家组织的日产2 000吨重大技术开发“一条龙”项目，把大型水泥企业的建设、改造和技术引进、自主开发、统筹规划、有效地组织起来，取得了大型新型干法水泥工业生产技术和建设水平的历史性突破。我国新型干法水泥生产的先进企业已经采用世界同期先进技术，装备国产化水平发生了质的变化，大型球磨机、预分解系统、辊压机、篦冷机、减速机等12项大型水泥装备逐步实现了国产化。在此期间，先后建设的双阳水泥厂、新疆水泥厂、上海水泥厂、洛阳水泥厂都采用了消化吸收的日产2 000吨新型干法生产技术，但是每条生产线引进的技术和装备花费近3 000万美元。其中，身为样板线的吉林双阳水泥厂基本建设工程，建设周期长达32个月，投产调试周期半年，日产2 000吨生产线建设总投资达5.5亿人民币，吨水泥投资达每吨785元，项目建成后企业资产负债率高达99%。企业建设的资金除少量的拨改贷资金外，主要来自企业向银行的贷款，贷款占总投资的比例高达

90%。在此期间,尽管国家产业政策始终支持对新型干法水泥的发展,但我国新型干法水泥发展速度并不快。1985～1995年期间,我国水泥产量从1.8亿吨,快速发展为5.1亿吨,但水泥工业的结构始终没有发生太大的变化,新型干法水泥总量的比例在7%～10%左右徘徊。进入90年代,随着技术的发展和企业改革的深化,特别是市场对资源配置作用的日益显露,我国迎来了新型干法水泥发展的新机遇。新型干法水泥在短短的10年中,得到了极大的发展,建成了日产4 000吨级以上规模的生产线13条日产2 000吨级56条,日产1 000吨级56条。事实证明,我国目前已经具备了大力发展新型干法水泥的外部环境,现在是调整水泥结构的最有利时机,主要原因是:

第一,国家发布了水泥新标准,实现了与国际标准对接,提高了水泥产品的市场准入门槛,这将有力地推动发展优质水泥的积极性;

第二,受积极的财政政策、扩大国内需求的拉动,我国铁路、公路、民航、港口、水利及城市基础设施建设对高标号水泥的需求将急剧增加,特别是国家明令要求重点项目的水泥采购必须实行招投标制度,为优质新型干法水泥增加了市场空间。据了解"十五"期间年需求量将高达2亿吨,而目前新型干法水泥产量仅9 000万吨左右,市场缺口很大;

第三,由于经过多年的消化吸收,我们已经掌握了新型干法窑外分解工艺技术,日产2 000吨水泥生产线已基本国产化,并成为现有企业技术改造的主导规模,日产4 000吨的生产线国产化率也可达到85%以上,设备运转率可达90%以上,使水泥项目的投资大大降低。目前,技术改造吨投资一般在300～350元,基本建设吨投资在400～500元,较1992年吨水泥的最高投资下降了50%左右,新型干法水泥的经济效益越来越好,规模效益越来越显现,企业及社会投资建设新型干法水泥生产线的积极性也越来越高;

第四,我国加入WTO后,外国资本流入中国,在我国独资建设大型的新型干法水泥生产线,争夺资源、市场及人才,对我国企业的压力越来越大,企业为提高竞争力,发展新型干法水泥的迫切性也越来越强。

总结新型干法水泥发展的历史,使我们得到的启示是,按照市场经济的规律,减少政府的直接干预,充分发挥企业的投资主体作用,解决好投资与效益,市场与成本,技术与规模的关系,应该是调整我国水泥工业结构,发展新型干法水泥遵循的客观规律。

二、发展新型干法水泥应着重做好以下几项工作

经过多年的努力,我国目前已形成了较好的技术、市场、政策、投资环境,这对加大水泥工业结构调整,发展新型干法水泥十分有利。根据"十五"规划,水泥行业的发展目标是,到"十五"末期,窑外分解水泥年产量1.2～1.3亿吨,窑外分解水泥比重达到20%,日产4 000吨级窑外分解窑达到90年代国际先进水平,装备国产率达到90%以上,淘汰落后生产能力0.6亿吨。因此,为加快水泥工业结构调整,淘汰落后小水泥,促进新型干法水泥的发展,避免不合理的重复建设,保证水泥工业持续、健康地发展,我们应着重做好以下几项工作:

(一)加强规划工作。针对我国幅员辽阔,经济发展不平衡,资源分布以及市场需求状况不同的现状,在总量控制的原则下,统筹规划。依托主要城市和大项目建设,重点支持一批有矿山资源优势及资金优势的企业进行改造,在有资源优势的地区,重点集中建设大型熟料基地,发展日产2 000吨及以上规模的新型干法水泥生产线,在市场需求较大的地区建设大型粉磨站。

(二)综合利用矿产资源。水泥是资源性产业,要做好地质勘探工作,合理使用、保护好石灰石资源。防止乱采滥挖,破坏资源的行为。

(三)组建水泥大集团,建立现代企业制度,扶优扶强,促进水泥生产的规模化集约化生产,使其具备参与国际竞争的能力。

(四)继续坚持淘汰落后工艺的水泥生产能力,实现总量控制的原则。坚持依法关闭、淘汰落后小水泥和其他落后工艺。目前,水泥需求比较旺盛,水泥生产企业的利润增加,这对提高投资效益,促进水泥企业的发展十分有利。但同时,也会增加控制总量,等量淘汰的难度。水泥企业增量生产的冲动难以抑制,小水泥死灰复燃的可能性会增加,在这种情况下,冷静地分析对待中国水泥市场需求的变化,抑制扩产扩能的冲动,坚持总量控制,淘汰落后的原则,从中长期看就会有积极的意义。从政府角度讲,应当坚定不移地贯彻。对国家已明令淘汰、关闭、取缔的落后小水泥,要限期予以关闭。对粉尘不达标的企业,应坚持一律取消其生产许可证的做法。

(五)创造良好的外部环境,吸引外资及各种社会投资,发展新型干法水泥,推进水泥工业结构调整。

(六)加强项目管理工作,降低投资风险。项目管理有利于企业提高产品质量、降低经营成本和提高经济效益,重视项目采购、费用、风险和质量管理等,明确业主负责制,全面提高企业的整体管理水平。

★该篇文章2002年6月发表于《中国水泥》杂志。

水泥行业结构调整的思考★

——在全国重点水泥企业座谈会上的讲话(摘要)

国家经贸委经济运行局副局长　牛建国

一、水泥结构调整进展情况

经过3年多的努力,以清理整顿落后小水泥为主要内容的水泥工业结构调整工作已经取得了阶段性成果。截止到目前,全国累计关闭淘汰小水泥厂3 940户,压减落后生产能力1亿多吨。在关闭小水泥厂的同时,各地注重发展与淘汰相结合,推动了新型干法预分解技术快速发展。2001年有40多条新型干法生产线(其中日产2 000吨及以上生产线17条)相继投产,新增优质水泥生产能力2 000多万吨。全国投入运营的新型干法生产线总数已经达到171条,年水泥熟料总生产能力达8 000万吨。

在水泥工业实施总量调控、淘汰落后、关小上大的过程中,安徽海螺集团、新疆天山水泥股份有限公司、山东水泥集团公司、浙江三狮集团公司、吉林亚泰集团公司、河北渤海水泥集团等一批骨干企业脱颖而出。这些大企业以市场为导向,以资本为纽带,以发展新型干法水泥为动力,采取控股、购并、托管、联合等方式改组改造了一批小水泥厂,使其成为大型熟料基地的粉磨站,向其输送技术、人才和先进的管理经验,既为面临关闭的小企业找到了出路,兼顾了各方面经济利益,又为优势企业扩大规模经营,提高市场占有率和经济效益创造了条件。随着部分地区和企业结构调整进程的加快,水泥工业结构得到调整和优化,市场供需矛盾进一步改善,水泥行业经济效益显著回升,经济运行呈现出好的趋势。

二、存在的主要问题

水泥工业结构调整尽管取得阶段性成果,但随着市场好转和产品价格恢复性回升,受利益驱动,部分地区已关闭的小水泥厂死灰复燃,有的违章扩径,上新的机立窑生产线,低水平重复建设抬头,进一步关闭"小水泥",淘汰落后生产能力的工作难度加大。在发展新型干法预分解技术方面,由于有关产业政策落实不到位,也引发出新的矛盾和问题。

1. 清理整顿进展不平衡,低水平重复建设仍未遏制

东部经济发达地区,如浙江、江苏、安徽、广东、河北、山东等地基本完成了国家下达的关闭落后生产能力任务。西部地区有些省仅完成60%左右。部分地区存在关闭不彻底、虚关实开或停后又开的情况。也有违规扩径、改造,甚至低水平重复建设新上机立窑现象。

2. 进一步关闭淘汰落后企业的难度加大

目前,需要关闭、淘汰的"小水泥"企业中,部分属于违反环保、质量等法律法规,部分属于技术落后、不符合产业政策和规模能力要求。前一类企业的关闭主要是依据《环境保护法》、《大气污染防治法》、《标准化法》、《产品质量法》等法律法规,这些法律法规对关闭企业只有一些原则性的规定,缺乏具体操作标准和切实可行的规范程序。关闭后一类企业,则涉及职工安置、债务处理、出资人补偿等问题。如果没有配套政策或政策不到位,关闭工作难以实施。

3. 发展新型干法预分解技术亟须政策扶持

按照水泥工业"十五"规划和产业政策要求,东部和沿江沿海经济发达地区原则上发展日产4 000吨及以上新型干法预分解生产线,其他地区可发展日产2 000~4 000吨规模的生产线,除边远山区、交通不便和经济欠发达地区外,原则上不再新建、扩建日产1 000吨及以下规模的生产线。但各地在执行过程中明显存在偏差,主要是限额以下项目发展过多,达不到规模经济的要求。据水泥协会反映并从有关设计单位和地方了解情况分析,近3年新建、改造所上新型干法项目已超过100个,其中日产2 000吨及以上仅占不到1/3,绝大多数都是日产1 000吨项目,而且多数分布于东部地区。这种情况若不能及时改变,有可能形成新型干法低水平重复建设,增加结构调整的难度,并丧失提高水泥行业整体竞争能力的大好时机。

三、关于加快水泥结构调整的思考

新型干法预分解工艺是水泥行业目前最先进的生产方法,代表了水泥工业发展方向。"十五"期间国家继续采取扩大内需的宏观经济政策,各地基础设施建设、技术改造力度继续加大,西部开发一批重点项目启动实施,小城镇建设和城市化进程加快,以及资源、环境的压力进一步增大,这些都对优质水泥提出新的需求。我国已正式加入世界贸易组织,面对国外资本有可能加速投入国内新型干法水泥,进一步扩大市场份额的严峻挑战,亟须加速大企业集团的扶持和壮大,发挥资源优势,提高竞争能力。专家认为,"十五"期间,是发展新型干法水泥,加速水泥工业结构调整最好时期。

水泥工业结构调整的根本出路在于以市场为导向,加快

新型干法先进工艺的发展速度，处理好新增生产能力和总量平衡之间的关系，坚持发展和淘汰相结合，以加快先进工艺的发展促进落后工艺的淘汰，通过不断优化水泥工业的技术结构、产品结构和企业组织结构，使水泥工业由大变强、靠新出强。为此，必须进一步为新型干法预分解技术的发展创造宽松环境。同时，要结合政府职能转变，研究用新的思路和方法，解决淘汰落后生产能力存在的问题。综合运用市场的、经济的、法律的和行政的办法推进工作。

（一）以大型企业集团为依托，加快新型干法水泥发展步伐

1.重点扶持大型企业集团的发展。大型企业集团是水泥工业结构调整和产业升级的主导力量，我们将积极推动并建议有关部门将安徽海螺集团等8～10家大型企业集团新型干法水泥项目列入国家专项，由国家整体批复。企业根据市场、资金、资源等条件自主分步实施。继续将新型干法水泥列入国债贴息支持的重大技改项目，贴息政策向日产4 000吨及以上规模新型干法项目倾斜。

2.改革投融资体制。新型干法水泥是国家产业政策鼓励类项目，凡企业用自有资金和自筹资金进行建设、改造的项目及社会与民营资本投资进行建设、改造的项目，在严格履行环保等条件的前提下，应放开审批实行备案制。

3.“十五”期间，继续严格限制除新型干法以外的任何工艺的新建、改扩建项目。严禁以技改名义对机立窑进行扩径改造，坚决制止低水平不合理的重复建设。

4.各地在建设新型干法生产线时要与淘汰落后生产能力相结合。在发展先进生产力的同时，削减相应的落后生产能力。鼓励采用熟料基地加粉磨站的模式，在有资源的地方建熟料基地，在有市场的地方建粉磨站，以淘汰落后生产能力来换取市场份额。除边远地区、交通不便和经济欠发达地区外，原则上不再新建、扩建日产1 000吨及以下规模新型干法生产线。

5.大型水泥企业和集团在结构调整和升级过程中，一定要以市场为导向，以整个区域乃至于全国的资源配置为出发点，防止大而全、小而全；企业之间不仅要着眼于竞争，更要致力于合作；既要考虑规模效益，又要重视内在质量，防止盲目扩张。

（二）继续做好淘汰落后“小水泥”工作

淘汰落后“小水泥”和发展新型干法有着紧密的联系。落后的生产能力不退出市场，先进的生产能力就没有发展空间。因此要按照“三个代表”的重要思想和党中央、国务院的工作部署，继续加强组织协调，会同财税、金融、工商、环保、质检、安全等部门，针对行业特点，抓紧研究采用经济、法律手段和必要的行政措施进一步做好有关工作，切实防止已关闭的“小水泥”企业和应淘汰的落后生产能力死灰复燃。

1.配套完善法律法规，加强依法行政。国家经贸委已组织制定《企业关闭条例》上报国务院。争取2003年起正式实施。一是严格界定范围和标准，不分企业规模大小，以污染环境、破坏资源、质量低劣、不符合安全生产条件等为依据，凡违反这些方面法律法规的，一律纳入关闭范围；二是严格企业关闭程序，明确执法主体、债权债务处理、职工安置等，为关闭工作有序进行提供法律保障；三是严格惩罚措施，对已明令关闭企业违规生产的，对关闭企业转移落后设备的，要加大惩罚力度，依法进行查处。关闭企业必须做到拆除销毁设备，关门走人，不准租赁、转让、易地重建或改造扩建，不准向西部地区转移落后设备。

2.加大执法力度，加强执法监管，建立责任追究制度。一是将关闭“小水泥”与整顿和规范市场经济秩序工作结合起来，坚决打击非法、无证生产的企业，取缔非法企业；二是加强对水泥生产许可证、排污许可证、工商营业执照的监管，严格各种证照的发放程序和必要条件；三是加强执法监管，做到有法必依、执法必严、违法必究。对于负责各类行政审批事项的政府主管部门和发证发照机构审批把关不严、不按规定程序办事、违犯法律和产业政策的公务人员，要依法追究相应责任。

3.运用经济手段，适当增加“关小”补助资金。“小水泥”企业比较集中的地区，往往是转产难度大、财政比较困难的地区。各级政府应设立“关小”配套专项资金，包括用于企业关闭后生产线的拆除费用。中西部贫困地方财政上确有困难的，国家财政应适当增加转移支付。

四、抓住机遇 加快发展、培育和壮大水泥企业集团

“十五”期间，我国经济发展重点是要解决好结构调整和技术进步问题，转变经济增长方式、提高经济发展的质量和效益。近几年水泥工业发展的实践表明，在以结构调整、技术进步为主要内涵的经济发展阶段，大公司和企业集团发挥着重要作用。

安徽海螺集团、新疆天山集团等企业取得的成绩和在水泥结构调整中所发挥出来的作用充分表明：大公司和企业集团是产业结构调整的主体，并日益成为水泥工业结构调整和产业升级的主导力量。水泥行业结构调整的规模和效果主要取决于结构调整主体的能力和实力。在市场经济条件下，这个主体只能是企业，尤其是大企业。过去，我们一直强调结构调整，但由于代表水泥先进生产力的新型干法比重太小，企业实力较弱，主导作用发挥不出来，结果是越调整，立窑水泥越多。而现在，情况已经发生根本变化，一批企业伴随新型干法预分解水泥的“热潮”发展壮大起来，水泥结构调整也有了实实在在的进步。“十五”期间，我国水泥行业结构调整的任务非常繁重，我们希望在座的大公司和企业集团能够尽快发展起来，在结构调整中发挥更大的作用。

水泥行业大型企业集团大多是在过去国家统配水泥企业的基础上发展起来的，在长期计划经济体制的影响下，布局分散，规模不大；起点不高，底子不厚，实力有限；历史遗留问题多，社会负担重；企业组织结构不合理，管理水平不高，

技术积累不足；内部机制转变不到位，观念僵化。水泥行业的大公司和企业集团程度不同地都存在上述问题。必须下大的决心，进行体制改革和机制创新。目前，水泥企业加快改革和发展，尽快壮大自身实力，脱胎换骨为有较强竞争力的大企业、大集团，可以说面临最好的时机，谁能抓住机遇，发展起来，谁就能在市场竞争中处于有利位置，在结构调整中获得更大市场份额。

加快培育和发展水泥行业的大公司和企业集团，政府和企业工作的侧重点各有不同，根据国务院办公厅转发的《关于发展具有国际竞争力的大型企业集团的指导意见》和国家经贸委李荣融主任最近几次讲话的精神，主要有以下几点要求：

一是要以企业为主体。企业间的兼并、联合、重组要充分尊重企业意见，按照市场规律办事，政府不能搞“拉郎配”。实践证明，靠“拉郎配”是不可能把企业集团做优做强的。

二是培育核心竞争能力，立足于做优做强。企业技术创新能力是提高企业核心能力的关键，每一个大企业都要建立自己的技术开发中心，提高研究开发费用在销售收入中所占的比重，形成有利于技术创新和科技成果转化的管理体制和运行机制。

三是加快现代企业制度建立的步伐，支持具备条件的企业到境内外证券市场改制上市，通过上市转换经营机制。要重视推进企业内部人事、劳动和分配制度改革。如果不彻底改变企业养懒人、养闲人的机制，最终绝无竞争力。

四是重视制度建设，完善财务监督。一些企业集团发展到一定规模，子公司多了、母子公司链条拉长了，常常出现程度不一的内部失控现象。因此，大公司和企业集团要完善公司治理结构，建立以预算管理为中心的集中的财务管理体制，借助信息技术手段有效管理和监控，加强集团内部财务审计和担保管理。

五是政府有关部门积极为大企业发展创造良好的外部环境和公平竞争的条件。各级政府有责任积极推进国有资产管理、监督、营运体制改革，通过授权经营，建立国有资产经营责任制，建立健全对企业经营者的选任、约束和激励制度。继续理顺政企关系，清理和减少不适应市场经济体制要求的行政性审批。对一些全面放开有风险、看不太准的审批项目，可先从大公司和企业集团开始试行，使他们尽早拥有和国外大公司同样的发展条件和自主权。

★该篇文章2002年9月发表于《中国水泥》杂志。

我国水泥工业结构调整关键在于走新型工业化道路★

国家发展改革委工业司　刘　明

在水泥行业呈现产销两旺，整体经济效益大幅度提高的时候，一些地方企业纷纷投资水泥项目，几十万吨的要搞到一百万吨，一百万吨的要搞到三五百万吨，三五百万吨的要搞到一千万吨，出现了水泥投资热。

深入分析结构调整过程中出现的投资过热和盲目发展带来的深层次问题，有助于把握好宏观调控的政策取向，引导行业健康发展。

一、水泥结构矛盾十分突出，新型干法水泥比重仍然很低

2002年我国水泥产量为7.25亿吨，居世界第一位，其中新型干法水泥产量比例仅为16%，84%的水泥为落后的立窑、湿法窑和小型中空窑生产，与国际先进水平相比，无论是企业规模、产品质量、能源消耗、环境保护，都存在较大差距。世界最大的法国拉法基水泥集团年产量已达1.35亿吨，我国最大的安徽海螺集团年产量才2 690万吨。从整体上比较，我国水泥能耗指标比国际水平高40%；粉尘排放率是国际先进水平的83倍；企业规模国际上平均水平为90万吨，而我国只有15万吨。目前世界上除少数经济欠发达国家还采用少量立窑等落后的水泥生产工艺外，其他国家均采用先进的新型干法水泥生产工艺，而我国还是以立窑为主。因此，我国水泥工业只是大而不强，仍处于粗放状态，与党的“十六”大提出的新型工业化要求相距甚远，水泥工业调整结构的任务相当繁重。

二、水泥工业结构调整存在的主要问题

1. 一些地方不考虑长远规划和产业布局，新建了一批小型新型干法水泥生产线

目前，许多省、市都在建设日产2 000吨以上规模的新型干法水泥生产线。经济欠发达的省份也在大量建设不达经济规模的日产1 000吨的新型干法水泥生产线。由于投资行为短期性和盲目性，加剧了产业布局的不合理性和结构的深层次问题。

2. 西部一些地区不顾产业政策和国家环保规定，盲目新上落后立窑水泥，发展势头很猛

据调查，2002年西部某一小区域内出现了年生产能力为300万吨的立窑群，有些已关闭的小立窑水泥又死灰复燃。同时，在其他地区还有相当一部分落后工艺的小水泥企业也

在不断扩能，环境污染问题非常严峻。这种一边淘汰一边继续扩能增产的小水泥，使我国水泥工业整体结构调整步履更加艰难。

3. **项目前期工作不到位，矿山资源勘探工作滞后**

有些项目建设条件没有落实，就进行设备订货，甚至开工建设，若出现问题，其后果不堪设想。有相当一部分日产2 500吨生产线，甚至个别日产5 000 吨生产线，石灰石原料采用收购的办法，矿山民采民运。石灰石矿山开采技术非常落后，不仅存在安全隐患，而且会造成资源浪费、污染环境植被破坏、水土流失等严重后果。

三、水泥投资热的成因分析

1. **固定资产投资拉动水泥快速增长**

1998 年以来，国民经济保持了较高的增速，连续几年固定资产投资大幅高速增长，给水泥的发展提供了良好机遇和广阔的市场容量，水泥产销量大幅提高，大大地拉动了水泥行业的发展。

2. **水泥装备国产化实现了低投资**

新型干法水泥装备国产化使项目建设投资成本降低，有助于企业建设新型干法水泥项目，同时，外资和民营资本也积极进入水泥行业，助长了水泥投资热情。

3. **利益驱动使得小水泥拼命扩张**

尽管小水泥存在技术装备落后、污染严重、消耗资源多，而且因产品质量差，还给工程质量带来严重的隐患等问题。但由于还有市场需求，加之地方为了增加财政收入和安排人员就业，在缺乏建设资金的情况下，还是违反产业政策，擅自建设落后立窑。

4. **宏观政策拉动了水泥的发展**

党的“十六大”确定的全面建设小康社会的目标，鼓舞了人心，激发了极大的建设热情。房地产、城市化建设、农村基础设施及生活设施建设拉动了水泥的发展。

四、如何看待水泥投资热

水泥行业自1999 年实现扭亏以来，企业效益逐步好转。2001 年实现利润30.5 亿元。2002 年为46.5 亿元。从全行业效益分析看，大中型企业效益明显高于小企业，2001 年大中型企业实现利润27.9 亿元，占全行业利润总额的91%；2002 年实现利润34.8 亿元，占全行业的75%。大型新型干法水泥企业的规模经济优势和技术经济优势得到了充分体现，大企业的快速发展，对结构调整起到了重要的导向作用。

水泥工业毕竟是个附加值不高、利润率较低行业，为什么还有这么多资金投向水泥行业呢？主要原因是，由于水泥是国民经济发展不可缺少的基础原材料，资源比较普遍，产业门槛较低，水泥市场有一定运输半径，只要有市场，各地就会争相上项目。再者就是小水泥发展是以牺牲环保为代价，不考虑资源合理利用。投资小，单位生产成本低，以较低的市场价格，挤占市场，苟且生存。西部地区一些地方，将国家明令淘汰的立窑进行扩径改造，以躲避关闭，并且还在新建立窑扩大规模。由于上述客观原因，促使水泥行业在市场的刺激下迅速扩张，盲目发展。这种短期行为，与新型工业化道路背道而驰。

水泥工业发展重点是按照党的“十六大”确定的走新型工业化道路要求，控制合理的总量规模，依据规划和产业政策确定的原则，“上大压小”，淘汰落后，调整结构，最终达到产业升级的目的。水泥市场增量的空间，只有尽快建设日产4 000 吨级以上的新型干法水泥，来满足市场需求，才能抑制小水泥的重复建设。只有用市场价格的办法，用质优价廉的大水泥去挤占小水泥市场空间，小水泥才能真正退出历史舞台。大的不建，小的不可能淘汰，只能是结构越来越不合理。目前这种不考虑资源、布局、技术进步、合理规模等因素的乱发展形式，只能更加扭曲产业布局并导致新的结构不合理。从调查在建项目情况看，不达经济规模的日产1 000 吨级的小新型干法水泥生产线竟达67 条。根据水泥工业发展规划要求，国家要加快结构调整，加强宏观引导，扶持大企业集团发展，坚持技术进步和可持续发展方针，提高企业集中度和竞争力，鼓励日产4 000 吨级以上大项目建设，用市场办法淘汰落后，走环境、效益协调发展的道路，引导水泥工业健康、有序发展。

五、政策建议

1. **加强规划和产业政策的引导，促进水泥工业健康发展**

为改变水泥工业散、乱、小局面，重要的是落实和抓好结构调整工作，加速产业升级，提升水泥行业整体水平。应加强规划和产业政策的引导，促进水泥工业健康发展。

2. **按照新型工业化要求，走可持续发展道路**

新建的水泥项目，一定要符合产业政策，建设规模要达日产2 000 吨以上。鼓励有条件的企业建设日产4 000 吨以上规模生产线。同时，还要加强对石灰石矿、硅质原料等民办矿山的治理整顿，提高资源综合利用率，要采取措施，对矿区进行复垦。生料粉磨、水泥粉磨要采用节能粉磨设备，综合利用水泥窑系统排放的废气余热回收发电，实现节能降耗。鼓励靠近大中城市的水泥企业使用先进成熟的技术，处理可燃工业废弃物。

3. **加强宏观调控，实现西部水泥工业跨越式发展**

为抑制西部地区落后工艺水泥生产企业的发展，减轻西部地区环境压力，同时能为西部大开发工程提供优质高标号水泥，实现西部地区水泥工业跨越式发展。鼓励有实力的水泥集团、国外资本、民营资本在西部地区投资建设大型新型干法水泥生产线，以大水泥填补西部地区水泥市场增量空间。

4. **水泥企业发展要提高企业集中度，实现集约化经营**

鼓励各地政府和企业，可借鉴安徽海螺集团发展经验，在有资源的地方，建设大型水泥熟料基地。同时，在有市场的地方，将具备条件的小企业改建为粉磨站、中转库或预拌混凝土等接替产业，使得控制水泥总量工作得到落实。

5. 采取有力措施，淘汰落后生产能力

抓紧修订环保指标、技术经济指标和相应标准，提高混凝土标号，用标准法规的办法，提高水泥生产准入门槛。地方政府和各级环保部门要加大环保执法力度，严格执行国家有关规定，采取有力措施，限期淘汰、关闭落后生产能力。

6. 加强政策宣传和行业信息导向

要发挥水泥协会等中介组织的作用，研究市场变化，及时、准确地提出分析预测，政府要定期发布市场信息，引导企业投资、经营决策。

★该篇文章2003年8月发表于《中国水泥》杂志。

水泥论坛

中国预分解窑的发展空间★

◎中国水泥协会会长　雷前治

日前，中国水泥协会就预分解窑发展的大型化问题向国家计委副主任张国宝同志作了专题汇报，其主要内容是：建国以来，虽然国家和外商直接投资建设了一批现代化的大型水泥企业，但是由于水泥长期供不应求，拉动了广大民营资本和乡镇企业的投资积极性，形成了一个以中小企业为主、以落后的立窑为主、生产低标号水泥为主的行业。1996年以后，水泥供求关系发生了根本性的变化，结构性矛盾随之突现出来，从总体上说，中国水泥行业大企业太少、单线规模大的现代化生产线太少、国际竞争能力太弱，与水泥生产大国的地位不相称、与入世后激烈竞争的市场要求不相称。为此，建议国家在政策上支持水泥企业间资产重组，培育大的企业集团迅速成长，在投资上向大企业和企业集团倾斜、向单线规模大型化的项目倾斜，尤其对不需要中央投资的大型水泥项目（大于日产4 000吨），希望国家在审批时大力支持甚至放开。这篇资料是汇报的背景材料。

1．世界水泥行业概况

水泥生产是物理化学过程，最重要的化学反应是在水泥窑中完成的。

水泥从1824年投入工业生产以来，水泥窑的发展经历了立窑－干法中空窑－湿法窑－悬浮预热器窑－预分解窑五个阶段。我国所说的新型干法窑是对悬浮预热器窑和预分解窑的总称。

2000年，世界水泥消费量约16.5亿吨（见表注），贸易量约1.44亿吨。世界水泥生产和消费前10名的国家见表1。

世界水泥工业技术发展的总趋势是设备大型化和消纳工业废料和生活垃圾。目前世界上单线规模最大的是泰国3条日产10 000吨生产线，经济较发达国家新建设的水泥工厂规模一般在日产5 000～8 000吨。美国正在筹建日产12 000吨生产线，年内开工，预计2004年投产。

表1　2000年世界水泥消费大国　　单位：万吨

序号	国家名称	消费量	产量	进口量	出口量
1	中国	59 000	59 700	280	621
2	美国	13 020	10 200	2 820	－
3	印度	9 400	10 550	－	100
4	日本	7 230	8 330		750
5	韩国	4 850	5 260		500
6	巴西	4 010			
7	意大利	3 800			
8	土耳其	3 200			
9	西班牙	3 100		590	
10	德国	3 000			

注：《World Cement Review》在公布2000年世界水泥产量和消费量时，只列入我国150家企业，2亿吨产量。按此口径统计世界水泥产量是16.5亿吨。

表2　2001年世界水泥企业前10名　　单位：万吨

序号	企业名称	生产能力	产量	贸易量	所在国家
1	Lafarge	15 500			法国
2	Holcim	15 000			瑞士
3	Cemex	9 900			墨西哥
4	Heidelberg	9 900			德国
5	Italcementi	5 500			意大利
6	Taiheiyo	5 000			日本
7	RMC	2 800			英国
8	Dyckerhoff	2 800			德国
9	The Siam Cement Group	2 300			泰国
10	Cimpor	1 800			葡萄牙

2．中国水泥概况

中国的第一桶水泥是1892年由唐山启新洋灰公司生产出

来的，中国是亚洲最早生产水泥的国家之一。

建国以后，水泥工业的发展可分为两个历史时期。第一历史时期是1949－1995年，这是个高速发展时期，45年年均增长速度达17.5%，创世界水泥发展速度之最。在这个历史时期内，按投资性质分类，大致又可分三个阶段：

1950～1979年为第一个阶段，主要特点是依靠中央投资为主，以引进东欧设备为主，以行政区域布局为主，以发展湿法回转窑为主，建设了一批中型水泥厂，成为我国国有水泥企业的主体。1979年末全国旋窑水泥的产量占60%。

1980～1992年为第二个阶段，主要特点是国民经济快速发展，乡镇企业异军突起，水泥供求矛盾十分突出，各行各业、各级政府、民间集资办水泥厂的积极性空前高涨，立窑得到爆炸性的发展，中央投资只是围绕确保国家重点工程所需水泥的目的，建设了几个大中型水泥厂。

1993～1995年为第三个阶段，即从小平南巡讲话到亚洲金融风暴，是外商来华直接投资建设水泥厂的最活跃时期，在这期间由中央批准建设的大中型水泥项目中，90%以上是“三资”企业。

1995年末，全国有水泥企业8 435个，水泥窑9 093台，其中立窑占89%，预分解窑只有86台，仅占1%；水泥生产能力5.93亿吨，产量4.76亿吨，立窑水泥占81%，500号及以上水泥仅占9%。

1996年，中国水泥工业进入了第二个历史时期，即结构调整时期，或稳定发展时期。6年来，年均增长速度5.6%；累计淘汰小水泥窑4 894台，淘汰生产能力9 450万吨，新增预分解窑生产线84条，熟料生产总能力已经达7 790万吨，全行业规模以上水泥企业4 507家，总生产能力7.18亿吨，产量6.4亿吨。

表3　2001年中国水泥生产消费情况　　单位：万吨

	产量	消费量	进口量	出口量
数量	64 000	63 000	280	621

注：外资企业出口水泥占出口总量的70%，到美国的水泥占出口总量的60%。

表4　中国水泥企业前10名　　单位：万吨

序号	企业名称	能力	销售量	所在地
1	海螺集团	1 236	1 338	安徽
2	渤海集团		848	河北
3	天山集团		545	新疆
4	华新水泥股份公司	500	425	湖北
5	中联水泥集团	450	377	中新集团
6	太平洋	408	344	日本
7	北京金隅	330	306	北京
8	山东水泥	300	222	山东
9	福建水泥	250	214	福建
10	亚泰	250	202	吉林

1984年以来，中国水泥无论是消费还是生产，都高踞世界榜首。但非常遗憾，我们的成果并没有得到国际同行的认可。1999年亚洲水泥会议认为中国生产的水泥80%～90%是劣质品，后经我据理力争，才改为低标号水泥。《World Cement Review》在公布2000年世界水泥统计结果时，只含中国150家企业，2亿吨产量。

中国是个水泥生产大国，也是消费大国，但是并没有获得相应的国际地位和应有的市场份额，突出问题表现在以下几个方面：

一是生产集中度太低。

2000年世界水泥产量16.5亿吨（含中国2亿吨），1 470家水泥厂（含中国150家），150家粉磨站，其中前五名企业Lafarge、Holcim、Cemex、Heidelberg、Italcememti五家企业的产能占世界产能的37%。

日本水泥产量8 330万吨，只有19家企业，太平洋公司就占40%左右，

印度水泥产量10 400万吨，前5家企业的产量占总量的47.6%。

泰国水泥产量4 780万吨，只有6家企业，平均规模是800万吨。

韩国水泥产量5 990万吨，只有10家企业，东洋与双龙两家企业的能力占总量的48%。

台湾岛内水泥生产能力已经达到2 300万吨，而消费市场的容量只有1 800万吨左右，目前尚有两条日产7 000吨生产线正在建设，年内投产。

中国水泥行业前10名企业的产能只占全行业的6%，占预分解窑产能的50%，由此可见我国水泥行业的集中度不要说与发达国家比，就是与世界平均水平比，与周边国家比，均存在较大差距。

二是低标号水泥比重过大。

2001年我国按新标准42.5级以上和特种水泥的产量只占总量的15%，其中还有20%出口了，这不仅反映了我国建筑材料的标准和质量与国际水平的差异巨大，更重要的是看出我国建筑业市场和质量问题的严重性。

三是技术装备落后。

我国2001年预分解窑的产能占全行业的13.8%，而日本占96%、印度占80%、泰国占90%、韩国占100%、台湾占90%，而日本水泥窑平均规模达128万吨，相当日产4 000吨的能力，韩国、泰国的平均规模还要大，台湾也在调整结构，正在拆除立波尔窑，建设两条日产7 200吨预分解窑生产线，年内可投产。我国预分解窑不仅比例低，平均规模也太小。

3. 中国预分解窑的开发与发展

中国对预分解窑的研究开始于1970年，与德国和日本是在同一个时代起步的。

1976年在吉林四平建成第一条日产360吨烧油的预分解窑，标志中国预分解窑的研制和开发完成了工业试验。

1986 年由我国自己设计、主机设备自己制造的日产 2 000 吨生产线在江西万年建成投产，标志着中国自主开发的预分解窑开始产业化。

1995 年，吉林双阳水泥厂日产 2 000 吨生产线建成投产，投产后 3 个月内就达产达标，标志着中国自主开发的预分解窑技术已经成熟。

2000 年，海螺集团获港建设的两条日产 2 500 吨熟料生产线相继投产，总投资 3.7 亿元，吨熟料投资 247 元，标志着中国大力推广预分解窑在经济上的条件已经成熟。

1999 年国家决定将发展新型干法窑列入国债贴息项目予以重点支持。2001 年有 30 条生产线建成投产，新增生产能力 1 540 万吨，标志着中国预分解窑发展进入快车道。

表 5 2001 年末中国的预分解窑

序号	单线规模（吨/日）	数量(台)	熟料能力（万吨）
1	7 200	1	240
2	5 500	2	306
3	4 000 及改造型	6	744
4	3 000 系列	2	201
5	2 000 及改造型	55	3547
6	1 000	57	1762
7	700	47	990
	合计	170	7790

图 1 中国预分解窑的发展历程

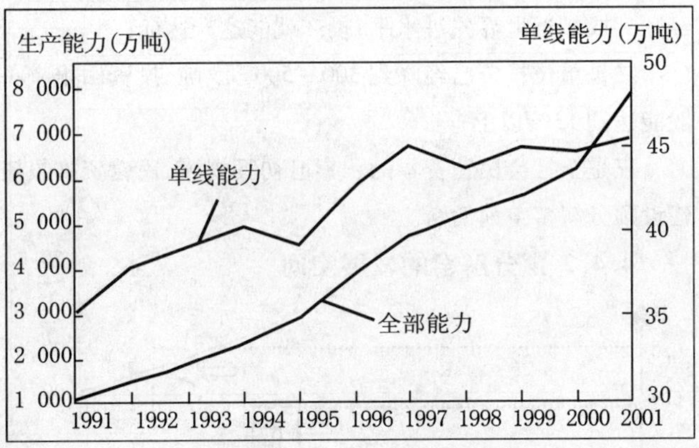

4. 预分解窑在中国的发展空间

4.1 未来 10 年全社会对水泥需求预测

日本早稻田大学经济学教授认为，人均钢筋混凝土占有量的累积是衡量一个国家的经济实力的主要指标之一。换算到建筑材料上就是人均消费水泥量的累积。

发达国家的经验告诉我们，绝大多数国家的水泥都有一个持续高速发展的时期，一般情况下，当人均消费水泥累积达到 20 ~ 22 吨的时候，进入稳定消费时期或消费开始回落。图 2 收集了美国、德国、法国、意大利、日本、台湾等国家和地区的水泥人均消费累积变化情况。

台湾的水泥消费从 1950 ~ 1993 年为持续高速增长时期，这期间人均消费水泥累积接近 19 吨，1993 年是消费量的峰顶，人均消费水泥达 1 350 千克。从 1994 年开始回落，1995 年来仍维持较高的消费水平。

日本从 1950 ~ 1991 年人均累积消费水泥 20 吨，1991 年是日本水泥消费量的峰顶，人均消费接近 700 千克，这一年被日本称之 Bubble Economy Burst，从 1992 年开始回落，亚洲金融风暴以后，消费量继续大幅度下滑。

德国从 1950 ~ 1982 年人均累积消费水泥 18 吨，不仅是上述国家在发展中出现相似的轨迹，法国、意大利等发达国家，前苏联等东欧国家和韩国、新加坡等新崛起的国家的水泥发展轨迹也大致相同，只是消费峰顶出现的年代和峰值大小略有差别。如法国、奥地利、比利时、希腊、意大利等西欧国家，均在 70 年代先后出现消费峰顶，人均消费最大值在 600 ~ 700 千克。前苏联、民主德国、南斯拉夫、保加利亚、罗马尼亚、捷克斯洛伐克等东欧国家是在 80 年代初出现了消费峰顶，人均消费最大值一般在 650 ~ 780 千克。韩国、新加坡等新崛起国家到 90 年代才出现消费峰顶，最大值都在人均 1 吨以上。唯独美国与众不同。二战以后，美国的水泥消费水平一直保持在 200 ~ 400 千克这个低水平线上平稳增长，近 20 年间平均年增长 1.3%。究其原因：一是二战的战火没有烧到美国本土；二是美国钢结构建筑物的比例大大高于其他国家。“9.11”事件以来，水泥又悄悄为广大消费者所青睐，水泥生产商抓住这个机遇，纷纷投巨资对老厂进行改造或扩建，到 2002 年末，新建生产总能力在 4 000 万吨以上。

图 2 各国人均消费水泥的累积示意图

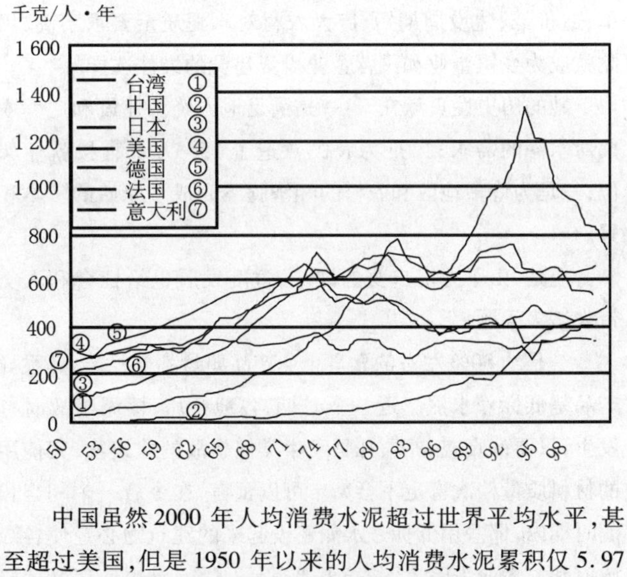

中国虽然 2000 年人均消费水泥超过世界平均水平，甚至超过美国，但是 1950 年以来的人均消费水泥累积仅 5.97 吨，相当于台湾的四分之一。况且在 20 世纪后 50 年人均消费水泥累积的总水平更低。若按发达国家和中等发达国家所走过的路来预测中国水泥工业的发展规律，即按人均消费水泥累积达到 20 ~ 22 吨的时候才到峰顶，在宏观经济保持 5% ~ 6% 增长速度条件下，中国水泥消费的峰顶预计会在 2015 ~ 2018 年期间出现，年消费量最大值预计会在 100 000

±5 000 万吨(即人均600～700千克)。

国外经济学家发表在联合国《世界经济评论》上的文章指出,在未来10年中,中国GDP若保持6%～7%的增长速度,水泥工业增长速度必须保持3%才能满足经济建设的需要。

根据以上两种观点来预测2010年的水泥消费量,得出的结论是一致的,即到2010年水泥需求量预计在9 000±5 000万吨。

国务院研究发展中心在《中国建筑材料工业跨世纪发展战略定量分析及数学模型》中对2010年中国水泥需求的预测结果是85 000±3 000万吨,与上述预测结果很相近。

中国水泥消费市场容量从2001～2010年增加了3.2亿吨,新增的市场空间当然希望全部由预分解窑生产的产品去补充,那么,预分解窑的发展速度必须达到年均增长3 200万吨才能满足需要。

4.2 湿法窑改造已势在必行

2001年末,中国还有各类湿法窑200条,总生产能力5 000万吨。随着煤炭行业结构调整到位,煤炭价格渐趋合理,湿法窑的竞争能力每况愈下,沿海地区的湿法窑企业已经纷纷改造,即使是地处山西、贵州这样煤炭之乡的湿法窑企业也抗不住煤炭价格不断上扬,正在探讨用新型干法技术来改造湿法窑。

4.3 淘汰立窑是历史的必然

立窑是生产水泥最原始、最古老的技术和设备,在大多数国家已经销声匿迹,即便是发展中国家,多数国家的产业政策也明确属限制或禁止的技术。在我国,由于立窑工艺简单、造价低、建设周期短、广大农村对水泥质量要求不高,因此就成为乡镇企业和民营企业投资建设的最佳选择。

她的历史性贡献在于:一是满足地方经济建设和广大农民对水泥的需求;二是为农民营造了156万个直接就业岗位;三是为许多地区和农村的经济腾飞完成了原始的资本积累。

但是,由于立窑自身的缺陷,过度发展也给社会和人类带来诸多问题:

一是约80%左右的立窑企业产品质量不够稳定,其主导产品是低标号水泥。近一个时期,各地桥垮、楼塌事故时有发生,只要认真查一下,凡是发生类似事故的建筑物,其使用的材料质量档次肯定不会高。可以预言,在今后一个相当长的时期内,那些用低标号水泥建设起来的建筑物必定使各级政府和广大业主陷入"炸掉可惜,保留危险,维修使用又耗资巨大"三难的尴尬境地。

二是90%以上的立窑企业收尘设备简陋,粉尘排放严重超标。石灰石和黏土矿山规模小,还有相当一批企业没有自己的矿山,依赖民采,滥挖滥采十分严重。立窑给社会带来的生态和环境问题已经引起各界高度重视。

三是众多的立窑企业在市场上的无序竞争,造成水泥优质不能优价,致使全行业效益低下。

加快淘汰立窑的速度,已经成为社会的共识。上海、青岛、大连、珠海等大中城市,率先决定把立窑淘汰出局;杭州、济南、苏州等城市决定对那些建在旅游风景区内的立窑要限期拆除;江苏北部、浙江东部等无石灰石地区的地县两级政府也纷纷出台政策,欢迎大水泥企业兼并本地立窑企业,拆除立窑并将水泥厂改造为粉磨站。地处西部的四川省,虽然立窑生产仍十分活跃,立窑企业仍然是当地政府的一大税源,但为克服立窑水泥的缺陷,建设厅、交通厅、水利厅等四部门联合发文,限制立窑水泥进入国家和省的重点工程和一般工程的重点部位。所有这些已经出台的政策表明,在中国曾经风靡一时的立窑将逐步退出市场已成为历史的必然。

把立窑全部淘汰出局是一个历史过程,发达国家大致用了50年,在中国可能用更长的时间,专家们预测,立窑退出的顺序是大中型城市－风景名胜地区－无石灰石地区－经济发达地区,最后的阵地是西部交通不发达的山区。

国家计划在今后10年中再淘汰1亿吨立窑生产能力,是比较保守的,这个计划能否实现,关键在于预分解窑的发展速度能否满足生产需求。立窑的发展从60年代初开始快于旋窑,直到1999年从开始出现逆转,可到今年上半年,当水泥市场需求旺盛时,立窑的发展速度又重新快于旋窑,而且已经被淘汰的立窑有死灰复燃之势。

4.4 预分解窑的发展空间

4.4.1 大量发展预分解窑的条件已经成熟

一是技术已经成熟,成熟的标志是各项技术经济指标已经达到或接近世界先进水平;投产就能达产达标;

二是单位投资已经降到300～500元/吨,投资回报率一般能达到13%以上;

三是全社会民营资本的积累已初具规模,民营资本投资建设预分解窑空前活跃。

4.4.2 预分解窑的发展空间

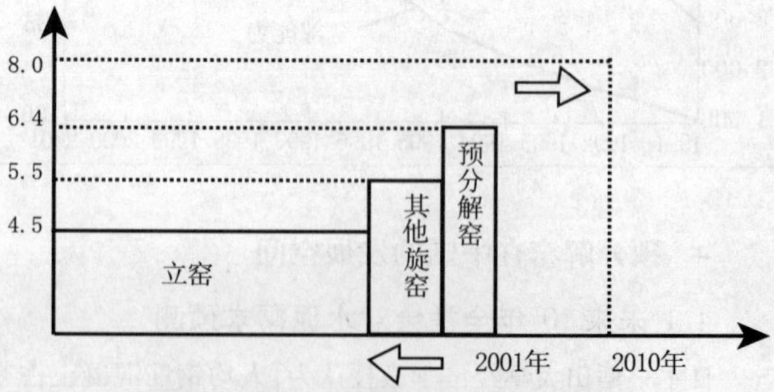

图3 预分解窑的发展空间示意图

图3表明,2001年,中国消费水泥6.3亿吨,其中预分解窑水泥只有8 000万吨,其他旋窑水泥为1亿吨,立窑水泥高达4.5亿吨。到2010年,预计水泥消费总量要达到9.5亿吨,今后9年中总需求增长3.2亿吨市场空间完全由预分解水泥去占领。这9年中立窑和其他各类小旋窑和湿法窑和立窑逐步淘汰必然要腾出一部分市场空间也应由预分解窑水泥去填补,若按经贸委计划每年再淘汰1 000万吨小水泥,

那么,预分解窑的总生产能力必须达到4.8亿吨,新增4亿吨,平均每年增长4 400万吨才能满足经济发展的需要。由此可见,到2010年,能否再淘汰1亿吨各类落后的水泥窑生产能力,关键是预分解窑的发展速度能够满足经济建设的需要,若预分解窑的发展速度满足不了市场增长的需要,不仅再淘汰1亿吨的任务要落空,而且,已经淘汰的小厂还有死灰复燃的可能。

5. 几点政策建议

5.1 给大中型预分解窑建设项目开绿灯

预分解窑的规模经济优势是十分明显的,泰国及中国海螺集团的经验告诉我们,水泥窑单线规模日产每增加1 000吨,生产成本可下降2.5%~4%。既然预分解窑发展的市场空间很大,同时又是实现规模经济的唯一途径,政府在审批水泥项目时,尤其是日产4 000吨及以上的技改或基建项目,只要不申请国家投资,建议一律放开。对东南沿海和经济发达地区,应控制盲目再上日产2 000吨及以下的小项目。

5.2 国家对大型水泥装备与技术的攻关、开发和研制要加强组织领导,并给予必要的财力支持

提高大型国产设备的比例是降低水泥基本建设和技术改造投资最有效的途径之一。

2001年末,我国日产4 000吨及以上规模的能力在预分解窑水泥中只占10%。大型化是世界水泥发展的趋势,也是中国水泥发展的方向。近来,计委和经贸委分别都在抓水泥装备大型化的研制和开发,这是中国水泥行业的福音,广大水泥科技工作者感到无比的振奋和高兴,大家都非常关心项目的进展情况。据参加研制和开发的专家们反映,目前该项目由业主牵头,难免过多考虑投产后安全、可靠,明显感到创新不足,若由设备制造商牵头,又觉投产后安全可靠把握不大,为此,专家们呼吁,请计委或经贸委牵头,吸收有关方面负责人,聘请一些资深专家,共同组织课题组,专司攻关和协调,把好事办好!

5.3 请对配套项目予以关注与支持

由中国自主开发,有中国自己知识产权的预分解窑与国际先进水平的差距集中体现在耐火材料和除尘技术与设备上。为此,建议国家科委对这两类产品的技术研究与开发能予以支持享受国家扶持高新技术的政策。

建议计委和经贸委对能替代这两类产品进口的投资项目列入国债或“双高一优”范围予以支持。

★该文章发表于2002年9月2日《中国建材报》。

水泥工业结构调整的黄金时代来了★

——关于水泥工业“投资热”的调研报告

◎中国水泥协会会长　雷前治

为落实中办发[2003]103号文的精神,国家发展与改革委员会把水泥工业发展与结构调整的态势列入五个重点调研的产业,中国建材协会和中国水泥协会全力配合发改委开展调研。

中国水泥协会会长座谈会希望水泥协会能把水泥企业和广大水泥工作者的愿望和意见准确反映给发改委和国务院领导。为此,将座谈会的发言与实地考察收集到的资料进行简要整理,对几个热点话题进行了研究和分析,形成了本报告。

一、2003年水泥行业经济运行的特征

水泥工业在经历1992~1995年的高速发展,1995年下半年开始出现前所未有的低水平总量过剩,一度陷入困境。1998年从低谷中开始爬坡,增长速度逐年提高,到2002年产量达到7.25亿吨,实现利润46亿元,分别比2001年增长10.6%和20.5%,进入新一轮的快速增长期。2003年以来,多数地区产销两旺、价格稳定、效益提高,1~8月生产水泥5.1亿吨,比2002年同期增长16.1%,实现销售收入1 050亿元,增长18.7%,实现利润34亿元,增长108.8%,是1995年以来增长最快的一年。

2003年水泥行业经济运行有以下几个特点:

1. 立窑生产能力的增长态势已经得到有效遏制

建国以来,国内水泥长期供不应求,直到1995年开始逆转,当年水泥产量5.6亿吨,立窑水泥占81%,结构性矛盾十分突出。国家建材局提出水泥工业应从“产量效益型”向“质量效益型”转变,随后针对立窑制定了“限制、淘汰、改造、提高”的方针,得到吴邦国副总理和计委、经贸委的肯定和支持,国务院、计委、经贸委围绕水泥工业结构调整制定了一系列的方针政策,各省市也纷纷采取相应的措施。1996年上海市政府根据上海缺乏生产水泥的资源的实际情况决定逐步退出水泥制造业,率先提出要淘汰立窑,并对入沪水泥采用“准用证”的办法控制立窑水泥涌入上海,为水泥工业结构调整开了先河。随后北京也提出限制立窑的发展,申奥成功后以政府令的形式明确要求所有的立窑必须在2003年底全部关闭。浙江省为还杭州一片蓝天和保护天堂美景,省财政曾拿出2 300万元作为拆立窑的补贴。四川省建设厅、交通厅等四部门联合发文规定,国家和省的重点工程和一般工程的重点部位、混凝土搅拌站等不准用立窑水泥。湖北等省也出台了类似的文件,山东、甘肃等省正在酝酿出台类似文件。据各地介绍,2003年以来,标号相同,旋窑水泥价格一般比立窑水泥每吨高15~20元,经济发达地区,价差还要大。这说明政府的调控作用非常重要,为水泥结构调整营造了良好的市场环境。

调研时我们比较注重在同等条件下来研究和比较新型干法窑与立窑的竞争力。在河西走廊,日产1 000吨新型干法窑的主要经济指标与管理好的立窑基本相当或略好于立窑,但2003年上半年水泥销售不畅,首先被关停的是湿法窑和立窑,只有新型干法窑满负荷生产。山东枣庄的石灰石、煤、石膏、粉煤灰和电价属全国最低,当地最好的立窑企业,规模达到200万吨以上,熟料的单位生产成本在100元左右,熟料28天强度在50~52兆帕,32.5级水泥出厂价只有165元/吨,可以说这就是全国最优秀的立窑企业的水平。而毗邻的新型干法水泥厂的熟料生产成本与该立窑厂的水平相当,但熟料强度一般比该立窑厂的要高10兆帕左右,42.5级水泥出厂价在每吨225~245元。海螺集团的15条新型干法窑平均规模大于日产4 000吨,熟料平均生产成本只有每吨82元,国内最好的新型干法窑的熟料28天强度可以大于70兆帕。经过近30年的努力,特别是国内新型干法窑技术与装备已经完全成熟,国产化率不断提高,投资成本不断下降,投产就能达产达标,竞争优势已经明显好于其他各种生产工艺,已经在全国形成共识。在成都地区,当拉法基都江堰水泥厂的32.5级水泥的出厂价降到每吨225元,成都地区的立窑便开始自行关闭淘汰。四川建材行办在汇报中写道:"四川绝大多数水泥企业形成了共识,再建立窑生产线已没有出路,出路在发展新型干法窑"。上海、北京、浙江等省市,从1998年以后再也没有发展过立窑,据四川、湖北、云南、贵州、重庆、甘肃等省建材行办介绍,前两年还在轰轰烈烈对立窑进行扩径技改,可2003年以来,除极个别由外省人来租赁经营或承包经营的企业还在进行扩径改造,没再发现投资新建立窑的。从国家统计局提供的2003年上半年水泥制造业投资项目一览表,经与地方一一核对,对立窑的技改投资只占总投资的5%左右,多半是2002年项目的延伸。

近年来,不仅大中型水泥企业在积极发展新型干法窑,许多优势立窑企业也纷纷发展新型干法窑,据不完全统计,2002年投产的51条新型干法窑就有28条是立窑企业投资建设的。2003年投产和在建的184条新型干法窑中有三分之一是立窑企业投资建设的。从本人所到过的省区市看全国,2003年立窑的发展才真正得到有效的遏制。

2. 生产和消费的热点在华东经济区

2003年上半年全国生产水泥37 090万吨,出口水泥241万吨,进口熟料9.3万吨,国内人均消费215.9千克,其中华东地区生产14 573万吨,消费14 824万吨,约占全国的40.25%,人均消费409.58千克,是全国的185.78%。上海、浙江、江苏人均消费超过500千克,山东接近500千克,福建接近400千克,全区达到401千克。其他地区,只有北京、广东人均消费达到500千克,天津接近400千克,黑龙江、吉林、内蒙古、山西、安徽、湖南、贵州等省低于200千克。

可见消费的热点主要集中在华东经济区(见图)

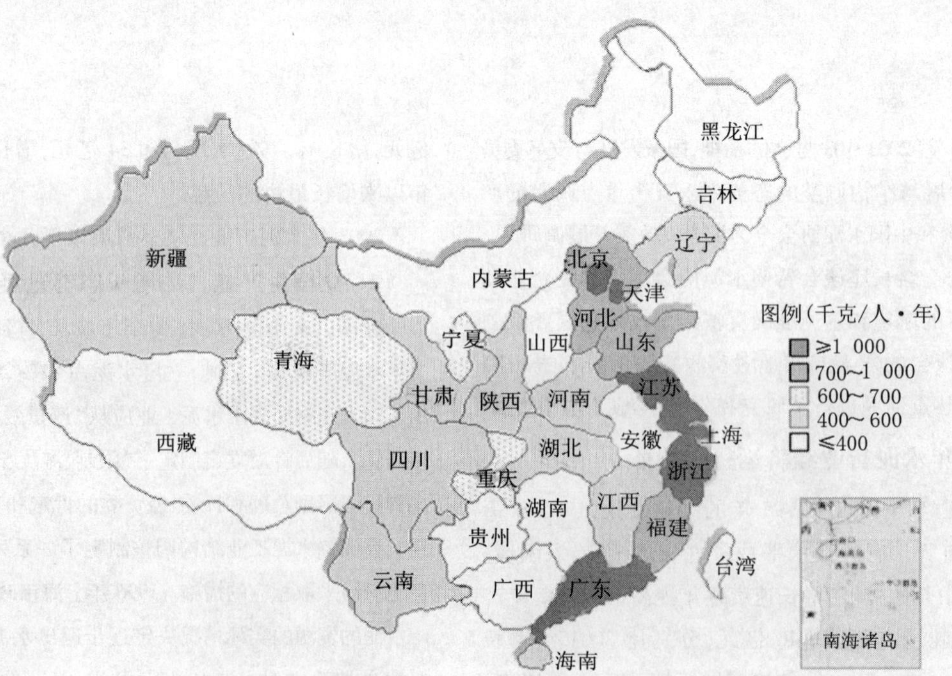

各省市自治区人均水泥年消费量分布图

3. 新型干法窑水泥的高速增长仍然满足不了市场需求

新型干法窑的熟料产量即使增长40%以上，由于基数太低，2003年纯增加新型干法窑水泥也只有4 000万吨左右，预计2003年水泥消费量要突破8亿吨，比上年纯增加7 500万吨，新型干法窑水泥供应不上，只有立窑水泥去填补。

国内立窑行业的状况比较复杂，很难统计准。1995年工业普查结果是：全国有7 883台，产量占当年的81%。1995年水泥市场疲软，尤其在国办发[1999]49号文下发后，直径小于2.5米的小窑确实淘汰了4 000条左右，但有相当一批立窑进行了扩径改造，2001～2002年，全国新增直径3.2米×11米立窑300多台，到2002年末据许可证办公室不完全统计分析，全国有立窑生产线6 000～6 500条，总生产能力约5.7亿吨左右，生产能力约占全行业的71%。

2003年虽然全国用新型干法窑熟料生产的水泥纯增长量应该大于立窑的增量，但一些局部地区却不一样，比如山东，上半年生产水泥4 448万吨，比上年同期增长23.6%，2003年的产量预计达到1亿吨，主要靠立窑实现了高增长，立窑水泥占90%。即使这样，在枣庄、淄博，那里的立窑都满负荷生产，汽车排长队，鲁南水泥厂一改往年水泥外销率高达40%～50%的局面，2003年外销不足10%。山东立窑水泥火爆的主要原因是新型干法窑水泥太少了！

4. 粉磨站发展迅速，异军突起

调研中发现，广大新型干法窑企业与科研设计院所、大专院校密切合作，对现有的新型干法窑不断进行技术改造，已经成功地推进了这些窑的技术进步，在工厂我们看到，原设计日产1 000吨的窑普遍可以达到日产1 200吨，原设计日产2 000吨的窑基本可以达到日产2 500吨，日产4 000吨可以达到日产5 000吨，而且所有的日产1 000吨以上的窑都在满负荷生产，有的厂年运转率高达98%。2001年末新型干法窑的熟料生产能力7 335万吨，2002新增3 180万吨，增长43.35%，进入2003年新型干法窑水泥增长速度应该在40%以上，但从统计表上只有17.6%，仅仅比全行业高2个百分点，那么多的新型干法窑熟料到哪里去了？

调研中发现，商品熟料市场非常活跃，一是许多立窑水泥厂外购部分回转窑熟料来改善自己的产品质量；二是粉磨站的发展可谓异军突起，据许可证办公室提供的不完全统计，粉磨站的生产能力已经占水泥生产能力的8.53%。由此可见，商品熟料市场不断扩大，用水泥生产的统计结果很难全面评价新型干法窑在水泥工业结构调整中发挥的作用。

粉磨站的状况确实令调研组难以说清楚，像海螺在全国各地建设的一大批粉磨站、华新的南通粉磨站、山水的青岛粉磨站、冀东的三河粉磨站等都能用新型干法窑生产的熟料，严格按国家标准组织生产。但全国还有300多家大大小小的粉磨站，情况就非常复杂，调研组在暗访中看到有的小粉磨站，工艺不完备，设备陈旧，检验手段极其简陋，国家标准在那里被践踏，更有甚者，造假售假。

二、新型干法窑步入健康发展时期

2003年以来，新开工建设新型干法窑的项目日新月异，不同统计口径，不同的统计截止时间，数字都会有较大的差异。这里主要依据14家有新型干法窑设计任务的设计院报来的资料和国家统计局《关于2003年上半年水泥制造业城镇500万元以上投资项目统计表》，截止到6月底，今年投产和在建的新型干法窑共184条生产线，新增熟料生产能力15 445万吨，上半年在建项目的投资规模达522.77亿元，完成投资119.58亿元，已经落实资金155.89亿元。经对这些资料研究分析，这一轮投资高潮有以下几个特点：

1. 生产规模大型化是投资的主流

从1984年冀东水泥厂投产以来，大型化的规模效益就非常明显，业内人士做梦都想建设日产4 000吨以上生产线，但苦于经济条件所限，20年来主要依靠外资共建设日产4 000吨以上规模的生产线只有19条（见表1）。

表1　2002年末已经投产的新型干法窑统计表

序号	单线规模（吨/日）	数量（条）	熟料生产能力（万吨/年）
1	5 000～7 200	9	1 463
2	4 000	10	1 240
3	2 000～3 200（含2 000）	76	5 183
4	700～1 500（含700）	127	3 543
	合计	222	11 429

资料来源：中国水泥协会

从表1可以看出，大于日产2 000吨的生产能力只占新型干法总能力的69%，平均规模只有日产1 660吨，只相当于中国台湾1986年的水平，说明国内水泥工业不仅是立窑水泥所占比重过大，即使是新型干法窑，也是小型窑的比重偏高，这与世界水泥生产大国的地位十分不相称。难怪2003年在北京召开的12届世界水泥大会的执行主席在开幕词的第一句话就说："中国是水泥大国，但很遗憾，由于各种原因，多数产量没有被同行们统计。"这说明我国水泥工业结构调整任重道远。

2003年投产和在建的184条新型干法生产线中，日产10 000吨生产线有3条，日产8 000吨有1条，日产5 000吨有31条，日产4 000吨有3条，成为今年投资建设的主流，规模小于日产2 000吨的生产线生产能力只占总能力的12.33%，大于日产2 000吨的项目有130个，占总能力的87.67%。这些项目建成后，我国新型干法单线规模可以从2002年的日产1 660吨提高到日产2 700吨（见表2）。

表2　2003年投产和在建的新型干法生产线统计表

序号	单线规模（吨/日）	数量（条）	熟料生产能力（万吨/年）	占总能力比重（%）
1	10 000	3	930	6.02
2	8 000	1	248	0.16
3	5 000	31	4 805	31.11
4	4 000	3	372	2.41
5	3 000	10	930	6.02
6	2 500	75	5 813	37.64
7	2 000～2 300	7	443	2.87
8	1 500	6	279	1.81
9	1 000～1 300	48	1 625	10.52
合计		184	15 445	

资料来源：中国水泥协会

2. 上市企业和大型企业集团是投资主体

2003年投产和在建的新型干法窑生产线中有55条是投资规模排名前10位的上市企业和集团投资建设的。虽然数量只占29.89%，但是其能力却占新增总能力的46.48%（见表3）。

表3　2003年投资规模前10名企业

排名	企业名称	生产线（条）	熟料生产能力		占总能力（%）
			吨/日	万吨/年	
1	海螺集团	14	74 000	2 294.0	14.85
2	渤海集团	7	26 200	812.2	5.26
3	三狮集团	6	17 500	542.5	3.51
4	山水集团	4	15 000	465.0	3.01
4	浙江（光宇）水泥	3	15 000	465.0	3.01
5	中联集团	4	13 000	403.0	2.61
6	广东亨达利	3	12 500	387.5	2.51
7	华新集团	3	11 400	353.4	2.29
8	天山股份	2	10 000	310.0	2.00
8	天瑞集团	2	10 000	310.0	2.00
8	江西万年青	3	10 000	310.0	2.00
9	亚泰集团	2	9 000	279.0	1.81
10	烟台东源	2	8 000	248.0	1.61
	合计	55		7 179.6	

资料来源：中国水泥协会

海螺集团的在建项目全部投产后，在全国将拥有17个熟料生产基地，66个粉磨站，年产熟料4 000万吨以上，水泥5 000万吨，可以跻身世界水泥10强，亚洲排名第一，世界第六。

渤海集团在东北、华北、西北，用收购、兼并、联营等形式，通过对老厂改造和扩建，集团快速成长，到2004年其熟料生产能力可达1 500万吨，水泥生产能力达2 300万吨。

山水集团是后起之秀，其大本营济南党家庄水泥厂几经改造和扩建，已经建成花园工厂。这两年他们抓住济青经济区高速发展的机遇，大力发展新型干法窑，集团迅速扩张，到2004年，其熟料生产能力可达1 460万吨，水泥2 230万吨。

华新集团地处长江中游，他们东进西扩，使这个老先进国有企业旧貌换新颜，到2004年，熟料生产能力可达1 200万吨，水泥2 000万吨。

还有"三狮"、"中联"、"天山"、"亚泰"、"祁连山"、"秦岭"和"天瑞"等集团到2004年，熟料和水泥的生产能力都可望突破1 000万吨，届时，中国10强水泥企业的生产集中度可从2002年末的10%提高到25%左右。

这些企业做大了，就会考虑进军国际市场。"海螺"已经瞄准国际市场，分别在北仑港、南通港、张家港、泰州港各建设了日产300万吨的粉磨站或散装水泥出口设施；渤海集团在黄骅港、山水集团在青岛的黄岛港、华新集团在南通港都建设有粉磨站或散装水泥出口设施，中国水泥企业在国际市场上的竞争能力明显增强。

3. 自筹资金是投资的主渠道

2003年上半年水泥制造业投资的资金来源构成中预算内资金只占1.80%，银行贷款只占32.93%，两项加起来只有34.73%，而自筹资金占55.75%（见表4），这是建国以来从来没有过的，充分说明这一轮水泥投资高潮，自筹资金成为投资主渠道，国家没有投资风险，银行的投资风险也很小。

表4 2003年水泥制造业投资结构情况 单位:万元

DM	投资总规模	项目数	资金来源	预算内	贷款	利用外资	自筹	其他资金
合计	5 227 751	482	1 558 809	28 001	513 269	66 415	868 969	82 155
国有	1 071 974	117	257 739	20 300	79 877	0	125 826	31 763
集体	94 260	19	27 223	0	8 127	500	18 096	500
联营	63 457	8	34 162	0	4 050	0	28 962	1 150
股份	2 982 726	257	1 054 320	7 701	391 002	4 309	608 086	43 222
私营个体	251 278	62	83 027	0	22 314	3 900	51 566	5 247
港澳台	537 850	12	31 480	0	0	7 387	24 093	0
外商	148 884	2	58 319	0	0	50 319	8 000	0
其他	78 222	5	12 539	0	7 899	0	4 340	300

注:资料来自于国家统计局,是指销售收入在500万元以上的企业。

4. 投资的热点集中在华东经济区

把华东六省一市作为一个区域来研究是由水泥的生产消费特点决定的。在这个区域内,石灰石资源主要分布在山东的济青线以南、江苏的陇海线以北,江苏的长江以南、太湖以西和浙江的西部山区,安徽的长江两岸,赣东南与闽西山区。从山东的威海到广东的汕头几千公里的海岸线,经济高速发展,需要大量水泥,可惜却没有石灰石资源,为此,只有依赖长江、运河和海洋水上通道,在有石灰石的地方建熟料生产基地,在有市场的地方建粉磨站这样特有的生产消费模式。

近年来上海市消费的水泥80%依赖外购,江苏有进有出,但进大于出,缺口约10%~12%,浙江略有富余,可出省8%~10%左右,福建的缺口在20%左右,江西产销基本平衡,安徽主要大量外销熟料,山东是水泥生产和外销大省,外销20%左右,大区域内产销基本平衡。2002年生产水泥26 438万吨,自用率达98.70%。

2003年以来,华东地区以上海世博会场馆建设和市政改造工程为龙头,城市化进程在加快,农村小城镇建设正热火朝天,上海、浙江、江苏、山东几乎都是大工地,虽然上半年生产水泥1.46亿吨,同比增长24.75%,但仍然供不应求,拉水泥的汽车排长队,价格持续回升,利润空间不断加大,不仅引来国内外的水泥集团逐鹿华东,许多有实力的立窑企业纷纷投资建设新型干法窑,连行业外的资本也纷纷易帜,加入浩浩荡荡的水泥投资大军。据国家统计局的统计,上半年华东地区的水泥投资占全国的51.96%(见表5),从设计院报来的数字看,全年预计达到62.05%,预测2004年在64.79%左右,这些项目建成后预计新增新型干法窑的生产能力1.44亿吨,占全国新增能力的64%,届时其新型干法窑的熟料生产能力将超过2.0亿吨,至少可以生产2.8亿吨水泥,约占本地区水泥生产能力的70%以上,还有30%的其他各类水泥窑生产能力有待新型干法窑去替代。

表5 2003年上半年水泥投资分布情况表

序号	地 区	投资规模		已落实资金	
		亿元	%	亿元	%
1	华北	51.79	9.90	15.43	9.90
2	东北	33.14	11.96	11.96	7.67
3	华东	220.36	42.15	80.58	51.96
4	华南	104.21	21.34	16.17	10.37
5	西南	56.95	10.89	16.29	10.45
6	西北	26.34	5.04	15.45	9.91
	合计	522.77	100.00	220.04	100.00

资料来源:国家统计局2003年上半年水泥制造业500万元以上企业技改和基建项目一览表。

在北京及周边地区水泥座谈会上,北京的国有水泥企业反映,2003年北京市的企业销售下降,价格下降,回款下降,成本上升,呼吁政府加强宏观调控。

2003年上半年华北地区共生产水泥4 544万吨,比上年同期只增长8.4%,人均占有水泥投资规模只有36.01元,分别比全国平均水平低7.4个百分点和4.79元。从统计资料看,华北地区无论是生产还是投资都没有热起来,为什么北京的水泥市场如此疲软?

主要原因:一是北京的消费量并没有下降,虽然价格比上年下降20~30元/吨,但在华北地区,其价位仍然在制高点上,周边地区的水泥大量涌入北京;二是北京市的水泥企业规模偏小(见表6),环保治理费用高,负担重,与周边地区的企业相比,成本要高15%~30%,邯郸地区的新型干法窑水泥运到北京的销售成本比北京水泥厂低10%左右;三是与北京毗邻的县市,小立窑和小粉磨站林立,许多厂生产工艺不完善,质量检测体系不完备,设备简陋,没有环保投资,以极其低廉的价格在北京市场打乱仗。

表6　北京市2003年新型干法窑结构情况表

单线规模（吨/天）	数量（条）	熟料生产能力（万吨/年）	比例（%）
≥2 000	6	450	63.92
1 200	6	223	31.68
1 000	1	31	4.40
合计	13	704	

资料来源：中国水泥协会

华南地区只有广东从改革开放以来，人均消费水平连续多年高居全国榜首，直至2003年，仍然是消费热点省市之一，但广东的水泥结构很不合理，上半年生产3 132万吨，立窑水泥仍占84.5%，新型干法窑的比重低于全国平均水平。2002年以来，外资和国内外省的集团公司和民营资本纷纷前来投资建设大型化新型干法窑，引起省委省政府和业内人士的重视，省内也正在酝酿加大对大型化新型干法窑的投资力度，加快结构调整的步伐。

西南和西北地区虽然回转窑的比重高于全国平均水平，但新型干法窑的发展比沿海地区相对滞后，今年只有3条日产4 000吨以上的生产线正在建设。

综上所述，当前投资建设大型化新型干法窑的热潮主要集中在华东经济区，这些项目投产后，水泥市场将会发生激烈的振荡，大批的立窑、湿法窑、各种小回转窑，甚至连小型新型干法窑将先后被关闭和淘汰。北京周边地区、广东和东北建设大型化新型干法窑趋势强劲，但增长速度比较缓慢。在中西部地区，外资、民营资本和大型水泥集团寻求投资机会的活动很活跃，但真正投资建设大型新型干法窑只能说刚起步。

三、当前水泥结构调整中存在的突出矛盾和问题

1. 发展不平衡，局部地区出现盲目投资、恶性竞争

主要是围绕北京2008年奥运会场馆建设和上海2010年世博会设施建设，采用非排他性方法计算市场容量，过高和不切实际地估算这些工程的水泥消费量。如北京2008年奥运会场馆工程，多数采用轻钢结构，建设期每年用水泥只有30万吨左右，但瞄准北京市水泥市场新建设的新型干法生产线有10多条，新增生产能力达1 000多万吨。大量水泥涌入北京，形成恶性竞争。

上海2010年世博会确实工程浩大，令人鼓舞，2003年刚刚起步，水泥供不应求，价格回升，回款加快，致使一些投资商针对上海市场，在既缺乏资源、能源，又缺乏人才的情况下，不做深入的前期研究，就盲目决策，仓促上马，隐含较大的投资风险。

2. 低标号水泥需求比重过大造成熟料资源的严重浪费

在成都，据拉法基都江堰水泥厂负责人介绍，由于成都市场32.5级水泥需求旺盛，迫使他们用64兆帕的熟料放宽细度的办法生产32.5级水泥投放市场，造成熟料资源的极大浪费。在天津我们了解到2003年上半年城市建设所用的商品混凝土中C30及以下在国际上统称低标号的混凝土要占78.16%（见表7），除上海的情况略好一些，其他地方基本相同。

表7　天津市2003年上半年商品混凝土强度结构情况表

混凝土种类	单位	数量	%
≤C20	m^3	49.72	22.93
C25	m^3	49.43	22.80
C30	m^3	70.40	32.47
C35	m^3	24.87	11.45
C40	m^3	17.21	7.97
C45	m^3	2.70	1.25
≥C50	m^3	2.53	1.17

资料来源：中国水泥协会

四、几点建议

水泥工业上一轮的高增长周期是从1991年到1995年，5年间纯增长水泥产量26 624万吨，平均每年纯增加5 324.8万吨，其中88%是立窑水泥，从而使我国水泥工业陷入结构性矛盾的深渊。新一轮高增长周期若从2002年算起到2005年末，预计新型干法窑的熟料生产能力纯增长2.6亿吨，至少可以生产水泥3.5亿吨。2005年以后，局部地区的立窑和其他各类小回转窑，包括小于日产700吨的新型干法窑水泥将开始萎缩，中国水泥工业才真正步入结构调整的黄金时期。这是中国几代水泥人梦寐以求和坚持不懈共同奋斗的结果，业内人士都非常珍惜这个来之不易的发展格局，衷心希望国家：一要保护投资积极性，决不要踩刹车；二是要对少数企业和局部地区盲目投资的现象予以正确引导。

建议：

1. 强化产业政策的严肃性

修改和完善产业政策，进一步明确国家支持、限制和淘汰的水泥工艺、技术和产品。严格限制除新型干法预分解窑以外的各种工艺水泥项目的新建和扩建。尽快制定石灰石矿山环境保护、绿化复垦、节约资源等方面的政策和规定。

随着投资体制改革的深入，国家弱化项目的审查，建设项目由审批制转为备案制，与此同时政府应强化对产业政策的执行和监督。以强化产业政策的严肃性，对违反产业政策的给予必要的制裁，辅以一定的税收政策引导企业按产业政策要求健康发展。

2. 修改和完善水泥生产标准和应用标准

关于修改和完善水泥生产标准，工程院材料学科的院士们曾多次呼吁国家有关部门予以重视，并提出了具体方案。

但由于建材主管部门撤消以后由谁来牵头不明确，为此建议发改委担当起牵头责任，同国家质量技术监督总局组织建材院、中国建筑材料工业协会、中国水泥协会和水泥标准委员会等有关单位共同完成。

关于改革和完善水泥应用标准，建议发改委商建设部，组织有关部门共同完成。

3. 支持和组织攻关，不断提高大型化技术装备的国产化率

以日产万吨生产线为目标，不断提高国产化率，希望政府在财力、物力、政策等方面继续支持水泥行业对以下几个课题组织攻关，继续推进新型干法窑的技术进步。

(1)以节能和环保为主的烧成技术；

(2)粉磨技术与装备；

(3)高效篦冷机技术及装备；

(4)高效收尘器中的覆膜滤料技术与材料；

(5)高档耐火材料与无铬高档耐火材料；

(6)信息化与自控技术与装备。

4. 控制新型干法窑水泥熟料生产总量

按照"十六"大提出的走新型工业化道路的总要求，用现代科学技术成果改造传统产业已势在必行，根据水泥工业可以充分利用工业废渣的特点，完全可以用控制熟料生产总量，掺入不同比例的混合材生产多种标号的水泥来满足市场需求。

根据国际工程咨询公司组织的调研和对未来中国水泥市场预测的结果，建议新型干法窑熟料的总量控制在6亿吨左右(需组织有关方面进一步论证)。

5. 政府加强对新型干法窑发展的引导

(1)政府在审核水泥项目建设时，根据国家产业政策的要求在环境容量、矿产资源、土地占用等方面严格把关。

(2)强化信息服务手段，引导投资者尤其是立窑企业和外行业投资者，加强对建设项目的市场、交通、能源、资源条件研究，提高决策的科学性，减少盲目性。

(3)为解决当前新型干法窑高速发展造成人才短缺的燃眉之急，建议有关政府部门、协会、大中专院校与企业联手，培养技术及管理人才，加强技能岗位人员的培训。

(4)研究和制定落后小水泥企业退出机制和通道。

★该文章发表于2003年11月《中国水泥》杂志。

水泥行业面临的形势和协会的任务★

◎中国水泥协会会长　雷前治

2003年不仅对中国水泥工业乃至世界水泥工业发展史都是异乎寻常的一年。水泥产量达到了8.63亿吨，比2002增长18.9%，纯增长近1.38亿吨，比世界水泥产量排名第二的印度年产量还要多。2003年水泥行业完成固定资产投资303.16亿元，比2002年增长90%；其中500万元以上水泥投资项目，投资增长121.9%，是所有工业部门之冠。为此，国务院办公厅以国办发[2003]103号文，转发了国家发展改革委员会等部门《关于防止水泥行业盲目投资加快结构调整的意见》。今天，中国建材工业协会，中国水泥协会与国家发展改革委员会经济运行局联合在这里召开"全国水泥行业工作会议暨中国水泥协会常务理事会"，就是为了落实103号文件以及2月4日国务院召开的严格控制部分行业过度投资电视电话会议精神，加快水泥工业结构调整，促进水泥行业健康发展。以下本人就水泥行业面临的形势和今年水泥协会的任务说四点意见：

一、2003年水泥工业经济运行特点

1. 经济运行情况分析

(1)固定资产投资拉动了水泥产量高速增长。

从国民经济发展情况分析，2003年经济增长达到了8.5%，在国内消费增长平缓，外贸顺差明显缩小的情况下，拉动经济发展的主要因素是投资增长。据有关部门估算，投资对经济增长的贡献率在60%左右，也是拉动2003年水泥高速增长的直接原因。

(2)经济运行质量整体提高。

2003年水泥工业运行良好的标志并不仅仅是实现了产量高速增长，主要是实现了速度与效益的统一。全年累计实现利润同比增长148.2%；在总量扩大的同时，结构大大改善，新型干法水泥成为增长的主导；行业发展的能力不断成长，企业活力明显增强，投资增长加快。

(3)水泥工业投资快速增长。

2003年全国水泥行业投资在建项目为1 044个，比上年同期增加301个，规划总投资达到809亿元，同比增长92%。累计完成投资达到303.16亿元，同比增长90%。

(4)新型干法水泥熟料生产能力快速增长。

中国水泥协会于2003年12月中旬，再次从各有关设计单位，设备供应商，专门从事干法窑、预热器窑改造的单位，函调了2003年投产和2004年拟投产的新型干法熟料生产

线，加上我们掌握的企业自己设计的项目（可能还会有个别遗漏的项目，但不会是大项目），最新统计显示，2003 年投产的生产线共 98 条，新增新型干法水泥熟料生产能力（按 310 天计算）6 372 万吨，其中日产 2 000 吨及以上生产线 46 条，熟料生产能力 4 566 万吨，占总投产能力的 72%；日产 2 500 吨及以上生产线 42 条，熟料生产能力 4 309 万吨，占总能力的 68%；日产 5 000 吨及以上生产线 11 条，熟料生产能力 1 798万吨，占总生产能力的 28%。

（5）水泥大企业集团迅速扩张。

2003 年“海螺”的扩张势头仍然强劲，新增熟料生产能力占总能力 29%。目前在建的生产线达 13 条（含 4 条日产 10 000 吨），总规模为 2 635 万吨熟料，2004 年投产熟料规模为 2 170 万吨，届时熟料总能力将达到 4 874 万吨，牢牢确立了在中国水泥界的“巨无霸”地位；渤海集团抓住北京奥运、开发大西北、振兴东北的机遇，在华北、东北、西北采用收购、兼并、联营等形式，迅速扩张，2004 年 9 月份前将新增 434 万吨熟料生产能力；华新集团地处长江中下游，他们东进西扩，在建及拟建熟料能力达 961 万吨，使这个国内“老字号”企业焕发新春；山水集团异军突起，抓住山东经济的高速发展机遇，大力发展新型干法生产线，2003 年投产日产 5 000 吨、2 500吨生产线各 2 条，粉磨站 600 万吨；“三狮”在浙江经济快速发展的拉动下，迅速在省内布点，建设新线和粉磨站，并伺机向省外发展，保持在省内“老大”的地位，已跻身国内五强，2004 年 7 月份以前，将再增加 543 万吨熟料生产能力。

此外“天山”、“中联”、“亚泰”、“祁连山”、“秦岭”、“东方鼎鑫”、“红狮”、“亨达利”、“塔牌”、“越秀”、“天瑞”集团等也都在加紧建设、扩张，这些企业集团所形成的生产能力将大大提高水泥生产集中度。外资企业、港台资企业中，“拉法基水泥”、“嘉新水泥”、“亚东水泥”、“华润水泥”都在采取种种方式，积极、认真做好各项前期准备工作，选择好的地点，好的方式，好的时机进行扩张。

“海螺”、“渤海”、“山水”、“华新”已把他们的产品伸向了海外市场，在北仑港、南通港、唐山港、泰州港、黄骅港、黄岛港分别建设了粉磨站或散装水泥出口设施，这将大大地加强我国水泥在国际市场的竞争力。

2. 主要问题

（1）电力短缺成为制约水泥发展新的瓶颈。

电力供应总量不足；用电需求全面扩张；高耗能行业快速增长；持续高温、干旱、供水不足以及煤炭供应紧张等原因，造成全国大部分地区缺电。受电力供应短缺影响，水泥成为重灾区，尽管山东、浙江、广东、上海等省市的水泥产能增长速度超过 50%，创造了水泥发展史上的奇迹，但华东地区还曾一度出现了水泥供不应求的紧俏局面，导致价格骤升。

以进入上海市场的水泥为例，水泥价格自 2003 年 9 月以来平均每月上涨 30 多元（见图1）。进入 11 月份以来才开始平稳，价格水平比往年高出 8%。

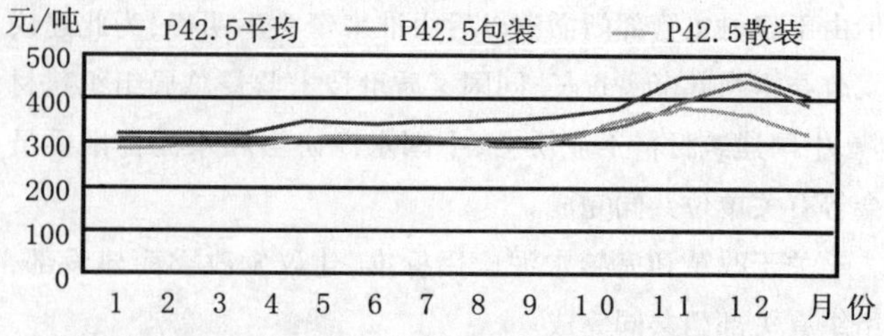

图 1　2003 年上海水泥市场价格变化

（2）交通运输成为水泥发展新的制约因素。

部分地区缺水以及河道整治，造成依赖水系运输的水泥船无法畅通；铁路提速对部分路段进行改造，限制了货运；治理公路运输超载，给以公路运输为主的企业（包括原材料进厂，产品出厂）造成了重大影响。这些都是今后生产经营需认真面对和研究的问题。

（3）结构调整任重道远。

在水泥总量中有近 75% 的立窑等落后生产能力，结构调整和淘汰落后任务非常艰巨，而且目前少数地区和企业在水泥高价格、高利润的驱动下，又出现新建立窑、扩径改造现象，另外局部地区新上项目过于集中，生产能力增长过快，市场出现恶性竞争，给结构调整带来负面影响。

（4）历史的教训决不能忘记。

在如此高增长、高效益、高投入的情况下，全行业要保持高度的清醒，绝不要忘记“九五”期间，水泥纯增长达 2.65 亿吨，1994 年实现利润 146 亿元，创造了历史最好记录，然而到 1995 年下半年，水泥价格急转直下，1996 年及以后的几年里，水泥消费总量虽缓慢增长，但水泥全行业却出现亏损现象。

历史的经验值得注意。如何正确判断水泥行业所面临的市场形势和采取相应的应对措施，保持水泥行业高投入能获得高回报和健康发展是摆在我们面前的非常重要的课题。

二、2004 年水泥工业经济走势分析

刚刚结束的中央经济工作会议已经明确表示，2004 年经济工作要按照稳定政策、适度发展，继续实施积极的财政政策和稳健的货币政策，确保国民经济发展速度在 7% 以上，这无疑给水泥行业吃了定心丸。预计水泥产量由于 2003 年的惯性作用，还会有适度的增长。但是对水泥市场容量增长的期望值决不要太高，原因如下：

（1）2003 年固定资产投资规模高达 16 万亿元，完成投资 5.5 万亿元，如此高速增长已经带来许多新问题，为此，中央和国务院下决心要加强宏观调控，转变经济增长方式，采取一系列严格措施，把投资总规模降下来，防止国民经济出现大起大落，投资规模的下降对水泥需求量将产生直接的影响。

（2）2003 年中国人均消费水泥已经在高位运转。2003 年我国人均消费水泥 650 千克，比日本、韩国、泰国、台湾等国家和地区的水平低，且发展不平衡，沿海的上海、北京、浙江、广东、江苏、天津、山东、福建等五省三市有 4.2 亿人口，生产水泥也达 4.2 亿吨，消费水泥超过 4.5 亿吨，人均消费

水泥超过1吨，这在世界水泥发展史上，如此大的人群达到如此高的消费水平是绝无仅有的，这样的消费水平能维持多长时间，还有待实践。

(3)水泥行业的高回报拉动了社会投资高倾斜。据不完全统计，2003年水泥行业投资中90%用于发展新型干法窑，其中64%集中在华东地区。根据调研统计的新建和改扩建项目，预计2004年将新增新型干法熟料生产能力突破1亿吨，这样华东地区新增产能将达到6 000万吨以上，尽管目前该地区水泥仍然比较紧俏，但随着时间的推移，供大于求的局面已成定局，水泥市场发生激烈的动荡将不可避免。

(4)随着建筑结构的变化，替代水泥的材料市场竞争也日趋激烈。随着城市现代化进程的加快，钢结构替代钢筋混凝土结构的速度也在加快，随着社会经济成熟度的不断提高，单位投资的水泥用量在大幅度下降(见图2和图3)。

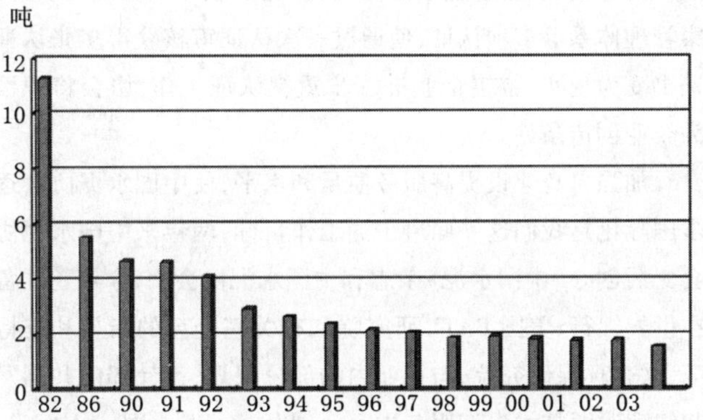

图2　全国万元投资消费水泥的变化

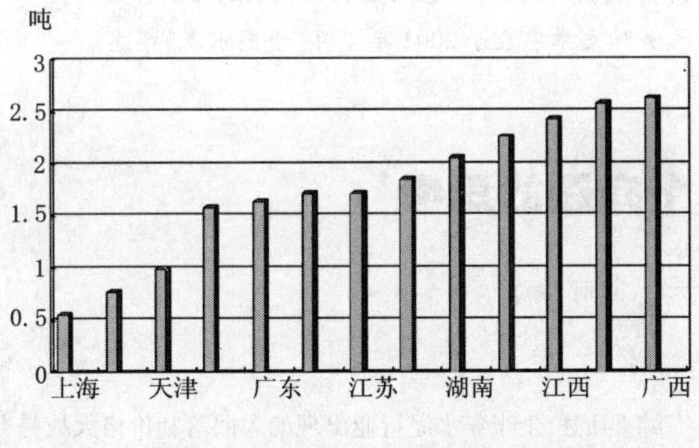

图3　2001年部分地区万元投资消费水泥的差异

从图2、图3可以清楚地看出，水泥需求与投资成正比的关系在新的经济形势下不断发生变化，那就是随着经济水平的提高，投资与需求将不成正比，万元投资的水泥需求量随着经济发展的成熟度提高明显呈下降趋势。

三、走新型工业化发展道路

如何贯彻中央经济工作会议精神，作为水泥企业首先要居安思危，增强忧患意识。在看到水泥工业发展大好形势的同时，也不能无视水泥工业发展中存在的问题，特别是落后生产能力在市场需求的拉动下有死灰复燃的现象，造成严重的资源浪费、环境污染。要想从根本上使落后生产能力退出市场，只有大力发展新型干法水泥，走水泥新型工业化发展之路。具体应在以下几方面做好工作：

1. 把握正确的投资方向，发展大型新型干法水泥

新型干法水泥是水泥行业先进生产力的代表，特别是日产4 000吨以上规模新型干法水泥，无论在能耗指标、资源利用率，还是在质量和环保上，都比其他生产工艺方式先进得多，具有很强的市场竞争力。也只有大力发展大型新型干法水泥，靠大型新型干法水泥的竞争优势挤占立窑、干法中空窑、立波尔窑、湿法窑的市场空间，才能真正达到淘汰落后生产能力的目的，从根本上解决水泥结构调整的刚性问题。因此，在有条件的地区发展大型新型干法水泥，是水泥行业今后的投资方向。

2. 注重环境保护，提高资源利用率

环境监督将是制约落后水泥生产能力的有效手段，国家修订《水泥工业污染物排放控制标准》充分说明了国家对水泥工业环境问题的关注，水泥企业特别是老水泥企业要认真对待水泥生产的排放问题，按新标准的要求，在新标准实施前做好排污的治理工作，以免在今后的限期治理中陷入被动局面。有条件的企业，可以充分利用水泥回转窑特有的处置工业废弃物和生活垃圾的功能，大量处置和有效利用工业废弃物和城市垃圾，使水泥工业成为利废大户，这样可以取得良好的环境效益，从而获得社会效益和经济效益。

石灰石资源问题将是制约水泥工业发展的另一重要因素，水泥企业要注重合理开发利用石灰石及配料资源，完善石灰石矿山开发中的环境保护、土地复垦和生态恢复；用好国家给予的在水泥生产过程中实行清洁生产、资源节约和综合利用的优惠政策，走水泥工业可持续发展之路。

四、2004年中国水泥协会的任务

2003年中国水泥协会主要办了两件事，一是准确向政府反映水泥行业发展的主流、存在的问题和解决问题的政策建议；二是加强协会自身建设，增加为企业服务的手段，提高服务水平。

2004年，中国水泥协会的任务是全面落实国办发[2003]103号文件和2月4日国务院电视电话会议精神，抓住机遇，调整结构，争取给社会投资合理回报，促进新型干法水泥健康有序发展，具体做好如下几个方面的工作。

1. 引导水泥行业走新型工业化发展道路

国办发[2003]103号文和2月4日国务院电视电话会议已经为水泥工业结构调整指明了方向，在落实中也要树立科学的发展观，转变经济增长方式，走新型工业化道路。为此，大型化新型干法窑的发展也必须与充分利用低品位资源和能源相结合；与充分消纳城市生活废料和工业生产废弃物相结合；与提高水泥质量档次、提高建筑物耐久性相结合；与培育大型企业集团、努力提高生产集中度、鼓励有条件的企业进军国际市场相结合。

为把这四个结合变为现实,发改委已经同意中国水泥协会开展前期工作,在条件成熟时,利用国家政策支持建设1～2条示范线。希望感兴趣的企业迅速与发改委工业司和协会秘书处联系,争取上半年完成前期工作,年内开工建设。

为调整大型新型干法窑生产力布局,支持振兴东北老工业区和中西部开发,发改委同意中国水泥协会建议,选择有条件的地方,建设一批日产4 000吨及以上规模新型干法生产线。为此,建议各地的行业主管部门、协会要帮助有条件的企业积极争取国家支持,建设1～2个在当地结构调整中发挥重要作用的项目,但切忌一哄而起,不顾客观条件,盲目上马,致使新的投资不能获得合理的回报,造成新的、更大的浪费。

中国水泥协会正在酝酿按照转变经济增长方式,走新型工业化道路的总要求,参照国际先进水平,制定一系列技术经济指标的标准,供企业、政府和金融等部门决策时参考。希望各大企业、设计院所和技术经济专家能积极参与,密切配合,早日付诸实施。

2. 配合政府完善配套政策,为公平竞争营造良好的外部环境

为把103号文和电视电话会议所确定的防止水泥投资过热,加强结构调整的各项措施落到实处,由发改委经济运行局牵头,商六部委相关司处,与中国建材协会、中国水泥协会共同组成工作协调小组,日常工作人员放在中国水泥协会。主要任务是:围绕严格市场准入,公平竞争和落后生产技术的退出通道,开展调查研究,制定具体方案和政策建议,畅通信息渠道,为政府决策和执法部门加大执法力度提供依据。

该小组在经济运行局直接领导下开展工作,协会要充分发挥桥梁和纽带作用,广大水泥企业既是结构调整的主体,也是最大的受益者,同时又是被监督的对象,希望各地水泥协会和企业都来支持我们的工作,为促进水泥工业健康发展做出应有的贡献。

3. 为维护行业整体利益开展调研提出政策建议

为维护行业整体利益开展调研,提出政策建议,维护会员单位的合法权益是协会的责任,秘书处要根据理事会、常务理事会或会长会议的建议开展维权工作。

4. 强化质量认证与服务工作

水泥质量认证作为国际通行的规范水泥产品质量,将成为促进行业发展的重要手段,认证证书已经成为企业签订贸易合同、招投标、申请贷款的"通行证"。中国水泥协会与建材系统专业认证机构"国建联信认证中心"合作,共同推动行业产品认证、质量管理体系认证,环境管理体系认证、职业健康管理体系等多项认证,使通过一次认证审核获得多张认证证书变为现实,希望企业进一步重视认证工作,协会将积极为企业创造条件。

加强自身建设提高服务质量和水平,使中国水泥协会逐步国际化是我们这一届班子的工作目标,两年来中国水泥协会先后创办《中国水泥》杂志和中国水泥协会网,今年还准备在世界银行、美国BATL研究院和有关基金会的指导和支持下,联合环保研究院,与行业内的部分规划、设计部门共同发起组建水泥技术咨询服务中心。创办"一刊、一网、一中心",目的就是更好地为全行业提供准确、及时、有价值的信息。办好"一刊、一网、一中心",更需要大家的呵护和支持。

★该文章发表于2004年4月《中国水泥》杂志。

新型干法窑发展中几个问题的思考★

◎中国水泥协会会长　雷前治

一、全行业面临的形势

从2004年下半年开始,水泥行业供求关系发生急剧的变化,水泥产量的增长速度、固定资产投资的增长速度、价格和效益大幅度回落,特别是经济效益,2004年全行业利润创历史最好水平,但还没有高兴起来,随着煤、电、油、运全面紧俏,价格一路上扬,而水泥价格却一路走低,到今年一季度形成全行业亏损(见图1、2、3、4)。

主要原因:一是去年下半年以来出现的四个下降是宏观调控的必然结果;二是新型干法窑发展速度太快,落后生产能力退出太慢;三是原燃材料、运输价格上扬,吨水泥成本上升20元以上,而吨水泥价格从去年5月到今年2月反而下降12元;四是一季度是水泥消费的淡季,历年的一季度效益都是全年最差的。

综上所述,上半年水泥行业出现的大回落和价格大战是在情理之中的,这一轮价格大战与1994～2000年那一轮有本质的区别。那一轮价格战是大小水泥之争,大战的结果是促进了全行业的新型干法窑的大发展。这一轮的价格战已经是大水泥之间的竞争,实质上是大企业之间的竞争,这场价格大战的结果必定会带来企业之间的重新洗牌,促进大企业的快速成长和生产集中度的迅速提高。面对这场竞争,许多地区的政府、协会和企业纷纷联手调控价格,这是广大企业利用经济手段来保护自身利益的正当行为,我感到欣慰并支持这一做法。但我担心单纯调控价格很难持久,我建议大家联手来调控市场,主要包含三个环节:控制总量,划分市场,合理定价。

大企业要担负起调控市场重任。结构调整为大企业的发展带来千载难逢的好机遇,为此我呼吁大企业要为结构调整作贡献,主动担负起调控市场的重任。可采用的措施:一是加快资产重组;二是支持中小企业调整产品结构;三是调整自己的产品结构,多生产价廉物美的低标号水泥覆盖许多小厂的市场,满足广大人民群众零星建筑的需求;四是在区域性协会中发挥中坚作用。

政府要采取措施,促进落后生产能力尽快退出市场,当前的价格大战也为淘汰落后生产能力带来千载难逢的好机遇,广东东莞和浙江的经验证明,能否巩固结构调整的成果,加快落后生产能力的淘汰速度,关键在各级政府。为此,我向各级政府呼吁:(1)加大对淘汰落后的财力支持;(2)不失时机出台政策法规,为落后生产能力营造良好的退出通道。

对市场形势的判断是:2005 年的春夏之交对水泥行业是寒冷的,但发展不平衡,水泥市场也还有热点。进入 5 月以后,市场开始缓缓回升,预计市场需求量会有所增长,但纯增量不会太大。我们的期望值决不要太高,各大企业和区域协会要控制总量,合理定价,争取较好的经济效益!

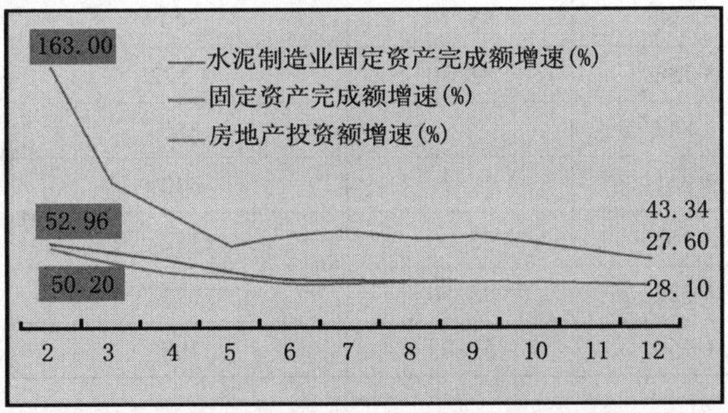

图 1　投资增长速度逐月回落

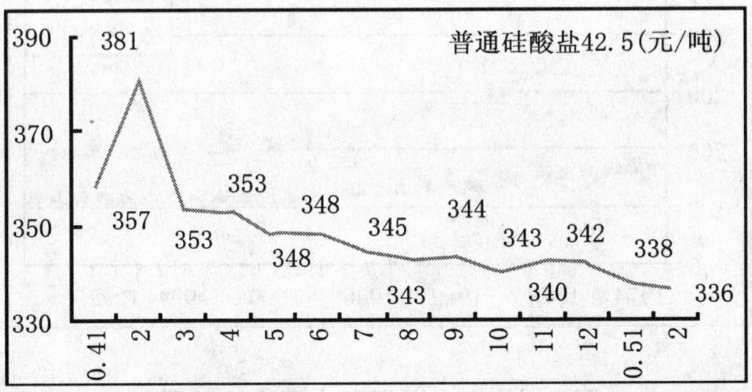

图 2　市场价格逐月回落(全国 120 个城市水泥平均价格)

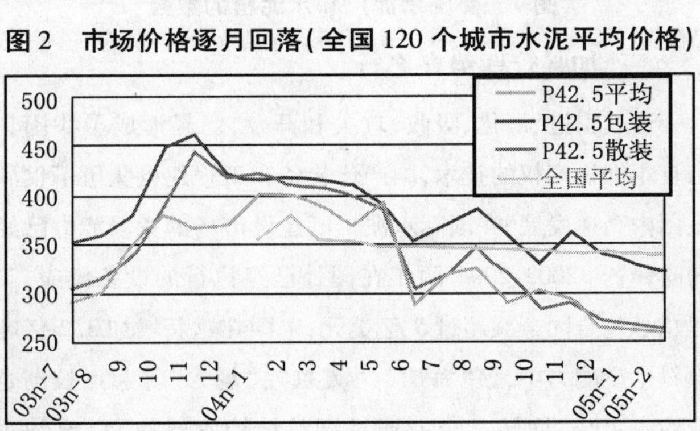

图 3　2004 年上海水泥市场价格变化

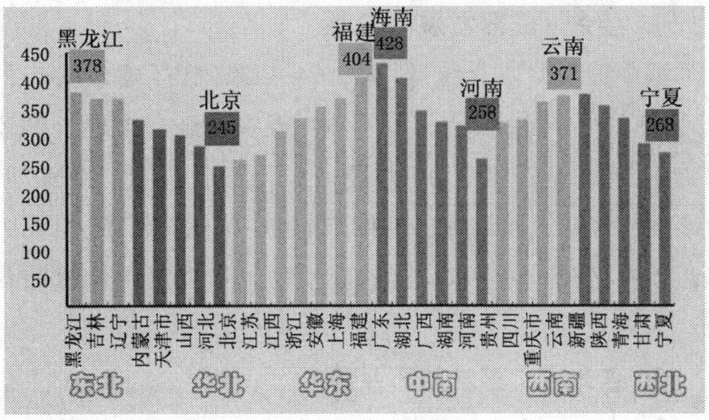

图 4　2005 年 2 月份省会城市普硅 42.5 水泥市场价格

二、预分解窑(简称 PC 窑)发展总量和度的探讨

预分解窑的研究开始于 1970 年,起步虽早但发展却十分缓慢。经过 30 年的努力,海螺集团在荻港完全用我国自己的技术与装备建设起来的日产 2 500 吨生产线的达产达标标志着中国预分解窑才完成产业化。

进入本世纪,中国 PC 窑的发展进入快车道。2001 年新增熟料生产能力达 1 540 万吨,2002 年新增 3 080 万吨,2003 年新增 6 372 万吨,2004 年新增能力达 1.38 亿吨。到 2004 年末,已经投产生产规模在日产 700 吨及以上的 PC 窑共 499 条,熟料总生产能力达 3.29 亿吨(见表 1、图 5)。

表 1　2004 年 12 月末已经投产 PC 窑的数量

PC 规格(吨/日)	生产线(条)	熟料生产能力(万吨/年)	比重(%)
≥6 000	8	2 098.70	6.38
5 000	47	7 300.50	22.21
4 000	12	1 509.70	4.59
3 000	14	1 336.10	4.06
2 000	170	12 527.10	38.11
1 000	207	7 188.90	21.87
700	41	912.95	2.78
合计	499	32 873.95	100.00

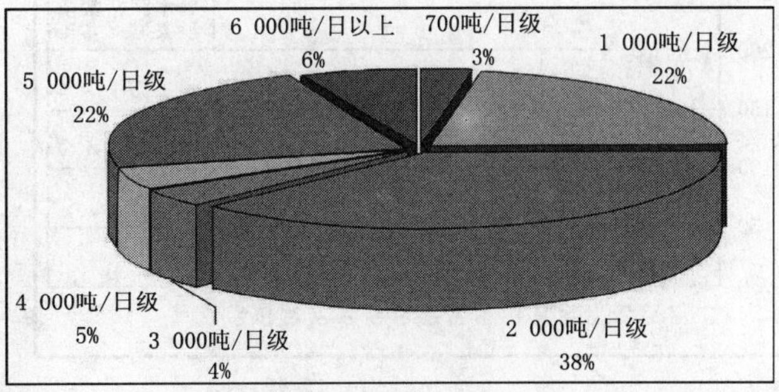

图 5　PC 窑的规模结构

1. 控制 PC 窑发展的总量

据中国水泥协会统计，到 2004 年末，已经建成投产的 PC 窑熟料生产能力，达 3.28 亿吨，现在已经开工建设的还有 144 条线，全部建成后新增能力 1.4 亿吨。但据“海螺”统计全国已经开工建设和已经投产的 PC 窑达 704 条，总能力接近 6.4 亿吨。可见 PC 窑的总量已经接近宏观调控的目标。

2. 各地 PC 窑发展不平衡

各地 PC 窑发展不平衡，华东地区已经投产的产能已经达到人均 500 千克，加上在建项目和已经批准的项目，这些项目全部建成预计可达人均 800 千克。其中浙江省已经投产的能力已经接近人均 1 吨，目前还有 11 条线已经省批准正在建设或准备建设，这 11 条线建成后，总能力要超过8 000 万吨。山东、江苏等省总量也紧随其后，广东的 PC 窑建设正如火如荼。因此我认为到认真研究 PC 窑发展的度的时候了（见表 2、表 3）。

表 2　2004 年末 PC 窑产能

地区	产能（万吨）	占全国（%）	人均产能（千克/人·年）
全国	32 880	100.00	253
华北	3 970	12.07	185
东北	1 829	5.56	164
华东	18 151	55.20	491
中南	4 576	13.92	131
西南	2 210	6.72	111
西北	2 145	6.52	241

表 3　2003 年东亚各国和地区的 PC 窑产能

国家与地区	熟料产能（万吨）	人均产能（千克/人·年）	熟料产量（万吨）	窑运转率（%）	人均熟料产量（千克/人·年）
日本	7 570	610	6 690	85.20	540
韩国	6 188	1 406	5 158	83.30	1 172
中国台湾	2 823	1 344	1 847		880
泰国	4 683	821	3 081		540
印尼	4 443	234	3 263	73.00	172
马来西亚	1 780	962	1 522	85.50	823
菲律宾	2 192	348	1 250	57.03	198

3. 各地 PC 窑发展的度

研究和参考发达国家水泥工业兴衰的历史，实践证明水泥生产能力发展过大，一旦国民经济进入成熟期，水泥消费量开始下降，水泥行业就进入长期的非常痛苦的调整期。日本从 1984 年以后基本上就再也没有建设新窑；美国从 1974 年起，就没有再大规模发展水泥（见图 6、图 7），借鉴发达国家的经验与教训，我国即将公布的水泥工业产业政策确定的全国 PC 窑发展的总量控制目标在 7 亿吨左右，希望各省根据自己的实际情况，沿海省区可以面对两个市场，人均产能可控制在 600 千克左右，内陆省区建议控制在 400～500 千克。

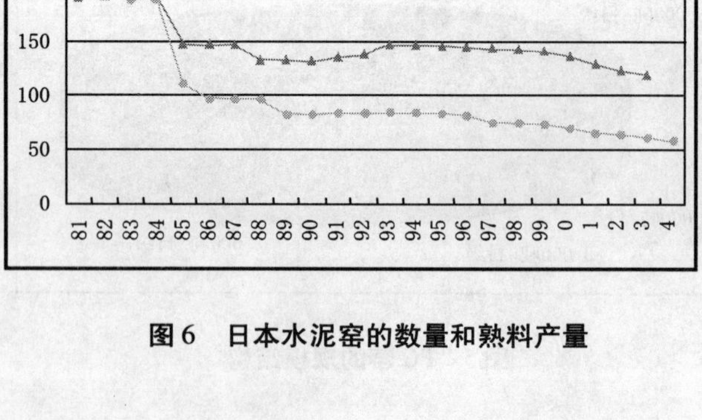

图 6　日本水泥窑的数量和熟料产量

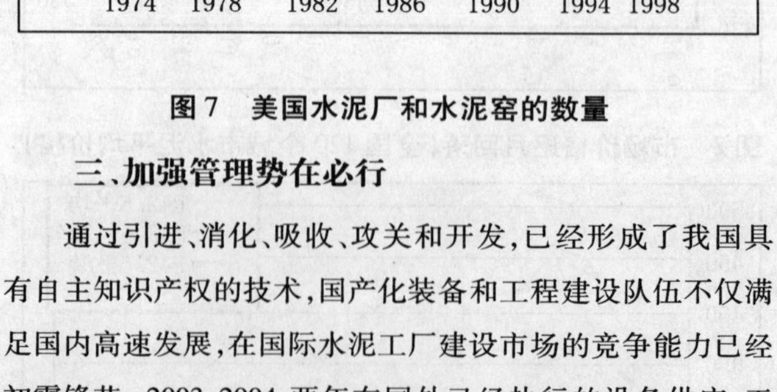

图 7　美国水泥厂和水泥窑的数量

三、加强管理势在必行

通过引进、消化、吸收、攻关和开发，已经形成了我国具有自主知识产权的技术，国产化装备和工程建设队伍不仅满足国内高速发展，在国际水泥工厂建设市场的竞争能力已经初露锋芒。2003、2004 两年在国外已经执行的设备供应、工程总承包合同金额超过 5 亿美元；中国在这新增加 3.2 亿吨熟料生产能力中，象“海螺”、“冀东”、“越秀”等起点较高企业约占 40%、回转窑企业通过调整结构发展的 PC 窑约占 20%、立窑企业发展的 PC 窑约占 25%、其他各行各业直接投资建设的约占 15%。

对于近60%的企业由于发展太快，在区域上也过于集中，随之带来的问题也不少，最突出的：一是技术人才的培训和成长跟不上；二是对PC窑的管理跟不上；三是推进PC窑的技术进步跟不上。

加强对PC窑的管理首先是转变观念，建立一套适应PC窑特点的管理条例或办法。最近，浙江省行办和省水泥协会联合制定了《浙江省新型干法水泥企业管理规范》，我认为是抓住了关键，当前PC窑生产管理的重点：

(1)以中控室为中心的工艺管理：大约20%的PC窑厂没有自己的石灰石矿山，20%的PC窑厂没有水泥粉磨系统，多数日产700～1 000吨甚至2 000吨生产线生产工艺因陋就简，在建设过程中节约了大量投资，投入生产以后技术经济指标就不可能先进，也不可能具有竞争优势。

对于那些先天不足的PC窑就要靠加强管理来弥补。这对我们从事技术和管理的人来说创造了广阔的天地。差距就是潜力，不断完善工艺推进技术进步，进步就能降低成本，提高企业竞争能力，我们个人的技术水平也随之提高。

(2) 以化验室为核心，以稳定为主要目标的质量管理；

(3) 以计划检修为主要手段的设备管理；

(4)信息化管理；

(5)安全生产和生态环境管理；

(6)关于企业文化。

为了衡量各厂管理水平，中国水泥协会将与浙江共同制定一套新型干法技术经济指标，供大家参考。

★该文章发表于2005年7月《中国水泥》杂志。

实施水泥新标准　推动水泥工业结构调整

◎中国水泥协会

2001年4月1日我国将实施水泥新标准，这是水泥工业发展中的一件大事，也是我国水泥标准与国际接轨的重要标志。实施水泥新标准无疑将推动我国水泥产品质量的提高，推动我国水泥工业结构调整。

一、结构调整是水泥工业持续发展的重要措施

目前我国有7 000多家水泥企业，水泥年产量近5亿吨，占世界水泥总产量的40%以上，仅就数量而言，是世界第一水泥生产大国。然而，我国水泥工业却是大而不强，主要表现在：①规模不大的小水泥多，其产量占总产量的80%左右，有许多小水泥企业技术落后、污染严重、大量耗费资源、劳动生产率低、产品质量低劣。②技术先进的大型新型干法窑生产企业少，其产量占总产量的10%左右。③我国水泥质量的总体水平低。为此，原国家建材局在"八五"、"九五"期间已经提出和实施"上大改小"、淘汰落后生产工艺、"由大变强"的水泥工业发展指导方针，并取得了较大的成绩。

跨入21世纪，实施"十五"计划，根据中央经济工作会议和全国经贸会议精神，建材工业的基本发展战略应为：以发展为主题，以结构调整为主线，加大产业结构调整和优化升级力度，加快用高新技术和先进适用技术改造传统产业的步伐，坚决淘汰落后，制止重复建设，以有效调控总量提高经济运行质量和效益。水泥工业的发展要把工作重点放在控制总量、关小上大，调整结构、增加高标号水泥，提高水泥质量和效益上来。而实施水泥新标准对推动水泥工业结构调整意义重大。

二、回顾水泥标准对水泥工业发展的作用

水泥强度检测方法是衡量水泥力学性能好坏的一种有效手段，水泥产品标准是水泥生产、交易和使用的技术法则，也是水泥生产质量管理的技术依据。一个时期制定和执行的水泥产品标准，既反映着该时期水泥工业的技术水平和发展方向，还能促进水泥产品生产、改进生产工艺和提高产品质量。因此，我们历来十分重视水泥标准的制定修订工作。

解放前我国水泥产量不足百万吨，全国也没有统一的水泥标准和检验方法，东北一般使用日本标准，关内则使用美、英、德、日等国标准，水泥品种多为单一的波特兰水泥，这是我国水泥工业落后的表现。

解放后建设高潮迭起，水泥需求量激增。在这种形势下，我国政府一方面恢复和发展水泥企业，建设新的水泥企业；另一方面，抓紧了统一全国水泥标准的工作。经过3年的时间，完成了我国第一个统一的水泥标准。这个标准允许在水泥中掺加适量的混合材，并将水泥划分为若干个标号。一直到1956年，我国正式实施了以原苏联"硬练法"为基础的三大水泥标准，即普通水泥、矿渣水泥和火山灰水泥国家标准，建立了多品种、多标号的我国水泥标准基本格局。该标准对推动和引导我国水泥工业的发展起到了重要作用。

20世纪70年代我国在发展大型企业的同时，小水泥企业突起，到1975年我国水泥产量达到4 500万吨，标志着我国水泥工业走上了独立自主大发展的道路。与此同时，我国三大水泥标准的格局已不适应建筑业需要大量高标号的水泥，各种工业废渣需要充分利用，在国际上"硬练法"水泥强度检验方法已被淘汰等形势，这就迫切需要修订、制定水泥标准。在这种形势下，原国家建材局组织中国建筑材料科学研究院等上百个单位，经过5年多时间完成了以"中国软练法"为基础

的五大水泥标准，即硅酸盐水泥、普通水泥、矿渣水泥、火山灰水泥、粉煤灰水泥标准，并于1979年在全国实施。几年之后我们统计发现，实施“中国软练法”水泥检验方法，使我国水泥产品质量普遍提高了一个标号，它还推动了各种工业废渣的充分利用，满足了建筑业多方面对水泥品种和质量的需求。

三、水泥新标准对水泥工业结构调整的作用

水泥工业结构调整既是我国水泥工业持续发展的需要，也是相当长一个时期的任务。水泥工业结构调整就是要大力发展新型的现代化技术水平的水泥窑外分解生产线，即新型干法生产技术，在“十五”期间，要使我国新型干法窑生产的水泥产量由目前的10%左右提高到20%。同时，在水泥生产总量控制的前提下，逐步改造、淘汰落后的生产技术。这样，使我国水泥工业在技术水平、质量档次、能源消耗、环境保护、经济效益等方面取得长足进步，使我国水泥工业的总体水平迈入世界先进行列，实现“由大变强”的发展目标。

即将实施的我国水泥新标准对我国水泥工业的发展和结构调整，会起到如下的积极作用：

1. 有利于我国新型干法窑水泥的生产和发展

经过中国建筑材料科学研究院等许多单位的大量试验研究表明，新型干法窑生产的水泥产品质量与新标准对产品质量的要求非常适应，而其他窑型生产的水泥适应性差。这就说明实施水泥新标准有利于我国新型干法窑水泥的生产和发展，有利于水泥工业结构调整。

2. 有利于我国水泥产品质量大幅度提高

根据水泥生产企业和建筑施工单位的大量水泥的ISO强度、国际水泥强度与砼强度相互关系试验表明，水泥ISO强度更能敏感地反映出水泥砼强度的实际状况，可以消除现行水泥强度检验方法(GB177)使部分水泥强度虚高的现象，有利于提高水泥的真实活性，有利于水泥的使用。

实施水泥新标准，各水泥生产企业都必须采用ISO水泥强度检验方法，重新评价自己企业生产水泥的真实活性，按照新标准的要求大幅度提高产品质量。我们坚信，水泥新标准实施对提高我国水泥产品质量的作用将明显地表现出来。

3. 有利于淘汰落后的水泥生产工艺

水泥新标准规定的最低水泥强度等级为32.5，一般相当于老标准中的425号水泥，这就意味着老标准中的325号、275号水泥要淘汰。325号及以下的水泥大多由生产工艺落后的生产线生产，因此淘汰低标号水泥有利于贯彻落实国家关于淘汰落后小水泥生产能力的规定，使技术法规与行政指令协调一致。

4. 有利于国际交往与水泥出口

新标准采用ISO水泥强度检验方法，其检验结果与国际上大多数国家检验的水泥强度值具有可比性，这就大大方便了我国水泥的出口。

我国水泥新标准规定的强度等级为32.5、32.5R、42.5、42.5R、52.5、52.5R，与欧洲共同体的欧洲水泥标准完全一致。实施水泥新标准后，我国水泥产品质量状况可以与国外大多数国家进行直接比较。

因此，我国实施水泥新标准有利于国际交往，包括国际贸易、技术合作、技术交流、工程项目的承包等等。同时还可以促进我国水泥生产工艺的改革，促进我国水泥工业的结构调整。

四、振奋精神，坚决贯彻实施水泥新标准

实施水泥新标准是水泥工业发展中的一件大事，各水泥生产企业、各级水泥质检机构、有关科研设计单位、大专院校等都应认真负责地做好实施前准备工作，确保今年4月1日水泥新标准贯彻实施。这里根据实施新标准有关准备情况，希望做好如下工作：

1. 切实做好新标准的宣贯工作。新标准的实施是一件大事，涉及到的如水泥生产、使用、科研设计、质检等各方面都要知道和掌握，宣贯工作不能留下死角。

2. 做好水泥新标准实施的物质准备。新标准要采用ISO水泥强度检验方法控制和检验水泥强度，因此希望厦门艾思欧水泥标准砂公司保质保量地向企业提供ISO标准砂，希望各仪器生产厂保质保量地向企业提供ISO方法仪器设备。

3. 水泥生产企业按照新标准的要求。调整好本企业的水泥产品品种与强度等级，改进生产工艺，努力提高水泥的实物质量水平。

4. 中国水泥协会全力支持水泥新标准的贯彻实施。中国水泥协会愿意协助国家经贸委、国家质量技术监督局、建设部等政府部门与中国水泥质检中心等有关部门一起全力以赴地做好水泥新标准的贯彻实施工作。

水泥工业处置和利用可燃废弃物技术和政策研究★

◎国务院参事室副主任(原国家建材局副局长)　蒋明麟

一、导　语

众所周知，水泥界的科技工作者利用水泥工业的工艺和产品特点，长期以来致力于用工业废弃物替代水泥原料的工作，取得了巨大成绩。电厂粉煤灰、高炉矿渣、硫铁渣、铜渣、

烟气脱硫石膏、电石渣、赤泥等工业废弃物都在水泥生产中作为原料得到了充分的利用。以我国为例，全国水泥生产中所需原料约有20%以上是来自工业废弃物，使水泥工业真正成为利废大户。这些工业废弃物得到了有效的处置和利用，不但节省了大量的自然资源，而且也使其他工业没有因为这些废弃物的排放和堆存造成环境问题，取得了良好的社会效益、环境效益和经济效益。

但是，随着世界能源问题的突出和可持续发展战略的提出，人们的注意力不仅仅局限于对各种废弃物在某些工业生产中作为替代原料加以利用，而且开始对那些可燃性废料在燃烧时发出的热量表现出极大兴趣，以期这些热量在工业生产中得到充分利用。与此同时，由于环境问题，传统的处置废弃物的方法，如废物焚烧炉、垃圾填埋法等受到了严重挑战。因此，世界各国特别是西欧、美国、日本等发达地区和国家都对利用水泥工业的回转窑来处置和利用可燃性工业废弃物进行了技术政策研究和工业实践。事实证明，在规范的法规指导、有效的技术装备和科学的工艺操作下，利用水泥工业处置可燃性工业废弃物是一种在不影响产品质量的条件下改善环境、节约能源、提高效益的行之有效的、符合可持续发展的好办法。

二、处置可燃性废弃物的基本原则

从可持续发展出发，处置工业废弃物应当考虑以下几个基本要求：

首先，要从源头上减少产生废弃物的数量，这是解决问题的最直接有效的办法。二是要改进生产工艺使在生产中产生的不合格产品可以重新回到生产流程中加以重新加工、处理，生产出合格、有用的产品，或者增加生产流程使一些废弃物在这个流程中得到充分利用，生产出合格产品。三是若在生产废弃物的企业中单独处理有技术困难或者处理费用昂贵，则可以把这些废弃物集中加工后送到适合处置利用它们的生产流程中作为原料或燃料加以处理和利用。

在上述几项工作充分实施之后仍然不能得到有效处置的，此时才能考虑废弃物的填埋堆放。

三、利用水泥工业处置和利用可燃性工业废弃物的特点

如前所述，从处置和利用可燃性工业废弃物的方案和工艺、设备要求，可得出水泥工业在处置和利用可燃性工业废弃物具有以下特点：

（1）处理温度高。水泥回转窑内物料温度在1450℃～1550℃而气体温度则高达1700℃～1800℃左右。在此高温下，废弃物中有机物将产生彻底的分解，一般焚毁去除率达到99.99%以上，对于废弃物中有毒有害成分将进行彻底的“摧毁”和“解毒”。

（2）焚烧停留时间长。水泥回转窑筒体长，工业废弃物在回转窑高温状态下持续时间长。根据一般统计数据，物料从窑尾到窑头总的停留时间在40分钟左右；气体在高于950℃以上温度的停留时间在8秒以上，高于1300℃以上停留时间大于3秒，可以使可燃性工业废弃物长时间置于高温之下，更有利于有机物的燃烧和彻底分解。

（3）焚烧状态易于稳定。水泥回转窑是一个热惯性很大、十分稳定的燃烧系统。它由回转窑金属筒体、窑内砌筑的耐火砖以及在烧成带形成的结皮和待煅烧的物料组成。由于耐火材料具有的隔热性能，更使系统热惯性增大，不易因为工业废料投入量和性质的变化，造成大的温度波动，系统易于稳定。

（4）碱性的环境气氛。生产水泥采用的原料成分决定了在回转窑内是碱性气氛，它可以有效地抑制酸性物质的排放，使得SO_2和C1等化学成分化合成盐类固定下来。

（5）没有废渣排出。在水泥工业的工艺过程中，只有生料和经过煅烧工艺所产生的熟料，没有一般焚烧炉焚烧产生炉渣的问题。

（6）固化重金属离子。利用水泥回转窑煅烧工艺处置可燃性废弃物（包括危险废弃物），可以将废料成分中的绝大部分重金属离子固化在熟料中，避免其再度渗透和扩散污染水质和土壤。

（7）减少全社会的废气排放量。由于可燃性工业废弃物在回转窑中处置时会放出一定数量的热量，因而对矿物质燃料产生替代作用，减少了水泥工业对矿物质燃料（煤、天然气、重油等）的需要量。这种把可燃性工业废弃物加到水泥回转窑中与传统的矿物质燃料混烧方式，比单独的水泥生产和焚烧废弃物时对大气的废气排放量大为减少，减少量与可燃性工业废弃物使用量成正比，排放量减少见图1。

由于回转窑燃烧环境碱性的吸收，也使得SO_2、C1的排放量明显减少。

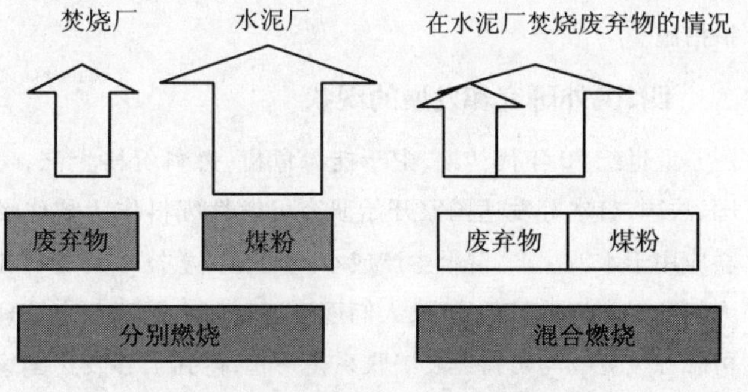

图1　水泥厂回转窑废弃物的焚烧工艺

（8）焚烧处置点多，适应性强。水泥工业不同工艺过程的烧成系统，无论是湿法窑、半干法立波尔窑，还是预热窑和带分解炉的旋风预热窑，整个系统都有不同高温投料点，可适应各种不同性质和形态的废料，既方便操作，又使其充分燃烧。各种窑系统投料点为：湿法窑：窑头，窑中喂料；立波尔窑：炉篦机，热风炉，窑尾－斜坡，窑头；带分解炉的旋风预热器窑：三次风管处，窑尾上升烟道，分解炉，窑头。

(9)废气处理性能好。燃烧之后的废气经过较长的路径并在良好的冷却及收尘设备中有着较高的吸附、沉降和收尘作用,使排入大气的灰尘和有害气体量减少,均能达到当地政府控制的排放标准,收集下来的粉尘经过输送系统返回原料制备系统来重新加以利用。

(10)投资较小,运行情况良好。利用水泥回转窑来处置可燃废料,虽然要在工艺设备和测量设施方面投入资金,进行必要的改造,以适应用可燃废料作为替代燃料带来的技术和环保问题,但比新建专用焚烧厂来说是大大节省了投资。在运行成本上,尽管燃烧可燃性工业废弃物要由于设备的折旧、电力和原材料的消耗、人工费用等使费用增加,但是由于节省了燃料,降低了燃料成本,使运行成本降低,而这种经济效益将随着替代物品的增加不断提高。

但是,利用水泥工业回转窑处置和利用可燃性工业废弃物也有一定的局限性。主要存在以下几个方面的问题:

(1)对于可燃性废弃物中的S和Cl等物质含量的限制,从而限制了利用这种技术对处置可燃性工业废弃物的适应性。另外,对于热值太低、水分太大的可燃性工业废弃物,其利用在经济效益上也受到制约。

(2)需要对系统排放的气体有更加严格的限制,增加必要的在线测量装置和收尘设备。

(3)增加了一定的人力资源消耗,增大了操作、控制的难度和复杂性。

(4)为了便于工艺操作和计量,要增加对某些可燃性工业废弃物预处理的措施,从而增加了投资和运行的成本。

(5)为了做到对可燃性工业废弃物(包括一些危险废弃物)在搜集、储存、运输、装卸、计量、投入过程中的安全,要增加一系列化验、测量和安全设备。

(6)要充分保证操作人员的安全和健康,增加必要的防护措施。

四、国外研究和发展的现状

上世纪70年代初期,由于能源危机,燃料价格上涨,美国、法国、日本等发达国家开始研究可燃性废料作为替代燃料应用于水泥生产,降低生产成本。随着科学技术的发展和人们环保意识的日益增强,人们逐步把利用水泥工业来处理可燃性废弃物与可持续发展联系在一起,得到了各发达国家政府的高度重视。在政府政策的支持和鼓励下,各国水泥制造商积极工作,使这项技术得到了广泛应用,发展非常迅猛,达到了很高的水平。目前世界上至少有100多家水泥厂在用可燃性废弃物替代燃料。有关这方面的报道,多见于各种文章和报端。最近笔者出访西欧4国,访问了当地主要的水泥制造商,考察了他们使用可燃性废弃物的状况,对我们有很大的借鉴和参考意义。

1.西欧主要国家使用可燃性废弃物的情况

(1)法国Lafarge公司作为水泥产量位居世界第一位的跨国公司,对此技术从上世纪70年代开始研究推进废弃物代替自然资源的工作。经过近30年的研究和发展,目前可燃性废弃物替代自然矿物质燃料的替代率(Substitution rates)可以达到50%左右。

Lafarge在2001年实现了以下目标:节约200万吨矿物质燃料;降低燃料成本达33%左右;收回了约400万吨的废料;减少了全社会500万吨CO_2气体的排放。

在2002年集团制定的世界各洲所属企业不同的替代率指标:北美:26%以上;欧洲:49%以上;亚洲:在日本、泰国、马来西亚、菲律宾等国的企业要逐渐开展这项技术的应用。

(2)瑞士HOLCIM在上世纪80年代开展可燃性废弃物替代燃料的工作。HOLCIM在比利时的工厂(即原Obourg Cement)在世界上最大的湿法厂中代用燃烧的替代率已达到80%,其他采用称为二次利用燃料的石油焦约20%,目前该厂的燃料成本已降为-2%左右。这些可燃性工业废弃物、废油、液态燃料和经过干燥粉磨的精炼厂的油渣,从窑头喷射入窑内燃烧,社区家庭和工厂自身产生的废弃物(废纸、废塑料、废衣物和织物),用塑料膜打包后,经窑中喂料装置从窑中喂人。

(3)德国对此项工作高度重视,取得了较大的进展,燃料替代率如下表所示:

表1

1996年	1997年	1998年	1999年
13.1%	15.7%	18.8%	23%

德国Heidelberg Cement也是在世界上很有实力的大公司,2001年具有1亿吨水泥的生产能力。与此同时,公司高度重视环境保护工作,特别在废料利用方面取得了一定成绩。

Heidelberg Cement设在德国的Lengfurt水泥厂(预热器窑)从上世纪80年代开始开展可燃性废弃物替代传统矿物质燃料工作,2000年替代率达到40%左右,共计使用替代燃料37 000多吨,其中废油和废塑料是在窑头用两个不同的燃烧器喷入的,而废轮胎是在窑尾上升烟道中通过二道闸门整体投入的。

Heidelberg Cement设在德国的另一家水泥厂Leimen Plant(立波尔窑)近年来开展了应用可燃性工业废弃物替代燃料的工作,目前替代率已达到60%,其中轮胎占10%(从窑尾斜坡处加入),塑料占25%,可二次使用的液态燃料(包括废油和工业废液)占25%(从窑头喷入)。

(4)丹麦FLS公司是一家以水泥设备制造为主的公司,对于利用水泥工业处置和利用可燃性废弃物的技术和装备开发做了大量工作,为世界上许多著名的大水泥制造企业提供了这方面的装备。与此同时,在其集团内部的水泥企业也积极开展了这方面的工作。成立了专门用工业副产品和城市废物来加工处理成适合水泥工业的替代燃料的公司。该公司设在阿尔堡水泥厂里面,2001年生产3万吨替代燃料,全部供给了FLS

公司的阿尔堡水泥厂。此外，阿尔堡水泥厂在2001年还使用了干污泥和肉骨粉（均为已在另外的处理厂处理好的），两者合计约1.2万吨左右。从阿尔堡水泥厂年产水泥280万吨所需的燃料总值来看，目前该厂使用替代燃料比例还较低。

2. 工业废弃物的专门预处理企业

随着需要处置的工业废弃物种类和数量的增加以及水泥企业用可燃性工业废弃物作为替代燃料需求量的提高，为了提高利用效率，降低成本，保证安全和进一步改善环境质量，对于工业废弃物的处置和利用任务，分别由不同的专业化企业来承担。因此，专门从事废弃物收集和预处理的企业应运而生了，并且规模不断扩大，技术水平不断提高。这类企业的产生，彻底改变了可燃性工业废弃物在水泥工业处置和利用早期起步阶段由水泥企业完成全部从收集－运输－储存－加工预处理－水泥工业混烧的任务，而是按照专业化分工，分别由专门的运输企业、预处理企业和最终处置及利用它们的工业企业各自去完成，体现了现代社会在生产方式上的社会化和专业化特点。

以法国Teris Group为例（见表2），它是SUEZ集团的子公司，也是在世界范围内开展有关废弃物的预处理和处置的企业。

表2

国家	公司名称	主要业务
法国	Scori	废料预处理、水泥工厂的混烧
	LABO－Serbices	特殊危险品处理
	TERIS Specialites	氯化物、硫化物和盐类废料的焚烧
	ATE CEO clean	土壤的改良
比利时	Teris	危险废料和硫化物的焚烧
	Scoribel	废料预处理，水泥工业的混烧
西班牙/葡萄牙	ECOcat Group	物理化学处理
		生物处理
		危险品的填埋
		水泥回转窑的混烧
		土壤的改良
德国/波兰	Scori GmbH	预处理
		水泥回转窑的混烧
意大利	Eurofuels	收集和预处理
北美	Teris L/C	预处理、工业中的混烧
巴西	Teris do Brasil	预处理、工业中的混烧
韩国	ECO Services Korea	焚烧
泰国	STWMS	混烧

与采用通常的矿物质燃料作为水泥工业用燃料一样，用可燃性工业废弃物作替代燃料也需要为了适合水泥工业的工艺和生产设备要求而进行相应的预处理。

(1)改变它的物理参数（尺寸、水分、黏度等），使之能直接与水泥回转窑的燃烧喷射系统相匹配，以便能对它进行有效的控制；

(2)当这些废弃物是以圆桶和其他类型的容器包装时，直接投入回转窑燃烧是危险的，同时也是很难控制的；

(3)某些工业性废弃物在长距离运输后其质量性能会发生变化，例如某些带有挥发性的溶剂，或者是数量很小时。

预处理使得按照要求制成的替代燃料与回转窑和燃烧器对燃料的要求相匹配，以使燃烧的火焰和排放的废气达到可控制的目的。

在这些废弃物预处理厂中通常是按照固体替代燃料（SSF：solid substituted fuel）、溶剂和废液三种不同形态的可燃性工业废弃物来设计处理的。

为了适应可燃性工业废弃物在水泥工厂的混烧要求（见表3），预处理厂必须考虑和满足以下要求：

表3 Scori 预处理的产品标准

	需要考虑的因素	预处理厂的产品技术要求	
固体	①稳定的燃料质量以便很好地控制燃烧器和火焰 ②适应筒型储存装卸料的流动能力 ③适应物料堆放的装卸能力 ④适应工艺过程和当局认可的验收标准的规定 ⑤适应窑头主燃烧器和分解炉的喂入设施	热值 氯含量 灰分 粒度 碱含量 水分	≥12 540 千焦/千克 0.3% 35% <12 毫米,<80 毫米 <10 毫米 主燃烧器 >40 毫米,<80 毫米分解炉 2% ~3% 30% ~40%
溶剂	①稳定的燃料质量以便很好地控制燃烧器和火焰 ②适应工艺过程和当局认可的验收标准的规定 ③适应窑头主燃烧器和分解炉的喂入设施	热值 氯含量 灰分 粒度 碱含量 水分	27 170 千焦/千克 0.6% 1% 3 毫米 1% ~3% 15% ~25%
废液	同溶剂的要求	热值 氯含量 灰分 粒度 碱含量 水分	41 80 千焦/千克 0.2% 1% 3 毫米 1% ~3% 85%

这些废弃物预处理工厂,不论处理任何形态的废弃物都应尽量做到密闭式生产,采用高度机械化、电气化和自动化技术的设施,以提高劳动生产率和保证操作人员的安全和健康。预处理厂执行着严格的环境质量标准。对于灰尘、排放气体中的有害气体、臭味以及生产区和厂区环境的清洗水、雨水,都设有完整的净化措施并不断地减量化,达到当局规定的环境标准(ISO - 14000)。这些废弃物预处理厂,都设有设置齐全的各种专业的化验和检验设备及专业化验人员,执行着严格的废弃物进厂的验货验收标准和批量登记、废弃品在处理过程中的生产控制分析、在发货之前的对预处理成品的检验三个主要步骤。这些分析检验都要留有文件记载。

这些废弃物预处理厂都设有完备的防火、防爆和事故处置系统。对职工配备了必要的劳动防护用具,确保工厂设备的安全和员工的健康和安全。

3. 水泥厂相应的技术改造

当水泥工厂采用可燃性工业废弃物作替代燃料时,由于在第三部分提到的问题,必须进行相应的技术改造,以适应采用这类燃料与传统矿物质燃料混烧时带来的一系列问题。主要为以下几个环节:

(1)各类可燃性废弃物的卸料和储存装置(不论这些替代燃料是由预处理厂运来或者直接由废弃物发生地直接运来)。

(2)某些可燃性废弃物的加工处理装置。

这主要是指一部分由废弃物发生地或集中地直接运到水泥厂,或者是水泥厂自身产生的可燃性工业废弃物的情况。如 Holcim. Ltd 的 Obourg Cement 那样,把固态可燃性废弃物在现场用大塑料袋包装,通过窑中喂料装置喂入窑内燃烧。有些水泥厂在现场把收集来的废轮胎加工成小碎片,经过固体计量和喂料装置喂入分解炉燃烧。

(3)各类可燃性工业废弃物的输送和计量装置。

要根据可燃性工业废弃物的物理形态和尺寸,采用不同的输送和计量设备。如废轮胎,采用链条吊挂输送和挡板推力装置,经二道闸门喂入预热器窑和立波尔窑的窑尾斜坡和上升烟道。计量采用记录推入的轮胎个数。

溶剂和工业废液采用各类专业泵、管道输送。用各类调节阀门和流量计来控制和计量。粉状或颗粒状的固态废料采用压缩空气、管道运输。

各类固体的定量给料秤得到广泛应用。其中,Pfister 秤应用广泛,据资料报道,已有 20 多台规格不一的 Pfister 秤应用于固态的可燃性废弃物的计量和输送环节上。

FLS公司的Arbourg Cement对预处理加工后的固态碎片状的可燃废料采用卷裹皮带的输送方式，以期降低输送物料的电耗。

（4）适应烧可燃性废弃物的专用燃烧器。

根据混烧可燃性废弃物的工艺要求，对主燃烧器必须加以改进，使之能够形成短而强的火焰。有时一座回转窑要同时在窑头燃烧多种性质不同的可燃物质。因此，许多水泥设备制造企业都开发专门适应混烧工业废料的燃烧器，以达到最稳定的燃烧和最充分的燃烧，如FLS公司开发不同型号Duoflex燃烧器。这种燃烧器使通常使用的矿物质燃料和可燃性矿物质废料用同一个燃烧器来燃烧。

FLS为了更广泛适应燃烧可燃性废弃物，开发了专门用来燃烧可燃性废弃物的燃烧器OBA－Burner。这种燃烧器系列可以适应燃烧化学溶剂（废甲醇、杀虫剂、农药），废油、废油脂（松脂、妥尔油、废油污泥、危险性废品等）。从1985年已在世界近10个国家，多个水泥厂使用。为适应固态可燃性废弃物在带预分解炉的旋风预热器的应用，由HTC（Heidlberg Cement Technology Center）和FLS联合开发了设在窑尾的燃烧可燃性废弃物的专用设备（HOT DISC）和技术。目前已在挪威Kjsvik工厂进行实验，取得了预期的效果。这个装置的主要优点是：进入预分解炉燃烧的可燃废弃物，先在HOT DISC中燃烧，使一部分生料在此分解，分担了预分解炉的加热和分解任务，从而可使分解炉的喂煤量减少，并且HOT DISC里面的圆盘根据可燃性废弃物的品种性能和燃烧状态，其速度是可以调节的。因此，工艺控制更加稳定、可靠。另外，根据HOT DISC机械设计特点，可使需要处置的可燃废弃物，最大外形尺寸达到1.20×0.40米的规格，省去了切碎和粉磨的工序。

（5）检测、化验设施和测量仪表的完善。

不论是从预处理厂送来的经预处理的可燃性工业废料，还是由生产处直送的可燃性废弃物，水泥工厂在接受他们时都要对照他们的出厂化验单，进行接受检验并且建立必要的档案。为了完成这项检测任务和由于在水泥生产中使用可燃性工业废弃物时，要对水泥成品和大气排放的废气中的有害成分进行严格控制，必须在化验室装备和在线废气成分测量方面，比在用传统燃料煅烧水泥熟料时增加必要的设备和仪表，以及相应的操作管理人员。

（6）防火、防爆系统和设备的完善。

以上只是列举了由于使用可燃性废弃物，在水泥工厂主要采取的技术措施，还有许多情况限于文章篇幅不一一列举了。如工厂总图布置和交通设施、电力系统、压缩空气系统、水处理、自动控制系统等均要有一定的改变，以适应燃料的变化。

从工厂管理上，增加使用可燃性废弃物，应增加相应的专业技术人员（管理、化验人员），对现有员工也要进行必要的培训，以适应由于使用可燃性废弃物而带来的工艺操作和设备管理及维修问题。

4.政府的鼓励和推动政策

由于利用水泥工业处置可燃性废弃物，既给企业带来经济效益，又能使全社会取得良好的环境效益，同时又能避免为处置这些工业废弃物而兴建专门的焚烧厂和填埋场增加的费用。因此，国际上许多发达国家都制定相应的法规和政策来推动这项技术的广泛应用和健康有序地发展。下面以欧盟各国情况为例，说明这方面政府应当做好哪些工作。

（1）制定有关法规和经济政策。逐步禁止部分可燃性废弃物采用填埋处置，限制采用专门焚烧炉的处置，鼓励采用在工业生产中，特别是在水泥工业回转窑中混烧。欧盟规定到2005年不能填埋有机物，2007年不能填埋废旧轮胎，2009年欧盟国家不能采用填埋处置废弃物的方式。另外，各国政府在废弃物回填处理时收费较高，并且逐年提高收费价格。其价格要高于把废料送给由废弃物预处理厂处理的费用。

（2）制定严格工业废气、废水的排放标准。促进可燃性废弃物在水泥工业中处置和利用的健康发展。

欧盟在2000年12月4日公布了2000/76/EC的指令用来指导欧盟国家在废弃物焚烧方面的技术要求。其中，专门列出了用于在水泥厂回转窑混烧废弃物的特殊条款。

（3）树立全体公民良好的环境保护和法制意识。

对于产生废弃物的各类企业，要按照当局法律规定，在当局认可的机构进行对废弃物的处置（包括焚烧、混烧和填埋）。企业要按照当局规定认可的价格由废弃物产生的企业付给废弃物处置企业或机构处置的费用。企业不得未经当局有关管理部门的批准，自行处置或丢弃。否则，他们将受到法律的制裁。

对于社区居民产生的生活垃圾，由市政部门来收集处置，但居民必须预先对其进行必要的简易分类，并且要按时缴纳处置费。

这种由废弃物产生者缴纳废弃物处置费用的做法，从源头促进和保证了废弃物科学、有效、合理处置和利用的资金来源，保证了废弃物处置和利用中物质流和资金流同向流动。这就是为什么在这些国家里废弃物处置和利用事业能健康有序发展的关键。而政府的宏观管理在这方面起到了决定性作用（见图2）。

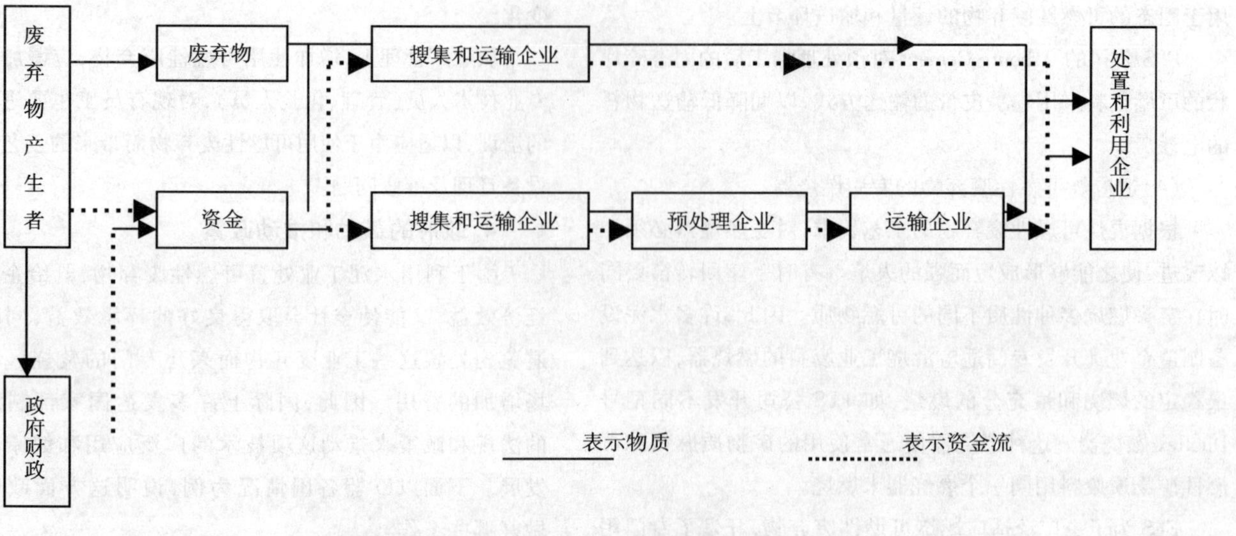

图2　废弃物处置与利用工作中物质流和资金流图

注:处置和利用企业(包括工业企业的混烧利用,专设的焚烧厂、填埋厂)

(4)政府在财政投入和税收方面的措施。

各国政府为了推行可持续发展战略,加强废弃物综合利用和改善环境质量,在财政投入和税收政策上作了必要的调整。如:丹麦政府规定当水泥产业应用可燃烧废弃物做替代燃料时,由于减少了使用矿物质燃料数量使总的 CO_2 的排放量有所减少,可以采用间接 CO_2 减小量退取能源税金(CO_2 排放税)的办法,使企业得到经济效益。法国政府对于向废弃物预处理厂支付费用时,按照处理量由政府财政提供30的资金支持,使得在处理和利用废弃物从源头上得到资金支持。比利时政府当局对于兴建集中的废弃物预处理厂给予不收土地费用的支持。以便降低兴建这类企业时的初期投资。各国政府都利用价格杠杆作用,不断提高废弃物填埋的费用,使企业从经济利益考虑,比较容易接受将废弃物由预处理厂集中处置,然后进行利用的方针。

通过以上各项政策措施,目前欧洲各国政府的目标是:通过使用AFR(代用燃料和原料)使每一个人获益。即AFR的制造商以及使用者和人们生存的环境达到三赢。

各国政府普遍提出"你的废料就是我的原燃材料"的策略,以便真正使需要运到焚烧厂、填埋厂的废物量减少,并且大量节约自然资源。

与此同时,为了保证在水泥工业采用可燃烧工业废弃物作为替代燃料时,水泥产品质量以及大气环境质量不受到影响,政府通过制定相应的法规、指令(或统一执行欧盟标准)来保证做到这一点。

五、国内目前状况和发展前景展望

相对国际上发达国家,我国在利用水泥工业处置和利用可燃性工业废弃物方面,差距较大,还处于试验和起步阶段。

过去我国对于可燃性工业废弃物的处置,基本采用设置专门焚烧炉焚烧和填埋的办法。在我国目前国家环境保护政策提出的"谁污染,谁治理"的要求下,许多大中型工业企业都分别建立了属于企业的专门焚烧厂或填埋场,形成分散处置的格局,其处置设备规模小、水平低、成本高、利用率低、处置效果差。更有不少企业抱着只要能把这些废弃物移出厂区的态度,不负责任地把这些废弃物转移到小城镇或农村。在那里,这些可燃性废弃物的处置未能达到国家环保标准要求和达到充分合理的综合利用,造成了对环境的污染和破坏。

上个世纪90年代中期以来,随着我国经济的快速增长和可持续发展战略在我国的贯彻实施,上海、北京、广州等特大型中心城市的政府和水泥企业,开始了关于"水泥工业处置和利用可燃性工业废弃物"问题的研究和工业实践,引起了国家有关部委和水泥行业的重视。

通过对上海万安企业总公司(原金山水泥厂)、上海联合水泥有限公司、北京水泥厂有限责任公司处置工业废弃物的工业实践的分析和研究,我们可以看出在这一领域由于我国国情与国际发达国家不同,造成了观念上的差异、政府管理和技术上的差距,从而明确我们今后的工作重点。

1.观念和认识上的差异

(1)单纯从经济利益上理解"变废为宝"。

对工业废弃物处置利用需要资金投入认识不足,认为"废弃物是放错地方的资源",忽略了废弃物经过综合利用实现"资源化",需要大量的科学研究、技术开发和资金投入。一旦废弃物被转化为其他企业资源时,废弃物产生者则将目光投向转化后的经济附加值,将废弃物作为"产品"销售,并且随着利用价值提高,价格也随之提高,不顾废弃物处置和利用的社会效益和处置利用企业的微利性,使工业废弃物处置和利用企业的生产成本不断增加,从而抑制了对废弃物处置和利用的进一步发展。

而同样一个问题,在那些工业废弃物处置和利用工作做得好的国家,废弃物产生者在法规的制约下,不论其他处置和利用这些废弃物有关部门和企业,在处置这些废弃物时是否获得了理应由他们获得的利益,他们始终承担着对废弃物处置的法律和经济上的责任。

(2)机械片面地理解和执行我国"谁污染,谁治理"的环保政策。

应当说我国制定的"谁污染，谁治理"环境保护政策，在我国经济快速增长与环境保护工作协调发展中起到了重要的作用。但是，在社会化大生产的今天，如果我们机械片面地执行"谁污染，谁治理"的政策，把它理解成哪个企业在生产过程形成的污染和废弃物，必须在自己的企业里，由本企业完全治理和处置的话，那么就产生了我国当前对工业废弃物，在企业中分散处置、低水平、低效率、高成本的状况。

我们应当把"谁污染，谁治理"的环境政策，理解成"谁污染，谁将承担相应的社会法律和经济责任"就比较全面了。这里的关键，是形成污染和产生废弃物的企业，不论是在本企业（包括在生产流程中治理处置），还是由社会上专门化的企业来处置，你都将承担相应的社会法律和经济责任。

2. 政府在法律、法规制定和对环境保护执法力度上的差距

缺乏利用水泥工业处置和利用可燃性工业废弃物的法规、指令和有关政策。

近20年来，我国有关环境保护的法律体系已基本建立，但是为了科学、规范地推动水泥工业处置和利用可燃性工业废料的发展，应当补充这方面的法规、指令，以便在从事这项工作时做到有法可依。

执法不严是造成当前一部分可燃性工业废弃物（其中一部分属于危险品）得不到有效控制、处置的重要原因之一。一部分企业为了减少企业支出，不是自己乱堆、乱放，就是用较低费用将这些废弃物进行转移，造成更大范围的环境问题。

政府各有关部门多头管理，缺乏统一协调，给处置和利用企业造成工作困难。

水泥工业利用和处置可燃性工业废弃物是涉及面很广、系统性很强的工作，会涉及到政府许多管理部门。如经济管理部门，环境保护管理部门，市政市容行政管理部门，公安消防部门，交通运输部门，质量监督部门，生产安全监督部门，财政行政部门，税务部门，当重要关键设备需要进口时还要涉及外经贸管理和海关等等。

而这些部门，彼此之间又缺乏相互沟通和协调，加之当前缺乏相应的法规、指令，工作起来难度是可想而知的。

3. 当前我国需要由水泥工业处置和利用的可燃性工业废料与国际上有很大不同

由于观念上、认识上的差异和政府在法规、指令上的不同，以及经济发展水平阶段的不同，目前国外发达国家在水泥厂用废橡胶制品、废轮胎、废纸张、废塑料、废油、纺织织物废物、废木料（家具废料、锯末）、工业溶液、污泥、污油、屠宰场废弃物经加工处理的肉粉和骨粉以及一部分危险性废料来代替燃料。这些替代燃料，来源稳定，数量大，发热量也高，一般一个企业仅仅烧其中几项废料，工艺过程比较易于控制。

而我国目前能够提供在水泥厂处置和利用的可燃性工业废弃物只有印刷厂的废油墨，水处理厂的污泥，各种化学工业的有机溶剂和废液、废油漆、各种工业的污油渣等。这些可燃性工业废料来源点多，但量小、品种多，发热量也不大。但大量需要利用水泥工业来处置的往往是一些没有热焓的无机的危险品。这样必然在处置工艺上，要比国外混烧那些来源稳定、量大、品种相对简单、发热量较大并且绝大部分水泥厂不处置危险工业废弃品的情况复杂得多；而水泥厂在处置和利用可燃性工业废弃物的经济上效益较差，仅仅取得社会效益和环境效益。

4. 科学研究和技术开发还跟不上实际工作的需要

上世纪90年代中期以来，我国水泥行业的各个科学研究和工程设计单位都开始关注水泥工业处置和利用工业和生活可燃性废弃物的工作，但工业实践太少，市场需求不旺。因此，研究的深度不够，特别是针对不同类型的可燃性废料燃烧过程的特点，对工艺和产品的影响，相应可燃废料的储存、输送、计量，专用燃烧器的设计，以及自动化控制，气体成分的测量等都有待进一步加强。

根据上述分析，为了促进水泥工业处置和利用可燃性工业废弃物（其中包括一部分危险品）事业的发展，笔者提出以下工作建议供政府和有关单位参考。

（1）继续抓紧做好已获当地政府许可的北京水泥厂有限责任公司和上海万安企业总公司的工业实践活动。不断地完善工艺设备和相应的技术改造。通过燃烧不同种类和数量的可燃性工业废弃物，实际掌握混烧不同品种可燃废弃物的工艺操作技术、自动化技术，加强对产品质量和大气排放状况的长期监控，总结规律，提高认识，不断改进。

目前这两个工业实践单位在试烧时，存在的主要问题是：混烧的可燃性废弃物数量太小，替代率过低（北京水泥厂有限责任公司混烧工业废弃物设计能力1万吨/年，实际2001年只混烧了3 000多吨，2002年计划烧6 000多吨；上海万安企业总公司2001年实际混烧处理液体废弃物930吨、固体废物1 537吨，共计2 467吨）。

这样小的混烧情况有些问题不易显现和暴露，从而也失去了我们针对存在问题去解决这些问题的实践机会，从而使我们在这一领域体会和认识不能深化。因此，必须在巩固现有混烧水平的基础上，在确保工艺操作正常、大气排放标准达标、水泥产品质量不受影响的前提下，有意识地逐步增大可燃性工业废弃物的混烧比例。

北京市、上海市人民政府的有关部门要加强统一协调，全力支持两单位的工业实践活动。

（2）国家宏观经济发展调控部门应当根据我国国情和国内区域经济发展不平衡的现实，提出我国可燃性工业废弃物（其中包括一部分危险品）处置和利用的技术路线。

对于采用利用水泥工业处置可燃性工业废弃物，要从法律法规、产品质量标准、环境标准、税收政策、处置废弃物的价格体系进行系统的补充和完善,促使废弃物的处置和利用过程中物质流和资金流同向流动,保证这项事业健康、有序地发展。对于水泥企业处置和利用可燃性工业废弃物(包括一部分危险品),政府有关部门要建立资质认可和处置许可制度。建议这种认可和许可所应具备的条件和入门台阶要高一些,尽量与国际水平接轨。防止草率决策,简单投产,一哄而起,一旦控制不严,极易造成对环境的污染和对产品质量的威胁。

(3)政府有关部门要进一步加大对环境保护和各类废弃物处置法规、条令的执法力度。确保这些工业废弃物处于受控状态,按照我国有关法规、条令加以处置和利用。要牢固树立可持续发展的战略思想,树立我们有责任共同保护人类生活的家园——地球的责任感。打破地方保护主义和狭隘的地方利益的思想,从源头防止可燃性废弃物处于不受控状态和采用不科学、不合理处置办法的可能性。最大限度地使可燃性废弃物能得到科学、合理、安全的处置和利用。

(4)水泥行业要把处置和利用可燃性工业废弃物作为本行业走可持续发展道路和产业结构调整的重要内容。

水泥工业过去在大力推广利用其他工业的固体废弃物来替代传统的矿物质原材料方面做出了很大的贡献。其结果不但可以减少对自然资源的消耗量,同时使其他工业生产过程产生的废弃物,得到科学、合理、安全、有效的利用并解决了这些工业废弃物所带来的环境问题,水泥工业从中也得到了一定的经济效益。今天,水泥工业应当敏锐地抓住处置和利用可燃性工业废弃物的机遇,通过替代传统的矿物质燃料,减少二氧化碳气体的总排放量,减少对环境(大气、土壤、河流、地下水等)的影响,继续对人类可持续发展做出应有贡献。水泥工业自身也将进一步提高产品的竞争力,给企业带来一定的效益。

★该篇文章2002年10月发表于《中国水泥》杂志。

中国水泥预分解窑新型干法的研究与发展★

◎中国水泥协会高级顾问(原国家建材局局长)　王燕谋

新型干法是相对于老的水泥干法生产技术而言的,其与后者的区别主要是,在生料制备过程中设置了一套完整的均化链工艺与相应设备,同时采用现代的生料粉磨与烘干装备;在熟料烧成过程中使用悬浮预热窑或带预分解炉窑;废气处理系统运用了现代收尘设备与其他环保设施;在水泥制造过程中选用高效节能的现代水泥粉磨系统。新型干法按烧成技术分为悬浮预热窑技术和预分解窑技术。悬浮预热窑技术是预分解窑新型干法发展过程中处于初级阶段的生产方法,在工业发达国家已被淘汰。现代最先进的水泥生产技术就是预分解窑新型干法。

中国预分解窑新型干法水泥生产技术的研发过程大致分为三个阶段:第一是试验研究阶段,第二是技术开发阶段,第三是生产发展阶段。

一、试验研究阶段

我国水泥新型干法技术的研究要追溯到20世纪50年代。1956年,国家建材主管部门的工程技术人员,根据国外资料报道,立项研究悬浮预热器,在上海天祥水泥厂小窑上进行试验。后来由于机构变动,人员离散,这项试验未能继续下去。到60年代初,国外悬浮预热窑新型干法迅速发展,在这样的形势下,中国建筑材料科学研究院(以下简称建材研究院)立项研究悬浮预热窑。先在实验室进行小试,后到工厂进行扩大试验,在太原水泥厂进行四级旋风预热器的试验,在杭州水泥厂进行立筒预热器的试验。

就在我国进行悬浮预热器扩大试验的同时,著名水泥专家王涛向国家建材主管部门提出建议,引进悬浮预热窑新型干法成套技术设备。然而,这项建议未被采纳。后来许多人认为,如果当时能采纳这个建议,引进一套悬浮预热窑新型干法装备,那么,我国预分解窑新型干法的技术开发也许会顺利些。国家建材主管部门虽然未采纳王涛的建议,但还是数次组团赴东欧国家考察新型干法生产,收集技术资料。在考察中,曾获得一套四级旋风预热器图纸。北京水泥设计院根据科研单位试验结果并参考这套图纸,设计出Φ4×60米四级旋风预热窑和不同规格的立筒预热窑。国家建材主管部门按这些设计,在我国建设了多条悬浮预热窑新型干法生产线。由于技术和管理等多种原因,这些生产线建成投产后几乎都不能正常运行,使企业纷纷陷入困境,造成悬浮预热窑无法进一步推广。所以,在中国水泥技术发展史上,未能像西方国家那样形成一个悬浮预热窑新型干法的发展阶段。悬浮预热窑虽然未能在中国发展,但对其进行的试验研究工作为后来预分解窑的研究奠定了一定的技术基础。这一阶段的研究试验工作,也可视为我国水泥预分解窑新型干法技术研究的“前奏曲”。

1970年,建材研究院赵正一工程师在立筒预热器研究过程中萌发出“窑尾加把火”的设想,也就是在立筒预热器与回转窑之间增设一个燃烧点,使生料在此进行一次预烧,然后进入窑内烧成。该设想与现代预分解窑的原理基本相似,建材研究院热工室按此设想曾进行探索性试验。当时正值“文化大革命”，科研单位搬迁外地，科技人员下放到“五七”干校劳动锻炼，试验也就随之中断。

1972 年，建材研究院复建，1973 年正式立项开展“窑尾加把火”项目研究，先后进行了烧油和烧煤试验。

1. 烧油试验

在组织评审项目技术方案时，建材研究院情报室提供了关于日本石川岛播磨重工株式会社于 1971 年开发出烧油的新型悬浮预热窑（NSP），即预分解窑的消息，这对中国预分解窑的研究无疑增强了信心。1974 年，石川岛播磨重工株式会社派佐佐木先生来华进行关于 NSP 窑的技术交流，对当时建材研究院预分解窑的研究有一定帮助。

建材研究院为开展预分解窑项目研究，组建了新技术室，由李俭之同志任室主任，具体组织研究工作。当时研究试验的主要对象是预分解炉，采用重油作燃料。先进行预分解炉冷模型试验，接着进行热模型试验，最后在实验室的 Φ0.7×7 米小窑上进行试烧。

1974 年建材研究院开始组织中间试验工作。

1976 年 6 月，石岭水泥厂烧油预分解窑中间试验线建成投入试验。回转窑规格为 Φ2.4×40 米；预分解炉属喷腾型，设计小时产量是 17 吨熟料。

经过半年多夜以继日的紧张工作，基本达到试验要求。3 天连续标定的平均小时产量达到 15 吨熟料，充分说明预分解窑的单位容积产量，比立波尔窑和悬浮预热窑提高一倍。通过试验，不仅取得了预分解窑的一系列技术数据，而且还掌握了一些操作经验。石岭水泥厂预分解窑中间试验线是中国水泥工业史上第一条工业化连续生产的预分解窑，其运行的成功对我国水泥生产技术发展有着深远意义。首先，中国水泥界消除了疑虑，正确评价这项新技术，使更多的有识之士较早地认定预分解窑是水泥技术发展的方向，从而加速技术开发，积极推进我国预分解窑新型干法的发展。其次，是试验成果为下一步烧煤预分解窑及其进一步发展打下了技术基础。

石岭水泥厂预分解窑中间试验取得成功，建材研究院做出了重要贡献，也是国家建材主管部门和吉林省政府大力支持的结果。1977 年 10 月 30 日，这项中间试验在现场进行了技术鉴定。

2. 烧煤试验

1975 年，建材研究院新技术室在烧油预分解窑试验的基础上，就开始在实验室内 Φ0.7×7 米小窑上进行烧煤预分解窑试验。试验中遇到的主要问题是煤粉在预分解炉内不着火，烧不起来。然而，在一次试验中偶然发现，先将回转窑点火运行使其正常出料，待分解炉内温度逐渐上升到 800℃以上时，喷入煤粉即能点燃，并不会灭火。现在看来，这只是一个十分简单的道理。世界上许多事情往往就是这样，一件极容易的事在发现前总是一个很难的问题。在实验室小窑上取得必要的技术数据后，便着手筹备烧煤预分解窑的中间试验。

1978 年 3 月，本溪水泥厂烧煤预分解窑中间试验线建成并投入运行。试验结果表明，预分解窑不仅能烧油，而且完全可以烧煤；烧煤预分解窑与烧油预分解窑一样都能大幅度提高产量和降低热耗。在 Φ3.7×50 米烧煤预分解窑上，熟料小时产量达到 52 吨，热耗为 4.18×800～4.18×850 千焦/千克，大大优于任何一种窑型的技术指标。这些试验结果，对我国预分解窑新型干法的技术开发无疑产生很大推动作用。

我国烧油预分解窑试验成功的时间比日本晚 6 年，烧煤预分解窑试验的时间则与日本处在差不多同一个时期。试验时间虽然相差不多，但日本预分解窑试验的技术基础与我国则有着很大差别。

日本水泥工业在本国强大的钢铁业和机械制造业的支撑下曾有一个悬浮预热窑新型干法的发展阶段。经过这个阶段，烧油预分解窑试验成功后其成果就能很快被推广。1973 年发生世界性能源危机，日本水泥行业由烧油改为烧煤，于是便试验烧煤预分解窑。试验成功后，很快就形成现代最先进的预分解窑新型干法技术，并在短期内获得普遍应用。

我国水泥工业史上未能形成悬浮预热窑新型干法的发展阶段，只有悬浮预热窑技术开发时留下的部分条件。石岭水泥厂烧油预分解窑中间试验线规模较小，这些留下的条件尚可使该条试验窑的附属设备得以勉强配套，在中间试验后的正常生产中尚能维持长期连续运转。本溪水泥厂的中间试验线则遇到了另一种命运。该试验线规模较大，日产熟料 1 200 吨，由于我国基本上没有经过悬浮预热窑的发展阶段，没有能与试验窑配套相适用的冷却机和排风机等附属设备，也没有条件引进，只能采用性能相近的设备凑合。在中间试验时，这些凑合的设备尚能勉强维持试验窑运转，但在试验结束后的正常生产中，这些附属设备常出故障，不能保证长期连续运转，使预分解窑长期处在停停开开的状态，不能连续生产。

本溪水泥厂烧煤预分解窑中间试验的状况进一步提高了水泥界对我国发展预分解窑新型干法的认识。该厂的中间试验实际上只属于预分解炉单元试验，要实现开发出整个预分解窑系统的目标尚任重道远，要达到预分解窑新型干法的技术水平则需走更长的路。

二、技术开发阶段

本溪水泥厂预分解窑中间试验结束后，我国预分解窑新型干法的研究和发展进入第二阶段，即技术开发阶段，开展包括购买国外成套设备、开发日产 700～1 000 吨熟料生产线、开发日产 2 000 吨熟料生产线、引进和消化吸收国外设备设计制造专利技术等各项工作。

1. 购置国外成套设备

1976 年，“文化大革命”宣告结束。当时的中共中央领导执行高指标政策，大搞基本建设，鼓励各行业从国外购买设备，加速扩大生产。对这种超出国力的盲目发展，后来人们称之为“洋冒进”。当时，冶金、化工和电力等行业都纷纷提出申请购买外国成套设备。国家建材主管部门根据自己的实际情况，于1978年5月向国家计委提出从西方国家进口两套预分解窑新型干法生产设备的申请，当月就获得批准。这一举措得到水泥界工程技术人员的广泛认同。随着我国预分解窑试验工作的深入，进一步认识到，从西方国家进口两套设备，对加快我国预分解窑新型干法的技术开发是十分必要的。

1979年6月，与日方签订冀东水泥厂购买石川岛播磨重工株式会社设备的合同。这是自1960年购买丹麦湿法长窑成套设备后中国第一次向国外购买水泥成套设备。时隔近20年后，购买的这套设备已是新一代的预分解窑新型干法设备，是当时世界上最先进的水泥生产设备。设备中有大型矿山钻孔机和装载机；大型一段破碎机；9公里长皮带；原料预均化堆、取料机；连续式均化库；60米高的窑尾提升机；Φ4.7×74米NSF型预分解窑；福勒型冷却机和计算机程序控制设备等。在技术谈判过程中，曾研究选用立式生料磨，由于冀东水泥厂石灰石质地较硬并含燧石，当时日本尚缺乏立式磨粉磨硬质原料的经验，所以未用立式磨而采用了两台粉磨兼烘干的球磨机。

1979年下半年，正准备与日方签订宁国水泥厂购买三菱重工株式会社成套设备的合同时，国家计委因外汇储备锐减而要求压缩进口，减少用汇。根据武汉钢铁公司关于必须成套进口的经验，引进办公室决定成套进口生料制备、熟料烧成和水泥制造等3部分设备，矿山和水泥包装等一前一后的设备不进口，采用国产设备。当时有人打趣说，宁国水泥厂的全厂设备是“身穿西装，头戴草帽，脚踏草鞋”。宁国水泥厂的设备合同于1979年12月份与日方正式签订。这套设备与冀东水泥厂的不同点除了矿山和包装设备外，采用一台Φ5×15.5米的大直径中卸式原料磨，分解炉是MFC沸腾型。

冀东水泥厂动工较早，其投资的85%是国家拨款，15%是“拨改贷”。在第二次国民经济调整中，冀东水泥厂建设属保留项目，其建设进度基本不受影响，于1984年12月建成投产。

宁国水泥厂建设就没有像冀东水泥厂那样幸运，1980年被列入缓建项目，到1982年才破土动工，1985年建成试生产。由于国家缺乏外汇，申请使用了科威特贷款。在国家投资政策改变后，国家拨款比例降低，即使是“拨改贷”也不多，并且在国家建材项目建设中首批开始使用商业银行贷款。于是，宁国水泥厂建设资金构成为22%国家拨款，26%“拨改贷”，23%商业银行贷款，29%科威特贷款。显然，该厂的还贷任务比冀东水泥厂大得多。在试生产过程中，矿山和包装工序的国产设备暴露问题很多，严重影响正常生产，致使全厂到1987年才进行施工验收，正式投产。

冀东水泥厂和宁国水泥厂的设备进口、工程建设和投入生产，使我国水泥生产技术得到全面提高，有力地推动了我国水泥生产技术由湿法向先进的预分解窑新型干法转变。水泥设计院通过技术谈判和设计转化，开始熟悉预分解窑新型干法的设计；建材建设公司在设备安装和工业建筑施工中学会了水泥新设备的安装和新设施的建筑技术；水泥企业通过技术培训和投产，学到了操作技术和管理方法，开始由传统的岗位操作转变为中央控制室集中操作与巡检相结合的操作制度，这些是我国水泥工业生产管理的重大跨越。

在冀东水泥厂和宁国水泥厂的影响下，若干地方政府于20世纪80年代也分别组织进口外国设备建设水泥预分解窑新型干法生产线。广西壮族自治区政府利用丹麦政府出口信贷进口丹麦史密斯公司的预分解窑新型干法成套设备，在柳州水泥厂扩建一条日产3 200吨熟料生产线。广州市政府从丹麦史密斯公司购买一套日产4 000吨熟料的预分解窑新型干法成套设备，新建珠江水泥厂。福建省政府利用澳大利亚政府贷款，从澳大利亚进口由BHP公司采用史密斯公司技术制造的预分解窑新型干法成套设备，新建年产70万吨水泥的顺昌水泥厂。广东省政府利用法国政府出口信贷，向法国FCB公司购买日产2 000吨熟料预分解窑新型干法成套设备，新建云浮水泥厂。

在这个时期，水泥新型干法技术又有新的进展，在烧成系统出现长径比接近10的仅两个支点的短窑；在粉磨系统出现了挤压磨，接着就产生挤压磨－高效选粉机－管磨的预粉磨系统，可使系统电耗大大下降。然而，这些技术并非集中在一个公司，而是为若干公司所分别拥有。新疆维吾尔自治区政府在新疆水泥厂购买外国成套设备建设日产2 000吨熟料预分解窑新型干法的过程中，根据国家建材局建议，决定采用“点菜拼盘”的进口办法，使进口设备技术达到国际上最先进水平。

通过技术谈判和商务谈判，向德国洪堡公司购买了采用挤压磨的生料制备系统设备和以短窑为特征的烧成系统设备，向美国福勒公司购买了挤压磨预粉磨系统的水泥制造设备。两家公司设备经组套后建成的日产2 000吨熟料预分解窑新型干法生产线，成为当时世界相同规模最先进的水泥生产线，对我国新型干法的技术开发有很大帮助。

各地方政府在冀东水泥厂和宁国水泥厂影响下，大胆决策进口成套设备，建设预分解窑新型干法生产线，在进口和建设过程中主要依靠的技术力量是在冀东水泥厂和宁国水泥厂创建过程中得到提高的水泥设计院和建材建设公司。从这里再一次看到冀东水泥厂和宁国水泥厂对我国水泥工业技术进步所发挥的巨大推动作用。

在20世纪80年代购买外国成套设备建设的预分解窑新型干法生产线列于表1。表中所列生产线的建成投产，标志着我国水泥工业在发展预分解窑新型干法生产的道路上跨出了重要一步。

表 1　20 世纪 80 年代购买外国成套设备建设的预分解窑新型干法生产线

序号	企业名称	生产线规模(吨/日)	预分解窑型号规格(米)	设备卖方
1	冀东水泥厂	4 000	NSFΦ4.7×74	日本石川岛播磨重工株式会社
2	安徽省宁国水泥厂	4 000	MFCΦ4.7×75	日本三菱重工株式会社
3	广州市珠江水泥厂	4 000	FLSΦ4.75×75	丹麦 F. L. Smith 公司
4	柳州水泥厂	3 200	FLSΦ4.55×68	丹麦 F. L. Smith 公司
5	新疆水泥厂	2 000	KHDΦ4.0×43	德国洪堡公司美国福勒公司
6	广东浮云水泥厂	2 000	FCBΦ4.0×58	法国 FCB 公司
7	福建顺昌水泥厂	2 000	FLSΦ3.95×56	澳大利亚 BHP 公司

2. 开发日产 700～1 000 吨熟料生产线

在组织进口外国成套设备建设冀东水泥厂和宁国水泥厂日产 4 000 吨熟料生产线的同时，我国依靠自己力量开发了日产 700～2 000 吨熟料的预分解窑新型干法生产技术。组织进口外国设备和自行开发两者并不矛盾，是相辅相成的。有了石岭水泥厂和本溪水泥厂预分解窑中间试验的结果，工程技术人员在技术谈判中便取得主动，能更好地选择工艺和设备。在进口外国设备过程中所学到的知识，则有利于科研、设计单位进行技术开发，少走弯路。

自国家建材主管部门科技系统的建材研究院在预分解窑试验研究取得巨大进展后，同一部门的生产系统、基建系统所属科研、设计院所，以及地方所属的大中型企业，对预分解窑新型干法的技术开发都跃跃欲试。生产系统所属的江油水泥研究所(合肥水泥研究设计院前身)在太原水泥厂悬浮预热试验窑上作了预分解炉单元试验，接着在江苏邳县水泥厂进行日产 700 吨熟料预分解窑的技术开发。

科技系统的建材研究院，在本溪水泥厂烧煤预分解炉单元试验的基础上，提出在新疆水泥厂建设日产 700 吨熟料预分解窑新型干法试验线。经多方努力，新疆水泥厂试验线项目被列入了"五五"期间的基本建设计划。该项目于 1978 年 5 月开始动工建设，在第二次国民经济调整中由于是新技术项目而被保留，但被放慢建设速度，到 1981 年才竣工投产。这条试验线的回转窑规格是 Φ3.5×45 米，规模较小，附属设备可在国内配套。由于资金充足，这条预分解窑各种设备比较齐全，与本溪水泥厂的试验线不同，能够长期连续运转。不过，试验线的生料制备系统是在老的工艺线上进行"填平补齐"，没有完全按现代新型干法进行重建，所以这条试验线并不是十分完整的预分解窑新型干法生产线。

预分解窑在投产中遇到的主要工艺问题，除堵窑外就是经常结大块，有时能结出直径达 1 米左右的"大蛋"。主要原因是生料成分波动大、硅酸率太低和碱含量过高。生料成分波动大，不仅影响熟料质量，还会造成操作不稳定，引起堵塞，所以预分解窑生产技术必须与现代水泥生料干法制备方法相匹配。由于硅酸率低，除结"大蛋"外还在预分解窑上烧不出应有的高质量熟料，所以预分解窑所用生料的硅酸率一定要配得比湿法窑和立窑高。而碱含量过高的后果，一是引起堵塞，二是使熟料质量下降，所以预分解窑所用生料中的少量成分，如钾、钠和氯等都要控制在一定范围内。预分解窑的堵塞并不害怕，只要操作稳定，一般情况下就不会发生，所以必须创造各种条件使预分解窑操作稳定。

新疆水泥厂的这条试验线是我国第一条能长期连续运转的烧煤预分解窑新型干法生产线，其试验所得结果是十分可贵的，对我国水泥生产技术的发展无疑具有很大帮助，这是建材研究院对我国预分解窑新型干法技术发展作出的又一重要贡献。

新疆水泥厂试验线投产成功后，天津水泥设计院设计出更为完整的日产 700 吨熟料预分解窑新型干法生产线，用于由国家建材主管部门与上海市政府共同组织的川沙水泥厂示范线建设。1987 年，由天津院设计的北京燕山水泥厂日产 700 吨熟料预分解窑新型干法线建成投产，半年内达到设计产量，这标志着该项技术已经成熟。在此基础上，我国科研、设计单位又开发出日产 1 000 吨熟料的同类生产线，并很快在全国推广。

3. 开发日产 2 000 吨熟料生产线

20 世纪 80 年代初，我国水泥界发生新一轮的"干湿"之争，即湿法与预分解窑新型干法之间的争论。1982 年年中，国家建材局一次安排 10 条"华新"型湿法窑生产线的建设，使"干湿"之争进一步激化，甚至出现一些老水泥专家到国家计委去申辩，表明必须发展新型干法的观点，"干湿"之争已成为我国水泥工业当时必须解决的问题。1983 年年初，国家建材局在国家科委的部署下开始制定技术政策，组织计划、生产、基建和科技系统的领导和专家进行研究和反复讨论，经过近半年的工作，最终在各种意见基本统一的基础上制定出建材工业技术政策要点。要点中明确提出，水泥工业要发展预分解窑新型干法，一般情况下不再扩建和新建湿法和老的干法生产线；根据条件采用日产 700 吨、2 000 吨和 4 000 吨熟料等不同规模的工艺和设备，近期以日产 2 000 吨熟料的生产线为主。从此，水泥工艺发展有了政策依据，全行业都明确要发展不同规模的预分解窑新型干法。

1983 年年中，国家建材局决定对正在筹备中的江西水泥厂日产2 000吨熟料预分解窑新型干法生产线组织科技攻关，并列入“六五”计划期间的国家科技攻关计划。

江西水泥厂这条新型干法生产线与新疆水泥厂和牡丹江水泥厂等同类型生产线有很大不同，后者在生料制备方面都沿用老的干法，在熟料烧成方面除窑尾系统是新设计的外，其他设备都是选择现有的进行配套；前者在生料制备方面都按现代新型干法进行装备，在熟料烧成方面有新设计的预分解窑，与其配套的附属设备如冷却机和排风机等也都是新设计的。此外，第一次采用了全厂计算机集中控制，这是一条由天津院在多年技术积累基础上的全新设计，是真正意义上的预分解窑新型干法生产线。为稳妥起见，曾聘请美国凯瑟(Kaiser)工程咨询公司专家对该生产线设计进行咨询，按咨询意见，由于矿山石灰石成分波动不大，取消了石灰石预均化堆场，但燃煤和其他原料的预均化设施仍保留，还向他们购买了一套预分解炉的图纸。

江西水泥厂日产2 000吨熟料预分解窑生产线于1984年4月动工兴建，到1986年2月建成投入试生产。试生产过程非常艰难，既有工艺问题，又有设备问题，尤其是设备事故频繁，无法正常运转。在这种困难时期，一家日本公司提出承包江西水泥厂日产2 000吨熟料生产线的投产任务。国家建材局婉拒了这一建议，目的是让设计院和工厂的工程技术人员在解决各种问题的过程中得到锻炼和提高，即使在经济上受到更大损失也在所不惜。

江西水泥厂和天津院对生产线进行了三次重大改造，历经长达3年的调试工作，终于使生产线运行状况达到国家科技攻关要求的指标，连续10天产量达到日产2 000吨熟料，通过了国家级验收。

这条生产线是我国自行设计，主要采用国产设备建成的第一条日产2 000吨熟料预分解窑新型干法生产线。它的建成投产并通过国家级验收，是水泥科技攻关的重大成果，在中国水泥技术发展史上树立了一个醒目的里程碑。从此开始，我国水泥生产技术快步进入预分解窑新型干法的新时代。

江西水泥厂预分解窑新型干法生产线的运行虽然达到了科技攻关要求，但月平均产量尚达不到日产2 000吨熟料的水平，离年平均产量的指标则存在更大差距。其原因主要是一些附属设备和部件常出事故，造成生产线的运转率很低。这些附属设备都是首次试制的，难免出现这样那样的问题，需要时间进行不断改进。另一面，受国内工业水平所限，制造这些附属设备的材料和元器件质量太差，这个问题在国内也是一时难以解决的。

4. 引进和消化吸收国外设备设计制造专利技术

为加快技术开发进度，国家建材局利用改革开放的有利条件，决定采取与国外合作的办法解决预分解窑新型干法生产线存在的设备问题。在与国外合作方式上当时有两种不同意见：一种意见是与外国水泥设备制造公司全面合作；另一种意见是向外国公司分别购买单机设计制造专利技术。经调查研究，第一种意见的做法当时行不通，于是采纳第二种意见，决定分别购买外国单机设计制造专利技术，得到国家计委批准，并可以用国家外汇支付所需费用。这项任务由国家建材局下达给中国建材机械装备公司负责组织有关单位完成。经大量工作，总共花了4 000多万美元，购买了冷却机、提升机、电收尘器、减速机、预均化堆取料机、高效选粉机、均化库和包装机等13项设备设计制造专利技术，机械工业部下属企业同时也引进了高温排风机、立式原料磨和一段破碎机等3项设备制造专利技术。国家建材局组织科研、设计院所将引进技术制造的设备陆续用于新型干法生产线的建设之中。

在江西水泥厂建设日产2 000吨熟料预分解窑新型干法生产线之后，国家建材局接着在陕西耀县水泥厂扩建一条同样的生产线。由于设备制造速度赶不上生产线建设进度，这条生产线未能采用引进技术制造的设备，在设计和建设中虽然已吸取江西水泥厂的经验教训，作了许多改进，但投产时仍十分困难，长期不能达到设计指标。继耀县水泥厂之后，国家建材局在鲁南水泥厂新建2条日产2 000吨熟料预分解窑新型干法生产线，此时用引进技术制造的设备已有小部分生产出来，这两条生产线便采用了这些设备，投产时虽然也很困难，但比前两条生产线的情况要好得多。

按国家经委关于组织引进、消化吸收外国技术“一条龙”项目的要求，国家建材局决定建设双阳水泥厂日产2 000吨熟料新型干法生产线，作为“一条龙”项目，将所有采用引进技术制造的设备都集中使用到这一条生产线上，由天津院负责全厂设计。江西水泥厂、耀县水泥厂和鲁南水泥厂的此类生产线都是2台生料磨和2台水泥磨，在双阳水泥厂则采用新设计的1台生料磨和1台水泥磨。双阳水泥厂生产线建成投产出乎意料的顺利，很快就达到设计指标，这里当然有前3条生产线所积累经验的因素，但应主要归功于引进国外单机设计制造专利技术的正确决策。由业主、设计院和设备制造单位合作建成的双阳水泥厂日产2 000吨熟料预分解窑新型干法生产线，曾被国家建材局领导誉为“中国第一线”。

在国家建材局组织日产2 000吨熟料预分解窑新型干法技术开发期间，在水泥科研单位和设计院的推动下，曾一度出现发展立筒悬浮预热窑的小高潮。陕西省泾阳县水泥厂有一条Φ2.5×40米的立筒悬浮预热窑生产线，年产5万吨熟料，其投资低，易掌握，陕西省建材局先将它在省内推广，后来推广到全国。这种窑型当时被命名为“泾阳型”窑，在20世纪80年代中期的2~3年内，在全国范围内建设了200多条这种窑型的生产线。有些地方政府所属企业还建设了Φ3×45米立筒悬浮预热窑，年产熟料10万吨。这两种立筒悬浮预热窑在投产后多数长期达不到设计能力。经科研院所和高等院校对其采取一些技术措施后，其产量有不同程度的提高。立筒悬浮预热窑的一度发展，是预分解窑新型干法技术开发过程中的一个小插曲。

三、生产发展阶段

双阳水泥厂的建成并顺利投产标志着我国预分解窑新型干法技术开发已基本成功，为生产发展已创造了良好条件。从此，预分解窑新型干法的发展进入生产发展阶段。该阶段的起步是很艰难的，经历了提出新的发展思路和方针、制订实施T型发展战略和利用外资建设新厂、利用本国资金与技术建设新厂和改造老厂、突破发展中的难关等过程后，最后开始走上蓬勃发展的道路。

1. 提出新的发展思路和方针

1989年，时值国民经济第三次调整，大量压缩基本建设规模，正在制定的"八五"计划中国家准备给建材行业的总投资仅35亿元，用这些钱只能建2条半日产4 000吨熟料的生产线，建材投资规模非常小。面对这样的困难局面，必须提出一个可吸引人的发展思路，以动员起有利于建材工业发展的各种资金力量，包括说服国家计委能扩大建材工业的投资规模。在调查研究基础上，国家建材局提出了"出口、节能、调整"的建设发展方针。出口即建设建材出口基地，扩大建材产品出口；节能即节电、节煤、节水、也包括节土；调整就是调整建材工业结构。这个发展方针，得到国务院领导和国家计委领导的赞同。

2. 制订和实施T型发展战略利用外资建设新厂

根据建材工业发展总方针，当时国家建材局提出了水泥工业发展的具体方针，主要是实施水泥T型发展战略，加快建设预分解窑新型干法生产基地。所谓T型发展战略就是在沿长江和东部沿海建设水泥厂或建设熟料基地与水泥粉磨厂，因其布局似T字形，所以冠名为T型。T型发展战略是根据我国改革开放新形势和资源特点而提出来的，其意义主要在于：

(1)建设重点转向中东部地区。共和国成立后，长期以来水泥工业发展都是按全国平均布局，新厂建设大都在中西部地区。改革开放后，中东部地区经济发展较快，水泥工业发展要适应经济发展需要，工厂建设重点也应作相应转移。

(2)解决东南沿海地区水泥的生产和供应问题。我国石灰石矿的分布特点是：自渤海湾以南直到北部湾的广大沿海地区都缺乏石灰石资源，而在湖北、江西、安徽和江苏等省的沿长江地区则分布着丰富的高品位石灰石矿藏。顺应这个特点，在长江沿岸建熟料基地，在东南沿海建水泥粉磨厂，基地的熟料沿长江顺流而下运到各粉磨厂生产水泥，供应当地市场需要，以确保各种建设工程的顺利进行。

(3)创建新的水泥流通体系。在计划经济体制下，我国水泥生产主要是满足国内经济建设需要，相应地建立了以袋装与铁路运输为主的水泥流通体系。为适应改革开放新形势和建筑施工的现代化，必须建立散装与船运的水泥流通体系。为建立新的流通体系，在新建水泥厂的同时要建设水泥和熟料的散装专用码头与装、卸船设施，以及散装水泥或熟料的转运站等。

(4)水泥市场与国际接轨，可大量出口水泥。1990年我国水泥出口由300万吨猛增到1 000万吨，1991年即突降到300多万吨。下降的原因是：沿海地区缺少高质量的回转窑水泥，大量出口的是立窑厂生产的低质量水泥；没有散装水泥海运设施，出口水泥都是袋装，不适应国外现代建筑施工要求。因此，1990年所出现的中国出口水泥热必然难以持久。在沿江、沿海地区大量建设水泥预分解窑新型干法企业和散装与水运设施，就可使中国水泥市场与国际水泥市场接轨，可大量出口水泥。

(5)产生大市场，建设大基地，创造高效益。众所周知，水运价格要比陆路运输便宜得多。因此，随着水运流通体系的建立，沿长江、沿海的一些水泥市场便实行对接，产生一个大的水泥市场，使水泥价格在一个较大的范围内自行平衡，有利于提高社会效益。水泥大市场为建设大的水泥生产基地创造了条件，例如在沿长江就可建设日产5 000吨以上熟料生产线，可建年产500万吨甚至年产1 000万吨的熟料基地，从而使生产成本下降，大大提高水泥企业的竞争能力。

(6)调整水泥工业结构。山东、江苏和广东等都是我国立窑水泥大省。在沿长江、沿海建设一大批预分解窑新型干法生产线可使这些地区的水泥工业结构得到调整，迅速改变其落后面貌。

实施水泥T型发展战略的主要条件，一是资源，二是资金。为解决资源问题，国家建材局指令其所属建材地质队伍将其勘探工作重点转向渤海湾地区和长江流域地区，对已经普查的进行初探，对已经初探的则进行详探，达到能建厂的要求。当时国家拨的地质勘探费较少，难以满足沿江、沿海勘探工作的需要，于是便采取与地方政府共同出资的办法解决资金不足的问题。就这样，查明了一大批能达到建厂要求的矿点，为实施"T"型发展战略奠定了物质基础。

为解决资金问题，除争取国家扩大投资规模和国家银行贷款外，大胆利用各种外资，包括世界银行贷款、亚洲银行贷款、外国政府贷款和外商直接投资等。在利用外资过程中遇到的最大困难就是如何获得国家的批准，为此国家建材局和地方政府做了大量工作。在20世纪90年代初，国家建材局和地方政府吸引外资建设的预分解窑新型干法生产线有12条，利用外资近20亿美元。这些生产线分别于1997年前后建成投产。

20世纪90年代中国利用外资建成的水泥预分解窑新型干法生产线列于表2，表中所列生产线除山西晋牌水泥集团有限公司以外，都是按"T"型发展战略而组织建设的，大部分公司在建设生产线的同时都建了散装水泥或散装熟料的专用水运码头。这些生产线的建成投产为建立散装水运流通体系和实施"T"型发展战略奠定了基础。

表2　20世纪90年代利用外资建成的水泥预分解窑新型干法生产线

序号	企业名称	资金来源	生产线规模(吨/日)	预分解窑型号规格(米)
1	大连华能-小野田水泥有限公司	日本投资	4 000	RSPΦ4.6×72
2	江南-小野田水泥有限公司	日本投资	4 000	RSPΦ4.6×72
3	秦皇岛浅野水泥有限公司	日本投资	4 000	DDΦ4.6×72
4	烟台三菱水泥有限公司	日本投资	3 000	MFCΦ4.35×67
5	大宇水泥(山东)有限公司	韩国投资	7 200	PolysiusΦ5.6×87
6	嘉新京阳水泥有限公司	台湾投资	5 500	KHDΦ5.2×61
7	亚东水泥有限公司	台湾投资	4 000	KHDΦ4.8×52
8	福建龙岩三德水泥建材工业公司	新加坡投资	2 000	KHDΦ4×47
9	安徽铜陵海螺水泥有限公司	世界银行贷款	4 000	FLSΦ4.75×74
10	中国水泥厂	世界银行贷款	2 000	KHDΦ4×47
11	山西晋牌水泥集团有限公司	加拿大政府贷款	2 000	NSFΦ4×43
12	华新水泥股份有限公司	亚洲银行贷款	4 000	FLSΦ4.75×74

外商投资企业在生产线建设中都采用当时最先进的水泥生产技术，并且各厂都有自己的技术特点，预分解窑的特点列于表2中，其他方面的特点如大连华能-小野田水泥有限公司采用挤压磨-高效选粉机-管磨的水泥预粉磨系统，嘉新京阳水泥有限公司采用立磨-高效选粉机-管磨的水泥预粉磨系统，秦皇岛浅野水泥有限公司在预分解窑上采用悬臂摆动式新型冷却机、在水泥制备方面采用CK磨-管磨预粉磨系统，亚东水泥有限公司采用挤压磨生料终粉磨系统，烟台三菱水泥有限公司采用水泥冷却系统。大宇水泥(山东)有限公司生产线的主要特点是设备规格的大型化，大型窑能烧出好熟料，大型磨能磨出高质量水泥。另外，该公司在中国首先采用立磨制备含有砂岩的四组份生料，取得成功，这为我国水泥界采用四组份配料开创了先例。外资企业的建立迅速提高了我国水泥产业结构的技术水平，为我国预分解窑新型干法的发展进一步发挥了示范作用。外商投资企业在技术上不断进取的做法值得借鉴。

3. 利用本国资金与技术建设新厂和改造老厂

在利用外资实施T型发展战略的同时，国家建材局将预分解窑新型干法技术开发成果迅速广泛地应用于水泥新厂建设和老厂改造。

采用日产2 000吨熟料预分解窑新型干法技术建设的新厂有浩良河水泥厂、北京市昌平水泥厂、天津市振兴水泥厂、海南昌江水泥厂、河南鹤壁水泥厂和内蒙古乌兰水泥厂等。这些企业的生产线都采用了具有现代新型干法特征的工艺和装备，除预分解窑外，有石灰石一阶段破碎、原燃料预均化、立式生料磨、生料均化库、电子计算机集散控制系统等。有些厂的生产线上还有挤压磨预粉磨系统，北京市昌平水泥厂在预分解窑上采用了窑尾布袋收尘设备，取得良好效果，为中国水泥企业采用这种收尘设备创造了经验。这些新建水泥企业的投产都比较顺利，设备事故普遍明显减少，只要人员培训搞得好，没有其他特殊情况的话，很快就能达到设计指标。

老厂改造是国家建材主管部门多年的话题，在20世纪70年代就开始讨论这个课题，由于各种条件限制，一直未能实施。1987年，国家建材局提出14个老厂(共和国成立前建设的老厂)改造计划获得国务院批准。1990年，向国务院争取到14个老厂可在每吨水泥销售额中提取5元钱作为技术改造费的政策，以推进这些厂的改造工作。进入“八五”计划时期，国家建材局在执行“出口、节能、调整”建材发展总方针下，将水泥厂的节能改造作为主要任务之一。

1990年，在国家建材局和物价局的共同努力下，国务院批准东北、华东和华南地区国家重点大中型水泥企业的水泥价格“并轨”，接着又特批华北、中南和西北地区一批同类水泥厂价格“并轨”。当时，我国主要工业产品价格都实行国家定价和市场定价同时存在的“双轨”制，价格“并轨”就是取消国家定价而实行市场定价，实质上就是价格放开。由于价格放开，国家重点大中型水泥企业在1992年到1995年间获得非常丰厚的利润，积累了可观的资金，为工厂技术改造创造了资金条件。在此期间，全国老厂改造在14个老厂的基础上全面展开。

随着预分解窑新型干法技术的成熟，采用此项技术改造老厂成为企业的主要选择。用预分解窑新型干法技术改造老厂主要通过如下三个途径：第一是扩建新的生产线，第二是改造湿法窑生产线，第三是改造悬浮预热窑生产线。

在“八五”计划期间，扩建日产2 000吨熟料预分解窑新型干法生产线的老厂有启新水泥厂、上海水泥厂、重庆水泥厂、北京市琉璃河水泥厂、中国水泥厂、华新水泥厂、邯郸水泥厂、湘乡水泥厂和葛洲坝水泥厂等。这些老厂扩建的预分解窑新型干法生产线和新建厂一样，都具有当代国际先进水平，这不仅大大提升了老厂的技术结构，还在很大程度上改变了老厂的落后面貌。

20 世纪 80 年代末，国家建材局开始组织实施采用预分解窑新型干法技术，改造湿法回转窑生产线的四项示范性工程：

第一项是上海市金山水泥厂的“全干法”改造工程。将一台“华新型”湿法窑改造成带四级旋风预热器的预分解窑，湿法生料制备系统全都改为干法制备系统。把作为黏土质原料的浦江泥浆喷入粉磨兼烘干的原料磨。

第二项是安徽省白马山水泥厂的“湿磨干烧法”改造工程。将一台“华新型”湿法窑改造成带二级旋风预热器的预分解窑，湿法生料制备系统保留，在生料系统与预分解窑系统之间增设过滤机和快速烘干机。料浆经过滤机滤去部分水分后进入快速烘干机，出来的干粉进入预分解窑煅烧。白马山水泥厂生料的塑性高、过滤性能差，所以采用了板框过滤机。

第三项是广州水泥厂的“湿磨干烧法”改造工程。它与白马山水泥厂不同的是：将老窑拆除，新建一条 Φ3.5×53 米带二级预热器的预分解窑；增设一个转筒型料浆真空过滤机。广州水泥厂生料的过滤性能好，允许采用可连续生产的劳动强度较低的真空过滤机。

第四项是湖北光化水泥厂的“混合法”改造工程。湿法制备生料浆的系统保留，增设干生料粉制备系统和快速烘干机，增建一条 Φ3.5×54 米的带二级旋风预热器的预分解窑。料浆和干生料粉同时喂入快速烘干机，出来的干粉喂入预分解窑煅烧。

金山水泥厂的“全干法”曾被推广到安徽巢湖铁道水泥厂，后者将“华新型”窑湿法生产线改造成 Φ3.5×54 米带五级旋风预热器的预分解窑新型干法线，效果并不理想，没有被进一步推广。光化水泥厂“混合法”生产线投产时很不顺利，由于各种原因长期不能达到设计指标，后来也未能被推广。“湿磨干烧法”得到了较广泛的应用，截至 2002 年 6 月，全国建成水泥“湿磨干烧”生产线共 13 条，列于表 3。近期建的“湿磨干烧”生产线，都采用盘式真空过滤机取代转筒型真空过滤机；对于塑性高的料浆，采用砂岩配料以提高料浆过滤性；不再采用板框压滤机。“湿磨干烧法”的热耗一般为 4.18×800～4.18×900 千焦/千克，略高于同规模预分解窑新型干法；生料系统电耗一般为 20 千瓦时/吨，与现代新型干法接近。

表 3　截至 2002 年 6 月中国水泥企业的湿磨干烧预分解窑生产线

序号	企业名称	熟料生产线		熟料生产线能力	备注
		吨/日	条	万吨/年	
1	广州水泥厂	2 000	1	84	
		700	1		
2	广东南华水泥有限公司	1 700	1	53	原英德水泥厂
3	广西柳州鱼峰水泥股份有限公司	2 000	1	62	
4	四川省渠江水泥厂	1 000	1	31	
5	湖北宝石水泥集团有限公司	1 000	1	31	原光化水泥厂
6	四川双马水泥股份有限公司	1 500	1	47	原江油水泥厂
7	安徽省白马山水泥厂	800	1	25	
8	虎山集团江山水泥股份有限公司	1 000	2	62	原江山水泥厂
9	宁夏赛马水泥有限责任公司	2 300	1	71	原宁夏水泥厂
10	浙江三狮水泥湖州达强水泥厂	1 000	1	31	
11	皖维高新材料股份有限公司水泥厂	1 000	1	31	

目前，我国水泥界对湿法厂的改造方法问题，大多数人的共识是：湿法厂改造应以扩建预分解窑新型干法为主，在一定时期内实行干湿并举，然后根据市场和设备状况逐步淘汰湿法窑；在生料制备系统有相当的富余能力、石灰石原料采用管道输送、原料水分非常高等特殊情况下，可以选择“湿磨干烧”；我国湿法窑直径都比较小，设备大都已老化，不值得再对其进行改造。

20 世纪的 60 年代到 70 年代，山东水泥试验厂、青海水泥厂、武山水泥厂、永安水泥厂和太原水泥厂等都分别新建或扩建了悬浮预热窑生产线。这些生产线投产时都十分困难，长期不能正常生产，到 80 年代仍达不到设计指标。1979 年江苏淮海水泥厂用罗马尼亚设备建设了一条悬浮预热窑新型干法生产线，设计年产水泥 100 万吨。该生产线建成投产后，设备事故频繁，运转率很低，水泥年产量长期保持在 30 万吨左右，生产管理非常吃力，工厂长期处于亏损困境。山东水泥试验厂、淮海水泥厂和青海水泥厂成为 20 世纪 80 年代中国国家重点大中型水泥企业中闻名的“老大难”厂。

1988 年，山东水泥试验厂正在十分困难的时刻，张才奎同志出任该厂党委书记兼厂长。他以身作则，带领全厂职工艰苦奋斗，一手抓精神文明建设，一手抓生产技术管理。首先将Φ4×60米的四级旋风预热窑改成预分解窑，取得成功后又将Φ3.5×45米立筒预热窑改成预分解窑，使经营情况彻底好转，工厂面貌焕然一新。在20世纪90年代末又扩建一条日产2 500吨熟料预分解窑新型干法生产线，全厂年产水泥达200多万吨，成为全国最具活力的先进企业之一，张才奎同志也成为中国水泥界闻名的先进人物、全国劳动模范、全国人大代表。山东水泥试验厂后改名为山东水泥厂。

1991年，国家建材局组织了淮海水泥厂的改造工作，将Φ5.8×97米4级旋风悬浮预热窑改造成MFC型预分解窑，同时改造了冷却机和自动化控制系统。南京水泥设计研究院负责改造设计，安徽省宁国水泥厂帮助投产。通过这次技术改造，淮海水泥厂全年水泥产量很快达到90万吨，后来又超过100万吨。在这期间，青海水泥厂在合肥水泥研究设计院的帮助下，通过技术改造，其生产情况也很快好转，完全摆脱了困境。

在20世纪90年代，三个“老大难”国家重点大中型水泥企业都先后“摘帽”，特别是山东水泥厂，一跃而成为先进企业。十分明显，这三个企业之所以能摆脱困境，主要是由于有一个好的领导，执行了正确的技术改造策略，采用了预分解窑新型干法技术进行改造。

永安水泥厂和太原水泥厂也先后将Φ4×60米四级旋风预热窑改造成预分解窑，都取得了大幅度提高产量的效果，使工厂能稳定正常生产，取得显著经济效益。

十分明显，预分解窑新型干法技术，从不同的方面已经改变和正在改变着老厂的面貌，使多年老厂呈现出新的活力。

4. 突破发展中的难关

20世纪80年代末到90年代中期，中国水泥工业利用外资建成一批预分解窑新型干法生产线；采用国产日产2 000吨熟料生产设备新建了一些新型干法企业；利用预分解窑新型干法技术改造了不少老企业，在现代化道路上跨出了艰难而又重要的一步。然而，在这起步过程中，水泥界的同仁们都十分清楚，新型干法发展有一个很大难题，那就是投资大、单位产品投资高。在外商投资企业中，江南－小野田水泥有限公司建设日产4 000吨熟料生产线花了2.2亿美元，京阳水泥有限公司投入2.5亿美元建成日产5 500吨熟料生产线，大宇水泥(山东)有限公司建设日产7 200吨熟料生产线支出了2.9亿美元。这些生产线的吨水泥投资都在135美元以上。

在我国新建日产2 000吨熟料生产线的企业中，北京水泥厂花了人民币8亿元；浩良河水泥厂投资了人民币9亿元；海南昌江水泥厂支出了人民币近12亿元，这些生产线的吨水泥投资都在人民币1 100元以上。老厂扩建一般比新厂建设的投资要省，但湘乡水泥厂建设一条日产2 000吨熟料生产线也花了人民币7亿元。这么高的投资使许多企业望而却步，感到高不可攀。特别是在国家投资政策改变后，要求项目资金中必须含有30%左右自有资金的情况下，企业更无能力筹建。高投资问题成了中国发展预分解窑新型干法的拦路虎，如何降低投资成为每个中国水泥工作者经常思考和必须探索的课题。

在日产2 000吨熟料生产线建设投资高的情况下，一些水泥企业不得不建设总投资较低的日产700吨或1 000吨熟料的预分解窑新型干法生产线。例如，继上海市川沙水泥厂和北京市燕山水泥厂之后，河南确山水泥厂、安徽东关水泥厂、河北宣化水泥厂和吉林庙岭水泥厂等，都建了日产700吨熟料生产线；河南洛阳水泥厂、天津市水泥厂、南宁蒲庙水泥厂、云南滇西水泥厂和河南七里岗水泥厂等，都建了日产1 000吨熟料生产线。与日产2 000吨熟料生产线相比，这些生产线的技术水平较低，各项技术经济指标较差，虽然总投资低，但吨水泥投资并不低。所以，这种规模的生产线在大多数情况下，其竞争能力较弱，并不是我国预分解窑新型干法的主要发展方向。

1997年下半年，我国经济环境发生变化，国民经济开始产生明显的通货紧缩现象，水泥产品过剩，企业普遍亏损。为摆脱困境，当时国家主管部门领导公开宣布，3年不上建材项目，即使是技术进步的也不上。这就切断了企业利用国家商业银行贷款建设的路子，给水泥预分解窑新型干法的发展增添了新的困难。在“九五”计划期间，水泥基本建设项目没有一个能被国家所批准，“八五”期间水泥预分解窑新型干法的发展势头在“九五”期间明显大减。

在预分解窑新型干法生产发展遇到重重困难的时刻，安徽海螺集团有限责任公司始终坚持发展水泥新型干法，在降低投资的难关上首先取得重大突破。集团所属安徽省宁国水泥厂于1995年扩建一条日产2 000吨熟料生产线，其投资下降到3.4亿元。在此基础上，集团所属的白马山水泥厂扩建一条日产2 500吨熟料生产线时，投资进一步降低到3亿元以下。这在中国水泥界引起了巨大震惊，使业内人士感到无比欣慰，看到了新型干法大发展的希望。1999～2001年间，“海螺集团”用5亿元在安徽省芜湖市获港建成全新的两条日产2 500吨熟料生产线、年产150万吨熟料的生产基地。与此同时，“济南山水集团”所属山东水泥厂和吉林亚泰水泥公司分别用2.8亿元和3亿元建成日产2 500吨熟料生产线，从而在全国范围内取得降低预分解窑新型干法生产线建设投资的重大突破，这是水泥新型干法生产发展历程中的一次重大跨越。

安徽海螺集团有限责任公司降低建设投资的主要因素有如下几点：

(1)投资法人到位。“海螺集团”完全用自己筹措的资金进行投资，十分明确自己的责任，不仅负责投入，还要负责项目建成投产后有良好的运营效益，投资法人从项目开始已经到位。因此，在投入资金时能精打细算，节省每一分钱；在项目管理上能精心运作，最大限度地提高效益；在机制设置上，调动每个投资者和建设者积极性，使工期大大缩短使建设成本大幅下降。

(2)有足够的技术力量。“海螺集团”在多年生产实践中已积聚了雄厚的水泥预分解窑新型干法生产的技术力量，在建设过程中能充分发挥投资主体的作用，一改过去技术上一切都由设计院“说了算”的被动局面。他们与设计院密切合作，对厂址选择、总图布置、设备成套、工艺技术、大型建筑结构和环保技术等多方面不断优化，着力追求最佳方案，大大节省了投资，保证生产线建成后能迅速达到设计指标。

(3)装备国产化。由于科研、设计、制造单位与生产企业对引进设备、技术的消化吸收和不断自我开发创新，以及近期我国冶金和机械工业技术的快速进步，水泥装备的国产化率迅速提高，其可靠性也大为改善。“海螺集团”1999至2000年建设日产2 500吨熟料生产线所用的成套装备，其国产化率高达96%左右，而且投产后故障率较低，从而使建设投资大幅下降。

(4)投资环境改善。近期国家财政收支制度有很大的改变，各级政府都将经济发展作为第一要务，优化投资环境，加大招商引资力度，对优势项目在资源、税收和建厂外部条件等方面都给予优惠扶持，基本上消除了过去对国家项目进行“雁过拔毛”的现象。另外，比较低的银行贷款利率也有利于投资。

(5)有一个好的领导班子。以郭文叁同志为首的一班人廉洁奉公、多谋善断、与时俱进、赏罚分明，是企业发达兴旺，健康和可持续发展的力量源泉。

5. 开始蓬勃发展

1999年，国家实行积极的财政政策和稳健的货币政策，发放长期国债，主要用于国家基础建设，部分用于企业改造贷款贴息，支持老企业产品更新和生产技术的提升。由于受“3年不上建材项目”的影响，主管部门在第一批“国债贴息”项目中没有列入水泥方面的项目。国家经贸委投资规划司向有关方面进行了大量解释工作，对水泥项目不能一概而论，立窑和湿法窑水泥项目应当不上，而新型干法水泥项目则应当上。解释工作取得了效果，经主管领导批准新型干法改造水泥企业的项目也列入“国债贴息”支持的重点之一。2000年，第二批“国债贴息”项目中开始有了水泥项目，以后几批中愈来愈多，到第七批达20多个。水泥新型干法项目所以能得到国家如此支持，国家经贸委投资规划司甘智和司长与他领导下的同志们，发挥了重要作用。

“海螺集团”和“济南山水集团”等企业在降低建设投资方面的突破，国家采用国债贴息的有力支持，以及随之而来国家商业银行对水泥项目贷款的开放，使预分解窑新型干法水泥的发展经历了一个困难的起步阶段后，从2000年起开始进入一个蓬勃发展的新阶段。从此，一般具有融资能力的国家重点大中型企业都建设日产2 000～2 500吨熟料新型干法生产线，就像20世纪80年代大中型企业自如地建设“华新型”湿法回转生产线一样。而且，许多民营企业和立窑企业也纷纷建设此类熟料生产线。

“八五”计划建设的末期，国家建材局在推广日产2 000吨熟料预分解窑新型干法生产线的同时，便着手组织开发日产4 000吨熟料的成套装备，并确定冀东水泥厂二线为日产4 000吨熟料国产设备的示范线。这条生产线在“九五”计划期间动工兴建，其生料制备系统主要设备立式磨购自国外，全线设备国产化率达60%左右，总投资为11亿多元。投产后，国产冷却机和其他一些附属设备常出故障，致使生产线长期不能正常运行。后经德国BMH公司对冷却机进行改造，工厂对一些附属设备同时更新，从而使生产达到设计产量，有时还能超出。冀东水泥厂日产4 000吨熟料示范线的建设，虽然离国产化和低投资要求尚存在较大距离，但毕竟在开发日产4 000吨熟料新型干法生产装备的进程中跨出了重要一步。

由“海螺集团”独家发起设立的H股上市公司——海螺水泥股份有限公司，于2000年提出对低投资、国产化日产5 000吨熟料预分解窑新型干法生产线进行攻关，得到国家经贸委领导的积极支持。在企业与设计院、制造厂的密切配合下，经过近2年的设备试制和工程建设，于2002年年初在海螺水泥股份有限公司所属的池州海螺水泥股份有限公司和铜陵海螺水泥有限公司，分别建成一条日产5 000吨熟料示范生产线。其立式原料磨、5级悬浮预热器带分解炉窑系统、熟料冷却机、煤粉立磨、高效电收尘等主要装备完全国产化，生产线设备国产化率超过90%。池州海螺水泥股份有限公司的生产线完全是新建，建设投资为5亿元；铜陵海螺水泥有限公司的生产线是扩建，矿山和码头等设施不必新建，建设投资为3亿元。经过半年的试生产，这两条生产线运行正常，月产量都已超过15万吨的预计指标。

“海螺集团”继低投资建设日产2 000吨熟料生产线取得突破之后，又率先突破低投资建设日产5 000吨熟料新型干法生产线这一难关，促进了我国日产5 000吨熟料生产线建设的蓬勃兴起，使我国新型干法生产技术提高到一个新水平。“海螺集团”为我国水泥工业的发展又作出新的重大贡献。

自2001年初起，国家经贸委投资司对国债贴息水泥项目提出新的要求：在中、东部地区只支持日产4 000吨熟料及其以上规模的新型干法技改项目；在西部地区可支持日产2 000吨熟料的新型干法技改项目。由于国家经贸委投资司的政策引导，以及“海螺集团”在降低投资方面的突破，国家重点大中型企业、立窑企业和民营企业都已开始采用日产5 000吨熟料新型干法进行扩建和改造，到2002年，正在建设和准备建设的这类生产线已达数十条之多。在预分解窑新型干法蓬勃发展的进程中，一个按市场运作规律合理布局建设日产2 500吨、5 000吨熟料生产线的新局面已经形成。

海螺水泥股份有限公司除已建成的2条日产5 000吨熟料示范生产线外，正在建设的该类生产线就有8条，同时着手开发日产8 000吨和10 000吨熟料的新型干法生产线，正在向新型干法生产的更高目标迈进。他们真不愧是中国水泥工业技术进步走新型工业化道路的“领头羊”。

预分解窑新型干法在中国经历了试验研究、技术开发和生产发展等3个阶段后，据不完全统计，到2002年6月，其日产700吨熟料以上规模的生产线有150多条，熟料年生产能力达8 000多万吨。

中国主要企业的预分解窑新型干法生产线列于表4。

表4　截至2002年6月中国主要水泥企业的预分解窑新型干法生产线

序号	企业名称	生产线		控股公司名称	熟料总生产能力 万吨/年
		吨/日	条		
1	安徽省宁国水泥厂	4 000	1	安徽海螺水泥股份有限公司	1 150
		2 000	1		
2	安徽省白马山水泥厂	2 500	1		
3	安徽铜陵海螺水泥有限公司	4 000	1		
		5 000	1		
4	安徽荻港海螺水泥股份有限公司	2 500	1		
5	安徽枞阳海螺水泥股份有限公司	2 500	2		
6	安徽池州海螺水泥股份有限公司	5 000	2		
7	中国水泥厂公司	2 000	1		
8	唐山冀东水泥股份有限公司	4 000	2	唐山冀东水泥股份有限公司	372
		3 000	1		
9	冀东水泥吉林有限责任公司	1 000	1		
10	大连华能－小野田水泥有限公司	4 000	1	太平洋水泥(中国)投资公司	372
11	江南－小野田水泥有限公司	4 000	1		
12	秦皇岛浅野水泥有限公司	4 000	1		
13	山东鲁南水泥有限公司	2 000	2	中国联合水泥有限责任公司	279
14	浩良河水泥有限责任公司	2 000	1		
15	江苏巨龙水泥集团有限公司	3 000	1		
16	大宇水泥(山东)有限公司	7 200	1	大宇国际株式会社	223
17	吉林亚泰水泥有限公司	2 000	2	吉林亚泰(集团)股份有限公司	202
		2 500	1		
18	北京水泥厂有限责任公司	2 000	1	北京金隅集团有限责任公司	202
19	北京市琉璃河水泥厂	2 000	1		
		2 500	1		
20	福建水泥股份炼石水泥厂	2 000	1	福建水泥股份有限公司	202
		2 500	1		
21	福建水泥股份福建水泥厂	2 000	1		
22	华新水泥股份有限公司	4 000	1	华新水泥股份有限公司	186
		2 000	1		
23	广州市珠江水泥厂	4 000	1	广州越秀水泥集团有限公司	186
24	河北省唐山市启新水泥有限公司	2 000	1		
25	山东水泥厂	2 500	1	济南山水集团有限公司	171
		2 000	1		
		1 000	1		
26	嘉新京阳水泥有限公司	5 500	1	嘉新水泥公司	171

续表 1

序号	企业名称	生产线		控股公司名称	熟料总生产能力 万吨/年
		吨/日	条		
27	葛洲坝股份有限公司水泥厂	2 500	1	葛洲坝股份有限公司	162
		2 000	1		
		700	1		
28	陕西秦岭水泥股份有限公司	2 500	1	陕西秦岭水泥股份有限公司	140
		2 000	1		
29	牡丹江水泥股份有限公司	2 500	1	牡丹江水泥股份有限公司	140
		2 000	1		
30	江西万年青水泥股份有限公司	2 000	2	江西万年青水泥	124
31	江西亚东水泥有限公司	4 000	1	亚洲水泥股份有限公司	124
32	都江堰拉法基水泥有限公司	4 000	1	拉法基公司	124
33	广西柳州鱼峰水泥股份有限公司	3 200	1	广西鱼峰水泥股份有限公司	99
34	烟台三菱水泥股份有限公司	3 000	1	三菱材料公司	93
35	青海水泥股份有限公司	2 000	1	青海水泥股份有限公司	93
		1 000	1		
36	新疆天山股份有限公司	2 000	1	新疆天山股份有限公司	84
		700	1		
37	广州广信青州水泥有限公司	2 000	1	(香港)青州英坭(集团)有限公司	62
38	福建三德水泥建材工业有限公司	2 000	1	新加坡三德有限公司	62
39	国投海南水泥有限公司	2 000	1	国家开发投资公司	62
40	山西晋牌水泥集团有限公司	2 000	1	山西晋牌水泥集团有限公司	62
41	天津市振兴水泥有限公司	2 000	1	天津市振兴水泥有限公司	62
42	内蒙古乌兰水泥有限责任公司	2 000	1	内蒙古乌兰水泥有限责任公司	62
43	河南省豫鹤水泥有限公司	2 000	1	河南省豫鹤水泥有限公司	62
44	上海联合水泥有限公司	2 000	1	香港联合国际工业(上海)公司	62
45	重庆水泥厂	2 000	1	重庆水泥厂	62
46	河北太行水泥股份有限公司	2 000	1	河北太行水泥股份公司	62
47	湖南韶峰水泥集团有限公司	2 000	1	湖南韶峰水泥集团有限公司	62
48	安徽巢东水泥股份有限公司	2 000	1	安徽巢东水泥股份有限公司	62
49	祁连山水泥股份有限公司	2 000	1	祁连山水泥股份有限公司	62
50	浙江三狮水泥股份有限公司	2 500	1	浙江三狮水泥股份有限公司	78
51	红塔滇西水泥股份有限公司	1 000	3	红塔滇西水泥股份有限公司	93

分析表4所列情况可以得出如下几点：

(1)预分解窑新型干法已成为中国水泥行业骨干企业的生产方法。众所周知，1979年我国水泥行业骨干企业还都采用湿法和立波尔窑与余热锅炉窑的干法，事隔20多年后的今天，则以预分解窑新型干法取而代之，中国水泥骨干企业的技术结构发生了划时代的进步。

(2)主要水泥企业的平均规模扩大了。1979年在49个大中型企业中，年产水泥100万吨以上的仅2个，最小的企业年产水泥仅10万吨。现在51个主要水泥企业中，新型干法年产熟料100万吨以上的有26个，年产熟料60万吨以上的有25个，企业的平均规模增大很多。

(3)大型水泥企业集团脱颖而出。新型干法生产熟料年产超200万吨以上的已有8个企业，海螺水泥股份有限公司用新型干法生产的熟料年产超出1 000万吨，一枝独秀。

(4)预分解窑新型干法线已分布在全国各地。除西藏自治区和宁夏回族自治区外，全国其他省、市、自治区都已建成预分解窑新型干法生产线。但是，从表3中可看到，宁夏回族自治区的宁夏赛马水泥有限责任公司已建成一条日产2 300吨熟料的湿磨干烧预分解窑生产线。据了解，西藏自治区正筹建一条日产2 000吨熟料的预分解窑新型干法生产线。

(5)预分解窑新型干法生产线在中、东部地区较多。在计划经济体制条件下，水泥厂建设布局都由国家统一安排。1979年后，随着改革开放的深入，水泥厂布局愈来愈受市场所支配。中东部地区经济发展快，市场水泥需求大，水泥厂建设必然较多。预分解窑新型干法生产线的建设符合社会主义市场经济规律。

(6)水泥"T"型发展战略已经基本实现。在沿海和沿长江分布着大量预分解窑新型干法生产线，特别是在安徽和江苏的长江两岸，其分布非常密集。

1998至2001年中国水泥预分解窑新型干法产量变化列于表5。

表5　21世纪前后中国预分解窑新型干法水泥产量

年份		1998	1999	2000	2001
全国总产量(万吨)		51 551	57 300	59 700	66 100
新型干法预分解窑	产量(万吨)	4 580	5 479	5 612	7 355
	比例(%)	8.9	9.6	9.4	11.1

从此表可看到，2001年新型干法产量从5 612万吨增加到7 355万吨，占总产量的比例由9.4%增加到11.1%。根据当前生产情况预测，2002年预分解窑新型干法的产量将达到1亿多吨，占总产量的比例将增至14%以上。进入21世纪后，在各级政府的支持下，中国水泥预分解窑新型干法发展速度非常快，调整结构的效果显著。随着社会主义市场经济体制的不断完善，其发展将更加迅速。中国水泥工业发展前景美好，形势喜人，全面实现新型工业化的目标一定能达到。

★该文章发表于2003年6月5、9日《中国建材报》。

关于当前水泥工业发展问题的思考★

◎国家发展和改革委员会副秘书长　甘智和

内容提要：通过对水泥生产能力以及其和宏观经济运行指标关系的分析认为，当前水泥生产能力快速增长的主要原因是经济的快速发展和全社会固定资产投资的高速增长。水泥工业并没有出现全局性的过热现象。按照目前经济发展速度的要求，水泥还有增长空间。防止低水平、重复建设的最好办法是在克服盲目性的同时，加快新型干法水泥的发展。

"九五"期间，我国水泥产量由1995年的4 7651万吨增至2000年的59 700万吨，平均每年增加2 500万吨，平均年增长率为4.5%。进入"十五"以来，国家持续实行扩大内需的积极财政政策，国民经济保持了持续、高速、健康的发展，水泥产量迅速增长。2001年全国水泥产量达到66 104万吨，比2000年增长10.4%，2002年产量达到7.25亿吨，比2001年净增产量6 400万吨，增长了9.2%，今年1～7月份水泥生产仍然保持了强劲的增长势头，与去年同期相比增长15.6%。水泥工业的增长速度是否正常？水泥工业发展是否出现过热？已成为各方面关注的热点问题。

一、市场需求是判断水泥生产能力增长速度合理性的唯一标准

水泥由于性能的特点决定了其产品的保存期一般为3个月，因此，水泥消费量和水泥生产量在少有进口的情况下有很好的一致性（见图1）。近年来，水泥行业的产销率始终保持在94%～97%。

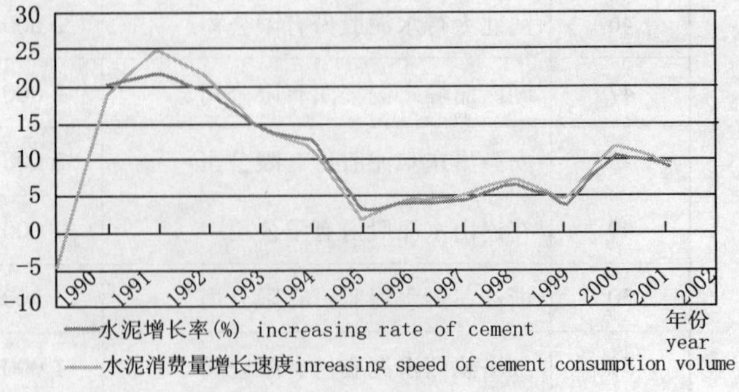

图1　水泥增长率与水泥消费量增长情况

水泥作为投资类产品，其主要的消费市场在工业、建筑业，住宅、道路和基础设施建设及水泥制品等建材产品生产中。判断水泥工业发展是否“过热”的标准应该是看其能力的发展速度是否和水泥消费量，即和市场需求相适应。

历史数据表明，GDP、全社会固定资产投资总量的增速、结构及人民的生活水平决定了工业、建筑业、房地产等产业发展的速度。水泥消费量的变化和这些因素的变化有着十分密切的关系。

1. 水泥消费量和GDP的增长。

近年来，我国国民经济发展进入了新一轮的强劲增长时期，GDP增长明显加速，在此期间我国水泥消费量也随之出现了周期性的波动（见表1）。

表1 GDP增长与水泥消费量增长情况（1990～2002）

年份	水泥消费量增长速度（%）	GDP增长速度（%）
1990	-4.0	3.8
1991	19.1	9.2
1992	25.4	14.2
1993	21.3	13.5
1994	14.3	12.6
1995	12.0	10.5
1996	2.3	9.6
1997	4.7	8.8
1998	5.3	7.8
1999	7.4	7.1
2000	4.5	8.0
2001	12.1	7.3
2002	9.8	8.0

表1数据显示，在GDP快速增长和减少时期，水泥消费量会随之有一定幅度的增长和减少，但变化周期表现出明显的滞后性。而当GDP增长率在10%左右的稳步变化情况下，水泥消费量的变化却和GDP的增长率改变没有明显的相关性。水泥消费量的变化不仅仅和GDP增长有关，而且与经济增长结构有关。

2. 水泥消费量和固定资产投资的增长

“九五”以来，我国全社会固定资产投资总额迅速增长，“九五”期间，固定资产投资年增长速度10.46%，进入“十五”以来，平均增长速度达到了14.56%。“九五”年平均投资总额27 800亿元，而2002年达到40 200亿元，年度投资额增长12 400亿元，增长24.6%（见表2）。

表2 固定资产投资与水泥消费增长情况（1990～2002）

年份	固定资产投资（亿元）	Fixed asset investment (billion yuan)	投资增速（%）	水泥消费量（万吨）	水泥消费增速（%）
1990	4 517.0	451.7	2.42	19 191.80	-3.98
1991	5 594.50	559.45	23.85	22 848.00	19.05
1992	8 080.10	808.01	44.43	28 649.60	25.39
1993	13 072.30	1 307.23	61.78	34 752.60	21.30
1994	17 042.10	1 704.21	30.37	39 711.60	14.27
1995	20 019.30	2 001.93	17.47	44 483.12	12.02
1996	22 913.50	2 291.35	14.46	45 512.90	2.31
1997	24 941.10	2 494.11	8.85	47 649.47	4.69
1998	28 406.20	2 840.62	13.89	50 174.21	5.30
1999	29 854.70	2 985.47	5.10	53 906.61	7.44
2000	32 917.70	3 291.77	10.26	56 311.38	4.46
2001	37 213.50	3 721.35	13.05	63 123.06	12.10
2002	43 202.00	4 320.2	16.09	69 319.00	9.82

表2数据表明，水泥消费量的增长主要是固定资产投资拉动的结果。水泥消费量的增长和固定资产投资的增长有着较好的相关性，即随着固定资产投资总量的增长，水泥消费量必然会有相应的增长，而水泥消费量的增长幅度则完全由市场来调节。

3. 水泥消费量和第二产业的发展速度

分析固定资产投资结构可以发现，第二产业(包括工业、建筑业、水泥制品业等)是固定资产投资的主要内容，也是水泥消费的主力军。表3分别列出了1990年以来，第二产业总产值增速和水泥消费量增长的变化情况。

表3　第二产业投资与水泥消费量增长的情况(1990～2002)

年份	第二产业总产值(亿元)	secondary industry gross product(billion yuan)	第二产业产值增速(%)	水泥消费量(万吨)	水泥消费增速(%)
1990	7 717.4	771.74	3.2	19 192	-3.98
1991	9 102.2	910.22	13.9	22 848	19.05
1992	11 699.5	1 169.95	21.2	28 650	25.39
1993	16 428.5	1 642.85	19.9	34 752	21.30
1994	22 372.2	2 237.22	18.4	39 712	14.27
1995	28 537.9	2 853.79	13.9	44 484	12.02
1996	33 612.9	3 361.29	12.1	45 513	2.31
1997	37 222.7	3 722.27	10.5	47 650	4.69
1998	38 619.3	3 861.93	8.9	50 174	5.30
1999	40 557.8	4 055.78	8.1	53 907	7.44
2000	44 935.3	4 493.53	9.4	56 311	4.46
2001	49 069.1	4 906.91	8.7	63 123	12.10
2002	52 982	5 298.2	9.9	69 319	9.8

表3数据表明，尽管二者的增长幅度有所不同，但增长趋势的相关关系十分明确，水泥消费量的增量明显随着第二产业总量增速的改变而变化，充分体现了第二产业发展速度对水泥消费总量的拉动作用。

4. 建筑业投资和水泥消费总量的关系

建筑业是消耗水泥的重要市场，表4列出了1990年以来建筑业产值增长和水泥消费量增长的变化情况。

表4　建筑业产值与水泥消费量增长的情况(1990～2002)

年份	水泥消费量增长速度(%)	建筑业产值增长速度(%)	年份	水泥消费量增长速度(%)	建筑业产值增长速度(%)
1990	-4.0	3.4	1997	4.7	11.3
1991	19.1	14.4	1998	5.3	8.9
1992	25.4	21.2	1999	7.4	8.5
1993	21.3	20.1	2000	4.5	9.8
1994	14.3	18.9	2001	12.1	8.9
1995	12.0	14	2002	9.8	8.0
1996	2.3	12.5			

表4所列数据表明，随着建筑业产值，即随着建筑业投资的增长，水泥消费总量出现了同步增长，二者的增长率有很好的相关性。体现了建筑市场对水泥消费的强劲拉动作用。

5. 房地产业投资和水泥消费总量的关系

房地产业是近年来迅速崛起的新型产业，房地产投资表现出强劲增长势头。“十五”头2年，房地产投资增长率平均达到24.6%，比“九五”期间房地产投资平均增长6.4%，提高了近4倍。2002年房地产投资达到7 736亿元，比“九五”期间平均年投资3 820亿元，增长84.2%。房地产业的投资极大地拉动了水泥消费总量的增长。表5列出了1990～2002年房地产业投资和水泥消费总量的有关数据。

表5　房地产投资与水泥消费量增长情况(1990~2002)

年份	房地产开发投资(亿元)	real estate investment(billion yuan)	房地产开发投资增速(%)	水泥消费量(万吨)	消费量增速(%)
1990	253.3	25.33	-7.1	19 192	-4.0
1991	336.2	33.62	32.7	22 848	19.1
1992	731.2	73.12	117.5	28 650	25.4
1993	1 937.5	193.75	165.0	34 752	21.3
1994	2 554	255.4	31.8	39 712	14.3
1995	3 149.02	314.902	23.3	44 484	12.0
1996	3 216.44	321.644	2.1	45 513	2.3
1997	3 178.37	317.837	-1.2	47 650	4.7
1998	3 614.23	361.423	13.7	50 174	5.3
1999	4 103.2	410.32	13.5	53 907	7.4
2000	4 984.05	498.405	21.5	56 311	4.5
2001	6 344.11	634.411	27.3	63 123	12.1
2002	7 736	773.6	21.9	69 319	9.8

表5数据反映,房地产投资和水泥消费增量有很好的相关性。近年来,房地产投资的增加是拉动水泥消费总量增长重要原因之一。

6.水泥作为投资类产品,特别是和进入小康社会后城镇居民的收入有着密切联系

表6列出了水泥消费总量和城镇居民收入指数变化的关系。表明水泥消费指数和城镇居民的收入增长有十分密切的关系,特别是随着城镇居民消费结构的改变,居民收入中用于住房建设投资的比例越来越大,城镇居民收入指数对水泥消费量改变的影响会越来越大。水泥消费总量和城镇居民收入指数二者增量的相关性,很好地反映了市场对水泥消费资源的配置作用。

表6　城镇居民收入指数与水泥消费量增长情况(1990~2002年)

年份	水泥消费量(万吨)	水泥消费指数	增长指数	人均收入指数	城镇居民收入指数
1990	19 192	100	100	100	100
1991	22 848	119	103.3	107.2	110.4
1992	28 650	149.2	106.5	117.6	125.2
1993	34 752	181	109.8	128.8	141.4
1994	39 712	206.9	106.9	139.8	149.4
1995	44 484	231.7	116.4	146.5	170.5
1996	45 513	237.1	123.5	152.2	187.9
1997	47 650	248.2	130.6	157.4	205.7
1998	50 174	261.4	137.79	166.5	215.7
1999	53 907	280.8	144.88	182.1	263.9
2000	56 311	293.4	152.1	193.6	294.5
2001	63 123	328.9	159.1	210.1	334.2
2002	69 319	361.2	166.29	238.3	396.3

上述表所列数据结果可以说明:

(1)影响水泥消费总量变化的主要因素是全社会固定资产投资、建筑业投资和房地产投资的总量和第二产业的发展速度,这是市场对水泥资源配置作用综合反映的结果。近年来,我国水泥生产能力的高速增长则是全社会固定资产投资总量的快速增长,特别是基础设施、第二产业、建筑业、及房地产业投资大幅度增长的必然结果。

(2)水泥消费总量的增长和人民特别是城镇居民收入指数的增长有十分密切的关系。城镇居民收入的增加带动了水泥消费总量增加。

(3)根据近12年我国经济发展中,投资、消费和水泥总消费的变化规律分析判断,我国现阶段水泥生产能力的发展速度和我国经济发展速度及水泥消费市场的总需求保持了比较协调的关系。特别是和固定资产投资、建筑业及房地产投资增长幅度及第二产业发展速度的关系,并没有出现不协调发展的现象。水泥产量的增加速度是正常的。而水泥的生产能力和价格在一个较短时期内出现小幅度的波动是正常的。这是市场对水泥资源配置的反映,而其最终结果是将水泥的生产能力和价格调节得更适应市场的需要。

二、对当前水泥工业运行情况的分析

1.行业总体运行情况良好

从水泥行业总体运行情况看,实现了产量和效益的同步增长,运行情况良好。水泥行业自1999年实现扭亏以来,企业效益逐步好转,2000年实现利润5亿元,2001年30.5亿元,2002年46.5亿元。从市场情况看,水泥企业保持了较高的产销率,2001年为99.4%,2002年为101%。特别可喜的是,2001年大中型企业实现利润27.9亿元,占全行业利润总额的91%;2002年实现利润38.4亿元,占全行业的82.6%。

表7 1990年以来全国P·O32.5水泥平均价格

年份	价格(元/吨)	年份	价格(元/吨)
1990	186.7	1996	272.17
1991	197.02	1997	246.92
1992	227.03	1998	241.32
1993	366.83	1999	256.20
1994	355.49	2000	222.76
1995	332.84	2001	224.55

表7中列出的是水泥产品中产量最大的P·O32.5水泥全国平均价格变化情况，表8、图2中列出的近10年水泥行业利润的变化情况数据表明，近年来随着水泥生产和需求的协调发展，市场对水泥资源的配置作用得到了充分发挥，平抑了水泥价格的大幅度波动，自1993年以来，水泥价格一直向下浮动，但是水泥工业却从全行业亏损(产销率仍保持在98%以上)，走向了全行业盈利，并继续保持强劲的上升趋势。其中主要原因是和由于技术进步所带来的成本降低分不开的，如近年来新型干法水泥单位生产能力投资就降低了近50%。

表8 2002年水泥企业产量及利润情况

规模	水泥产量(万吨)	比重(%)	利润(亿元)	比重(%)
大型	14 937	21.2	27	58.1
中型	18 366	26.1	11.4	24.5
小型	37 168	52.7	8.1	17.4

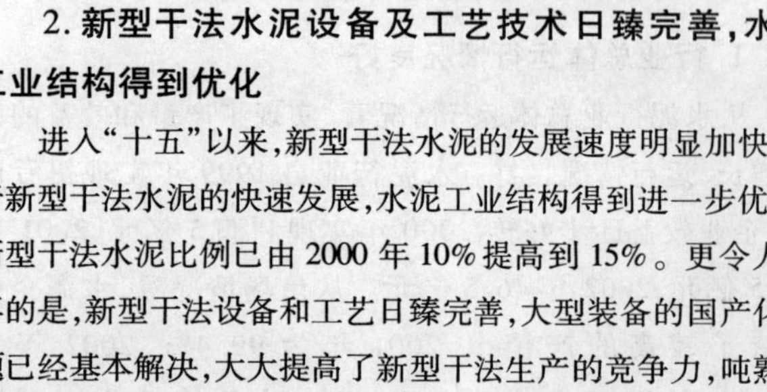

图2 1990~2002年水泥行业利润变化情况

2.新型干法水泥设备及工艺技术日臻完善，水泥工业结构得到优化

进入“十五”以来，新型干法水泥的发展速度明显加快，由于新型干法水泥的快速发展，水泥工业结构得到进一步优化，新型干法水泥比例已由2000年10%提高到15%。更令人可喜的是，新型干法设备和工艺日臻完善，大型装备的国产化问题已经基本解决，大大提高了新型干法生产的竞争力，吨熟料建设投资已由“八五”期间的800~1 200元降低到200~300元。达到了完全可以和立窑投资竞争的水平。相当一批大型企业的熟料成本已低于同一地区的立窑水泥成本。

新型干法水泥的发展，已经形成了由政府引导、市场推动、多元化资金投入、企业自主发展的可喜局面，对促进水泥工业结构调整起到了十分重要的作用。

3.优势立窑企业转向发展新型干法

近2年，国内已有相当一批优势立窑企业转向发展新型干法水泥，在2002年建成的51条新型干法生产线中，其中27条是由立窑企业转向建设的，这一可喜的转变，意味着水泥工业淘汰落后和结构调整已逐步成为一种市场行为。

4.水泥企业的平均生产规模扩大

我国水泥企业已由90年代的8 000多家减少到目前的4 700家，水泥企业的平均生产规模已由过去的6万吨，提高到近20万吨。同时大型水泥企业集团生产规模不断扩大，1999年列入“十五”国家重点支持的9家水泥集团的生产规模为3 260万吨，占全国总生产能力约4.7%，经过近3年的发展，2002年生产能力已达到6 200万吨，占全国总能力的7.5%，占全国新型干法水泥生产能力的50%。

综上所述，当前水泥工业发展从全局看是健康的，各地积极发展新型干法水泥局面的形成是多年来水泥工业结构调整引导的结果，是市场引导投资的结果。水泥生产能力的增长速度也是正常的，没有出现全局性的过热现象。

三、水泥工业发展的趋势和风险

1.我国水泥工业的发展空间

党的十六大提出，到2020年我国国民经济实现翻两番的目标，20年间GDP的增长速度要保持在7%以上，在一段时间里投资仍将是拉动经济和水泥增长的主要因素。可以断言，在2005年之前，国内水泥消费量还将继续保持稳步增长的发展趋势。

关于近期水泥消费需求量，据专家预测，如果“十五”后3年固定资产投资保持10%~12%的增长速度，预计国内水泥消费量年增长3 000~4 600万吨，年增长速度为4.2%~6.3%。投资增长如果保持在13%~15%，国内水泥消费量预计年增长5 300~6 900万吨，年增长速度为7.2%~9%。

2.发展新型干法水泥是解决水泥结构调整的最有效途径

当前水泥生产能力和消费市场的总需求保持了比较协调的关系，随着经济的发展，水泥工业仍有较大的发展空间。这就意味着，在新型干法水泥发展速度不能满足市场需求的条件下，一定会有工艺落后的立窑水泥填补以上的市场空间，这是市场经济发展的必然结果。这也就是近年来立窑水泥不仅屡禁不止，而且还以每年3 000万吨左右的速度发展的主要原因之一。

新型干法水泥技术成熟、投资省、成本低、能耗低、产品质量好、效益好，已经具备了与落后生产工艺全面竞争的比较优势，具备了进一步加快发展的条件。

因此，近期满足市场需求、调整结构、发展水泥工业的最好办法就是抓住机遇，大力支持新型干法水泥的发展。支持具备条件的地区和企业加速发展新型干法水泥，不仅不会引发投资过热，还会加大对落后工艺发展的抑制力度，加快水泥工业的结构调整，促进水泥工业的生产节能及对环境影响的改善。反之，面对新的经济周期可能出现的水泥工业大调整，我们将会失去一次结构调整的极好机会。

3. 发展新型干法水泥的风险分析

（1）投资风险

根据对2002年我国已建成的51条和2003～2004年拟建的132条新型干法水泥生产线投资来源结构的分析（见表9、图3），2002年已建成的51条生产线总投资为92.2亿元，形成生产能力3 590万吨，吨水泥投资255元。投资水平是比较低的，很具有竞争力。

表9　投资项目资金来源

项目范围	2002年投产项目 in2002			2003～2004年投资项目 in2003,2004		
项目数量	51			132		
来源	投资（亿元）	investment（billion yuan）	%	投资（亿元）	investment（billion yuan）	%
银行贷款	39.84	3.984	43.23	167.2	16.72	52.76
企业自有资金	33.94	3.984	36.83	132.5	13.25	42.8
利用外资	14.23	1.423	15.44	0.34	0.034	0.1
企业集资	2.8	0.28	3.04	1.4	0.14	0.4
其他资金	1.3	0.13	1.46	2.55	0.255	0.8
总计	92.15	9.215		316.9	31.69	

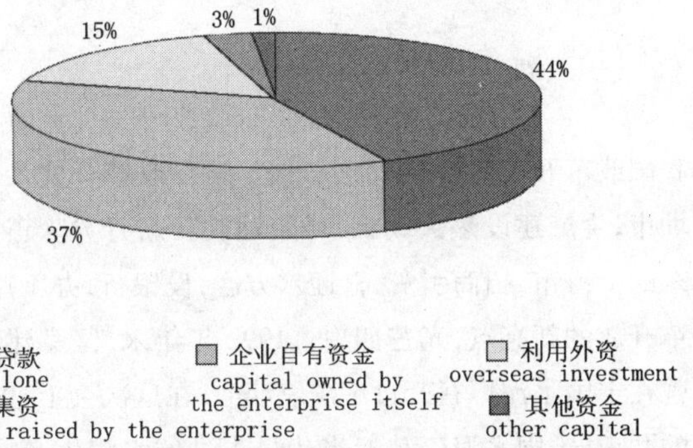

图3　2002年已投产项目资金来源

从资金来源分析，在已建成的项目中，银行贷款39.8亿元，占43.23%；企业自筹33.9亿元，占36.83%；利用外资14.2亿元，占15.4%；银行贷款占43.23%，企业自筹、利用外资等其他方式占56.77%。其中民营和外资项目共27项，占53%，建设资金以自有资金为主，企业自筹资金的比例高达70%～95%。2002～2004年拟建的项目，预计银行贷款约占52.763%，企业自筹占41.8%。但必须引起重视的是国有及国有控股企业投资建设的水泥项目，银行贷款比例较高达63.94%，如果项目缺乏竞争力，资金使用尚有一定风险。

综上所述，就国家承担的金融风险而言，发展新型干法水泥的投资风险是不大的。

（2）资源风险

我国石灰石资源储量丰富，从全国看，石灰石资源可以保证我国水泥生产及今后发展的需要。但就最近正在建设的水泥项目情况看，个别地区确实存在一定的盲目性，一些地方不顾石灰石资源贫乏的现状，盲目布点上项目，而一些拟建大型新型干法生产线的立窑企业以及民营资本建设的水泥项目，不注重矿山资源，在资源还没有探明或运输条件尚不具备的条件下就开工建设生产线，不考虑对矿山做任何投资，仅仅依靠民采民运。这种项目建设方式，必将造成严重的资金和资源的浪费，同时企业也难保证正常稳定的生产。因此，必须对资源开采利用的盲目性给予正确引导和规范，否则资源风险是存在的。

（3）环境风险

新型干法水泥项目必须把环境影响因素放在十分重要的位置。在国内著名的自然风景区建厂，在大城市周边地区建厂，对环境和自然景观将产生影响，而大型水泥项目建成后一旦停产或搬迁改造，将造成巨大的经济损失。近年建成的水泥项目中一些民营资本建设和项目未经严格审批，有些项目在风景名胜区建设，环境风险是存在的。

综上所述，当前我国水泥工业发展中存在的主要问题是盲目性，而盲目的主要表现是：个别地方和企业不顾市场、技术、资源、资金、规模、环境条件和自身的竞争能力盲目上项目，甚至上一些落后工艺的项目。这些项目一旦遇到市场需求发生变化，由于缺乏竞争力势必造成这些企业的经营困难，从而造成资金、资源浪费和环境污染，甚至可能引发银行呆坏账的增加，形成新的不稳定因素。尽管造成这些盲目、低水平重复建设问题的原因是多种的，但问题必须引起重视。解决这些问题不能搞"一刀切"，更不能用"踩急刹车"的办法。可以在全面分析的基础上，采取经济的、法律的手段辅之以行政的办法来加以解决。

四、当前宏观调控的重点

1. 加强产业政策的引导

加速制定和颁布行业规划，修订并提高市场准入条件和技术标准及时发布投资信息，正确引导企业和社会投资对水泥工业的投资。

2. 加速新型干法水泥的发展

加速新型干法水泥的发展，凡符合国家产业政策和经济规模要求的建设项目，只要资源条件具备、符合环保要求、投资主体明确、资本金有保证,其他建厂条件基本落实,应积极推进。简化项目审批手续,实行备案制。由国家出资,必须国家审批的项目,只审批项目可行性研究报告。

3. 支持大企业、大集团发展

优先支持一批大企业集团的发展,促其真正成为水泥投资的主体。按照一定标准和条件,在全国范围内选择一批实力较强、对行业发展有带动作用的大型企业集团引导其做好企业发展规划,经报国家发改委审批后,发展规划内项目实行备案制。

4. 积极引导立窑企业加快技术改造

对于资源条件具备,生产规模较大,管理水平较高的立窑企业,支持其发展新型干法水泥,加快企业的技术改造。立窑水泥企业在发展新型干法水泥的同时,应淘汰落后的立窑水泥。

5. 对限制发展的落后技术的投资,征收固定资产投资方向调节税

由于在水泥行业中低水平重复建设屡禁不止,建议恢复征收固定资产投资方向调节税。凡对限制发展的落后技术的投资,如立窑和其他落后工艺生产方法的投资项目,加征15% ~25%的投资方向调节税。投资方向调节税作为中央税种,统一征收管理。符合产业政策和规模经济要求的新型干法水泥项目,免征投资方向调节税。

★ 该文章发表于2003年9月《中国水泥》杂志。

"海螺水泥"的崛起★

◎中国水泥协会高级顾问(原国家建材局局长)　王燕谋

安徽海螺水泥股份有限公司简称"海螺水泥"。它经历了安徽省宁国水泥厂和安徽海螺集团有限公司两个发展阶段后,由安徽海螺集团有限公司独家发起组建而成,属H股和A股上市公司。

"海螺"的名称来源于宁国水泥厂的海螺牌水泥商标,而海螺牌的命名则选自宁国水泥厂石灰石矿山的名称大海螺矿和小海螺矿。

宁国水泥厂1993年熟料年生产能力仅为144万吨,到2002年12月底,"海螺水泥"熟料年生产能力达1 700万吨。在近10年的时间里,增加了1 500多万吨,其发展速度在中国水泥工业发展史上是空前的,其生产规模在21世纪之初的中国水泥行业中也是独一无二的。在国际水泥界,它像一颗灿烂耀眼的新星在远东地区冉冉升起。无论是老牌水泥公司还是新兴水泥企业都对其刮目相看,称赞不已。

"海螺水泥"的脱颖而出不是偶然的,究其原因最基本的在于:首先,企业长期为达产达标、摆脱生产经营困境不懈努力,职工有着改革开放的强烈愿望;其次,企业拥有才干卓越的领导人郭文叁同志及以他为首的团结进取的领导班子,他们正确把握党中央关于改革开放政策的内涵,在国家和安徽省人民政府的支持和帮助下,坚持改革,谋求发展,正确应对挑战和机遇,取得了企业快速、健康和持续发展的成功;第三,企业员工队伍一直从事先进工艺和装备的操作,对水泥行业以新型干法为主的发展方向有着十分清晰的认识。

一、宁国水泥厂发展阶段

1. 重大转折

1992年,邓小平同志巡视南方各省并发表重要谈话后,我国改革开放的步伐大大加快。站在改革开放最前沿的深圳市,生产建设热火朝天,城市面貌日新月异。正在开发浦东的上海市,招商引资,喜迎八方客,设银行,办工厂,成为改革开放的新亮点,光芒四射。1992年年末,国家建材局领导曾在宁国水泥厂召开过一次座谈会,在这次会上达成了这样的共识:宁国水泥厂掌握当代最先进的水泥生产技术,在伊拉克操作过世界上最先进的现代水泥生产线,帮助过我国第一条日产2 000吨熟料预分解窑新型干法示范生产线成功投产,在这改革开放的潮涌中,宁国水泥厂的惟一出路是:充分发挥自身优势,加快企业发展,实现"赶冀东、超一流"的目标。

1993年6月,安徽省人民政府根据民意,任命郭文叁为宁国水泥厂厂长,这是宁国水泥厂发展中的一个重要转折点。1955年郭文叁出生于山东省利津县的一个农民家庭,父亲文化程度不高,童年时代受其祖父郭玉德先生的影响较深。他的祖父是位老秀才,知识渊博,在县衙做事,后因战争和动乱,大部分时间在私塾教书。郭文叁同志从小用功好学,心灵手巧,深受祖父的宠爱,耳濡目染祖父的为人处事,对他产生了潜移默化的影响。1965年,他随父亲转入济南军区后勤部农垦基地,在那里度过了中、小学时代。"文化大革命"开始,终止了高中学业,响应国家知识青年上山下乡的号召插队半年多时间,1972年到济南军区后勤部汽车修理班工作。1975年,到上海同济大学读书。1978年9月大学毕业,回到济南军区某部基建处负责基建施工管理等工作。1980年,调往宁国水泥厂,经历了宁国水泥厂建设、生产和发展的历程,历任技术员、工程师和车间主任。从小养成的勤奋好学、用心思考、不怕困难的个性,助人为乐、刻苦耐劳、遵章守纪的思想品德与良好的工作作风,使他受到群众和领导的一致好评。1991年被任命为副厂长,1993年担任厂长,当时年仅39岁。郭文叁是全国劳动模范,曾获全国“五一”劳动奖章等多项荣誉。他廉洁奉公,为人正直,多谋善断,工作勤恳,思想敏捷,改革开放意识很强。郭文叁十分热爱自己的事业,宁肯放弃被提升为高级干部的机会,也要留下来带领职工搞好企业。他还具有非凡的组织能力,集团公司的董事们说:“郭文叁能充分调动手下每个工作人员的积极性,使大家愿意与他一起努力工作,令人佩服,确非常人所为。”

1993年郭文叁上任厂长伊始,就一手抓管理,一手抓发展。当时,宁国水泥厂领导班子在管理上最主要的就是积极推行五项制度改革,以劳动人事制度和工资分配制度改革为龙头,将工资制度改革作为突破口,进行养老保险制度、医疗制度和住房制度等项配套改革。把竞争机制引入企业管理内部,做到什么岗位拿什么工资,奖勤罚懒,多贡献者多拿报酬。剥离了机修、运输、托儿所和医院等生产辅助设施与生活设施,一方面使这些设施充分发挥作用,另一方面则精干了主体,极大地减轻了企业负担,以便轻装上阵,蓄势发展。

从1993年到1996年,是中国改革开放以来中国水泥工业最为兴旺的时期。市场上产品供不应求,价格猛涨。由于水泥统配和价格管制体制刚被取消,国家重点大中型水泥企业产品可以自行向市场销售,价格随行就市,从而破天荒地第一次获得自共和国成立以来最丰厚的能归自己支配的利润。许多企业有了钱后都纷纷用来改善生产和生活条件,缓解长期以来在这方面所存在的困难,但也有一些企业不能有效使用资金,进行盲目投资。有的买了歌舞厅,有的买了矿泉水厂,还有的买了明显没有经营前景的百货大楼。这些企业由于无法收回投资而先后陷入困境。

宁国水泥厂和许多水泥厂一样,在这一时期同样赚得丰厚利润。由于五项管理制度改革激活了机制、“剥离辅体,精干主体”的企业减负,加之生产规模大和产品质量高,宁国水泥厂赚得的资金量比其他大中型企业要多得多。然而,这个厂的领导者对资金的使用非常谨慎,珍惜每一分钱。少部分用于改善职工生活,一部分用于改善生产条件,大部分资金则积存起来,作为企业自我发展的原始积累。

宁国水泥厂发展的初始阶段,也曾出现过盲目投资的倾向。郭文叁上任后,即着手清理无效投资,停止对合肥建材大厦、宣城大理石厂、阜阳粉磨站的投资,并及时进行了处置;取消了在宁国水泥厂建18层办公楼、煤气站项目;压缩了上海、南京、合肥办事处的投资规模,最大限度地减少了投资损失,扭转了盲目投资的倾向。

看来,一个企业家不仅要过好没钱的关,使没有钱的企业转变成有钱的企业;还要过好有钱的关,把钱管好、用好,用在刀刃上。宁国水泥厂领导很好地渡过了有钱的关,把积累的钱用于今后企业大发展,在这里开始表现出他们出众的管理才能,以及对国家、企业和职工的高度责任感。

2. 开始经营资本

1992年11月召开的党的十四大确定了我国经济体制改革的目标是建立健全社会主义市场经济体制。1993年11月召开的党的十四届三中全会,确定了建立社会主义市场经济的框架。框架由五个方面构成:第一,建立现代企业制度;第二,建立市场体系;第三,建立宏观调控体系;第四,建立分配制度;第五,建立保障制度。从这些框架内容可以看出,我国原有的许多经济制度,包括财税制度、投资制度和金融制度等都将进行全面改革,这将使企业生产经营发生重大变化。

面对新的形势,以郭文叁为首的宁国水泥厂领导班子迅速领悟到,在社会主义市场经济体制下,企业必须一面经营产品,一面经营资本,不仅要从产品经营中积累资金,还要从资本市场取得资金。国有企业在经营理念上进行根本性转变,是国有企业在经济体制转型时期应对挑战、把握机遇的一个关键问题。为适应新形势,工厂领导班子在郭文叁带领下组织学习,统一思想,然后在职工中进行宣传教育,提高认识。1993年12月,还邀请了原国家建材局领导在全厂中层干部会上宣讲党的十四届三中全会决定和关于建立社会主义市场经济体制框架问题,取得很好效果,对职工转变经营理念有较大帮助。

当时,搞资本经营是有一定政治风险的,国有资产流失的“大帽子”使很多人都不敢触及这个敏感问题。然而,宁国水泥厂领导不考虑个人得失,以“明知山有虎,偏向虎山行”的闯劲,在党的十四届三中全会决定的指引下,冒着风险,顶着压力,勇敢地积极开展这方面的工作。宁国水泥厂经营资本是从利用外资做起的。早在1993年,宁国水泥厂以闲置资产与香港昌兴行合资,组建宁昌塑料包装有限公司,迈出利用港资的第一步,对资本运作有了初步体验。在安徽省领导和省政府相关部门的支持和帮助下,宁国水泥厂又积极探索引用外资进行水泥主业技术改造的路子。经过研究合资经营模式、选择外方合作对象、资产评估等大量工作,历时一年有余,于1995年1月国家工商行政管理局正式批准成立中外合资安徽海螺水泥有限公司。宁国水泥厂以部分资产入股,外方用现金入股,成功利用外资2 500万美元,用于企业技术改造。这是我国重点大中型水泥企业中利用外资改造老厂的第一例。

3. 开创低投资建设先例

宁国水泥厂利用自己积累的资金和外资,于1995年4月开工建设日产2 000吨熟料预分解窑新型干法生产线。该项目与以往预分解窑新型干法生产线建设的最基本区别是:全部投资由企业自己筹集而得,企业要对资金投入负责,做到了建设项目法人的真正到位;在建设过程中,宁国水泥厂根据自己的实践经验,与设计院密切合作对设计进行优化,一改过去完全听命于设计院的局面,以确保生产技术的先进与可靠;对设备购置和施工队伍的选择都进行招标,做到公开、公正、公平;采取日保周,周保月、月保整个工期的办法,促进施工进度按时完成。这条生产线于1996年10月建成，一次投料成功，当月就达到设计指标。在此之前，我国日产2 000吨熟料预分解窑新型干法生产线建设，投资在8亿元左右，合理工期为32个月，一般情况下都要在投料一年后达到设计指标。宁国水泥厂日产2 000吨熟料预分解窑新型干法生产线建设，总投资3.4亿元，工期仅18个月，投产后很快就达到设计产量，创下了当时国内外同等规模水泥厂建设中投资最低、工期最短、建设质量最好的新纪录。这在国内水泥界和有关管理部门中引起了轰动，广泛传为佳话。宁国水泥厂日产2 000吨熟料新型干法生产线建设经验的重要意义，在于解决了我国水泥预分解窑新型干法生产技术发展中遇到的投资过高问题，是技术和管理上的重大突破，有力地加快了我国水泥工业结构调整的进度。宁国水泥厂为我国预分解窑新型干法的发展作出了巨大贡献。

4. 兼并铜陵水泥厂

经过日产2 000吨熟料生产线建设，企业发展的优势逐渐凸现出来。宁国水泥厂在郭文叁厂长带领下开始实施一业为主，多种经营，跨地区、跨行业的发展战略。宁国水泥厂"跨地区"发展水泥产业的第一步是控股正在建设中的安徽铜陵水泥厂。

铜陵水泥厂建设是利用世界银行贷款项目。此项贷款办理过程非常繁琐。1983年，世界银行派专家来华考察，提出了铜陵水泥厂、中国水泥厂、宁波水泥粉磨厂、南通水泥中转库和温州水泥中转库等一揽子贷款建设项目计划。接着，便开始履行地方政府和国家各有关部门的依次审批手续。在审批过程中，国家建材局不厌其烦地做了大量协调和说服工作。其间，投资项目和投资单位几经改变，进一步增加了工作的难度和审批时间。经过长达10年的工作，1992年世界银行和我国政府最终签订水泥项目贷款协议。从此，铜陵水泥厂建设工作由筹备阶段向建设阶段过渡，1993年水泥厂主体工程正式开工。

按世界银行协议，铜陵水泥厂建设一条日产4 000吨熟料预分解窑新型干法生产线，年产水泥70万吨、商品熟料60万吨，熟料供应宁波水泥粉磨厂。国家建材局将铜陵水泥厂建设确定为实施水泥"T"型战略的"龙头"项目，作为全国建材工程建设项目中的"重中之重"。该项目最初由国家和安徽省合资建设，后来国家投资撤出，改由安徽省单独投资。

铜陵水泥厂开工建设时落实的资金基本上都是银行贷款，国家拨款极少。这是我国计划经济体制向社会主义市场经济体制过渡初期的普遍做法。在没有一定比例自有资金的条件下，按水泥厂一般利润率和当时银行利率，铜陵水泥厂建成后将难以经营，必将陷入亏本的陷阱而难以自拔。在筹备阶段向建设阶段过渡期间，安徽省人民政府调集各方干部组成铜陵水泥厂建设指挥部，这也是当时我国组织基本建设项目的一般做法。以指挥部充当业主的主要问题是项目法人地位模糊，很难明确它必须对建设项目的投资行为负责，很难明确它必须对建设项目的经济效益负责。法人地位模糊的后果，必然是投资大、建设期长和形成的资产效益低。

由于缺乏投资主体，针对铜陵水泥厂建设中存在的问题，国家建材局领导于1993年底提出了由宁国水泥厂控股建设铜陵水泥厂的建议。为落实这个建议，先征求宁国水泥厂郭文叁厂长的意见，他欣然同意。后又奔赴合肥市，分别向省人大、省政协领导和常务副省长与省长提出以上建议。由于条件不成熟和认识上的不一致，这个建议未能被省政府立即采纳。

铜陵水泥厂主体工程投建不久就陷入困境。指挥部班子一换再换，建设概算一超再超。铜陵水泥厂建设概算，最初是8亿元，后来调整到12亿元，第三次调整到14亿元，最后一次调到16.8亿元。对此，建设指挥部仍然感到还没有把握。这样高的投资必将造成项目投产之日即是企业亏本之时，而且看不到尽头。十分明显，在建的铜陵水泥厂已经成为安徽省政府和承贷银行的一个债务包袱。在这种情况下，中国建设银行提出，铜陵水泥厂建设贷款必须由宁国水泥厂担保，否则不再继续开贷。当时，宁国水泥厂以无能力为由，顶着压力，拒绝担保。1995年6月，建设银行停止贷款，铜陵水泥厂建设被迫停工。停工3个月后，1995年9月安徽省政府决定改变铜陵水泥厂投资结构和建设体制，由宁国水泥厂控股并主持建设工作。根据省政府的决定，宁国水泥厂利用自有资金出资3.156 5亿元，取得铜陵水泥厂55.9%股份，其余股份分别由安徽省建设投资公司和铜陵市建设投资公司所持有。铜陵水泥厂自投资结构改变后，原建设指挥部被撤销，同时组成第一届董事会，由宁国水泥厂厂长郭文叁任董事长兼总经理，从此开始了建设工作的新阶段。

宁国水泥厂自1995年10月接管铜陵水泥厂建设项目后，随即按工程建设需要，精简机构，充实力量；加强现场管理，逐个迅速解决建设中的各种问题；采取有效措施，调动建设者积极性，加快建设进度；重新审查各子项工程，削减非生产设施，清理不必要的中间环节，节约建设资金。经过9个多月的艰苦奋斗，1996年7月铜陵水泥厂建成投产，一次点火成功，很快就达到设计产量。该项目经结算后的总投资为14亿元，由于宁国水泥厂的最终参与建设，不仅节省投资2.8亿元，同时使这个筹建时间达12年之久的"胡子工程"画上了圆满句号。为此，宁国水泥厂得到国家计委、安徽省政府和中国建设银行的赞赏。

宁国水泥厂控股铜陵水泥厂取得成功，跨地区发展战略旗开得胜。至此，该厂水泥和商品熟料年生产能力达到400万吨。1997年7月，宁国水泥厂收购了铜陵市建设投资公司12.3%的股份，使在铜陵水泥厂的股权增加到68.2%，进一步巩固了控股地位。

5. 移师芜湖市兼并白马山水泥厂

宁国水泥厂位于安徽省南部的宣城地区，紧靠历史著名的商埠芜湖市。改革开放后，芜湖市较早地被国务院批准为沿江开放城市，设立了能享受优惠政策的经济技术开发区。1993年，芜湖市政府所属一家企业与台湾商人合资创办家具厂，在经济技术开发区建造了一片3万多平方米的厂房。厂房建成后，台商违约，家具厂未能办成，留下的一大片空厂房长期无法利用。1995年，在芜湖市政府领导的动员下，宁国水泥厂出资4 000万元购买了家具厂所有厂房以及相应的120亩土地使用权，从而将自己的“触角”伸进芜湖市区。

在跨地区跨行业发展的“双跨”战略思想指导下，宁国水泥厂利用在芜湖购置的土地和房产，投资发展塑钢门窗型材项目，同时与德国可耐福公司合资建设年产2 500万平方米高档石膏板项目，迈出跨行业发展的坚实一步。

芜湖市南郊有一个白马山水泥厂，它是国家大中型水泥企业，资产属芜湖市政府，始建于1975年，到1982年才建成投产。该厂原有2条“华新型”湿法回转窑生产线，20世纪80年代末，在国家建材局支持下，将其中一条湿法窑生产线改造成“湿磨干烧”生产线。由于各种原因，这条生产线长期不能正常生产，产量很低，由此拖累全厂陷入生产经营的困境。1993年到1995年，是全国各大中型水泥企业获利丰厚的时期，白马山水泥厂未能抓住机会，1995年以后企业经营情况更加恶化。在这种情况下，芜湖市政府于1996年请求宁国水泥厂收购白马山水泥厂。经与芜湖市政府多次协商，最后决定宁国水泥厂支付2亿元现金整体并购芜湖白马山水泥厂。宁国水泥厂在跨地区扩张水泥主业方面又跨出了重要一步。

宁国水泥厂兼并白马山水泥厂后，首先投资续建第3条湿法生产线，使其很快投产并达产达标。接着改造、完善“湿磨干烧”生产线，使其正常生产，达到预期指标。与此同时，着手扩建1条日产2 500吨熟料的预分解窑新型干法生产线。这条生产线于1997年6月破土动工，到1998年9月即建成投产，并很快达到设计指标。白马山水泥厂日产2 500吨熟料生产线建设，工期仅16个月，总投资2.5亿元，继宁国水泥厂1995年扩建的日产2 000吨熟料生产线之后，又创造了预分解窑新型干法生产线建设“低投资、高速度”的新纪录。白马山水泥厂通过兼并后生产设施的完善和技术改造，自1997年就开始盈利，扩建新型干法生产线后利润迅速增高。宁国水泥厂并购和整合白马山水泥厂取得的成功，为中国水泥界国有大中型企业摆脱困境树立了范例。

1995年，宁国水泥厂与德国可耐福公司合资建设的年产2 500万平方米高档石膏板项目，曾是当年德国总理访华时签署的最大合资项目，总投资达5 500万德国马克。由于投资理念、管理方法上的分歧，又基于对市场的预测和对企业管理能力的评价，以郭文叁厂长为首的领导班子果断决定退出，并拟定了各种退出的应对方式，经与合资方三天三夜的艰苦谈判，终于达成退股协议，获得巨额收益，进一步增强了主业发展后劲。实践证明，宁国水泥厂领导取消无效投资、集中财力建设水泥主业和塑料型材产业的决策，很有远见，十分正确。

宁国水泥厂在创建芜湖塑钢型材厂和兼并白马山水泥厂后，便将工厂总部搬到芜湖市。这里交通发达，信息灵通，融资方便，还有较好的人文环境。总部的搬迁，鼓舞了全厂职工的士气，改善了企业发展的条件，这是工厂领导在实施“双跨”发展战略过程中非常重要和正确的决策。

二、“海螺集团”发展阶段

随着企业兼并和跨行业经营的进展，宁国水泥厂的管理体制愈加明显地不适应发展的新形势。安徽省党政领导高度评价和重视宁国水泥厂以资产为纽带的企业扩张，为继续推进扩张，因势利导地决定按现代企业体制组建以宁国水泥厂为核心企业的集团公司。

1996年8月24日，安徽省政府在全省工业工作会议上，正式宣布批准成立安徽海螺集团有限责任公司，同时宣布授予国有资产经营权。从此，宁国水泥厂的发展步入安徽海螺集团有限公司的新阶段。

当时，安徽海螺集团有限公司所属全资和控股的企业已有安徽省宁国水泥厂、铜陵海螺水泥有限公司、安徽省白马山水泥厂、芜湖海螺塑料型材有限公司和生产水泥复合包装袋的中外合资宁昌塑料包装有限公司，以及从宁国水泥厂剥离出来的服务性企业。

安徽海螺集团有限责任公司（简称“海螺集团”）成立后，中共安徽省委和省政府任命郭文叁同志任公司董事长兼总经理，李顺安同志任副董事长、副总经理兼宁国水泥厂厂长，朱德金同志任董事、副总经理兼铜陵海螺水泥有限公司总经理，郭景彬同志任董事、副总经理，余彪同志任董事、副总经理兼白马山水泥厂厂长。这些同志就是在郭文叁董事长主持下带领集团职工不断取得惊人成就的一班人。

“海螺集团”创建的意义，在于打造了一个现代企业体制的架构，有利于企业在社会主义市场经济条件下进一步发展，也是“海螺水泥”崛起过程中的重要一步。

在世界银行贷款的一揽子水泥项目建设计划中，经多次协调最终落实的仅3个项目，即新建铜陵水泥厂、扩建中国水泥厂和新建宁波熟料粉磨厂。铜陵水泥厂开工建设后，其余两个项目也陆续启动。浙江省宁波市政府为筹建粉磨厂而组建了宁波星港水泥有限公司。该公司投入3.8亿元，于1996年年中完成了粉磨厂建设，接着就投入生产。由于投资高、水泥市场不景气和熟料来源不稳定等问题，宁波星港水泥有限公司自粉磨厂投产后便入不敷出，发生经营性亏损。为彻底摆脱经营困境，四处寻找合作伙伴，1996年年底找到了世界银行设定的熟料供应者——铜陵海螺水泥有限公司的母公司“海螺集团”，就合作问题进行洽谈。经过反复协商，排除各种困难，于1997年8月双方达成股权转让协议，商定将企业注册资本由1亿元增加到1.5亿元，“海螺集团”出资9 000万元，持60%股权，宁波星港水泥有限公司改名为宁波海螺水泥有限公司。

按1997年当时的情况,"海螺集团"凭自己的技术和管理经验,若在宁波市新建一个同等规模的粉磨厂,估计只要用宁波星港水泥有限公司粉磨厂投资的一半资金就可建成,此次不惜重金去控股这个粉磨厂,其主要目的是为了占领市场。浙江南部沿海缺少石灰石资源,不能建设大中型水泥厂,所以是传统的水泥输入地区,水泥价格历来较其他地区高。此外,那里是中国经济发展最迅速的地区之一,水泥市场潜力非常大。宁波市是该地区的中心城市,占领了宁波市场后就可将它扩散到温州和台州等城市,进而达到浙江南部沿海其他地区。控股宁波星港水泥有限公司是"海螺集团"市场有效扩张的一个里程碑。

三、"海螺水泥"发展阶段

1. 香港H股发行成功

1996年8月,海螺集团公司组建后,已初步具备快速健康发展的比较优势,但该公司在融资能力上显得过于薄弱,很难形成强有力的投资主体。以郭文叁董事长为首的领导班子意识到,进一步扩张企业所需资本不能仅限于利用外资方面,必须到资本市场去发行股票,建立融资渠道,以便不断地从资本市场取得企业发展所需的资金。当年9月,便组织人力开始研究和筹措发行股票问题。首先研究发行何种股票,A股、B股抑或H股?为能进一步完善现代企业制度,明晰法人治理结构和在管理上与国际接轨,决定发行H股。接着,开始进行艰难复杂的申报工作。在国家证监会和安徽省人民政府的大力支持和帮助下,1996年12月国家证监会批准安徽省宁国水泥厂为境外上市预选企业,1997年元月成立以郭文叁董事长为首的境外上市领导小组,集中力量,组织上市工作。通过竞争择选,确定了英国香港怡富证券公司为中介机构;在省政府领导下,清退了外资,理清了资产,成立了安徽海螺水泥股份有限公司;按香港股票联合交易所要求编写了各种法律文件。"海螺水泥"准备上市时,中国电信(后改为中国移动)已准备上市,其预定时间正好相同。为避免在中国电信之后的发行风险,决定采取一切办法提前发行。于1997年9月25日开始国际配售推介工作,10月3日在伦敦怡富证券公司总部举行定价会,在反复的定价较量中,郭文叁董事长预感到港股有下滑趋势,并发现预购风头异动,认定事不宜迟,必须当机立断,于是毅然拍板,定价为1股2.28港元。机构股认购非常顺利,10月21日股票上市公开发行,"海螺水泥"发行股票宣告成功。此时,1997年发生的东南亚金融风暴正席卷香港,股票公开发行当天的香港恒生指数从15 820点跌到11 000点,"海螺水泥"股票从每股2.28港元跌到1.50港元。然而,"海螺水泥"募集的资金都已按预期目标安稳地进入自己的账户。"海螺集团"这次组织股票上市的经历十分惊险,只要迟几天就有可能失败,其所以成功主要由于安徽省政府的及时支持,国家证监会的正确指导,"海螺集团"境外上市领导小组的艰苦努力和郭文叁董事长的果断决策。

在股票发行过程中,安徽海螺水泥股份有限公司从安徽海螺集团有限公司脱胎而出。"海螺水泥"的股份组成是:总股本98 348万股;海螺集团占总股本的63.3%,H股占36.7%。"海螺水泥"的领导组成是:郭文叁任董事长兼总经理,李顺安任执行董事兼副总经理,朱德金任执行董事兼副总经理,郭景彬任执行董事兼副总经理与董事会秘书,余彪任执行董事兼副总经理,王俊、纪勤应和景雨湘任监事。"海螺水泥"的诞生标志着计划经济模式下组建的企业——宁国水泥厂基本完成了向社会主义市场经济模式现代企业的过渡,使"海螺集团"水泥主业发展步入一个新阶段。在这新阶段中,以郭文叁董事长为首的"海螺水泥"领导班子带领公司广大职工创造了中国水泥史上企业发展的奇迹。

"海螺水泥"H股上市,以宁国水泥厂日产4 000吨熟料新型干法生产线和白马山水泥厂3条湿法窑生产线的资产,募得资金8亿元。此后,"海螺水泥"向"海螺集团"定向收购了宁国水泥厂日产2 000吨熟料新型干法生产线75%股权、铜陵海螺水泥有限公司68.2%的股权和宁波海螺水泥有限公司60%的股权。此外,还扩建了白马山水泥厂日产2 500吨熟料生产线。到1997年,"海螺水泥"成为中国最大的水泥控股公司。铜陵海螺水泥有限公司和宁波海螺水泥有限公司原先都是亏损企业,经优化资产和改善管理逐步减亏,到2000年盈亏持平,2001年都成为盈利企业。

2. 转变营销策略胜一筹 开创"海螺"发展模式

郭文叁董事长领导着一班人始终都是一手抓产品经营,一手抓资本经营,经营资本时不忘经营产品,随时保持"两个轮子"一起转。产品销售是产品经营中的重要一环,"海螺水泥"在自己的历史进程中不断改革销售体制,由代销改为直销;由各厂销售改为公司统一销售,统一结算;在这基础上又改为在统一结算下的公司总部统一销售与工厂所在地销售相结合,还建立了产品定价程序和产品销售的激励机制。尤为可贵的是,他们十分重视营销策略的研究,针对不同的时期,不同地区的情况变化,随时采取不同的营销策略。

1996年开始,中国水泥市场急转直下,进入衰退期,产品滞销,价格下降,使许多企业陷入困境。"海螺水泥"面对这样的严峻局面,迅速调整市场营销策略。过去,"海螺水泥"只生产525号(相当于新标准42.5等级)硅酸盐水泥,销往上海等大城市;1996年在水泥市场不景气的情况下便开始生产425号(相当于新标准32.5等级)复合水泥,抢占农村市场。海螺牌复合水泥质量好,价格低,在当地中小城市和农村十分好销,经常排长队购买,使工厂周围方圆200公里内的很多立窑小水泥厂被迫淘汰。在全国许多大中型水泥企业濒临亏本的情况下,"海螺水泥"由于营销策略的改变而依然获得丰厚利润。

"海螺集团"核心企业宁国水泥厂与上海市的密切关系有其历史渊源。20世纪70年代初,上海市在安徽省宁国县建了一个年产水泥24万吨的胜利水泥厂，其产品全部供上海市建设之需要。80年代，国家建材主管部门与安徽省政府在胜利水泥厂旁建了一个年产130万吨的宁国水泥厂，其大部分产品与胜利水泥厂产品一起销往上海市场。1985年，上海市政府将胜利水泥厂移交给了安徽省政府；1993年，安徽省政府将胜利水泥厂并入了宁国水泥厂。于是，上海市很自然地成为宁国水泥厂的传统市场。1993年到1996年间，宁国水泥厂在上海市销售水泥每年高达120万～150万吨，占当时上海市525号水泥市场份额的50%以上。上海市主要建筑工程项目都指定用宁国水泥厂海螺牌水泥。

1996年，有一家地处长江下游的大型水泥企业建成投产，设计年产水泥200万吨。到1997年，该厂生产情况渐入佳境，产量达到设计指标，此时却遇到了愈加不景气的市场，销售发生困难。为打开上海水泥市场，该企业采取了不惜血本的促销手段，抢得了不少客户，使宁国水泥厂在上海的市场失去了“半壁江山”。

以宁国水泥厂为核心企业的海螺集团领导为避免恶性竞争，减少损失，决定避其锋芒，暂时退出上海部分市场，实行上海地区营销策略大调整。在上海市及其周围中小城市兼并收购中小型水泥企业，将其改造成粉磨厂，采用从铜陵水泥厂沿长江水运来的熟料和当地的混合材磨制成水泥销售，既降低了水泥生产成本，又占领了被兼并企业的市场，对已失去的市场形成“农村包围城市”的合围之势，同时培育竞争力，以逸待劳，一旦时机成熟便重返上海市场。于是，海螺水泥股份有限公司又开始进行新一轮的企业扩张。

1998年10月，“海螺水泥”兼并上海奉贤水泥厂，成立上海海螺水泥有限公司，对其控股55%。该厂位于上海市南部郊区奉贤县的黄浦江边，有3条机立窑生产线，年产水泥25万吨，还有一个拥有4个1 000吨级船只泊位的码头。“海螺水泥”控股后随即对其进行技术改造，拆除立窑生产线，逐步改建成年产160万吨水泥的粉磨厂。在这里生产的水泥可在竞争对手无法涉足的上海市郊销售并能随机进入市区。

1998年9月，“海螺水泥”兼并江苏省张家港水泥厂，成立张家港海螺水泥有限公司，对其控股95%。该厂位于上海市西边约80公里的苏南地区，有水路相通，可直达上海市内。这个厂原是立窑企业，年产水泥20万吨，有一个可停靠15条250吨级船只的码头，由于环保问题，1997年张家港市政府勒令其立窑停产，此后便购置熟料磨制水泥，维持生产。“海螺水泥”将其兼并后，随即推倒立窑，改造成为年产50万吨水泥的粉磨厂，其产品除在张家港市销售外，还可扩大到其他苏南地区和上海市周边地区。

1999年6月，“海螺水泥”兼并江苏省南通市水泥厂，成立南通海螺水泥有限公司，对其控股99%。该厂位于上海北面的苏北地区，与上海隔江相望，原是一个立窑小企业，年产水泥15万吨，拥有长江和内河码头各一个，所占长江岸线有210米。“海螺水泥”将其兼并后，立窑停产，全厂改造成年产120万吨水泥的粉磨厂，其产品既可销售苏北地区，也可到上海出售。

通过兼并上海市奉贤水泥厂、张家港市水泥厂和南通市水泥厂，“海螺水泥”基本完成了从南、北、西等3个方向对上海市场的合围。与此同时，“海螺水泥”还收购了南京江北水泥厂和合肥市的长丰县水泥有限公司，分别成立了南京海螺水泥有限公司和长丰海螺水泥有限公司。南京江北水泥厂是一个小回转窑厂，位于南京市长江以北的浦口区，年产水泥15万吨，属南京军区后勤部。由于产能小、负债重、人员多、成本高，经营十分困难，1996年被迫停产，1998年实行破产。经安徽省领导和南京军区首长的牵线搭桥，“海螺水泥”收购了这个企业，随后将其改造成年产60万吨的粉磨厂，主要在南京市江北地区销售。收购南京江北水泥厂的意义，还在于“海螺水泥”在长江下游重镇——南京市建立了一个“桥头堡”，为下一步更大的扩张作准备。长丰县水泥公司有一个年产10万吨水泥的立窑厂，“海螺水泥”将其兼并后即改造成年产60万吨水泥的粉磨厂，从而在本省省会合肥市建立了一个“据点”。

至此，“海螺水泥”在沿江、沿海、沿铁路收购、兼并了14个中小型水泥企业，投资改造成粉磨厂，既盘活了存量资产，又实现了市场扩张。

“海螺水泥”在上海地区实施的营销策略大调整十分有效。那家水泥企业不惜血本的促销手段毕竟不能持久，到1999年就无法再继续下去。此时，“海螺水泥”在上海周边地区的粉磨厂相继投产，具有很强的竞争力，到2000年，便“抬着头，挺着胸”大踏步重返上海市场，夺回失去的市场份额，实现预期目标。苏南和苏北没有石灰石资源，不宜建大中型水泥企业，是传统的水泥输入地区。近期那里经济快速发展，水泥需求量增长极快，已成为水泥产品销售的必争之地。“海螺水泥”在营销策略调整中，除夺回上海市场外，还获得苏南、苏北部分水泥市场，取得意想不到的效果，也为今后在这个地区的发展奠定了基础。

在中国国际工程咨询公司评审铜陵海螺水泥有限公司扩建项目的会议上，专家们对于在石灰石资源丰富地区建新型干法水泥熟料基地，在市场地区兼并小型水泥企业然后将其改造成粉磨厂的建厂方式赞赏有加，誉为“海螺”发展模式。这种水泥企业发展模式后来在全国范围内被广泛学习和推广，成为我国水泥结构调整的主要方案。“海螺水泥”为中国水泥工业发展提供了宝贵经验，再次做出重要贡献。

3. 实施“T”型发展战略

1998年，国家针对通货紧缩问题，对传统产业实施“控制总量，调整结构”的战略性调整，同时开始执行积极的财政政策和稳健的货币政策，发行长期国债，加强基础设施建设和老厂改造。郭文叁董事长认真分析了当时的形势，既看到了挑战，更看到了机遇，非常敏锐地意识到，为使企业进一步扩张，必须在市场定位的前提下制订出新的发展战略。

在上海地区水泥营销策略进行调整的同时，“海螺水泥”领导班子组织公司有关部门进行了广泛市场调查。他们走遍了华东地区沿长江、沿海和沿铁路主干线的各主要城市，在调查的基础上写出《中国水泥工业概况和华东水泥市场》的报告，在郭文叁董事长的亲自指导下，制订出《市场建设规划》并实施“T”型发展战略。

在《市场建设规划》中，“海螺水泥”近期水泥市场总体定位在华东五省一市，即安徽省、江苏省、浙江省、福建省、江西省和上海市，在具体市场定位中所遵循的基本原则是：依托长江黄金水道，发挥铁路和内河的交通优势；以沿长江、沿海水路城市为主市场，重点开拓铁路沿线和陆路城市市场；立足华东，辐射中国沿海和境外东南亚市场。

为广泛听取专家意见，完善企业发展构思，郭文叁董事长聘请中国国际工程咨询公司对企业发展进行全面规划。这个规划在公司中层干部会议上审议时，曾以98%的高得票率获得通过，对“海螺水泥”的进一步发展具有一定促进作用。

在第八个五年计划初期，国家建材局实施水泥“T”型发展战略，在沿长江和沿海城市安排了一个庞大的地质勘探计划，利用国内外资金开始建设一大批预分解窑新型干法大型水泥生产线。1994年后，“海螺水泥”领导继承并发展了这一战略思想。“海螺水泥”的“T”型发展战略构思主要是在沿长江拥有丰富石灰石资源的地区建设预分解窑新型干法水泥熟料基地，在长江下游和沿海地区兼并小型水泥企业，将他们改造成粉磨厂或水泥转运站，占领当地市场。1997年下半年，“海螺水泥”在安徽省政府的支持下，始终坚持技术进步，积极发展水泥新型干法生产，继1998年在白马山水泥厂建成日产2 500吨新型干法生产线后，从1999年起按“T”型发展战略开始更大规模的新型干法水泥熟料基地建设。

1999年9月，开工建设荻港海螺水泥有限公司熟料基地。2001年2月，建成2条日产2 500吨熟料新型干法生产线。熟料基地距长江约2公里，产品和原燃材料都靠水路出入工厂，这种运输方式的运量大且费用低。在建设过程中，最初选定的厂址是一片平坦的农田，为避免占用良田和降低投资成本，郭文叁董事长冒着酷暑，数次到现场踏勘，历尽艰辛，走遍了荻港县的山山水水，最后选定在一片荒芜的山坡上建厂。为减少土石方量，新型干法各工序由高到低依次建在若干个台段上。其好处是：可节省大量购地资金，荒坡地价格仅为农田的1/20；可降低生产成本，物料由高到低流动可节约电耗。沿着山坡地分若干台段建设新型干法生产线在我国尚属首例，后来被不少水泥企业所模仿。

2000年9月，开工建设枞阳海螺水泥股份有限公司熟料基地，2002年2月建成2条日产2 500吨熟料预分解窑新型干法生产线。熟料基地也是靠近长江，产品和原材料主要由水路运输。枞阳海螺水泥股份有限公司是在安徽省政府和地方政府的指导下兼并枞阳水泥有限公司而组建的。后者是一个立窑企业，拥有储量丰富的优质石灰石矿山。枞阳海螺水泥股份有限公司成立后，将立窑厂改造成水泥粉磨厂，在立窑厂不远处新建预分解窑新型干法生产线，大部分工人都留下进行新技术培训后转到新型干法线岗位。这是“海螺水泥”兼并立窑厂并将其改造成新型干法厂的成功范例。

2000年年底，开工建设池州海螺水泥股份有限公司熟料基地，2002年年初建成第一条日产5 000吨熟料新型干法生产线。该基地坐落在一个山清水秀，鸟语花香，景色如画的地方。在建设中，郭文叁董事长十分重视生态环境的保护工作，明确规定不得任意破坏植被，动一棵树都必须由他来亲自批准，建设工作结束后要加倍复原施工中破坏的植被和搬动的树木。“海螺水泥”统一的建筑色调是乳黄色的墙体和红色的屋面。为防止惊跑鸟类，特地将预均化堆场的大面积的红色屋面改为绿色。通过池州海螺水泥股份有限公司熟料基地建设，大力培养职工的环保意识，教育职工能随时随地处理好工厂生产与环境保护的关系。“海螺水泥”职工重视环保的意识在各地的建设中都有所体现，为此得到当地政府和群众的称赞。

4. 成功开发出低投资日产5 000吨熟料新型干法生产线

2000年年底，开工建设铜陵海螺水泥有限公司第2条日产5 000吨熟料新型干法生产线。自宁国水泥厂开创低投资建设日产2 000吨熟料新型干法生产线的先例后，“海螺水泥”又连续建设了5条日产2 500吨熟料新型干法生产线。在建设期间，“海螺水泥”领导人认识到，为加速水泥工业结构调整，还必须进一步开发出低投资、国产化的日产5 000吨熟料预分解窑新型干法生产工艺和装备。郭文叁董事长将这个愿望报告了来厂视察的国家经贸委领导，当即获得积极支持。这位领导还提出具体目标：用5亿元资金、采用国产设备在2年内建成日产5 000吨熟料新型干法生产线。“海螺水泥”在与国内外有关单位进行技术交流的基础上，与设备制造厂和设计研究单位合作，重点开发了立磨生料制备系统、预分解炉和冷却机等熟料烧成系统，同时组织制造了2套日产5 000吨熟料的新型干法设备，其中1套用于建设池州海螺水泥股份有限公司第1条新型干法生产线，另1套用于扩建铜陵海螺水泥有限公司第2条新型干法生产线。这两条日产5 000吨熟料新型干法生产线，都在2002年年初差不多的时间里同时建成并投入调试，也都遇到了立式原料磨的振动问题。经过近半年调试，立磨振动问题得到解决，设备运转正常，这两条生产线熟料日产量都超过了5 000吨的设计指标。池州海螺水泥股份有限公司第1条生产线由于完全是新建，其总投资为5亿多元，铜陵海螺水泥有限公司的扩建，由于不需新建矿山和码头，其投资约3亿元。这两条生产线的设备国产化率都达90%以上。“海螺水泥”对低投资、国产化的日产5 000吨熟料新型干法技术攻关取得重大突破，对中国现代水泥工业发展又一次作出巨大贡献，这必将加快我国水泥工业结构调整的步伐。

5. 调整企业资本和领导层结构增强企业实力

“海螺水泥”随着事业的扩大，继续改革管理制度，调整产权结构，加强领导力量和资本运作，不断提高企业的素质和增强企业的实力。

2000年，获港海螺水泥股份有限公司在熟料基地的建设中，经安徽省体制改革委员会批准，在资产增量中职工持股49%，海螺水泥股份有限公司持股51%。实践证明，职工持股大大增强了职工的凝聚力，使职工真正成为企业的主人。其直接的效果是使建设投资进一步下降，生产效益进一步提高，并能吸引和留住人才。“海螺水泥”规定，企业管理和技术骨干可多入股，如果辞职离厂，所持股份只能按入股时的原始价退出。这样，企业骨干都被“金手铐”铐住，并能将他们为企业工作的积极性充分调动起来。面对水泥行业外资企业和民营企业“挖人”的挑战，这个办法很有效。在枞阳海螺水泥股份有限公司和池州海螺水泥股份有限公司熟料基地建设，都实施了职工入股、调整产权结构的做法。

2001年，“海螺水泥”领导层作出调整，董事不兼任经理和秘书，提拔一批年轻人进入领导层，担任经理和董事会秘书。由任勇同志担任总经理，何承发、孙屹东和齐生立同志任副总经理，章明静同志任董事会秘书，监事景雨湘同志由朱忠平同志接替。“海螺水泥”领导层在中国大中型重点企业中尚属年轻的一个班子，他们在年富力强、正当年的时候就补充年轻成员的做法，充分表现出郭文叁董事长领导下的一班人对事业的高度责任感，同时展现出公司未来的美好景象。

经1年多艰巨筹备工作，2002年1月“海螺水泥”在上海证券交易所发行2亿股A股取得成功，募集资金8亿元。董事会当年决定拿出包括部分净利润和折旧在内的7亿元自有资金和8亿元股票收入，用于扩建和新建水泥企业，加上银行贷款，“海螺水泥”2002年投资规模超出30亿元。

从2001年起，“海螺水泥”开始限制建设日产2 500吨熟料生产线，取而代之的是以日产5 000吨熟料为主的大型生产线。这类生产线除在池州海螺水泥股份有限公司和铜陵海螺水泥有限公司各建成1条外，2002年建成投产的还有如下3条：池州海螺水泥股份有限公司扩建的2号线，枞阳海螺水泥股份有限公司的3号线，以及安徽省宁国水泥厂的第3条新型干法线。2002年“海螺水泥”有5条日产5 000吨熟料生产线建成投产。正在建设的有如下5条：获港海螺水泥股份公司3号线1条，中国水泥厂有限公司2条，安徽怀宁海螺水泥有限公司1条和浙江建德海螺水泥有限公司1条。这些生产线建成投产后，日产4 000～5 000吨熟料新型干法生产线将成为“海螺水泥”的生产主力。

“海螺水泥”在建设熟料基地的同时，在市场附近继续兼并水泥企业和建设粉磨厂，或扩建原有的粉磨厂。张家港海螺水泥有限公司将粉磨厂全部搬迁到长江边并将规模扩大到年产300万吨水泥，宁波海螺水泥有限公司粉磨厂规模也扩大到年产水泥300万吨，南通海螺水泥有限公司和上海海螺水泥有限公司也都扩大粉磨厂规模。自2002年以来，主要新建的粉磨厂有江苏泰州海螺水泥有限公司、浙江温州海螺水泥有限公司、浙江上虞海螺水泥有限公司、南昌海螺水泥有限公司和蚌埠海螺水泥有限公司等。

6. 兼并庐山水泥厂和中国水泥厂

特别要提到的是，在这期间，“海螺水泥”兼并了两个国家重点大中型企业，即江西庐山水泥厂和中国水泥厂。庐山水泥厂位于九江市，是一个年产熟料30万吨的湿法回转窑厂。“海螺水泥”兼并后，改名为江西庐山海螺水泥有限责任公司，在湿法厂附近扩建一个年产150万吨水泥的粉磨厂。该厂采用沿长江和鄱阳湖水运来的池州海螺水泥股份有限公司的熟料，制成的水泥进入九江市和鄱阳湖周围地区的市场。中国水泥厂是具有80多年历史的老厂，位于南京市的京沪铁路沿线，离长江约3公里。“文化大革命”期间建的南京长江大桥，其高度不合理，造成自长江上游经过该桥行驶到下游的船舶装载量受到限制，只能行驶5 000吨以下的船只。中国水泥厂附近长江段停泊的船只运量不受此限，可装运2万吨，这是一个优势。“海螺水泥”兼并中国水泥厂后即考虑在此扩大生产，第一步是建设2条日产5 000吨熟料新型干法生产线，加之原有的1条日产2 000吨熟料新型干法生产线和4条湿法回转窑生产线，这里将成为一个年产300万吨水泥和年产400万吨熟料的基地，水泥销南京市场，熟料船运给长江下游和沿海各地粉磨厂生产水泥。中国水泥厂被兼并后，改制为中国水泥厂有限公司，具有80多年历史的中国水泥厂的名字保留了下来，中国最早投产的第一条湿法回转窑生产线也保留供展览。在这里充分显露了“海螺水泥”领导尊重历史的可贵理念。“海螺水泥”兼并中国水泥厂的举措在全国水泥界引起很大关注，普遍认为这是中国水泥厂的最佳选择，也是计划经济转向社会主义市场经济过程中的正常现象。

7. 向世界领先水平迈进

“海螺水泥”扩大生产时，不断追求技术进步。在开发日产5 000吨熟料新型干法生产技术时就已考虑到日产8 000吨和日产10 000吨熟料新型干法生产线的建设问题。郭文叁董事长亲自组织100多名公司技术骨干，分别赴泰国考察日产10 000吨熟料生产线，赴韩国考察日产8 000吨熟料生产线。这两次考察对他们启发很大，看到超大型生产线对降低成本和提高产品质量有很大优势，凭自己的资源、技术、资金和区域位置等条件，在引进烧成技术的条件下可以建设、运行好特大型生产线。2001年，海螺集团决定建设日产8 000吨熟料新型干法国产化设备示范线和日产10 000吨熟料新型干法生产线，分别获得原国家计委和国家经贸委的立项批准。2002年上半年，与有关外国公司签订了引进烧成技术的合同。同时，1条日产8 000吨熟料的生产线在池州海螺水泥股份有限公司投建，计划于2003年5月份建成投产；

1条日产10 000吨熟料的生产线在枞阳海螺水泥股份有限公司扩建，计划于2003年11月份建成投产。此外，在铜陵海螺水泥有限公司正扩建2条日产10 000熟料生产线，分别将于2003年11月和2004年4月建成投产。那时，“海螺水泥”的生产技术将跻身世界最先进水平的行列。

到2005年，“海螺水泥”将拥有千万吨级熟料基地1个、600万吨级熟料基地2个、300万吨级熟料基地多个，总生产能力将达到年产熟料4 000万吨以上和年产水泥4 000万吨以上，不论是单个工厂的规模还是总公司的规模都将位于世界前列。

“海螺水泥”熟料生产基地概况列于表1，主要水泥粉磨站名单列于表2。“海螺水泥”在沿长江分布的熟料基地和长江三角洲分布的水泥粉磨厂，已基本形成具有自己特色的T型布局。

8.“海螺水泥”崛起的重要意义

“海螺水泥”的崛起，对我国水泥工业具有十分重要的意义：

(1)加速水泥工业结构调整。原国家经贸委公布的建材行业第十个五年计划中，2005年新型干法生产的水泥产量要达到1.2亿~1.3亿吨，由目前的12%提高到20%。“海螺水泥”到2005年熟料生产能力将达4 000万吨以上，接近全国新型干法生产的熟料总产量的1/3。可见，“海螺水泥”的发展对我国水泥工业有着举足轻重的作用，其产量的迅速增加，直接影响着水泥工业结构的改善。

“海螺水泥”在发展过程中，开了低投资建设日产2 000吨和日产5 000吨熟料预分解窑新型干法生产线的先河，使我国预分解窑新型干法得以在全国范围内推广，解决了我国水泥工业结构调整的关键问题。

“海螺水泥”生产成本低于立窑水泥，使通过市场竞争淘汰立窑水泥成为现实。新型干法建设投资和生产成本的大幅度降低，正有力地加快中国水泥工业结构的调整。

(2)带领中国水泥工业技术进步。在计划经济条件下，技术开发主要靠国家，由国家出钱，由国家的科研设计院所进行技术开发工作。在市场经济条件下则不同，企业是技术开发的主体，根据市场竞争的需求，出资组织技术开发工作。企业要成为技术开发主体，必须具备雄厚的资金和技术力量，所以这类企业一般都是大型企业集团公司。“海螺水泥”已经成长为中国水泥工业技术开发主体，与设计、制造等单位合作，开发出低投资、国产化日产5 000吨熟料新型干法生产线，现在正利用引进关键的烧成技术，开发日产10 000吨熟料新型干法生产技术，完成过去国家建材局想做而无能力做的事。“海螺水泥”通过新型干法生产线大型化的技术开发，正带领着中国水泥工业朝着低成本、高质量、高效率的方向发展。在市场经济条件下，中国水泥工业的技术进步有了指望。

(3)整合长江三角洲和东南沿海地区水泥市场。根据历史经验，我国长江三角洲和东南沿海水泥市场易受境外水泥和立窑水泥的冲击。境外水泥的冲击主要表现在高价垄断和低价倾销。“海螺水泥”在该地区具有很强大的竞争力，以其产品的优质和低成本使境外水泥企业无法搞垄断和倾销，即使在我国加入WTO后，境外水泥企业也不敢贸然大量进入。“海螺水泥”作为一个已经成长起来的新型中国民族企业，为本民族社会和事业发展提供着优质低价水泥，使各方面受益，尽到了自己应尽的社会责任。

立窑水泥的冲击主要是其低价销售，妨碍回转窑水泥合理价格的形成和稳定。“海螺水泥”在长江三角洲和东南沿海地区的粉磨厂大量供应低价优质水泥，使该地区高等级优质水泥市场得到整合，避免了立窑水泥的冲击，使水泥价格平稳地保持在一个合理的价位上，获得了很好的社会效益。

(4)完善水泥“T”型发展战略，实现与国际水泥市场的对接。由于“海螺水泥”在沿长江建设一系列熟料基地和在长江三角洲设置了一大批水泥粉磨厂，中国水泥工业“T”型发展战略得到进一步实施，“T”型布局更臻完善。特别要指出的是，使以外资企业为主的“T”型布局改变为以民族企业为主，确立了民族企业的主导地位。“海螺水泥”在建设熟料基地和水泥粉磨厂的同时，建成了装卸散装水泥和熟料的专用码头，建立了散装水运的流通体系，从而创造了大量出口水泥的条件，实现中国水泥市场与国际水泥市场的对接。如宁波海螺水泥有限公司、张家港海螺水泥有限公司、泰州杨湾海螺水泥有限公司和南通海螺水泥有限公司等，都已具备使水泥产品进入国际市场的条件，一旦时机成熟就能大批量出口水泥，谱写中国水泥出口历史的新篇章。

(5)改善我国水泥工业在国际上的形象。过去，中国水泥工业在国际水泥界以规模小和劳动生产率低而著称。“海螺水泥”的崛起使中国有了年产1 000万吨级的熟料生产基地，有了年劳动生产率每人为8 000~10 000吨熟料的工厂，有了年产4 000万吨以上熟料的大型水泥企业，其规模和劳动生产率都达到世界最先进水平，这些业绩在国际水泥界大放异彩，在一定程度上改善了中国水泥工业的落后形象。

在这新世纪之初，“海螺水泥”发展正方兴未艾，成为世界前列的大型水泥企业指日可待；中国水泥工业在党中央和国务院正确决策下，正大力发展新型干法，快速调整结构，呈现出一派勃勃生机。世界水泥看中国，中国水泥看“海螺”，已成为国内外的共识。

表 1　“海螺水泥”熟料生产线

序号	企业名称	生产方式	号别	回转窑规格(米)	设计产能(吨/日)	年产能(万吨)	状 况
1	安徽省宁国水泥厂	干法	1#	Φ4.7×75	4 000	400	已投产
2		干法	2#	Φ4.0×60	2 000		已投产
3		干法	3#	Φ4.8×74	5 000		已投产
4		湿法	1#	Φ2.5/3.1×78	230		已投产
5		湿法	2#	Φ2.5/3.1×78	230		已投产
		湿法	3#	Φ2.5/3.1×78	230		已投产
7	铜陵海螺水泥有限公司	干法	1#	Φ4.75×74	4 500	960	已投产
8		干法	2#	Φ4.8×74	5 000		已投产
9		干法	3#	Φ6×95	10 000		03 年 11 月
10		干法	4#	Φ6×95	10 000		04 年 01 月
11	安徽省白马山水泥厂	湿法	1#	Φ3.5×145	600	140	已投产
12		半干法	2#	Φ3.5×88	800		已投产
13		湿法	3#	Φ3.5×145	600		已投产
14		干法	4#	Φ4.0×60	2 500		已投产
15	荻港海螺水泥股份有限公司	干法	1#	Φ4.0×60	2 500	310	已投产
16		干法	2#	Φ4.0×60	2 500		已投产
17		干法	3#	Φ4.8×72	5 000		03 年 04 月
18	枞阳海螺水泥股份有限公司	干法	1#	Φ4.0×60	2 500	630	已投产
19		干法	2#	Φ4.0×60	2 500		已投产
20		干法	3#	Φ4.8×72	5 000		已投产
21		干法	4#	Φ6×95	10 000		03 年 11 月
22	池州海螺水泥股份有限公司	干法	1#	Φ4.8×72	5 000	600	已投产
23		干法	2#	Φ4.8×72	5 000		已投产
24		干法	3#	Φ5.6×87	8 000		03 年 5 月
25	建德海螺水泥有限公司	干法	1#	Φ4.8×72	5 000	160	03 年 4 月
26	怀宁海螺水泥有限公司	干法	1#	Φ4.8×72	5 000	160	03 年 11 月
27	分宜海螺水泥有限公司	干法	1#	Φ4.0×60	2 500	75	03 年 6 月
28	庐山海螺水泥有限公司	湿法	1#	Φ3.3/2.7/3.1×95	300	40	已投产
29		湿法	2#	Φ3.5×145	600		已投产
30	中国水泥厂有限公司	干法	1#	Φ4.0×43	2 000	400	03 年 11 月
31		干法	2#	Φ4.8×72	5 000		已投产
32		干法	3#	Φ4.8×72	5 000		04 年 03 月
33		湿法	1#	Φ2.88/2.25×46	130		已投产
34		湿法	2#	Φ3.5/3×64	260		已投产
35		湿法	3#	Φ2.88/2.85×60	220		已投产
36		湿法	4#	Φ2.88/2.85×64	220		已投产
合计						3 875	

表2 "海螺水泥"主要水泥粉磨厂

序号	控股公司名称	粉磨能力 万吨/年	地点
1	安徽省宁国水泥厂	300	安徽省宣城市宁国县
2	安徽省白马山水泥厂	100	安徽省芜湖市
3	铜陵海螺水泥有限公司	230	安徽省铜陵市
4	枞阳海螺水泥股份公司	60	安徽省枞阳县
5	分宜海螺水泥有限公司	60/60（在建）	
6	庐山海螺水泥有限公司	50/50（在建）	江西省九江市
7	中国水泥厂有限公司	130/160（在建）	江苏省南京市
8	怀宁海螺水泥有限公司	100（在建）	
9	宁波海螺水泥有限公司	150/150（在建）	浙江省宁波市
10	上海海螺水泥有限公司	150	上海市奉贤县
11	张家港海螺水泥有限公司	200/150（在建）	江苏省张家港市
12	南通海螺水泥有限公司	120	上海市奉贤县
13	长丰海螺水泥有限公司	60	安徽省合肥市
14	南京海螺水泥有限公司	60/100（在建）	江苏省南京市
15	江苏泰州海螺水泥公司	30	江苏省泰州市
16	江苏泰州杨湾海螺公司	300（在建）	江苏省泰州市
17	温州海螺水泥有限公司	150（在建）	浙江省温州市
18	上虞海螺水泥有限公司	20/100（在建）	浙江省上虞市
19	南昌海螺水泥有限公司	150（在建）	江西省南昌市
20	蚌埠海螺水泥有限公司	60	安徽省蚌埠市
21	建阳海螺水泥有限公司	30	福建省建阳市

★该篇文章是作者在2003年9月召开的国际水泥大会上的发言。

对水泥工程建设项目实施总承包建设方式的探索（节选）★

◎中材建设有限公司董事长　司国晨

现代水泥工业生产最先进的工艺技术是窑外分解新型干法技术。20多年来，中国水泥工业生产技术一直关注世界水泥工业技术发展的新动向和新进步，并紧跟其步伐，使中国的窑外分解新型干法技术从无到有取得快速发展和不断地向世界先进水平靠近。中材建设有限公司由于是水泥工程建设的专业化工程公司，因此有机会参与了在中国干法水泥工业生产技术发展进程中具有代表性的工程,其中较为典型的有:我国第一条从日本引进的日产4 000吨窑外分解生产线冀东水泥厂;我国自行开发和设计的,主要设备国内制造的第一条日产2 000吨窑外分解生产线江西水泥厂;我国第一条采用中外合资方式建设的日产4 000吨窑外分解生产线大连小野田水泥厂;中国境内最大的水泥生产线,日产7 200吨窑外分解水泥生产线山东大宇水泥厂;我国境内第一个采用发达国家通行的项目建设实施方式进行建设的都江堰拉法基年产140万吨水泥厂;第一个在境外向欧洲发达国家水泥制造企业提供总承包交钥匙的工程服务并出售中国日产2 500吨规模的中国水泥技术和装备。

在国家产业结构调整政策和水泥需求市场的作用下,中国的水泥工业进入了高速发展的最好时期,中国水泥工程建设市场如火如荼。提高项目建设的总承包方式在水泥工程建设市场的认知和认同程度、采用国际上先进的项目组织实施方式进行水泥工程建设,应该是加速我国水泥工业结构调整、提高中国水泥工业生产整体技术水平的措施和途径。

工程总承包是国际通行的工程建设项目组织实施方式,它是按照“投资、建设、监管、使用”分开的原则对项目的实施进行专业化管理,以便有关各方集中主要精力发挥各自的优势。国际建筑市场的经验证明,这种建设方式有利于提高项目建设的管理水平,保证工程质量和合理的控制建设周期,保证和提高项目的投资效益。

由于目前中国的建筑市场还不够规范,竞争无序和企业的信誉尚未达到一定的水准。我国大多数勘察设计、建筑、监理企业还没有建立与总承包相对应的组织机构,总承包所需的服务功能还不健全,还没有建立起与总承包管理相适应的完善的项目管理和保证体系。因此,总承包的方式在我国的建筑市场的认知和认同程度较低。为加快与国际工程承包管理方式的接轨,提高企业在加入WTO之后对市场竞争发展趋势的适应能力,建设部今年以“关于培育和发展工程总承包的指导意见”的文件,对在我国建筑市场推行总承包方式提出了针对性的指导意见。它对推动中国建筑市场项目建设的组织实施方式的改革,加快建筑市场对总承包方式的认同和实施有着非常积极的意义。

中材建设有限公司从2000年开始就在中国和国际市场上进行工程总承包的服务,提供的第一个总承包服务项目是都江堰拉法基年产140万吨的水泥厂。这是世界上第一大建材跨国公司与都江堰建材公司的合资项目,项目合同主要采用菲迪克条款和国际建筑市场的惯例,项目建设完全采用国际上通行的组织实施方式(即水泥工程交钥匙项目)进行的。项目建成投入运行后,经过测试和考核,证明项目建设达到了预期的标准和要求。都江堰拉法基水泥厂不仅是一个环境非常优美的现代化工厂,而且其运行后的产品质量和产量,生产过程中的能耗和电耗,粉尘、氧化氮、氧化硫的排放,工厂的自动化水平和运转率等均达到了世界先进技术水平的要求。这个项目的成功对中国水泥工程建设市场与国际建筑市场的项目建设方式接轨有积极的推动和示范作用。继都江堰拉法基项目之后,中材建设有限公司在中外市场上又承接了个几个总承包项目,其中水泥工程就有9条生产线。证明了以总承包方式推行项目建设在中国的水泥工程建设市场已经有了开始。

在实施项目总承包的服务过程中,“中材建设”根据用户的不同要求和国际建筑市场对提供总承包服务的有关规则,在项目建设中不断进行变革和业务流程的改造。打破了过去公司按生产要素设立职能部门的组织机构,按总承包服务的要求重新设计业务流程和设立职能部门,使总承包服务的每个环节和阶段均有责任部门和责任岗位。把人力资源的开发和建设,提高对社会资源的整合能力和利用水平作为公司不断扩充和完善总承包服务功能的重要措施。采取切实的措施,使总承包所需的设计管理、设备的成套采购管理、项目实施的现场工程管理、工厂系统调试阶段的管理及工程风险预测、控制管理等环节都配备相应的资源,并把公司的企业管理从对自身资源和要素的管理延伸到对用户和供应商的管理。加强企业的信息化建设,提高项目管理中计算机的应用水平,以信息化带动项目管理体系的完善和管理水平的提高。

为推进总承包方式在水泥工业建筑市场的实施,进一步提高公司的管理能力和水平,“中材建设”还专门聘用了具有国际建筑市场实施总承包方式实践经历的外籍职业经理人。外籍职业经理作为公司总承包项目的管理和技术监督,严格按照国际建筑市场总承包的有关规则和惯例控制工程的质量和进度,杜绝了工程建设中的随意性和不规范行为。实践证明,这对我们尽快提高公司实施总承包服务能力、避免与国际接轨走弯路是大有裨益的。

水泥工程项目建设的总承包方式在我国还处于刚刚起步阶段,有很多的教训和经验需要我们在实践中不断地总结,还有很多未知领域需要我们不断地探索。中材建设作为一支长期从事水泥工程建设和管理的企业,愿意和全体同行为提高中国水泥工业工程建设的管理水平和投资效果,推动中国和世界水泥工业生产技术水平的提高而继续努力并做出我们应有的贡献!

★该篇文章是作者在2003年9月召开的国际水泥大会上的发言。

高度重视建材重大技术装备发展的动力和基础★

◎国务院参事室副主任　蒋明麟

党的十六大提出了用高新技术和先进适用技术改造传统产业,大力振兴装备制造业,走新型工业化道路的发展战略。在我们党的代表大会的报告中,明确提出振兴装备制造业,突出它在发展中国国民经济中的基础性作用,这还是第一次。纵览当前世界工业强国,无一不是重大技术装备制造的强国。认真分析中国50多年来,特别是改革开放20多年来建材行业发展的实践,也充分说明只有建材重大技术装备的技术水平不断提高,才能为建材行业提供技术先进、运行可靠、节能降耗、清洁生产的成套设备,为产业升级和结构调整创造条件。

振兴建材重大技术装备制造业,加快建材重大技术装备工业发展,不能单就装备制造业来观察和思考如何加快建材重大技术装备工业发展,更不能把振兴建材重大技术装备制造业简单等同于加快建材机械加工业的发展,增加加工能力,投资技改几个建材机械厂,或者买一些我们所缺乏的大型、精密、数控机加工设备,热处理设备和检验设备就能解决振兴建材装备制造业的问题。当然这些设备对于我们来说也是非常需要的,但是它却不能解决大力振兴建材重大技术装备制造业发展动力和基础的问题。这样做,虽然可以满足对一些已有设备制造加工图纸,确因加工设备满足不了技术要求的重要装备的制造要求,但是从不断的根据科技进步,为建材行业提供技术经济指标更先进的重要装备这一点来看,显然仅仅依靠建材装备制造业本身是不够的。

根据本人长期的工作实践和近期的调研,我认为,建材工业各行业生产工艺的技术进步和创新是建材重大技术装备发展的巨大推动力。建材工业各个主要行业,不论是水泥、玻璃、玻璃纤维、建筑陶瓷和卫生洁具等行业和部门,都要根据国民经济发展和国防建设的总体要求及国际科技进步的趋势,不断地进行生产工艺技术的进步和创新,来满足不断提高生产效率、提高产品和服务质量、降低能源资源消耗、与生态环境更加友好、走可持续发展的新型工业化道路。重大装备尽管十分重要,但它仅仅是实现先进生产工艺技术的手段、途径和载体。生产工艺技术的进步和创新对行业的发展才是具有根本性的推动力。生产工艺技术是各行业的“魂”。以水泥工业的发展为例,正是由于过去20多年来,全行业的科研、设计、生产企业与装备制造企业紧密合作,共同攻关,对水泥生产工艺进行改进和创新,使以窑外分解为核心技术的新型干法水泥生产技术取得成功,才提出和促进了水泥装备的大型化、高效化、智能化、环保化的实现。像各种新型大型化的分解炉、预热器、高效冷却机、大型的滑履轴承球磨机、大型高效辊磨、大型高效辊压机、大型高温风机、大型高效破碎机、大型预均化堆场所用的堆取料机以及他们的控制设备等等,这种生产工艺技术和装备的进步和创新,大大地促进了水泥行业的产业结构调整的步伐,使生产效率和产品质量大幅度提高,能耗降低,环境友好。建材工业其他产业的情况也大致如此,在此不一一列举。

世界各工业强国在各主要工业和服务业领域,正在兴起新的“四化”,即:生产工艺高效化、机电设备大型化、操作管理智能化、环保措施生态化。通过这些技术进步和创新,使他们在国际市场激烈竞争中具有更强的竞争力。不难看出,各行业工艺技术是起决定性作用的。重大装备仅仅是实现先进工艺技术的手段和载体。但是没有重大装备制造业对各个行业的支撑,也不可能有各技术进步和产业升级。建材行业生产工艺技术进步和创新,给建材行业重大技术装备不断提出新的、更高的要求,提供源源不断的发展动力和基础。

因此,关于大力振兴建材装备制造,加快建材重大技术装备发展的工作,建议从三个层面做好三项工作:一是在总体思路上,在考虑问题的系统上,一定不能仅就建材装备制造业来讨论建材装备制造业的振兴和发展。应当高度重视建材行业生产工艺技术进步和创新工作,把它纳入到加快建材重大技术装备业发展工作范畴和规划。二是在具体策略上,要充分发挥社会主义制度能集中力量办大事的优越性,在加快建材重大技术装备发展的工作中体现国家意志。通过政府引导、促进和支持,在市场经济的环境下,利用市场经济规律,把行业中已转制的科研设计单位的工艺技术开发力量有机地组织起来,通过各企业之间的利益和风险共担,优势互补,共同为建材行业重大技术装备的发展,发挥优势,协同攻关。三是在组织领导方面,建议国家成立重大技术装备工作领导小组和负责具体工作的办公室。负责领导协调有关部委,在各自的职权范围内,共同实现加快发展重大技术装备的任务。要特别重视发挥各个国家级行业协会的作用。他们对各个行业的生产工艺技术的现状和未来发展趋势有着比较深刻的了解,并能够很好地起到政府和企业之间的纽带和桥梁的作用。由于此项工作技术性、政策性很强,应当成立重大技术装备专家咨询委员会,对此项工作的规划、工作计划、投资和技术措施等进行科技咨询。专家咨询委员会的组成人员,不仅仅有装备设计、制造专家,也应当有行业高水平的工艺技术的科技专家以及金融、外贸、法律、知识产权等方面的专家学者组成。

★该文章2003年10月23日发表于《建材发展导向》。

综述我国水泥技术现状及对未来的思索（节选）★

◎中材国际工程股份公司总裁　王　伟

一、我国新型干法水泥的规模迅速扩大

我国新型干法水泥起步于20世纪70年代，至今已30多年，但发展步伐较小，速度缓慢。其中，20世纪70年代，主要进行实验研究、中间试验和生产实验；80年代，从国外成套引进的冀东、宁国、珠江、柳州等日产4 000吨、3 000吨熟料级生产线及国产化的江西水泥厂日产2 000吨熟料生产线相继投产，同时引进吸收了国外单机设计制造技术，使我国初步掌握了新型干法生产技术；90年代，在建设一批引进技术或主机设备的新型干法生产线外，建设了一批不同规模的全国产化？由自己开发设计、自行设备制造的新型干法水泥生产线，标志着我国进入了大型化干法水泥生产的发展轨道。一批自行设计建设的日产2 000吨、2 500吨、及5 000吨熟料生产线相继建成投产，且其达标达产周期短，建设投资和生产耗能也大大降低。目前，海螺集团公司正在建设的多条生产线中，规模日产7 200吨～10 000吨熟料生产线就有4条，并将于2003年年底陆续投入生产运行，这预示着我国的新型干法水泥生产技术将跨入世界先进水平。

据相关统计报道，2001年我国新增新型干法水泥熟料生产能力1 700多万吨，2002年又相继投产新型干法水泥熟料生产线52条，新增总产能达3 300万吨左右。其中日产1 000～1 500吨熟料的26条，日产2 000吨熟料的5条，日产2 500吨熟料的14条，日产3 200吨熟料的1条，日产4 000吨熟料的1条，日产5 000吨熟料的5条。仅2001年和2002年投产的新型干法水泥总生产能力将达到5 000万吨。另外据统计报道，2002年我国几大水泥集团——“海螺集团”、“渤海集团”、“天山集团”、“山水集团”等的水泥年产量分别超过了500万吨，其中“海螺集团”的水泥产量达到了年产2 100万吨。

根据我们掌握的资料，对全国日产700吨熟料规模以上生产线进行了统计，前几个新型干法水泥生产大省和综合统计结果见表1。

表1　水泥生产大省日产700吨熟料以上规模水泥熟料生产线情况

省份	已投产生产线				在建（含前期）生产线			
	数量（条）	总产能（万吨/日）	日产2 000吨～5 000吨（条）	日产5 000吨以上（条）	数量（条）	总产能（万吨/日）	日产2 000吨～5 000吨（条）	大于日产5 000吨（条）
安徽	18	4.395	10	2	10	6.55	1	9
浙江	26	3.49	6	0	26	6.27	13	4
河北	12	2.86	9	0	13	3.85	10	1
山东	14	2.74	6	1	9	2.80	7	2
江苏	9	1.91	3	1	10	2.275	6	2
广东	10	1.58	3	0	5	1.6	2	2
湖北	10	1.48	3	1	3	0.92	1	1
全国合计（大陆）	190	32.175	83	5	134	37.885	76	27

注：(1)统计时间至2002年8月；

(2)因为资料来源不同，统计可能不够很准确，仅作粗略参考。

二、我国新型干法水泥生产技术得到长足的发展

1.原料综合利用和预均化技术

新型干法水泥生产固有的工艺特点，对原燃材料有更高的要求。但通过技术开发和生产实践探索，我们已对低品位原料的处理和应用、矿山的综合开采和搭配使用，粉煤灰等工业废料的再利用等多方面积累了丰富的生产经验。特别是对低品位原料对烧成系统的适应性有了较多的解决办法，从而使新型干法水泥生产原料的使用范围更宽。另外，在原燃料的预均化技术方面，已研究开发并成功应用了圆型、长型、露天原料预均化堆场等多种。根据具体的建设条件可灵活运用合适的预均化技术，以满足日产2 000吨～10 000吨熟料生产线的生产要求。目前，国内最大规格的预均化堆场见表2。

表 2　最大规格预均化堆场主要技术参数

预均化堆场名称	轨道参数（米）	堆料机（吨/时）	取料机（吨/时）	储量（吨）
长型预均化堆场	46	1 600	1 000	2×90 000
圆型预均化堆场	φ110	1 600	1 000	100 000

2. 国产化和大型化机械装备已趋成熟

（1）生料制备系统设备。有单机生产能力达每小时 400 ~1 400 吨的各种规格的大型石灰石破碎机，可适用于日产 2 000 ~ 10 000 吨熟料生产线。生料粉磨系统，国内开发有不同规格的带组合高效选粉机的风扫磨、尾卸磨、中卸磨及立磨等多种粉磨系统。其中，最大的风扫磨 φ5.0 ×12 米，能力 220 吨/时，可单台配日产 3 200 吨熟料生产线；最大的中卸磨 φ4.6×13 米，能力 190 吨/时，可单台配日产 2 500 ~ 3 000 吨熟料生产线。此外，1985 年，沈阳重型机器制造厂向 pfeiffer 公司购买了 MPS 型立磨的生产许可证，近几年来，在此基础上开发制造了国产的立磨，其单台产量能满足日产 1 000 ~ 5 000 吨熟料生产线的生产，并已在数条生产线上应用。

（2）烧成系统装备。目前国产化的烧成系统装备（包括烧成窑尾、窑中和窑头），均已成熟并成功应用于各种规格的生产线。如"中材国际"开发的 NST 型 5 级旋风预热器配喷腾管道分解炉系统，具有换热效率高、阻力损失小、C1 筒出口气体温度低（<330℃和负压低<－4.8 千帕）等诸多优势，已在几十条日产 1 000 ~ 5 000 吨熟料生产线上获得成功应用。"中材国际"开发的第三代空气梁篦冷机，有效面积负荷可达 40.2 ~ 43.7 吨/平方分米，系统热回收效率>70%，熟料冷却用风量（标况）1.8 ~ 2 立方米/千克，也已成功应用于几十条日产 1 000 ~ 5 000 吨熟料生产线。

（3）水泥制成系统装备。水泥粉磨系统配置，目前有带组合式高效选粉机的国产化圈流管磨系统、国产辊压机 + 管磨系统、引进 CKP + 国产管磨系统等多种方案，最大生产能力可分别达每小时 90、130 吨，可根据需要灵活配置，并均已成功应用于各类生产线。

此外，在输送设备、计量设备，环保设备和自动控制技术装备等各方面，也都相应推出了性能优良、运行可靠的技术和设备，可保证各规模新型干法生产线的建设运行。

3. 无烟煤技术的成功应用

我们国家生产水泥以燃煤为主。近年来，我国新建和改造了许多水泥新型干法窑，使水泥生产对煤的需求量大大增加。然而，尽管我国煤炭储量丰富，品种齐全，但在全国煤炭储量分布及品种分布上，却是不平衡的。许多地区的煤炭主要是低挥发分煤。

众所周知，低挥发分煤的燃点高、燃烧速度慢、燃尽时间长，一直难以用于旋窑生产。为合理地利用燃料资源和减轻交通运输的压力，并使低挥发分煤产区的新型干法生产企业能利用当地产煤生产以增加企业经济效益，"中材国际"从 20 世纪 90 年代初起，就开始进行"新型干法水泥生产线燃无烟煤生产水泥"的开发研究。经 10 多年的试验研究、开发探索和生产实践，已经开发研制出专门的工艺技术和设备。目前，这一专有技术和设备已在"南平"、"顺昌"、"福建"、"福龙"、"鱼峰"等国内 10 多条日产 700 ~ 2 000 吨熟料生产线上获得成功应用（生产用煤的挥发分<5%），取得了很好的经济效益。

4. 环保技术和纯低温余热发电技术

（1）环保技术。我国水泥工作者经过不断努力，研制了新的除尘工艺和高效除尘设备、隔音或消音设备。目前新型干法生产线主要粉尘排放点的排放浓度（标况）可控制≤50 毫克/立方米。另外，研制了新型低 NOx 烧成系统，降低 NOx 排放量。现在建设的大型新型干法水泥厂，其环境保护技术已达到相当高的水平，可做到空气清新、环境优美，真正是花园式的工厂。

（2）纯低温余热发电技术。随着新型干法水泥煅烧工艺的发展，水泥生产余热的充分利用越来越受到水泥工作者的重视，有的厂已采用了带补燃锅炉的余热发电技术。随着我国一系列水电站、核电站及电网的大量建设，许多地区的电力供需情况将发生变化。为满足不同条件用户的需求，结合国际上水泥工业余热发电技术发展动态，国内水泥行业联合其他行业技术力量，在不带补燃炉的纯低温余热发电技术上取得了突破，并已在日产 2 000 吨熟料生产线上成功应用。该技术的特点是：系统投资低、投资回收期短、经济效益好。对日产 2 000 吨 NSP 窑来说，增加投资 2 000 ~ 3 000 万元左右，每吨熟料可回收电能约 20 千瓦时，且可做到基本上不干扰原有水泥生产线的稳定生产。

5. 建设投资低、技术经济指标好

新型干法水泥生产技术的日趋成熟。随着其工艺流程和总体布置的优化、国产设备的大量应用、土建设计方案的优化、新技术的采用、工程招投标及建设、生产管理的规范化和科学化，使其建设投资逐步降低、建设周期逐步缩短。因此，目前国内新型干法生产线的建设效益和生产运行技经指标都很好（见表 3）。

表 3　新型干法生产线建设和运行主要技术经济指标

规模	建设投资（元/吨）		建设周期（月）	达标周期（月）	电耗（千瓦时/吨）		熟料热耗（千焦/千克）
	熟料	水泥			熟料	水泥	
日产 5 000 吨	~200	~220	~12	1	~57	~96	~3 000
日产 2 500 吨	~220	~250	~12	1	~59	~98	~3 136

注：建设投资不含矿山、征地等厂外工程及外围费用。

目前，新型干法水泥生产线的年运转率都能稳定在85%以上，很多管理好的生产线年运转率都达到90%以上；其实际生产能力超过设计指标，很多日产1 000、2 500吨熟料生产线的年熟料产量分别可达35万吨、84万吨。

6. 建设主流生产线的主要工艺及主机配置方案

目前，我国新型干法水泥生产工艺建设的主流规模是日产5 000和2 500吨熟料生产线，对于这样的生产线，国内已能做到设备国产化率95%左右。下面我们将这两类生产线的主要工艺及主机配置方案列于表4，并对其进行比较讨论。

表4　日产5 000、2 500吨熟料生产线主要工艺及主机配置方案

名称	主要方案	规格及主要性能	
		日产2 500吨熟料生产线	日产5 000吨熟料生产线
石灰石破碎机	TKPC锤式 PCD锤式	进料粒度：≤1 500毫米 出料粒度（R70毫米）：≤10%；能力：400～500吨/时	进料粒度：≤1 500毫米 出料粒度（R70毫米）：≤10%；能力：700～800吨/时
石灰石预均化堆场	圆型	轨径储量：φ80米/32 000吨；堆料机能力：500吨/时；取料机能力：300吨/时	轨径储量：φ90米/52 000吨；堆料机能力：1 000吨/时；取料机能力：500吨/时
	长型	轨距/储量：28米/2×20 000吨；悬臂堆料机：460吨/时；桥式刮板取料机：220吨/时	轨距/储量：36米/2×40 000吨；悬臂堆料机：800吨/时；桥式刮板取料机：500吨/时
原料粉磨	中卸磨	规格/数量：φ4.6×13米/1；入磨粒度（R25毫米）：≤15%；入磨水分：≤6%；成品细度：12%～14%（R80微米）；能力：190吨/时；装机功率：3 550千瓦	规格/数量：φ4.6×13米/2；入磨粒度（R25微米）：≤15%；入磨水分：≤6%；成品细度（R80微米）：12%～14%；能力：190吨/时；装机功率：3 550千瓦
	辊磨（可引进关键部件）	入磨粒度（R75毫米）：≤10%；入磨水分：≤6%；成品细度（R80微米）：12%～14%；能力：190吨/时；装机功率：1 600～1 800千瓦	入磨粒度（R75毫米）：≤10%；入磨水分：≤6%；成品细度（R80微米）：12%～14%；能力：380吨/时；装机功率：～3 500千瓦
生料均化库	MF、CP、IBAU	规格：φ18米；储量：7 000吨～9 000吨	规格：φ22.5米；储量：15 000～20 000吨
烧成系统	烧成窑尾NST5级旋风预热器系统	单列预热器：C_1：2－φ4 600毫米；C_2、C_3：φ6 500毫米；C_4、C_5：φ6 800毫米；分解炉：φ5 100毫米	双列预热器：C_1：2－φ5 000毫米；C_2、C_3：φ6 900毫米；C_4、C_5：φ7 200毫米；分解炉：φ7 500毫米
	烧成窑中	规格：φ4.0×60米	规格：φ4.8×74米
	篦冷机（第三代空气梁）	LBT32216型。入料温度：1 400℃；出料温度：65℃＋环温；篦床有效面积：63.2平方米	LBT36356型。入料温度：1 400℃；出料温度：65℃＋环温；篦床有效面积：124.7平方米
煤粉制备	风扫磨（配高效动态选粉机）	规格：φ2.8×8米；入磨粒度：≤25毫米；入磨水分：≤8%～10%；成品细度（R80微米）：8%～12%；能力：18吨/时；装机功率：450千瓦	规格：φ3.6×9米；入磨粒度：≤25毫米；入磨水分：≤8%～10%；成品细度（R80微米）：10%；能力：38吨/时；装机功率：900千瓦
	辊磨	入磨粒度：≤50毫米；入磨水分：≤10%；成品细度（R80微米）：10%；成品水分：≤1%；能力：20吨/时；装机功率：～280千瓦	入磨粒度：≤50毫米；入磨水分：≤10%；成品细度（R80微米）：12%～14%；成品水分：≤1%；能力：20吨/时；装机功率：～560千瓦
水泥粉磨	高效选粉圈流系统	规格：φ3.8×13米；能力：～75吨/时（～55万吨/年）；装机功率：～2 500千瓦	
		规格：φ4.2×12.5米；能力：～90吨/时（～65万吨/年）；装机功率：～3 150千瓦	
	辊压机配管磨系统	辊压机型号：RP120－80。入料粒度（R30毫米）：≤20%；通过量：180吨/时～230吨/时，装机功率：2－500千瓦。管磨规格：φ4.2×11.5米。装机功率：2 800千瓦；能力：130吨/时（96万吨/年）	

(1)石灰石预均化方案。一般说来,长型预均化堆场占地面积较大,但其均化效果好,特别是当工厂准备扩建生产线时,可方便地进行预均化堆场的扩建。在少雨地区,若石灰石类土较少,又是配用辊式生料磨的,可考虑建露天堆场,投资可大大降低。圆形堆场主要优点是占地少、投资省,故受到许多建厂者的青睐。到底选用何种堆场,要根据拟建厂地形、原料情况、投资情况及生产线配置来周密比较确定。

(2)生料粉磨方案。管磨的主要优点是管理操作相对比较简单,投资也低一些,但其粉磨电耗要高得多,我们统计约达6~8千瓦时/吨。而辊式磨主要优点是粉磨电耗低,但其投资略高一些,且管理操作要求较高。但近年来随着使用辊磨的普及,操作维护的难度越来越小。对于大规模生产线来说,使用辊磨的经济效益会更佳。

(3)煤粉制备系统方案。煤粉制备采用何种粉磨系统,其利弊关系与生料粉磨系统是相同的,但由于煤粉制备数量要小得多,故两种系统电耗差值带来的经济效益差距要小得多。我们认为,对于日产2 500吨熟料生产线,此两种系统利弊相差不大;对于日产5 000吨熟料生产线,使用辊磨应该更合理些。

(4)水泥粉磨系统方案。目前国产粉磨系统规格较多,因水泥厂建设者在水泥粉磨能力要求上,需要是不同的。有的厂希望出售部分熟料,要求水泥磨能力要配小一些;有的厂要在用电上避免用电高峰,采用峰谷电交替粉磨水泥,则希望水泥粉磨能力大一些,因此,可根据需要灵活选择水泥粉磨系统。

三、水泥生产中利用工业废弃物达到新的水平

我国改革开放以来,经济稳定高速发展,冶金、电力等各行各业迅猛发展,伴随产生的主要问题是工业废弃物的排放量越来越多,而许多工业废弃物实际上又是一种宝贵的建材资源。随着对环保问题认识的深化和废弃物利用技术水平的提高,国内水泥生产中对粉煤灰、炼铁高炉矿渣的综合利用取得了好的效果。比如对于高炉矿渣,我国从20世纪50年代起就将其作为水泥生产混合材使用。进入90年代以来,人们看到了超细矿渣掺入混凝土后可生产出满足不同性能要求混凝土的特点,引进开发了制备超细矿渣粉的设备和工艺系统,对高炉矿渣进行深加工,使其成为高附加值的产品,经济效益和社会效益显著。据报道,宝钢年产矿渣300万吨,从1994年开始,生产磨细矿渣粉,作为建筑材料掺入混凝土,受到市场欢迎。进入新世纪来,宝钢先后两期,引进国外立磨,建成2条60万吨/年渣超细粉终粉磨生产线,生产的矿渣粉利润在60元/吨左右。近2年来,国内先后有宝钢、武钢、唐钢、鞍钢等大钢铁公司,建成或正在建设矿渣超细粉终粉磨生产线10多条(其中已投产的有5条,2003年投产的将有11~12条),矿渣超细粉在混凝土中掺量达到50%或更多。据统计报道,现在国内年产量100万吨以上的钢铁厂有140多家,钢产量在1.0~1.1亿吨。这些厂家的高炉矿渣排量在3 000~3 500万吨/年,目前已建成及在建的矿渣超细粉终粉磨生产线总生产能力约达600~700万吨/年;预计到2005年,全国大型钢铁厂将建设30~40条矿渣超细粉终粉磨生产线,总生产能力可达1 200~1 500万吨/年。大量高炉矿渣的利用,既解决了污染问题,又替代了大量的水泥用量,还满足了不同工程用途混凝土的性能要求,节约了资源和能源,经济效益和社会效益是很大的。

四、几点思索

1.几年来,新型干法水泥有了较大的发展,但落后工艺的立窑淘汰速度并未相适应。由于我国新型干法水泥的发展尚不足完全满足市场需要,且立窑企业分布较广,近年来也有人花力气对立窑生产进行系列改造,使其本身存在问题暂时有所缓解,再加立窑生产对许多地方劳动力本身素质不高、许多简单小型建设对水泥质量要求较低等情况有较好的适应性,因此,在一段时间里,立窑水泥还会有一定的存在空间。但是,我们必须看到,立窑生产总体上污染严重,损害环境,且水泥产品总体上质量较低,生产低品质产品同样消耗等量的原料资源,使得宝贵的资源未得到充分利用,这些都是不利于我国长期可持续发展的。

2.水泥生产是一项耗资源高、耗能高、污染环境的行业,平均按生产1吨水泥消耗1吨石灰石、消耗150千克标煤、消耗110千瓦时电计,我国年产7亿吨水泥,要消耗7亿吨石灰石、1.05亿吨标煤和770亿千瓦时电。以石灰石为例,有报道我国已初步探明的储量约为450亿吨,可开采利用的约250亿吨,按目前的水泥生产量,35年以后,就会出现石灰石资源枯竭的问题。从节约资源、节约能源、减少污染的角度出发,我们不应该一味地扩大水泥生产规模来满足经济发展的需要,我们应该提高技术水平,生产优质高标号水泥来减少混凝土中水泥用量,或利用高炉矿渣、粉煤灰等工业废渣生产水泥或在混凝土中替代水泥,这样来降低水泥消耗量,也就是提高资源、能源的利用率,降低生产单位混凝土的污染量,促进我国长期可持续发展。

3.从我国新型干法水泥的技术上考虑,综合比较我国新型干法水泥生产技术和世界先进技术水平,不难发现,我国目前在技术开发、工艺技术、生产操作、自动化控制、经营管理等各方面的差距正在缩小,而目前真正实现大型生产线国产化的难点还在于一些大型机械设备的制造加工和材料加工上,下一阶段的建设中,我们需要花大力气研究开发设备的材料和制造加工问题。

4.随着一批大型新型干法水泥生产线的建设,环境保护和高效利用资源将成为重要问题。我们在工程建设和生产中,必须把这个问题提得很高,才能保证可持续发展。

★该文章发表于2003年10月《中国水泥》杂志。

我国水泥工业的绿色化发展方向★

◎中国建筑材料科学研究院 隋同波 文寨军

我国是水泥工业大国,水泥工业作为我国基础性原材料工业的支柱之一,在国民经济可持续发展中具有举足轻重的地位。目前水泥产量已达到7亿吨以上,约占世界水泥总产量1/3。但目前我国水泥工业仍然存在一系列问题:如企业平均规模小,结构不合理;总体水泥产品质量较低;生产能源资源消耗高;环境污染严重等等。在可持续发展已成为人类共识的今天,水泥工业在整个建材工业的绿色化进程中尤为重要。我国水泥工业的绿色化主要从以下几个方面考虑:(1)利用水泥工业可有效消纳和降解废弃物的独特优势,加大对各种固体废弃物的资源化利用,使我国水泥工业在生产过程中最大限度地将人类社会活动中排出的工业和生活废弃物加以有效利用。(2)大力发展替代资源、能源或低品位原燃料在水泥生产中的综合利用技术。(3)研究开发低能源资源消耗、低环境负荷及各具性能特色的水泥,实现水泥工业低污染、低排放。最终推进水泥工业成为资源、环境与人类社会协调、持续发展的循环经济产业体系。

一、我国水泥工业发展概况

硅酸盐水泥作为目前用量最大的建筑材料,自1824年诞生至今170多年的发展进程中,为人类社会进步及经济发展做出了巨大贡献,是现代人类文明进步的基石。同时,水泥产品不断发展并被赋予新的功能以适应社会发展的需要。由于水泥具有丰富的原料资源、相对较低的生产成本和良好的胶凝性能,在目前及未来相当长的时期内,水泥仍将是人类社会主要的建筑材料。我国国民经济的迅速发展带动了建材和水泥工业的兴旺发展,1997年我国水泥产量超过5.1亿吨,2001年为6.6亿吨,2002年达到7.25亿吨,一直占世界水泥总产量的1/3以上,预计2010年世界水泥的总需求量为17.3亿吨,其中我国为8.5亿吨,约占总需求量的50%。另一方面,从国民经济的发展对水泥这一基础原材料的重大需求看,目前水泥的应用已渗透到国民经济建设的每个角落,如各种民用建筑与工业厂房建设、海洋与水利工程、机场与路桥建设、地下与海底隧道工程以及国防、航天、石油等特殊工程应用,成为国民经济发展中可与煤炭和石油并重的重要物资和材料。水泥工业及水泥产品分别作为建材工业的支柱产业及支柱产品,它们的发展与国民经济的发展密切相关。作为发展中国家,我国国民经济稳步高速发展需要保持一个较大的建设规模。大规模的房屋建筑、基础设施和工程建设要求建筑材料的支柱产品——水泥在未来有更大的发展。图1所示为1990~2030年间我国国民经济生产总值(GDP)、建材及水泥工业每10年的年均增长速度。

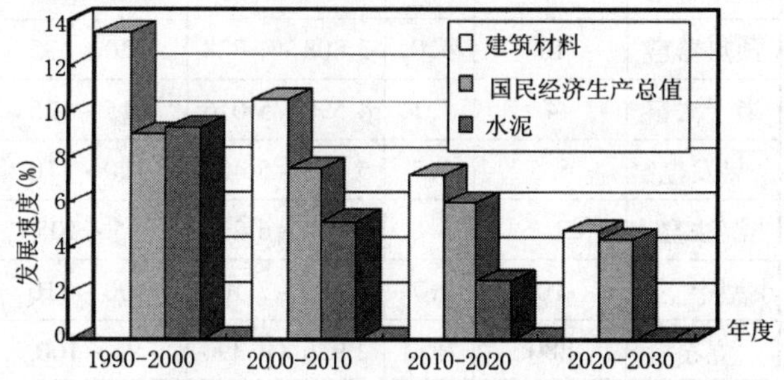

图1 国民经济生产总值、建材及水泥工业发展速度预测

1 我国水泥工业现状

我国国民经济的快速增长,促使水泥工业以前所未有的速度发展。主要表现在:

(1)水泥产量高速增长,有力地支撑了我国经济快速发展。图2所示为我国近30年来水泥年产量的统计结果。20世纪80年代我国水泥产量平均增长10.2%,进入90年代增长速度依然强劲,平均每年新增水泥产量4 700多万吨,平均增长速度达11.05%。自1997年以来水泥年产量一直在5亿吨以上,占世界水泥年产量的1/3以上,水泥年产量连年居世界首位。

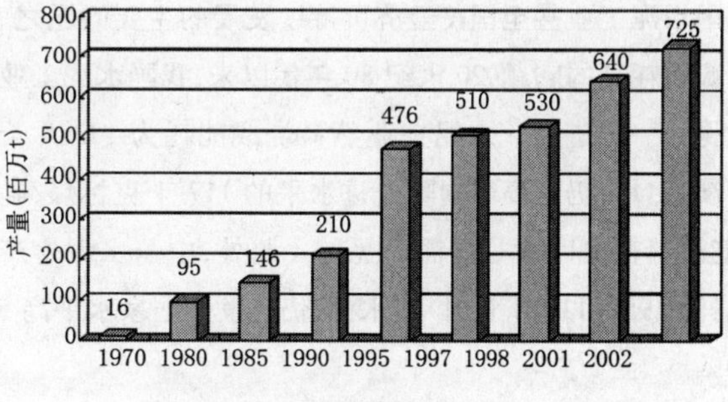

图2 水泥年产量统计

(2)水泥品种的研究开发能力有了很大提高。经过近50年的不断努力,我国逐步形成了六大系列通用水泥。特种水泥的研究开发成就显著,目前已有60多种特种水泥,其中20多个品种具有一定的生产规模,主要包括硫铝酸盐水泥、油井水泥、中低热水泥、道路水泥、装饰水泥、快凝快硬水泥等。其中硫铝酸盐水泥达到世界领先水平,出口欧洲、南美及亚洲等许多国家。

(3)技术进步正在加快。一是在学习国际水泥工业先进技术的基础上,水泥预分解技术水平有了很大提高。开发并建成具有国际先进的日产700～8 000吨预分解窑生产线；二是众多的地方立窑企业，通过实施机立窑综合节能及改进熟料烧成技术，产品质量和稳定性都有了一定提高。目前，我国水泥的生产工艺具有以立窑为主、普通回转窑和现代新型干法窑并存的局面，且技术水平的发展参差不齐。表1为1995年我国水泥生产工艺线的主要技术指标。

表1　水泥生产工艺线的主要技术指标

窑型	生产能力 百万吨/年	比例%	熟料热耗 千焦/千克熟料	水泥电耗 千瓦时/吨水泥
预分解窑	35	9.4	3 210～3 553	120～130
预热器窑	15	4.0	3 808～4 828	120～135
半干法窑	4	1.1	4 598～5 016	115～125
余热发电窑	6.5	1.7	5 016～5 434	100～110
湿法窑	21.5	5.8	5 852～6 270	95～105
小型中空窑	10	2.7	6 688～7 106	100～110
立窑	280	75.3	2 926～4 390	95～100

2 存在的问题

（1）企业平均规模小，技术及产品结构不合理。2002年我国水泥总产量达7.25亿吨，综合平均企业规模15万吨，其中大中型企业产量占47%，平均规模约47万吨，接近世界主要水泥生产国50～60万吨的最低水平，而小型企业产量占53%，平均规模仅为9万吨；从企业结构看，代表水泥工业先进技术的新型干法生产线仅占总生产能力不足20%，而立窑生产的水泥达总生产能力的2/3以上。

（2）生产资源能源消耗高。水泥生产需要消耗大量的不可再生的天然矿物资源，如石灰石、粘土、煤等，这是影响未来我国水泥工业甚至国民经济可持续发展的主要问题之一。如能源消耗高的问题，20世纪80年代以来，我国水泥工业节能取得了一定进展。水泥企业熟料烧成能耗为173.5千克标煤/吨熟料，仍远高于国际先进水平的117千克标煤/吨熟料，能源消耗之巨大是显而易见的。此外，中国水泥生产综合电耗为95～110千瓦时/吨水泥，仍比发达国家水平高5%～10%。

（3）环境污染严重。水泥窑尾废气含大量的CO_2、CO、NO_X和SO_2等，这些有害气体是造成地球温室效应、破坏生态环境的主要污染源。据统计，目前我国水泥工业CO_2年排放量已达近5亿吨，而CO、NO_X和SO_2等有害气体的排放亦不可小视，如SO_2年排放量就达60万吨。大量粉尘的排放是中国水泥工业的另一主要污染，由于我国水泥大部分为立窑生产，而立窑扬尘点多，粉尘排放量大，回转窑生产线除新建的预分解生产线收尘效果较好外，一般收尘效率不高，从而造成严重粉尘污染，据统计，我国水泥工业烟尘的年排放量达1 200万吨（排放系数按2.0千克/吨水泥计）。

二、可持续发展成为我国水泥工业发展方向

当前国际水泥工业的发展趋势是以节能、降耗、环保、改善水泥质量和提高劳动生产率为中心，走可持续发展的道路。社会进步与文明要求我国建材工业的发展在满足国民经济发展的同时，还应减少环境污染，并最大限度地将人类社会活动中排出的废弃物和生活垃圾加以利用，追求"零排放、零污染"的目标，如充分利用我国大量的回转窑系统来处理有毒、有害废弃物就是一条切实可行、符合国情的有效途径。它不仅可以实现废弃物的利用，减少环境污染，而且还有利于其他行业的可持续发展。

从国民经济可持续发展方面看，水泥的生产需要消耗大量的矿物资源，如石灰石、粘土，同时产生大量的粉尘、噪音及CO_2、CO、SO_2及NO_X等对环境有害气体。表2列出了我国水泥工业年资源能源消耗及排污的统计和测算结果。

表2　中国水泥工业年消耗能源、资源量及排污量测算

年份		1995	1997	1998	2000	2010
能源资源消耗	煤（万吨）	6 340	6 850	7 100	8 000	11 000
	电（亿千瓦时）	490	570	590	660	940
	石灰石（亿吨）	4.5	5.0	5.2	6.0	8.0
排污	粉尘（万吨）	1 050	1 150	1 196	1 380	1 840
	CO_2（亿吨）	3.6	3.9	4.0	4.5	6.1
	SO_2（万吨）	45	49	50	58.8	78.4
	NO_X（万吨）	92	100	104	120	160

以石灰石的应用为例。据统计，截至1992年底，我国石灰石的保有储量450亿吨，其中工业储量254.31亿吨。按我国目前水泥工业对石灰石的消耗速度，这些工业储量的石灰石即使全部用于水泥生产，也仅能保证不足50年，何况优质石灰石用于水泥工业的比率只占50%。我国水泥工业的发展面临着资源能源和环保的严峻挑战，如何处理好水泥的重大需求与国民经济可持续发展的关系是21世纪我国水泥工业迫切需要解决的艰巨任务。因此，按照可持续发展战略要求，紧紧围绕提高水泥产品质量、提高行业劳动生产率、节约能源与资源、利用废料、环境保护等方面发展水泥工业，使之成为绿色工业；一方面是通过对先进的关键难点技术的引进、消化和吸收，加快缩短我国水泥工业与国际先进水平之间的差距，更重要的是创新发展，建立具有我国自主知识产权的水泥工业技术创新体系，以实现我国水泥工业"由大变强、靠新出强"的战略目标。

三、水泥工业的生态化制备及应用已成为我国发展的重点

根据未来我国水泥工业可持续发展的战略方针，21世纪将形成较完善的、具有中国独特技术优势的、多层次现代水泥生产技术体系。在全行业全面采用先进适用技术、普遍采用节能技术、自动化技术、环保技术、低品位原燃料和废渣的资源化利用技术，使水泥工业成为节能、利废、环保的绿色工

业。水泥工业的生态化制备主要可分为以下几个方面：

1 建立现代化干法水泥制备技术创新体系

(1)矿山资源优化开采利用与均化以及生料质量前馈控制，低品位矿山经合理搭配开采与均化，生产高标号水泥，可以节约高品位原料，使资源得到充分利用。此外，原料入厂后，通过在线快速分析进行前馈控制，大大简化厂内预均化与生料均化环节，既保证生料质量，又可节省投资。

(2)新型烧成体系：①高效、低阻预热预分解技术，无烟煤、劣质燃料煅烧技术研究；②低温余热发电技术与装备；③预分解短窑技术开发；④高效冷却系统的研究。

(3)高效节能粉磨系统：①立式磨、辊压机、筒辊磨、高效选粉机的完善与优化组合，形成节能型粉磨系统使水泥生产电耗指标大幅下降；②超细粉磨与分级技术的规范化和规模化。

(4)自动化与计量技术的研究：①在线生产过程的综合优化控制技术与装备；②质量检测与控制专用检测仪器与计量装备。

(5)环保技术与装备：①高浓度、高滤速、强力清灰、低阻力、高效新型袋收尘器；②采用计算机与网络技术对大型电除尘器综合控制以及远程诊断与管理；③新型收尘技术及结合收尘工艺的脱硫技术与装备。

2、废弃物在水泥工业的综合利用

我国冶金、煤炭、电力等行业每年排放的工业废弃物多达数亿吨，如粉煤灰、矿渣、煤矸石、赤泥等，其中仅粉煤灰的排放量就达1.5亿吨以上。同时，随着我国国民经济的快速发展和城镇规模的不断扩大和发展，城市垃圾的积存数量也越来越多，据统计，我国城市垃圾的数量已高达60亿吨以上。因此，在水泥工业实现废弃物的综合利用与资源和能源的再生，实现水泥工业的可持续发展方面有着极大的发展空间。

(1)工业废弃物的综合利用

①粉煤灰在水泥工业中的利用。

我国是一个产煤大国，以煤炭为电力生产基本燃料的国策在长时间内不会改变。近年来，我国的能源工业稳步发展，发电能力年增长率约为7.3%，电力工业的迅速发展，带来了粉煤灰排放量的急剧增加。燃煤热电厂每年所排放的粉煤灰总量逐年增加，1995年粉煤灰排放量达1.25亿吨，2000年约为1.5亿吨，到2010年将达到2亿吨，给我国的国民经济建设及生态环境造成巨大的压力。另一方面，我国又是一个人均占有资源储量有限的国家，粉煤灰的综合利用，变废为宝、变害为利，已成为我国经济建设中一项重要的技术经济政策，是解决我国电力生产与环境污染、资源缺乏之间矛盾的重要手段，也是电力生产所面临和要解决的任务之一。经过开发，粉煤灰在建工、建材、水利等各部门都得到广泛的应用。20世纪70年代，国外利用粉煤灰制造水泥已非常普遍。在我国，也先后建成了一批粉煤灰砖厂、砌块厂和加气混凝土厂。20世纪70年代，世界性能源危机、环境污染以及矿物资源的枯竭等强烈地激发了粉煤灰利用的研究和开发，多次召开了国际性粉煤灰会议，研究工作日趋深入，应用方面也有了长足的进步。粉煤灰成为国际市场上引人注目的资源丰富、价格低廉、兴利除害的新兴建材原料和化工产品的原料，受到人们的青睐。目前，对粉煤灰的研究工作大都由理论研究转向应用研究，特别是着重资源化研究和开发利用。利用粉煤灰生产的产品在不断增加，技术在不断更新。国内外粉煤灰综合利用工作与过去相比较，发生了重大的变化，主要表现为：粉煤灰治理的指导思想，已从过去的单纯的环境角度转变为综合治理、资源化利用；粉煤灰综合利用的途径，已从过去的路基、填方、混凝土掺合料、土壤改造等方面的应用发展到目前的在水泥原料、水泥混合材、大型水利枢纽工程、坝体、基础、泵送混凝土、大部分混凝土制品、蒸压或蒸养制品、双免制品、路面工程、高级填料、提取金属等高级化利用途径。

②矿渣等在水泥工业的综合利用。

高炉矿渣是钢铁工业冶炼生铁时的副产品，根据铁矿石成分、熔剂质量、焦炭质量及所炼生铁种类不同，一般每生产1吨生铁，要排出0.3~1.0吨废渣，也是一种量大面广的工业废渣。粒化高炉矿渣是一种具有良好的潜在活性的材料，它已成为水泥工业活性混合材的重要来源。水泥企业使用粒化高炉矿渣可以扩大水泥品种、改善水泥性能(抗蚀性和耐热性等)。目前，我国钢铁工业排出的粒化高炉矿渣已经完全得到综合利用，而其他废渣如钢渣、化铁炉渣等也可用作水泥混合材，虽然其活性没有粒化高炉矿渣好，但由其制成的水泥后期强度高，并且具有耐磨、耐蚀、抗冻性好，微膨胀和水化热低等特点，适合于要求抗渗、抗硫酸盐侵蚀和对耐磨性有一定要求的混凝土工程。而磨细矿渣粉是制备高性能混凝土的优质辅助胶凝组分，可降低混凝土内部温升，改善混凝土工作性，增进后期强度，改善混凝土内部结构，提高混凝土的抗蚀能力。

③煤矸石的综合利用。

煤矸石是在煤炭开采中分离出的脉石，它是一种量大面广，目前利用率还较低的工业废渣，随着煤炭工业的发展，其数量日益增多，占地甚广，污染严重，如何加以有效利用，已越来越受到人们的重视，由于煤矸石中主要为含碳岩石(碳质页岩、碳质灰岩等，还有少量的煤)和其他岩石(页岩、砂岩等)的混合物，其中可燃组分可用于水泥生产替代部分燃煤作为水泥燃料，而非可燃物主要是粘土质矿物，其成分与天然粘土相似，可以代替粘土作为水泥的粘土质原料。因此，将煤矸石作为水泥生产原料，既可扩大建材资源，又可作为能源加以综合利用，变废为宝，减少污染和保护环境，这是煤矸石综合利用的重要途径，煤矸石不仅可用于普通硅酸盐水泥的生产，而且中高铝煤矸石可生产含硫铝酸钙、氟铝酸钙或含有较多铝酸盐矿物的早强快硬型特种水泥；燃烧过的煤矸石还可作为水泥的火山灰质活性混合材，增加水泥产量，降低生产成本。燃烧过的煤矸石有的还可作为混凝土骨料，用于生产混凝土制品。

另外，冶金工业排放的其他有色金属尾矿数以亿吨计，有些尾矿中含有较多的Al_2O_3、Fe_2O_3或微量元素，可为发展低钙或低温烧成的节能水泥提供廉价原料。

（2）城市垃圾在水泥工业的综合利用。

城市垃圾一般是指城市居民的生活垃圾、商业垃圾、市政管理和维护中所产生的垃圾，不包括工厂所排出的工业废弃物，我国已积存的垃圾有60亿吨，侵占的土地达2亿平方米。而绝大多数垃圾未经处理，堆积在城郊，污染了环境，且危害人们的健康。目前，对城市垃圾的处理方式主要是填埋法、堆肥法和焚烧法。填埋法占地大，资源化程度低，容易产生二次污染，而堆肥法规模小，周期长，质量不稳定。焚烧法可以达到垃圾处理的减容化和资源化的目的，但烟气中的有害成分需处理，增加投资，如处理不当，可能造成由城市垃圾污染转变成对大气的污染。利用水泥熟料烧成系统处理城市垃圾是近年水泥行业提出的一条新的垃圾处理途径。该方法一方面利用回转窑系统吸收垃圾中的有毒气体，另一方面垃圾焚烧后剩余的灰渣可以作为水泥的原料，将有害的灰渣和重金属固化在水泥熟料中，由于城市垃圾中无机成分能够替代水泥原料，而有机物部分可以作为燃料提供热能。因此，可以通过对垃圾的预处理、原料成分配比控制和对水泥生产工艺流程的调整，实现对城市垃圾的综合利用。真正做到垃圾处理的“三化”目标，实现资源的再利用和经济的可持续发展。

（3）二次燃料在水泥工业的应用。

当前国际水泥工业的发展趋势是以节能、降耗、环保、高性能和提高劳动生产率为中心，走可持续发展的道路。近年来，工业发达国家在二次能源的资源化利用方面取得良好进展。据统计，至1996年底，美国有173台水泥窑用于焚烧可燃危险废弃物，2000年德国水泥工业利用替代燃料的比例占熟料总能耗的20%，并计划在3~5年内将该比例提高到30%~40%，瑞典水泥工业利用可燃废弃物的替代率已达20%，而且制定了具体措施，计划2008年达到50%以上，2020年实现100%，这类废弃物主要包括废轮胎、废塑料、废有机溶液、废油以及其他工业可燃废料等。利用水泥回转窑处理危险废弃物具有以下优越性：一是水泥窑内温度高，气体温度可达1 350~1 650℃（焚化炉温度一般为850~1 200℃），对有害成分焚烧率可达99.999%；二是滞留时间长，水泥回转窑内气体通过时间一般为4~8秒（焚化炉一般为2秒）；三是热稳定性好，水泥回转窑内容积大并有大量高温熔体；四是利于废气的净化处理，水泥回转窑内的碱性物质可以和废弃物中的酸性物质相化合形成稳定的盐类；五是水泥回转窑可将废弃物中的绝大部分重金属元素固定在熟料中，避免再次扩散之害。因此，利用水泥回转窑焚烧可燃工业废弃物是一项净化工业废物、社会效益较好的环境保护工程。它具有投资少（尽量利用现有工艺）、见效快（无需建设期）、效果好、处理量大（与专业焚烧炉相比）的优势。

3、以节能为中心开发新品种水泥

在波特兰水泥诞生170多年的历史中，国际上对通用硅酸盐体系水泥的改性研究以及对新的水泥熟料矿物体系的探索从来没有间断过。随着人们对水泥工业高能源资源消耗、环境负荷相对严重等问题认识的不断深化和对改善水泥混凝土耐久性的日益重视，节能、降耗、环保以及进一步提高水泥混凝土性能已成为国际水泥工业可持续发展的方向。

从水泥矿物着手开发节能型矿物体系，即低烧成温度及易磨性好的矿物和矿物体系，是实现水泥工业节能、环保的有效技术途径。目前，已先后开发出了$C_2S-C_{11}A_7\cdot CaF_2$，$C_2S-C_4A_3\bar{S}$和$C_2S-C_4A_3\bar{S}-C_4AF$等节能矿物体系。众所周知，以高钙阿利特为主导矿物的通用硅酸盐水泥熟料烧成温度较高，一般为1 450℃。在不考虑其他热损失的前提下，熟料的烧成热耗来自两个方面，一是熟料矿物（主要是阿利特矿物）的高温形成；二是生料中石灰石的分解。据估算，$CaCO_3$分解耗能占熟料理论热耗的46%左右。显然，通用硅酸盐水泥熟料烧成的高能耗的根本原因在于其高钙矿物组成设计。此外，高钙矿物设计还导致了优质石灰石资源的过多消耗，以及温室气体CO_2和有害气体SO_2、NO_X等的大量排放，从而加剧了水泥工业的能源资源消耗以及环境负荷。因此，降低熟料组成中CaO的含量，即相应增加低钙贝利特矿物的含量，就可有效降低熟料烧成温度，减少生料中石灰石的用量，从而降低熟料烧成热耗。表3所列为常用熟料矿物中CaO的含量和基本形成温度。

表3　熟料矿物中CaO含量及烧成成温度

矿物	C_3S	C_2S	C_3A	$C_{12}A_7$	C_4AF	$C_{11}A_7\cdot CaF_2$	$C_4A_3\bar{S}$	CA
CaO含量（%）	73.7	65.1	62.2	48.4	46.2	43.7	36.7	35.7
烧成温度	1 450	1 200	900~1 000	800~900	1 100	1 200	1 200	800

从世界各国的研究情况看，根据高贝利特体系水泥的低钙矿物设计原则，兼顾水泥混凝土工作性、强度、耐久性及产业化生产的可行性，前苏联、美国、日本、德国、中国等开展了多个体系的高贝利特水泥的研究开发工作。主要有：

（1）$CaO-SiO_2-Al_2O_3$体系，即贝利特-铝酸盐水泥体系，由前苏联于20世纪60年代首先提出。该体系熟料的主要矿物为C_2S、CA、$C_{12}A_7$，它们均为低钙低温矿物。该体系熟料煅烧温度范围在1 300~1 400℃之间，比传统水泥熟料降低50~150℃。采用石灰石和高铝质原料配制，生料设计必须严格控制SiO_2含量，以防止煅烧过程中非活性矿物C_2AS和CAS_2的生成。贝利特-铝酸盐体系水泥同时具有硅酸盐水泥和高铝水泥水化进程及性能的规律性，水泥凝结时间基本正常，早强主要由铝酸盐相发挥，后期强度由硅酸二钙发挥。

（2）$CaO-SiO_2-Al_2O_3-SO_3$体系，该体系可分为两大部分。第一部分为$C_2S-C_4A_3\bar{S}-CA-C_{12}A_7$系统，又称波色尔水泥，由印度学者V. N. Vswanathan等在试验室制成，以贝利特和$C_4A_3\bar{S}$为主要成分，另含有几种铝酸盐矿物。这些矿物均为低钙矿物，其熟料烧成温度范围在1 280~1 340℃之间，所形成贝利特的晶相主要为β型。该水泥原料主要采用石灰石、矾土和无水石膏，其矿物基本组成为C_2S含量在55%~60%之间，$C_4A_3\bar{S}$比例为15%~25%，CA

为5%～20%，$C_{12}A_7$ 为0～10%。该体系水泥兼有硅酸盐水泥、高铝水泥和抗硫酸盐水泥的性能。

（3）$C_2S-C_4A_3\bar{S}$ 体系，又称快硬贝利特－硫铝酸钙水泥或高硅硫铝酸钙水泥。其熟料矿物组成为 C_2S 40%～70%，$C_4A_3\bar{S}$ 15%～30%，C_4AF 0～10%，烧成温度1 150～1 250℃。我国与前苏联对该体系水泥作过大量研究工作。

（4）$CaO-SiO_2-Al_2O_3-Fe_2O_3—SO_3$ 体系，即贝利特－铁铝酸盐体系水泥，又称高铁氧水泥。该体系水泥由P. K. Mehta于1980年研究成功。其熟料以 C_2S、C_4AF 和 $C_4A_3\bar{S}$ 为主要矿物，其熟料基本组成为 C_2S 50%～65%，$C_4A_3\bar{S}$ 15%～30%，C_4AF 10%～20%，烧成温度范围在1 200～1 300℃之间。国内也开展过类似体系如高硅系统的贝利特－无水硫铝酸盐水泥的研究，并进行过工业试生产。该体系水泥性能和贝利特－硫铝酸盐体系类似，具有良好的抗冻融和耐腐蚀性能。

（5）$CaO-SiO_2-Al_2O_3-Fe_2O_3$ 体系，即以 C_2S 为主导矿物的硅酸盐体系的高贝利特水泥。该水泥和通用硅酸盐水泥在矿物组成上主要的差别在于 C_3S 和 C_2S 两种硅酸盐矿物的含量为基本对调关系。熟料以CaO含量相对较低的 C_2S 为主，从而使整个体系的CaO含量降低。由于这一特点，熟料配制可采用大量的低品位石灰质原料，熟料烧成温度在1 350℃左右。该体系水泥具有工作性好、水化热低、后期强度增长率大且最终强度高、耐蚀和耐磨性好及耐久性能优异，是制备高性能混凝土、大体积混凝土、水工混凝土等的理想胶凝材料。

四、结束语

水泥工业作为我国基础性原材料工业的支柱之一，在国民经济可持续发展中具有非常重要的地位。水泥的应用与发展记录着人类文明发展历史，它已成为人类现代文明发展的基石。21世纪我国水泥工业面临着国民经济发展的重大需求与资源、能源和环境的严峻挑战并存的局面，如何实现水泥工业"由大变强、靠新出强"的总体战略目标和可持续健康发展，是21世纪我国的水泥工业发展的重任，必须坚持以发展水泥工业先进生产力为主题，以结构调整为主线，以科技创新、体制创新为动力，在水泥工业实现废弃物的综合利用，减少环境污染，推进水泥工业的绿色化进程，进而实现水泥工业的可持续发展。

参考文献

[1]建筑材料工业咨询报告，中国建材工业出版社，2000年

[2]应用高新技术建设"环境材料型"水泥工业，国家建材局科技教育委员会水泥专业委员会 陈全德

[3]中国建筑材料工业年鉴（1997－2001），中国建筑材料工业年鉴社

[4]绿色建材发展进程，黄书谋. 2002中国绿色建材发展论坛

[5]中国环境污染控制对策

[6]1994－2002年环境状况公报，国家环保总局

[7]《水泥材料研究动向》，席耀忠，陈益民，欧阳世翕.《材料导报》，2000年2月第14卷第2期，8～10

[8]工业废渣生产建筑材料实用技术. 阎振甲，何艳君编著. 化学工业出版社，2002年

★该文章发表于2003年10月《中国水泥》杂志。

我国水泥集团跻身世界十强的策略思考★

◎高长明

近年来，我国水泥工业大规模现代化的发展已引起国际水泥界的高度关注。对此国外人士得出的印象是："中国每年新投产的预分解窑水泥生产线近100条，新增水泥生产能力约7 000万吨；其中有些大型水泥集团公司的年产销量已超过2 000～3 000万吨，而且正以十分迅猛之势在继续增长之中。"

的确，我国有些大型水泥集团公司似乎已开始了一场进军世界水泥十强的竞赛。面对这样的形势，我国水泥界、水泥集团公司以及有关媒体在如何对待跻身世界水泥十强这个问题上，应采取有效策略，做好扎实的基础工作。

1. 世界水泥十强的评选及其要素

首先，我们应该十分明确地认识到评选和发布世界水泥十强的国际性权威机构是总部设在比利时布鲁塞尔的欧洲水泥局（cembureau）。这是欧洲水泥生产国家的水泥工厂联合会或水泥工业协会派遣代表所组成的一个民间非赢利性的"世界水泥厂商联合会"。因为她成立时，世界上最大的10家水泥公司均集中于欧洲，而且欧洲水泥占全球总产量达70%以上。故而从那时开始欧洲水泥局就带有世界性的色彩。半个多世纪以来，她一直拥有对世界水泥产销的统计分析与发布世界水泥十强排名的职责，具有传统的权威性。2002年世界水泥十强中仍有8家是欧洲的水泥集团，欧洲水泥占全球总产量仍居25%以上。而且欧洲水泥局的名称还一直袭用至今。事实上她始终享有"国际水泥局"的职责和权威。所以我国水泥协会和大型企业集团应尽快地接触该机构并介入有关的各项工作。

其次，熟悉世界水泥十强的评选过程及其要素，对我们来说也很重要。长期实践表明，其绝大多数的评选过程是相当宽容轻松的，几乎很少分歧与异议。虽然排名是以水泥产销量的多少为次序的。但是在所有入围公司和评选委员会的心目中最重要的荣誉并不是追逐产销量的名次，而是各水泥集团整体的经济效益、社会效益和环境效益。

欧洲水泥局一贯认为，水泥集团的产销量越多，规模越大，则其所承担的义务和责任就越多越大。相反，其所拥有的权利在这个民间机构中或许会稍大一点，但很有限，与其义务相比显然是不成比例的。笔者建议，我国水泥界应该以

平和的心态来对待入围世界水泥十强这件事;最根本、最关键的是,要把我国大型水泥集团全面提升到现代跨国公司的水平。

第三,要全面系统地研究入围世界水泥十强的各项条件或指标。我国大型水泥集团在做好国内工作,练好内功的同时,应该认真了解并落实这方面的各项有关工作。这些入围条件有成文的和不成文的,有硬指标和软指标,兹分述之。

不言而喻,居世界水泥十强集团,其首要前提就是,它必需是一家世界较著名的跨国公司。

公认的标准至少有3条:

(1)境外水泥经营收入占集团公司水泥总经营收入20%以上;

(2)在两个以上的外国有直接投资的生产经营企业;

(3)在当今世界水泥企业中有强的影响力,相当欧洲水泥局公布的世界十强的主要情况,例如高的品牌知名度,相当好的金融商业信誉。

前2条是硬指标,以2002.04.01~2003.03.31年度(见表1)为例。巴西Votorantim公司的水泥销售量为1 870万吨,虽然已超过世界第8位的RMC公司(1 800万吨),但因其局限于国内市场,而被排在十强之外而列入第11位。第3条是软硬兼有的指标,对我国争取首次入围评选的大型水泥集团来说,评委会的主观印象具有很大甚至是决定性的作用。

表1　2002.04.01~2003.03.31世界水泥十强主要情况汇总

序号	名称	水泥销售量	水泥生产能力	商品混凝土	集料	员工总数	总营业额	水泥营业额占总数	总体净利润	总净利增减	总营业额增减
		百万吨	百万吨/年	百万立方米	百万吨	人	百万欧元	%	百万欧元	与上一年比,%	与上一年比%
1	法国lafarge集团公司	105.7	139.7	35.4	206.9	77 547	14 610	49.4	456	-39.2	+6.6
2	瑞士Holcim公司	90.5	141	25.3	92.1	51 115	8 851	69.8	344.2	-37.6	-4.6
3	墨西哥Cemex	61.8	80.2	19.2		26 452	6 543 百万美元	76	520.3 百万美元	-55.8	-5.5
4	德国Heidelberg集团公司	60.5	77.9	27.2	83.8	46 170	6 569	53.6	248.2	+1.7	-1.8
5	意大利Italcementi集团公司	44.6	58.9	19.3	55.5	17 838	4 261.7	62.3	274	+36.1	+4.9
6	日本taiheiyo公司	39.1	37.7	10	46	18 770	7 720 百万美元		52	-42.1	+5(美元计算)
7	德国Dyckerhoff公司	18.6	25.1	4.1	12.1	9 831	1 545.2	82		-22.0	-5.9
8	英国RMC集团公司	18	20.5	55	157	31 796	4 971 百万英镑	26.6	70.3 百万英镑	-0.4	+3.2
9	葡萄牙Cimpor公司	16.5	20.7	6.0	12.9	6 022	1 317.2	78.9	176.6	+28.1	+5.5
10	意大利Buzzi Unicem(包括100% Dyckerhoff)	13.7 (32.2)	14.9 (37.7)	8.9 (13.1)	5.4 (13.3)	3 797 (12640)	1 478.7 (2555.6)	59.0	128.7	-20.1	+2.2
11	巴西Votorantim集团公司	18.7	28	4.1	11.2	8 175	3 615 百万美元	35	756 百万美元	-14.2	+37.2

按照惯例，欧洲水泥局无需各水泥集团向其申报，实际上是在统计分析的基础上，初选出10余家世界上最大、最好、最强的水泥公司，依据该公司向股东大会提交的年度生产报告、财务报告和环境影响报告，经详细核实后，根据各家公司的水泥产销量、总营业额、EBITDA（利税折摊前收益）、利润、盈利率、对环境的贡献、各项环保承诺的履行情况以及今后的环保措施与投入等等指标和业绩进行综合性评价。达到综合评价最低入围标准的各家水泥公司，再按其产销量的多少排列世界水泥十强的名次。所以对我国大型水泥集团而言，除了本身打造成跨国公司以外，首先必须争取在其初选中榜上有名；其次是在综合评价中能入围。

笔者曾试图收集该评委会的所谓综合评价最低入围标准的具体条款或要求，可惜据称至今尚没有成文的条款，经与国际有关人士的多次咨询和交流，兹将有关信息汇集提供国内有关水泥集团及同仁们参考。除了上述3条基本标准以外，大致还有下列四个方面的忌讳行为，各候选公司在全球范围内均不得发生，否则就可实行一票否决制。

（1）污染环境，超标排放。任何一项污染物的排放均不得超过当地政府的法定极限，造成较严重后果或邻近社区不满，只要有一次投诉，查证属实者。

（2）出厂水泥质量不符合相应的国际标准，或同一批量、同一工程水泥质量与性能不稳定，影响预拌混凝土性能，不利于施工质量与混凝土工程质量，只要有一次投诉，查明属实者。

（3）违规结盟，垄断市场，从事不公平竞争，查明属实者。但是对于情节较轻，并被课以数倍经济重罚之后，可以酌情免予实施一票否决制。2003年初查处的德国部分水泥市场垄断案就是一个实例。

（4）侵犯知识产权案。任何候选公司如果发生侵犯他人专利权、商标权、许可证权、工业设计权、技术诀窍权以及著作权等等知识产权事件时，只要有一次投诉，查明属实者。

2.科学管理，致力创新，开拓进取，奠定基础

为了我国水泥集团公司早日跨出国门，走向世界，笔者建议有志于此的水泥公司及其高层管理团队大力强化以下七个方面的基本功训练与实践，并作出具体部署：

第一、全球化的信息交流能力。信息的国际化和国际信息的收集分析是一个瓶颈，亟待克服；

第二、国际性的学习能力。学习的时间、资源、教师、课程等都很稀缺，更为重要的是不断地知识更新，终身学习的压力与动力要提高，有关知识及经验的直接吸取率更需提高；

第三、国际市场的准入与市场开拓建设能力；

第四、国际资金的融通，国际资本市场上的金融创新能力；

第五、多国文化的融合沟通能力；

第六、洞察和组织科技创新的能力；

第七、参与国际资源整合，兼并收购和跨国生产经营能力。

此外，各大水泥集团公司目前就应着手准备，在向股东大会提交年度生产报告和财务报告的同时，争取尽早地也提交一份年度环境影响报告，这对提升整个集团各项工作水平，增强企业竞争力，提高企业经营效益、环境效益和社会效益、丰富完善企业文化、塑造良好企业形象、推进世界名牌战略将是一个极大的推动力。可以从具体的一个较小的项目做起，持之以恒，逐步扩大，积累经验，不断地丰富完善。

总之，在我国大型水泥集团公司入围世界水泥十强的整个进程中，努力创造条件，打好基础，审时度势，按最佳方案行事，把我国水泥工业真正做大做强。在世界水泥工业之林，为中国及世界水泥工业的可持续发展做出应有的贡献。

★该文章发表于2004年1月《中国水泥》杂志。

中国水泥百年回顾★

——为庆祝中华人民共和国成立55周年而写

◎中国水泥协会常务副会长　曾学敏

金色的十月，迎来了共和国55年华诞。今天我国水泥工业取得了令世界瞩目的成绩。“以史为镜可以明得失，以史为鉴可以知兴替。”历史是不能打断的链条，水泥工业正在发生和将要发生的事情，都与过去的历史有着必然的、内在的联系。从这个意义上说，从历史的经验中汲取营养，能够激励我们把今天的事情办得更好，为明天水泥工业由大变强打下坚实的基础。谨以此文献给共和国成立55周年！

一、旧中国水泥历史回眸

水泥的发明和使用可以追溯到18世纪末，1796年英国人派克（J. Parker）制成了“罗马水泥”，并取得了专利权。但世界上公认的波特兰水泥，是英国人阿斯普丁（J. Aspdin）于1824年获得的专利权。该水泥因其硬化后的颜色类似英国波特兰地区建筑用石料的颜色，所以被称为波特兰水泥。此时的中国，正是满清政府的衰败时期，政府的腐败加之内乱外患，经济发展已远远落后于西方世界,水泥生产滞后世界近1个世纪。由中国人建造的水泥厂始于1889年,名为唐山细绵土厂。当时只有4座土窑,日产量不足30吨,年产量不到1万吨,后因经营不善,1893年倒闭。中日甲午战争以后,开始了"设厂运动",1900年恢复了唐山细绵土厂,并卖给英国人经营。1906年收回重办,改名为"启新洋灰股份有限公司"。为与进口水泥竞争,当年定购了丹麦史密斯公司两台直径2.1×30米新式干法中空回转窑,并于1908年建成投产,台时最大产能5吨,两台窑年生产能力只有6万吨。水泥生产从1900年算起,到1949年的50年间,水泥生产能力从1万吨发展到315万吨,年平均新增生产能力7万吨。水泥生产能力主要分布在东北、台湾、华北和华东,分别占总产能的40.9%、21.6%、17.6%和13.9%,四地区占全国总产能的94.0%。1949年水泥实际产量只有66万吨(见表1、2)。4亿5千万人口的大国,人均水泥年消费量不到1.5千克,而此时美国人均消费量为232千克,累计消费量为4 996千克。美国人均年消费量是中国的155倍(中国从1950年开始计算累计消费量)。中国水泥工业已远远落后于西方国家。

新中国的诞生,中国水泥工业真正步入了发展时期。

表1 旧中国时期全国水泥生产能力及产量

年份	水泥生产能力(万吨/年)	水泥实际产量(万吨)
1908	19.5	1.0
1918	32.4	–
1931	126.3	79
1937	257.2	101.6
1945	405.2	–
1949	314.6	66

表2 水泥企业分布及水泥年生产能力(万吨/年)

地区 \ 项目 \ 年	1937			1949		
	生产能力	工厂数(个)	占生产能力(%)	生产能力	工厂数(个)	占生产能力(%)
全国	257.2	17	100	314.6	38	100
东北区	120.0	8	47.0	129.0	14	40.9
华北区	37.2	2	14.4	55.2	5	17.6
华东区	37.5	3	14.4	43.6	8	13.9
中南区	19.0	2	7.4	11.1	3	3.5
西南区	4.5	1	1.8	7.4	4	2.4
西北区	0	0	0	0.3	1	0.1
台湾省	39.0	1	15.0	68.0	3	21.6

二、新中国水泥发展历程

1. 三年经济恢复时期

1950~1952年,水泥工业的主要任务是接管国民党官僚资本企业,修复遭受战乱破坏的设备,组织恢复生产。三年间陆续修复了东北、华北遭到破坏的哈尔滨、本溪、小屯、抚顺、锦西、鞍山、大连、牡丹江、琉璃河、太原、启新等水泥厂。华东地区恢复生产的有中国、上海、江南、光华四个厂,中南地区有广州、华新两个厂,西南地区有重庆水泥厂,全国总共有18个大中型水泥厂相继恢复生产。另外还有口泉、济南、南平、辰溪、贵阳、嘉华、窑街等几个小型水泥厂也陆续恢复生产。1952年水泥产量达到286万吨。

2. 计划经济时期

1953年我国国民经济发展步入了第一个五年计划。水泥工业为了适应经济建设发展的需要,国家出资从1953年开始大规模从东欧、东德、罗马尼亚、捷克引进成套设备建设新厂。先后建设了大同、永登、昆明、江油、耀县、巢湖、江山、贵州、庐山、柳州等十个厂。除柳州厂是1964年建成投产的以外,其余九个厂都在1957年到1960年先后建成投产。水泥工业因此得到迅速发展。1960年水泥生产能力达到1 100万吨,水泥工业的布局也得到很大的改善,运输半径由1956年的854公里缩短到1980年的383公里。

除了上述从东欧引进成套设备以外,1958年和1959年还从丹麦和西德进口了五套设备。丹麦设备安装在四川峨嵋;西德设备安装在河北邯郸。由于受文化大革命的影响,分别到1969年和1974年才先后投产。

由于旧中国基本上无水泥工厂设计力量,机械制造工业基础也十分薄弱,为解决水泥短缺的燃眉之急,不得不从国外大量引进成套设备。为了发展我国自己的水泥设计及机械制造技术,在1956年和1958年调查研究的基础上,确定了以"小屯型窑"和"华新型窑"作为我国半干法、湿法发展的主导窑型,在设计部门和机械制造部门通力合作下,在湘乡水泥厂的建设上,采用了我国自行设计制造的第一台华新窑,该厂筹建于1958年,由于适逢经济调整时期,推迟到1967年才建成投产;使用小屯窑型建设的最早两个工厂是永安水泥厂和西卓子山水泥厂，也筹建于1958年，同湘乡厂一样，分别推迟到1971年和1972年先后建成投产。湘乡、永安、西卓子山几个水泥厂的建成，改变了我国依靠国外装备的被动局面，水泥工业设计及装备制造走上自力更生的道路。

“华新型窑”起源于华新水泥厂。华新水泥厂的前身为华新水泥股份有限公司大冶水泥厂，于1946年9月破土动工建设，1949年4月建成投产。全套湿法设备是从美国进口，当时属国际上最先进的设备。在这套设备图纸的基础上，水泥设计院经过现场测绘和转化，绘制出适用于我国机械厂制造的图纸，第一套设备由抚顺重型机械厂生产。这套国产湿法设备用于湘乡水泥厂的建设。湘乡水泥厂于1959年开工建设，采用国产设备同时建设3条湿法窑生产线，由于遇上了国民经济第一次调整，到1967年才建成投产，全厂设计生产能力为年产水泥50万吨。这套国产湿法回转窑水泥设备被简称为“华新窑”。

“小屯型窑”起源于小野田小屯工厂。20世纪50年代，国际上水泥生产主要采用湿法工艺，但也有一些能源贫乏的国家，如德国和日本等国家较多地采用了立波尔窑生产工艺。小野田水泥公司从日本购买设备，在辽阳建设了一条“立波尔窑”生产线，并于1941年11月23日投产，年产水泥15万吨，称为小野田小屯工厂，后更名为小屯水泥厂。以小屯水泥厂为样本，制造的立波尔窑生产设备称为“小屯窑”。使用“小屯窑”建设的最早两个工厂是永安水泥厂和西卓子山水泥厂，也筹建于1958年，同湘乡厂一样，分别推迟到1971年和1972年先后建成投产。

1972年以前，全国水泥产量以大中型企业为主，当年大中型产量占50.9%，小型企业占49.5%，1973年以后大中型企业水泥所占比例逐年递减，到1980年为止，全国有大中型水泥企业50个，水泥产量为2 577万吨。占全国水泥产量的32%。

从1953年到1980年期间，全国工业年平均增长速率为10.8%。由于工业增长速度高于水泥平均增长速度，导致水泥长期供不应求，尤其是京津沪、江浙和广东水泥供应量严重不足，国家不得不上调一部分小型企业生产的水泥。从1958年起开始，特别是1968年以后，小型企业生产的水泥直线上升，从1968年产517.1万吨上升到1980年的5 427.2万吨，增长了9.5倍，年平均增长速度达到20.40%。1980年小型企业生产水泥是大中型企业产量的两倍多，小型企业总数估计在5 000个左右。1980年农牧渔业部社队企业局提供的数字是社队水泥企业有2 200多个，总产量870万吨，平均每个企业年产水泥约3 950吨（见表3）

表3　全国水泥厂历年水泥产量及比例　（单位：万吨）

项目 / 年份	全国水泥厂		大中型水泥厂			小型水泥厂		
	水泥产量	同比增长（%）	水泥产量	占全国水泥产量（%）	同比增长（%）	水泥产量	占全国水泥产量（%）	同比增长（%）
解放时期（1949）	66		61	92.4		5	7.6	
恢复时期末（1950—1952）	286.3	14.9	286.3	100	18.8			
“一五”时期（1953—1957）	685.8	7.4	667.1	97.3	7.9	18.7	2.7	-10.1
“二五”时期（1958—1962）	599.8	-3.4	505.3	84.2	15.2	94.5	15.8	-48.1
调整时期（1963—1965）	1634	35.2	1106.1	65.80	24.0	527.9	32.3	66.5
“三五”时期（1966—1970）	2574.9	40.8	1517.1	58.9	37.2	1057.8	41.1	46.3
“四五”时期（1971—1975）	4626.4	24.7	1906.3	41.2	20.8	2720.1	58.8	27.6
“五五”时期（1976—1980）	7985.7	8.1	2558.5	32.0	3.5	5427.2	68.0	10.4

计划经济时期，大中型水泥厂的建设几乎全部依靠国家投资，由于国家投资不足，水泥生产能力的提高不能满足经济建设的需要，因此水泥长期供不应求。大中型水泥企业受国家统配任务所压，生产设备超负荷运转。大部分企业是1953～1960年间的设备，又以湿法、老式干法为主，再加上企业负担社会，国有重点企业到1985年已伤痕累累不堪重负。小型企业大多是土法上马，因陋就简兴建起来的。工艺不配套，又缺乏技术力量，因此产品质量低。生产工艺绝大部分是土立窑，

机立窑占少数,1980 年统计约有 500 台。有些企业为了解决熟料质量问题,采用直径为 1.5 ~ 2.0 米的小型回转窑,一般无余热利用设备,有的甚至没有熟料冷却机,以至每千克熟料热耗高达甚至超过 2 000 千卡。计划经济时期水泥工业虽然得到了快速发展,但存在的问题和潜在的危机也明显暴露出来。

3. 改革开放时期

1978 年 12 月胜利召开了党的十一届三中全会,宣告了"改革开放"新时期的到来。在小平南巡讲话精神的指导下,党的"十四大"和"十五大"分别提出了"建立社会主义市场经济体制的经济改革目标"和"建立现代企业制度是国有企业改革的方向",在改革开放的经济环境中水泥工业发展插上了腾飞的翅膀。

(1)市场指导水泥工业发展。

计划经济时期,在平均生产力布局原则指导下,制定水泥工业发展规划时,基本上使用三张地图,全国行政区划图、全国石灰石资源地质填图、全国铁路运输分布图。首先看哪一地区水泥厂分布稀疏,然后看是否有资源和铁路运输接轨条件,在此基础上,进行调研和落实,生产力布局就这样产生了。因此造成经济发展较快的江、浙、广东及津京地区水泥供应严重不足。

交通发达地区经济发展速度快是经济发展规律。按着这一规律,国家建材局在制定水泥工业"八五"规划时,提出了"T"型发展战略,即在石灰石资源比较丰富的长江两岸,建设大型熟料基地,在经济比较发达的沿海地区建设水泥粉磨站,通过水路运输,满足经济发达地区对水泥的需求。此规划实施适逢天时、地利、人和,1986 年底水泥工业争取到了世界银行贷款,并请西德 DK 咨询公司作咨询报告,利用铜陵丰富的石灰石资源建设熟料基地,利用宝钢矿渣在上海建设粉磨站,(后因上海退出,改为利用宁波镇海电厂粉煤灰在宁波建设)。1995 年海螺集团注入资金,收购了铜陵水泥厂,并于 1996 年投产。虽然铜陵水泥厂的筹建和建设用了长达 12 年的时间,但她的建成投产,写下了"T"型发展战略的开篇,海螺集团以"T"型发展战略为指导,以辉宏的气势,沿长江"西上东下",抒写了中国水泥工业发展的辉煌。与此同时,华新集团、京阳水泥、亚东水泥等均在此战略的指导下,开创了自己的事业,水泥工业在市场经济的指导下大踏步前进。

(2)告别短缺经济。

改革开放以来,我国水泥工业得到了迅速发展,水泥产量由 1978 年的 6 524 万吨,发展到 1995 年的 47 591 万吨,从数量上满足了国民经济建设发展的需要,水泥工业从此告别了长达 45 年之久供不应求的历史。

短缺问题的解决,归功于由计划经济向市场经济的过渡。建国以来,水泥产品一直是国家统配物资。重点大中型企业生产所用原燃料由国家统一分配,生产出的产品由国家统一调拨。当时北京用水泥最远由贵州水城水泥厂长途跋涉 2 974 公里调到北京,每年要 3 万多吨,北京农展馆就是用水城水泥建造的。当时企业只管生产、不问市场。"十四大"提出建立社会主义市场"经济体制"的改革目标,打破了大中型水泥企业长期以来"统配"的体制。

1984 年开始由"单轨制"(统配)改为"双轨制"(统配加市场)。为促进"双轨制"的实施,国家逐年减少企业统配水泥的数量。但国家重点工程水泥用量严重不足,为解决这一矛盾,国家采取一些有效措施,一种方式按统配和市场水泥的销售价差,给企业补助相应资金,直接购买统配指标;另一种方式给建设新生产线(大部分建设日产 700 吨新型干法生产线)企业补助建设投资,购买企业现有生产能力(表 4)。这一措施为计划经济向市场经济过渡创造了条件。双轨制由 1984 年开始实施,1992 年取消,水泥工业彻底告别了计划经济体制。市场经济给水泥工业发展带来了活力,市场经济实施 5 年就解决了水泥短缺问题。

表 4　1983 ~ 1992 年国家补助资金上调地方水泥情况表

地区、企业	投资数(万元)			上调水泥(万吨/年)		
	1993 年	1994 年	合计	1983 年	1984 ~ 1992 年	总计(注)
合　计	10 690	5 950	16 640	95.5	166.4	1593.1
北京市	650	250	900	5	9	86
河北省	700	300	1 000	5.1	10	95.1
山西省	290	710	1 000	5.1	10	95.1
内蒙古	350	150	500	2.5	5	47.5
辽宁省	600	150	750	3.8	7.5	71.3
吉林省	930	130	1 060	5.3	10.6	100.7
黑龙江省	1500	530	2 030	10.3	20.3	193
安徽省	375	175	550	2.8	5.5	52.3
江西省	600	400	1 000	5	10	95
河南省	620	380	1 000	6	10	96

续表

地区、企业	投资数(万元)			上调水泥(万吨/年)		
	1993 年	1994 年	合计	1983 年	1984～1992 年	总计[注]
湖北省	355	245	600	3	6	57
湖南省	970	1 130	2 100	10.6	21	199.6
四川省	200	200		1	2	19
陕西省	1 600	250	1 850	18.5	18.5	185
甘肃省	600	900	1 500	8.5	15	143.5
青海省	200	100	300	1.5	3	28.5
宁夏自治区	150	150	300	1.5	3	28.5

注:总计数为 1983～1992 年上调水泥总额。

(3)水泥品种全,满足了建设需要。

我国水泥品种在上世纪 60 年代末期,已研制出 40 多个品种。70 年代,我国首先发明了硫铝酸盐水泥,标志着特种水泥的研制进入了创新阶段,80 年代,在硫铝酸盐水泥的基础上,发明了铁铝酸盐水泥。硫铝酸盐水泥,广泛用于抢修工程和要求早强的工程上。南极长城站的建设使用了硫铝酸盐水泥,可以在－25℃的条件下施工。铁铝酸盐水泥可以用于海洋工程和化工防腐工程的建设。目前我国特种水泥已发展到 6 大体系,7 大类共 60 多个品种,我国水泥品种开发和研制已跨入世界先进行列。

(4)技术进步成绩突出。

水泥生产的技术进步,始终围绕着煅烧技术的不断革新,经历了从立窑、干法中空窑、干法余热发电窑、立波尔窑、湿法窑、预热器窑到窑外分解窑的发展过程。以窑外分解煅烧技术为代表的新型干法工艺,已成为当今世界水泥工业的主导技术。我国窑外分解生产技术的研究,从上世纪 70 年代开始起步,通过引进消化吸收与自行开发相结合,经过 30 多年的努力,我国已拥有了自主知识产权的窑外分解设计与设备制造技术。在发展过程中,受多方面因素的影响,新型干法窑外分解生产线的建设单位投资过大,吨水泥投资高达 1 000～1 200 元,再加上企业没有足够的资本金,造成了新建生产线投产之日就是亏损之时,新型干法工艺在很多投资者心目中成了可望而不可及的事。

进入 90 年代末期,随着窑外分解技术的不断成熟和各项经济改革政策的配套完善,再加上设计单位为适应市场竞争的需要,技术上不断创新,方案上不断优化,使新型干法生产线的技术装备水平大大提高。双阳水泥厂于 1995 年建成投产,标志我国日产 2 000 吨 水泥技术装备已经成熟。90 年代又开始进行了日产 4 000 吨熟料大型窑外分解生产线成套技术装备的研究开发工作,并在冀东二线上实施。日产 2 000 吨级的技术装备水平及各项技术经济指标已达到国际先进水平。日产 4 000 吨级的国产化率达到 98%(不引进立磨系统),日产 10 000 吨生产线 2004 年投产 3 条,继泰国之后成为世界上第二个拥有万吨生产线的国家。根据我国水泥生产的实际情况,技术装备性能可适应不同气候条件、不同海拔高度、不同原燃材料成分,可以做到"因人而异、量体裁衣",工艺装备对原料、燃料波动的适应性更好更可靠,特别是烧各种无烟煤、劣质煤的技术上有很大突破,低温余热发电及焚烧垃圾技术也在快速发展。且生产线的建设投资大大降低,吨熟料投资基本在 300～500 元左右,单位投资降低了一半多,再加上国家产业政策的有力引导,新型干法生产线得到了较快发展。

目前我国已掌握了当代先进的窑外分解生产线整套设备的设计、制造技术,在国内外已成套制造及配套制造 400 多条生产线(见表 5)。

表 5　截止 2003 年底投产新型干法生产线及其熟料能力

年份	"五五" 1976～1980 末	"六五" 1981～1985 末	"七五" 1986～1990 末	"八五" 1991～1995 末	"九五" 1996～2000 末	2001	2002	2003
生产线(条)	2	7	17	39	61	36	64	130
产能(万吨/年)	58.9	381.3	793.6	1 760.8	3 543.3	1 602.7	3 555.7	8 193.3
累计生产线(条)	2	9	26	65	126	162	226	356
累计产能(万吨/年)	58.9	440.2	1 233.8	2 994.6	6 537.9	8 140.6	1 1696.3	19 889.6

注:列入统计的为≥700t/d 新型干法生产线;生产线条数按当年投产的实际情况计算,生产线的能力按改造后的能力计算;S. P 窑或＜700t/d CP 窑改为 CP 窑按改造投产当年能力计算;窑运转率按 310 天计算。

从表中可以看出，新型干法生产线大规模发展是进入“十五”开始的，从“六五”到“九五”的20年间，每5年熟料生产能力翻一番，进入“十五”后，2001～2003年每年比上年的能力均翻一番，预计2004年新增新型干法熟料生产能力将突破1亿吨。2001～2004年是新型干法熟料生产线发展的“黄金”时期。

（5）利用外资成效显著。

吸引外商及港澳台资金直接投资水泥项目是水泥工业改革开放的重要标志之一。早在1985年日本小野田水泥公司在大连开始了投资建厂的前期工作，并于1986年斥资3 000万美元在北京注册了“太平洋水泥中国投资有限公司”。在国家建材局及大连市政府的大力支持下，日本小野田水泥公司以合资控股的方式，设立了“大连华能小野田水泥公司，股东各方共同出资建设了日产4 000吨新型干法生产线。并于1992年建成投产。以后又分别在南京、秦皇岛分别建设了同规模生产线，从1985年到2004年间太平洋公司在中国投资总规模近4亿美元，形成了372万吨熟料生产能力及150万吨水泥中转能力，45万吨能力的水泥粉磨站及262万立方米的砼搅拌站。这些项目的建设，不仅带动了其他外资投资中国水泥，而且推动了中国水泥的技术进步，锻炼了设计队伍，培养了一批能打硬仗的安装队伍。法国、韩国、瑞士、德国以及马来西亚，新加坡等公司均以独资、合资建设、收购了不同规模的水泥生产线，形成了一定规模熟料及水泥生产能力。与此同时，港台资金也陆续投资水泥，其趋势大有后来者居上之势。为特别是亚东水泥、嘉新水泥都已形成自己的经营理念，开拓了自己一片市场，并开始了第二阶段发展高潮。

香港瑞安在整合西南区域市场上正在书写着大手笔，在重庆腾辉和贵州瑞安的基础上，2004年8月11日，瑞安以8亿元资金收购了昆明，开远及东骏80%的股份，收购水城的谈判工作也进入尾声，正着手办理相关手续。香港瑞安公司在大陆拥有的回转窑熟料生产线（不含水城）33条，熟料产能达到1 100万吨，水城收购完成后，熟料总生产能力将突破1 220万吨。

华润集团公司不仅在微电子、商贸、房地产、轻纺、电力、啤酒、石化等行业都有可观的规模和业绩，还要将“鸡蛋”装在水泥这个“篮子”里。华润水泥控股公司成立于2003年3月，是华润集团旗下专门从事水泥、混凝土、预制件生产与销售的香港上市公司，目前在香港和两广地区拥有四家水泥厂（含将于2005年初投产的贵港日产5 000吨新型干法线），年水泥生产能力达520万吨；拥有7家商品混凝土搅拌站，年生产能力达320万方；拥有一家预制件厂年生产能力为30万吨。华润水泥的发展战略为“两点一线”即以广西为主要生产和资源基地、以广东珠江三角洲为主要目标市场，利用西江便利的水运条件，连接产品与市场。华润水泥希望通过三到五年的发展，使公司的水泥年生产能力超过2 000万吨，混凝土年生产能力超过800万方，确立两广地区水泥、混凝土行业领先地位。

水泥行业虽然利润并不丰厚，但经营得当，是个长期稳定产生效益的行业，作为长线投资，很多投资商、企业家他们均看好了水泥工业结构调整及清理整顿的大好时机，采取各种方式，认真做好水泥市场的调研工作及建设的前期准备工作，选择好的地点、好的方式、好的时机扩大规模。截止2004年主要外资及港台资金投资水泥及制品的资金已超过205亿人民币，形成熟料生产能力4 552万吨；砼搅拌站能力737万立方米；水泥粉磨站956万吨（见表6）。

表6　主要外商、港台资金投资水泥项目情况

投资方（名称）	企业名称	股份比例（%）	熟料生产能力（万吨/年）	投入资金	投产（合资）年限
太平洋水泥中国投资有限公司	大连小野田水泥公司	77.248	124	6 394.6万USD	1992
	江南小野田水泥公司	80.85	124	10 861.3万USD	1996
	秦皇岛浅野水泥公司	72	124	6 700万USD	1997
	水泥粉磨站、中转站、砼搅拌站等（12家）	13～84	搅拌站262万立方米	10 590万USD	1995～2004
韩国大宇公司	山东泗水大宇水泥公司	100	223	34 000万USD	1997
韩国三菱公司	烟台三菱水泥有限公司	100	99	12 500万USD	1995
德国海德堡公司	广州越秀水泥集团公司	50	465	12 000万USD	1995～2004
瑞士 HOLCHIN B. V公司	华新水泥股份公司	23.4	910	16 632万USD	1999
新加坡裕廊投资公司	北京新港水泥有限公司	70	37	16 800万USD	1995

续表

投资方(名称)	企业名称	股份比例（%）	熟料生产能力（万吨/年）	投入资金	投产(合资)年限
法国拉法基公司	北京兴发水泥有限公司	65	37	3 147.5 万 USD	1997
	北京顺发水泥有限公司	70	37	127 万 USD	2002
	都江堰拉法基水泥有限公司	75	124	21 600 万 USD	2002
	重庆拉法基水泥有限公司	70.59	62	34 000 万 RMB	2003
台湾嘉新公司	嘉新京阳水泥有限公司	100	211	230 000 万 RMB	1998
	嘉新船山水泥有限公司	80	99	60 000 万 RMB	2004.10
	上海嘉环混凝土公司砼搅拌站(3 个站)	90	搅拌站 60 万立方米	2 300 万 RMB	1997
台湾远东集团公司	江西亚东水泥有限公司	95	328	88 820 万 RMB	2000
	武汉及南昌亚东水泥有限公司	75～100	粉磨能力 270	31 150 万 RMB	2000
	上海及南昌水泥制品有限公司(3 个公司)	65～100	水泥制品 95 万立方米	18 560 万 RMB	1997
台湾三德兴投资公司	福建龙岩三德水泥有限公司	95	62	150 000 万 RMB	1997
	三德泉州惠安粉磨站	95	粉磨能力 30		2003.12
台湾水泥有限公司	福州台泥水泥有限公司	100	粉磨能力 150	20 000 万 RMB	2004.7
香港中国水泥(国际)有限公司	广东广信青州水泥有限公司	95	62	60 000 万 RMB	1999
巴哈马腾辉工业第二有限公司	重庆腾辉水泥集团公司	60～100	635	54 308 万 RMB	1999～2003
香港瑞安公司	贵州瑞安水泥集团公司	51～90	189	30 846 万 RMB	2000～2004
	云南瑞安水泥集团公司	80	267	80 000 万 RMB	2204.8.11
华润水泥控股有限公司	广西华润红水河水泥有限公司	70	178	42 000 万 RMB	2003
	广西平南华润鱼峰水泥有限公司	73.5	155	60 000 万 RMB	2004
	广东及广西水泥粉磨站(5 个公司)	51～75	粉磨能力 506	65 300 万 RMB	1998～2004
	广东及广西砼搅拌站(7 个公司)	100	搅拌站 320 万立方米	13 328 万 RMB	1991～2003
合计	熟料能力:4552 万吨搅拌站(含制品):737 万立方米粉磨能力:956 万吨			RMB:1 074 044 万元 USD:117 920.5 万元 折合 RMB:2 052 784.15 万元	

注:1. 巴哈马腾辉工业第二有限公司系瑞安集团和香港罗保集团各持 50% 股权组建而成。2. HOLCHIN B. V 是瑞士 HOLCIM 公司的全资子公司。3. 熟料年生产能力为全厂能力,按 310 天运转率计算。4. 1 美元按 8.3 元人民币折算。

(6)技术装备大踏步迈向国际市场。

水泥工业在引进外资的同时,也实施着走出去的战略。中国作为"第三世界"中的大国,有义务帮助其他发展中国家。从上世纪60年代初作为经济援助,我国在柬埔寨、阿尔巴尼亚、卢旺达等国家建设了小规模水泥厂(见表7)。这些援建项目虽然规模很小,但对支持当地的经济建设发挥了重要作用。

表7 中国承担的国外援建工程

项目名	称建设规模(万吨/年)	投产时间	备 注
柬埔寨水泥厂一厂	5	1964	经援
阿尔巴尼亚富斯克鲁亚水泥厂	10	1967	经援
阿尔巴尼亚爱尔巴桑水泥厂	10	1968	经援
柬埔寨水泥厂二厂	10	1969	经援
阿尔巴尼亚富斯克鲁亚水泥厂扩建	20	1973	经援
阿尔巴尼亚爱尔巴桑水泥厂扩建	30	1976	经援
卢旺达水泥厂	5	1984	经援

随着中国水泥设计技术及装备的不断进步,水泥技术装备出口由经济援助型转为出口创汇型,从表8、表9中可以看出,中国水泥设计及技术装备出口迈了三级台阶,由承担设计及部分装备出口转为工程总承包和交钥匙工程;由承担小规模生产线和粉磨站工程转为承担大规模生产线工程;由承担东南亚和非洲国家的项目转为承担欧洲国家的项目。

表8 中国国外水泥建设工程

序号	项目名称	建设规模(吨/日)	投产年份	出口创汇(万美元)	备注
1	卢旺达水泥厂第一次扩建	300	1989	170	
2	泰国萨拉布里水泥厂	1 000	1992	980	
3	马来西亚古晋水泥厂	2 000	1995	2 500	
4	巴基斯坦军基会尼赞普水泥厂一线	2 000	1996	4 280	设备供货
5	巴基斯坦 LUCLY CEMENTLTD 水泥厂(一)线工程	2 000	1996	2 700	交钥匙
6	巴基斯坦 LUCLY CEMENTLTD 水泥厂(二)线工程	2 000	1997	3 500	交钥匙
7	越南水天顺化水泥厂	2×700	1997	1 980	
8	卢旺达水泥厂第二次扩建	300	2001	213	
9	津巴布韦华津水泥厂	700	2001	3 000	合资
10	巴基斯坦军基会尼赞普水泥厂二线	2 000	2002	5 050	交钥匙
11	缅甸郊塞水泥厂	600	2002	1 650	
12	缅甸 SIN-MIN 水泥厂	400 湿法	2003	1 050	
13	伊朗 FARSNOV 水泥厂	3 000	2005.5	1 160	
14	突尼斯 CAT 水泥厂	2 500	2004.12	1 744	交钥匙
15	意大利 RAGUSA 水泥厂	2 500	2004.11	1 033	交钥匙
16	多来尼加 DOMICEM 水泥厂	2 500	2005.06	5 435	交钥匙
17	阿尔巴尼亚 FOSHE-KRUIE 水泥厂	3 500	2005.12	7 375	交钥匙
18	西班牙 MALACA 水泥厂	3 500	2006.09	2 749	交钥匙

续表

序号	项目名称	建设规模（吨/日）	投产年份	出口创汇（万美元）	备注
19	巴基斯坦 LUCKY 水泥生产线四线	3 000	2005.12	2 300	
20	巴基斯坦 LUCKY 水泥五和六线	2×3 000	2005.12	4 380	
21	巴基斯坦 ATTOCK 水泥生产线	3 000	2006.03	2 800	
22	越南福山水泥有限公司	5 000	2004	7 610	总承包
23	阿曼 Raysut 水泥厂	3 000	2005	4 500	总包
24	泰国普赖德水泥厂	2 500	2005	90	设计
25	越南兰石水泥厂	1 200	2005	60	设计
26	老挝水泥有限公司	2 500	2005	5 000	总包
27	巴基斯坦贝斯特伟水泥厂	5 000	2006	6 000	部分工程
28	伊朗 LARESTAN 水泥生产线	700	2005	1 160	
29	伊朗 QESHM 水泥厂	1 000	2005	1 100	粉磨部分97 年投产
合计	熟料年能力:2 018 万吨	65 100		78 569	

注:统计截止 2004 年 9 月底,不含以后签约项目,创汇额不含尼赞普双线油改煤及提产改造工程,此项创汇达 1 618 万美元。统计的项目可能仍有遗漏。

表 9 中国国外水泥粉磨站建设工程

序号	项目名称	建设规模(万吨/年)	投产年份	出口创汇（万美元）
1	布基纳法索水泥粉磨站	15	1990	330
2	文莱水泥粉磨站	40	1995	700
3	孟加拉阿拉梅特粉磨站	25	1998	200
4	孟加拉 ANWAR 水泥粉磨站	20	2001	200
5	孟加拉 AKIJ 水泥粉磨站	20	2002	200
6	孟加拉 NIR CENEXT LTD600T/D 水泥粉磨站	20	2002	200
7	越南肯特水泥粉磨站	35	2002.9	121.16
8	孟加拉 AMAN CEMENT 水泥粉磨站	25	2003	200
9	赤道几内亚水泥粉磨站	20	2005	600
10	毛里塔尼亚水泥厂粉磨站	40	2005.04	211
11	越南同奈水泥粉磨站	50	2005.12	1 550
合计		310		4 512.16

这些项目的成功建设不仅为国家增加了外汇收入,而且同这些国家建立了相互信任的友好关系。巴基斯坦尼赞普水泥厂 2 条日产 2 000 吨生产线分别于 1996 年和 2002 年投产。从 2003 年开始,我国又承担了双线燃油改燃煤的改造工程以及双线提高熟料产能改造工程,这些工程将在 2005 年全部完成,届时双线的产能由 120 万吨提高到 150 万吨。仅尼赞普水泥厂双线建设及改造,总计创汇达到 10 948 万美元。目前,我国已在巴基斯坦建设和承接了 8 条水泥生产线

的建设与改造工程，单线规模由日产2 000吨提升到日产5 000吨，总计创汇达到32 248万美元。占总创汇额的40%。

目前越南正在运行的较大规模水泥生产线的设备，大部分从美国和欧洲进口，最近越南政府对中国水泥生产技术及装备相当看好，越南政府要求日产4 000吨以下规模生产线全部采用中国的设计技术和装备。为更深入了解中国水泥技术装备及生产运营情况，中国水泥协会应越南水泥协会邀请，在中国驻越南大使馆、越南工业部及越南水泥公司的大力支持下，2004年4月22日中国水泥协会率中国水泥设计及设备制造单位组成的代表团，在越南成功召开了中国水泥技术装备及生产情况交流会。越南全国总计51个水泥企业的经理以及水泥协会、工业部的相关部门、建设规划院参加了会议，中国驻越南大使、参赞、越南工业部副部长均参会并讲话。为越南企业、政府进一步了解中国水泥工业创造了条件。最近中国有关设计院又在越南签约了数条规模不等的生产线。

不久前中国水泥协会在唐山调研时，在唐山港看到已装满水泥设备的远洋货轮正准备起锚开往多米尼加，港口货场上还堆放着7 000～8 000吨设备待装船开往阿尔巴尼亚和西班牙。这些都是中材国际唐山安装公司在突尼斯、意大利、西班牙、多米尼加和阿尔巴尼亚等国承担的交钥匙工程，单线规模均在日产2 500吨或3 500吨，这些生产线的全部建成投产，唐山安装公司创汇将超过1.85亿美元。唐山公司称他们不仅在国内创造精品工程，而且在国外也要创造一流工程，通过这些项目展示中国水泥技术装备及建设的实力，树立中国公司在国外的品牌和形象。

据中国水泥协会不完全统计，中国已在国际上20多个国家中，承担了水泥生产线、粉磨站建设及改造工程（不含援建项目），项目达50多个，出口创汇近10亿美元。目前，承接国外工程发展势头良好，建设工程有逐年上升的趋势，中国水泥设计、技术装备及工程建设出口迈开了阔步。

（7）水泥进出口随着经济建设潮起潮落。

1989年以前，由于国内水泥供不应求，水泥进口一直大于出口，其中1985年进口水泥达366万吨，出口仅14万吨；在水泥出口量最大的年份，波动在820～1 180万吨之间，每年创汇3亿～4.5亿美元之间，1995年～1997年期间，我国进行宏观经济调整，国内水泥需求下降，致使出口增加。1996年水泥出口达1 180万吨，进口只有9万吨。1998年，我国经济调整实现"软着陆"后，出口一直稳定在550～650万吨左右（大部分为外资企业出口）。进入"十五"，由于固定资产投资规模快速增长，拉动了水泥需求骤增，一方面水泥生产能力猛增，另一方面进口量也随之增长，由几十万吨增长到250万吨左右（以进口熟料为主）。随着本轮宏观经济调控各项措施的到位，固定资产投资规模增速趋缓，水泥需求增速也会减慢，近两年水泥生产能力增长过快，落后生产能力的退出还需要一个较长过程，因此国内市场压力较大，这必将促使出口市场活跃，预计明年出口会再度上升至千万吨。从1981年～2003年间我国总计进口水泥（含熟料）3 600万吨，用汇16.4亿美元，出口水泥（含熟料）10 328万吨，创汇37.7亿美元（见表10）。

表10　水泥（含熟料）历年进出出数量及金额

年度	进口		出口		年度	进口		出口	
	数量（万吨）	金额（万美元）	数量（万吨）	金额（万美元）		数量（万吨）	金额（万美元）	数量（万吨）	金额（万美元）
1981年	120.93	6 731.22	81.68	4 156.14	1993年	130.00	681.00	244.00	9 361.30
1982年	195.36	11 003.46	69.99	3 368.62	1994年	131.60	700.00	452.30	15 700.00
1983年	289.55	14 849.36	38.01	1 753.81	1995年	31.40	1 932.99	819.00	29 806.62
1984年	326.72	14 761.69	17.39	819.46	1996年	5.20	407.90	1 179.70	45 091.42
1985年	365.76	15 254.70	14.23	590.86	1997年	16.87	1 769.45	1 168.50	44 571.49
1986年	355.23	15 643.27	19.24	796.04	1998年	18.00	1 142.71	820.00	29 045.71
1987年	210.58	9 457.91	16.77	723.14	1999年	49.97	1 477.38	635.70	20 091.69
1988年	151.77	6 773.02	15.22	727.21	2000年	142.58	34 750.0	605.49	18 985.3
1989年	123.28	5 823.52	43.64	1 724.42	2001年	270.00	5 696.30	621.20	19 560.70
1990年	39.66	1 759.13	682.94	25 734.86	2002年	249.63	5 816.06	523.90	16 581.9
1991年	15.75	762.10	1 073.59	44 289.06	2003年	257.47	6 400.24	540.60	17 360.82
1992年	100.00	410.52	645.00	26 443.65	合计	3 597.31	164 003.93	10 328.09	377 284.22

(8)大型企业集团飞速发展。

近两年,一批水泥企业通过改制、上市吸收个人资本等方式募集了大量资金,建设大型新型干法生产线;通过兼并、收购进行资产重组等方式,迅速扩大了生产规模。到2004年底,旋窑熟料生产能力超过1 000万吨的企业有"海螺"、"华新"、"三狮"、"山水"、"冀东"、"中联"、"瑞安"等6个集团(表11),这些集团旋窑熟料生产能力和2003年相比均呈倍数增长(图1),海螺集团由2003年的2 704万吨提高到2004年底的4 995万吨,是2003年的1.98倍;华新水泥由486万吨提高到1 432万吨,是2.95倍;三狮集团由615万吨提高到1 335万吨,是2.17倍;济南山水集团由751万吨提高到1 208万吨,是1.61倍;冀东水泥集团由790万吨提高到1 163万吨,是1.47倍;中联水泥由393万吨提高到1 132万吨,是2.88倍;

"瑞安"由480万吨提高到1 002万吨,是2.09倍。今后,宏观经济环境将更有利于大企业的发展。一方面,中央银行认为,商业银行收获的利率差足以负担出现的不良贷款,因此央行不再给商业银行补助资金。商业银行为了避免不良贷款的产生,贷款条件将更加苛刻,资本金达不到50%、建设条件不全面落实、银行将不会轻易放贷,这样必然导致新型干法生产线的发展速度放慢,有利于大企业及集团的稳步发展。另一方面,有些在建工程缺少足够资本金,银行贷款渠道不畅,这些项目不得不出手,此时大企业集团可充分发挥资金优势和高等级银行贷款信誉优势重整这些资产,使集团快速扩大规模。第三,面对此次宏观调控的冲击和大企业的迅速扩张,很多中型企业发展的欲望开始理性,采取稳住阵脚、巩固战地、纵观形势、视机发展的战略。所以今后的宏观及微观环境将会给有实力的企业集团创造更好的条件。预计明年天山、亚泰、江西、亨达利、红狮、虎山、华润等集团水泥生产能力有望超过1 000万吨。

表11 2004年水泥企业集团熟料生产线及生产能力(不含立窑生产线)

企业集团	熟料生产线(条)	熟料生产能力(万吨)	其中2004年新投产生产线	
			新增生产线(条)	新增熟料生产能力(万吨)
"海螺"	43	4 995	11	2 704
"华新"	20	1 432	7	486
"三狮"	21	1 335	4	615
"山水"	12	1 208	3	751
"冀东"	10	1 163	5	790
"中联"	27	1 132	3	393
"瑞安"	34	1 002	4	480

图1 2004年水泥企业集团熟料生产线及生产能力(不含立窑生产线)

海螺集团成功的经验有以下几个方面:

第一,选择了正确的发展战略。

"海螺"实施的"T型发展战略"即在沿长江有资源的地方建设水泥熟料生产基地,在沿江沿海靠近市场的地方建设水泥粉磨站。海螺集团实施该战略的原因有三:首先,水泥是短腿产品,其运输半径为公路200公里、铁路400公里、水运则可达到1 000公里以上。其二,沿江水泥市场主要在华东地区,年水泥消费量在3.5亿吨以上。其三,中国境内有三大块石灰石资源,其中从江苏南京到湖北黄石沿江两岸20公里宽的范围内,蕴藏着中国储量最大、质量最优的石灰石资源。"T型战略"的实施,使海螺不仅充分利用了沿江两岸丰富的矿产资源,又充分发挥了长江水运成本低廉优势,源源不断地把产品运到江浙沪庞大的市场。

第二,兼并重组和新建并举进行大规模扩张。

1995年海螺控股铜陵水泥厂之后,1996年又出资2亿元,整体并购了芜湖白马山水泥厂;1997年他们又出资9 000万元,控股宁波星港水泥有限公司;此后从1998年10月始在沿江、沿海、沿铁路接连收购、兼并了上海奉贤水泥厂、张家港水泥厂、南通水泥厂、南京江北水泥厂、江苏中国水泥厂、江西庐山水泥厂、湖南雪峰水泥厂、广东英德水泥厂企业等,并从2002年以来,新建了江苏泰州、浙江温州、上虞、南昌海螺等粉磨厂,扩建了铜陵、枞阳、徐州4条万吨生产线;池州日产8 000吨生产线;铜陵、荻港、建德、中国、双峰、英德、桂林、扶绥、兴业等10多条日产5 000吨生产线,在江西分宜建设了日产2 500吨生产线。

第三,以人为本,建立先进的企业文化。

郭文叁董事长对以人为本有一个绝妙的比喻:企业是什

么?'企'字上面是人。人一走就是止,企业就无法运行。海螺集团留住人材有两件法宝:第一,现行的分配机制大大增强了企业凝聚力,生产效益不断提高,职工收入节节增长,吸引和留住了人才;第二,积极培养善于使用人才,为每个人实现自我价值搭建了施展的平台。海螺职工中流传一句话:"只要有本事,海螺就会为你创造一个施展的平台。""士为知己者死"是海螺留住人才的第二件法宝。

第四,敢为人先,不断创新跟踪世界先进水平。

近十年来,中国水泥的技术进步和发展,让世界水泥界刮目相看。中国水泥业的每一个辉煌,都与海螺密切相关,海螺名副其实引领着中国水泥工业的发展。

《新型干法水泥生产线技术创新优化设计国产化低投资实施方案》首先在宁国二线、白马山的项目上得到实施,生产线的低投资使新型干法的发展驶向快车道;熟料基地一粉磨站的建设模式,成为水泥工业结构调整倡导的模式;日产5 000吨装备国产化在铜陵二线上实施,"海螺"又成为第一个吃螃蟹的人;4条日产10 000吨生产线先后在铜陵、枞阳和徐州投产,使中国水泥生产技术登上了世界制高点;低温余热发电首先在宁国水泥厂实施,吨熟料发电平均达到38千瓦时。在用电非常紧张的今天,无疑是大家效仿的榜样。

第五,地方政府的大力支持。

海螺集团每到一地都和地方政府取得联系,建立沟通渠道,原则问题都在各地具体政策的指导下进行各项工作,另外海螺品牌及经营业绩享有很高信誉。因此,各地都施以优惠政策引进海螺集团。这也是海螺得以快速发展的重要原因之一。

无论海螺的沿江沿海的T型发展战略,还是山水集团实施的沿胶济铁路东进西扩、南北辐射的发展战略,还是冀东集团稳定华北、拓展东北、开发西北的"三北"地域发展战略等等,他们的发展方法、文化内涵等都大同小异,做法的实质基本一致,因此,海螺的做法和经验,各企业可根据自身的条件和情况进行借鉴。

三、结束语

我国水泥工业改革开放以来,虽然取得了让人惊叹令人骄傲的成绩,但是由于我国地域广阔,其自然条件和经济基础差异较大,各地水泥工业的发展也极不平衡,预计2004年底落后生产能力仍占67%,先进生产能力本身其水平也参差不齐,水泥工业总体水平还很落后,技术结构(表12)、规模结构(表13)、能源消耗及环境保护水平与发达国家相比差距还很大,水泥工业结构调整仍然任重道远。让我们在共和国旗帜的引导下,为实现中华民族的伟大复兴,做好本职工作,为中国水泥工业全面达到发达国家水平而努力奋斗。

表12 截止2002年全国水泥工艺结构及生产能力

窑型	规模(吨/日)	生产线(条)	生产能力(万吨/年)	平均能力(万吨/条)	占总生产线(%)	占总生产能力(%)
预分解窑(含湿湿磨干烧)	<700	44	546	43.7	3.2	15.8
	≥700	238	11 767			
预热器窑	<600	128	1 195	12.2	2.2	3.1
	≥600	67	1 174			
立筒预热器窑	~	113	845	7.5	1.2	1.1
干法中空窑	<500	268	1 175	6.4	4.1	3.0
	≥500	100	1 182			
立波尔窑	~	16	420	26.2	0.2	0.5
湿法窑	>500	85	824	17.5	2.4	4.7
	≤500	125	2 845			
立窑	~	7 695	55 919	7.3	86.7	71.8
合计		8 879	77 892	17.2	100	100

注:此数据为中国水泥协会2003年在各省经贸委及水泥协会的大力支持下,调度的数据。

表 13　1990 年以来全国水泥企业规模结构

年度	企业数(个)	水泥产量(万吨)	平均规模(万吨/家)
1990	2 179	20 971	9.62
1991	5 374	25 261	4.70
1992	5 336	30 822	5.78
1993	5 571	36 333	6.52
1994	5 956	42 119	7.07
1995	6 617	47 591	7.19
1996	6 609	49 212	7.45
1997	6 403	51 276	8.01
1998	4 506	52 706	11.70
1999	4 642	56 104	12.09
2000	4 425	59 319	13.41
2001	4 539	66 104	14.56
2002	4 626	72 535	15.68
2003	4 829	86 271	17.87

★该文章发表于 2004 年 10 月《中国水泥》杂志。

浙江水泥：阵痛中孕育希望★

◎浙江省经贸委建材冶金煤炭行业管理办公室主任　丛培江

浙江水泥工业经过连续七年的高强度结构调整，水泥工业的技术结构发生了根本性的转变，新型干法水泥已占主导地位。2004 年在宏观调控的大背景下，从下半年开始水泥市场出现了价格一路走低，水泥行业面临着能源价格居高不下、资金短缺、亏损面扩大等一系列困难，浙江水泥工业在技术结构调整基本完成以后又将面临着组织结构的调整。

一、浙江水泥工业的现状

2004 年是浙江水泥工业具有里程碑意义的一年，主要体现在以下几方面：第一，浙江水泥工业由机立窑和湿法旋窑工艺为主导的生产方式转变为新型干法生产工艺为主导，新型干法水泥生产能力达到 70% 以上，新型干法水泥实际产量比例由 2003 年的 36% 提高到 2004 年的 60% 以上。第二，落后生产工艺开始加快退出市场，经过连续 7 年不懈努力，全省已有 50% 以上的机立窑被拆除，所有的湿法旋窑被淘汰，中空干法发电旋窑也逐步被关停，落后生产工艺由于能耗高、劳动生产率低，已经难于在浙江生存。省政府从进一步改善全省大气环境角度出发，规定在 2007 年底之前淘汰全省所有机立窑工艺。第三，2004 年建成新型干法水泥生产线 20 条，全省累计建成 70 条，其中日产 5 000 吨 12 条，日产 2 500吨 30 条，全省新型干法水泥熟料生产能力达到 5 500 万吨。第四，全省水泥生产能力突破 1 亿吨，其中机立窑能力 3 000 万吨。目前在建新型干法生产线 10 条，生产能力在 1 200 万吨。

二、水泥工业的发展趋势

自 2000 年以来，全省新型干法水泥生产能力增长 6 000 万吨左右，其中 70% 是在 2003 年和 2004 年建成的。期间市场需求量增长 3 700 万吨，淘汰落后生产能力 1 500 万吨，新增富余生产能力 800 万吨左右，目前全省总生产能力在 1 亿吨左右，实际产量 8 000 万吨。在水泥结构调整的过程中，先进与落后生产能力并存阶段，水泥行业出现激烈竞争，甚至恶性竞争是很难避免的，在这种情况下，我省水泥行业发展趋势会如何呢？不外乎会出现以下两种情况：一是在目前新型干法水泥工艺与机立窑工艺并存的情况下，虽然机立窑工艺由于使用的无烟煤比旋窑使用的烟煤价格低 30% ~40%，加上财务费用的成本相对较低，某种程度上机立窑工艺还有一定的竞争力，不会轻易自动退出历史舞台，但由于新型干法生产工艺所具有技术和效率优势，在经过激烈甚至残酷的竞争后，机立窑工艺被淘汰是其必然的结果。政府部门的作用就是采取必要的措施和政策，加快机立窑的退出，有利于环境的保护和资源的节约。二是在激烈的竞争中，除了机立窑被淘汰之外,新型干法水泥企业是否就一定稳操胜券呢?答案是否定的,如果说机立窑企业被淘汰的是其工艺和技术,那么新型干法企业被淘汰的是难以适应激烈竞争的投资者和管理者。竞争的结果是企业之间的兼并和重组,具有竞争力的企业通过收购兼并,规模会迅速扩大,最终形成若干个大型企业集团。

三、水泥企业如何才能立于不败之地

水泥工业结构调整主要是技术、产品和组织结构的调整,在基本完成技术结构调整以后,产品结构完全可以根据市场的需求而进行相应调整,但企业的组织结构调整则需要通过市场竞争来逐步实现,使资源配置更趋优化。随着水泥价格一路下滑,去年上半年还沉浸在丰厚利润喜悦中的水泥企业在下半年突然面临激烈的低价竞争,一时难以适应,于是行业内出现了要求企业联合起来,成立价格联盟,抵制低价销售,维护行业利益的意见。且不说这种做法是否符合市场经济运行的规则,在全省有近300家水泥企业的情况下,其可操作性是难以想象的,过去其他行业类似的做法基本都以失败告终就说明这一点。那么水泥企业尤其是新型干法水泥企业在宏观调控的大背景下如何来应对挑战呢?从企业长远发展的角度出发,笔者认为应做好以下几方面的工作:

第一,通过采取加强企业内部管理和节能降耗等措施来尽可能降低生产成本,以提高企业的核心竞争能力。由于水泥是比较单一的产品,低成本是水泥企业在竞争中取胜的法宝。前几年由于水泥市场价格较高,企业的精力主要放在规模的扩大和加快发展新型干法水泥生产工艺上,而相当一部分企业是在机立窑基础发展起来的,管理理念和模式还停留在对机立窑工艺粗放式管理阶段,对新型干法水泥工艺技术的掌握和管理水平相对比较低,一些企业的技术经济指标离国内和国际先进水平尚有不少距离,企业的生产成本相对较高。企业只有眼睛向内,抓管理、降消耗、上水平,才能充分发挥新型干法水泥生产工艺"优质、低耗、高效、环保"的优势。

第二,浙江大部分新型干法水泥企业是由各自独立的机立窑企业发展起来的,从全省范围看,70条新型干法生产线为54家企业拥有,平均水泥熟料年生产能力为100万吨,最大规模的企业水泥熟料年生产能力刚刚达到1 000万吨,大部分是介于75~200万吨之间,目前处于群雄并起的阶段。随着市场竞争的加剧,它们之间的兼并、重组和融合将会不断发生,虽然这个过程可能是比较漫长的,也是残酷和痛苦的,但是难以避免。从世界水泥工业发展的趋势看,规模化生产是水泥企业进一步降低生产成本、减少物流费用和树立品牌优势的必由之路。为此,水泥企业应该从战略的高度来为自己定位,能否在今后的竞争中取得优势,是否有实力兼并其他企业,要审时度势主动与具有优势互补的企业进行联合或重组,尽快形成能与国内外大型企业相抗衡的大企业、大集团,以减少过度竞争和不规范竞争给企业带来的损失。

第三,要运用现代营销和现代物流管理的手段,拓展和占领市场。随着交通运输条件的改善,尤其是高速公路网络的完善,为水泥的销售半径扩大创造了条件。水泥企业规模也从过去几十万吨上升到几百万吨甚至上千万吨,企业生产地点也从一个扩大到几个甚至十几个,水泥的销售也从过去以当地为主开始向跨地区、跨省发展,竞争对手也从本地企业为主转为全省、省外甚至是国外来的大企业。因此水泥企业的销售也必须从传统的销售方式转向现代营销模式。如果说水泥生产成本的降低是水泥企业取胜的法宝,那么水泥物流的便捷和费用低廉则是水泥企业制胜的利器。要立足于运用现代信息技术和手段,对集团各个生产企业的产品实行统一营销,并根据每个客户实际需求情况,充分利用集团内生产企业所处的不同区位优势和最有利的运输方式(内河航运、铁路、公路、海运),以最低的运输成本和最短的时间将产品交给用户。如果一个集团下属的各个水泥分公司由于各自投资主体的不同,投资利益难于统一平衡而使各分公司销售处于自成体系,各自为战的状况,那么虽为一个集团,不但难于形成整体优势,而且在市场低迷的情况下,甚至会出现自相杀价竞销的情况,最终的结果是可想而知的。

有理由相信,浙江的水泥企业已经在水泥工业的技术结构调整中赢得了先机,那么也一定会在企业的组织结构调整中演绎出更精彩的篇章。

★该文章发表于2005年1月27日《中国建材报》。

我国水泥工业的生态设计★

◎天津水泥工业设计研究院 刘志江

经过"九五"和"十五"的发展,我国水泥工业经济运行质量明显提高,科技进步加快,结构调整取得很大进展,实现了低投资、大规模、高效益的良好发展态势。

然而,水泥工业也是高资源、高能源消耗型产业,同其他

传统产业一样，面临着如何实现可持续发展的问题。中央经济工作会议指出，我国要大力发展循环经济，建设节约型社会。因此，我们除了继续在优化工程设计、加强技术管理、发展规模经济等方面进一步努力外，必须对减少自然资源的消耗、增加各种废弃物的利用、减少和控制污染物的产生、提高水泥产品的质量等方面加强研究和开发，实现水泥工业生态化生产。建材行业大力发展循环经济，水泥工业进行生态设计，是实现水泥工业可持续发展的最佳战略选择，开展生态设计将使水泥工业的发展进入新阶段。

水泥工业生态设计的外部环境分析

近20年来，国际水泥界在不断完善以预分解技术为中心的新型干法水泥过程中，对现代社会面临的日益严峻的资源短缺的思考和生态环境保护意识的觉醒是水泥工业技术创新活动的原动力，以节能化、资源化、环境保护为中心，实现清洁生产和高效集约化生产，在保证水泥产品功能的前提下，逐步降低天然资源和能源的消耗，减少环境污染和最大限度地接收消纳工业废弃物和城市垃圾等，达到与生态环境完全相容、和谐共存。主要采取的手段是装备大型化和不断追求节能降耗以及改善水泥工业与生态环境的相容性。

我国的水泥工业经过近几年的高增长，现代化的新型干法水泥生产工艺已成为我国水泥工业结构调整的主流。我国水泥工业在与生态环境的相容性方面所做的工作主要是工业废渣的利用方面，即充分利用粉煤灰、煤矸石、钢渣、磷渣、赤泥、淤泥等多种废弃物作为水泥生产的原料。而在水泥厂替代燃料方面的应用研究才刚刚开始。

水泥工业生态设计的概念

水泥生态设计技术领域属硅酸盐水泥的生产工艺与机械装备的设计开发，但主要指采用生态化技术进行的现代水泥工业生产工艺与装备的设计开发，以及使用这些技术和装备的系统工程设计和控制。本技术领域主要包括各种工业废弃物(含有毒有害物)及城市垃圾、下水污泥的再循环利用，低品位原燃料的利用，减少CO_2、NO_x、SO_2、粉尘与重金属排放技术，污染物监测技术与装置以及生态水泥、生态混凝土的性能研究与开发等。

一个工厂生态设计水平主要由生态设计技术要素的水平、生态设计控制内容和水泥产品的环境协调性决定的。

在本生态设计中，主要提出的是水泥工厂生态设计，水泥之应用是以混凝土或水泥制品的形式完成的。废旧的混凝土作为混凝土骨材的再循环使用或完全废弃对环境负荷的影响，目前正在研究中，其他工业废弃物以及城市垃圾等，已逐步在水泥工业中得到了采用。

水泥工业的生态设计范围是从石灰石原料矿山(其他原料是从到达厂内)开始，直到产品出厂为止，包括了从生产到废弃物利用的全过程。生态设计的内容包括两方面，水泥生产工艺和水泥产品，生态设计的技术和工程内容与一般传统设计没有什么不同，只是在设计中贯彻环境意识，控制水泥产品在原料、燃料准备、生产过程和水泥产品质量的环境负荷。

对一个生产水泥产品的企业来说，是否进行环境经营、是否按生态设计来生产环境协调性产品等，可能在不久的将来是评价企业成绩与水平的主要依据，因为人们正在转变观念，即人们逐步认识到不是通过生态设计的产品就不是工业产品。

生态设计的基本原则

水泥工业生态设计的基本原则是：采用可提高环境效率的水泥生产工艺和技术，生产环境协调性产品，使水泥产品的综合价值指标最大。

要清楚理解生态设计的原则，必须认识产品的三个要素：C(cost)——产品成本，包括原料成本、制造成本、环保措施与设备成本、运输成本、废弃物再利用成本等。I(Impact)环境影响，包括资源枯竭，环境粉尘、酸雨、地球温室效应等对地球环境造成的影响。P(Performance)——性能，包括水泥强度及其他性能、安全性等。

由上述要素我们可分析出如下指标：

(1) 传统设计，经济价值法产品的价值指标为：$W_{传统}$ = P/IC

(2) 生态设计，考虑到环境影响的产品综合价值指标为：$W_{生态}$ = PIC

在传统设计中排除环境影响I，只考虑P/C，即追求产品的性能最好、成本最低，这是多年来产品设计经济价值的方法。我们必须摆脱传统的经济价值观，设法使P/IC趋于最大，即考虑到环境影响的产品综合价值最大，这就是生态设计的根本思路。

水泥工业生态设计方法

如上所述，我们水泥工业的生态设计方法采用的是环境协调性产品法，主要目的是提高环境效率和生产环境协调性产品。

提高环境效率的方法。减少石灰石使用量，保护和节约石灰石资源，同时减少了因$CaCO_3$的分解而带给环境负荷——温室气体CO_2的排出量；采用集约度低的原料和燃料，如使用低品位石灰石、使用代用黏土、回转窑使用无烟煤和低挥发分煤等；采用节能工艺与设备，如在生产粉磨和水泥粉磨工艺中采用立磨、辊压机等高效节能粉磨设备，以使减少能耗提高能源效率；在采用节约热能的新工艺新技术的同时，大力回收余热，建立余热发电站或用其烘干物料；采用清洁生产，水泥生产全过程不向环境释放粉尘和其他有毒有害物，符合国家环保总局的要求；采用工业废弃物、工业副产物、城市垃圾和污泥等作为水泥的替代原料或替代燃料，替代率越高越好。

生产环境协调性产品。水泥产品要符合工业标准，无毒无害；采用细磨掺和料，生产以优质硅酸盐水泥熟料为基础的低钙水泥,可以大量使用矿渣、粉煤灰、钢渣等;开发城市垃圾焚烧灰配料的生态水泥,可以大大节约石灰石配料量;开发用城市垃圾直接配料的水泥生产方法,有效地解决城市垃圾处理问题;开发非波特兰体系水泥,作为波特兰水泥性能的补充。

水泥工业生态设计的评价方法

一般被认为是生态设计的产品,要在水泥生命周期的原料(燃料)、生产控制和产品出厂等环节的如下技术要素中,存在明显的优势。

原料(燃料)节省能源,成功地减少了由于能源水泵造成的地球环境负荷;节省资源,使用工业废弃物与城市垃圾作为代用原料与代用燃料,用细磨工业废弃物作为混合材,减少集约度小的原料,采用余热发电、散装水泥等减少天然资源消耗;替代原料和替代燃料符合废弃物的质量要求,重金属含量要在国际水泥界控制指标之内。

生产全过程。清洁生产,不向环境释放有害物质,粉尘,NO_x、SO_2 等的排放符合标准,使用循环水,污水经过处理排放,采用废弃物时有重金属回收装置,不得有二次污染。

产品。散装率高,节约制袋材料、水以及制作包装袋时的能源消耗;产品符合工业标准,无毒无害,制成混凝土和水泥制品后寿命长,满足使用要求。

★该文章发表于2005年4月8日《中国建材报》。

中国水泥行业规模和技术装备现状★

◎中国水泥协会秘书长　孔祥忠

一、前言

中国的水泥行业伴随着国民经济的持续增长,出现了一个以新型干法水泥为代表的高速增长的势头,引起了世界同行的关注。水泥行业的产业结构也在发生着极大的变化,这与政府的宏观调控、产业政策的调整有着密切的关联。尤其是2000年以来,中国水泥行业在规模上、技术装备上都取得了较大的突破。但是,在产业结构调整、扩大企业规模、节约能源和资源、提升技术和装备水平方面还有许多工作要做。

二、水泥行业规模的基本概况

1. 生产总量

2004年水泥总产量为9.7亿吨,比上年增长12.4%。经中国水泥协会统计计算,其中新型干法水泥产量为3.15亿吨,同比增长67.9%,占水泥总产量的比例达到32.5%;立窑水泥产量5.76亿吨,同比增长2.3%,占水泥总量比例为59.4%;其他旋窑水泥产量为7900万吨,同比增长-10.2%,占总产量的8.1%。(见表1)

表1　2004年水泥不同窑型产量分布表

生产窑型	产量(万吨)	增长率%	占总量%
新型干法	31 488	67.9	32.5
立窑	57 612	2.3	59.4
其他旋窑	7 900	-10.2	8.1
总量	97 000	12.4	

根据中国水泥协会《数字水泥》统计,2004年的各省年产值在500万元以上水泥企业产量和增长率见表2。

表2　2004年各省水泥产量统计表

排序	地区名称	水泥产量(万吨)	比上年增长%	占全国总量%
	全国	93 373.56	15.69	
1	山东	12 363.84	27.52	13.24
2	浙江	8 191.61	14.15	8.77
3	江苏	7 993.22	19.37	8.56
4	河北	7 825.51	20.26	8.38
5	广东	7 785.25	13.30	8.34
6	河南	5 393.60	12.80	5.78
7	四川	3 819.91	1.19	4.09
8	湖北	3 767.66	14.63	4.04

续表

排序	地区名称	水泥产量(万吨)	比上年增长%	占全国总量%
9	湖南	3 358.22	10.74	3.60
10	安徽	3 235.46	13.17	3.47
11	江西	2 976.13	30.61	3.19
12	广西	2 679.54	4.68	2.87
13	辽宁	2 472.08	8.72	2.65
14	福建	2 245.34	7.84	2.40
15	云南	2 151.00	11.62	2.30
16	重庆	1 957.23	7.62	2.10
17	山西	1 923.23	16.46	2.06
18	陕西	1 800.50	21.23	1.93
19	贵州	1 428.80	7.55	1.53
20	吉林	1 376.31	23.38	1.47
21	甘肃	1 353.04	12.62	1.45
22	新疆	1 190.34	11.18	1.27
23	内蒙古	1 182.44	42.97	1.27
24	黑龙江	1 128.08	2.68	1.21
25	北京	1 128.00	21.68	1.21
26	上海	665.00	2.86	0.71
27	宁夏	582.79	17.05	0.62
28	天津	541.94	19.95	0.58
29	海南	418.70	5.73	0.45
30	青海	342.81	13.64	0.37
31	西藏	95.98	7.98	0.10

2. 水泥企业规模和产量分布

按生产规模划分，大中型企业数量占总企业数比例为24.6%，但产量占总量的65.2%。就整体来看，水泥企业平均规模偏小，仅18.6万吨/个(见表3)。

表3　2004年大中型企业水泥产量和规模分布表

企业规模	企业数	占总企业数%	水泥产量(万吨)	占总产量%	每个企业平均产量(万吨)
大型	265	5.3	31 911	34.2	120.4
中型	973	19.5	28 967	31.0	29.8
小型	3 804	75.4	32 491	34.8	8.6
总计	5 042	100	93 369	100	18.6

全国水泥企业从业人数142.21万人。在水泥产量比上年增加1亿吨的情况下，从业人员减少了1.13万人。其中山东从业人数近15万人，广东、河北、江苏、四川、浙江都在7.7万人以上。

根据各集团公布的数字，2004年以安徽海螺集团为首的十大水泥集团年产量达1.33亿吨，占总产量的13.71%。(见表4)。2005年将又有一批企业集团达到年产千万吨的规模。

表4　2004 年十大水泥集团产量统计表　　　（万吨）

1	2	3	4	5	6	7	8	9	10
海螺	山水	华新	冀东	三狮	中联	天山	亚泰	太行	日本太平洋
5 556	1 352	1 321	1 226	842	810	649	600	502	461

3. 水泥进出口

2004 年中国出口水泥 602 万吨，创汇 19 427 万美元；出口水泥熟料 103 万吨，创汇 22 839 万美元；进口水泥 110 万吨，用汇金额 3 955 万美元；进口熟料 157 万吨，用汇金额 3 794万美元。从出口目的地看，硅酸盐水泥主要出口到美国、韩国和香港地区，占出口总量的 85%。

2004 年我国水泥出口贸易呈现恢复性增长，主要是受国际水泥市场的需求拉动，远未达到1991 年出口量 1 074 万吨的指标。出口量仅占国内生产总量的 0.6%，国际贸易量的 5%。出口企业 95% 是新型干法水泥厂，其中 30% 以上是在国内投资的外资和合资企业。出口品种中 97.11% 是高标号的硅酸盐水泥。

4. 主要经济指标

2004 年全行业工业总产值达 2 400.97 亿元，利润总额 136.23 亿元。由于小型企业数量偏多，加之能源、原材料、运输成本的大幅上涨，水泥生产和销售成本增长过快，全国水泥企业亏损面仍达 27%。以海螺集团为例，受煤炭和电力价格上涨影响，年公司能源支出占总成本的 61%，较上年度高出 7 个百分点。尽管 10 亿元的净利润比上年增长 36%，但其 2004 年第一到第四季度的每股收益分别为 0.353 元、0.277 元、0.105 元和 0.067 元，呈现逐季度下滑趋势。水泥价格全年是先高后低，尤其是六月份之后，多数省份价格持续走低。这与国家控制固定资产投资过热，煤、电、运成本持续增加，生产供给增长过快，缺少落后水泥企业快速退出政策等因素有关。如果说过去是新型干法水泥集团与小水泥企业相互拼价格、抢市场，而今后将是大企业集团之间对市场的瓜分与竞争，并由此带来水泥生产集中度的不断提高。2004 年水泥工业总产值达 100 亿元以上的省份（见表 5）。

表5　2004 年水泥工业总产值达 100 亿元以上的省份（亿元）

	工业总产值	销售收入	总成本	利润总额
全国	2 400.97	2 289.88	2 192.91	136.23
山东	349.60	347.10	329.29	22.77
浙江	254.64	250.85	236.50	22.47
江苏	226.87	216.92	204.53	14.73
广东	210.42	198.06	185.66	8.69
河北	152.49	136.80	131.85	7.71
安徽	119.30	112.12	94.01	19.79
河南	113.74	97.79	96.44	4.53

5. 项目建设

2004 年水泥行业累计总资产 3 693 亿元，同比增长 14.1%；完成投资 434.55 亿元，增幅为 43.34%。截止 2004 年底，全国已投产项目 374 个；在建项目 936 个（含新开工项目 598 个）。2004 年新投产的新型干法水泥生产线 143 条，熟料生产能力为 12 995 万吨，比上一年增长 67.9%。其中，日产 2 000 吨及以上生产线规模占 90%，日产 5 000 吨以上生产线规模占总能力的 48.1%。（见表 6）

表6　2004 年中国新型干法水泥生产线增产表

生产线规模 t/d	生产线数（条）	熟料能力（万吨/年）	占熟料总能力%
700 ~ 900	4	101	0.77
1 000	7	217	1.67
1 200 ~ 1 500	27	1 076	8.28
2 000 ~ 2 400	6	384	2.96
2 500	57	4 418	34.00
2 800 ~ 3 000	6	552	4.25
5 000 ~ 6 000	32	5 007	38.53
10 000	4	1 240	9.54
合计	143	12 995	100.00

海螺集团在2004年内投产了4条日产10 000吨生产线，使我国成为拥有万吨生产线最多的国家。截止2004年底我国已拥有新型干法水泥生产线499条，熟料生产能力达到32 884万吨，生产能力居世界第一。

6. 水泥企业上市公司

目前沪深两市共有24家水泥上市公司，包括冀东水泥、大同水泥、江西水泥、天山股份、四川双马、天水股份、牡丹江、秦岭水泥、西水股份、巢东股份、青松建化、赛马实业、狮头股份、太行股份、海螺水泥、亚泰集团、尖峰集团、西藏天路、四川金顶、祁连山、华新水泥、福建水泥和天鹅股份，其中华新B股在沪市B股市场上市，安徽海螺水泥同时是香港联交所上市公司。

2004年4月开始的宏观调控政策已在水泥行业彰显其威力，从目前已公布年报的5家水泥行业上市公司有关数据显示，2004年下半年水泥行业上市公司的毛利率延续上半年下降的趋势。其中降幅最大的四川双马净利润同比下降了1 148%，降幅最小的冀东水泥净利润同比也下降了2%。在毛利率方面，冀东水泥、太行水泥和四川双马的毛利率比上半年的毛利率分别下降了4.39%、2.92%和3.99%；西藏天路毛利率较上半年也下降了3.47%。

世界前6大水泥企业已控制了除中国之外的世界水泥市场42%的份额。国内水泥行业走出低谷也需要一次大规模的整合运动。上市公司具有资本市场运作能力，在中国水泥市场的兼并之路上，会逐步形成区域化的水泥集团。这样，我们的水泥上市公司才能有不俗的表现。

三、技术装备的基本概况

1. 研究开发和工程设计的力量

国内从事水泥研发和设计的主要单位有中国建材研究院水泥所(北京)、天津水泥工业设计研究院、南京水泥工业设计研究院、成都建材工业设计研究院有限公司、合肥水泥研究设计院、南京凯盛水泥工程公司等。(见表7)

表7 国内主要水泥研发和设计单位情况

研究设计院所名称	技术人员	专业期刊	国际国内水泥机构
中国建筑材料科学研究院水泥所	~200人	《中国建材科技》	国家水泥质量监督检验中心 全国水泥标准化技术委员会
天津水泥工业设计研究院	~700人	《水泥技术》	中国水泥发展中心CCDC
南京水泥工业设计研究院	~500人	《水泥工程》	
成都建材工业设计研究院有限公司	~500人	《新世纪水泥导报》	
合肥水泥研究设计院	~600人	《水泥科技》	
南京凯盛水泥工程公司	~120人		
总计	~3 000人		

除了上述主要研发设计单位外，国内还有许多省市的建材研究设计院所，以及其他公司企业也大量从事水泥生产方面的研发设计工作。

国内设置与水泥相关专业的主要大专院校有：武汉理工大学、南京理工大学、济南大学、华南理工大学、同济大学、浙江大学等大学，他们均开设有无机非金属材料或材料科学与工程专业。学历培养从本科到硕士研究生、博士研究生。

2. 研究设计内容和水平

新型干法水泥生产线基本上分三个台阶：从日产700吨到<日产2 000吨规模；日产2 000吨到<日产4 000吨；日产4 000吨到日产10 000吨。2005年，个别大企业已经着手建设日产12 000吨生产线。我们的研究设计内容和水平也随着生产规模的升级而不断地提高和完善。

研究设计内容涵盖水泥生产的工艺、装备、电气自动化、检验检测、水泥标准以及水泥基材料、水泥品种、规划与咨询等。基础研究主要由部分大学和研究设计院所完成。从产品和测试标准的制定到材料性质和品种的研究，基本满足了国内生产的需要。

尤其在装备开发上面，近几年通过引进国外先进技术，逐步解决了水泥生产线上许多设备上的关键技术。国内几个大型设计研究院在吸收国外技术的基础上，研发出大量具有自主知识产权的装备技术，大大推进了我国新型干法水泥生产线的建设进程。

(1) 窑外分解及煅烧技术

国内几个研究设计院已经相继成功研发具有自主知识产权的新型防堵高效低阻旋风预热器及分解炉，全面提升了我国新型干法水泥窑系统的国产化、大型化技术水平。新型旋风筒技术及主要指标达到国际先进水平。预热器形式进一步优化，系统内的单项部件的结构和材质进一步改进，使得系统的效率进一步提高，一些性能优良的预热器分解炉系统的入窑物料分解率已达94%，因而窑的L/D趋势在缩短，出现了L/D=10~12的短窑。进一步改进了装备和系统的可靠性，使水泥生产具有优质、高效、低耗、符合环保要求和大型化、自动化的特征。

在安徽铜陵海螺水泥有限公司日产日产10 000吨新型干法水泥熟料生产线，第一次采用了直径6×95米的超大型回转窑，且仅带3处支撑；第一次采用了双系列低压损型五级旋风预热器带单分解炉组成的新型干法窑尾烧成系统，单位熟料热耗设计指标仅为710×4.182千焦/千克，居世界先进水平。

(2)空气梁篦冷机技术的应用

在吸收国外先进技术的基础上国内自行开发了空气梁往复推动篦式冷却机，采用空气梁供风、高阻力篦床、入料均匀分配、厚料层、脉冲分风及合理地配风等新技术，已广泛地用在日产1 000~5 000吨生产线上。解决了厚层篦冷机冷风不易均匀透过料层的技术难点，冷风和高温熟料进行激烈的换热，一方面有利于熟料快速冷却；另一方面提高了二次、三次风温度，篦冷机的热效率已提高至74%以上，且运转率大幅度提高。

(3) 多风道燃烧器的应用

国内已开发应用了三风道、四风道直至燃烧两种以上燃料的五风道煤粉燃烧器。由中华人民共和国发展和改革委员会发布的建材机械行业《水泥工业用多风道煤粉燃烧器技术条件》(JC/T 938－2004)新标准于2005年4月1日正式实施。

以上三项技术是新型干法水泥生产线的成熟配置。

(4)无烟煤技术的成功应用

我国生产水泥以燃煤为主。近年来，我国新建和改造了许多水泥新型干法窑，使水泥生产对煤的需求量大大增加。然而，尽管我国煤炭储量丰富，品种齐全，但在全国煤炭储量分布及品种分布上，却是不平衡的。许多地区的煤炭主要是低挥发分煤。为使这些地区能用当地煤生产水泥，来增加工厂经济效益，减轻交通运输的压力，且合理地利用燃料，我国从20世纪90年代初起，开发研究新型干法水泥生产线燃无烟煤生产水泥的课题，并开发出专门的工艺技术和设备，目前已将此技术和设备在十几条日产700吨~2 000吨生产线上成功应用，生产用煤的挥发分低于5%。取得很好的经济效益。

(5) 生料破碎与粉磨技术

石灰石破碎机，单机生产能力可达日产400~1 400吨，可适用于日产2 000~10 000吨熟料生产线。我国生料立式磨的应用也是在广泛吸收国外先进技术基础上，以自主开发为主，已能满足日产5 000吨 生产线的配套使用。生料粉磨系统的电耗指标可达每吨17千瓦时。国内立式磨的生产厂商主要有：合肥中亚水泥机械厂的M型系列、沈阳重型机器有限责任公司的MLS系列、天津仕名公司TRM系列产品。

(6)水泥辊压机技术

挤压粉磨工艺是国际80年代中期新开发的新型节能粉磨技术。自1990年江苏省江阴市水泥厂国内第一台国产辊压机投产以来，在我国生产实际中应用已有多年的历史。经过多年的使用，经验得到积累，技术日臻完善。随着辊面结构的改进和新技术新材料的应用，辊面磨损修复问题已逐步得到解决。伴随着不同工艺系统的研究开发，挤压粉磨工艺的各项技术经济指标大幅度提高。

辊压机作为预粉磨或半终粉磨过程的主机装备，其技术可靠性和节电优势已为广大用户所认知和接受。与管磨系统相比其粉磨电耗可降低25%。

近年来国产辊压机解决了“机体振动、辊面磨损大寿命短、自控不协调、液压系统调节不灵”等技术问题，并已形成系列，最大规格能满足日产5 000吨生产线的配套使用。

国内生产辊压机的厂商主要有中信重型机械公司RP系列、合肥院HFCG系列、天津仕名TRP系列、成都利君公司CLF系列，成都院CDG系列等。

(7) 过程控制与信息自动化

目前大部分新型干法水泥生产线均采用集散式计算机系统(DCS)，进行生产线设备的程序和生产过程控制。管理先进的企业还将管理信息系统建立在DCS的基础上，形成了生产实际与管理的高度统一。近期在个别大型集团兴建的日产6 000~10 000吨生产线上采用了智能化DCS和现场总线网络技术。

原料储存和预均化技术、低品位原料开采和使用技术、高效选粉机技术、高效烘干机技术、大型钢丝胶带斗式提升机等就技术的应用为水泥厂节能降耗做出了贡献；大型窑尾布袋收尘器的应用，满足了粉尘排放小于50毫克/标立方米的国家新环保标准(GB4915－2004)。然而，在新型沸腾煅烧技术方面、在日产10 000吨生产线装备大型化、国产化方面我们还有许多工作要做。

工程设计：从日产1 000~5 000吨的水泥生产线设计技术已经相当成熟。日产10 000吨水泥生产线的工程设计技术部分设计院已经基本掌握。其设计水平与国际上大公司基本相当。近几年，部分设计院承接了一些国外水泥厂的建设工程，这说明我们的技术和设计水平已具备参与国际竞争的能力。

随着我国对环境保护的日益加强，在工程设计中如何进一步注重完善与环境和谐方面，以及利用回转窑煅烧废弃物、纯低温余热发电等方面有待于逐步提高。

装备加工水平：目前我国日产1 000~5 000吨的水泥生产线新型干法窑外分解水泥的工艺技术、装备制造技术和管理水平已经比较成熟。近两年新投产日产5 000吨熟料生产线的建设周期已缩短为15个月；国产化率达到95%以上。而日产10 000吨水泥生产线主机装备国内还不能完全自给。中国的新型干法技术并不落后，应该说已经达到了世界先进水平，所差的只是基础装备水平。

目前，我国水泥行业为加快技术进步，鼓励采用先进技术使用的装备，提升技术水平，进一步缩小与世界先进水平的差距，已经制定了《水泥工业产业政策》，要求在2010年新型干法水泥技术经济指标达到吨水泥电耗95千瓦时，熟料热耗740千卡/千克。这对新型干法水泥厂来说,只要生产线上规模、采用先进技术、管理上水平,达到以上指标较快,而就水泥行业的整体来说,任务是艰巨的。我们要坚持水泥行业的结构调整,加快装备的大型化,推动技术进步。

四、结束语

我国水泥行业已步入了快速发展新型干法水泥的黄金时期,今后几年新型干法水泥的年增长率至少可以保持在30%以上。在水泥总量增加不大的情况下,新型干法水泥的市场份额将由淘汰的落后水泥让出。水泥出口将会大幅增加。中国水泥出口的瓶颈是运输工具和专用码头,它也变成水泥行业参与国际竞争、稳定价格和提高竞争力的核心武器。

国内十大水泥集团和水泥上市公司会利用这个大好的发展时机,运用资金和人力优势,扩充经济实力,抢占矿山资源和市场份额,通过企业的兼并收购和重组,做大做强各自企业。面对被动的市场价格波动,各大企业将尽快主动建立中国水泥的区域市场,各自形成局部性的稳定市场及价格,最后达到全国性市场的动态平衡。

国内的研究设计部门将积极加大装备研发的力度,尤其是围绕日产5 000吨以上新型干法水泥生产的工艺和装备技术的研发,解决和完善大型化的关键技术、材料材质和提升加工能力。

几大研究设计院已分别进入了中国建材集团公司和中国材料科工集团,他们将利用国字号的这两大集团的平台,把技术和装备输入国外。东南亚、中东地区和非洲将是我国水泥技术和装备出口的重点。

我们要加强理论和工程技术的研究,树立工程设计新概念,提高产品质量,解决节能降耗,促进水泥生态化。利用网络技术、在线检测技术、新型材料等高科技来改造传统的水泥生产。尤其要加速水泥生产生态化工艺装备的研究和设计,力求在环境保护和生态建设方面达到国际先进水平,实现我国水泥工业的可持续发展。

★该文章是作者在2005年4月14日召开的首届中日建材及相关产业交流研讨会小组讨论中的发言。

循环经济与我国水泥工业发展★

◎建筑材料工业技术情报研究所 孙星寿

水泥工业作为我国建材产业的重要组成部分,为我国经济、社会可持续发展和提高人民生活质量提供了强大的物质基础。然而,水泥工业作为矿产消耗型原材料产业,其迅速发展是以大量消耗矿产资源和能量资源来实现的,随着我国能源和矿产资源形势的日益严峻,将会严重制约水泥工业的生存和发展。

水泥工业作为传统产业,发展循环经济有利于提高能源、资源的利用效率,减少环境污染,推动行业的可持续发展。在行业内应用3R(Reduce——减量化、Reuse——再使用、Recycling——再循环)的减量化原则,可以降低天然资源的投入量,提高能源和资源的使用效率,减少水泥生产的废弃物排放。通过节能技术的开发和推广,减少水泥生产总能耗,从而延长水泥产业静态可持续发展的时间,可以为科技界发现新能源或开发利用可再生能源留有充分的余地。利用3R的再使用或反复利用原则,可以通过提高水泥产品的质量性能来延长水泥混凝土的使用寿命,进而大幅度节省资源,提高现有资源的使用期限。利用3R的再循环原则,可以尽可能多地再生利用或资源化废弃物和劣质材料实现水泥工业的原燃材料战略化转移,使物质资源永续利用。

按照循环经济理念发展水泥工业,实现水泥工业的生态化转型,可以从根本上解决水泥工业所面临的资源、能源和环境问题,实现水泥工业的健康、可持续发展。

目前,国外新型干法水泥生产线每吨熟料单位煤耗为100千克标煤,而我国则在150千克标煤左右。随着我国水泥行业结构调整和技术革新的实施;水泥生产单位煤耗还可以大幅度降低。如果我国新型干法水泥生产能力达到全部水泥生产能力的80%,吨熟料标准煤耗将降至100千克左右。

在电力供应得到确保的同时,我国水泥行业还必须通过结构调整和技术革新来降低电耗、节约电能。据测算,如果我国新型干法水泥生产能力达到全部水泥生产能力的80%,吨水泥电耗将降至90千瓦时左右。随着水泥产业结构与技术水平的迅速提高,我国水泥工业的整体煤耗、电耗还有进一步降低的可能性。

水泥工业实现固体废弃物资源化应用前景广阔。水泥工业实现固体废弃物资源化利用主要体现在两个方面,从能源和原料两方面利用废料,一是将工业废渣用作水泥原料或混合材料,如利用粉煤灰、高炉矿渣等工业废渣作原料取代天然资源,减少熟料生产量,减轻环境负荷;二是将可燃废渣用作燃料,减少化石类资源的消耗。其他工业部门难以处理的无机和有机废料,都可通过汽化或在水泥回转窑中作原燃料使用。

由于我国水泥产品结构中,普通硅酸盐水泥及矿渣硅酸盐水泥的产量在我国水泥总产量中占绝大多数,使得我国水泥利用天然矿物资源及工业废渣作为混合材生产水泥的数量也处于较高水平。根据统计表明，我国水泥产品中水泥混合材的掺加量平均为24%～26%。

用做水泥混合材料的天然资源主要有沸石、石灰石、火山灰等。用做水泥混合材料的工业废渣主要有煤矸石、粉煤灰、炉渣、冶炼废渣以及部分金属尾矿等。除此之外，水泥工业还成功利用化工厂电石渣、铝厂的赤泥、硫酸厂的黄铁矿渣等作为水泥原料。其中，矿渣在我国水泥混合材中用量最大。而粉煤灰在水泥工业中的应用发展最为迅速，两者相加占我国水泥混合材用量的60%左右。

虽然我国水泥工业已经成为利废大户，但在利废种类、范围和方式上还有极大的提升余地。目前，我国水泥工业对固体废弃物的利用还主要集中在矿渣、粉煤灰等几个品种上，对于废旧轮胎、废塑料、有毒有害废弃物、生活垃圾等国外已经较为成熟的应用还处于初级阶段，有的甚至还没有尝试过。

固体废弃物在水泥工业中的应用具有广阔的前景。如果能够将全国水泥混合材，如矿渣、粉煤灰、炉渣等固体废弃物的掺加比例提高到40%乃至50%，甚至90%，按2003年水泥产量计算，全年即可最少节省水泥熟料1.29亿吨，这将节省大量的煤、电、石灰石、黏土等资源，同时可以实现钢铁、电力、化工等行业固体废弃物再循环。固体废弃物，特别是生活垃圾、有毒有害垃圾替代水泥燃料，还可以节省建设垃圾焚化炉等专用设施的资金，避免二次污染。

大力发展散装水泥事业。根据循环经济减量化原则，应尽可能减少包装物的使用。因此，我国应该大力发展散装水泥事业。虽然我国散装水泥取得了快速的发展，但与国际先进水平相比，水泥散装率仍然很低，到2000年仅为19%，而工业化国家一般经过20多年的发展，在20世纪70年代初就基本实现了水泥散装化(散装率达70%以上)。按每年生产袋装水泥4.7亿吨，如果采用纸袋包装，消耗的包装纸折合优质木材1551万立方米，加上水泥损失，每年的经济损失达212亿元，同时还要产生大量的固体废弃物和粉尘，不但浪费水泥资源，而且对城市环境造成了污染。

此外，如劣质原料的使用、实现清洁生产、实现温室气体及粉尘减排等方面，水泥工业都有很大的发展空间。

★该文章发表于2005年4月15日《中国建材报》。

立窑水泥企业的根本出路是与新型干法接轨★

——立窑水泥企业生存发展空间剖析

◎原国家建材局副局长、现中国水泥协会立窑分会会长　李俭之

我国水泥工业正处在以新型干法为主导的快速发展时期，产业政策加大了限制、淘汰立窑及落后生产工艺的力度。面临如此形势，立窑水泥企业还有无生存空间？能否实现可持续发展？是广大立窑水泥工作者十分关切的问题，就此问题谈谈我个人看法，供参考。

一、当前水泥工业发展形势及主要特点

1. 水泥工业正处在新一轮的高速发展时期

我国水泥工业进入"十五"以来，受宏观经济快速发展的影响，全社会固定资产投资特别是第二产业、建筑业及房地产投资高速增长的拉动，继"八五"高速发展之后，又进入了一个新的高速发展时期。2001、2002两年间，水泥产量增加了1.28亿吨，2003年水泥总量高达8.63亿吨，净增产量达到1.38亿吨，比前两年快速增长的总和还多。

2. 新型干法发展速度迅猛，产业结构优化

新一轮的快速发展，与上一轮"八五"期间的快速发展，在产业结构上发生了根本性的变化，"八五"期间平均每年净增水泥5331万吨，其中立窑水泥占83%，其他各类回转窑水泥只占17%，而"十五"前三年净增了2.66亿吨水泥50%以上是新型干法水泥。新型干法水泥在水泥总量中的比例已由2000年的不足10%，提高到约22%。目前新型干法已成为水泥工业的投资热点，根据中国水泥协会统计，2003年全国建成投产98条新型干法生产线，新增熟料生产能力6 372万吨，2004年在建的新型干法线有240条，全部建成后新型干法水泥的生产能力将达到4亿吨，产业结构明显优化。

3. 市场需求的拉动为立窑水泥提供了增量空间

在过去的三年里，尽管产业政策严格限制立窑水泥发展，但新型干法水泥的发展仍满足不了市场的需求，这就为立窑水泥提供了增量空间，立窑水泥企业主要靠推广应用20项适用技术进行综合技术改造，三年来立窑水泥也同步增加约1.3亿吨，及时弥补了市场空缺，对水泥增量的贡献约占50%的比例，2003年立窑水泥仍占全国水泥总量的70%。

4. 高速发展孕育着生产能力过剩和新一轮的价格大战

近几年水泥市场需求量的超常增长，主要是靠全社会固定资产投资超常增长拉动。2001、2002年的固定资产平均增长率已由"九五"的10.51%增加到14.57%，但2003年又增加了12个百分点到达26.7%，江苏、山东、安徽、江西等省甚

至高达50%以上。对此,我们必须保持清醒的认识,这样高的增长速度不可能持久。在以人为本,科学发展观的指导下,国务院已于2003年12月23日转发了发展改革委员会等六部局“关于制止钢铁、电解铝、水泥行业盲目投资的若干意见”的通知(103号文),制定了防止水泥盲目投资加快结构调整的措施。从今年开始固定资产投资要加以控制,计划将固定资产投资增速控制在15%。因此,随之而来的水泥需求增长势头将减缓,前几年集中投资形成的生产能力必将出现大量过剩,一场争夺市场的价格大战即将来临,水泥企业将面临一场优胜劣汰的洗礼。市场只会给予最具有竞争能力的企业以生存机会,无法承受长期亏损的企业,只能选择退出竞争,淘汰出局的命运。

二、对立窑水泥企业生存、发展空间的分析

1.立窑生产方式逐步被先进生产力取代是我国水泥工业发展的历史必然

立窑生产方式是水泥生产的原始技术,由于它的单机生产能力小、劳动生产率低、煅烧温度不均和难以实现自动化控制等缺点,在发达国家里早在20世纪60年代开始,就逐步被回转窑生产工艺所取代。我国立窑水泥工业的崛起是国情所致,在国家经济势力不强,资金严重短缺,而水泥需求矛盾又十分突出的情况下,由地方、集体以少量的投资低起点发展起来。由于立窑水泥的快速发展,为国民经济的持续快速发展做出了重要的历史贡献。经过我国立窑水泥工作者几十年的不懈努力,使立窑生产技术发展到史无前例的水平,并培育出部分先进立窑企业达到现代立窑水泥企业的水平,其综合技术经济指标仅次于新型干法,优于其他各种窑型,在多种生产工艺共存的历史时期还有它的生存空间。但立窑水泥企业的决策者必须清醒的认识到,新型干法才是水泥工业先进生产力的代表,并具有最强的竞争优势,随着新型干法的大发展,立窑水泥退出数量上的主体地位和逐渐被新型干法或更新的技术所取代,这是我国水泥工业发展的历史必然。

2. 立窑水泥企业仍有一定的生存空间

我国立窑水泥工业崛起将近半个世纪,占据水泥数量上的主体地位也有30年的历史了。退出主体地位乃至全部被取代并非一年两年的事,也需要一个相当长的历史过程。在这个过程中立窑生产仍是我国水泥工业的一个重要组成部分。但随着新型干法的大发展,立窑企业的生存空间将越来越小,市场不可能全部容纳现有的近5 000家立窑企业。

在今后的三、五年内,立窑水泥企业这个庞大的群体,在激烈的竞争中将分化成三类企业,一是造就出一部分优势立窑企业,实现与新型干法接轨,加盟发展经济规模新型干法生产线,成为既有立窑又有新型干法的复合型水泥企业,使企业登上可持续发展的平台;二是基础条件较好的立窑企业,通过全面推广应用立窑研究会推出的20项适用技术,全面达到现代立窑水泥企业八项技术经济指标,这类立窑企业,可以在今后的相当长时期里与新型干法共存;三是众多的工艺不完善、设备不健全,管理粗放,缺乏竞争力的落后立窑企业,将很快在新一轮的市场竞争中被淘汰出局。

立窑水泥企业的生存空间,首先来自水泥市场需求的增长。十六大制定的全面建成小康社会的目标,2020年前国民经济GDP需要保持7%以上的年增长率,这就起码会拉动5%左右的水泥年增长,今后若干年每年会有4 000～5 000万吨的水泥增量需求。不难看出新型干法很难在短时间内肩负着既要满足水泥增量的需求,又要替代落后的双重任务,这就为立窑水泥企业提供了生存时间和一定的增量空间。

其次在一些特殊情况下,立窑水泥企业还有着新型干法不可取代的优势,如在一些市场容量不大(30万吨以下),交通不便的边远地区,不适合建设经济规模新型干法生产线,这正是立窑水泥企业发挥优势的区域空间,因为先进立窑的综合经济技术指标,优于日产1 000吨以下的新型干法及其他窑型。

其三,小型零散石灰石资源适合立窑生产,我国有丰富的石灰石资源,但可供建设经济规模新型干法的大型矿源不是遍地都有,靠近市场的零散小型矿源,如数百万吨的鸡窝矿,也是立窑水泥企业生产运作的空间。

三、继续生存的立窑水泥企业必须彻底改变落后的社会形象

我国立窑水泥工业由于起点低,后期发展又很不平衡,其总体水平至今还十分落后。长期以来给社会造成了“质量差”、“污染工业”、“浪费资源”等不好的形象。在激烈的市场竞争和加速产业结构调整的大潮中,不迅速改变这些落后的社会形象,继续生存发展是不可能的。

1. 改变立窑水泥质量差的社会形象

产品质量差,不是立窑生产方式固有的缺点,在发达国家中立窑被淘汰的主要原因也并非因质量问题。但长期以来,在我国确实存在立窑水泥质量差的问题,其原因主要是我国立窑水泥工业的起点太低,工艺不完善,设备简陋和管理落后造成的。经过立窑水泥工作者几十年的不懈努力和不断的技术进步,从20世纪90年代开始立窑水泥质量普遍提高,一般立窑企业都可按国家标准组织生产,许多先进立窑企业的产品质量已经全面达到优等产品水平,成为社会公认的优质品牌。全国760多家通过产品认证的水泥企业,立窑水泥企业就占了近600家,国家技术监督局先后四批公布的131家全国产品免检的水泥企业中,立窑水泥企业(含立窑旋窑皆有)也占了40%。他们的成功完全证明了立窑水泥企业同回转窑企业一样都能生产优质水泥。但不可否认,目前仍有大量落后的立窑水泥企业产品质量不稳定,社会信誉很差。要想继续生存的立窑水泥企业,必须通过技术改造和加强企业管理,以自己的过硬产品质量,彻底改变质量差的社会形象。

2. 要彻底改变粉尘污染严重的社会形象

立窑水泥企业的环保形象很不好,大多数水泥立窑粉尘排放浓度不达标,粉尘污染严重,被社会称为“污染工业”。其实立窑水泥企业的粉污染问题不是不治之症,造成粉尘污

染问题的主要原因是企业的环保投资不到位。解决粉尘污染问题不存在技术和设备上的困难，只要企业从思想上重视，环保投资到位，立窑企业也可以像新型干法一样做到无烟无尘文明生产，目前遍及全国各地都有全面达标，无烟无尘文明生产的先进立窑企业典型，他们的成功经验具有普遍推广意义。彻底治理粉尘污染，是立窑水泥企业生存发展的当务之急，不彻底摘掉“污染工业”的落后帽子，绝无继续生存的可能。

3. 要彻底扭转对立窑水泥企业“浪费资源”的认识

一般立窑水泥企业都没有自己的石灰石矿山，群采收购是立窑水泥企业的主要生产模式。由于矿山开采缺乏统一规划和管理，乱开乱采现象十分严重，加之一般立窑水泥企业都没有正规的原燃料均化设施，石灰石进厂控制指标较高，导致资源利用率低，影响了企业的可持续发展。其实立窑水泥生产方式，由于采取生料与煤混磨，对石灰石和煤质的适应性比回转窑工艺强，不仅可用每千克4 000千卡以下的劣质煤和低品位石灰石，还可以采用粉煤灰、煤矸石代替黏土配料。因此只要加强石灰石矿山开采管理和增设原燃料均化措施，立窑水泥企业不仅不会浪费资源，而且可以为资源综合利用做出贡献。立窑水泥企业要抓紧生料制备系统的改造，努力扭转人们“浪费资源”的认识，树立绿色工业的形象。

4. 全面推广20项适用技术为企业的生存与发展创造条件

立窑研究会成立后，根据立窑水泥工业的现状和产业结构调整的形势，提出了“培育先进淘汰落后”加速产业结构调整的整体思路和目标，即用3～5年的时间，通过全面推广应用20项适用技术，使基础条件较好的机立窑企业过渡到现代立窑水泥企业，全面达到“八项指标”的先进水平，并培育出部分具有优势立窑企业与新型干法接轨，发展新型干法生产线，成为既有立窑又有新型干法的复合型水泥企业。随着上述两个先进群体的形成，加快大批落后立窑企业的淘汰。“立窑水泥企业技术进步指南”出版后，推动了立窑水泥企业的技术进步，许多立窑水泥企业把现代立窑水泥企业的八项指标作为企业技术进步的目标，掀起了技术改造的高潮，加速了技术改造的步伐。从部分生产20项技术设备企业的销售情况，可以清楚看出立窑水泥企业的技术改造形势，如上海福丰电子公司的预加水成球设备，2002年以前每年销售量只有30多台套，2003年达到200多台套；徐州中国矿业大学生产的生料热量仪器，以往每年销售100台左右，2003年则高达350多台；合肥水泥研究设计院、南京立窑研究所、盐城科行环保公司、临沂宏艺科技开发公司、北票选矿机械公司等厂家的技术改造、技术服务合同和设备销量都大幅度增加。

（1）生料系统改造的重点是原燃料均化和率值配料。长期以来，立窑水泥企业对生料制备过程的技术要求存在误区，即误认为立窑水泥企业生产规模小，生料制备系统可以简化，因此，造成生料制备系统的两大致命缺陷，一是原燃料没有均化设施，20世纪90年代前建设的立窑企业都没有设计和建设原燃料预均化设施，生料均化也极其简单，严重影响了生料质量的稳定性。第二个落后点是配料、配热系统，虽然一般立窑企业都采用了自动计量设备和微机配料，但控制过程都是采用钙、铁成分控制，没有采用仪器分析在线率值配料；配煤也没有采用热量仪控制，因此导致入窑生料率值和配热波动很大。由于上述两大问题，导致生料成分的波动和率值合格率低下，从而严重影响了煅烧热工制度和熟料质量的稳定，这是许多立窑水泥企业质量稳定性差的根本原因。其实立窑生产工艺，对原燃料的均匀性和生料成分稳定性的要求与回转窑相比没有差异，由于立窑存在煅烧温度不均和煅烧过程供热不能及时跟踪调节的缺点，对生料均匀性和配热准确性的要求，不仅不应该低于新型干法，而且在理论上要求应该更高。另外立窑水泥企业一般都采取多点收购石灰石，因此预均化就更加必要。立窑水泥工作者，必须提高对生料制备的要求，用新型干法生料制备技术，尽快对生料制备系统进行重点的技术改造，因为生料的质量是熟料和水泥质量的基础。实践证明，谁重视生料制备并进行相应的原燃料预均化和生料配料系统的技术改造谁就受益匪浅。一批脱颖而出的现代立窑水泥企业，无一不是从生料制备上进行系统的技术改造入手，他们许多厂的入窑生料合格率一般都在95%以上。

原燃料的均化是采用在线率值配料的先决条件，目前可供选择的原燃料预均化及生料均化技术设备很多，在技术改造中应尽量直接移植新型干法的成功均化技术及设备。也有比较简单易行效果不错的均化设施可供选择，如南京立窑研究所推出的多点下料无底园库，投资小、效果好，深受企业的欢迎。小型X萤光分析仪和热量测定仪已经国产化，使立窑水泥企业实现准确及时的在线率值配料和配热自动控制成为可能。实施率值配料和按热值配热，是现代立窑企业不可缺少的技术和控制手段，要重点推广应用。生料成分稳定性和配热准确性的提高，不仅对熟料质量的提高产生决定性的影响，而且对提高窑的产量和降低能耗都会带来积极的效果。对原燃料的均化和采用仪器分析在线率值自动控制配料，是立窑水泥企业在生料制备系统与新型干法技术接轨的关键环节。

（2）水泥粉磨系统改造的重点是设备大型化。水泥粉磨系统也是立窑水泥企业的薄弱环节，其主要表现是磨机规格太小。我国水泥标准虽然已经与国际接轨，但同一商品标号水泥的实物质量与国际水平相比还有一定的差距。造成与国际水平的差距和实施ISO检验标准后，我国水泥强度大幅度下降（比外资企业约大一倍）的主要原因，并非熟料质量低的影响，而主要是水泥细度粗造成的。国外水泥的比表面积一般都控制在每千克360～370平方米。我国实施新标准前，水泥细度一般都控制在每千克300～320平方米。水泥比表面积从每千克300平方米提高到360平方米，28天抗压强度一般可提高5～6兆帕，3天可提高2兆帕左右。由此可见，提高水泥比表面积，不仅可以充分挖掘水泥的潜在强度，而且对改善水泥的早期强度和提高混合材掺加量都有积极作用。实行新标准后，立窑水泥企业都在力求提高水泥的比表面积，但一般立窑水泥企业的磨机规格太小（Φ2.2－2.4），把水泥比表面积提高到每千克360平方米左右十分困难，将导致磨机产量大幅度下降，电耗大幅度增加。因此对水泥粉磨系统必须进行技术改造，生产规模较大的立窑企业，可以结合工厂的系统改造，更新Φ3米以上的大磨，采用群窑大磨工艺，在水泥粉磨系统实现与新型干法接轨。暂时没有条件改成大磨的企业，行之有效的办法是减小熟料入磨粒度和提高选粉机效率，如采用熟料细碎机，辊压机和高效选粉机技术设备等。

立窑与回转窑两种生产方式的区别，只是熟料煅烧窑炉不同，其生料制备和水泥料系统不应该有差别，立窑企业不能简化和降低要求。山东齐银水泥公司利用工厂搬迁的机会进行了移地技术改造，建设了1条群窑大磨（三窑一磨）的生产线。为立窑水泥企业利用20项适用技术进行综合技术改造提供了示范，生料系统石灰石和煤都有正规的均化库，生料磨采用立式磨，水泥磨采用直径3.5米大磨；生产控制系统采用了DCS集散自动控制系统，一个年产50万吨水泥立窑水泥企业，只有196人。

①立窑煅烧系统要重点抓好粉尘治理和两项技术的推广。生料制备、水泥粉磨系统与新型干法技术接轨后，为立窑水泥企业的产品质量提供了生料质量的保证，但窑的煅烧水平最终决定熟料质量的优劣。通过我国广大立窑水泥工作者长期不断地技术创新，在立窑煅烧技术上，取得了前所未有的技术进步和发展，如全黑生料、复合矿化剂，预加水成球、暗火操作，垂直送风卸料篦子、高温带温度监控、窑体隔热保温和卸料管密封技术等等，这些新技术已在立窑水泥企业中得到普遍推广和应用。我认为当前立窑煅烧系统的技术进步，应该重点抓好粉尘治理和预加水小料球快煅烧、窑体隔热保温两项技术的推广。

②立窑的粉尘治理，必须像新型干法一样严格要求。实现现代立窑企业目标，环保是最大的难点，但也是最容易解决的问题。所谓难点是立窑水泥企业的粉尘污染严重，多数企业粉尘排放浓度不达标，这也是最容易解决的问题，是因为立窑水泥企业的粉尘污染问题，不是立窑水泥企业的不治之症，也不存在技术设备问题，袋式收尘器就是最可靠有效的收尘方式，目前的主要问题是环保投资和管理不到位。一般水泥企业的环保投资，要占固定资产投资的16%～20%，绝大多数立窑企业未达到这个水平。这个钱非花不可，要像新型干法一样高标准严要求，按国家的环保标准实施粉尘治理技术改造，继续以污染环境为代价换取降低生产成本的做法是错误的，也是根本行不通的。立窑水泥企业的决策者，必须认清形势，增强环保意识，加大环保投资力度并建立相应的环保管理机制，为企业的生存发展把好环保治理关。

③预加水小料球快速煅烧技术，小料球快速烧成技术是立窑煅烧的一项重要技术进步，目前应用十分成功的企业并不多，主要原因是前几年预加水成球系统的控制技术和设备还不太过关，小料球的操作控制要点还没完全掌握。目前预加水成球技术已经发展到第六代产品，设备及控制系统基本过关。小料球快速煅烧技术的核心是减小料球平均粒经和大小球的差异，也就是将成球的粒度由原来的8～12毫米，降低为3～7毫米。由于料球平均直径大大减小，对加快煅烧速度、提高窑的产量和降低fCaO含量都产生了积极的影响，应用成功的企业都取得明显效果。

④窑体隔热保温技术，立窑窑体保温比回转窑体保温的意义更大，它的主要作用不仅仅是减少窑体散热损失，而主要是改善立窑断面温度分布不均的问题，也就是减小了立窑中心与边部的温度差，从而带来提高熟料质量和降低熟料热耗的效果。应用成功的企业，其熟料热耗都达到850Kcal/kg左右的先进水平。立窑窑体保温的第二大作用是提高窑的产量。由于窑体保温采用了轻质高热阻的高温硅酸钙板等材料，可使窑的保温层厚度减薄50%左右，但热阻却比原保温层还提高一倍左右。由此带来窑的有效直径增大的效果，使窑的有效容积增加，从而使窑的台时产量也相应提高，如塔牌集团的17台直径3米的立窑全部进行了窑体隔热保温综合技术改造，年平均台时产量达到16吨以上。可见窑体隔热保温技术是一项效果十分明显的重大技术，应该大力推广应用。

⑤加强企业的科学管理，建立具有特色的企业文化。实现现代立窑企业八项指标，要一靠技术，二靠管理，单靠20项技术实现现代立窑企业目标是不行的。先进的技术装备，必须通过先进的企业管理，才能生产优质的产品和创造先进的技术经济指标。许多技术设备条件相同的企业，但其生产经营水平确有先进与落后的明显差异，其主要原因是企业管理上的差距造成的。一个企业的好与差是三分设备七分管理。因此实现八项指标，除全面推广应用20项适用技术外，还必须在深化企业改革，加强企业管理上下功夫。现代立窑企业的八项指标中，对企业管理有明确的要求，许多先进的现代立窑水泥企业，为我们提供了很多可以借鉴的经验，最重要的有以下几个方面：

以人为本，提高全员的素质。结合企业的实际情况，塑造具有特色的企业文化，不断地提高全员的技术、文化和敬业素质。

增强质量意识，实行全员全过程的全面质量管理。把质量指标分解落实到生产过程的每个岗位、每个人，并建立相应的管理控制程序和考核办法。

加强成本管理，建立全员成本目标管理机制和考核办法。明确成本任务，把从原材料采购到水泥销售各个环节的成本指标，也分解落实到岗位，做到全员分解成本指标，落实责任。

增强环保意识,加强环保管理。对生产过程的环保治理也要像对产品质量、生产成本一样,建立环保管理机制及考核办法,落实各生产岗位的环保指标及制定奖惩分明的考核办法。

有关如何加强企业科学管理,在《立窑水泥企业技术进步指南》中有9篇成功企业家的论文,他们论文的内容丰富多彩,经验各有特点,在此我诚恳推荐给大家学习借鉴。

基础条件较好的机立窑水泥企业,通过全面推广20项适用技术和加强企业的科学管理,完全可以实现现代立窑水泥企业的目标,这不仅是立窑企业继续生存的必要,也是发展新型干法的基础。有些人提倡,立窑水泥企业不要按部就班的进行升级改造,要采取跨越式发展,一步到位发展新型干法。这将欲速则不达,一个落后的小立窑企业,不可能具备发展新型干法的经济基础和技术条件。目前已经发展新型干法生产线的立窑企业,无一不是通过技术进步和科学管理把立窑水泥企业发展起来的。

四、有条件的立窑水泥企业要不失时机的发展经济规模新型干法生产线

新型干法是水泥工业先进生产力的代表,它的市场竞争优势是其他任何生产方式不可比拟的,包括立窑在内的现有各种生产方式逐步被新型干法取代,这是我国水泥工业发展的必然规律。因此有条件的立窑企业要不失时机的发展经济规模的新型干法生产线,实现企业的可持续发展战略目标。目前一批具有优势的立窑企业,已经加盟发展经济规模新型干法的行列,成为发展新型干法的主力军。2002年投产的52条新型干法生产线,有28条是立窑水泥企业建设的;2003年投产的98条线也有近一半是立窑企业建设的。他们不仅使企业完成了向先进生产力的转化和带来丰厚的经济效益,也为产业结构调整做出了贡献。目前立窑水泥企业发展新型干法的时机已经成熟,其一是新型干法生产技术已经成熟;其二是在立窑水泥企业中已经涌现出一批具备发展经济规模新型干法的优势大中型立窑水泥企业。

1. 新型干法生产技术已经成熟

经过30年的技术开发、引进技术消化吸收和大量生产实践,我国新型干法生产技术已经成熟,日产5 000吨熟料以下生产线设备基本实现了国产化。①投资大幅度下降,水泥的吨投资从“八五”期间的800~1 000元,已经降到300元以下;②建设工期大大缩短,建设1条日产2 500吨熟料生产线的工期,从32个月的合理工期已经缩短到一年以内;③达标达产的时间大大加快,从一年达标、三年达产已经发展到当月达标,当年达产的先进水平;④熟料生产成本低,吨熟料生产成本一般可以做到100元左右,最好的可以做到80~90元。因此,新型干法具有市场竞争的最大优势。

2. 发展新型干法要坚持大型化、经济规模化的原则

新型干法技术最本质的特点是大型化技术,只有达到日产2 000吨以上的单机生产线规模,才能发挥它的综合能耗低、劳动生产率高和生产成本低的优点(表见1)。单机生产能力越大优势越明显,如日产5 000吨的生产线比日产700吨生产线的熟料热耗低35%,水泥综合电耗低25%,实物劳动生产率高7倍。这就是国家产业政策为什么规定支持日产4 000吨以上生产线的原因所在。从20世纪80年代中期开始,许多立窑企业围绕提高立窑水泥质量,曾经多次试图与回转窑接轨,如80年代发展的小立筒预热器窑、泾阳窑,90年代发展的日产300吨、600吨五级预热器窑、日产700吨以下的窑外分解窑以及湿法窑等。实践证明,这些小型的生产线,综合经济效益都不好,在多数地区没有竞争力,已成为淘汰的对象,这些花高额代价买来的经验教训要引以为戒。

近几年在水泥工业产业政策和新型干法快速发展的影响下,许多立窑水泥企业为了尽快与新型干法接轨,建设了一批和正在建设日产1 000吨的新型干法生产线。从长远考虑也是不合理的,日产1 000吨的生产线很难与大型新型干法企业竞争,其综合技术经济指标也低于现代立窑企业水平。建议有条件发展新型干法的立窑水泥企业,在多数地区里,起码要坚持发展日产2 500吨以上的生产线。建设新型干法生产线一次投资较多,资金实力暂不具备的立窑企业,首要任务是把立窑做大做强,要切记不要盲目追求,建设小型新型干法线,重走已经失败过的老路。广东的“塔牌”,浙江的“红狮”、“金园”、“三源”,河南的“天瑞”、“航天”,江苏的“磊达”,山东的“榴园”、“安厦”,陕西的“汉中”,河北的“奎山”等厂都为立窑水泥企业发展新型干法生产线发挥了带头和示范作用。

国内不同窑型先进技术经济指标对比　　　　表1

窑型	熟料质量(兆帕)	熟料热耗(千卡/千克)	水泥综合电耗(千瓦时/吨)	全员劳动产率(吨/人·年)	熟料吨投资(元/吨)①
新型干法700吨/日	53~60	900	125	700	280~350
1 000吨/日	53~60	850	110	1 000以上	300~330
2 000吨/日	53~60	800	100	2 000以上	230~260
4 000吨/日	53~60	750	90	4 000以上	260~280
湿法	53~60	1300	100	600左右	

窑型	熟料质量（兆帕）	熟料热耗（千卡/千克）	水泥综合电耗（千瓦时/吨）	全员劳动产率（吨/人·年）	熟料吨投资（元/吨）①
湿磨干烧	53～60	900	110	1 000 以上	100～150（改造）
现代立窑 1 000 吨/日②	53～60	850	70	1 000 以上	100～150
注：①熟料吨投资均不含矿山和特殊建厂条件的投资。②群窑大磨生产线。					

3. 要充分做好建设的前期准备工作

发展新型干法生产线，不能像立窑一样，一条线一条线的小规模滚动发展，首先要制定发展规划，要在中长远规划的指导下按计划发展。发展规划中首先要做好市场调查与预测，首先要看有没有市场，要取决于市场需求，做好动态市场需求预测分析。增量产品的市场在哪里？竞争对手是谁？你有多少竞争优势等等这些都要进行量化分析后再做决策，绝不能盲目发展。第二要做好资源调查，1 条日产 2 500 吨熟料生产线，一年可以生产近 100 万吨水泥，日产 5 000 吨生产线则可发挥近 200 万吨的能力，必须具备足够的石灰石矿山和其他原燃料资源。目前有些地方大家都在争先建厂，但没有充分考虑矿山资源和开采供应问题，这一点必须引起高度重视，不能做“无米之炊”。第三要做好建设资金准备，建设经济规模新型干法生产线不能走立窑企业发展模式，以少量投资滚动发展，必须一次投资到位。建设 1 条日产 2 500 吨生产线，需要 2 亿多元的投资，建设者必须筹集足够的自有资金，不能完全靠贷款建设。第四要做好技术、人才准备，新型干法生产线技术先进、自动化程度高，对人员素质要求高，一般立窑水泥企业不具备这些条件，要发展新型干法的立窑水泥企业，必须有计划的提前做好人才引进、人才培养和技术储备。

★该篇文章为 2004 年 3 月 23 日召开的“立窑水泥企业发展新型干法研讨会”上的发言稿

适量出口是我国水泥工业发展的需要★

◎国家发改委经济运行局　吕桂新

水泥是一种极为重要的建筑材料，到目前为止，人类尚未找到更好的建筑材料来代替水泥产品。我国水泥工业为国民经济建设发挥着极其重要的作用。然而，由于我国水泥工业长期处于落后状态，遍地开花的机立窑等落后工艺生产的水泥，消耗着大量的能源、资源，排放着大量废弃物，严重破坏了资源和污染了环境，直接损害了人们的身体健康。时至今日，人们一谈起水泥就很自然地冠以高耗能、高消耗、高污染的“三高”帽子。其实，这种看法是片面的，它没有看到近年来我国水泥工业的快速发展，因而也是不正确的。

水泥生产工艺有以新型干法为代表的先进技术和以立窑为代表的落后技术。近年来由于新型干法技术日臻成熟，装备基本实现国产化，投资成本大幅度降低，新型干法水泥得到快速发展。以 2004 年为例，全国水泥累计产量 9.7 亿吨，较上年净增 1.08 亿吨，增幅为 12.5%。全国建成投产新型干法水泥生产线 143 条，新增熟料生产能力 1.3 亿吨。全国新型干法水泥熟料总生产能力已达到 3.3 亿吨，占水泥熟料总生产能力的比重超过 40%。新型干法水泥产量 3.15 亿吨，占水泥总产量达 32.5%，比上年提高近 10 个百分点。立窑等落后工艺生产能力淘汰的速度明显加快。大型企业集团发展速度加快，水泥生产能力跨上 1 000 万吨以上的企业达到 6 家，安徽海螺集团水泥生产能力近 6 000 万吨，已步入世界前 5 位。我国水泥行业生产集中度进一步提高。目前，我国水泥工业发展正处在新老交替和结构调整过程中，新型干法取代传统落后水泥工艺的趋势日渐明显。

我国水泥出口在历经数年下降和徘徊后，2004 年开始止跌回升，全年出口水泥及熟料 700 万吨，同比增长 21.5%。出口方向主要是北美、亚洲国家及港澳台地区，占总出口量 92%。2005 年以来水泥出口形势继续看好，仅 1～2 月份出口水泥及熟料 160 多万吨，同比增长 80% 以上。且出口企业主要是大型水泥企业集团。2005 年水泥出口突破 1 000 万吨并创历史新高。我国水泥工业正在发挥着自身优势，以崭新的面貌走向国际市场。

当前国内煤、电、油、运趋紧，国家采取宏观调控措施，控制高耗能产品出口是完全正确的。但水泥行业和目前出口快速增长的其他“三高”行业情况差别很大，暂不宜采取控制政策。理由如下：

一、不能简单地把新型干法水泥归属为“三高”产品

新型干法水泥生产不仅没有污染，而且可以大量消纳其他工业垃圾和城市建筑、生活垃圾。按照 2004 年全国水泥产量测算，水泥生产利用的矿渣、粉煤灰、煤矸石及其他各类废弃物超过 2.1 亿吨。水泥生产消耗的资源主要是石灰石和砂岩，而我国这方面资源丰富，不存在短缺问题，完全可以将这种资源优势变为经济优势；新型干法满足水泥自身用电需要的 50%。目前新型干法水泥吨熟料耗标煤 115 公斤，机立窑水泥熟料为 160 公斤。因此，机立窑等落后水泥才是真正意义上的“三高”产品。而当前能出口的水泥绝大多数为新型干法水泥，机立窑水泥出口所占比重很少，不足 5%。

从消耗吨煤出口创汇水平看，目前直接出口一吨煤创汇仅44美元，而一吨煤至少可生产出6.2吨水泥，也就是说一吨煤生产水泥出口可创汇210美元以上，是直接出口煤创汇的4.8倍。

二、适量出口是水泥工业和企业做大做强的需要

2004年以来我国水泥出口增长属恢复性增长，尚未达到历史上水泥出口最高水平1996年的1 200万吨。目前水泥出口量仅占国内水泥9.7亿吨产量的0.6%，占全球水泥年贸易量1.2亿吨的5%。我国是水泥生产和消费大国，占全球40%左右，但出口量仅占全球5%的比例，这和水泥大国的地位极不相称。要由水泥大国变强国必须在国际水泥市场占有一席之地。从中国水泥企业发展角度看，像安徽海螺这样的大型水泥企业要想真正成为国际性大企业，也必须走出国门开拓国际市场。

三、适量出口可以有效利用国内外两个市场，平衡国内市场供求

由于近年水泥产能增长过快，国内水泥总量暂时过剩，竞争日趋激烈，华东地区水泥价格已由2004年初的400多元人民币下降到目前200元人民币多一点。因此，适当出口一些水泥可以有效利用国内外两个市场，平衡国内市场供求。比如包括日本在内的发达国家，每年均有一定量的水泥出口。2004年日本全国水泥产量7 000万吨，出口1 030万吨，进口80万吨。

四、适量出口有利于提升国内企业管理和提高产品质量

总体而言，由于管理原因，目前中国水泥产品质量和发达国家相比还有一定差距，像美国等对进口水泥在温度、粒度和流动性等方面都提出了更高的要求。因此，能够出口的水泥质量要求较高，属“高端”产品，这对促进和带动国内水泥企业改进管理、提高产品质量也是大有帮助的。此外，水泥和钢铁、电解铝等行业情况有所差异，水泥消耗的资源全部立足国内市场，我国发展水泥工业具有明显优势，不受国际市场控制。

当前，我国水泥工业发展趋势良好，总体上继续朝着国家宏观调控方向发展。今后几年水泥工业必须进一步加快结构调整，加大淘汰落后生产能力的步伐，充分合理地利用资源，最大限度地降低能源消耗、减少污染排放，满足与社会协调发展的生态要求，实现走新型工业化的目标。无疑，适当保持一定数量水泥出口对实现这一目标具有重要意义。

★该篇文章2005年5月发表于《中国水泥》杂志。

水泥矿产资源综合利用是必由之路★

◎天津水泥工业设计研究院　郝汝铤

2004年我国水泥产量达9.7亿吨，已占世界水泥总产量的45%；约需消耗石灰质原料10亿吨，黏土质原料2亿吨、燃煤1.6亿吨(标煤)。据专家预测：2010年我国水泥需求将达13.5亿吨，那么，原燃料消耗相应也会提高近40%。按现行的有关规范规定，水泥原料矿山允许的地质剥采比为0.5:1(吨/吨)。也就是说水泥矿山为生产水泥原料，还需剥离并排弃数以亿吨计的废石、覆盖层等剥离物。

对这些剥离物的综合利用，贫富兼采，变弃为利，变废为宝，是我们水泥行业采矿工作者多年的努力目标。在生产实践活动中，我们也逐步摸索和积累了对矿、岩体进行综合开采、综合利用的途径与经验，在很多矿山中，综合利用了低品位的矿石，实现了零排废。不仅将剥离物全部用在工业用途上，还扩大了矿石储量与矿石利用范围，延长了矿山服务年限。水泥矿山的资源综合利用是建设“节约型建材工业”的一个重要内容。

一、水泥原料矿产资源综合利用势在必行

1. 资源是不可再生的

水泥生产的主要石灰质原料—石灰石生成于中生代侏罗纪至中上元古代震旦纪，其生成年代为1.35亿年至8~10亿年前，这些资源是不可再生的。而除水泥行业外，建筑、冶金、化工、交通等行业也大量地消耗着石灰石资源。据统计，水泥行业与有关行业所用石灰石之比为1:3以上，其他行业每年消耗石灰石至少30亿吨。以每年40亿吨(水泥及其他行业)的速度消耗着石灰石资源，是十分“可观”的。

有许多石灰石资源是不能够开采的，如风景名胜区、自然保护区、城镇规划范围内及交通困难的大山深处等。据有关部门统计，目前保有水泥矿石资源/储量542亿吨，水泥石灰石资源是有限的。

我们在工程建设中已深深感到：水泥厂的规模越建越大，水泥厂建设得越来越多，而好的矿山是越来越难找。地质条件好、储量大、交通方便的矿山在我国东中部地区已越来越少见。而Ⅲ类型的地质条件复杂的矿床却越来越多地出现在矿山的资源勘察名单上。显然，除加大地质勘察工作的力度、增加矿石资源/储量、进行采矿工程的研究(如开发凹陷露天水泥原料矿山)外，对资源综合利用，将废、夹石用掉是十分必要的。

2. 剥离夹层与覆盖层加大了采矿成本

夹石的剥离成本与矿石的采矿成本大体相当，从穿孔、

爆破、采掘、运输到排弃几个工艺环节，夹石的剥离成本一般不会低于矿石的采矿成本。除了采矿场到废石场的运输距离短于采矿场到破碎卸矿场运输距离时，废石的运输成本会稍低外，其他成本大致一样。覆盖层(表土)如不需爆破则省掉穿孔爆破的成本，其余环节成本与采矿成本相当。夹石层的剥离成本每立方米20~30元左右，覆盖层(表土)的剥离成本每立方米10~20元左右，这些费用均需分摊到吨矿石成本上，无疑加大了矿石总成本。

3. 剥离物的排弃占用了大量土地

剥离物排弃需设置废石场。废石场设置需占用大量土地。按平均堆高20米计，每排弃废石1亿吨，约需占用5 000亩土地，若排弃废石2亿吨，那就要占用土地上万亩。北京凤山石灰石矿：矿体中有厚大夹层及深60~70米的大溶洞(有充填物)。在矿体圈定时，设计计算的剥采比n=1.1：1(吨/吨)。在实际生产中，为了保证供给工厂低碱矿石，生产剥采比曾达n=2：1(吨/吨)。矿山设计规模为80万吨/年，而剥离规模达88~160万吨/年。剥离出的废石堆往坛子峪与默河峪两个废石场，如此大的废石量曾使矿山不堪重负(现在，矿山已将废石加工成建筑石供应北京市场)。华北地区某石灰石矿剥采比n=1.3：1(吨/吨)，2004年采矿120万吨，剥离废石达150万吨，剥离出的废石堆往风声沟废石场(剥离物成分复杂，但主要是硅、铝组成的岩土，应研究其利用问题)。

4. 废石场(排土场)是地质灾害产生的高发区

矿山剥离物堆弃于废石场(排土场)，废石场就容易发生泥石流、滑坡等地质灾害。为了防治地质灾害，工程建设中常常采用设置截水沟、挡石坝、堆石坝、石笼坝等措施。这样又加大了建设投资。废石场是地质灾害的高发区。华北某矿，每年大量堆弃筛下物粉料，每逢雨季就形成泥石流。华东某矿由于废石场堆放废石的高差较大，而且在废石场中又有泉眼，终于导致形成了泥石流。由于泥石流威胁了下方水库及居民点的安全，该矿又花重资修建相当规模的挡石坝。

5. 废石剥离加重了矿山的经济负担

石灰石是低附加值产品。虽然在1990年即提出石灰石的不变价格为每吨20元，但是多年来，石灰石价格一直偏低。一般也就是每吨10~18元左右，有的地方甚至更低。对于独立的矿山(或采石场)来说，低价的石灰石为最终产品，矿山盈利甚微，经营困难。目前，煤炭、铁矿石等的价格一路飙升，石灰石价格却徘徊不前。如果再将剥离费用摊加进去，矿山的经济效益要大打折扣。

6. 矿产资源的综合利用得到国家政策的支持

我国正着手建设节约型社会，矿产资源的综合利用得到了国家政策的大力支持。目前执行的“关于印发《资源综合利用目录》的通知”明确指出“采矿废石”属于资源综合利用目录中的一项。不少水泥工厂，从矿产资源的综合利用中得到国家免税政策的优惠。

二、水泥矿产资源综合利用的途径

1. 把“采矿废石”加工成建筑用石

建筑用石有巨大的市场需求。以2004年生产9.7亿吨水泥计，折合成水泥混凝土量约为32.33亿立方米，约需混凝土集料(石子、砂子)62.08亿吨。建筑用石(集料、荒料、毛石、道碴、砂子等)实际已成为我国消耗量最大的矿种。膨胀性较小的石灰岩类成为粗集料的首选矿物。而石灰石矿山的夹石层，作为水泥原料其某些成分的化学品位超标，但作为建筑用石是甚为适宜的。北京凤山石灰石矿将两大废石场中的废石，经专门设置的破碎加工系统加工成建筑用石供应北京市场，产品深受市场青睐，取得了良好的经济效益。焦作柿园石灰石矿矿山保有水泥灰岩资源/储量2.9亿吨。华北地区广泛出露的奥陶系马家沟石灰岩，其赋存形态的特点就是高钙灰岩与高镁灰岩互层。矿山的马家沟组灰岩中有一层厚约30米的高镁夹层，使地质剥采比达0.3：1(吨/吨)。这层高镁夹层可作为建筑用石开采。该矿山是一个难得的水泥原料及建筑用石的综合矿山。

把“采矿废石”加工成建筑用石，是水泥原料矿山综合利用矿产资源的重要途径之一。

2. 把覆盖土、砂页岩夹层作为水泥硅铝质原料使用

在地质勘察时，把覆盖土、砂页岩按矿体对待，符合水泥硅铝质原料成分要求的即可作为水泥原料使用。新广州水泥厂的青龙岗石灰石矿，批准资源/储量：石灰石34 784.33万吨，硅铝质原料548.3万吨，硅质原料1 489.1万吨。矿山设计规模：石灰石276万吨/年，硅质、硅铝质原料(第四系)46万吨/年，矿山将第四系覆盖土(最厚30.82米，平均厚15.87米)做为水泥硅铝质原料使用。

3. 将页岩夹层(覆盖层)作为烧制页岩空心砖的原料

全国砖瓦企业占用土地600多万亩，每年取土毁田数10万亩。利用页岩和煤矸石做原料，生产性能优良的新型节能保温墙体材料(页岩多孔砖)取代被禁止生产使用的实心黏土砖，是节土、节地、资源综合利用的最佳措施之一。以烧制12 000万块/年的实心黏土砖厂为例，其用土26.4万立方米/年，按挖地深6米计，需挖地44 000平方米(约合66亩)。而矿山剥离出的覆盖页岩层的堆弃又需占据大量的土地，将其作为制砖材料，则有一举两得之利。东营房石灰石矿(天津水泥石矿)矿区的间接顶板围岩青白口系下马岭组的页岩已广泛出露，仅2004年，矿山剥离页岩10万吨以上，全部供给了页岩砖厂。

4. 对高碱灰岩的利用

通常将$R_2O>0.6\%$的石灰岩视为高碱石灰岩。使用高碱石灰岩配制的生料会引起窑尾系统碱循环富集，窑内出现结窑、结圈、结大蛋的现象。R_2O减少有益矿物C_2S、C_3S，生成有害的 fCaO,影响熟料的后期强度。但由于我国有些地区(如华北地区)的一些石灰石矿含碱量较高(有的厂矿石出矿品位达到 R_2O 0.9%左右)。所以对高碱灰岩的利用是一个值得研究的问题。

5. 对高镁灰岩的利用

通常将 MgO > 3% ~3.5% 的石灰岩视为高镁灰岩。MgO 主要以方镁石形式存在,在水泥水化过程后期形成 $Mg(OH)_2$,引起体积膨胀,降低水泥强度,会对水泥安全性产生不利影响。对高镁灰岩的利用会极大地扩大石灰石资源的利用范围。

6. 占有矿山,做好矿山的规划设计,是充分利用矿产资源的重要条件之一

在水泥厂的建设中,有一些厂家不做矿山设计,不搞矿山。以所谓"外购矿石"来满足工厂对原料的需要。一个大规模的水泥厂在没有自己主要原料来源的基础上建设,其投资风险是不言而喻的。随着环境保护、安全生产、水土保持等各项法规的逐步健全与执行,无序开采的小矿点的供料将越来越困难,完全靠低价的"外购矿石",来保证一个大型水泥厂的需要,即使是一时降低了投资与经营费用,那也是难以为继的。

矿产资源综合利用,在水泥原料矿山势在必行。利用低钙高硅灰岩做水泥原料,扩大低品位矿石的利用,对夹层、覆盖层进行综合利用,做到水泥原料矿山的零排废(至少是少排废),在水泥原料矿山都是能够实现的。矿产资源综合利用是水泥原料矿山的必由之路。

★该文章发表于 2005 年 8 月 15 日《中国建材报》。

要重视水泥工业合理布局与合理规模★

◎中国建材规划研究院　昃向祯

一、问题的提出

中国新型干法水泥实现了"D 低投资、国产化"后,进入 21 世纪以来,尤其 2002 年以来,新型干法工艺开始了雨后春笋般地蓬勃发展,结构调整取得了突破性的进展。到 2004 年新型干法水泥已占三分之一,新型干法熟料生产线 499 条,熟料产能 3.3 亿吨。预计 2005 年底新型干法生产线将达到 626 条,熟料产能达到 4.6 亿吨,形势确实喜人。但是大好形势下也隐含着不容忽视的问题,那就是:不能理性看待市场,忽视了水泥工业的合理布局与合理规模,以至于某些地区出现了投资过热、盲目扩张、重复建设、"抢地盘、占山头"等现象,不切实际地追大求快。如华东地区某省截止 2004 年底,已投产的新型干法生产线 70 余条,其中日产 5 000吨熟料生产线 12 条,日产 2 500 吨生产线 30 条,日产 1 000 ~1 500 吨生产线 30 余条,新型干法生产能力已达 7 000余万吨。正在建设中的日产 2 500 ~5 000 吨生产线还有若干条。试问这些生产线都投产后,产品销往哪里?市场、资源、能源、运输等条件是否有保障?没有多少人能讲得清的。

有业内人士发问:缺乏理性的盲目发展,引来的苦果由谁来承担?答案很简单——咎由自取。就拿前面提到的某省情况来看,现在已尝到了发展过多、过滥的苦头,在 2004 年煤、电、油、运全面紧张的瓶颈制约和市场大大供过于求的形势下,生产成本一再飙升,产品价格一路下滑,许多企业苦不堪言,有些项目骑虎难下,由"投资饥渴"已变为"投资忧虑"。然而最受损失的还是国家,因为水泥产业是属资源依赖性强、资金密集型、工艺专一的窑炉工业,一旦配置失误,很难转产其他产业。这不仅破坏了正常的经济秩序,而且还挤占了国家有限的资源、运输和财力,造成难以挽回的损失。

现在水泥工业发展是一种倾向掩盖另一种倾向,产业政策提倡发展新型干法、淘汰落后,结果有人就不分布局是否合理、不分地点条件是否具备,凡上新型干法生产线就一概支持,好像新型干法"天然合理"、"放置四海而皆准",怎么都不觉得过分。产业政策强调规模经济"上大压小",对此有人就片面认为"规模越大越好"。结果造成有些地方新型干法生产线过分集中或规模超前,不仅没有达到用新型干法淘汰落后"小水泥"的目的,反而形成新型干法与新型干法争斗、"打架"的局面。有鉴于此,笔者之所以提出要关注水泥工业的布局和规模问题,意在抛砖引玉,引起有关方面对这个问题的重视,走出"误区",以科学发展观引领水泥工业可持续健康发展。

二、合理布局的概念及布局模式演化

产业布局是产业结构在空间地域上的投影。任何社会经济活动总是要落实到一定的区域或地点。不同的产业部门具有不同的分布形态,不同的区域又具有不同的产业结构。即使在同一地区,不同的发展阶段其产业结构也各不相同,因而产业布局在空间上表现出不同的分布形态。对于某一地区来讲,究竟应选取何种布局模式,应根据区域条件、产业结构特点及发展阶段来确定。产业布局所要探究的是布局最佳区位,唯有在能满足自然、技术、经济、社会等要求的前提下,才能获取最佳效益;否则,便难以实现或不能持续、稳定地取得良好效益。

从点状布局－点轴布局－网络布局,是产业布局模式演化的一般规律,它反映出随经济发展不同阶段动态变化的特征。水泥工业是属"遍在型"的产业,这是由石灰石资源的遍在分布及水泥产品属性所决定的。但其布局模式不同阶段体现出不同特征。解放前的我国水泥工业布局多以城市为重心,例如唐山启新水泥厂、济南水泥厂、广州水泥厂、重庆水泥厂、上海水泥厂、华新(黄石)水泥厂以及东北的大连水泥厂等几个老厂都位于市区。解放后,从"一五"至"七五"(1953～1990)基本上是计划经济时期,大中型旋窑企业强调的是均衡布局(即每省至少有一个大中型旋窑厂)。国资企业的水泥主要由国家调拨,运输方式主要依靠铁路,矿点选择一般在铁路沿线找矿,以便工厂专用线接轨,故工厂多靠近石灰石矿山。这一时期建设的大多数水泥企业,基本呈现出"点轴布局"模式。当然,在"文革"和"战备"期间,还有另外的"插曲",那就是为满足地方建设需要,体现"三就"(就地取材、就地生产、就地消费)而遍地开花发展起来的"小水泥",以及为战备需要而"分散、靠山、隐蔽"的三线建设项目,如四川的峨眉水泥厂、渡口水泥厂、贵州的水城水泥厂、湖北的光化水泥厂等就是在这一指导思想下建成的。"八五"以后(1991年至今),我国经济体制改革步伐加快,逐步完成了由计划经济向市场经济的过渡,水泥投资主体呈现多元化,市场的导向作用逐步得到发挥。同时,水泥运输方式也发生了根本变化,人们逐渐认识到公路运输的灵活性和水路运输的巨大优势。全国经济水平的普遍提升,拉动着水泥工业的快速增长,到"十五"中期已形成"网络布局"的架构雏形,并涌现出一批引领行业蓬勃发展的大型企业集团。这些大型企业集团,又围绕"三大经济圈"——长三角、珠三角、环渤海湾三大水泥消费热点地区,以及西部大开发、振兴东北老工业基地,形成了各具特色的战略布局。如水泥界领军企业－海螺集团率先实施原国家建材局提出的水泥工业沿江沿海布局的"T"型发展战略,充分显现出发挥沿江沿海水运的优势;山水集团提出"以济南为中心,沿胶济铁路东进西扩、南北辐射"的战略布局;冀东水泥股份公司制定的"三北"(即壮大华北、挺进东北、开拓西北)战略布局等,都充分体现出与国家总体发展战略相适应的布局特点。值得一提的是:近几年来,我国在处理水泥市场与石灰石资源分布不对称的矛盾方面,呈现出鲜活的布局特点,即在有资源的地方建熟料生产线,在有市场的地方建粉磨站,突破了企业组织结构清一色"全能厂"的格局。并通过兼并重组、优势互补、资源整合、市场整合等实现做大做强,提高了经济效益,开创了布局结构的新局面。

布局问题是体现产业战略规划正确与否的核心。布局的失误是先天性的,会给企业带来终生难以挽回的被动。在计划经济时期,产品由国家调拨,企业感觉还不明显。而到了市场经济时期,企业感觉就不同了,由于布局的区位不佳,往往给企业老板带来不少烦恼。

三、规模经济与合理规模

1. 规模经济的概念

规模经济是指当生产某一产品所增加的规模减少了单位生产成本时而导致的经济。规模经济是说明各种生产要素增加,即生产规模扩大对产量或收益的影响。当生产规模扩大的比率小于产量或收益增加的比率时,就是规模收益递增。当生产规模扩大的比率大于产量或收益增加的比率时,就是规模收益递减。当这两种比率相等时则是规模收益不变。规模经济是以一定的经济规模为基础的。而经济规模是指生产要素的集中程度。生产力要素组合的不同层次和方式,形成不同的经济规模。经济规模就其范围来说,可分为行业经济规模和企业经济规模。行业经济规模反映的是行业总体的生产经营能力;企业经济规模则反映企业的生产经营能力。规模经济的基本涵义是指在技术水平不变的情况下,N倍的投入产生了大于N倍的产出。在一定的规模限度内,企业规模扩大后,产量或效益的增加幅度会大于生产规模扩大的幅度。随着产出的增加,单位产品的成本会逐步降低。然而经济规模不等于规模经济,市场竞争关键是看收益比。规模大小是企业系统要素之一,但文化制度、技术、管理等也是重要要素。企业连年亏损肯定是某个环节出了问题,就是"木桶原理"所指出的,决定木桶能装多少水,不是看哪块木板最长,而是看哪块最短。如果由规模经济变成规模不经济(即规模效益递减),规模再大也是没有用的。

2. 合理规模的概念及影响因素

水泥工业企业的合理规模,是指在一定条件下,以满足水泥消费需要为前提的企业最佳规模。它是随技术水平、经济水平、社会生产力的发展而变化的。合理规模不是孤立的、静止的,而是一个动态概念。水泥企业合理规模的标志应该是:在一定的环境条件下,单位产品投资最小、原燃材料消耗最少,技术装备最合理,劳动生产率最高,单位产品市场成本最低。从宏观角度看,符合生产力合理布局的要求,物流顺畅合理,工厂规模与市场需求相适应。

决定水泥企业规模的影响因素有外部因素和内部因素。外部因素包括工业布局、市场需求、地区经济、运输条件及水、电条件等;内部因素包括矿山资源、技术装备、生产组织等。选择合理的规模就是把上述两类因素统一起来,保证在生产和流通两个方面,达到最低的劳动(包括物化劳动与活劳动)消耗和最好的经济效果。现将主要影响因素分述如下:

(1)工业布局与工厂规模的关系 合理的工业布局是提高社会生产经济效果的重要条件之一。而工厂规模是体现生产力布局的一个重要方面。工厂规模的变化,很大程度上又影响着工业布局。改善工业布局不仅包括对企业在地理分布上的调整,也包括对企业规模的调整。因此,工厂规模应服从国家或地区整体战略布局的需要。

(2)水泥消费量与工厂规模的关系 在符合布局要求的前提下,水泥工厂的规模,首先决定于在经济运输半径范围内的水泥消费量。可按下式计算:$Q=\pi R^2 q$ 式中:Q－工厂规模(吨/年);R－水泥的经济运输半径(公里);q－水泥消费密度(吨/平方公里年),$q=q_1 \cdot q_2$;q_1－按人口计算水泥平均消费量(吨/人年) q_2－水泥消费范围内的人口密度(人/平方公里),水泥消费密度可以反映一个国家或地区的经济发达程度。我国东部沿海地区水泥消费密度较大,工厂规模一般比消费密度较低的中、西部地区要大。在水泥消费密度较大地区的工厂规模过小,或在水泥消费密度较小地区的工厂规模过大,都是不合理的。

(3)矿山资源与工厂规模的关系 水泥原料资源主要包括石灰石和硅铝质原料,尤其石灰石矿山资源对工厂规模起着最直接的制约作用。我国是世界上石灰岩矿资源丰富的国家之一,除上海、香港、澳门外,在各省、直辖市、自治区均有分布。据有关地质部门统计,全国石灰岩分布面积达43.8万平方公里(未包括西藏和台湾),约占国土面积的1/20,全国已发现水泥石灰岩矿点七八千处,其中已探明储量的有1 200多处,储量600亿吨。但具体落实到某一地区或某一地点来说,虽有石灰石资源,但其储量或质量不一定能满足一定规模建厂服务年限的需要,尤其大中型水泥厂要考虑能满足30～50年以上的需要。因此,建厂规模一定要与资源条件相适应。

(4)运输条件与工厂规模的关系 水泥是一种体重、量大、低值的"短腿"产品,由水泥生产到市场消费之间的运输条件及运输费用对决定工厂规模极为重要。不同运输方式的运价率不同,其合理的运输距离也不相同。一般来说,公路运价率最高,铁路次之,水运最低。因此,采用公路运输时合理的运距应小于铁路,采用铁路运输时合理的运距应小于水运。在相同的水泥消费密度下,工厂规模增大,消费半径就增大,运输费用也随之增大。当运输费用的增大超过规模增大所带来的经济效益时,则应适当缩小工厂规模。

如何衡量运输的经济性?通常以水泥运输费用占生产成本或销售价格的比重作为衡量标准。不同国家允许运输费用所占的比重是不同的。西方发达国家允许水泥运输费用占生产成本的30%～40%;发展中国家一般控制在30%以下。根据我国的运输条件,水泥的运输费用对生产成本的比例控制在30%左右是比较合理的。

四、合理规模数学模型探讨

假定在建厂诸条件都能满足的情况下,水泥工厂的规模主要取决于水泥的需要量。而确定合理规模则是对各方面的因素综合平衡,以期得到较好的经济效果。数学模型的方法是抓住决定工厂规模的主要因素,如水泥消费量、生产成本及运输费用加以综合概括。

在一般情况下,工厂规模增大,生产成本降低。但当水泥消费密度一定时,工厂规模增大,水泥的消费半径也随之增大,所花运输费用也要相应提高。而当规模增大到一定程度时,降低的生产成本就会因增加运费而抵消,这时工厂规模继续增大就不再是经济的了。因此,在一定的水泥消费密度下,工厂规模有一极限值。瑞士学者罗伊斯(A. K. Reuss)从这一观点出发,根据生产成本和运输费用加在一起的总成本最低值,来计算水泥工厂的最佳规模。他把世界分为发展中国家和工业化国家两类情况提出如下数学模型:

发展中国家:$Q=766\ 265q^{0.349\ 06}$ (1)

工业化国家:$Q=1\ 097\ 760q^{1/3}$ (2)

式中:Q－工厂最佳规模(吨/年)

q－水泥消费密度(吨/平方公里年)

罗氏模型以水泥消费为基础,从水泥生产成本加上运输费用的最低值来确定最佳规模的思路是可取的。但按该模型计算出的最佳规模偏高,原因可能国外的运输费用及劳动力价格与我国有较大的差别。结合我国的具体情况,对罗氏模型公式(1)的常数项进行了修正,修正后的公式为:

$Q=255\ 000q^{0.349\ 06}$。 (3)

根据我国2004年各省、直辖市、自治区统计公布的数据,预测2010年各地区水泥需求量,并按数学模型(3)对我国不同地区水泥工厂合理规模进行了测算。可以得出,全国六大行政区工厂平均合理规模可分为五个层次:华东最大,西北最小。依次是:华东(226万吨)>中南(178万吨)>华北、东北(125～126万吨)>西南(106万吨)>西北(80万吨)。全国平均135万吨。

应说明的是,这只是预测2010年各大区、省(市、区)分片平均工厂合理规模的参考值,具体到每省每地区而言,工厂合理规模的大小要按具体条件确定,该大则大,该小则小,如靠近大城市或沿江沿海水运方便的地方规模可大些,相反消费密度低、交通不便的地方规模可小些。而且合理规模是一动态概念,随着地区经济水平的不断提高,水泥消费密度不断上升,合理规模也应随之变大。

2004年我国大中型水泥企业1 238家,水泥产量6亿吨,平均规模48万吨。如果以全国水泥总产量9.7亿吨、水泥企业5 000家计算,平均规模不足20万吨。可见规模结构调整的任务依然很繁重。目前国外水泥企业平均规模为90万吨,美国平均为83万吨。亚洲海运较发达的国家水泥企业平均规模比较大,如日本平均为200多万吨,韩国400～500万吨,泰国500多万吨。

五、走出误区

目前在我国水泥工业发展中,程度不同地存在着一些"误区"。有些提法看上去具有正面意义,但如果不结合实际作理性考量而盲目追求,容易步入误区,影响水泥工业合理布局和合理规模。下面举几种现象提出看法,供商榷。

1. 水泥消费"拐点"的误区

"拐点"本来是数学专用术语,即二阶导数为0那一点,"拐点"的左右两侧符号相反。近来经济界也泛用"拐点"这一术语，表示经济周期转折点。我们水泥业内人士则用“拐点”的称谓来预测我国水泥消费的“最高点”。笔者认为，用“拐点”一词来表示水泥消费“最高点”的称谓是不科学的。因为：第一，拐点≠最高点≠饱和点（平衡点）；第二，容易误导消费预期。既然本意是预测水泥消费的“最高点”，倒不如叫“峰值”更贴切，国外即称该点为“峰值”。如欧洲的法国、奥地利、希腊、意大利、英国等国均在20世纪70年代出现“峰值”，人均最大水泥消费量600～700千克；前苏联、原民主德国、原南斯拉夫、保加利亚、罗马尼亚、原捷克斯洛伐克等东欧国家80年代出现“峰值”，人均水泥最大消费量650～780千克；亚洲的日本、韩国、新加坡等国90年代出现“峰值”，日本人均水泥最大消费量700千克，韩国、新加坡1吨以上。发达国家唯独美国未出现“峰值”，原因可能有二：一是美国未受到二次世界大战的破坏；二是建筑结构有别于其他国家，其钢铁产量比水泥产量高，钢结构的建筑比重较大。“9.11”事件后，美国建筑结构有所改变，水泥消费量才有所提升，由原来的人均300千克左右，上升到2003年的390千克。

有人预测我国水泥消费“拐点”出现在2020年左右，水泥消费总量13亿吨左右（此时人均消费量达930千克）。人们往往将此点理解成“饱和点”并作为追求的标杆。但如前所述，“拐点”不等于“峰值”，更不等于“饱和点”。根据国外的变化规律是：水泥消费量达到“峰值”之后的几年，还要回落15%～20%才是真正的“饱和点”或“平衡点”。因为这时建设高峰期已过，进入动态平衡的稳定期，水泥消费量已不再随GDP的增长而增加。由此可见，发展中国家如果按“峰值”配置水泥生产能力，势必有一天将有15%～20%生产能力因过剩而被呆滞。

2. 行业“集中度”的误区

行业“集中度”是指在规模上处于前几位企业的产量之和与整个行业总产量之比（用CRn表示）。目前我国水泥行业集中度还比较低，提倡企业大型化、集团化并通过兼并、重组、扩张来提高集中度，对整合市场、整合资源，无疑是十分正确的，今后仍应继续努力。笔者不敢苟同的是，有些业内人士用国外某些国家的集中度指标和中国对比，误导我们的企业片面求大，不切实际地扩张规模，追赶国外的所谓“集中度”指标。有人曾用美国的例子与我国对比，说我国的水泥企业集中度大大落后于美国。不错，美国前五家水泥企业的集中度CR5＝44.2%，前十名集中度CR10＝64.8%；而2004年我国前五家企业集中度仅为9.9%，前十名集中度仅为12.2%。然而殊不知我国海螺一家企业的产量（5 584万吨）比美国的前五家之和还要多，我国前五名产量之和（9 579万吨）相当于美国的总产量。我国总产量基数几乎是美国的10倍，这怎么好比呢？

3. 熟料“基地”的误区

在有石灰石资源、交通又比较方便的地方建熟料生产线，在有市场且有混合材的地方建粉磨站，是近来我国水泥工业值得肯定的一种发展趋势。但笔者不能赞同的是：不分青红皂白凡建熟料生产线的地方统称熟料“基地”，似乎将“基地”的概念过于泛化了。因为水泥工业的石灰石资源分布是遍在的，不像钢铁、煤炭工业那样因受资源的制约必须搞些相对比较集中的“基地”。水泥熟料属性是低值的、不适于远运的半成品，有无必要像钢铁、煤炭那样搞什么“基地”？即使要搞“基地”也应是有条件、有选择性的，譬如石灰石资源十分丰富，能满足规模巨大的生产线的长期需要，运输半径经济合理且有保证，像海螺集团沿长江所布的熟料生产点那样确实符合熟料基地的条件和含义。然而绝大部分所谓“基地”并不符合上述条件，而是“寅吃卯粮”，本来石灰石资源就很有限，可是为建“基地”不得不吃子孙的“粮”，不知何以持续下去？甚至有的目标市场不明确，或一厢情愿地瞄准大家都去瞄准的某一市场（如上海），或运输条件不落实等等，就轻易拍板建“基地”，这是不符合科学发展观的。

4. 水泥“出口”的误区

在我国的水泥出口贸易中，常出现时冷时热的现象，当国内市场疲软时，大家竞相出口；当国内市场畅销时，出口明显降低。近来国内水泥市场竞争激烈、价格下滑，有些企业又将出路寄托在“出口”上，认为虽然出口价位也不高，但可用享受13%的退税待遇来弥补。然而随着我国对外贸易领域的不断拓宽，出口产品的结构已发生了很大变化，高耗能、低附加值出口产品的比重日趋下降；低耗能、技术含量高、附加值高的出口产品比重日趋上升。加上国内经济的高速增长，能源供应十分紧张，国家对“三高”（高能耗、高资源消耗、高环境污染）产品的出口将逐步实施严格的限制政策，从逐步递减直至加收关税。从长远看，在我国能源赋存量并不富足甚至短缺、环境压力又很大的情况下，出口水泥实际上是不合算的。倒不如将注意力转向出口技术、装备及水泥工程承包，并应鼓励有实力的企业到境外办厂，拓展国际市场空间。

六、几点建议

1. 水泥行业要坚定不移地执行即将出台的产业政策，在强调工艺技术、结构调整的同时，更要关注布局和规模结构的调整，“有保有压、区别对待”，尤其要严把总量控制关。

2. 相关部门要建立行业预警机制，定期发布行业发展动态信息（如各地区在产、在建、拟建生产线的配置情况、市场供需情况及价格走势等），并及时发出警示，引导行业健康发展。

3. 统一统计口径，规范统计方法。目前我国实施水泥新标准后，已基本与国际接轨，但由于品种标号繁多、混合材掺入数量不等，水泥总产量统计数据不能反映真实情况，给数据对比、分析研究带来困难。建议今后熟料与水泥产量分别统计，上报的数据统一换算为不加任何混合材的硅酸盐水泥（P.I）数据。

4. 严格执行规范，加强质量监督。发现有些企业不能严格执行各类水泥标准关于混合材掺加量的规定，如有的水泥中混合材掺入量已达到30%，而仍冠以普硅（P·O）名义出售。建议各级质检部门扩大质检范围，研究混合材掺加量的检测方法，增加对混合材掺入量的抽检管理。今后应强化遵规意识、诚信教育和定期抽查等工作，促其树立良好企业形象。对于那些弄虚作假、产品名不符实的企业，要严加处罚并在媒体上公开曝光。

5. 修改“大、中、小”规模含义，提升企业产能标准。建议将大、中、小企业的规模标准分别修订为：小型<60万吨/年，中型60~100万吨/年，大型>100万吨/年。

★该文章发表于2005年11月15日《中国建材报》。

中国水泥装备行业的发展和展望★

◎中国建材机械工业协会常务副会长　王新军　秘书长　王玉敏

2004年中国水泥总产量达到9.7亿吨，其中新型干法水泥产量3.15亿吨，已占到水泥总量的近1/3，新型干法水泥进入了高速发展的轨道。这一成就的取得，充分证明了我国水泥装备工业技术水平和制造能力的不断提高，为水泥工业发展提供了技术先进、运行可靠、节能降耗、清洁生产的成套设备。同时，随着水泥装备走出国门，也证明中国水泥装备的技术水平和制造水平正步入国际先进水平行列。

一、水泥装备行业的技术手段及加工能力

改革开放至今，我国水泥装备工业发展十分迅速，经过20世纪80年代针对日产2 000吨、日产4 000吨水泥生产线技术装备的设计和制造技术的引进和再开发工程，国家对水泥装备企业进行投资改造，我国水泥装备制造企业，拥有了与引进工艺技术相匹配的制造和检测手段，使我国水泥装备的设计和制造水平发生了巨大变化。随着我国水泥工业设备向大型化发展，水泥装备生产企业又进行了一系列的技术改造，增添了必要的大型精密机床和设备，并具备完善的质量保证体系和检测体系。国内大型水泥机械制造企业，已具备了日产10 000吨大型新型干法水泥生产线装备的技术能力。

二、水泥装备行业的技术水平取得长足进步

中国水泥技术装备制造行业从无到有，20世纪80年代初期，江西万年水泥厂年产60万吨的新型干法水泥线的投产成功，标志着我国水泥装备行业进入自主发展的新阶段，从此结束了大中型水泥生产线依赖成套进口技术装备的局面；同时我们也看到了与发达国家的差距。为此，国家在“七五”、“八五”分别安排了日产2 000吨、日产4 000吨两个水泥“一条龙”项目，组织引进了德国、丹麦、美国、日本等发达国家的关键水泥技术装备的设计、制造技术，通过消化吸收和开发攻关，我国水泥装备发展有了长足的进步。到90年代，我国水泥装备行业已能向国内外水泥建设市场提供具有国际水平的成套技术装备，其工艺设计和装备的制造水平已接近和达到国外同类的先进水平。

进入21世纪，我国相继开发和生产了日产5 000吨水泥生产线用的研磨轨道直径4 500毫米立式磨机和相应配套的3 600千瓦的立式减速机；空气梁控制流熟料篦式冷却机、4 500千瓦的大型管磨用减速机、过滤总面积26 260平方米的窑尾反吹风大布袋收尘器、收尘面积达352平方米的窑头电收尘器等多种关键设备；水泥工业技术与装备已形成系列化、大型化，并向生态化迈进。新型干法已形成日产2 000吨~10 000吨系列生产线的技术与装备，日产5 000吨以下的技术装备已经实现国产化，日产10 000吨装备国产化正在努力之中，并已能生产日产8 000吨和日产10 000吨的水泥工厂大部分主机设备，包括直径6米、5.6米、5米、4.8米回转窑，挤压辊直径1 800毫米、宽度1 700毫米的辊压机等，代表当前最新研磨技术的辊筒磨在我国也研制成功并用于生产。水泥工艺技术及装备水平的进步使得水泥生产技术经济指标得以大幅度提高。在节能、环保方面取得长足的进步，中国的大型预分解水泥工厂的吨熟料的标煤耗已降至107千克，吨水泥综合电耗降至每吨100~95千瓦时，粉尘排放好的企业排放浓度已经降低到50毫克/标立方米以下，随着单线生产规模的扩大，能源的消耗还会进一步降低。同时，我国正在积极地开发利用低温余热发电、利用劣质煤和低品位石灰石原料以及用回转窑焚烧部分垃圾以替代部分原燃材料等技术方面也取得显著效果，推进水泥工业的可持续发展，使之成为无公害的工业。

三、水泥技术装备国际竞争能力增强

随着我国水泥技术装备水平的提高，目前，水泥装备不仅已出口到亚洲、中东、非洲以及南美洲地区，并进入西欧发达国家市场，获得了更多的国际市场份额；在国际市场上已成为了一支具有一定竞争力的、能承揽大型水泥工程建设的技术力量，从地质勘探、工程设计、装备制造、建筑安装到生产调试，实行交钥匙工程的全过程集成服务。

四、水泥技术装备市场的展望

从2001年起，我国水泥装备行业经历了连续3年的超高速增长期，每年工业总产值增长幅度都达到了20%以上，最高年份增长幅度达到了40%以上。这3年是水泥装备行业发展历史上少有的黄金时期。但是自从去年国家加强宏观调控以来，水泥装备行业的增长速度已经有所放缓，2004年下半年以后，产销增速逐月有所回落，今年1～8月水泥装备行业工业总产值增速已降至16%，水泥装备的产量也有6%的回调。这也意味着水泥装备行业由前3年的超高速增长期将转入平稳发展阶段。在今后一段时间内，水泥装备行业经济运行中应重视四大问题。

第一，水泥装备企业应适应由高速增长向平稳增长的转变，提高对转变增长方式紧迫性的认识。

随着国家宏观调控的深入，水泥装备行业已进入平稳增长期。同时，水泥装备行业本身已受到越来越强烈的原材料、运输等上游行业价格上涨的瓶颈制约。因此，水泥装备企业必须树立科学发展观，走新型工业化道路，加快增长方式的转变，坚决将速度效益型的增长模式转变到质量和水平效益型的轨道上来。

第二，水泥装备制造业应关注国家产业政策导向，居安思危，做好应变准备。

随着国家水泥产业政策的变化，今后，国家对有条件建设日产4 000吨新型干法水泥项目、中西部地区及交通不发达的贫困山区建设日产2 000吨以上新型干法水泥项目予以支持；以自主知识产权为主导，重点充实和提高日产10 000吨大型生产线成套技术装备的制造能力和设计技术。同时，环保新国标实施后，将逐步淘汰达不到环保排放要求和产品质量标准的机立窑、干法中空窑、立波尔窑和湿法回转窑等落后生产工艺。因此，新增新型干法水泥线的建设的增量部分与淘汰落后生产能力之和就是未来水泥装备市场的需求。这样对水泥装备企业的加工能力提出了更高的要求。水泥装备企业应根据自身特点寻找出适合本企业发展的方向，一方面要力求以国内外协作的办法增加产量，但对本企业内加工能力的扩张应谨慎行事，而有条件的大集团可通过行业间企业的兼并、重组、收购重新整合行业资源；另一方面应适应节能、环保的要求，加强新技术产品的开发，提高对未来需求变化的应变能力；此外，要以两个市场的思路规划企业的发展，从长远着眼，关注国际市场的开拓，以尽量缓解“十一五”后期可能出现的内需下降的威胁。

第三，加大科技投入，增强水泥装备自主研发能力。

目前我国水泥装备行业自主创新能力还有一定差距，2001～2004年新产品贡献率在6%上下浮动，远不及工业发达国家。根据建材工业“十一五”发展思路，水泥工业及装备制造重点发展方向是：

水泥工业的发展“以质代量”，淘汰以立窑工艺为主的落后工艺技术，发展大型现代化新型干法水泥熟料生产线。

大幅度提高水泥熟料的质量，使其平均强度从目前平均48～50兆帕提高到65兆帕以上，熟料中游离氧化钙含量小于1%。

大力推进清洁生产，强化环境意识，不断提高各种污染物和温室气体排放的控制要求，新型干法水泥生产线尾气粉尘排放量要达到30毫克/标立方米以下的国际先进标准，研发水泥工业的NO_x减排技术与装备。

开发大型新型干法水泥生产装备，推广应用各种节能降耗工艺技术，使新型干法吨水泥熟料煅烧的平均煤耗低于107千克标煤；开发和推广应用低品位原燃料和其他原燃料替代物生产水泥熟料的新技术。

大力开发应用高效节能细粉磨技术、助磨技术和矿物掺合料机械活化技术，减少水泥中熟料用量，提高矿物掺合料的比例，降低吨水泥生产电耗。

开发和推广应用低温余热发电技术，研究开发利用新型干法水泥窑炉处理工业废弃物和生活垃圾的技术，实现水泥产业向生态环保型发展。

第四，未雨绸缪，优化出口产品结构，增强汇率风险意识。

2001年以来，水泥装备行业出口交货值每年都在以20%的速度增长，但随着出口的持续快速增长，水泥装备企业应注意两方面问题：

一方面，应避免无序及低价竞争。水泥装备行业的出口企业应注意并规避“价格大战”，在某些出口项目谈判中，应在行业协会、商会的引导下组成战略联盟；同时，加强出口合同的执行力度，提高产品质量，信守合同条款。

另一方面，从2005年7月21日起，我国汇率制度进行改革，调升了人民币对美元的汇价，结束了过去盯住单一美元的汇率制度，转为参考一揽子货币的新机制。因此相对于美元来说，其他主要货币币种（如欧元、日元等）的地位上升。以往我国进出口贸易多以美元计价签约并结算，实行新的汇率机制后，为非美元的其他货币计价签约并结算提供了新的途径。因此，如与欧盟做贸易，最有效的规避风险的办法，就是采用以欧元计价签约并结算。新的汇率制度使过去由银行承担的汇率风险变成企业自己承担，这就要求进出口企业增强风险意识，培养熟悉外汇知识的专业人才，关注各主要汇率的变化，学会在汇率变化的市场中，选择好计价签约的外币币种，特别要注意把握结汇时机。

总之，我国水泥装备行业必须以技术创新带动产业升级，走提升产业竞争力的新路。

★该文章发表于2005年11月15日《中国建材报》。

对我国水泥工业先进生产力标准的探讨★

◎张朝发　彭世明

自2004年下半年以来，我国水泥市场持续处于低迷状态，造成这种状态的主要原因是水泥总量过剩。关于总量过剩的原因，部分人认为是水泥产能增长过快的结果，部分人则把原因归结于落后生产能力退出太慢。笔者认为问题的关键是新增生产能力是否代表水泥工业先进生产力水平。先进生产力取代落后生产力是历史发展的必然，因此，什么是水泥工业先进生产力？什么是水泥工业落后生产力？制定一个科学统一的判断标准，对我国水泥工业的产业升级和结构调整具有重要指导意义。

全国人大常委、原国家建材局副局长李明豫在中国水泥协会五届二次会员代表大会的书面发言上指出"对水泥工业而言，资源的利用程度、能源的消耗水平、产品的质量优劣以及对环境的影响程度，是衡量生产力水平的客观标准。它比简单地以规模大小和生产工艺作为准入规则可能更符合科学发展观的要求"。李局长所提到的几大要素能够反映当前我国水泥工业先进生产力的技术方向，笔者认为水泥工业先进生产力标准具体应包括如下内涵。

1. 资源综合利用水平

人类是整个地球生态复杂系统的一部分，地球环境不仅为人类社会生产提供自然资源，而且为人类提供生命支持服务，是满足人类需要的基础。由于人类对地球环境的长期掠夺式的开发和利用致使部分自然资源接近枯竭，环境污染和生态破坏已经严重威胁到人类的生存和发展。

我国是世界上水泥生产大国，如果按2004年水泥生产量达9.7亿吨计算，各种原燃材料需要量多达14.68亿吨，是非常惊人的。虽然，有媒体就我国石灰石资源可以使用若干年的报道缺乏科学依据，然而我国某些发达地区石灰石资源的枯竭已是不争的事实，石灰石资源的可持续利用不得不引起行业的关注。

依据水泥工业物料消耗可以估算出，我国2004年水泥工业原燃料消耗量(见表1)，这个消耗量还随着水泥产量的增加在不断增加。就黏土质原料来说如果不采用工业废渣及废弃物等替代，每年就要侵吞大量的耕地，同时其他工业堆放这些工业废渣又要占用大量的土地。

表1　水泥工业原燃材料消耗量

项目	物料名称							
全国水泥行业年消耗量(亿吨/年)	石灰石	黏土	原煤	铁质校正原料	混合材	石膏	其他原料	合计
	9.00	1.38	1.26	0.12	2.34	0.46	0.12	14.68

在利废方面，我国水泥工业在过去的几十年利用了大量的工业废渣。然而到目前为止我国大部分的工业废渣都是以混合材的形式加入到水泥中，其他工业每年排放的工业废渣近10亿吨，如果水泥原料配料都采用工业废渣及废弃物，就可吸纳近2亿吨工业废渣。这样我国水泥工业资源综合利用将又上了一个新台阶。

除石灰石以外的原料都采用或者尽可能采用工业废渣来替代传统的原料，石灰石尽可能通过一些新技术新措施的应用，提高矿山的使用率。这是水泥工业走可持续发展的必由之路。

综合利用，变废为宝，化害为利，既充分利用了资源，又净化了环境，不仅能获得较可观的经济效益，而且也能取得较好的社会效益。

资源综合利用是水泥工业先进生产力发展的必然趋势(见表2)，其利用水平也即将会成为一种先进生产力的标志。

表2　先进水泥工业资源综合利用趋势

物料名称及需求量表				
传统原料名称	替代原料名称	先进水平替代率(%)	一般水平替代率(%)	目的及意义
石灰石	低品位石灰石、工业废渣	85	75	矿山利用率

物料名称及需求量表				
黏土原料	煤矸石、工业废渣、河泥、粉煤灰、赤泥、城市下水道沉积物、钢渣	100	>60	减少对耕地的破坏
原煤	低品位原煤、可燃垃圾	>50	>25	减少能源消耗
铁质校正原料	铜渣、废渣	100	100	利用废渣
混合材	矿渣、钢渣、粉煤灰、炉渣	100	100	利用废渣
石膏	低品位石膏、工业磷石膏	100	>60	利用废渣
其他原料	工业副产品	100	>60	利用废渣

2. 一次能源低消耗水平

煤炭资源是重要的不可再生资源，是支持经济发展的最重要资源。我国煤、石油、天然气等不可再生能源只分别占世界经济可采资源量的12%、3%、2%，用一点就会少一点。

2005年全国煤炭需求量至少在21亿吨以上，据有关资料显示，我国具备安全生产能力的矿井产量只有12亿吨，仅占2004年煤炭产量的61.35%；4亿吨的能力需要进行安全系统改造，1.5亿吨的能力安全状况不达标；还有2亿吨能力不具备基本安全生产条件，需要关闭。煤炭缺口将继续扩大，特别是发电用煤会出现区域性供应短缺，2005年全国计划内新投产的发电机组将新增加1.2亿吨以上的煤炭需求量，同时其他用煤重点行业也至少要新增加5 000万吨以上的用煤量，而全国煤炭系统预计新增的产量只有5 000多万吨，统算起来缺口至少在2亿吨。

从供应方面说，中国煤炭安全供应能力缺乏保障，长期稳定供应受到威胁。近年来现有各类煤矿大多数处于满负荷和超负荷生产状态。“十五”期间开工建设的煤矿，大多要到“十一五”才能投产，2005～2006两年大中型煤矿投产规模分别为1.2亿吨和0.7亿吨，新增产量分别为1亿吨和0.5亿吨。而近两年煤炭消费迅猛增加，递增速度都在2亿吨以上。由以上资料可以看出我国煤炭资源储量少，缺口大，开采跟不上需求。加之运输环节的很多不利因素，导致能源短缺。

水泥的生产离不开燃料，由以上情况来看水泥行业节煤、利废就显得非常重要。

2004年全国水泥工业消耗近1亿吨标准煤，占全国标准煤生产总量18.95亿吨的5.25%。现行我国水泥行业有关能耗指标与先进生产力水平的消耗分别见表3，表4，表5。由此可以看出我国水泥行业节能空间又非常大。节能中长期专项规划水泥产品单位能耗指标见表6。

表3　可比熟料构成标煤耗分级定额（千克/吨）

窑型		国家特级	国家一级	国家二级	及格级
预分解窑	2 000吨/日以上	105	115	125	145
	2 000吨/日以下	115	125	135	145
旋风预热器窑		120	130	140	175
立筒预热器窑		120	140	160	180
立波尔窑		125	155	165	185
余热发电窑（扣除余热发电）		125	165	180	230
湿法窑		180	190	200	230
干法中空窑		–	–	–	250
机械化立窑		105	120	135	180
普通立窑		–	–	–	180

表4　可比水泥综合电耗分级定额（千瓦时/吨）

窑型	国家特级	国家一级	国家二级	及格级
预分解窑	115	120	125	135
旋风预热器窑	–	–	–	–
立筒预热器窑	–	–	–	–
立波尔窑	–	–	–	130
余热发电窑（扣除余热发电）	80	85	90	110

窑型	国家特级	国家一级	国家二级	及格级
湿法窑				115
中空干法窑	–	–	–	115
机械化立窑	80	85	90	115
普通立窑	–	–	–	110

表5 具有先进水平生产工艺的能耗指标

生产类型	熟料烧成标煤耗(千克/吨)	吨水泥综合电耗(千瓦时/吨)	吨水泥综合能耗标煤(千克)
旋窑	<100	<80	110
立窑	<105	<60	112

表6 节能中长期专项规划水泥产品单位能耗指标

水泥综合能耗(千克标煤/吨)(煤电油)	2000年	2005年	2010年	2020年
所有水泥行业	181	159	148	129

具有先进生产力代表的我国水泥工业不但要从大幅度降低一次能源的消耗着手，还要积极寻求利用废弃物替代燃料来煅烧水泥熟料，为缓解我国能源危机做贡献。

自20世纪70年代开始，美国、法国、德国、日本等工业发达国家就已研究和推进废弃物替代天然资源的工作，并在二次能源的资源化利用方面取得良好进展。根据欧共体的统计，在其成员国中利用二次燃料替代一次燃料用于水泥生产的替代率平均为12%，荷兰最高，可达72%，其他如瑞士、比利 时、奥地利、法国等国的替代率也高达27%～31%；全球最大的水泥制造商Lafarge公司可燃废弃物的燃料替代率在50%以上。这类废弃物主要包括废轮胎、废塑料、废有机溶液、废油以及其他工业可燃废料等。可燃废弃物的燃料替代率在50%以上无疑是当今社会先进生产力的标志。

我国新型干法工艺已开展了这一方面的研究与开发。个别工厂已在进行水泥窑处理有害废弃物的焚烧试验。利用水泥工业可有效消纳和降解废弃物的独特优势，加大对各种固体废弃物的资源化利用，必将是一种水泥工业可持续发展的趋势，不同水平的一次能源替代率见表7。

表7 不同水平一次能源替代率

物料名称及需求量表			
传统原料名称	替代原料名称	先进水平替代率(%)	一般水平替代率(%)
原煤	低品原煤、可燃废弃物、可燃农业废弃物、可燃城市垃圾	>50	>20
油类	油类处理及循环使用	>50	>20

由此笔者认为水泥工业生产力的能耗水平划分如下：煤耗、电耗均低于国家特级定额的为先进生产力；煤耗、电耗在国家特级和及格级之间的为一般生产力；高于及格级消耗水平的为落后生产力。

我国水泥工业先进生产力代表，应该从节约和替代两方面着手，最大限度地提高一次能源的利用率。

3. 生态友好型的绿色工业

所谓生态工厂，是指一个工矿企业内按照总体的生态工业规划要求，应用生态学和生态经济学原理设计，改造工厂的工艺流程，形成一个无废料工艺或少废料工艺，使进入工厂的各种自然资源和原料得到最优利用，实现物质的良性循环和能量的充分利用，提高企业投入产出链(或工业生物链)各个环节上的物质能量转换率，从而使企业成为一个投入少、消耗低、产出多、质量优、效益高的现代工业企业生态经济有机整体。它是现代工业发展模式的最佳形态，是绿色企业在工业领域的实现形态。

企业排放污染物全部稳定达到国家或地方规定的排放标准和污染物排放总量控制指标，企业排放污染物包括企业排放的废气、废水、噪声、固体废物、放射性废物。单位工业产值主要污染物排放量达到国内同行业领先水平，企业自觉实施清洁生产,采用先进的清洁生产工艺,企业环保设施运转率达到95%以上,水泥工业完全可以成为生态友好型的工业。

生态水泥的研究也是目前水泥研究的热点之一。生态水泥是一种新型的波特兰水泥,其中含有20%左右的$C_{11}A_7·CaC_{12}$(代替C_3A),它适用于建造房屋、道路、桥梁和混凝土制品等。这种水泥的研制不仅解决了城市及工业垃圾处理问题,而且还通过垃圾的循环利用系统保护了环境。如日本的小野田水泥公司和太平洋水泥公司在得到日本政府"生态城市计划"资助下,于20世纪80年代末90年代初,小野田水泥公司由日本通产省投资,开始研发"生态水泥"生产线,主要采用城市焚烧垃圾灰和下水道淤泥作为基本原料进行水泥的生产,以消纳大量城市垃圾。其中在东京三多摩地区垃圾处理场建设水泥生产线规模为年产水泥16万吨,年处理垃圾12.4万吨,相当于年处理400多万居民排放的生活垃圾;而在CHIBA建成年产10万吨生态水泥生产线,年处理200多万居民生活垃圾。目前,日本正着手制定生态水泥标准的工作,通产省已于2000年5月公布暂行标准性质的"标准情报",计划三年内完成JIS(日本工业标准)的制订工作。日本太平洋水泥公司已经利用垃圾灰做原料建成"生态水泥厂"。该厂的产品有两种:一种是清除了氯成分的普通型生态水泥,另一种是含氯的快速硬化型生态水泥,均可用作建造房屋、道路、桥梁和改良土壤的材料等。生态水泥厂的建设既能够减少城市垃圾等废弃物对环境的污染,又可以生产有用物质,收到了一箭双雕的效果。

我国一些水泥企业基本上已在采用工业废弃物以及废原料或低品位原燃料生产优质水泥,并且经济效益优于当地其他企业。充分说明水泥企业资源综合利用前景是可行的,企业经济效益也是非常可观的,是企业实现经济效益、社会效益、生态效益有机结合与协调统一的典范。

生态水泥最大的特点是可消耗大量的工业固体废料,并逐步过渡到大量消耗生活垃圾,使水泥窑炉从"能源老虎"变成城市"清洁工"。生态水泥生产线的推广,将使水泥业从环境污染行业变成环境保护行业乃至生态工厂。具有先进水平生产工艺的大气污染物排放量见表8。

表8　具有先进水平生产工艺的大气污染物排放量

生产厂家	颗粒物		二氧化硫		氮氧化物(以NO计)		氟化物(以氟计)	
	排放浓度(毫克/立方米)	单位产品排放量(千克/吨)	排放浓度(毫克/立方米)	单位产品排放量(千克/吨)	排放浓度(毫克/立方米)	单位产品排放量(千克/吨)	排放浓度(毫克/立方米)	单位产品排放量(千克/吨)
国外某厂	5.9	0.05	19.6	0.024	200	0.35	5	
国内某厂	14	0.13	30	0.080	496	1.42	5	

注:指烟气中O_2含量10%状态下的排放浓度及单位产品排放量

4.以质量效益为目的的企业管理

具有先进水平生产工艺的质量指标见表9,其主要特征是通过一系列工艺技术措施,确保熟料标号的波动及出厂水泥的波动在较小的范围内。这样不但有效利用了原燃材料,同时提高了企业经济效益。

表9　具有先进水平生产工艺的质量指标

	熟料标号及月波动值		水泥标号及月波动值	
生产厂家及类型	28天强度(兆帕)	波动值(兆帕)	水泥标号	波动值(兆帕)
国外先进企业厂	68	±2	商品标号+富裕强度	±1
国内先进企业	62	±2	商品标号+富裕强度	±1

以质量求效益,以创新谋发展,是我国企业在世界经济全球化潮流中立于不败之地的制胜法宝。

5.社会适应性

新型干法水泥生产工艺目前还存在技术社会适应性问题以及市场适应性问题。新型干法工艺不能完全替代立窑生产工艺的关键:一是目前投资仍然很大,受国家宏观调控,企业很难筹集到大量的投资资金;二是日产2 500吨以下的新型干法生产企业的经济效益并不好,属于一般生产力范畴,因而无法与技术水平好的立窑企业竞争;三是技术适应性较差,很多地方就出现上了生产线而搞不好,没有效益只好停产。这样不但给投资商造成非常大的损失,也给新型干法的推广带来不利因素,先进生产力不仅仅是科学技术、先进工具,使先进生产力发挥经济效益的是劳动者和经营管理,这个问题值得我们去深思;四是水泥是一个区域性很强的产品,市场适应性也是企业必须要考虑的问题。全国人大常委李明豫在中国水泥协会五届二次会员代表大会上的发言中提出"我国地域经济差距较大,交通运输长期处于瓶颈状态的情况下,水泥生产规模要按照在合理运输半径内的市场消费容量来确定”。

6. 较强的竞争优势

既然是先进生产力必然有较强的竞争优势。先进生产力淘汰落后能力已经取得了很大的成果，近几年国内2000多家土立窑、湿法窑、中空窑、落后立窑生产工艺的停产就说明了这一点。未来几年一定数量的落后生产工艺还要进一步淘汰出局是必然的趋势。水泥行业先进生产力的比重越大，落后生产力的比重就会越少，先进生产力发展的越快，淘汰落后的速度也就越快。先进生产力的竞争优势主要体现在以下几个方面：一是成本竞争力。我国水泥产品产能已经过剩，市场饱和已成定局，在饱和的市场中要获得一席之地只有依靠竞争。成本竞争力是企业获得市场的法宝，可以这样说竞争中你有多少的降价空间，就有多少竞争力。二是质量竞争力。质量是企业的生命，是企业市场竞争的根本。三是管理竞争力。企业的竞争优势，来自于管理本身。管理是企业形成竞争优势的主要手段。四是营销竞争力。市场营销作为企业管理的核心武器，正在改变经济领域中行业的竞争态势。长期以来，中国水泥行业的企业家们在企业管理活动中，主要专注于以生产技术为中心的管理，围绕节能降耗、减少排污、降低综合成本等等方面，相对忽略了市场营销管理工作。五是规模竞争力。规模越大其竞争力越强这是不容置疑的，大中型水泥企业在一定区域内都具有较强的竞争能力。我们大量的调查资料说明，在一个区域内具有明显竞争优势的都是当地规模较大的企业。六是较高的劳动力生产水平。目前我国水泥企业的人均年产量不到500吨，世界先进水平一般在8 000吨以上。例如日本水泥企业年人均全员劳动生产率为13 681吨。先进生产力都有较高的生产力水平，笔者认为我国水泥企业年人均全员劳动生产率先进水平应该大于5 000吨，年人均全员劳动生产率在1 000～5 000吨，属于一般生产力水平；年人均全员劳动生产率小于1 000吨，就是落后生产力了。

以上这些内容是当代水泥行业先进生产力的主要内涵的几个方面，是水泥工业发展的趋势。希望通过这些内容给大家一个比较明确的观念，什么是先进生产力及其标准。

需要说明的是，水泥工业的先进生产力应该是以上技术内涵的集中体现，即资源综合利用水平、一次能源的低消耗水平、生态友好型的绿色工业、以质量效益为目的的管理型企业、社会适应性的技术以及较强的竞争优势等方面都达到当前水泥行业最好水平，而非一两个方面先进，就打上先进生产力的招牌。

用先进的生产力淘汰落后生产力这是社会发展的必然趋势，但我们首先应该清楚什么是先进生产力，及其发展方向。还要明白我国是一个人口众多，人均资源相对短缺，各地区条件差异显著，发展极不平衡的市场经济国家，在发展先进生产力的同时更要注重一般生产力层次的技术进步与提高。

★该篇文章2005年12月发表于《中国水泥》杂志。

贯彻中共十六届五中全会精神 创建节约型环保型水泥企业★

◎中国水泥协会高级顾问（原国家建材局局长）　王燕谋

20世纪80年代初中国水泥企业发展曾遇到一个技术的取向问题，即是否发展预分解窑新型干法。1983年中央建材主管部门通过研究制定技术政策，确立了发展新型干法的技术方向。随着社会主义市场经济体制的完善，新型干法优势愈显突出，获得迅速发展；湿法和立窑的劣势愈加明显，走向逐步淘汰。改革开放后脱颖而出的大型水泥企业集团，都是正确把握了技术方向，选择了新型干法生产技术。

20世纪90年代初，中国水泥企业发展又遇到一个改革的取向问题，即是否建立适应社会主义市场经济体制的现代企业制度。1992年中共十四次全国代表大会宣布我国经济体制改革·目标是建立社会主义市场经济体制，1993年中共十四届三中全会通过的《中共中央关于建立社会主义市场经济体制若干问题的决定》中指出要建立现代企业制度。这为企业改革指明了方向，要建立适应社会主义市场经济体制的现代企业制度。此后，一些水泥企业按党中央指示，积极行动起来，解放思想、坚持改革、开拓奋进，从本身实际情况出发，逐步建立起现代企业制度，形成有效的激励机制和约束机制，从而使自己由后进变先进，中型企业发展成大型企业集团，在水泥行业迅速崛起，成为时代的佼佼者。

在这新世纪之初，中国水泥企业发展再次遇到一个经营的取向问题，即是否创建节约型环保型企业。2005年10月召开的中共十六届五中全会，要求加快建设资源节约型、环境友好型社会，这为企业经营指明了方向。水泥企业应迅速行动起来，积极贯彻十六届五中全会精神，创建节约型环保型企业，抓住机遇，超越自我，把企业经营水平提升到一个新的高度，在新的历史时期里发展得更为出色。

我国创建节约型环保型水泥企业，要从加快发展新型干法和从速淘汰落后生产方法、积极增强企业与环境和谐融合程度，不断提高企业信息化水平等三方面着手。

一、加快发展新型干法和从速淘汰落后生产方法

我国水泥生产方法现在尚有四种：立窑、包括立波尔窑等在内的干法、湿法和预分解窑新型干法。这四种生产方法的一般技术经济指标列于表1。

从表1可看出，新型干法热耗最低，熟料质量最好，资源利用率最高，劳动生产率最佳；其他生产方法的技术经济指标在总体上都落后于新型干法。此外，新型干法所排窑尾气体中粉尘含量和有毒气体含量都在GB4915－2004国家标准的允许范围之内；其他落后生产方法的粉尘排放量和所排气体中有毒成分含量都超出国家标准的规定范围。新型干法是创建节约型环保型水泥企业在生产方法上的惟一选择。

表1

生产方法	热耗 （×4.18千焦/千克）	熟料28天抗压强度 （兆帕）	石灰石资源利用率 （%）	劳动生产率 （吨水泥/人）
机立窑	800～900	40～55	30～40	200～300
立波尔窑	1 000～1 100	45～60	80～90	400～500
湿法	1 400～1 500	50～65	80～90	400～500
新型干法	700～800	60～75	80～90	4 000～5 000

进入新世纪后，我国水泥新型干法迅速发展。2000年到2004年新型干法产量变化情况列于表2。

表2

年份	总产量 （万吨）	新型干法		落后生产方法	
		万吨	%	万吨	%
2000	59 700	5 612	9.4	54 088	90.6
2001	66 000	7 355	11.1	58 645	88.9
2002	72 500	11 000	15.2	61 500	84.8
2003	86 200	18 500	21.5	67 700	78.5
2004	97 000	32 000	33.0	65 000	67.0

从表2可看到，从2000年到2004年新型干法产量占总产量的比例由9.4%提高到33.0%，水泥工业结构调整取得可喜进展。然而，落后生产方法的产量在总产量中仍占很大比例，2004年还有67.0%。显然，在创建节约型环保型水泥企业过程中，中国水泥行业必须发展新型干法和淘汰落后生产方法。

在当前形势下，为发展新型干法和淘汰落后生产方法，须先解决一个认识问题。2002年到2004年间，我国水泥新型干法生产高速发展，形成了一个前所未有的高潮。2004年下半年，水泥市场骤然低迷，企业效益大幅下滑，新型干法发展速度大大减慢。在许多报道中，将水泥市场不景气的主要原因往往说成是：由于新型干法的高速发展，水泥总量增长过快，市场上产品供过于求，水泥价格非但不能随能源和运输价格的上升而提高，反而下降，使企业效益降低。由此引出的结论是，新型干法生产发展太快了。这种认识是片面的，只看到问题的表象，没有见到问题的本质，对水泥工业结构调整十分不利。水泥界已形成共识，落后生产方法的淘汰，除行政手段外，最基本的要靠市场机制，要靠价格杠杆作用。实践表明，在市场中新型干法淘汰落后生产方法的一般过程是，新型干法生产的高速增长使水泥总量过剩，于是水泥价格下降；采用落后生产方法的企业当水泥价格下降到自己无法生存时，遭到淘汰；新型干法企业在此价格条件下，由于生产成本较低仍有利润，照常运行，只是利润空间在一定程度上被压缩了。由此可得出，在水泥产量供过于求情况下，市场价格的下降和新型干法企业利润的减少是新型干法淘汰落后生产方法过程中必然会产生的现象，也可以说是水泥工业结构调整中的阵痛。新型干法的发展和落后生产方法的淘汰愈慢，阵痛期愈长；新型干法的发展和落后生产方法的淘汰愈快，阵痛期愈短。水泥行业为尽快达到结构调整目标，早日完成创建节约型环保型企业的任务，势必加快发展新型干法和从速淘汰落后生产方法。

有了符合实际的思想认识后，尚需解决在目前情况下如何加快新型干法发展和落后生产方法淘汰的问题。这要由各企业根据自己具体条件，进行思考和探索。近期中国水泥行业在市场机制作用下，出现了有利于新型干法发展和落后生产方法淘汰的如下新动向，企业可从中得到启迪和借鉴。

1. 调整企业生产经营模式

徐州海螺水泥有限公司于2004年下半年建成1条日产万吨熟料新型干法生产线，投产时正值水泥市场开始低落。在这种情况下，该公司决定改变生产经营模式，销售熟料给周边地区的立窑水泥厂。立窑厂则关闭立窑，购进熟料，粉磨成水泥出售。这种生产经营模式维持至今，当地政府大加赞赏。广东英德龙山水泥有限公司于2004年年底建成2条日产5 000吨熟料新型干法生产线，投产后也采取销售熟

料给立窑水泥厂的生产经营模式，使周边地区许多立窑水泥厂停止立窑生产而改成熟料粉磨厂。至今，龙山公司熟料一直供不应求，厂门口常常排着等候购置熟料的汽车长龙。广东不少立窑水泥厂改造成粉磨厂时选用直径4.2米的磨机，采用40吨载重卡车装运熟料，生产技术水平并不低。浙江三狮集团有限公司在浙江水泥市场价格暴跌的形势下，于2005年上半年改变生产经营模式，部分子公司由生产水泥改为出售熟料，促使企业扭亏为盈。新型干法水泥厂生产熟料，立窑水泥厂将其磨制成水泥出售，两者是由价格杠杆相维系的。当新型干法厂熟料价格下降到低于立窑厂熟料成本时，立窑厂就关闭立窑，购买熟料，磨成水泥出售；当新型干法熟料价格上涨到高于立窑厂熟料成本时，立窑厂就开启立窑，自己生产熟料，将其磨成水泥出售。这说明，只有在新型干法企业维持一个较低利润水平的情况下，才能淘汰立窑生产。

新型干法水泥厂出售熟料给立窑水泥厂磨制成水泥出售的生产经营模式，可在不增加水泥总量的条件下进行结构调整，其最大好处是，能减轻由于淘汰立窑而产生劳动力转移的负担，对稳定水泥价格有积极作用，会减少结构调整中的阵痛。这是在市场机制作用下水泥结构调整在观念上和方式上的一种创新，可能成为在一定范围内和一定条件下结构调整的好方法，值得业内人士关注。

2. 降低企业成本

水泥企业降低成本，当前主要依靠技术开发和改进管理。面对高昂的电费，许多新型干法企业都在开发低温余热发电，以降低生产成本。在开发中，有的企业选用外国关键设备，有的则全部采用国产设备。浙江几个新型干法厂采用国产设备开发建设的低温余热发电装置，已成功发电并网，为全国普遍推广创造了有利条件。经历新型干法生产发展高潮后，许多企业规模迅速扩大，原来的管理制度已不适应扩大规模后的新形势。针对这种情况，一些企业领导从强化全员技术培训着手，对生产、物流、财务和市场等方面进行清理，修订各种规章制度，加强监管，使企业成本明显下降。有一个大型水泥企业，通过改进管理，2005年上半年每吨熟料成本下降了5元，在利润空间只有10多元的情况下，降低5元成本真是难能可贵。降低成本、提高利润率，是企业自筹资金和到社会上融资发展新型干法生产的重要手段。

3. 企业重组

据报道，法国拉法基集团与香港瑞安建业有限公司组建了合资的拉法基瑞安水泥有限公司，整合双方位于北京、四川、重庆、贵州和云南的水泥业务，成为西南地区最大的水泥企业。中国材料科工集团通过重组已成为新疆天山水泥股份有限公司的最大股东；吉林亚泰股份有限公司重组了哈尔滨天鹅水泥股份有限公司的哈尔滨水泥厂。2004年下半年，国家宏观调控政策逐步到位，有的企业放慢了新型干法生产线建设速度，有的企业因断了资金链而不得不停止正在建设中的生产线，一些采用落后生产方法的水泥企业则陷入了生产经营的困境。这些企业都想通过重组来发展水泥新型干法，因而在中国水泥行业迅速形成一个资产重组的大好时机。据了解，正在洽谈重组的水泥企业为数不少，一些外国投资者也正在乘虚而入，给人的感觉是，中国水泥界在新型干法建设高潮之后，似乎正在出现一个企业重组高潮。企业通过资产重组可解决发展新型干法的资金和技术问题，还可提高生产集中度，为整合市场和改善经营环境创造有利条件。

4. 市场整合

据了解，在西南某城市，3家水泥大企业经常一起“喝茶”，协调价格，对稳定当地水泥市场产生很好效果。中国水泥市场是区域市场，根据交通条件，区域范围有大小之分。上述实例说明，在一定区域市场范围内，通过几家大企业互相协调来整合市场的可能性，在我国是存在的。整合市场可避免恶性竞争，是中国水泥界长期以来的良好愿望，尤其在市场不景气时，这种呼声特别高。在当前形势下，整合市场不是为了保护落后，而是为了发展新型干法生产，加快结构调整。一个稳定的水泥市场对企业、行业和国家都十分有益。市场整合是企业按政府法令进行经营谋略的重要方面，但行业协会牵线搭桥的作用也不能忽视。可以预料，从目前企业重组的发展趋势看，在我国长江三角洲、云贵川、东北、新疆和河南等地区，通过当地几家大企业的互相协调，水泥市场有可能在不同程度上得到整合，使水泥价格得以稳定，新型干法企业都受益。

在创建节约型环保型企业进程中，水泥企业应随时捕捉行业发展中的新动向，根据本身具体情况，调整自己的经营策略，加快新型干法的发展和落后生产方法的淘汰。在当前水泥市场不旺的形势下，各种建设费用都较低，从这方面看，现在正是企业发展的又一个机遇。

二、积极增强企业与环境的和谐融合程度

增强水泥企业与环境的和谐融合，是指减少对环境的污染，增多吸收消纳社会污染物，使企业与生态环境愈加友好。对水泥企业而言，环保与节约在很多场合下是一致的，减少污染的同时往往伴随着资源的节约，有一个相辅相成的关系。在创建节约型环保型企业的过程中，采用了新型干法并非就已完全达到了目标，还必须在工厂建设和生产管理中，以及在此基础上通过开拓创新，不断提高企业与环境的和谐融合程度。

工厂建设是增强企业与环境和谐融合的基础。建设中的失误，在投产后纠正时，要花更多的时间和资金。我国绝大多数新型干法企业在建设中都能按先进技术经济指标、国家环保规定和周边居民满意度的要求，进行矿山勘察、厂址选择、工厂设计、设备配置、施工建设和环境的绿化美化。环境保护和绿化美化的投资，根据各厂条件有所不同，一般都占到总投资的15%左右。

然而，极少数企业在建设新型干法生产线时尚存在一些

问题,有的在个别建厂环节上带有一定盲目性,有的用降低与环境和谐融合程度的办法来节省资金。例如:极少数企业对市场、矿山和运输条件未作深入调查研究就盲目选定厂址,从此埋下了企业效益低下的祸根;极少数企业在建设中省略某些必要的辅助设施,降低环保标准,这对建成后的正常生产和环境保护留下了隐患;个别企业不建自备矿山,使用民采石灰石,矿产利用率仅30% ~40%,造成资源的很大浪费。这些问题在创建节约型环保型企业的过程中都应力求避免。

生产管理是增强企业与环境和谐融合的重要环节。如果没有精心的管理,企业具有再好的设施也无法达到应有的技术经济指标和环保要求。我国绝大多数新型干法企业在日常生产管理中严格执行各种规章制度,精心维护各种机电设备,避免无组织排放和二次粉尘,专职保养绿化美化设施,将达到环保指标和完成经济效益指标并列为企业经营管理的第一要务。许多新型干法水泥企业被当地政府评为清洁文明工厂或花园式工厂,彻底改变了水泥行业在人们心目中的不良形象。

但是,极少数企业在生产管理上还存在一些问题。上岗人员未能进行充分培训,设备维护不够精细,日常管理比较粗放,不能及时清除建设中留下的隐患,生产线经常在技术经济指标较低水平下运行,无组织排放时有发生。在创建节约型环保型企业过程中,这些管理问题都应妥善解决。

开拓创新是新型干法水泥企业在工厂建设和生产管理基础上,继续增加企业与环境和谐融合的必要措施。水泥新型干法自问世以来,其工艺和设备不断创新,技术水平逐步提高。我国许多新型干法水泥企业,根据本身需要,进行开拓创新,用新技术不断改造原来的工艺和设备。例如:某厂噪音较高,超出了国家新的规定范围,通过技术创新大大降低了噪音分贝数,赢得周边居民好评;一些新型干法厂的熟料装卸粉尘污染严重,通过技术攻关,解决了污染问题,维护了企业清洁文明生产的良好形象;许多企业进一步开发低品位原料和工业废渣的利用,节约了大量资源;少数企业成功开拓了对城市垃圾和工业废弃物的利用和处理,取得企业与社会的双收益。

在创建节约型环保型企业过程中,我国新型干法水泥企业现阶段开拓创新的空间很大。例如:用新技术改造粉磨系统和烧成系统,以节省能耗和降低排放气体中有害成分的数量;开拓处理工业废弃物与城市垃圾和建设低温余热发电装置,以减少用煤量和用电量,并分摊社会污染负担;提高熟料质量,以节约资源和降低温室气体的总量排放。

为增强企业与环境的和谐融合程度,所需工作是多方面的。要求水泥工作者在工厂建设和生产管理上要"精雕细琢",在开拓创新上要有所作为,将经营理念提升到更高更新的境界。安徽池州海螺水泥股份有限公司年产558万吨熟料基地,可称是我国水泥企业与自然环境和谐融合的楷模,是经营理念提升到新境界的产物。到该基地参观,犹如进入一个青山碧水、鸟语花香、绿树成荫的大花园,人见人爱,都说是中国水泥行业的骄傲。

三、不断提高企业信息化水平

实现水泥企业信息化主要在两个方面:生产的信息化,即采用计算机技术对生产过程进行自动控制;管理的信息化,即采用计算机网络技术对企业进行管理。

我国水泥企业生产信息化已取得很大进步。日产2000吨熟料及其以上规模的新型干法生产线上,都已采用计算机集散控制,实现了生产过程的自动控制,取得了增加产品产量、改善产品质量、提高劳动生产率和改善劳动条件等显著实效。回忆起26年前从外国引进第一套大型新型干法设备时担心不会掌握自控系统的情景,对比现在计算机集散控制应用得如此之普及,无不赞誉我国水泥企业生产信息化所取得的巨大的跨越式进步。

我国水泥企业管理信息化正在起步。济南山水集团将计算机网络技术用于出厂水泥的管理,减少了差错,节省了人力,取得良好实效,一些大型水泥企业正在推广这一经验。福建水泥股份有限公司等企业已建立局域网,感到软实力有所增强,其具体经济效益还在考察之中。

为实现企业管理信息化,一些大企业投入巨额资金做ERP(企业资源计划)。然而,其经济效益并不明显,有的甚至比实施ERP之前更差。对此,竟出现了一个顺口溜:"企业要倒闭,就做ERP"。在工业发达国家,大企业做ERP后所得实际效果往往是提高劳动生产率、节省各种费用、增加员工和客户的满意度等等,使企业竞争力增强。因此,产生了一个共识:"不做ERP,企业就倒闭。"国内外实施ERP的情况有着鲜明反差,说明企业管理信息化有一个因时、因地制宜的问题。企业信息化管理与社会生产力水平、生产的社会化程度和人的思想观念等密切有关。中国现阶段的生产力总体水平还不高,生产社会化程度较低,人的思想观念有着自己的传统习惯。所以,我国企业管理信息化不能抄搬外国的经验,必须根据自身条件进行探索,开创出自己的发展道路。山水集团和福建水泥股份有限公司的实践结果表明,中国水泥企业管理的信息化会有一个从小到大、由局部到全局的发展过程。

毋庸置疑,信息化是现代生产力的主要特征,是企业技术进步的必由之路。水泥企业的信息化是在新型干法基础上进一步提高效益的潜力所在,是创建节约型环保型企业的重要方面。目前我国新型干法企业在生产过程控制上,与国际先进水平相比尚存在一定差距,在企业信息化管理上,差距更大,尚处在起步阶段。在创建节约型环保型企业过程中,水泥企业除继续改进生产过程控制技术外,尤其要进一步探索管理信息化途径,加强管理信息化的开发,不断提高企业信息化水平。

创建节约型环保型企业是中国水泥工业发展的新阶段,是一项艰巨而又长期的历史任务。让我们紧密团结在以胡锦涛同志为首的党中央周围，在中共十六届五中全会精神指引下，紧跟时代步伐，正确把握发展方向，创建节约型环保型水泥企业，为中国水泥行业的繁荣昌盛而共同努力。

★该文章发表于2005年12月19日《中国建材报》。

水泥制造业集群的若干思考★

◎安徽海螺集团　张路平

水泥工业是重要的基础产业之一。近年来，水泥工业得到快速的发展，同时，水泥工业也带动了相关产业的发展。在当前区域经济一体化不断加深加快的趋势下，水泥市场的竞争已经决不仅仅是企业之间的简单竞争，而更多的是水泥制造产业群之间的竞争。运用产业集群理论，研究水泥制造业集群问题，有利于提高企业竞争力和发展区域经济，同时，促进水泥制造业集群，对提高产业集中度、推进水泥行业结构调整具有重要意义。本文试图从产业组织理论出发，介绍产业集群的概念，分析水泥产业群的构成和形成机制，对促进水泥制造业集群提出几点建议。

一、产业集群的概念

所谓产业集群，是指一些相关企业在某一特定区域通过集聚成群，而不断提升企业及产业整体竞争力的现象及其过程。这种产业群，就是在某个特定产业中相互关联的、在地理位置上相对集中的若干企业和机构的集合。我们通常所说的“工业园区”、“专业一条街”等，实质上就是产业集群的一种形式。

从国内外产业经济的发展情况来看，不论是经济发达国家还是我国经济发达地区，都有许多产业群成功的案例。如聚集在美国硅谷、波士顿128公路的微电子产业集群；聚集在底特律的汽车制造业集群。在我国，有北京中关村的电子产业，广东佛山的陶瓷、东莞的电子、惠州的制鞋等产业，浙江嵊州的领带业、温州的鞋、义乌的小商品等产业。据统计，仅浙江省目前拥有年产值亿元以上的产业集群区519个，年产值达6 000亿元，平均每个县有3个产业集群。

产业集群有多种方式，其中最常见的是由产业纵向关联而形成的产业群，产业集群的形成一般都有一个主导核心企业，产业内的企业同属于一个产业的上、中、下游企业，在原材料、零部件、零配件供应、产品制作、配套产品、销售渠道等方面，形成一种合理的分工和协作状态。在这类产业族群中，通常还会产生为每一个生产环节提供服务的外围联系，如供电、供水、运输、社会服务和产业服务等。这种产业集群的形成，能大大提高企业的竞争能力，促进区域经济的发展。主要表现在以下几个方面：

一是产业群内的企业分工进一步深化，大大降低了生产、采购和交易成本，有助于实现规模经济。例如，在浙江的宁波，国内外众多的纺织面料供货商到该地区设点销售，由于供货的批量大，成本相应降低。在产品链上的企业，更加集中于自己擅长的领域，有利于提高产品质量，提升技术和管理水平。

二是产业集群之间的企业形成互补关系，减少了由于资产专用性强而带来的风险。也就是说，企业能够通过市场机制寻求供应商，减少因追求垂直一体化而带来的风险。以某水泥厂为例，其生产所需的砂岩至少有三个供货商，各占70%、20%和10%的份额。在供应商之间引入竞争，依据供货质量、及时性、价格等调整不同厂家的供货比例。而在单一供货商的情景下，则可能出现“要挟”行为，或者是企业为了降低成本，自己不得不投资建配套生产厂。

三是有利于专业性外部服务业和配套设施的发展。产业集聚所形成的规模经济性，使这些服务业或配套设施具备了经济上的合理性。例如，宁波举行服装节，等于做了一个集体大广告，积累了众多企业都可分享的无形资产，同时，企业也愿意在经济上支持这种大型活动。

四是有利于技术、管理知识的交流和人才培养与利用。产业群内的企业之间专业跨度较小，共同点多，如石灰石与石料开采业相似，利于技术的交流和提高。

二、水泥制造业产业集群的构成和形成机制

水泥作为资源依赖型、能源依赖型、资本依赖型的产业，发展产业集群具有一定的条件。水泥制造业的产业集群内的结构包括以下内容：

1. 核心制造企业：是指产业集群中处于领先地位的一个或数个水泥生产企业，它们技术先进、竞争力强，产生的拉动作用大，在产业集群中起到重要的作用。

2. 竞争互补企业：在产业集群中处于后发地位的企业，与核心制造企业具有竞争关系，同时可能利用产品差异性提供个性化的产品或服务，与核心制造企业具有竞争和互补关系。

3. 配套制造企业：是指为核心企业提供配套产品的企业，如砂岩、黏土、铁质料等辅助材料开采生产的企业。

4. 配套服务企业：如产品运输、餐饮服务、汽车修理、机械加工、劳务输出等企业。

5. 公共服务部门：如政府、教育培训、中介等机构。

在水泥产业集群的形成过程中，起到关键作用主要有以下几种要素：

自然资源。水泥产业具有较强的资源依赖性，在一个矿产资源丰富的地区，石灰石和其他资源储量十分丰富，加上相对便利的运输条件，是形成水泥制造业产业集群的基础条件。

规模经济。新建水泥企业随着采用新型干法技术，产量大、规模大，相应的原材料需求大、产品运输量大，带动对运输、服务、人力等方面的大量需求。如1条日产5 000吨的新型干法水泥生产线，年产熟料180万吨，如采用砂岩和铁粉配料，则需要采购将近30万吨的砂岩和12万吨铁粉。

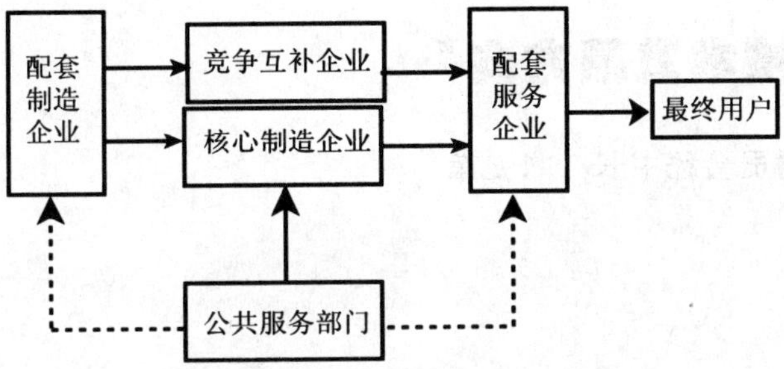

图1　水泥产业集群结构示意图

注：实线表示产业链方向，虚线表示公共服务体系对经济要素的支持

相关延伸产业的支持。相关延伸产业的发展，使集群内的企业可以得到专业化的服务，从而提高企业的竞争力。这些延伸产业包括交通运输业、技术服务业、专业销售公司等。在这些相关延伸产业的发展和竞争中，形成了一个成熟的专业服务市场，促进了产业集群的出现。

政府政策影响作用。在几乎同样的条件下，有的地区形成了产业集群，有的地区却没有，仅用自然的、规模经济的因素已不足以说明。一般来说，政府立足自身资源条件，通过有意识的规划和布局，建立相应的制度安排，采取正确的产业政策，对产业集群的形成和发展也有重要的影响。

下面举目前我国部分地区水泥业集群的两个例子。一是安徽省繁昌县荻港镇，该地区位于皖江中部，石灰石资源十分丰富，仅地表以上石灰石储藏量就达5亿多吨，是生产水泥及其他建材产品的优质原料。同时该地区是传统的水泥、石料生产地，但存在低水平生产厂家多、环境污染大等问题。近年来，该地区通过引进海螺集团和其他民间资本，投资兴建新型干法水泥生产线，淘汰关闭落后生产力，实施行业整合，并规范发展砂岩开采、石灰石开采、汽车运输、内河运输、机械加工等配套产业。目前荻港镇境内矿山企业有73家，水泥企业15家，年产建材石料1 000余万吨，水泥及熟料600多万吨，并在未来几年内达到1 000万吨以上，城镇经济发展一直保持在较高水平上。

二是浙江兰溪市加快产业和产品结构的调整，形成了企业内外联动、结构多元的新格局。市政府实施"上大汰小"的产业规划，利用税收和环保政策进行撬动。兰溪市规定，按照省政府2007年前基本拆除机立窑的规划，对淘汰机立窑的企业，给予土地再利用以最优惠的扶持，环保和财政将给予补助和奖励。在此基础上，通过政府引导、行业自律、扶持龙头企业树立品牌优势，以实现做强兰溪水泥的目的。近年来，该市先后新上8条新型干法窑水泥生产线，同时拆除了17条机立窑生产线，拥有年产800多万吨的优质水泥生产能力，形成了浙江省新型干法水泥制造基地之一。

三、产业集群对企业和经济发展的影响

第一，企业要善于运用产业集群的优势，提高综合竞争力。

形成产业集群，构建完整水泥产业链，也是提升水泥制造企业核心竞争力的重要组成部分。水泥行业是传统行业，水泥产品的同质化和技术的成熟度已经相当高，下一轮的竞争可能落到水泥产业每个环节的成本及品质的比较上。同时，由于国家对资源管理力度的增大，企业一次性获取矿产资源开采权的成本越来越高，而许多生产原料的外购成本相对经济。在行业竞争更加激烈的今天，水泥企业充分依托产业集群资源，降低生产成本，提高服务质量，将是企业提高综合竞争力的重要途径。

比如说，在产业的上游，除了依靠自身占有的资源以外，还要扩大从其他企业采购石灰石、砂岩、黏土的储备规模，或确保辅助材料的采购便利可靠，以降低生产成本和保证持续生产；在产业的下游，充分利用社会资源，发挥它们在产品运输、产品销售等方面的优势，能够有效地降低中间费用和物流成本、扩大产品销售半径，或者采取直销或代理销售的策略，都能够提高产品竞争能力。通过发挥产业集群的优势，及时打造产业链条的完整性和全流程的比较优势，将确保企业在未来的全面竞争中处于有利地位。

第二，对于政府来说，发挥自身优势、推进产业集群是提高经济整体竞争实力的必然选择。

产业集群是市场经济条件下工业化进行到一定阶段后的必然产物，是现阶段产业竞争力的重要来源和集中体现。从国际范围看，产业集群是工业化进程中的普遍现象。从国内一些产业集聚区的历史看，在起步阶段也曾经历过"村村点火，处处冒烟"，到一定阶段后，才向特定区域集中，分工协作体系逐步深化。目前已经可以观察到这样的趋势：就同类产品而言，采取产业集聚方式的那些地方的竞争力，显著地强于没有采取这种方式的地方。

正如一个企业要发展必须要打造核心竞争力一样，地方经济的发展也是立足自身，按照产业集群的理论，突出自身特点，把产业做细、做精，不能搞"大而全"、"小而全"的发展规划。同时，也要正确认识产业集群，产业集群是指产业链的互补竞争，并不是提倡搞重复建设。如果在某些产品上搞重复投资，特别是政府驱动的行政性重复投资，将会面临更大的风险，失败的概率会更高，损失也会更大。

第三，产业集群多是自发形成的，但政府需要且能够发

挥重要作用。

从我国产业集群形成的过程来看,不论在广东还是在浙江,产业集群事先都没有政府的计划和规划,没有事先的宏大设想,基本上是在市场力量的作用下形成的。用行政性办法人为"造市",这类做法就将事情搞歪了,丢掉了产业集群的精髓。

政府的积极作用,主要体现在以下几个方面:一是对于自发形成的产业集群雏形,政府要能尽早识别出,并以产业集群的方式予以培育,对于政府有意识规划发展的产业集群,要制定明确的发展战略目标;二是提供良好的基础设施,为本地企业家的创业和外地企业家的投资创造良好的环境;三是创造合理的制度环境,推进实施行业政策,如在矿产资源的整合、落后生产力的淘汰等方面,政府要旗帜鲜明,敢于落实;四是提供有效的公共服务,促进产业集群的成长与升级,如规范市场的运作机制,制定行业自律标准,共同制定产业集群发展的战略规划等等;五是制定针对性较强的有力措施,解决集群中诸厂商共同面对的难题,如帮助中小企业融资,组织中小企业考察、制定人才引进措施,等等。

★该文章发表于2005年12月《中国水泥》。

水泥原料矿山开采技术发展方向★

◎中国水泥协会矿山专业委员会秘书长　唐光荣

国内外露天矿技术发展总的趋势是开采规模大型化、生产连续化、装备现代化。智能矿山的研究与开发,是露天矿科技进步的发展方向,采矿技术正向液压化、联动化、自动化发展。

1.水泥原料矿山开采规模大型化

建设大型矿山,可以采用大型设备,提高劳动生产,降低矿石开采成本。随着预分解窑熟料生产线日产5 000~10 000吨的投产,涌现一批年产100~500万吨级矿石的大型矿山,而年产50~100万吨矿石已属中型矿山。目前,矿石年产量>500万吨级的超大型矿山已开始显现。

2.选用大型、高效、耐用的采矿工艺设备

水泥矿山在矿山设备大型化基础上,向节能型、自动化、标准化方向发展。黑色和有色金属矿山为提高开采强度,提高设备利用效率,一般采用连续工作制。

2.1.钻孔设备。

水泥矿山应淘汰钻速低、排渣难的低风压潜孔钻机;淘汰送风管道长、耗能高、效率低的低风压固定式空压机。

中、高风压潜孔钻机和全液压露天钻机将是水泥矿山未来的主力钻机。固定式低风压(0.5~0.7兆帕)空压机正逐步淘汰,仅适应中硬以下岩石穿孔的切削回转钻机和穿凿坚硬、极坚硬的牙轮钻机也将逐步淡化出水泥矿山市场。

2.1.1.中、高风压露天潜孔钻机。

钻机使用中风压(1.0~1.4兆帕)和高风压(1.7-2.4兆帕)的压缩空气作动力,由压缩空气直接驱动冲击器和钻头选行钻孔作业,钻具回转采用液压马达,滑架起落应用液压缸支撑。目前国内外一些矿山采用钻机和压缩机分开的分体式配置,但一体化钻机,即钻机、柴油机风冷空压机和柴油机液压泵组三位一体,是钻机配置的发展方向。

具有代表性我国生产的山河智能一体化潜孔钻机性能如下:

钻机型号	SWDB165
钻孔直径	152、165、180毫米
钻孔深度	30米
外孔角度	与地面成60~90°
适应岩石	普氏f≥8
钻其转速	16~60转/分
推进轴压	4 000~30 000牛顿
推进行程	9米
回转扭矩	4 000牛顿米
冲击器型号	DHD360
工作风压	1.38兆帕
压气总风量	21.2立方米/分
装机总容量	284千瓦
轮廓尺寸L·B·H	6 900×3 540×11 500
总重	22吨

2.1.2.全液压露天钻机。

钻机自动凿岩系统能保持到贯穿孔底的最大凿岩效率,通过自动调节冲击力、推进力、旋转和双重缓冲器装置,不断适应不同岩层和岩性的变化,从而提高凿岩性能,降低能耗并延长钻具使用寿命,凿岩能量得以充分传递,并使钻进中的反射冲击波降低到最小。

全液压露天钻机采用高排量的空气压缩机,增大了排尘风量,尽快地将凿岩的粉尘颗粒分离出来,提高钻孔速度,减少钻头磨损。使用高排量空气压缩机,也加大了钻孔口径。

代表当代先进钻孔机的瑞典阿特拉斯、科普柯露天全液压钻机性能如下:

钻机型号	ROCL8
钻孔直径	105~165毫米
钻孔深度	54米
钻孔角度	斜孔左右各偏斜30°, 前后偏斜30°和70°
钻杆长度	6米
钻杆存储量	8+1
最大推进力	40千牛顿
扭矩	4 250牛顿米
回转转速	30~80转/分
功率	317千瓦
排风量	25立方米/分
外形尺寸(L·B·H)	11 250×2 490×3 995
机重	19.9吨

2.2.装载设备。

液压挖掘机在水泥矿山进一步得到推广使用,并将在铲装设备中占据主导位置。

与机械挖掘机比较,液压挖掘机自重轻,三维自由度赋予液压挖掘机机动灵活,可在陡坡上挖掘,便于选别开采。

水泥矿山装载设备,宜选用4~8立方米液压挖掘机和30~60吨设的矿用汽车。

3.走矿产资源开发利用和地质生态环境协调发展的绿色矿业道路,建立低生态危害的采矿工艺系统,做到无废少废、零排放

国外一些矿山注重自然景观的保有度,在矿山开采中坚持低能耗、短流程、高效率、无废、少污的原则,保持矿区周围景观的和谐度。

嘉新京阳水泥有限公司石灰石矿山,对开采裸露地带,填覆客土,因地制宜种植原生植物,引进耐干旱、耐贫瘠的白喜草草籽和当地水土保持功效好的野生蚂蚁草,广为播种,草木并举,立体绿化,枝叶繁茂。

4.矿山生产不断溶入新科技

优化矿山生产,提高采矿工艺环节中高科技比重。应用自动控制技术、电子信息技术、网络技术,从整体上提高设备技术效能,提高生产过程中综合自动化水平,提高生产信息化程度,实现控制智能化、连续生产过程自动化、管理信息化和系统化。

智能数字矿山,是信息技术在矿山应用的集中表现。以计算机及其网络为手段,把矿山三维空间和有属性数据实现数字化存储、传输、表达和加工,建立全方位生产管理系统,随着"数字化矿山"发展,矿山开采开始进入智能化控制时代。

5.开拓方式、采矿工艺多样化

开采顺序由单一的纵向布置向横向布置方式发展,施行强化开采,提高工作线推进速度,为矿石均化搭配创造条件。采用组合台阶、分期开采、陡帮开采,以便均衡生产剥采比。

6.运用汽车一带式半连续运输系统,是近年来发展的高效运输技术

该系统充分发挥汽车运输适应性强、机动灵活、短途运输经济的优势,有利于强化开采,同时又显现带式运输机运力大、爬坡能力强、运营成本低的长处,汽车、胶带两种运输优势互补。首钢水厂铁矿,1998~2003年,汽车一带式运输成本为0.65元/吨公里,仅为单一汽车运输成本1.35元/吨公里的48%,15年内将创收经济效益16亿元。

部分水泥矿山正在或行将进入露天凹陷开采,采用半移动式破碎机的汽车一半移动破碎机一胶带运输机的半连续开采工艺是一种行之有效采矿工艺系统。

7.矿山辅助作机械机化

目前,矿山辅助作业不配套、机械化程度低,是矿山生产的薄弱环节。随着开采规模的扩大,为保证主机正常作业,提高设备效率,必须提高矿山辅助作业水平。在清理工作平台、矿体内夹石分采分运、铲装工作面的准备、运输道路的维护、边坡整理,大块的二次破碎、炮孔装药和炮孔填塞工作中,配备必要的前端式装载机、推土机、平道机、压路机、洒水车、装载车,炮孔填塞机等辅助矿山机械,从整体上提高矿山装备效能。

8.铣刨机采矿是一种有发展前途的采矿方法

应用铣刨机(又称机械犁)采矿,代替传统穿孔爆破采矿方法,有以下优点:

(1)无爆破地震、空气冲击波、飞石等危害;

(2)扩大开采境界,不受爆破安全境界的限制;

(3)连续作业,不受爆破干扰;

(4)要求作业场地相对小;

(5)可根据矿层和矿石不同品级,分采分运,可有效剔除有害夹层,可选别回采;

(6)采矿成本可降低20%~50%;

(7)不需粗碎,可调整开采粒度,有利于带式输送机长距离运输。

铣刨机采矿,集采、装、碎为一体,有效简化生产流程,作业工作平台、采场道路平整,减少轮胎消耗,刨铣矿石粒径可控在30~80毫米,可根据需要,生产<30毫米的粒径的矿石,为振动放矿,竖井溜矿石,缓冲矿仓磨损创造条件。

铣刨采矿法,从根本上保证矿山边坡的安全,从而增大边坡安全角度,增加可采矿量,减少边坡工程量和维护量。

德国维特根Wirtgen表采机,在南斯拉夫Serbia石灰石矿,应用SM-2600,切削(铣刨)、破碎装料一次完成,矿石平均单轴抗压强度为25兆帕,产量在每小时600吨,约90%粒径<16毫米,最大粒径为150毫米。

法国纽来宁根石灰石矿,美国、印度、巴西、墨西哥应用表采机开采石灰石取得一定效果。

维特根表采机2100SM在法国开采石料和加工，部分参数如下：

矿床尺寸：200米×100米

岩石：砂性石灰岩

硬度(UCS)：平均25兆帕

最大50兆帕

生产能力：平均70立方米/时

粒度：<8毫米 30%

8~30毫米 30%

30~80毫米 35%

>80毫米 5%

维特根表采机在切削矿石中同时将矿石破碎。可据粒径要求，选用不同切削刀具及切削转子，清洁、平整稳定作业表面，给装载机平稳行驶创最佳条件。

★该文章发表于《中国水泥》2005年矿山专辑。

领导关注

2001年

安徽省省长、省委副书记许仲林考察海螺集团

8月30日，安徽省省长、省委副书记许仲林，省委常委、副省长张平，副省长黄岳忠等率省政府有关厅局20余人到安徽海螺集团考察调研，召开省长现场办公会，协调解决海螺集团发展进程中的具体问题，促进企业改革与发展。

许仲林一行先到该集团所属的芜湖海螺型材科技股份有限公司考察了型材挤出生产线。之后，许仲林等省政府领导在芜湖海螺国际大酒店举行省长现场办公会，黄岳忠主持。海螺集团董事长、总经理郭文叁首先汇报了海螺集团公司的基本情况、1~8月份的经营业绩以及集团在发展中需要省领导帮助协调解决的问题。

2001年农历大年初一，中共中央政治局委员、山东省省委书记吴官正到济南山水集团慰问坚持生产的干部职工。

许仲林对海螺集团今后发展提出三点希望：第一，越是在发展比较顺利的时候，越要保持清醒头脑，防止决策上的失误；第二，坚持把产品的质量放在第一位，特别是在快速扩张的时候，一定要注意质量问题，要使海螺不仅成为中国的名牌，而且争取成为世界水泥产业的名牌；第三，加快创新步伐。希望海螺集团在水泥、型材方面跟踪世界最先进的技术，加强自主知识产权方面的发展和研究。

2003年

宁夏回族自治区主席马启智考察宁夏宏威水泥股份公司

1月初，宁夏回族自治区主席马启智考察了宁夏宏威水泥股份公司日产1 000吨新型干法旋窑水泥生产线，在认真听取工作汇报后，马启智对该公司坚持走新型工业化道路给予了充分肯定。他说，要严格执行国家"上大改小"的水泥产业政策，淘汰落后生产力，发展新型干法水泥生产工艺，走高起点、规模化发展的路子，坚持做到资源开发与环境保护的统一，绝不能以破坏环境为代价发展经济。

马启智说，全区完成全面建设小康社会的奋斗目标任务艰巨，在大力发展工业上要一个项目、一个企业、一个行业地扎实推进，才能全面提升全区工业发展的整体水平。

考察中，当得知该公司年供散装水泥量已达到10万吨时，马启智说，发展散装水泥在保护环境、节约资源、降低成本、提高效率方面具有重要意义。

国家经贸委原主任盛华仁参加铜陵"海螺"日产5 000吨熟料国产化示范线技术及装备交流总结会

1月13日，在国家建材科技教育委员会组织的铜陵"海螺"日产5 000吨熟料国产化示范线技术及装备交流总结会上，国家经贸委原主任盛华仁做了重要讲话。他说，水泥工业是我国加快技术进步，进行结构调整的重点行业。海螺集团是水泥行业中经营管理水平高、经济效益较好、发展前景比较广阔的样板企业，他们所建设的大型新型干法水泥生产线建设快、投资省、环境好、效益高。

发展水泥工业要坚持可持续发展战略。长江沿江流域水泥原材料资源丰富，要在国家支持下加快发展像"海螺"这样的大型水泥集团，建设技术先进、规模合理的新型干法线，带动长江沿岸地区水泥工业的发展。

2000年8月，本人在参观铜陵水泥厂时曾提出，要建1条日产4 000吨以上、投资规模5亿元以下、设备国产化、建设工期15个月、环境保护全国最佳的水泥生产线，现在看来，当时提出的目标都实现了。

特别值得一提的是，中材国际的南京水泥工业设计院在新型干法水泥生产工艺技术的研发与创新上作出了重要贡献。在设计、生产和设备制造等有关单位的通力合作下，现在实现的技术经济指标比当时提出的指标还要高，这是了不起的成绩，在技术上、经济上、政治上都具有重要意义，标志着我国水泥工业已从工艺、技术、装备、管理、体制上开辟了一条自主发展的成功之路，是传统工业走向新型工业化的重大转折，成为我国水泥工业发展史上的里程碑。

海螺集团在走出安徽、沿江发展目标上，已经迈出了实质性步伐，先后在江西、湖南、浙江、江苏等地建设了新型干法水泥生产线。而打破地区界限，组建跨省区的大型企业集团，建设水平更高、规模更大的生产线，提高产品生产集中度，实现集约化经营，使海螺集团真正成为技术先进、管理先进、效益最佳、规模最大的大型企业集团，这是中国水泥工业的希望所在。海螺集团要继续努力，加快发展，不仅要走出安徽，还要走向国际。

要从铜陵"海螺"日产5 000吨熟料国产化示范线的建设中，认真总结设计单位、生产企业、设备制造单位的合作经验，进一步提高大型新型干法水泥生产线的工艺、技术、装备水平，要用信息化带动工业化，用信息技术改造提升传统产业。

各政府部门要进一步贯彻产业政策，加快水泥工业结构调整，大力发展先进生产力，淘汰落后生产力，使我国水泥工业尽快走上新型工业化的道路，提高国际竞争力。

陕西省副省长巩德顺对陕西省建材工业提出三个突破

2月17~19日，陕西省建材工业总公司在西安召开2003年度工作会会上，陕西省副省长巩德顺对以产权结构改革为重点、整体推进国有企业改革，切实理顺各个层次间的关系，明确各个层次的相关权利、义务和责任，确保国有资产保值增值提出具体要求：一要在积极实施大集团、大公司战略上有所突破；二要在推进国有资本有序退出上有所突破；三要在加快招商引资步伐、实现资产重组上有所突破。

青海省常务副省长蒋洁敏在第十届人大会议就青海省水泥市场的情况及开放问题接受记者采访

3月17日，在第十届全国人大开会期间，全国人大代表、青海省常务副省长蒋洁敏就青海省水泥市场的情况及开放问题回答记者说：青海省2002年完成固定资产投资245亿元，是"九五"期间青海省固定资产投资的43%，青海兴建了一批增强发展后劲、惠及各族人民的重大工程，国道、省道干线公路等得到提高，县县通油路目标基本实现。在青海省无论是重点工程还是城镇建筑、路桥、给排水基础设施建设，都对建材工业产生了很大的拉动作用。青海省今后要继续加大落后水泥工艺的淘汰力度，坚决把东部淘汰的"小水泥"堵在门外。要努力培育好建材这个优势产业。目前甘肃一家企业已与青海的一家建材企业合作，建设第1条日产2 500吨的新型干法水泥生产线。我们欢迎内地的技术和资金进入青海的建材市场，为打破制约青海经济发展的"瓶颈"做出贡献。

宁夏回族自治区党委书记陈建国参加加快宁夏工业化进程工作会议

4月初，在加快宁夏工业化进程工作会议上，自治区党委书记陈建国指出，要按照发展新型工业化道路的要求，依靠科技进步，促进建材产业结构的优化升级，加快全区建材工业现代化建设的进程。

陈建国针对宁夏建材工业存在的问题，提出宁夏建材工业必须坚持走新型工业化的路子，重点要做好3个方面的工作。一是严格按照国家"上大改小"政策的要求，加快淘汰"两小"工作。对达不到环保和质量要求的落后生产能力和未列入淘汰范围的立窑生产线，要按照新技术标准要求，在不增加生产能力的前提下，通过采用新型干法、窑外分解工艺技术，新型高效粉磨技术，立窑先进使用技术进行"上大改小"，把提高产品质量、减少环境污染作为立窑改造的一项重要任务，湿法窑、干法中空窑要结合窑外分解工艺的发展，有选择地加以改造，达到调整结构、促进产业升级的目的。二是按照"积极扶持、合理规划、分类指导、依法管理"的要求，打破地区界限，通过企业上市、招商引资等多种渠道，扩大投资规模，形成多元化的投资结构，重点培育几个实力雄厚、竞争能力强的大企业、大集团，实现规模化生产、集约化经营，把企业做大做强。三是严格禁止除新型干法之外的其他水泥生产工艺的建设，重点发展日产熟料2 000吨以上的新型干法线。

湖北省副省长任世茂到湖北省建材行业管理办公室视察

4月初，湖北省副省长任世茂在听取了该省建材行业管理办公室的工作汇报后指出，建材工业发展要搞好规划，加大招商引资力度，加快产业结构调整优化升级，扶持发展大企业集团，要使建材行业工业增加值占到全省工业增加值的10%。

任世茂指出，湖北建材工业一定要搞好行业发展规划，搞好结构调整，搞好大企业集团建设。他说，湖北建材工业在规划中提出的新型干法水泥、新型墙体材料、新型装饰装修材料、无机非金属新材料、高档玻璃、高档陶瓷，即"四新两高"的行业发展指导思想很好，可以使建材行业产品结构得到明显调整。湖北建材行业还有"华新"这样的大企业，比起其他行业来说，建材还是有优势的。但是，到2020年湖北建材工业产值实现翻两番目标不能只依靠发展水泥厂，着重点要放到结构调整上，要加快发展新型建材，玻璃工业要发展延伸加工。要加大招商引资力度，要把别人请过来，改造、嫁接湖北建材。当前，湖北建材产值为163亿元，增加值为

64.45亿元，只占全省工业增加值的5.4%，要争取占到10%。

湖南省副省长郑茂清出席安徽海螺集团并购重组湖南雪峰水泥集团、湖南雪峰水泥有限责任公司签字仪式

4月12日，安徽海螺集团斥资2.3亿元，对湖南雪峰水泥集团生产经营性资产以及湖南雪峰水泥有限责任公司的全部股权进行并购重组。湖南省副省长郑茂清出席了签字仪式。

郑茂清说，“雪峰水泥”加盟海螺集团，政府将不遗余力予以支持，帮助克服暂时的困难。海螺集团进入湖南投资并购重组国有建材企业，打破了地域界线，促进了湖南的进一步开放。湖南就是要通过引进资金，加大工业结构调整力度，提高装备技术水平，切实加快淘汰“小水泥”进程，建立一个统一的、规范的、有序的水泥市场，提升整个行业的盈利水平。

国有重点大型企业监事会主席路耀华、乔龙德，中国建筑材料工业协会会长张人为等领导出席天津水泥工业设计研究院建院50周年招待会

4月19日，天津水泥工业设计研究院在天津举办建院50周年招待会。国有重点大型企业监事会主席路耀华，中国建筑材料工业协会会长张人为，中国建筑材料工业协会名誉会长王燕谋，国有重点大型企业监事会主席乔龙德，国务院参事室副主任蒋明麟，中国建筑材料工业协会副会长、中国水泥协会会长雷前治，中国建材科教委主任黄书谋等来自我国水泥界的近200位杰出人士出席了招待会。招待会由天津院党委书记张江主持，院长刘志江致词。

张人为在讲话中希望，作为中国水泥工业科研开发和技术进步排头兵的天津院，要按照走新型工业化道路的要求，站在国家全局的高度，严格贯彻执行中国水泥工业“控制总量，上大改小，调整结构”的发展方针和“由大变强，靠新出强”的发展战略，在依靠科技进步和技术创新，推动水泥工业结构调整和产业升级、向生态友好型和环保型工业转变，实现水泥工业的可持续发展，加速水泥工业现代化建设进程的过程中发挥新的更大的作用。

山东省委书记、省人大主任张高丽，省委副书记、省长韩寓群视察济南山水集团

4月30日，山东省委书记、省人大主任张高丽，省委副书记、省长韩寓群等省市领导来到济南山水集团，视察企业“非典”预防和生产经营情况。当看到职工情绪稳定、生产秩序井然、各项经济指标又创历史新高时，张高丽高兴地说，山水集团不仅对预防“非典”工作抓得好，而且实现了企业生产经营和各项工作的新突破、新进展，振奋人心，值得推广。

青海省副省长蒋洁敏考察青海水泥股份有限公司

6月初，青海省副省长蒋洁敏考察了青海水泥股份有限公司20万吨水泥粉磨站的生产现场。在听取了工作汇报后，蒋洁敏指出，目前我国水泥工业正在向着设备大型化、生产规模化、市场区域化的方向发展，新型工业化道路是水泥企业发展的必由之路，希望青海公司要抓住国家实施西部大开发战略的有利时机，乘势而上，力争2004年水泥产量达到150万吨的生产规模，通过龙头企业的快速发展，带动全省水泥工业的发展。到2004年，西宁市将全面禁止现场搅拌混凝土，这对城市建设清洁施工、减少环境污染非常有利。

内蒙古自治区党委书记储波到乌兰水泥公司调研

6月18日，内蒙古自治区党委书记储波在乌兰水泥公司调研时强调：“西部大开发需要大量的建材产品，市场空间大，建材行业要抓住机遇，加快发展，把企业做强做大。”

陕西省委书记李建国到陕西尧柏特种水泥股份有限公司调研

6月23日，陕西省委书记李建国到陕西尧柏特种水泥股份有限公司正在施工建设的日产2 500吨新型干法水泥生产线建设工地考察调研。在听取了陕西尧柏特种水泥股份有限公司董事长张继民汇报后，李建国指出要依靠科技进步，延长水泥产业链，走可持续发展的路子。当了解到2005年企业将再建成1条日产5 000吨水泥熟料生产线，水泥生产规模达到300万吨，商品混凝土达到100万立方米后十分高兴，强调要抓住西部大开发机遇，依靠科技进步，进一步拉长产业链，走可持续高速发展的路子，促进陕西省水泥工业产业结构调整。

国有资产监督管理委员会副主任邵宁，甘肃省副省长杨志明、省政协副主席朱作勇出席夏河安多水泥有限公司日产1 000吨新型干法水泥熟料生产线技改项目开工典礼

7月18日，甘肃藏区最大的建材项目——夏河安多水泥有限责任公司日产1 000吨新型干法水泥熟料生产线技改项目正式开工。

国有资产监督管理委员会副主任邵宁，甘肃省副省长杨志明、省政协副主席朱作勇等出席开工典礼。杨志明提出，要将该项目当做甘南藏族自治州走新型工业化道路的标志性工程，高效率、高质量地建设好。

浙江省委书记习近平、副省长巴音朝鲁到浙江虎山集团考察

7月26日，在浙江虎山集团日产5 000吨新型干法生产线首期工程即将点火投产前夕，浙江省委书记习近平、副省长巴音朝鲁一行到新线生产现场考察。习近平指出，建材企业要通过产权制度改革实现跨越式发展。在生产现场，习近平一行详细了解了企业改制后的发展情况。考察中，习近平还详细了解了企业改制后职工的安置情况及企业党建工作，当得知企业改制没有让一个不愿离开企业的员工下岗，没有将一个职工推向社会，反而因生产规模的不断扩大而不断吸收新员工时，对这一做法表示了肯定。

湖北省省长罗清泉、常务副省长周坚卫、副省长任世茂听取建材行业管理办公室的工作汇报

7月31日，湖北省省长罗清泉、常务副省长周坚卫、副省长任世茂听取了省建材行业管理办公室关于该省建材工业2003～2010年新型工业化发展规划的总体思路、发展目标、发展重点、工业布局以及发展的主要对策和措施的工作汇报。

罗清泉指出，建材行业走新型工业化道路，要有新思路，要有新举措，搞集约化经营，走优化结构、提高效益的路子。湖北的水泥工业、陶瓷工业有资源优势、新型建材的市场很大，要把行业的发展，企业的发展同产品的发展结合起来、在全省培养1～2个综合的大型企业集团，3～5个专业性的大型企业集团，在优化水泥、玻璃、陶瓷等传统产业的同时，把新型建材这个很有市场潜力的产品尽快做大做强。谈到建材新产品的研发，罗清泉说要与武汉理工大学合作，通过产、学、研结合方式，组成一个研发中心，共同推动建材新技术、新产品的研究和开发。

中共中央政治局委员、广东省委书记张德江和省政协副主席姚志彬到塔牌集团公司调研

10月2日，中共中央政治局委员、广东省委书记张德江和省政协副主席姚志彬等一行，到塔牌集团公司调研。

在听取了情况汇报后，张德江指出，塔牌集团是充分利用山区自然资源发展起来的一家龙头骨干企业，要充分发挥其带头作用，实施好品牌带动战略。梅州要重点培育像塔牌集团这样具有山区资源优势并拥有一定基础的支柱产业，使梅州成为在全省乃至全国均有一定影响的原材料和零配件加工生产基地；充分利用山区的生态环境优势和人力资源优势，重点发展对生态环境要求高的高新技术产业和劳动密集型产业，走新型工业化道路。

中国建材协会会长张人为参观三狮集团日产5 000吨新线和石灰石矿山基地

11月29日，中国建材协会会长(原国家建材局局长)张人为来到浙江长兴煤山为浙江三狮集团的首条日产10 000吨国产化新型干法生产线选址。选址结束，张会长在三狮集团总经理姚季鑫的陪同下又参观了三狮集团刚刚点火投产的日产5 000新线和集团的石灰石矿山基地。

张人为表示：他会全力支持三狮集团上这条万吨新线，因为这是国内第一条实现设备基本国产化的日产万吨新型干法线。原来的日产万吨线都要采购几千万美金的进口设备，现在三狮和设计院一起合作来搞设备全国产化，既节约了三狮的投资成本，又推动国内设备企业的技术进步，是一举多得的。希望三狮的万吨新线能搞出自己的新意来。

张人为谈到三狮集团的未来要考虑可持续发展的重要性时强调，企业要围绕绿色、节能去考虑科技进步。同时，这两点也是紧密相关的，只有节能，才能绿色，三狮发展经济要走“循环经济”的路子。

2004年

湖南省副省长郑茂清出席湖南韶峰集团整体加盟中国建材集团签字仪式

2月26日，湖南韶峰水泥集团有限公司整体加盟中国建筑材料集团公司协议签字仪式在湖南长沙隆重举行。湖南省副省长郑茂清等有关领导出席了签字仪式。

郑茂清在仪式上指出，中国建材集团有实力、有技术、有管理经验，是在全国建材行业有影响的大型企业集团。韶峰集团加盟中国建材集团，符合湖南省政府做强做大韶峰集团的愿望。希望通过此次战略重组，重振韶峰集团的雄风，并以此加快推进湖南水泥结构调整的步伐。他表示，湖南省政府将一如既往地支持韶峰集团的发展。

全国人大法律委员会副主任委员蒋黔贵一行莅临三狮视察指导

2004年5月24日，全国人大法律委员会副主任委员、中国企业联合会执行副会长、全国企业管理现代化创新成果审定委员会常务副主任蒋黔贵一行莅临三狮视察指导。在二楼会议室，集团公司党委书记、董事长、总经理姚季鑫向各位领导详细介绍了三狮跨越式发展历程。他说，三狮近年来的发展主要是迈了三大步，第一步是创建和实施“岗位星级管理”提升了企业整体管理水平；第二步是实施“低成本扩张”通过跨地区、跨所有制的联合、收购、兼并，逐步壮大了三狮；第三步是走新型工业化道路，积极探索“混合经济”模式，建设新型干法水泥生产线。今年三狮集团的水泥生产规模将达2 000万吨，销售收入50个亿，实现利润10亿元，在今后发展过程中，三狮将继续坚持走混合经济的道路，推行循环经济模式发展企业，加快体制机制的改革步伐，通过快速发展，力争早日挺进世界水泥十强。

在参观完三狮集团日产2 500吨、5 000吨新型干法水泥生产线后，蒋黔贵副会长盛赞三狮有一支优秀的企业家管理团队，企业内部管理精细，机制体制灵活，特别是利用混合经济模式、循环经济模式打造全国优秀新型工业水泥基地的方法值得许多企业借鉴。

河南省委书记李克强到中国联合水泥河南南阳航天水泥厂视察

9月1日，河南省委书记李克强一行到中国联合水泥公司河南南阳航天水泥厂视察工作。李克强希望河南南阳航天水泥厂充分发挥自身的品牌优势、技术优势、人才优势，抢抓机遇，强力实施扩张战略，进一步提升企业核心竞争力，争当河南水泥企业领头雁，为振兴河南水泥工业做出更大贡献。

商务部副部长于广洲在全国商务工作会议上的讲话

12月25日，商务部副部长于广洲在全国商务工作会议上表示，做好2005年的商务工作要突出五个重点：

一是提高商贸对经济增长的贡献，要深化流通体制改革，努力扩大消费需求，促进消费结构升级，发展现代流通方式，重点开拓农村市场，降低贸易流通成本，提高效益。

二是要提高利用外资的质量，坚持"积极合理有效利用外资"的方针，进一步优化外商投资结构。吸收外资要从实际出发，注重选择，不能来者不拒，不要乱下指标。

三是要提高实施"走出去"战略的水平，要加大政策支持力度，增强企业走出去的能力，鼓励多种所有制企业走出去，稳步扩大对外投资，同时也要引导企业减少盲目投资，注意规避风险。

四是要转变外贸增长方式，增强核心竞争力，提高国际营销能力，发挥贸易大国的影响力，当好大买家和大卖家，防止低层次重复引进和高价竞买，提高出口商品的科技含量、品牌比例和附加值，促进流通现代化，促进贸易与产业相结合，实现外贸可持续发展。

五是转变商务工作运行机制和方式。于广洲还表示，2005年要在加强内贸、完善出口退税机制、做好纺织品一体化后的应对工作等方面进一步采取有效措施。

2005年

中国建筑材料工业协会会长张人为慰问北京水泥厂职工

1月29日，中国建筑材料工业协会会长张人为在金隅集团党委书记、董事长王东的陪同下来到北京水泥厂，亲切慰问节日期间坚守在生产岗位上的干部职工。

北京水泥厂有限责任公司总经理付秋涛向各位领导汇报了"北水"2004年生产经营情况及今后的发展思路。张人为充分肯定了"北水"取得的优异成绩。他说，金隅集团确定的中期发展规划目标非常振奋人心，企业的发展关键在于有自己的核心竞争力产品，要形成自己的特色。"北水"发展的步子很稳健，第2条环保示范线即将建成投产，显示出"北水"发展的特色和优势。水泥工业生态化是今后我国水泥工业的发展方向。"北水"在工业废弃物无害化处理上的积极探索和成功经验，为水泥工业的发展开辟了新路，要形成规模，更要做精。在循环经济方面，"北水"是领军企业，希望金隅集团把"北水"成功的典型经验和走过的实践之路认真总结并加以宣传，为其他企业提供借鉴，推动整个行业的发展。

辽宁省省委书记李克强在鞍钢和鞍山冀东水泥有限公司等企业调研

2月，新任辽宁省省委书记李克强在鞍钢和鞍山冀东水泥有限公司等企业调研，对原材料工业提出了新要求。他说，在努力调整原材料工业产品结构和产业结构的同时，要迅速发展资源精深加工，实现原材料工业的优化升级。

李克强在调研中指出，辽宁省国有骨干企业要努力做大做强，非公有制经济要加快发展步伐。他要求钢铁企业要进一步做好对钢材的配套生产，拉长产业链条，搞好精深加工，不断发展下游产品。

在鞍山冀东水泥有限公司，李克强充分肯定了企业利用鞍钢废渣生产水泥熟料的生产方式，并希望企业做好循环经济这篇大文章，生产出更多高标准的水泥产品。他说，要利用好工业废渣，不断学习国外先进技术和管理经验，加大产品科技含量，提高产品市场竞争力和企业经济效益。

中国建材工业协会会长张人为参加北京金隅集团通达耐火技术公司自动化生产线竣工典礼

3月18日，国内最大的耐火材料产业研发应用平台，耐火材料行业新技术新产品的孵化器——北京金隅集团通达耐火技术公司研发中心暨2#自动化生产线在京建成并投入使用。在隆重的竣工庆典上，中国建材工业协会张人为会长、国家发改委甘智和副秘书长、中国耐火材料行业协会陶若璋会长等领导应邀参加了竣工典礼并作了重要讲话。

中国建筑材料工业协会会长张人为在庆典会上发言充分肯定通达公司，他说："通达公司一贯注重新产品新技术的开发，推出了许多国内领先，替代进口的产品，推动了我国耐火材料的技术进步。研发中心的建成将使通达公司如虎添翼。"国家发展改革委员会副秘书长甘智和、中国耐火材料协会会长陶若璋等都在发言中肯定了通达公司研发中心和2号自动化生产线的积极意义。

国务院国有企业监事会主席路耀华赴南京凯盛视察工作

4月7日，国务院国资委派驻集团公司监事会主席路耀华(左三)在集团公司总经理宋志平的陪同下，到南京凯盛水泥技术工程有限公司视察工作。

路耀华在视察中深入到班组，详细了解了企业核心技术研发、标准化工作、和谐企业建设、国有资产保值增值等情况。

路耀华在听取汇报后发表重要讲话，他说，一直关注南京凯盛，这次实地看一看，感觉很好。南京凯盛是一个有活力有前景的企业，有一支精力旺盛、业务熟练、敢为人先、众志成城的队伍，是一个有勇有谋、善于创新、敢于拼搏的和谐团队。希望南京凯盛在中国建材集团和中国凯盛的正确领导下，扎扎实实地解决好企业科学发展、永续经营、长远兴盛的问题，为中国建材集团做大做强多作贡献。

国务院国有资产监督管理委员会主席乔龙德一行视察三狮

4月27日，国务院国有资产监督管理委员会主席乔龙德一行视察三狮，并参观了日产5 000吨、2 500吨新型干法水泥生产线及集团首条纯低温余热发电项目建设现场。

在会议室，三狮集团党委书记、董事长、总经理姚季鑫首先就三狮近年来改革发展情况作了介绍。他说，三狮集团在短短的几年时间里，抢抓机遇，充分依靠品牌、管理、人才、资源、产品、市场、规模等优势，通过实施三狮特色的混合经济模式使企业得到快速发展，现在三狮集团在浙江省矿产资源丰富的桐庐、富阳、建德等地都建设有水泥生产基地，安徽广德的项目也早已点火投产，2004年三狮水泥生产规模已突破2000万吨，现在我们正在建设纯低温余热发电项目，通过推行循环经济，使企业实现规模与效益同步增长，并力争早日跻身世界水泥行业十强。

乔龙德主席听完介绍后说，四年前我来过三狮，现在三狮的发展比我预想的还要好、还要快，这是三狮集团在以姚季鑫为首企业家团队带领下，解放思想，抢抓机遇，大胆创新的结果，三狮要立足浙江，面向省外在继续加快主业发展同时，积极拓展其他产业，并向海外发展，为浙江省及至全国的经济发展作贡献。

山东省省长韩寓群视察中联鲁宏万吨水泥项目

5月6日，山东省省委副书记、省长韩寓群在中国建材集团旗下的青州中联鲁宏水泥有限公司日产12 000吨水泥熟料生产线建设现场调研时说，青州项目是山东中部最大的水泥生产基地，它的兴建对于调整山东水泥产业结构特别是关停资源消耗大、严重污染环境的小水泥有着非常重要的意义。

在施工现场，韩寓群对于中国建材集团“善用资源，服务建设”的理念，以及青州项目在设计施工过程中，采用了优于国家新环保标准，收尘采用美国的先进设备的作法给予高度肯定。

韩寓群希望当地有关部门对整个项目的建设给予大力配合与支持，加快淘汰小水泥速度。

河南省省长李成玉到中国联合水泥南阳分公司调研

5月初，河南省省长李成玉到中国联合水泥南阳分公司进行调研，听取了该公司总经理任振河就企业情况和发展战略的汇报并到生产一线看望了正在生产的职工。

李成玉在结束调研时指出：希望中联水泥南阳分公司充分发挥自身优势，抢抓机遇，不断拓宽发展思路和发展空间，迅速做大做强，为河南水泥工业的快速发展做出贡献。

安徽省省委书记郭金龙视察了“浙江三狮”集团下属安徽三狮和德水泥有限公司

5月31日，安徽省省委书记郭金龙在省直有关部门和宣城市市委、市政府，广德县县委、县政府等同志的陪同下视察了浙江三狮集团下属安徽三狮和德水泥有限公司。

安徽省省委书记郭金龙一行在三狮集团公司董事长、总经理、党委书记姚季鑫的陪同下参观了安徽三狮和德水泥有限公司日产5000吨新线与中央控制室。在会议室听取三狮集团董事长姚季鑫就三狮集团在安徽的发展情况简要介绍后说，今天我参观的安徽三狮和德水泥有限公司这个企业发展势头非常好，树立了我们安徽新的形象，我非常支持三狮集团到安徽发展，希望三狮集团继续加快发展，为安徽省经济建设作贡献。

国家发改委主任马凯在浙江三狮调研

6月初，国家发改委主任马凯在浙江调研时听取了浙江三狮集团董事长、党委书记、总经理姚季鑫关于浙江省水泥结构调整现状与三狮集团企业发展前景的汇报，并在浙江省副省长王永明和湖州市党政领导的陪同下前往“湖州三狮”建材有限公司现场进行考察。

马凯对浙江省水泥行业结构调整以及浙江三狮集团在浙江省水泥行业结构调整中所起的作用给予了高度评价，并充分肯定了三狮集团坚持科学发展观，走新型工业化道路，大力发展新型干法工艺，淘汰集团所有落后工艺生产线，大力发展循环经济的作法。

马凯还对湖州三狮在5年内淘汰了6条落后工艺生产

线，大力发展循环经济给予充分肯定。他指出，国家宏观调控政策对于水泥行业的健康发展是正确和及时的，受调控的影响，“湖州三狮”千方百计苦练内功、深挖潜力、降低成本，淘汰能耗高、产量低的落后生产工艺，将有利于企业的长远发展。他要求企业进一步加大资源综合利用力度，在条件成熟时可以考虑搞城市垃圾焚烧技术，一方面可以协助政府解决城市垃圾处理这个“老大难”问题；另一方面也可使企业获得较高的综合效益。

安徽省委书记郭金龙到“安徽三狮”考察

7月初，安徽省省委书记郭金龙一行前往“安徽三狮”参观考察。郭金龙在认真听取了三狮集团董事长姚季鑫的介绍后，饶有兴趣地参观了生产现场和中央控制室，充分肯定了“三狮”的发展前景和形象，他非常支持浙江三狮集团到安徽来发展、来创业，并就加快企业发展，打造安徽省典范企业，促进安徽省的经济发展同姚季鑫进行了广泛交谈。

山东省长韩寓群视察“东源水泥”

7月4日，山东省委副书记、省长韩寓群在烟台和栖霞市有关领导的陪同下，视察了烟台东源水泥有限公司生产线，对水泥公司的建设、生产及管理等工作给予了充分肯定和高度评价。

在水泥公司，韩寓群省长认真听取了公司领导关于东源水泥公司生产运行、资源综合利用和环境保护等方面的工作情况汇报。韩省长认为，烟台电力系统积极响应烟台市委“全市帮扶栖霞加快发展”的号召，根据国家水泥产业结构调整和环保要求，实现资源资金优势互补，在短短的两年半时间里，建成并投产了年产360万吨规模的新型干法水泥生产线，对地方经济建设起到了很大推动作用，解决了当地劳动力就业问题，增加了财政收入，为构建和谐社会，打造平安山东做出了贡献。韩省长指出，“东源水泥”对环保设施的资金和技术投入很到位，粉尘、噪声及生产生活用水排放标准均达到国家环保标准要求，要保持好。今后，要有效利用石灰石资源，加强管理，组织好生产，为当地经济建设多做贡献。

西藏自治区副主席尼玛次仁考察华新水泥（西藏）有限公司

7月6日，西藏自治区副主席尼玛次仁率领的由自治区发改委、环保资源厅、国土资源厅、矿务局等单位负责人组成的考察团，在山南地区人大副主任洛桑曲达等领导的陪同下，前往华新水泥（西藏）有限公司检查指导工作。

尼玛次仁副主席一行在参观完公司生产核心机构——中央控制室后，杜平详细介绍了华新的历史，并汇报了项目建设、生产调试情况。尼玛次仁副主席代表区党委、政府对华新公司广大员工克服高原缺氧，兢兢业业的奉献精神表示慰问，向进藏的华新工程技术人员表示感谢。日产1 000吨水泥生产线2005年6月28日点火一举成功，体现了一个现代化企业的高效和管理水平，对“华新”百年老品牌的精神和实力给予了充分肯定，对项目点火和投料成功表示祝贺！

尼玛次仁副主席还说，这个项目是增强山南自身造血功能，优化产业结构的标志性建设工程，凝聚了两省区人民的心血，表达了湖北省委、省政府、湖北人民对西藏人民的深情厚意，给西藏人民带来了希望，也将在“华新”历史上写上光辉的一篇。希望自治区、地区各有关部门要站在发展的高度，发挥自身的职能优势，多提供服务和支持，要给企业提供一个宽松的发展环境，使他们尽快壮大起来，进而促进当地经济的快速发展。同时，也希望合作双方密切配合，精诚协作，发挥各自的优势，同舟共济，取长补短，为公司的繁荣携手奋斗，共同努力。

安徽省副省长田维谦考察合肥水泥院

7月28日，安徽省副省长田维谦、科技厅厅长徐根应、合肥市副市长江明一行6人到合肥水泥院调研。田维谦一行首先来到位于合肥经济技术开发区的合肥水泥院科技产业园和中都公司，随后又参观了合肥水泥院的发展成果展示厅，详细了解了该院的科研、设计和科技成果产业化的状况。

合肥水泥院院长徐宁汇报了该院近几年的发展情况和发展思路。田维谦对合肥水泥院清晰的发展思路、清醒的头脑及危机意识，作了较高的评价，高度肯定了合肥水泥院所走的科研成果产业化的道路。他说，在顺利发展的过程中看到问题，难能可贵。有危机感的人没有危机，没有危机感的人才有危机。他表示安徽省和合肥市政府将对合肥水泥院以后的发展给予大力支持。

湖北省委书记俞正声和西藏自治区政府主席向巴平措为西藏华新水泥项目竣工投产剪彩

8月3日，西藏区迄今投资最大的援藏经济合作项目——湖北华新集团与山南地区合作共同兴建的年产30万吨水泥生产线正式竣工投产。中共中央政治局委员、湖北省委书记俞正声和西藏自治区政府主席向巴平措等领导，共同出席了竣工投产仪式，并为项目正式投产剪彩。西藏自治区党委副书记布穷、湖北省副省长阮成发及正在西藏学习考察的湖北省党政代表团全体成员参加了竣工仪式。

向巴平措和山南地区行署专员德吉分别发表了热情洋溢的讲话。向巴平措说，年产30万吨水泥生产项目，是湖北省的又一援藏项目，也是山南地区迄今为止最大的招商引资项目，是湖北省委、省政府创新完善援藏机制，拓宽援藏投入渠道的一大创举、一大突破，是湖北人民献给西藏人民的又一份厚礼。

俞正声在致词中代表湖北省委、省政府向项目竣工投产表示热烈祝贺，他说，该项目的建成，是响应党中央、国务院的号召加大援藏力度的体现，也是鄂藏人民携手奋进、共谋发展的深厚友谊的体现。他希望该项目的投产运行，能促进和带动地方建材产业园区建设，使之成为促进山南快速发展的一个新的经济增长点，成为推进山南经济社会跨越式发展的支柱产业。

江西省人大常委会副主任彭生视察亚东水泥

8月3日，江西省人大常委会副主任彭生率领省人大环资委等有关部门人员，到位于瑞昌市的江西亚东水泥有限公司视察清洁生产情况。

彭生一行深入厂区，仔细查看了水泥生产过程中的粉尘治理、废气排放、节能降耗等设施，认为该企业在节能、降耗、减污等方面实现了清洁生产、综合利用资源的环保目标，并要求企业在扩建过程中要继续清洁生产，不断提高能源、原材料利用率，最大限度地减少污染物的产生和排放。

广东省委副书记省长黄华华考察英德海螺公司

8月18日，广东省委副书记、省长黄华华率省直有关部门负责人一行在清远市委书记、市人大常委会主任陈用志，市委副书记、市长陈家记的陪同下专程视察海螺集团英德龙山水泥有限公司；海螺集团公司副总经理余彪和海螺龙山水泥公司总经理吴建平接待并介绍了海螺企业的发展。

英德龙山水泥有限责任公司是亚洲最大水泥企业，是安徽海螺集团在华南地区最大的投资项目。安徽海螺集团计划投资30亿元，分两期三年内在英德建设7条日产5 000吨新型干法水泥生产基地和年产12万吨PVC型材基地，建设与水泥配套的6 000万条塑料袋生产线及五星级涉外的海螺国际大酒店。项目全部建成后，将增加工业产值30亿元，使英德市的工业产值增加一倍多。

黄华华省长充分肯定了海螺集团为清远的经济发展所做出的贡献，并对清远市政府能吸引来海螺集团这样的中国一流的建材制造企业表示肯定，希望继续做好政府服务工作，发展开放经济、特色经济，为海螺集团在清远大发展提供优良基础。

国家发展改革委水泥工业调研组来泰山水泥集团调研

8月18日，国家发展改革委经济运行局副局长牛建国和中国建材协会副会长、中国水泥协会会长雷前治率领由中国水泥协会秘书长孔祥忠、中国建材工业规划院副院长李欣和国家发改委产业司调研员袁克兰、经济运行局建材处处长吕桂新组成的国家发展改革委水泥工业调研组一行来泰山水泥集团调研。省经贸委、省建材协会、泰安市经贸委、宁阳县有关领导及新矿集团总经理王元仁陪同调研。

调研组一行视察了生产线现场和中央控制室，听取了企业生产运行情况简要汇报。雷前治详细询问了中控操作员的工作情况并指导操作。随后在会议室听取了泰山水泥集团有限公司总经理张福华的企业发展情况汇报，并就当前水泥行业存在问题和水泥企业普遍关心的问题进行了座谈。

牛建国和雷前治等领导对泰山水泥集团的发展和取得的成绩给与了充分肯定和较高评价，认为泰山水泥项目是煤炭行业涉足水泥行业最成功的典范。要求泰山水泥集团把握住此次水泥产业结构调整的机遇，发挥自身资源、能源、运行机制和市场空间优势，在淘汰落后上发挥积极作用，通过收购、兼并和重组进一步整合区域市场，扩大规模，增强实力，提高效益。

此次调研主要是针对水泥行业整体效益下降、亏损面和亏损额扩大的现状展开的，以问卷调研和实地调研相结合的形式，对山东、湖北、浙江三省水泥生产集中地区和大企业进行调研，通过调研，进一步认清水泥工业形势并采取相应政策措施，保障我国水泥工业的健康发展。

国家环保总局领导到冀东水泥盾石公司考察

8月25日，国家环保总局副局长王心芳率领环保专家及局领导一行十余人在市委副书记杨永山的陪同下到冀东水泥集团唐山盾石机械制造有限责任公司进行参观考察。

唐山水机厂厂长刘占良、副总工程师李雨森陪同王心芳副局长一行参观了生产现场。盾石机械公司党委书记马树青简要汇报了公司当前的生产经营、日产8 000吨技改项目的进展、环保项目的开发等情况，并介绍了企业组入冀东集团四年多来发生的巨大变化。

王心芳副局长认真听取了盾石机械公司汇报后指出，国家环保总局对垃圾焚烧窑设备定点制作厂家的选择非常慎重，盾石机械公司具有较强的加工能力，具备制造垃圾焚烧窑设备的资质和能力，因此把盾石机械公司确定为垃圾焚烧窑设备的定点制造厂家，他强调，国家环保总局对定点制造厂家将给予高度的重视和大力支持，希望盾石机械公司发挥加工优势，制造出精品，提高企业在环保领域的信誉并增强市场竞争力。

中央办公厅老干部局局长徐中远来泰山水泥集团考察

9月4日，中央办公厅老干部局局长徐中远一行5人来泰山水泥集团考察，公司董事长郎庆田会见徐中远一行并进行了座谈，副董事长李希勇陪同参观了中央控制室和余热发电施工现场，详细介绍了企业生产经营情况。

徐中远局长对泰山水泥集团依托煤炭主业，发挥能源、资源诸多优势，建成国内一流的水泥生产线，产品获得山东名牌和国家免检产品荣誉，企业取得良好的经济效益和社会效益表示赞赏。同时对企业大力发展循环经济，建成煤电建产业链，实现经济循环发展的做法给予充分肯定。他要求泰山水泥集团树立科学的发展观，创新经营，早日实现做大做强，为繁荣区域经济做出更大的贡献。

中央政治局委员、新疆自治区党委书记王乐泉会见了中国材料科工集团总经理

9月8日，中央政治局委员、新疆自治区党委书记王乐泉会见了中国材料科开集团总经理谭仲明、党委书记于世良一行。

王乐泉在会见时对中材料集团重组天山股份给予充分的肯定，他希望有更多的像中材料集团这样有实力的大公司、大集团到新疆来，共同促进新疆的改革和发展，为新疆经济发展助力。

雷前治会长等到海拔最高的日产2 000吨水泥生产线参观考察

9月17日，中国水泥协会会长雷前治率参加中国水泥协会会长会议的代表在自治区交通厅厅长赵世春陪同下参观了西藏高天水泥有限公司建设的世界上海拔最高的新型干法日产2 000吨级熟料水泥生产线。该生产线地处拉萨市旁的堆龙德庆县乃琼镇。厂区海拔3 750米，矿山最高开采掌子面海拔4 700米。青藏公路和即将通车的青藏铁路从厂区旁过。

高天水泥公司总经理王瑞林对项目建设过程作了全面的介绍，并带领全体代表参观了生产线。代表们对高天公司克服在高原建设遇到的种种困难，建设成了世界上海拔最高的新型干法日产2 000吨级熟料水泥生产线，现正在根据高原条件进行调整，并已达标无不钦佩，并祝高天水泥公司取得更大成绩。高天水泥公司除为西藏自治区的经济建设提供高质量的水泥外，还同时给西藏增添工业旅游靓点。

浙江省副省长金德水视察红火集团水泥生产线

9月23日，浙江省副省长金德水一行在江山市市委书记吴雪桦、市长傅根友等领导的陪同下，视察浙江红火集团日产4 000吨水泥熟料新型干法回转窑生产线。

广东省副省长游宁丰视察英德水泥企业

10月10日，广东省副省长游宁丰一行来到英德进行调研，视察了海螺英德龙山水泥有限公司、台泥水泥有限公司等。在海螺集团龙山水泥有限公司，听说该公司投资近亿元安装低温余热发电系统，利用余热发电可以大大降低生产成本时，游宁丰非常高兴，认为这符合发展循环经济的要求，对缓解目前能源紧张状况很有帮助，要大力支持。他对英德市立足自身优势，做大做强水泥产业表示赞赏。据介绍，到目前为止，“海螺”、“台泥”两家企业已签约投资建设11条日产5 000吨水泥熟料生产线，到2006年底11条生产线全部建成，届时，英德水泥熟料总产量将达到2 300万吨，占全省总产量的三分之一，工业总产值将达60亿元，地方财政也会因此翻两番。

甘肃副省长杨志明视察平凉市“祁连山”水泥等企业

10月31日，甘肃省副省长杨志明（右二）在副市长赵成城（左二）陪同下，深入平凉市“祁连山水泥”、华亭煤业集团山寨、华砚煤矿技改和华亭电厂一期建设现场视察指导工作。在华煤集团，杨志明指出，要继续加快煤业集团上市步伐，拓宽融资渠道，为企业发展积蓄后劲。

重庆市市长王鸿举会见拉法基首席运营官乐峰

11月初，重庆市市长王鸿举在市外事大楼会见法国拉法基集团首席运营官乐峰先生一行时，向客人赠送了一套《孙子兵法》。王鸿举说，对“拉法基”，重庆怀有同样的愿望，希望“拉法基”能在市场中百战百胜。

王鸿举在会见中说，“拉法基”的产品质量和环保理念令人称道，不愧为世界建材行业的“旗舰”。随着中法两国关系日益友好密切，重庆与法国在经贸领域的合作拥有更为广阔的空间。重庆正经历一个经济高速增长期，对水泥等建材的需求量日渐增加，市场潜力巨大。“拉法基”在重庆的投资无疑是明智之举，符合环保观念的水泥产品一定能赢得更大的市场，重庆非常庆幸有“拉法基”这样的战略伙伴。

乐峰先生表示，“拉法基”将以自身出色的团队意识和先进的设施，向中国市场奉献出最好的业绩，为重庆及周边地区的发展作出贡献。

浙江省人大常委会副主任卢文舸视察浙江虎山集团

11月2日下午，浙江省人大常委会副主任卢文舸一行来江山市视察水泥企业生产经营情况。衢州市人大常委会主任黄会荣，江山市市委书记、市人大常委会主任吴雪桦，市人大常委会党组书记、副主任申屠天德，副市长朱瑞清陪同视察。

卢文舸一行来到虎山集团，听取了虎山集团生产经营总体情况汇报。卢文舸对虎山集团改制以来所做的工作和取得的成绩给予充分肯定。他说，作为一家老国有企业能平稳顺利完成改制，充分反映了江山市委、市政府搞好工业企业的决心，以及企业自身不懈的努力。他同时指出，随着经济社会的发展和越来越多新型建筑材料的出现，水泥供过于求的产业结构性矛盾将日益突出，作为以水泥为主业的虎山集团，要在尊重市场规律的前提下，按照落实科学发展观的要求，把握宏观经济形势，早准备早打算，积极寻求跨行业多元化发展之路，为企业长远发展打好基础。

宁夏区委书记陈建国视察“赛马”兰山水泥技改工程

11月2日，宁夏回族自治区党委书记陈建国、银川市市长白雪山等一行视察了宁夏“赛马”兰山水泥熟料生产线技改工程，赛马实业股份有限公司筹建处以及苏州中材“赛马”项目经理部有关人员陪同前往。

陈书记一行参观了“赛马”兰山日产2 500吨水泥熟料生产线技改工程施工现场，询问了工程建设的进度、设备订货等情况。赛马公司向陈书记汇报了工程投资、建设情况，苏州中材“赛马”项目部介绍了现场施工进展情况。陈书记对苏州中材施工进度和工程质量表示满意，并鼓励苏州中材克服西部艰苦的工作环境，与赛马公司共同保质保量地完成此项目。

吉林省省长王珉一行到吉林“金圆水泥”调研

11月22日，吉林省省长王珉在省政府秘书长刘润璞、省政府办公厅主任王云岫、省国土资源厅厅长赵胜堂、省发改委副主任曹家兴和四平市、伊通县党政主要领导的陪同下到吉林金圆公司调研。在听取有关公司项目建设情况汇报后，王珉省长首先对浙江民营企业落户吉林表示欢迎。对金圆公司瞄准振兴东北老工业基地的契机、利用东北丰富的资源和能源优势，投资兴建2条日产2 500吨水泥熟料项目表示充分肯定，并对项目的建设进度给予高度评价。

徐州市委书记徐鸣会见中材集团党委书记

12月20日，徐州市委书记徐鸣在开元名都大酒店会见了中国材料科工集团党委书记于世良一行，双方就进一步加强合作进行了深入探讨。副市长李文顺参加了会见。

徐鸣代表市委、市政府对于世良一行表示热烈欢迎。他说，中国材料科工集团是直属国资委管理的国有大型企业，具有很强的实力和丰富的管理经验。中天仕名(徐州)重型机械有限公司成立后，装备制造水平不断提高，市场占有率不断扩大，已成为我市国企改革重组成功的典范。徐州是淮海经济区的中心城市，资源丰富，人才众多，建材装备制造业还有很大的发展空间，希望中材集团进一步加大对徐州的投资，不断调整产品结构，扩大生产规模，把徐州打造成淮海经济区建材设备生产制造基地。

湖北省省长罗清泉到华新宜昌公司视察工作

12月21日，湖北省省长罗清泉等一行在宜昌市委书记李佑才和宜都市委书记宋文豹等领导的陪同下，到华新水泥(宜昌)有限公司视察工作。

罗清泉省长在听取了宜昌公司杨宏兵经理介绍了企业规模、工程建设和生产经营、环保等方面的基本情况后，对宜昌公司先进的管理模式和在生产经营中取得的优异成绩给予了高度评价，同时肯定了作为宜昌地区现代化水泥龙头企业，对带动当地经济发展发挥的重要作用，并对“华新”的发展寄予了厚望，指示相关方面要尽快关闭资源消耗高、污染严重的小水泥，继续大力支持“华新水泥”在鄂西南地区做大做强，力争达到年产1 000万吨的水泥生产规模。随后，罗清泉省长到生产一线参观了工作现场和中心控制室。

西藏党委代书记张庆黎考察华新水泥西藏公司

12月25日，西藏自治区党委代理书记张庆黎一行来到华新水泥西藏公司检查指导工作。

张庆黎书记一行在公司主要领导的陪同下，先后参观了公司中央控制室、厂区，并听取总经理杜平汇报公司情况。张庆黎书记对西藏公司的管理水平和先进技术给予了高度评价，希望华新西藏公司依靠服务、质量、价格的优势，加大市场整合力度，成为西藏地区水泥企业的领头羊。

镇江市领导察看上铁水泥厂

12月26日，镇江市领导史和平、郭礼荣、江里程、李国忠察看已停产并开始拆除的上铁镇江水泥厂。

史和平对上海铁路局及上铁镇江水泥厂对我市建设和发展所给予的充分理解与大力支持表示衷心感谢。他说，上铁镇江水泥厂地处南山风景区，广大市民的关注度非常高。企业过去几十年的发展，对镇江的经济发展做出了不少贡献，如今“光荣退休”后，又继续为镇江的环境建设做贡献。上铁镇江水泥厂负责人表示，企业正按照有关协议的要求积极实施厂房设备的拆除工作，厂房设备拆除后的开发工作正在积极规划调研中。

重庆市万州区区长吴政隆到科华水泥公司调研

12月27日，重庆市万州区区长吴政隆到科华水泥公司调研，在科华水泥厂区，吴政隆走进企业现代化程度很高的主控室查看，了解企业产品的生产流程，询问企业当前的生产经营情况，对企业取得的发展成果给予肯定。随后，吴政隆又沿线查看了企业的生产线，与企业负责人亲切交谈，鼓励企业保持现有的良好发展势头，不断加快发展，开拓市场，盘大盘强，在做好第一期项目的同时，抓紧筹备第二期项目的相关准备工作，力争早日上马。吴政隆表示，区委、区政府和各职能部门将一如既往地为企业的发展服好务，创造良好的外部环境。

吴政隆还要求随行的区级有关部门负责人，要把外来企业视作本地企业一样，尽心竭力地为企业的发展热情服务、主动服务，积极帮助企业解决好发展中遇到的问题和困难，为企业发展保驾护航，为全区产业的发展做出贡献。

新疆党委副书记聂卫国考察青松天业水泥厂

12月末，新疆自治区党委副书记、兵团政委聂卫国到农八师石河子市，调研了解新疆青松天业水泥厂等企业生产经营情况，视察兵团最大的水电工程——玛纳斯河一级电站工程建设进度，看望慰问工程建设者。

聂卫国要求企业依托新疆资源优势，实施优势资源转化战略，发展循环经济，提高经济效益。要走内涵发展的路子，抓好技术改造；要走外延扩大再生产的路子，抓好新建项目，努力实现生产专业化、规模化，形成在全疆乃至全国有影响的拳头产品和名牌产品。要着力打造工业园区这一发展平台，努力扩大规模，形成聚集效益，推动兵团新型工业化发展。

媒体关注及行业热点

水泥工业宏观调控

摘自《中国经济导报》视点追踪 2003 年 7 月

用“大水泥”挤掉“小水泥”

——对当前我国水泥工业投资过热的分析及对策

◎国家发展改革委工业司　刘　明

内容提要　在水泥行业呈现产销两旺，整体经济效益大幅度提高的时候，深入分析结构调整过程中出现的投资过热和盲目发展带来的深层次问题，有助于把握好宏观调控的政策取向，引导行业健康发展。

水泥工业扩能过猛

当前我国水泥工业已经出现投资过热和盲目发展的势头。

受市场强烈刺激，最近，一些地方企业纷纷投资水泥项目，出现了水泥投资热。几十万吨的要搞到一百万吨，一百万吨的要搞到三五百万吨，三五百万吨的要搞到一千万吨。这种不顾客观条件的一哄而上的做法，的确令人担忧。

一些地方不考虑长远规划和产业布局，新建了一批小型新型干法水泥生产线。目前，许多省、市都在建设日产 2 000 吨以上规模的新型干法水泥生产线。经济欠发达的省份也在大量建设不达经济规模的日产 1 000 吨的新型干法水泥生产线。由于投资行为的短期性和盲目性，加剧了产业布局的不合理性和产业结构的深层次问题。

西部一些地区不顾产业政策和国家环保规定，盲目新上落后的立窑水泥，发展势头很猛。据调查，2002 年西部某一小区域内出现了年生产能力为 300 万吨的立窑群，有些已关闭的小立窑水泥又死灰复燃。同时，在其他地区还有相当一部分工艺落后的小水泥企业也在不断扩能，环境污染问题非常严重。这种一边淘汰一边继续扩能增产的小水泥，使我国水泥工业整体结构调整步履更加艰难。

投资热有多方面原因

据分析，眼下的水泥投资热，是由多方面原因造成的。

——固定资产投资拉动水泥行业快速增长。1998 年以来，国民经济保持了较高的增速，连续几年固定资产投资大幅高速增长，给水泥行业的发展提供了良好机遇和广阔的市场容量，水泥产销量大幅提高。

——水泥装备国产化实现了低投资。新型干法水泥装备国产化使项目建设投资成本降低，有助于企业建设新型干法水泥项目。同时，外资和民营资本也积极进入水泥行业，助长了水泥投资热情。

——利益驱动使得小水泥拼命扩张。尽管小水泥存在技术装备落后、污染严重、消耗资源多、产品质量差、给工程质量带来严重的隐患等问题，但由于还有市场需求，加之地方为了增加财政收入和安排人员就业，在缺乏建设资金的情况下，还是违反产业政策，擅自建设落后立窑。

——宏观政策拉动了水泥行业的发展。党的十六大确定的全面建设小康社会的目标，鼓舞了人心，极大地激发了建设热情。房地产、城市化建设、农村基础设施及生活设施建设拉动了水泥行业的发展。

用市场办法淘汰落后

水泥行业自1999年实现扭亏以来,企业效益逐步好转。2001年实现利润30.5亿元,2002年为46.5亿元。从全行业效益分析看,大中型企业效益明显高于小企业。2001年大中型企业实现利润27.9亿元,占全行业利润总额的91%;2002年实现利润34.8亿元,占全行业的75%。大型新型干法水泥企业的规模经济优势和技术经济优势得到了充分体现。大企业的快速发展,对结构调整起到了重要的导向作用。

水泥工业毕竟是个附加值不高、利润率较低行业,为什么还有这么多投资投向它呢?主要原因是,由于水泥是国民经济发展不可缺少的基础原材料,资源比较普遍,产业门槛较低,水泥市场有一定运输半径,只要有市场,各地就会争相上项目。再者就是小水泥发展是以牺牲环保为代价,不考虑资源合理利用,投资小,单位生产成本低,以较低的市场价格,挤占市场,苟且生存。西部地区一些地方,将国家明令淘汰的立窑进行扩建改造,以躲避关闭,并且还在新建立窑扩大规模。由于上述客观原因,促使水泥行业在市场的刺激下迅速扩张,盲目发展。这种短期行为,与新型工业化道路背道而驰。

水泥工业发展重点是按照党的十六大确定的走新型工业化道路要求,控制合理的总量规模,依据规划和产业政策确定的原则,“上大压小”,淘汰落后,调整结构,最终达到产业升级的目的。水泥市场增量的空间,只有尽快建设日产4 000吨级以上的新型干法水泥,来满足市场需求,才能抑制小水泥的重复建设。只有用市场价格的办法,用质优价廉的大水泥去挤占小水泥市场空间,小水泥才能真正退出历史舞台。大的不建,小的不可能淘汰,只能是结构越来越不合理。目前这种不考虑资源、布局、技术进步、合理规模等因素的乱发展形式,只能更加扭曲产业布局并导致新的结构不合理。从调查在建项目情况看,不达经济规模的日产1 000吨级的小型干法水泥生产线竟达67条。根据水泥工业发展规划要求,国家要加快结构调整,加强宏观引导,扶持大企业集团发展,坚持技术进步和可持续发展方针,提高产业集中度和竞争力,鼓励日产4 000吨级以上大项目建设,用市场办法淘汰落后,走环境、效益协调发展的道路,引导水泥工业健康、有序发展。

健康发展需要政府调控引导

2002年我国水泥产量为7.25亿吨,居世界第一位,其中新型干法水泥产量比例仅为16%,84%的水泥为落后的立窑、湿法窑和小型中空窑生产,与国际先进水平相比,无论是企业规模、产品质量、能源消耗、环境保护,都存在较大差距。世界最大的法国拉法基水泥集团年产量已达1.35亿吨,我国最大的安徽海螺集团年产量才2 690万吨。从整体上比较,我国水泥能耗指标比国际水平高40%;粉尘排放率是国际先进水平的83倍;企业规模国际上平均水平为90万吨,而我国只有15万吨。目前世界上除少数经济欠发达国家还采用少量立窑等落后的水泥生产工艺外,其他国家均采用先进的新型干法水泥生产工艺,而我国还是以立窑为主。因此,水泥工业需要政府调控引导,以促使其健康发展。

——加强规划和产业政策的引导。为改变水泥工业散、乱、小局面,重要的是落实和抓好结构调整工作,加速产业升级,提升水泥行业整体水平。应加强规划和产业政策的引导,促进水泥工业健康发展。

——按照新型工业化要求,走可持续发展道路。新建的水泥项目,一定要符合产业政策,建设规模要达日产2 000吨以上。鼓励有条件的企业建设日产4 000吨以上规模生产线。同时,还要加强对石灰石矿、硅质原料等民办矿山的治理整顿,提高资源综合利用率,要采取措施,对矿区进行复垦。生料粉磨、水泥粉磨要采用节能粉磨设备,综合利用水泥窑系统排放的废气余热发电,实现节能降耗。鼓励靠近大中城市的水泥企业使用先进成熟的技术,处理可燃工业废弃物。

——加强宏观调控,实现西部水泥工业跨越式发展。为抑制西部地区工艺落后水泥生产企业的发展,减轻西部地区环境压力,同时能为西部大开发工程提供优质高标号水泥,要以大水泥填补西部地区水泥市场增量空间。

——水泥企业发展要提高产业集中度,实现集约化经营。鼓励各地政府和企业,可借鉴安徽海螺集团发展经验,在有资源的地方,建设大型水泥熟料基地。同时,在有市场的地方,将具备条件的小企业改建为粉磨站、中转库或预拌混凝土等接替产业,使得控制水泥总量工作得到落实。

——采取有力措施,淘汰落后生产能力。抓紧修订环保指标、技术经济指标和相应标准,提高混凝土标号,用标准法规的办法,提高水泥生产准入门槛。地方政府和各级环保部门要加大环保执法力度,严格执行国家有关规定,采取有力措施,限期淘汰、关闭落后生产能力。

——加强政策宣传和行业信息导向。要发挥水泥协会等中介组织的作用,研究市场变化,及时、准确地提出分析预测,政府要定期发布市场信息,引导企业投资、经营决策。

摘自《经济日报》2004年05月24日

加强宏观调控　聚焦热门行业　水泥行业出路何在

从2002年开始，水泥行业扭转了连续六年低速增长的状态，增速超过两位数，2003年产量超过了8亿吨，创历史新高。2004年第一季度全国水泥产量达到了1.8亿多吨，比2003年同期增长23.77%，预计2004年水泥产量将超过9亿吨。

有关专家认为，在工业化和城镇化进程加快、消费结构升级、国外制造业向我国转移的形势下，水泥行业加快发展有其合理性和必然性。但必须看到，目前水泥行业的高速发展存在十分突出的问题。

首先表现在经济规模上。一方面总体投资规模过大，另一方面企业规模不合理。目前，水泥行业在建项目近1 050个，计划总投资786亿元。到2003年底，我国水泥产能已达10亿吨。据不完全统计，各地拟建大水泥项目还有240个，计划生产能力2.1亿吨。与此同时，我国水泥企业数量已超过世界其他国家同类企业数量总和。但规模上，全员年人均产量不到500吨。作为我国业内最大的企业，海螺集团水泥年人均产量8 000吨，居世界第6位，但也不足法国拉法基集团产量的三分之一。

其次表现在生产技术上。工艺的落后造成了资源的极大浪费、能源的高消耗和环境的严重污染。目前，我国水泥75%还是采用落后工艺生产，低品级水泥约占总产量的85%。如果将我国水泥生产全部改为新型干法工艺，全行业能耗将降低40%以上。

再者，水泥工业粉尘污染十分严重。据统计，水泥工业排放粉尘量占全国工业行业粉尘排放总量的40%左右。

此外，从地域分布来看，东、西部发展极不均衡。山东、江苏、浙江、河北、广东和河南占据水泥生产的半壁江山，到2004年，上海、湖南3个月累计水泥产量比2003年同期增长60%以上，而广西则比2003年同期下降了3.51%。

水泥行业发展的出路何在？这成了当前人们关注的一个热点问题。

水泥行业的许多专家认为，水泥工业发展关键是要“上大压小”。发展的空间主要是依靠先进技术和规模经济来替代落后生产工艺和小水泥。必须加快用先进的新型干法替代落后立窑、湿法窑水泥。而且发展新型工艺也要坚持合理布局，防止不顾客观条件乱上项目；要坚持技术进步的原则，避免短期行为；要坚持发展与区域结构调整相结合，通过技术进步，走资源、环境、效益协调发展的道路。

业内人士指出，应当在中、西部地区建设一批日产4 000吨以上规模熟料项目，增加中、西部地区新型干法水泥产能，满足西部地区优质高标号水泥需求，抑制西部地区“小水泥”增长，引导西部水泥工业健康发展。同时，东部地区要坚持控制水泥总量，等量、超量淘汰小水泥原则，积极调整水泥结构，用科学发展观，促进水泥行业的健康发展。

随着各项宏观调控政策的逐步落实，目前宏观调控的效应开始显现，农业生产形势好转，消费市场稳中趋旺。

摘自《中国水泥》杂志2004年6期

国务院38号文对水泥行业的影响

国务院38号文件出台的背景

2004年4月15日，国家统计局宣布的一季度国民经济增长指标达到9.7%，一季度全社会固定资产投资增长率高达43%。4月26日，中央政治局召开会议，对当前我国的经济形势进行了分析，提出必须清醒地看到目前经济运行中存在的一些矛盾和问题，尤其是固定资产投资规模过大，增长过快，导致信贷投放增幅过大，要求各地方、各部门统一思想，集中精力抓好中央确定的各项宏观调控政策和措施的落实，适度控制货币信贷增长，坚决遏制某些行业的盲目投资和低水平重复建设问题。4月27日，国务院通知，提高钢铁、电解铝、水泥、房地产开发固定资产投资项目资本准备金比例。4月28日，国务院办公厅以38号文发出通知，要求各地区、各部门和各有关单位对所有在建、拟建项目进行一次全面清理，其中水泥是重点清理对象之一。4 月 29 日，《人民日报》发表了题为《坚决维护宏观调控政令畅通》的社论，强调“现在的关键是，各方面特别是领导干部要把思想和行动真正统一到中央对当前经济形势的准确判断上来，统一到中央关于经济工作的决策和部署上来”，要求“各地方政府不折不扣地贯彻落实中央的宏观调控措施”。

水泥作为重点清理对象的原因是，2004 年一季度水泥行业固定资产投资增长率达到了创记录的 101.4%。在中央三令五申的情况下，投资如此的高涨，不能不引起中央的重视。如此高的投资增长率主要还是由于在浙江、江苏和皖南地区，受投资的拉动，大量的民营资本进入水泥行业，盲目决策和投资，特别是当国家紧缩投资的信号发出后，这些企业出于本身利益的考虑，抓紧时间上项目、抢进度，要赶在中央“关门”前挤进去。因此，水泥行业的投资“热”并不是全局性的，而是局部过“热”，但带来的影响是全局性的。

38 号文件对行业的主要影响

1、对水泥市场的影响。水泥属于投资拉动型产业，38 号文表明了国家下决心要把投资增长幅度拉下来，把经济增长的速度控制在 3 月份全国人大会议确定的 7.2% 的目标水平。投资规模的下降，经济增长速度的放缓，必然对水泥需求量带来负面影响。随着水泥需求量的下降，投资“热”的地区积聚的巨大产能，将对该地区水泥市场产生猛烈冲击。在这次投资“热”中快速成长起来的大企业集团，其规模优势，超强的竞争力将在这场竞争中得到充分体现，落后企业及其落后生产能力被淘汰将成为历史的必然。

2、对结构调整的影响。随着新型干法水泥低投资的实现，拉开了浙江、苏南、皖南等沿江、沿海等地区投资新型干法水泥的热潮，特别是排在我国前十位的大水泥企业集团，在有资源的地区大上技术水平高、生产规模大的新型干法水泥熟料生产线，在有市场的地区建设粉磨站，为我国水泥工业的结构调整做出了突出贡献。但是，我国大水泥企业集团多分布在沿海地区，广大的中、西部地区由于大企业少，没有赶上这轮大型新型干法水泥建设高潮，新型干法水泥企业寥寥无几。河南、湖北、青海、陕西等地区正要追赶这次大型新型干法水泥建设热潮时，正赶上国家对水泥项目的清理，对这些地区水泥工业的结构调整也造成了一些负面影响。

3、对水泥企业的影响。38 号文对企业犹如一把双刃剑，投资的下降会抑制煤、电、运紧张的状况发展，而对有市场保证、竞争力强的企业生产运营，降低成本，增加利润有好处。但同时激烈的市场竞争，对企业的产量、销售额会产生不利影响。因此，38 号文对企业既是挑战，更是企业通过提高技术水平，搞好节能降耗，加强内部管理，搞好机制创新，使整体水平上台阶的机会。 **（记者　庄春来）**

摘自《香港文汇报》胡温调控闯关　水泥篇 2004 年 7 月 1 日

措施初见成效　业内承认供大于求

水泥业借宏观调控调整结构

在此次国家宏观调控的行业名单上，水泥业是首当其冲的对象之一。近年内地基建与房地产业的快速发展，令水泥业一片红火景象，但很快就出现了产能过剩和技术低下等问题。此次宏观调控，正好可借助来推进整个产业的升级。本报记者就此专访了中国水泥协会会长雷前治。

1994 年，我国水泥行业实现利润 146 亿元，创造了历史最好纪录，众多地方在利益驱动之下争相大上水泥项目，熟料价格很快出现下滑。到 1995 年下半年，水泥出现全行业亏损。时隔十年，历史似乎要重演。2003 年中国水泥产量达到了创纪录的 8.63 亿吨，占全世界的 40% 左右；全行业累计实现利润 110.39 亿元，同比增长 148.20%，创历史新高。按现在的发展趋势，到 2005 年我国将至少形成 10 亿吨水泥的生产能力，大大超过市场需求。

中国水泥协会会长雷前治表示，宏观调控可能会使整个行业的利润有所回落，但不会出现 1994 年的局面，因为大企业比例不断增长，有序竞争机制正不断建立。

千万不要一刀切

雷前治指出，目前我国水泥行业投资过热只是几个省市的局部情况，国家当前对水泥行业实施宏观调控防止盲目投资、加快结构调整是完全正确的，但在制定具体政策措施时，要区别对待、有疏有堵，千万不要一刀切！雷前治指出，此次中央大力度的宏观调控可视为加快水泥行业结构调整步伐的大好契机。他说，宏观调控是大禹治水，对小的、落后的要堵；对大型、新型的，要鼓励。有些媒体传出要「封杀」的信号是错误的。

据介绍，2003 年我国水泥生产和消费的热点都集中在沿海 6 省 3 市，分别是北京、天津、河北、上海、浙江、江苏、广东、福建和山东，人均消费突破1吨。2003年全行业固定资产投资总规模809亿元，完成303亿元，其中64%集中在华东6省1市。

雷前治特别指出，水泥与钢铁、电解铝不一样，它的资源和市场都在国内，其生产和消费与固定资产投资关联度特别强，如果2004年全国固定资产投资增长速度在15%左右，水泥产量也必须增长8 000万吨才能满足市场需求。水泥市场价格从2003年11月中旬的高峰逐月回落，浙江、上海和苏南地区的价格回落了每吨100～120元，但4月全国平均价格仍比2003年同期每吨高20元。雷前治预计，2004年下半年水泥价格将回到比较合理的价位。

宏观调控影响力滞后

"水泥热"引起了国家政府部门的高度重视。中国人民银行自2003年9月以来连续三次调高了商业银行的存款准备 金率；2003年12月，国务院办公厅以国办发（2003）103号文，转发了国家发展改革委员会等部门《关于防止水泥 行业盲目投资加快结构调整的意见》；今年4月27日，国务院决定将水泥固定资产投资项目资本金比例由20%及以 上提高到35%及以上；国家发展和改革委员会日前规定对水泥等高耗能行业，将按国家产业政策试行"差别电价"。山东省决定2004年将不得开工水泥项目，需要开工得报国务院批准。

据介绍，2004年一季度，全国生产水泥18 030万吨，比2003年同期增长23.8%；全行业投资规模558亿元，实际完成投资60.27亿元。雷前治指出，由于2003年只完成投资规模的37.45%，大部分工程都延续到今年建设，因此全行业受宏观调控影响滞后，固定资产投资仍保持高速增长的态势，价格回落速度较慢，但宏观调控已初见成效。（记者　蒋满菁）

"双高现象"居高不下

近年来，受建筑业及房地产业投资高速增长的拉动，我国水泥工业市场需求旺盛，导致生产能力快速扩张，效益显著提高。在正常情况下，像水泥这样的中长期投资，应该8～10年才能收回。但近年一条新的水泥生产线，情况好的一年就可收回1/3的投资。

然而，隐藏在水泥热背后的深层次的结构问题也日益显现。由于相关政策的缺失，水泥行业发展出现了难以抑制的"双高现象"——一方面产能居高不下，另一方面落后生产线比例也居高不下。以广东为例，目前该省水泥产量居全国第二位，但属于落后工艺的立窑水泥比重占到了整个水泥产量的80.95%。此外，从产业集中度来讲，目前全国水泥企业平均规模仅为20万吨，而日本的平均规模为200多万吨，韩国的平均规模为400～500万吨。

专家认为，目前水泥行业结构问题的严重性已经到了非调整不可的时候，而国家严格控制投资过度无疑为该行业实现结构的升级改造提供了一种可能。

立窑缘何屡禁不止？

作为水泥生产工艺之一，立窑水泥在发达国家基本上已被淘汰，为设备大型化、控制自动化、工艺技术先进、产品质量稳定的新型干法回转窑工艺所代替。截至2001年，除中国外，世界上立窑水泥年产量也只有2 000多万吨，仅占世界水泥总量的1%多一点。但在山东，立窑水泥仍大约占80%左右。

成本低、见效快

山东省建材工业办公室发展规划处副处长彭建表示，立窑项目屡禁不止，归根结底是经济利益驱动。2003年以来，山东水泥价格一路飞涨，水泥销售价格在1个月内每吨上涨了50元以上，是近10年来少见的。为了尽快从中谋利，一些水泥厂不顾产业政策限制，选择了投资小、见效快的立窑水泥项目。还有极个别关闭或取缔的小企业私自恢复生产。有资料显示，仅山东枣庄地区2003年就建了40多台立窑。

业内人士表示，立窑水泥成本较低。以日产2 000吨的项目为例，一般新型干法水泥的投资为每吨230～300元，而立窑水泥只是每吨100元，顺利的话不到一年就可回收成本。更有甚者，有的个体厂家建设一个立窑仅投资300万，半年多的时间就能收回投资。

地方保护主义影响

山东省建材工业办公室发展规划处副处长彭建表示，国家只是在产业政策上限制立窑水泥的发展，但没有硬性规定，如果上了立窑水泥会如何处理。此外，企业上项目的程序已由"层层审批"改为目前的"备案制"，给一些企业以可乘之机。

一位业内人士表示，立窑项目的大量投资与当地政府保护主义有关，特别是对乡镇而言，这些企业的税收对他们是一笔不小的数字，因此乐见其成。

广东：一刀切伤及无辜

广东经济活动发达，在高速公路等基建方面的投资相当大,对水泥的需求一直居高不下,2002年的水泥需求为8 000万吨,今年的需求量将达8 500万至9 000万吨。但是广东的生产能力只有6 500万吨,供求缺口较大。正是由于这一原因,新疆天山水泥在广东云浮的投资项目——云浮天山水泥有限公司提出要建立全球最大的水泥生产基地之一的目标。

在国家发展与改革委员会对全国水泥行业采取调控措施后,有消息指出,银行方面已开始停止对云浮天山水泥项目的贷款,该公司一位人士表示,在国家发展与改革委员会出台调控措施后,银行对所有的水泥项目都停止了贷款,使云浮天山水泥受到了牵连,原定于2004年9月1日正式投产的计划将不得不推迟。

这位人士指出,虽然发改委并没有要求银行进行一刀切,但银行目前的做法明显已经开始伤及无辜。他认为,这一情形如不能得到改善,将会使水泥业错过一个很好的产品结构调整的机会,因为目前广东很多水泥生产企业还是很传统的技术,而云浮天山的生产技术是新型干法旋窑,在国际上都属先进水平。

幸运的是,发改委已经认识到了这个问题的存在,并开始采取补救措施,列出一份清单,表明哪些企业可以正常发展,银行可以向其发放正常贷款。

(珠三角新闻中心记者　杨生华、方广、吴玫)

山东:供大于求　污染严重

据山东省建材工业办公室发展规划处副处长彭建介绍,2003年山东省水泥产量达到9 777万吨,同比增长18.4%,居全国第一位。截至2003年底,山东省共有水泥企业460家,全部生产能力达9 800万吨。目前全省每年所需的水泥大约是7 000万吨,由于产能过剩,有20%左右销往外地,其中有100万吨左右出口。但由于周边地区水泥项目亦处于过热阶段,外销水泥已大不如前。特别是出口,立窑水泥已基本销不出去。

有数字显示,2002年山东省工业烟尘排放量为60万吨,其中水泥行业高达54万吨,占总量的90%。据环保部门测算,有小型水泥厂的地方的空气含尘量,往往是正常情况的十几倍。如果要配套收尘设备,则每吨水泥成本需增加10多块钱。此外,“小水泥”所采用的立窑工艺,每生产1吨水泥要耗费180千克煤,而新型工艺旋窑仅用140千克。

劣质水泥危害建筑物

另外,为了降低成本,有的“小水泥”厂家加大矿渣等混合物的含量,使得水泥含碱量大大超过标准,腐蚀建筑钢材,缩短钢材的使用寿命,严重影响建筑物质量。

2001年起,山东开始淘汰落后水泥生产线。至2001年底,全省共取缔、关闭和淘汰落后小水泥生产线310条,压缩落后生产能力860万吨。据山东省日前出台的有关政策,“十五”后两年及以后,山东将继续淘汰落后的立窑生产能力,增加新型干法水泥生产能力。

(驻山东记者　殷江宏)

摘自《财经时报》2004年8月9日

水泥协会:“治热”谈不上大功告成

中国水泥协会最近一份分析报告中称,与钢铁、电解铝等同遭重创的行业相比,水泥行业在近期的宏观调控中受到的影响可能最小。这份有关2004年上半年水泥行业运行的报告中承认,国家宏观调控初见成效,固定资产投资增速大幅降低,银行信贷规模紧缩,水泥行业“增长势头明显回落”;但另一方面,虽然水泥行业生产及发展热度有所降低,但总体运行形势仍然较好,利润总额保持较高水平。不过数据显示,水泥行业投资增速还是偏高,重点调控行业投资的降温还不可轻言“大功告成”。

价格全方位回落

中国水泥协会提供的资料显示,全国大部分城市2004年上半年的水泥价格呈前高后低走势。在北京、天津、上海、杭州、郑州、广州、成都和乌鲁木齐等8个城市中,除北京,其他城市自5月以后价格普遍回落。但北京地区的水泥价格从5月的每吨240多元略上涨到6月的近280元一吨。专家认为,原因在于北京的水泥价格长期低迷,价格“翘尾”是市场规律的必然结果,并不能说明宏观调控“失灵”。与价格相对应,水泥产量经历了2月到5月平均每月达20%多的增幅后,6月产量增幅只有17.86%,当月水泥产量为42万多吨。水泥协会人士认为,统计数据明显表明,宏观调控对水泥行业来说“非常有效,且力度把握得很好”。价格和产量双重下降,使5月后水泥厂商的利润增幅也明显下降。4月全行业利润同比增幅为11.54%,5月仅为4.98%,6月更下降为2.98%。

水泥协会的人士指出，目前水泥库存问题仍较突出。截止到6月底，水泥库存为125.23亿元。这说明市场形势已发生重大变化，即需求强度减弱，供给能力却不减反增。2004年2~5月，水泥库存增幅从4.88%上升到12.35%，增加了7.47个百分点。6月增幅开始下降，降至10.10%，回落2.25个百分点。

专家们认为，上半年水泥行业的运行出现明显的“分水岭”现象，即在2003年强势惯性的作用下，水泥行业2004年一季度走势良好，产销两旺局面未受大影响；二季度后，受宏观调控影响，投资逐渐降温，对水泥行业的需求拉动减弱，水泥产量增势放慢，各地水泥价格陆续回落，水泥工业产值和销售收入的增速也放慢。

他们认为，目前由于原燃材料、电力、运输大幅涨价，水泥成本将大幅上扬，中小企业的利润空间将受到严重威胁；低集中度的水泥市场结构无法带来良好的市场绩效和抗风险能力，水泥行业的结构调整问题将进一步突出。

不轻言“大功告成”

报告指出，包括水泥在内的几大行业发展势头已出现新变化。2004年4月以后宏观调控措施陆续出炉，行政手段有所增强，对“政令统一”的要求比较严格，调控领域深入到具体的行业和投资、贷款项目；地方政府、银行和企业的自主行为空间明显缩小，导致土地和资金等关键生产要素供给增长减慢，各类微观主体对政策环境的预期发生逆转，并进一步影响到水泥等几大行业。

受此影响，上半年全国39个工业大类行业中，有27个行业利润增幅回落。钢铁行业的利润回落十分明显，铝冶炼次之，水泥行业的情况相对最好，利润总额仍保持较高水平，但增长势头也明显回落。不过，有关专家也提醒说，上半年国内投资增长28.6%，增速比一季度回落14.4个百分点，虽然这表明宏观调控产生了明显的效果。但不容忽视的是，某些行业的投资增速仍然偏高，如钢铁和水泥行业的投资分别增长了54.7%和56.5%。从这个角度说，重点调控行业投资的降温还不可轻言“大功告成”。

另外，上半年居民消费价格比2003年同期上涨3.6%，其中6月居民消费价格上涨5%，再次刷新本轮上涨以来的月度新高。专家认为，居民消费价格月度峰值近在眼前，当前涨势已是强弩之末。

对此，他们强调，在投资形势仍然较好的情况下，消费形势没有出现明显回升的迹象，表明经济中投资膨胀向消费膨胀的传导机制受阻，消费投资不对称，将成为中国经济面临的又一个风险。

摘自《人民政协报》科技时代2004年8月17日第17期

水泥工业如何困境突围

——访中国水泥协会会长雷前治

在当前全国能源紧张，环境污染问题日益突出的形势下，水泥工业重污染、高能耗的特性使之成为众矢之的，而我国经济建设对水泥用量的巨大需求，则使水泥工业陷入进退维谷的境地。研究寻求水泥替代品，探求新的出路毕竟还有一个时间过程，当前的水泥工业应如何突破困境、走出重围却是当务之急。为此，记者采访了中国水泥协会会长雷前治。

提高科技含量加速结构调整

水泥工业的发展与我国经济建设息息相关。有统计数据表明，我国固定资产投资规模每上升1个百分点，水泥产量就相应上升0.5个百分点。2003年，我国每万元固定资产投资中水泥使用量达1.51吨。

雷前治指出，尽管水泥是与基本建设关联度很高的产品，但其发展道路却比较扭曲。从建国初期到1995年，水泥制品长期处于供不应求状态，以后，才开始出现低水平的供大于求。而且，结构非常不合理。当时，80%的水泥产品是工艺落后的立窑生产的，我们习惯称之为小水泥。只有20%的产品属于质量指标可与国际接轨的旋窑水泥，造成这种现象的主要原因是旋窑投资成本高，是立窑的十倍，国家投入又少，于是，各地纷纷上马投资少、见效快的立窑生产线。

旋窑和立窑生产所用水泥的原料基本相同，其差别在于立窑规模小，最大的单线规模只有10万吨，工艺简单，生产稳定性差，80%以上的立窑环保投入少，排放大量的粉尘污染环境严重。低水平的小水泥不仅经济规模小，在生产过程中消耗大量能源，造成严重环境污染，而且产品质量也没有保证。1999年，虽然我国水泥产量达到6亿吨，但被联合国统计计入产量的只有2亿吨。2003年,世界水泥大会在中国召开,世界水泥协会主席在会上坦言:“很遗憾,中国很多水泥没有被统计进去。”

雷前治认为,目前,水泥行业的当务之急是进行结构调整,发展新型干法水泥,逐步关停小水泥。

据了解,没有收尘设备的立窑粉尘排放每标立方米竟高达1 000多毫克,而大型新型干法水泥在生产过程中的粉尘排放每标立方米可在50毫克以下,大型干法水泥的粉尘排放量减少了95%以上。随着科技的发展进步,通过热能综合利用,大型干法水泥生产所消耗的能源也大大减少,同时,对工业废弃物的利用率也在逐步提高。

近年来,我国新型干法水泥的生产技术和技术装备水平不断提高。据了解,目前,世界上日产1万吨的大型新型干法水泥生产线共有5条,在我国就有2条,下半年还有两条线投产。

雷前治说,随着新型干法水泥与立窑水泥差价的不断扩大,新型干法水泥的经济效益也逐渐显现。据了解,目前,在山东、河南等地,新型干法窑的吨水泥利润已经比立窑高出一倍以上,新型干法水泥的竞争优势日益明显。

雷前治认为,从生产领域来说,发展新型干法水泥是突围水泥工业困境的一个好办法。当前,投资已不成为问题,关键是如何建立合理的机制来促进新型干法水泥的发展。只要机制完备,预计在3~5年内完成结构调整没有问题。他比较担忧的是,目前,新型干法水泥的发展缺乏后劲,由于水泥生产是受投资拉动的产业,若新型干法水泥得不到充分发展,就会给立窑和其他各类小型窑的建设开启方便之门。

据悉,在国家发改委即将出台的新的产业政策中,将放宽对水泥行业投资的限制,确定水泥行业的主要任务是调整产业结构,发展新型干法水泥,限制立窑水泥。

另一种思路:减少水泥用量

雷前治认为,走出水泥工业困境的另一个办法是加强建筑应用研究,减少水泥用量。

雷前治说,在国际上,水泥人均消费量是经济发展的重要指标。一般来说,在经济起步阶段,水泥使用量大,产量比较高;经济发展比较成熟后,水泥使用量下降,产量也相应减少。在经济起步阶段,韩国水泥人均消费量曾高达1 000多千克,我国目前人均消费量是662千克,浙江省则已达到1 500千克。

他认为,水泥使用量大还与我国水泥的应用面广密切相关。在我国,无论道路、桥梁、港口、大坝,还是民居、大厦,均采用钢筋混凝土,可以说是用水泥堆起来的。而在美国,桥梁、大厦均以钢结构为主,民居则多半采用木结构及化学建材,只有基础设施如大坝、道路、港口、机场等用水泥。2002年,美国人均消费水泥只有260千克左右。所以,改变我国建筑结构是减少水泥用量的根本途径之一。

此外,提高水泥标号,提高应用标准也可以减少水泥使用量。目前,我国标号C30及以下的混凝土达80%以上,在香港,60%以上的商品混凝土达到标号C60及以上。使用高标号商品混凝土可以减少“肥梁胖柱”,随之水泥用量可大幅度下降。

雷前治透露,目前,有关部门正在修改水泥标准,在水泥生产使用过程中将更多地使用废弃物,以减少对环境和资源的影响,相关的试点工作正在进行。在上海,一个具备国际最先进水平的水泥配制站已经启动。数据显示,2003年全国水泥行业共利用各种废渣近2亿吨,但仍有巨大的可利用空间。

(记者 张 涛)

摘自《中国经济时报》2004年08月24日

水泥:双刃考验后迎来新机遇

受基础设施建设和房地产开发投资影响,我国水泥行业进入史无前例的发展时期。自2002年起,以东部沿海地区为先导,一批批新生产线相继高速建成投产。然而至2003年,不到一年时间里,超负荷现象就开始显现,我国水泥行业呈现出局部过热的状态。

2003年和2004年年初,国务院两次下发关于遏制水泥等行业投资过热以及对其进行重点清理的通知。到目前效果如何?水泥行业泡沫是否破灭?是否已经恢复常温?

中国水泥协会会长雷前治接受中国经济时报记者采访时说:“水泥行业根本就不存在泡沫之说,更谈不上什么泡沫破灭。而且国家发改委即将出台的新产业政策将放宽对水泥行业投资的限制。”

水泥投资热是局部过热

2002年,我国水泥产量飞速提升。一些企业为追求规模经济效益,在谋划兴建水泥项目的同时将单线产能大幅提升,从以往的日产2 000~4 000吨,提高到日产5 000吨以上,大大加快了水泥工业结构调整的步伐。据统计,2002年华北地区共生产水泥9 249万吨，人均年消费水泥625千克，如京、津地区的人均年消费水泥达到了722千克。而世界水泥界公认的指标为，高速发展中国家的中心城市和经济发达地区人均年水泥消耗一般在500千克左右，而我国远远超出了这一水平。到了2003年，我国水泥总产量达到8.13亿吨，占全世界总产量的1/3以上，当时，全国处于在建、设计阶段的大型新型干法水泥项目将近170个。2004年一季度，水泥行业固定资产投资增长率更是达到了创记录的101.4%，如此高的投资增长率主要是由浙江、江苏和皖南等地区带动的。

雷前治说："这些地区的大小厂家在很短时间内就可以把投资收回来，开水泥厂就像是开印钞机。"从而导致各种资本纷纷涌入水泥行业，热火朝天的景象背后是盲目跟风、盲目决策和投资，特别是当国家紧缩投资的信号发出后，这些企业出于本身利益的考虑，抓紧时间上项目、抢进度，要赶在中央"关门"前挤进去。另外，一些工业领域和行业过多投资，如房地产开发的供过于求，许多企业过多地借贷投入形象工程，成本高而收效低，还有一些地方政府过多投入了某些项目等等，导致钢铁、水泥及其他建筑材料的过分需求。加上国家实施西部大开发、承办奥运会、振兴东北老工业基地、推进城市化建设以及西气东输、南水北调、奥运工程、世博会等一大批国家重点建设项目的全面展开，全国各地交通、仓储、房地产等城市基础设施建设不断升温，也极大地拉动了对水泥的需求。

因此，雷前治认为，水泥行业的投资热并不是全局性的，而是局部过热，但带来的影响是全局性的。宏观调控犹如双刃剑。

新投资体制带来新机遇

宏观调控政策实施后，水泥行业一方面新建项目被叫停或缓建，另一方面行业发展所需资金也受到了严格控制，水泥行业固定资产投资大幅下降。2004年1～5月，水泥业固定资产投资从101.4%下降到55.3%；全国水泥总产量3.4亿吨，增速明显放慢。由于政策的压力，水泥企业不仅大部分新项目投资得不到批准，流动资金贷款也受到影响。

在日前中国水泥协会召开的"调研在建水泥项目情况座谈会"上，很多水泥企业的老总感言，今年以来，身处一线的水泥在建项目不仅切身感受到宏观调控遏制无序竞争所带来的好处，也确实品尝到了国家政策执行部门"一刀切"政策所带来的苦涩滋味：一些正在进行结构调整的新型干法水泥项目成为"半截子"工程；企业投资决策权没有完全落实，政府审批项目的范围过宽，企业很难成为真正独立的投资主体和市场主体。

"水泥和钢铁、电解铝不一样，它是100%为建设服务的，水泥产量是与销量挂钩的。其实，国内房地产和基础建设投资还在持续上涨，这必将推动对水泥的强劲需求。有销量就有产量，这是相辅相成的。"雷前治对此这样分析。

为解决水泥企业下一步贷款难，防止水泥行业发展出现大起大落，2004年6月24日，中国水泥协会与国家发改委、中国人民银行和银行业监督管理委员会沟通、协调。最后由发改委、银行、银监会决定采取一种可操作性强的方式，推荐给各商业银行，由水泥协会提出推荐企业名单，发改委审定。同时，国家新发布的投资体制改革无疑也给水泥行业带来了新的契机，由于受宏观调控没有赶上大型新型干法水泥建设高潮的中、西部地区企业，可以抓住这个机遇对企业结构作相应调整。"宏观调控对很多企业的结构调整改革很有作用，新的投资体制改革也给了企业充分的投资自主权，在这样好的大环境中，就靠企业自己充分把握机遇。"雷前治说："目前我国经济建设对水泥用量需求巨大，而同时，水泥工业又是重污染、高能耗工业，因此，水泥行业的当务之急是进行结构调整，发展新型干法水泥，逐步关停小水泥，寻求水泥行业的可持续发展。同时，要加强建筑应用研究，减少水泥用量。"

摘自《南方日报》2004年10月13日

宏观调控看广东　辩证看待水泥业冷与热

正当广东水泥行业"上大汰小"结构调整全面推进之际，适逢国家宏观调控的考验。作为水泥生产大省的广东，结构落后一直是制约产业发展的软肋。从产业集中度看，8 000多万吨水泥产自525家企业，平均每家企业的年产量才10多万吨；从技术结构看，新型干法窑的比例仅占8%，远远低于全国25%的平均水平。广东作为一个年消费能力达9 000多万吨的水泥大市场，其市场前景正吸引着各路资金的青睐，从海螺集团、华润集团到台湾水泥、台湾环球水泥等纷纷投身到广东的水泥结构调整行列中来。正当20多条新型干法窑生产线展开建设之际，宏观调控带来的政策因素影响不期而至，不少项目特别是民营企业的项目，受资金短缺等因素制约，建设速度明显放慢了。

宏观调控中，广东水泥业界最关注的是要廓清水泥结构调整和"过热"的界限。正如我国资深建材专家乔龙德所言，目前新型干法水泥快速发展和整个投资过猛增长在同一个时点上出现，因而很容易把其快速发展和“过热”混为一谈。而“混为一谈”的后果就是“泼脏水的时候把孩子一块泼了出去”，会挫伤对水泥结构调整投资的积极性。

同样，在国务院宏观调控的103号文中，也关注到这一问题，贯穿水泥行业调控的中心就是“支持加快发展新型干法水泥，重点支持在有资源的地方建设日产4000吨及以上规模新型干法熟料基地项目”。这正好与广东水泥产业结构调整动作吻合，此次调控中经过项目重新核查后，目前在建或拟建的都是日产4 000吨以上的新型干法窑生产线，建成后预计可形成产能近2 000万吨，将广东新型干法窑水泥的生产比例提高到20%左右。

此次，我们特意选择广东水泥重地之一的云安县，希望透过云安折射广东水泥行业在宏观调控中的起落，三访云安感触不一。

一年前，在云浮建市9周年的时候，记者在云安这个云浮最穷的县采访，见到的是一大批工业项目纷纷上马。最引人注目的是：本地企业亨达利公司将新建4条新型干法水泥生产线的项目，计划3年内（到2006年）达到年产1 000万吨；新疆天山水泥股份有限公司投资15亿元建设年产600万吨水泥的云浮天山水泥有限公司，首条生产线也已经在7月28日正式动工兴建；另一家中东商人投资5亿元兴建的华多利石材项目也正在紧张地平整土地。半年前，记者再度探访云安。县领导告诉记者，云安明确了“大水泥、大石材、大电力、大化工、大港口”的发展战略。当时，有两个数据令记者感到无比兴奋：一是2003年云安的地方财政收入比2002年增长了64.3%，二是如果五大产业正常发展，2007年云安的GDP可以达到100亿元。

记者再次去了工地，天山水泥厂的厂房正在兴建。县领导说，如果亨达利、天山水泥两大水泥项目全部落成，到2005年云安将达到年产1 500万吨的水泥产能，从而成为全国水泥产能最大的县，地方经济也将因此而获得迅猛发展。

这几天记者再去云安，当地的建设却平静了许多。因为国家宏观调控以及其他一些因素影响，云安五大产业中最为重要的水泥行业受到较大影响：两大水泥厂的建设比预期推迟了，新型干法生产线至少要比预期延后半年才能投产。在企业承受信贷等压力的同时，地方经济也经受着考验。

廓清误区转机出现

带来转机的是国家发改委《关于钢铁、电解铝、水泥行业项目清理有关意见的通知》（国家发展和改革委员会文件[2004]1791号）。在这份8月底下发的文件里，国家发改委对水泥行业作出了“有保有压”的指引，并要求“支持大企业的发展，重点支持在有资源的地方建设日产4 000吨及以上规模新型干法熟料基地项目；鼓励地方和企业以淘汰落后生产能力的方式发展新型干法水泥；除一些受市场容量和运输条件限制的特殊地区外，原则上不再建设日产2 000吨以下新型干法水泥项目；坚决遏制落后工艺的水泥项目建设”。

正是这一道指引，廓清了信贷机构对水泥全行业暂停信贷业务的误区。记者从一家大型水泥企业处获悉，国家发改委发出宏观调控的重要文件——《关于制止钢铁、电解铝、水泥行业盲目投资若干意见的通知》（即发改委103号文）后，信贷机构对整个水泥行业包括这家实施新型干法工艺建设的企业实施了暂停信贷政策，从而延缓了新生产线的建设步伐。

“那段日子过得很紧张，但现在好了，1791号文出来以后，我们已经重新拿到了贷款。预计我们的新型干法工艺第二条生产线今年年底前可能投产，大概只耽误了半年。”但这位负责人告诉记者，除了信贷因素外，由于行业过热，设备供不应求迟迟不能到位也拖累了生产线建设。他认为，“再不搞宏观调控我们就很难过日子了，广东的水泥中立窑生产占了80%，质量和价格都比较低，冲击了我们（新型干法工艺产品）的市场”。在这家大型水泥企业看来，国家通过宏观调控实施水泥产业结构调整“对大型水泥企业是很有利的”。

云安县的领导认为，将目前的发展困难归咎于宏观调控的说法是不正确的。事实上，云安目前几个项目建设迟缓有着诸多的原因，如天山水泥暂停建设是受到德隆系清盘的拖累，而这些不利因素正在逐步化解。最新的例子是亨达利公司已经顺利获得了新的信贷支持。他一再强调，云安在石矿资源、水陆运输条件等方面有着天然的优势，在发展国家扶持的大水泥项目方面仍将坚持下去。

云安的明天会更好

然而，企业受到的影响也是明显的。一家大型水泥企业负责人告诉记者，由于运力紧张，能源供应短缺，企业成本增大，有时甚至有钱也买不到煤。这位负责人说：“特别是通过铁路运输的方式影响更大，原来每天有10个左右车皮计划，现在连一个也保证不了。煤运不进来，石膏也运不进来，我们的车间里堆满了熟料，生产水泥少了。”另一方面，由于房地产和大型基建项目等下游企业资金紧张，货款回流的速度慢了下来。

亨达利的情况与大多数企业的遭遇很相似，但是因为已经有1条新型干法生产线开足马力生产，并且企业开始通过西江水运从贵州运煤，一些负面的影响正在消除。亨达利负责人告诉记者，2004年1～7月，企业完成了5 000多万元税收，仍是云安当地第一大纳税大户，企业本身也实现了7 000多万元利润。

云安因此也跟其他“叫苦”的地方有所不同。2004年上半年，云安实现了国内生产总值同比增长12.9%，地税收入同比增长19%,国税收入更惊人地增长了112.6%。

记者从可靠渠道获悉,广东立窑水泥产量仍占80%以上,新型干法工艺的比例仍相当低,企业的集约化程度、劳动生产率等都比较低下,正需要大力进行结构调整。

云安县领导告诉记者,在国家宏观调控过程中,银根紧缩对企业生产的确造成了一定的影响,但国家目前明确对日产4 000吨以上的新型干法工艺予以支持,银行贷款资金也开始有所松动,长远来看,对云安是有利的。同样,对广东水泥结构调整是有利的。

(记者 王晖辉 陈韩晖 谭仕龙)

摘自《财经时报》2004年11月20日

水泥行业并购 触发产能膨胀价格不升反降

大企业的并购重组,导致水泥市场重叠现象严重,根据中国水泥协会的统计数据表明,华东地区新增生产线一年内就有5000~6000万吨,这让华东地区产能迅速扩张到1亿吨左右。人们期望的通过兼并重组来改善水泥行业竞争环境的初衷并没有得到实现,只不过原来小型企业与大企业间的竞争,转换为大型企业之间的竞争,这种竞争也许比以往更持久更激烈。中国水泥企业的兼并重组能够改善被不断挤压的行业利润吗?答案似乎并不那么肯定。

在全国范围内,水泥价格大幅下跌,在华东和北京地区最明显,最大跌幅达到每吨200元左右。而上述两个地区正是大型水泥企业兼并重组的重点地区。

利润挤压

"这几个月以来,水泥价格一降再降,就拿P·O 42.5水泥来说,7、8月份的时候,散装水泥的价格每吨310元,但是一路下滑,到9、10月份的时候就只有每吨265元,而现在这种水泥每吨240元,同标号的袋装水泥也只有260元。"产量是120万吨的小型水泥厂——南通海螺水泥有限公司销售处的一位女士告诉《财经时报》记者。

"原材料价格上涨的幅度非常大,煤、电、运输等价格上涨,但水泥价格却在下降,水泥企业的利润空间大幅压缩,很多企业都是亏本销售。"中国第二大水泥企业山水集团销售中心的张海峰先生告诉记者。

在目前上市的22家水泥企业三季度报告非常明确地道出了该行业"两头受挤压"境况。三季度22家公司主营业务收入合计同比增长率较二季度下降了8.2个百分点,而仅有10家公司实现主营业务收入环比增长,其余均降低,减幅最大的达到37%;净利润情况同样如此,22家公司净利润合计同比增长率较二季度下降了60个百分点,仅有8家公司环比增长,其余均环比减少,最大减幅达到80%。

从销售毛利率来看,上市公司盈利能力下降的趋势则更为明显。三季度有15家公司销售毛利率较二季度下降,行业平均毛利率下降了3.5%,其中海螺水泥的销售毛利率较二季度下降了8.6个百分点,下降幅度达17.91%。

重组冲动

"在水泥行业利润空间不断被压缩的情况下,就不可避免地出现并购重组浪潮。"一位专家告诉记者,不过,虽然并购重组可以加快结构调整,提高产业集中度,但产业整合后的寡头竞争成本并不因此降低。

"现在海螺水泥(914,HK)已经兼并有五六十家企业了,全国各地都有。"海螺旗下一小水泥企业的人士告诉记者。海螺在近几年的时间里,通过收购、重组、扩建等方式扩大产能至近6 000万吨。

年产3 000万吨、规模上仅次于海螺的山水集团的下一步目标,也将是"加大力度开始并购兼并重组进程"。山水集团销售中心的张先生告诉记者。

在国内产量排名第三的华新水泥股份有限公司也已经开始在并购重组的道路上大展拳脚,仅2003年底收购苏州金猫水泥有限公司和2004年4月9日才点火的阳新日产6 000吨项目两项就增加年产能400万吨,使公司产能扩大近一倍。

实际上,区域垄断是水泥行业的固有特点。由于中国在地理状况、市场体制等方面原因,长期以来,中国水泥行业分布非常分散,以中小企业居多,集中度相当低,在生产质量、利润率和环境标准方面都和发达国家有较大的差距。

中国水泥协会数字水泥网的刘作毅告诉《财经时报》。截至2004年7月底,中国有4 960家上规模的水泥企业,所谓"上规模水泥企业"就是日产量在500吨以上的企业。根据中国水泥协会的数据,2003年中国水泥企业的平均日产规模是16.8吨。

全国最大的安徽海螺集团年产量达到6 000多万吨,这也是全国少数超千万吨的大型水泥企业,成为水泥市场的第一梯队;第二梯队则是年产量1 000多万吨的企业,大概有5

家左右，包括华新、山水、天水、冀中等等水泥企业。第三梯队则是几百万吨的企业，数量也不过是几十家，可以在省内称霸。“百万吨以下规模的水泥企业可以说不计其数”。

结构调整之难

以目前的情况看，中国水泥市场的结构调整已经初见成效，市场集中度有所提高，大水泥集团的综合实力显著增强，并已经在国际化经营方面有所发展。中国的水泥市场仍属于低集中度状态，不过，水泥行业目前出现的并购重组浪潮无疑将成为加快结构调整、提高产业集中度的良方。来自水泥协会的一组数据：根据2004年上半年数据计算出来的水泥行业的集中度如下：水泥行业前4家企业销售收入集中度为11.78%，达到122.5亿元，生产集中度为8.27%，产量是3 513.62万吨；水泥行业前10家企业销售收入集中度为15.78%。

与世界通行标准和发达国家相比，中国的水泥行业前4家企业的集中度只有11.78%，比世界通行的低集中度标准还低15.62%，比美国1982年的水泥集中度低19.22%。实际上，如果从纵向来看，从上世纪90年代后期以来，中国水泥行业的生产集中度和市场集中度呈不断上升趋势，水泥市场结构正在由分散竞争走向集中竞争，值得一提的是，2004年水泥行业的发展尤为迅速。

水泥协会的一位专家指出，由于种种原因，产业结构调整真正完成“可能要淘汰3 000～4 000家水泥企业”，因此这绝对不是几年内就能完成的。 （记者　李文科）

摘自《第一财经日报》2005年03月09日

发改委主任马凯：宏观调控丝毫不能放松

十届全国人大三次会议7日举行记者招待会，邀请国家发展和改革委员会主任马凯、中国人民银行行长周小川、银行业监督管理委员会主席刘明康、国土资源部副部长李元回答记者提问。宏观调控问题成为此间媒体关注的焦点。

马凯表示，从目前情况来看，宏观调控虽然取得明显成效，但是这些成效还是初步的、阶段性的，因此，宏观调控在新的一年里仍然丝毫不能放松。

马凯强调，宏观调控的成效还是初步的、阶段性的，这主要是因为原有的一些不健康、不稳定因素虽然得到遏制，但是基础还不稳固。特别是固定资产投资反弹的可能性依然存在。前一阶段一些行业盲目扩张的后果开始逐步显现，产生资金占压越来越严重，特别是体制不完善、体制不合理，增长方式粗放这些深层次矛盾开始更多地显露出来，旧病复发的可能性还依然存在。

亚洲开发银行驻中国代表处副代表兼首席经济学家汤敏对此向《第一财经日报》记者分析道，2004年中国的宏观调控之所以避免了大起大落，主要得益于动手得早，2003年的下半年银行就开始缩紧信贷。由此，可以看到中国政府的宏观调控能力已经到了很娴熟的程度。

马凯表示，宏观调控是一个长期的任务，不存在何时结束的问题。改变的只是每个时期，因为情况不同，宏观调控的取向、宏观调控的重点、力度的把握有所不同。

中国经济体制改革研究会公共政策研究所副所长夏业良教授昨天接受记者采访时强调，宏观调控应朝着更加专业化的方向变化，发挥宏观调控在专业方面的功能。如在货币政策和利率调整等方面，可以突出央行和货币政策委员会的专业职能，用市场化手段而不是行政手段来在金融管理方面发挥更大作用。 （作者　徐奎松　陈黛）

摘自《发改委网站》2005年7月26日

水泥行业宏观调控取得成效　效益下降值得关注

2005年上半年水泥工业经济运行总体上继续朝着国家宏观调控方向发展，近年出现的投资规模过大和产量增长过快问题基本得到控制，新型干法水泥快速发展，大企业集团发展壮大，行业生产集中度进一步提高。市场销售旺盛，出口形势向好，但是，行业整体效益下降、亏损面和亏损额扩大等问题不容忽视。

（一）生产增速减缓，投资规模得到有效控制

2005年1～6月份全国累计生产水泥45 602万吨，同比增长7.4%，增幅比2004年同期下降10个百分点。统计规模以上水泥企业累计完成工业总产值（现价）1 221亿元，同比增长8.6%，增幅比2004年同期下降了17个百分点。固定资产投资和2004年同期相比增幅下降明显，其中1～5月份累计完成固定资产投资126亿元，同比下降2.19%，而2004年同期增幅为68.4%。

（二）市场销售旺盛，出口持续向好

统计规模以上水泥企业完成工业销售产值（现价）1 187亿元，同比增长9.2%。产需衔接水平进一步提高，平均产销率为97.2%，高于2004年同期0.5个百分点。累计完成销售收入1 122亿元，同比增长10.4%。水泥出口在历经多年下降和徘徊后，2005年上半年延续2004年出现的恢复性增长，其中1～5月份累计出口水泥及熟料570万吨，同比增长近267.8%。且出口的水泥基本都是大型水泥企业集团生产的高质量新型干法水泥。

（三）新型干法和大型集团快速发展，结构调整加快

水泥工业中机立窑等落后生产工艺淘汰加速，新型干法水泥熟料产量同比增长42.3%，新型干法水泥比重超过36%。与此同时，大水泥企业生产集中度得到进一步提高，市场调控能力增强。安徽海螺集团1～5月份累计销售水泥及熟料3 025万吨，同比增长70%。预计2005年销售量将超过7 000万吨，占全国水泥市场份额将达到7%。随着2004年一批大型新型干法生产线建成投产，济南山水、浙江三狮、湖北华新、河北冀东、中联水泥等生产能力已分别接近或超过2 000万吨。

综合分析，当前水泥行业经济运行最突出的问题是：与2004年相比，行业整体效益大幅度滑坡，亏损企业亏损额和亏损面扩大，产成品资金占用和应收账款居高不下。虽然到5月底已经扭亏为盈，但上半年实现利润仅17.5亿元，同比下降了76.5%。亏损企业亏损额达32亿元，同比增116.6%，企业亏损面达43.5%，同比增加近13个百分点。应收账款净额达302亿元，同比增7.3%，产成品资金占用达137亿元，同比增13.2%。一批2004年业绩骄人的大型企业集团2005年效益大幅度滑坡甚至出现亏损。

水泥行业效益下滑原因主要有：一是投资需求增幅下降，市场需求合理回归。随着2005年宏观调控政策措施的到位，遏制了全社会固定资产投资的过快增长，市场需求出现合理回归，水泥生产增速也应声而落。具体表现为生产增势趋缓、价格下滑、利润增幅回落。和2004年相比，2005年水泥工业总产值、销售产值、销售收入增幅下降了近20个百分点。目前由于水泥行业系国家宏观调控重点，加之行业整体效益大幅下降，各类银行对水泥企业项目投资和流动资金贷款都严加控制，造成部分大企业贷款发生困难，甚至正常生产经营资金也受到影响。二是原燃材料涨价，企业生产成本提高。煤的问题最为突出，除西北等少数地区外，全国大部分水泥企业生产用煤进厂价较2004年同期提高了每吨100元以上，仅此一项水泥单位成本就提高20多元。华东、华南地区水泥用煤平均到厂价在每吨500～600元，是水泥出厂价的2～3倍，历史上长期存在的水泥和煤3:1的比价关系被彻底颠倒。随着煤供应紧张，掺杂作假现象也多了起来。湖南企业反映，当地煤矿多年沉积的煤矸石都被不法厂商掺在煤里卖，致使煤炭灰分含量严重超标（35～40%），进而影响水泥生产质量稳定，仅此一项今年湖南水泥企业就损失10亿元以上。目前多数地区煤电油运紧张形势虽有所缓解，但并未根本解决。三是随着近年来水泥生产能力的扩大，总量供过于求，价格下跌，提高效益困难加大。由于近年新型干法水泥快速增长，同时也加速取代机立窑等落后水泥的进程，市场竞争激烈，导致价格下降。特别是华东地区江浙一带水泥出厂价格由2004年同期近400多元下降为200多元。部分小水泥厂销售出现困难，自年初以来一直处于停产状态。

总之，当前水泥行业效益大幅下降是个不争的事实。对此除了要高度重视、冷静分析、沉着应对外，关键是要着力抓好以下几个方面：

（一）贯彻好国家宏观调控政策，引导建材行业健康发展

当前水泥工业结构调整还很不平衡，新型干法水泥华东地区平均已达60%，高的超过75%，而其他地区多数还不到10%。因此，当前一方面要坚持毫不动摇地大力发展先进生产力，同时又要加速淘汰落后生产能力，防止局部地区短期内新增生产能力的过快增长带来的负面影响。针对水泥工业资源、能源消耗大的特点，政府应把水泥行业列为发展循环经济的重点领域，研究出台相应政策，鼓励企业挖潜改造、节能降耗，发展综合利用、余热发电等循环经济模式，以实现资源和能源最大节约，保护环境。

（二）有保有压、区别对待，支持企业做大做强

新型干法水泥快速发展一方面必然加剧市场竞争，导致行业整体效益暂时下降，另一方面也为淘汰落后，加速水泥工业结构调整创造了更加有利的条件。国家应重点支持有实力的大型企业集团发展新型干法水泥，发挥其在技术、管理、人才和资金方面的优势，通过市场运作收购兼并合适的小水泥企业，以加速淘汰落后小水泥，提高行业生产集中度。在外部生产条件保障方面也要差别对待，如在电力供应紧张地区应优先保证新型干法水泥企业生产，限制机立窑等高耗能落后工艺的用电。金融机构应更好地把握贷款投向，对符合国家产业政策和信贷原则的企业项目特别是大型企业集团大型新型干法水泥项目合理、正常资金需求及时提供有效支持。

（三）严格市场准入，完善和落实结构调整相关政策

重点是严格水泥市场准入，加强监管，对自有资金不足、没有矿山和交通运输受限的新型干法水泥建设项目，地方投资主管部门一律不予核准，金融机构不予贷款。加大宣贯2004年底国家修订发布的《水泥工业大气污染物标准》，同时要研究出台有关推广高性能混凝土、限制立窑水泥使用方面的政策规定。继续贯彻落实国办发[2003]103号文有关精神，完善水泥综合利用税收优惠政策，对高耗能、高污染和高消耗资源的落后机立窑水泥不得以任何理由享受综合利用税收优惠政策。

（四）扩大出口，开拓国际市场

针对当前国内水泥市场出现暂时供大于求现象，应鼓励大型水泥企业扩大新型干法水泥出口，开拓国际市场，这不但有利于利用国内外两个市场，平衡国内市场供求关系，而且可以促进国内水泥工业技术进步和加速结构调整。

"凝石"风波

2005年度最有争议的事莫过于"凝石"风波。对于"凝石"的讨论，不仅轰动了水泥界，而且惊动了中科院的一些院士和主流媒体。褒奖者称之为"比水泥更为先进的新型建筑材料"，"作为一项拥有我国自主知识产权的国家863重点项目，经过三年的实验和应用，已经证明可以广泛用于生产和建设领域。"而批评者认为"'凝石'实际上是用碱激发剂或硫酸盐激发剂与矿渣等工业废渣磨制而成的无熟料水泥或少熟料水泥，是上世纪60～80年代国内外早已有的科研成果和有一定生产使用经验的产品。至少在现阶段还不可能替代水泥。"双方都有深厚的科研实力，还牵涉到863项目、973项目和院士，中间的是是非非一时间还难以说清楚。特别是在2005年8月20日举行的凝石高峰论坛，引发了企业的极大兴趣。但不管怎样说，建筑材料是关系到国民安危的材料，只有通过时间的考验，才能对它有个客观的结论。

资料链接

凝 石：以经过高温过程的固体废物或火山灰类物质为主要原材料（掺量大于90%，可不需要烧制水泥熟料），模仿火山灰大地成岩过程，经配方设计，配料计算制备而成的硅铝基水硬性胶凝材料称为凝石。凝石是一类可以在许多场合取代水泥，但又有着许多与传统水泥不同的优异特性的硅铝基胶凝材料体系。（摘自蓝资公司资料）

土聚物（土壤聚合物）：是一种新型的无机聚合物，其分子链由Si，O，Al等以共价键连接而成，是具有网络结构的类沸石，对重金属有较强的固定作用。土聚水泥（土壤聚合水泥）：是一种高性能的碱激活水泥，是一种不同于普通硅酸盐水泥的新型胶凝材料，因其水化产物中含有大量与一些构成地壳物质相似的化合物——含硅铝链的"无机聚合物"而得名。

地聚合物：是以偏高岭土和碱激发剂为主要原料，采用适当工艺，在低于150℃下甚至常温条件下养护，通过溶解——单体重构——聚缩反应得到的一种新胶凝材料。（摘自：《第一届全国化学激发胶凝材料研讨会论文集》第244页）是由地球化学作用或地质合成作用而形成的矿物聚合物。这一概念发展到现在则包括了所有采用天然矿物或固体废弃物制备成的以硅氧四面体和铝氧四面体聚合而成的具有非晶态和准晶态特征的三维网络凝胶体。

无熟料水泥：一般指不需经过煅烧工艺而制成的水硬性水泥。将具有一定火山灰活性或潜在水硬性的材料（如粒化高炉矿渣、粉煤灰、煤矸石等火山灰质混合材料）和碱性激发剂（如石灰、硅酸盐水泥熟料）或硫酸盐激发剂（如石膏），按适当比例配合，共同磨细而成。是石膏矿渣水泥、石灰矿渣水泥、石灰火山灰质水泥等的总称。这类水泥一般标号较低，但生产工艺简单，原料可就地取材，是工业废渣的综合利用，具有一定经济价值。摘自《硅酸盐辞典》344页（中国建筑工业出版社1984年6月第一次出版）

摘自《中央电视台》新闻联播2005年8月12日

我国研制成功新型建筑胶凝材料凝石

清华大学科研人员研制成功一种比水泥更为先进的新型建筑材料——凝石，它是利用粉煤灰、冶金矿渣、赤泥等各种工业废弃物研磨制成。作为一项拥有我国自主知识产权的国家863重点项目，经过三年的实验和应用，已经证明可以广泛用于生产和建设领域。

中国科学院叶大年等十几位专家今天一致认为，凝石的生产成本比传统水泥降低了30%，在生产中不产生任何粉尘污染，性能也远远优于传统水泥，具有广阔的市场前景。

摘自《人民日报》2005年8月15日

我国发明凝石技术　有望终结“混凝土时代”

众多的水泥厂可能再也不飘浓烟和粉尘、不排任何污水，新建的房屋桥梁都像古罗马建筑一样用石材建成，却再也不用开辟新的罗马采石场……凝石技术的出现，有可能让这些梦幻式的场景变成现实。我国科学家已发明一种仿地成岩的新型建筑胶凝材料——凝石。这种将冶金矿渣、粉煤灰、煤矸石等各种工业废弃物磨细后再“凝聚”而成的“石头”，与寻常水泥相比，能耗更低，强度更高，并且无废水、废气、粉尘排放。

2005年8月12日，由叶大年院士领衔的一个专家委员会来到清华大学和河北燕郊凝石产业化综合实验基地，对“863计划”项目——“凝石及其清洁制备技术”进行了细致的考察。专家一致认为，这项已经申报了4项国家专利、并荣获国家发明奖的新技术能耗低、无污染，具有完全自主知识产权，开辟了一个国际首创性的前沿新领域，整体上达到国际领先水平。

“自然界的火山喷发，大量火山灰几万年都保持稳定的性状，但如果喷到淡水中，数千年间就开始发生变化，而喷到盐湖里，几百年就可能形成岩石。”技术主要发明人、清华大学材料系教授孙恒虎说，凝石技术仿照自然界的这一成岩原理，在钢渣、粉煤灰、煤矸石等类似火山灰的废弃物中添加成岩物质，让它们在数小时乃至几十分钟内就凝聚成高强度的岩石。

实验数据和工程实践表明，凝石比传统水泥抗压、抗折强度更高，防水、防腐性能更优，完全可以替代水泥用作建筑材料，并在海洋堤坝、采矿回填等领域达到水泥无法达到的效果。从目前已经建成的3条年产量达90万吨的中试生产线情况看，凝石的生产成本比传统水泥低30%－50%，能耗比水泥低30%以上，且生产成本更低。

有专家表示，凝石技术的出现，很可能终结建筑胶凝材料的“混凝土时代”，代之以“凝石时代”。

“高调”一点又何妨？

“回溯中国几千年的历史，秦砖汉瓦、古陶青瓷、长城地宫，都是和石灰三合土联系在一起的。1824年，水泥的出现让建筑行业经历了从土到泥的转变，而它的高能耗、高污染也让人类饱受其苦。如今，石将可以取代泥而开启一个新的时代。”私下里，凝石技术的主要发明人孙恒虎教授说起这些，眉飞色舞。可一到公共场合，他就出言谨慎，字斟句酌，低调得很。

“水泥行业太强大了。”一位专家道破天机，“你要用一项新发明去端掉人家的饭碗，阻力可想而知。”这些年来，孙恒虎和他的同事们申请经费600万元，要求企业配套600万元，而最终到手的启动经费却只有区区50万元。他们就靠这点投资起步，默默无闻地一点一点摸索凝石成岩的机理，逐渐扩大试点应用的范围，终于在吉林、河北、江西三地建起年产90万吨的3条生产线，在工程实践中检验了新技术的效果，达到了“863计划”立项时要求的所有指标。

踏实一点，稳妥一点，进一步从理论上搞清楚凝石技术的机理，进一步验证凝石产品的安全可靠性，这是搞科研应有的态度。但再好的东西，捂在实验室里也是不行的。任何有前景的技术，都要争取与传统技术同台竞技的机会，都要扯开嗓子宣传推广，才能为自己开辟出“改朝换代”的道路。就像院士们指出的那样，凝石技术下一步就面临着争取国家支持，建立行业和国家标准的艰巨任务。没有这些工作做基础，没有和水泥各项指标的可比性，就拿不到大型工程的入场券，就缺少有显示度的“杀手锏”。

发展循环经济和建设节约型社会，为凝石技术的推广提供了千载难逢的良机。在心中有谱的情况下，“高调”一点又何妨？市场不相信“书生气”，千万别因此耽误了一项节能降耗、利国利民的新技术的应用和推广，耽误了我国建材行业升级换代、后来居上的好时机。

摘自《中国新闻网》2005年8月31日

“凝石”技术通过鉴定　专家称其有划时代意义

清华大学研究开发的一种比水泥应用还广泛，而生产运输成本低廉、没有任何环境污染、以工业废渣废料为原料的成果——“凝石”技术今天通过部级鉴定。专家称这项技术，在成本、环境等方面具有划时代意义。

作为中国独家拥有的、具有自主知识产权的这项成果，其成本、环保、技术、工艺等方面的优势将使中国在世界同类产业中走到前面。

“凝石”发明人、清华大学国土矿产资源与利用研究中心主任、首届长江学者孙恒虎教授说，第一代“凝石”是一种硅铝基胶凝材料，是以经过高温过程的固体废弃物或者火山灰类物质为主要原材料，模仿大地成岩过程，根据岩石矿物学原理，通过材料设计等工序制备而成。简言之，“凝石”的生产和使用过程是大地成岩过程的仿真。

他说，由于废渣掺量可高达95%以上，不需要烧制，所以生产过程几乎没有污染，堪称真正的绿色水泥。

据了解，到2020年中国国民经济实现翻两番的目标，20年间GDP的增长速度要保持在7%以上，在一段时间里投资仍将是拉动经济和水泥增长的主要因素，所以，内地水泥还将有巨大的需求空间。据分析，如果固定资产投资保持在10%～12%的增长速度，那么国内水泥消费量年增长3 000～4 000万吨。投资增长如果保持在13%～15%，水泥消费量预计年增长5 300～6 900万吨。而今年一至七月的城镇固定资产投资增长达百分之三十一点一，中国对水泥的需求还将大幅度提升。目前中国对水泥的需求占到全球一半以上。

专家认为，“凝石”技术发明的意义在于，把水泥工业推进到一个崭新的阶段，从干法生产到湿法生产，彻底解决水泥生产的环境污染问题；为工业废渣、粉煤灰提供巨大的增值空间，而且通过综合利用，节省大量国土资源，为水泥的可持续无公害生产创造条件；工业废渣、粉煤灰的利用，必将开拓出一个崭新的工业废物再利用行业，使中国在这一技术领域和生产行业处于世界领先地位。专家指出，国家应该大力扶持这一具有自主知识产权技术成果的发展，使它在技术标准和技术水平上像“微软”占据全球优势一样占据全球制高点，为民族经济发展做出贡献。

摘自《中国化工报》2005年9月2日

清华大学发明新型建材凝石　生产过程环保节能

清华大学孙恒虎教授发明了一种仿地成岩的新型建筑胶凝材料——“凝石”。与普通水泥相比，该材料在强度、密度、耐腐蚀性、生产成本和清洁生产等许多方面表现突出。该成果已于日前通过了教育部主持的项目鉴定，并获得多项国家专利。

“凝石”是以各种工业废弃物（如冶金渣、粉煤灰、煤矸石、赤泥以及其他工业固体废弃物等）为主体原料，配以少量成岩剂，在常温常压条件下生产的高性能新型建材——硅铝基类水泥产品。与普通水泥相比，“凝石”具有多种优点，如生产过程实现“冷操作”，节省能源，不排放二氧化碳；生产过程大量减少烟尘，不破坏天然资源，不污染环境；“凝石”混凝土的强度、密度、耐腐蚀、抗冻融等方面的性能优良；以各种废渣为原料，“吃渣量”可达90%以上，是处理废渣的有效方法；生产成本低、工艺简单等等。

目前，这一技术已走出了实验室，进入了中试阶段，在吉林、河北等地分别建立了生产线。产品在道路工程、厂房建设、基础工程、矿业工程及混凝土制品方面得到规模化应用，得到用户好评。

关于“凝石技术”的基本意见

中国建筑材料工业协会　中国水泥协会 2005 年 9 月 2 日

近期以来，国内一些新闻媒体相继报道了“凝石技术”，有的还援引某些专家的说法，称其“原创性地建立了仿地成岩的凝石理论体系框架……整体上达到国际领先水平”，“在成本、环境等方面具有划时代意义”，“完全可以替代水泥用作建筑材料”，“很可能终结建筑胶凝材料的混凝土时代，代之以‘凝石时代’”。

近日，据有关媒体报道，在杭州举办的“中小水泥企业发展出路研讨会（凝石高峰论坛）”期间，有近 200 家中小水泥企业的代表签订了投资建设“凝石”项目的意向书。这之后，中国建筑材料工业协会和中国水泥协会（以下简称协会）接到国内外水泥企业及建材科技工作者的大量来电、来函及咨询。为此协会组织专题工作组，在认真研究、分析“凝石技术”的有关资料的基础上，提出以下意见。

一、目前，据“凝石”技术持有人称：“凝石技术已进入中试阶段”。但“凝石”产品尚无相关标准和使用规范。鉴此，我们建议建材生产企业对“凝石”技术项目采取审慎态度。

二、据对“凝石”发明专利和有关资料的研究、分析，“凝石”是一种化学激发类胶凝材料，目前尚未见到有充分的实验数据证明其实用性、适用性和可靠性。因此，现阶段不可能替代水泥（注：指符合国家标准生产的六大通用水泥：GB175－1999：硅酸盐水泥、普通硅酸盐水泥；GB1344－1999：矿渣硅酸盐水泥、火山灰质硅酸盐水泥、粉煤灰硅酸盐水泥；GB12958－1999：复合硅酸盐水泥）。

三、“凝石”如果作为某种特殊材料来使用，前提是应经过严格的科学实验和工程实践检验。

四、长期以来，建材行业广大科技工作者与各大专院校、科研单位，特别是冶金、化工、电力、煤炭等行业通力合作，在资源综合利用方面，取得了显著成果。据不完全统计，仅 2004 年，我国水泥行业利用各种工业废渣已经达到 2 亿吨，建材全行业利用工业废渣超过 4 亿吨。在国务院《关于加快发展循环经济的若干意见》、《关于做好建设节约型社会近期重点工作的通知》两个文件下发后，协会及时组织制订了“十一五”行业发展思路并分别向国家发改委、建设部、科技部作了全面汇报。为促进建材工业健康发展，协会也一如既往地积极支持行业内外高校、研究院所和企业关于固体废渣利用的各种科研开发工作。我们将支持清华大学对“凝石”技术进一步开展相关工作，对其实用性进行科学、客观的评价。

摘自《中国水泥》、《中国建材》杂志 2005 年第 9 期

关于“凝石”的几点看法

◎国家建筑材料科技教育委员会　黄书谋　吴兆正

近来，从“凝石”发明人孙恒虎教授的发明专利申请公开说明书（申请号 02158190.8）和“凝石技术与循环经济”一文及其他资料中，称“凝石二元化湿水泥可用于取代传统水泥且比传统水泥有更广泛的用途……”及“凝石还代表一代新的建筑胶凝材料文明……即将迎来可持续发展的第三代（该文称第一代为三合土时代，第二代为水泥砼时代）建筑胶凝材料文明”。其理论是“仿地成岩”，关键技术是成岩剂，其产品称为凝石。

作为多年从事水泥工作的科技工作者，有一种责任感，促使深入查找有关资料和看到媒体报道后，想就“凝石”，谈以下几点看法：

第一、“凝石”的概念不准确。既然孙教授发明的这种“新型建筑胶凝材料”依据的是“仿地成岩”的过程，是根据“岩石矿物学原理，通过材料设计等工序制备而成”的，那么就应遵循“成岩理论”，就应按岩石学或其他材料学方面的标准词汇来清晰地表述其内涵，而不能用似是而非的所谓“成岩剂”、“凝石”等概念来表述。众所周知，根据岩石结构、岩石构造和岩石化学成分及生成方法，岩石可分为不同类别。不知“凝石”应归于何类？就材料科学领域而言，一些技术术语均有其规范的用法或约定俗成的含义，但见诸报道的有关

“凝石”的技术用词却很不规范，譬如什么“微晶二元胶凝材料”、“阳体”、“阴体”、“变干法为湿法”等等。既然“凝石”是一种“比水泥应用更广泛”，“作为中国独家拥有的、具有自主知识产权的”成果，我们希望尽快看到发明者的独到的理论创新和技术创新之所在。遗憾的是，至少在目前，我们还没有检索到和发现孙教授在国内外有关科技杂志上发表过的在该领域具有“使中国在世界同类产业中走到前面”的、学术水平被同行专家学者普遍认可的理论性文章。作为一种理论，应当有更深入、系统和确切的研究，并有充分的实验依据。

第二，“成岩剂”是孙恒虎教授发明凝石的核心技术（也有人称为“核素”），根据专利说明成岩剂的成份为SO_3、CaO、R_2O（Na_2O、K_2O）。对“成岩剂”的以上三种成分，依据普通化学常识，可判断为Na_2SO_4、$CaSO_4$、$Ca(OH)_2$等物质。经对有关样品进行分析，也完全证明是由以上三种化合物组成。这些成份是国内外早就有人用作无熟料水泥的极为普通的碱和硫酸盐激发剂，并不是什么新发明。包装成“成岩剂”就变得神秘了。

众所周知，工业废渣成分大都为SiO_2、Al_2O_3、CaO等，这类废渣自身没有或有很微弱胶凝性，但其大都是经急冷形成玻璃体，本身具有热力学活性，因而可用机械、热力、化学方法激活使之具有胶凝性。通用的方法是碱性激发或硫酸盐激发（即化学激发）。孙教授的“二元化”湿水泥和阴体、阳体实际上就是各种工业废弃物和含碱物质，因而“凝石”必然是碱激发胶凝材料，国内外对此材料早已有研究。

第三，我国建材工业利用工业废弃物早已有之，量之大、面之广、研究之深入，在各行业中以及国际上都是领先的。据估算，建材工业每年平均利用工业废渣达4亿吨，其中水泥工业就约利用2亿吨，并且都是按现行国家技术标准和行业标准在利用。“节能、节土、利废”，是建材工业发展和结构调整的一贯方针，从原建材部、国家建材局到现在中国建材工业协会，对此都有详尽的规划和计划，并得到历届国务院领导同志的赞同和支持。至于“凝石”技术是否如专家所称：“在成本、环境等方面具有划时代意义”，应当靠科学数据和实践效果说话。

第四，“凝石”不可替代水泥（即通用水泥）。水泥是一种工程结构材料，已有180多年历史，形成了一套规模化生产、应用规范，凝石要代替它必须满足两个大前提，一是应对各种条件下的使用性能进行长期稳定性试验，用数据证明其用途。二是废渣成分复杂，非简单搭配就可控制，某一激发剂对某种废渣可能会产生强度，但并不等于其他废渣甚至同一废渣而成分不同就可应用，即生产控制和工程使用条件很敏感、苛刻，故“凝石”这类胶凝材料无法形成通用性。

要证明“凝石”可以作为通用性结构材料替代水泥，至少应提供以下五方面的数据：

1. 安全性的数据

材料必须对工程的安全性负责。其中最主要的是长期强度数据，至少弄清在不同环境（养护）条件下，龄期20～30年的强度变化（对重要工程要有50年的数据）。强度（包括：压、折、拉、弹模等）发展不可低于原设计或倒缩。并要从理论上说清30～50年后，强度不会突然消退的根据。

2. 稳定性的数据

最主要的是体积稳定性。在干、湿不同条件下，其体积变化在正负万分之五（±5/10 000）之内，龄期至少10年。

3. 环保性的数据

在未经涂装或浸渍的情况下，没有污染地下水或危害健康的溶出物从材料中析出，龄期至少3～5年。

4. 共容性的数据

在与其他材料接触使用的情况下，对石材、钢材、铜材、铝材、木材、水泥基材料等不具有腐蚀性，不损害其他材料的强度和性能。对钢筋应该起保护作用。观察龄期至少要3年。

5. 可控性的数据

主要是为满足现代施工规范对凝结时间、工作度、养护、泵送性等进行调节与控制的数据。

当然，一个前提条件是：这些数据必须是采用公认的测试方法，并有权威第三方参与下获得的。

第五，我国“无熟料或少熟料水泥”和碱激发胶凝材料的研究。从上世纪五六十年代中国建筑材料科学研究院对无熟料水泥或少熟料水泥进行了系统研究，并研发出多种产品，就是利用碱性激发剂或硫酸盐激发剂与矿渣等工业废渣磨制而成。南京化工学院、武汉理工大学、重庆大学、华南理工大学、钢铁研究院等均对此类问题进行详尽研究。2004年在南京工业大学召开的“第一届化学激发胶凝材料研讨会”上，有国内外近百位学者撰写论文36篇，有研究进展综述内容，有机理研究、评价研究、性能研究、制备研究等，这些论文是近期研究成果，他们均毫不保留地将研究成果包括最秘密的都公开，也没有一位专家学者宣称这种胶凝材料可以替代通用水泥。

最后，我们认为：“凝石”仅仅是一种胶凝材料，虽产生强度，但它不是我们从一般意义上指的通用性硅酸盐水泥，工程效果不肯定，不能替代水泥，尤其不能当作通用性结构工程材料来使用。

摘自《中国建材报》2005年9月2日

对"凝石"的看法

◎原国家建材局局长　现中国水泥协会高级顾问　王燕谋

最近,《人民日报》、中央电视台都先后对"凝石"作了报道,中国水泥网还召开了"凝石"高峰论坛会议,这些宣传在中国水泥界一时间引起很大反响,许多人提出了疑问,一些小型水泥厂欲改产"凝石"作为摆脱困境的解决方案。在这种情况下,本人作为长期从事科研开发和工业管理的水泥工作者,感到有责任提出看法,供大家参考。

众所周知,硅酸盐水泥已有180年生产和使用历史,公认是安全可靠的当代建筑胶凝材料。全世界年产量有20多亿吨,我国年产量已达9亿多吨。然而,长期以来,人们仍在不断寻找性能更好、价格更低、生产时更能节省资源的新型建筑胶凝材料,向硅酸盐水泥发起阵阵挑战,这在社会进步史上是很正常的事,"凝石"研究本身也是无可非议的。

早在20世纪50年代,原苏联人首先研究出碱矿渣水泥,此后,其他国家也相继投入力量开发这种水泥。碱矿渣水泥是用磨细粒化高炉矿渣与碱性激发剂配制而成,还可用钢渣、磷渣、粉煤灰和赤泥等部分或全部代替高炉矿渣,作为激发剂的有水玻璃、苛性碱和芒硝等。碱矿渣水泥具有很高强度,3天抗压强度达40~60兆帕,28天抗压强度达70~90兆帕,还有水化热低、抗渗和耐腐蚀性强等特性。这些性能对研究者具有很大吸引力。但是,碱矿渣水泥存在耐久性问题,主要表现在长期抗折强度倒缩,还有干燥收缩大和表面泛碱等问题。50多年来,碱矿渣水泥由于耐久性问题没有很好地解决,虽然已在一些工程上试用,但至今未能在建筑工程上推广。另外,碱性激发剂资源有限,价格较贵,一定程度上也影响了这种水泥的推广应用。目前,各国学者仍在对碱矿渣水泥进行深入研究,我国有些高等学校也在开展这方面工作。

中国建材研究院在1956年开始研究石膏矿渣水泥。这种水泥是由粒化高炉矿渣、硫酸盐激发剂石膏、碱性激发剂石灰或硅酸盐水泥熟料共同磨制而成。石膏矿渣水泥试验室28天抗压强度可达80~90兆帕,生产条件下的28天抗压强度达50~60兆帕,也具有水化热低、抗渗和耐腐蚀性能好等特点;1961年制订出该水泥的部分标准(JC31-61);20世纪60年代,在武汉、成都和南昌等地进行过批量生产与使用。然而,这种水泥存在凝结慢、养护条件苛刻、性能波动大和大气稳定性差等问题。在武汉钢铁公司一个车间工程的建设中采用了石膏矿渣水泥作梁柱结构,建成后发现其表面起砂严重,大气稳定性差,不得不将该结构件拆除,造成了损失。粒化高炉矿渣是水泥生产的重要资源,用于硅酸盐水泥生产比石膏矿渣水泥更符合标准。自20世纪60年代末,石膏矿渣水泥在我国水泥生产的品种系列中,开始逐渐销声匿迹。

20世纪70年代,法国Davidovits教授开发出地土聚合水泥(Geopolymeric Cement)。这种水泥主要由天然或人工硅铝材料、碱性激发剂、促硬剂配制而成,有些情况下配以缓凝剂。硅铝材料主要是偏高岭土,还有的采用矿渣、粉煤灰和其他火山灰质材料等。碱性激发剂主要是碱金属、碱土金属的氢氧化物或氧化物,如NaOH、水玻璃等等。硬化剂采用硅灰、氟硅酸钠和低钙硅比的水化硅酸钙等。据介绍,地土聚合水泥4小时抗压强度能达20兆帕,28天抗压强度可达100兆帕;水化热低;收缩小;抗渗透和耐腐蚀性强,还有耐高温性能。在有关报道中看到,这种水泥已在一些特殊工程中试用,如用于耐腐管道、有害废弃物固化、建筑物保护层和抢修工程等等。但尚未在建筑承重结构工程上应用,还没有在建筑工程中推广。看来,地土聚合水泥尚在研究开发之中。据了解,包括中国在内的许多国家的实验室正在开展这方面的科学研究,个别企业已对这种水泥进行商业开发。至于研究与开发前景,是否能完全取代硅酸盐水泥,有待进一步探索研究的结果。

在中国,碱矿渣水泥、石膏矿渣水泥和地土聚合水泥等不采用硅酸盐水泥熟料而配制成的水泥,都统称为无熟料水泥。

根据本人所见到的技术资料,"凝石"是由冶金矿渣、粉煤灰和赤泥等工业副产品与激发剂配制而成,具有高强、高抗渗和耐腐蚀性强等特性,在组成和性能上都类似于上述无熟料水泥。需要特别指出的是,资料表明,"凝石"的试生产时间和试用期较短,尚缺少包括大气稳定性在内的长期耐久性数据。

建筑工程是百年大计,要按50~100年设计,水泥混凝土的长期耐久性十分重要,如果没有足够的耐久性数据,在建筑承重结构工程上绝不允许使用,在建筑工程上也不能推广。

本人认为,如果研究者没有解决"凝石"的长期耐久性问题,这种材料就无法完全取代硅酸盐水泥,就不能在建筑工程上推广。

摘自《中国水泥》2005 年第 9 期

对“凝石”风波的看法

◎成希弼

近来一场“凝石”风波，震撼了建材行业的水泥专业界。这场风波起源于清华大学孙恒虎教授承担的“863”科研项目。由于其科研成果中创造了一些水泥专业界从未见过的、鲜为人知的名词，即所谓的“凝石”和“成岩剂”，并将科研成果上报国家有关部门，还通过媒体大肆宣传报导（包括人民日报 2005 年 8 月 15 日第十一版：“凝石有望终结”混凝土“时代”；中央电视台 2005 年 8 月 12 日新闻联播“我国研制成功新型建筑胶凝材料－凝石”等）。这场风波可谓声势浩大。据说已申请专利、报国家发明奖、有教育部主持成果鉴定，还得到一些非建材专业院士的支持。媒体报导声称：“凝石”是水泥工业带有革命性的新技术；它将取代水泥；“凝石”技术的出现，将可能意味着人类即将终结“混凝土时代”，即将迎来“凝石时代”。从这些报导看，其诱人之词，口气之大，令人震惊。如果真如这些报导所说，则不仅会震撼我国的水泥界，而且也将震撼国际的水泥界。如果这些报导是不实的，则将成为国内外水泥界的笑谈，而且在国际上还有损于我国科技界的声誉，有损于我国国家形象。

我作为一名从事水泥科研工作的工程技术人员，感到这确是一件大事，不能等闲视之。同时也很想了解一下“凝石”究为何物，可惜孙教授等“凝石”的发明创造者，对其科技成果甚为保密，很难得知“凝石”的底细。不过，作为水泥专业的科技人员，凭我的专业知识和通过向有关部门的了解，我还是掌握了“凝石”的一些实质。因此就想把我的看法说出来，与“凝石”创造者以及广大读者交流一下，如有不当之处，还望大家指出并商榷之。

根据我掌握的有关“凝石”的情况，以及凭我的专业知识，可以判断所谓的“凝石”，不是什么新品种胶凝材料（或称新品种水泥），它不过就是上世纪 60～80 年代国内外早已有的碱－矿渣水泥类型的胶凝材料，简称“ASC”（该水泥名称中的“矿渣”，主要是指粒化高炉矿渣，但也可以是其他工业废渣或其他活性材料，统称为碱－矿渣水泥）。孙教授所谓的“凝石”，实际上不过是将 ASC 改了一个名词而已，不是什么创造发明。上世纪 60 年代，由前苏联经过大量研究，获得成功。70 年代以后曾在前苏联和欧洲的波兰、罗马尼亚、德国等国家逐渐形成生产力，进行工业性生产，并应用于某些实际工程。1980 年在巴黎召开的第七届国际水泥化学会议上，前苏联学者发表文章，对这种材料作了重点介绍。1989 年 6 月在挪威召开的第三届国际矿渣、粉煤灰和硅灰综合利用会议上，有近 30 篇文章报导了这种材料的研究和应用情况，认为它具有强度高、抗渗性和耐蚀性均好的特性，并具有成本低和节能等特点。

我国自上世纪 60 年代以来，曾进行过 ASC 研究的单位，先后有中国建筑材料科学研究院、冶金部建筑研究总院、北京市建工局研究所、武汉建研所、南京化工学院、武汉工业大学、同济大学、华南理工大学等。2004 年南京工业大学、华南理工大学在深入研究 ASC 的基础上，召开了“化学激发胶凝材料研讨会”，发表了 36 篇论文，以材料四要素为依据，探讨了它的机理和应用，毫无保密地公开其科研成果。

综上所述，国内外学者对 ASC 做过大量科研工作，也有实际工程应用的实例，效果大都也是好的。因此，ASC（应该也就是孙教授所谓的“凝石”）作为一种胶凝材料，是可以生产和使用的。它具有某些优良性能，也有节能和成本低等特点，但同时也存在一些难以克服的缺点，例如碱骨料反应问题、干缩性大的问题、水泥本身有易吸湿的问题，对人身和设备有腐蚀的问题以及原材料（工业废渣）来源的局限性和成分不稳定的问题等。所以，它只能在特定时期、特定地区、特定工程等特定条件下使用，但它不可能广泛地长期推广生产和使用，当然它不可能取代通用水泥，更不可能成为水泥行业的一场革命。凝石有望终结混凝土时代的观点是完全错误的，如果以这种错误观点大肆宣传报导，将是严重的误导，它将影响水泥工业的正常发展，后果是严重的。

孙教授提出的“成岩剂”，实际上应该就是水泥行业中统称的激发剂，也不是什么新技术新发明，不能将名称一改就又成了新技术新发明了。为了让孙教授等“凝石”创造者了解一些水泥专业知识，以下对激发剂作一简单介绍：水泥行业通常采用激发剂来激发火山灰质活性材料（例如粉煤灰、烧粘土、自燃煤矸石等）或潜在水硬性材料（例如粒化高炉矿渣、钢渣、粒化电炉磷渣、赤泥、增钙液态渣等），促使其进行水化，产生强度。激发剂可分为两类，亦即碱性激发剂（如石灰、水泥熟料、$NaOH$、Na_2CO_3、Na_2SO_4、Na_2SiO_3 等）和硫酸盐激发剂（如石膏、硬石膏、芒硝、明矾石以及含有 SO_4^{2-} 成份的工业废渣等）。两类激发剂可单独使用，也可联合使用。采用不同品种及其掺量的激发剂和不同的工业废渣，就可以生产出不同品种的无熟料水泥或少熟料水泥。例如以碱性激发为主的石灰矿渣水泥、石灰烧粘土水泥；以硫酸盐激发为主，碱性激发为辅的石膏矿渣水泥、硫酸盐赤泥水泥；以硫酸盐激发和碱性激发并重的低热微膨胀水泥；以碱性激发为主、硫酸盐激发为辅的碱－矿渣水泥(ASC)。这些品种的水泥，除低热微膨胀水泥为我国首创，并于1979年获国家发明二等奖外，其他品种水泥都是国内外较为普遍研发和生产的品种。当时(上世纪60年代初)在我国通用水泥十分短缺的情况下，这些水泥曾为我国工业和民用建设起到一定作用。从性能上看，这些无熟料水泥和少熟料水泥，有些品种具有一些较好的性能，例如后期强度较高、抗渗性强、耐腐蚀性强、水化热低等；所以孙教授研发的“凝石”具有一些的优良性能，也是不足为奇的。

孙教授所谓的“凝石”应该就是ASC，采用的“成岩剂”应该就是水泥行业通称为激发剂，从对“成岩剂”进行的成分分析的结果可知，不外是含有Ca^{2+}、Na^{+}、SO_4^{2-}或SiO_3^{2-}成分的天然矿物或工业废弃物。所以“成岩剂”也算不上什么新技术新发明。

孙教授跨行业地搞非本人专业范畴的科研工作，当然是无可非议的，甚至还是应该提倡的。但问题在于不知是孙教授对建材行业专业知识的缺乏，还是有其他原因，在其科研成果中创造了似乎能标新立异的新名词“凝石”和“成岩剂”，并将其科研成果不切实际地上报有关部门，并借助媒体大肆宣传报导，从而引发了这场“凝石”风波。在此，将本人的看法提出来，望孙教授能多多掌握建材行业知识，多听取建材行业专业人员的意见，不要再将这类科研成果不实地报导，并通过媒体大肆宣传，也望有关部门以及媒体能引起注意，不要再兴风作浪，并尽快平息这场风波为好。

摘自《中国水泥》、《中国建材》2005年第9期

探讨：“凝石”能替代水泥吗

编者按：最近，国内一些重要媒体纷纷登载了一条轰动性新闻：我国成功研制出能够取代水泥的新型建筑材料——凝石。一“石”激起千层浪，本刊编辑部陆续接到国内外水泥企业及读者的来电来函，询问凝石的有关情况。为此，8月25日，在北京中国建材大厦，《中国建材》杂志、《中国水泥》杂志联合邀请了建筑、混凝土、水泥领域的10位专家召开座谈会，专家们对此事的“热炒”表示了高度关注，就“凝石”技术展开深入的探讨。现将座谈内容整理如下，以飨读者。

《中国建材》杂志、《中国水泥》杂志联合邀请专家共议——“凝石”能替代水泥吗？

【新闻背景】“凝石”是由清华大学孙恒虎教授等一批地矿专业科技人员提出来的，并组织“蓝资科技有限公司”以商业方式运作推动此事。2003年11月27日以叶大年院士为首的21位从事地矿和地球物理专业的院士在《中国科学院院士建议》(第14期总第108期)上向科技界推荐“凝石”。转而，“凝石”被媒体宣传为是“水泥工业带有革命性的新技术”，是“无须烧制的高品质水泥”，“水泥产业的战略转型应充分考虑凝石”，“凝石改变了(水泥工业的)一切”……。2005年8月以来，我国一些重要媒体纷纷参与宣传，认为：“凝石”优于水泥，“凝石”应取代水泥……。“凝石”的商业运作声势越来越大。

由于媒体过度炒作，一时间“凝石”技术似乎可以在高炉矿渣、钢渣、粉煤灰、煤矸石、赤泥、废砖、废玻璃、尾矿等等废弃物中加一点孙教授新发明的“成岩剂”就可以“点石成岩”，变成水泥，就可以广泛应用于各种建筑工程。同时，还把“凝石”与环保、节能、绿色、健康、循环经济等概念混淆在一起，认为只有发展“凝石”才符合科学的发展观……

焦点之一：“凝石技术”的核心是什么？是最新的发明创造吗？

廉慧珍(清华大学土木系教授)：孙恒虎教授发明的“凝石”，其本质就是用以CaO、SO_3、R_2O为主要成分的激发剂来激发含硅铝的工业废料或天然岩石，这项研究国外、国内不少专家都曾经做过。前苏联研究开发碱激发矿渣水泥做过许多工作，80年代初，南京化工学院史才军等也曾做过大量研究，研究内容包括多种激发剂或复合激发剂在不同掺量下的各种实验。

吴兆正(原中国建材集团总工程师 教授级高工)：“凝石”是一种胶凝材料，但不是水泥，对于建筑材料行业的人来说，它不是新东西，绝对不是发明创造。要严格分清“胶凝材料”和“水泥”(尤其是硅酸盐类通用水泥)的区别，这是两个不可混淆的材料概念。胶凝材料应具有把松散的物料胶结在一起，并形成具有一定强度的能力。这类具胶凝能力的物质少说也有上百种，有机的无机的都有，古代的糯米浆以及现今的石灰、沥青都是胶凝材料。

姚 燕(中国建筑材料科学研究院院长 教授 博士生导师)：“凝石”应属于碱激发作用机理范畴，这类材料早在上世纪50年代前苏联就进行过研究，由于在生产和施工中存在许多问题，并没有广泛应用。我国对碱激发利用工业废渣也有几十年的研究。由于是工业废渣，成分不固定，性能波动大，在应用不同工业废渣时，相应的激发剂也要进行改动。因此，在全国各地生产出性能统一的这种产品是比较困难的。

黄书谋（中国建筑材料工业协会科教委主任 教授）："成岩剂"是凝石的核心技术，"成岩剂"根据专利说明为 SO_3、CaO、R_2O（Na_2O、K_2O）3 种成分。按普通化学常识可判断为 Na_2SO_4、$CaSO_4$、$Ca(OH)_2$，经化验完全证明成岩剂是以上 3 种化合物组成的。这些成分是极为普通的碱激发剂，不能算是什么发明。包装成"成岩剂"就使得它变得神秘了。废渣成分大都为 SiO_2、Al_2O_3、CaO 等，这类废渣自身没有或仅有很微弱的胶凝性，但其大都是经急冷形成玻璃体，本身具有热力学活性，因而可用机械、热力、化学方法激活使之具有胶凝性。通用的方法是碱性激发或硫酸盐激发（化学激发）。

上世纪五六十年代中国建筑材料科学研究院已进行系统研究，并研发出具有很高强度的材料。改革开放以来，南京化工学院、武汉理工大学、重庆大学、华南理工大学、钢铁研究院等均进行过研究。2004 年在南京工业大学召开的"第一届化学激发胶凝材料研讨会"上有国内外近百位学者撰写论文 36 篇，有机理研究、性能研究、制备研究、评价研究、研究进展综述内容等，这些论文是近期研究成果，他们均毫无保留地将研究成果包括最秘密的都公开，他们当中没有一位专家学者宣称这种胶凝材料可以替代通用水泥。

隋同波（中国建筑材料科学研究院水泥研究所所长 教授）：两年前就接触过孙恒虎教授和他的"凝石"，从我们拿到的样品分析来看，其产品不可能跳出"碱激发材料"的范围，对此我们已经有过结论。凝石不具有"创新性"，也不能算是发明。"微晶二元胶凝材料"不过是为这种产品起的新名字而已。我由于在联合国工发组织材料促进中心承担一些工作，最近一些国外的同行也来电询问，由于媒体的一些夸大其词的报道，在国际上造成了一些不良影响。

焦点之二："凝石"能够取代水泥吗？

何星华（中国建筑科学研究院 顾问总工程师 教授级高工）：刚听说"凝石"的时候，感觉很新鲜。经过了解，我觉得它不过也是一种胶凝材料，和无熟料水泥差不多。如果说要用"凝石"代替水泥，我认为在应用方面还有很多问题。建工系统在施工过程中使用水泥，不只看抗压强度，像疲劳强度、刚度模量、收缩徐变量、抗拉抗折强度、凝结时间、坍落度、耐久性、施工中的可控性等，都是施工部门必须了解的。现在应用的水泥混凝土的很多基本参数都是经过多年实践积累得出的科学数据。如果没有这些准确数据，设计人员无法取值、无法设计，施工人员无法实际操作。还有这种新产品添加了外加剂后有什么副作用？能否达到水泥的效果？这些我们都没有看到具体的数据。

廉慧珍：任何材料都有它的适用范围，不是放到什么地方都能用，有优点就有缺点，如果说不出它的缺点，就说明你的研究不到位。

吴兆正："凝石"绝对不可能取代水泥。水泥尤其硅酸盐水泥是国际上公认的具有百年以上历史，性能最优良的水硬性胶凝材料。"凝石"有意把胶凝材料和水泥混为一谈，严重地误导了业外人士。"凝石"至今没有建材、建筑工程专家的技术鉴定，无材料性能和工程使用单位的权威认定。"凝石"目前实际上还是"三无产品"，一无产品标准，二无使用定位，三无生产质量控制措施。在这样的情况下，竟准备建厂大量生产并在结构工程中推广使用，其后果将是十分严重的。

谢 泽（中国建材工业协会科教委副主任 教授级高工）："凝石"是一种胶凝材料，可用在一些特定的范围内，由于它性能上的局限性，使得它不可能广泛应用于建筑工程，所以不可能取代水泥。这类胶凝材料无论是历史上，还是现在都有很多人在研究，不能说是新发明。科学研究是一项严谨艰苦的工作，来不得半点虚伪和夸大。

黄书谋：水泥是一种工程结构材料，已有 180 多年历史，形成了一套规模生产标准、应用标准规范。若要代替它必须满足两个大前提，一是应对各种条件下的使用性能进行长期稳定性试验，用数据证明其用途；二是废渣成分复杂，且不可控制，某一激发剂对某种废渣可能会产生强度并可应用，但并不等于其他废渣甚至同一废渣而成分不同的就都可以应用。由于施工条件很敏感、苛刻，故施工性能也阻碍这类胶凝材料的通用性。如果没有具有说服力的数据，要取代水泥尚为时过早。

焦点之三："凝石"技术能大面积推广应用吗？

廉慧珍："凝石"产品的均质性如何，这是个大疑点。矿渣与粉煤灰随其成分的变化，性能差别很大，此类产品有其适合应用的范围和条件，并不能用于结构工程。任何一种胶凝材料都有其优势和弊端，我们使用不同的胶凝材料时，都会用其利避其弊。清华大学土木工程系建材教研组绝大多数人都同意我的这个观点。碱硫激发矿渣为什么经历几十年至今得不到推广，就是质量的不稳定和弊端决定了其不能推广的命运。"凝石"产品已生产出了 3 000 吨，但现在还都放在库房里。为什么没卖出去？原材料决定了其质量波动大，必须有大量的工程实验数据并在做构件实验的基础上才能考虑其在结构工程中使用。

吕祖良（中国水泥制品协会会长 教授级高工）：几个月前，他们（"凝石"推广部的人）找过我，请我介绍水泥制品厂与他们合作。我听了他们对产品的介绍，回答：一、"凝石"要有标准，没有标准的东西，行业不能使用；二、据介绍，"凝石"才研制出一两年，要想制订行业标准还为时尚早。我同时告诉他们，水泥制品是要经得住时间考验的，水泥压力管使用寿命埋在地下 50 年不能坏，"凝石"有这种检验结果吗？没有这种检验我们怎么敢用？"凝石"要推广还必须在实践中检验。

何星华：从"凝石"的研发和应用情况来看，实际上现在还处于科研试验阶段,远远谈不上推广。比如它有没有在恒温恒湿实验室条件下做过收缩徐变量的实验?据我所知,标准的恒温恒湿实验室全国都没几家,我们院的实验室可以说是国内最好的之一,但我们从来没有做过“凝石”的测试。再有,工业废渣本身的性质差异非常大,怎么能什么废渣拿来添加上所谓“成岩剂”就成了用于建筑的产品呢?如果“凝石”要作为结构材料,对于施工部门来说,一是没法用,无标准可依;二是不敢用,因为没有科学的、实践证明的数据。

姚　燕:在工程使用上,碱激发材料会产生很多问题。在“九五”国家攻关项目中,苏州混凝土研究院为了用此类材料制造下水管,专门研究了缓凝剂。另外,碱激发材料碱度高,腐蚀性大,不易施工。

水泥已发明一百年以上了,至今科技工作者仍在不断深入研究其各项性能,以满足各种不同工程的需要。目前材料结合工程界所见到和了解到的“凝石”的材料研究数据和工程数据不多,“凝石”要想大规模生产应用,应当请院所和工程单位进行大量的试验和实践,经过一定的时间,积累数据,才有可能逐步推广。

颜碧兰(全国水泥标准化委员会秘书长　教授级高工):在国家标准制定方面,一项新材料特别是涉及国家财产和人民生命安全的建筑材料国家标准的制定,不是个简单的问题,不仅需要有包含材料长期性能及耐久性的系统研究,还需要有一定量的产量和用量,要有工程实例,要有许多相关的科研院所、生产及应用企业的试验验证数据。目前,“凝石”的产量很少,缺乏工程上的应用数据,所提供的试验研究数据也不多,因此以“凝石”目前的工作基础制定国家标准是不适宜的。

黄书谋:“实践是检验真理的惟一标准”。从当前情况看,“凝石”技术尚不规范(包括生产和应用技术),而且应用上时间也太短,有些结论恐怕不宜下得太早。故请研究者多做些脚踏实地的研究,拿出科学数据和令人信服的事实。

焦点之四:媒体的一些不确切的报道,会产生哪些严重后果?

廉慧珍:我认为,存在的不一定都合理,外国的不一定是真理,专家的不一定全正确。对新产品不能过度炒作,前几年“水变油”也曾被媒体大炒,外国人也曾炒作过碱激发高岭土,但最终事实证明这些发明是错误的。

吕祖良:我想“凝石”是利用了现在的大环境才炒作起来的:一是循环经济,二是水泥结构调整,三是节约型社会的机会。

吴兆正:“凝石”在研究阶段就进行大面积推广是不负责任的,会严重误导生产者和使用者。这违背了建材行业“生产为使用服务,材料为工程安全负责”的宗旨。如此宣传“凝石”,已经超出学术研究范围,是一种商业炒作行为,目的是为了争取投资,获得经济利益。我在去“凝石”工厂调研和查阅“凝石”专利材料后发现,“凝石”应属于一种胶凝材料,其在应用方面有很大的局限性,根本无法替代水泥产品。

黄书谋:就材料科学领域而言,一些技术术语均有其规范的用法或约定俗成的含义,但见诸报端的有关“凝石”的技术用词却很不规范,譬如什么“微晶二元胶凝材料”、“阳体”、“阴体”、“变干法为湿法”等等。既然“凝石”是一种“比水泥应用还广泛”,“作为中国独家拥有的、具有自主知识产权的”成果,我们希望尽快看到发明者的理论创新和技术创新之所在。遗憾的是,至少在目前,我们还没有检索到和发现研究者在国内外有关科技杂志上发表过的在该领域具有“使中国在世界同类产业中走到前面”的、学术水平被同行专家学者普遍认可的理论性文章。大家目前所能看到和读到的只有商业性宣传和新闻炒作类文章。这些文章的内容与理论创新和技术创新的要求是风马牛不相及的!

焦点之五:我们应该采用什么样的科学态度对待“凝石”?

吴兆正:材料科学是实验科学,是一门以可重复的、以科学实验数据为依据的科学。无论是什么理论,最终都要以科学实验数据来验证。一种新产品的出现,需提供出这种材料的安全性、稳定性、环保性、共容性、可控性等科学的实验数据。要考查这种材料的是否具有长期强度,是否会渗出有毒有害物质,是否危害其他材料,是否能满足施工等性能要求。要用公认的方法,有权威性的实验过程。

作为材料方面的专业人员,我们有责任向公众讲明道理,把材料专家的意见告诉大家,用科学的态度来阐明观点,不要用商业炒作来误导广大生产者和使用者。当然,“凝石”作为胶凝材料并非没有用途,它可以满足某些工程的特殊需要,在部分工程中可以使用,但不能用作通用性结构工程材料。

吕祖良:我们不是一概否定这种胶凝材料,但凝石要用作建筑的结构材料或地下管道,那是百年大计,没有标准是根本不行的。

廉慧珍:地质造岩是经历亿万年地质变迁而形成的岩石,现在一些研究者所谓的成岩剂、造岩运动,即“凝石”造岩是在常温常压条件下“冷操作”生成的,既节省能源,不排放二氧化碳、湿磨、无粉尘、不污染环境、强度又能超过水泥,吃渣量最高达90%～95%。这种“凝石”的凝固剂究竟是什么?“凝石”的胶凝机理是什么?一定要搞清楚。研究新成果应该将成分、机理表达明白,但现在我没有看到。一般来讲,激发剂对混凝土的耐久性有影响,而且矿渣与粉煤灰其本身成分差别很大,这样的产品不能轻易地推广。比如复合水泥是由几种材料复合而成,而国家标准中对其所用材料也有检测要求,凝石水泥也应该对其原材料有要求。我建议,建材系统应通过杂志、报纸、电视广泛地向老百姓宣传,以正视听,维护科学的严肃性。

黄书谋:既然“凝石”这种“新型建筑胶凝材料”依据的是“仿地成岩”的过程,是根据“岩石矿物学原理,通过材料设计等工序制备而成”的，那么就应遵循“成岩理论”，就应按岩石学或其他材料学方面的标准词汇来清晰地表述其内涵，而不能用似是而非的所谓“成岩剂”、“凝石”等概念来表述。众所周知，根据岩石结构、岩石构造和岩石化学成分及生成方法，岩石可分为不同类别。不知“凝石”应归于何类？

电话连线有关专家

座谈会后，记者又分头通过电话采访了几位出差、开会或在外地没能参加座谈会的专家。

杨南茹（南京工业大学教授）：最近10余天，对清华大学孙恒虎教授发明的“凝石材料”引起多方面的关注，媒体也炒得很热闹。对此，我也谈点看法。

第一，从已发表的材料和实验数据看，“凝石”是一种性能较好的胶凝材料，它的生产工艺、过程、原料以及某些性能与硅酸盐水泥确有不同，本人在2004，NO.3《水泥技术》杂志上P11～17的文章“一类新的胶凝材料”中已阐述得比较清楚，在此不多赘述。

第二，从孙教授的凝石材料（即二元化湿水泥……）看，他所谓的“阴体”就是各种工业废渣，而“阳体”就是各种含碱物质。因此，它实际上就是碱激发胶凝材料，完全没有新意，当然也谈不上新发明。但是，“凝石材料”若作为商品名称是可以的。而孙教授将岩石的“地球化学”成因理论用于解释“凝石”的形成，还有待于进一步探讨。作为一种理论，应当有更深入、系统和确切的研究，并有充分的实验依据。

第三，由于所用的原料是各种工业废渣、尾矿，其化学成分、矿物成分以及结构差别很大，大体上可分为含钙（CaO）高的和含钙低（甚至没有）的，它们在激发处理工艺、性能上都会有很大的差别。即使是同种废渣，由于产地、来源不同，组成也有差别，生产工艺和控制就不可能像硅酸盐水泥那么规范。

第四，根据碱胶凝材料的特点，最好要做更仔细的性能实验，以用于小工程和一些有特殊要求的工程中为好，目前还未达到大量推广的程度。

第五，希望有关方面对这种材料的历史和国内外研究、应用的现状作较全面的了解。就国内看，做这方面工作的单位不下30家，且有不少应用的实例试验，但没有像孙教授那么快将其推向产业化。2004年11月曾在南京召开了第一届全国化学激发胶凝材料的研讨会，论文集将于2005年9月正式出版，从中可知一斑，这样宣传报道就会更实事求是、更恰当。

阎培渝（清华大学土木系教授 博士生导师）：凝石材料，应该说属于碱激发胶凝材料中的一类，或者范围再大些，属于化学激发胶凝材料中的一类。说凝石能够“终结混凝土时代”是不确切的。新闻报道称凝石为“人造石”。而在土木工程界，混凝土一直被称为“人工石”，为此还专门造了一个汉字：砼，表示人工石。凝石在此借用了混凝土的定义。凝石取代水泥，仍然是用于制备混凝土，怎么可能终结“混凝土时代”？这在逻辑上是矛盾的。混凝土在可以预见的未来一段时间内，仍然是性能优越的大宗结构工程材料，是不可取代的。凝石作为胶凝材料，用于修建地坪、道路，生产混凝土制品等是可以的，但目前不可能完全取代硅酸盐水泥。

就凝石技术目前的情况来看，距大面积推广还有很大距离。这是因为该技术在推广应用以前，首先应提供凝石材料本身的各项性能参数，其次要提供凝石制备的混凝土的各项性能参数，在用于实际工程时，还必须提供凝石混凝土用于各种结构形式时的性能数据。在目前的阶段，这些数据都不具备，因此还有许多工作需要做。

应该说，凝石技术与上世纪五六十年代对碱激发胶凝材料的研究还是有所不同的。根据我们对蓝资公司送来的凝石材料样品所做的水化热实验，该样品的早期水化放热速率和总放热量不大，这与传统的碱激发胶凝材料的性质有所不同。

目前凝石技术的实验数据资料尚不够完备，凝石材料依据的“仿地成岩”理论仅是一个未经证明其正确与否的假说，反应物与反应产物都没有确认，因此对其下定论为时过早。

徐有邻（中国建筑科学研究院结构所所长、建筑结构设计规范编写组组长）：新产品的出现是好事情，但是对于新产品的认定和推广，首先必须要有大量的实验数据，要有权威部门鉴定报告，而对于标准规范的制定而言，除上述条件外，还必须有第三方见证实验，要有多方实验数据，还要有大量的工程应用实例。只有制定了标准规范才有可能大面积推广应用，因此，从目前该技术所宣传的情况来看，距推广应用还有很长的路要走。

【专家简介】

杨南茹：女，1930年生，1952年南京大学化学系毕业，水泥化学专家，南京工业大学材料科学与工程学院教授，博士生导师，中国硅酸盐学会水泥专业委员会委员，长期从事无机非金属材料物理化学和水泥化学的教研工作，自80年代中就研究碱胶凝材料，并于2004年策划组织了全国第一届化学激发胶凝材料研讨会。多次主持重大的应用基础理论研究课题，在“低温合成粉煤灰水泥”研究中，首先提出用水热合成工艺经低温煅烧制备活性$\beta-C_2S$，为低温合成粉煤灰水泥进行理论阐述。该研究成果1982年获水电部科技进步一等奖。

廉慧珍：女，1933年生，清华大学教授，多年从事水泥混凝土科学技术和工程的研究与应用工作。著有《建筑材料化学》、《建筑材料》、《土木工程材料》、《建筑材料物相研究基础》、《高性能混凝土》等著作，近期在国内外发表水泥、混凝土类论文数十篇。

姚　燕：女，1982年毕业于上海同济大学建筑材料工程系，现任中国建筑材料科学研究院院长，教授级高级工程师，博士生导师。兼任中国建筑材料工业协会副会长、建设部新型建材制品应用技术专家委员会副主任、国家建筑材料工业科技教育委员会副主任、中国水泥协会副会长、中国水泥制品协会副会长、中国硅酸盐学会水泥分会主任、中国材料研究学会青年委员会常务理事、中国建筑学会建材分会副主任,中国混凝土外加剂协会副理事长等。目前为上海同济大学、武汉理工大学、北京工业大学兼职教授。

主要从事高性能混凝土、混凝土外加剂、混凝土耐久性及相关材料的研究与开发工作,近年来主要研究方向为混凝土耐久性。作为项目负责人或负责人之一完成科研项目近20项。主持国家"九五"重点科技攻关项目"重点工程混凝土安全性的研究"、国家"十五"重点科技攻关项目"新型高性能混凝土及其耐久性的研究"。国家重大基础研究项目"高性能水泥制备和应用的基础研究"课题负责人,国际合作项目"高性能混凝土的研究"项目负责人。所完成研究成果获得部级科技进步奖9项,发表论文近40篇。

阎培渝:清华大学土木水利学院建材研究所所长,教授,博士生导师,《建筑材料学报》编委,中国硅酸盐学会水泥分会理事,中国建筑学会建筑材料分会委员,中国土木工程学会混凝土与预应力混凝土分会高强与高性能混凝土委员会副主任委员兼秘书长,主要研究领域为新型胶凝材料及其制品,高性能混凝土,混凝土耐久性,最近5年发表学术论文60余篇。

徐有邻:中国建筑科学研究院结构所研究员,建筑结构设计规范编写组组长,中国工程建设标准化协会混凝土结构专业委员会主任委员,清华大学、同济大学、浙江大学等高校的客座教授。1966年、1981年、1990年分别毕业于清华大学土建系、结构理论研究班及研究生院,获工学硕士、工学博士学位。长期从事混凝土结构基本理论及工程应用的研究并参加了有关标准规范的编制、修订工作。涉及钢筋与混凝土粘结锚固、混凝土结构用钢筋的优化、混凝土结构的裂缝控制、建筑结构构件的试验检验、预制构件及叠合结构的工程应用、混凝土施工质量验收的研究等领域。参与、主持了《混凝土结构设计规范》、《建筑工程施工质量验收统一标准》、《混凝土结构施工质量验收规范》等国家标准及一系列行业、协会标准的修订工作,并负责组织混凝土结构规范的科学研究及下一轮混凝土类规范的编制工作。在国内外会议、期刊发表论文近200篇,专著4本。曾多次获国家、部级科技进步奖。

隋同波:工学博士,教授,2000年担任硕士生导师。现任中国建材研究院院长助理、水泥与新型建材所兼环境工程研究所所长,同时还担任的主要学术职务有:中国硅酸盐学会水泥分会秘书长、联合国工发组织国际材料技术促进中心副主任、中国材料学会青年委员会副秘书长、北京硅酸盐学会副理事长、北京硅酸盐学会水泥专业委员会理事长。多年来一直从事特种水泥、新型胶凝材料以及外加剂的研究开发工作。他主持负责和完成国家"九五"科技攻关、"十五"国家科技攻关、"863"、"973"重大基础研究课题等国家级项目5项。迄今发表论文40余篇,参与编写论著3部,申请国家发明专利3项,获实用新型专利1项。他主持完成的"安全性混凝土新型胶凝材料的研究"曾获科技部、国家计委、国家经贸委、财政部"九五"攻关优秀专题项目奖;高贝利特水泥的研究获省部级新产品一等奖。

黄书谋:1958毕业于南京工学院化工系硅酸盐工学专业,原国家建材局副局长,第八、九届全国政协委员,现任中国建筑材料工业协会科技教育委员会主任。

吴兆正:1953年毕业于华东化工学院化工系,教授级高工。曾承担水泥方面的科研项目20多项,获国家科技进步一等奖、三等奖,科技大会奖等奖励多项。享受国务院特殊津贴,曾任原国家建材局科技司副总工程师、硅酸盐学会副秘书长、中国建材集团公司总工程师等职,现任中国建材协会科教委常委。

吕祖良:1962年毕业于同济大学建筑工程系,教授级高工,1976年前在中国建材研究院从事科研工作,后调建筑材料工业部,先后从事科研和教育管理工作,任副司长、司长等职。现任中国建材工业协会科技教育委员会副主任、中国水泥制品协会会长、中国高教学会常务理事等职。

谢　泽:教授级高工。曾任中国建材研究院水泥新技术研究室副主任、主任,国家建材局科技司司长职务,现任国家建材工业科技委员会副主任。社会兼职主要有中国科技促进经济发展基金会咨询专家,国家科技进步奖评委,《国家科技成果重点推广计划》评审组专家,中国新型干法水泥研究会常务理事。

摘自《数字水泥网》2005年9月13日

中国水泥协会雷前治会长就"凝石"等问题发表谈话

2005年8月20日,全国500多家中小水泥企业的经营者聚集杭州,寻求取代水泥的新技术,听了凝石技术持有者的宣传和中科院XXX院士现场评价和推荐,在蓝资公司抛出一份极不平等的加盟协议以后,仍有200多家企业与之签署加盟意向书。这才引起水泥行业的关注，一批老水泥工作者为了不让我们的水泥企业受损失，怀着强烈的社会责任心，极其认真地研究了凝石技术的实用性，并纷纷在媒体上展开讨论。

专家们认为，“凝石”实际上是用碱激发剂或硫酸盐激发剂与矿渣等工业废渣磨制而成的无熟料水泥或少熟料水泥。凝石的核心技术“成岩剂”的组分是 $Ca(HO)_2$、$CaSO_4$、Na_2SO_4 和水玻璃，实际上就是碱性激发剂和硫酸盐激发剂的复合体，制成的水泥属于碱－矿渣水泥类型，是上世纪60－80年代国内外早已有的科研成果和有一定生产使用经验的产品。

凝石技术作为一个科研成果尚处在中试阶段，凝石作为一个产品，现在尚没有相关的标准和使用规范，也未见到有充分的实验数据证明其实用性、适应性和可靠性，因此，至少在现阶段还不可能替代水泥。

就这样一种技术为什么还能受到中小水泥企业的青睐呢?

据部分签署合作意向书的企业反映，这几年新型干法窑快速发展以后，以拥有湿法窑、中空干法窑、立窑为主的中小企业对这些落后生产能力即将淘汰出局的现实思想准备不足，还没有找到合理退出通道。当2005年水泥行业出现严重供大于求，才纷纷寻求出路，所以听说凝石的性能比水泥好而生产成本比水泥低30%左右，成败也只有在此一搏。我认为这些企业的行为无可非议，倒是我们的各级政府、中国水泥协会应该反思。前几年中国水泥协会为推动新型干法窑的发展，为国家宏观调控开展调查研究，广泛征集意见，起到下情上达、上情下达的作用。但对这些落后生产能力如何及时、有序退出市场却用心不多，研究甚少，没有能形成有效的退出机制和畅通的退出通道。

结构调整对全行业来说是一个十分痛苦的过程，在经济发达地区，新型干法窑水泥能够覆盖的地方，这些落后的生产能力已经无法生存，退出越迟，亏损越多，赔得也越多，迟退不如早退。但是对那些交通不便，新型干法窑水泥难以覆盖的地方，立窑也还有一定的生存空间，对这些企业来说，应该加强管理，着力营造自己生存的小环境。我认为当中国水泥市场进入消费高峰时还保留少量的立窑水泥是合理的。当然，在有条件的地方，一部分中小企业及时改为粉磨站作为一种过渡也是可行的，还有极少数立窑也可以改烧石灰、陶粒等也是一种出路。我也呼吁各级政府、各地水泥协会、各大水泥企业都来关心和支持中小企业转产，寻求新的出路，为落后生产能力有序退出市场营造良好的社会环境。

在“8·20”现象中，人们信赖蓝资集团什么！是实力?尚未见篮资集团在水泥行业有多少投资，从加盟协议中也看不出今后能有多大投资；是技术？尚未见到有关凝石的技术论文，只在媒体上炒的热闹，从该集团称之为样板工厂的通化50万吨生产线与这两年冶金和水泥行业建设起来的矿渣和粉煤灰粉磨站相比，无论是规模还是技术装备的先进程度，它充其量只是一个小型矿渣粉磨站。人们信赖的究竟是什么？是清华大学这块牌子和中科院的21位院士的推荐信。特别是对这些院士都非常尊重，非常信任，但企业界的同志们谁会想到这21位院士中竟没有一个是从事材料领域的研究，除叶大年院士外，其他院士也没有认真研究过这项技术的真伪，更没有对这种技术的实用性进行鉴定，竟给予极高的评价并联名推荐给社会，有的院士还直接参与了蓝资公司的商业炒作，误导了政府，误导了媒体，也误导了水泥行业。

“8·20”现象再一次告诫我们，材料科学没有什么捷径，只有老老实实接受实践的检验、应用的检验。为什么世界各国对水泥这样一个普普通通的产品要执行强制性标准和严格的施工规范呢？近年来世界范围内因水库大坝、江海堤坝、桥梁、高楼等建筑物垮塌给人民的生命财产造成的损失是血淋淋的教训，追查这些事故的原因不是选用的材料就是工程设计与施工的问题。水泥作为结构性材料，它的产品质量和施工性能直接关系到工程的寿命，关系到广大人民群众的生命财产的安全。我们作为水泥工作者，对水泥的生产与应用不能有半点的懈怠，任何过失都可能是对人民的犯罪！

“8·20”虽然渐渐地远离我们而去，渐渐地被淡忘，但留给我们的思考却是沉重的。

（经中国水泥协会数字水泥网对雷前治会长的谈话进行了整理并得到本人同意予以发表）

摘自《中国水泥》2005年10期

是是非非话“凝石”

【编者按】科研学术界一贯倡导“百花齐放、百家争鸣”其实学术争鸣过程就是寻求真的过程。本刊9月号刊登的“凝石能替代水泥吗?”一文后，在水泥行业引起较强烈的反响，凝石技术国家863项目课题组专门给《中国水泥》编辑部发来电子邮件，9月13日蓝资科技公司在网站上发布了“凝石是具有我国自主知识产权的原创性技术”和“关于凝石技术的自主知识产权”两篇文章(由于篇幅有限,本刊没有刊发,请大家到蓝资公司网站浏览)。与此同时,又有部分专家通过电话和电子邮件向本刊陈述了他们的看法和观点,现将专家们精华观点摘编组成专题“是是非非话凝石”。同时,我们还将杨南如、朱桂林、孙树杉教授的两篇文章作为本次讨论的背景资料一并发表,供读者参考。

热点之一:信息不对称 争论难聚焦

高长明(丹麦 F. L. 史密斯公司中国代表处技术顾问):今年 8 月初,有关我国清华大学新发明“凝石”的报道,在国内外引起了强烈反响。8 月 16 日,丹麦史密斯公司总裁发来的邮件询问,说从我国对外媒体网站下载的有关“凝石”的报道(英文),标题是:中国发明经济高效的替代水泥的产品。其内容众所周知,在此不再赘述。这位总裁在邮件中写道,惊闻该报道后,认为这种新材料应该是成熟可靠的,而且已经实现了工业规模的生产,不久必将对全球的水泥工业产生巨大影响,必须特别重视,关注情况发展。他这几夜都未睡好,因为这对专门提供水泥生产装备的史密斯公司是一个十分危险的信号,一个莫大的挑战! 还说他与瑞士 Holcim 水泥公司高层通话时,对方也深有同感。由此可见,这类报道对国外水泥界,的确引起了不小的震惊。然而颇具戏剧性的是,时隔 1 ~ 2 周,他们似乎又都明白过来了,原来这竟是一场虚惊。因为进一步了解的实际情况居然和新闻报道中给他们的印象大相径庭,这是他们所没有想到的。

9 月初,中国建材工业协会、中国水泥协会对“凝石”做出了沉默已久的必要回应,《中国水泥》杂志等媒体陆续发表了一些专家的文章。我基本上同意专家们对“凝石”的总体评论。但是作为一个老水泥工作者,很想补充几点个人看法。

首先,我认为对于新发明、新材料,原则上应采取科学接纳的态度。“凝石”也不例外,尽管它有不少事情做过头了,但是接纳的心态是至关重要的。其次,因为发明人的保密,致使水泥界对“凝石”实质的了解很少。于是只能凭借发明人的文章、宣传材料和凝石发明专利申请公开说明书,凭借水泥界自己的理解、经验、知识、以至想象,把“凝石”置于传统胶凝材料思维体系之中来进行审视和判断。现在不妨逆向思考一下,万一“凝石”就是在传统凝胶材料思维体系之外呢? 或者它是固有传统体系中某一部分的外延或扩展? 所以,在对“凝石”尚欠充分了解的情况下,最好不要绝对排斥。我感觉是,因一方过早且过分的肯定,而引发了另一方同样地过早过分的否定。其三,对“凝石”表示欢迎或包容,这丝毫不意味着对其现在所推行的宣传造势,不实之词,急功近利等措施的任何默认、同情或支持。相反地,“凝石”发明人应该正确掌握科技创业的科学方向和技术途径才是上策。其四,建议双方坦诚地进行交流沟通、强势互补;主持“凝石”鉴定的主管部门责无旁贷地要做好双方的协调工作,不搞部门排斥,更不要以“保密”为挡箭牌,堵住诚意的渠道。其实,这对“凝石”本身也并非不是明智之举。请“凝石”发明人放心,水泥界丝毫无意染指“凝石”的任何名或利,如果“凝石”最终真能替代水泥的话,届时我们将会表示祝贺。其五,实践是检验真理的惟一标准。“凝石”必须经历足够数量、各种环境、长期的结构工程实践的考验。唯有科学的工程实践数据,才能证明自己的适应范围和价值所在。最后,特别需要指出的是,作为国家级的媒体,对这类科技新发明、新材料的报道,特别是国际性的报道,除了必须遵循新闻准则以外,建议有些话不宜说得太满。这对于我们树立在科技报道方面的良好国内外形象是有利的。

王栋民(中国矿业大学材料科学与工程系教授):“凝石”报道沸沸扬扬,当前关于“凝石”的争论比较复杂,主要是由于双方的信息不对称造成的。“凝石”研究者出于保密的原因或者其它无法为外界所道的原因,对外披露的实质性的科研信息和数据很少。大家都在面对一个事实上无法准确把握和定位的一个对象说事,是很难讨论清楚的,也很难讨论出一个结果,甚至讨论到最后都不知在讨论什么,变成没有意义的浪费时间的游戏。总体看来该项目应该说还处于研究中试阶段,过高地对这项技术评价和过早的大面积市场推广,这就形成了巨大的反差,加大了水泥界的质疑与猜测。“凝石”如同是一个“黑匣子”,在没有打开之前,大家只能是推测与怀疑。这有几种可能,一是发明者为了保密不想说清楚;二是研究成果属于阶段性的,有些还说不清楚;三是可能不是科学不能说清楚。

实践是检验真理的惟一标准,“凝石”是一个改朝换代的重大发明还是一个“水变油”式的科幻故事,实践将做出最好的回答。科研成果在试验室阶段不可以弄虚作假,在进入企业实战以后企业和市场将做出最好的检验。是真金将发扬光大,是朽木将自生自灭。科研切忌浮躁,扎扎实实地研究问题和解决问题更为重要。

呼吁“凝石”研究者尽快披露和报道有关该研究的实质性的科学和技术内容(如果有的话),真正能与国内同行交流和对话,进行真正的学术和技术交流,这对凝石研究的健康发展和推广应用是有积极意义的。一个新的技术和产品要想推广应用必须在理论上站得住脚,要能够说得清楚,一个说不清楚的东西是没人敢用的。技术诀窍可以有所保留,但基本原理是一定要清楚而可靠的。科学是创新发展的,也不是一成不变的,可以请一些正在一线从事相关研究的中青年学者就一些实质性的科学与技术问题参与争鸣,以促进我国胶凝材料科研工作的进步和发展。

热点之二:凝石应属哪类材料?

朱荣跃(中材国际工程股份有限公司副总裁、苏州中材建筑建材设计研究院院长):“凝石”应属于碱激发胶凝材料,这种胶凝材料不是硅酸盐水泥类的,但与硅酸盐水泥有着相似的力学性能,重庆建筑大学、南京化工大学等单位都曾开展过以碱矿渣为主的相关研究,苏州混凝土水泥制品研究院自20世纪80年代起，也开展了以粉煤灰为主，矿渣为辅的新型碱胶凝材料的研究，1988年申请了国家发明专利“粉煤灰活性激发方法”(专利公开号1034356)，在国内率先研制出了碱激发粉煤灰矿渣(FKJ)混凝土，对FKJ混凝土的力学性能、水化机理、水化产物、耐化学腐蚀性及碱-集料反应开展了研究。1996~2000年，我院承担了国家“九五”科技攻关项目“重点工程混凝土安全性研究”的子专题“碱粉煤灰矿渣混凝土的耐腐蚀性及工程应用”该项目已通过由国家建材局组织的验收和鉴定。通过该子专题的研究，利用专用外加剂解决了以往碱粉煤灰矿渣混凝土的凝结过快，需水量大，强度低等问题，也证明碱粉煤灰矿渣混凝土在抗硫酸盐、盐卤($MgCl_2$)、低浓度硫酸、盐酸等介质的腐蚀方面比碱矿渣混凝土和普通水泥混凝土更好；2001~2003年我院承担了科技部“绿色耐腐蚀混凝土排水管的研究”，研制出用碱粉煤灰矿渣混凝土生产“绿色耐腐蚀混凝土排水管”的生产技术，通过了鉴定，产品应用于淮河污水治理工程和其他污水管线中，该技术在全国处于领先地位，已有多家排水管厂应用该技术，进行了批量生产，产品合格率达到95%以上。

王栋民：对“凝石”的准确定位很重要，这也是讨论的基础。“凝石”研究者把“混凝土”说成是“土”，把“凝石”说成是“石”，认为“凝石”是“混凝土”之后的一种更高级的材料是不妥的。混凝土简写为“砼”，意为人造石，这是常识。“凝石”准确地说应为一个商品名称，而非一类产品名称。

刘红飞(中国土木工程学会混凝土耐久性专业委员长会委员)：“凝石二元化湿水泥及其生产包装存放运输使用及应用方法”和“似膏体充填用的胶凝材料、料浆及其制备充填工艺”两项专利，用的胶凝材料是由含钙的非晶化和微晶化的材料、含碱或硫的激发材料、活性材料、骨料和调节剂组成的，内容上没有新的东西，时间也晚得多；在其专利摘要中表述的产品特征也非常模糊，如“凝石‘二元化’湿水泥及其包装、运输、储存、使用和应用方法属于混凝土与水泥制造技术领域”，众所周知，水泥与混凝土不是一回事，该“凝石”到底是水泥还是混凝土？“凝石‘二元化’湿水泥由‘阴体’(主体)和‘阳体’(配体)组成”的说法也不是行业术语，成岩剂其实就是我们常说的激发剂。

林宗寿(武汉理工大学教授)：所谓“凝石”其实就是“碱矿渣水泥”或“碱激发胶凝材料”，不是新发明。按国家标准制定的水泥命名，不应称为“凝石”。虽然“凝石”这个名字很好听，很有创意，但我认为还是符合国家标准规范，叫碱矿渣水泥为好。“凝石”专利共45页，很长，中心内容是碱矿渣水泥、矿渣微粉，只不过是换了个名字而已。

孙树杉(中冶集团建筑研究总院固体废物处理利用研究室主任工程师)：“凝石”就是无熟料矿渣水泥。从“凝石”的专利说明和研发报告等技术资料中可知，“凝石”是矿渣、钢渣等工业废渣，加上“成岩剂”磨细而成的胶凝材料。成岩剂组成是$Ca(OH)_2$、$CaSO_4$、Na_2SO_4、Na_2SiO_3，或是它们的复合物，因此“凝石”本质上是无熟料矿渣水泥。该技术是重复或优化国内外无熟料矿渣水泥的技术。“凝石”生产工艺是常温下粉磨而成，细度达不到纳米级，因此不可能改变无熟料矿渣水泥具有的强度高，水化热低，耐温性好，耐腐蚀的优点及具有大气稳定性不好、碳化起砂，混凝土液相pH值低，钢筋易生锈的缺点。因此不能代替硅酸盐水泥在钢筋混凝土结构工程和道路工程中使用。“凝石”是无熟料矿渣水泥，可作砖等砌筑材料，井下填充材料使用。

热点之三：凝石的局限性与完美性

朱荣跃：任何材料都有其局限性，不可能十全十美。碱胶凝材料的发现已有约半个世纪，其研究与应用的历史也不算短了，但为什么没有动摇硅酸盐水泥的主导地位呢？因为任何材料都有其局限性，水泥的强度没有钢铁高，但价格低，不生锈，在建筑、港口、水工中应用比钢铁广，碱胶凝材料生产过程中不需煅烧，无有害气体排放，力学强度高，甚至超过水泥，但收缩大，由于使用工业废弃物多，其性能波动大，施工过程难控制。我院尽管对碱胶凝材料的研究较早、较多，但从未在任何场合讲过碱胶凝材料将取代水泥，因为碱胶凝材料有一些自身的问题在相当长的时间内无法解决，从价格上看，碱粉煤灰矿渣混凝土用在普通的结构工程上无法与普通混凝土竞争。

刘红飞：国外用该胶结材代替普通水泥生产预应力水槽、楼板、排水管等制品，在建筑工程中有一些应用，制定了相关的标准和规范。我国1997年曾有几个大学、科研单位组织了访问团，到应用情况较好的乌克兰访问，曾见到碱矿渣混凝土建造的22层大楼，就其总体用量看，与普通混凝土相比还有很大差距。我们的研究发现碱胶凝材料特别是碱粉煤灰矿渣胶凝材料的最大优势是比普通水泥的耐化学腐蚀性好，我们将碱粉煤灰矿渣混凝土用于有一定腐蚀性的场合，利用混凝土制品厂较稳定的生产控制和检验条件生产耐腐蚀排水管、电杆等混凝土制品。用碱粉煤灰矿渣混凝土生产的混凝土制品比普通混凝土制品的价格要稍高一点，但比用其他的防腐蚀措施要经济得多。而从“凝石”的宣传上看，它没有什么缺点，这是不可能的。我们应该以科学的观点来观察和分析事物。

汪　澜(武汉工业大学副教授)：地质聚合物水泥具有许多优越的性能，但应该指出的是目前许多相关研究还处于试验室阶段。世界上仅有加拿大一个国家制订了地质聚合物水泥的国家标准。这一标准详细规定了地质聚合物水泥的组成配比、施工方法及应用领域。总体上讲，地质聚合物水泥只能作为一种特种胶凝材料，并在一些特殊施工领域进行应用。

地质聚合物水泥在生产和应用过程中均存在有一些致命的缺陷，因而限制了地质聚合物水泥的应用。地质聚合物水泥中需掺入一定量的碱性激发剂。大多数碱性激发剂都有强烈的吸水倾向，进而产生碳化、失去激发作用，并使水泥结块，强度下降。因此，地质聚合物水泥不能储存，而储存及运输是大宗工业产品不可避免的生产经营过程。有报道“凝石”的研究人员提出了以“湿法生产”代替“干法生产”，只能是现场生产、现场应用，结果是回到了小作坊式的“凝石”时代。

地质聚合物水泥还缺少工程应用实例及相关的经验积累。早在1983年美国LoneStar水泥公司曾进行地质聚合物水泥的工业性生产。随后发现的问题还包括凝结时间不易控制；需要采用高温养护，否则会产生显著的碳化收缩；用于水泥混凝土生产时，工作度变化幅度很大，无法控制；高性能的地质聚合物水泥原料成本也较高。该公司最终停止了地质聚合物水泥的大宗生产。

“凝石”也会具有地质聚合物水泥的一些缺点，在近期不可能得到广泛的工程应用。地质聚合物水泥具有许多优越的性能，相信通过广泛深入的研究，可以克服其一些固有缺陷，应用领域也会得到增多。“凝石”的研发首先是应回到地质聚合物水泥现有的科学研究体系中，摒弃一些晦涩文字术语，通过深入、细致的科学研究及工程应用实践，建立相应的胶凝材料生产和应用，以完善其科学体系与规范。相信于国于民有利的事是会被大家广泛接受的。

热点之四：矿渣水泥、地质聚合物

汪澜：“凝石”是一种什么材料？应该由提出“凝石”的专家作详细、准确的说明。但从有关媒体报道的信息来分析，“凝石”是一种碱激发材料、属于地质聚合物水泥的范畴。我们可以把“凝石”和地质聚合物水泥作一个简单的比较：“凝石”以高温固体废弃物为原料，主要包括粉煤灰、自燃过的煤矸石、高炉渣等；地质聚合物水泥的主要原料是一些工业排放的固体废弃物，主要包括矿渣、粉煤灰、赤泥、煤矸石等。“凝石”中需要加入少量的复合成岩流体或“成岩剂”，地质聚合物水泥需要加入少量的碱性激发剂，如硅酸钠等。“凝石”采用低能耗、无污染的“一磨”清洁制备工业模式；地质聚合物水泥的生产是单一或多种原料与碱性激发剂进行混合粉磨。“凝石”的特殊性能包括高耐久性、高抗冻融能力、有害固体废弃物的固化处理及较高的抗压强度；地质聚合物水泥在10%的硫酸溶液侵蚀条件下，每天质量损失小于0.1%；180次冻融循环后质量损失小于0.1%、强度损失小于5%；地质聚合物水泥致密性好，可以用于核废料及其他含重金属废弃物的直接固化处置；地质聚合物水泥28天龄期的抗压强度可超过90兆帕。“凝石”的水化和硬化可以根据“仿地成岩理论”解释。地质聚合物水泥的水化和硬化是在碱性介质中原料中的硅氧键和铝氧键发生裂解，然后再通过新的硅氧键、铝氧键的形成以聚合成具有三维网络结构的石状体。例如，在高浓度钾、钠离子存在条件下，高岭土就会转变为沸石，即成为一种岩石。这里的“成岩剂”应该认为是碱性激发材料。

林宗寿：根据“凝石‘二元化’湿水泥及其包装、运输、储存、使用和应用方法”专利申请说明书中权利要求书第1条的陈述，我们可以看出，“凝石”是由二部分组成，阴体的成分为：CaO、Al_2O_3、SiO_2、MgO、Fe_2O_3；阳体的成分为：CaO、SO_3、R_2O。再看看阴体和阳体是如何生产出来的。根据孙恒虎专利权利要求书第4条、第7条、第16条、第17条、第18条，可以看出“凝石”实际上是由各类废渣、石膏、石灰、碱、熟料以及部分调凝剂组成。这实际上与碱矿渣水泥的组成是一样的，当然也不排除采用适当的配比，使得性能得到大幅度提高的可能。如按水泥命名原则，我认为应以水泥主要组分的名称加活化材料的名称命名较为合适，所以，“凝石”应该属于碱矿渣水泥中的一个品种。

朱荣跃：蓝资集团公司目前推出的“凝石A”，就是采用30%的水泥熟料并用凝石技术（采用成岩剂）生产矿渣水泥，它与以往的高掺量矿渣水泥又有什么区别？从他们的宣传材料上还看不到有实质性的技术创新，缺少与其他胶凝材料的技术数据比较。

王栋民：“地质聚合物”与“碱矿渣水泥”严格说来是完全不同的两类物质，在目前则常常被混为一谈。“碱矿渣水泥”本质上来讲还是一种水泥，其水化产物为不同聚合度的水化硅酸钙，聚合度n一般为2～10的混合物，所以总体上来说是仍是一种低聚物（更专业的说法叫齐聚物）。而“地质聚合物”，又称“矿物聚合物”，国外称之为“geopolymer”，是一种无机高聚物。真正意义上的“geopolymer”它的聚合度n应该在500～1 000之间或者更高。它是一种三维网状结构，由铝硅玻璃体材料在碱的作用下使其中的玻璃体发生硅氧键和铝氧键的断裂，形成一系列低聚硅氧四面体和铝氧四面体单元，这一过程称为“解聚”，随后在一定的条件下，这些低聚硅氧四面体和铝氧四面体单元会重组聚合，形成具有无定形特点的三维网状结构的无机矿物聚合物。这种结构主链由－Si－O—Al—O—Si—O—组成，主链中由于Al代替Si而引起的网络结构中的电价不平衡由K^+、Na^+离子来平衡，同时K^+、Na^+离子在网络结构中也变成受电价约束的非自由离子（牢笼结构）。这种无机聚合物的结构与具有三维网状结构的工程塑料具有很相似的结构，后者是碳碳主链，而无机聚合物是硅氧铝主链，所以从主链结构上看无机高聚物应该比工程塑料具有更优异的性能。严格来讲，矿渣由于含CaO不能形成这种结构，而粉煤灰、煅烧煤矸石、偏高岭土是具备条件的。从“凝石”研究者对“凝石”披露的极有限的资料分析来看，“凝石”应该是介于“碱矿渣水泥”和“地质聚合物”之间的一类产品，更偏向于前者。

热点之五 科学研究与推广、应用

朱桂林（从事国家级科研项目研究）：“凝石”技术在未进行全面的耐久性试验，工程实践及未有相应产品标准和应用规范的情况下，不宜与钢铁企业签订项目建设协议，以免对企业进行误导，给企业造成巨大经济损失。钢渣、高炉矿渣、粉煤灰生成过程，化学成分和矿物组成完全不同，水化机理、水化产物、胶凝性能相差很大,“凝石”技术中“成岩剂”对不同工业废渣激发作用会差别很大,希望发明人提供试验数据,并以严肃和科学的态度进行客观的宣传介绍。水泥质量关系到建筑工程的使用寿命,它是建筑工程的重要材料。一个新水泥品种或胶凝材料应在充分的技术数据,长期使用效果及相应技术标准规范的基础上推广应用。建议“凝石”技术课题组继续进行深入研究,根据其材料性能,明确适用范围。对其科研成果进行客观的科学的严肃的评价,将有利而无害。

朱荣跃:这类胶凝材料的相关技术问题还有待深入研究。在改善碱胶凝材料的收缩、可施工性,减少泛碱现象等方面还有很多工作要做。研究碱胶凝材料各组分之间的相互匹配关系,应用性能更佳的激发剂,引入改善性能的外加剂是今后研究工作的重点。可用做胶凝材料的废弃物主要有粉煤灰、煤矸石、矿渣等,其原材料杂,来源不稳定。我国的年粉煤灰排放量近2亿吨,煤矸石的排放量也有1.5亿吨,矿渣产量约1亿吨,但各地的废弃物性质差别很大,应用时,需要较好的检验控制手段,矿渣的活性最好,但排放量不大,目前大部分都被水泥生产所用,少量用于混凝土,今后来源会比较紧张;粉煤灰的活性差些,利用量不高;煤矸石的性能通常比粉煤灰还差,今后要加强研究。随着研究的深入,激发剂的成本会不断降低,碱胶凝材料的应用面会逐步扩大。

刘红飞:从蓝资公司介绍的情况看,“凝石A”就是矿渣水泥,价格比普硅水泥低些,但比复合水泥高。不能拿自己52.5级的强度,32.5级的价格和别人42.5级的水泥作比较。推广使用问题,首先应找准应用点。碱粉煤灰矿渣混凝土价格较高,施工难度高,普通建筑施工就不适合,适合有耐腐蚀要求的混凝土制品;掺有较多粉煤灰、矿渣掺合料的低水泥用量混凝土可用于广场、地砖等非结构工程中,经实践检验能确保收缩性、护筋性等耐久性后逐步在基础工程和其他工程中推广。一种新材料的推广必须经过大量的工程实践,需经过试验研究、制定规范、设计、施工等许多环节,这些都要花费大量的人力物力,不是一两个单位的几个人所能完成的。碱胶凝材料及低水泥熟料用量水泥利用工业废弃物符合环保政策,有利于发展循环经济,在技术可实现的条件下,扩大工业废弃物的用量,降低水泥熟料的使用,是混凝土未来的发展趋势,它需要我们实实在在的努力,而不是靠炒作几个新词汇、夸大所谓的自主知识产权就能完成的。

诸葛培智(上海水泥协会会长):工业废渣在水泥生产中有着广泛的利用,不仅有矿渣水泥,而且有双掺(矿渣、粉煤灰)的复合水泥。对此,有关部门科研机构做过大批量试验,在商品混凝土中也做了大量利用工业废渣的试验。通过实验室实验,再进行中试,再到试点工程,设立标准,通过专家严格论证鉴定,之后才能推广使用。上海建材集团和同济大学联合的产学研技术中心对“凝石”也曾讨论过,基本认为提供的数据还很不够,很难对“凝石”能下什么结论。根据经验,如要作为结构性材料,“凝石”还要做很长的工作。“凝石”产品抗压强度很高,其抗折强度不会高。上海市对新材料的使用十分慎重,但对新材料的推广力度一直很大,态度既积极,又很慎重。如与德国易通合作生产加气混凝土产品。上海市就将德国标准消化为上海标准、规范、图集。先找试点小区,对2个标准的材料进行连续12个月的测试,再放到试点建筑物作试点。现在才正式采用,这已历时7年。但目前还不能在承重结构中使用。没有标准、没有示范线的材料,不要说在重大工程上使用,就是在一般工程上也不会使用的。

摘自《中国工业报》2005年10月13日

“凝石”风潮虽热　全面替代水泥为时尚早

不久前,国内不少媒介刊登了一条具有轰动效应的新闻:我国成功研制出能够取代水泥的新型建筑材料——“凝石”。很快,“凝石”风暴席卷全国各地,从而引发各大媒体及专家学者的高度关注。

“凝石”热潮并非空穴来风

任何事物的发生发展都有其客观必然性。“凝石”事件也不例外。“凝石替代水泥”之风刮得如此猛烈,原因有三:

首先,长期以来,水泥生产污染严重。我国2004年水泥总产量约10亿吨,位居世界第一。而10亿吨水泥要消耗11亿吨的石灰石资源、排放约8亿吨的二氧化碳(CO_2)、80万吨的三氧化硫(SO_3)、160万吨的氮氧化合物和800万吨的粉尘。据称,“凝石”生产的污染物排放接近于零,因此它的推广“可以使水泥工业的污染大幅度降低,直至全部消除”。其次,水泥原材料资源有限,社会呼唤新型替代产品。根据中国建材工业协会的报告,我国适宜烧制水泥的石灰石储量为450亿吨,其中可开采储量为250亿吨,按2003年的水泥产量计算,再过30年我国水泥的原材料资源就面临枯竭。因此,实现资源的高效、循环利用就成为当务之急。显然,

"凝石"技术为完成这一重大历史使命开辟了一条新的道路。第三,"凝石"技术有望带来可观的经济效益。据统计,目前我国可直接作为"凝石"主体材料的废渣,与现有水泥的年产量(10亿吨/年)几乎相等。以全国年产10亿吨"凝石"计算,由于生产"凝石"比生产水泥节能30%以上,因而其生产成本下降显著,仅以简单替代水泥来考虑,就可以取得数百亿元的直接经济效益。

揭开"凝石"的神秘面纱

据"凝石"技术的发明者清华大学教授孙恒虎介绍,"凝石"是根据大地成岩理论和自然界相容原理,采用"仿地成岩"技术生产的类岩石物质。它具有与大自然相容的组分和坚硬、耐久的类岩石性能,可以全面利用固体排放物,实现清洁生产,有效节省资源、能源,保护生态。

业内专家解释说,"凝石"是一种胶凝材料,但不是水泥。对于建材行业来说,它并不是新东西,更谈不上什么发明创新。前苏联在上世纪50年代就研究过这类材料,由于生产施工过程中存在诸多问题所以没有大面积推广。我国对"凝石"的研究也有几十年的历史。

中国建材科学研究院水泥研究所所长隋同波教授介绍说,从拿到的样品分析结果来看,"凝石"不可能跳出"碱激发材料"的范畴,至于将这种材料称为"凝石"或"微晶二元胶凝材料",只不过是旧物换新名而已。

替代水泥为时尚早

不可否认,"凝石"是一种新生事物,新事物的诞生当然是好事。尤其是在崇尚构建资源节约型社会、发展循环经济的今天,只要新事物利国利民、造福社会、荫及子孙,都应该大力提倡。但问题是,"凝石"技术的出现还只是万里长征走完了第一步,其效能还有待进一步的检验。就像专家指出的那样,"凝石"技术下一步面临的考验就是争取国家支持,尽快建立行业和国家标准。

中国建材工业协会科教委主任黄书谋教授坦言,水泥作为一种工程结构材料已经有180多年的历史,形成了一套规模生产标准和应用标准规范。"凝石"若要替代水泥,必须通过各种条件下的使用性能稳定性试验。业内人士指出,"凝石"可能是极具生命力的新型建材,但要改变水泥在人们心目中根深蒂固的位置并非易事。 (记者 宋斌斌)

摘自《中国青年报》2005年9月13日

清华教授孙恒虎发明"凝石"技术

清华大学孙恒虎教授发明的仿地成岩的新型建筑胶凝材料"凝石",将冶金矿渣、粉煤灰、煤矸石等各种工业废弃物磨细后再"凝聚"而成"石头"。与寻常水泥相比,"凝石"在强度、密度、耐腐蚀性、生产成本和清洁生产等许多方面表现十分突出。

一、生产过程节能环保 产品性能远超水泥

地质学研究表明,天然火山灰等物质在常温常压条件下通过沉积、变质过程,可以转变为长期稳定存在的铝硅酸岩石。"凝石"技术依据这一原理,以各种工业废弃物(如冶金渣、粉煤灰、煤矸石、赤泥以及其他工业固体废弃物等)为主体原料,配以少量成岩剂,在常温常压条件下生产出高性能的新型建材——硅铝基类水泥产品。

专家认为,"凝石"与普通水泥相比,具有多种优点:

1. 生产过程实现"冷操作",节省能源,不排放二氧化碳。

2. 生产过程大量烟尘减少,不破坏天然资源,不污染环境。

3. "凝石"混凝土的强度、密度、耐腐蚀、抗冻融等方面的性能优良。

4. 以各种废渣为原料,"吃渣量"可达90%以上,是处理废渣的最有效方法。

5. 生产成本低、工艺简单。

目前,这一技术已走出实验室,进入中试阶段,在吉林、河北等地分别建立了生产线。产品在道路工程、厂房建设、基础工程、矿业工程及混凝土制品方面得到规模化应用,得到用户好评。

二、破解资源难题 充分变废为宝

多位专家认为,"凝石"技术对破解我国一些产业的环境和资源瓶颈难题,具有重要意义。

目前,全国有数十亿吨的固体废弃物,仅煤矸石一种就高达34亿吨。这些固体排放物还以每年10亿吨的速度增加,造成巨大的环境压力。仅粉煤灰一项,全国每年的处理费用就达60亿元。此外,我国适宜烧制水泥的石灰石可开采储量为250亿吨,以2003年的水泥产量计算,仅够用30余年。

一旦采用“凝石”技术，这些数量巨大的固体废弃物将变成生产优质类“水泥”胶凝材料——“凝石”的上佳原材料。

三、三合土混凝土之后“凝石”时代即将来临

有专家表示，人类在建筑胶凝材料方面，已经历了千年的石灰“三合土”时代，百年的水泥“混凝土”时代。“凝石”技术的出现，很可能意味着人类即将迎来新的“凝石”时代。

“凝石”技术是国家高新技术研究发展计划(即863计划)的一项研究成果。

清华大学孙恒虎教授发明的这一具有完全自主知识产权的高新技术，已获得多项国家专利。这一技术已于8月中旬通过了教育部主持的项目鉴定。 (卞歆書)

摘自《解放日报》2005年9月19日

凝石：水泥终结者还是“水变油”

记者也没想到，这一次的采访，竟从抡大锤开始。锤是24磅的锤，最大号，死沉。奋力抡举过顶，砸向一根近半米粗的涵管，只一下，“噗”地一声就碎了。再砸向旁边另一根同样大小的涵管，却拼尽全力一连三下都毫无破损，只金属般“当当”作响。前一根是水泥做的，后一根是凝石做的。凝石发明人——清华大学国土矿产资源与利用研究中心主任、首届长江学者孙恒虎说：“同标号。”虎口发麻，记者的大费力气，全因这一场针尖对麦芒：

这边的来头着实不小——著名地质学家叶大年亲自主持鉴定会、中国探月首席科学家欧阳自远等20多名中科院院士联名力荐、全国政协常委王光谦在全国“两会”公开发言推介，都为了“凝石”这一最新发明的“绿色水泥”、建筑材料的未来新宠、循环经济的重要突破！

然而另一种声音也惊世骇俗——将这一国家“863”计划项目比做当年震惊全国的“水变油”案，“如果大规模用于实践，很可能造成灾难性后果……”

事关千家万户的安居，事关国家产业的支柱，事关中国水泥原料“至多维持30年”的开采前景，事关中国年消耗全球水泥总产量40%所带来的巨大污染与损失——记者调查。

一、这件事，其实与你息息相关

已有专家测算过：不出30年，因石灰石原料开采殆尽，很可能没水泥了。

到时候，拿什么来造房子，拿什么来铺马路，拿什么来建我们现代化的城市家园？

而且，自1824年英国泥水匠阿斯普丁最早发明“波特兰水泥”以来，水泥，已成近两个世纪里全人类文明的一个重要标志，却也因其必须经过的“煅烧石灰石、逸出碳酸气”工艺，“释放出二氧化碳、二氧化硫等，污染非常严重。”

严重到什么程度？“2004年，全国水泥行业消耗的石灰石为7亿吨，而排放的二氧化碳等有害气体就达6亿吨”，近乎1:1。

当你眼望高楼大厦拔地而起，可曾想过，正渐积聚遮蔽天日的乌烟瘴气。

更何况，作为社会发展的必然阶段，中国正无可回避地成为世界水泥生产第一大国，2004年产量近10亿吨，占全球总量近一半！预计今后的需求，仍占全球一半以上！

专家惊呼：“这已成为目前造成我国资源过度消耗、环境恶化的主要原因之一。”

就在这个节骨眼上，“变废为宝”的凝石，开始在众多国内顶级专家的推荐下，进入人们的眼帘……

二、究竟什么是“凝石”

孙恒虎说：“简单来说，凝石就是凝结而成的石头。”

从字面上就很明了：水泥，是把石灰石打碎细磨，再掺水弄成泥；而“凝石”，就是把废渣废料凝成石。“这种凝结的过程，就像大地岩石中的火山岩的形成原理一样。”

说白了，“大自然喷发数万年不变的火山灰，一旦落到盐湖里，仅几百年就会形成非常坚硬的岩石，而凝石，也就是把工厂冶金废弃的炉渣废料，如钢渣、粉煤灰等为主要原料，添加一种成岩剂，几十分钟就能凝结成高强度的岩石。钢渣、粉煤灰的本身结构，就类似火山灰。”

至于这种成岩剂与盐湖作用有何奇妙相通，“核心技术，保密。”

我们知道的是，叶大年院士对发明者的这句评语：“现在看来，仿地成岩在理论上是可行的，你在地质和材料跨学科方面实现了真正的突破。”

孙恒虎介绍：“凝石”技术是在国外研究成功的，但为保持中国自主独立知识产权，毅然回国申请专利，在国内开始实施产业化。

产业化，那可是真刀真枪，能行吗？

相比水泥有优势？

孙恒虎向记者详述了“凝石”相比水泥的种种优势：

第一，更环保。10吨水泥就要消耗7吨石灰石，产生6

吨毒气；而"凝石"的原料，95%为工业废料，无需开山炸石取原料，更无需烧制，"绿色化"生产工艺完全无烟、无粉尘、无废水排放……

第二，更优质。结构决定性能，水泥是硅钙体系，"凝石"是硅铝体系，"地球上的绝大部分石头都是后者，"凝石"在固结粘土细沙上的能力，在低温下抗冻的能力，和在特殊环境下受酸碱腐蚀的能力，普遍超出同标号水泥3倍以上！"

——同一低温下，凝石混凝土实验386次损失约10%强度，而一般水泥混凝土150次就如此；——抗酸碱腐蚀性优，"凝石"可用海水直接搅拌，其硬化体的抗海水侵蚀性能，远胜水泥……

"因此，在海港工程中、在诸如西部的基础建设里、在特殊的低温条件下，在要求很高的三下（建筑物下、铁路下、水体下）工程建设中，"凝石"都可大显身手。"

三、再算一笔经济账

孙恒虎介绍："2004年我国水泥产量9.7亿吨，如果全为"凝石"，因原料无需开采，光是生产成本就可每年节约600多亿元人民币。"

——生产成本节省30%，投资节省65%，能耗节省50%～70%，能源节省30%～50%。

吉林通化钢铁公司副总经理王彬告诉："据全国钢铁协会最新统计，去年全国矿山尾矿28 480万吨，实际利用率仅1.5%；钢渣3 819万吨，实际利用率仅10%。另据我们统计，目前每年粉煤灰产量高达1.2亿吨，而利用率仅58%。"

所谓尾矿，就是选矿和湿法冶炼过程中产生的废物，现在全国堆放达5亿立方米，每年的综合处理耗资8.4亿元；而身为清华教授的王光谦记得，全国粉煤灰堆放占地60万亩，每年耗费60亿元。60万亩是什么概念？那相当于4个上海内环中心市区的面积。

还有，不用说也人所共知的，子孙后代环保账。

看来是势在必行了？

事实上，经营此项目的北京蓝资集团，已在全国建起5条生产线，产出凝石3万吨。

只是，除内部少量应用外，这"3万吨"的绝大多数，还静静躺在仓库里……

就此，质疑之声四起。

四、实践是检验真理的唯一标准

一位不愿意透露姓名的北京专家，电话里将"凝石"与"水变油"案相比。

他认为，"凝石"目前实际上还是"三无产品"，一无行业标准，二无使用定位，三无生产质量控制措施。"如此情况下，竟准备大量生产推广，这很有可能造成灾难性后果。"

有趣的是，孙恒虎也恰恰认为，没有标准，正是凝石没有在全国大范围推广销售的主因。

同济大学水泥基材料研究所副所长孙振平介绍：在美国，一项新的水泥制品出现，必须经过8年时间检验才能投入实践，而凝石仅仅3年。"水泥压力管的使用寿命，要求埋在地下50年不能坏。我个人觉得，关于凝石的一些结论不宜下得太早。"

对此，孙恒虎满腹委屈："10多项国家专利，一线生产厂家的满意，还有已经造起的房子、路面，3年来监测不断，凝石膨胀量、抗折强度都完全符合国家水泥标准。凝石混凝土强度为38.5兆帕，比同期条件下水泥混凝土强度高28.2%。大锤子砸都行，怎么可能是骗局？"

而上海水泥协会副会长施惠生的说法是，"水变油"之说有些过火，"凝石是一种性能较好的胶凝材料，但这并非说我没有疑问。第一，目前提供的应用数据还太少，也很难看清凝石的理论依据。第二，推荐凝石的20多名院士，为何无一来自水泥行业？"

对此，孙恒虎还是满腹委屈："至于理论方面，我们实在不能泄漏过多。"至于为何没请水泥行业专家，蓝资集团技术总监徐跃峰说："凝石的原理是仿大地成岩，属于地质学，与传统水泥理论关联不大。"

那么，"凝石"难道一点瑕疵都没有？

就像买东西一样，摊主说得完美无缺的东西，总让人心下惴惴不敢买。

一位水泥行业专家就提出：如果说不出缺点，就说明研究不到位。

对此，徐跃峰作答："从性能上讲，"凝石"当然不是万能的。那'3万吨'就是因为还处于试验阶段，性能还在观察中。"不过他又介绍说，"凝石"目前市场推广良好，今年8月一次论坛，就与200多家水泥厂签订了合作意向书。

而中国水泥行业协会——工作人员告诉记者，全国登记在册的水泥厂，有8 000多家。

……

针对种种质疑声，原北京航天航空大学理学院院长王天民教授强调："从循环产业这个角度讲，总体我感觉这个项目非常好，在循环性能方面，水泥比不了。"武汉大学教授侯浩波表示："这个项目符合我们国家搞循环经济发展方向。"重庆大学黄佳木教授则说："取代水泥的话，搞水泥的吃什么东西，马上就要站在他那个角度反对你……"

孰是孰非？

实践是检验真理的唯一标准。

只有拭目以待。　（记者　李文祺　梁建刚）

863凝石课题组致建材、水泥协会的公开信

我们作为国家863凝石项目组的研究人员，偶然看到了中国建材报上刊登的由贵两协会名义发布的《关于“凝石技术”的基本意见》。但可能由于撰写《意见》的专家们对信息掌握得不够充分或者根本有误，所以在《意见》中有一些表述不甚准确或错误的地方。为此，特向贵两协会作如下说明和建议：

一、对于“凝石”是不是“完全可以替代水泥用作建筑材料”，这是新闻媒体自己的判断和理解，他们的说法完全是自主的，我们并不希望以这样的方式给“凝石”定位。真理毕竟将由实践检验；

二、现在的许多关于“凝石”的言论，大多是一种道听途说，即便有人做了所谓的测试，从其所说结果看，谬误甚大，根本不能反映我们的技术成果内涵。所以，我们建议并且也欢迎，作为行业管理协会，认真地组织有关专家能面对面地听取一下我们的意见，哪怕是辩论也好，真理总会越辨越明的；也欢迎走进我们的工业园区，现场看一看，再作交流；

三、个别专家刊登在报刊上的文章，对“凝石”提出了质疑，我们愿意从科学的角度和他们作一沟通，提出我们的看法和意见，供广大读者和从事科学研究的人员多角度地认识凝石，所以撰写了一篇文章，希望建材协会和水泥协会的领导能支持把我们的文章同样在《中国建材报》上刊登（文章见附件）；

四、贵两协会提出“将支持清华大学对凝石技术进一步开展相关工作，对其使用性进行科学、客观的评价”，我们认为这是一种积极的姿态，我们渴盼有关领导和没有歧见的专家对凝石真正进行“科学、客观的评价”，从而把“支持”真正尽快地落到实处。

五、我们所有863凝石项目的研究人员是认真负责的，严谨的。如果有错误的地方，我们愿意公开认错。但至少目前，我们认为我们对“凝石”技术的研究工作在研究思想、方法、逻辑上是讲得通的，在科学是站得住脚的，在实践上也是经得住考验的。我们也真诚地希望有志于“凝石”发展和完善的同仁，在尊重知识产权的前提下，一道进行深入研究，为国家建设节约型社会、发展循环经济贡献自己的力量。

此致敬礼

国家863凝石项目课题组

2005年10月23日

附件：

“凝石”技术是具有我国自主知识产权的原创性新技术

（清华大学凝石技术国家863项目课题组）

最近，在中国建材报、中国水泥网、中国水泥杂志等媒体上有一些专家对于“凝石”技术进行了各种的评论和质疑，其中的一个焦点问题就是：“凝石”技术是不是一项新技术？“凝石”技术国家863项目课题组（以下简称本课题组）希望通过本文对“凝石”技术的一些关键问题所作的公开阐述来解答专家们的疑惑，从而希望“凝石”技术这一新生的幼苗能够在专家和领导们的关心与呵护下健康成长。

一、“凝石”技术有原创性的科学思想作支持

支持“凝石”技术的科学思想就是“仿地成岩的凝石理论”。正如有些专家所说，“凝石”不能笼统地说是“仿地成岩”。凝石技术仿地成岩的关键：一是“复杂成岩流体的多组分协同效应”，二是“固体废弃物的火山灰化改性”。复杂成岩流体的多组分协同效应可以使成岩流体对硅酸盐矿物颗粒的溶蚀作用能力提高数万倍至数百万倍。协同效应在化学反应与化工应用中实际上是一种常见的现象。例如，在典型的中学化学实验中用王水溶解金：金本来既不溶于硝酸也不溶于盐酸，却溶于硝酸与盐酸按一定比例配成的王水。已有的理论认为是由于 Cl^- 对金离子的络合作用与硝酸对金的氧化作用协同作用的结果。在有机高分子以及生物合成领域甚至出现了“协同组合化学”的专门学科。“凝石”技术正是科学地利用了这种协同效应而开发出各种成岩剂，并与主体物料中的某些组分相配合，从而可利用各种经过高温过程的固体废弃物中已聚集的内能，在成岩流体的作用下形成的非晶或者微晶态的硅酸盐网络聚合体，并将各种硅酸盐颗粒“焊接”在一起形成类岩石结构。在仿地成岩的“凝石”理论中，除了上述两个关键问题之外，还包括对自然界成岩的4个方面的宏观规律的模仿。①组成仿地。把所制备的典型

凝石样品的化学成分与地壳的组成进行对比可以发现其比例非常接近。因此,"凝石"的成分与大自然具有很好的相容性,但在实际生产和应用中允许实际产品和典型的凝石成分有一定的偏差。②过程仿地。即大自然中典型的砂砾岩的成岩过程是靠具有组分协同效应的成岩流体溶蚀了硅酸盐颗粒然后,再以次生加大或充填生长的方式把松散的堆积物"焊接"在一起,这时颗粒与颗粒之间以及颗粒与胶结物之间(由更小的颗粒组成)具有化学键结合的特征(如晶界化学键)。"凝石"的硬化过程就是靠成岩流体的多组分协同效应对废渣的微颗粒(以及砂子、石子)部分溶蚀后再"焊接"在一起。③结构仿地。在天然砂砾岩中,大的砾石与基质之间没有软弱界面(普通水泥混凝土存在富集 $Ca(OH)_2$ 和钙矾石的软弱界面),"凝石"混凝土中也没有软弱界面。应当进一步明确的是,现代高性能混凝土中的很多技术以及无熟料水泥技术、地质聚合物技术在长期的技术探索中也在某种程度上不自觉的实践着仿地成岩的思想。但"凝石"技术是在仿地成岩思想的指导下主动地进行的技术升华与发明创造。④功能仿地。自然界的硅铝基岩石(指坚硬的未风化岩石)一般都具有良好的耐久性、耐酸、碱、盐侵蚀性和耐热性。通过科学的材料设计所得到的"凝石"硬化体就具备上述特征。我们现在所进行的宏观规律仿地是进一步提高"凝石"性能和降低成本的发展方向,但并不意味着现在的技术都去生搬大自然的一切细节。

"凝石"技术的仿地成岩理论还初步提出了"凝石"材料设计的5项具体原则:①硅中心理论;②半破半立体系与准键规则;③复杂体系选择原则;④"凝石"体系的能量最小原则;⑤"凝石"体系的成岩"焊接"理论。这5项原则的主体内容本课题组已在863成果鉴定会上向与会专家进行过详细的报告,并得到了充分的认可。

二、"凝石"技术在原创性科学思想的支持下具有独特的技术路线与技术关键

有的专家说"凝石"技术的核心是成岩剂,其实并不那么简单。"凝石"技术的关键是要掌握好成岩流体的多组分协同效应和主体物料的叠加效应。并不能简单的认为成岩剂溶解于水后就变成了成岩流体。实际上成岩流体的主体部分并不仅是成岩剂的水溶液,而是溶解了主体物料的复杂流体。因此成岩剂与主体物料的配合才是关键。

有些专家认为在我国已有的无熟料水泥研究中主要有碱激发剂和硫酸盐激发剂两类,二者也可以联合使用,从而推断凝石技术也不会超出这两类激发剂的范围,并引用了不知从何而来的"凝石""成岩剂"的化学分析和XRD分析结果来佐证这一推断。在这里本课题组郑重地宣布,在"凝石"的成岩剂中没有使用任何碱,而是在模仿大自然成岩流体中盐类物质的多组分协同效应上下功夫。虽然在现有的无熟料水泥研究中,硫酸盐激发曾有众多报道,但是由于缺少仿地成岩思想的指导,一直没有把多组分协同效应提到应有的高度给予重视。实际上我们在成岩剂中所使用的一些组分以及有意识地利用主体物料中的一些组份是以前无熟料水泥研究中所没报道过的。要使多组分协同效应最大限度地发挥作用,组分之间的比例是更为重要的技术关键,即要符合比例匹配原则。在成岩剂选配和主体物料配合中活性的匹配也是至关重要的,某一种或几种物料的活性并非越高越好。

即便是有人从一些渠道得到了某种成岩剂的样品并对此进行化学成分分析和XRD分析,然后就依据此结果说该项技术不是新技术也未免有失科学的严谨性。熟悉XRD技术的科技工作者都知道,当样品XRD谱线只显示一种晶相时其定量误差小于5%;当显示两种晶相时其定量误差大于10%;当显示三种晶相时定性分析都会有较大困难,定量分析几乎是不可信的;当有四种以上晶相时定性分析困难极大,定量分析变得毫无意义。而非晶态物质在XRD谱线中是没有显示的。在一些专家所拟文章中给出了据XRD分析所得到的四种物质($Ca(OH)_2$、$CaSO_4$、Na_2SO_4 和水玻璃),且不说这并不符合我们实际成岩剂的物相组成,即便是假定这四种物相我们成岩剂中都有,那么没有物相的定量分析怎么能断定成岩剂中再没有其他物质呢?是否认识到上述分析所不能检测到的物质组合也许正是组份协同效应的关键因素呢?

总之随便拿一个不确定的分析结果(实际上这个分析结果与我们的成岩剂没有任何关系)就去否定一项新技术,是不客观的,不科学的。

三、"凝石"技术是一个仿地成岩的系统技术体系

在"凝石"工业生产中,其生产工艺的关键是"二元化",这是在模仿自然界的碎屑沉积岩(特别是部分火山沉积岩)和浅变质岩的形成过程中,总是先形成松散的颗粒堆积,然后再由成岩流体在多组份盐的协同效应作用下将松散堆积物"焊接"成岩石。凝石技术采用的"二元化"工艺,是将主体物料和配体物料分别磨细后再进行混合。这种工艺可在以下几个方面起到调节性能和降低成本的作用:(1)避免主体物料与配体物料在研磨过程中发生超前的化学反应(特别是原位键合反应);(2)有利于合理控制级配,降低生产成本。由于凝石成岩过程具有"焊接"的特点(传统水泥主要是由C-S-H凝胶将粗、细骨料包裹起来粘结到一起),因此需要颗粒级配尽可能趋向于最紧密堆积,从而可以避免在"焊接"过程中过多的出现"虚焊"。从节能的角度考虑,主体和配体物料的易磨性差异很大,采用"二元化"工艺可以避免"过粉磨"所导致的能源浪费和设备消耗。(3)有利于控制磨细过程中物料的"火山灰化"改性。"凝石"物料进行"火山灰化"改性是"凝石"技术的关键之一。"火山灰化"改性遵循"半破半立体系与准键规则"和"凝石体系的能量最小原理",因此"凝石"物料的"火山灰化"改性不仅发生在研磨之前,研磨过程中机械化学力的作用也被认为是"火山灰化"改性的一部分。(4)有利于控制复杂体系选配的进程。

(5)有利于控制凝石使用过程中的凝结时间、强度发展、热力学进程和体积变化过程。(6)有利于“凝石”的长时间储存。

仿地成岩的指导思想不但贯穿“凝石”的设计、生产的每一个环节,也是“凝石”应用技术的重要指导思想。如在“凝石”混凝土的养护过程中避免成岩流体的流失,在混凝土配合比设计中可以在一定范围内放宽对土含量的限制(只要级配合理,成岩流体对大小颗粒都有同样的“焊接”作用,少量极细粒黏土还可能促进原位键合反应)。把“凝石”用于固土、固沙、固尾矿,就是把岩石的破坏产物在多组分成岩流体的协同作用下再还原成岩石。利用“凝石”中成岩流体的“焊接”作用、渗流性和可异地成岩的特点研制高性能岩土工程材料等。

四、“凝石”技术在仿地成岩思想的指导下解决了“碱激发水泥”技术、“硫酸盐激发水泥”技术和“地质聚合物”技术中阻碍推广应用的一些难题

正如一些专家指出,碱激发胶凝材料“强度比较高,比较脆,韧性差;施工性能不太好,凝结快,不好控制;体积稳定性不太好,收缩比较大;还有性能稳定性也不好,波动性很大,受原材料影响比较大,不像水泥可以严格控制”,石膏矿渣水泥“表面起砂严重,大气稳定性差”,“石灰矿渣水泥强度低”。而地质聚合物技术由于要使用强碱性物料,其成本远远高于普通硅酸盐水泥。实际上目前国内外所报道的以强碱性物料作激发剂的水泥类胶凝材料都要受到成本制约而不能与普通硅酸盐水泥同台竞争。“凝石”技术既不是“碱激发水泥”技术也不是“地质聚合物”技术,因为“凝石”技术不使用高碱性的物料做为激发剂,这是技术特征上与前两项技术的本质区别。“凝石”技术是在仿地成岩思想的指导下,以“复杂成岩流体的多组分协同效应”和“固体废弃物的火山灰化改性”为核心的新技术。其本质是充分模仿了大自然成岩流体中盐类物质的多组分协同效应,正是由于凝石技术的这一本质特征,不但使凝石产品的性能与前两项技术相比具有明显的不同,还使其生产成本大幅度下降,从而可以发展成为一项能够大范围推广和应用的实用技术。

目前本课题组所开发的“凝石”产品具有如下特点:

(1)所有物理性能都能达到32.5、42.5和52.5普通硅酸盐水泥的标准;(2)配制混凝土时,同样水灰比的情况下其坍落度大于水泥混凝土;(3)坍落度经时损失小于水泥混凝土;(4)硬化收缩、干燥收缩、干燥强度下降率均小于水泥混凝土;(5)两年龄期强度跟踪结果表明,其强度缓慢增长;(6)同样抗压强度时其抗折强度和劈裂抗拉强度比水泥混凝土高20~30%。

五、“凝石”技术的延伸有助于解决循环经济与可持续发展中的一些重大难题

(1)为从根本上减轻采矿工程对生态环境的破坏,缓解我国部分矿产的资源危机奠定了基础。

国内外的大量实践都已证明,胶凝充填采矿法不但可以大幅度提高资源回采率,而且可完全避免地表塌陷,并且对维护地下水系统的生态平衡和避免重大安全事故均具有重要作用。但是,以水泥或其他传统的胶凝材料作为尾矿、煤矸石或粉煤灰等固废材料的胶凝剂,不但因成本太高而在大多数场合不具有经济性,而且由于不能早凝早强而影响采矿作业。而采用“凝石”作为胶凝材料用于全尾砂充填采矿不但可以取得同用量水泥时3~4倍的强度,并具有早强的特点。因此充填成本可以大幅度下降,并解决采矿作业中的难题。

(2)有可能解决我国大中城市建筑用砂极度紧缺问题。

采用“凝石”代替水泥,采用尾矿代替河砂制备混凝土,相同配比时凝石尾矿混凝土的强度是水泥尾矿混凝土的2倍左右(当水泥混凝土中的河砂全部被尾矿取代时,其强度要下降20%~50%)。随着数据的积累和“凝石”技术的发展,凝石尾矿混凝土有可能用于各种建筑工程,因此有可能解决我国大中城市建筑用砂极度紧缺问题(许多大中城市的郊区或邻近市县都有大量尾矿堆存)。

(3)将有助于解决禁用实心黏土砖问题。

采用凝石制备干硬性混凝土制品,取得同样强度时凝石的用量仅有水泥的1/2,或同样用量时,“凝石”制品是水泥制品强度的2~3倍。半年多的跟踪检测未发现任何强度倒缩或变形开裂现象。因此,以凝石为胶凝材料,以各种废弃物(包括尾矿、粉煤灰)或任何传统砂石为骨料所制备的建筑砌块其生产成本可以大幅度下降,性能可以大幅度提高。随着这种砌块从非承重到承重的逐渐发展,将有助于解决禁用实心黏土砖问题。

六、“凝石”技术作为有可能形成具有我国自主知识产权的原创性技术体系应该受到保护与支持

科学技术发展到今天,任何一项技术都不可能完全脱离原有技术而凭空诞生,而是毫无例外地都要在吸取、改进、融合和提高若干相关技术的基础上进行创新而形成。而自主知识产权则是指改进、融合和提高后的创新部分。对于任何“原创性”技术,要求其相关的所有细节都是“原创”是不现实的。一般判断一项技术是否具有“原创性”,一是要看它是否有原创性思想作支撑,二要看它是否能够解决相关领域的技术经济难题。只有同时具备这两个特征才是真正的“原创性”技术。

“凝石”技术一方面有原创性的仿地成岩的科学思想作支持,一方面又能解决“碱激发水泥技术”、“硫酸盐激发水泥技术”、“地质聚合物技术”等技术中所遇到的难以解决的关键问题,同时对循环经济与可持续发展又具有重要意义,因此,“凝石”技术是原创性的技术。

“凝石”技术的主体内容已取得了国家发明专利,并且已申报了国际专利,与主体技术紧密相关的专利还有6项,其中一项已获授权,5项在申请过程中。本课题组相信,在各界专家和各级政府主管部门的支持下,“凝石”技术完全可以形成具有我国自主知识产权的原创性技术体系。

摘自:《中国水泥》杂志 2005 年 12 期

科学客观析“凝石”

2005 年 8 月 26 日,中国水泥杂志社组织召开专家座谈会以来,本刊已经多期对“凝石”进行了连续报道,众多业界专家学者发表了自己的观点和看法,与此同时我们也刊登了“凝石”研究者的一些观点、意见和公开信。参加讨论的有来自水泥、冶金、混凝土、建筑行业的专家,有著名大学、科研设计单位的教授,其中也包括与孙恒虎教授同是清华大学的学者。这场争鸣发展到今天,其意义已经不仅仅是科学技术上的争鸣,它给我们和广大读者带来了诸多的思考,这一期让我们和读者一起跳出纯科学技术上的争论——

思考之一:科研成果的认定原则

2005 年 8 月 12 日,“凝石”通过教育部组织的技术鉴定,8 月 26 日通过科技部验收。9 月 29 日,又通过了教育部主持召开的“教育部科学技术重点研究项目的验收会”。这期间“凝石”研制者向新闻界透露了一些应用领域及其投入生产后产生的社会意义,顿时部分媒体轰动一时,“凝石有望终结混凝土时代”、“凝石将替代水泥”……。中央电视台、人民日报也进行了报道。与此同时质疑、反对的声音此起彼伏,“凝石不是新技术新发明”、“凝石在特定部分领域可以应用,但代替水泥是无稽之谈”、“老酒装新瓶”……。两方面的言论非常尖锐,互不相让,可谓是针尖对麦芒。

那么这项“具有自主知识产权的世界级发明”究竟应该怎么认定呢?孙恒虎教授会不会被“冤枉”了呢?记者带着这个问题走访了许多专家。

专家们认为:“凝石”能不能作为工程结构材料替代水泥,研制者必须用数据来说话,不能搞概念性炒作。要证明“凝石”可以作为通用结构材料替代水泥至少要提供 5 方面数据。(当然这些数据必须是采用公认的测试方法,并在有权威第三方参与下获得,而不是研制者自己提供的)。这 5 方面数据是:安全性数据、稳定性数据、环保性数据、共容性数据、可控性数据。建筑工程、百年大计,没有这些数据,哪个工程设计单位敢用“凝石”替代水泥?

科学界认定一项科研成果的一般程序和原则是什么呢?何祚庥院士在回答一位记者的提问时是这样说的:“首先,专著必须在正规的学术刊物发表,其次,实验可以被别人重复,科学界有认同的声音。”这大概也是科学技术界一条约定俗成的原则吧,也为我们提供了又一条检验的思路。

孙恒虎介绍:“凝石”的技术是在国外研究成功的,但为保持中国自主独立知识产权,毅然回国申请专利,在国内开始实施产业化。那么孙恒虎教授既然研究了多年,一定会有研究成果在正规的学术刊物发表过吧?记者在清华大学网上数据库检索,其结果见表。

从中国期刊全文数据库搜索到的

孙恒虎作为第一作者发表的文章

篇名	刊名	年/期
泵送巷旁充填在鹤壁一矿的应用	矿山压力与顶板管理	1991 年第 4 期
高水速凝充填材料性能和应用技术	中州煤炭	1992 年第 4 期
全尾砂速凝固化胶结充填新工艺的试验研究	有色金属	1993 年第 2 期
全尾砂速凝固化充填采矿新工艺	中国矿业	1993 年第 4 期
综采大断面巷道泵送高水速凝材料护巷技术	煤炭学报	1994 年第 1 期
关于全尾砂速凝固化充填材料性能的试验研究	中国矿业	1994 年第 2 期
高水充填材料热焓分析	中国矿业大学学报	1994 年第 3 期
充填采矿新模式冥冥高水固结充填采矿法	有色金属(矿山部分)	1996 年第 3 期
膏体充填自流输送系统特征参数分析	有色金属	2000 年第 3 期
低温煤渣火山灰活性的机理研究	煤炭学报	2000 年第 6 期
应用 Σ△p_i/d_i 确定有效细粒群的最佳配比	北京科技大学学报	2003 年第 6 期
似膏体充填料浆质量神经网络辨识	中国矿业	2003 年第 10 期

篇名	刊名	年/期
应用 RRSB 方程模数实现尾砂级配优化的研究	有色金属	2004 年第 1 期
地源热泵的节能机理	太阳能学报	2004 年第 1 期
凝石材料:原理与意义	建设科技	2004 年第 13 期

从表中列出的论文看,孙恒虎教授对矿井填充材料研究较多,而对建筑材料、水泥领域研究得不够多,对“凝石”研究的论文也仅发表一篇而已,学科领域缺乏同行专家的认同,《建设科技》也不是国内材料科学的主流期刊。

孙恒虎教授对记者说:“替代水泥不是我说的,是记者说的。不过再过 5 年、10 年历史会做出回答的。”我们钦佩孙教授的这股精神,科学当然不是一成不变的,科学会改变、会向前发展。但是任何人如要改变现有科学,都首先要提出可以经得起科学基本研究规范和科学原则考验的证据来。我们希望“凝石”是具有自主知识产权的重大发明,但孙教授要拿出令专家们信服的数据来。

思考之二:避免非学术因素介入

百花齐放,百家争鸣。争鸣,是知识互补,是思维共振。对待某个科学技术问题存在不同的观点是完全正常的事。常言道:“真理越辩越明。”百家争鸣是促进科学技术发展的正确方针。

但是,目前这场“凝石”的争论,似乎有些不太正常,各敲各的鼓,各说各的理。一方要提供具体数据,一方却以核心技术保密为由不愿公布;一方用国内、国外历史上的各种研究结果和使用情况论证这类胶凝材料的缺陷和不足,一方则极力辩称“凝石”是拥有自主知识产权的重大发明;一方说我们要对国家人民财产安全负责,一方则说你阻碍这项技术的推广应用,延误国家循环经济的发展,你负得了责吗?……

在这场辩论中,孙恒虎教授说:“10 多项国家专利,一线生产厂家的满意,还有已经造起的房子、路面,3 年来监测不断,凝石膨胀量、抗折强度都完全符合国家水泥标准。凝石混凝土强度为 38.5 兆帕,比同期条件下水泥混凝土强度高 28.2%。大锤子砸都行,怎么可能是骗局?”

其实获得专利并不能证明“凝石”实验结果完全正确。有专利知识的人都知道,获得专利并不等于成果就是真实可信的。现在申请专利都要交钱,没有人愿意花时间和金钱揭穿某一专利的错误,所以获得专利并不是困难的事。何况经受不起科学和时间考验被撤消的专利也不乏先例。

值得思考的是,“凝石”的研制者们好象在商业炒作上下的功夫,比进一步在实践中检测“凝石”的性能数据方面要多,他们不是在走科研的技术路线,似乎更热衷于走循环经济的概念路线,热衷于走上层领导路线。忽悠部分院士联名上书推广应用“凝石”就是一例;拿着领导的批示到处招募企业加盟蓝资公司可佐证;邀请中国工程院院士、著名矿井瓦斯防治专家周世宁大谈“凝石”技术推广可见证;声称有 200 多家小水泥厂签订了合作意向书也可证明。

其实一项经过实践检验成功的技术和产品,是很快会被市场所接受,例如粉煤灰、煤矸石、矿渣等工业废弃物在水泥工业的大量利用,反之政府发的红头文件是不会起作用的。

一位专家对记者说:科学的争鸣应该非常正常,对不同学术见解要宽容,但宽容不代表不发表意见。一项不成熟的研究成果,一项尚处于中试阶段的产品,一项有种种缺陷的产品,就要大规模推广,而且是要在建筑工程这一关系国家人民财产安全的领域应用,我们怎么能不站出来说话呢!不能动不动就拿循环经济的概念说事,好象质疑“凝石”技术就是反对循环经济;水泥人质疑“凝石”技术就是“怕砸自己的饭碗”,……

科学争鸣属于学术范畴的争论,形式也可多种多样,但要尽力避免非学术因素介入甚至起支配作用,历史的教训是惨痛的。当年中科院研究人员朱雪芳自称“速烧”和发电锅炉可以替代水泥窑煅烧水泥的技术,得到了部分政协委员和科学院院士的支持,拿着上至国家高层领导人,下至省部长的签字,绕过当时的建材主管部门,竟从国家要到大笔资金,建设了几个项目,最后均以失败告终。

思考之三:科学和科学盲文

北京大学刘华杰教授曾撰文指出:科学是面向公众,使用相互的语言,讲究实验,由实践检验。在同样的客观条件下,用同样的材料、同样的方法,经一次或千百次实验,都能得到同样的结果。真正的实验是伪科学的天敌。试验引发研究的开端,也是研究最后定论的依据。

科学盲文,就是一个科学文盲写的“科学”文章,本来你写在自己的笔记本或日记里面都没什么,不会影响其他人,但是往往写这种文章的人都会将这些文章公开发表,包括很多报纸期刊的记者。这是非常危险的,读者往往会被引到错误的思路上去,误导国民。

区分科学与伪科学其实并不需要高深的理论,并不像哲学中“划界问题”那么困难,没有必要人为制造复杂性。对于少数的确不容易划界的,持宽容和怀疑两种态度就是了。简单说,识别伪科学的常识性方法有:(1)看它所声称的功能。科学是绝对有限的、有条件的,科学有其无能为力之处,而伪科学常说神功无限,无所不能。(2)看它与现有整个科学体系内核的兼容性。科学体系的内核已为无数次实践所检验,即使未来科学有重大进步,也必然将此内核作为特例包含在内,因而科学是向下兼容的。而伪科学常别出心裁,自立门户,与科学大厦的逻辑、概念体系根本不相容。(3)看可重复性和可检验性。一项惊人的主张或实验结果要在科学上确立,必须是可检验的可重复的。科学的见解应当原则上是“可证伪的”,即可错的。作者应当有勇气声明在什么样的经验事实面前主动放弃自己的假说。伪科学常声称其见解放之四海而皆准,其实验结果独一无二，原则上不可重复。伪科学是“常有理”，以不变应万变，无论你给出多少反例，它总能找到理由固执己见。

摘录刘华杰教授的上述观点，无意指责谁，而是对一些媒体的科学盲文报道感到忧虑，对一些不经核实、不够客观、夸大其词的文章感到遗憾。新闻的生命在于真实，对“凝石”技术的报道要客观、公正。科学性正是新闻真实性在科技新闻中的具体表现。科技新闻所报道的信息不是空穴来风，更不是科技记者与编辑的想象和创造。

思考之四：专家权威的困惑

水泥界的一位权威人士曾经尖锐地指出：“凝石”在非结构工程作为特殊情况尚有可能使用。可是对这样一个极其普通的技术和产品，由于利益的驱动，如果说被一些不懂技术的媒体炒得沸沸扬扬，还可以理解的话；但竟会有那么多的科学院士为之联名建议推荐，就令人不可理解了。

记者反复阅读了这份《院士建议》，“我们中间的叶大年亲自考察过孙恒虎的实验室，亲自观看材料实验的全过程，并参观过孙恒虎的试验工厂。况且叶大年曾经研究过沸石水泥和粉煤灰水泥，他对孙恒虎在水硬性材料方面的研究实力有近20年的了解。我们确信叶大年反映的上述情况是属实的。”

从上述的文字中，读者可以证实两点：一点是21名院士中只有叶大年一人考察过孙恒虎的实验工厂，另一点是20名院士由于相信叶大年，就一致“确信‘凝石’技术是水泥工业带有革命性的新技术”。我们的大院士连“凝石”的模样都没看就下断论，真是可叹可悲啊！

“凝石”作为一种胶凝类的建筑材料，它要应用于建筑工程，拥有话语权的，应该也必须是建材、混凝土、建筑行业的学者、专家，而不是别人。科学技术是严谨认真的，来不得半点马虎。21位科学院院士确实都是受人尊重的权威泰斗，有着显赫的地位和声望，但他们中没有一个是从事材料领域科学研究的，全部是地质矿山、地球物理、国土资源、天文学、信息工程、高能物理、古生物学、石油勘探、水文地质、地球环境等学科的专家。

一个人不可能全部拥有知识的宝库，更不会什么都懂。俗话说隔行如隔山。你可能是这一方面的专家、权威，但在另一方面你可能就不是专家权威了。作为科学院的院士表态的分量是很重的，轻率表态一旦失误，不仅是给个人的名誉声望带来损失，更重要的是会给国家造成巨大的经济损失。

“凝石”是一项新的研究成果，而且是有争议的成果，应用范围如此广泛，又不是自己研究的专业，院士们连看都不看就大胆地向国家领导提出全面推广应用建议，实在是令人百思不解。

中国建材工业协会、中国水泥协会在“关于凝石技术的基本意见”中指出：“凝石”目前尚无见到有充分的实验数据证明其实用性、适用性和可靠性。因此，现阶段不可能替代水泥。“凝石”如果作为某种特殊材料来使用，应经过严格的科学实验和工程实践检验。

我们不能将“循环经济”当作申请科研课题和搞市场推广的一个招牌，而应该脚踏实地研究改进产品性能，做好数据检测、工程实验等大量基础性工作。其实，长期以来，建材行业广大科技工作者与各大专院校、科研单位，特别是冶金、化工、电力、煤炭等行业通力合作，在资源综合利用方面，取得了显著成果。仅2004年，我国水泥行业利用各种工业废渣已经达到2亿吨，建材全行业利用工业废渣超过4亿吨。

记者和广大读者期待着，在“一石激起千层浪”之后，能够尽早“水落石出”。我们期待着有关部门相互配合能对“凝石”技术其实用性给出科学、客观的评价。

（记者　张建新）

散装水泥专项基金

发展散装水泥是一件利国利民的大好事，这是毫无疑问的。然而，对散装水泥专项基金的看法就大相径庭了。2005年是《散装水泥专项资金征收和使用办法》执行期限的最后一年，由此围绕大力发展散装水泥和是否继续征收专项资金两个问题，在水泥界进行了热烈的讨论。出现了两种声音：一种是要继续征收专项资金并加强管理，这样才能使散装水泥得到进一步发展；另一种是结束计划经济时期的作法，依靠政府的法律法规，完善相应政策，淘汰落后生产力和生产方式，引导市场投资主体发展散装水泥的积极性。

争论还没有结果出来。不管最后会怎么样，这都是计划经济时代向市场经济时代转型的一个缩影。中间会有许多摸索的过程，我们期待的是，让散装水泥发展得更好！

中国水泥协会就"征收散装水泥专项资金"一事展开全面调研

按国家财政部的规定,征收散装水泥专项资金到期日是2005年12月31日 。对于到期后,如何办?是继续征收还是应予废止,有着不同的意见。各地散装水泥推广办公室、中国散装水泥推广协会(以下简称散办)要求继续征收,并为之正在积极向有关部门申述。以雷前治为首的中国水泥协会的基本认识是:

——在计划经济时期,散办曾为散装水泥的发展发挥了重要的作用。但时至连发达国家都已普遍承认了我国市场经济地位的今天,计划经济时期适应于计划经济的方法和做法理应"寿终正寝",或者说已完成了其历史使命。

——水泥散装率的提高主要取决于三个环节。一是水泥生产环节。国家颁发的《水泥工厂设计规范》(GB50295-1999)明确规定,水泥工厂散装能力对新建厂不宜小于70%,对改扩建厂不宜小于50%。目前,新设计的水泥厂的散装率大部分达到了100%。在"十五"期间形成的水泥新增生产能力的散装率完全达到了国家的规定。发展散装水泥能力不足的主要是小型水泥企业,但事实上,主要又是小型企业不交(或收不到)扶散费。而大力发展散装水泥的大企业,交(或收)了扶散费。执行的结果颇有"助纣为虐"之嫌。由此,在生产环节要提高散装率的根本途径是按国家产业政策,大力发展新型干法水泥,依靠市场之手,将落后的传统工艺生产的水泥逐步淘汰出局,而不是靠单纯收取扶散费所能解决的。二是流通环节。目前在流通领域的散装水泥运输车辆已完全市场化。各地都有专业的运输企业为水泥生产企业提供良好且周到的服务。有的城市,相对生产而言,运输能力已出现供大于求。因此,在投资多元化的今天,利用"扶散费"购置散装水泥运输车辆的做法,实已"时过境迁"。三是应用环节。应用环节主要有现场搅拌和混凝土搅拌站两种。商业部等四部联合在2003年下发《关于限期禁止在城市城区现场搅拌混凝土的通知》文件,在124个城市施行。混凝土搅拌站得到了迅速的发展。根据散办的统计资料,截止2003年底,全国混凝土搅拌站已达1 733个,能力为47 317.01万立方米,产量为20 158.11万立方米,能力只发挥了42.6%。目前,散装水泥推广在应用环节也不存在问题;

——目前进一步提高散装水泥率的主要问题是需要方方面面都按市场经济的客观规律,对症下药。首先得研究清楚其"症结"究竟在哪里,然后开出"药方",而不应简单地向积极推广散装水泥和有能力发展散装水泥的企业继续收取"扶散费"。进一步提高散装水泥率也是广大水泥企业的心声,需要大家集思广益。水泥协会将就"征收散装水泥专项资金"进行调研,也请广大水泥同仁发表意见,提出建议。协会会及时将水泥业的意见和建议向国家有关部门反映。

(2005年5月17日)

摘自中国水泥协会·数字水泥

"扶散费"讨论之一

切勿再把负担摊派在水泥企业身上

水泥散装化是先进的生产方式,早在1985年国务院就明确了"限制袋装、鼓励和发展散装"的方针。在国家政策和资金的支持下,散装水泥得到了快速的发展。这些成绩的取得,一方面有"发散"人员的汗水的凝聚,一方面也有水泥工作者的辛劳。

在国家产业政策的引导下,新型干法水泥近年得到了快速发展,在"十五"期间形成的水泥新增生产能力的散装率完全达到了国家的规定。目前,新设计工厂的散装率大部分达到了100%。因此,发展散装水泥对水泥生产企业来说,既可以获得显著的经济效益,又可以取得巨大的社会效益,大中型的水泥企业无不热衷于发展散装水泥。

在计划经济时代,国家对企业既有资金上的支持,又有经济上的"摊派"。收取"扶散费"对支持散装水泥的发展曾经起过积极的作用。而现在,水泥企业是依法纳税的独立法人,他们在投资建厂的时候就按照国家的要求,使水泥生产具备很高的"发散"能力。但目前一些落后的施工、生产方式仍然使用袋装水泥，以至于使大量的散装水泥发送能力闲置，同时造成环境污染。

在这种情况下，国家应依照《中华人民共和国环境保护法》和有关施工生产管理条例限制落后生产力的存在和发展。切勿再把负担摊派在水泥企业身上，改革发展到今天，我们已经没有理由再向水泥企业收取“扶散费”了。（2005年5月24日）

“扶散费”讨论之二

“扶散费”的征缴情况不利于水泥的结构调整

由财政部财科所所作的中国散装水泥发展的财政政策研究报告中指出：“小型水泥企业是指年产20万吨以下，以立窑工艺为主的水泥生产企业。这些小型水泥生产企业，是我国目前包装水泥的主要提供者。他们为了追求利润，既不注重水泥生产中能耗、物耗的降低，也很难确保水泥质量的稳定，因此，不但不利于散装水泥事业的发展，同时扰乱了水泥市场，不利于地区水泥生产结构的优化，不利于我国建筑质量的提高，是国家已经采取政策进行限制的企业”。

“30%的大型企业供应着70%的散装水泥，还有70%的中小水泥企业由于设备陈旧、生产工艺落后等原因致使散装水泥发展滞后，严重制约了全国散装水泥生产总量的增长”。

2004年“扶散费”的征收率只有58.34%。据了解，逃避交纳“扶散费”的主要是单位能耗大、污染大、制约散装水泥发展的小型水泥企业。

因此，目前“扶散费”的征缴是加重了大企业的负担，客观上“纵容”了小企业不是一清二楚了吗。从这点来看，显然是不利于水泥工业的结构调整。（2005年5月25日）

“扶散费”讨论之三

散装率提不高的症结在哪里

尽管这几年我国的散装率得到了快速增长，但仍只能实现到33%，与国务院在国发[1985]27号文件提出的70%目标尚有较大距离。散装率提不高的症结在哪里呢？让我们看看以下的情况就不难得出结论。

采用新型干法生产工艺的大中型水泥企业散装水泥的发送能力都很高，尽管30%的大型企业供应着70%的散装水泥，但仍然有许多企业的发散能力被闲置。

在水泥的流通环节，散装水泥运输车已经市场化。各地都有专业的运输企业为运输散装水泥提供良好的服务。相对生产而言，不少城市的这种运输能力已供大于求。

近年来，在国家政策的引导下，混凝土搅拌站得到了迅速的发展。2003年全国混凝土搅拌站已达1 733个，能力为47 317.01万立方米，产量为20 158.11万立方米。也就是说散装水泥在应用方面只发挥了设备能力的42.6%。

所以，散装率不高的关键是，袋装水泥还有较大的市场，它挤占了散装水泥的市场。在建筑领域，二级以下企业宁愿选择劳动密集型的生产方式，在使用散装水泥上积极性不高。但有80%的工程项目，由二级以下企业承担，这不但影响了散装率的提高，而且直接影响了工程质量的提升，导致了建筑行业一系列问题的产生。

既然如此，医治散装率低的毛病应当找到症结，对症下药。继续向水泥企业收缴“扶散费”，不但没有道理，而且也解决不了大问题。　(2005年5月26日)

"扶散费"讨论之四

征收"扶散费"是一项有效限制袋装水泥的手段

我们思考散装水泥事业应该站在社会的角度，只要有利于社会发展就应支持。扶散费是一项有效的限制袋装，鼓励散装的手段。建议继续保留扶散费。

有一点大家应该清楚：销售和使用散装水泥不征收扶散费。国家是使用这个手段限制袋装水泥，然后再用这笔资金支持散装水泥事业。

大型水泥企业100%发放散装水泥，就不向其征收一分钱专项资金。另外，向水泥企业征收专项资金也是实现水泥行业结构调整的有效手段，在限制小水泥企业生产袋装水泥的同时也是对大型水泥企业的最好支持。

1、1992～2004年的12年中，我国水泥产量74.47亿吨，其中，袋装59.45亿吨，散装15.02亿吨。按每吨袋装水泥用包装袋21只计，共耗用1 248亿只，全中国近13亿人，人均约100只。1 248亿只袋子若全部用传统的牛皮纸加工，则需消耗优质木材1 962万立方米、耗用煤炭4 637万吨、烧碱1 308万吨、电力428亿千瓦时、扎口棉纱24万吨。在此同时，因破包及受潮变质等，近60亿吨袋装水泥损耗竟高达2.97亿吨。

更令人触目惊心的是：一方面，制造上述包装用牛皮纸需消耗8.92亿吨宝贵的淡水资源及造纸废液产生严重污染；另一方面，还有生产、运输、使用袋装水泥产生粉尘的大气污染，按北京市环科院测定的标准计，60亿吨袋装水泥比相同数量的散装水泥多向大气排放粉尘2 497万吨。全国上述60亿吨袋装水泥，若全部用塑编或纸塑复合袋包装，除消耗892万吨石油资源外，还造成了严重的白色污染，危害国家，殃及子孙。

2、专家预测，若不采取有力举措加快发展散装水泥，2005～2017的后12年中，我国的袋装水泥产量仍可能为60亿吨以上，则前述浪费大量能源资源和严重破坏环境的现象还将继续存在。建设资源节约型社会、发展循环经济及可持续发展战略等在水泥生产、流通、使用领域的实施就成为空话。对国民经济和人民生活的负面影响难以估量。

国内外的经验表明：水泥散装化水平是衡量一个地区水泥工业和建筑业现代化的重要标志。发展散装水泥是水泥工业结构调整的重要内容，当前，散装水泥正向农村延伸，让农民用上质量好，价格低的散装水泥，这不仅是开发农村市场的需要，同时也是落实十六届三中全会和中央一号文件精神，支持农民增收节支，降低负担的有效措施。

国外没有散办，也没有计划生育办公室，难道为促进对社会进步有利的事业，国家设立的部门都应取消吗？这是中华人民共和国，不是其他国家。有益的事业如何推进？

发展散装水泥不是包装方式的改革，还有诸多现实意义，节约资源、环保、施工现代化等，实现这些光靠市场做不到，要有必要的行政和经济手段。

评论：

取消"扶散费"并不意味着不发展散装水泥。文中提到"大型水泥企业100%发放散装水泥，就不向其征收一分钱专项资金。"，我们知道，任何水泥企业都不可能达到100%散装率，因为水泥市场需求有大宗需求，同时也存在零散需求，市场竞争激烈，水泥企业不可能只考虑大客户的需求，而不考虑小客户的需求。发展散装水泥不一定要征收"扶散费"，而应通过国家政策引导。（2005年5月27日）

"扶散费"讨论之五

应该贯彻"谁污染谁治理"的原则

减少环境污染，建立和谐社会是发展散装水泥的重要原因之一。对于使用袋装水泥造成环境污染的单位进行"惩罚"性的收费，用来发展散装水泥是合乎情理的。但应该强调的是，目前对水泥企业征收"扶散费"似乎是本末倒置。

近年来建设的新型干法生产线生产散装水泥的能力都在70%以上，排放物也都达到国家环保要求。要"惩罚"自然没有道理。就中小水泥厂来说，如果有的企业在水泥生产过程中排放物没有达标，目前有法可依，国家和各地区也正在依法处理。但环保要求达标的企业所生产的产品，即便是袋装水泥，如果质量符合国家标准要求，又满足了市场的需要，那么这些企业又何错之有？

对于水泥在使用过程中出现的二次污染，应该本着谁污染谁治理的原则，由使用袋装水泥的部门或企业来负责。有散装水泥为什么不用？使用袋装水泥有没有采取降尘措施？从防止污染的角度、从提高工程质量的角度、从节省资源的角度都没有道理可讲。而这些部门和企业是袋装水泥的市场，也是散装率提不高的根源。目前"扶散费"的征缴，对这些企业有多大的约束力？再不要本末倒置了！

（2005年5月30日）

"扶散费"讨论之六

专项资金与散装率有多大的相关性？

有关研究报告指出，散装水泥专项资金与散装率的相关系数达到了0.496 0，按这个结果解释，收缴"扶散费"所得的专项资金用于发展散装水泥，但散装水泥的发展与专项资金的相关程度却不足0.5。这个结果首先给人的感觉就是事倍功半。

"发散"初期，由于推广使用散装水泥一无资金、二缺设备、三无专门的机构和人员，所以征收一部分资金发展散装水泥是必要的，确实促进了我国散装率的提高。

但情况已经有了很大的变化，首先散装水泥的生产、流通和使用已经不是没有设备，而是设备能力没有充分发挥；

二是与此相关的，专项资金的利用率已经难以提高。2001～2004年专项资金的生产性支出只占总支出的66%，占总收入的48%；

三是改革发展到今天，发展散装水泥主要应依靠政策导向和法律治理，而不应该再摊派到企业头上。

实际上，随着散装率的不断提高，"发散"机构和人员理应不断地缩小。而专项资金征收的多少（如果对造成二次污染的企业继续征收的话）和散装率应该是一个负相关的关系。

（2005年5月31日）

"扶散费"讨论之七

以改革的精神促进散装水泥的发展

从1972年开始，国家对散装水泥的发展采取了一系列行之有效的措施，随之1993年国家建委印发了《全国散装水泥经验交流会议纪要》；13个省（市、自治区）建立了散装水泥办公室或领导小组；征缴"扶散费"，从此我国散装水泥快速发展并逐渐形成规模。"扶散费"的功劳已写入历史。

但有关的研究报告指出："政府性基金大多设立于我国改革开放之初、税收法规尚未健全的时期，是一种临时性的政策，带有计划经济的特点"。随着改革的深入，我国已经从计划经济体制过渡到社会主义市场经济体制，目前正在进一步完善，以便为全面建设小康社会提供强有力的体制保证。

在政府的经济管理职能也逐步转为服务和创造良好发展环境方面来的今天，无论经济、法制还是人们的思想观念都发生了极大的变化。在计划经济时期制定的、曾起过积极作用但现在已不符合市场经济规律的一些政策、规定，其弊端也逐渐显露，并相继退出历史舞台。

与此同时国家对包括宪法、税法等一些已有的法律先后进行了补充、完善；一系列新制定的法律相继出台。从1989年到现在，单是环境保护方面的法律法规就颁布实施了十多项。其中，《中华人民共和国环境保护法》、《中华人民共和国大气污染防治法》、《中华人民共和国清洁生产促进法》、《建设项目环境保护管理程序》等法律法规分别对生产过程和施工过程产生粉尘污染的问题有明确的规定。

发展散装水泥今后应主要靠政策的引导、市场的机制，依靠法律法规来推动。如果眼睛还盯着改革开放前制定的"扶散费"政策，强调我国的"国情"岂不是和改革的精神相悖，其实也绝不会有利于今后散装水泥的发展。

（2005年6月2日）

摘自:《中国水泥》杂志 2005 年 7 月

关于取消散装水泥专项资金的调研报告

◎中国水泥协会

应广大水泥企业的要求,在《散装水泥专项资金征收和使用办法》即将到期之际,中国水泥协会借鉴和参照国际散装水泥发展的经验,通过调研会、问卷调查、走访企业等方式、方法,就企业对散装水泥的认识、散装水泥"发散"能力和实际发散率、散装水泥资金缴纳和使用情况、混凝土搅拌站和运输工具市场化程度、是否有必要继续延长散装水泥专项资金征收等内容进行了调研,根据调研结果对是否继续延长散装水泥资金征收时间进行了分析,并根据分析结果提出了建议。

调查结论是:采取征收散装水泥专项资金的办法,在计划经济时期对推动散装水泥的发展起到了作用。随着市场经济的完善,在国家限制现场搅拌政策的引导下,散装水泥生产、流通、使用三个环节已经实现了市场化,散装水泥专项资金在征、管、用方面存在诸多问题,已经失去其应有的作用。用市场调节方式替代专项资金的行政调节方式发展散装水泥的条件已经成熟,应及时取消散装水泥专项资金的征收。

一、调研基本情况

(一)协会以调查表的形式就以下内容对分布在不同地区具有代表性的 60 家大中型水泥企业进行了调查,结果汇总如下:

1. 在所调查的水泥企业中 45.5% 发散能力达到 100%,63.6% 达到 70% 以上,平均达到 66.4%。

2. 所调查的水泥企业 2004 年实际散装率平均达到 55.24%。

3. 所调查的水泥企业散装水泥比袋装水泥成本平均低 20%。

4. 在调查影响当地进一步提高散装率的原因时,在所调查的水泥企业中,86% 认为是市场需求,13% 认为是使用政策,20% 认为是流通渠道,13% 认为是运输条件,26% 认为是使用企业。

5. 在调查影响水泥企业进一步提高散装率的原因时,89% 企业认为是市场需求,39% 认为是设施配置,5.6% 认为是经销商,28% 认为是运输条件,5.6% 认为是获利不大,0% 认为是劳力安排。

6. 在调查散装水泥运输车辆(主要)来源时,44% 是企业自备,56% 来自社会。

7. 在调查水泥企业更愿意销售散装还是袋装水泥时,93% 企业愿意销售散装水泥,7% 愿意销售袋装水泥。调查其动机时,33% 在于获利高,47% 在于便于管理,33% 在于市场占有率高。

8. 在调查市场经济条件下设置散装水泥专项资金必要性时,17% 认为有必要,67% 认为没必要,16% 认为无所谓。

9. 在调查散装水泥专项资金的使用是否向社会公开时,22% 认为是公开的,78% 认为没公开。

10. 在调查水泥企业是否清楚散装水泥专项资金的使用情况时,33% 企业清楚,67% 企业不清楚。

11. 在调查企业对征收散装水泥专项资金的态度时,12% 认为应该收,82% 认为不应该收,6% 认为无所谓。

(二)在协会走访散装水泥发达的北京、上海水泥协会时,两协会均发表了对散装水泥发展的看法,他们认为:

1. 国家及地方禁止现场搅拌、搅拌站必须使用散装水泥的使用政策对推动两市的散装水泥发展起到了决定性作用;

2. 两市所属水泥企业散装能力均达到了 100%,再向水泥企业收取散装水泥资金用于推广发散设施非常不合理;

3. 散装水泥和商品混凝土以及运输车辆已经完全市场化,政府的使用政策为散装水泥和商品混凝土以及运输车辆提供了广阔的市场空间,投资者趋之若鹜,已经形成供大于求的局面。2004 年北京市商品混凝土生产能力达到了 5 000 万立方米,而实际需求只有 3 600 万立方米,运转率只有 70%,为了保护市场北京市已经停止审批新建混凝土搅拌站项目。同样,上海市 2004 年商品混凝土生产规模达到了 18 000余万立方米,实际供应只有 4 276 万立方米,运转率只有 23.6%,而干粉砂浆实际生产能力达到 600 万吨,实际供应只有 50 万立方米,运转率不到 10%。

(三)大型水泥企业调研情况:

在协会对我国最大的水泥制造商安徽海螺集团调研时,该集团反映。

1. 2003 年 10 月份以前,海螺集团的各水泥企业按照属地原则,全额上缴散装水泥专项资金。在安徽省内的企业由公司统一上缴给安徽省散装水泥办公室。

2002 年财政部、国家经贸委下发的财综[2002]23 号文下发后,安徽以外的省份各企业均按照每吨散装水泥 1 元的标准上缴专项资金。安徽省内的企业由于安徽省散装水泥办公室没有与企业就投入达成一致意见,目前,省内企业只上缴了应缴金额的 10%。

2004年海螺共计销售水泥和商品熟料5 556万吨,其中水泥3 182万吨,商品熟料2 374万吨。在所销水泥中有2 120万吨是散装水泥,水泥散装率达到67%,比全国平均水平高出34个百分点;售袋装水泥1 062万吨,按照财政部、经贸委文件和各省市的散装水泥专项资金的征收标准,应缴纳专项资金1 062万元。

2. 根据市场需求,海螺水泥各生产单位均具备100%的发散能力,每年投入在散装设施上的技改、维修费用都在几千万元以上。仅以火车散装专用车为例,海螺目前共有火车散装水泥罐车500辆,按照铁道部规定的厂修每五年一次收费3.54万元,段修每一年一次收费1.034万元,辅修每半年一次,收费0.23万元。一辆车每年维修费用约2.2万元,仅此一项每年的支出就超过一千万元。另外,海螺每年的散装车、散装船、计量设施、流动罐(共计有3141只)等设备的维修费用远远大于专项资金的投入金额。

3. 目前,散装水泥专项资金征收、使用中存在的一些问题。第一是征收不规范、不严肃。按照财政部的规定每吨袋装水泥向生产企业征收1元,向工程建设单位征收3元。目前的现状是向大型企业收,小企业收不到;向在城市工程单位收,城镇、农村收不到;国有企业收,外资企业难收。以至于各地散装水泥办公室成了收费部门,而不是把推广散装作为职责,因为水泥流通中袋装水泥比例越大,他们的收费越多,收入也就越高。按照2004年全国生产9.7亿吨水泥量67%的袋装,2004年专项资金收入应该在26亿元,但实际不到23%。

按照财政部文件第七条规定,除国务院、财政部规定外,任何单位都无权减免,按照这样推算,要么是专项资金征收不力、不公平,各地的"散办"不作为,要么是专项资金没有真正投入到散装设施方面。据了解安徽省2004年散装水泥专项资金征收2 000多万元,按照安徽去年的水泥产量和散装率计算应收专项资金为8 900万元,实际征收率仅为22.5%(2004年安徽的水泥产量为3 235万吨,散装率为31.1%)。

其次是投入比例低,投入手续繁琐,投入对象不对称。按照散装水泥专项资金使用范围应该是90%用于专用设施、技术开发等投入,据了解目前全国每年年均投入额不到收入额的60%。按有关数据显示,2001~2004年全国散装水泥专项资金投入10.48亿,按照全国水泥的产销量统计应收专项资金在93亿元左右,投入比例仅为11%。

另外,水泥企业专项资金的投入还需办理复杂的报批、审查手续,资金上缴后,能否作为企业投入是一个未知数。尤其是各地市的"散办"不按照财政部文件的第一、三条的规定(1~4项生产性的投入不低于当年支出90%),征收后不投入或当年投入低,影响企业上缴的主动性,也起不到鼓励发展散装的目的。

在专项资金的投入对象上,多数为民营个体水泥企业。由于国有大型企业上缴多、投入少,所以水泥企业普遍认为散装水泥专项资金是企业的负担,而不是推动散装水泥的手段,企业也不可能为袋装水泥收每吨1元的专项资金就不销售袋装水泥。

由于专项资金收入不规范,投入不规范,少数地方"散办"的负责人因为受贿被绳之以法(浙江宁波"散办"主任娄建围由于受贿被判刑8年)。

鉴于目前建筑市场的进一步规范,以及《关于限期禁止在城市城区现场搅拌混凝土的通知》文件的实施。散装水泥专项资金的征收对推广散装水泥已经没有意义。

4. 关于推广散装水泥的建议。按照海螺目前在华东的经验,海螺在上海、浙江、江苏的水泥销售的散装率平均水平已经达到了80%。目前公布的社会散装平均水平我们认为是否真实值得怀疑。按照"散办"公布的数据,全国31个省市散装率达到全国散装率平均水平以上的仅有七个省市。各地"散办"为了实行小步快跑的要求,可能存在控制上报散装率,为"散办"的保留和存在提供虚假信息。

散装水泥的推广关键要在引导散装水泥市场方面下功夫,重点在建筑行业的管理和规范上采取鼓励措施。

在协会对我国第二大水泥制造商湖北华新水泥股份有限公司(简称华新)调研时,该集团反映:"十五"期间,该公司散装水泥业务量和散装率逐年提升。2001年,公司散装水泥销量为113万吨、散装率为37.44%;到2004年,随着公司生产能力的大幅提升,散装水泥销量也达到了540万吨、散装率一举提升到了59.40%。.

1. 散装水泥发展资金的上缴情况

近几年该公司缴纳的扶散费情况如下表: 单位:万元

2001年	2002年	2003年	2004年
394	452	519	583

2. 散装水泥设施的投入情况。

近几年来,华新在积极响应国家产业结构调整政策、大力发展新型干法水泥生产线的同时,致力于散装水泥设施的兴建与改造,不仅所有新建生产线全部按近100%发散能力配置发散设施,先后建有散装水泥发运专用码头7座,而且还先后在上海、南昌、安庆、武汉、随州、孝感、襄樊、宜昌等地建有1 000~10 000吨级的散装水泥中转库10余座;添置自航自卸散装船4条1 000吨、进口卸船机5条(200吨/条·小时)、国产卸船机3条(其中200吨/条·小时有2条、100吨/条·小时有1条)、自备散装火车罐50余个,同时各生产基地还专门配备有20~100吨的散装罐近1 000个;商品混凝土搅拌站(年生产能力60万方)1座;共计投资达2.5亿元。

3. 华新推散政策

华新在大力兴建散装设施的同时,十分注重散装设施研发能力的提升,目前已经具备了自行研发、设计、制造200吨/小时卸船机的能力。在新市场开发、市场推广方面始终把推广散装作为切入点和增长点,在价格体系上注重客户的消费利益的引导,借以推动散装水泥的消费。

4. 发展散装水泥面临的问题和困惑

(1)为大力推广散装水泥,华新做出了巨大的资金投入,以保障发散能力的提高,但返还率低,回报与投入比例严重不平衡;

(2)华新在缴纳散装资金时,仍按照国家和地方政府要求运作,是不平衡、超额的,但缴纳散装资金的目的不明确,企业得不到任何回报;

(3)散装资金征收政策和行业产业结构调整政策有脱节之嫌。有很多中小企业未交,各级"散办"只对大企业和新型干法旋窑生产企业征收散装资金,而对小水泥的征收被"忽视"了,影响了企业推散的积极性;

(4)华新在大力新建散装设施的同时,也增加了市场进入成本;而执法部门对小水泥企业的劣质包装(价廉)执法的软弱,使小水泥有生存的空间,从而削弱了散装水泥的推广力度;

(5)对使用单位散装资金的征收,因种种原因效果不好,不到位;

(6)华新投入了大量的资金(2.5亿),国家应该将征收多的资金按按比例返还给我们这样的公司;

(7)地方政府相继出台的发展散装、限制包装的政策,没有得到很好的落实。

5. 建议

(1)加紧加快限制城区建设使用现场搅拌和包装水泥,加大推广散装力度;

(2)加大对新型干法水泥生产企业的扶持力度,应将集中征收的散装资金等倾斜投入到散装设施投资大的水泥企业,用于发展散装水泥;

(3)对先进的大型水泥企业集团停止征收散装资金等,同时加大对明令限制和淘汰立窑企业的散装资金征收的额度和力度;

(4)加大对袋装水泥包装质量的督查力度,迫使立窑企业包装成本"归位",促使其提高推散意识;

(5)对进入项目工程的施工单位实行使用散装设施资格审定,必须承诺使用散装配套设施和具备条件的方可参加竞投标和开工;

(6)发展散装和产业结构调整政策要协同,对老企业和立窑企业同样也要求发散能力达到国家要求,否则,应限发许可证;

(7)对企业投资的散装运输设施(包括卸船机、自航自卸船、混凝土运输车、泵车、散装火车罐等)希望减免规费(诸如养路费、航养费、营业税等);

(8)加大对农村散装市场开发的扶持力度,适当给予政策性扶持(比如相应减免企业所得税等),以化解此类市场设施不完善、意识不到位、用户分散的矛盾。

总之,发展散装是利国利民的大事、好事,社会的各方面都应该积极地、系统地、有效地配合起来,共同努力,切实有效地积极推广。

(四)在长春召开的《散装水泥专项资金征收和使用管理办法》座谈会情况:

在会议上,水泥企业及地方水泥协会,结合自身的实际工作,纷纷发表对新时期散装水泥如何发展,用对"散装水泥专项资金征收和使用管理办法"的意见。现把与会代表发言整理如下:

雷前治:在计划经济年代,国家设置了这一行政性收费,从一定历史时期来看,对推广散装水泥工作起了一定的作用,但在市场经济的条件下,企业对继续收散装费感到不满。政府可以利用市场的调节机制和优惠性的政策来发展散装水泥。对于现行的收费办法,反而会加重企业负担。从实际效果上看,散装率是通过现场禁止现场搅拌等行政法规的出台和市场的需求来提高的。

在建材局和经贸委已经撤销的情况下,"散办"却保留下来了,成为一个机构改革的怪胎。目前,"散办"收上来的"扶散费"主要用在养人上,这本身就不利于散装水泥的发展。经过我们调查,一部分人要求撤销"散办";另一部分人认为即使不撤销,"散办"也应纳入国家财政开支,不应再收取"扶散费"。

吉林亚泰集团:散装水泥专项资金的征收曾在散装水泥的发展历史上起到了一定的推动作用,特别是在计划经济时期,该项收费在一定程度上为散装水泥的发展提供了资金支持。但从现在的情况看,随着企业规模的扩大,发散设施的完备,以及各地区中心城市的集中搅拌和商品混凝土的发展,发展散装水泥的配套条件已经趋于成熟,水泥企业发展散装水泥的主动性十分突出,但是,扶散费的存在却使水泥企业陷入尴尬地位。以亚泰水泥为例:目前,亚泰水泥的发散能力已经达到100%,该企业每年用在散装设施上的投资高达4 000~5 000万元左右,但是按照规定,亚泰水泥每年还要交纳600~700万的"扶散费"。这样一来,水泥企业在发展散装水泥方面将面临着双重负担:一方面要花费大量资金进行发散设施建设,另一方面还要上缴不少扶散费用,无疑构成了一笔庞大的费用支出。特别是当前水泥市场低迷的情况下,企业已经不堪重负。

广东塔牌集团:作为人大代表,本人已经在第十届全国人民代表大会上提出取消散装水泥专项资金的征收议案。发展散装水泥的驱动因素不在企业,而是取决于市场需求。散装水泥的推广在企业发送这个环节上已经没有问题,主要的制约环节存在于市场需求方面,具体地说是市场需求的差异性所致:在大中城市,大型工程在签订销售合同的时候明确说明要散装水泥,而农村地区由于配套设施不完善,只能使用袋装水泥。这样一来就出现了"大工程给他袋装水泥他不能用,而农村地区给他散装水泥他也用不了"的局面。限制袋装、推广散装的大方向是对的,但要因地制宜,制定出有效的管理办法才是散装水泥发展的出路。

安徽海螺集团:安徽省"散办"每年要对海螺集团收取

1 000万左右的“扶散费”，而对小企业尤其是立窑企业却收不上钱来。这种“抓大放小”的做法，客观上说是保护了立窑企业，对大型水泥企业来说则是一种不公平的竞争。归根到底，发散是市场竞争的需要，企业自身的需要，跟收取“扶散费”无任何关系。

湖北华新集团：水泥厂的经营管理已经走向成熟，发展散装水泥是市场的需求，同时也是企业的需求。现在，散装水泥装备设施方面没有任何技术上的障碍，这为散装水泥的发展提供了有利的前提条件。同时，从企业的角度看，发展散装水泥有利于节约人力成本，减少污染，已经获得了企业的普遍认同和拥护。总之，随着市场成熟度的提高，发展散装水泥已经成为水到渠成之势，扶散费的存在实在是底气不足：本应是为了发展散装水泥而收费，现在倒成了为了收费而收费。水泥企业在购买原燃材料方面都必须付现款，而在出售水泥的时候却经常遭到拖欠，再加上还要上缴散装水泥费，无疑是雪上加霜。

浙江三狮集团：我们对散装水泥收费持坚决反对态度。散装水泥收费已经无任何实际意义，整体来看，征收扶散费是弊大于利，其弊端体现在以下几个方面：一、扶散费是计划经济的产物，应该随着市场化进程的提高而退出历史舞台。在1985年左右，我国确实需要一笔资金来发展散装水泥。但在充分市场竞争的今天，散装资金不仅不能促进散装水泥的发展，反而起到了阻碍作用。对于水泥企业来说，每年要上缴500～600万收费，没有返还，同时但还要耗费大量资金投入到散装设备之中，对于本来就资金紧张的水泥企业来说无疑是难上加难。二、与产业结构调整相违背。由于扶散费给企业造成了很大的压力，为了争取自己的正当利益，企业不得不花很大精力和“散办”讨价还价，这不仅与发展散装水泥的初衷相违背，而且不利于大集团的稳定发展和产业结构调整的顺利进行。三、散装水泥资金失控的话，易产生腐败，浪费国家财力。经过这么多年的发展，我国散装水泥发展已经取得了很大成就，已经远远不同于当时制订政策时的情况了，可“扶散费”却是照收不误，于情于理就说不通了。应该说，发展散装水泥的主要推动力在于企业而不在于“散办”，以三狮来说，两年之间投资2.5个亿用于发展散装设备，通过散装销售，增加了市场控制力，这是企业自然而自然的一种选择，而与“散办”的工作无关。

北京水泥协会：北京这几年散装水泥用量节节攀升的动力在于施工工艺的进步、禁止现场搅拌混凝土的政策和企业发散能力的提高，散装水泥专项资金所起到的作用不大。总之，散装水泥占有率的高低应该是由市场说了算，而不是由收费解决。因此，北京水泥市场散装率是市场需要的体现，会随着市场需求的变化而变化，企业也会在市场变化的诱导下合理改变自己的生产布局，如北京水泥厂为了适应市场的需求，开始生产小包装袋水泥进入超市出售。

河南省水泥协会：散装水泥办公室是计划经济的产物，机构改革的怪胎，水泥企业对其极为反感。本人代表河南的水泥企业表态，我们百分之百反对散装水泥专项资金的征收。散装水泥的发展需要政策性的引导，比如说在散装水泥的流通环节上，可以减免散装水泥车的养路费用，使运输环节市场化。

天津水泥设计研究院：从水泥厂设计标准角度看，现行的标准是水泥新建厂散装能力不小于70%，改建厂不小于50%。从2000年到现在，新型干法水泥有了突飞猛进的发展，所对应的标准也要进行修改。天津水泥设计院受相关部门委托，正在制订新的水泥厂设计标准。目前，大纲基本完成，在散装水泥方面，在新建厂的建设上，发散能力要达到100%。这样就从根本上解决了散装水泥的发送问题。

大连小野田水泥有限公司：在计划经济时期，缺乏引导的情况下，大家对“散办”的设立没有疑义。在计划经济与市场经济双轨制并存的时期里，“散办”起到了很好的沟通作用，应当给予肯定。从改革开放初期到1993年，市场经济处于不成熟的阶段，新型干法水泥量还很小，散装水泥的利润空间还不很大，散装水泥收费对企业触动不大。但从1993年到现在，水泥企业经营管理和用户都走向成熟，散装水泥发展可以通过市场来解决，“扶散费”已经完成使命。

嘉新京阳水泥有限公司：随着时间和空间的改变，散装费的征收已经产生负面影响。嘉新京阳已经投资2个亿在散装设备的建设上，企业主观上愿意以散装的形式发送水泥。但决定散装水泥量的是市场需求，企业不能左右。应按照“使用付费”原则进行收费。

福建水泥股份有限公司：发展散装水泥与散装水泥收费是两个截然不同的概念。发展散装水泥是件利国利民的好事情，但以收费的形式来发展就不适合了。现在继续收缴散装水泥专项资金已经是弊大利小，尤其对新型干法企业来说，收不收费都要发展散装，与收费与否无关。

现在的问题不在生产方面，主要是市场接收能力。取消收费才是件促进散装水泥发展的好事情。

中国联合水泥有限责任公司：从社会责任的角度讲，目前大型水泥企业的发散能力都达到70%以上，企业已经尽责。散装水泥专项资金的征收实际上是在给尽责者又套上了一个“夹板”，打击了企业的积极性。客观地说，抓“客户用散”才是解决散装水泥发展的关键。

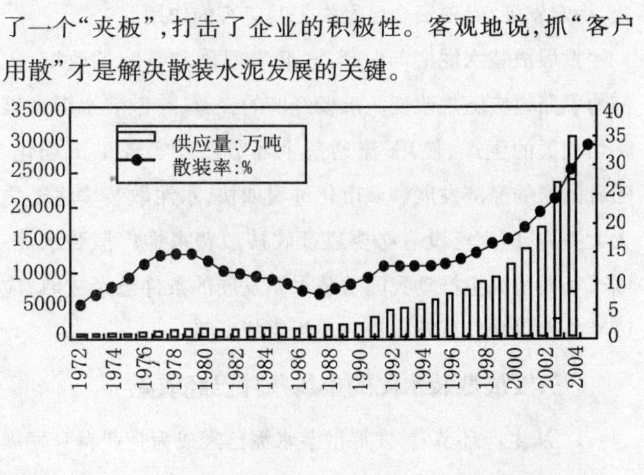

二、散装水泥发展的内在因素发生了根本变化

从上图可以看出,我国散装水泥的发展可以分为三个阶段:起步阶段、缓慢发展阶段、高速发展阶段。

1. 起步阶段。专项资金为散装水泥发展起到了推动作用。

在调查中企业普遍反映,计划经济时期,投资主体是国家,许多老水泥厂没有发散设施,我国也缺乏自己的散装水泥运输车辆,应用单位缺乏接收设施,为此,为大力推广散装水泥发展,国家批准成立散装水泥办公室,并收取散装水泥专项资金,用于帮助水泥厂增设散装水泥发送设施、购置散装水泥车皮和车辆,为应用单位建设散装水泥接收设施和购置使用散装水泥的机具,受到广大水泥企业和施工单位的欢迎。

作为政府在计划经济体制时期制定的一种临时性财政政策,在散装水泥发展的起步阶段,专项资金为散装水泥发送、中转、运输等设施建设、技术装备水平提高、推广宣传教育等方面发挥过积极作用,使我国的散装率由1973年的6%提高到1978年的14.8%。

2. 缓慢发展阶段。专项资金逐渐失去作用。

1978~1998年,我国逐步由计划经济向市场经济过渡,投资主体逐渐由以国家为主向多元化发展,再加上水泥产业结构畸形发展,散装水泥发送、流通、使用曲折而缓慢发展,专项资金的作用逐渐丧失,在此期间,散装率由1978年的14.8%增长到16.41%,只增加了不到两个百分点。

3. 高速发展阶段。专项资金已经失去作用。

调查中专家和企业人士普遍认为,散装水泥的发展与我国经济发展水平、市场化程度、城市化率及管理水平密不可分。从图可以看出,2000年以后,随着市场经济的完善,经济发展水平及城市化率的提高,以及水泥产业结构调整取得突破性成果,散装水泥高速发展。带来这种局面的原因是,市场的调节使多元化投资进入散装水泥使用及流通领域,水泥产业结构调整取得突破性进展,发散能力伴随大型新型干法水泥企业茁壮成长,在此期间散装率由2000年的19.7%上升到2004年的33.47%,市场调节使散装水泥实现了高速、稳定发展,专项资金已经失去其应有的作用。

发展散装水泥应与时俱进,随着时间和空间的改变,人们的思路也应随之改变。市场经济的完善,与散装水泥发展密切相关的生产、使用、流通三个环节已经实现了市场化。随着国家的经济发展和城市化进程加快,水泥散装率将随之大大提高,国家已没有必要靠征收扶散费来推广散装水泥。以市场调节为主推动我国散装水泥发展的条件已经成熟,应废弃长期以来以行政收费方法为主的思路。

三、发展散装水泥的市场条件已经成熟

1. 从生产环节看,发展散装水泥已经成为企业自身发展的需要

被调查的水泥企业已经充分认识到散装水泥与袋装水泥相比有着无法比拟的优势。每发送1吨散装水泥可以降低20%的生产成本,16%的销售成本;同时,袋装水泥生产和销售是靠人拉肩扛完成的,不仅劳动强度大,效率低下,而且是在粉尘弥漫的恶劣的劳动环境中操作,严重危害劳动者的健康。而生产和销售散装水泥是在密闭状态下的机械化操作,不仅劳动条件得到了改善,劳动强度大大减轻,且能成倍甚至几十倍地提高劳动生产率。对社会而言,发展散装水泥既可以节约大量的包装用纸,减少木材消耗及生产纸张所用煤、电、水等宝贵资源的消耗,又可以减少袋装水泥生产和使用过程中的粉尘污染,提高建筑物质量。因此,即使没有散装水泥专项资金的支持,水泥企业也愿意发展散装水泥,既可以获得显著的经济效益,又可以取得巨大社会效益的事何乐而不为。

进入新世纪以来,我国水泥产业结构调整在短短4年的时间里发生了质的飞跃,265家大中型水泥企业的水泥产量占总产量9.7亿吨的65.2%,这些企业的发散能力绝大部分达到了100%,少部分没有达到100%的企业也达到了国家标准规定的70%,由此推算,我国水泥发散能力至少达到了70%,但为什么经过27年的努力我国水泥的散装率仅为33%呢?症结在于使用环节,为了满足市场需求,水泥企业不能因为要缴1元/吨的扶散费而停止生产袋装水泥,这是影响散装率提高的主要原因,致使大量散装能力浪费。

2. 从使用和流通环节看,商品混凝土和运输已完全市场化

据中国散装水泥推广协会统计数据显示,2003年我国混凝土搅拌站能力已经达到4.73亿立方米,实际产量2亿立方米,能力发挥只有42.6%,症结还是在于使用环节;从对散装水泥运输车辆的调查显示,散装水泥及混凝土运输车辆已基本社会化,专业运输公司能为散装水泥运输提供优质、高效服务,不少城市已出现供大于求的局面,影响车辆使用率的症结还是使用环节。

水泥生产、流通、使用三个环节已经是完全的竞争性行业,市场的调节作用完全可以平衡散装水泥供需之间的矛盾,并能满足散装水泥发展的需求,用市场调节手段推动散装水泥发展的条件已经成熟。

四、散装水泥使用政策对推散起着决定性作用

对北京、上海两市水泥协会的调查可以看出,上海市1990年的散装率只有45.3%,随着使用政策从内环到外环再到整个城区的一步步扩展,1992年至1996年分别增长到59%、64%、76%、84%、88%,1997年以后一直保持在90%以上,2004年达到94.41%;北京"九五"期间政策建设取得突

破性进展,1995 年散装水泥供应量只有 167 万吨,2000 年达到 367 万吨,散装率由 27.98% 上升到 44.38%,提高了 16.4 个百分点,2003 年供应量达到 650.76 万吨,散装率达到了 73.79%,比 2002 年提高近 13 个百分点。

在 1993 年前,深圳的散装水泥使用几乎为零,但在出台城区内现场禁止搅拌混凝土的政策后,水泥散装率和商品混凝土使用率达到了 90% 以上,政策的引导使市场对资源的配置作用得以充分发挥。

从对部分来自其他城市的水泥企业调查显示,89% 企业认为使用政策对提高水泥散装率的影响最大。特别是 2003 年商务部、公安部、建设部、交通部以商改发[2003]341 号文件形式发布了《关于限期禁止在城市城区现场搅拌混凝土的通知》后,2004 年这 124 个城市的水泥散装率和混凝土商品化率均大幅提高。

从对城市使用环节的发展进程看,伴随我国城市化和城市管理水平的提高,有关国家及地方的散装水泥使用政策对推动了散装水泥的发展起着决定性作用。

五、散装水泥专项资金征、管、用存在的诸多问题

1. 据中国散装水泥推广发展协会统计,2004 年实际征收散装水泥资金 5.918 6 亿元,征收率为 58.34%。

如果根据国家统计局公布的 2004 年水泥产量 9.7 亿吨,散装率 33%,按照财政部的规定每吨袋装水泥向生产企业征收 1 元,向工程建设单位征收 3 元计算,2004 年专项资金收入应该在 26 亿元,征收率只有 22.69%。

水泥企业反映,大量投入发展散装水泥的大企业要交扶散费,污染严重、设施落后、水泥散装率低的小企业不交,是造成散装水泥资金征收率低的主要原因,这种行业不平等行为,为小水泥的生存创造了条件,不但不能促进散装水泥的发展和水泥产业的结构调整,反而起到了阻碍行业发展的作用。

水泥企业认为,水泥产业结构调整的主力军是大中型水泥企业,占我国水泥产量 65.2% 的大中型水泥企业的发散努力达到了 70% 以上,大型企业达到了 100%,对这些企业征收扶散费明显带有"惩罚性"和"歧视性"。推广散装水泥的重点在使用方,水泥产品只是满足市场需求而已。广大农村和零星工程还不具备收散能力,这是客观也是国情,更何况用纸质材料包装的产品不只是水泥行业一家,把散装率不高的部分责任全部推到水泥厂身上,甚至为收费把水泥厂推到法院的被告席上,这种明显的"惩罚性"和"歧视性"行为,极大地伤害了全国水泥企业的感情。

2. 水泥企业反映,征收过程中与企业讨价还价,视关系远近确定征收数额,执行国家政策、法规不规范、不严肃。

3. 使用上,大中型水泥企业每年每个企业向"散办"上缴少则几百万元,多则上千万元散装费,但这些企业近几年自己投入几个亿的散装设施费用,从不见散装费的返回。

4. 散装水泥专项资金政策执行最规范的浙江省,47.7% 的扶散费被"散办"用于人员和行政开支,其他省份违反"征收办法"的规定现象更严重。资金的使用没有遵守政府性资金公开的原则,使用情况从来不向社会公布,使用情况是否有效、合理缺乏论证和监督考核。

5. 扶散费使用过程中缺少监督,滋生腐败,盖大楼,对个体企业少交多返,贪污、受贿被判刑已见报端。这项资金如果继续开征,只能解决"散办""人头费"的问题,却加重了企业的负担。

据中国散装水泥推广协会统计资料显示,2004 年用于生产性支出只有 56.09%,远远没有达国家《散装水泥专项资金征收和使用管理办法》文件中规定的 90% 用于建设的规定,"散办"作为管理机构本身就违反了国家规定;非生产性支出占总支出的 36.47%,这笔费用养活着全国 883 家散装水泥机构的 4 509 人,这能说不给企业造成负担吗?

6. "散办"不愿把缴费投入推广散装水泥。

从管理机理上讲,"散办"的工作成效越大,散装率越高,资金收取量越少,作为自收自支事业单位,积极推广散装水泥无疑是自掘坟墓,"自杀式"机理,决定了"散办"不愿意把资金投入发展散装水泥事业。

对散装水泥专项资金征、管、用中存在的问题,水泥企业反映异常强烈,一致要求对散装水泥专项资金予以审计。

六、关于发展散装水泥的建议

1 应改变传统的以行政收费手段为主的散装水泥推进方式,充分发挥政策的导向作用和市场的调节作用,继续出台鼓励和支持散装水泥发展的政策。如对水泥企业发散达到一定比例时给予政策性奖励;减免散装水泥运输工具的购置费、过路过桥费;对使用散装水泥的施工企业给予奖励;推广高标号混凝土的应用等。变"收费"为鼓励,变"惩罚"为奖励。

2. 鉴于在市场经济条件下,散装水泥资金已经失去其应有的推散作用以及在征收和使用方面存在的诸多问题,应及时取消散装水泥专项资金的收取。

3. 会议代表一致要求:国家在制定向企业收费的规定时一定要听取被收费企业的意见,并广泛听取社会各界的意见,不能只听收费机构一方的意见,必要时应召开听证会。

(2005 年 6 月 15 日)

水泥协会报送《关于取消收取散装水泥专项资金的意见》函

中国水泥协会2005年12月5日向财政部报送了《关于取消收取散装水泥专项资金的意见》。文中指出，经中国水泥协会专题调研，听取广大水泥企业的意见、和国家发改委有关主管部门组织的调查研究已形成一致意见："到期后取消散装水泥专项基金的征收"。《意见》再次表示，中国水泥协会在集中全行业广大水泥企业呼声，充分听取工业主管部门意见，并经充分论证后认为，到期后应取消散装水泥专项资金的征收。同时全国散装水泥办公室为推广散装水泥发展做出过突出贡献，建议各级政府参考国家机关的有关政策妥善安置。

附：《关于取消收取散装水泥专项资金的意见》全文

关于取消收取散装水泥专项资金的意见

中水协字[2005]035号

财政部：

《散装水泥专项资金征收和使用办法》文件到期后是否继续执行问题，中国水泥协会曾于2005年8月做过专题汇报，根据你部的要求，现将有关情况及协会的意见汇报如下：

1. 中国水泥协会就此问题做了专题调研，并于2005年6月9日在吉林召开专题研讨会，你部综合司收费基金处派人参加并听取了广大水泥企业的呼声，形成的会议纪要已经报你部，广大水泥企业一致呼吁在《散装水泥专项资金征收和使用办法》到期后，应及时停止。

2. 国家发改委办公厅发改办价格[2005]2251号文，就你部《关于征求农网还贷资金等18项政府性基金到期后有关问题意见的函》的复函，广泛征询了发改委内各司、局的意见，同时也征询了中国建材工业协会、中国水泥协会的意见，复函中明确指出"到期后取消散装水泥专项基金的征收"。

3. 2005年6月国家发改委根据国务院指示，由发改委经济运行局牵头，工业司、规划司、中国建材工业协会、中国水泥协会参加的联合调查组，对水泥行业进行了深入、广泛的调研，在所形成报告的政策建议第七条中明确指出"到期后取消散装水泥基金的收取"。

中国水泥协会在集中全行业广大水泥企业呼声，充分听取工业主管部门意见后，并经充分论证后认为，到期后取消散装水泥专项资金的征收。同时全国散装水泥办公室为推广散装水泥发展做出过突出贡献，建议各级政府参考国家机关的有关政策妥善安置。

中国建材工业协会、中国水泥协会

二〇〇五年十二月五日

2005年兼并重组

未来的水泥工业不可避免地要经过一轮残酷的"洗牌"，新一轮行业大整合将为中国水泥行业的发展带来积极影响。一旦行业整合完成，优势企业的利润空间会增大，水泥产业整体质量会大大提升，更为重要的是，环保、能源消耗方面会有更高的标准，企业的社会责任会更强。

中材料科工集团接手天山股份

2005年6月9日，中国证监会批准ST将持有的天山股份29.42%股权以26 010万元的价格转让给中国材料科工集团。本次股权转让完成后，屯河不再持有天山股份的股权。天山股份8月27日正式宣布：新疆屯河投资所持有的

6120万股法人股已过户给中材总公司，中材总公司正式控股天山股份，成为天山股份第一大股东。

天山股份为控股股东新疆屯河提供的借款担保已经双方协议解除。新疆屯河此前曾向建行昌吉州分行分别借款7 477万元、330万美元和370万欧元，天山股份提供了连带责任担保。此外，天山股份长期投资和委托理财总计为41 980万元已于2004年12月24日不可撤回地全权委托华融公司管理。

中国建筑材料科学研究院并入中国建材集团

创建于1953年的中国建筑材料科学研究院（简称建材院），是国内最大的建材与无机非金属新材料综合型研究开发机构。1999年转制为中央直属大型科技企业，2003年划归国资委直接监管。对建材院来说，单纯靠科研很难做大做强，必须另寻出路。这样，就找到了有着长期业务往来与合作的中国建材集团。2005年初，经国资委批准，建材院正式进入了中国建材集团。

而经过重组整合的中国建筑材料科学研究院和中国建材轻机集团大大充实了中国建材集团的建材科研、设计和成套装备第二个主业平台。

2005年初，中国负责管理中央企业的部门——国资委发出通报称，5家中央企业开始重组，由国资委履行出资人职责的企业由181家调整为178家。其中，中国建筑材料科学研究院并入中国建筑材料集团公司。

天津水泥工业设计研究院并入中国材料工业科工集团

2005年4月20日，国务院国有资产监督管理委员会发出《关于中国材料工业科工集团与天津水泥工业设计研究院重组的通知》，天津水泥工业设计研究院并入中国材料工业科工集团，并与中材国际工程股份有限公司进行整合后更名为中国中材国际工程股份有限公司。中国材料科工集团、天津水泥院同属于国务院国有资产监督管理委员会直接管理的181家中央大型企业之一。中材国际是材料科工集团全资子公司——中国非金属材料总公司的控股子公司，中材料集团是中材国际的实际控制人。

合并之前，在专项服务市场方面，中材国际工程设计业务的主要竞争对手就是天津水泥工业设计研究院。天津水泥工业设计研究院在新型干法水泥技术领域具有较强优势，与其整合能使公司的业务进一步得到扩展，业务收入进一步得到增加。这将巩固和提高中材国际在国内外大型水泥工程总承包上的技术领先水平和市场竞争优势。

亚泰集团重组哈尔滨水泥厂

哈尔滨水泥厂始建于1932年，实际控制人为哈尔滨市道外区经济贸易局。哈尔滨水泥厂现有熟料生产线6条，水泥磨8台，年生产能力可达150万吨。2004年，哈尔滨水泥厂共生产水泥133万吨，销售水泥133万吨。由于2005年水泥市场出现全国行业性滑坡，哈尔滨水泥厂截至9月底，已累计亏损6 000万元。与此同时，哈尔滨水泥厂加快了寻找改制合作对象的步伐。哈工大集团、长春亚泰相互竞争。最终，亚泰接受了哈尔滨市提出的全部条件，并率先将3 000万元打入指定账户，从而获得哈尔滨水泥厂99%的控股权。

亚泰集团是东北地区惟一受国家产业政策扶持的水泥生产企业，拥有东北地区两大高品位、高储量的石灰石矿山，拥有1.7亿吨的煤炭储量及年产170万吨的煤矿。在黑龙江省和哈尔滨市水泥市场中拥有较高声誉和市场占有率的哈尔滨水泥厂，是亚泰水泥业进军黑龙江省水泥市场的目标之一。目前，亚泰集团在黑龙江省海伦市已经建成了年产32万吨的水泥粉磨站，重组哈尔滨水泥厂后，在资金、矿山资源、技术、人员、物流、政策、品牌等方面能够实现资源共享、优势互补，在短期内快速占领黑龙江市场，迅速拓展亚泰水泥业的发展空间，实现亚泰水泥业高效率、低成本的扩张。因此，重组哈尔滨水泥厂对亚泰水泥业的发展具有战略意义。

北京金隅将实际控制太行水泥

2005年10月18日，太行水泥公司实际控制人邯郸市国有资产管理委员会与北京金隅集团有限责任公司签署了股权转让框架协议书，邯郸市国资委拟将其所持公司控股股东河北太行华信建材有限公司50.84%的股权转让给北京金隅。

北京金隅承诺，为解决太行华信在生产经营中面临的困难，在本框架协议签订后，七日内按资金使用计划借给太行华信资金5 000万元，太行华信按银行同期贷款利率向北京金隅支付利息。此款在北京金隅监督下按计划使用，并同时由双方企业制定贷款合同，约定有关事项，属企业市场行为，但不能影响股权转让价款的及时到位。

协议约定，在《审计报告》和《资产评估报告书》的基础上，综合考虑非经营性资产、不良资产以及股份公司股权出让的政策性、市场性等因素要求，按照转让股权比例协商确定转让价格。本次股权转让的正式协议尚待转让条件具备时再行签署，股权转让行为尚需获得有关部门的批准。

太行华信是太行水泥的母公司，持有太行水泥50.98%的国家股。太行华信目前的股权结构为：邯郸市国资委有其55.84%的股权，中国华融资产管理公司持有其33.16%的股权，中国信达资产管理公司持有其11%的股权。

新型干法水泥厂纯低温余热发电技术

20世纪末，国内水泥窑的余热利用成了一个热门话题。将大量的水泥窑余热收下来并进行发电，对节约能源、降低水泥成本、提高水泥产量、改善环境无疑具有巨大的经济效益和良好的社会效益。

纯低温余热发电即新型干法水泥回转窑利用窑头和窑尾废气余热，是水泥行业实现循环经济的一项新技术，也是新型干法水泥企业缓解当前电力紧张的有效途径。水泥企业低温余热发电可以降低能耗，节省生产成本。据了解，2003年日本有近80%的水泥窑都有纯低温余热发电系统，该国平均熟料发电量40千瓦时/吨，回收电能已达水泥工业电耗的48%，能为水泥企业提供1/3以上的电能供给。

国内开展新型干法水泥窑低温废气余热发电技术及装备的研究、开发和推广应用工作始于1989年，目前形成了两种低温余热发电技术。一种为带补燃锅炉的技术。自1992年以来，国内共计有22家水泥厂、37条新型干法水泥窑利用此项技术，建设、投产了27台总装机容量366兆瓦的带补燃锅炉的低温余热电站。另一种为纯低温余热发电技术。自1996年以来，国内共计有4家水泥厂、3条新型干法水泥窑、1条预热器窑利用此项技术，投产了4台总装机容量19.48兆瓦的纯低温余热电站。

纯低温余热发电项目的效益分析

纯低温余热发电是不带补燃锅炉的蒸汽动力循环发电技术方案。由于不使用燃料来补燃，因此不对环境产生附加污染；其次没有补燃锅炉，蒸汽参数较低，其运行操作简单方便，运行的可靠性和安全性高。缺点是由于余热的品位低，其效率相应较低，装机容量较小，单位功率设备投资难以降低。这种电站虽然初期投资较高，但其运行成本低，日常管理简单，对企业来说是较有利的选择，也是收益比较高的余热电站。以一条日产2 500吨的新型干法水泥生产线为例：窑头、窑尾配套国产余热锅炉，汽轮机采用凝汽式汽轮机。系统设计小时发电量可达3 500千瓦时，结合发电机组的规格，选配3 000千瓦的汽轮机组较合适。实际小时发电量按3 000千瓦时计。以年运转300天计算，年发电量2 160万千瓦时，相当于节省标准煤约1.1万吨，减少CO_2排放约2万吨。扣除系统自耗电10%，年供电量1 944万千瓦时。吨熟料发电能力可达25.92千瓦时。

利用纯低温余热发电技术，采用国产装备，纯低温余热发电系统总投资约1 950万元。按照外购电价0.50元/千瓦时估算，扣除余热电站供电成本约0.1元/千瓦时，吨熟料成本可下降约10.37元。系统总投资在建成后2.5～3年内可收回成本。由此可见，建设纯低温余热电站，可有效降低企业生产成本、提高产品竞争力，为企业带来良好的效益，企业和社会做到双赢。

我国水泥行业余热利用现状

纯低温余热发电是完全利用余热，无外加热源的发电系统，即利用出预热器350℃的废气余热产生低压过热蒸汽，并将出篦冷机的烟气出口前移，以获得350℃左右的烟气，可产生饱和热水和低压过热蒸汽。该系统的特点是系统简单，便于管理。

经过十几年的开发、研究和若干实际工程投入运行，我国对于水泥窑纯低温余热发电技术中热力循环系统及设备（国产化）都已成熟可靠，尤其是补汽式汽轮机的研制成功，使我国余热发电技术及装备除了汽轮机本体效率比日本人略低外，总体上的技术水平已经赶上国际先进工业国家，为我国众多的不同窑型水泥生产厂提供了可供选择的余热发电技术及装备。

水泥窑纯低温余热发电完全符合国家的相关产业政策，是二十一世纪的新技术产业，推广应用的前景十分广阔，对提高我国的能源利用水平，保护环境起到积极的促进作用。从能源利用率的角度来讲，水泥生产过程中消耗的能源有效利用率仅为60%，其余40%的能量随废气排放到大气中，余热发电建成后，可将排放掉的38%的废气余热进行回收，使工厂的能源利用率提高到95%以上，为工厂的可持续发展创造了有利条件。从环境保护角度来讲，减少了二氧化碳的排放量。这对减少温室效应、保护生态环境起着积极的促进作用。

纯低温余热发电的发展趋势

发展纯低温余热发电是水泥工业可持续发展的需要。资源、能源、环境是制约水泥可持续发展的三大难题，特别是近几年我国经济的高速发展，使我国的煤、电、油、运难于支撑，水泥成本因为以上因素增加80元/吨。发展水泥窑纯低温余热发电技术和装备，充分利用预热器和预分解窑200～400℃水泥窑废气余热进行动力回收，每吨水泥熟料可回收30～40千瓦时电能，在水泥热耗为2 900千焦～3 300千焦/千克的情况下，能源利用率由60%提高到95%以上。纯低温余热发电的应用，既可以逐步满足水泥企业自身用电需要，减少外供电量，降低成本，提高新型干法水泥的竞争力，又可以减少对环境的热污染，间接达到节煤的目的，保护生态环境，因此，是解决制约水泥工业可持续发展的有效途径，也是满足水泥工业可持续发展的需要。

随着纯低温余热发电技术的日益成熟及其技术经济的可行性，它已越来越受到人们的高度重视。从国务院制定并出台的一系列开展资源综合利用的政策和新型干法水泥生产线纯低温余热发电项目被列为落实节能规划的首批专项国债项目中，可以看到水泥工业纯低温余热发电前景广阔。

首家“水泥余热发电设备示范事业”安徽宁国水泥厂纯低温余热发电项目

该项目是2002年国家计委和日本新能源产业技术综合开发机构（NEDO）确定的首家“水泥余热发电设备示范事业”。安徽海螺集团的宁国水泥厂在日产4 000吨水泥熟料生产线上采用了由日本川崎重工提供的一套中低温纯余热发电技术和设备，发电机装机容量6 480千瓦。该项目1996年10月18日动工，1998年2月8日并网发电一次成功，在窑系统稳定的前提下，发电机组运行正常，发电功率基本保持在额定功率以上。设计年发电量为4 087万千瓦时；吨熟料发电能力为33.8千瓦时，实际运行的小时发电量为7 000千瓦时，吨熟料发电量为4千瓦时。以年发电7 440小时计，年发电量5 208万千瓦时，扣除系统自耗电8%，年外供电量4 791万千瓦时，相当于吨熟料供电量为38.64千瓦时，而原材料消耗成本不足0.02元/千瓦时。

项目自1998年3月开始实质性运转至2005年，从统计数据表明，平均吨熟料发电量已达每吨36.12千瓦时，相对窑运转率为96.24%，累计发电量已达3.56亿千瓦时。系统运行实现了安全、稳定、高效运行。

首家应用国产纯低温余热发电技术并一次达标的项目—金山水泥厂纯低温余热发电

上海建材集团万安集团金山水泥厂日产1 050吨（实际1 350吨）φ3.5×88米四级旋风预热器窑（SP窑）采用纯低温余热发电技术进行了技术改造，项目总投资1 500万元，建造了一座利用350℃的水泥窑窑尾废气纯低温余热发电站，装机容量是2 500千瓦，正常发电能力为1 900～2 100千瓦。项目于2003年5月建成投产一次成功，设计发电能力1 800千瓦，目前实际发电能力大于1800千瓦，全部采用国产设备和技术。经过两年多的运行，主要设备和整个系统都运转正常，各项技术经济指标达到设计要求，每年可为企业节约电费476万元，吨熟料发电达到35千瓦时，三年收回投资，已累计发电4 100万千瓦时，不仅节约了大量的能源，缓解了社会电力紧张程度，而且大大减少了二氧化碳污染的排放，为水泥行业低温余热发电的推广起到了示范作用。在此项目中，万安企业总公司获得了两项有自己知识产权的技术专利，余热发电项目也获得了上海建材行业技术革新一等奖。

国内第一条日产5 000吨熟料水泥窑纯低温余热发电项目—三狮集团余热发电项目

2005年8月27日，三狮集团长兴余热发电厂1号机组正式并网发电，标志着今后三狮每年可向社会供电6 000万千瓦时，相当于节约标准煤3万吨及大量的水资源，增加销售收入3 000万元。“三狮”水泥生产线排放的废气热度经过发电后，将由原来的350℃降为100℃排到空中。三狮集团在节能降耗和综合利用资源方面又迈出了一大步。

该项目由天津水泥设计研究院设计，主机设备锅炉、汽轮机均采用国产设备，总投资4 000余万元。电站利用日产5 000吨新型干法水泥回转窑窑头熟料冷却机、窑尾预热器排放的350℃以下废气，充分进行回收利用发电，装机容量为6 000千瓦。工程于2004年10月破土动工，2005年7月底进行调试，日发电量达15万千瓦时，生产每吨熟料节电35千瓦时，每日节约电费12.6万。该项目的投产，将为企业提供近30%的用电量，单位熟料可降低成本15元左右。受浙江省科技厅委托，杭州市科技局于2005年12月26日在杭州主持召开了由杭州锅炉集团有限公司开发完成的“日产5 000吨水泥窑纯低温余热锅炉”鉴定会。鉴定委员会认为该产品的开发填补了国内日产5 000吨水泥窑纯低温余热锅炉的空白，处于国内领先水平。

广西鱼峰集团余热发电工程项目

广西鱼峰集团余热发电工程项目是2002年国家计委和日本新能源产业技术综合开发机构（NEDO）确定的第2家“水泥余热发电设备示范事业”。该项目利用了日产3 200吨干法熟料生产线排放的中、低温废气进行余热发电。广西柳州水泥厂余热电站设计计算发电功率为6 700千瓦，实际发电功率约为5 300千瓦。自2003年6月18日土建工程开工至2004年7月16日并网发电，运行情况基本正常，由于较好地解决了余热锅炉的漏风等问题，余热电站投入运行后，对水泥窑的生产运行基本上未产生不良影响。

该工程的工程设计由日本川崎重工负责提供方案设计

和基本技术资料,详细施工图设计由天津水泥工业设计研究院完成。平均吨熟料发电量达35.6千瓦时。考核结果表明,虽然个别指标没有达到设计值,但是从工程总体目标上来看,该系统完全达到了设计要求,通过近一年时间的运行表明,各子系统设备运行稳定可靠。工程得益于川崎公司把日本相对成熟的技术直接应用于鱼峰工程项目上,使得系统总体上能够取得较好的节能效果。

江西万年水泥厂余热电站项目

对于江西万年水泥厂余热电站,其设计计算发电功率应为3 600千瓦,由于受国产机组容量的限制,发电装机选定为3 000千瓦(为国产背压式汽轮机的标准后置机组),设计发电功率为2 800千瓦。自1997年投入生产运行以来,因热力系统的构成、窑头冷却机取热方式及余热锅炉本身存在的问题未能很好解决,电站的生产运行一直处于不理想状态,其电站实际发电功率约为1 700~2 200千瓦,未能达到设计指标要求。

对于江西万年水泥厂电站,用窑头熟料冷却机废气取热的方式,这种方式经生产运行实践证明:因冷却机尾部排出的废气温度波动范围大且快(一般设计为200~250℃,但实际变化在200~350℃,短时甚至超过400℃),几乎使AQC炉无法投入运行。

北京琉璃河水泥厂纯低温余热回收技术

2005年,北京琉璃河水泥厂利用纯低温余热回收技术,把生产水泥的炉窑排出温度高达250~350摄氏度的废气热量回收利用,在不影响水泥生产工艺及不变动现生产设备的前提下,回收这部分余热用于发电和冬季采暖供热,将水泥生产的综合热利用率从60%左右提高到90%以上,可用于发电和冬季采暖供热,废物变宝,一举两得。

浙江申河水泥股份有限公司纯低温余热发电项目

2005年3月浙江申河水泥股份有限公司第一条日产2 500吨熟料生产线纯低温余热发电机组并网。2005年8月浙江长兴煤山众盛建材有限公司日产5 000吨熟料生产线纯低温余热发电机组、浙江三狮水泥股份有限公司(长兴)日产5 000吨和2 500吨熟料生产线纯低温余热发电机组投入运行,标志着水泥企业利用余热发电国产技术基本成熟。据悉,不少省市的水泥企业都已作出实施计划,有的正在做前期工作,有的已开工建设。相信在"十一五"的5年中,水泥生产线纯低温余热发电会是个较快的发展时期。

第二篇

新型干法生产线(不完全统计)

"十五"之前投产的新型干法生产线

2001 年投产的新型干法生产线

2002 年投产的新型干法生产线

2003 年投产的新型干法生产线

2004 年投产的新型干法生产线

2005 年投产的新型干法生产线

“十五”之前投产的新型干法生产线★

总序号	企业名称	建设地点	建设规模(吨/日)	投产日期
1	北京水泥厂有限责任公司一线	北京昌平	2 000	1994.12
3	琉璃河水泥厂一线	北京房山	2 000	1993.09
9	北京兴发水泥有限公司	北京怀柔	700→1 200	1992.06
10	北京新港水泥制造有限公司	北京门头沟	700→1 000	1995.06
15	天津市振兴水泥有限公司	天津北辰区	2 000	1998.06
17	天津水泥股份有限公司	天津北辰区	1 000	1997.03
19	冀东水泥股份有限公司	河北唐山	4 000	1983.11
20	冀东水泥股份有限公司	河北唐山	4 000	1996.07
23	浅野水泥有限公司	秦皇岛抚宁	4 000	1997.03
37	河北太行集团公司	河北邯郸	2 000	1993.12
38	启新水泥有限公司	河北唐山	2 000	1994.12
40	河北宣化水泥厂	河北宣化	700→1 200	1990.05/2003.12
42	邢台市内邱县鑫磊集团水泥厂	河北邢台	1 000	2000.01
46	承德国投水泥有限公司	河北承德	700	1996.05
48	山西晋牌水泥集团有限公司	长治潞城	2 000	1995.08
50	太原狮头水泥股份公司3#窑	山西太原	1 200	1982.02
51	太原狮头水泥股份公司4#窑	山西太原	1 000	1996.02
67	铁道部第三工程局长治北水泥厂	山西长治	700	1998.05
69	内蒙古乌兰水泥有限责任公司一线	内蒙乌兰	2 000	1999.09
80	大连华能——小野田水泥有限公司	辽宁大连	4 000	1992.07
85	辽宁工源水泥集团公司	辽宁本溪	1 200	1978.03
86	辽阳千山水泥有限责任公司	辽宁辽阳	1 000	1998.11
94	吉林亚泰水泥有限公司一线	吉林长春	2 000	1993.06
95	吉林亚泰水泥有限公司二线	吉林长春	2 000	1999.08
101	冀东水泥吉林公司1#窑	吉林松江	1 000	1985.1
106	吉林省石岭水泥厂	吉林四平	700	1976.12
107	延边庙岭水泥有限责任公司	延边庙岭	700	1984.09
110	牡丹江水泥集团有限责任公司	黑龙江温春市	2 000	1986.01
111	哈尔滨水泥厂	哈尔滨	1 000	1992.01
114	黑龙江省浩良河水泥有限责任公司	伊春南岔区	2 000	1995.06
120	黑龙江省桦南水泥厂	佳木斯桦南	1 000	1991.01
121	上海联合水泥有限公司	上海徐汇区	2 000	1994.01
122	上海万安企业总公司	上海金山区	1 500	1989.12
123	上海建筑材料集团水泥有限公司	上海浦东	1 000	1987.02
128	京阳水泥有限公司	镇江句容	6 500	1997.12
142	江南-小野田水泥有限公司	江苏南京	4 000	1996.05

总序号	企 业 名 称	建设地点	建设规模(吨/日)	投产日期
137	江苏巨龙水泥集团有限公司	江苏徐州	4 000	1997.08
126	海螺集团中国水泥厂有限公司	江苏南京	2 000	1996.06
165	南京天宝水泥集团有限责任公司一线	南京江宁	1 000	1997
168	江苏霸王集团公司	江苏徐州	700	1988.02
167	邳州大运河水泥有限公司	徐州邳州市	700	1983.01
169	宜兴水泥厂	无锡宜兴	700	1990.04
183	浙江尖峰集团金马水泥公司	浙江金华	1 000	1999.01
192	浙江山鹰建材集团裕廊水泥公司	湖州长兴	1 000	1998.04
201	浙江红火实业集团有限公司	衢州江山	1 000	2000.02
209	浙江虎山水泥集团公司一线	衢州江山	1 000	1999.12
218	浙江中盛源水泥有限公司	浙江德清县	预热器→700	1998.10
231	杭州钱潮建材股份有限公司	杭州余杭	1 000	1999.08
255	福建水泥股份有限公司炼石水泥厂	南平顺昌	2 000	1988.08
256	福建水泥股份有限公司建福水泥厂	三明永安	1 700	1996.01
259	福建龙岩三德水泥建材工业公司一期	福建龙岩	2 000	1997.05
261	安溪三元岩水泥有限公司	泉州安溪	1 000	1999
265	南平水泥股份有限公司	福建南平	700	1997.09
266	江西亚东水泥有限公司一线	江西瑞昌市	4 200	2000.08
269	江西万年青股份有限公司4#窑	江西万年县	2 000	2000.04
270	江西万年青股份有限公司3#窑	江西万年县	2 000	1986.12
288	江西久久水泥有限公司	江西萍乡市	700→1 100	1984.12/2003.12
291	江西赣英水泥有限责任公司	江西高安市	700	1996.02
292	江西赣珠水泥厂	江西高安市	700	2000.01
295	铜陵海螺水泥有限公司一线	安徽铜陵	4 500	1996.01
306	荻港海螺水泥有限公司一线	芜湖繁昌	2 500	2000.11
309	海螺集团芜湖白马山水泥厂	安徽芜湖	800	1995.06
310	海螺集团芜湖白马山水泥厂4#窑	安徽芜湖	2 500	1998.09
312	海螺集团宁国水泥厂一线	宣城宁国	4 000	1985.05
313	海螺集团宁国水泥厂二线	宣城宁国	2 000	1996.01
316	安徽皖维高新材料股份有限公司	安徽巢湖	1 000	2000.11
327	巢东水泥股份有限公司巢湖水泥厂	安徽巢湖	2 500	2000.11
329	巢东水泥股份有限公司东关水泥厂	安徽巢湖	700	1989.11
330	巢东水泥股份有限公司东关水泥厂	安徽巢湖	700	1997.12
336	巢湖铁道水泥厂	安徽巢湖	1 500	1992.01
338	淮北众城水泥有限责任公司	安徽淮北	1 000	2000.12
341	大宇水泥(山东)有限公司	山东济宁	7 200	1996.05
342	山水集团济南水泥有限公司	山东济南	1 000	1994.12
343	山水集团济南水泥有限公司	山东济南	1 700	1997.03
344	山水集团济南水泥有限公司	山东济南	2 500	1999.08
353	山东鲁南水泥有限公司	山东枣庄	2 000	1990.09
354	山东鲁南水泥有限公司	山东枣庄	2 000	1990.09

总序号	企 业 名 称	建设地点	建设规模(吨/日)	投产日期
363	烟台三菱水泥有限公司	山东烟台	3 000	1995.04
383	临沂市临光水泥厂	山东临沂	1 000	1993.09
384	台儿庄区水泥厂	山东枣庄	1 000	1996.02
385	山东鲁碧水泥有限公司	山东莱芜	1 000	1998.12
386	山东金塔王股份有限公司	济宁泗水	1 000	1999.12
388	泰安鲁润水泥制造有限公司	泰安徂徕	700	2000.01
389	河南省同力水泥有限公司一线	河南鹤壁	2 000	1998.01
406	河南省七里岗水泥厂	河南密县	1 200	1994.12
407	河南省七里岗水泥厂	河南密县	700→1 000	1989.11
408	河南新乡水泥厂	河南新乡	1 000	1992.06
409	洛阳黄河水泥集团有限公司	洛阳新安县	1 000	1992.07
410	焦作坚固水泥有限公司	河南焦作	1 000	1993
421	河南省林州市水泥厂	安阳林州市	700	1990
422	红旗渠水泥厂	河南林县	700	1994
423	华新水泥股份有限公司	湖北黄石	2 000	1994.12
424	华新水泥股份有限公司	湖北黄石	5 000	1997.02
433	葛洲坝水泥股份有限公司3#窑	湖北荆门	2 000	1995.08
434	葛洲坝水泥股份有限公司	湖北荆门	700	1998.09
435	葛洲坝水泥股份有限公司5#窑	湖北荆门	2 500	1999.1
440	湖北省宝石水泥集团有限公司	襄樊老河口	1 000	1995.03
445	湖北黄冈水泥总厂	湖北黄岗	700	1993.04
446	赤壁市水泥总厂	湖北赤壁市	700	1992.01
452	韶峰水泥集团有限公司	湘潭湘乡市	2 000	1996.12
461	越秀集团广州珠江水泥公司	广州市	4 000	1989.02
462	越秀集团广州水泥厂	广州市	1 700	1994.12
463	越秀集团广州水泥厂5#窑技改	广州市	700	1990.04
474	广东广信青洲水泥有限公司	广东云浮	2 000	1992.02
475	广东南华水泥有限公司5#窑	清远英德市	1 700	1997.01
476	广东南华水泥有限公司6#窑	清远英德市	1 700	1997.01
477	广州市嘉华南方水泥有限公司	广州市	1 000	1995.08
478	茂名石化胜利水泥公司	广东茂名	1 000	1995.12
480	广东省肇庆市小湘水泥厂	广东肇庆	700	1995.08
488	广西鱼峰水泥股份有限公司	广西柳州	3 200	1988.12
490	广西华宏水泥股份有限公司	南宁邕宁	1 000	1996.01
491	南宁正大建材有限公司	南宁市	1 000	1997.12
494	国投海南水泥有限公司	海南昌江	2 000	1997.12
497	重庆拉法基一线	重庆市南岸	2 000	1998.05
547	云南红塔滇西水泥股份有限公司一线	云南大理	1 000	1995.05
548	云南红塔滇西水泥股份有限公司二线	云南大理	1 000	1997
550	玉溪大营街水泥制造有限公司	云南玉溪	1 000	2000.12
565	陕西秦岭水泥股份有限公司	铜川耀县	2 000	1991.09

总序号	企业名称	建设地点	建设规模(吨/日)	投产日期
583	兰州大通河水泥股份有限公司	兰州窑街	700	1990.12
589	酒泉宏达建材有限公司	甘肃酒泉	700→1 000	1995.01/2004.04
593	金城水泥有限责任公司	甘肃兰州	900	1991.12
596	青海水泥股份有限公司	青海西宁	1 000	1998.01
604	宁夏回族自治区青铜峡水泥厂	吴忠青铜峡	1 000	1995.07
605	天山水泥股份有限公司	乌鲁木齐	2 000	1992.09
606	天山水泥股份有限公司	乌鲁木齐	700	1981.06

总计:125 条生产线

2001 年投产的新型干法生产线

总序号	企业名称	建设地点	建设规模(吨/日)	投产日期
4	琉璃河水泥厂二线	北京房山	2 500	2001.10
25	鹿泉市鼎鑫水泥有限公司一期	石家庄鹿泉	2 500	2001.06
44	王屋水泥厂	石家庄鹿泉	700	2001.06
45	河北涉县第三水泥厂	邯郸涉县	700	2001.01
58	山西新绛威顿水泥厂	运城绛县	1 000	2001.08
84	辽宁工源水泥集团沈阳水泥有限公司	辽宁沈阳	1 500	2001
87	瓦房店老虎水泥有限责任公司	大连瓦房店	1 000	2001.12
96	吉林亚泰水泥有限公司三线	吉林长春	2 500	2001.08
109	牡丹江水泥集团有限责任公司	黑龙江温春市	2 500	2001.02
210	浙江虎山水泥集团公司二线	衢州江山	1 000	2001.08
213	浙江申河水泥股份有限公司	浙江桐乡	1 000	2001.11
252	浙江诸暨八方水泥有限责任公司	绍兴诸暨	1 000	2001.12
253	浙江桐星建材集团有限责任公司	浙江桐乡	1 000	2001.12
254	福建水泥股份有限公司炼石水泥厂	南平顺昌	2 300	2001.09
297	枞阳海螺水泥股份有限公司一线	安庆枞阳	2 500	2001.09
298	枞阳海螺水泥股份有限公司二线	安庆枞阳	2 500	2001.09
307	荻港海螺水泥有限公司二线	芜湖繁昌	2 500	2001.04
387	淄博齐银水泥有限公司	山东淄博	1 000	2001.12
398	孟电集团水泥公司一线	新乡辉县	1 000	2001.11
420	香山水泥公司洛阳中合祥水泥公司	河南洛阳	800	2001.01
431	湖北世纪新峰水泥有限公司	湖北鄂州市	1 000	2001.07
455	长沙县印山实业总公司水泥厂	湖南长沙县	1 000	2001.01
513	四川双马水泥股份有限公司	绵阳江油市	1 500	2001.08
530	贵阳水泥有限责任公司	贵州贵阳市	1 200	2001.11
538	丽江永保水泥有限公司二线	丽江永胜期纳镇	1 000	2001.09

总序号	企业名称	建设地点	建设规模(吨/日)	投产日期
540	思茅普洱水泥厂一线	思茅普洱	1 000	2001.09
549	云南红塔滇西水泥股份有限公司三线	云南大理	1 000	2001.05
551	云南壮山实业股份有限公司一线	云南文山州	1 000	2001.01
553	剑川水泥厂	大理剑川县	1 000	2001.06
554	祥云建材集团公司	大理祥云县	1 000	2001.07
564	陕西秦岭水泥股份有限公司	铜川耀县	2 500	2001.06
573	岐山县岐星水泥厂	陕西岐山县	1 000	2001.03
578	祁连山水泥股份有限公司一期	兰州永登	2 000	2001.04
582	兰州大通河水泥股份有限公司	兰州窑街	1 000	2001.05
585	金昌市水泥集团有限责任公司	甘肃金昌	1 000	2001.12
586	甘肃山丹水泥厂	甘肃山丹	1 000	2001.12
597	青海水泥股份有限公司	青海西宁	1 500	2001.11
603	宁夏瀛海建材集团	宁夏银川	1 000	2001
608	天山水泥公司和静水泥厂	巴音州和静	2 000	2001.05

总计:39 条生产线

2002 年投产的新型干法生产线

总序号	企业名称	建设地点	建设规模(吨/日)	投产日期
16	天津飞雁水泥有限公司	天津蓟县	1 200	2002.12
22	冀东三友水泥有限公司	河北唐山	3 200	2002.04
26	鹿泉市鼎鑫水泥有限公司二期	石家庄鹿泉	2 500	2002.01
27	邢台矿业集团公司水泥厂	河北邢台	2 500	2002.08
28	河北奎山水泥集团有限公司	河北邢台	2 500	2002.08
41	河北承德建龙水泥二厂	河北承德	700→1 200	2002.08
43	河北中财武山水泥公司	河北秦皇岛	1 000	2002.06
59	山西鑫光水泥股份有限公司	运城闻喜	1 000	2002.01
60	长治市水泥厂	山西长治	1 000	2002
66	大同永合新荣水泥有限公司	山西大同	700	2002
68	广灵精华化工集团绿川建材分公司	山西广灵	700	2002.12
73	内蒙古西水创业股份有限公司	内蒙乌海	2 000	2002.05
172	浙江三狮集团水泥股份有限公司	浙江长兴煤山	2 500	2002.05
178	浙江三狮集团湖州达强建材公司	浙江湖州	1 000	2002.02
186	浙江红狮水泥有限公司一期	金华兰溪	2 500	2002.12
190	浙江山鹰建材集团裕廊水泥公司	湖州长兴	2 500	2002.07
198	立马控股集团有限公司	金华兰溪	1 200	2002.12
202	浙江金圆水泥有限公司一期	浙江金华	2 500	2002.12
204	浙江兰溪三源水泥厂	金华兰溪	2 500	2002.12

总序号	企业名称	建设地点	建设规模(吨/日)	投产日期
217	浙江中开源水泥有限公司	湖州德清	1 200	2002.12
220	浙江江山虎集团水泥有限公司	衢州江山	1 000	2002.12
223	浙江诸暨上峰水泥有限公司	浙江绍兴诸暨	1 000	2002.12
234	浙江科华水泥有限公司	金华兰溪	1 500	2002.12
235	浙江声威建材有限责任公司	浙江兰溪	1 300	2002.12
241	浙江兆山新星水泥有限公司	绍兴诸暨	1 000	2002.01
248	浙江常山虎跃水泥厂	衢州江山	1 000	2002.12
249	湖州雀立水泥有限公司	浙江湖州	1 000	2002.12
250	常山天马水泥有限公司	衢州常山	1 000	2002.08
251	浙江华源水泥公司(技改)	浙江杭州	700→1 000	2002.06
263	福建龙岩合丰水泥有限公司	福建龙岩	1 000	2002.01
296	铜陵海螺水泥有限公司二线	安徽铜陵	5 000	2002.05
299	枞阳海螺水泥股份有限公司三线	安庆枞阳	5 000	2002.12
301	池州海螺水泥有限公司一线	安徽池州	5 000	2002.02
302	池州海螺水泥有限公司二线	安徽池州	5 000	2002.12
314	海螺集团宁国水泥厂三线	宣城宁国	5 000	2002.12
317	安徽皖维高新材料股份有限公司	安徽巢湖	1 000	2002.12
322	安徽凤阳水泥总厂	安徽凤阳	2 500	2002.05
345	山水集团创新水泥有限公司	济南长清	2 500	2002.12
365	山东榴园水泥有限公司	山东枣庄	2 500	2002.05
376	山东宝山生态建材公司一期	山东淄博	1 200	2002.12
399	孟电集团水泥公司二线	河南辉县	1 000	2002
411	南阳市水泥厂	南阳蒲山	700→1 000	2002
412	河南省确山水泥厂	河南驻马店	700→1 000	2002.06
413	新乡金灯水泥有限公司	新乡北站	1 000	2002.12
487	广西鱼峰水泥股份有限公司	广西柳州	2 000	2002.01
492	广西东泥股份有限公司	百色田东	1 000	2002.12
493	广西河池化工股份有限公司	广西河池	1 000	2002.12
509	重庆三磊水泥公司	重庆秀山县	1 000	2002.12
510	重庆忠州水泥有限公司	重庆忠州	700	2002.12
511	都江堰拉法基水泥厂	成都都江堰	4 000	2002.04
512	四川金顶(集团)股份有限公司	乐山峨眉山市	2 500	2002.12
516	成都瀚江水泥有限公司	成都市彭州市	1 700	2002.01
521	四川峨眉山水泥有限公司	乐山峨眉山市	1 000	2002.04
524	四川天力机械集团泗坪水泥厂	雅安荥经县	700	2002.11
526	兴义顶效拉法基瑞安水泥有限公司	遵义兴义	1 200	2002.12
555	大理红山水泥厂	云南大理	1 000	2002.09
556	大理水泥集团有限公司	云南大理	1 000	2002.12
568	陕西汉江建材集团有限公司	陕西汉中	2 500	2002.04
574	岐山县岐星水泥厂	陕西岐山县	1 000	2002.12
584	兰州大通河水泥股份有限公司	兰州窑街	1 000	2002.04

总序号	企业名称	建设地点	建设规模(吨/日)	投产日期
587	兰州甘草水泥集团公司公司	兰州榆中县	1 000	2002.12
599	宁夏赛马水泥(集团)有限公司	宁夏银川	2 300	2002.12
602	宁夏宏威水泥股份有限公司	吴忠中宁县	1 000	2002.12
607	天山水泥公司大河沿熟料F基地一线	吐鲁番	2 000	2002.11

总计:64 条生产线

2003 年投产的新型干法生产线

总序号	企业名称	建设地点	建设规模(吨/日)	投产日期
5	北京太行前景水泥有限公司	北京房山	3 000	2003.02
6	北京立马水泥公司	北京房山	2 500	2003.12
7	北京强联水泥有限公司	北京房山	1 500	2003.11
8	北京平谷县水泥二厂	北京平谷	1 200	2003.09
11	北京双山水泥集团	北京房山	600→1 200	2003.04
12	北京顺发拉法基水泥有限公司	北京顺义	700→1 200	1995/2003.08
13	北京燕山水泥厂	北京石景山	700→1 100	2003.04
18	石家庄冀中水泥有限公司	河北石家庄	5 000	2003.01
24	保定太行水泥有限公司	河北保定	3 000	2003.11
29	河北金牛能源股份公司水泥厂一线	河北邢台	2 500	2003.01
31	邢台市内邱县鑫磊集团水泥厂	河北邢台	2 500	2003.05
32	邯郸太行水泥公司	河北邯郸	2 500	2003.06
40	河北宣化水泥厂	河北宣化	700→1 200	1990.05/2003.12
52	太原狮头水泥股份公司5#窑	山西太原	1 000	2003.05
54	山西铝厂水电水泥厂	山西河津	1 300	2003.06
61	瑞盛水泥厂	山西长治	1 000	2003.12
62	中阳桃园水泥有限公司	山西中阳	1 000	2003
63	闻喜县第二水泥有限公司	山西闻喜	1 000	2003
70	内蒙古乌兰水泥有限责任公司二线	内蒙乌兰	2 500	2003.07
75	乌海黄河工贸集团千峰水泥分公司	内蒙乌海市	1 500	2003.09
88	大连金山水泥有限公司	辽宁大连	1 000	2003.06
89	朝阳兰凌水泥有限公司	辽宁朝阳	1 000	2003
93	抚顺鸿源水泥有限公司	辽宁抚顺	700	2003.09
98	吉林亚泰明城水泥公司一线	吉林明城	5 000	2003.06
103	冀东水泥磐石有限公司	吉林磐石	3 500	2003.04
104	吉林四平监狱水泥厂(技改)	吉林四平	700→1 200	2003
112	哈尔滨水泥厂	哈尔滨	2 500	2003.12
119	黑龙江省小岭水泥厂	哈尔滨	1 200	2003.12
161	扬州旺龙建材有限公司	江苏扬州	600→1 200	2003.04
162	江苏远东水泥有限公司	镇江句容	600→1 000	2003.12

总序号	企 业 名 称	建设地点	建设规模(吨/日)	投产日期
164	溧阳振东水泥厂(技改)	江苏溧阳	600→1 000	2003.03
170	苏州光华水泥厂(白水泥)	江苏苏州	500→700	2003
132	常州盘固水泥有限公司	江苏常州金坛	2 500	2003.02
139	江苏恒来建材股份有限公司	江苏宜兴	2 500	2003.11
143	江苏磊达股份有限公司一线	江苏东台	2 500	2003.01
146	江苏溧阳扬子水泥公司	江苏溧阳	2 500	2003.12
151	江苏宜兴十里牌水泥有限公司	江苏宜兴	2 500	2003.12
147	江苏宜兴新燕水泥有限公司	江苏宜兴埝头	2 500	2003.12
135	溧阳市金峰水泥有限公司	江苏溧阳	2 500	2003.06
145	苏州金猫水泥有限公司	江苏苏州	2 500	2003.08
141	溧阳市汉生特种水泥有限公司	江苏溧阳	1 500	2003.05
158	南京三龙水泥股份公司	江苏南京	1 500	2003.01
160	常州亚峰水泥厂	江苏常州	1 200	2003.11
159	溧阳南渡水泥厂	江苏溧阳	1 200	2003.01
150	江苏青狮水泥股份有限公司	江苏宜兴	1 000	2003.02
166	南京天宝水泥集团有限责任公司二线	南京江宁	1 000	2003.12
171	浙江三狮集团水泥股份有限公司	浙江长兴煤山	5 000	2003.11
175	浙江桐庐三狮水泥公司一期	浙江桐庐	2 500	2003.07
179	浙江绍兴三狮有限水泥公司	浙江绍兴	2 500	2003.08
180	建德海螺水泥公司一期工程	浙江建德	5 000	2003.01
182	浙江尖峰集团金马水泥公司	浙江金华	600→1 200	2003.06
187	浙江红狮水泥有限公司二期	金华兰溪	2 500	2003.12
200	浙江红火实业集团有限公司	衢州江山	2 500	2003.07
203	浙江金圆水泥有限公司二期	浙江金华	2 500	2003.12
205	浙江玻璃股份华强水泥公司	浙江绍兴	2 500	2003.04
206	长兴小浦众盛水泥公司	浙江长兴	2 500	2003.05
207	浙江兆山新星集团云石水泥有限公司	绍兴诸暨	2 500	2003.06
208	安吉兆山水泥有限公司一线	湖州安吉	2 500	2003.07
211	浙江虎山水泥集团公司三线	衢州江山	2 500	2003.08
212	浙江申河水泥股份有限公司	浙江桐乡	2 500	2003.12
214	宁波富达舜江水泥有限公司	浙江宁波	2 500	2003.12
227	浙江燕荡山水泥有限公司	衢州龙游	1 300	2003.03
230	杭州钱潮建材股份有限公司	杭州余杭	1 000	2003.04
237	浙江豪龙建材公司一线	浙江衢州	1 200	2003.05
239	浙江华业韶洋建材公司	浙江湖州	1 200	2003.01
242	绍兴市兆山建材公司	浙江绍兴	1 000	2003.07
244	浙江青石集团杭州青石水泥公司	浙江杭州	1 000	2003.12
245	浙江振大水泥有限公司	浙江嘉善	1 000	2003.10
246	海盐秦丰水泥有限公司	嘉兴海盐	1 000	2003.06
247	杭州水泥集团有限公司	浙江杭州	700→1 000	2003.04
264	福建龙麟集团福龙水泥厂	福建龙岩	1 000	2003.11

总序号	企 业 名 称	建设地点	建设规模(吨/日)	投产日期
267	江西亚东水泥有限公司二线	江西瑞昌市	5 000	2003.01
271	江西玉山万年青水泥股份有限公司一线	江西玉山县	2 500	2003.05
280	江西分宜海螺水泥有限公司	江西分宜县	2 000	2003.07
283	江西信丰万基水泥公司	江西赣州信丰	1 200	2003.12
284	江西兴国赣兴集团	江西兴国县	1 200	2003.12
288	江西久久水泥有限公司	江西萍乡市	700→1 100	1984.12/2003.12
289	江西天峰水泥有限公司	江西上饶县	1 000	2003.12
303	池州海螺水泥有限公司三线	安徽池州	8 000	2003.09
304	怀宁海螺水泥公司一线	安徽怀宁	5 000	2003.12
308	荻港海螺水泥有限公司三线	安徽繁昌	5 000	2003.04
328	巢东水泥股份有限公司巢湖水泥厂	安徽巢湖	1 500	2003.08
337	淮北众城水泥有限责任公司	安徽淮北	1 300	2003.09
340	安徽铜陵水泥厂旋窑线(技改)	安徽铜陵	600→1 200	2003.06
346	山水集团潍坊水泥有限公司	山东潍坊	2 500	2003.07
347	山水集团昌乐水泥有限公司	山东昌乐	2 500	2003.06
348	山水集团淄博岭子水泥公司一线	山东淄博	5 000	2003.11
350	山水集团平阴山水水泥公司一线	山东平阴	5 000	2003.12
356	山东烟台东源水泥公司一线	山东烟台	3 000	2003.12
358	泰山水泥有限公司一线	山东泰安	2 500	2003.06
364	山东铝业公司水泥厂一期	山东淄博	3 000	2003.01
366	山东榴园水泥有限公司	山东枣庄	2 500	2003.12
367	山东金鲁城集团一线	山东曲阜	2 500	2003.01
369	德州晶华集团大坝水泥公司一线	山东德州	2 500	2003.06
377	山东宝山生态建材公司二期	山东淄博	1 000	2003.06
379	淄博锦宏水泥公司	山东淄博	1 200	2003.01
380	济南华明电力集团水泥有限公司	济南章丘	700→1 200	2003.03
381	山东兖矿集团公司水泥厂1#窑	山东滕州	400→1 200	2003.05
390	河南省同力水泥水泥公司二线	河南鹤壁	2 500	2003.12
395	汝州天瑞水泥有限公司	河南汝州	2 500	2003.01
414	河南安阳湖波水泥公司	河南安阳市	1 000	2003.07
415	郑州洞林水泥公司	河南郑州	1 000	2003.08
416	郑州长城水泥公司	河南郑州	1 000	2003.12
417	河南焦作市中晶集团水泥公司	河南焦作	1 000	2003.12
425	华新宜昌水泥公司一线	湖北宜都	3 200	2003.03
453	湖南益阳东方水泥公司	湖南益阳	1 200	2003.11
464	广东塔牌集团公司	广东梅州	5 000	2003.05
468	广东亨达利水泥厂有限公司一线	广东云浮	2 500	2003.01
484	广西华润红水河水泥公司	广西宾阳县	2 500	2003.06
506	重庆小南海水泥厂一线	重庆市大渡口	1 200	2003.01
508	重庆富丰水泥集团有限公司一线	重庆市合川	1 200	2003.12
527	遵义新蒲拉法基瑞安水泥有限公司	贵州遵义	1 200	2003.11

总序号	企 业 名 称	建设地点	建设规模(吨/日)	投产日期
528	贵州水泥厂	贵州贵阳市	1 200	2003.12
532	贵州乌江葛洲坝水泥公司	贵州遵义	1 000	2003.07
535	云南华云公司	云南昆明	2 500	2003.06
537	丽江永保水泥有限公司一线	丽江永胜期纳镇	200→1 000	2003.01
542	云南思茅建峰水泥厂1#线	云南思茅	1 000	2003.01
552	云南壮山实业股份有限公司二线	云南文山州	1 000	2003.12
557	云南通海秀山水泥公司	云南通海县	1 000	2003.08
558	云南华宁水泥公司	云南华宁县	1 000	2003.11
559	云南云维集团水泥公司	云南曲靖	1 000	2003.12
561	四营煤矿水泥厂	云南嵩明县	700	2003.03
567	冀东水泥扶风有限公司	陕西扶风	4 000	2003.11
569	陕西尧柏特种水泥公司	陕西蒲城	2 500	2003.12
575	陕西岐星水泥厂	陕西岐山县	1 000	2003.08
579	祁连山水泥股份有限公司二期	甘肃永登	2 300	2003.01
581	甘肃武山水泥厂	甘肃武山	2 000	2003.06
588	甘肃景泰寿鹿山水泥有限责任公司	甘肃景泰县	1 000	2003.07
594	甘肃浴佛水泥股份公司	甘肃甘谷	700	2003.04
598	兰州大通河水泥股份公司	青海民河	2 500	2003.12

总计:130 条生产线

2004年投产的新型干法生产线

总序号	企 业 名 称	建设地点	建设规模(吨/日)	投产日期
14	天津市振兴水泥有限公司	天津北辰区	2 400	2004.05
21	冀东水泥滦县项目(冀东三线)	河北滦县	5 000	2004.05
33	河北金隆水泥集团公司	河北隆尧	2 500	2004.03
34	鹿泉市曲寨水泥有限公司	河北鹿泉	2 500	2004.04
39	河北天健水泥公司	河北石家庄	600→1 500	2004.01
49	太原智海水泥有限公司一期	山西太原	2 500	2004
53	太原狮头水泥股份公司	山西太原	1 500	2004
57	太原双良五星水泥公司(技改)	山西太原	1 200	2004.07
65	山西太原广厦水泥有限公司	山西阳曲	850	2004.04
71	内蒙古乌兰水泥有限责任公司三线	内蒙乌兰	2 500	2004.10
72	内蒙赤峰远航水泥有限公司	内蒙赤峰	2 500	2004.11
74	海拉尔蒙西水泥有限公司	内蒙海拉尔	2 000	2004.12
77	鄂尔多斯蒙西建材有限公司(技改)	内蒙鄂尔多斯	1 200	2004.12
78	内蒙大佘太水泥厂(技改)	内蒙	中空窑→800	2004.03
79	鞍山冀东水泥有限公司	辽宁鞍山大乐屯	5 000	2004.05
81	辽阳冀东水泥公司	辽宁灯塔市	3 000	2004.12

总序号	企业名称	建设地点	建设规模(吨/日)	投产日期
82	辽宁铁岭铁新水泥有限公司一期	辽宁铁岭	2 500	2004.09
83	辽宁工源水泥集团公司	辽宁本溪	2 500	2004.12
90	大连瓦房店新虎水泥有限公司	辽宁大连瓦房店	1 000	2004.05
91	大连五岛水泥有限公司	辽宁大连瓦房店	1 000	2004.06
102	冀东水泥吉林公司3#窑	吉林省吉林市	2 800	2004.06
105	吉林通化特种水泥公司	吉林通化	1 200	2004.03
113	佳木斯鸿基水泥集团公司	佳木斯桦南	2 500	2004.12
163	江苏远东水泥有限公司	江苏句容	600→1 200	2004.12
127	徐州海螺水泥有限公司	江苏徐州	10 000	2004.08
130	江苏联合水泥有限公司	江苏镇江	5 500	2004.09
131	常州盘固水泥有限公司	江苏常州金坛	5 000	2004.10
125	海螺集团中国水泥厂有限公司二期	江苏南京	5 000	2004.10
124	海螺集团中国水泥厂有限公司一期	江苏南京	5 000	2004.04
136	江苏巨龙水泥集团有限公司	江苏徐州	5 000	2004.12
133	溧阳市金峰水泥有限公司	江苏溧阳	5 000	2004.11
134	溧阳市金峰水泥有限公司	江苏溧阳	5 000	2004.11
129	天山溧阳水泥公司	江苏溧阳	5 000	2004.07
157	江苏鹤林水泥有限公司	江苏镇江	2 500	2004.12
144	江苏磊达股份有限公司二线	江苏东台	2 500	2004.12
149	江苏青狮水泥股份有限公司	江苏宜兴	2 500	2004.02
153	江苏宜兴蛟桥建材有限公司	江苏宜兴	2 500	2004.03
152	江苏宜兴十里牌水泥有限公司	江苏宜兴	2 500	2004.08
148	江苏宜兴新燕水泥有限公司	江苏宜兴埝头	2 500	2004.03
156	苏州东吴水泥有限公司	江苏苏州	2 500	2004.09
155	宜兴金墅水泥有限公司	江苏宜兴	2 500	2004.06
154	宜兴天盛水泥有限公司	江苏宜兴	2 500	2004.03
173	浙江富阳三狮水泥有限公司	浙江富阳	5 000	2004.09
174	浙江建德三狮水泥有限公司	浙江建德	5 000	2004.10
176	浙江桐庐三狮水泥公司二期	浙江桐庐	2 500	2004.06
177	浙江三狮集团湖州达强建材公司	浙江湖州	2 000	2004.02
181	浙江尖峰集团登城水泥公司	浙江富阳	5 000	2004.05
184	浙江建德红狮水泥公司一期工程	浙江建德	5 000	2004.06
185	浙江建德红狮水泥公司二期工程	浙江建德	5 000	2004.11
189	浙江山鹰建材集团裕廊水泥公司	浙江长兴	5 000	2004.06
191	浙江山鹰建材集团裕廊水泥公司	浙江长兴	2 500	2004.04
193	浙江水泥常山有限公司	浙江衢州常山	5 000	2004.09
215	浙江金首水泥有限公司(技改)	浙江萧山	2 500	2004.02
216	浙江中新源水泥有限公司	浙江德清县	2 500	2004.03
219	浙江江山虎集团水泥有限公司	衢州江山	2 500	2004.05
221	浙江长广集团水泥公司	浙江长兴	2 500	2004.05
222	浙江诸暨上峰水泥有限公司	浙江绍兴诸暨	2 500	2004.05

总序号	企 业 名 称	建设地点	建设规模(吨/日)	投产日期
224	浙江兰溪六洞山水泥厂	浙江兰溪	2 500	2004.08
225	浙江常山天马水泥有限公司	浙江常山	2 500	2004.10
226	浙江燕荡山水泥有限公司	衢州龙游	2 500	2004.10
228	浙江杜山水泥集团有限公司	衢州龙游杜山	2 500	2004.12
236	浙江兴宝龙建材有限公司	浙江湖州长兴	600→1 200	2004.08
238	浙江豪龙建材公司二线	浙江衢州	2 000	2004.12
240	浙江兆山建材集团二厂	绍兴诸暨	2 500	2004.07
243	海盐齐家山水泥有限公司	嘉兴海盐	1 000	2004.04
257	福建永定兴鑫水泥有限公司一线	福建永定	2 500	2004.10
260	福建龙岩三德水泥建材工业公司二期	福建龙岩	2 500	2004.12
272	江西玉山万年青水泥股份有限公司二线	江西玉山	2 500	2004.04
273	江西正大水泥有限公司	江西萍乡	2 500	2004.07
274	江西九江鑫山水泥有限公司一线	江西九江	2 500	2004.09
275	江西环宇水泥有限公司	江西德安县	2 500	2004.10
276	江西虎山鸡山水泥有限公司	江西玉山	2 500	2004.10
281	江西贵溪新世纪水泥公司	江西贵溪	1 500	2004.04
282	江西泰和玉华水泥有限公司	江西泰和	1 400	2004.08
285	江西信丰圣塔实业集团公司	江西赣州信丰	1 200	2004.02
286	江西国兴(东方红)水泥有限公司	江西赣州信丰	1 200	2004.08
290	江西萍乡赣西水泥有限公司	江西萍乡	1 000	2004.03
293	铜陵海螺水泥有限公司三线	安徽铜陵	10 000	2004.06
294	铜陵海螺水泥有限公司四线	安徽铜陵	10 000	2004.10
300	枞阳海螺水泥股份有限公司四线	安徽枞阳	10 000	2004.07
305	怀宁海螺水泥公司二线	安徽怀宁	5 000	2004.05
318	安徽三狮和德水泥有限公司一线	安徽广德流洞镇	5 000	2004.12
320	淮南舜岳水泥有限公司一线	安徽淮南	2 500	2004.09
323	安徽凤阳水泥总厂滁州分厂	安徽滁州	2 500	2004.09
324	淮北矿业集团水泥技改工程	安徽淮北	2 500	2004.10
325	安徽菲达水泥有限公司一线	安徽广德	2 500	2004.12
326	安徽广德桐星水泥有限公司	安徽广德	2 500	2004.06
339	马钢集团桃冲矿水泥厂	安徽繁昌荻港	600→1 200	2004.12
349	山水集团淄博岭子水泥公司二线	山东淄博	5 000	2004.08
351	山水集团平阴山水水泥公司二线	山东平阴	5 000	2004.08
352	山水集团安丘三水水泥公司	山东安丘	5 000	2004.10
355	山东鲁南水泥有限公司	山东滕州	5 000	2004.11
359	泰山水泥有限公司二线	山东泰安	5 000	2004.10
360	山东泉兴水泥公司	山东枣庄台儿庄	5 000	2004.09
368	山东金鲁城集团二线	山东曲阜	2 500	2004.09
371	安厦水泥集团鑫厦水泥一线	山东枣庄	2 500	2004.06
372	山东理能水泥有限公司	山东济宁市	2 500	2004.07
382	山东顺兴水泥股份有限公司	山东	1 200	2004.11

总序号	企业名称	建设地点	建设规模(吨/日)	投产日期
400	孟电集团水泥公司三线	河南辉县	3 000	2004.06
401	孟电集团水泥公司四线	河南辉县	3 000	2004.06
402	河南南阳航天水泥厂一期	河南南阳	3 000	2004.04
405	焦作建兴水泥工业有限公司	河南焦作	2 500	2004.12
427	华新集团阳新项目	湖北阳兴县韦源口镇	6 000	2004.08
429	湖北华新集团恩施水泥厂	湖北恩施	2 500	2004.09
432	湖北世纪新峰水泥有限公司	湖北鄂州市	2 500	2004.08
441	湖北京山县京兰水泥有限公司	湖北京山县	1 500	2004.10
443	湖北三源水泥有限公司	湖北三源	1 300	2004.12
444	当阳市城堡水泥有限公司	湖北当阳	1 200	2004.09
447	湖南双峰海螺水泥有限公司	湖南双峰	5 000	2004.09
448	兆山新星湖南水泥公司一线	长沙宁乡	2 500	2004.12
449	湖南郴州东江金磊公司	湖南郴州资兴	2 500	2004.12
456	海螺英德龙山水泥有限公司一线	广东清远英德	5 000	2004.08
457	海螺英德龙山水泥有限公司二线	广东清远英德	5 000	2004.09
467	四会市骏马水泥公司	广东肇庆四会	3 000	2004.09
469	广东梅县凯盛旋窑水泥有限公司	广东梅县州蕉岭	2 500	2004.06
470	广东梅县梅雁水泥有限公司公司	广东梅县雁洋镇	2 500	2004.07
479	广东蕉岭县龙腾旋窑水泥公司	广东梅州蕉岭	1 000	2004.05
481	广西桂林海螺水泥有限公司	广西桂林	5 000	2004.09
485	广西平南华润鱼峰水泥有限公司一线	广西平南丹竹镇	5 000	2004.10
499	重庆腾辉地维水泥有限公司	重庆江津	2 500	2004.11
500	重庆天助水泥有限公司	重庆江津珞璜	2 500	2004.12
501	重庆綦江科华水泥公司	重庆綦江	2 500	2004.12
504	重庆市巨力水泥有限公司	重庆璧山县	1 300	2004.09
505	重庆富皇水泥有限公司	重庆北碚区水土镇	1 200	2004.06
518	川威集团四川星船城水泥有限公司	四川资中	1 200	2004.02
520	宜宾天原电石制渣水泥项目	四川宜宾	1 000	2004.01
525	水城拉法基瑞安水泥股份有限公司	贵州水城	2 500	2004.11
529	贵州清镇兰花水泥有限公司	贵州清镇市站街	1 000	2004.04
534	云南开远水泥股份有限公司一线	云南开远	2 500	2004.04
536	丽江永保水泥有限公司三线	丽江永胜期纳镇	1 000	2004.04
541	思茅普洱水泥厂二线	云南普洱	1 200	2004.12
543	云南思茅建峰水泥厂2#线	云南思茅	1 200	2004.02
544	云南江川翠峰水泥厂	云南江川	1 200	2004.02
545	罗平三海水泥厂	云南罗平	1 200	2004.12
546	陆良龙海化建水泥厂	云南陆良	1 200	2004.05
560	甸甸县水泥厂	云南甸甸	600→900	2004.12
562	声威集团泾阳声威建材公司一线	陕西泾阳	5 000	2004.03
570	陕西社会水泥有限公司	陕西眉县金渠镇	2 500	2004.09

总序号	企业名称	建设地点	建设规模(吨/日)	投产日期
572	陕西铜川宁城水泥厂	陕西铜川	700→1 500	2004.01
589	酒泉宏达建材有限公司	甘肃酒泉	700→1 000	1995.01/2004.04
590	兰州贡马水泥有限公司	甘肃兰州	1 000	2004.10
595	甘肃省华亭陇东建材集团陇东水泥公司	甘肃华亭县策底工业开发区	700	2004.12
600	青铜峡水泥公司环保技改工程	宁夏青铜峡	2 000	2004.12
601	宁夏宏威水泥股份有限公司	宁夏中宁	1 200	2004.08
611	新疆准噶尔水泥有限公司	新疆准噶尔	2 000	2004.08
613	新疆伊力特北屯水泥厂	新疆和丰县	1 000	2004.04
615	西藏高天水泥有限公司一线	西藏拉萨	2 000	2004.11

总计:147 条生产线

2005 年投产的新型干法生产线

总序号	企业名称	建设地点	建设规模(吨/日)	投产日期
2	北京水泥厂有限责任公司二线	北京昌平	3 000	2005.04
30	河北金牛能源股份公司水泥厂二线	河北邢台	2 500	2005.05
35	唐山隆丰水泥有限公司	河北唐山	2 500	2005.05
36	唐山曙光实业集团有限公司	河北唐山	2 000	2005.11
47	河北八达集团白合水泥有限公司	保定唐县白合镇	300→700 700→1 200	2002.01 2005.08
55	山西川东水泥厂	山西吕梁	1 400	2005.03
56	山西焦煤集团古交水泥有限公司	山西古交	1 400	2005.05
64	山西汾西矿业集团水泥公司	山西	1 000	2005.12
76	内蒙林西水泥有限公司	内蒙赤峰林西县	1 400	2005.02
92	辽宁开原水泥有限公司	开原中固镇	1 000	2005.08
97	吉林亚泰水泥有限公司四线	吉林长春	2 500	2005.12
99	辽源金岗水泥有限公司一期	吉林辽源	5 000	2005.06
100	辽源金岗水泥有限公司二期	吉林辽源	5 000	2005.11
108	黑龙江宾州水泥公司	黑龙江宾县	5 000	2005.07
115	双鸭山新时代水泥公司1号窑改造	双鸭山市福利屯镇	200→1 200	2005.06
116	黑龙江桦南兴隆水泥公司	桦南县兴隆镇	200→1 000	2005.06
117	哈尔滨太行兴隆水泥公司	巴彦县兴龙镇	1 200	2005.08
118	黑河市恒基水泥公司	黑龙江黑河市	1 200	2005.09
138	江苏恒来建材股份有限公司	江苏宜兴	5 000	2005.05
140	溧阳市汉生特种水泥有限公司	江苏溧阳	5 000	2005.12
188	浙江红狮水泥有限公司三线	浙江兰溪	5 000	2005.05

总序号	企业名称	建设地点	建设规模(吨/日)	投产日期
194	浙江水泥长兴有限公司一线	浙江长兴	5 000	2005.01.28
195	浙江金圆(临安)水泥有限公司	浙江临安	5 000	2005.02
196	浙江长兴锦龙水泥公司一线	浙江长兴	5 000	2005.03.22
197	立马控股集团有限公司	浙江兰溪	5 000	2005.07
199	浙江红火实业集团有限公司	衢州江山	5 000	2005.10
229	杭州钱潮建材股份有限公司	浙江富阳	2 500	2005.04
232	浙江虎鹰水泥有限公司	浙江金华	2 500	2005.09
233	杭州美亚水泥有限公司	浙江杭州余杭	2 500	2005.11
258	福建永安金银湖水泥有限公司	福建永安金银湖	2 500	2005.07
268	江西高安红狮一线	江西高安	5 000	2005.06
277	江西虎山岩鹰水泥有限公司	江西玉山	2 500	2005.11
278	江西兰丰水泥集团丰城公司	江西丰城	2 500	2005.01
279	江西锦溪水泥有限公司一线	江西景德镇	2 500	2005.07
287	江西千山金钢水泥有限公司	江西千山	1 200	2005.01
311	海螺集团白马山水泥公司5#窑	安徽芜湖	5 000	2005.1
315	安徽皖维高新材料股份有限公司	安徽巢湖	6 000	2005.07
319	铜陵上峰水泥股份有限公司一线	安徽铜陵	5 000	2005.07
321	淮南舜岳水泥有限公司二线	安徽淮南	2 500	2005.04
331	芜湖华扬水泥有限公司	安徽芜湖	2 000	2005.04.18
332	安徽润基水泥有限公司	安徽含山	2 500	2005.08
333	安徽大江水泥有限公司	安徽庐江	2 500	2005.09
334	安徽铁鹏海豹水泥有限公司	安徽巢湖	2 500	2005.10
335	龙元建设安徽水泥有限公司	安徽繁昌县	2 500	2005.12
357	山东烟台东源水泥公司二线	山东烟台	5 000	2005.05
361	淄博矿业集团有限公司	山东淄博	5 000	2005.12
362	山东枣庄金源水泥公司	山东枣庄	4 000	2005.11
370	德州晶华大坝水泥公司二线	山东德州	2 500	2005.08
373	山东联合王晁水泥股份有限公司	山东枣庄台儿庄	2 500	2005.04
374	山东丛林集团水泥有限公司	山东龙口	2 500	2005.06
375	山东沂州水泥集团一线	山东沂州	2 500	2005.11
378	山东淄博宝生环保建材有限公司	山东淄博	1 200	2005.08
391	河南省同力水泥水泥公司三线	河南鹤壁	5 000	2005.06
392	河南同力驻马店豫龙水泥公司一线	河南确山	5 000	2005.05
393	同力平原水泥有限公司一线	河南新乡	5 000	2005.04
394	洛阳黄河同力水泥有限公司一线	洛阳宜阳县	5 000	2005.10
396	汝州天瑞水泥有限公司	河南汝州	5 000	2005.08

总序号	企业名称	建设地点	建设规模(吨/日)	投产日期
397	卫辉天瑞水泥有限公司一线	河南卫辉	5 000	2005.08
403	焦作岩鑫水泥有限公司	河南焦作	2 500	2005.12
404	河南郑州长铝公司	河南郑州	1 500	2005.11
418	登电集团水泥公司	登封阳城工业区	1 000	2005.01
419	济源太行水泥公司一线	河南济源北郊	1 000	2005.11
426	华新水泥宜昌公司二线	湖北宜昌	4 000	2005.09
428	华新武穴水泥公司一线	湖北武穴	6 000	2005.04
430	大冶尖峰水泥公司一线	湖北大冶市	5 000	2005.12
436	武汉市华祥水泥有限公司	湖北大冶市	2 500	2005.06
437	湖北金龙水泥有限公司一期	湖北十堰郧县	2 500	2005.08
438	湖北永兴水泥公司一线	湖北京山县	2 500	2005.08
439	湖北老河口吉港宝石水泥有限公司	襄樊老河口	600→1 800	2005.1
442	湖北钟厦水泥股份有限公司	湖北钟祥县	1 500	2005.07
450	长沙印山台水泥公司	长沙县江背镇	2 500	2005.08
451	怀化金大地水泥公司	湖南怀化泸阳	2 500	2005.12
454	湖南河田水泥公司	湖南沙田	1 200	2005.01
458	海螺英德龙山水泥有限公司三线	广东英德	5 000	2005.09
459	海螺英德龙山水泥有限公司四线	广东英德	5 000	2005.11
460	越秀集团广州越堡水泥公司	广东广州	6 000	2005.06
465	广东塔牌集团金塔水泥公司	广东梅州	2 500	2005.06
466	惠州环球水泥有限公司一线	广东惠州龙门	3 200	2005.09
471	广东韶关昌山水泥厂有限公司	广东韶关	2 500	2005.05
472	广英水泥公司	广东清远英德	2 500	2005.08
473	广东郁南粤鹰水泥公司	广东云浮郁南县	2 500	2005.09
482	广西兴业海螺水泥有限公司一线	广西玉林兴业	5 000	2005.07
483	广西抚绥海螺水泥有限公司一线	广西崇左抚绥	5 000	2005.08
486	广西华润(贵港)水泥有限公司一线	广西	5 000	2005.12
489	广西桂东南雁水泥公司	广西梧州	2 000	2005.01
495	国投海南水泥有限公司二线	海南昌江	2 500	2005.12
496	华盛天涯昌江水泥有限公司	海南昌江	5 000	2005.06.29
498	重庆拉法基二线	重庆市南岸	2 500	2005.05
502	重庆润江水泥有限公司	重庆长寿	2 500	2005.04
503	重庆万州科华水泥有限公司	重庆万州	2 500	2005.06
507	重庆小南海水泥厂二线	重庆大渡口区跳蹬镇	1 000	2005.1
514	四川双马宜宾水泥制造有限公司一线	四川宜宾	2 500	2005.12
515	四川利万布森水泥公司一线	四川邻水县高滩镇	2 500	2005.01.21

总序号	企 业 名 称	建设地点	建设规模(吨/日)	投产日期
517	四川峨眉山市水泥公司	四川峨眉山市	1 500	2005.05.01
519	四川宏云建材有限公司一线	四川华蓥市	1 200	2005.06.28
523	自贡鸿福水泥公司	四川自贡	1 000	2005.04
531	贵州普定明达水泥有限公司	贵州安顺	1 200	2005.09
533	云南东骏水泥公司	云南昆明	4 000	2005.05
539	丽江永保水泥有限公司四线	丽江金山乡	2 000	2005.01
563	陕西铜川声威建材公司	陕西铜川黄盈镇	5 000	2005.06.29
566	秦岭水泥集团铜川熟料基地	陕西铜川	5 000	2005.07
571	陕西镇安秀山龙水泥厂	陕西镇安县	1 200	2005.04
576	耀州水泥有限公司	陕西铜川	700→1 100	2005.04
577	陕西府谷水泥厂	陕西府谷	200→700	2005.12
580	祁连山平凉水泥股份有限公司	甘肃平凉四十里铺	2 500	2005.01
591	甘肃酒泉西部水泥有限公司	甘肃酒泉	700→1 000	2005.08
592	甘肃夏河安多水泥有限公司	甘肃甘南夏河县	1 000	2005.08
609	天山水泥公司沙湾技改工程	新疆塔城沙湾	1 000	2005.12
610	青松建化库车水泥厂	新疆库车	2 500	2005.06
614	西藏南山水泥厂	西藏	1 000	2005.06.28

总计:110 条生产线

按地区统计

北　京　12 家企业 13 条线(725.4 万吨熟料/年)
天　津　3 家企业 4 条线(204.6 万吨熟料/年)
河　北　24 家企业 30 条线(2197.9 万吨熟料/年)
山　西　18 家企业 21 条线(757.95 万吨熟料/年)
内蒙古　8 家企业 10 条线(570.4 万吨熟料/年)
辽　宁　13 家企业 15 条线(849.4 万吨熟料/年)
吉　林　7 家企业 14 条线(1088.1 万吨熟料/年)
黑龙江　11 家企业 13 条线(753.3 万吨熟料/年)
上　海　3 家企业 3 条线(139.5 万吨熟料/年)
江　苏　32 家企业 47 条线(4188.1 万吨熟料/年)
浙　江　52 家企业 83 条线(6045.0 万吨熟料/年)
福　建　7 家企业 12 条生产线(626.2 万吨熟料/年)
江　西　23 家企业 27 条线(1739.1 万吨熟料/年)
安　徽　19 家企业 48 条线(5142.9 万吨熟料/年)
山　东　29 家企业 48 条线(4054.8 万吨熟料/年)
河　南　23 家企业 34 条线(2197.9 万吨熟料/年)
湖　北　14 家企业 24 条线(1847.6 万吨熟料/年)
湖　南　9 家企业 9 条线(632.4 万吨熟料/年)
广　东　17 家企业 25 条线(2176.2 万吨熟料/年)
广　西　8 家企业 13 条线(1199.7 万吨熟料/年)
海　南　2 家企业 3 条线(294.5 万吨熟料/年)
重　庆　12 家企业 14 条线(762.6 万吨熟料/年)
四　川　13 家企业 14 条线(722.3 万吨熟料/年)
贵　州　6 家企业 8 条线(325.5 万吨熟料/年)
云　南　21 家企业 29 条线(1134.6 万吨熟料/年)
陕　西　11 家企业 16 条线(1193.5 万吨熟料/年)
甘　肃　14 家企业 18 条线(675.8 万吨熟料/年)
青　海　2 家企业 3 条线(155.0 万吨熟料/年)
宁　夏　5 家企业 6 条线(263.5 万吨熟料/年)
新　疆　5 家企业 9 条线(440.2 万吨熟料/年)
西　藏　2 家企业 2 条线(93.0 万吨熟料/年)

总计615条生产线(43 196.95万吨熟料/年,建设规模1 393 450吨/日)

★注:以上新型干法生产线由中国水泥协会·数字水泥网提供。为便于查阅,本编辑部将“十五”之前投产的新型干法生产线及“十五”期间五年中投产的新型干法生产线分别单列,原按地区排列的总序号维持不变。

第三篇

综 述

各省水泥工业概况

各省水泥工业概况

北京市水泥行业协会

【概况】“十五”期间北京水泥行业和北京的水泥企业遵照“总量控制、调整结构、提高质量、保护环境”的总体要求，深入贯彻国家有关水泥行业的产业政策，优化水泥产品结构。以产业结构和产品结构调整为重点，支持新型干法水泥的发展，淘汰落后立窑和工艺设备；以节能降耗、保护环境为中心，采用先进的技术设备提质、降耗、增产、减排和综合利用。美化环境，创建花园式工厂和生态友好型企业。

一、回顾北京水泥行业发展历程

北京琉璃河水泥厂始建于1939年。1949年水泥产量仅为3.5万吨。建国后，北京水泥工业大致经历了四个发展时期：

(1)自1949年至1970年是水泥工业恢复和发展时期。北京琉璃河水泥厂在原有基础上进行了改扩建；新建了北京市水泥制品厂，水泥产量从3.5万吨发展到121.4万吨。

(2)自1970年至1990年是乡镇水泥工业快速发展时期。以各种立窑及小旋窑为主的中小水泥企业相继建立。全市水泥企业增加到了38家，1990年水泥产量达到339万吨。

(3)自1990年至2000年是北京水泥行业改革开放蓬勃发展时期。水泥产业开始资本多元化。由于国家改革开放的政策，外资和民营资本进入水泥产业，使北京的水泥企业增加到46家，2000年，全市水泥产量达到827万吨。

(4)自2000年至2005年是水泥工业结构调整，淘汰立窑水泥，新型干法水泥大发展时期。新型干法水泥企业从2000年的7家7条生产线，增加到现在的13家企业15条生产线(含1条在建线)；新型干法水泥产量，从258万吨，增加到了992万吨。

二、“十五”期间北京市水泥行业状况

2000年北京全市水泥生产企业共有46家；拥有各种水泥窑48条。年产量为827万吨。其中：

——16家企业，拥有回转窑水泥生产线18条，合计生产能力为519万吨，占总生产能力的54.4%，企业平均规模为24.7万吨。

——17家立窑企业，30条立窑生产线，合计生产能力为335万吨，占总生产能力的35%，企业平均规模为11万吨。

——13家水泥粉磨站，合计生产能力149万吨，占总生产能力的15.6%，企业平均规模10.6万吨。

2000年北京生产的水泥品种主要有：P·O 42.5级、P·S 42.5级、P·O 32.5级、P·S 32.5级和22.5砌筑水泥。42.5级水泥产量为116万吨，占总产量的14%；32.5级水泥产量533万吨，占总产量的64.5%；砌筑水泥产量178万吨，占总产量的21.5%。

2003年有新型干法回转窑生产线13条，年设计生产能力1 000万吨。2003年生产水泥1 012万吨，其中：新型干法水泥占水泥总量的62%；高标号水泥(水泥标号42.5以上)产量接近水泥总量的36%；散装水泥占水泥总量的70%；关停了全部立窑小水泥企业，停发了立窑生产线的生产许可证。

2004年全市已生产旋窑水泥1 026.4万吨，占全部水泥生产总量的85.8%，其旋窑水泥产量所占比重比2003年同期提高了10.1个百分点。

水泥协会、水泥质检站对8家水泥企业办理了生产许可证的扩项和更名等工作。对全市26家水泥企业进行了化验室达标验收考核，对考核不合格的限期整改，考核合格的企业，由协会颁发新的“水泥化验室验收合格证书”。

三、2005年北京市水泥行业现状

2005年与2000年相比，北京水泥生产企业有36家，减少了10家，年生产水泥1 184万吨，增加了357万吨；新型干法水泥生产线增加了8条，新型干法水泥产量为992万吨，增加了734万吨；全市生产散装水泥969.56万吨，散装率83%，提高了28.9%。从业人数8 285人，减少了5 915人；年人均劳动生产率1 410吨，增加了788.3吨。

北京生产的水泥品种42.5级水泥产量为697.3万吨，增长了585.6万吨；32.5级水泥产量436.8万吨，减少了96.2万吨；砌筑水泥产量30.3万吨，减少了147.7万吨。在品种方面，高标号水泥产量上有明显增长。

四、“十五”期间北京水泥行业产业结构调整成绩突出

五年来北京的水泥企业坚持以水泥结构调整为主线，通过招商引资、自筹资金等多种形式筹措资金，积极发展新型

干法水泥，坚决关停并转了全部立窑水泥企业。

1、全市共新建、扩建、改建了新型干法水泥生产线13条，其中新建的有：太行前景和立马水泥公司各建1条生产线；扩建的有：琉璃河、北京水泥厂、平谷水泥二厂和强联水泥有限公司各建1条生产线；新港水泥有限公司、顺发拉法基水泥有限公司、燕山水泥厂、房山水泥二厂等企业都对其日产700吨的新型干法水泥生产线进行了改造，均使其产量达到日产1 100吨以上；顺义特种水泥厂和北京京强水泥厂也对立筒预热器窑进行了窑外分解的技术改造。从而使北京新型干法水泥生产企业由2000年的6个企业6条生产线，发展到2005年的13个企业15条生产线，新型干法水泥的产量由2000年的258万吨，提高到了2005年的992万吨。水泥企业的新建、扩建、改建项目均采用了国际上先进的新型干法生产工艺。配套设备采用了布袋收尘、原料预均化、计算机中心控制室和在线监测等。部分企业还实现了远程遥控管理。

2、全市从2000年起先后关停并转了28条立窑生产线。淘汰落后生产能力276.3万吨，占同期水泥产量的30％以上；2005年全市立窑生产线已全部停产，加上部分立波尔和预热器窑的相继退出，累计淘汰落后水泥工艺生产能力400多万吨。

3、水泥质量全面提高。2000年时，北京的水泥以32.5级为主，32.5级以下的水泥其产量占同期水泥产量的85%以上；而2005年则以42.5级为主，42.5级以上的水泥产量697.3万吨，占同期水泥产量的59%以上。而且，产品质量的稳定性和均匀性也有了很大的提高。同时打造出了“长城牌”、“京都牌”等一批名牌水泥。

4、水泥行业已成为都市节能、环保型产业。

北京水泥厂、北京市琉璃河水泥厂等新型干法水泥企业在节能方面采用了低温余热发电或窑头窑尾余热供暖；环保上多数企业已将电除尘改为先进技术生产的袋式除尘和采用喷雾增湿活化除硫技术，再用脱硫石膏代替天然石膏生产水泥，形成区域性循环经济。多数企业已建成为花园式工厂或生态友好型企业。

五、北京水泥行业存在的主要问题

1、企业规模小，年产百万吨左右的水泥企业仅有5家。最大的单窑新型干法水泥生产线仅为日产3 000吨。规模小、效益差，竞争能力较弱。

2、自产水泥供不应求。“十五”期间北京水泥年需求量在2 000万吨左右，自产水泥只有1 200万吨左右，约有800万吨的缺口，主要由冀东、太行等河北省大型企业的水泥进京补充。但由于市场严重供大于求，造成了企业间低价倾销、无序竞争，扰乱了正常的市场秩序，北京的水泥企业合法权益受到侵害，经济效益严重下滑。

3、水泥所用石灰石的矿山管理有待加强。北京是个石灰石资源相对集中的地区，但多数水泥企业没有自有矿山，石灰石主要靠民采民供。人工开采规模小、效率低、浪费大，安全管理隐患多。矿山资源没有社会化、市场化，不利于资源综合利用和规模化开采。

附表1：2000年与2005年北京水泥工业状况对比表

附表2：北京2001～2005年新增新型干法水泥生产线

附表1　2001～2005年北京水泥工业现状对比表

名称＼年份	2001	2002	2003	2004	2005
企业总数(个)	46	45	42	42	36
年产水泥(万吨)	809	913	1 012	1 206	1 184
工业总产值(亿元)	29.635 17	25.937 70	24.770 33	29.187 5.8	26.909 9
新型干法窑数量(条)	7	13	13	14	15
新型干法水泥产量	359.6	441.5	625.7	940.8	992
新型干法水泥比重	39.5%	48.3%	78.6%	78.6%	81%
销量(万吨)	842.9	890.2	1 007.2	1 190.3	1 147.7
P·O 42.5级水泥价格	330元/吨	310元/吨	290元/吨	270元/吨	265元/吨
企业布局	全市46家 房山占57%	全市45家 房山占56%	全市42家 房山占58%	全市42家 房山占58%	全市36家 房山占63%
水泥散装率	54%	61%	64%	74%	83%
劳动生产率(吨/年.人)	362	478	635	856	1 410
从业人数	24 365	19 124	15 944	13 976	8 285

附表2　北京市2001～2005年新增新型干法生产线

企业名称	投资(亿)	改扩建日期	改造后规模(吨/日)
北京市琉璃河水泥厂		2004.6点火	2 200
北京市琉璃河水泥厂		2001.12.8点火	2 500
北京水泥厂(二线焚烧废弃物)		2005.5	3 000
北京市燕山水泥厂		2002. 年改	1 100
北京新港水泥有限公司		2001.2点火	1 200
北京顺发水泥有限公司	2002年合资	2003逐步改造	1 100
北京京强水泥厂	2200万元	2002.9改	600
北京房山水泥二厂		2002改预热器	1 100
北京顺义特种水泥厂		2003改预热器	420
北京平谷水泥二厂		2002.5	1 200
北京太行前景水泥有限公司		2002	3 200
北京立马水泥有限公司	2.5亿	2002	2 500
北京强联水泥厂		2002	1 500

北京水泥生产企业前十名排序

1、北京市琉璃河水泥厂

2、北京水泥厂有限责任公司

3、水京太行前景水泥有限公司

4、北京立马水泥有限公司

5、北京市平谷区水泥二厂

6、北京兴发水泥有限责任公司

7、北京新港水泥制造有限公司

8、北京市燕山水泥厂

9、北京强联水泥有限公司

10、北京顺发拉法基水泥有限公司

记　事

2001年

8月18日　北京市城建工委书记张凤朝到北京水泥厂视察。

9月1日　北京市经委主任、工业工委书记金生官一行来到琉璃河水泥厂慰问广大职工。

12月8日　琉璃河水泥厂日产2 500吨熟料新型干法水泥生产线旋窑点火成功,这标志着琉璃河水泥厂二期技改工程基本完成。

12月27日　琉璃河水泥厂兼并水泥机械总厂项目获国务院批准。

2002年

2月10日　北京市城建工委书记张凤朝到琉璃河水泥厂视察。

4月19日　中国信达资产管理公司总裁朱登山等一行到北京水泥厂视察工作,希望北京水泥厂抓住北京申奥成功的大好商机,再接再厉不断发展壮大国有企业。

9月24日　北京市水泥行业协会在凤山召开换届会员大会,中国水泥协会、北京市社团办公室、工促局领导参会。

9月27日　国家环保总局副局长王心芳一行4人,在北京市环保局有关领导陪同下,来到北京水泥厂有限责任公司视察工作。王心芳副局长听完北京水泥厂总经理沈鑫根同志的汇报后,实地考察了生产现场、工业废弃物焚烧预处理线和处理现场,对水泥厂的粉尘治理、环境管理工作给予了充分的肯定。

9月30日　燕山水泥厂、北京水泥厂劳动服务公司等6个企业,通过北京市经委、国税局、地税局、市节能和资源综合利用协会等部门组织的认定,取得了资源综合利用企业(项目)证书并享受国家规定的资源综合利用优惠政策。

12月　琉璃河水泥厂技改拆窑,年减排300余吨粉尘。

2003 年

4 月 15 日　北京市水泥行业协会召开理事会调整秘书班子。

7 月 4 日　全国政协环保委员会主任陈邦柱到北京水泥厂视察。

9 月 9 日　国家环保局计财司司长周健到北京水泥厂视察。

2004 年

4 月 1 日　北京市水泥行业协会召开六届二次会员大会，中国水泥协会、北京社团办公室、工促局领导参会。

6 月 17 日　北京市水泥市场价格协调会召开，北京及周边大型水泥企业参会讨论原料涨价、无序竞争、加强自律等问题。

6 月 22 日　京津冀水泥协会会长会在京召开，讨论了从清欠货款入手。规范水泥市场问题。中国水泥协会会长雷前治及京津冀水泥协会领导参会。

8 月 26 日　佛得角总理若泽·马里亚佩雷拉·内韦斯参观视察北京水泥厂。

2005 年

1 月 14 日　北京市总工会副主席郑建华一行到琉璃河水泥厂慰问水泥职工。

4 月 7 日　北京市水泥行业协会召开六届三次会员大会。中国水泥协会、北京市社团办公室、工促局领导参会。

5 月 26 日　北京金隅集团与平谷水泥二厂合作协议签字。

5 月　北京水泥厂环保示范工程点火。

10 月 26 日　北京金隅集团与瑞典合资成立麦克斯特建筑材料(北京)有限公司在北京水泥厂奠基。北京市工业促进局局长张连元、瑞典麦克斯特集团总裁阿勒特纳参加了仪式。

11 月 29 日　北京金隅集团水泥事业部和水泥分公司成立。

天津市建材业协会水泥专委会

【概况】天津市水泥行业在“十五”期间，各项工作成绩显著，无论从结构调整、生产能力还是节能降耗都比“十五”规划有很大的突破。2005 年水泥散装率已经达到 90.98%，名列全国第二位，接近发达国家的发展水平。

“十五”期间水泥生产使用情况

年份	2001	2002	2003	2004	2005
水泥生产量(万吨)	339	378	451	535	519
散装水泥供应量(万吨)	267.44	310.53	403.01	465.03	472.37
散装率(%)	78.89	82.21	89.69	85.94	90.98
水泥使用量(万吨)	664.87	838.83	1 108.15	1 201.12	1 312.26
散装水泥使用量(万吨)	268.22	384.73	558.52	666.38	750.35
使用率(%)	40.34	46	50.4	55.47	57.18

在“十五”期间加快产业结构调整

为适应天津市经济的快速发展和建设施工的需要，“十五”期间加速产业结构和产品结构的调整。2005 年底全市关闭小型水泥生产企业 21 家，淘汰落后生产能力 40 余万吨，促进新型干法水泥生产能力增长 300 多万吨，“十五”末期旋窑水泥已占 70% 以上。

“十五”期间水泥产品结构情况　　(万吨)

年份	2001	2002	2003	2004	2005
矿渣硅酸盐水泥 32.5 级	196.19	197.04	224.41	273.08	218.61
普通硅酸盐水泥 32.5 级	55.4	72.58	83.28	100.65	93.06
普通硅酸盐水泥 42.5 级	82.47	103.19	136.6	162.57	204.61
硫铝酸盐水泥 42.5 级	4.93	4.94	5.02	4.8	3.22
合计级	338.99	377.75	449.31	541.1	519.5

充分利用工业废料，节省资源，保护环境

天津市是一个资源短缺的地区，所以在水泥生产中鼓励

综合利用工业废料，减少污染，保护环境。目前粉煤灰已普遍用于预拌混凝土的生产中，在保证水泥产品质量的前提下，水泥生产企业充分利用高炉粒化矿渣，尾矿石，粉煤灰，电石渣，液汰渣等固体废弃物生产水泥，有效地节约了资源，降低了生产成本，增加企业效益，减少污染，保护了环境。据统计"十五"期间共利用工业废渣1 130.37万吨。

获天津市科技进步奖项目

序号	获奖项目名称	奖励级别	获奖单位	颁奖部门	颁奖时间
1	低挥发分煤煅烧技术开发及应用	2000年天津市科技进步三等奖	天津水泥院	天津市人民政府	2001
2	TP－1型生料均化库	2000年天津市科技进步三等奖	天津水泥院	天津市人民政府	2001
3	高强灌浆材料	2001年天津科技进步三等奖	天津水泥院	天津市人民政府	2001
4	TLS型组合式高效选粉机开发研究	2002年天津市科技进步三等奖	天津水泥院	天津市人民政府	2003
5	TKPC18D18型双转子锤式破碎机的研制	2002年天津市科技进步三等奖	天津水泥院	天津市人民政府	2003
6	用于高强、高性能混凝土的超细矿物掺合料	2004年天津市科技进步三等奖	天津市建材科研所	天津市人民政府	2004.11

河北省建材工业协会水泥工业协会

【概况】近年来，河北省水泥工业稳步发展，水泥产品产量、质量以及新型干法水泥的比重逐年提升，河北省水泥工业已成为河北省建材工业最重要的分支。

2001年，全省水泥产量4 878万吨，同比增长12.6%，实现工业总产值94.85%亿元（现值），同比增长12.57%，散装水泥量707万吨，同比增长35.44%。

贯彻落实《关于省2001年建材工业总量调控工作的实施方案》，对水泥总量调控及淘汰目标提出明确要求，并会同省、市经贸委、各市建材主管部门一起对"两小"清理整顿工作进行检查验收。针对个别地区水泥项目重复建设屡禁不止的情况，制定了《关于省水泥工业进一步控制总量、调整结构的意见》，由省计委、省经贸委联合印发实施。

为解决河北省水泥工业存在的问题，2002年专门召开了全省水泥工作会议，提出了全省水泥工作结构调整方向。在大力发展新型干法水泥的同时，要求企业必须等量或超量淘汰落后水泥生产能力，除一批中小型企业利用新型干法技术改造了原有的中小型旋窑生产线外，部分立窑企业也积极采用先进适用技术进行了技术改造。累计关闭和淘汰小水泥企业414家，其中无生产许可证企业320家全部取缔，为发展新型干法旋窑水泥提供了广阔的市场空间。2001～2002年一批新型干法水泥项目开工建设。如东方鼎鑫水泥公司日产熟料5 000吨项目的建设，巩固了河北鹿泉市冀中水泥生产基地的地位，使河北省冀南、冀中、冀东三大新型干法水泥生产基地初步形成。

2002年，全省水泥产量达到5 782万吨，同比增长18.08%，实现工业总产值108亿元（现值），同比增长13.86%，散装量完成1049万吨，同比增长48.37%，新型干法水泥比重提高到了17.2%，产业结构进一步优化。到2002年底累计淘汰落后水泥企业414家，压缩落后生产能力813万吨，旋窑水泥的比重达到20%。

2003年，河北省水泥产量为6 811万吨，完成销售收入112.6亿元，实现利税总额14.7亿元。2003年河北省水泥工业完成工业增加值25.7亿元。

"十五"以来，河北省建材工业围绕"两个转变"，正确处理了发展与淘汰，技术进步与经济效益，产品开发与市场应用的关系。在加快用先进技术改造传统产业的同时，根据国家的有关要求，对重点产品的总量提出了阶段性控制目标，到2003年底，实现淘汰小水泥生产线300多条，压减落后生产能力635万吨。水泥散装率达20%，散装量较2000年增长了3个百分点。

采用新型干法水泥生产线淘汰落后的立窑生产线工作取得进展，东方鼎鑫、冀东三线日产5 000吨水泥熟料新型干法生产线，东方鼎鑫、太行和益、邢矿集团、鑫磊集团、奎山集团、冀东三友等一批日产2 500～3 000吨水泥熟料新型干法生产线的建成投产，标志着新型干法工艺的应用在河北省走向成熟发展期，采用新型干法工艺的水泥企业在产品质量、规模效益、环境保护等方面具有了明显的竞争优势。

2004年水泥产量为7 668万吨，河北省是水泥生产大省，以往小水泥生产较多，质量问题突出。2004年，河北省质量技术监督局在大力打击假冒伪劣水泥的同时，结合换发水泥生产许可证工作，严打了无证生产。2004年以来，全省共端掉制假、售假窝点20个，查处劣质水泥4万余吨，涉案货值1 630万元。经过整治，全省已有523家水泥企业获得了生产许可证。整治后，全省的水泥企业从800多家减少到500多家。

2004年河北省完成散装水泥1 833万吨，实现散装率23.42%，两项指标均创历史最好水平。2004年河北省散装水泥系统深入贯彻落实七部(局)部长令，实施《河北省散装水泥专项资金征收和使用管理实施细则》，规范散装水泥专项资金征收管理，加强各级散装办组织建设，推动行业发展，克服了原燃料涨价、煤电紧缺等各种困难，积极开拓，锐意进取，使水泥继续保持了稳步、快速发展态势，较好地完成了各项工作任务。全年共完成散装水泥供应量1 832万吨，比上年增长31.39%；散装率23.42%，增长2.32个百分点。量、率指标均创历史最好水平。“十五”期间，河北省散装水泥工作进入快速增长期：散装水泥供应量从“九五”末的522万吨到2004年的1 833万吨，四年增长了2.5倍，在全国居第五位；全省散装水泥生产、运输、仓储等环节进一步向产业化、专业化发展；散装水泥设施设备进一步改善，综合配套能力大幅度提高。

2005年河北省水泥产量7 686万吨，河北省建材工业协会完成了对全省水泥企业化验室换(发)合格证的工作，共发放“河北省水泥企业化验室合格证”615张。

截止到2005年底，河北省获证水泥企业共611家，其中立窑水泥企业316家，共有机立窑486座；旋窑企业48家，其中新型干法窑19条(3条在建)，其他类型旋窑61条；混合型企业(既有立窑又有旋窑)22家，其中机立窑45座，新型干法窑6条，其他类型旋窑21条。另外，河北省还有225家粉磨站，共有球磨机257台。水泥工业完成工业增加值53.6亿元，实现利税总额18.1亿元。

记 事

2001年

3月 鼎盛水泥(集团)有限公司投资2.5亿元建设的日产2 500吨生产线窑系统实现达标达产。

4月5日 河北省水泥工业协会为加强行业自律，印发冀水协字[2001]第1号《河北省水泥工业协会反低价倾销倡议书》，得到企业积极响应，取得显著效果。

11月22日 河北省生产许可证办公室印发了《关于河北省水泥产品换(发)生产许可证有关事宜的通知》(冀许办[2001]05号)，河北省水泥企业生产许可证换(发)工作启动。

12月7日 河北省建筑材料工业办公室印发冀建材行管[2001]21号《关于禁止销售和使用假冒中国ISO标准砂的通知》，规范标准砂市场行为，强化授权定点销售制度。

2002年

10月 依据企业产品销售收入、利税和全员劳动生产率3项指标，河北省冀东水泥集团有限责任公司等23家水泥企业被省建材办公室授予“河北省建筑材料工业50强企业”称号。名单如下：河北省冀东水泥集团有限责任公司，秦皇岛浅野水泥有限公司，河北太行水泥股份有限公司，唐山启新水泥有限公司，河北奎山水泥集团有限公司，承德建龙钢铁水泥有限责任公司，东光县群光水泥有限责任公司，河北宣化水泥厂，鹿泉东方鼎鑫水泥(集团)有限公司，唐山市第三水泥厂，涿州市晋先水泥有限公司，河北特种水泥有限公司，晋州市水泥有限责任公司，鹿泉市水泥有限责任公司，鹿泉市曲寨水泥厂，秦皇岛中财武山水泥有限公司，唐山玉螺水泥有限责任公司，大华水泥有限公司，河北晨光水泥厂，兴隆矿物局水泥厂，唐山燕东集团灰剑水泥有限公司，河北省邢台市隆尧县金隆水泥有限公司，怀来水泥有限公司。

12月 唐山启新水泥有限公司实施环保战略，走可持续发展道路取得巨大成就，2000年以来开展资源综合利用累计获得免税1 306万元，32.5R、42.5R普通硅酸盐水泥被中国建材市场协会评为“绿色产品”。

2003年

1月16日 河北金牛能源股份有限公司水泥厂日产2 000吨新型干法水泥熟料生产线点火试生产。

4月18日 投资5 000万元、年产50万吨高标号水泥的鹿泉东方鼎鑫水泥有限公司涿州水泥粉磨站奠基仪式在河北涿州市东仙坡镇举行。

2004年

3月 河北省建材工业协会和河北省水泥工业协会根据各地市情况，会同各市协会分片召开了价格协调会，分析市场形势，加强执行行规行约的力度，纠正不当价格行为，促使价格逐步回升。

4月1日 河北省建材工业协会根据国家有关文件制订并实施了《河北省水泥企业化验室评审考核管理办法》、《河北省水泥企业化验室合格证管理办法》、《河北省水泥企业化验室评审员管理办法》等3个办法。

6月10日　由河北省人民政府以冀政[2004]32号文下发并实施了《河北省水泥工业发展指导意见》。

6月17日　河北省建材工业协会在京会同北京水泥协会等部门召开了北京市场销售协作座谈会。围绕着市场容量、水泥价格、拖欠货款等问题进行了认真分析和热烈讨论。联合发布了《收到货款发放水泥》的自律声明，维护了企业的利益，维护了行业的正常发展。

10月　河北省建材工业协会组织建材行业专家成立了河北省质量奖审定委员会建材专业委员会，对河北省建材类省名牌产品、省优质产品、省质量管理奖等材料进行了评价，共23家企业获得了各种奖项。

12月　河北省发展和改革委员会在北京召开了《河北省建材工业"十一五"规划纲要(讨论稿)》论证会。国家发展和改革委员会经济运行局副局长牛建国、河北省发展和改革委员会正厅级巡视员鲁泽、省建材工业协会会长葛旭东出席会议并讲话，中国建筑材料工业规划研究院院长刘长发、中国建筑材料科学研究院院长姚燕、冀东水泥集团总经理张增光及有关单位专家、学者，对《规划》进行了认真审议，并给予充分肯定。

12月23日　河北省建材工业协会、水泥工业协会年会在石家庄召开，协会理事长葛旭东作报告，传达省政府规范和发展协会工作的要求，并提出2005年协会工作将进一步推动建材工业技术进步和结构调整，引导河北建材走新型工业化道路。各地市发改委、协会以及重点建材企业代表300余人冒雪赴会。

12月24日　河北省开放创新和技术进步论坛暨河北省建材工业协会、河北省水泥工业协会年会在石家庄市隆重召开。会上，葛旭东、李延明、陈鹰、武增海、武建伟等领导作了重要讲话，并聘请了国内知名建材专家姚燕、刘长发、史秋秋作了精彩演讲，对63名获得"河北省建材行业开放创新优秀企业家"荣誉称号的同志进行了表彰，会议取得了圆满成功。

2005年

1月5日　河北省人民政府下发了《河北省人民政府关于印发河北省行业协会发展指导意见及实施意见的通知》(冀政[2005]1号)。这个文件对促进河北省行业协会的健康发展起到了极为重要的作用。在这个文件的指导下，河北省建筑材料工业协会的工作大大地向前推进了一步。

3月1日　河北省建材工业协会会同邯郸、邢台、石家庄三市的水泥协会，对河北省南部地区的水泥市场价格进行了协调，商议拟定了该地区水泥及熟料的最低销售价格和实施时间，三市的水泥协会为此做了大量的工作，在制止水泥低价倾销和不正当竞争以及维护企业利益方面起到了积极的作用。

3月3日　针对河北省大部分的水泥企业为立窑企业的现状，河北省建材工业协会提出了立窑节煤降耗、稳定和提高水泥质量、立窑企业发展方向等技术和政策措施，并下发了《关于进一步提高全省立窑水泥企业技术水平和发展的意见》(冀建协[2005]1号)，该文件对于河北省水泥工业健康、稳定地发展起到了积极的作用。

5月15～25日　河北省建材工业协会组织54名评审员分18个组对144家水泥企业的化验室进行了现场评审考核。评审考核对促进全省水泥企业提高化验室检验工作质量和生产控制水平、确保企业能够持续稳定地生产出优质的水泥产品起到了重要的作用。

7月～10月　根据国家发布的《水泥企业质量管理规程》以及《河北省水泥企业化验室评审考核管理办法》的要求，省建材工业协会分三批对河北省所有水泥企业的化验室主任进行了培训和新标准宣贯，考试合格后颁发了新的上岗资格证书，共有546名化验室主任取得了证书。通过培训与发证，进一步规范了河北省水泥企业化验室主任的管理，提高了化验室主任的综合素质。

8月26日　河北省发展和改革委员会下发了《关于印发促进行业协会发展相关政策文件的通知》(冀发改产业[2005]779号)，该文件为冀政[2005]1号文的配套文件。

9月7日　省建材工业协会在全省水泥企业中开展优秀化验室主任评选表彰活动，经各市推荐和评选，全省共有55名水泥企业化验室主任获得荣誉称号。

9月14～16日　省建材工业协会与省机械冶金建材工会联合对河北省部分水泥企业化学分析岗位的在职职工进行了培训、理论考试和操作考核，对获得前五十名的同志授予了河北省水泥企业"化学分析岗位技术能手"的称号并颁发了证书。

10月10日　河北省建材工业协会在全省建材企业范围内开展了"知名品牌"推介活动，这项活动受到了河北省建材企业的广泛关注和大力支持，共有38家企业获得荣誉称号，其中水泥企业30家。

10月　鹿泉市曲寨水泥有限公司等17家企业的产品被评为河北省优质产品，河北太行水泥股份有限公司等5家企业被评为河北省质量效益型企业。

12月27～28日　河北省建筑材料工业协会年会暨第五届会员代表大会在石家庄召开。大会选举产生了新一届理事会的会长、副会长、秘书长、副秘书长、常务理事、理事、监事会主席和监事。葛旭东被推选为会长，武增海被推选为秘书长，另外还推选出19位副会长、3位副秘书长、98位常务理事、367位理事、1位监事会主席和2位监事。

山西省建材工业行管办

【概况】2001年共生产水泥1 572.69万吨，同比增长11.5%。

从1999到2001年底，全省共取缔关闭、淘汰小水泥企业452家，削减生产能力608万吨。

对水泥建设项目进行了清理整顿，下发了《关于对水泥建设项目进行清理整顿的紧急通知》，对擅自新建和扩建的水泥建设项目包括已投产的项目进行了清理，努力制止低水平重复建设，维护水泥建设市场秩序。配合有关部门对死灰复燃、无证生产、扰乱水泥市场的企业进行了查处，进一步巩固了清理整顿成果。

2001年山西省建材行业标志性名牌产品

云冈牌42.5级、42.5级R普通硅酸盐水泥

千福牌32.5级普通硅酸盐水泥

天王牌32.5级矿渣硅酸盐水泥

云同牌低碱水泥

云冈牌系列硅酸盐水泥(P·O 32.5 R、P·O 32.5 P·S 32.5R、P·S 32.5)

尧都牌32.5级矿渣硅酸盐水泥

卦山牌32.5级矿渣硅酸盐水泥

青梅牌32.5级普通硅酸盐水泥

狮头牌系列硅酸盐水泥

晋牌牌42.5级、52.5级普通硅酸盐水泥

强力聚牌32.5级矿渣硅酸盐水泥

潞州牌42.5级普通硅酸盐水泥

2001年山西省建材行业创名牌先进企业

山西云冈水泥集团有限公司

广灵县水泥总公司

闻喜县第二水泥有限责任公司

大同市云中水泥厂

山西龙虎水泥有限公司

山西临汾地区国营建材水泥厂

山西卦山水泥有限公司

阳泉市青水泥集团有限公司

太原狮头水泥有限公司

山西晋牌水泥集团有限公司

山西忻州地区南白水泥厂

中铁十三局集团潞州水泥制造公司

2002年山西省水泥产量1 680万吨。增加干法回转窑水泥近200万吨，还有一批新型干法生产线正在建设中。

2003年，随着山西省经济快速发展，结构调整取得了较大成效，受公路建设和村村通水泥路工程加快实施的拉动影响，从6月份非典疫情结束后，水泥开始出现热销和供不应求的场面，全省大部分地区水泥货源紧张，不少企业呈现出排队等货和抢货的现象后；全省十一个地市除运城、长治外的其他九个地市水泥持续热销，供不应求，市场形势十分看好。水泥价格比上半年和上年同期上涨，一般增幅在每吨10~20元之间，个别企业涨幅超过每吨30元，(一般32.5矿渣水泥上年同期在每吨180元左右，个别企业在160~170元)；下半年每吨水泥在190~210元之间，个别企业达到230~240元。受水泥市场旺销影响，水泥熟料也供不应求，太原等地新型干法水泥熟料每吨达到160~170元，创历史最高记录，有些企业还从河北省购进水泥熟料满足生产和市场需求。

2003年山西省水泥产量为1 848万吨。水泥是山西省主要建材产品，水泥项目在全国部分地区投资过热，但在山西反而投资不足，水泥总量满足不了全省经济建设的需要，这为山西发展新型干法水泥提供了时机。

2004年山西建材工业发展取得了近年来的最好成绩，其中全省规模以上水泥企业完成产量1 923万吨。2005年全省建材工业发展环境明显改善，山西省委省政府提出建设新型能源和工业基地的战略目标，为山西建材工业发展指明了方向。

2000年以来，山西投资新建成的新型干法水泥生产线约10条，其中日产2 500吨1条，其余均为日产1 000吨左右。与其他省份相比，无论是数量还是规模都有差距。一些城市新型干法水泥还是空白。

截止到2004年底，山西省有化验室合格证的水泥生产企业251家，其中：回转窑生产企业51家，立窑生产企业167家，水泥粉磨站33家。发展速度相对缓慢，出口创汇几乎为零。行业整体技术创新能力较弱，工艺装备技术水平落后，企业规模整体偏小。全省水泥生产企业平均规模仅为3万吨，远远落后于全国8万吨的生产规模，全省只有山西云冈水泥集团公司、山西晋牌水泥集团公司、太原狮头水泥集团三大骨干企业。年产水泥能力不足20万吨的企业占75%以

上，年产水泥60万吨以上的企业仅有4户，市场竞争力不强，全员劳动生产率低于全省平均值。

2004年山西省水泥总产量约2 392万吨。固定资产投资略有下降，水泥熟料增长16.9%，水泥增长16.5%。

根据国家宏观调整政策，就如何加快全省新型干法水泥发展问题，结合2003年水泥企业化验室合格证年检工作，由省行业办牵头深入企业和各市、县，听取企业、市、县及专家对水泥结构调整意见。在调研基础上起草了《山西省水泥工业产业结构调整指导意见》。

2001至2005年全省水泥工业大力推进结构调整，转变经济增长方式，提高增长质量和效益，基本保持合理平稳发展态势，经济比重占全省建材工业的35%以上。2005年山西省水泥产量2 311万吨。随着新型干法技术成熟和国家产业政策的推动，结构调整步伐也不断加快，到2005年底，新型干法水泥产量达到630万吨，日产2 000吨新型干法水泥生产技术装备水平已全部国产化，基本建设投资大幅下降，产业结构调整稳步进行。

随着制约因素的扩展，一是电力供应日趋紧张，拉闸限电现象普遍，对水泥窑炉连续性生产影响较大，产量和质量下降；二是煤炭价格上涨，企业生产用煤难以保证。原材料价格也受到较大影响，成本不断上升，价格又呈低价位运行，导致在后两年水泥制造业呈全行业亏损，效益负增长。

全省水泥立窑、湿法窑、中空窑等落后工艺的生产能力占较大比重，水泥工业整体能耗较高，多数企业粉尘排放浓度严重超标，污染问题得不到很好解决，资金短缺一直是影响经济发展的“瓶颈”，多元化的投资体系尚未建成。水泥企业规模小，数量多，互相压价，恶性竞争，且又呈低价格运行，依靠自身积累很难进行技术改造，对外开放程度低，难以引进外资，民间资本亦嫌利润率低，投资回报时间长，而不愿过多投入，等等因素造成发展缓滞。

山西在中央西部大开发的政策扶持下，随着经济的发展，城市化进程加快，基础设施建设的快速发展，对水泥工业有很大的推动作用。粉煤灰、煤矸石等工业废弃物贮量大，可以充分利用，变废为宝，发展循环经济，使水泥工业走可持续发展的新型工业化道路。

山西省新型干法生产线投产情况表

企业名称	建设地点	建设规模（t/d）	总投资（万元）	投产日期
中阳县桃园水泥厂	中阳县	1 000		2002.12.2
太原智海集团	榆次市	2 500	34 000.00	2004.11
孝义煤电铝集团有限公司	孝义市	600	4 900.00	2004.02
太原狮头水泥公司朔州分公司	朔州市	1 500	10 000.00	2004.04
临汾伟业建材分公司	临汾市	1 500	10 000.00	2004.12
山西川东水泥有限公司	离石市	1 500	12 000	2005年4月
山西焦煤集团古交水泥有限公司	古交市	1 500	12 000	2005年5月
太原北白水泥制造有限公司	阳曲县	1 000	5 000	2005年8月

记　事

2001年

2月14日　山西云冈水泥集团有限公司生产的32.5复合硅酸盐水泥通过了省经贸委组织的投产鉴定。

6月11日　山西吕梁新建水泥有限公司日产700吨水泥熟料生产线项目批准立项。

6月17日　山西同利水泥有限公司生产的32.5R硫酸盐矿渣水泥通过省经贸委组织的投产鉴定。

6月18日　太原清徐敦化水泥厂改建20万吨/年水泥粉磨站批准建设。

7月　山西省海鑫鑫光水泥有限公司日产1 000吨水泥熟料生产线一期工程项目批准立项，项目完成后，日产高标号水泥熟料1 000吨，项目总投资12 500万元。

8月　太原智海集团新建两条日产2 500吨回转窑水泥生产线项目批准立项。

8月12日　太原狮头水泥股份有限公司日产2 000吨水泥熟料生产线和大同水泥股份有限公司日产2 000吨水泥熟料生产线被列入国家第一批“双高一优”改造项目。

9月26日　灵石长春石膏矿水泥粉磨站扩建年产20万吨粉磨站批准建设。

9月28日　大同云中水泥厂扩建日产1 000吨粉煤灰水泥生产线批准立项。

9月　年产35万吨的镁渣水泥生产线，正式在山西广灵县奠基动工，由此实现了白云石——金属镁——镁深加工产品——镁渣水泥产业链的全面提升。

11月5日　长治市水泥制造有限公司扩建年产40万吨粉煤灰复合硅酸盐水泥生产线可行性研究报告批准实施。

12月11日　山西交城宏海水泥有限公司年产20万吨水泥粉磨站批准建设。

12月11日　山西省广灵精华化工有限公司建设日产700吨水泥熟料镁渣水泥生产线可行性研究报告通过论证。

2002年

1月12日　孝义东义煤电铝(集团)有限公司日产600吨水泥熟料生产线可行性研究报告通过省经贸委组织的专家审查。该项目采用上海宝山型Φ3×52米窑外分解系统工艺生产,带五级旋风预热器,利用煤矸石电厂排放的粉煤灰生产复合水泥。

4月26日　长治钢铁(集团)有限公司年产100万吨矿渣水泥粉磨生产线可行性研究报告通过省计委组织的专家论证。

5月18日　大同水泥股份有限公司日产2 000吨水泥熟料生产线技改工程项目奠基,该项目分两期建设,对全省水泥工业结构调整将有积极意义。

5月28日　交城卦山水泥有限公司日产1 000吨水泥熟料生产线可行性研究报告通过省经贸委组织的专家论证。

8月15日　山西省泽州县物资公司日产水泥熟料2 000吨生产线项目建议书经省计委批准立项,项目总投资为19 998.86万元。

9月　山西阳光水泥有限责任公司年产20万吨矿渣硅酸盐水泥粉磨站建成投产。

10月18日　全省现代立窑水泥企业新技术讲座及技术创新与改造经验交流会在太原召开,省内知名立窑水泥企业就企业环保、节能、优质高产等的经验进行了现场交流。

12月2日　中阳县桃源水泥厂日产1 000吨新型干法回转窑水泥熟料生产建成投产。

12月9日　山西省柳林县政府与菲律宾康达资产有限公司在太原举行建设年产360万吨水泥熟料生产线项目签字仪式,省常务副省长薛军、吕梁地委书记杨安和及有关部门负责同志参加。该项目计划总投资20亿元人民币,第一期工程将建设1条日产4 000吨水泥熟料生产线。项目全部建成后,将是山西规模最大,设备工艺最先进,管理水平较好的外商独资企业,对于促进山西省水泥结构战略性调整将起到重大推进作用。

2003年

8月　山西省质量技术监督局水泥产品质量监督检验站,在全国第九次水泥品质指标检验大对比中,被国家水泥质量监督检验中心授予“全优单位”称号。

2004年

4月1日　国家水泥质量监督检验中心、建筑材料国家标准样品研制中心授权山西省建筑材料质量监督检验测试中心为山西省中国建材标准样品惟一经销和市场维护单位。

4月1日　作为“山西省工业调产重点推进项目”和“大同市6656工程”重点项目的山西豪洋水泥公司日产2 000吨水泥生产线举行了隆重的奠基仪式。该项目2003年5月经山西省经贸委批准立项,总投资额1.5亿元,建成后将使豪洋公司的水泥年产达到120多万吨规模。

4月15日　山西省建筑材料质量监督检验测试中心在太原召开了全省水泥行业产品检测质量工作会议。会议总结了上一年全省水泥企业产品质量检测情况,表彰了全省水泥企业优秀、先进检测单位和优秀化验室主任。

5月1日　山西长治钢铁集团瑞昌水泥公司百万吨矿渣水泥工程2003年顺利达产并举行隆重的达产庆典仪式。参加仪式的中国工程院院士、西安科技大学校长许德龙教授对该工程给予了高度评价。

内蒙古自治区水泥协会

【概况】内蒙古自治区水泥工业起步于70年代,是在发展“五小”工业的热潮中因陋就简建设起来的,主要以土蛋窑、普通立窑、机立窑和少数落后回转窑企业为主,企业工艺设备简单,劳动强度大,环境污染严重,产品质量低,经济效益低下。改革开放以来,由于经济建设对水泥的需求不断增加,以增加产量和节能降耗为目的的技术改造在全区展开,建成了一大批机立窑企业,水泥工业取得快速增长,解决了长期供不应求的主要矛盾。“九五”期间,根据国家产业政策的有关规定结合自治区的实际情况,围绕“控制总量,结构调整”、“由大变强,靠新出强”的发展战略,在水泥工业结构调整和淘汰落后方面做了大量工作。先后制定出台了一系列宏观调控措施,确定了到2005年前全区水泥行业结构调整的主要目标和措施。至此,全行业从总体上已经改变了以量的增长为主的发展格局,把市场需求及变化作为行业发展决策的主要依据,行业管理的主要手段也已转向用政策法规去引导市场和企业发展的轨道,开辟了发展与淘汰相结合的新模式,使全区水泥工业"结构调整,优化升级"的历史跨越取得了转折性的丰硕成果。

"十五"期间,继续贯彻"限制、淘汰、改造、提高"的方针,有力地推进了行业结构调整的步伐,遏制了立窑等落后水泥的盲目发展,促进了新型干法水泥的发展。

(一)发展现状

2001年至2002年,在水泥工业结构的调整中,以政策调控和市场淘汰相结合,使机立窑水泥厂的新建、扩建得到遏止,淘汰落后生产能力工作取得明显成效。初步改变了过去内蒙古西部水泥企业偏多,中东部水泥企业偏少,企业过于分散,小企业遍地开花的局面,逐步形成了西、中、东部水泥企业布局合理、企业规模不断扩大的新格局,形成了一批特点突出,规模较大的水泥生产基地。主要有以西卓子山草原水泥集团、蒙西高新材料公司、乌兰水泥公司为主的水泥生产基地。

2002年,全区有4个水泥产品创自治区名牌,9个水泥企业通过ISO9000质量认证,2个水泥企业产品质量获国家免检资格,1个水泥企业获得出口蒙古国产品质量免检。

西卓子山草原水泥集团通过多次技术改造及扩建现有3台立波尔窑,新建1条日产2 500吨熟料新型干法生产线,形成了年产185万吨高标号水泥生产能力,同时也被自治区经贸委认定为自治区级技术中心,2002年该企业开发生产的机场道路专用水泥获内蒙古自治区科技进步二等奖。内蒙古蒙西高新材料股份有限公司是内蒙古自治区最大的综合建材生产企业,除生产普通硅酸盐水泥外,还相继开发出了高性能特低碱水泥、纳米材料、高分子材料、无机非金属材料、高性能复合材料等高科技产品。该企业开发生产的高掺煤矸石复合42.5R水泥被列为重点国家级火炬计划项目,并获自治区企业技术进步三等奖。2002年,企业还通过资本运作成功地收购了呼伦贝尔市东海拉尔水泥厂,为企业向外扩展战略迈出了坚实的一步。内蒙古乌兰水泥有限责任公司是利用国外银行贷款和引进国外关键设备建成的第1条日产2 000吨新型干法窑外分解水泥生产线,2002年第2条日产2 500吨窑外分解生产线已投产,第3条日产2 500吨生产线已开工建设。水泥工业是内蒙古自治区建材行业的支柱产业,国家实施西部大开发以来,内蒙古重大工程项目建设增长速度加快,持续快速的城乡建设和房地产业的发展为水泥工业带来了旺盛的市场需求,加快了新型干法水泥生产线的建设。自西卓子山草原水泥集团日产2 500吨生产线,乌兰水泥厂日产2 000吨、2 500吨,黄河工贸集团日产1 000吨,呼市金川水泥厂和锡盟水泥厂日产700吨相继投产后,全区自西向东出现了水泥工业投资新高潮。在建和拟建的新型干法生产线项目总投资超过20亿元;乌兰水泥公司在建日产2 500吨三线,蒙西集团东海拉尔公司日产2 500吨,蒙西棋盘井日产1 200吨,赤峰远航日产2 500吨,赤峰天山日产1 000吨,黄河工贸集团日产1 000吨和拟建的冀东水泥集团武川日产5 000吨,呼市水泥厂日产2 500吨,阿盟日产2 000吨和赤峰林西日产1 000吨等生产线。

2003年内蒙古自治区规模以上工业企业完成工业增加值同比增长31.5%,完成固定资产投资1 200多亿元,同比增长68.9%,增速居全国首位。工业经济和固定资产投资的高增长,带动了全区水泥工业的发展,2003年全区水泥产量达940万吨,创造了历史新高,全年保持了产销两旺的好局面,水泥工业完成工业总产值达23亿多元,同比增长26.54%。

全区水泥产量虽创历史新高,但比重只占全国的1.03%,列全国24位。水泥工业规模以上企业完成工业增加值只占全区规模以上工业企业增加值的1.27%。说明水泥工业的发展与内蒙古高速发展的经济形势不相符,与内蒙古资源能源大省区的位置不相符。内蒙古是欠发达地区,正处于经济快速发展的起步阶段,对水泥的需求还将进一步增加,而且水泥企业平均规模小,结构调整任务繁重,2003年全区水泥企业平均规模为10.8万吨。

2004年内蒙古累计停缓建钢铁、电解铝、水泥等行业建设项目33个,取消立项16个,涉及投资达300多亿元,关停不符合国家产业政策的小水泥能力180万吨。这些举措使内蒙古水泥行业的产业和产品结构发生了质的变化,过去以小水泥为主的状况从根本上得到了改善,新型干法工艺水泥产量达到全区总产量的一半,小水泥企业大都改建成水泥粉磨站。粉磨站已占到全区企业数量的一半以上,达50多家。

截止到2005年底,全区共有水泥生产企业130家,其中,规模以上企业100家,总生产能力达到2 000万吨。2005年水泥产量达到1 632万吨(规模以上),产品销售收入42.9亿元,比上年增长30.79%,工业总产值(当年价格)43.8亿元,比上年增长30.96%;增加值18.8亿元,比上年增长23.55%;利润总额3.51亿元,比上年增长9.6%;利税总额6.85亿元,比上年增长15%。"十五"期间,自治区水泥产量由2000年的630万吨增加到2005年的1 632万吨,年均增长1.75%;新型干法水泥从无到有,到2005年底,全区新型干法水泥生产能力已达到1 200万吨,占全区水泥总生产能力的60%。

"十五"期间全区水泥产量增长情况　　单位:万吨

年份	2000	2001	2002	2003	2004	2005	年均递增(%)
产量	630	698	711	940	1 308	1 632	21.75

(二)水泥产业发展过程中存在的问题和制约因素

内蒙古自治区水泥工业近几年虽然有长足的发展,但由于底子薄、基础差,整体水平不高,加之县级经济发展水平低,县级小水泥企业又是县级工业中骨干企业以及水泥运输半径的限制,淘汰小水泥企业难度较大。在水泥工业发展过程中虽然在产品结构和技术结构有所改善，但企业平均规模提高不大，2005 年全区水泥企业平均规模为 16 万吨。

从技术水平方面看，虽然新型干法水泥的比重达到 60%，但最高水平的只有日产 5 000 吨级的，而国内日产 10 000吨级生产线已经投产，此外，很多机立窑、小中空窑企业还在运行中，造成了严重的环境污染和资源浪费。因此，整体水平不高。

【水泥工业发展潜力分析】

（一）发展条件

内蒙古自治区具有良好的发展水泥工业的条件，首先拥有较为丰富的生产水泥的资源。截止到 2003 年底，全区水泥用灰岩上表矿区 42 处，累计查明水泥用灰岩矿石资源储量 103 172 万吨。其中，基础储量 79 317 万吨，占查明资源储量的 76.88%。水泥用灰岩除阿盟外，均有上表的资源储量，但主要分布在通辽市、鄂尔多斯市、呼伦贝尔市、乌海市和乌兰察布市，占全区资源储量的 81.38%。硅质原料有黏土、页岩及煤矸石，分布于全区各地；石膏储量较为丰富，主要分布在中西部地区；混合材料资源极为丰富，主要有粒化高炉矿渣、粉煤灰、煤矸石、沸石、炉渣等。

此外，水泥工业是消纳工业废弃物最多的产业之一，每生产一吨水泥可消耗 250～300 千克的工业废渣。区内有大量的工业废渣，如：高炉矿渣、粉煤灰、煤矸石、炉渣等。因此，在今后水泥产业发展中注重工业废弃物的使用，把水泥工业变成循环经济的重要产业已成必然趋势。

（二）政策导向

认真贯彻国家产业政策和有关法律法规。《国务院关于发布实施〈促进产业结构调整暂行规定〉的决定》（国发[2005]40 号）和经国务院批准的《产业结构调整指导目录（2005 年本）》是实现“十一五”规划目标和推进产业结构调整的政策导向和重要依据。正确引导投资方向，支持发展先进生产能力，依法淘汰落后生产能力，合理布局，提高资源综合利用能力是内蒙古自治区水泥工业“十一五”发展的重点。

根据水泥产业政策和贯彻落实科学发展观的要求，今后水泥工业发展要继续加大淘汰落后生产能力，重点发展日产 4 000 吨以上级的新型干法水泥工艺。设备大型化、企业集团化是未来水泥行业发展的必然趋势。

【主要任务】

（一）加快企业技术改造步伐，实现自治区水泥产业全面升级

新型干法水泥的发展要依托现有企业，以老厂改造和扩建为主。重点支持大型企业（集团）以及现有湿法窑、立波尔窑、悬浮预热器窑企业技术改造。加快产业升级，提高能力利用率。

（二）立窑水泥要以提高产品质量、减少环境污染为重点进行改造

目前，内蒙古自治区仍有一定数量的机立窑水泥企业，是县级工业经济的重要组成部分和主要就业场所。因此，在积极发展新型干法窑水泥的同时，引导立窑水泥企业进行技术改造具有重要现实意义。按照可持续发展的要求，把提高产品质量、减少环境污染作为立窑水泥改造提高的重要任务，通过扩建新型干法窑，联合建设熟料基地，改建成水泥粉磨站，以及用先进适用技术对立窑进行综合改造等途径，实现立窑水泥的平稳过渡。尤其要重视并引导有条件的立窑企业采用新型干法窑先进工艺技术，逐步淘汰立窑生产工艺。

（三）进一步完善生产力布局

在产业布局方面，根据全区现有水泥生产能力及在建项目投产后形成的能力，中西部地区已渐趋饱和，近期不宜再增加生产能力，以免产能过剩，出现恶性竞争，不利于行业健康稳定发展。东部地区生产能力偏小，应在加大淘汰落后能力的基础上，在有资源、有市场的地区建设大型新型干法水泥生产线，以提升这一地区水泥工业整体水平。鼓励并引导大企业（集团）在东部地区投资建厂和联合、兼并、收购小水泥企业

（四）推动水泥企业的联合重组

要按照市场优胜劣汰的原则，鼓励有实力的大型企业集团，以资产和资源为纽带，实施跨地区、跨所有制的兼并、联合重组，促进水泥产业集中度的提高。

（五）加快水泥企业重组步伐，支持大企业、大集团的发展

水泥工业结构不合理，一方面表现在技术结构、产品结构、规模结构不合理，另一方面表现在组织结构、资本结构、债务结构不合理。因此，必须通过企业联合、兼并、收购等形式，使现有的生产要素进行优化组合，从而实现资源的优化配置。今后，水泥企业重组要鼓励强强联合（合并重组），在行业内形成几家年生产能力 500～1 000 万吨级大型企业或企业集团，培育投资主体，使其成为行业发展的导向力量，促进水泥行业的健康发展。

获省（市、区）级科技进步奖项目

2004 年内蒙古蒙西高新材料股份有限公司被国家科技部评为实施火炬计划 15 周年优秀重点高新技术企业。

记 事

2002 年

11 月 28 日　内蒙古自治区水泥协会在呼和浩特市正式成立。水泥工业是建材工业的支柱产业，多年来有力地支撑了自治区国民经济的持续发展，水泥产量也由改革开放前的年产量 200 万吨发展到 2001 年的 698 万吨。自治区水泥协会的成立标志着政府——协会——企业新的工业经济管理

体制逐步形成。自治区水泥协会的工作重点将继续放在产业结构调整上，加快新型干法生产线建设，推动有竞争优势的大型企业集团的发展，同时通过技术改造提高立窑产品质量和文明生产水平，加快对落后水泥企业的淘汰步伐。

中国水泥协会常务副会长、秘书长曾学敏等到会并讲话，内蒙古经贸委副主任张志诚等出席了成立大会。

2003 年

6 月中旬　乌兰水泥公司第 2 条日产 2 500 吨新型干法生产线点火投产，使企业水泥熟料年生产能力达 180 万吨，成为内蒙古最大的水泥生产企业。内蒙古乌兰水泥有限公司第 2 条生产线建设投资少，工期短，投资仅 1.6 亿元即投入生产，节约资金 3 000 万元，建设工期只有 12 个月。自治区党委书记储波在该公司调研时强调："西部大开发需要大量的建材产品，市场空间大，建材行业要抓住机遇，加快发展，把企业做强做大。"

2004 年

3 月 24～25 日　由自治区工业办主持召开了"全区水泥行业工作会议"，会议通报了 2003 年自治区水泥行业完成情况和部署 2004 年的工作安排。

9 月 23 日　召开了"全区水泥企业化验室验收工作会议"，对验收的 125 家水泥企业颁发了化验室合格证书和星级牌匾。

11 月 18 日　赤峰远航水泥有限责任公司日产 2 500 吨新型干法水泥熟料生产线建成投产，填补了自治区东部地区没有大型水泥企业的空白。

11 月 20 日　海拉尔蒙西水泥有限公司日产 2 000 吨新型干法水泥熟料生产线建成投产，为自治区水泥工业结构调整作出了贡献。

12 月 26 日　内蒙古乌兰水泥有限责任公司第 3 条日产 2 500 吨新型干法水泥熟料生产线建成投产，自治区党委书记、人大主任储波出席了投产仪式，并对乌兰水泥有限责任公司正在实施的循环经济——走可持续发展之路给予充分肯定，并提出殷切希望。

12 月 26 日　内蒙古乌兰水泥有限责任公司日产 5 000 吨新型干法水泥熟料生产线开工奠基。

辽宁省水泥协会

【概况】2001 年辽宁省水泥产量 2101 万吨，结构调整带来了新型干法水泥的快速发展，继总投资 8.6 亿元的辽宁渤海集团日产 4 000 吨、工源集团日产 2 000 吨线被列入国家"两高一优"项目后，瓦房店老虎水泥公司投资近亿元的日产 1 000 吨线一次点火成功，辽阳千山水泥公司与全球最大的水泥集团法国拉法基公司的合资合作也取得了进展。

2002 年水泥产量 2145 万吨，结构调整获得重大进展，民营资本投资活跃。2002 年又有多渠道融资的辽宁渤海集团日产 4 000 吨、辽宁工源集团日产 2 500 吨等 9 条新型干法生产线的前期进展较快。

加强了与国内外大集团的对接工作。与法国拉法基、墨西哥西迈克斯等国际知名企业建立了工作联系。同时积极支持省外和行业外企业投资建材行业，其中鞍钢与河北冀东水泥有限公司合资兴建日产 4 000 吨、朝阳劳改企业与浙江私营企业合资兴建日产 1 000 吨新型干法线已经破土动工，铁岭新新集团与铁岭矿务局合资兴建日产 2 500 吨生产线即将动工，辽阳千山水泥公司与法国拉法基合资合作也有了新进展。

2003 年辽宁省水泥总产量为 2 440 万吨，重点发展新型干法水泥。全省水泥行业继上年有 2 条日产 700 吨以上新型干法生产线投产后，又有 3 条生产线点火投产，有 12 条生产线动工兴建。投产后，全省水泥工业将新增高标号水泥 1 000万吨，新型干法水泥比重将达到 40% 以上，全行业产业结构和行业面貌将出现历史性的变化。

中央关于振兴东北老工业基地战略的确定，吸引了国内外投资者的目光。继 2003 年 6 月浙江兰溪民营企业合伙到朝阳投资 1.2 亿新建的日产 1 000 吨熟料生产线点火后，全省水泥行业积极探索新的发展思路。已开工建设的 12 条新型干法水泥生产线中，出现多种投资合作形式，除中外合资外，国内合资中，有国有与国有（冀东与鞍钢），国有与民营（铁煤与新新），民营与民营（辽阳辽东水泥集团）等等，投资总额将超过 20 亿元。多种混合经济的发展也有力地促进水泥行业体制和机制的创新。

2004 年辽宁省新型干法水泥比重由 13% 提高到 25%。2004 年全省有大连、辽宁工源日产 5 000 吨新型干法水泥等项目被国家列入东北老工业基地振兴项目。全省水泥熟料累计产量 1 665.31 万吨，累计增长 17.38%，其中预分解窑熟料 354.57 万吨，累计增长 42.48%。全省水泥产量 2 511 万吨。

截止到 2005 年 12 月，全省共有水泥生产企业 270 家，其中旋窑企业 38 家，其他为机立窑企业和粉磨站，年生产能力

3 500 万吨。2005 年全省水泥实际产量 2 681 万吨，居全国第 15 位。

全省水泥企业技术结构分为三个层次：第一层次是代表当代水泥工业生产技术水平的新型干法水泥生产线，全省已投产的有 18 条，即大连小野田水泥公司、鞍钢冀东水泥有限公司等日产熟料 4 000 吨窑外分解生产线，铁煤新新水泥有限公司、辽宁工源集团、阜新大鹰水泥有限公司、抚顺大伙房水泥有限公司等日产 2 500 吨熟料窑外分解生产线，辽阳千山水泥有限责任公司、大连金山水泥有限责任公司、瓦房店老虎水泥公司、瓦房店新虎水泥公司、朝阳兰凌水泥有限公司日产 1 000 吨熟料窑外分解生产线及 2 条日产 700 吨生产线。第二层次是中空余热发电、五级旋风预热器及立波尔窑生产线。全省 33 家企业共有 46 条中空余热发电生产线，9 条五级旋风预热器生产线，1 条立波尔窑生产线。第三层次是机立窑生产线，目前全省 160 家机立窑企业，有各种规格机立窑 200 余台，具体情况见下表。

	新型干法	预热器窑	干法中空	机械立窑	合计
数量(条)	18	9	47	198	272
熟料生产能力(万吨)	900	100	540	1 200	2 740
水泥生产能力(万吨)	1 100	130	680	1 520	3 430
占总量比重(%)	32	3.8	19.8	44.3	99.9

辽宁是东北地区水泥最大的需求市场，2005 年需求量在 2 700万吨左右，全省水泥产销基本平衡。随着经济建设逐步加快，全省水泥市场需求稳步上升，预计 2006 年将达3 000万吨，2010 年有望突破 4 000 万吨，其中新型干法水泥预计会达到 60% 以上。作为国家的老工业基地，辽宁水泥工业的发展具有巨大的市场空间和丰富的资源基础。特别是国家提出“振兴东北老工业基地”战略后，使辽宁省遇到了极为难得的发展良机。为此，辽宁省委、省政府已把做大做强建材等优势行业，建设重要的原材料工业基地，列为辽宁老工业基地调整改造振兴的战略重点，并提出要发挥全省资源丰富的优势，鼓励发展新型干法水泥，到 2010 年水泥总量达 4 000 万吨，新型干法水泥比重达到 60% 以上 。

第五届辽宁省优秀新产品奖建材产品获奖项目

三等奖	
产品名称	生产厂家
525#中热硅酸盐水泥	辽宁渤海水泥(集团)有限责任公司

记事

2003 年

6 月 22 日　辽宁省辽东水泥集团诚兴有限公司日产 2 500吨新型干法水泥生产线项目在辽宁省灯塔市罗大台镇宝镜山下奠基。该项目分两期建设，共建 2 条日产 2 500 吨新型干法水泥生产熟料生产线，首条已动工的生产线预计 2004 年 8 月份投产。

6 月 28 日　朝阳兰凌水泥有限公司日产 1 200 吨新型干法水泥熟料生产线正式点火投产，揭开了朝阳市水泥工业结构调整新的一页。

2004 年

5 月 29 日　大连新虎水泥企业集团总投资 1.2 亿元的重大技改项目——日产 1 200 吨水泥熟料新型干法水泥生产线竣工投产。

9 月 15 日　由铁法煤业集团与辽宁新新集团共同组建的辽宁铁岭铁新水泥有限公司日产 2 500 吨水泥熟料新型干法生产线正式投产。

11 月 18 日　一项由沈阳恒星水泥机械有限公司开发研制的新型干法窑外分解系统(RSF)技术，在贵州、河北、内蒙古及东北地区三十余家水泥企业技术改造应用中，实现了相同规格窑型水泥日产量的重大突破。取得了产量高，能耗低、质量好、投入小、效益高的显著效果。这项新技术在 2001 年被沈阳市科委确认为“科学技术研究成果”并获得国家专利。

黑龙江省建筑材料行业协会水泥协会

【概况】改革开放以来，特别是 2001 ~ 2005 年黑龙江省水泥工业进入了快速发展时期。企业改革不断深入，企业活力不断增强;水泥工业结构更加优化,新型干法水泥比重大幅度提高;技术改造和技术进步步伐明显加快,技术装备水平明显提高;企业规模扩大,生产能力和大中型企业数量增加,产业集中度提高;市场供需矛盾由水泥短缺转为生产能力过剩。水泥品种、数量充分满足了全省经济建设,重点工程建设的需要。

2001~2005年黑龙江省水泥工业纵向同自身比发展很快,但横向同发达省市相比差距还很大。全省水泥企业整体技术装备水平、管理水平相对落后,成本高、消耗高、价格竞争能力低的状况依然不同程度存在。再加上国有大中型企业改革难以到位及市场需求不足,地处高寒地区,半年生产半年闲等客观因素影响,从2004年起全省水泥工业生产经营步履艰难,2005年大型国有企业陷入严重亏损的困境,造成全省水泥行业亏损。各项经济指标下滑,加大了与全国(平均)和先进省市水泥工业的差距。2001~2005年五年中全省水泥生产能力由1 400万吨增加到2 500万吨,其中日产1 000吨以上新型干法水泥生产能力由175万吨增加到958万吨,新型 干法水泥生产能力占全省水泥总生产能力的比例由2000年的12.5%,提高到38.3%。但2001~2005年水泥产量确因市场需求不足,没能实现同步增长。2001~2005年各年水泥产量分别为966、958、1 169、1 226、1 214万吨,2005年产量仅比2000年(904万吨)增加310万吨。

2001 年

水泥行业经济指标 2001年全省水泥行业经济指标稳中有升,但增幅甚微,利税总额增加、利润总额同比下降,亏损企业面、亏损企业亏损额增加,应收账款净额、产成品占用资金额增加,成本费用利润率下降。统计口径规模以上64个企业水泥产量966万吨,同比增长0.7%,完成工业总产值24.74亿元,同比增长1.7%,完成工业增加值7.79,亿元同比增长4.9%,实现利润总额0.79亿元,同比下降9.7%,利税总额3.07亿元,同比增长3.8%,企业亏损面18.8%(上年15.9%),亏损企业亏损额0.41亿元,同比增亏144.0%,成本费用利润率3.2%,同比下降12.0%,工业资金利税率5.9%,同比持平。应收账款净额8.83亿元,同比增加0.75亿元,产成品占用资金1.61亿元,同比增加0.13亿元。

结构调整、技术进步 调整结构发展新型干法水泥。2001年10月牡丹江水泥集团日产2 000吨新型干法水泥生产线竣工投产。该生产线由天津水泥设计院设计,采用Φ4×60米回转窑,配有德国产MPS立式生料磨,供煤系统采用德国HASLER失重秤和高效提升机并配有丹麦史密斯的四风道燃烧器,美国产计算机控制系统。新生产线投产后,拆除了服役60多年的1#立波尔窑。项目总投资2.5亿元,该项目是国家"十五"时期重点建设项目。

鹤岗市鑫塔水泥有限公司2001年3月1日预热器窑改窑外分解窑的技术改造开工建设。该项目5月竣工投产,新型干法水泥工艺技术改造后,熟料日产量由300吨提高到550吨,提高83.3%。

鸡西赛龙水泥有限公司于2001年5月对2#窑(五级旋风预热器窑)进行窑外分解窑的技术改造,改造完成后使熟料日生产能力由300吨提高到550吨。

2001年上述新建和改造项目完成后新增新型干法水泥生产能力120万吨,同时淘汰落后生产能力53万吨(牡水30万吨、鸡西、鹤岗原生产线23万吨)。

受省计委委托,省建材行业协会于2001年10月组织召开了全省发展新型干法水泥工作研讨会。贯彻国家新型干法水泥"十五"发展目标和水泥工业结构调整的政策措施。有关地市建材局、重点水泥企业领导参加了会议。省计委工业处通报了国家有关发展新型干法水泥的政策。并对哈尔滨水泥厂、牡丹江水泥集团、浩良河水泥有限公司、黑河关鸟河水泥厂、齐齐哈尔北疆集团等有条件新建新型干法水泥生产线的企业进行了研讨。通过研讨确定,努力加快哈尔滨水泥厂、浩良河水泥厂和黑河关鸟河水泥厂新型干法水泥建设项目的立项及可研编制等前期工作。2001年11月29日省建材行业协会将《黑龙江省发展新型干法水泥"十五"工作思路》上报省计委。

经济效益下降 全省规模以上64户水泥企业,2001年实现利润总额7 912万元,同比下降9.65%。亏损企业数量、亏损额增加。亏损企业12户(亏损面18.75%),同比增加2户(2000年10户),亏损企业亏损额4 133万元,同比增亏143.98%。平均每个亏损企业亏损344.4万元(2000年平均每个亏损企业亏损169.4万元),是2000年的203.3%。利润总额下降、亏损企业亏损额增加,经济效益下降的主要原因,一是市场需求不足,生产能力发挥不出来,管理费用增加;二是原燃材料动力运输价格小幅上涨,生产成本增加(2001年全省平均吨水泥成本269.99元,比2000年的264.60元增加5.39元);三是市场竞争激烈导致价格下降(2001年全省平均吨水泥售价271.81元,同比下降3.57元)。

水泥市场与水泥进出口 2001年全省水泥企业生产能力1 500万吨,市场需求量约1 000万吨,2001年实际产量966万吨。生产能力过剩与市场需求不足的矛盾增加。2001年水泥总生产能力比2000年增加100多万吨,市场需求基本持平。人均水泥消费量约为240千克,仅为全国平均的一半。由于产能过剩,市场恶性竞争,价格战不断升级。一些"小水泥"企业生产的假冒伪劣水泥低价冲击市场,扰乱市场价格秩序的问题更加严重,损害了水泥行业和企业的利益。省建材工业局、省建材行业协会配合省工商局、技术监督局,积极开展打击制售假冒伪劣水泥整顿建材市场秩序活动,同时组织开展了水泥等建材产品的区域性价格自律,并定期组织召开重点水泥企业参加的水泥市场价格通报协调会议。

水泥熟料进出口情况 2001年水泥熟料进口26.88

万吨，进口金额508.27万美元，进口水泥0.42万吨，进口金额12.8万美元，出口水泥0.18万吨，出口金额11.4万美元。

2002年

经济指标　2002年是近几年主要经济指标完成较好的一年。工业总产值（现价）、销售收入、工业增加值、利润总额、利税总额等指标均有不同程度增长；亏损企业亏损额、企业管理费用下降。统计口径规模以上64户水泥企业主要经济指标完成情况：利润总额0.97亿元，同比增长127.78%，利税总额3.47亿元，同比增长26.18%，工业资金利税率6.3%（上年为5.1%），成本费用利润率3.7%（上年为1.7%），工业总产值（现价）26.16亿元，同比增长2.41%，工业增加值9.95亿元同比增长5.83%，管理费用2.85亿元，同比下降8.51%，亏损企业亏损额0.24亿元，同比下降70.44%。

结构调整与技术进步　全省水泥工业按照省委省政府"努力快发展、全面建小康"的目标和《建材工业"十五"及2010发展规划》目标，把调整结构，推进技术进步和技术改造，走新型工业化道路，作为加快水泥工业发展的重点。按着国家"控制总量、调整结构"的发展方针和"等量淘汰或超量淘汰"的发展原则，积极发展新型干法水泥。哈尔滨水泥厂日产1 000吨熟料生产线成功地改造成日产1 200吨生产线，双鸭山新时代水泥有限公司预热器窑，成功地改造成日产600吨新型干法水泥生产线。2002年末全省日产1 000吨以上新型干法水泥生产线5条，熟料生产能力246万吨，新型干法水泥占总能力的15.8%。如果加上日产700吨5条生产线新型干法水泥占总能力的比例由2000年的12.5%，提高到22.9%。省小岭水泥厂日产1 200吨熟料的新型干法水泥生产线于2002年8月8日开工建设。哈尔滨水泥厂、浩良河水泥厂、黑河关鸟河水泥厂日产5 000吨新型干法水泥生产线以及省桦南水泥厂日产2 500吨生产线完成了项目建设的前期工作，处在筹集资金中。通过技术改造，水泥工业技术装备水平、生产自动化、信息化水平明显提高，劳动生产率、设备运转率和台时产量明显提高，水泥产品质量水平上了一个新的台阶。环境治理成效显著。企业加大对环境治理的资金投入，水泥生产粉尘排放浓度下降，多数企业粉尘排放基本达到国家标准。在2002年水泥生产许可证换发证中有105家企业通过了环保验收，取得了粉尘排放达标合格证。

经济效益稳中有升　2002年规模以上64户水泥企业生产水泥958万吨，利税总额3.47亿元，同比增长26.2%，其中利润总额0.97亿元，同比增长127.8%。进入2000年以来，市场供大于求的矛盾日益突出，市场竞争日趋激烈全国水泥市场的形成，使省内水泥产品和企业受到巨大冲击。每年从外省进入的水泥约100万吨，在省外低价水泥的冲击下，全省水泥市场价格下降。据统计自2000年以来，全省吨水泥市场价格每年平均以10～15元下跌。使黑龙江省消耗高、成本高的水泥企业生产经营更加艰难、雪上加霜。全省规模以上64户水泥企业中有14户企业亏损，亏损企业亏损额达2 361.3万元。但由于全省水泥企业在激烈地竞争中加强管理，采取一系列降低消耗和成本的措施，企业管理费用下降8.51%，使经济效益在价格下降的形势下，仍然保持稳中有升的良好势头。全省水泥企业利润总额0.97亿元，同比增长127.8%，利税总额3.47亿元，同比增长26.2%，市场竞争不仅给企业带来压力，而且也给企业带来发展的动力。在竞争中求生存、争发展的积极性不断高涨。2001～2002年两年里新增水泥生产能力300万吨（其中新增新型干法水泥生产能力200万吨）。

制止低水平重复建设　根据水泥工业在快速发展的形势下，出现了新建机立窑生产线，机立窑和中空窑扩径改造，发展新型干法水泥不坚持"等量淘汰"的原则，资源不清、市场情况不详的情况下盲目建厂等问题。省建材局、建材协会组织召开省及哈尔滨市重点水泥企业参加的水泥工业"控制总量、调整结构"工作座谈会。省市计委、经贸委有关部门领导参加了会议。会后将会议情况形成纪要等文件上报省政府等有关部门和主管省长。省经贸委、计委、技术监督局以黑经贸联发(2002)470号文件"关于控制水泥生产能力制止重复建设的意见"下发各地市经贸委、计委、技术监督局。文件明确规定并指出：坚决淘汰落后水泥生产能力制止重复建设，清理水泥在建项目；各市地停止审批任何形式的水泥建设项目，不论规模大小，资金来源何种渠道，一律按项目性质报省经贸委或计委审批；加快水泥结构调整推进优化升级；坚决淘汰落后生产能力遏制重复建设再度抬头。由于470号文件出台，有力地制止了水泥工业无序发展的势头。为加快水泥工业结构调整，制止低水平重复建设和盲目发展、淘汰落后生产能力，确保水泥工业健康发展起到积极作用。

水泥市场与水泥进出口　2002年全省建材市场需求增长仍然缓慢。需求增长小于水泥生产能力增长的矛盾日益突出。市场竞争的格局形成，并在激烈的竞争中不断变化，从而达到资源的优化配置。以河北冀东和吉林亚泰为主的新型干法水泥和以秦皇岛为代表的小水泥不断抢占黑龙江省市场。或在黑龙江省建水泥粉磨站、或在黑龙江省与吉林交界处的吉林一边建设大型水泥粉磨站，或在省内市场直销熟料和水泥，新型干法水泥质优价廉的优势，迅速改变了全省水泥市场格局。使全省水泥企业原来的市场萎缩，销售半径减少，水泥企业占有重点工程和重点用户的格局也随之发生变化。由于市场竞争的激化，假冒伪劣产品冲击市场，低价倾销、扰乱市场秩序的问题更加突出，严重损害了行业和企业利益。对此情况，省经贸委、建材局、建材行业协会在省整顿市场经济秩序办公室领导下，2002年组织开展了打击制售假冒伪劣建材产品，整顿建材市场经济秩序工作。2002年6月12日省经贸委、建设厅、公安厅、工商局、技术监督局以黑经贸建材联发(2002)296号文件“关于开展我省整顿和规范建筑材料市场经济秩序工作的通知”下发各市地经贸委、建设局、公安局、工商局和技术监督局。省建材局和建材行业协会在省整顿和规范市场经济秩序办公室的领导下，于2002年10月深入到各重点地市检查工作落实情况。整顿和打击的重点是“缺斤少两、达不到国家质量标准、无生产许可证的水泥；列入国家淘汰名单的小水泥和小玻璃；假冒名牌产品包装的水泥等建材产品”。通过整顿，建材市场经济秩序有一定好转。一些企业被关停或受到经济处罚，假冒伪劣产品的制假、售假者受到一定打击。但由于受利益驱动，打击制售假冒伪劣建材产品整顿和规范建材市场经济秩序的工作仍任重道远。

水泥(熟料)进出口 2002年进口水泥熟料15.99万吨，同比下降68.1%，进口金额302.9万美元，同比下降67.8%，进口水泥3 669吨，同比下降15.7%，进口金额11.4万美元；出口水泥1 117吨，同比下降62.1%，出口金额8.4万美元，同比下降35.7%。

2003年

经济指标完成情况 2003年水泥工业主要经济指标完成得不够理想，工业总产值、水泥产量增加，利润及利税总额下降，成本费用总额增加，应收账款及产成品增加，水泥工业资金利税率，成本费用利润率明显下降。2003年规模以上71户企业主要经济指标完成如下：生产水泥1 169万吨，工业总产值(现价)27.61亿元，同比增长3.62%，工业增加值9.69亿元，同比增长4.86%，利润总额2 778.4万元，同比下降66.25%，利税总额2.85亿元，同比下降8.9%，亏损企业亏损6 083万元，同比增亏72.33%，应收账款净额11.18亿元，同比增加4.09%。

水泥结构调整 2003年水泥结构调整稳步推进，新型干法水泥稳步发展。2003年3月哈尔滨水泥厂日产2 500吨熟料生产线(六号窑)开工建设。省小岭水泥厂日产1 200吨新型干法水泥生产线11月18日竣工投产。该项目由南京水泥设计院设计，2002年8月8日开工建设，项目总投资1.4亿元，经过10个月施工建设，完成了全部土建和设备安装，进入调试阶段。2003年11月18日举行竣工剪彩仪式。生产线建成后，企业新型干法水泥年生产能力75万吨，年粉磨能力达到120万吨。2003年9月齐齐哈尔北疆集团龙江水泥厂日产600吨新型干法水泥改造项目竣工投产。北疆集团龙江水泥厂2003年5月对该厂五级旋风预热器窑进行窑外分解窑的技术改造，熟料生产能力由日产300吨提高到600吨，熟料28天抗压强度由52兆帕提高到60兆帕。至2003年全省日产1 000吨以上新型干法水泥生产线6条，熟料总生产能力282万吨，水泥生产能力353万吨，占水泥总生产能力的17.6%，比2002年提高1.8个百分点。

另外哈尔滨水泥厂、浩良河水泥有限公司、黑河关鸟河水泥厂日产5 000吨项目已通过国家计委审查批准。

企业改革 企业改革稳步推进，国企改革进入攻坚阶段。2001～2003年全省多数水泥企业实行了股份制改革，企业间的兼并整合速度加快，齐齐哈尔北疆集团先后兼并齐齐哈尔水泥厂、克东县水泥厂、龙江县水泥厂，佳木斯鸿基集团在省桦南水泥厂基础上兼并整合了桦南县水泥厂、佳木斯市启新水泥厂，牡丹江水泥集团先后兼并了牡丹江建设水泥厂、牡丹江特种水泥厂。浩良河水泥厂被中新集团的中国联合水泥公司兼并，双鸭山新时代水泥有限公司、桦南县兴隆水泥有限公司、鸡西市赛龙水泥有限公司、省小岭水泥有限公司、哈尔滨小岭冶金水泥有限公司等一批大中型水泥企业基本完成了股份制改革。企业改制改革、兼并整合，促进了企业发展，提高了竞争力和活力。但仍有一些国有或国有控股企业由于改革不彻底，企业冗员过多，包袱过重，难以和充满竞争力和活力的新企业竞争，从而陷入困境。国有大型企业进入改革的攻坚阶段。以哈尔滨水泥厂、牡丹江水泥集团有限公司、浩良河水泥有限公司为代表的大中型国有或国有控股企业因改革步履艰难，进入改革的攻坚阶段。哈尔滨水泥厂和牡丹江水泥厂均是1932年建厂的老国企。职工人数多，哈水3 800人、牡水4 800人；包袱沉重，在改革改制过程中付出了较大的代价，企业陷入困境。自2002年以来，省内外，国内外有实力的企业如：法国拉法基、日本太平洋、爱尔兰老城堡、墨西哥等大型水泥集团，浙江三狮、红狮、海运集团、省内哈工大集团、工大八达集团，均看中哈尔滨、牡丹江、浩良河等水泥厂，并以各种方式参与企业改革改制和整合全省大型水泥企业。牡丹江水泥厂先后有哈工大集团等国内外8～10个企业到厂进行兼并重组调查并提出方案，“哈水”也有法国拉法基等6个以上国内外企业到厂进行兼并重组调查并提出方案。经过2～3年的兼并重组改革，但至今仍没有结果。在长时期的改革进程中，给企业生产经营带来巨大影响。企业人心浮动，多数职工考虑后事，不安心生产。一些工程技术人员流失，被省内外企业高薪挖走。企业正常信誉度下降，资金、原燃材料供应渠道被打破，严重影响了企业正常生产经营活动。生产成本上升，经济效益下降。企业陷入历史以来从来没有的困境。“牡水”等一些国有或国有控股企业出现亏损。面对上述情况，2003年5月由省经贸委牵头，省国资办、金融办、建材局等单位组成调研组，历时10余天，先后深入“哈水”、“牡水”、浩良河、佳木斯鸿基等大中型企业进行国企改革和水泥企业重组的调研。由省建材局汇总起草并提出了大型水泥企业改革重组的意见和建议。

水泥市场 水泥市场供大于求，过剩生产能力增长大于市场需求的增长的矛盾更加突出。由此引发的恶性竞争和价格战日趋激烈。严重损害了行业和企业利益。黑龙江省地处高寒地区，半年生产半年闲，企业生产能力只能发挥一半。成本高、消耗高、竞争能力低的问题严重，制约了企业发展。2003年底全省水泥生产能力2 000万吨，市场需求1 250万吨，过剩生产能力750万吨（占总能力的38.0%）。而且水泥行业面临严重困难：

原燃材料大幅度涨价，水泥价格难以提高。2003年，受动力运输和原燃材料价格上涨，工资增加等多种因素影响，吨水泥生产成本增加20元，而全省吨水泥价格仅上涨5～7元。牡丹江、浩良河等一批大中型骨干企业首次出现亏损或严重亏损。许多水泥企业靠免增值税（掺兑工业废渣30.0%以上）维持生计。

假冒伪劣水泥冲击市场、扰乱市场价格问题更加突出。由于多种原因，全省近40家无生产许可证的“小水泥”仍在生产和销售；国家明令淘汰的落后工艺设备死灰复燃；劣质“小水泥”和假冒伪劣水泥在市场上屡打不死。这些企业靠掺杂做假、短斤少两（每袋少5～10千克），偷、漏税等手段，以低于市场价每吨30～50元冲击市场。严重破坏了水泥市场经济秩序，扰乱了市场价格。形成正规生产企业亏损、无证“小水泥”暴利的不正常局面。这些假冒伪劣低价水泥虽然数量不大，但影响恶劣，造成后果严重。影响了水泥价格的正常调整，同时给工程建设质量和安全带来巨大隐患。

经济效益 受国家宏观调控政策影响，以及市场出现供大于求现象，水泥销售价格下降，原燃材料动力运输价格上涨等诸多因素影响，2003年水泥工业经济效益下降。利润总额2 778.4万元，同比下降66.25%，亏损企业亏损额6 083万元同比增亏72.33%，浩良河水泥厂、牡丹江水泥集团等国有控股17户企业亏损，平均每个企业亏损358万元。企业经济效益下降的主要原因是流动资金短缺，原燃材料动力运输价格上涨，水泥市场价格回落。尽管企业采取内部挖潜等降低成本的措施，仍然抵消不了原材料涨价、水泥降价的因素。

2004年

经济指标 2004年水泥工业经济指标稳中有升。规模以上79户企业主要经济指标完成情况好于上年，工业总产值32.36亿元，同比增长7.09%，工业增加值11.82亿元，同比增长8.68%，利润总额6 325.7万元，同比增长7.34%，亏损企业亏损额7 398.7万元，同比增亏64.71%，利税总额3.81亿元，同比增长15.08%。工业资金利税率6.1%，同比增长15.08%，成本费用利润率1.8%，同比下降7.54%，应收账款净额同比增加3.55%，资产负债率56.1%，同比下降3.1个百分点。

结构调整 2004年新型干法水泥快速发展。哈尔滨水泥厂日产2 500吨，哈尔滨小岭冶金水泥厂日产1 200吨生产线竣工投产。哈尔滨水泥厂日产2 500吨新型干法熟料生产线（6#窑）于2003年3月开工建设，项目由天津水泥设计院设计，回转窑为Φ4.0×60米，生料磨为德国产MPS3750立式磨，煤磨为ZGM80G，工程于2004年6月29日正式交付生产，项目完成投资2.38亿元。6#窑投产后，利用粉煤灰代替粘土配料，并掺加部分页岩，进行四组分配料煅烧熟料。哈尔滨小岭冶金水泥厂日产1 000吨窑外分解窑技术改造项目于2004年2月29日开工建设。项目由省建材规划设计研究院设计，总投资1 500万元，8月11日包括辊压机在内的技术改造项目全部竣工投产。上述2个新型干法水泥建设项目投产后，新增新型干法水泥熟料年产能力111万吨，新增水泥年产能力139万吨。2004年末日产1 000吨以上的生产线达到8条，年生产能力：熟料393万吨、水泥491万吨，占全省水泥总生产能力的22.9%，比2003年的17.6%，提高5.3个百分点。

经济效益 2004年水泥工业经济效益稳中有升，水泥产量、工业总产值、工业增加值、工业销售产值、利润总额同步增长。2004年在原燃材料、动力运输连续涨价的情况下，实现利税总额继续上升。这是近几年来经济效益最好的一年。2004年水泥工业规模以上79户企业，完成利润总额6 325.7万元，仅次于2002年，完成利税总额3.81亿元，同比增长15.08%，创历史最好水平。省小岭水泥有限公司、哈尔滨小岭冶金水泥有限公司、北疆集团、密山连珠山水泥有限公司实现利润额均超千万元以上，省小岭水泥利润达1 508万元，同比增长148.0%，其他三个企业利润均有大幅上升。相反，牡丹江水泥集团亏损5 000万元同比增亏194.1%，浩良河水泥有限公司亏损515万元（上年赢利150万元），哈尔滨水泥厂利润大幅下降（2004年实现利润61万元），同比减利3042万元。

水泥市场 2004年水泥市场平淡、需求增长缓慢。2004年规模以上企业生产水泥1 226万吨，加上规模以下企业生产的水泥以及外省市进入的水泥，全省水泥市场需求量约1 250万吨，只比上年略有增长。与水泥生产能力的快速增长形成巨大反差，同全国及发达省市市场需求快速增长的形势也形成巨大反差。全省人均水泥消费量仍然只是全国平均的一半，是发达省市的1/3。市场需求增长迟缓的原因，主要是固定资产投资增长低于全国及发达省市。而且在固定资产投资中，装备工业、石油化工项目投资占大多数。房地产开发、城市基础设施建设，交通建设的投资（拉动水泥市场）相对较少，增长缓慢。而且资金到位率低，各种工程赊欠水泥等材料款的现象十分普遍，给水泥企业生产经营带来困难。此外2004年水泥企业还遇到以下困难：铁路运输瓶颈制约严重。哈尔滨铁路局地处铁路端头，长期以来车皮缺口大，每到建材生产经营的旺季，也是铁路运输最紧张之时。2004年牡丹江、浩良河、哈尔滨三大水泥企业受铁路运输制约，原燃材料运不进来、水泥运不出去，企业处于停产和半停产状态，减产水泥40余万吨。企业流动资金严重短缺。造成这种状况的原因，一是企业在技改资金不足的情况下把流动资金用于技改。二是应收账款不断增加。三是受国家控制钢铁、电解铝、水泥行业过热政策的影响，银行对水泥企业采取只收不贷的政策。虽然黑龙江省水泥不过热，但国家政策是一致的。受这种调控政策影响，大多数企业资金严重缺乏，陷入等米下锅的境地。为了维持生产、保工资，到市场淡季企业不得不采取低于成本价预售水泥的办法。严重影响企业经济效益和水泥市场价格稳定。

2005 年

经济指标　2005 年全省水泥工业总产值、工业增加值、利润总额、利税总额同步下降，各项经济指标是历史上最差的一年。工业总产值 32.82 亿元，同比下降 1.8%，工业销售产值 31.69 亿元，同比下降 5.37%，产销率 96.6%，同比下降 3.66%，工业增加值 8.95 亿元，同比下降 23.4%，利润总额 -2.1 亿元，亏损企业亏损额 3.08 亿元，同比增亏 130.74%，利税总额 8 211.8 万元，同比下降 75.19%，应收账款净额 11.60 亿元，同比增长 5.32%，赊销金额增加 5 863 万元，资产负债 62.6%，同比增长 15.49%。

结构调整　2005 年全省水泥工业结构调整取得巨大成绩，新型干法水泥是历史上发展最快的一年。2005 年有 6 条日产 1 000 吨以上新型干法水泥生产线建成投产，新增新型干法水泥熟料生产能力 357 万吨/年，新增新型干法水泥生产能力 446 万吨/年。2005 年日产 1 000 吨以上 6 条生产线投产后，全省日产 1 000 吨以上的新型干法水泥生产线达 14 条。熟料总生产能力 768 万吨/年，水泥生产能力 958 万吨/年，占全省水泥总生产能力的 38.3%。新建 6 条生产线有：(1)黑龙江宾州水泥有限公司日产 5 000 吨生产线于 2005 年 1 月竣工投产。该生产线由浙江省海运集团投资 6.4 亿元，在哈尔滨宾县经济开发区（宾西镇）于 2004 年 8 月开工建设。项目由天津水泥设计院设计，立磨等主要设备从国外发达国家引进。(2)2005 年 6 月 6 日双鸭山新时代水泥有限公司日产 1 200 吨改造项目举行投产仪式。项目由北京东方博特设计，总投资 4 070 万元，将 Φ3×45 米立筒预热器窑改造成 Φ3×46 米五级旋风窑外分解窑。2004 年 5 月 26 日开工建设，2005 年 6 月 6 日举行竣工投产。(3)2005 年 3 月 28 日哈尔滨太行兴隆水泥有限公司日产 1 200 吨新型干法线技术改造项目竣工投产。项目由河北太行水泥集团设计，由河北太行水泥集团和巴彦县兴隆水泥厂共同出资 1.2 亿元，于 2004 年 4 月 3 日开工建设，2005 年 3 月 28 日投产。(4)2005 年 8 月黑龙江省兴隆水泥有限公司日产 600 吨预热器窑改为日产 1 000 吨窑外分解窑项目竣工投产。项目由北京东方博特设计，总投资 1 350 万元。(5)2005 年 8 月 20 日黑河市恒基水泥有限公司异地搬迁新建日产 1 000 吨新型干法水泥生产线竣工投产。项目由黑龙江省建材规划设计研究院设计，投资 1.1 亿元，淘汰落后机立窑，异地新建日产 1 000 吨窑外分解窑项目于 2004 年 7 月 20 日开工建设，2005 年 8 月 20 日竣工投产。(6)2005 年 12 月末佳木斯鸿基水泥集团日产 2 500 吨新型干法水泥熟料生产线投入试生产。项目由山东水泥集团设计，总投资 1.5 亿元。项目 2003 年 12 月经国家批准，2004 年 5 月全面开工建设。主要设备有 Φ4×56 米回转窑、Φ4.6×10+3.5 米中卸式生料磨、高效选粉机、篦冷机、五级悬浮预热器、SF2500 型分解炉等。

水泥市场　2005 年全省水泥市场需求总量比 2004 年增长约 50 万吨，市场需求的增长仍然远低于生产能力的增长。2005 年水泥市场总需求量约 1 300 万吨，79 家规模以上企业生产水泥 1 214 万吨，外省市进入全省的水泥约 80 万吨。2005 年末全省水泥生产能力已达 2 500 万吨，生产能力过剩与市场需求不足的矛盾更加突出，市场竞争更加激烈，价格竞争成竞争的焦点。

经济效益　经济效益大幅度下降，全行业亏损。各种经济指标同步下降，是全省水泥工业历史上最差的一年。2005 年规模以上 79 户企业利润总额 -2.1 亿元，亏损企业亏损额 3.08 亿元，同比增亏 130.74%，哈尔滨、牡丹江、浩良河三大国有控股企业严重亏损，亏损总额约 2.5 亿元。亏损企业 27 户，比 2004 年增加 8 户，亏损面 34.18%，比 2004 年增加 10 个百分点。利税总额 8 212 万元，同比下降 75.19%。经济效益下降的主要因素，一是原燃材料动力运输价格上涨，特别是煤的价格飞涨，吨煤价格平均上涨 150~200 元，而且质量数量还难以保证，使水泥成本剧增；二是国有或国有控股大中型企业改革进入攻坚阶段，改革步履艰难，沉重的包袱不能卸掉。成本高、价格竞争能力低、亏本经营；三是流动资金短缺，生产经营更加艰难。由于银行继续对水泥企业采取只收不贷的政策，企业维持生产和设备检修的资金都难以保证。四是建设单位、房地产开发商赊欠水泥、拖欠水泥款的问题有增无减，使流动资金更加紧缺。2005 年应收账款净额达 11.60 亿元，比上年增加 5 863 万元。

企业改革　2005 年省、市各级政府十分重视国有或国有控股大中型水泥企业改革工作。哈尔滨、牡丹江、浩良河、省小岭水泥厂均加大了企业改革的力度，积极引进战略投资者，加大水泥行业兼并整合的力度。政府和企业多次与国内外知名大企业集团洽谈，到企业考察，并提出兼并整合方案。但由于多种原因兼并整合的步伐迟缓。企业仍然难以从困境中摆脱出来。哈尔滨水泥厂在市、区政府的积极努力推动下，吉林亚泰集团成功入主哈尔滨水泥厂，实现了跨地区的整合。2005 年 9 月 29 日哈尔滨市道外区经贸局与吉林亚泰（集团）股份有限公司签署了重组哈尔滨水泥厂（含阿城新明矿）的协议书。重组后的新公司，亚泰集团占有 99.0% 的股份，道外区经贸局占有 1.0% 的股份，12 月新公司注册成立。哈尔滨水泥厂正式更名为亚泰集团哈尔滨水泥有限公司。省小岭水泥有限公司与爱尔兰 CRH 公司的整合进度加快。爱尔兰 CRH 公司整体收购省小岭水泥厂的兼并整合的框架协议基本签订，收购后在原厂址新建日产 2 500 吨新线，并利用现在哈尔滨泉兴水泥厂矿山资源合资合作建设一条日产5 000吨新线。佳木斯鸿基集团整合区域内水泥企业做大做强的步伐也在加快。

记 事

重要会议

2001年8月和2002年9月 分别召开了全省水泥生产经营形势及对策措施研讨会暨水泥协会常务理事扩大会。省计委、经贸委、技术监督局、建材局有关部门领导、重点水泥企业领导、协会常务理事近70人参加了会议。会议分析了形势、统一了思想、确定了对策措施。

2001年12月 省工业生产许可证办公室组织召开"全省水泥企业生产许可证换发证工作会议"。全省水泥企业化验室主任及厂长、省建材局、建材协会、建材质检站有关领导200多人参加了会议。国家生产许可证办公室水泥生产许可证换发证审查部的领导到会并做了重要讲话。会上传达了领导讲话、学习了"验收细则"及"现场审查办法"、"水泥企业质量管理规程"等文件,同时布置了许可证审查工作。2002年3月份进行了生产许可证审查员培训,同时选择哈水、省小岭和哈钢飞水泥三个厂进行现场审查验收试点。2002年4月水泥生产换发证现场审查全面展开,审查工作于2002年年底结束。有105个水泥企业通过审查取得了生产许可证。

2001年9月 省建材局与国家合肥水泥设计研究院联合组织召开了"全省水泥新技术推广会",近百家水泥企业工程技术人员参加会议。会上重点交流推广了合肥水泥研究院近年来开发的提高水泥磨机产量、水泥质量、环保收尘效率等方面的新工艺、新技术和新装备。

2003年1月20~21日 省建材局组织召开了"全省水泥工作会议"。107家水泥企业的领导参加了会议。会议总结了2002年全省水泥行业生产经营情况、开展的工作;布置了水泥企业化验室审核验收(定升级)工作;通报了水泥包装袋标准的执行情况、建材市场经济秩序整顿、"小水泥"清理整顿工作情况;提出2003年工作思路。

2003年5月12~21日 省经贸委、国资办、金融办、省建材局等单位有关领导组成调研组,对水泥行业改革重组问题进行调研。历经10余天时间,调研组先后深入到哈水、牡水、浩良河、佳木斯鸿基水泥集团进行调研。省建材局于灵彦局长等参加了调研,并起草了"关于黑龙江省水泥行业改革重组问题的报告"。省经贸委对报告予以充分肯定。为推进水泥行业重组奠定了基础。

2003年7月3日 省工业生产许可证办公室组织召开了全省水泥生产许可证换发证工作总结会议。有100多家水泥企业的领导及化验室主任近200多人参加了会议。省技术监督局副局长刘小妹、省工业生产许可证办公室主任郭洪志、省建材局、省建材行业协会领导分别讲了话。会上哈尔滨水泥厂、省小岭水泥厂等四家企业领导作了经验介绍。郭洪志代表许可证办公室对换发生产许可证工作做了总结。并对今后工作提出了要求。同时宣布了第一批取证的105家水泥企业名单。

2003年7月16日 省建材行业协会、水泥协会副会长座谈会在哈尔滨举行。省经贸委、计委、建设厅、哈尔滨铁路局、省建材局、省质协、省工程建设质量监督协会的领导以及建材行业协会和水泥协会的副会长参加了座谈会。会议总结了建材行业协会一年的工作,通报了全省建材工业生产经营形势,提出了应采取的对策措施,通报了全省水泥质量十佳企业的评选情况,讨论了建材企业走出困境的对策措施和办法,以及办好《绿色建材》杂志(会刊)的意见和建议。

2003年8月16日 省技术监督局、省质量协会、省建材行业协会联合组织的"全省水泥中小型获证企业质量保证现场会"在密山市连珠山召开。会上连珠山水泥厂等10家企业介绍了稳定提高产品质量的经验和作法。水泥行业的专家对各企业稳定提高质量的经验作法进行了点评。会议代表参观了连珠山水泥厂生产现场。

2003年11月4日 "全省水泥质量十佳企业"评选结果公布。由省质量协会、省工程建设质量监督管理协会、省建材行业协会联合组织评选的"黑龙江省水泥质量十佳企业",经过几个月的评选过程,哈尔滨水泥厂、牡丹江水泥厂、浩良河水泥厂等10个企业入选。

2004年11月12日 省建材行业协会暨水泥协会在哈尔滨召开常务理事扩大会议。省经委、省建设厅、有关领导应邀参加会议。会议传达了省政府、省编委、省经委关于省机构改革的有关文件。选举产生了新任会长于灵彦,增补了副会长邵恩奇、陈育群,选举产生了秘书长赵德刚。会议还就当前建材工业面临形势,应采取的对策措施,以及对协会工作的建议开展了热烈的讨论。会上还公布了省建材行业协会内设机构。协会下设四个工作部:综合部、行业部、技术咨询部、党务工作部。

2005年1月27~28日 省建材行业协会在哈市召开了全省水泥企业化验室评审考核工作会议暨化验室质量管理手册编写培训班。会议由省建材行业协会副会长陈育群同志主持。省经委冶金建材黄金处李捷处长出席了会议。省建材行业协会于灵彦会长作了重要讲话。会上,还传达了《省经委关于在全省水泥企业开展化验室评审考核工作的通知》和《省建材行业协会水泥企业化验室评审考核工作实施方案》。会议对水泥企业化验室质量管理手册编写工作进行了专门培训。会期两天,全省120多家化验室主任参加了水泥企业会议。

2005年6月28~29日 由省建材行业协会主办的"全省水泥磨机节能降耗新技术、新工艺、新设备研讨暨经验交流会”在哈尔滨召开。省经委冶金建材黄金处李捷处长、省建材行业协会会长于灵彦、副会长陈育群、魏杰，以及全省水泥企业的领导和技术人员近百人出席了此次会议。中国水泥协会秘书长孔祥忠、天津水泥研究院设计院总工程师许芬、南京工业大学教授张少明、合肥水泥研究设计院高工熊焰来、杨刚应邀出席了会议并进行技术讲座。会议由省建材行业协会副会长陈育群主持。省建材行业协会会长于灵彦作了“树立转变经济增长方式，促进黑龙江省水泥工业持续健康发展”的演讲。与会代表就有关水泥粉磨中存在的一些问题同科研设计及设备制造单位的专家进行了技术交流。省建材行业协会副会长魏杰作了“认清形势抓机遇，节能降耗降成本，为快速提高市场竞争能力而努力”的发言。中国水泥协会秘书长孔祥忠同志就“有关中国水泥行业现状及相关问题”作了宣讲。

2005 年 7 月 26 日　省建材行业协会在省小岭水泥厂召开了全省大中型水泥企业负责人参加的水泥经济运行形势分析研讨会。省发改委工业处栾志成处长，省经委李捷处长应邀出席。会议由省建材行业协会会长于灵彦主持。会上通报了黑龙江省水泥工业经济运行情况。省发改委工业处栾志成处长讲了话，着重谈了三个方面的问题。一是就全省各地固定资产投资项目情况和资金使用等问题作了说明。二是老工业基地振兴情况。三是通报了工业固定资产投资项目核准情况。并回答了水泥固定资产投资项目核准的有关问题。省经委李捷就黑龙江省建材行业 2005 年 1～6 月运行情况作了说明，并分析了面临形势及应采取的对策措施。于灵彦会长作了总结，他就大家提出的问题做了归纳，并就今后怎么办，如何应对，提出了意见和建议。

2005 年 8 月 17～18 日　举行全省水泥企业化验室检验人员换发证统一考试。根据国家对水泥行业的要求和我省水泥企业化验室检验人员上岗证于 2005 年 8 月 1 日到期的实际情况，经行业协会领导研究决定，本着公平、公正的原则，对全省水泥企业化验室检验人员进行了换发证统一考试，于 8 月 17 日开始，8 月 18 日结束。1 300 多名水泥行业的化验室全分、简分、物理检验人员参加了考试。考试设哈尔滨、齐齐哈尔等 12 个考点。

2005 年 12 月 2 日　省建材行业协会暨水泥协会在省小岭水泥有限责任公司组织召开了哈市周边及省内重点水泥企业市场分析研讨例会。省建材行业协会暨水泥协会会长于灵彦、副会长陈育群、魏杰及宾州、牡水、浩良河、鸿基、北疆、省小岭等省内重点大中型水泥企业和哈市周边水泥企业负责人 30 余人到会。会议由于灵彦会长主持。陈育群副会长通报了全省水泥工业 1～10 月份经济运行情况；魏杰副会长对全省水泥市场形势进行了全面分析。各水泥企业就本企业生产经营形势向大会作了汇报。

2005 年 12 月 27 日　由黑龙江省建材行业协会组织的全省水泥窑炉节能新技术新工艺研讨会在哈尔滨市召开。来自全省各大中小企业的工程技术人员 80 多人参加了会议。会上，中国水泥协会常务副会长曾学敏、武汉理工大学林宗寿教授、哈尔滨工业大学张松榆教授等专家到会，分别作了专题技术讲座。曾学敏副会长就 2005 年全国水泥行业经济运行的特点、全国与黑龙江水泥行业对比、“十一五”水泥发展规划目标、2006 年的展望以及水泥行业发展要处理好几个关系等问题作了详实的讲解。哈尔滨工业大学张松榆教授就水泥窑炉节能降耗新技术进行了宣讲。武汉理工大学林宗寿教授就水泥窑炉节能新技术、新工艺等疑难问题进行宣讲，并现场解答了代表们提出的工艺、技术难题。

重点新型干法水泥建设工程竣工情况

2001 年 10 月　牡丹江水泥集团日产 2 000 吨新型干法水泥生产线投产。生产线由天津水泥设计院设计，总投资 2.5 亿元，新线建成后，拆除了落后的立波尔窑。该项目是国家“十五”重点建设项目。

2002 年 5 月　哈尔滨水泥厂日产 1 000 吨改日产 1 200 吨新型干法水泥窑改造项目竣工投产。熟料生产能力由日产 1 000 吨提高到日产 1 200 吨，实际产量可稳定在 1 200～1 400吨。

2003 年 11 月 18 日　省小岭水泥有限公司日产 1 200 吨新型干法水泥生产线竣工投产。项目由南京水泥设计院设计，总投资 1.4 亿元。项目投产后淘汰了原有中空（发电）窑。

2004 年 8 月 11 日　哈尔滨小岭冶金水泥有限公司立筒预热器窑改为日产1 000吨新型干法窑改造项目竣工投产。项目由黑龙江省建材规划设计研究院设计，总投资 1 500 万元。

2004 年 6 月 29 日　哈尔滨水泥厂日产 2 500 吨新型干法熟料生产线正式交付生产使用。项目由天津水泥设计院设计，总投资 2.38 亿元。

2005 年 3 月 28 日　哈尔滨太行兴隆水泥有限公司日产 1 200 吨新型干法水泥生产线改造项目竣工投产。该项目由河北太行集团设计，总投资 1.2 亿元，由河北太行集团与原巴彦兴隆水泥厂共同出资建设。

2005 年 6 月 16 日　双鸭山新时代水泥有限公司旋风预热器窑改为日产 1 200 吨新型干法窑及配套改造项目竣工投产。项目由北京东方博特设计，总投资 4 070 万元。

2005 年 7 月　黑龙江宾州水泥有限公司日产 5 000 吨新型干法水泥生产线竣工投产。项目由天津水泥设计院设计，总投资 6.4 亿元。9 月 29 日举行了生产线落成剪彩仪式。副省长刘海生、哈尔滨市市长石忠信等领导出席了剪彩仪式。

2005 年 8 月 20 日　黑河市恒基水泥有限公司日产 1 000吨新型干法水泥建设项目竣工投产。项目由省建材规划设计研究院设计，总投资1.1亿元。该项目淘汰原黑河水泥厂立窑水泥生产线，异地新建日产1 000吨项目。9月1日举行了竣工投产仪式。

2005年8月 黑龙江省兴隆水泥有限公司日产600吨预热器窑改为日产1 000吨窑外分解窑技术改造项目竣工投产。项目由北京东方博特设计，总投资1 350万元。

2005年12月末 佳木斯鸿基集团日产2 500吨熟料生产线竣工投入试生产。项目由山东水泥集团设计，总投资1.5亿元。

政策法规

2002年6月12日 省经贸委、省建设厅、省公安厅、省工商局、省质量技术监督局以黑经贸建材联发(2002)296号文件《关于开展我省整顿和规范建筑材料市场秩序工作的通知》下发各市地经贸委建设局、公安局、工商局、质量技术监督局。重点对水泥等产品开展一次专项打假行动。

2002年9月23日 省经贸委、省计委、省质量技术监督局以黑经贸投资联字(2002)470号文件下发了《关于控制水泥生产能力制止重复建设的意见》，文件规定各市地要对2000年以来水泥建设项目进行认真清理，凡违反国家产业政策和规定项目，要收回或不予发放生产许可证，在建项目立即停止建设，拟建项目不予审批。各地市一律停止审批任何形式的水泥建设项目。不论投资规模大小、资金来源何种渠道，一律按项目性质报省计委或省经贸委审批。加快结构调整，推进优化升级，鼓励支持企业兼并重组，在等量淘汰前提下，发展新型干法水泥。

上海市水泥行业协会

【概况】上海现有水泥企业共21家(其中2家为白水泥生产厂)，2005年通用水泥产量996万吨。其中，带回转窑的全能水泥厂4家，2005年产量约352万吨；粉磨厂14家，2005年产量588万吨；配制水泥企业1家，2005年产量约56万吨。此外，上海现有水泥中转能力约500万吨，2005年中转水泥量约184万吨。

“八五”期间，上海水泥企业进行了结构调整，关停了一大批立窑企业、干法中空窑企业和湿法窑企业，利用欧洲政府贷款和技术建成了具有国内领先水平的新型干法水泥企业和湿改干项目；“九五”到“十五”期间，上海水泥行业又进行第二次结构调整：关停了一批小型立筒预热器窑和湿法窑。新型干法水泥窑成功地开发了国内技术领先的处理工业有毒有害废弃物技术、低温余热发电技术和国际领先的电袋收尘技术；节能和环保指标都处于国内同类型装备的领先水平。

上海每年工业有毒有害废弃物约20万吨、高炉矿渣300万吨、钢渣150万吨、电厂粉煤灰300万吨。上海水泥企业处理矿渣和粉煤灰已有近50年的历史，处理技术在国际上领先，联合国粉煤灰利用技术中心，就设在上海。上海万安水泥公司由市环保局授权，成为全国第一家成功利用新型干法水泥窑处理工业有毒有害废弃物的企业，填补了国内空白，多次在国际会议上交流。

上海浦东水泥厂和万安水泥公司根据国际上刚刚出现的电袋收尘原理结合自身情况，利用自主开发的技术，成功地开发研制了国内第一台电袋组合式收尘器，使每标准立方米的粉尘排放量仅仅为10～20毫克，远远低于欧洲标准。浦东水泥厂被浦东新区环保局授予环保标兵铜牌，已成为多次接待外国元首参观和全国人大代表团视察的花园工厂。

上海水泥行业不仅在熟料热耗、水泥综合电耗指标上，处于国内先进水平。而且，由于利用了有一定热值的有毒有害废弃物和国内领先的低温余热发电技术，经过测算，万安公司每吨熟料标准煤耗仅85千克，为国际领先水平。上海粉磨站吨水泥电耗小于35千瓦时，万元产值标准煤耗低于全市平均水平。

根据产业政策，上海不适宜生产水泥，但水泥市场需求量很大，因此大部分水泥由外省市供应。

2005年上海水泥需求量约2 548万吨，其中本市生产996万吨，本市水泥市场占有率为39%，外省市市场占有率为61%；“十五”期间全市共需水泥约10 048万吨，其中本市生产3 842万吨，本市水泥市场占有率为38.24%，外省市为61.76%；上海市企业散装水泥率“十五”期间在90%以上，散装水泥使用率也在逐年提高；上海“十五”期间上海市建设任务很重，砼生产量屡创历史新高，因此也带动了磨细矿渣粉和磨细粉煤灰使用量的提高。(详见表)

历年来本市水泥用量、产量、粉煤灰、矿粉、砼的产销量(单位:万吨/年)

项目	数量	年份	2001 年	2002 年	2003 年	2004 年	2005 年
水泥	本市生产	水泥产量	453	609	853	931	996
水泥	本市生产	其中 散装率%	88.65	91.9	93.8	92.7	93.6
水泥	本市生产	其中 配制水泥	53.3	55	59	71.4	56
水泥	中转水泥		200	175	188	251	184
水泥	外省市进沪量(含中转)		1 047	991	1 247	1 369	1 549
水泥	本市水泥用量		1 500	1 600	2 100	2 300	2 548
水泥	本市散装水泥使用率%		无数据	54	60.9	65.2	70.2
磨细矿渣粉销量			50	50	59	101	109
磨细粉煤灰销量			无数据	166	247	288	246
商品砼产量(万立方米)			2 100	2 515	3 560	4 267	5 016

记 事

2001 年

3 月 12 ~ 14 日　在上海宝丰联大酒店召开中国水泥协会上海经济区水泥市场协作会第八届会员扩大会。

中国水泥协会邹传胜、曾学敏等领导参加会议。"海螺"、"三狮"等 50 多单位 70 余名企业领导到会。会议由中国水泥协会周清浩秘书长主持,上海市水泥协会秘书长作了上海水泥市场形势的介绍,诸葛培智理事长作了"探讨中国加入 WTO 将对水泥工业的影响"的报告,会议还表彰了协作会先进单位及优秀信息员。最后提出了上海水泥市场建议价。

4 月 18 日　上海市建筑业管理办公室、上海市建材业管理办公室以沪建材办[2001]012 号文发函——关于转发国家经贸委、建设部、国家质量技监局"关于实施水泥新标准有关问题的通知"的通知。

4 月 19 日　上海市建材业管理办公室以沪建材办[2001]013 号文发出关于对市散办"关于 2001 年上海市中转散装水泥企业资质核验情况汇报"的批复。

4 月 24 ~ 25 日　在杭州萧山国际酒店召开了"上海市建设工程交易管理中心水泥分中心第一届理事会第五次会议"。

出席会议的理事、监事共 18 人,金星理事长主持会议,刘蓁总裁作工作报告,表彰了浙江三狮集团等 23 家先进会员单位,并通过了进入水泥分中心的水泥"自律交易价格"。

4 月 28 日　上海市散装水泥办公室以沪散办[2001]第 16 号文发函——关于转发市建材办《关于 2001 年上海市中转散装水泥企业资质核验情况汇报的批复》的通知。对上海嘉新有限公司等 18 家企业核发《资质证》。要求商品混凝土搅拌站不能使用无《资质证》企业的散装水泥。

11 月 27 ~ 29 日　在上海文艺宾馆召开中国水泥协会上海经济区水泥市场协作会第九届会员扩大会。

参加会议的有中国水泥协会、市经委经济运行处、市重大办等领导和市建材集团总公司、大宇水泥有限公司等 58 个单位的 68 名代表,会议由中国水泥协会秘书长主持,上海市水泥协会楼淑慧秘书长作了上海水泥市场情况的发言,市质量检验站沈丽华主任介绍了进沪水泥质量情况,市水泥交易中心曹瑾介绍了水泥分中心交易情况,中国水泥协会雷前治会长和市水泥协会诸葛培智理事长都作了重要讲话,会议议定了交易建议价,表彰了杨鸿明等 19 位协作会先进单位代表和程菊等 9 名优秀信息员。同时进行了"上海散装水泥发展与城市建设信息发布研讨会",使与会代表对上海市重大项目建设、城市建设、市场需求等宏观形势有了充分的了解。

2002 年

4 月 22 ~ 24 日　在上海宝丰联大酒店召开中国水泥协会上海经济区水泥市场协作会第十届会员扩大会,参加会议的有市经委、市重大办、市散办等领导单位及江南小野田、"万年青"等 68 个单位 80 余位代表。会议由中国水泥协会曾学敏秘书长主持,市重大办介绍了上海 2002 年市重大工程项目建设情况,中国水泥协会雷前治会长作了"中国水泥工业面临形势"的专题报告,本协会作了"上海水泥市场情况"的报告、市散办作了"上海发展散装水泥的目标及要求的报告"。经充分讨论后,会议提出了进沪水泥交易建议价,特别指出在市场供大于求,赊账抬头的情况,各企业要稳住价格,坚决防止拖欠款的上升。

8月1日 上海市财政局、上海市建设和管理委员会以沪财建[2002]111号文发函——关于印发《上海市散装水泥专项资金征收》的通知。

11月12日 上海市建设和管理委员会、上海市发展计划委员会、上海市经济委员会、上海市农业委员会、上海市城市交通管理局、上海市财政局、上海市质量技术监督局、上海市环境保护局、上海市水务局、上海市公安局交巡警总队以沪建建[2002]813号文发函——关于进一步加快发展本市散装水泥的意见。

11月20日 上海市建设和管理委员会以沪建建[2002]839号文发函——关于进一步加强本市建设工程水泥质量管理的通知。

12月9~11日 在上海宝丰联大酒店召开了上海市水泥协会四届二次会员扩大会，参加会议的有市建材办领导、水泥分中心、同济大学、山东"鲁南"等会员单位及装备企业150个单位的178位代表，会议审议通过了四届一次会议期间的工作报告及2003年工作打算；增补了副秘书长及部分理事；市建材办领导介绍改革动态和管理机构分管的职能；市建材质监站介绍水泥准用证发放情况，市建材发展办介绍上海市发展散装水泥的思路和目标；水泥分中心汇总交易管理情况，同济大学教授作了"商品砂浆在中国的发展"的专题报告，会议期间还进行了助磨剂，破碎机理及细碎机，德国粉磨技术，配制水泥等新技术专题讲座。

2003年

1月1日 上海市建设和管理委员会、上海市环境保护局以沪建建[2002]656号文发函——关于在本市建设工程使用预拌(商品)砂浆的通知。

1月7日 上海市建材业管理办公室、上海市建筑业管理办公室以沪建材办[2003]002号文发函——《上海市预拌(商品)砂浆产品认定管理办法》。

4月 中国水泥行业第一套电袋结合收尘装置在浦东水泥厂成功投入运行。

5月30日 上海市建材业管理办公室以沪建材办[2003]021号文发函——关于要求报送进沪水泥统计报表的通知。

9月10日 在上海宝丰联大酒店召开首届上海市水泥产品质量诚信企业表彰大会。出席会议的176名代表欢聚一堂。会议由本协会副秘书长主持，秘书长作了"首届上海市水泥质量诚信评比活动情况汇报"，市质量监督站张常庆副站长宣布"2002年度上海市水泥产品诚信评比优胜企业名单"，上海海螺水泥有限公司等3家获证企业介绍了经验，最后市质量监督站刘军站长作了重要发言，并提出2003年度评比活动的办法及要求。评出的20家优胜企业是：

1、上海海螺水泥有限公司

2、上海嘉新港辉有限公司

3、上海联合水泥有限公司

4、上海建筑材料集团水泥有限公司

5、上海万安企业总公司

6、嘉新京阳水泥有限公司

7、苏州金猫水泥有限公司

8、江苏双龙集团有限公司龙潭水泥厂

9、嘉兴市桐星水泥有限公司

10、上海三航小野田水泥有限公司

11、上海水泥厂

12、上海海螺明珠水泥有限责任公司

13、华新南通水泥有限公司

14、浙江三狮集团湖州达强建材有限公司

15、上海海豹水泥(集团)有限公司

16、安徽省宁国水泥厂

17、山东上联水泥有限公司

18、常州盘固水泥有限公司

19、上海长源散装水泥有限公司

20、苏州南新水泥有限公司

9月10日 在上海宝丰联大酒店召开本协会四届三次会议大会，同时部署质量月活动工作，参加会议的有市散装水泥办公室、市重大办、市水泥分中心领导及嘉新京阳水泥有限公司等单位的200位代表。会议就协会改革问题作了专题审议，会议通过了"协会改革工作的报告"、"上海市水泥协会更名的报告"、修改协会章程及更换秘书长的报告及新增会员的报告。市散办就推广散装水泥使用率提出了要求和措施；市质量监督站布置质量月活动的要求和步骤，大会还对2003年下半年的上海水泥市场走势作了介绍。

10月5日 上海市建筑材料质量监督站以沪建材质监字[2003]第061号文发函——关于实施《水泥持证企业质量监督管理考评(暂行)办法》的通知。

11月28日 经上海市民政局批复同意"上海市水泥协会"更名为"上海市水泥行业协会"，批文号:《沪民社团(2003)477号》。

2004年

1月20日 上海市建筑材料质量监督站以沪建材质监字[2004]第044号文发函——关于加强本市建设工程冬季使用水泥质量管理的通知。

8月2~3日 在上海宝丰联大酒店召开上海市水泥行业协会四届四次会员代表大会暨诚信企业颁奖大会。

参加会议的苏、浙、鲁、皖、赣、湘、鄂、豫、冀、沪九省一市216家企业及兄弟协会代表共计250余人，通过了"协会2003年工作报告及2004年工作打算"、"关于上海市水泥行业(水泥、中转、粉煤灰)企业开展质量诚信等级评比的意见"、增补了理事及新会员。并对28家2003~2004年上海水泥产品质量诚信优胜企业颁发奖牌，他们是：

1、上海嘉新港辉有限公司
2、上海联合水泥有限公司
3、上海建筑材料集团水泥有限公司
4、上海水泥厂
5、上海海螺明珠水泥有限责任公司
6、上海万安企业总公司
7、上海海螺水泥有限责任公司
8、上海海豹水泥(集团)有限公司
9、上海三航小野田水泥有限公司
10、上海长源散装水泥有限公司
11、浙江三狮集团湖州达强建材有限公司
12、山东上联水泥有限公司
13、嘉兴市桐星水泥有限公司
14、安徽省宁国水泥厂
15、华新南通水泥有限公司
16、嘉新京阳水泥有限公司
17、常州盘固水泥有限公司
18、华新水泥股份有限公司
19、秦皇岛浅野水泥有限公司
20、浙江三狮水泥股份有限公司
21、鲁南水泥厂
22、江西亚东水泥有限公司
23、浙江裕廊水泥有限公司
24、江苏联合水泥有限公司
25、浙江中开源水泥有限公司
26、溧阳市振东水泥有限公司
27、湖州雀立水泥有限公司
28、南京江南水泥有限公司

2005年

2月　上海檀溪实业发展有限公司年产200万吨高标号水泥粉磨厂顺利投产，中国水泥协会会长雷前治为开业剪彩。

3月23～24日　在上海金沙江大酒店召开协会四届五次会员代表大会，出席会议的有市建委、市重大办、市质监站、市质检站领导及浙江“三狮”等139家会员单位的170余位代表参加会议。会议主要议程：①通用水泥国家标准修订情况介绍；②市建委经济合作处关于上海市政建设情况的介绍；③市经委作关于上海水泥产业结构调整规划的报告；④市建材办提出对水泥产品的管理要求；⑤审议通过2004年工作小结及2005年工作规划、新增会员和调整理事；⑥上海市水泥市场形势介绍及市重大项目建设情况。

由上海市水泥产品质量评比委员会领导、上海市水泥协会负责主办的质量评比活动，经过企业自愿报名、申请资料审查、产品用户调查、组织现场检查、专家评审等程序，评出“2004～2005年度上海市水泥产品质量诚信企业29家，他们是：

1、安徽省宁国水泥厂
2、上海万安企业总公司
3、上海联合水泥有限公司
4、上海海豹水泥(集团)有限公司
5、浙江三狮水泥股份有限公司
6、华新金猫水泥(苏州)有限公司
7、江苏双龙集团有限公司
8、上海申金水泥有限公司
9、上海长源散装水泥有限公司
10、浙江三狮集团湖州达强建材有限公司
11、常州盘固水泥有限公司
12、利达集团浙江中开源水泥有限公司
13、江苏磊达股份有限公司
14、湖州雀立水泥有限公司
15、浙江申河水泥股份有限公司
16、苏州南新水泥有限公司
17、嘉新京阳水泥有限公司
18、溧阳市振东水泥有限公司
19、嘉兴市桐星水泥有限公司
20、华新南通水泥有限公司
21、江西亚东水泥有限公司
22、山东上联水泥发展有限公司
23、上海水泥厂
24、浙江桐星水泥粉磨有限公司
25、上海海螺水泥有限责任公司
26、上海嘉新港辉有限公司
27、上海海螺明珠水泥有限责任公司
28、上海建筑材料集团水泥有限公司
29、上海三航小野田水泥有限公司

表扬企业5家：

1、湖州长湖水泥有限公司
2、吴江市恒立水泥有限公司
3、江阴市月城水泥有限公司
4、溧阳市汉生特种水泥有限公司
5、安徽皖维高新材料股份有限

8月10日　市发展改革委召开专题会议，会同市经委、市建设交通委(市建材办)、市散装水泥办、市水泥协会、市建材集团等行业主管部门(单位)研究贯彻市领导有关“对不符合我市产业发展方针的项目，该压、该停、该关的要坚决停、压、关”的批示精神，就本市水泥生产企业调整和水泥中转规划建设等提出明确工作要求。

11月28～29日　在上海金沙江大酒店召开上海市水泥行业协会四届六次(五届一次)会员大会暨水泥市场研讨会，市建设和交通管理委员会、市社会服务局、中国水泥协会和地方协会领导、顾问、会员单位220余人聚首黄浦江畔共贺协会成立二十周年庆典。大会顺利完成了协会换届选举工作，选出了以诸葛培智为会长的五届理事会领导成员，聘用了林宗帆为秘书长、聘用了陈自鑫等7名行业资深专家为顾问。

中国水泥协会雷前治会长作了中国水泥形势分析及国家对水泥产品相关政策的报告；市建材管理总站介绍了本市水泥企业优化调整的目标，中转库建设布点的中长期规划；市安全质监总站介绍了本市水泥产品备案证明换证情况；北京东方能汇能源工程技术有限公司还介绍了低温余热发电技术。

江苏省建材工业协会水泥分会

【概况】"十五"期间，全省水泥工业伴随国民经济同步发展，为国民经济持续快速发展提供了重要原材料保障，与此同时，全省水泥工业逐步显现"发展中调整，调整中提高"的基本态势。受固定资产规模快速增长的拉动，从2002年开始，水泥工业出现了前所未有的投资热，产业政策支持的新型干法生产工艺发展迅猛。2000年全省水泥产量4 600万吨，其中旋窑水泥占30 %，新型干法占总产量的19%，企业平均规模为12.3万吨。2001年水泥产量5 247万吨，产量同比增长14%，实现利税10亿元，其中利润2.39亿元；2002年水泥产量6 035万吨，产量同比增长15%，实现利税18.9亿元，其中利润4.2亿元。2001～2002两年建成、在建、改建、扩建的日产1 500吨、2 500吨、5 000吨等新型干法水泥生产线近10条，新建年产20万吨以上水泥粉磨站10多个。2003年水泥产量7 852万吨，同比增长30%。2004年全省生产水泥8 769万吨，同比增长11.68%。水泥实现利润14.73亿元，同比增长21.6%。其中水泥出口交货值为2.61亿元，同比增长8.33%。完成散装水泥供应量4 435万吨，比2003年净增散装水泥1 200万吨，增幅37%；全省平均散装率55.49%，比2003年增加10个百分点。2004年水泥工业全年完成投资39.5亿元，占全行业总投资的58.09%。2004年新建成投产新型干法水泥生产线23条，新增熟料生产能力2 400万吨，水泥产业结构进一步优化。

外资、民资快速发展，成为全省建材工业的主力军。近年来，外资、民资企业扩张迅速，已成为各行业的龙头骨干。溧阳金峰水泥有限公司新建2条日产5 000吨和1条日产2 500吨新型干法水泥熟料生产线，年生产能力近400万吨水泥熟料，已成为当时省内规模最大的水泥生产企业。它与"金坛盘固"、"宜兴恒来"、"东台磊达"等一批民营企业，已成为全省水泥行业的中坚力量。

"徐州海螺"的日产10 000吨新型干法水泥熟料生产线的投产，大大提升了全行业的技术装备水平。

到2005年底全省水泥生产能力达1.3亿吨，水泥产量为9 681万吨，同比增长10.4%，其中新型干法水泥生产能力约4 500万吨，占总产量的47%，若包括采用新型干法水泥熟料粉磨加工的生产能力计算在内约占水泥总产量的60%；实现利润14.73亿元，同比增长21.6%；前10强企业的总生产能力为3 000万吨，生产集中度为23 %，企业平均规模为33 万吨。2005年全省水泥出口交货值为6 538.3万美元，同比增长218.9%。大企业集团抓住机遇，迅速扩张，做大做强。溧阳金峰水泥有限公司在不到三年的时间里，新建2条日产5 000吨和1条年生产能力近400万吨水泥熟料生产线。2005年中联巨龙淮海水泥有限公司又建成投产1条日产5 000吨新型干法水泥熟料生产线，并计划再建1条日产12 000吨的新型干法生产线，它将成为中联公司一个重要的水泥生产基地。"十五"期间，江苏省水泥产量增长了1.10倍，水泥生产能力大约以每年22%的速度增长，其中新型干法生产线的生产能力增长了28 %，企业平均规模增长近21万吨，已出现了明显的供大于求状况。生产经营成本继续提高。近年来受资源、环保、信贷、土地、能源、人力等方面的影响，水泥企业的生产经营成本明显提高，主要反映在矿产资源税的增加，信贷利息的提高，土地使用价格的上涨，煤、电、气、油及运输价格的上调，人员工资的增长等方面。水泥产能的过剩、生产经营成本的提高，加剧了市场的竞争，尤其是立窑水泥，由于受质量、环保等因素的影响，被淘汰的速度加快，企业生存的难度加大，部分企业已经或者准备转产、合并、重组。

通过深化改革，全面落实宏观调控措施，发挥市场自主调节作用，全省水泥工业发展环境渐趋好转，盲目投资、过速发展等不良倾向得到有效遏制，淘汰落后、并购重组步伐继续加快。

2005年江苏水泥企业免检产品及生产企业名单

2005年12月9日，国家质检总局在北京公布了2005年度国家免检产品及其生产企业名单。其中江苏有5家水泥企业的产品符合免于质量监督检查的条件，被授予免检资格。

序号	企业名称	品牌	规格型号
1	南京三龙水泥有限责任公司	天宝山	P·O 32.5，P·O 42.5
2	盘固水泥集团有限公司	盘固	P·O 32.5，P·O 42.5，P·O 52.5
3	江苏恒来建材股份有限公司	恒来	P·O 32.5，P·C 32.5，P·O 42.5，P·C 42.5，P·O 52.5
4	江南－小野田水泥有限公司	双凤，图案	Ⅱ型硅酸盐水泥 52.5
5	溧阳市濑江水泥有限公司	濑江	P·O 32.5，P·O 42.5

南京市水泥协会

【概况】南京水泥协会成立于1985年，2004年调整为南京建筑材料行业协会下属的水泥分会。现有会员单位24家，其中，生产普通水泥22家，生产白水泥2家。随着企业的改制，企业性质发生了较大的变化，24家企业中，国有企业4家，集体企业3家，租赁承包企业1家，合资企业2家，私营企业14家。从业人员9 500人左右，设备年生产能力为2 000万吨。“十五”期间，24家会员企业共生产水泥6 200多万吨，其中白水泥27万吨。

2004～2005年是南京地区水泥行业发展较快的时期，2004年全市水泥企业共生产水泥1 495万吨，创下了南京水泥生产史上的最高，比2000年的771万吨接近翻了一番。2005年全市水泥企业共生产水泥1 425万吨，比2004年下降了70万吨，但新型干法水泥占当年生产总量的56.4%，高出全国平均水平12个百分点。

2004年南京市场消费水泥1 100万吨左右，2005年消费水泥1 000万吨左右，剩余部分销往省内和华东地区。水泥销售价格2003年下半年进入最高时期，P·O 32.5级水泥每吨在300～320元，P·O 42.5级水泥每吨在350～380元，有时还有价无货。从2004年下半年水泥价格下跌，到2005年二季度跌入谷底，P·O 32.5级水泥每吨210～220元，P·O 42.5级每吨水泥在235～240元。企业经济效益2005年基本都在亏损的边缘，许多小企业改购水泥熟料粉磨水泥。白水泥企业生产销售还较为平稳，市场的起伏对其影响不大。

随着国家宏观经济的调控和产业政策的调整，新型干法窑水泥得到快速的发展，水泥市场供大于求的矛盾日趋显现，市场竞争十分激烈，一些湿法生产的老企业经营困难，走到了破产、倒闭的边缘，如曾经为国家经济建设做出过重大贡献的老国企中国水泥厂、江南水泥厂、大连山水泥厂等都相继停产。为救活这些企业，市政府、企业主管部门及企业都做出了积极的探索和努力。中国水泥厂就是一个典型的范例。为使具有80多年历史的老国有企业走出困境，作为国有资产出资人的南京化建产业集团在尝试了各种努力后，经过一年多的谈判，于2002年6月10日引进了外地优强企业安徽海螺集团对中国水泥厂实施承债式整体收购改制，“海螺集团”承债3.8亿元，接收企业全部资产、承接企业全部债务、安置企业全部职工。改制后的中国水泥厂更名为中国水泥厂有限公司。“海螺集团”购并后，投资10亿元，兴建2条日产5 000吨熟料新型干法窑外分解生产线，分别于2004年7月和2005年2月正式投产。投产后的中国水泥厂有限公司每天可生产1.3万吨水泥熟料，一个老国企终于获得新生。中国水泥厂有限公司作为“海螺”在南京重要的熟料生产基地，2005年出售熟料217.358万吨。

南京建通水泥有限公司是目前国内立窑水泥生产企业的一颗明星，在推行立窑技术进步的同时，自主创新的JT节能窑得到水泥界专家的认同和推广。目前已和近20家企业合作，并达到了预期的效果。建通水泥公司在2000年4月租赁承包处于半停产状态的栖霞山水泥厂，总经理缪建通确定了“节约资源，节省能源，保证质量，保护环境，走循环经济发展”的指导思想，围绕“创新机制，创新管理，创新技术”三个关键，在技改上下功夫，经过努力，2004年水泥产量达到17万多吨，比租赁前栖霞山水泥厂最高年产4.32万吨提高了3倍多。2004年建通水泥公司又通过购并方式，成立建通官塘水泥有限公司，借用在栖霞山水泥厂技改上的成功经验，大胆地进行技术改造，突破了传统立窑的高径比，成功开发了Φ3.6×8.5米的JT型立窑，单机生产能力每小时达20吨。在随后的技术开发创新中，又开发了Φ3.8～4.0×8.5米的大立窑，窑的台时产量达到每小时25吨以上。建通公司积极推进以立窑工艺、配料、煅烧为重点的突破，集原料均化、制备及质控循环系统；立窑供料成球自动控制系统；生料磨抗水分、抗低温、大装填量的工艺技术；立窑收尘满足暗火操作不结露技术；工业废渣配料、粉煤灰活性激发技术；大掺量复合使用混合材技术等涵盖水泥生产工序全过程的系统升级技术。该公司的工序技术升级为企业发展循环经济和可持续发展打下了坚实的基础。2005 年二废利用占总料耗的 83.98%；熟料年平均标号 28 天抗压强度为 60.6 兆帕；吨熟料标准煤耗为 117.72 千克；吨熟料电耗 12 千瓦时；吨水泥综合电耗 59.24 千瓦时。2005 年 4 月 24 日，国家建筑材料行业生产力促进中心为了表彰建通水泥公司现代立窑技改项目的成功，促进该项技术在全国范围内的推广和运用，举行隆重的授牌仪式，把国内惟一的《地方水泥分中心》的牌匾授给建通水泥公司。原国家建材局副局长、中国水泥协会名誉会长李俭之同志曾五次专程到建通官塘水泥公司考察调研。国家水泥试验中心项目带头人、国内水泥技术权威之一陈益民先生也到该公司调研，对“建通”的立窑技改给予很高的评价。

记 事

2002 年 6 月　海螺集团对中国水泥厂承债式整体收购重组正式签署。

2004 年 7 月　中国水泥厂有限公司第 1 条日产 5 000 吨新型干法水泥熟料生产线投产。

2004 年 7 月　中国水泥厂有限公司 4 条湿法回转窑水泥熟料生产线停产。

2004 年 8 月 28 日　建通官塘水泥公司 JT 型（Φ3.6 × 8.5 米）立窑点火生产。

2004 年 11 月　江南水泥有限公司 3 条湿法回转窑水泥熟料生产线停产。

2004 年 12 月　回峰水泥有限公司停产。

2004 年 12 月　全市水泥企业共生产水泥 1 495 万吨，创下南京市水泥生产量之最。

2005 年 1 月　双龙集团大连山水泥厂 2 条湿法回转窑水泥熟料生产线停产。

2005 年 1 月　南京润江水泥有限公司停产。

2005 年 2 月　中国水泥厂有限公司第 2 条日产 5 000 吨新型干法水泥熟料生产线投产。

2005 年 4 月　国家建筑材料行业生产力促进中心将国内唯一的《地方水泥分中心》牌匾授给南京建通水泥有限公司。

“十五”期间南京市水泥企业出口创汇情况

江南水泥公司			
年 份	品 种	出口数量(吨)	创汇额(美元)
2004	52.5 出口纯	27 000	1 070 000
2005	52.5 出口纯	49 780	2 010 000
合计		76 780	3 080 000

中国水泥厂公司			
年 份	品 种	出品数量(t)	创汇额(美元)
2005	52.5 出口纯	30 150	1 194 845
合计		30 150	1 194 845

江南小野田水泥有限公司			
年 份	品 种	出品数量(t)	创汇额(美元)
2001	纯硅 52.5 Ⅱ	940 904	26 401 309
2002	纯硅 52.5 Ⅱ	851 258	24 576 391
2003	纯硅 52.5 Ⅱ	763 648	22 852 669
2004	纯硅 52.5 Ⅱ	658 649	15 149 203
2005	纯硅 52.5 Ⅱ	889 083	32 578 064
合计		4 103 542	121 557 636

镇江市水泥协会

【概况】镇江市是江苏省十三个省辖市之一，它位于江苏的南部，北面接连长江，三面环山，素有城市山林之称；是全国文化名城之一。交通非常发达，石灰石资源储藏量大，目前有“京阳水泥”、“联合水泥”、“北固集团”、“鹤林水泥”等超百万吨水泥企业，“九五”期间镇江的建材行业被市政府列为四大支柱产业之一。

“九五”期间共有 27 家机立窑企业，立窑生产线总共 44 条，通过淘汰，并购改建。目前只剩 12 家机立窑生产企业，立窑生产线总共还有 28 条，通过环境治理，多数立窑企业采取大布袋收尘，现已达到国家规定的环保标准，少数企业正在进行技改之中，争取 2005 年全部达到标准。

机立窑企业在“十五”期间，积极推行现代化立窑 20 项新技术，并针对立窑企业的问题，注重在环保、节能、节电、降低成本上下功夫，使熟料热耗降为 900 × 4.18 千焦/千克以下，吨水泥综合电耗在70千瓦时以下。

2001～2005年，镇江市水泥企业规模发生了很大的变化，也是新型干法发展最快的时期，水泥产量由原来540万吨增加到1 200万吨，生产能力超过1 300万吨，新型干法水泥占65%左右，散装水泥率由原来30%，上升到60%以上，42.5等级以上的水泥（包括PⅠ、PⅡ、PV52.5等级）由原来25%，提升到65%左右。

产品结构发生了很大变化，新型干法水泥从“九五”末的200万吨左右，发展到600万吨以上，新建的新型干法厂有“江苏联合”的日产5 500吨，“江苏鹤林”的日产2 500吨，“嘉兴京阳”的日产5 000吨新型干法线技术改造达到日产6 800吨，“江苏远东”日产600吨五级旋风预热器窑技术改扩线到日产1 300～1 400吨，并相继淘汰了Φ2.2、Φ2.5、Φ2.9、Φ3.0米的立窑十多台；Φ2.5/3.0×78米的湿法生产线；日产600吨的小旋窑1条，并停了高能耗日产500吨余热发电窑1座。

目前生产水泥企业共22家，其中新型干法3家，五级旋风1家，机立窑12家，粉磨站5家，白水泥1家，企业规模由原来年生产能力20万吨，提高到年生产能力50万吨以上。

记事

2001年9月　嘉新京阳水泥有限公司1号窑熟料产能经技改由日产5 250吨提高到日产6 750吨。

2003年11月18日　以江苏船山集团为主体的纯民营企业江苏鹤林水泥有限公司奠基。

2003年12月12日　嘉新水泥（中国）控股股份有限公司于香港联交所主办挂牌上市。

2004年11月　江苏联合水泥有限公司日产5 500吨熟料新型干法生产线点火生产。

2004年12月8日　江苏鹤林水泥有限公司第1条日产2 500吨熟料的新型干法生产线投产。

企业简介

嘉新水泥集团

嘉新水泥集团自1992年进入中国大陆市场，为台资水泥企业最早在大陆投资企业，集团目前在大陆拥有两家水泥生产企业：嘉新京阳水泥有限公司及江苏联合水泥有限公司。

嘉新京阳水泥有限公司设立于1993年，第一条日产5 000吨熟料的新型干法生产线1998年正式营运，历经三次技改，目前产能达到日产熟料6 800吨。

嘉新集团亦非常注重环境保护，各种气体、粉尘排放都达国家标准，有的甚至达世界水平。获得ISO14001环境管理体系认证证书，被国家环保总局评为国家环境保护百佳工程之一。

江苏联合水泥有限公司为嘉新水泥集团在大陆投资的另一家水泥事业体，同样地处镇江。注册资本5 800万美元，于1996年11月20日成立。经国家计委批准，首期工程总投资7 000万美元，建设一条日产5 500吨新型干法窑外分解型水泥熟料生产线，自2002年11月开工，于2004年11月点火生产，年产优质熟料200万吨，优质高标号水泥280万吨。

浙江省水泥协会

【概况】浙江省水泥工业“十五”期间，产业结构调整成效显著，新型干法水泥快速发展，五年时间基本完成了由水泥大省到水泥强省的转变。

浙江省新型干法水泥产量比例在“十五”前远低于全国平均水平。2000年底，仅有几条日产1 000吨及以下的生产线。“十五”期间，加快了结构调整的步伐，在浙江省经济发展较快的良好环境里，新型干法水泥迅猛发展。

2001年，全省水泥行业贯彻国家“总量调控、结构调整”的方针，开展拆窑压产、淘汰落后生产能力工作。根据省政府的统一部署，省经贸委等6个省级部门联合下发了《浙江省2001年水泥行业拆窑压产工作实施方案》，计划拆除小水泥窑40座，淘汰落后生产能力200万吨，省政府专门筹集了700万元省级补贴资金用于拆窑压产。全年实际拆除小水泥窑62座，淘汰落后生产能力300万吨。在加大淘汰落后生产能力工作力度的同时，浙江加快发展新型干法水泥生产。随着9月10日桐乡穗河水泥有限公司日产1 000吨新型干法水泥生产线的顺利点火生产，2001年全省共有8条日产1 000吨的新型干法水泥生产线相继投产，新增新型干法水泥生产能力300万吨，新型干法水泥比例达到8%，省水泥行业经济结构日趋合理。浙江三狮集团有限公司、兰溪第六水泥厂等日产2 000吨熟料新型干法窑外分解水泥生产线的开工建设，标志着省水泥行业大型新型干法窑外分解水泥生产线建设实现“零”的突破，结束了全国除西藏外只有浙江没有大型新型干法水泥生产线的历史。

2001年，完成了水泥企业化验室合格证换（发）证工作，获证企业293家；开展了全省水泥企业《水泥生产许可证换（发）证实施细则》的宣贯培训工作，培训省级水泥生产许可证审查员75名；全省培训了71名化验室审查员，经考核颁布发了《审查员证书》。

在《浙江省工业结构调整与发展指导意见》引导下，2002年，省水泥行业继续贯彻国家“上大关小”的产业政策，积极淘汰落后生产能力，大力推进新型干法水泥发展，行业结构调整取得了突破性进展。省经贸委相继出台《关于进一步加强浙江省水泥行业投资项目管理的通知》和《关于水泥企业资源综合利用认定工作的意见》等政策文件，与省建设厅、交通厅、水利厅联合出台《关于加强浙江省建设工程使用水泥管理的通知》等政策性文件，进一步加大结构调整力度，规范水泥行业项目投资管理，鼓励发展大型新型干法水泥生产。

2002年，全省继续拆除小水泥窑21座，压缩落后生产能力178万吨；建成投产日产2 000吨新型干法水泥生产线6条，日产1 000～1 500吨新型干法水泥生产线7条，新增新型干法水泥生产能力700万吨，结束了浙江无大型新型干法生产的历史。至此，全省水泥企业从1999年的408家减少到290家，企业平均规模从6.7万吨增加到20万吨；累计建成投产新型干法水泥生产线27条，其中日产2 000吨水泥生产线6条，新型干法水泥生产能力1 000万吨以上，占全省水泥总产量的22.4%，首次超过全国平均水平。依据资源、市场的优势，衢州、建德、富阳、诸暨和长兴5大水泥熟料基地基本形成，一批大中型水泥企业集团脱颖而出，省水泥行业的结构性矛盾得到了明显的改善，逐步趋于合理。

2002年，开展了水泥生产许可证和水泥包装袋国家定点企业的换（发）证工作，全省申请换（发）水泥生产许可证企业280家，水泥包装袋定点企业6家；省水泥行业率先在全国建立了省级水泥统计网络系统，初步实现了全省水泥行业统计工作网络化。根据《水泥企业质量管理规程》和《水泥企业产品质量对比验证检验管理办法》（国家经贸委公告2002年第1号）精神和省水泥生产企业质量管理的实际状况，制定了《浙江省水泥生产企业产品质量对比验证检验管理工作实施意见》。

2002年，水泥产量创历史新高，达到5 793万吨，与上年相比增长21%，发放散装水泥2 438.6万吨，比上年增长32.94%，散装率达42.47%，列全国第一。水泥制造业盈利8.8亿元，占全行业的47%。

2003年全省水泥行业实现利润26亿元，比上年同期增长193%，占全国水泥行业利润总额的23.54%，列全国各省市的首位；上缴税金16亿元，比上年同期增长54.87%，占全国水泥行业上缴税金总额的12.08%，也居全国的首位。2003年水泥产量达到7 168万吨，与2002年相比增长23.74%，发放散装水泥3 700万吨，比上年增长54%，散装率达51%；

根据浙江省社会经济发展状况和水泥工业发展特点，2003年4月，省经贸委召开了首次全省水泥工业大会，提出水泥工业要利用省内省外两个市场、两种资源，全面实施“走出去战略”。并适时调整规划，制定了《浙江省“十五”后三年水泥工业发展指导意见》，对加快水泥工业结构调整进程，引导水泥行业健康快速发展起到十分重要的作用。2003年全省进一步加大淘汰落后水泥生产能力的力度，在水泥供不应求的情况下，继续淘汰落后生产能力280万吨，拆除水泥机立窑27座。2003年，全省第一条日产5 000吨新型干法水泥生产线建成投产，全省新建成的新型干法水泥生产线共42条，其中日产5 000吨2条，日产2 000～2 500吨19条，新型干法水泥设计生产能力2 529万吨，比例达到36%。水泥企业从1998年的408家减少到270家，企业平均规模从6.7万吨增加到30万吨。

2004年水泥产量8 773万吨，比上年增长22.39%，水泥行业实现利税40.90亿元、利润22.5亿元，分别比上年下降3.22%和13.57%。

2004年是浙江省水泥工业具有里程碑意义的一年。一是水泥工业的生产方式已由机立窑和湿法回转窑为主导转变为以新型干法生产工艺为主导。全省新型干法水泥产量比例由2003年的36%提高到2004年的60%以上，列全国各省市前列。二是落后生产能力开始加快退出市场。2004年全省共有30座机立窑被拆除，压缩落后生产能力300万吨，至此，经过连续7年的努力，全省已有313台机立窑拆除，占机立窑总数的45%；所有湿法回转窑被淘汰，中空干法余热发电回转窑也逐步被关停。三是新型干法水泥生产线数量和熟料生产能力位居各省市首位。2004年浙江省建成新型干法水泥生产线20条，累计建成70条，其中日产5 000吨生产线12条，日产2 500吨生产线30条。

五年时间，水泥产量增长114.45%，新型干法水泥产量增长74倍。

水泥产量、新型干法水泥产量及增长速度如下表：

年　份		2000	2001	2002	2003	2004	2005
水泥产量	万吨	4 257	4 791	5 793	7 168	8 773	9 129
增长速度	%	12.2	12.54	20.9	23.74	22.39	4.06
新型干法水泥产量	万吨	104	154	780	2 394	5 032	7 860
增长速度	%	49	48	406	207	110	56
新型干法水泥比例	%	2.4	3.2	13.5	33.3	61.4	89.0

注：2003年起，新型干法水泥产量包括粉磨企业、其他窑型企业用新型干法水泥熟料生产的水泥。

新型干法水泥生产线“十五”期间共建成75条（含少量技改的）。到2005年末，保有新型干法水泥生产线80条。（详见《浙江省新型干法水泥生产线一览表》）。熟料生产能力6 000万吨，可生产通用水泥9 000万吨左右。

新建了一批水泥粉磨企业，装备大型磨机，还有一大批立窑企业转为粉磨企业，水泥粉磨生产能力很大，连同新型干法水泥生产企业的水泥生产能力，全省粉磨水泥的总能力近1.4亿吨。

新型干法水泥得到快速发展是有深层次原因的：浙江省民营经济发展成熟，原来近三百家水泥企业中多数已是民营企业，其中相当部分生产经营多年，具有丰富的经验和良好的资信，已积累了相当的资金，且有较强的融资能力；浙江经济发达，周边是长江三角洲经济发达地区，市场容量大；省水泥协会李辛龙会长曾向省政府提出促进水泥工业结构调整的咨询建议，得到时任省长、副省长的支持，分别作了重要批示；省政府有关部门连年制订政策措施，支持新型干法水泥的发展；新型干法水泥装备国产化、优化设计，单位投资降低，为新型干法水泥的发展创造了有利条件；浙江省经济发展快，工资水平较高，提高劳动生产率以降低成本日显重要，促使立窑企业建设新型干法水泥生产线；结构调整，落后生产能力的退出，为新型干法水泥发展提供市场空间。

浙江省水泥工业结构调整力度大。从1998年以来，综合运用法律、经济和必要的行政手段，积极推动以控制总量和淘汰落后生产能力为主要内容的拆除机立窑工作。到2005年底全省已拆除机立窑615台，淘汰落后生产能力约5 000万吨。浙江的湿法窑、干法中空回转窑本来不多，共约30多台，大多数也已淘汰。

到2005年底，还存机立窑82台，小型回转窑（旋风预热器窑、余热发电中空窑）11台，生产能力约1 000万吨。这些窑因能耗高、效益不好，目前多数并未运转。

结构调整，拆除机立窑进展快，成效大的原因是多方面的：政府从产业现代化、节能、环保等多方面考虑，决心大，省政府与各级政府签约限令淘汰立窑，各级政府部门都很重视这项工作；企业对待结构调整有正确的理解，将发展新型干法水泥生产与淘汰落后工艺结合起来，有的建设新型干法水泥生产线，有的立窑企业及时转为具有相当规模的粉磨企业；新型干法水泥大量投产，质优价廉，挤压了立窑水泥，在水泥价格低、市场低迷的形势下，市场机制促成了机立窑的退出；浙江省经贸委、省财政厅联合发出的《关于浙江省淘汰水泥机立窑工作省级补助资金安排方案的通知》，明确了补助标准，鼓励企业加速淘汰落后水泥生产能力。各级政府对拆窑企业给予适当的经济补助，帮助企业解决一些具体困难等。计划到2007年底要实现淘汰所有机立窑的目标。

浙江省水泥工业在基本完成工艺装备的结构调整情况下，将着力于企业组织结构的调整，着力于节能降耗和提高质量。目前，新型干法水泥窑的纯低温余热发电已经得到普遍重视。

2005年，浙江省新型干法水泥产量已占全省水泥总产量的85%，居全国各省（区、市）首位。而在2000年初，这一比例还只有2%，位居全国之末。

2000年至2005年，浙江省不但没有新增一座机立窑，而且拆除了一半以上原有机立窑。与此同时，各地兴起了一股投资新型干法水泥的热潮，新型干法水泥生产线从最初的5条增加到目前的80条。

浙江省新型干法水泥生产线一览表

生产线规模　吨/日	5 000	2 500～2 000	1 500～1 000	合计
生产线条数　条	15	34	31	80

序号	企业名称	规模 吨/日	投产年月	备注
	杭州水泥集团公司	700	98	03.04 改 1 000 吨/日,05 年关停
	浙江华源水泥公司	700	98	02.06 改 1 000 吨/日,04 年关停
	浙江中盛源水泥有限公司	700	98.10	05 年关停
1	浙江裕廊水泥有限公司 1	1 000	98.04	
2	浙江尖峰水泥有限公司 1	1 000	99.01	
3	杭州钱潮建材股份有限公司 1	1 000	99.08	
4	浙江虎山水泥集团公司 1	1 000	99.12	湿改干
5	江山虎球水泥有限公司 1	1 000	00.02	
6	浙江虎山水泥集团公司 2	1 000	01.08	
7	浙江申河水泥股份有限公司 1	1 000	01.11	
8	诸暨八方水泥有限责任公司	1 000	01.12	
9	浙江桐星建材集团有限责任公司	1 000	01.12	
10	浙江兆山新星水泥有限公司	1 000	02.01	
11	湖州三狮水泥有限公司 1	1 000	02.02	
12	浙江三狮水泥股份有限公司 1	2 500	02.05	
13	浙江裕廊水泥有限公司 2	2 500	02.07	
14	常山天马水泥有限公司 1	1 000	02.08	
15	浙江金圆水泥有限公司 1	2 500	02.12	
16	兰溪三源水泥有限公司	2 500	02.12	
17	浙江红狮水泥有限公司 1	2 500	02.12	
18	湖州雀立水泥有限公司	1 000	02.12	
19	浙江科华集团有限公司	1 500	02.12	
20	浙江声威建材有限责任公司	1 300	02.12	
21	浙江中利达集团控股有限公司 1	1 200	02.12	
22	立马控股集团有限公司 1	1 200	02.12	
23	浙江诸暨上峰水泥有限公司 1	1 000	02.12	
24	浙江常山虎跃水泥有限公司	1 000	02.12	
25	浙江江山虎集团水泥有限公司 1	1 000	02.12	
26	浙江华业韶洋建材公司	1 200	03.01	
27	建德海螺水泥有限公司	5 000	03.01	

续表

序号	企业名称	规模 吨/日	投产年月	备注
28	浙江青龙山水泥公司1	1 300	03.03	
29	浙江水泥有限公司	2 500	03.04	
30	杭州钱潮建材股份有限公司2	1 000	03.04	
31	浙江豪龙建材公司	1 200	03.05	
32	长兴小浦众盛水泥公司	2 500	03.05	
33	海盐秦丰水泥有限公司	1 000	03.06	
34	浙江兆山新星集团云石水泥有限公司	2 500	03.06	
35	浙江尖峰水泥有限公司2	1 200	03.06	
36	安吉兆山水泥有限公司	2 500	03.07	
37	江山虎球水泥有限公司2	2 500	03.07	
38	桐庐三狮水泥有限公司1	2 500	03.07	
39	绍兴市兆山建材有限公司	2 500	03.07	
40	绍兴三狮水泥有限公司	2 500	03.08	
41	浙江虎山水泥集团公司3	2 500	03.08	
42	浙江振大水泥有限公司	1 000	03.10	
43	浙江三狮水泥股份有限公司2	5 000	03.11	
44	浙江青石集团水泥公司	1 000	03.12	
45	浙江金圆水泥有限公司2	2 500	03.12	
46	浙江红狮水泥有限公司2	2 500	03.12	
47	浙江申河水泥股份有限公司2	2 500	03.12	
48	宁波舜江水泥股份有限公司	2 500	03.12	
49	浙江金首水泥有限公司	2 500	04.02	
50	湖州三狮水泥有限公司2	2 000	04.02	
51	浙江中利达集团控股有限公司2	2 500	04.03	
52	海盐齐家水泥有限公司	1 000	04.04	
53	山鹰煤山水泥有限公司	2 500	04.04	
54	浙江诸暨上峰水泥有限公司2	2 500	04.05	
55	浙江长广集团水泥公司	2 500	04.05	
56	浙江江山虎集团水泥有限公司2	2 500	04.05	
57	浙江尖峰登城水泥公司	5 000	04.05	
58	桐庐三狮水泥有限公司2	2 500	04.06	
59	建德红狮水泥有限公司1	5 000	04.06	
60	长兴煤山众盛建材有限公司	5 000	04.06	
61	浙江兆山建材集团二厂	2 500	04.07	
62	浙江兴宝龙建材有限公司	1 200	04.08	
63	浙江双狮水泥有限公司	2 500	04.08	
64	富阳三狮水泥有限公司	5 000	04.09	
65	浙江常山水泥有限公司	5 000	04.09	
66	常山天马水泥有限公司2	2 500	04.10	

续表

序号	企业名称	规模 吨/日	投产年月	备注
67	浙江青龙山水泥公司2	2 500	04.10	
68	建德三狮水泥有限公司	5 000	04.10	
69	建德红狮水泥有限公司2	5 000	04.11	
70	浙江杜山集团有限公司	2 500	04.12	
71	浙江长兴水泥有限公司	5 000	05.01	
72	临安金圆水泥有限公司	5 000	05.02	
73	浙江长兴锦龙水泥公司	5 000	05.03	
74	富阳钱潮建材有限公司	2 500	05.04	
75	浙江萧山长河水泥有限公司	2 500	05.04	
76	浙江红狮水泥有限公司3	5 000	05.05	
77	立马控股集团有限公司2	5 000	05.07	
78	浙江虎鹰水泥有限公司	2 500	05.09	
79	杭州美亚水泥有限公司	2 500	05.11	
80	江山虎球水泥有限公司3	5 000	05.12	

注:现有59家新型干法水泥企业,生产线80条。企业名称后的数字表示生产线的排序。

记　事

2001 年

2月1日　浙江省质量技术监督局发布《白色装饰水泥地方标准》。该标准由浙江省水泥协会起草,对规范全省每年近二十万吨以白水泥为基材的装饰水泥的生产,净化装饰材料市场起到一定作用。

5月　浙江省经贸委建材冶金煤炭行业办公室组织浙江省水泥协会等单位,对全省29家水泥企业进行实施1999版通用水泥新标准的检查,督促企业加强新标准实施过渡期的工作力度。

5月20日　国家经贸委政研室来浙江省水泥协会调研行业协会工作。

6月28~30日　浙江省水泥协会主办新型干法水泥高级讲座,邀请北京工业大学陈全德教授和合肥水泥研究设计院徐松柏副总工程师主讲。讲座为正在兴起的新型干法水泥发展高潮提供技术支持。

8月1日　浙江省水泥协会主办的史密斯公司新型干法水泥装备介绍会,为全省新型干法水泥生产线建设提供工艺装备选择的参考。

9月26日　为适应水泥新标准和新的《水泥企业质量管理规程》的实施,浙江省水泥协会召开浙江省水泥质量统一表式修订讨论会,制订第三版本统一表式。

10月10日　民政部姜力副部长一行到浙江省水泥协会考察行业协会工作,对行业协会的工作方向作了指示。

10月17日　浙江省水泥协会召开四届四次理事会,分析水泥行业产业结构调整取得的成效和新型干法水泥快速发展的形势,企业家联名向省政府报告,要求在石灰石资源有限的条件下,保护浙江省水泥工业的可持续发展,重点支持大型生产线的建设。

10月29日　浙江省水泥协会和三狮水泥股份有限公司共同去京参加了建材行业标准《石灰石硅酸盐水泥》的修订起草工作。

10月30日　浙江省经贸委、浙江省统计局发出《关于授予有关行业协会统计职能的通知》,浙江省水泥协会是首批被授权行业统计职能的协会。

11月12日　浙江省水泥协会就通用水泥新标准实施情况写成调查报告,报送中国建材工业协会、中国水泥协会、国家水泥质检中心和省经贸委等有关部门。国家经贸委经济运行局调阅了这份报告。

11月27日　浙江省经贸委发出《关于重申禁止建设水泥机立窑生产线的通知》,坚决制止建设机立窑等落后的水泥生产线,杜绝水泥工业的低水平重复建设。

2002 年

1月　浙江省水泥协会向省科协申报“新型干法水泥技术研究”和“立窑水泥技术研究”两个学术研究课题。“立窑水泥技术研究”被省科协立为2002年度省科协重点学术活动项目,给予经费补助。

2月10日 省经贸委发出《浙江省经贸委关于加强我省水泥行业投资项目管理有关问题的通知》。在水泥行业结构调整取得显著成效的时机，提出原则上不再审批日产2 000吨(不含)以下的生产线，鼓励建设日产4 000吨以上的生产线。在总量调控方面，坚持以发展促淘汰。对日产2 000～4 000吨(不含)生产线，按30%～50%比例在市所辖范围内淘汰落后生产能力；对日产4 000吨及以上生产线，按10%～20%比例在市所辖范围内淘汰落后生产能力，以鼓励大型生产线的建设。

3月9日 山东大宇水泥有限公司卢镇成厂长来浙江省水泥协会了解浙江省水泥工业概况，探索合作的可能性。

3月21日 浙江省委张德江书记听取浙江省水泥协会李辛龙会长关于行业协会党建工作的汇报。

4～5月 浙江省水泥企业生产许可证换证审查工作全面进行。

5月31日 浙江省水泥协会召开"浙江省水泥统计专用网"审定会。中国建材工业协会信息部、省经贸委、省统计局、浙江大学、浙江工业大学和相关企业代表参加审定。专家们对专用网给予较高的评价，认为它是在全国建材行业中的首次使用。

8月20日 浙江省水泥协会派员参加中国建材工业协会行业部在北京召开的部分省市水泥新标准实施情况座谈会，汇报了浙江省水泥企业实施新标准的情况。

8月27日 浙江省水泥协会、三狮集团、红狮水泥参加国家经贸委经济运行局和中国水泥协会在乌鲁木齐共同召开的全国重点水泥企业座谈会，介绍了浙江省新型干法水泥快速发展的现状，探讨快速发展的成因和条件，对新型干法水泥发展的"浙江现象"进行初步的剖析。

10月11日 浙江省水泥协会召开四届六次理事(扩大)会。会议决定，为宣传浙江省水泥工业结构调整的成果，宣传新型干法水泥，改变广大群众多年来认为水泥工业技术含量低、环境污染重的一贯印象，提升水泥行业的形象和地位，开展一次以"现代、科技、环保水泥"为主题的宣传活动。

11月 "浙江省水泥统计专用网"正式启用。

11月14日 浙江省经贸委、建设厅、交通厅、水利厅联合发出《关于加强我省建设工程使用水泥管理的通知》。文件对建设工程使用水泥的管理提出要求，规定重要建设工程、高层建筑、桥梁、隧道、涵洞、水闸、高等级水泥路面、大中型建设工程的基础和结构部分，以及商品混凝土必须使用回转窑生产的水泥。

12月21日 第五届全国新型干法水泥经验交流会在海口举行，新型干法水泥技术研究会副理事长、浙江省水泥协会会长李辛龙应邀在会上发言，介绍浙江省发展新型干法水泥的经验，提出应该注意的问题和下一步的工作。

2003年

1月3日 浙江省经贸委发出《浙江省经贸委关于进一步加强我省水泥行业投资项目管理的通知》。文件就浙江省新型干法水泥生产线已形成较大规模，为进一步深化结构调整，避免水泥生产能力的盲目扩张，提出对新布点的建设项目要从严控制，水泥生产线的投资项目应以现有企业改造为主，支持企业间的兼并、重组、联合。新建粉磨站原则上应采用直径3.0米(含)以上的磨机，须报省审批。

1月8日 浙江省经贸委发出《浙江省经贸委关于我省水泥企业资源综合利用认定工作的意见》。要求加强对申报材料的审查，要区分不同生产工艺，分别核算认定。规定对15万吨/年以下的机立窑企业、直径2.6米以下的机立窑生产线、建设新型干法水泥时承诺淘汰的机立窑生产线和各级政府明文要求限期淘汰的水泥生产线，原则上不再进行资源综合利用企业(项目)的认定。

1月14日 浙江省召开散装水泥工作会，面对2002年全省散装水泥供应总量达2 439万吨并连续3年散装量位居全国榜首的喜人业绩，省经贸委及散装办认真分析国际国内经济发展形势，查找差距，就全面实现散装水泥跨越式发展作出部署。

3月21日 浙江省水泥协会完成省科协重点学术活动项目"立窑水泥技术研究"，报出成果书，提交有关论文三篇。

3月24日 浙江省经贸委发布《浙江省"十五"后三年水泥工业发展指导意见》。文件根据浙江省社会经济发展情况和水泥工业发展特点，调整、制订"十五"后三年的发展规划。提出建立长兴、建德、衢州、诸暨、富阳五个熟料生产基地，支持建设日产4 000吨以上新型干法水泥生产线项目，加快机立窑淘汰和结构调整速度等政策措施。

4月 浙江省召开了首次全省水泥工业大会，提出水泥工业要利用省内省外两个市场、两种资源，全面实施"走出去战略"。截止到2003年底全省在省外投资、租赁或承包了150余家水泥企业。

6月20日 浙江省水泥协会在省内新型干法水泥生产能力渐趋饱和情况下，派出人员赴安徽繁昌调研石灰石资源、长江运输和水泥销售情况，了解当地的招商引资政策，为浙江省的民营企业家往省外投资水泥工业提供信息。

7月29日 浙江省水泥协会召开四届四次会员代表大会，会议分析了浙江省水泥工业结构调整取得的成果，倡议发展日产4 000吨以上的大型新型干法水泥生产线，加速淘汰立窑生产能力，推动浙江企业去外省投资，发展新型干法水泥。

9月8～13日 浙江省水泥协会、国家建材科教委、新型干法水泥技术研究会共同在杭州举办全国性的新型干法水泥讲习班。讲课的有知名专家黄书谋、陈全德、赵乃仁等，参加学习的有来自全国各地的学员81名。

9月5～9日 国家发展与改革委员会副秘书长甘智和率其工业司、经济运行局、产业政策司及中国水泥协会、中国建材规划院等来浙江省考察、调研水泥工业发展现状。在随后形成的国家发改委《浙江省水泥工业的调查报告》中，调研组充分肯定了浙江省近几年来水泥工业结构调整工作取得的成就，并就今后进一步做好水泥工业结构调整工作提出了指导性意见。

10月9日　作为首届中国浙江学术节的学术活动项目，浙江省水泥协会组织召开高性能水泥研讨会。浙江大学、上海同济大学的材料科学专家和浙江省主要水泥企业的工程技术人员参加了研讨。

10月27日　全国政协视察团抵浙江视察行业协会工作。浙江省水泥协会会长李辛龙汇报工作。视察团成员、中国建材工业协会张人为会长参加听取汇报。

11月10～12日　第二届全国水泥标准化委员会2003年年会在杭州召开。

12月29日　浙江红狮水泥集团运行了10年的一座直径3.2米水泥立窑被拆除了。这是浙江省首次拆除直径3米以上的立窑，标志着浙江省新一轮水泥产业结构调整拉开序幕。

2004年

1月11日　浙江嘉兴地区最大的水泥生产线——浙江申河水泥股份有限公司日产2 500吨新型干法水泥生产线正式投产。

2月6日　省政府办公厅根据贯彻国务院办公厅转发国家发展改革委等六部门《关于防止水泥行业盲目投资加快结构调整的若干意见》(国办发[2003]103号)文件和电视电话会议精神，下发了《关于制止钢铁电解铝水泥行业盲目投资的若干意见》(浙政办发〔2004〕10号)文件，结合省内实际情况提出了贯彻意见，并组织省经贸委等部门对水泥等投资建设项目进行了认真清理。

2月12日　浙江省经贸委发出《关于进一步加快我省水泥工业结构调整的意见》。要求防止水泥行业投资过热，原则上不再建设日产4 000吨以下新型干法水泥生产线项目，粉磨站建设要符合磨机直径3.0米以上的条件。支持日产熟料2 000吨及以上新型干法水泥生产余热发电。制订淘汰机立窑及其它落后生产工艺的计划和目标，加强资源综合利用企业认定工作的管理，严格控制机立窑生产线的供用电，严格限制机立窑水泥在建筑市场的使用范围。

2月28日　三狮集团党委书记、董事长、总经理姚季鑫在由浙江省广电集团主办的“2004年度风云浙商”评选活动中获十大风云浙商称号，这是惟一获此殊荣的国有企业负责人。

3月9日　浙江省经贸委正式公布了《关于加快水泥工业结构调整的指导意见》，要求2005年前淘汰现有机立窑水泥生产线的50%，使新型干法水泥达到总产量的60%以上；2007年前淘汰全部机立窑水泥生产线。

4月18日　浙江省水泥协会举办新型干法水泥企业中控操作员培训试点班。

5月24日　全国人大法律委员会副主任委员、中国企业联合会执行副会长、全国企业管理现代化创新成果审定委员会常务副主任蒋黔贵等一行莅临浙江三狮集团视察指导工作。

6月4日　浙江省水泥协会召开全省水泥企业化验室主任会议，交流行业近年质量情况，邀请中国建材研究院水泥和新材料所颜碧兰所长作水泥助磨剂标准及助磨剂应用的学术报告。

8月30日　浙江省水泥协会和浙江省标准化协会联合举办企业标准体系培训。

9月6日　浙江省水泥统计专用网改用B/S方案的审定会在杭州召开。中国建材工业协会信息部、省经贸委、浙江大学等单位的专家参加审定。B/S版于2005年1月启用，从此，企业端不需要软件，上网就可报送统计数据。

10月20～21日　全国水泥行业工作座谈会暨中国水泥协会五届二次会员代表大会在杭州萧山召开。

10月27日　省政府要求2007年底前淘汰所有水泥机立窑。《浙江省人民政府关于进一步加强环境污染整治工作的意见》(浙政发〔2004〕42号)中明确提出“2007年底前淘汰所有水泥机立窑，燃煤陶瓷窑要逐步改为燃气陶瓷窑。”《浙江省环境污染整治行动方案》(浙政办发〔2004〕102号)中要求“2007年底前淘汰所有水泥机立窑。”

11月29～30日　浙江省水泥协会召开五届一次会员代表大会。大会进行换届选举，李辛龙会长续任。

12月8日　浙江省经贸委陈卫东副主任到浙江省水泥协会考察工作。

2005年

3月7～8日　由浙江省水泥协会、广东省水泥协会主办，中国水泥网承办的纯低温余热发电峰会在杭州召开。原国家建材局局长王燕谋出席。

3月15日　浙江省水泥协会召开了五届一次常务理事会，分析水泥市场形势，向省经贸委提出《关于水泥市场形势有关问题的报告》。报告要求加快淘汰落后生产能力；提高新型干法水泥企业的管理水平；加强行业自律；推广纯低温余热发电；要求金融系统对新型干法工艺的水泥企业的放贷控制适度。

3月17日　浙江省经贸委召开《浙江省新型干法水泥企业管理规范》研讨会，对“规范”进行专家论证。水泥界权威中国水泥协会会长雷前治、常务副会长曾学敏和省内水泥企业专家参加了论证。

4月26～27日　浙江省经贸委建材冶金煤炭行业管理办公室和浙江省水泥协会联合举办《水泥工业大气污染物排放标准》宣贯会。标准起草人员、合肥水泥研究设计院陈章水副院长等担任宣贯。

5 月 23 日　浙江省水泥协会在水泥价格接连下跌、库存猛增、亏损面增大情况下，召开了五届二次常务理事会，商议对策，一致决定向金德水副省长写专题报告。报告分析浙江省新型干法水泥生产能力已基本满足需求，建议：近年内不再审批新线的立项建设，停止没有熟料来源的粉磨站的审批，在换发生产许可证时对规模小、能耗高、质量不稳定的小粉磨站予以淘汰；强化淘汰水泥立窑；加强质量监督；提供适当宽松的发展环境等。

8 月　浙江省水泥协会举办水泥企业化验室统计员培训班，两期共有 195 名化验室统计员经过考试获得化验室统计员证。

8 月 31 日　浙江省经贸委召开新闻发布会，王素娥副主任发布《关于提高新型干法水泥企业管理水平的指导意见》，宣布《浙江省新型干法水泥企业管理规范（试行）》的发布执行。

9 月 1 日　浙江省出台《新型干法水泥企业管理规范》，这是全国水泥行业第一份相关指导意见，内容包括强化企业管理、降低能耗等方面提出各项技术经济指标。

新型干法水泥生产工艺是当今水泥工业最先进的生产工艺，其效能的最大发挥需要先进的管理。目前浙江省绝大部分新型干法水泥企业由机立窑企业转型而来，管理水平与先进生产工艺的要求不相适应，集中体现在能耗指标与国内外先进水平存在较大差距。按目前全省水泥需求量和吨熟料热耗平均 122.96 千克标准煤、电耗 70.97 千瓦时计算，如果能达到《管理规范》规定的最低能耗水平，那么全省每年可节约煤炭 137 万吨，节电 3.58 亿千瓦时。

《管理规范》针对新型干法水泥的生产实际，从生产工艺、质量、设备和清洁生产、安全生产等方面，提出了专门的管理要求和技术经济指标。《管理规范》着力提高石灰石矿产资源的节约和开发利用水平，支持企业综合利用低品位石灰岩和剥离的围岩，鼓励在石灰岩资源条件较好的地区建设特大型矿山，优化开采，集中配矿。要求企业通过水泥生产的余热利用，再进一步降低 25% 以上的电耗，使能源消耗基本达到国际先进水平。

10 月 10 ~ 11 日　第二届中国水泥行业信息化高峰论坛在杭州举行。论坛是由中国水泥网发起举办的，全国 70 余家水泥企业到会。

10 月 24 日　浙江省经贸委建材冶金煤炭行业管理办公室和浙江省水泥协会联合召开了《浙江省新型干法水泥企业管理规范（试行）》宣贯会。中国水泥协会会长雷前治、南京水泥设计研究院原总工程师赵乃仁、浙江省行业办主任丛培江担任宣贯工作，三狮、虎山、舜江等骨干企业介绍了经验。

11 月 17 日　浙江省新型干法水泥培训委员会在杭州成立。其宗旨是做好新型干法水泥企业特有工种的职业培训，以提高新型干法水泥企业的管理和生产水平。中国建材工业协会副会长孙向远出席了会议。

11 月 22 日　浙江省经贸委建材冶金煤炭行业管理办公室召开《浙江省建材工业“十一五”规划》座谈会，征求各方面对规划草稿的意见。

11 月 24 日　浙江省人民政府办公厅转发省经贸委、省发改委等九部门《关于我省水泥行业结构调整工作的意见》。提出到 2007 年底基本完成淘汰水泥机立窑任务，新型干法水泥产量达到总产量 95% 的总体目标。对“十一五”末的煤耗、电耗水平提出要求。要加大淘汰落后生产能力的力度，省政府和各市、县政府要安排一部分资金用于企业淘汰机立窑的补助。原则上近期不再布点发展新型干法水泥生产线，要加强对水泥粉磨站发展的控制。引导和鼓励资源综合利用，引导企业重组联合，加强管理，提高企业整体素质。

12 月 8 日　浙江省经贸委、浙江省财政厅发出《关于我省淘汰水泥机立窑工作省级补助资金安排方案的通知》，规定了对不同规格机立窑在 2005 ~ 2007 年间不同年份淘汰的补助标准。在此前后，各市、县也分别对拆除机立窑的企业给予资金补助。

12 月 26 日　《人民日报》内参部编发的第 2402 期《情况汇编》，刊载了题为《浙江加速淘汰落后水泥生产能力，为此全省补助资金上亿元》的专讯。省委书记习近平批示：“这是调整结构的实招，应以此为典型，继续推进其它举措的出台与落实。”王永明副省长批示：“我省水泥行业结构调整的措施和成果得到国家发改委的充分肯定。这次《人民日报》又专写了情况汇编。请经贸委、发改委认真落实习书记的指示精神。在财政厅等部门和地方政府的配合下，继续不懈地抓好这项工作，到 2007 年年底使我省水泥行业的工艺装备、管理水平、技术经济指标都在全国处于领先地位。”

2005 年　浙江省经贸委在全省开展水泥企业化验室合格证换发证工作。由县级经贸部门初审，市经贸委负责审核和受理，并组织现场审查，省经贸委负责复审、抽查和发证，共有 263 家企业的 264 个化验室获证。

2001 ~ 2005 年获省级科技进步奖的项目

项目名称	主要完成人	获奖等级	获奖年月
高韧性微膨胀道路水泥研究	浙江大学、三狮集团、湖南特种水泥有限公司 陈胡星、姚季鑫、徐合林、匡鸿等	一等奖	2004 年

安徽省水泥协会

【概况】2001年全省水泥产量2 372万吨。散装水泥继续保持快速发展,累计完成662.45万吨,同比净增287.65万吨,较上年增长76.75%,水泥散装率达31.05%。

清理整顿小水泥工作是优化市场环境、提高企业经济效益和产品质量实现可持续发展的重大举措。安徽是全国优质水泥生产大省,清理整顿小水泥,对全面提升安徽省水泥行业的技术装备水平、提高产业集中度、合理利用资源、改善城乡大气环境有着重要意义。按照国家等量和超量淘汰的原则,2001年,在有关部门的支持配合下,通过各地清理整顿小水泥机构的努力,安徽省关闭直径2.5米及以下的水泥机立窑生产企业25户,淘汰落后生产能力179.5万吨,基本完成预定的目标任务。

2001年,获港海螺水泥有限公司二期工程、枞阳海螺水泥有限公司两条日产2 500吨水泥生产线顺利投产。池州海螺2条日产5 000吨项目、铜陵二期项目、风阳水泥总厂日产2 000吨项目使安徽省新型干法水泥的比例、工艺装备水平、生产规模、生产的集中度在全国处于领先地位。

2001年4月1日水泥新标准正式执行,为贯彻落实国家产业政策,省建材工业协会及时转发国家有关部门实施水泥新标准的文件和规定,并利用多种形式广泛宣传新标准。省有关部门专门成立4个调查组,对全省17个市的水泥企业新标准执行情况进行调查,并就水泥企业在执行水泥新标准过程中出现的问题给予技术指导。水泥生产许可证的换(发)证工作,是国家水泥工业结构调整的一项重要措施,换(发)证工作中严格执行国家产业政策,属于清理整顿范围的小水泥企业不予发证,高质量地完成了安徽省水泥企业生产许可证的换(发)证工作。

2002年,全省共生产水泥2 404万吨,新型干法水泥增幅达30%,新型干法水泥产量占全部水泥产量的55%以上。

2002年,根据国家经贸委下达的省总量控制指标及省经贸委的部署,分析了全省水泥工业发展状况,提出来水泥总量控制在2 400万吨。省建材行业主管部门多次组织对巢湖、池州、安庆等地的清理整顿小水泥工作进行了检查,抽查部分已关闭的企业,没有发现有死灰复燃以及违规扩建、扩径机立窑的现象。

2002年10月《水泥包装袋》新标准颁布时,在合肥组织水泥包装袋生产企业主管质量的负责人对新标准的内容、条款和技术要求进行学习和宣贯。会同国家水泥包装袋定点办公室的专家,对全省8家企业开展了现场审查。

2003年安徽省以结构调整为主线,以发展新型干法水泥为重点。完成水泥产量3 073万吨,增长27.8%。其中大中型企业1 792万吨,增长23.8%。先后组织有关专家对巢湖铁道水泥厂日产2 500吨新型干法水泥熟料生产线、淮南矿业集团水泥有限公司日产2 000吨新型干法水泥熟料生产线、皖维高新股份公司引进日产5 000吨新型干法水泥熟料生产线关键设备项目、广德三狮和德水泥有限公司日产5 000吨新型干法水泥熟料生产线、铜陵上峰水泥有限公司日产5 000吨新型干法水泥熟料生产线项目的可行性研究报告进行项目审查。

全省散装水泥继续保持快速增长的势头,完成散装水泥772万吨,同比净增211万吨,增长37.6%,全省平均水泥散装率26.3%,同比提高了2.9个百分点。创下了水泥散装量、净增量、水泥散装率3项历史新高。

2004年生产水泥3 465万吨,同比增长12.76%;水泥熟料2 919万吨,同比增长47.6%。完成散装水泥1 007万吨,同比净增235万吨,增长30.41%,全省平均水泥散装率为31.12%,同比提高了4.87个百分点。

新投产的8条水泥熟料生产线全是日产2 500吨以上规模新型干法生产线,新增生产能力年产1 400万吨水泥熟料。正在建设中的12条水泥熟料生产线2005年投产后将再新增生产能力1 500万吨水泥熟料。届时安徽省新型干法水泥熟料生产线将达到48条,生产能力达到5 440万吨,新型干法水泥将占水泥总产量80%以上,名列全国首位。

水泥企业利税达30亿元。大型企业集团积极开展跨地区的资产重组活动,通过兼并、收购等方式,实现产业升级和低成本扩张,加快企业做大做强。大型企业加大投资力度,大力发展先进生产力,建成投产了我国首条日产10 000吨新型干法水泥生产线。国有及国有控股大型企业集团在建材行业中的主导地位日益显现,企业呈集团化扩张趋势。

2005年,生产水泥3 353万吨,水泥熟料5 101万吨,新型干法水泥熟料4 057万吨。安徽皖维集团水泥公司日产6 000吨、怀宁海螺水泥公司日产5 000吨、铜陵上峰水泥股份公司一期日产5 000吨、海螺集团白马山水泥厂日产4 000吨、广德桐星水泥公司日产2 500吨、安徽润基水泥有限责任公司日产2 500吨、铁鹏海豹水泥公司日产2 500吨、淮南舜岳水泥公司二期日产2 500吨、安徽大江股份有限公司日产2 500吨、安徽华扬水泥公司日产2 500吨、芜湖瑞信水泥公司日产2 500吨、龙元建设安徽水泥有限公司日产2 500吨等12条新型干法水泥熟料生产线建成投产。另外,繁昌杨山水泥公司日产1 300吨和繁昌永年水泥公司日产1 300吨新型干法水泥熟料生产线、马钢桃冲水泥厂日产1 200吨的窑外预分解生产线技改项目、马鞍山海螺水泥公司年产320万吨水泥粉磨生产线项目也建成投产。

记 事

2001 年

1月 安徽省成立了全省水泥企业生产许可证审查分部,审查分部设在省建材工业协会。全省的水泥企业生产许可证换(发)证工作在安徽省质量技术监督局的领导下,在审查分部具体安排下,圆满地完成了水泥企业的生产许可证现场审查、取证工作。

2月23日 枞阳海螺水泥有限公司2条日产2 500吨新型干法水泥熟料生产线项目通过安徽省环保局组织的专家评审。

3月27日 安徽省建材装备公司在蚌埠市召开全省水泥石灰石用破碎机现场会,并向水泥企业推广新型、高效破碎机在生产线上的使用。

4月 省建材工业协会向各市下发通知,要求开展对水泥新标准执行情况进行调查。

6月4日 安徽省建材工业协会与中国硅酸盐学会环保分会在绩溪县联合举办全国水泥厂粉尘治理新技术研讨会和新技术讲座。

8月 枞阳海螺水泥有限公司2条日产2 500吨新型干法水泥熟料生产线项目可行性研究报告通过安徽省建材工业协会组织的专家审查"。

9月 省建材工业协会又向省经济贸易委员会提出等量淘汰211万吨落后水泥生产能力,涉及到30户水泥企业,按照省经贸委的指示精神,省建材工业协会就省财政下拨的清理整顿小水泥工作专项资金的使用提出分配方案。

11月25日 淮北众城水泥有限公司日产1 000吨新型干法水泥熟料生产线项目通过省计委的竣工验收。

12月27日 全省水泥企业生产许可证换(发)证工作会议召开,此次会议是安徽省建材工业协会与安徽省质量技术监督局联合召开的,国家工业产品生产许可证办公室水泥许可证审查部高原主任到会宣贯讲解。

12月17日 池州海螺水泥有限公司日产8 000吨新型干法水泥熟料生产线项目可行性研究报告通过省计委组织的专家审查。

2002 年

1月18日 召集部分水泥企业代表,就水泥企业信息化系统的应用进行技术讲座。云天计算机有限公司作为水泥企业信息系统技术的持有人,派专家在会上进行了讲解。

2月 皖西中天水泥集团公司研制的强可塑性水泥通过省科技厅组织的专家鉴定。

3月 就全国清理整顿小水泥工作中被错关闭的企业,向省经贸委请示,要求予以纠正,国家发改委根据安徽的请求,派吕桂新等人来我省实地调查,经核实,国家同意恢复安庆集贤关水泥有限公司、凤阳金鑫水泥厂、无为太平水泥厂、宣城漪湖水泥厂、灵璧朱集水泥厂、贵池三友水泥厂、黄山市屯溪区水泥厂、淮北江淮水泥厂、濉溪县水泥厂、濉溪县兴隆水泥厂、南陵县何湾水泥厂的生产资质,同时对属于国家级贫困县的金寨金石水泥有限公司、金寨山美水泥有限公司、安寿水泥有限公司、枞阳金牛水泥有限公司、潜山县棋盘水泥厂的机立窑延长至2005年关闭。

5月 向全省水泥企业、各市建材行业管理部门转发国家经济贸易委员会"关于颁发水泥企业三个行业规章"的通知,并按照《规章》规定,确定安徽省水泥质量监督检验站为全省惟一的对比验证机构。

6月 巢东水泥股份有限公司巢湖水泥厂"湿改干项目可行性研究报告通过省建材工业协会组织的专家审查"。

2003 年

3月中旬 安徽省水泥企业第一批生产许可证现场审查结束,并迎接国家水泥生产许可证审查部的抽查,先后抽查了安庆红旗水泥厂、池州水泥制造有限公司、繁昌县第一水泥厂、巢湖银屏水泥厂、淮南八公山水泥厂、淮北烈山水泥厂。抽查结果,淮北烈山水泥厂暂不符合领证条件,需要整改。

3月26日 巢湖铁道水泥厂日产2 500吨新型干法水泥熟料生产线项目可行性研究报告通过省建材工业协会组织的专家审查。

4月 淮南矿业集团水泥有限责任公司日产2 500吨新型干法水泥熟料生产线项目可行性研究报告通过省建材工业协会组织的专家审查。

4月 安徽省部分水泥企业主管质量的处长及省水泥质量监督检验站的有关人员去北京参加《水泥企业化验室验收》工作会议,并参加有关考核评定标准的培训。

11月 根据原国家经贸委办公厅"关于妥善处理清理整顿小水泥工作遗留问题的通知"精神,省建材工业协会根据有关市建材主管部门和企业的申请,认真核实了被错关闭的企业有关资料,向省经贸委、发改委提出保留怀宁县永林水泥厂、怀宁县茶岭工贸公司水泥厂、安庆市第三水泥厂、安庆兴亚水泥厂、安庆市官兵水泥厂、安庆市芭茅山水泥厂、池州黎虎水泥制造有限公司、铜陵董店水泥厂、铜陵双星水泥厂、金寨金石建材有限公司、金寨山美水泥有限公司、铜陵新桥水泥厂、铜陵金钟水泥有限责任公司、青阳县水泥厂、凤阳县义怀水泥厂、凤阳县达康水泥厂的生产资质,以及保留铜陵市荣伟水泥厂、铜陵建新水泥厂、郎溪县郎峰建材有限公司、凤台天石水泥有限公司各1条的机立窑生产线。省经省贸委、省发改委审查,批准保留了上述企业的生产资质和企业的机立窑生产线。

2004 年

3月10日　省水泥协会与北京现代立窑新技术研究所联合举办了机立窑优质高产及实施清洁生产新技术讲座。

9月21日　安徽省建材协会组织召开全省水泥企业化验室换证工作会议,参加会议的各地水泥行业主管部门和水泥生产企业180多家,共240多位代表参加会议。会议传达了中国建材工业协会召开的全国水泥企业化验室换证工作会议精神,讲解了有关化验室考核办法、验收标准等。布置了全省开展化验室验收工作的时间安排、验收考核具体办法等,有力地促进了全省水泥生产企业化验室换证工作。

10月28日　省水泥协会和省硅酸盐学会举办了全省水泥粉磨和环保技术讲座。

2005 年

7月28日　安徽省副省长田维谦、科技厅厅长徐根应、合肥市副市长江明一行6人到合肥水泥院调研,全面考察了合肥水泥研究设计院,高度肯定了合肥水泥院所走的科研成果产业化的道路。

11月9~10日　安徽散装水泥工作座谈会在六安市召开。省国资委副主任张德山,六安市政府副秘书长、市建委主任王庆和到会并讲话,市建委总工曹德林、市建材局局长孙敏敏出席了会议。

福建省经贸委冶金建材行管办

【概况】近年来,福建省水泥工业发展迅速,总量规模进一步扩大,但结构性矛盾仍十分突出。

2001年水泥实际产量为1 762万吨。散装水泥供应量271.32万吨,散装水泥率17.79%。截止到2001年底,全省共取缔、关闭小水泥企业167家,淘汰落后生产能力588.6万吨。水泥企业平均规模为9.35万吨,比上年的8.75万吨提高0.6万吨。

福建水泥股份有限公司是国家大型水泥生产企业,国家520家重点扶持企业之一,建材工业重点扶持的10大水泥集团之一,是全省最大的水泥生产企业,专门生产高标号回转窑水泥,凭借先进的水泥生产线,丰富的技术管理经验、严格的管理体系和高于标准的内控指标,确保了产品质量的持续稳定,获得产品免检资格,通过技术改造和技术创新,赶超现代技术水准,极大限度地提高了企业科技总体水平及产品科技含量,自行研发的国产设备燃无烟煤技术为国内首创。

2002年,生产水泥1 699万吨,散装水泥供应量361万吨,散装水泥率21.28%,新增新型干法水泥生产能力90万吨。以科技为导向,致力于技术进步,应用高新技术改造传统产业,开发新产品,工艺和装备的技术水平明显提高。建成一批先进水平的新型干法水泥生产线,拥有日产2 000吨水泥熟料生产线3条,优化水泥产品结构。水泥干法窑利用无烟煤煅烧水泥熟料新技术得到广泛应用,有利于利用福建省丰富的无烟煤资源,降低旋窑水泥生产成本。

2003年,福建水泥行业利润走出拐点,进入新一轮快速增长阶段。从9月开始,福建出现了近10年来较好的水泥市场行情。市场出现供不应求状况,几乎所有大中型水泥企业的库存都清空(据统计40%以上水泥企业产销率超过100%)。在很短的时间里,水泥出厂吨价就平均上升了50~100元。连续7年亏损的福建水泥产业走出困境,2003年盈利1.4亿元(2002年亏损1.3亿元)。2003年,全省统计口径的197家水泥企业共生产水泥2 116万吨,同比增长20.7%;实现工业总产值49.77亿元,上缴利税4.81亿元。出口水泥熟料74万吨。如若按全省实际的水泥厂282家来计算,2003年全社会生产水泥约2 400万吨,其中旋窑水泥572万吨,比例达23%。截止到2003年底,全省水泥生产能力约2 916万吨。

造成福建省水泥价格提升的因素是多元的,但是最本质的原因是市场需求的拉动。2003年,全省社会固定资产投入超过了1 500亿元,同比上涨22%。省委省政府提出的"项目带动战略"、房地产投资的快速增长以及高速公路等重点工程的建设都对水泥产生了较大的市场需求。

福建省2003、2004两年已投产的大型新型干法水泥生产线有5条,立项的生产线还有12条。其中规模在日产2 500吨以上的熟料生产线有13条。这些水泥生产线的投资业主分别来自省内外民间资本和福建水泥股份有限公司等。民间资本投资热情将为福建省的水泥结构优化调整带来不可多得的历史发展机遇。这一轮"建线"热潮与过去低水平重复建设相比,在规模、结构、资本构成等方面都有所不同,这次带有结构调整、产业升级和行业整体进步的因素，同时新线建设也将挤压落后工艺和劣势企业的生存空间，有利于企业和市场的整合。但新增生产能力迅速扩大后，当市场出现波动时，竞争就会急剧加大。因此行业管理部门必须对企业加以引导，完善和加强宏观调控、统筹协调，防止盲目投资重复建设。

2004 年，福建省生产水泥 2 388 万吨，水泥占全省建材行业规模以上工业总产值的 13.7%。

水泥行业结构调整加快。传统建材中，水泥行业在加大淘汰小水泥力度的同时，大力发展新型干法水泥已成全行业的共识。民营企业发展新型干法异军突起，民营资本投资热情提高，促进水泥产业结构调整。由于行业利润率的提高，吸引众多省内外民间资本投向水泥行业。2004 年建成投产日产 2 500 吨新型干法水泥熟料项目 2 个，新增水泥生产能力 190 万吨。

至 2005 年底，全省有水泥企业 295 家，熟料产能 3 100 万吨（水泥产能 3 720 万吨）。其中立窑产能 2 297 万吨，占 74%；新型干法产能 700 万吨，仅占 22.6%，远低于全国平均 40% 的水平。2005 年全省水泥总产量 2 792万吨；完成工业总产值 74 亿元，增长 26.8%；实现销售收入 65 亿元，增长 13.6%；产销率为 97.04%。福建省水泥工业存在企业规模小，产业集中度低；立窑比例大，新型干法水泥比重低，技术落后，能耗物耗大，产品结构不合理；石灰石矿山资源利用不尽合理等一些亟待解决的问题。随着水泥工业的技术进步和市场竞争日益激烈，以及周边地区水泥工业调整和发展步伐的加快，福建省必须加快水泥工业结构调整，大力发展新型干法水泥，努力提高水泥工业市场竞争力。

福建省水泥工业发展导向一是支持发展日产 2 500 吨熟料及以上规模新型干法水泥项目，鼓励在有资源、交通运输条件具备的地方建设日产 4 000 吨及以上熟料生产线，原则上不再建设日产 2 000 吨熟料以下的生产线；二是鼓励地方和企业以淘汰落后生产能力的方式发展新型干法水泥；三是严禁新建和扩建立窑及其他工艺落后水泥项目；四是 2010 年前淘汰窑径 3 米以下立窑、立波尔窑和湿法窑，依法关停并转年产量低于 20 万吨的水泥企业；五是全省重点建设项目和工程重点部位必须使用新型干法水泥。为此，采取的主要政策措施有：

1. 依据国家产业政策，加强宏观调控，引导水泥工业健康发展。

依据国家水泥工业产业政策，结合我省实际，支持发展日产 2 500 吨熟料及以上规模新型干法水泥项目，鼓励地方和企业以淘汰落后生产能力方式发展新型干法水泥，严禁新建和扩建立窑（包括立窑扩径改造）及其他工艺落后水泥项目。省发改委、省经贸委建立水泥项目核准协调机制，根据《福建省水泥工业发展建设专项规划》要求，把握好新建和改扩建新型干法水泥的节奏和力度，保持供求总量基本平衡。

2. 采取综合措施，多管齐下，加速淘汰立窑等落后水泥生产能力。

福建省立窑水泥生产能力大，必须采取经济、法律，行政等综合措施，多管齐下，加快淘汰立窑等落后水泥生产能力。2010 年前淘汰窑径 3 米以下立窑、立波尔窑和湿法窑，依法关停并转年产量低于 20 万吨的水泥企业。为此，一是全省重点建设项目和工程重点部位必须使用新型干法水泥，禁止使用立窑水泥。二是严格执行国家 GB4915 – 2004《水泥厂大气污染物排放标准》，未达标企业限期整改治理，整改后仍不达标的，环保部门可依法予以坚决关停，质监部门吊销生产许可证。三是立窑企业新建、改扩建新型干法水泥项目，必须承诺淘汰企业现有立窑，立窑企业集中的地区新建新型干法水泥项目，地方政府应制定淘汰立窑生产能力的计划，淘汰比例原则上不低于新建项目生产能力的 30%。四是各地、各有关部门要对现有享受福利企业税收优惠政策的水泥生产企业进行严格甄别，对不符合福利企业条件的，应立即取消其福利企业税收优惠政策；对不符合支持发展方向的新建水泥福利企业不再享受福利企业税收政策。享受资源综合利用税收优惠的，财税等部门应严格执行国家产业政策和废渣利用比例的规定，限制优惠范围，对国家明令禁止和拆除的窑径 2.2 米以下的立窑生产线不得享受税收优惠政策。五是银行部门根据国家发改委、人行、银监会《关于进一步加强产业政策和信贷政策协调配合控制信贷风险有关问题的通知》（发改产业[2004]746 号）精神，停止向产业政策禁止及限制类水泥项目发放贷款。六是电力主管部门应会同物价主管部门制定水泥企业差别电价，进一步提高立窑企业用电价格，拉大与新型干法水泥企业的电价差额。七是工商管理和质监部门要加大依法查处力度，坚决取缔无生产许可证违法生产的水泥企业，禁止不符合质量标准的水泥在市场销售。八是鼓励立窑企业与大企业联合重组，由大企业对立窑企业实施兼并重组，改造建设新型干法水泥生产线或配套水泥粉磨站。

3. 提高产业集中度，合理利用资源，推行清洁生产，促进水泥工业向生态环保型发展。

福建省水泥产业集中度低，以粗放经营为主，整体竞争力不强。因此，要鼓励通过联合兼并、资产重组和新建扩建，做大做强水泥工业，争取到 2010 年形成 2 ~ 3 家年产超过 500 万吨大型水泥企业，提高产业集中度。要加大石灰石资源地质勘探力度，扩大探明资源储量，重视石灰石矿山资源的合理开发利用，提高开采利用率，严禁乱采滥挖，浪费资源。要改变水泥生产中高消耗、高污染的传统发展模式，推广应用纯低温余热发电技术、新型干法水泥窑处理工业废弃物等先进的技术，加快发展散装水泥，推行清洁生产，实现可持续发展。

记事

2001年

4月1日　我国6大通用水泥国家新标准开始实施，这是涉及到水泥生产、使用、科研、设计等方面的一件大事，也是水泥工业与国际接轨的重要举措，福建平稳过渡。

8月30日　福建省人民政府令第69号《福建省发展散装水泥管理办法》公布实施。

9月30日　福建水泥股份公司日产2 000吨水泥熟料4#窑投产，年产水泥熟料62万吨，工程总投资19 641万元。

2002年

1月14日　国家经贸委以2002年第1号公告颁发的《水泥企业质量管理规程》、《水泥企业化验室基本条件》、《水泥企业产品质量对比验证管理办法》等3个行业规章自2002年4月1日起实施。这将进一步加强水泥企业质量管理，规范企业内部生产过程质量控制。

2004年

10月17～19日　福建省南平市召开的全国散装水泥发展政策与法规学习研讨会上，主管全国散装水泥工作的商务部商业改革发展司副司长王晓川指出，散装水泥工作要在为基层服务、为企业服务、为市场拓展服务。

福建省龙岩市水泥同业商会

【概况】龙岩市位于福建省西部，通称闽西，西与江西省赣州市交界，南邻广东省梅州市。龙岩市矿产资源十分丰富，有14种矿产储量居全省第一位。其中石灰石探明储量约15亿吨、无烟煤储量4.5亿吨，为水泥工业发展奠定了资源基础。“八五”期间，是龙岩市水泥工业的发展高峰期，全市机立窑水泥企业达到196家。“九五”期末的1999～2000年，根据国家调整水泥产业结构的方针政策，全市淘汰关闭Φ2.2米以下机立窑水泥生产线和企业近70家。截止到2000年末，全市拥有水泥企业125家，总生产规模1 375万吨，占福建省水泥总产能约42%。

（一）生产与销售情况

2001～2005年全市水泥产(销)量　　单位：万吨

2001年	2002年	2003年	2004年	2005年
574.01	677.46	820.23	917.85	1 200.3

龙岩市水泥销售主市场为省内的厦门、漳州、泉州和本市，部分销往福州、莆田地区，每年还约有30～40万吨水泥销往广东省。2001～2005年，龙岩市水泥工业营运历经了低谷→复苏→高峰→跌落→再复苏的过程。在经历了1997～2000年三年多全行业低谷后，2001～2003年上半年，水泥价位呈现恢复性缓慢回升，企业处于低利润较困难经营阶段。2003年3季度至2004年4季度，全国水泥行业迎来10年一遇的价高旺销时期，龙岩市水泥企业普遍大获盈利。2004年2季度起，受煤炭价格节节攀升暴涨的严重冲击和国家宏观调控，煤、电、油、运的影响，加上市场疲软，水泥价格下滑，全市水泥行业又陷入困境，半数以上企业经营亏损，直至2005年9月起，水泥市场复苏，价格再呈恢复性提升，使一批面临停产关闭的小企业得以重生。

（二）产业结构调整情况

1、新型干法水泥发展加快：

“九五”期间，全市水泥行业仅有1996年投产的龙岩麒麟水泥公司日产600吨干法旋窑线1条和1997年建成投产的龙岩三德水泥建材工业公司全国第一家100%燃无烟煤日产2 000吨新型干法生产线1条。其余全部为机立窑生产线。(另有1家年产5万吨白水泥生产企业)。

“十五”期间，新型干法水泥发展明显加速：

2001年1月龙岩春驰集团水泥公司建成日产1 000吨新型干法线；2002年1月龙岩合丰水泥公司建成日产1 000吨新型干法线；2003年12月龙岩福龙水泥厂建成日产1 000吨新型干法线；2004年12月永定兴鑫水泥有限公司建成日产2 500吨新型干法线；2005年1月龙岩三德水泥公司二线建成日产2 500吨新型干法线。

此外，2005年开工建设的新型干法线还有3条，其中日产5 000吨2条(永定县国产实业水泥公司1条，漳平市红狮水泥1条)，日产2 500吨1条(新罗区春驰水泥公司)。截止到2005年末，龙岩市水泥行业共有企业126家，生产能力1 600万吨，其中拥有新型干法水泥生产线7条，生产能力400万吨，占总能力的25%。

（三）机立窑水泥企业普遍推广应用20项实用技术使企业工艺设备条件得以改善，主机台时产量提高，能耗下降、产品质量稳定提高

全市有16家水泥企业获得省颁发的资源综合利用企业

证书。

(四)“十五”期间,全市水泥行业获得名牌产品、著名商标、免检产品和质量认证情况

1、获得“福建省名牌产品”9个,分别是:“龙麟集团”的“龙麟牌”、“闽强牌”;“春驰集团”的“春驰牌”、“福龙牌”;三德水泥公司的“三德牌”;麒麟水泥公司的“麒麟牌”;紫金水泥公司的“紫金牌”;天宇水泥集团的“天宇牌”和金鸽白水泥公司的“金鸽牌”。

2、获评“福建省著名商标”6件,分别为:麒麟水泥公司的“麒麟牌”、“春驰集团”的“春驰牌”、“龙麟集团”的“龙麟牌”、三德水泥公司的“三德牌”、天宇水泥集团的“天宇牌”、金鸽白水泥公司的“金鸽牌”。

3、获国家质监总局“质量免检产品”6个,分别为:“龙麟集团”的“龙麟牌”、“闽强牌”;“春驰集团”的“春驰牌”、“福龙牌”;三德水泥公司的“三德牌”;麒麟水泥公司的“麒麟牌”。

4、全市有55家企业通过ISO9002企业质量体系和产品质量认证,另龙岩紫金水泥公司还获得ISO14000环保体系认证。

记 事

2002年5月 全市开展水泥行业粉尘限期治理工作。水泥企业分三批5期开展整治,到2004年10月,共有110家企业181台机立窑全部应用新型大布袋除尘设备完成了治理任务,实现粉尘达标排放,共投入资金1亿元。2005年又对地处国、省道边和风景区沿线的30家水泥企业,开展其他粉尘排放点的全面治理,实现了水泥企业有组织和无组织粉尘排放达标。

2003年2月10日 经龙岩市政府批准,市水泥同业商会正式成立,福建省政协副主席、省工商联会长李祖可,省建材工业协会会长黄建明、市委副书记邓保南、市人大副主任陈清林、副市长卢泉昌等领导出席成立大会,龙岩春驰集团水泥有限公司董事长邱景河当选首届会长,王苗、许沂炎、吴锦河、张劲松、张晓秋、高铨壮、陈智、章益深、廖仁其当选副会长,黄育荣为秘书长。2003~2005年第一届任期三年间,水泥同业商会努力履行社团职能,积极开展服务、维权、协调、沟通等活动,发挥了政府联系行业企业的桥梁和纽带作用,促进了行业健康发展。

2003年初 由福建水泥股份有限公司和龙岩市民营企业家王苗、陈村明、林南堂等人合资合作组建永定县兴鑫水泥有限公司,联合出资投建福建省第1条日产500吨新型干法生产线,于2004年底建成投产。2004~2005年间,本市4家优秀立窑企业路达水泥厂、华龙水泥公司、马坑集团、天宇集团出资联合组建龙岩新丰水泥有限公司,建设日产2 500吨新型干法生产线。

2003年6月23日 龙岩市政府以龙政综[2003]223号文发“关于印发《龙岩市发展散装水泥实施意见》的通知”。

2003年7月1日 全省首条日产2 500吨新型干法水泥生产线、永定县兴鑫水泥有限公司一期工程举行开工典礼,中国水泥协会常务副会长、秘书长曾学敏、省建材工业协会会长黄建民到会祝贺。

2003年8月29日 “福建省水泥行业粉尘治理工作现场会”在龙岩市闽西宾馆举行。会议总结推广龙岩市全面开展机立窑水泥烟尘限期治理经验,省环保局李在明局长,龙岩市刘赐贵市长到会讲话。

2004年 水泥行业企业家、龙岩天宇集团总经理邱国潮获评全国建材行业优秀企业家;龙岩三德水泥建材工业有限公司机修工吕根壮获评第一届全国建材行业岗位技术能手。

2004年5月16日 由龙岩市、区对外经贸局联合组织的龙岩市水泥行业赴柬埔寨投资办厂考察团前往柬埔寨参观考察,水泥界企业家张劲松、张柏江、陈天瑞等参团前往。

2004年11月19~20日 由省建材行管办、省建材工业协会主办的“福建省水泥行业工作座谈会”在龙岩市沁都宾馆召开。

2004年12月 福建省经贸委,中国人民银行福州中心支行以闽经贸建材[2004]985号文发“关于福建省水泥工业结构调整和信贷工作的通知”。

2004年12月 台湾国产实业(福建)水泥有限公司在龙岩市永定县投资建设条日产5 000吨新型干法水泥生产线项目的第一期工程奠基仪式举行,福建省副省长叶双瑜、龙岩市委书记张燮飞到会祝贺。

2005年8月 福建省政府以闽政文[2005]358号批转“省发改委、省经贸委关于加快水泥结构调整促进工业发展的指导意见”。提出了“十一五”福建省水泥结构调整总体目标和相关政策措施。

江西省经贸委综合行管办建材处　江西省建材工业协会

【概况】2001年水泥产量1607万吨。2002年江西省建材集团公司出台了《江西省建材集团公司支持和实施企业改革的总体方案》。通过靠大联大、资产重组，使资产达到合理配置。江西水泥厂发起组建的江西万年青水泥股份公司，是省建材行业第一家上市公司，上市筹集的资金用于企业大规模技术改造，提高了企业的技术装备水平。引进外资取得重大突破，江西省与台湾亚洲水泥公司合资组建的江西亚东水泥有限公司于2000年7月建成投产了1条我国最先进的日产熟料4 200吨新型干法水泥生产线，总投资14.5亿人民币。浙江民营企业收购原江西玉山水泥厂组建江西鸡山水泥有限公司，并在此基础上重组广丰峰固建材有限公司。江西兴国县国兴水泥有限公司收购了江西东方红水泥实业股份公司，成立了江西国兴集团，泰和玉华水泥有限公司收购了江西宏盛建材有限公司，成立了玉华集团。通过收购改组，大大提高了企业融资能力，企业的生产规模得到翻番，企业结构和管理也逐步向规范的公司制发展。

2002年江西省水泥工业已初步形成“一个龙头，三路大军”的发展格局，即以万年青水泥股份有限公司为龙头，以安徽海螺水泥企业、亚东水泥为代表的合资与台资水泥企业、从浙闽粤引资和本地改制民营水泥企业为三路大军。

2002年水泥产量1 966万吨，同比增长22.34%，其中水泥制造业实现利润3 807.5万元。水泥工业实行控制总量，调整结构的战略措施，按照国家产业政策，关闭了一批规模小、质量差、污染严重的立窑水泥生产线，2002年底完成清理整顿小水泥窑80台（生产能力112万吨）；重点发展了新型干法窑外分解水泥生产线，新型干法水泥生产能力达到370万吨，占全省水泥生产能力的19.7%，尤其以2000年建成投产的江西亚东水泥有限公司日产4 200吨熟料新型干法窑外分解水泥生产线，标志着省水泥工业发展和结构调整进入了一个新时期限。江西玉山万年青水泥有限公司日产2 000吨熟料新型干法水泥生产线3月动工建设，分宜海螺水泥有限公司日产2 500吨熟料新型干法水泥生产线4月动工建设，这几条生产线投产后，全省新型干法水泥的比重将提高13个百分点。

2002年3~6月省经贸委综合行管办与省质量技术监督局共同组织审查组对全省199户水泥企业换（发）水泥生产许可证现场生产条件进行了审查，并将审查材料上报国家工业产品生产许可证办公室。列入关闭淘汰名单的小水泥企业不能获证。同时还开展了水泥企业粉尘治理、环境整治工作，对小水泥厂以及环境污染严重的水泥企业加大了整治力度。

2003年，江西亚东水泥有限公司第2条日产4 200吨熟料新型干法水泥生产线建成投产，江西万年青水泥有限公司玉山水泥厂2×日产2 000吨熟料新型干法水泥生产线、分宜海螺水泥有限公司日产2 000吨熟料新型干法水泥生产线、贵溪新世纪水泥有限公司日产2 000吨熟料新型干法水泥生产线、江西兰丰水泥有限公司日产2 500吨熟料新型干法水泥生产线、江西鸡山水泥有限公司日产2 500吨熟料新型干法水泥生产线、江西鑫山水泥有限公司日产2 500吨熟料新型干法水泥生产线、江西三环水泥有限公司日产2 500吨熟料新型干法水泥生产线、江西正大水泥有限公司日产2 500吨熟料新型干法水泥生产线相继建成投产。2003年生产水泥2 173万吨。

2004年江西省水泥产量3 124万吨，水泥工业完成工业增加值29.06亿元，同比增长42.24%，比2001年增长340.3%；实现销售收入67.68亿元，同比增长42.19%，比2001年增长198.15%；实现利税9.52亿元，同比增长36.33%，比2001年增长444%。提前完成省政府提出的水泥工业“518工程”中实现利税超8亿元的目标。

2004年新建8条日产2 000~2 500吨水泥熟料生产线，6条日产1 000~1 500吨水泥熟料生产线。2004年新增新型干法水泥生产能力1 030万吨，新型干法水泥的生产能力占总能力的比重由2003年的27.6%提高到47.3%，比2003年提高了19.7个百分点，比全国的平均水平高22.3个百分点，产业层次和竞争能力得到进一步提高。

从2005年3月份开始，江西省水泥生产和销售增幅逐月回升，行业整体效益同比降幅逐月缩小。全年水泥行业整体走势由2004年的“前高后低”演化为“前低后高”。全年水泥价格总体水平偏低，到年底达到全年最高点。以南昌市场为例，2005年1~9月份，水泥价格维持在每吨200元左右，从10月份开始水泥价格有所回升，12月份呈现加速上扬的态势，最高价格达到每吨260元。

2005年在全省规模以上水泥工业企业184家中，亏损企业70家，亏损面38%，同比高出了9.95个百分点，亏损企业亏损额1.5亿元，同比增长45.5%，应收账款净额5.1亿元，同比增长6.1%，产成品资金占用3.9亿元，同比增长14.5%。

截止2005年底，江西水泥规模以上工业企业有184户。

2005年,全省规模以上水泥工业企业完成工业增加值27.7亿元,同比增长1.9%,比2000年增长319.4%,年均增长33.2%;实现销售收入81.78亿元,同比增长16.92%,比2000年增长276.8%,年均增长30.4%;实现利税6.94亿元,同比下降17.98%,比2000年增长231.3%,年均增长27.1%;实现利润1.8亿元,同比下降47.22%,比2000年增利1.9亿元。

2005年江西水泥产量3 701万吨,年销售收入首次突破80亿元。

2005年新型干法水泥生产规模达到2 420万吨,占全省水泥生产能力的比重达到59%,比全国平均水平高出19个百分点,跃居全国第二位(第一位浙江省为70%),提前并超额完成了省政府提出的到2005年底江西省新型干法水泥生产能力比重达到50%的发展目标,结束了立窑水泥生产能力占江西省水泥工业主导地位的历史。浙江客商在江西省已建成投产了新型干法水泥生产线11条,总投资21.46亿元,生产能力1 070万吨。

记　事

2001年

5月　江西省经贸委综合行业管理办公室成立。

2002年

1月　国家经贸发布了《水泥企业质量管理规划》等三个规章。

1月　江西亚东水泥有限公司第2条日产4 200吨熟料生产线动工。

3月　江西玉山万年青水泥有限公司日产2 000吨熟料生产线动工。

4月3日　江西省委书记孟建柱在江西省委常委、秘书长陈达恒等陪同下,对万年青水泥股份有限公司进行了考察。

4月　分宜海螺水泥有限公司日产2 500吨熟料生产线动工。

5月　省经贸委综合行办对国家经贸委发布的《水泥企业质量管理规程》等三个规章进行了宣贯,并对水泥企业执行三个规章情况进行了督查。全省水泥企业均能按照《水泥企业质量管理规程》的要求,加强质量管理,规范内部生产过程质量控制。

江西万年青水泥股份有限公司、江西亚东水泥有限公司的水泥产品在2002年度"国家免检产品"评选中获得"国家免检"证书。

2003年

1月中旬　江西国兴集团出资3 600万元购买了赣南最大的水泥企业—江西东方红实业股份有限公司。江西国兴集团是在原兴国水泥厂基础上组建的民营企业,逐步发展成集水泥制造、食品加工、机械制造于一体,固定资产超亿元,在赣南享有盛誉的大型民营企业。这次收购东方红公司后,国兴集团择优录用下岗失业人员400多名。同时,在东方红公司上一条年产60万吨熟料生产线的前期工作已展开。预计年底投产,届时集团的水泥产量将达150万吨,成为赣南最大的水泥企业。

7月23～24日　江西省水泥招商引资改造改制流动现场会在南昌召开,黄智权省长、吴新雄常务副省长、凌成兴副省长对会议的召开作了重要批示。各辖区、市人民政府分管工业的副市长、经贸委主任、建材行业管理部门负责人,省建材科研设计院及现代职院、地质勘探部门负责人,省直有关单位负责人,水泥企业厂长(总经理)等150多人参加了会议。凌成兴副省长全程出席并作了重要讲话。会议参观了江西亚东水泥有限公司、江西万年青水泥股份有限公司玉山水泥厂、贵溪新世纪水泥有限公司。会议提出了水泥工业近期结构调整和发展目标,实施"518"工程(到2007年全省水泥产量超过5 000万吨,实现销售收入100亿元,利税超8亿元,新型干法水泥的比例达到70%以上),完成"招商引资、深化改制、技术改造"3大任务。

11月3日　以赣府厅发[2003]41号文转发江西省水泥工业调整改造、加快发展指导意见。

2003年　通过对水泥企业现场生产条件进行审查,并报国家工业生产许可证办公室审查、批准,全省水泥企业已换(发)了水泥生产许可证,全省换(发)水泥生产许可证工作圆满结束。

2003年　江西亚东水泥有限公司通过申报、评估、审查,成为外商投资先进技术企业。

省经贸委综合行办与省国土资源厅共同开展了"江西省水泥灰岩可行性认证"课题的研究,从资源的保障程度和分布上为江西水泥工业的快速发展提供依据,该课题研究成果通过了省级评审。

2005年

2005年江西高安红狮水泥有限公司日产5 000吨熟料新型干法水泥生产线、江西锦溪水泥有限公司日产2 000吨熟料新型干法水泥生产线、江西九江兰丰水泥有限公司日产2 500吨熟料新型干法水泥生产线、江西虎山岩鹰水泥有限公司日产2 500吨熟料新型干法水泥生产线相继建成投产。

江西兰丰水泥集团、江西国兴集团、江西万基水泥有限公司、兴国赣兴水泥有限公司、江西玉华集团的水泥产品在2005年度"国家免检产品"评选中获得"国家免检"证书,江西万年青水泥股份公司、江西圣塔实业集团扩大了免检产品范围。

2005年下半年对全省水泥企业化验室进行了分级评审考核，首批194家企业通过评审考核，其中14家企业获甲级化验室合格证，50家企业获乙级化验室合格证，130家企业获丙级化验室合格证。

山东省建材工业办

【概况】2005年与2001年相比，水泥产量由7 287万吨发展到14 426万吨，增长97.97%；工业增加值由128亿元增加到461亿元，增长260.16%；销售收入由391亿元增加到1 540亿元，增长293.86%；实现利税由43亿元增加到173亿元，增长302.33%；利润总额由22.2亿元增加到103亿元，增长363.96%。上述指标五年来均位居全国首位。

在控制和淘汰落后水泥工艺的同时，大力发展新型干法水泥。2002年建成3条新型干法生产线，2003年建成12条，2004年建成10条，2005年建成投产新型干法水泥生产线11条，其中日产5 000吨2条，日产4 000吨2条，日产3 000吨1条，日产2 500吨5条。新增生产能力1 430万吨。截止到2005年，新型干法水泥生产线由10条发展到53条，产能由960万吨提高到5 620万吨，比重由9.8%提升至40.14%。

济南山水集团经过五年的发展产能已达2 000万吨，名列全国水泥三甲，在全国享有盛誉，成为全省和全国水泥行业的领军企业。沂州水泥、中联鲁宏、金鲁城、东源水泥、泰山水泥、榴园水泥、安厦水泥等正在迅速发展壮大，并发挥着重要作用。水泥企业的整合重组和大企业集团的发展壮大有效地提高了生产的集中度。2001年与2005年相比，水泥生产企业平均规模由不足20万吨提升到37万吨。

积极引导企业发展循环经济，深入开展资源节约活动，里能集团、鲁北化工集团、山东华丰煤矿等企业创造了综合利用资源能源发展循环经济的经验。新型干法水泥的技术装备水平有了大幅度提升，近年来投产的生产线主要技术经济指标全部达到当代国际水平，与上世纪90年代相比，热耗下降5%至10%，电耗下降10%至15%，系统正常运转率超过92%，环保全部实现达标排放。

2005年与2001年相比，水泥出口数量和创汇金额大幅度提高，出口数量由225万吨增加到506万吨，增长124%；出口创汇由6 358万美元增加到17 435万美元，增长174%。济南山水集团与美国摩根士丹利经过三年艰苦谈判，2005年最终达成合作协议，5 000万美元的资金已经到位，将于2007年在香港挂牌上市。近年来，加强了同国内外、省内外同行业的交流与合作，组织全省有关行业主管部门和水泥企业先后赴广东、福建、江苏、浙江、湖南、湖北、云南、贵州、北京、天津等地学习考察、招商引资。尤其是与中国建材集团、中材料科工集团两大央企以及同中国建材科研、规划、设计等国家级院所的交流合作，使山东水泥工业获益匪浅。

2001～2005年山东省水泥产量及经济指标完成情况

年份	水泥产量（万吨）	销售收入（万元）	利润（万元）	利税（万元）	创汇（万美元）	出口（万吨）
2001	7 287	1 418 914.6	64 414.4	154 913	6 358.4	225
2002	8 247	1 627 429.6	77 113.9	188 171	16 044	509
2003	9 935	2 227 377.3	136 575	279 248	15 963	495
2004	13 109	3 471 007.2	227 674	444 519	9 884.31	306.79
2005	14 426	4 414 526.5	245 197	481 439	17 435.76	506.68

记事

2001年

3月 为了严肃国家标准的权威性，督促企业顺利完成过度，确保标准如期实施，省建材办对全省水泥生产企业实施水泥新标准情况进行督查。

5月 省建材办在泰安召开了全省建材行业生产经营座谈会。会上传达了对山东水泥产业结构调整的指导思想、原则和目标，并布置了下一步的工作重点和政策措施。

6月8日 济南山水集团有限公司日产2 000吨水泥熟料生产线技术改造项目被省经贸委评为“九五”全省优秀技

术改造项目。

7月18～19日　全省水泥工作会议在青岛召开。

10月　全省重点水泥企业座谈会中下旬在鲁南水泥有限公司召开。会上各水泥企业汇报了全省水泥工作会议的贯彻落实情况，本企业发展布局及发展战略构想，新型干法回转窑项目的进展情况及资金筹集情况。

10月23日　省建材办批复省散装水泥办公室成立山东省散装水泥发展协会。

11月　为进一步加快山东省散装水泥事业的发展，借鉴国际水泥工业发展的经验，培育山东省水泥出口的优势产业，应澳大利亚环球商业联合会、新西兰贸易及文化科技交流中心的邀请，以省建材办董广驰副主任为团长一行12人对澳大利亚和新西兰进行15天的参观考察。

2002年

3月11～12日　全省水泥质量检验工作会议暨三个行业规章的宣贯会议在济南召开。

3月17日　全省建材工作议暨全省水泥工业结构调整研讨会，在济南南郊宾馆召开。

3月22日　省建材办颁发了《山东省水泥企业产品质量对比验证检验工作实施办法》。此办法的颁发，对于加强水泥企业质量管理，规范企业内部生产过程质量控制，进一步提高水泥企业质量检验工作水平，将起到积极的推动作用。

6月9日　山东金塔王集团日产2 500吨熟料旋窑工程奠基。该项目是山东省水泥产品结构调整的重点工程，项目投资2亿元人民币。

6月13日　山东省经贸委印发《山东省"十五"水泥工业结构调整意见》。

6月15日　山东省建筑材料工业办公室王宝国撰写的《从烟台三菱、泗水大宇水泥的发展看我省水泥产业的国际化进程》和董广弛、庄立德等七位同志撰写的《从海螺的崛起和华新的发展看我省水泥工业如何由大变强》获全省经贸系统2001年度优秀调研成果奖。

8月1～2日　全省水泥工业结构调整研讨会在济南召开。

8月28日　山水集团被列入国家"双高一优"和省市重点工程的日产2 500吨水泥熟料生产线（又称4号线）点火投产。这是山水集团按照企业"十五"期间"做大水泥主业"的战略定位，实施并投产的第一个水泥项目。

10月26日　中国水泥协会立窑分会会长李俭之带领参加"全国现代立窑技术交流大会"的500余人到山东安厦集团参观学习、并给予高度评价。山东安厦集团大力实施立窑新技术应用，先后对生料、立窑、水泥三大车间进行综合技改，8项主要经济、环保技术指标均达到国内立窑水泥企业的先进水平。

10月27日　由山水集团投资建设的山东省第1条日产5 000吨级水泥熟料生产线在淄博市淄川区岭子镇奠基。原国家建材局局长王燕谋、中国水泥协会会长雷前治等领导出席仪式。一期工程将于2003年10月建成投产。

12月8日　由济南山水集团正式接管潍坊水泥厂正式挂牌成立潍坊山水水泥有限公司，同时利用该厂基础设施，一条日产2 500吨新型干法水泥熟料生产线奠基开工。

12月8日　济南山水集团在聊城投资建设的年产200万吨水泥生产线奠基。

2003年

3月1日　山东淄博市以政府令的形式发布了《散装水泥管理办法》以政府令形式发布，并施行。

4月12日　中国联合水泥鲁南有限公司和山东菏泽电力实业总公司共同投资组建的企业——山东菏泽盖泽水泥有限公司，在菏泽开发区正式建成投产。该项目由合肥水泥研究设计院提供全套设计，项目总投资4 600万元，设计规模年产优质水泥50万吨、一期30万吨。这家公司是利用鲁南公司的优质旋窑熟料和电厂的粉煤灰加工制造水泥的企业，是一个符合国家产业政策的环保型项目。

5月8日　山东省质量技术监督局、山东省建筑材料工业办公室联合制发了关于严格执行GB9774－2002《水泥包装袋》标准的通知。

7月16日　山东顺兴水泥股份有限公司董事长、总经理李士永，济宁张山水泥厂厂长张怀森被山东省人民政府授予"山东省优秀民营企业家"称号。

9月11日　王仁元副省长会见了来山东省就当前水泥工业发展情况进行调研的国家发改委经济运行局副局长牛建国、中国水泥协会会长雷前治等一行。

9月25日　山东金鲁城集团第2条日产2 500吨水泥生产线顺利点火。至此，该集团全部完成了日产5 000吨新型干法水泥生产能力的建设和企业的历史性跨越。

11月11～12日　为了认真研究水泥工业发展形势，进一步搞好山东水泥工业结构调整，"2003山东水泥工业发展论坛"在泰安举行。

2004年

8月9～20日　2004年山东省水泥企业化学分析工、物理检验工技能竞赛在济南举行。全省154家水泥企业的352名选手参加决赛，两个工种前6名的选手被省劳动和社会保障厅授予"山东省技术能手"称号，另外4名选手被全国机冶建材工会授予"全国建材行业岗位技术能手"称号。

2005年

3月26日　山东省省长韩寓群对王福江同志撰写的《山东水泥突破亿吨的思考》一文作出重要批示，对全省水泥工业结构调整和可持续发展提出了明确的要求。

5月1日　山东省《水泥工业大气污染排放标准》(DB37/532－2005)开始在全省实施。

5月6日　山东省省委副书记、省长韩寓群,在山东省政府秘书长刘宗元,潍坊市委书记张传林,副书记、市长张新起等陪同下,到中国建材集团旗下的青州中联鲁宏水泥有限公司日产12 000吨水泥熟料生产线建设现场调研时指出,青州项目是山水中部最大的水泥生产基地,它的兴建对于调整山东水泥产业结构特别是关停资源消耗大、严重污染环境的小水泥有着非常重要的意义。

5月10日　山东副省长王仁元一行在德州市委副书记、副市长苗仲华,副市长李保海等陪同下,到德州晶华集团旋窑水泥生产一线和建设中的二线视察。

5月21日　山东省硅酸盐学会第四届代表大会在济南召开,标志着硅酸盐学会的工作开始恢复。中国科学院院士、山东大学教授博士生导师蒋明华先生当选为本届学会理事长,省建材办主任王福江等当选为副理事长。

7月7～8日　全省水泥工业发展研讨会在烟台召开。会议的主题是:落实韩省长对水泥工业的批示精神,分析水泥工业发展状况,研究进一步加大结构调整、扶优扶强、淘汰落后的政策措施。

8月17日～21日　国家发改委经济运行局牛建国副局长一行6人,就水泥工业结构调整来山东调研,先后赴济南、枣庄、临沂、青岛等市展开调研活动。

9月8日　省建材办召开出口水泥企业座谈会,针对水泥出口一度出现的竞相压价、无序竞争问题,进行分析研究,建立了相关协调机制。

9月29日　省建材办召开全省新型干法线水泥企业质量管理座谈会,通报了前段抽样调查检验结果,交流了质量管理的经验,研究了质量监控办法。

10月20日　山东省省长韩寓群、济南市市长鲍志强出席山水集团与美国摩根士丹利和鼎晖(中国)基金投资合作签约仪式。山水集团董事长张才奎和摩根士丹利执行董事刘海峰、鼎晖(中国)基金执行总裁焦震分别在协议书上签字。摩根士丹利和鼎晖(中国)基金出资5 000万美元,购买山水集团水泥相关资产部分股权,并将于2007年在香港挂牌上市。这是在山东与世界500强合作战略峰会上第一个正式签约的战略投资协议。

10月24～26日　省劳动保障厅和省建材办对“金蓝领”培训项目建材化学分析工、物理检验工150名学员进行考核鉴定,有137人考核合格直接晋升为技师。

11月12日　省建材办作出决定,授予12名同志为“山东省建材行业首席技师”。其中,山水集团化学分析工石文芬和山东榴园水泥有限公司的熟料煅烧工王维勇被省政府授予“山东省首席技师”称号。省首席技师管理期四年,期间享受每月1 000元的政府津贴及相关待遇。石文芬获得山水集团一次性奖金8万元。

11月15日　为加强对新型干法水泥的质量监控,省建材办向全省新型干法水泥企业发布《山东省新型干法线硅酸盐水泥熟料质量评价办法(试行)》。

12月16日　山东省水泥企业中央控制室操作工技能竞赛在济南举行,全省24家新型干法水泥企业的44名选手参加决赛,于海涛、刘增财、刘新华成绩突出获竞赛一等奖,被省劳动保障厅授予“山东省技术能手”称号。

河南省建材工业协会

【概况】进入“十五”以来,河南省国民经济蓬勃发展,城乡建设日新月异,经济建设取得显著成绩,在中部崛起发展战略中发挥重要的龙头带动作用。2000年全省GDP为5 126亿元,2005年发展到10 535.2亿元,增长100%;全社会固定资产投资2000年为1 476亿元,2005年发展到4 378.7亿元,增长200%;国民经济的强劲发展带动河南省水泥工业的快速发展,影响河南省水泥工业经历和发生了深刻的变化,其特点主要有以下几个方面:2000年水泥产量为3 723.4万吨,2005年达到6 487万吨,增长74.2%;新型干法水泥比重从5.0%提高到45.2%。企业规模从6万吨发展到25.45万吨。百万吨企业从零发展到10家,200万吨企业9家,400万吨以上的集团企业三家。同力集团、天瑞集团水泥产能已达到1 000万吨。经济效益2000年全行业亏损,2005年利润7.84亿元。

2000年河南水泥工业发展和生产均处于低谷时期。省内主要以机立窑为主,且尚有盈利;全省回转窑企业基本全面亏损,导致全行业亏损。全省仅有1条日产2 000吨生产线、4条日产1 000吨生产线和3条日产700吨生产线,新型干法水泥生产能力290万吨,实际生产水泥210万吨,占全省水泥比重为5.6%;在新型干法没有起到发展示范作用的情况下,全省余热发电项目成为发展方向,截止到2001年底,共建成、在建余热电站项目13项。

这一年焦作坚固水泥公司sp窑率先使用低挥发分燃煤取得成功。此后七里岗水泥厂、鹤壁水泥厂等使用低挥发分燃煤均取得可喜的成绩。七里岗水泥厂日产700吨、日产1 000吨生产线窑尾使用离线燃烧炉改造成功，同时建设10 000千瓦补燃余热电站成功，总成本下降达40元/吨，一举摘掉了年亏损2 000万元的帽子，扭亏为盈，受到河南省政府的表彰。

孟电集团依靠电力优势当年开始在建、建成2×日产1 000吨新型干法生产线；郑州荥阳洞林、长城两个水泥厂各自建成日产1 000吨水泥生产线，至此河南省新型干法水泥的建设和发展有了良好的开端。

2001年天瑞集团开始进入水泥行业。民营的汝州铸造厂承租磊裕、白云山、宝丰水泥厂，并自建三台机立窑生产线，共16条机立窑生产线，生产能力达到160万吨，成为河南省第一家超过百万吨的水泥企业集团。民营企业进入水泥行业并整合水泥企业，为全省水泥工业体制的改革和发展起到了示范和带动作用。

2002年水泥产量达到4 481.3万吨，约占全国水泥总产量的6.8%，当年水泥产量排在全国第6位。但是河南省水泥生产总体水平较低，据统计，2002年全省立窑水泥产量占79%，其他回转窑水泥产量占21%，其中窑外分解窑水泥占7.3%，可见，河南省80%以上的水泥是由机立窑和小回转窑生产的。从全省自身来看，结构性矛盾十分突出，主要表现在以下3个方面：

从规模结构看，企业生产规模小，劳动生产率低。尽管河南省按国家产业政策，加大了水泥行业淘汰落后的力度，但到2001年末，在全省375家水泥生产企业中，大中型水泥企业只有35家，年水泥生产能力在50万吨以上的只有14家。全省水泥企业年平均生产能力仅为11.7万吨，低于全国平均15万吨的水平。由于生产能力过剩，加之企业过多、过散，造成无序竞争，省水泥价格平均比全国低20.3%。

从技术结构看，全省工艺技术装备整体水平落后，立窑和小旋窑生产工艺还占主导地位，代表当前先进技术的新型干法水泥生产能力比重偏低。据统计，2002年新型干法水泥产量仅占水泥总产量的7.3%左右。

河南省新型干法水泥的比重低于全国水平。全省已建成投产的新型干法生产线中仅有2条日产2 000吨、5条日产1 000吨生产线，这与河南水泥生产大省的地位极为不符。

从产品结构看，水泥品种少、质量低下，高、低标号水泥比例严重失调。面对河南省水泥工业的落后状态，面对与全国及周边省区水泥工业蓬勃发展的巨大反差，河南省水泥工业要充分发挥优势，整合资源、整合市场，加快新型干法的发展速度，力求尽快改变河南水泥工业落后的经营运作方式，努力使河南水泥工业尽快走出低谷，实现河南省水泥工业发展的新突破，开创河南省水泥工业发展的新局面。

河南水泥工业将发展新型干法水泥和淘汰落后"小水泥"结合起来，在发展中淘汰，在淘汰中发展。促进省水泥工业结构调整，改善产品结构，提高河南省水泥工业的技术水平，实现河南省水泥工业"十五"发展目标。全省的水泥工业要实现走新型工业化的道路，必须大力发展新型干法，从而从根本上逐渐和快速改变河南水泥工业发展的落后状态。因此，发展新型干法是实现省水泥工业走新型工业化道路的必由之路和惟一可行的途径。

2002年，协会向省委、省政府递交了关于"河南省水泥工业情况和发展建议"的文件，省委书记李克强同志阅看了该文件，同时接见了天瑞集团董事长李留法同志，对该企业的发展提出指示和建议。该企业开始在汝州市建设日产2 500吨水泥生产线，为河南省新型干法水泥生产线的快速发展拉开了序幕。

受省质量技术监督局的委派，2002年协会抽调骨干专家积极参加并主持了水泥生产许可证的评审工作，参评企业将近90家，共历时三个月。在评审过程中，进一步了解和掌握了水泥企业的生产现状和经验，认真诚恳地指出企业生产及管理上存在的问题，并有针对性地对存在的问题提出整改意见，受到省技术监督局和企业的好评。

2003年河南省在上大改小、结构调整方针的指引下，水泥产量4 723万吨，同比增长5.4%，占全国产量的5.81%，其中新型干法水泥产量为480万吨，占全省水泥总产量的10%；产量超过50万吨的企业达到18个，总产量1 065.9万吨，占全省水泥总产量的22.2%；省内水泥产量在前5位的地市为郑州市、新乡市、南阳市、平顶山市和焦作市，产量分别为1 134、584.7、564.3、504.2、439.4万吨，总产量为3 226.6万吨，占全省水泥总产量的67.2%，其中焦作市增产幅度达到30.0%，平顶山市的增产幅度达到16.3%。

2003年河南省全年水泥工业总产值(不变价)96亿元，较上年增长10%，累计实现销售收入82亿元，较上年增长17%；盈亏相抵后实现利润超过1.0亿元，大中小型和不同经济类型水泥企业，利润总额均呈增长的趋势。其中，具有规模经济优势的大型企业经济效益显著提高。一举扭转了全省水泥工业长年亏损的被动局面，从而进入了良性循环的正常发展轨道。

2003年协会联合鹤壁、洛阳、新乡、焦作等重点水泥企业发起并起草"关于成立河南省水泥集团"的提案，省政协30多位政协委员赞同签名。李成玉省长在当选省长的首次讲话中，就明确提出要迅速做好"河南省水泥集团"的组建工作。

河南省建设投资总公司根据省委、省政府和省计委"关于加快水泥工业发展和结构调整"的指示，积极进入水泥工业，并当即决定在鹤壁、新乡、洛阳、驻马店四地共建设七条日产5 000吨水泥生产线。为推动河南省水泥工业发挥了龙头带动作用，做出了突出的贡献。当年省计委批准以省建设投资总公司在建的日产5 000吨生产线企业为主，成立"河南省同力水泥集团"。

为促进河南省大型新型干法水泥生产的发展，加快省内落后机立窑生产工艺的淘汰速度，协会起草了《河南省水泥工业发展指导意见》，省计委以豫计产业[2003]1142号文批准出台了《河南省水泥工业发展指导意见》，该文件明确提出河南省要积极支持日产5 000吨以上新型干法生产线的建设，使全省水泥工业呈现出前所未有的大好发展局面。该文件又明确指出省内重点工程及建筑工程重要部位禁止使用机立窑水泥，为省水泥工业加快机立窑的淘汰、退出和加快新型干法水泥的发展指明了方向。

2003年河南省大型新型干法生产线建设情况如下：

(1)省建投鹤壁河南同力水泥公司日产2 500吨生产线当年开工，当年投产；

(2)省建设投资总公司当年立项开工建设新乡"平原同力"、驻马店"豫龙同力"、"豫鹤同力"3条日产5 000吨新型干法生产线，并决定开工建设"黄河同力"日产5 000吨生产线；

(3)"天瑞集团"第1条日产2 500吨生产线于2003年1月建成投产；

(4)"孟电集团"当年同时开工建设2条日产3 000吨水泥生产线；

(5)中联集团南阳公司开工建设1条日产3 000吨水泥生产线；

(6)焦作中晶水泥公司当年开工并建成日产1 200吨水泥生产线；

(7)安阳湖波水泥公司建成日产1 200吨水泥生产线。

河南省新型干法水泥开始进入跨越式、突破性的发展时期。

省建材工业协会开展了"2002年河南省建材优质产品"的评审活动，该活动得到省内众多建材企业的支持、参与和积极响应。全省共90多家企业申报了参评材料，经专家评审，其中83家企业92个产品获建材优质产品证书。

获得河南省建材优质产品的单位和产品，在国家级报纸《中国建设报》上向全国建设管理部门、建设单位、监理单位及施工单位推荐。所有参加该项活动的企业，积极性很高，对此次评审工作均感到满意，又有多家企业申请继续参加2003年河南省建材优质产品的评审工作。

2004年河南省水泥5 324万吨，同比增长12.7%，占全国产量的5.8%，水泥设备9.81万吨，同比增长89.9%，占全国产量的22.2%。

当年建成和新开工的有：

(1)焦作岩鑫水泥公司日产2 500吨生产线开工建设；

(2)"孟电集团"2条日产3 000吨生产线建成投产；

(3)中联航天公司日产3 000吨生产线建成投产；

(4)"登电集团"日产1 000吨 生产线建成投产；

(5)天瑞集团"卫辉天瑞"日产5 000吨生产线开工建设；

(6)"汝州天瑞"日产5 000吨生产线开工建设；

(7)拉法基集团以9 000万人民币成功收购中国长城铝业集团公司特种水泥厂。

2004年"3·15"期间开展了"2003年河南省建材行业质量信得过产品"的评审活动，该活动得到省内众多建材企业的支持、参与和积极响应。全省共80多家企业申报了参评材料，经专家评审，其中77家企业91个产品获得"河南省建材行业质量信得过产品"证书和铜牌。

2005年是全省新型干法水泥发展及行业结构实现跨越性和突破性发展的一年，建成、在建新型干法生产线如下：

(1)省建设投资总公司("同力集团")新乡"平原同力"、驻马店"豫龙同力"、"鹤壁同力"3条日产5 000吨生产线相继建成投产，同年开工建设洛阳"黄河同力"日产5 000吨生产线；

(2)"义煤集团"在渑池开工建设日产5 000吨生产线；

(3)汝州天瑞集团日产5 000吨生产线建成投产，"卫辉天瑞"日产5 000吨生产线建成投产；

(4)内乡泰隆水泥公司日产1 000吨生产线建成投产；

(5)中国长城铝业公司湿改干日产1 600吨生产线建成投产；

(6)济源太行水泥公司日产1 000吨生产线建成投产；

(7)"孟电集团"第三条日产3 000吨开工建设；

(8)"豫龙同力"信阳百万吨水泥粉磨站建成投产；

(9)"周口天瑞"百万吨水泥粉磨站建成投产；

(10)"商丘天瑞"200万吨粉磨站建成投产；

(11)"郑州天瑞"200万吨水泥粉磨站开工建设；

(12)"豫鹤同力"濮阳百万吨粉磨站开工建设。

全省新型干法水泥生产能力达到3 000万吨，新型干法水泥的比重达到45.2%。

为保护环境，加快省内水泥工业的结构调整，支持全省新型干法水泥工业的快速发展，省政府与各地市签订有关到2007年底淘汰全部机立窑的目标责任书，责任书规定2005年关闭机立窑128条，2006年关闭197条，2007年全部淘汰关闭。该文件的出台，对全省水泥工业快速、健康、理性、科学发展有着极为重要的积极意义。

附表1:2000~2005年河南水泥产量、速度及万元GDP、固定投资水泥消费表

附表2:2000~2005年全省水泥工业主要技术经济指标

表1　2000～2005年河南水泥产量、速度及万元GDP、固定投资水泥消费表

年份	GDP		水泥		万元GDP消费水泥(吨)	固定资产投资		万元投资消费水泥(吨)
	数值(亿元)	速度(%)	数量(万吨)	速度(%)		数值(亿元)	速度(%)	
2000	5 126.0	12.0	3 723	-0.2	0.73	1 476.0	11.4	2.52
2001	5 645.0	10.1	4 686	25.87	0.74	1 628.0	10.3	2.57
2002	6 168.7	9.3	4 481	-4.4	0.73	1 826.5	11.2	2.45
2003	7 025.9	10.5	4 723	5.4	0.67	2 310.5	26.9	2.04
2004	8 810	25.4	5 324	12.8	0.61	3 099.0	34.1	1.74
2005	10 535.2	19.5	6 487	21.8	0.59	4 378.7	41.3	1.41

附表2　2000～2005年全省水泥工业主要技术经济指标

	2001	2002	2003	2004	2005
产量(万吨)	4 686	4 481	4 723	5 324	6 487
企业数量	286	282	260	253	254
利润总额(亿元)	1.81	2.32	1.44	4.30	7.84
利税总额(亿元)	4.64	5.20	4.82	7.08	8.96
从业人员(万人)	10.99	10.41	9.89	8.93	9.30
劳动生产率(吨/人)	382.17	430.35	477.55	604.14	667.65
吨水泥利润(元)	4.31	5.18	3.05	7.97	12.68
企业规模(万吨)	14.69	15.89	18.17	21.32	24.45
固定资产投资(亿元)	2.11	4.00	9.45	27.70	40.79
新型干法水泥比重(%)	5.6	6.7	10.0	24.0	45.2

【协会工作】协会在协调、引导河南省水泥工业发展与生产方面进行了大量卓有成效的工作，得到了政府和广大水泥企业领导、员工的认可、信任和支持，五年来协会工作开创了新局面，上升到新水平，为“十一五”协会工作的顺利开展奠定了坚实的基础。

1. 受省计委委托，2003年协会负责编制了《河南省建材工业发展战略研究报告(2004～2020)》

该报告论述了建材工业在国民经济发展中的重要地位，论述了世界和我国建材工业发展的模式和发展速度，分析了河南省建材工业发展的现状、存在的主要问题和发展优势，提出河南省建材工业的发展战略、指导思想、发展目标及发展措施，对河南省建材工业的发展提出了科学的建议和设想，受到政府有关部门及相关企业的好评。

2. 组织参加全国建材行业岗位技术能手评选表彰活动

根据中国建筑材料工业协会和中国机冶建材工会全国委员会《关于开展建材行业岗位技术能手评选表彰活动的通知》文件精神的要求，组建了河南省建材行业岗位技术能手评选表彰活动领导小组，制定了实施细则及评选表彰办法，以豫建材协字〔2004〕07号下发了《关于开展河南省建材行业岗位技术能手评选表彰活动的通知》。通过各建材企业推荐，经省建材行业岗位技术能手评审办公室和评审工作领导小组的审定，评选出王长靖等50名同志为河南省建材行业岗位技术能手，并从中选拔出10名为全国建材行业岗位技术能手，参加了中国建筑材料工业协会和中国机冶建材工会全国委员会在成都举行的表彰活动。

3. 开展河南省水泥企业优秀化验室主任评选表彰活动

为引导、激励全省水泥企业不断提高化验室管理水平、质量保证能力和产品质量效益，使水泥企业质量管理水平有较大的提高，质量管理体系建设日益完善，质量管理工作进一步规范，对立足本职岗位，奋发图强，锐意改革，开拓创新，为促进建材工业发展发挥重要作用的优秀人才进行表彰，协会以豫建材协字〔2004〕17号文开展“2004年河南省水泥企业优秀化验室主任评选表彰活动”。根据企业推荐，协会组织专家评审考核，洛阳黄河水泥集团有限责任公司化验室主任赵松倍等29名同志被评为“2004年河南省水泥企业优秀化验室主任”，协会为他们召开了隆重的颁奖仪式，勉励他们

再接再励，戒骄戒躁，百尺竿头更进一步；同时号召全省水泥企业广大知识分子和专业技术人员向他们学习，弘扬他们与时俱进，顽强拼搏的精神，为我省建材行业持续稳定发展努力发挥自己的积极性、创造性和聪明才智。

4. 举办全省水泥企业化验室主任职业技能培训班

协会对全省水泥企业化验室主任进行首次职业技能鉴定培训，全省大中型水泥企业近100名化验室主任参加了为期四天的培训。聘请了行业专家系统讲解了水泥生产工艺技术、水泥企业化验室质量检验方法、水泥企业化验室数理统计方法、水泥企业化验室工作职责、权限、相关法律、法规和条例等现代企业化验室主任所应具备的理论知识、技能操作与生产管理模式，并现场模拟了技能操作考核，经培训考核鉴定合格者，颁发了国家劳动和社会保障部相应的职业资格证书，使全省水泥企业化验室主任的生产管理和技术水平有了新的提高，达到了预期的目的。

5. 全省职业技能培训工作

2004年河南省建材工业协会积极组织开展了对省内建材职工的职业技能的培训和鉴定工作。

2004年共培训企业技能工人326人。其中培训了洛阳市紫罗山水泥有限公司41人，洛玻集团47人，济源太行水泥有限公司40人，天瑞集团198人，326人均取得了国家劳动和社会保障部职业资格证书。

2005年有培训意向的企业是：焦作坚固水泥有限公司，登封熔料水泥有限公司，郑州仲发白水泥厂，西峡长安水泥有限公司等一批企业，2005年我们还将继续采取在企业就地办班的多种形式，不断扩大对建材职工的培训范围，努力提高职工的劳动技能和素质。

6. 组织企业对外交流活动

组织了省内相关企事业单位高级管理人员赴美国、加拿大考察美、加两国建材行业的现状与发展，进行技术交流和洽谈。此举进一步增强河南省建材行业企业的国际竞争力，扩大出口，促进对外经济交流与合作，使河南省企业尽早适应加入WTO后的市场环境，并使河南省建材行业对美国、加拿大有了进一步了解，促进我国与美国、加拿大在新产品、新技术、资金投入等领域的合作机会。

7. 以服务为根本宗旨，为会员单位和企业办事实

(1)协会向省国税局反映我省水泥工业资源综合利用政策未能完全落实到位的情况，针对我省资源综合利用税收优惠政策执行中"工业废渣"的认定和工业废渣掺兑比例的计算问题提出疑义，建议税务部门严格按照国家下发的《资源综合利用目录》界定"工业废渣"的范围，正确理解"其他工业废渣"的含义，掺兑比例按照体积比例计算，让企业充分享受废物综合利用增值税优惠政策。省国税局非常重视，就此专门行文规范全省税务部门综合利用增值税优惠政策，极大地调动了企业废物综合利用的积极性，取得了良好的社会效益和经济效益。

(2)协会还就企业污染物排放量的核定、固体废物排污费的征收、工厂企业厂界噪声标准的界定等环保问题和煤、电、运费涨价、资金短缺等一系列问题向政府有关职能部门反映：建议采取有效措施解决企业的实际困难，减轻企业负担，保障企业生产经营的正常运行，维护安定团结的社会秩序。

(3)应省技术监督局要求，向省技术监督局全面汇报了全省水泥工业的发展现状，水泥质量存在的问题、改进措施和意见等。

(4)对省内发展中的水泥企业随时提供信息和技术服务，在引导水泥企业的正确发展上提出了许多积极的建议，做了大量的工作。

协会实事求是、一心一意为企业办事，向政府谏言，充分发挥出了协会的桥梁纽带作用，一年来成绩突出受到全省建材企业的肯定和省政府有关部门的表彰。

8. 2004年协会筹划建立了"河南建材协会网"，省内15家大型企业积极加入参与了河南建材协会网的建设工作

"协会网"开设了协会园地、行业动态、政策法规、相关标准、技术交流、供求信息、职工培训、明星企业及业内精英风采、行业论坛等版块，充分运用互联网络平台开展协会的部分相关工作，展示河南省建材工业蓬勃发展的现状，围绕政府主管部门的中心工作，加大产业结构调整和淘汰落后生产能力的宣传贯彻力度。

9. 制定发展规划，指导全省水泥工业健康发展

进入"十五"以来，我国国民经济发展和运行质量都呈现快速增长和显著提高的态势，受此拉动水泥工业也出现了前所未有的发展形势，对出现的水泥投资热如何看待，社会各界发表了不同的观点和认识，对此协会从2005年3月份开始，对行业的建设规模、投资构成、资源利用等情况进行了摸底调查，配合省发改委做了大量的调查研究和基础工作，为此召开了协会会长座谈会及全省重点水泥企业座谈会；参加了发改委组织的调研组，赴安阳、洛阳、郑州等地区进行实地调研，制定了《河南省水泥行业十一五发展规划》(讨论稿)，《规划》不仅对当前的投资热有个正确的认识和评价，而且对行业健康发展具有深远的指导作用，为实现省内水泥工业科学、有序、健康发展奠定了基础。

遵循"控制总量、调整结构、提高质量、保护环境"的原则，统筹考虑各地资源、能源、市场需求等状况，要求全省水泥工业的发展严肃执行规划。

(1)根据各地的项目资源，统一规划，统一布局，要按当地经济的发展状况科学布局建设新型干法水泥生产线。

(2)核准日产5 000吨以上新型干法建设项目要遵循以下原则：①没有石灰石矿山勘探报告、没有足够矿山资源、没有取得矿山资源开采权的项目不予核准；②没有进入规划的项目，环保部门不予环评，国土资源部门不能审批项目建设用地和授予矿山开采权，银行不予信贷支持；③已批日产5 000吨项目要抓紧开工建设工作，两年内不具备开工条件的项目，核准手续作废。

(3)在新型干法的建设和布局上要重点南移，重点建设郑州、洛阳、平顶山、驻马店和南阳的水泥熟料和水泥生产基地。

(4)加强新型干法生产线的环保、利废工作，作为发展循环经济的一项重要措施，新建生产线应配套建设纯低温余热电站。

(5)各级环境保护行政主管部门对新、改、扩建水泥生产项目要严格执行环境影响评价、"三同时"和污染物排放总量控制制度，对于突破污染物排放总量指标的地区，原则上不得批准新建项目环境影响报告书。

(6)按照国土资源部制定的严格实施土地和矿产资源规划管理的政策措施，从严审批水泥用石灰石的采矿许可证，严肃查处非法采矿和乱采滥挖；在保护生态的前提下，确保石灰石及配料矿权布局合理，合理开发利用石灰石资源，并进一步制定和完善在石灰石矿山开发中的环境保护、土地复垦和生态恢复等方面的政策规定。

在此基础上，对全省水泥市场进行了调研，重点编制了《郑州水泥市场调查报告》，为正确指导郑州水泥工业健康、有序、良性发展发挥了重要的引导作用。

10. 全省诚信企业及优秀企业家的评选工作

协会在全省开展了"2004年河南省建材行业质量诚信企业"的推荐活动，经企业申报，专家评审，全省共有55家企业被评为"2004年河南省建材行业质量诚信企业"，在《中国建材报》和河南省建筑材料工业协会网上公告。并在此基础上向河南省名牌战略推进委员会推荐了"天瑞集团"、"同力集团"、"洛耐集团"等四家企业参与中国工业大奖的评选工作。协会同时在全省开展了"河南省建材行业改革创新优秀企业家"的评选工作，经河南省建筑材料工业协会秘书处初审、河南省建材行业改革创新优秀企业家评审小组审定，有40位同志荣获河南省建材行业改革创新优秀企业家称号，并在全省行业会议上进行了表彰。

11. 召开2005年河南省水泥行业会议

2004年是河南省水泥工业发展取得丰硕成果和巨大进步的一年，为总结这一发展过程中的丰富经验和存在的不足，更好地以科学的发展观引导河南省水泥工业步入健康、有序、良性的发展轨道；合理规划生产力布局；加大落后生产工艺的淘汰力度；发展循环型、建设节约型经济；进一步提高全省水泥行业的经济效益，把河南省水泥工业做大、做优、做强。协会2005年4月19～21日在新乡市召开全省水泥行业会议，近100家水泥单位150多人参加了会议，会议介绍了河南省和全国水泥工业发展现状，分析和预测了水泥行业的发展趋势和结构调整方向，讨论了机立窑水泥生产企业如何通过技术改造进一步发展，一些企业还介绍了新型干法水泥生产线建设和生产管理经验，并向省发改委、环保局送达了"关于2007年底河南省全部淘汰机立窑问题的反映"报告，报告建议省政府制定、出台淘汰机立窑的相关配套措施等。

12. 举办河南省建材行业国家新标准宣贯班

国家对18个水泥行业标准及5个国家标准进行了修订，并分别于2005年7月1日和8月1日正式实施，为使水泥生产企业和水泥用户在质量控制和检验上得到正确应用，在新标准实施时掌握该标准的技术要求、仪器校准和规定使用仪器的操作要点，协会于2005年7月24～27日在襄樊市举办了国家新标准宣贯培训会议。参加人员150多人，为新标准的顺利实施起到了积极的推进作用。

13. 召开全省重点水泥企业联谊合作与发展研讨会

2005年元月13～14日　在偃师召开了"河南省重点水泥企业联谊合作与发展研讨会"会议紧紧围绕如何规范市场行为、水泥行业的长远发展及战略联盟、产品结构调整及对各级政府的要求、建议等问题进行了认真的研讨。

14. 召开全省人才培养研讨会

2005年3月25～26日　协助洛阳建专召开了全省人才培养研讨会，会议探讨了河南省建材行业市场发展趋势及热点、难点问题，学校与企业之间专业技术人员培养模式以及协会、学校与企业之间岗位资格培训和技术工人培训的问题。

15. 召开河南省建材工业协会会长工作会议暨全省重点水泥企业联谊发展研讨会

2005年8月30～31日　在平顶山市召开了河南省建材工业协会会长工作会议暨全省重点水泥企业联谊发展研讨会。会上通报了2005年上半年建材行业生产经营情况及全年分析预测；宣传贯彻落实国务院《关于做好建设节约型社会近期重点工作的通知》和《关于加快发展循环经济的若干意见》；研究全省水泥工业发展趋势及生产力布局等问题；讨论通过了协会副会长人事变更的建议，新增河南建材研究设计院院长范金山等七位同志为协会副会长，因工作变动等原因免去河南建材研究设计院杨孝志等八位同志的协会副会长工作。

16. 积极开展全省职业技能培训工作

为贯彻和落实中共中央、国务院关于深化教育改革，全面提高素质教育的决定提出的"在全社会实行学业证书、职业资格证书并重的制度"，协会积极组织开展对省内建材职工的职业技能的培训和鉴定工作，培训部共培训企业技能工人116人。其中培训了驻马店豫龙水泥有限公司26人，驻马店市龙山水泥厂5人，郑州金龙水泥有限公司21人，郑州仲发白水泥公司13人，郑州铝城水泥有限公司2人，济源太行水泥有限公司1人，新乡平原同力水泥有限公司22人，新野新航水泥公司6人，郑州靖华水泥有限公司10人，永煤集团汇龙水泥有限公司10人。共有116人取得了国家劳动和社会保障部技师、高级工、中级工、初级工职业资格证书。

17. 开展全省水泥行业职业技能竞赛

协会和河南省冶金建材工会共同组织了“2005年河南省水泥行业水泥熟料煅烧工和建材化学分析工职业技能竞赛”,全省大型骨干水泥企业积极响应参赛。各水泥企业参赛选手经过8月份企业自行组织的初赛及9月27－29日在河南省鹤壁市举行的决赛,经过奋力拼搏取得了优异的成绩。经评委会综合评定,省冶金建材工会和协会对成绩突出、技能过硬的团体和个人进行了表彰,天瑞集团汝州水泥有限公司、河南省同力水泥有限公司、河南省七里岗水泥厂、中国联合水泥有限责任公司南阳分公司、河南省偃师水泥厂获得团体一、二、三等奖,天瑞集团汝州水泥有限公司郑占锋、河南省同力水泥有限公司张松鹤等四十名职工获得个人奖,河南省同力水泥有限公司获得优秀组织奖。郑占锋、张松鹤等获2005河南省五一劳动奖章。

18. 建立协会对外宣传的平台

出版了《河南建材信息》会刊和开设《河南省建材工业协会网站》。及时向会员单位传达上级的文件和要求,进行政策引导,发布行业新技术、新设备信息,通报行业统计资料和经济指标分析,对企业在改革、发展和生产经营过程中的重大决策、先进的经验等进行报道,对上级政府部门及时了解全省水泥行业生产经营及市场信息起到较好的作用。

19. 协会网站的日常维护工作

完成了网站在国家信息产业部及郑州市网络安全监督处的备案工作、网络域名保护及网络实名的申请实施工作,完善更新各个版块内容,整理收录了政策法规71个,行业相关标准138篇,技术交流论文27篇,协会文件46份,建材行业统计信息67份,行业动态报道106条,加上协会公告、职工培训信息、供求信息等共计上传82兆空间容量,2005年底将完成协会网站版块全面调整更新工作。

20. 组织企业对外交流活动

为了加强同周边省市行业间的交流与合作,共同探讨水泥行业的发展前景,借鉴外省先进企业在生产技术、企业管理等方面的先进经验,加快河南省水泥工业结构调整的步伐,实现水泥企业的平稳转型,协会组织了全省水泥企业管理和技术人员四十多人于2005年10月31日至11月6日赴湖北、安徽、浙江参观考察。协会对整个考察活动作了周密的安排,拟定了具体的考察提纲。考察工作得到了湖北华新集团、海螺集团、上海和浙江新型水泥粉磨站等6家大中型企业的大力支持,本次考察成员学到了经验,受到了启迪,圆满完成了预定的考察任务,取得了良好的效果。

21. 成立协会矿山设计室

为了拓展协会工作内容和业务,更好地为建材企业服务,本着充分发挥协会专业人才技术优势,为全省小型露天矿的安全生产工作服务的目的,于2005年6月底成立了协会矿山设计室,配齐了各专业的设计工作人员。

省安全生产监督管理局组织相关专家到协会进行了现场审查和文件审查,一次通过审查验收,并于2005年10月28日向协会颁发了《非煤矿山小型露天矿安全设施设计单位资格证书》。协会矿山设计室具有了小型露天矿安全设计资质,为开展小型露天矿安全设计业务奠定了基础。

22. 技术咨询服务

为企业提供新型干法水泥项目建设前期的咨询服务,有效地减少了投资的盲目性。几年来协会不遗余力地宣传、引导水泥企业走新型工业化道路,提高企业对水泥生产新工艺、新技术的认识和采用,积极鼓励有条件的水泥企业新建或改造新型干法旋窑水泥生产线,极大地推动了新型干法水泥的发展。

协会第二届理事会在协会和行业主管部门的指导下,在各位会长和广大会员的支持下,拓宽了服务范围,提高了服务质量。在发挥协会服务功能,推动行业发展中,坚持为会员服务的宗旨,上跟政府,下联企业,勇于进取,积极开拓,较好地发挥了桥梁纽带作用,得到了会员单位的普遍认同和信赖,受到国内同行和省主管部门的赞许和肯定。

记 事

2001年

12月6～7日　在郑州市召开河南省建材工业协会第二届理事会会议。

会议选举河南省冶金建材行业管理办公室主任朱振华为会长,王爱贞为常务副会长兼秘书长,选举池金东、齐俊华、任振和、乔铜柱、肖长玉、何平均、邵成东、张传生、张宇震、张拴贵、杨孝治、苏润田、宋彩敏、周大恂、郑玉刚、范清海、禹小明、赵会斌、贺福利、郭正方、郭晓寰、贾培元、薛庄民等为副会长,王庆荣为常务副秘书长;会议审议通过了第一届理事会工作总结报告和2002年协会工作安排意见、协会章程修改报告;通过成立水泥等七个工作委员会并任命了各工作委员会主任,宣读了第一届理事会河南省建材工业协会发展贡献奖、突出贡献奖人员名单并颁发了获奖证书。齐俊华副会长做了“水泥企业低成本发展战略”的主题报告;洛阳工业高专成教学院任和平院长就职业资格培训和鉴定等工作做了讲话;渑池仰韶水泥集团等六家会员企业在大会上就水泥工业的生产、发展交流了经验。大会开得团结紧张热烈,达到了预期的目的,取得了圆满成功。

12月6～7日　在郑州市召开了河南省水泥行业会议,进一步促进了河南省水泥工业健康、有序的发展,总结了近几年来省水泥工业的发展、生产和经营管理方面的经验,研讨了“十五”水泥工业的发展方向、发展战略和发展措施。

2002 年

4 月 1 日　正式实施国家经贸委发布的《水泥企业质量管理规程》、《水泥企业化验室基本条件》、《水泥企业产品质量对比验证检验管理办法》3 个行业规章。河南省建筑材料工业协会受河南省经贸委的委托，负责 3 个行业规章的宣传贯彻组织和骨干培训工作，于 3 月 12～17 日在南阳市举办了两期宣贯班，4 月 22～24 日在郑州市举办了第三期宣贯班。

5 月 18 日　在登电集团水泥厂举办了全省第一期窑工职业技能培训班，登电、嵩基集团水泥厂和省内其他水泥企业共有 66 人参加了为期 10 天的窑工培训工作并获得劳动和社会保障部颁发的职业资格证书。

5 月 19 日　由协会组织省内 15 家企业的厂长和副厂长等共 28 人赴安徽、江苏两省进行了参观考察和学习活动。考察团共参观考察了安徽海螺集团的荻港水泥公司、江苏镇江长江水泥集团、镇江京阳日产 5 000 吨熟料水泥生产线以及苏州金猫水泥集团。

6 月 18 日　在平顶山石人山召开了河南省建筑材料工业协会第二届理事会会长扩大会议。会议对协会上半年工作进行了总结，对下半年的工作进行通报和安排，同时进一步健全了协会的组织机构，完成七个工作委员会和三个工作部的组建工作，制定了各工作委员会的工作计划，研究和分析了省内建材工业的发展形势，对散装水泥收费办法的不合理性取得了共识，并分别向省政府和中国水泥协会呈送了“关于取消散装水泥收费的建议”文件。

8 月 22 日　由协会组织省内 15 家企业的 33 位厂长和副厂长赴山东进行参观考察和学习活动，其中主要参观考察了山东山水集团、淄博齐银水泥集团及龙口丛林集团。该项活动对促进省水泥企业的技术进步产生积极的推动作用。

9 月 24～26 日　在河南省鹤壁市召开了 GB9774－2002《水泥包装袋》新国家标准宣贯会暨 2002 年河南省水泥行业会议。朱振华会长在会上做了主题发言，他首先通报了上半年全省建材行业经济运行基本情况，指出全省水泥工业要认真落实“控制总量，调整结构，淘汰落后”的正确方针，对“淘汰落后，制止低水平重复建设”一定要有一个严肃认真的态度，不能阳奉阴违；同时指出要努力做好机立窑企业的转型、升级工作；要以创新精神推动行业的发展和技术进步；要强化企业管理，提高质量，打造优势名牌产品；要充分调动会员单位积极性，共同搞好协会工作等。

10 月 12 日　由洛阳黄河水泥集团肖长玉董事长诚挚邀请河南省十二家重点水泥企业的董事长或总经理参加河南省重点水泥企业联谊暨合作与发展研讨会，会议紧紧围绕如何规范市场行为、水泥行业的长远发展及战略联盟、产品结构调整及对各级政府的要求、建议等问题进行了认真的研讨。对全省水泥出厂价格进行了协调，由协会出台全省各地水泥销售指导价格的文件。会议决定每个重点水泥企业每三个月轮流主持召开一次联谊和发展研讨会。

10 月 16 日　在平顶山天广企业集团举办全省第二期窑工职业技能培训班，共有 42 人参加了培训与考试。

10 月 31 日　在洛阳香山集团举办全省第一期化验员职业技能培训班，共有 100 多人参加了培训学习，93 人参加了考试。

10 月份　受省计委委托，与河南省工程咨询公司共同编制“河南省水泥工业发展战略研究”报告。该报告论述了水泥工业在国民经济发展中的重要地位，论述了世界和我国水泥工业发展的模式和发展速度，分析了省水泥工业发展的现状、存在的主要问题和发展优势，水泥工业的发展战略、指导思想、发展目标及发展措施，对省水泥工业发展提出了科学的建议和设想，受到政府有关部门及相关企业的好评。

11 月 11 日　在郑州金龙水泥股份有限公司举办全省第二期化验员职业技能培训班，共有 50 多人参加了培训。

同时，积极筹建了河南省建材行业特有工种职业技能鉴定站，这项工作已获得国家劳动和社会保障部的批准，对河南省全面开展职业技能鉴定和培训工作将实现新的突破，开创新的局面。

11 月 25～27 日　在郑州市召开了“河南省水泥企业粉磨新技术研讨会”邀请国内知名的专家、教授进行专题讲座。由中国建材科学研究院、教授级高工王文义主讲“加强和改进粉磨工艺是提高水泥产、质量的基本途径”；合肥水泥设计院高级工程师成建主讲“PU 冲击式破碎机在水泥工业中的应用”；南京工业大学教授张少明主讲“粉磨系统中高效选粉机的研究与应用”；《中国粉体技术》杂志编委、中国颗粒学会理事张福根博士主讲“激光粒度分析仪在水泥粒度测量中的应用”等，上述报告生动、丰富、精彩，受到代表们的一致好评。

2003 年

1 月 20 日　河南天瑞集团年产 100 万吨新型干法水泥生产线一次点火成功，投入试运转。该生产线所生产的高标号水泥已陆续投放市场。

4 月 8 日　由郑州金龙水泥有限公司诚挚邀请与协会共同在郑州市组织召开了河南省重点水泥企业联谊暨合作与发展研讨会，河南省十二家重点水泥企业的董事长或总经理参加了会议，河南省冶金建材行业管理办公室主任朱振华在会上做了重要讲话。

与会同志普遍认为，这次会议开得很及时、很必要、也很重要，它有利于企业之间的信息交流和经营合作。会议紧紧围绕如何规范市场行为、水泥行业的长远发展及战略联盟、产品结构调整及对各级政府的要求、建议等问题进行了认真的研讨，并继续出台省内各地水泥指导价格文件。

4 月 21～24 日　河南省建筑材料工业协会与（国家）建

筑材料行业生产力促进中心、中国建材工业经济研究会水泥专业委员会在南阳市梅溪宾馆召开了全国水泥企业现代立窑20项适用技术培训及现场经验交流会,水泥企业管理、技术骨干180人参加了会议,这对促进河南省现代立窑的发展将起到积极的引导作用。

4月中旬 河南省水泥生产许可证颁证会议在郑州举行,117家企业首批通过审查,取得新的水泥生产许可证。

7月21~23日 协会与河南省水泥质量监督检验站在郑州市联合召开《水泥企业化验室评审考核管理办法》宣贯会。会议聘请省内有关专家就《水泥企业化验室评审考核管理办法》要点、重点和难点进行了讲解,参加宣贯班的成员都认真听取了专家的讲解和答疑,场面认真而热烈,这对进一步落实水泥新标准的贯彻和实施,无疑起到了重要的推动和保证作用。

7月 在郑州金龙水泥股份有限公司举办全省第三期化验员职业技能培训班,共有50多人参加了培训,并且取得了国家劳动和社会保障部职业资格证书。

10月26日 河南省新乡平原水泥有限责任公司日产5 000吨水泥熟料生产线工程开工奠基,项目总投资为46 913万元,建成投产后,年产水泥熟料155万吨(其中商品熟料77.5万吨)、优质水泥100万吨。主要建设内容为石灰石矿山、厂区熟料生产线、厂外管式皮带输送熟料长廊、熟料储存及汽(火)车装运、年产100万吨水泥粉磨站、水泥包装储存及汽(火)车装运。

10月29日~11月1日 由河南省建材工业协会主办的河南省建材工业发展与改革研讨会议在灵宝市召开,来自全省100多家企业的150多名代表参加了会议,协会会长、省冶金建材行业管理办公室朱振华主任做重要讲话,他详细介绍了我省建材工业发展方针与规划目标;河南省建设投资总公司杨鲁生副总经理介绍了进入我省水泥工业的发展设想。会议通过了《关于协会副会长人事变更的建议》,增补杨旭、张浩云、薛振峡、杨学志等为协会副会长;通过了《关于提高协会会费标准的建议》。

11月28日 河南省发展与改革委员会以"豫计产业(2003)2168号文"批复驻马店市豫龙水泥有限公司2条日产5 000吨熟料水泥生产线一期工程项目《建设项目可行性研究报告》。该项目建设规模为:建设2条日产5 000吨熟料水泥生产线。一期工程建设1条日产5 000吨熟料水泥生产线,年产熟料155万吨,年产水泥220万吨。

12月30日 河南省同力水泥有限公司总投资3亿元,由河南省建设投资总公司与鹤壁市经济发展投资公司按照60%:40%比例投资建设的二期日产2 500吨熟料水泥生产线建成点火。

2004年

2月6日 在驻马店召开了"河南省重点水泥企业联谊合作与发展研讨会"。

3月25~27日 在郑州召开了河南省水泥行业会议,省国有资产监督管理委员会朱振华副主任、协会常务副会长兼秘书长王爱贞同志分别就国办发[2003]103号文件精神做了专题报告,通报了全国及省内水泥工业的运行情况,分析了当前的水泥市场形势,并向大会通报了国家为加快水泥工业的结构调整即将出台的一系列措施和办法,要求大家对当前的形势有一个清晰的认识,以便对未来企业的发展做出正确的决策。大会对水泥生产新技术以及生产经营情况进行了交流,对2004年全国及我省水泥行业的变化趋势进行了分析和预测,有力推动了全省新型干法水泥的快速发展。

5月10日 在鹤壁召开了"河南省重点水泥企业联谊合作与发展研讨会"。

5月15~17日 受省发改委委托主持召开了河南省同力水泥集团公司、中国洛玻集团公司、洛阳耐火材料集团有限责任公司发展规划论证会。

中国水泥协会雷前治会长等应邀参加了水泥和玻璃项目的论证会,会上来自各方面的专家、代表就规划进行了广泛和认真的讨论,提出了很多宝贵的意见和建议,对规划的补充、完善及今后的组织实施都将起到很好的推动作用。

9月1日 河南省委书记李克强一行到中国联合水泥公司河南南阳航天水泥厂视察工作。

9月8日 在南阳召开了"河南省重点水泥企业联谊合作与发展研讨会"。

在2004年召开的全国建材工业统计工作年会上,协会获得中国建材工业协会通报表彰(中建材协会(2004)27号文),获得了"2004年度建材统计工作先进集体"荣誉称号。

2005年

1月13~14日 在偃师市召开"河南省重点水泥企业联谊合作与发展研讨会"。

3月25~26日 在洛阳召开全省人才培养研讨会。

4月19~21日 在新乡市召开全省水泥行业会议。

7月24~27日 在襄樊举办了国家新标准宣贯培训会议。

8月30~31日 在平顶山市召开了河南省建材工业协会会长工作会议暨全省重点水泥企业联谊发展研讨会。

10月31日~11月6日 全省水泥企业管理和技术人员40多人赴湖北、安徽、上海、浙江参观考察。

湖北省建材投资促进中心水泥工业协会

【概况】改革开放以来，特别是“十五”以来，湖北水泥工业发展较快。近年来，湖北省坚决贯彻落实科学发展观，认真贯彻执行国家产业政策，积极进行结构调整，高举加快发展新型干法水泥的旗帜，水泥工业的发展取得了显著成效。

一、湖北省水泥工业发展主要特点

1、水泥产量持续快速增长。截止到2005年全省水泥生产企业有188家，总产能达5 200万吨，水泥产量达到4 486万吨，同比增长18.80％。

2、新型干法水泥快速发展。2003年底前湖北省已建成投产的新型干法水泥生产线9条，2004年竣工投产的新型干法水泥生产线有7条，2005年竣工投产的新型干法水泥生产线6条，到2005年，已建成投产的新型干法水泥生产线21条，其中日产2 000吨及以上生产线有14条，到2005年底全省水泥产能达到5 200万吨，其中新型干法水泥产能达2 400万吨，占水泥总产能的46%。

3、华新集团发展迅猛。近年来，华新水泥股份有限公司抓住机遇，加快发展，在省内外建成了一批大型新型干法水泥生产线和粉磨站。到2005年底已形成2 700万吨的水泥生产能力。目前省内在建的五个重大项目(其中有四个项目列入“三个三工程”)总投资12.68亿元。华新集团的快速发展壮大对加快湖北省水泥工业结构调整，改善水泥工业布局，促进水泥行业技术进步将发挥巨大的带动和示范作用。

4、结构调整取得重大进展。近年来，湖北省水泥工业产业结构得到明显改善，新型干法水泥发展加快，新型干法水泥产能、产量、比例不断提高。2003年新型干法水泥产能900万吨、产量870万吨，占水泥总产量的26%；2004年新型干法水泥产能1 700万吨，产量1 050万吨，占水泥总量28%；2005年新型干法水泥产能2 400万吨，产量2 100万吨，占水泥总量46%。湖北省在抓新型干法水泥发展的同时，认真贯彻执行国家产业政策，加大宣传和协调力度，全省除新型干法水泥外，几乎没有新建、改建、扩建国家明令禁止的立窑及其它落后工艺的水泥生产线。并有部分企业主动进行结构调整，关停或改造落后生产线。

5、水泥项目招商引资硕果累累。湖北具有发展水泥工业的良好条件，我们牢牢抓住沿海资本和外资向我省转移发展水泥工业的历史机遇，大力招商引资，加快发展新型干法水泥。“十五”期间，建成投产的外资水泥项目有6个，实际利用外资约23亿元。还有一批外资项目正在筹建，准备在“十一五”期间开工建设。现在越来越多外省资金与民营资本开始介入和关注湖北水泥工业，今后，湖北水泥将主要形成以华新、外资、本省民营资本为主的水泥工业格局。

6、生产集约化进程加快。近几年来，我省水泥企业平均规模不断提高，集约化程度不断提高。2005年全省规模以上水泥企业平均水泥产量24.39万吨。其中华新水泥股份有限公司产量约为全省的1/4。湖北已涌现出如华新水泥股份有限公司、葛洲坝水泥厂、湖北京兰水泥集团、湖北世纪新峰水泥有限公司等多家大中型水泥企业。

7、水泥行业已成为发展循环经济的主力军。目前湖北省水泥行业大量利用各种工业废渣(电厂粉煤灰、高炉水渣、磷石膏、炉渣、煤矸石等)生产水泥，变废为宝，改善了环境，为建立节约型社会，发展循环经济作出了贡献。

二、湖北水泥发展存在的主要问题

尽管湖北省水泥工业取得了长足进步，但无论是总量还是新型干法水泥的增幅都低于全国的平均水平，结构调整任务十分艰巨繁重。突出的问题主要表现在以下方面：

1、发展速度与全国先进省市相比仍有相当差距。2003年湖北省水泥产量增长速度比全国低6.7个百分点；2004年湖北水泥产量增长速度比全国低1.2个百分点，人均水泥拥有量628千克，低于全国的平均水平；2005年湖北水泥产量增长速度为19.8％，人均水泥拥有量750千克。

2、新型干法水泥发展速度仍不够快。近两年湖北省新型干法水泥虽然发展较快，但在全国仍然处于中下游水平。2005年湖北省新型干法水泥产量2 100万吨，占水泥总量46%。新型干法水泥产量增速和新型干法水泥比例虽达到全国平均水平，但与沿海经济发展地区相比还有相当的差距。

3、产业结构仍不够合理。2005年全省新型干法水泥产能占全省总产能的46%，产量占水泥总产量的46.7%，产业结构仍不够合理。全省仍有150多家机立窑或其它落后工艺的水泥生产企业，产能达2 800万吨。相当一批机立窑企业存在工艺技术不完善，装备相对落后，人员素质不高，生产集中度低，产品质量不稳定、能源消耗高、环境污染严重等问题。水泥工业产业结构调整仍任重道远。

4、环保治理亟待加强。目前湖北省水泥工业环境污染情况仍普遍存在，绝大部分立窑水泥企业未安装环保收尘装备或为了节约成本不使用环保收尘装备，少数立窑企业的粉尘污染问题尤为突出。

5、龙头企业和优质名牌产品少。目前,除“华新集团”、葛洲坝水泥厂等有一定影响的企业外,就再没有能在国内水泥行业有较大影响的企业;全省水泥行业的优质名牌也不多,所占市场份额不大。

6、石灰石资源未得到合理开发利用。目前湖北省水泥行业不同程度存在着乱采滥挖的现象,浪费和破坏了大量宝贵的石灰石资源,矿产资源得不到有效合理利用,造成了资源和生态环境的破坏。

附一:

2001~2005 年湖北省水泥产量表　　单位:万吨

年份	2001	2002	2003	2004	2005
产量	2 797	2 934	3 446	3 803	4 486

附二:

2001~2005 年湖北省新型干法水泥生产线投产情况

1、湖北世纪新峰水泥有限公司日产 1500 吨(2002 年 7 月投产)

2、华新宜昌公司日产 3 200 吨(2003 年 12 月投产)(一期)

3、华新阳新公司日产 6 500 吨(2004 年 4 月投产)(一期)

4、湖北京兰水泥有限公司日产 2 000 吨(2004 年 5 月投产)

5、当阳城堡水泥有限公司日产 1 200 吨(2004 年 7 月投产)

6、湖北三源水泥有限公司日产 1 500 吨(2004 年 8 月投产)

7、华新恩施公司日产 2 000 吨(2004 年 8 月投产)

8、湖北世纪新峰水泥有限公司日产 2 500 吨(2004 年 12 月投产)

9、华祥水泥有限公司日产 2 500 吨(2004 年 12 月投产)

10、华新宜昌公司日产 2 500 吨(2005 年 4 月投产)(二期)

11、华新武穴公司日产 6 500 吨(2005 年 4 月投产)

12、湖北金龙水泥有限公司日产 2 000 吨(2005 年 7 月投产)

13、湖北永兴水泥有限公司日产 2 500 吨(2005 年 8 月投产)

14、湖北钟厦水泥有限公司日产 1 800 吨(2005 年 8 月投产)

15、老河口吉港宝石水泥有限公司日产 1 800 吨改造(2005 年 12 月投产)

记　事

2001 年

4 月 1 日　水泥产品质量标准与国际接轨。4 月 1 日起对 6 种主要通用水泥产品正式实施国家颁布的新标准。在实施过程中,省建材行业管理办公室联合省直有关部门加强督查、打假及淘汰小立窑水泥厂等工作,经过跟踪审查和抽样化验,给 188 家有能力按新标准生产水泥的企业颁发了证书,并在《湖北日报》上进行公告。

2002 年

10 月 10 日　省政府对原 173 号令进行了修改,发布了第 237 号令即《湖北省人民政府关于修改“湖北省发展散装水泥管理办法”的决定》。这是省政府自 1997 年以来第三次发布关于散装水泥的政府令。省政府第 237 号令进一步明确了各级散装水泥办公室的行政管理职能;规范了散装水泥专项基金征收、管理和使用办法;制定了鼓励散装、限制袋装的奖罚措施;对散装水泥的生产、经营和使用作出了明确规定。

2003 年

3 月 6 日　华新集团在宜都建设的日产 3 200 吨水泥熟料新型干法生产线建成。

4 月 8~9 日　中共中央政治局委员、湖北省委书记俞正声等率全省各地市州领导同志到“华新宜都”新干法生产线参观、考察,对该生产线的建设模式给予了高度评价。

2004 年

3 月 31 日~4 月 2 日　湖北省建材行业投资促进中心及省水泥协会在武汉召开了 2004 年水泥工业工作座谈会,全省有关地市建材主管部门及主要水泥企业负责人参加了此次会议。会议就如何认真贯彻执行国务院办公厅 2003 年第 103 号文及国家有关委、部、局关于防止水泥行业盲目投资加快结构调整意见等文件和对湖北省努力实现水泥工业持续健康发展问题进行了研究讨论,并对 2004 年全省水泥市场和发展态势进行了分析,从而使全省水泥行业深入地领会了国家的产业政策,统一了思想,明确了发展方向和生产经营目标。

4 月 9 日　华新集团在阳新建设的日产 6 500 吨水泥熟料新型干法生产线正式点火投入生产。

11 月 30~12 月 2 日　湖北省水泥行业暨水泥工业协会第四届会员代表大会在武昌召开。省建材投资促进中心副主任王化平当选为湖北省水泥协会会长。

12 月　鄂州世纪新峰水泥公司和黄石大冶湖湖北华祥水泥有限公司各一条日产 2 500 吨水泥熟料新型干法生产线建成投产。

2005 年

11 月 24~27 日　在中国机冶建材工会和中国建筑材料工业协会共同举办的“金隅杯”水泥企业化学分析工、物理检验工技能竞赛中,全国总决赛有 27 个省、自治区、直辖市 110 家水泥企业的 136 名化学分析工和物理检验工,经过激烈角逐,来自湖南石门特种水泥有限公司的陈中亚获得化学分析第一名。

12月21日 罗清泉省长等一行在宜昌市委书记李佑才和宜都市委书记宋文豹等领导的陪同下，来到华新水泥(宜昌)有限公司视察工作。

罗清泉省长在听取了宜昌公司经理杨宏民介绍了企业规模、工程建设和生产经营、环保等方面的基本情况后，对宜昌公司先进的管理模式和在生产经营中取得的优异成绩给予了高度评价，同时肯定了作为宜昌地区现代化水泥龙头企业，对带动当地经济发展发挥的重要作用，并对华新的发展寄予了厚望，指示相关方面要尽快关闭资源消耗高、污染严重的小水泥，继续大力支持华新水泥在鄂西南地区做大做强，力争达到年产1 000万吨的水泥生产规模。随后，罗清泉省长到生产一线参观了工作现场和中心控制室。

湖南省水泥协会

【概况】2001年水泥完成2 762万吨，比上年同期增长15.28%。

2001年全省完成散装水泥供应533万吨，供应量为国家下达计划500万吨的106%，为年奋斗目标540万吨的98.76%，比上年同期净增72.34万吨，增长15.69%，全省散装率达到22.83%。散装水泥工作取得了可观的社会经济效益，为国家节约木材17.6万立方米，标煤4.2万吨，电力3 840万千瓦时，折合节约包装费1.87亿元，同时减少水泥运输损失24万吨，两项累计综合经济效益2.59亿元。

2001年湖南名牌水泥产品

企业名称	产品名称
湖南韶峰水泥集团有限公司	韶峰牌普通硅酸盐水泥42.5级 矿渣硅酸盐水泥42.5级
湖南金磊水泥集团有限公司	金磊牌普通硅酸盐水泥42.5级(含R型)
湖南华中水泥厂	华中牌普通硅酸盐水泥42.5级，32.5级
新化燎原水泥厂	金马牌普通硅酸盐水泥42.5级，32.5级
株洲市水泥厂	石峰牌普通硅酸盐水泥32.5级R，42.5级42.5R
湖南省冷水江9765工厂	波月牌普通硅酸盐水泥32.5级R，42.5级
湖南省临澧新厦建材股份公司	新厦牌普通硅酸盐水泥32.5级
湖南省澧县甘溪水泥厂	甘溪牌普通硅酸盐水泥32.5级
湖南潇湘集团有限公司	浯溪牌普通硅酸盐水泥32.5级R，42.5级

2002年水泥完成2 748万吨。

2002年全年完成散装水泥供应618万吨，散装率达到22.80%，为国家节约木材20.39万立方米，标煤4.82万吨，电力4 450万千瓦时，折合节约包装费2.16亿元，同时减少运输损失30.90万吨，两项累计综合经济效益3.09亿元。散装水泥的进一步发展，促进了水泥工业的结构调整，推动了建筑施工自动化水平的提高，减少了粉尘、噪声污染，为国民经济建设、环境保护、资源节约做出了较大的贡献。

根据国家经贸委有关文件精神，清理整顿小水泥厂的工作继续抓紧进行。一是对全省县以上水泥企业化验室换发合格证时，凡属关闭淘汰的水泥企业，化验室换发证申请不受理，不考核，不发证；二是在省质量技术监督局召开的全省水泥产品生产许可证换(发)证工作会议上，再一次强调贯彻国家经贸委关于清理整顿小水泥厂有关文件精神，属于取缔、关闭、淘汰的水泥企业申请生产许可证不予受理，确属搞错或其他特殊情况，要报国家经贸委批准。全省已关闭201家水泥厂。

2003年湖南省水泥生产企业324家，全省生产水泥3 135万吨，创历史新高，比上年增长14.1%。

在固定资产投资快速增长的拉动和钢材产品大幅涨价的带动下，2003年下半年，全省水泥市场出现了供不应求的局面，水泥价格大幅上扬，水泥企业的市场地位得以扭转，使得水泥成为全省建材工业经济增长的亮点。

随着新型干法水泥工艺的成熟和推广、设备国产化，新型干法工艺吨熟料建设投资已下降到200～300元，达到了与立窑工艺相当的水平。

2003年紧紧围绕结构调整、提升行业整体装备水平、大力推进新型干法水泥生产线建设和高新技术产业化，全行业基建、技改工作取得明显效果。2003年完成技改投资16.43亿元，比上年增长206.8%；完成基建投资5 707万元。随着水泥价格大幅上扬，新型干法水泥生产线的投资热情被调动起来，先后有10多家企业和投资者提出建设新型干法水泥生产线的要求。益阳宏远水泥公司日产1 200吨新型干法线已投产,全省新型干法水泥生产线达到6条。海螺水泥集团、中材水泥集团、广东梅雁集团等纷纷进驻湖南,投资水泥产业。

省行管办围绕水泥产品质量管理、化验室换证、生产许可证、质量认证,开展质量管理工作。首次与省乡镇企业局联合,开展全行业水泥质量大检查(检查企业271家,占水泥企业总数的84%)。评选出2003年度全省水泥质量50强企业,并予以表彰。为贯彻落实国家有关产业政策和行业规章,做好2004年水泥企业化验室换证工作,宣贯了《水泥企业化验室评审考核管理办法》,并对化验室主任进行了培训。协调参与第2批水泥生产许可证复查工作,使第2批近160家水泥企业顺利拿到生产许可证。

2003年,全省完成散装水泥供应量749万吨,比上年增长21.26%;水泥散装率24.55%,比上年提高2个百分点,推广散装水泥的综合经济效益为3.63亿元。全省销售水泥3 340万吨,全省水泥平均出厂价格227.5元/吨,上涨17.5元/吨。

省水泥协会面对全省水泥市场的激烈竞争,相继召开了2次市场协调会。在衡枣高速公路水泥供应协调会上,与会企业负责人达成"大型重点工程水泥招标前召开供货协调会议"的共识。在邵怀高速公路水泥供应企业供货投标协调会议上,达成"散装P.O 42.5级水泥送达工地投标报价不低于一定价格"的协议,对维护企业利益和行业自律有效开展、共同促进湖南水泥市场的成熟将产生积极的影响。

2004年随着新型干法水泥设备国产化,吨水泥投资成本大幅降低,这大大加快了新型干法水泥发展,有力地促进了水泥工业结构调整。2004年,安徽海螺集团在双峰投资建设的日产5 000吨新型干法水泥生产线投产,金磊水泥集团、浙江兆山新星集团宁乡厂相继建成日产2 500吨新型干法线,加上河田水泥有限公司1条日产1 200吨新型干法线,使全省新型干法线达到7条,新型干法水泥产能比例提高到11.8%;还有已开工建设的新星集团浏阳厂、怀化金大地、长沙印山、郴州良田、新生常德厂和正在开展前期工作的"韶峰"、"金磊"、"新生"、"中材水泥"等一批拟投资兴建日产2 500~5 000吨新型干法线的大中型企业。

娄底市建材行管办抓改制企业历史遗留问题的解决,促进了9765工厂顺利改制。益阳全市33家水泥企业都实行了不同形式的改制,促成东方水泥有限公司成功收购湖南洞庭水泥有限公司,使其重现生机,实现双赢。经省政府批准,韶峰水泥集团顺利移交中国建材集团管理。

2004年水泥工业完成投资16.4亿元,增长116.6%,新型干法线建设投资10.5亿元,占水泥工业投资的70.3%。

2004年共生产水泥3 386万吨,散装水泥供应量完成944万吨,水泥散装率达28.1%,比上年提高3个百分点,折算节约木材31.2万立方米,标煤7.4万吨,电力6 796万千瓦小时,减少水泥损失47.2万吨,综合经济效益4.7亿元,有效地保护和改善了生态环境。

2005年湖南省现有水泥生产企业353家,资产总额98亿元,工业总产值占全省建材行业的近50%。全省水泥生产以小型企业为主,约有机立窑企业319家,占企业总数的90.4%,年生产能力3 600万吨,全省353家水泥企业中,年生产能力60万吨以上企业9家,产能1 249万吨;年生产能力30万吨至60万吨企业21家,产能750万吨;年生产能力10万吨至30万吨企业88家,产能1 430万吨;年生产能力10万吨以下企业235家,产能1 770万吨。全省水泥产品品种以普通32.5级强度等级水泥和普通42.5级水泥为主,能稳定生产42.5级及以上等级的立窑水泥企业不多,占水泥总量的13.2%。至2005年底,全省已建成新型干法水泥生产线9条(其中日产5 000吨生产线一条;日产2 000~2 500吨生产线5条;日产1 000~1 200吨生产线3条)生产能力约为870万吨;2005年开工建设的日产2 500吨新型干法水泥生产线4条,日产4 000吨生产线2条,日产5 000吨生产线1条,届时产能将达1 900万吨,占全省水泥总量的50%左右,加快了湖南水泥结构调整的步伐。

2001年至2005年湖南水泥企业主要经济指标完成情况。

年份	总产量(万吨)	总产值(亿元)	盈利(亿元)	散装水泥量(万吨)	散装率(%)
2001	2 762	52.36	-1.26	533	22.83
2002	2 748	56.83	-0.64	618.31	22.51
2003	3 135	65.41	0.73	749	24.55
2004	3 386	75.55	1.44	944	28.1
2005	3 742	90.13	2.09	1 089	30.82
合计	15 773	340.28	2.39	3 933.31	26

记 事

2001年

3月27日 湖南省人民政府第143号令,发布《湖南省散装水泥管理办法》。

5~6月 举办全省县以上水泥企业生产厂长(经理)、化验室主任暨市州建材主管部门生产(质量)科长培训班。宣贯水泥新标准,并对全省水泥企业实施新标准进行检查。

2002年

2月 根据中共湖南省委湘发[2000]29号和湖南省人民政府办公厅湘政办发[2002]8号文件精神,撤销湖南省建材工业集团总公司,组建新的湖南省建材行业管理办公室。

3月 湖南省建材行业管理办公室通知继续贯彻原湖南

省建材工业集团总公司经湖南省政府办公厅批准、制定的《湖南省关于清理整顿小玻璃厂小水泥厂的意见》。

4月　长沙深湘通用机器有限公司被评为湖南省民营企业十大行业500强第17名。

9月26日　湖南省水泥协会成立并召开第一次代表大会。

2003年

4月　经湖南省政府批准，湖南省经贸委与安徽海螺集团签订了并购重组湖南雪峰有限责任公司协议。

5月　首次与省乡镇企业局联合，开展全省水泥行业质量大检查。

6月　安徽海螺集团在湖南双峰县动工建湖南省第一条日产5 000吨新型干法水泥生产线；浙江兆山新星集团、湖南郴州金磊水泥公司先后动工各建一条日产2 500吨新型干法水泥生产线。

7月　湖南省水泥协会先后向湖南地税局呈交了《关于请求明确规定湖南省内水泥企业圆库免征房产税的报告》和《湖南省水泥企业石灰石资源税适当下调的报告》，并获得批准。

12月　湖南省东江水泥厂破产改制完成，组建湖南省郴州金磊水泥集团有限公司。

12月18日　湖南益阳市东方水泥公司首期日产1 200吨熟料干法线竣工开机暨第二期日产5 000吨熟料干法线奠基。该公司生产的首批虎劲牌高标号水泥正式下线投放市场。

12月23日　召开湖南省水泥协会一届二次全会。

12月26日　华新岳阳年产200万吨水泥粉磨生产线项目在岳阳市云溪区正式开工，该项目将建成年产200万吨粉磨生产线，项目投产后，将彻底改变岳阳市乃至湖南省的水泥产业结构，提高行业集中度和产品档次。

12月28日　湖南省郴州东江金磊水泥有限公司投资1.8亿元、日产2 500吨熟料新型干法水泥生产线正式奠基开工。

2004年

4月　召开湖南省水泥行业技术进步会。

7月16日　韶峰水泥集团与德国非凡兄弟公司就MPS5000B立磨项目签订供货合同。

8月23日～9月5日　湖南省水泥协会组织部分水泥企业和行业管理部门的负责人赴欧洲考察水泥企业和砼搅拌站。

9月18日　双峰海螺水泥公司日产5 000吨新型干法水泥线建成投产。

10月　湖南郴州金磊水泥公司日产2 500吨新型干法水泥生产线投产。

12月10～24日　湖南省建材行办副主任樊家生参加中国水泥协会赴澳大利亚和新西兰等多个城市水泥企业考察。

12月　浙江兆山集团湖南公司日产2 500吨新型干法水泥生产线投产。

2005年

4月8日　召开湖南省水泥协会一届三次全会。

4月　郴州良田水泥公司日产2 500吨新型干法水泥生产线开工建设。

6月11日　湖南韶峰水泥集团有限公司年产60万吨水泥的粉磨站竣工投产，年产100万吨水泥的益阳粉磨站同期开工。

6月　武岗云峰水泥公司日产2 500吨新型干法水泥生产线开工建设。

6月　浙江兆山新星集团湖南分公司日产5 000吨新型干法水泥生产线开工建设。

10月　韶峰水泥集团日产2 500吨新型干法水泥生产线开工建设。

10月　祁东洪城水泥公司日产2 500吨新型干法水泥生产线开工建设。

11月　湖南省水泥企业组队参加中国机冶建材工会和中国建材协会共同举办的全国"金隅杯"水泥企业化学分析、物理检验工技能竞赛，获得化学分析第一名。

12月　东江金磊水泥公司日产4 000吨新型干法水泥生产线开工建设。

12月　耒阳金盾水泥公司日产4 000吨新型干法水泥生产线开工建设。

12月　长沙印山台怀化金大地水泥公司日产2 500吨新型干法水泥生产线相继建成投产。

广东省水泥行业协会

【概况】

一、广东省水泥产业基本情况

2001年水泥产量为6 108万吨，同比增长2.5%。

2002年规模以上水泥企业442家，水泥产量为7 442万吨，同比增长23.7%。

2003年广东省水泥产量为8 011万吨，同比增长7.6%。水泥工业进入9月份以后产销两旺，价格大升，连续8年的全省水泥工业亏损状况在2003年得以扭亏为盈，利润总额达3.35亿元(2002年为-1.03亿元)。

2004年广东省水泥产量为7 573万吨,同比增长-5.5%。完成利润总额8.69亿元,同比增长202.19%,利税总额大幅度提高,达到19.85亿元,同比增长72.28%。水泥熟料产量居全国第二,旋窑水泥产量比例达24.96%,同比增加了5个百分点;散装水泥率28.79%,创省内历史最高水平。

2005年全省规模以上列入统计的425家水泥企业(含水泥粉磨站),共生产水泥8 229万吨。其中新型干法旋窑水泥熟料的产量为1 226万吨,占熟料总产量(6 436万吨)的19.05%。2005年,全行业累计完成工业销售产值220.4亿元,实现利润4.09亿元,上缴税金11.6亿元。

二、工艺技术结构及装备水平

"十五"期间关闭、取缔和淘汰落后的水泥生产企业共有261家(规模813.8万吨),拆除落后的立窑生产设备214台套(生产能力682.8万吨);为适应城市规划和环保的需要,全省关闭及淘汰36家落后的水泥生产企业,拆除生产线45台套(生产能力378万吨);为此,全省"十五"期间共淘汰落后工艺总生产能力达到1 060万吨。为防止新建立窑和已淘汰小水泥"死灰复燃"的问题,省经贸委又于2003年8月以粤经贸发电[2003]141号发出"关于制止立窑水泥项目建设的紧急通知",确保了淘汰落后工作的开展和成果的实现。

"十五"期间建设并已投产的新型干法旋窑生产线有14条,水泥熟料生产能力1 450万吨/年,是"九五"期末397万吨/年的3.65倍。但工艺技术结构仍不尽合理。立窑水泥仍占63%,新型干法旋窑工艺的比例为32%,低于全国40%的平均水平。落后水泥工艺仍占较大比例(见表1)。

表1 各种工艺汇总表

生产方式	生产线数量(条)	熟料总生产能力(万吨/年)	占总能力的比例(%)
立窑	826	7 008	63.06
旋窑	79	4 105	36.94
其中:			
预热器窑	13	203	1.83
中空窑	16	27	0.24
窑外分解窑	32	3 544	31.89
湿法窑	18	331	2.98
合计	905	11 113	100

在窑外分解生产线中日产6 000吨有1条,日产5 000吨有15条,日产3 000吨有2条,日产2 500吨有6条,日产2 000吨有2条,日产1 500~2 000吨有3条,日产1 000吨有2条,日产700吨有1条。

三、企业集中度

水泥企业平均规模:

1、熟料生产基地在广东省境内的446家企业平均熟料生产能力为25.86万吨/年。但在2005年统计资料中,实际的熟料产量的平均数只有15.7万吨/年,低于全国16.9万吨/年的平均水平,比安徽省的平均产量43.35万吨/年,则显更低。其中,规模在100万吨及以上的企业或企业集团有17家,设计生产能力4 493万吨/年,占全省熟料总生产能力的40.43%;规模前十位企业的熟料生产能力3 684万吨/年,占全省熟料总生产能力的33.15%(见表2);规模在1 000万吨及以上的企业1家,设计生产能力1 085万吨/年;规模在500~1 000万吨的企业1家,设计生产能力550万吨/年。

表2 广东境内水泥熟料生产规模前十位的企业名单

序号	名称	熟料产能(万吨/年)
1	英德海螺水泥有限公司	1 085
2	塔牌集团	550
3	越秀集团	378
4	亨达利水泥厂有限公司	369
5	云浮中材水泥	312
6	台泥(英德)公司	310
7	广东清远广英水泥有限公司	200
8	油坑集团	180
9	惠州光大	155
10	四会骏马水泥有限公司	145
	合计	3 684

2、水泥粉磨站平均水泥生产能力为55万吨。规模前十位水泥粉磨企业的生产能力1 390万吨,占水泥粉磨站总生产能力的63.18%(见表3)

表3 水泥粉磨生产能力前十位的企业名单

序号	企业名称	规模(万吨/年)
1.	江门海螺水泥粉磨站	360
2.	惠州罗浮山旋窑水泥有限公司	200
3.	东莞华润水泥厂有限公司	180
4.	塔牌集团恒发公司	150
5.	惠州市宝湖建材制造有限公司	100
6.	东莞市东长水泥有限公司	80
7.	东莞市新洲水泥有限公司	80
8.	清远市耀信建材实业有限公司	80
9.	天山珠海粉磨站	80
10.	增城沙埔粉磨站	80
	合计	1 390

四、产能分布

粤中(含广州、佛山、东莞、深圳、中山、江门、珠海)水泥熟料年生产能力3 219万吨，占熟料总生产能力的28.97%；粤西（含肇庆、云浮、阳江、茂名、湛江）水泥熟料年生产能力2 522万吨，占总生产能力的22.69%；粤东（含梅州、河源、惠州、汕头、潮州）水泥熟料年生产能力2 370万吨，占总生产能力的21.33%；粤北（含韶关、清远）水泥熟料生产能力3 002万吨，占总生产能力的27.01%。（见表4表5）

表4 各水泥产区产能分布

地区		水泥熟料生产能力（万吨/年）	占全省总能力比例（%）	新型干法熟料产能（万吨/年）	占全省新型干法总能力比例（%）	新型干法能力占该区域熟料总能力比例（%）
生产能力分布（%）（截止06年8月）	粤东	2 370	21.33	800	22.57	33.76
	粤西	2 522	22.69	682	19.24	27.04
	粤北	3 002	17.01	1 690	47.69	56.30
	粤中	3 219	28.97	372	10.5	11.56
合计		11 113	100	3 544	100	31.89

由表4可看出，粤中（珠江三角洲）地区立窑水泥熟料的产能逐步收缩，新建设的新型干法水泥项目基本上布局在粤北、粤东、粤西三个水泥生产基地，说明珠江三角洲地区的水泥产业正按既定的目标向三个水泥生产基地转移。

表5 各区域水泥粉磨站产能分布

地区		水泥粉磨站生产能力（万吨）	占水泥粉磨站总能力比例（%）
水泥粉磨站能力分布（%）	粤东	660	30.00
	粤西	128	5.82
	粤北	280	12.73
	粤中	1 132	51.45
合计		2 200	100

表5说明了水泥粉磨站布局主要集中在粤中珠江三角洲和高度城市化的地区，符合市场容量大且运距短、市政规划和环保要求严、混合材来源丰富且易得、交通便利、水电等基础设施有保证等要求。同时，对于新建粉磨站项目，其生产能力必须达到100万吨/年及以上；珠三角地区现有的立窑水泥企业改造成粉磨站的，其单机粉磨能力必须达到30万吨/年及以上；鼓励采用先进节能的粉磨技术和设备，如采用辊压机等设备。

通过产业结构调整，水泥工业逐步形成了熟料基地加成品加工的前店后厂经营模式，广东省的水泥产业布局正逐步趋于合理。

五、产品结构

全省所生产的水泥产品以硅酸盐水泥、普通硅酸盐水泥等通用水泥为主，占约95%，同时生产少量的矿渣硅酸盐水泥、火山灰质硅酸盐水泥、砌筑水泥、石灰石水泥等。有少量的特性水泥，如白色硅酸盐水泥、膨胀水泥和少量的专用水泥（如道路硅酸盐水泥）。在通用水泥中，强度等级42.5及以上产品占30%左右，32.5R及以下强度等级产品占约70%。产品较为单一。

六、能源消耗

1、煤耗：全省新型干法旋窑生产线熟料的标准煤耗平均为119千克/吨，其中，日产5 000吨规模预分解窑的标准煤耗为105千克/吨；干法预热器窑熟料的标准煤耗平均为125千克/吨；湿法旋窑熟料的标准煤耗平均为180千克/吨；立窑熟料的标准煤耗平均为145千克/吨，先进机立窑熟料的标准煤耗为110千克/吨。

2、电耗：全省新型干法旋窑生产线的水泥综合电耗平均为108千瓦时/吨。立窑水泥综合电耗平均为80千瓦时/吨，先进机立窑的水泥综合电耗为60千瓦时/吨。

七、环保状况

目前，广州、梅州、江门、清远、佛山等地区的立窑水泥企业已全部装设袋式除尘器进行消烟除尘，其它地区的立窑企业也已陆续装设袋式除尘器，尚有部分企业仍采用静电、水膜、尘降室等除尘，收尘效果较差，难以达到国家粉尘排放标准要求，而旋窑生产线除小型的中空窑外，基本上采用效果较好的除尘设备，但是大多数水泥企业普遍存在粉尘的不规则排放和二次扬尘问题。现场设备的跑、冒、滴、漏现象较多,工厂环境不尽理想。

八、所有制结构

国有体制的水泥企业占总企业数的22.16%,集体企业占36.17%,私营企业占18.56%,合资企业占9.47%,合伙企业占4.73%,股份制企业占3.22%,联营企业占3.03%,租赁、承包经营占2.65%。所有制结构还不够完善,国有和集体控股的水泥企业占总企业数的60%左右,企业的活力不够,难以适应现代大工业发展的需要。

九、企业综合素质

全行业共有十六个品牌的产品获广东省名牌产品称号,分别是塔牌、嘉应、银羊、粤秀、石井、油坑、东润、大鑫山、宁江、南华、金羊、金鹰、广英、油城、金嘉和英洲。建立了"广东塔牌技术中心"和亨达利企业集团的"广东省水泥工程技术研究开发中心"。但企业自主知识产权少,产品科技含量有待提高。

十、水泥生产用资源情况

1、石灰石。各水泥产区石灰石资源分布情况见表6。

表6　各水泥产区石灰石资源分布

地区	粤东	粤西	粤北	粤中	合计
总储量(万吨)	218 492	239 219	295 522	105 158	858 391
占总储量比例(%)	25.45	27.87	34.43	12.25	100
其中已做详查储量(万吨)	108 692	121 783	241 938	90 158	562 571
占详查总储量比例(%)	19.32	21.65	43.01	16.02	100
详查并上表储量(万吨)	64 092	46 902	78 605	78 176	267 775
占上表总储量比例(%)	23.94	17.52	29.35	29.19	100
已做普查储量(万吨)	109 800	117 436	53 584	15 000	295 820
占普查总储量比例(%)	37.12	39.70	18.11	5.07	100

表6反映出,三大水泥产区的主要资源石灰石相对较为丰富,此三大板块的水泥产能占全省的70%,却拥有全省近90%的石灰石资源,且资源的勘探、开采规划等工作深度较高,特别是粤北地区,其资源的详查储量已占该程度总储量的43%。

2、燃煤。

广东省水泥生产用燃煤,每年约需1 500万吨,100%靠外省供应。

(1)烟煤。年用量约300万吨,主要由山西、陕西、河南、贵州等地供应,到厂价550~580元/吨;

(2)无烟煤。年用量约1 200万吨,主要由湖南、贵州、江西、福建、越南等地供应,到厂价400~450元/吨。

3、混合材。

广东省水泥生产用混合材的种类依次为粉煤灰、矿渣、煤渣、烧煤矸石、烧页岩、烧粘土、石灰石、火山灰、沸石岩等,年总用量约1 000万吨。

记　事

2003年

6月15日　广东塔牌集团有限公司日产5 000吨熟料新型干法水泥生产线投产,是广东省当时最大的水泥生产线。

10月25日　中央政治局委员、广东省委书记张德江到广东亨达利水泥厂有限公司考察。

12月17~18日　召开广东省水泥行业发展高峰研讨会,加快了广东省水泥产业结构调整的步伐。中国水泥协会会长雷前治和广东省经贸委肖学优助理巡事员参加了本次会议。

2004年

3月31日　截止到31日东莞市第一批共有34家立窑水泥企业通过政府强制和经济补偿的方式一次性地彻底关闭拆除。

4月2日　广东省省长黄华华到广东亨达利水泥厂有限公司考察。

9月17日　广东塔牌集团有限公司跨区域发展的两条日产5 000吨熟料新型干法水泥生产线在惠州市龙门县签约。

12月1日　为了进一步巩固水泥行业宏观调控和落实工业竞争力研究的成果,以科学发展观为指导,加快广东省水泥工业结构调整与支持大企业技术改造,促进水泥工业协调发展,由广东省经贸委组织召开的"广东省水泥工业结构调整与发展座谈会"在清远英德市举行。省经贸委副主任罗坚生在会议上做了主题报告。

2005年

3月4日　广东省水泥工业协会组织了有全省30多家

大中型水泥企业领导及水泥业内的专家、学者参加的座谈会。提出来(1)加强产业政策实施力度;(2)减慢水泥产业投资发展速度;(3)推行“和谐协调发展”规划的建议。由此形成专题报告分别向政府各相关部门反映情况。

3月　广东水泥企业界组织了两批共48人前往台湾考察了台泥和平水泥厂。

4月2日　广州水泥厂环保迁建项目—广州越堡水泥有限公司全线引进日产6 000吨新型干法窑生产线点火投产。

4~6月　为进一步了解全省新型干法水泥发展情况,及时发现在水泥工业结构调整中存在的问题和困难,省经贸委组织了对省内尤其是粤北、粤东、粤西三个水泥基地的新型干法水泥项目的建设进展情况进行了调研。为省制订相关产业政策提供了依据。

8月　由省安全生产监督管理局部署,广东省水泥工业协会为技术依托的“水泥生产、经营企业安全生产规范化管理评估”工作开始在省内铺开。

8月　《广东水泥》杂志扩版改版为《水泥与混凝土》。

9月8~11日　“第九届全国水泥和混凝土化学及应用技术会议”在广州召开。全国近400名水泥和混凝土界科学家、学者、企业家与会,汇集发表论文193篇。

1~12月　英德海螺日产5 000吨3#、4#、5#新型干法线建成投产。台资环球日产3 000吨新型干法线建成投产。郁南粤鹰、英德广英、韶关昌泥、广东塔牌各投产一条日产2 500吨新型干法生产线。

广西水泥协会

【概况】2001年,广西统计规模以上水泥企业201家,总资产102.70亿元,固定资产净值平均余额60.04亿元。全年实现工业总产值37.02亿元,同比下降7.72%;销售收入35.03亿元,同比下降7.84%;工业增加值7.95亿元,同比下降8.55%;利润总额-1.48亿元,同比亏损额减少24.13%;税金总额2.68亿,同比下降22.72%;亏损企业数136家,同比增长3.82%;亏损面67.66%,同比增长1.74%;亏损企业亏损额1.82亿元,同比减少21.39%。

2001年,水泥产量2 140.5万吨,同比下降2.0%;完成散装水泥供应量358.26万吨,同比增长12.29%;水泥散装率16.73%,同比增长2.22%。

根据《自治区人民政府办公厅关于转发自治区经贸委2001年广西工业经济总量调控和淘汰落后工作方案的通知》(桂政办发[2001]82号)精神,积极推进淘汰小水泥厂工作,2001年关闭淘汰47条小水泥生产线,共淘汰水泥生产能力173.4万吨。

加快新型干法水泥发展,提高广西水泥行业技术和装备水平。广西鱼峰水泥股份有限公司采用新型干法水泥技术改造三台湿法窑建设一条日产2 500吨熟料新型干法生产线,该项目总投资1.40亿元,于2001年12月31日竣工投产。2001年,广西东泥股份有限公司日产1 000吨熟料、广西河池化工(集团)建筑材料股份合作有限公司日产1 000吨熟料新型干法水泥生产线开工建设。新型干法水泥建设步伐不断加快,为广西水泥工业发展增添后劲。广西新型干法水泥生产能力由2000年180万吨提高到2001年250万吨,新型干法水泥生产能力占总生产能力的比重由2000年的4.2%提高到2001年的6.1%。

华润机械五矿(集团)有限公司(2003年7月改制为华润水泥控股有限公司)重组广西红水河水泥股份有限公司,成立控股公司广西华润红水河水泥有限公司。新公司成立后计划投资2.38亿元,建设一条日产2 500吨熟料新型干法生产线。华润水泥的进入,标志大集团开始投资广西水泥行业。

广西水泥企业积极利用粉煤灰、煤矸石、硫铁渣、矿渣、脱硫石膏、磷石膏等工业废渣,推动循环经济发展。2001年,36家水泥企业具有资源综合利用认定资格,综合利用资源量(即利用工业废渣等)114.22万吨,享受免税总额7 333万元。

通过开发新产品来优化产品结构。广西鱼峰水泥股份有限公司、广西华润红水河水泥有限公司、广西东泥股份有限公司为适应建设龙滩水电站及百色水利枢纽等工程的需求,开发了水泥新品种525中热硅酸盐水泥;广西鱼峰水泥股份有限公司还开发了525道路硅酸盐水泥以满足广东省的机场建设需要。

在保护环境,治理“三废”的实践中,广西华宏水泥股份有限公司取得的成绩非常突出,先后对5台机立窑采用高效布袋除尘器技术进行了治理,使机立窑的粉尘排放浓度达到国家标准,并通过了环保部门的监测,成为行业的先进典型。

2001年按照中国水泥房建材料产品质量认证中心关于《2001年度水泥产品质量认证监督审核工作计划》的要求,在国家水泥认证中心的监督指导下,对广西43家申请认证企业实施了监督审核。到2001年底,已经获准中国水泥房建材料产品认证中心认证的水泥企业共有51家,比2000年新增8家,认证产品产量为952.32万吨,占全区水泥产量的43.33%。

2001年广西在水泥质量监督检查中共检查了244家企业,企业受检率达81.33%。通过检查督促,保持了广西水泥质量在全国的领先地位。统计汇总表明,共有6项质量指标比上年有所提高。鱼峰水泥股份有限公司、广西华宏水泥股份有限公司获得了2000年度全区质量监督检查先进奖项。广西鱼峰水泥股份有限公司鱼峰牌42.5强度等级普通硅酸盐水泥被评为自治区名牌产品,北流市第二水泥厂独石牌42.5强度等级普通硅酸盐水泥等11个产品被评为自治区优质产品。

2002年,广西统计规模以上水泥企业204家,总资产109.09亿元,固定资产净值平均余额58.31亿元。全年实现工业总产值40.55亿元,同比增长8.82%;销售收入37.98亿元,同比增长7.10%;工业增加值8.27亿元,同比增长9.34%;利润总额-1.89亿元,同比亏损额减少0.77%;税金总额3.22亿,同比增长6.8%;亏损企业数150家,同比增长13.64%;亏损面73.53%,同比增长12.52%;亏损企业亏损额2.43亿元,同比增长8.18%.

2002年,水泥产量2 401.2万吨,同比增长11.7%;完成散装水泥供应量459.56万吨,同比增长28.3%;水泥散装率19.1%,同比增长2.4%。

2002年,《自治区人民政府办公厅关于印发加快全区水泥产业结构调整若干意见的通知》(桂政办发[2002]130号)的实施,加快立窑水泥生产线、湿法窑水泥生产线、干法中空窑水泥生产线的淘汰,新型干法水泥生产线建设步伐不断加快,促进水泥工业健康发展。广西华润红水河水泥有限公司日产2 500吨熟料新型干法生产线开工建设,广西东泥股份有限公司日产1 000吨熟料、广西河池化工(集团)建筑材料股份合作有限公司日产1 000吨熟料新型干法水泥生产线竣工投产。广西新型干法水泥生产能力由2001年250万吨提高到2002年285万吨,新型干法水泥生产能力占总生产能力的比重由2001年的6.1%提高到2002年的6.8%。

广西水泥企业积极利用粉煤灰、煤矸石、硫铁渣、矿渣、脱硫石膏、磷石膏等工业废渣,推动循环经济发展。2002年,40家水泥企业具有资源综合利用认定资格,综合利用资源量(即利用工业废渣等)216.86万吨,享受免税总额7 200万元。

2002年广西鱼峰水泥股份有限公司鱼峰牌42.5硅酸盐水泥等3个产品被评为广西名牌产品,玉林市北流水泥厂圭江牌42.5普通硅酸盐水泥等19个产品被评为广西优质产品。

广西水泥生产企业数量多、规模小,生产集中度低是制约水泥工业健康发展的重要因素,直接导致广西水泥市场恶性竞争激烈,市场秩序混乱,行业整体亏损等严重后果。经多方努力这种局面开始改观,广西东泥股份有限公司先后采取兼并、租赁等方式控制了百林水泥股份合作公司、田阳红岭坡水泥厂、田阳县水泥厂、田阳县第二水泥厂等水泥企业,生产总量达120多万吨,成为百色地区区域性水泥集团,基本控制了当地市场取得较好的经济效益,盈利逐年大幅提升。桂平市中顺水泥有限公司也采取相同方式,控制了玉林中顺水泥有限公司(原皇龙公司)、梧州市桂林水泥股份有限公司、桂平市蒙圩水泥厂,形成为具有145万吨生产能力的大企业。

2003年,广西统计规模以上水泥企业204家,总资产99.62亿元,固定资产净值平均余额58.57亿元。全年实现工业总产值46.18亿元,同比增长12.97%;销售收入45.77亿元,同比增长19.04%;工业增加值7.27亿元,同比增长13.65%;利润总额0.17亿元,同比扭亏为盈;税金总额3.97亿元,同比增长26.25%;亏损企业数102家,同比减少31.54%;亏损面50.0%,同比减少31.88%;亏损企业亏损额1.22亿元,同比减少38.21%.

2003年,水泥产量2 665万吨,同比增长11%;完成散装水泥供应量640万吨,同比增长23.0%;水泥散装率25.75%,同比增长6.7%。

在结构调整方面:加大招商引资力度,加快新型干法水泥发展,提高水泥行业集中度。重点实施西江沿岸水泥工业基地和桂林-柳州-南宁等铁路沿线水泥工业基地的建设,倡导发展建设日产4 000吨及以上熟料新型干法水泥生产线。继华润水泥之后,安徽海螺集团也来投资广西水泥行业。2003年,广西平南华润鱼峰水泥有限公司日产5 000吨熟料、广西桂林海螺水泥有限责任公司日产5 000吨熟料新型干法水泥生产线开工建设,广西华润红水河水泥有限公司日产2 500吨熟料新型干法生产线竣工投产。广西新型干法水泥生产能力由2002年285万吨提高到2003年440万吨,新型干法水泥生产能力占总生产能力的比重由2002年的6.8%提高到2003年的10.0%。

广西水泥企业积极利用粉煤灰、煤矸石、硫铁渣、矿渣、脱硫石膏、磷石膏等工业废渣,推动循环经济发展。2003年,38家水泥企业具有资源综合利用认定资格,综合利用资源量(即利用工业废渣等)217.83万吨,享受免税总额7 892万元。

2004年,广西统计规模以上水泥企业217家,总资产107.27亿元,固定资产净值平均余额62.32亿元。全年实现工业总产值55.20亿元,同比增长17.92%;销售收入53.21亿元,同比增长14.15%;工业增加值17.64亿元,同比增长9.58%;利润总额1.01亿元,同比扭亏为盈;利税总额5.59亿元,同比增长41.8%;亏损企业数92家,同比减少12.38%;亏损面42.4%,同比减少16.81%;亏损企业亏损额1.13亿元,同比减少22.01%.

2004年,水泥产量2 780万吨,同比增长4.32%;完成散装水泥供应量791万吨,同比增长23.6%;水泥散装率

30.44%，同比增长4.7%。

广西水泥行业良好的发展前景吸引了华润水泥、安徽海螺集团的投资热潮，华润水泥、安徽海螺集团加快在广西的布局。华润水泥控股有限公司在宾阳县、平南县、贵港市、南宁市等地拥有及计划建设新型干法水泥生产线，安徽海螺集团也在兴安县、兴业县、扶绥县、北流市等地拥有及计划建设新型干法水泥生产线。2004年，广西新开工建设五条日产5 000吨熟料新型干法生产线和一条日产2 000吨熟料新型干法生产线，建成二条日产5 000吨熟料新型干法生产线。广西新型干法水泥生产能力由2003年440万吨提高到2004年850万吨，新型干法水泥生产能力占总生产能力的比重由2003年的10.0%提高到2004年的18.2%。

广西水泥企业积极利用粉煤灰、煤矸石、硫铁渣、矿渣、脱硫石膏、磷石膏等工业废渣，推动循环经济发展。2004年，31家水泥企业具有资源综合利用认定资格，综合利用资源量（即利用工业废渣等）194.81万吨，享受免税总额7 342万元。

2005年，广西统计规模以上水泥企业244家，总资产137.22亿元，固定资产净值平均余额82.39亿元。全年实现工业总产值71.94亿元，同比增长22.54%；销售收入67.50亿元，同比增长20.74%；工业增加值21.22亿元，同比增长19.77%；利润总额0.52亿元，同比下降49.2%；利税总额6.02亿元，同比增长2.22%；亏损企业数133家，同比增长25.47%；亏损面54.51%，同比增长22.38%；亏损企业亏损额1.59亿元，同比增长27.44%.

2005年，水泥产量3 306万吨，同比增长18.92%；完成散装水泥供应量973.22万吨，同比增长23.0%；水泥散装率30.63%，同比增长0.62%。

2005年，广西新开工建设二条日产5 000吨熟料、一条日产3 200吨熟料、一条日产2 500吨熟料新型干法水泥生产线，建成三条日产5 000吨熟料、一条日产2 000吨熟料新型干法水泥生产线。台泥（贵港）水泥有限公司年产900万吨水泥项目在2005年10月21日第二届南博会上成功签约，项目总投资35亿元人民币，建设四条日产6 000吨熟料新型干法附余热补燃发电的水泥生产线。台泥的进入，广西将形成华润、海螺、台泥三强鼎立的格局。广西新型干法水泥生产能力由2004年850万吨提高到2005年1 400万吨，新型干法水泥生产能力占总生产能力的比重由2004年的18.2%提高到2005年的26.2%。

广西水泥企业积极利用粉煤灰、煤矸石、硫铁渣、矿渣、脱硫石膏、磷石膏等工业废渣，推动循环经济发展。2005年，34家水泥企业具有资源综合利用认定资格，综合利用资源量（即利用工业废渣等）193.12万吨，享受免税总额6 511万元。

2005年，广西华润红水河水泥有限公司42.5R、42.5普通硅酸盐水泥等7家水泥企业10种产品被评为广西名牌产品。

记事

2001年

6月2日　《自治区人民政府办公厅关于转发自治区经贸委2001年广西工业经济总量调控和淘汰落后工作方案的通知》（桂政办发[2001]82号）实施，2001年关闭淘汰47条小水泥生产线，共淘汰水泥生产能力173.4万吨。

11月1～2日　广西水泥工作会议在南宁市召开。会议总结了2001年广西水泥行业的质量管理、产品认证及执行新标准等有关工作，传达全国水泥生产许可证工作会议精神，布置下一步工作，通报表彰2000年度水泥质量先进单位。

12月24日　广西华润红水河水泥有限公司成立，注册资本为20 000万元，其中华润机械五矿（集团）有限公司（2003年7月改制为华润水泥控股有限公司）以现金方式出资14 000万元，占70%股份；广西红水河水泥股份有限公司以生产经营性净资产出资6 000万元，占30%股份。

12月31日　广西鱼峰水泥股份有限公司日产2 500吨熟料新型干法水泥生产线竣工投产，该项目总投资1.40亿元。

2002年

8月19日　《自治区人民政府办公厅关于印发加快全区水泥产业结构调整若干意见的通知》（桂政办发[2002]130号）实施，加快立窑水泥生产线、湿法水泥生产线、干法中空窑水泥生产线的淘汰，新型干法水泥生产线建设步伐不断加快，促进水泥工业健康发展。

11月5～6日　广西水泥工作会议在南宁市召开。会议总结了广西水泥行业的质量管理、产品认证及生产许可证换（发）证等有关工作，并就广西区水泥工业发展的若干问题作报告，布置下一步的工作，表彰2001年度水泥质量先进单位。

11月18日　广西东泥股份有限公司日产1 000吨熟料新型干法水泥生产线竣工投产，该项目总投资1.48亿元。

2月28日　广西河池化工（集团）建筑材料股份合作有限公司日产1 000吨熟料新型干法水泥生产线竣工投产，该项目总投资2.11亿元。

2003年

6月16日　《广西壮族自治区人民政府关于修改〈广西壮族自治区散装水泥管理规定〉的决定》（广西壮族自治区人民政府令2003年第1号）发布，自2003年8月1日起施行。这使区散装水泥工作进入了依法兴散的轨道，促进了区散装水泥持续、健康、有序的发展。

7月10日　广西华润红水河水泥有限公司日产2 500吨熟料新型干法水泥生产线竣工投产，该项目总投资2.38亿元。

10月22～23日　广西水泥工作会议在南宁市召开。会议总结了广西水泥行业在质量管理、产品认证及生产许可证审查等方面的工作，并就广西水泥工业发展状况作报告，布置2004年质量监督、化验室评审考核等工作，表彰年度水泥质量先进单位。

12月9日　香港华润集团旗下华润水泥控股有限公司与广西贵港市覃塘区政府就华润水泥贵港市年产360万吨水泥项目合作协议，在广西壮族自治区南宋市举行了签约仪式。华润水泥贵港年产360万吨水泥项目为2条日产水泥熟料5 000吨新型干法水泥生产线，由华润水泥控股有限公司独资兴建。该项目分两期实施，第一期计划于2004年第二季度正式动工，第二期计划于2004年年底动工。

2004年

5月28日　原广西建材行业管理办公室撤消，建材行业管理职能正式划归广西壮族自治区经济委员会。

7月16日　广西鱼峰蓝天发电有限公司纯低温废气余热发电工程竣工投产，开始并网发电。该工程利用广西鱼峰水泥股份有限公司日产3 200吨熟料新型干法水泥生产线排放的中、低温废气进行余热发电。建设装机规模为5 700千瓦，设计年发电量为4 200万千瓦时，年供电量3 800万千瓦时。该工程的主机设备由日本赠送，价值约2 255.76万元。其他辅助设备、配套设施由广西鱼峰集团公司负责，配套资金3 000万元。

7月29日　广西桂林海螺水泥有限责任公司日产5 000吨熟料新型干法水泥生产线竣工投产，该项目总投资6.3亿元。

10月18日　广西平南华润鱼峰水泥有限公司日产5 000吨熟料新型干法水泥生产线竣工投产，该项目总投资6.6亿元。

2005年

1月17～18日　广西水泥工作会议在南宁市召开。会议对加快水泥工业结构调整、2005年广西水泥质量监督检查、广西水泥企业化验室评审考核等工作做了具体安排，会上表彰2004年广西水泥质量监督检查先进单位。

3月4日　广西西普南雁水泥有限公司日产2 000吨熟料新型干法水泥生产线竣工投产，该项目总投资1.85亿元。

7月11日　兴业葵阳海螺水泥有限责任公司日产5 000吨熟料新型干法水泥生产线竣工投产，该项目总投资7亿元。

8月22日　扶绥新宁海螺水泥有限责任公司日产5 000吨熟料新型干法水泥生产线竣工投产，该项目总投资7亿元。

10月21日　台泥（贵港）水泥有限公司总投资35亿元年产900万吨水泥项目在南宁市签约，标志台湾水泥股份有限公司重资投入广西水泥工业。

12月29日　华润水泥（贵港）有限公司日产5 000吨熟料新型干法水泥生产线竣工投产，该项目总投资7.0亿元。

海南省建材工业协会

【概况】2001年全省水泥产量313万吨。

2002年全省水泥产量达347万吨，比2001年增长了近10%。产品结构由立窑向旋窑发展。全省已建成日产熟料2 000吨的旋窑生产线1条，利用旋窑熟料生产水泥的粉磨站1个，合计年产旋窑水泥120万吨，占全省水泥产量的三分之一。

由于采取租赁经营、委托经营、承包经营、债转股、买断等多种灵活经营方式帮企业解困。原先被列为国家经贸委扭亏增盈的3家水泥厂均不同程度地达到了预期目的。

2002年，东方双吉水泥厂和儋州三鑫水泥厂合并为海南省双吉水泥集团公司。由三亚天涯水泥厂的老厂、新厂及保亭水泥厂组建了华盛集团公司。由于组建集团化水泥公司增强了企业抗风险能力。

省散装办积极落实《海南省散装水泥管理办法》，全省水泥的散装率约占20%，比往年有所提高。

2002年海南省水泥行业主要经济指标

指标名称	水泥（万元）
指标名称	水泥（万元）
工业总产值（不变价）	50 750
工业总产值（变价）	77 000
产品销售率（%）	100
销售值	7 700
利润值	679

2003年全省生产水泥398万吨。已建成日产熟料2 000吨的旋窑生产线一条,利用旋窑熟料生产水泥的粉磨站二个。始建于1958年的叉河水泥厂,为海南省的早期建设立下了不可磨灭的功绩。但是由于近些年市场的严酷竞争,加之老企业面临设备老化、富余人员多的弊端,企业长期处于半停产状态,资产已经被债权银行查封,省国资委、省发改厅作了大量的工作,争取国家的支持,列入国务院政策破产企业,将有效资产进行拍卖,省政府支持了2 900万元,安置了职工,保持职工的基本生活,维持社会安定。

省散装办积极落实《海南省散装水泥管理办法》,全省水泥的散装率持续攀高已占到了总水泥销量的30%。

2004年水泥企业有21家,2004年全省水泥产量达425万吨,比2003年增长了6.8%,价格大幅上扬,同品种、同强度等级的水泥价格均增长约50~80元/吨。

2004年海南省水泥行业主要经济指标(万元)

工业总产值(不变价)	工业总产值(变价)	产品销售率	销售值	利润值
92 150	169 750	100	169 750	29 100

2005年水泥生产新增产能300万吨,主要是“华盛”200万吨水泥(日产5 000吨水泥熟料一条)和“国投”100万吨水泥(日产水泥熟料2 500吨一条),分别于2005年8月和12月投产,新产能300万吨,2005年净增水泥40万吨,全省水泥实际产量446万吨,比上年的425万吨增长4.94%。与此同时,一些小水泥厂停产关闭,水泥结构趋向合理,大水泥比例超过70%。

海南水泥业经过几年的重组整合,形成了以华盛天涯水泥集团(包括4家水泥厂产能300万吨)、国投水泥集团(产能200万吨)、双吉水泥集团(包括2家水泥厂产能80万吨)为主导的水泥大集团格局,同时儋州大宝水泥厂、儋州八一水泥厂由国有改制成民营,特别是儋州八一水泥厂由国有改制成股份合作制后,激活了机制,激发了广大职工的积极性,当年产量比上一年增长50%,职工收入也大大增加。另外老国有企业叉河水泥厂,在省政府的关心和支持下,顺利完成了破产改制工作,职工得到安置。

2005年内建材协会和省质量技术监督局有关部门联合,依据《水泥生产企业化验室验收条例》,对全省21家水泥生产企业换(发)化验室合格证。省建材工业协会组织全省21家水泥生产企业的化验室主任,针对水泥生产的节能降耗、配方新技术,邀请武汉工业大学教授授课,取得较好效果;地方政府更加注重建材行业的绿色发展道路,鼓励大型水泥企业向散装和商品砼产业发展,伸长产业链,2005年,批准建设了6家商品砼生产企业。

记 事

2001年4月1日 海南省所有水泥企业统一实行ISO检验。

2002年5月 海南儋州市宝强实业有限公司生产的“大宝”牌绿色环保水泥获国家级质量认证证书。

2002年8月2日 海南省经贸厅、国土环境资源厅联合发出通知,确定三亚华盛天涯水泥有限公司和海洋石油富岛股份有限公司为省首批清洁生产示范企业。

2003年12月7日 海南华盛天涯水泥有限公司日产熟料5 000吨项目立项。并被确定为2004年海南省重点工程项目。

2004年3月15日 海南华盛天涯水泥有限公司日产熟料5 000吨项目正式开工建设。

2004年11月 海南国投水泥有限公司日产熟料2 000吨生产线扩建立项。

2005年8月 海南华盛天涯水泥有限公司日产5 000吨熟料生产线投产。

2005年12月 海南国投水泥有限公司日产2 500吨熟料生产线投产。

重庆市水泥协会

【概况】重庆水泥厂于1935年开工,1937年10月投产。重庆是我国水泥工业发展较早的地区之一。特别是近20年来,重庆水泥工业的发展大致分为三个阶段:1986~1995年(“七五”、“八五”期间)以立窑工艺为主的缓慢发展期;1996~2000年(“九五”期间)以各种窑型工艺并进和淘汰落后的快速发展期;2001~2005年(“十五”期间)以新型干法工艺为主,现代机立窑为辅迈向调整结构和淘汰落后的健康发展期。

2000年末（“九五”末），水泥企业（有证）174户，生产能力2 148万吨，户均产能12.35万吨；水泥产量1 410万吨，户均产量8.1万吨。仅有1条日产2 000吨新型干法水泥熟料生产线；产能和产量达到和超过100万吨的企业仅有原江津水泥厂、原腾辉特种水泥有限公司、重庆富丰水泥公司等三个企业。经过“十五”期间的努力，2005年末，水泥企业151户（以同一法人按一个企业计算134户），比“九五”期间减少23户；生产能力3 670万吨，户均产能24.30万吨；水泥产量2 226万吨，户均产量14.74万吨，产能和产量分别比“九五”增长70.86%和57.87%。

2001年全市水泥产量1 699万吨，比上年增长20.5%。取缔、关闭、淘汰落后水泥企业124家（包括主城区因环保关停产9家），126条生产线，淘汰落后水泥生产能力328.7万吨/年。

2002年生产水泥1750万吨，同比增长3.00%。全市进一步淘汰小水泥生产线9条，淘汰落后的生产能力82.4万吨。截止到2002年底，全市累计关闭小水泥企业60户，淘汰落后的生产能力近280万吨。旋窑水泥产量2002年达到450万吨，其中新型窑外分解窑水泥的设计生产能力将达到130万吨。较上年增长近一倍。重庆腾辉水泥集团公司的水泥产量突破300万吨。

2002年是全国水泥生产许可证第三次换发证年。为搞好换发证工作，重庆市企业积极参加全国组织的水泥生产许可证的换发证培训，主动配合市技监局对全市的水泥生产许可证的换发证工作，从培训、审查分部的组建、审核组的组成、审查工作的开展、相关技术及政策的处理从行业的实际出发提出建议和意见。有21户地处三峡库区及贫困山区的水泥企业，按国家经贸委[1999]715号文要求属于关闭淘汰企业，但据当地政府反映，这类企业均是当地财税收入的大户，也是地方工业经济的支柱，重庆市组织专门人员赴21户企业现场考察并将考察情况专题汇报国家经贸委，请示将21户水泥企业暂不列入淘汰对象。国家经贸委派人到重庆进行核实，使这21户企业取得合法生产地位。2002年底有137户企业通过水泥生产许可证现场审查，占申报企业的81%。

2003年重庆水泥产量2 038万吨，同比增长16.5%。

2004年按照重庆市委市府二届五次全会提出的“加快推进重庆市新型工业化的决定”的要求，认真贯彻落实国家的宏观调控政策，加快全市建材行业的结构调整，推进建材工业新型工业化建设的步伐，提高行业管理的水平，进一步作好行业服务。

2004年重庆市生产水泥1 995万吨，同比增长-2.1%。

2005年，重庆市水泥产量2 226万吨，同比增长11.6%。

重庆水泥工业的现状：一个龙头、四个方面军：一个龙头，以重庆拉法基瑞安水泥公司领衔的龙头企业，水泥产能达880万吨，占全市水泥产能的24%；四个方面军：一是重庆的优势立窑企业以重庆小南海水泥厂、重庆富皇水泥公司、重庆富丰水泥公司、重庆润江水泥集团等企业为代表，与新型干法接轨发展新型干法水泥；二是从事房地产跨行业的以重庆天助水泥公司、重庆茂田实业水泥公司、重庆金江水泥有限公司、重庆金九水泥公司等企业为代表，发展新型干法水泥；三是招商引资，重庆市外企业以重庆万州科华水泥有限公司、重庆綦江科华水泥有限公司、重庆巨立科技集团等企业为代表发展新型干法水泥；四是重庆众多的中小企业为主的立窑企业，占重庆市水泥产能的60.22%。

重庆水泥工业进入新世纪以后，在国家水泥工业产业政策和加强改善宏观调控的大环境中，国有、集体企业改革步伐加快，投资体制、产权体制的改革，强强联合，发展企业集团，取得重大突破，从而促进了生产力的发展、行业技术进步和产业升级。

重庆腾辉集团为重庆水泥工业做大做强做出了不可磨灭的突出贡献。2001年组建了重庆腾辉水泥集团公司，并由香港罗保公司投资集团董事、经理、腾辉工业投资有限公司董事长董瑞葆先生出任集团董事长兼总裁，2001年8月腾辉集团出资（占80%的股份）与重庆地维水泥有限公司合资组建了重庆腾辉地维水泥公司，同年12月，重庆腾辉地维水泥公司专用长江大桥（投资1亿元左右）开工兴建，开创了中国企业在滔滔长江上修建大桥的历史先河；2003年3月重庆腾辉集团全额收购重庆涪陵水泥总厂，组建了腾辉涪陵水泥有限公司，从当年起，又分别在地维公司、腾辉特种水泥公司先后投资4.5亿元左右，建成了日产2 500吨和日产3 200吨两条新型干法生产线，到2004年，重庆腾辉集团跻身全国十大水泥集团，到2005年底，重庆腾辉集团水泥生产能力到达640万吨，雄踞中国西部榜首。

2002年6月，经过5年的艰苦谈判，世界500强企业之一的法国拉法基水泥公司与重庆水泥厂正式签订合资合营协议（拉法基占71%的股份）。2003年6月5日，重庆拉法基水泥有限公司正式成立，并先后由卢亮、李正株任经理。2004年2月11日，投资3.3亿元人民币开工建设日产2 500吨新型干法水泥生产线，2005年5月建成投产，使重庆拉法基水泥公司生产能力达到了180万吨。2005年8月11日，拉法基水泥公司在北京宣布：法国拉法基与香港瑞安建业公司合资，组建重庆拉法基瑞安水泥公司，重庆拉法基瑞安水泥公司的成立，重庆水泥企业强强联合，标志着重庆水泥企业的“航母”正式启航。

重庆水泥工业经过“十五”的改革发展和贯彻国家“控制总量、调整结构、淘汰落后、保护环境”的产业政策，企业组织结构和产权结构发生了重大变化。2005年底，重庆市水泥企业由2000年的174户减少到151户：其中国有8户、集体26户、股份制48户、合资9户、民营60户。

经过2001～2005年的发展，重庆水泥工业发生了深刻变化：

1. 新型干法水泥发展进入快车道。"十五"期间重庆市有15条("九五"期间重庆只有1条)新型干法水泥生产线建成和技改线投产;2005年底,重庆市共有16条新型干法水泥生产线,其年生产能力达1 150万吨,占全市水泥总产能力的31.34%,超过国家《水泥行业"十五"规划》发展目标7个百分点。

已建成的新型干法水泥生产线呈4大特点:投资主体实现了多元化;资本金比例不断提高,一般在40%以上;建设规模符合国家宏观调控政策;发展不平衡,有50%左右的生产线集中在渝西经济走廊。

在大力发展新型干法水泥的同时,积极引导20万吨及以上的机立窑企业利用20项先进适用技术进行节能降耗环保技改。部分机立窑企业欲与新型干法水泥长期共存,已达到现代先进立窑标准,吨水泥综合能耗比较低,污染物排放量基本达到国家标准;重庆腾辉水泥公司、重庆小南海水泥厂、重庆富皇水泥公司、重庆富丰水泥公司、重庆润江水泥公司等优势立窑企业利用场地和市场资源等优势,发展新型干法水泥,在调整技术结构、产品结构上迈出了可喜步伐;部分立窑企业认真研究市场,及时主动关停并转,为求生存而另辟新路。2005年,运用市场机制淘汰落后水泥生产工艺线机立窑9台、湿法窑3台、干法中空窑3台、预热器窑2台,淘汰水泥生产能力195万吨;关停企业7户,减少产能80万吨。

2. 大型企业迅速成长。年生产能力超过100万吨的企业9户("十五"期间新增6户),它们是:重庆拉法基瑞安水泥公司、重庆小南海水泥厂、重庆富皇水泥公司、重庆富丰水泥公司、重庆天助水泥公司、重庆润江水泥公司、重庆綦江科华水泥公司、重庆巨立科技集团公司、重庆万州科华水泥公司,其产能占重庆市总产能的48%,提高了重庆水泥产能集中度。水泥生产能力超过100万吨的区、县(自治县、市)达12个,年产能达2 555万吨,占全市总产能的67.4%。他们分别是:江津565万吨,合川408万吨,涪陵233万吨,南岸170万吨,长寿175万吨,南川162万吨,万州159万吨,大渡口152万吨,沙坪坝148万吨,北碚140万吨,綦江116万吨,璧山127万吨。

重庆水泥工业虽然在"十五"期间调整结构取得了重大突破,但存在的问题也十分明显:

1. 产业结构不合理。主要表现为"四个不合理":

(1)企业规模结构不合理,水泥企业数量多,规模小,劳动生产率低,在全市151户水泥企业中,年产20万吨以下的企业95户占62.9%,企业平均规模仅24.3万吨/年。

(2)工艺技术结构不合理。2005年底,各种生产工艺窑型258台,其中:机立窑225台,占87.2%;新型干法窑外分解窑16台,占6.2%;干法中空窑7台,占2.7%;湿法窑8台,占3.1%;预热器窑2台,占0.8%。

(3)区域布局结构不合理。重庆市的都市经济圈和渝西经济圈水泥产能过大,占全市水泥总产能的21%和42.6%,而重庆广大的生态经济圈水泥产能仅占36.4%。

(4)"袋装散装"结构不合理。袋装水泥多,散装水泥少,在全国处于后列。2005年底,全市水泥产量2 226万吨,而散装水泥产量为563.2148万吨,散装率仅为25.3%。

2. 环境污染比较严重。重庆水泥立窑、湿法窑、预热器窑、中空窑等生产线占93.8%%,年产10万吨及以下的小水泥企业占53.2%,对扬尘点多、粉尘排放量大的立窑企业,粉尘污染物治理投资不足,管理不到位,难以达到国家规定的污染物排放标准。回转窑生产线,除新建的收尘效果好外,一般收尘效果不高,因而造成粉尘污染。

3. 淘汰落后通道不畅。按照国家有关规定,重庆市在1998年至2001年应淘汰落后水泥生产能力546万吨,但是,重庆市实际上是2005年才完成淘汰任务。"十五"期间,由于受需求拉动,利益驱动,不少水泥企业盲目扩径和扩建,低水平重复建设禁而不止。2001年至2005年的5年时间里,全市水泥产能净增1 522万吨,其中新型干法水泥产能净增1150万吨,其他落后工艺生产能力净增372万吨,产能叠加增长,加剧了产能过剩和结构性矛盾。

4. 煤、电、油、运瓶颈难解。

5. 无序竞争效益低下。重庆水泥总生产能力过剩,企业数量多,且分布散,自律难,无序竞争,相互杀价,赊销、垫资成为市场竞争的"法宝"。水泥企业生产成本比1992年增长了1.5倍左右。而重庆市水泥市场价格却比1992年国家指导价还低10%左右。2005年,重庆市全行业规模以上水泥企业实现利润仅1 983万元,同比下降70%。全行业无利和亏损企业占有相当大的比例。

重庆市水泥行业"十五"期间
荣获先进集体和先进个人的名单

2002年重庆腾辉水泥集团公司总裁、董事长、总经理董瑞葆经重庆广大市民投票评选,成为重庆市委、市府设立的全市最高综合性的"振兴重庆争光贡献奖"10位获奖者之一。

2003年由国家统计局和中国建材工业协会共同发布了2003年中国建材100强企业名单,重庆腾辉地维水泥公司、重庆富丰水泥集团公司榜上有名。

2004年重庆腾辉地维水泥公司车间主任郑明坤是重庆市水泥行业惟一的"全国建材行业劳动模范"称号获得者。

2005年12月16日重庆巨立科技集团董事长范建明被重庆市授予第五届"重庆市十大杰出青年企业家"荣誉称号。

2005年度重庆市公布了50家民营企业先进单位,重庆市富丰水泥集团公司、重庆市富皇水泥集团公司、重庆市参天水泥有限公司榜上有名。

记 事

2001 年

10 月 18 日　腾辉地维水泥公司正式成立开始运作。

10 月 31～11 月 3 日　首届川渝水泥科技交流会在重庆市渝北两路召开。与会代表 180 余人。重庆市水泥协会会长周国隆致欢迎词，开幕式由四川省水泥科技情报网刘光前主持并答疑，经验交流由重庆市水泥协会副会长张绍锋主持。

12 月 19 日　重庆腾辉集团投资近 1 亿元人民币在滔滔长江上修建腾辉地维水泥专用大桥，在开工典礼上，重庆市副市长吴家农到会祝贺，开创了企业出资在长江上修桥的历史先河。

12 月 28 日　重庆秀山县中和水泥厂总投资 1.46 亿元人民币，新建一条日产 1 000 吨新型干法熟料生产线竣工投产。重庆市经委领导出席投产仪式。

12 月 30 日　（渝府令 121 号）重庆市人民政府发布关于调控主城区采（碎）石场和小水泥厂尘污染物的通告。通告规定，"从 2002 年 1 月 1 日起，重庆主城区 600 平方公里及城市外环交通干线以内的区域为采（碎）石场和小水泥厂禁止发展区"；"主城区规定以外的都市圈 2 500 平方公里范围内的区域为采（碎）石场和水泥厂限制发展区"。

2002 年

7 月 18 日　重庆市忠州水泥公司总投资 1 900 万元，将原白水泥旋窑生产线经过重要技改，建成一条日产 500 吨新型干法熟料生产线并竣工投产。

2003 年

4 月 14 日　（渝办发[2003]37 号）重庆市人民政府办公厅转发市经委等部门关于促进清洁生产的实施意见的通知。

6 月 5 日　重庆拉法基水泥公司正式成立。

8 月 1 日　重庆富丰水泥集团公司总投资 9 000 万元人民币，在合川三汇镇新建一条日产 1 200 吨新型干法熟料生产线竣工投产。

2004 年

1 月 10 日　重庆石柱县方斗山水泥公司总投资 2 400 万元人民币，将原旋窑经过技改，建成一条日产 600 吨新型干法熟料生产线竣工投产。

1 月 30 日　（渝办发[2004]16 号）重庆市人民政府办公厅发布关于工业固定资产投资管理有关问题的通知。

3 月 16 日　重庆市水泥行业工作会在重庆蓝箭宾馆召开。市经委通报了重庆市水泥行业控制总量，调整结构，持续健康发展的情况；通报了 2003 年全市水泥企业质量管理工作情况，市经委巡视员马泽民以题"水泥面临新形势，发展进入新阶段"作了报告。

5 月 28 日　重庆市水泥协会一届六次年会暨二届一次会员大会在重庆建设宾馆召开。到会会员单位 95 人，高级顾问、顾问 12 人，重庆市有关部门的领导 20 余人出席会议。中国水泥协会常务副会长曾学敏、重庆市人大副主任税正宽、周建中亲临会议并作了重要讲话。

大会听取、审议和通过了周国隆会长代表一届理事会作的工作报告。大会选举产生了第二届理事会，并选举马泽民为会长，刘泽源、卢亮、邱沛阳等 19 人为副会长，市经委建材处何红处长兼任秘书长，姚世国、陈龙宝为副秘书长。

同日，重庆市人大副主任周建中欣然提笔为协会题词"重庆水泥"。以后，重庆市水泥协会将题词刊用作《重庆水泥》会刊的封面。

6 月 6 日　重庆富皇水泥集团总投资 1.2 亿元人民币，在北碚区新建一条日产 1 200 吨新型干法熟料生产线竣工投产。

6 月 30 日　中共重庆市委发布关于推进新型工业化的决定。

7 月 1 日　重庆小南海水泥厂在距原厂址 4 公里新建第一条日产 1 200 吨新型干法熟料生产线竣工投产。

7 月 27 日　重庆天助水泥集团公司总投资 2.7 亿元人民币，占地 600 亩，在江津珞璜镇新建一条日产 2 500 吨新型干法熟料生产线竣工投产。

9 月 27 日　（渝府令第 177 号）重庆市人民政府颁布重庆市散装水泥管理办法。

9 月 28 日　重庆巨立科技集团总投资 1.45 亿元人民币，在璧山县河边镇新建一条日产 1 200 吨新型干法熟料生产线竣工投产。重庆市人大副主任税正宽出席竣工仪式，并亲自剪彩。

11 月　重庆开州水泥公司投资 2 500 万元人民币将原旋窑生产线，经过技改，建成一条日产 600 吨新型干法水泥熟料生产线点火投产。

11 月 9 日　重庆腾辉地维水泥有限公司总投资 1 亿元人民币，在江津珞璜镇新建一条日产 2 500 吨新型干法熟料生产线点火投产。重庆市人民政府副市长吴家农出席点火仪式。

12 月 26 日　浙江科华集团在重庆成立綦江科华集团水泥公司，总投资 2.5 亿元人民币，在綦江县永城镇新建一条日产 2 500 吨新型干法熟料生产线竣工投产。重庆市人大副主任税正宽参加竣工投产仪式。

12 月 28 日　浙江科华集团，在重庆成立万州科华水泥有限公司，总投资 2.2 亿元人民币，占地 280 亩，在万州移民开发区新建一条日产 2 500 吨新型干法熟料生产线竣工投产。

2005 年

1 月 21 日　重庆润江水泥有限公司总投资 1.98 亿元人民币，在长寿区晏家工业园区新建一条日产 2 500 吨新型干法熟料生产线竣工点火。

3 月 26 日　重庆市召开全市水泥工作会。重庆市市经委作了题为“认真贯彻国家产业政策，促进全市水泥工业的健康协调发展”的工作报告；重庆市中小企业局作了题为“强化水泥质量监管，提高水泥实物质量”的报告。

6 月　（渝办发[2005]148 号）重庆市人民政府办公厅发布关于深化非煤矿山安全专项整治工作的通知。

8 月 16 日　（渝委办[2005]159 号）中共重庆市委办公厅、重庆市人民政府办公厅发布关于党政机关与行业协会脱钩改革的意见。文件要求 2005 年 11 月 15 日前完成党政机关与行业协会在人员、资产、业务、办公场所、利益“五脱钩”。

8 月 30 日　重庆市水泥协会受市经委委托，按照渝办发[2004]158 号文要求，在大量调查研究基础上，历时一年，17 易其稿，编写了《重庆市水泥工业“十一五”发展专项规划》（建议稿）和《两个说明》，并于 7 月 14 日分别上报重庆市级有关部门和领导。8 月 30 日，重庆市人大副主任税正宽亲笔批示：“马泽民同志，三个建议稿我已审阅，很好，基本符合重庆实际，且对重点规划事项较有力度，赞成没意见，有机会时应向参与人员致谢！”

9 月 21 日　（渝府令第 188 号）重庆市人民政府颁布重庆市主城尘污染防治办法。

10 月 27 日　重庆市水泥协会在重庆建设宾馆召开二届四次理事会。会议一致同意何红同志辞去协会秘书长的要求，一致选举副会长单位重庆小南海水泥厂厂长邱沛阳同志兼任秘书长，选举姚世国同志为常务副秘书长，迈开了重庆市水泥协会以企业家办会，民主办会的新步伐。

11 月 1 日　重庆小南海水泥厂在第一条生产线旁新建第二条日产 1 200 吨新型干法熟料生产线竣工投产。

11 月 8 日　重庆拉法基瑞安公司总投资 3.3 亿元人民币，在重庆黄桷垭镇新建一条日产 2 500 吨新型干法熟料生产线竣工投产。重庆市人民政府副市长吴家农出席竣工投产仪式。

11 月 16 日　中国水泥协会会长雷前治为肯定重庆市水泥协会 20 年的工作成绩和对协会工作的希望，亲笔题词：“二十年风雨历程有为就有位，新世纪重任在肩有为尽朝晖。”

11 月 19 日　重庆拉法基瑞安公司总投资 1.6 亿元人民币，在合川盐井镇新建一条日产 3 200 吨新型干法熟料生产线竣工。

11 月 28 日　重庆市水泥协会惜别了 20 年借用的党政机关办公场地，搬进了重庆市九龙坡区袁家岗兴隆湾 141－3 号，结束了无固定资产的历史，实现了重庆市水泥协会与党政机关在人员、资产、业务、办公住所、利益“五脱钩”。

12 月 7 日　全国水泥协会秘书长联席会议在重庆市渝通宾馆召开。重庆市水泥协会马泽民会长、邱沛阳秘书长参加了会议，并代表重庆市水泥协会向大会致欢迎词。会后，雷前治会长、孔祥忠秘书长专程到重庆市水泥协会新址参观。

12 月 20 日　重庆市水泥协会在重庆建设宾馆隆重召开庆祝建会 20 周年大会。到会会员单位 120 余人，重庆市级有关部门和领导 40 余人到会祝贺。中国水泥协会常务副会长曾学敏、国家发改委产业司袁克兰处长、重庆市人大副主任税正宽亲临会议，并发表重要讲话。

四川省水泥协会

【概况】“十五”期间，四川省水泥工业在国家产业政策指导下，在各级领导关心、支持下，抓住西部大开发机遇，实施跨越式发展战略，认真贯彻科学发展观，开拓进取，艰苦奋斗，取得重大成就。

水泥产量持续增长。2005 年水泥产量 4 480 万吨，比 2000 年增长 61.97%。

结构调整取得突破，“十五”期间先后有 12 条新型干法水泥生产线投产，新增水泥产能 804 万吨，新型干法比重由 2000 年时的 1.78% 增至 2005 年的 14.04%。

进入新世纪以来，四川水泥价格持续下降（仅 2004 年末及 2005 年有所回升），2001 年较 2000 年下降 20 元/吨，2002 年较 2001 年下降 10 元/吨左右，2003 年末进一步降至 196.98 元/吨。自 2004 年 5 月实施《道路交通安全法》，公路严查超载超量，致使公路运输费用持续上涨，水泥生产成本提高，严重影响经济效益，2004 年全行业亏损 0.36 亿元。2001～2005 年四川省水泥工业基本情况见表 1。

表1　2001～2005 年四川省水泥工业基本情况

项 目	单位	2001 年	2002 年	2003 年	2004 年	2005 年
独立核算企业数	个	285	276	293	295	303
总 产 量	万吨	3 162	3 294	4 060	3 856	4 480
工业总产值(现价)	亿元	62.1	74.3	85.7	88.66	111.6
工业增加值	亿元	21.2	25.3	29.6	26.94	41.3
销售收入	亿元	56.6	68	81.7	85.4	106.8
税利总额	亿元	5.9	7.1	7.11	5.58	9.5
利 润	亿元	0.5	1.5	1.11	-0.36	2.2
资产总额	亿元	124.4	129.3	133.7	134.5	148.8
职 工 数	万人	13.9	13.6	8.66	8.38	8.2

水泥工业结构调整和优化:四川省建材主管部门贯彻“控制总量、调整结构”和“限制、淘汰、改造、提高”方针,2001 年继续关闭小水泥企业 26 户,再淘汰落后生产能力 86 万吨。至 2002 年末,四川累计淘汰落后水泥生产能力 424 万吨,为发展新型干法水泥腾出发展空间。

四川省截至 2005 年年末投产的新型干法水泥生产线汇总见表 2。

四川省截至 2005 年水泥生产能力见表 3。

表2　2005 年末四川省投产的新型干法水泥生产线

序号	企业名称	原名称	建设地点	建设规模(吨/日)	投产日期(年、月)	投资(万元)	备 注
1	四川双马湔江水泥有限公司	湔江水泥厂	成都彭州市	700	1989.7	8 605	
2	四川广安建材集团公司	渠江水泥厂	广安华蓥市	1 000(湿磨干烧)	1996.12	21 000	
3	四川双马水泥股份有限公司	江油水泥厂	绵阳江油市	1 500(湿磨干烧)	2001.6	11 600	
4	拉法基都江堰水泥有限公司		成都都江堰市	3 500	2002.2	131 820	投资中含二期工程部分投入
5	四川峨眉山水泥有限公司	乐山胜利水泥厂	乐山峨眉山市	1 000	2002.4	12 000	
6	四川天力机械集团泗坪水泥厂	雅安泗坪水泥厂	雅安荥经县	700	2002.11	7 000	
7	四川金顶(集团)股份有限公司	峨眉水泥厂	乐山峨眉山市	2 000	2002.12	35 000	
8	川威集团四川省星船城水泥公司	四川重龙股份有限公司	内江资中县	1 200	2003.12	18 500	连同粉磨站,2004.2 形成年产 100 万吨水泥规模
9	自贡鸿鹤化工股份有限公司鸿福水泥有限公司		自贡市	1 000	2004.12	17 000	每年可处理粉煤灰 10 万吨,石灰 6 万吨

续表

序号	企业名称	原名称	建设地点	建设规模（吨/日）	投产日期（年、月）	投资（万元）	备注
10	四川利万步森水泥有限公司一期工程		邻水县高滩镇	2 500	2005.1	23 000	
11	四川峨眉山水泥有限公司		乐山峨眉山市	2 000	2005.5	近 10 000	可综合利用电石渣
12	四川宏云建材有限公司		华蓥市双河镇	1 200	2005.6	13 000	
13	四川治权特种水泥有限责任公司		雅安市天全县始阳镇	1 000	2005.10	16 000	
14	四川双马水泥有限公司一期工程		宜宾市珙县	2 500	2005.12	34 400	
	小 计			21 800		363 400	

表 3　四川省水泥生产能力

窑型		2000 年生产能力		2005 年生产能力	
		万吨	%	万吨	%
立窑		3 391	79	4 388	70.68
旋窑	新型干法	76	1.78	872	14.04
	湿法旋窑	424	9.9	494	7.96
	其他旋窑	400	9.32	454	7.32
	小 计	900	21	1 820	29.32
合计		4 291	100	6 208	100

全省在建的新型干法生产线有 5 条：①万源市巴山建材有限公司建设的日产 1 000 吨新型干法生产线；②四川亚东水泥有限公司 2×日产 4 200 吨新型干法生产线；③西昌航天水泥有限公司日产 2 000 吨新型干法生产线；④都江堰拉法基水泥有限公司二期工程日产 4 000 吨新型干法生产线；⑤2005 年 12 月 18 日，一条具有先进水平，四川眉山市目前最大的水泥生产项目，总投资亿元以上的仁寿县人民水泥有限公司年产 100 万吨干法生产线，在仁寿县宝飞镇花湾村八社破土动工。

此外，2005 年 10 月 8 日四川利万步森水泥有限公司与达州钢铁集团公司合作组建的四川利森建材有限公司年产 80 万吨粉磨站在达州市通川区破土动工。

【综合利用项目】大型化工企业自贡鸿鹤化工集团下属自贡鸿福水泥有限公司日产 1 000 吨新型干法生产线于 2004 年 12 月 21 日点火，总投资 1.7 亿元，可将鸿鹤化工集团生产纯碱和自备电厂产生的 80% 煤灰（约 10 万吨）及全部石灰（近 6 万吨）用于生产高标号水泥，同时可利用水泥生产过程中产生的废气余热生产蒸汽和回收二氧化碳返回化工系统供生产使用，年可生产蒸汽 7.2 万吨，回收 $CO_2$1.4 亿标立方米，实现“煤—发电—粉煤灰—水泥—建材”的循环生产链。

宜宾天原特种水泥有限责任公司年产 100 万吨特种水泥项目一期工程（年产 30 万吨），自 2003 年 3 月破土动工，于 2004 年 1 月 15 日一次点火成功。投资 1.3 亿元。该项目以集团公司大量排放的电石废渣和燃煤废渣为原料，可年产水泥 34 万吨。每年可消耗电石渣 25 万吨，煤渣 8 万吨。

【水泥新标准宣贯、试行与实施】GB/T17671—1999 水泥强度检验方法（ISO 法）从 1999 年 5 月 1 日起生效，六大通用水泥标准从 1999 年 12 月 1 日起实施，新老标准过渡期原为一年，后又延长 4 个月，从 2001 年 4 月 1 日起正式实施。截至 2000 年 8 月，参加省组织培训的化验室主任和物检人员约 500 人次，加上参加各市州宣贯人员，全省宣贯面为 80% 左右；全省已有 300 多家水泥企业通过不同渠道配置了新标准要求的物检设备 300 余台套，配备率超过 70%，不少企业组织人员进行水泥新老标准比对，找出相关性变化规律。2000 年 9 月 25 日至 27 日，四川省建材工业总会和四川省水泥玻璃陶瓷行业协会（筹）联合于乐山市召开四川省贯彻实施水泥新标准座谈会后，2000 年内组织 9 期计 331 个水泥企业 643 人参加的“水泥胶砂强度检验 ISO 法操作培训班”。

2001年3月，又举办2期有120人参加的同类培训班。

2001年4月，四川省建材行业管理办公室、四川省水泥玻璃陶瓷行业协会联合印发《实施水泥新标准宣贯提纲》，说明贯彻实施水泥新标准的重要意义、六大通用水泥产品国家标准修订的主要内容及对今后产生的影响，在实施水泥新标准中应做好的几项工作。

为配合各水泥企业做好实施新标准的各项工作，特别是通过调整生产工艺、采用新技术、新装备提高企业水泥的实物质量，尽快适应新标准要求，为产品质量等级定位和换发水泥生产许可证创造条件，四川省建材工业管理办公室、四川省水泥玻璃陶瓷行业协会于2001年5月10日至11日在峨眉山市召开了四川省提高水泥ISO强度途径经验交流会。到会有235个单位350人。有关专家作《实施水泥新标准后我国水泥质量面临的问题》、《关于机立窑水泥企业实施ISO法生产工艺中的几个问题》等专题报告，16个单位在大会交流经验。四川省建材行业管理办公室处长黄三林作了题为《努力提高ISO强度水平，确保按新标准要求全面过渡》的重要讲话。

2001年5月21日，四川省经济贸易委员会、四川省建设厅、四川省质量技术监督局以川经贸产业(2001)424号文印发《关于贯彻<国家经贸委建设部国家质量技术监督局关于实施水泥新标准有关问题的通知>的意见》。

2001年6月18日，四川省经济贸易委员会建材行业管理办公室以川建材行(2001)75号文印发《关于加强水泥企业产品质量对比验证检验工作的意见》。

四川省水泥玻璃陶瓷行业协会和武汉理工大学材料科学与工程学院于2001年7月4日至6日在都江堰市联合举办"适应水泥新标准生产技术讲座"，计109人参加。我国著名水泥专家、武汉理工大学博士生导师林宗寿就适应水泥新标准的熟料配方设计技术、生料配料控制新技术、提高水泥粉磨细度的方法和控制技术、水泥生产各种最佳工艺参数的分析与确定作了内容丰富的报告。

【颁发水泥产品生产许可证】从2002年5月组织审查专家组现场审查以来，经1年多工作，2003年7月11日，四川省水泥产品生产许可证发证大会在成都隆重举行，有298家水泥企业成为我省首批获国家质检总局颁发的水泥生产许可证企业。截至2003年12月，又有71个水泥企业获水泥生产许可证，至此，全省获水泥生产许可证企业共计369家。

【水泥企业化验室换发证工作】2003年3月1日，中国建材工业协会以中建材协标发045号文发布《水泥企业化验室评审考核管理办法(试行)》。2003年10月30日，四川省建材行业办公室以川建材发(2003)69号文授权四川省水泥协会负责水泥企业化验室换(发)证工作。2004年2月25日四川省水泥协会一届二次常务理事会通过《关于四川省水泥企业化验室换(发)证工作的实施意见》。2004年4月1日，四川省水泥协会召开四川省水泥企业化验室换(发)证工作会议，传达宣贯相关文件，部署换(发)证工作。至4月20日373个水泥企业填写上报《申请书》。与此同时，省市水泥主管部门(协会)共计举办了16期化验室操作人员培训班。经考核合格，计1235人领取操作证，1593人老证换新证。在举办评审人员培训班基础上，四川省水泥协会于5月、6月分组到各水泥企业进行现场评审考核。7月至9月，新审查与复查部分企业。而后总结、发证。至此，377个规模小于60万吨水泥企业化验室评审考核工作基本结束。其中，通过330个，基本通过47个。

2005年，继续进行化验室合格证评审考核巩固工作和解决遗留问题。2005年5月31日至6月2日，四川省水泥协会在成都举办化验室主任培训班，计201家水泥企业225名代表参加。会议邀请有关专家、学者作《我国实施的水泥新标准介绍》、《水泥产品质量与水泥细度状态、粉磨工艺的关系》、《水泥三大规程简介》等报告。

四川省水泥协会举办化验室主任培训班后，与中国建材协会联系，于2005年9月中旬，共同对金顶、四川双马、峨眉山、广安腾辉、都江堰拉法基、宏云、宜宾双马等大型企业化验室进行评审考核；受中国建材协会委托，四川省水泥协会对金沙公司化验室进行评审考核。2004年未通过评审考核的4个企业中，2个仍停产，另2个已组织专人再次现场考核。

【环保治理】2001年10月16日，四川省建材行业办公室、四川省环境保护局以川建材综(2001)99号文印发《关于四川省水泥企业推行"清洁生产"环保治理工程的通知》，对推行"清洁生产"环保治理工程的总体要求、范围和重点、主要措施作了明确规定。

为进一步贯彻落实省政府《关于加强环境保护工作的决定》，推动四川水泥工业实施"清洁生产"环保治理工程，总结交流四川省水泥企业环保治理工作的经验和科研成果，四川省环境保护局、四川省建材行业办公室、四川省水泥玻璃陶瓷行业协会于2001年10月16日至17日在西昌市召开四川省水泥企业环保经验交流会，与会代表160人。与会专家作了题为《关于水泥机立窑除尘与装备的几个问题》、《水泥厂袋除尘技术及应用实例》的专题技术报告，12个企业交流了经验。

2005年11月1日至2日四川省水泥协会在成都举办以"迎接环保新政，融入循环经济，抓住机遇，谋求水泥企业可持续发展之路"为主题的四川省水泥企业环保工作专题报告会，计95人参加。四川省级有关部门负责人分别讲了话，中国建筑材料科学研究院博士生导师、国家"973"计划项目水泥专业首席科学家陈益民博士等作专题报告。

2005年3月1日，四川省人民政府以川府发(2005)9号文印发《关于进一步加强岷江沱江嘉陵江流域重点工业污染源综合治理的通知》。要求在2005年12月31日前，岷江、沱江、嘉陵江流域内实现污染企业主要污染因子全面达标排放。电力、冶金、建材、矿山等行业限期治理的237家重点污染企业中有水泥企业79家。至2005年12月31日，经采取措施，努力工作，绝大多数水泥企业做到达标排放。只资阳市天王水泥厂和威远县镇西水泥有限公司被正式宣布停产治理。

【产权制度改革】2001年9月6日，四川金顶(集团)股份有限公司全面接管四川嘉华企业(集团)股份有限公司。

四川省川威集团有限公司与四川重龙股份有限公司实行强强联合，2001年9月7日选举产生新一届董事会、监事会，组建新的领导班子。

2002年5月15日，广安建材集团有限责任公司与巴哈马腾辉工业第二有限公司合作签字仪式在成都市举行。广安建材集团有限责任公司将有效资产分离，组建广安渠江水泥有限公司，并将新公司整体转让于巴哈马腾辉工业第二有限公司，后者将投资1.1亿元，吸纳原企业职工1 800名，成立广安腾辉渠江水泥有限公司。

2002年10月22日，四川金顶(集团)股份有限公司将所持全部四川嘉华企业(集团)股份有限公司48.49%的股份转让重庆国际信托投资有限公司，转让总金额1 197万元。

2003年4月28日，成都滴江水泥有限公司召开股东大会，新股东四川双马水泥股份有限公司决定出资3 300万元持股，占总股本51%，成为第一大股东。

2003年11月15日，乐山市国资公司与浙江华伦集团公司签订《股权转让合同》，将其持有金顶公司13 116万股国家股中的6 800万股转让给浙江华伦集团公司，转让价2.06元/股，华伦集团占公司总股本的29.48%，成为第一大股东。

2004年12月9日，浙江大地纸业集团有限公司并购四川金沙水泥股份有限公司，将其改称攀枝花大地环业水泥有限公司。

2005年4月20日，乐山市国有资产经营有限公司与上海华策投资有限公司签署股权转让合同，计转让股权4 883.383万股，受让价格为2.06元/股。转让价计10 059.769万元，由此华策公司成为金顶第二大股东。

2005年8月11日，拉法基与西南地区最大的水泥生产企业瑞安建业有限公司在香港宣布组建合资企业“拉法基瑞安水泥”，新公司水泥产能1 740万吨，成为西南最大、全国第三的水泥生产企业。

2005年11月15日，四川双马投资集团有限公司与世界500强之一的法国拉法基集团股权转让协议正式签字。拉法基集团中国海外控股公司以约3 800万美元(约4.05亿元人民币)的价格购入四川双马投资集团100%的股份。

【领导视察水泥企业】2003年6月初，全国人大常委会委员长吴邦国、副委员长王兆国、盛华仁，2004年8月14日，中共中央政治局委员、国务院副总理吴仪分别到都江堰拉法基水泥有限公司视察。

2004年5月20日，四川省委书记张学忠、省长张中伟到川威集团星船城水泥有限公司考察调研。

【重大科研成果】四川嘉华企业(集团)股份有限公司和中国建筑材料科学研究院从1997年开始合作，进行低热硅酸盐水泥工业生产性试验，2002年8月15日联合召开新产品鉴定会。一致认为该产品在生产工艺控制方面具有独创性，处于国际领先水平；试生产的低热硅酸盐水泥在工程实际应用中，表现出优良的工作性能、物理力学性能和耐久性，该产品研发成功填补了我国低热硅酸盐水泥产品的空白。

【重大安全事故】2001年11月1日，凉山州越西县川西水泥厂石灰石矿区发生严重山体滑坡，造成重大人员伤亡和财产损失事故。滑落体斜长250米、宽90米、堆积高度70米，其体积约5万立方米，现场进行硐室爆破的7名民工、堆放现场的45箱炸药(1 080公斤)、21枚雷管、1台130双排小车和1台移动式空压机全部被掩埋。直接经济损失120万元，间接经济损失500万元左右。四川省建材行业办公室及时向全省建材行业重点企业下发《关于凉山州越西县川西水泥厂“11·1”石灰石矿山体滑坡情况的通报》。

【达州洪灾】2004年9月3日至5日，达州市达县、通川区、宣汉、渠县、开江、大竹等地普降大暴雨，遭遇百年不遇的洪水灾害。达州建材行业80%企业受到不同程度损失，直接经济损失达1 405.14万元。

【行业管理部门】2004年1月14日，中共四川省委、四川省人民政府以川委发(2004)4号文印发《四川省级机构改革实施方案》，明确撤销四川省建材行业管理办公室，人、财、物、事全部交新组建的四川省经济委员会管理。经一段时间工作，原四川省建材行业管理办公室人员除调到四川省国有资产管理委员会外，均到四川省经济委员会工作。自2005年元月起，四川省经济委员会下设机械冶金建材处，负责包括水泥工业在内的行业管理。

2005年4月15日，四川省经济委员会以川经(2005)124号印发《关于进一步加强我省水泥企业质量管理工作的通知》，明确机械冶金建材处具体负责全省水泥企业质量管理和贯彻实施三个行业规章的组织工作，受理水泥企业申请化验室合格证、化验室检验员操作合格证、机立窑看火工操作合格证等工作。

【四川省水泥协会】原四川省水泥行业协会于1986年元月成立。2000年四川省建材工业总会在机构改革中考虑建材系统社团多而分散，决定注销原有社团，新组建四川省水泥玻璃陶瓷行业协会及四川省新型建材与石材协会。2000年8月13日，四川省民政厅公告包括四川省水泥行业协会等社团注销。经筹备，当年12月20日至21日在绵阳召开四川省水泥玻璃陶瓷行业协会会员代表大会。选举印廷华为理事长，任荣为秘书长。

2002年4月25日至26日，在召开四川省水泥新工艺、新技术、新装备专题报告会的同时，召开水泥分会成立大会，四川省水泥玻璃陶瓷行业协会(建材协会)理事长印廷华代表协会宣布同意成立水泥分会。会议选举产生分会领导班子,理事长张栋书,秘书长任荣。

四川省民政厅于2003年5月26日以川民民(2003)146号批复同意成立四川省水泥协会。2003年10月23日在峨眉山市召开四川省水泥协会成立大会,通过《四川省水泥协会章程》,选举邵柯夫为理事长,钟德盛为秘书长(法人代表)。

2005年3月31日,四川省水泥协会在成都召开一届三次常务理事会。鉴于四川省建材行办已撤销,并征求部分副理事长单位意见,协会秘书处提出建议,经一届三次常务理事会讨论决定,四川省经委巡视员李川为协会理事长,成都建材设计研究院杨渝蓉为秘书长。

四川省水泥协会除参加前述条目有关工作外,还开展下列活动:

1、市场形势分析

2001年3月14~15日,与四川省建材行业办公室联合于成都召开四川省大型水泥企业市场形势分析座谈会。就当前四川水泥市场形势、今后发展趋势及应采取的对策进行了深入探讨。

2001年11月21日,参加由四川省建材行业办公室主持在都江堰市召开的成都水泥市场分析研讨会,进一步研究分析水泥市场形势。这次会议的召开为2002年3月四川省建设厅等4厅局出台《关于加强我省建设工程使用水泥管理的通知》做了充分的准备。

2、举办展览

四川省水泥玻璃陶瓷行业协会于2001年10月17日~21日在成都国际会展中心举办2001成都水泥生产技术及设备暨玻璃、陶瓷产品及技术设备展览会。来自全国二十多个省市70多家水泥、玻璃、陶瓷行业的产品及设备生产厂家参展。会展期间还举办系列技术讲座。

3、举办技术研讨会及讲座

2002年9月24~25日,在成都市召开四川省水泥企业粉磨技术研讨会。有关专家作了题为《加强和改进粉磨工艺是提高水泥产、质量的基本途径》等专题报告。

2003年4月23~24日,四川省建材协会水泥分会与有关单位联合于什邡市举办机立窑迈向现代化技术讲座,与会计130名代表。北京现代立窑新技术研究所负责人周沛教授系统讲课。

4、组织经验交流

2003年10月22~24日在峨眉山市召开四川省水泥工业提高经济效益经验交流会,协会秘书处作了专题报告,16个单位大会交流了经验。

5、组织考察学习

为进一步解放思想,更新观念,开阔眼界,明确思路,加快发展新型干法水泥,促进四川水泥工业结构调整与优化升级,2004年8月5~9日,四川省水泥协会组织有51名水泥企业领导干部参加的学习考察团至安徽海螺集团进行学习考察,在铜陵海螺、枞阳海螺、池州海螺生产现场,参观了日产5 000吨、8 000吨、10 000吨新型干法生产线,中国水泥协会会长雷前治作专题报告,海螺集团负责人详细介绍集团艰苦创业的历程和快速发展的经验。普遍反映很受鼓舞、启发和教育,坚定了发展新型干法水泥的信心和决心。

6、组织评审

受四川省发展和改革委员会委托,四川省水泥协会于2004年10月29日,召开《四川省金路树脂有限公司电石废渣资源化综合利用制40万吨/年熟料项目可行性研究报告》评审会,该报告通过评审。

2005年10月29日,四川省水泥协会主持召开《四川锦屏水泥有限责任公司日产2 500吨熟料新型干法水泥生产线工程初步设计》审查会。经与会专家认真讨论和严格审查,已通过该初步设计。

记 事

2001年

5月10~11日 在峨眉山市召开了四川省提高水泥ISO强度途径经验交流会。

5月21日 四川省经济贸易委员会、四川省建设厅、四川省质量技术监督局以川经贸产业(2001)424号文印发《关于贯彻<国家经贸委建设部国家质量技术监督局关于实施水泥新标准有关问题的通知>的意见》。

6月18日 四川省经济贸易委员会建材行业管理办公室以川建材行(2001)75号文印发《关于加强水泥企业产品质量对比验证检验工作的意见》。

7月4~6日 四川省水泥玻璃陶瓷行业协会和武汉理工大学材料科学与工程学院在都江堰市联合举办"适应水泥新标准生产技术讲座"。

9月18日 四川双马水泥(集团)有限公司日产1 500吨,熟料湿磨干烧生产线达标达产。

10月16日 四川省建材行业办公室、四川省环境保护局以川建材综(2001)99号文印发《关于四川省水泥企业推行"清洁生产"环保治理工程的通知》。

10月16~17日 四川省水泥玻璃陶瓷行业协会在西昌市召开四川省水泥企业环保经验交流会。

2002年

2月3日 都江堰市法国拉法基集团合资建设,总投资13.182亿元人民币的日产3 500吨熟料新型干法生产线,正式点火投料。

3月26日　四川省建设厅、交通厅、水利厅、安全生产监督管理局以川建发(2002)6号文印发《关于加强我省建设工程使用水泥管理的通知》,明确规定,国家和省的重点工程、一般工程的重点部位、混凝土搅拌站等不准使用立窑水泥,这为新型干法水泥发展营造了良好的市场环境。

4月18日　峨眉山水泥有限公司投资1.2亿元,于2001年初破土动工新建1条日产1 000吨新型干法水泥生产线点火投产。

4月25～26日　四川省水泥玻璃陶瓷行业协会在都江堰市召开四川省水泥新工艺、新技术、新装备专题报告会,并组织与会代表参观都江堰拉法基水泥有限公司日产3 500吨熟料新型干法生产线及现代化石灰石矿山。这使四川水泥企业尤其是立窑企业大开了眼界。

2003年

2003年10月30日　四川省建材行业办公室以川建材发(2003)69号文授权四川省水泥协会负责水泥企业化验室换(发)证工作。

12月31日　四川重龙股份有限公司日产1 200吨新型干法生产线点火。该项目于2002年4月28日开工,计投资1.85亿元。

2004年

1月15日　宜宾天原特种水泥有限责任公司年产100万吨特种水泥项目一期工程(年产30万吨)一次点火成功。

2月27日　向国务院办公厅写出报告。报告明确提出,再建立窑生产线已没有出路。

4月1日　四川省水泥协会召开四川省水泥企业化验室换(发)证工作会议,传达宣贯相关文件,部署换(发)证工作。

5月20日　四川省委书记张学忠、省长张中伟到川威集团星船城水泥有限公司考察调研。

8月12日　四川省发展和改革委员会召开部分地区重大水泥项目座谈会,研究重大项目规划和布局。

11月　四川天力机械集团泗坪水泥厂投资7 000万元,在雅安市建设的日产700吨新型干法水泥生产线投产。

12月21日　大型化工企业自贡鸿鹤化工集团年产30万吨水泥工程正式点火,该项目主要以化工产品生产过程中排放的粉煤灰、石灰为原料。投资1.7亿元。

12月26日　四川金顶(集团)股份有限公司日产2 000吨熟料新型预分解干法工艺生产线技改项目点火投产,该项目总投资控制在3.5亿元,工期14个月。

12月30日　以川府函(2004)283号文印发《关于加快我省水泥工业结构调整的意见》。

2005年

1月21日　四川利万步森水泥有限公司年产200万吨新型干法水泥生产线一期工程(2 500吨/日)竣工投产。该项目是香港利万集团和中国步森集团强强联手、跨行业发展、多元化经营组建的从事水泥生产的一家大型水泥企业。投资计2.3亿元。

3月1日　四川省人民政府以川府发(2005)9号文印发《关于进一步加强岷江沱江嘉陵江流域重点工业污染源综合治理的通知》。

5月1日　四川峨眉山水泥有限公司日产2 000吨新型干法水泥生产线竣工投产。该项目可以综合利用乐山市境内化工企业生产PVC产生的固体废料——电石渣生产优质水泥。投资近亿元。

5月31～6月2日　四川省水泥协会在成都举办化验室主任培训班。

6月28日　四川宏云建材有限公司年产150万吨新型干法水泥生产线一期工程在四川省华蓥市古桥点火投产,该项目由北京玉海国际投资公司投资兴建,一期工程投资1.3亿元,2003年11月开工建设,年产水泥50万吨。

四川省治权集团在雅安市天全县投资新建的一期工程日产1 000吨熟料生产线,于2002年5月开工,2005年10月点火投产。

11月1～2日　四川省水泥协会在成都举办四川省水泥企业环保工作专题报告会。

12月9日　由四川双马投资集团有限公司投资3.44亿元在宜宾新建的四川双马宜宾水泥制造有限公司日产5 000吨新型干法水泥熟料一期工程正式点火投产。该项目2003年5月23日全面开工建设。

云南省建材工业行业协会

【概况】"十五"(2001～2005年)期间,云南水泥工业坚决贯彻执行国家"控制总量,调整结构"的一系列方针政策,以发展促进调整,得到了长足发展。

1、水泥生产能力、产量快速增长。"十五"末期即2005

年底,云南省共有水泥企业256户(其中水泥粉磨企业30户、无证企业25户),拥有生产能力4 446.4万吨(含粉磨企业能力508万吨),比"九五"末期即2000年的2 347.8万吨增加了2 098.6万吨,增长89.39%,平均年增速为13.6%;2005年全省共生产泥2 832.6万吨,比2000年的1 642.8万吨增加了1 189.8万吨,增长了72.4%,平均年增速为11.5%。2005年规模以上企业实现利润3.14亿元,同比增长71.58%,全省人均水泥消费量达到了682千克,比2000年的人均水泥消费量363千克增加了319千克,比2000年提高87.88%。

2、产业结构调整初见成效。"十五"期间,全省除怒江、楚雄、西双版纳、德宏等地外,绝大部分州市都有了新型干法水泥生产线;全省日产700吨以上的新型干法水泥生产能力1 289万吨,占总生产能力的比重达28.99%,比"九五"末期的4.12%增加了近25个百分点。在29条日产700吨以上新型干法水泥生产线中,日产4 000吨熟料生产线1条,日产2 000吨熟料生产线3条;日产1 000吨熟料生产线22条,全省总能力结构比例中,回转窑生产能力占47.12%(其中干法工艺回转窑占37.52%;湿法工艺回转窑占9.62%),立窑占41.44%,粉磨企业占11.42%。回转窑工艺生产能力超过立窑生产能力5.68个百分点,扭转了云南省"十五"前始终是立窑工艺生产能力大于回转窑工艺生产能力的局面。"十五"期间,淘汰落后生产线105条(台),退出能力405万吨。

3、技术进步取得成绩,"十五"末期,随着结构调整的不断推进,水泥工业的新技术、新工艺、新装备得到广泛运用,装备水平有了明显提高,新型干法水泥生产线建设工期逐步缩短,吨水泥投资大幅度降低,节能降耗效果显著,万元产值能耗由"九五"末期的10.19吨标煤下降到目前的9.21吨标煤;每吨水泥平均电耗下降到2005年的110千瓦时。

4、产业集中度有所提升。"十五"期间,按照省委省政府全面整合的战略部署,云南水泥工业实施重大产业整合,以大水泥集团带动和推进水泥工业进一步的结构性调整和技术升级。云南昆钢嘉华水泥建材有限公司通过以昆钢控股有限公司与香港嘉华国际集团两大企业为主的强强联合,在"十五"末形成了年产72万吨新型干法水泥生产能力及年产60万吨矿渣微粉生产能力。随着目前正在建设的安宁日产4 000吨和保山施甸日产3 000吨等项目建成,至"十一五"末,该公司将形成近500万吨新型干法水泥生产能力;以昆明水泥股份有限公司、云南开远水泥股份有限公司和昆明东骏有限公司为基础,组建云南国资水泥公司,并引进香港瑞安集团,成立合资公司,实现了优势互补,形成了年产600万吨水泥的企业规模;同时,在金沙江流域水能开发带动的巨大市场需求下,引进了国家知名企业湖北省华新水泥股份有限公司,在昭通市新建一条日产4 000吨的新型干法水泥生产线,于"十一五"初期投产,并拟后期再建一条。在引进我国知名企业资金技术的同时,也引进了先进的经营管理模式,对促进滇东北地区水泥工业整合步伐、改变该地区水泥工业技术落后、污染严重、水泥品种单一和水泥产品质量不高的局面起到了积极的作用;楚雄奕标水泥有限公司、云南壮山实业有限公司、丽江永保水泥有限责任公司、思茅建峰水泥公司等一批水泥企业上规模,增实力,提高产品竞争力。至"十五"末期,云南省水泥行业集中度有一定提高,全省排名前十名的水泥企业生产能力占全省总能力的24%,企业规模结构形成了新的格局;全省水泥企业平均规模达到17.4万吨,比2000年的9.5万吨提高了7.9万吨;其中经济发展较快的昆明、玉溪、曲靖、红河、大理、思茅六州市各自的年生产能力超过300万吨。

5、资源综合利用不断提高:据测算,"十五"期间,由于新型干法生产工艺的推广,水泥行业减少粉尘排放600万吨,年消纳工业废弃物综合利用量超过500万吨,占能应用于水泥生产的工业废渣总量的60%以上。散装水泥推广工作得到进一步发展。2005年全省推广使用散装水泥523万吨,占全省水泥产量的18.46%。

6、水泥行业职业技能培训鉴定工作取得一定成绩。云南省建材行业职业技能培训站共培训水泥行业职工3 196人次,鉴定2 753人次,有2 502人次取得国家职业资格证书。

"十五"期间,云南水泥工业在发展中还有些问题,需在"十一五"期间认真加以解决,这些问题主要是:

1、产业结构不合理的矛盾仍然十分突出,落后生产能力退出缓慢。"十五"期间,云南省水泥产业结构的调整是伴随水泥总量的持续膨胀来实现的,虽然新型干法水泥的比重提高了,但是代表落后工艺的立窑水泥并没有减少多少。其次,由于现有的水泥市场使立窑企业还有利可赚,因此要在短期内淘汰落后工艺和使小水泥企业全退出市场还有很大困难。在利益的驱动下,一方面,不论资源和条件,各地纷纷新建或扩建水泥项目,扩大生产能力;另一方面,由于缺乏严格的监管手段及必要的政策支持,项目单位在具体实施时随意改变投资规模、配套设施、不兑现老线淘汰承诺等,破坏了项目核准时的统一规划及合理布局,甚至更为严重的是,一些已关闭或无水泥生产许可证的企业,继续非法生产,有的还在扩径改造新建立窑生产线,严重扰乱了水泥市场秩序,到"十五"末期,据2005年的不完统计,新增生产能力479.2万吨,仅淘汰4万吨落后生产能力。

2、产能发挥不佳,地区发展不平衡。"十五"期间,受市场需求的约束加之电力供应得不到保障、设备运转不正常等因素,2005年全省水泥生产能力只发挥了63.71%,尚有36.29%的能力没有发挥。同时在资源有优势、交通便利的地区还缺乏大型熟料生产基地。

3、企业平均规模过小,产业集中度偏低。"十五"期间云南省水泥工业的平均规模(含水泥粉磨企业)为17.4万吨,全省产能较大的玉溪市、曲靖市的平均规模还不到15万吨，虽然比“九五”末有了较大的提高，但仍然过小且低于全国平均20万吨的规模；同时全省10万吨以下的企业仍有118家，占全省水泥企业数的46.64%。

4、资源能源和环保面临很大压力。云南省虽然石灰岩丰富，但已探明能用于生产水泥的石灰石的储量很有限。由于大部分企业采用立窑工艺生产水泥，企业规模比较小，没有自己的矿山，靠民采维持生产。而立窑企业由于生产工艺的限制，需要使用优质矿石，因而对资源不能合理利用，浪费严重，再加上民采对资源的破坏也很严重。另外少数企业对资源也不够重视，对矿产资源的地质勘探投入太少，缺乏系统的地质勘查和调查，矿山开采不科学，存在很大的盲目性，资源浪费严重。

在能源方面，水泥行业也面临新的困难。虽然云南省是电力、煤炭资源大省，但是由于有西电东输等限电因素，设备不能正常发挥；其次煤炭价格的持续上涨对水泥企业的成本构成很大压力，特别是目前立窑水泥比重较大，能耗较高。此外，由于整顿道路运输，查处超载，水泥企业的原材料和产品运输不同程度地增加了物流成本。

在环境保护方面也面临很大压力。虽然近几年新建的新型干法线大部分符合粉尘排放标准，部分立窑企业也进行了技术改造，基本达到了排放标准，但少数企业由于对环保不重视，为了降低成本，环保设备时开时关，不能做到达标排放。还有些地方存在环保监管不严的问题，环保执法部门以罚代法，放纵了企业的违法行为，加大了对环境的污染。

5、科研投入不足，科技开发与创新滞后。工业废渣的资源综合利用水平较低，水泥工业利用工业废渣还停留在90年代的水平，大专院校、科研机构和企业未能很好地合作，采用新技术、新工艺开发新产品，拓展水泥工业利用工业废渣的新途径。

6、产品档次低、质量不高。水泥产品质量的抽检合格率虽然逐年有所提高，但从市场调查中发现，低等级的水泥使用过滥。据统计2005年云南省水泥产品中，低档次水泥（32.5强度等级水泥）的比重达到近70%，原因一是落后生产工艺生产的熟料质量不稳定，只能生产低档次的水泥，二是施工单位为追求低成本，大量使用低等级的混凝土。有的水泥企业为了片面追求降低成本，在水泥中大量超标掺加混合材或是掺加国家（行业）标准中没有列入的混合材品种、有的企业甚至使用不符合国家规定要求的水泥助磨剂等等，这些都可能会给建筑工程留下不小的安全隐患。

云南水泥工业统计资料

1、“十五”期间云南水泥工业科研项目

2000年，云南省建材科研设计院向省科技厅申报并获得批准列项的水泥科研项目进展及完成情况简表：

序号	项目名称	项目负责人	起止年限	进展和完成情况	获奖情况
1	新型干法水泥生产线提高产质量技术	孙小军	2000年至2001年6月	已提交预研报告	
2	新型干法水泥生产线清洁生产示范	王梅易	2000年至2003年7月	已申请结题验收	
3	低碱水泥开发研究	缪沾	2001年至2003年12月	已结题验收	获2005年省科技进步三等奖
4	个旧霞石正长岩资源开发利用预可行性研究	师红	2002年10月至2003年10月	已结题验收	获2005年省科技进步三等奖
5	水泥基复合材料开发预研	师红	2003年10月至2004年10月	已完成预研报告	
6	低挥发分煤在水泥回转窑上的应用	张彩郎	2003年9月至2005年6月	项目按计划与剑川水泥厂合作进行	

2、2001～2005 年云南出口水泥创汇表

年份	创汇金额(万美元)
2001	357
2002	366
2003	393
2004	315
2005	542

注:上述数据由云南省商务厅提供。

2004 年度获云南省科学技术奖建材项目

项目名称	完成单位	完成人	获奖等级
水泥生产过程综合自动化系统开发及产业化	昆明电器科学研究所、云南四营水泥厂	万春红、孙和平、曹雷、张恒、杨津听、聂毅、苏晓	三等奖
粉煤灰在高等级公路水泥砼路面中的应用研究	曲胜高速公路建设指挥部、云南公路科学技术研究所	董杰邦、苏加强、贺建昆、郝永昆、周春生、覃勤、李韬文	三等奖

记 事

2001 年

2 月 12 日　云南省硅酸盐水泥学会秘书长李兴仁陪同老挝万荣水泥厂三位外宾参观昆明白水泥厂。

3 月 27～28 日　云南省建材工业协会在昆明召开全省贯彻水泥新标准工作会,15 个地州市、127 家企业的 218 位代表参会。

4 月 25 日　云南省经贸委、建设厅、质量技术监督局发布《关于转发国家经贸委等三部门<关于实施水泥新标准有关问题的通知>的通知》(云经贸建材[2001]282 号)。

4 月 26～27 日　云南省建材工业协会与云南省硅酸盐学会在泸水县召开水泥粉磨站建设与管理工作研讨会。

5 月 11 日　云南省科技厅组织专家对云锡古山建材公司水泥技术进步项目进行现场考核。

5 月 31 日　云南省硅酸盐学会接受华宁县人民政府委托,组织专家参与珠山水泥厂日产 1 000 吨新型干法水泥生产线建设项目可行性报告论证会。

6 月 15 日　《云南建材工业》(报)公布了第一批云南省水泥企业化验室审查验收合格企业名单。

6 月　云南红塔滇西水泥股份有限公司取得中热硅酸盐水泥生产许可证。

6 月 12～15 日　全省建材行业第 18 次 QC 成果发表会在丽江召开,水泥企业有 18 个成果获一等奖。

6 月 26～28 日　云南省硅酸盐学会,云南省建材工业协会在通海召开全省建材行业应用工业废渣研讨会,5 家水泥企业代表在会上交流了经验。

7 月 5～6 日　云南省散装水泥工作会议在大理召开,云南省经贸委主任李现武出席了会议并作了重要讲话。

7 月 17 日　中国建材工业协会表彰 2000 年质量管理先进集体和个人,云南水泥行业有 4 个集体和两位个人受到表彰。

7 月 18～20 日　全省建材行业职业技能培训鉴定工作会在昆明召开,参会人员 90% 以上是水泥企业的代表。

9 月　云南省散装水泥工作会议在大理召开,确定“十五”散装目标,表彰上年先进。

9 月 18～21 日　全省建材行业技术进步工作会在大理召开。会议特邀中国水泥协会秘书长曾学敏作水泥工业技术进步报告,云南红塔滇西水泥股份有限公司等 5 家水泥企业代表在会上交流了经验。

9 月 26 日　云南红塔滇西水泥股份有限公司日产熟料 1 000 吨的三号窑建成投产。

9 月 26～28 日　中国硅酸盐学会高性能混凝土委员会主办,云南建工混凝土有限公司承办,云南省硅酸盐学会协办的全国高性能混凝土学术交流会在昆明召开。160 人参会,交流论文 63 篇。

9 月 29 日　云南省经贸委下发《关于禁止使用假冒中国 ISO 标准砂的通知》(云经贸建材[2001]602 号)。

10 月 20～28 日　以云南省建材工业协会秘书长李兴仁为领队的云南省水泥工业考察参观团一行 12 人赴河北、山东、北京参观考察。

10 月 23～25 日　云南省硅酸盐学会水泥专委业委员会在大理召开第十二届学术年会,重点研讨新型干法水泥生产技术。

11 月 7～10 日　由中国建材工业协会主办,云南省建材工业协会协办的 WTO 与建材企业管理研讨会在丽江召开,云南部分水泥企业代表参加研讨会。

11 月 14～16 日　云南省第 113 职业技能鉴定所对云南开远水泥股份有限公司 205 名技术工人进行职业技能鉴定。

11 月 15 日　《云南建材工业》(报)刊登全国工业产品生产许可证办公室全许办[2001]09 号文件及《水泥产品生产许可证换(发)证实施细则》。

11 月 23～26 日　云南省建材工业协会分别在开远,昆明举办 QC 诊断师培训班,学员多数来自水泥企业。

12 月 14～16 日　云南省水泥产品生产许可证换(发)工作会议在昆明召开。

12月15日 《云南建材工业》(报)全文刊登中国水泥协会特种水泥分会《关于假冒白水泥充斥建材市场的报告》。

12月 全省建材工作会在昆明召开,确定2002年建材工作主要目标,其中有新型干法水泥产量占水泥总产量的15%以上。

2002年

1月6日 云南省建材工业协会通报了8家水泥包装袋检测合格的定点生产企业。

1月17~18日 云南省建材行业职业技能培训站与云南省第113职业技能鉴定所在通海召开联席会,重点研究水泥企业培训鉴定工作。

2月2日 思茅建峰水泥有限公司日产1 000吨熟料新型干法水泥生产线建成竣工投产。

2月27日 云南省经贸委正式发布《云南省建材工业"十五"规划》。

3月15日 《云南建材工业》(报)全文刊登《云南建材工业"十五"规划》。《规划》提出实施一批重点水泥项目,扩大新型干法水泥比重。

3月18~21日 云南省经贸委举办两期培训班,宣贯水泥行业三个规章。这三个国家规章是:《水泥企业质量管理规章》、《水泥企业化验室基本条件》、《水泥企业产品质量对比验证检验管理办法》,并于4月1日在全省实施。

3月23日 应嵩明县园山水泥厂厂长尹培林邀请,云南省硅酸盐学会组织10位云南水泥行业资深科技人员到该厂举办联谊活动。

3月26~29日 云南省建材工业协会召开管理体系认证宣贯会,12个州市32个水泥企业的48位代表参会。

3月29日 云南华云西麟水泥有限公司日产2 000吨熟料新型干法水泥生产线开工建设。

4月17~18日 省建材工业协会,省耐磨耐热耐蚀材料协会在昆明召开水泥设备耐磨耐热材料应用技术交流会。

5月13~16日 水泥产品生产许可证审查员培训班在昆明举办。

5月15日 云南省工商局组织有关地州市工商、公安及新闻单位60余人在昆明、大理、玉溪3地,分别对涉嫌销售假冒标准砂的有关单位进行突击检查,查获假冒标准砂近60吨。

5月28日 大理红山水泥有限公司日产1 000吨熟料新型干法水泥生产线建成竣工投产。

5月31日~6月7日 省建材工业协会组织部分水泥界人士赴辽宁考察耐火材料及参观大连华能小野田公司日产4 000吨新型干法水泥生产线。

5月 中国水泥协会在杭州召开各省、市水泥协会秘书长联席会,云南省建材工业协会秘书长李兴仁应邀出席。

6月15日 《云南建材工业》(报)摘登国家水泥行业"十五"规划。

6月19~21日 云南省建材建材行业第19次优秀QC成果发表会在剑川举行。48个大会交流成果中大多数出自水泥企业。

7月2~4日 全国建材工业第十七次质量管理小组代表会在上海召开,昆明水泥股份有限公司烧成车间QC小组成果荣幸被推为国优,通海县水泥厂、思茅水泥厂成果获部优殊荣。

7月 截止到7月15日,云南已拆除68台不符合国家产业政策的立窑,淘汰落后产能231万吨。

7月18日 云南省散装水泥工作会议在昆明召开。

8月5~7日 省硅酸盐学会、省建材工业协会在大理召开水泥回转窑无烟煤、低质煤技术研讨会,云、贵、川、鲁四省32个单位的62位代表参会。

8月27~28日 云南省建材工业协会在昆明召开全省建材行业产权制度改革经验交流会,壮山实业有限责任公司等4家水泥企业交流了经验。会议特邀浙江虎山集团董事长张剑星作改制经验报告。

9月9日 文山壮山实业公司日产1 000吨熟料新型干法水泥生产线建成竣工投产。

9月10日 云南首条日产4 000吨水泥熟料生产线奠基,中共云南省委常委、常务副省长牛绍尧出席奠基仪式并讲话。

9月23~27日 省建材工业协会组织部分水泥企业领导到浙江虎山水泥集团实地参观考察。

9月23~29日 GB9774—2002《水泥包装袋》国家标准宣贯培训班分两期在昆明举办,两期共有198个单位的219人参训。

9月28日 开远水泥股份有限公司日产2 000吨熟料新型干法水泥生产线开工建设。

10月9~11日 云南省建材工业协会、云南省硅酸盐学会在昆明联合召开全省机立窑水泥企业技术进步研讨会。

10月15日 台湾中卫发展中心代表团一行28人到昆明水泥股份有限公司就质量管理相互交流经验。

10月17~18日 全国质量管理代表会在昆明召开,昆明水泥股份有限公司、云南省通海县水泥厂被评为全国优秀质量管理小组活动优秀企业。

11月15日 《云南建材工业》(报)全文刊登国家经贸委印发的《散装水泥发展"十五"规划》。

11月15日 云南省质量技术监督局发出通知,就水泥包装袋版面标识印刷作出具体明确的规定,并于2003年3月1日起执行。

2003年

1月6~10日 省建材工业协会与省硅酸盐学会共同组织技术信息组到楚雄州奕标水泥公司、剑川水泥厂、丽江玉峰水泥厂、永胜永保水泥厂、华坪水泥厂、元谋土林水泥公司、禄劝水泥厂进行交流。

1月18日　大理红山水泥有限责任公司日产1 000吨熟料新型干法生产线正式投产。

1月21～22日　云南省建材行业职业技能培训站，第113职业技能鉴定所在易门召开第三次站所联席会，重点研究水泥企业职业技能培训鉴定工作。

2月15日　《云南建材工业》(报)全文刊登《云南省职业技能鉴定管理条例》。

2月18日　康达(云南)水泥有限公司奠基典礼在师宗举行。中共云南省委副书记王学仁、省人大常委副主任牛绍尧、副省长吴晓青、省政协副主席陈勋儒等领导出席奠基典礼。

3月25～29日　省建材工业协会，省硅酸盐学会组团赴广东参观考察团与广东省、广州市、东莞市水泥协会、硅酸盐学会进行了交流。

4月　云南东骏水泥公司日产4 000吨熟料的新型干法水泥生产线开工建设。

4月2日　开远水泥股份有限公司日产2 000吨新型干法水泥熟料生产线开始动工。

4月7～8日　中共云南省委、省政府召开非公有制经济工作会，思茅地区建峰水泥有限公司作为个人独资先进企业受到表彰。

4月12～15日　省建材工业协会派出2人参加全国水泥企业化验室评审考核管理办法宣贯培训班。

4月15日　省硅酸盐学会在澄江吉花水泥厂召开水泥机立窑保温浇注料现场评议推广会。

4月16～18日　省建材协会组织7人参加全国水泥化验室评审员培训班，经考试7人均取得评审员资格证。

6月17日　昆明水泥股份有限公司荣获国家级“守合同重信用企业”称号。

6月26日　云南省人民政府云政复[2003]45号文对省深化国有企业改革工作领导小组办公室上报的《关于报请审批〈云南省水泥行业整合总体方案〉的请示》做出明确批复。

6月29日　由云南昆钢华云实业总公司、安宁工业总公司等单位合资建设的云南首条日产2 000吨水泥熟料生产线投产。

7月7～10日　云南建材行业第二十次优秀QC成果发表会在玉溪召开。大会交流的75个成果中，大多数是水泥企业的成果

7月14日　省财政厅、省经贸委以云财综[2003]85号发出“关于下发《云南省散装水泥专项资金征收和使用管理实施细则》的通知”。

7月17～18日　云南省散装水泥工作会议在昆明召开。

8月10日　云南省建材科研设计院院长缪沾同志被中国建筑材料企业管理协会评为“2003年度全国建材行业优秀企业家”。

8月19日　云南水泥行业形成两个整合方案：一是引进国外大资本，组建中外合资水泥集团；二是国外资本介入水泥行业，全面整合。

8月19～24日　云南省第25次优秀QC成果发表会在丽江召开。水泥行业有4个优秀小组代表在会上作了交流。

9月13～16日　全国第九次水泥品质指标大对比总结暨表彰会在云南丽江举行，云南有13家水泥企业受到表彰。

9月15～17日　省硅酸盐学会与中国水泥协会在云南通海召开水泥立窑20项适用技术推广会，特邀三位专家作专题讲座，50多个单位的80余人参会。

10月15日　《云南建材工业》(报)发表中共云南省委副书记，常务副省长秦光荣的讲话摘编：《秦副省长谈水泥路面的优势》。

11月28日　李新华副省长视察云南东骏水泥有限公司日产4 000吨熟料生产线工程，并对项目建设和集团整合工作作了重要指示。

12月15日　《云南建材工业》(报)全文转载国家商务部、公安部、建设部、交通部2003年10月16日发出的《关于限期禁止在城市城区现场搅拌混凝土的通知》。

12月24日　云南省名牌战略推进委员会审议授予云南红塔滇西水泥股份有限公司上登牌水泥、昆明水泥股份有限公司石林牌水泥、云南开远水泥股份有限公司红河牌水泥为云南省名牌产品。

2004年

1月4日　云南省人民政府办公厅发出《关于云南省工业污染源限期全面达标排放公告》，91户建材企业列入重点考核企业名录，其中有84户是水泥企业。

1月　省清洁生产办公室召开会议，昆明水泥股份有限公司，开远水泥股份有限公司，云南红塔滇西水泥股份有限公司被列为首批试点企业。

2月26～29日　省建材工业协会，省硅酸盐学会在思茅举行首届云南水泥专家论坛，来自云南9个州市26个单位的39位业内资深人士参会。

3月15日　《云南建材工业》(报)全文刊载国家《水泥强度检验用标准砂管理办法》，同时转载了国家发改委发改运行[2003]2257号文件。

4月20日　省科技厅组织专家组对省级“低碱水泥开发研究”课题进行考核并通过了验收。

4月21～22日　全省水泥行业贯彻国务院103号文件，推进结构调整工作会在安宁市温泉召开，11个州、市80个单位的110人参会。

5月18～23日　省建材工业协会、省硅酸盐学会联合组团赴安徽海螺集团参观考察。考察一行21人参观了海螺日产4 000吨、日产5 000吨、日产8 000吨、日产10 000吨水泥

熟料生产线。

5月30日~6月2日　云南省建材工业第21次优秀QC小组成果发表会在丘北普者黑召开，出面交流41份大会发表39分，大多数为水泥企业优秀成果。

5月　云南省国有资产经营有限公司与香港瑞安集团公司签订协议，中方以昆明水泥厂及昆明水泥股份有限公司、云南东骏水泥股份有限公司、开远水泥厂及开远水泥股份有限公司、云南开新建材有限公司等资产入股，合作组建云南最大规模的合资水泥公司。

6月　云南开远水泥股份有限公司日产2 000吨新型干法水泥生产线投产。

7月15~16日　云南省散装水泥工作会议在丽江召开。

7月18~24日　省建材工业协会在昆明连续举办两期全省《水泥企业化验室评审考核管理办法》宣贯培训班，172个单位的279人参加培训。

8月12日　省经委重工[2004]49号文件明确授权云南省建材工业协会负责全省水泥企业（60万吨/年以下）化验室合格证评换（发）证工作，并将此文件发至全省各水泥企业。

8月20~23日　云南省混凝土协会2004年学术年会在玉溪召开，省建材工业协会，省硅酸盐学会组织部分水泥生产厂家代表参会。

8月26日　云南弥渡庞威公司水泥厂被国家建材行业生产力促进中心授予"全国机立窑水泥企业技术改造示范单位"称号。

8月29~30日　中国建材工业经济研究会在大理召开水泥企业节能环保新技术研讨及经验交流会，18个省市自治区167人参会，其中云南有35个单位的62人参会。

9月16~17日　全省机立窑水泥企业技术改造现场会在弥渡庞威公司水泥厂召开。

9月24~28日　云南省建材行业职业技能培训站，云南第113国家职业技能鉴定所联席会在腾冲召开。

9月　云南开远水泥股份有限公司总经理李波文，云南红塔滇西水泥股份有限公司总经理徐郭山，云南中山包装装潢材料厂总经理李学英，昆明滇北建材有限公司董事长、总经理姜红星被评为2004年度全国建材行业优秀企业家。

10月14~19日　云南水泥工业参观团（一行9人）赴江苏、安徽、上海、浙江参观。

10月29日　云南昆钢嘉华水泥建材有限责任公司年产30万吨矿渣微粉生产线竣工。工程于2003年4月19日正式开工建设，总投资8 600万元。矿渣微粉是配制高标号混凝土的高级掺和料，有利于提高混凝土产品质量，目前处于应用阶段，是国家引导的发展产业。嘉华公司采用现代立磨的超细粉粉磨工艺，使得矿渣微粉的细度比水泥还要细，可在400~600平方米/千克范围内调节，满足不同工程和客户的需要。

10月30日　华新云南昭通日产4 000吨水泥熟料生产线破土动工建设，项目总投资35 500万元。

11月2日　云南省包装技术协会，云南省建材工业协会联合向各水泥包装袋生产企业、水泥生产企业发出关于实施《云南省水泥包装行业"质量、价格、信誉"自律公约》的通知。

11月23日　"高原型预分解低碱水泥生产线开发研究"省级课题通过成果鉴定。

11月28~29日　全省水泥企业化验室主任工作会在昆明召开，除迪庆州外的15个州市的112个单位的143人参会。

12月3日　中共云南省委、省政府批准成立云南省建材工业行业协会，其职能是开展行业指导服务和管理。

12月9日　云南省建材工业行业协会正式成立，协会负责云南省建材工业的行业管理工作并承担云南建材集团有限公司所属未划转企业的管理和深化改革工作。协会的成立为加强行业指导、服务和管理，为推进行业科技进步，加快结构调整，加速人才队伍的建设，提升行业竞争力，促进云南建材工业持续、快速、健康发展有着重要意义。

2005年

1月11日　云南省建材工业行业协会以云建材协会[2005]9号文件形式，向各州市建材主管部门、有关协会、各水泥企业发出关于印发《云南省水泥企业化验室合格证换（发）工作细则》的通知。

1月31日~2月3日　云南省建材工业行业协会在昆明举办第一期全省水泥企业化验室评审员培训班。

2月3日　云南省建材工业行业协会在昆明召开全省水泥企业化验室评审领导小组工作会议，传达有关文件，布置审核工作，听取各州市建材主管部门意见

2月28日~3月1日　第二期云南省水泥企业化验室评审员培训班在昆明举办。

2月5日　昆明奕标水泥有限公司日产1 000吨水泥熟料生产线竣工，年产40万吨水泥粉磨站开工。

4月12日　昆钢嘉华日产4 000吨水泥生产线奠基，副省长李新华出席奠基仪式。

4月18日　副省长李新华针对2005年4月14日省经委关于云南省水泥企业化验室合格证换（发）证工作的意见批示："同意拟办意见，请经委和建材协会加强领导，严格按水泥行业的产业政策搞好换发证工作"。

5月18日　昆明骏丰水泥有限责任公司日产2 000吨水泥熟料生产线破土动土，总投资9 600万元。这条生产线是由云南省建筑材料科学研究设计院设计的。

5月29~30日　全省建材行业第22次QC成果发表会在江川召开，多数是水泥企业的成果。

6月　云南国资水泥东骏有限公司日产4 000吨新型干

法水泥生产线投入试生产。

7月20日~8月28日 云南省举行水泥企业建材化学分析工职业技能大赛。经过初赛、复赛,最后有51名选手进入决赛,产生出1名"技能状元"(昆明西山区特亚公司杨艳芳获《高级技师证书》、3名"技术能手"和6名高级工。

9月12~14日 云南省硅酸盐学会与中国硅酸盐学会自动化分会在昆明举办水泥X射线荧光分析应用技术培训班。

9月26日 丽江永保水泥有限公司日产2 000吨熟料生产线投产。

9月28日 云南凤庆县习谦水泥有限责任公司董事长、总经理杨金葵,云南省石屏异龙水泥有限责任公司董事长郭建明,云南楚雄奕标水泥有限责任公司董事长、总经理李天福,云南文山新兴水泥有限公司总经理肖元静被评第三届(2005年度)全国建材行业优秀企业家。

10月 云南省硅酸盐学会组织部分水泥企业代表赴京参加中国硅酸盐学会成立60周年纪念活动及水泥学术报告会。

10月22日 云南省建材工程高级工程师评审委员会,云南省建材工程中级专业技术职称评审委员会宣告成立。

11月17~19日 国家建材情报所在昆明召开水泥工业破碎粉磨工艺节能暨环境保护技术研讨会,云南部分水泥企业代表参会。

12月19日 云南省建材工业行业协会云建材协会[2005]106号文,转发了中国建材工业协会标准质量部《关于对水泥企业化验室评审考核有关问题的答复》。

12月24日 云南省水泥混凝土产品质量监督检验站被云南省建设厅、云南省混凝土协会评为云南省混凝土行业2005年度优秀试验室。

4月至12月 云南省建材工业行业协会组织评审组对15个州市的145家水泥企业化验室进行了现场评审。

西藏自治区发展改革委工业与产业政策处

【概况】西藏自治区水泥资源丰富,"十五"中前期,建材业列为五大支柱产业之一,"十五"中后期,建材业列为六大特色产业之一。西藏自治区建材业以水泥生产为主,历年产值占整个建材业的69%以上。在西藏这个产业尚不发育的地区,水泥工业对自治区经济发挥了巨大的支撑作用,历年来都是全区经济效益较好的行业之一。青藏铁路建成通车后,燃煤的运输成本大幅度降低,从600元/吨降到260元/吨。随着山南华新水泥有限公司和高天水泥有限公司的新型干法生产线建成投产,采用新型干法生产工艺,煤的用量大幅降低,每吨熟料用煤从240~280千克降到140千克;加上自动化控制水平和劳动生产率的提高,水泥生产成本将从"十五"初的每吨470元降到"十五"末的360元。

在"十五"期间,西藏自治区大力开展水泥工业结构调整工作,国务院副总理吴邦国2001年6月在西藏视察时提出的关于加强拉萨地区水泥厂粉尘污染治理、注重西藏环境保护工作、"上大关小"的重要指示精神,为进一步加强拉萨市水泥厂粉尘污染治理,淘汰落后生产力,促进建材工业结构调整,提高水泥产品质量,实现资源综合开发利用与环境保护协调发展,保护拉萨市旅游城市生态环境,2001年至2002年,拉萨市已先后关闭登峰水泥厂、登峰水泥有限公司、交通建材水泥厂、墨竹工卡县水泥厂4家水泥生产企业的5条机立窑生产线。2004年又关闭江孜县水泥厂(一条机立窑生产线)。2005年随着山南华新水泥有限公司年产30万吨新型干法窑生产线的建成投产,又关闭了山南地区兴业水泥厂。同时确定了在"十一五"期间关闭拉萨市剩下的8条立窑水泥生产线计划。目前,西藏高争建材股份有限公司2条机立窑已经关闭,拉萨远大建材有限公司2条机立窑水泥生产线正在做关闭前的转产等准备工作。其他几条立窑生产线关闭工作也正在进行资产评估、转产等准备工作,计划2006年底以前全部关闭。

截止到2005年,全区有水泥生产企业13家(包括在建3家),粉磨企业一家,建设了年产30万吨和60万吨新型干法生产线各一条。水泥产量142万吨,比2001年增长1.86倍,比2004年增长47.9%,产值约7.2856亿元,比2001年增长2.2倍,比2004年增长35%。实现利税1.395亿元。形成了国有、股份、私营多种经济成分并存的格局。主要产品有:硅酸盐水泥、普通硅酸盐水泥、中热硅酸盐水泥、道路硅酸盐水泥4个品种,也可根据用户的要求生产高标号或专用水泥,产品质量和技术性能全部达到国家新颁发的ISO水泥新标准R型水泥要求。

2005年,自治区开始以先进清洁环保生产工艺淘汰落后生产工艺,大力提倡技术改造和技术进步。为了落实国务院领导关于加强拉萨地区水泥粉尘污染治理,注重环境保护工作重要指示,搞好水泥行业结构调整,保护拉萨市旅游城市生态环境，积极进行剩余的机立窑水泥生产线的关闭工作，逐步解决已关闭水泥厂的遗留问题。投资4.679亿元的高天水泥有限公司日产2 000吨干法水泥生产线和山南华新年产30万吨水泥生产线建设项目竣工，两企业当年试生产水泥50万吨。这两个项目均采用了目前国内最先进的生产和环保工艺。填补了自治区无新型干法水泥生产线的空白，使西藏自治区水泥生产工艺技术跨入全国先进行列。

为了加强建材生产质量管理，要求区内水泥生产企业使用“水泥生产质量原始记录统一表式”，统一格式和标准，以便今后自检自查和接受有关部门的监督检查。同时，根据国家有关规定，还组织相关单位完成了化验室合格证到期的7家水泥生产企业化验室的评审考核、复查换证、发证工作。

根据国家有关产业政策，我国西部地区新建水泥生产线日产规模不得低于1 500吨。但根据西藏阿里地区现有水泥厂生产设备陈旧，工艺落后，严重影响环境以及阿里地区基本建设迅速发展对建材的极大需求且水泥外购运输成本很高（离最近的水泥生产地日喀则市1 420公里）等实际情况，为了有利于西藏最边远高寒的阿里地区经济发展，有利于改善阿里狮泉河镇环境，经西藏自治区人民政府特许，西藏自治区有关部门经认真研究核准同意了西藏高争（集团）有限责任公司自筹3 151万元新建阿里水泥厂年产5万吨Φ3.1×10米机立窑水泥生产线。2005年动工，计划2006年底投产。该项目不建，将严重影响阿里地区经济发展。这是西藏自治区根据自身特殊情况做出的一个特殊决策。

2005年西藏自治区42.5水泥均价为725元/吨（仅高争建材股份有限公司生产）。32.5和其他配制水泥在8月以前均价分别为651元/吨、572元/吨，8月以后随着西藏高天水泥有限公司和山南华新水泥有限公司的相继投产，水泥价格一路下跌，最低卖到460元/吨。2005年全区水泥年消耗量约为165万吨，区内生产142万吨，区外水泥调入量为23万吨。其中2005年区外水泥调入量主要集中在8月份以前，8月以后随着西藏高天水泥有限公司和山南华新水泥有限公司的相继投产，水泥价格下跌，区外水泥调入已无利可图（区外调入水泥成本销售价约为500元/吨左右），因而区外水泥调入量大幅缩减。预计2006年后随着西藏高天水泥有限公司和山南华新水泥有限公司的相继达产，区外水泥将不再大量调入。

“十五”期间西藏水泥生产情况表

年份	企业个数	职工人数	产量（万吨）	产值（万元）	利税（万元）	备注
2001	15	3 679	49.6	27 600	6 600	
2002	13	3 057	59.1	33 800	7 900	
2003	12	2 810	88.9	44 008	12 000	
2004	11	2 325	96	48 160	17 250	包括在建2家
2005	13	2 645	142	76 560	13 950	包括在建3家

2005年西藏自治区水泥生产企业统计表

企业名称	生产能力（万吨/年）	2005年实际产量（万吨）	2005年销售产值（万元）	2005年利税（万元）
西藏高天水泥有限公司	54.8	36	18 720	3 600
山南华新水泥有限公司	30	24	11 520	2 000
西藏高争建材集团	27	30	15 300	3 000
日喀则地区交通工业总公司水泥厂	11	8	4 240	800
拉萨远大建材有限责任公司	8.8	8	4 200	800
山南雅砻水泥有限责任公司	8.5	7.8	3 600	650
昌都地区水泥厂	8.5	8	4 480	1 000
曲水县信通水泥厂	8	8	4 200	800
堆龙德庆县东嘎水泥厂	8	7.2	3 744	700
芒康水泥厂	5	2.4	1 392	300
阿里地区水泥厂	1	在建		
昌都地区类乌齐县水泥厂	0.65	0.6	360	80
日喀则高争水泥厂	4	2	1 100	220

记事

2005年

4月8日 投资4.679亿元的西藏第一条新型干法水泥生产线西藏高天水泥有限公司年产60万吨新型干法水泥生产线建设竣工投入试生产；

8月3日 总投资1.6亿元的山南华新水泥有限公司年产30万吨水泥生产线建设项目竣工典礼在山南成功举行，湖北省委书记俞正声、西藏自治区政府主席向巴平措参加典礼。

9月16日 全国水泥协会会长会议在拉萨召开；

是年 受中国建材协会委托，根据国家有关规定，自治区发展和改革委员会组织有关单位专家对区内7家合格证到期水泥企业化验室进行了审查验收，重新颁发了水泥企业化验室合格证。

陕西省建筑材料工业协会

【概况】“十五”期间，陕西水泥行业广大干部、职工在邓小平理论和“三个代表”重要思想指引下，认真贯彻党中央、国务院关于正确处理改革、发展和稳定的方针，坚持科学发展观，从产业结构、产品结构和企业结构等方面进行了较大力度的改革，努力克服原材料涨价幅度较大，而水泥价格下滑较大并在低位长期徘徊等不利因素的影响，加大了淘汰落后小水泥产能的力度，加快了新型干法水泥建设的步伐。环保形势显著好转，体现了循环经济和可持续发展相协调并进的好趋势。水泥是陕西省建材行业的主导产品，据统计，2001年全省水泥产量1 493万吨，与上年同期相比增长35.6%。

2002年全省水泥的产量完成1 368万吨，与上年同期相比增长-8.4%。全省散装水泥量实际完成305.82万吨，比上年增长24.82%，散装率达到了25.48%，比上年提高了-8.4个百分点，实现社会综合经济效益11 009.52万元，超额完成了国家和省政府提出的预期目标。

2003年陕西省水泥产量完成1 828万吨，与上年同期相比增长33.6%。全省散装水泥量实际完成365.22万吨，比上年增长19.42%，散装率达到了30.87%，比上年提高了4个百分点，实现社会综合经济效益9 495.72万元，超额完成了国家和省政府提出的预期目标。

2004年陕西省水泥产量完成2 022万吨，同比增长10.6%。2004年全省散装水泥量实际完成483.06万吨，净增117.84万吨，同比增长32.27%，散装率达到了32%，比上年提高了2个百分点，超额完成了国家和省政府提出的预期目标。

2005年，全省水泥产能3 200万吨，产值占全省建材行业的三分之二，当年完成水泥产量2 165万吨，同比增长7%。全省散装水泥生产量为586.46万吨，比上年增长103.4万吨，同比增长21.61%。“十五”期间，散装水泥生产总量为1 985.53万吨，比“九五”期间增长1 102.1万吨，同比增长124.75%，实现综合社会经济效益7.94亿元。截止2005年，全省有散装水泥发放库307座，中转库48座，年中转能力60万吨，固定接收库77座，散装水泥流动罐1 825个，散装水泥专用汽车985辆，散装水泥专用火车罐车113节，散装水泥设施设备综合能力达700多万吨。

【技术进步工作】2001年秦岭水泥股份公司新建日产2 000吨水泥熟料生产线于2001年9月30日竣工投产，一次点火成功，三天达标，月度达产，使公司水泥生产能力由原来的年产170万吨提高到250万吨。蒲白矿务局水泥厂日产700吨水泥熟料新型干法生产线5月份投产。新的技改和基建项目前期准备工作成效显著，国家计委批准了唐山冀东水泥股份有限责任公司与陕西扶风法门寺水泥有限责任公司合资建设日产4 000吨新型干法水泥熟料生产线项目。计划由秦岭水泥股份公司控股，在铜川地区、宝鸡地区分别建设日产4 000吨水泥熟料新型干法项目和陕西尧柏特种水泥集团公司在渭南地区建设日产2 500吨水泥熟料新型干法项目均已列入国家“双高一优”计划，并积极争取第七批国债贴息项目。全省对窑径为2.5米至3.0米的立筒预热器或五级旋风窑生产线实施了窑外分解技术改造。其中，石泉县水泥厂、耀州水泥股份有限公司、蒲城洛东水泥有限责任公司、铁一局水泥厂等企业完成窑外分解技术改造后，产量实现了翻番。

2002年继续抓好水泥工业的结构调整。4月26日陕南地区首条日产2 000吨水泥熟料新型干法回转窑生产线在陕西汉江建材股份有限公司正式点火投产。陕西岐星水泥厂日产1 000吨熟料新型干法水泥生产线于10月份正式投产，当月达产。陕西省略阳县水泥厂日产700吨熟料新型干法水泥生产线，也于5月30日投产。冀东扶风水泥有限责任公司的日产4 000吨新型干法水泥熟料生产线已于9月28

日开工。陕西尧柏特种水泥集团公司在渭南地区建设日产2 500吨水泥熟料新兴干法项目也于12月份开工。对窑径2.5米至3.0米的立筒预热器或五级旋风窑生产线实施干法技术改造有新进展。永寿县水泥厂、陕西社会水泥股份有限公司、陕西天柱水泥有限责任公司等企业已完成窑外分解技术改造。

2003年,全行业继续下大气力抓好招商引资,加大水泥工业结构调整,加快新型干法水泥建设。当年已有3个项目建成投产,还有一批项目已奠基开工或立项。其中:陕西省岐山县岐星水泥厂于8月份相继投产两条1 000吨/日新型干法水泥生产线,同时,该厂还全部淘汰原有机立窑水泥生产线,形成年产110万吨新型干法水泥生产能力,居全省水泥企业前列。冀东扶风法门寺水泥有限责任公司日产4 000吨新型干法水泥生产线于11月正式生产,成为全省单线生产规模最大的水泥企业。陕西尧柏特种水泥股份公司日产2 500吨水泥熟料生产线也于12月底建成。已开工建设的有:浙江声威泾阳建材有限责任公司日产2 500吨,陕西秦岭水泥集团股份有限公司铜川地区日产4 000吨。另外,还有一批已批准立项和正在进行前期工作的项目。据统计,2003年全省水泥行业投入新建改造资金约15亿元,这些项目的建设将极大改变全省水泥产业结构,提高水泥产量质量和企业生产规模,提升水泥行业的整体水平。

2004年全行业新型干法水泥的建设步伐不停。当年已有2个项目建成投产,还有一批项目已奠基开工或立项。其中,浙江声威泾阳建材有限责任公司日产2 500吨项目年初投产;陕西社会水泥有限责任公司日产2 500吨项目也于9也正式生产。已开工建设的有:浙江声威泾阳建材有限责任公司第二条日产2 500吨、陕西秦岭水泥集团股份有限公司铜川地区日产4 000吨、浙江声威铜川建材有限责任公司日产5 000吨、浙江光宇富平公司日产5 000吨和镇安县日产1 200吨新型干法水泥项目。冀东泾阳水泥有限责任公司日产5 000吨项目已批准立项,积极筹备前期工作。据统计,2004年全省水泥行业投入新建改造资金约12亿元。

2005年又有3户新型干法水泥项目建成投产:浙江声威铜川建材有限责任公司日产5 000吨项目6月28日点火;陕西镇安秀山水泥有限责任公司日产1 200吨项目也于5月份正式生产;陕西秦岭水泥集团股份有限公司铜川地区日产4 000吨项目于9月份点火;浙江光宇富平公司日产5 000吨和陕西药王山水泥有限责任公司日产2 500吨新型干法水泥项目已到收尾阶段,2006年即可投产。

【机构改革】根据省委、省政府的决定,作为全省建材工业主管部门的省经贸委于2004年6月份撤销,由新组建的陕西省工业交通办公室承担全省建材工业行业管理职能,具体业务工作由工交办内设的"行业指导协调处"负责。

【陕西省水泥工业发展和结构调整意见】为加快全省水泥工业结构调整步伐,确保持续健康发展,2004年4月,省发展计划委员会和省经济贸易委员会联合下发了"陕西省水泥工业发展和结构调整意见",提出了科学规划、合理布局;严格市场准入,淘汰落后生产力;合理配置资源,加大宏观调控工作力度的要求,积极引导水泥工业走新型工业化的发展道路,使全省水泥工业结构发生显著变化。到2005年底,日产1 000吨级以上新型干法旋窑水泥的产能占总量的45%左右。

【企业改革】为推进全省国企改革,省委、省政府确定了资源性、垄断性、战略性和特殊行业的企业保留省级管理,其他一般性竞争性领域的企业原则上下划到各市管理的总体要求,省建材工业总公司所属的企业,全部下划到所在市。其中全省水泥龙头企业"陕西秦岭水泥(集团)股份有限公司"归铜川市政府管理。

经过多次协商,唐山冀东水泥股份有限公司与德国海德堡水泥集团于2005年12月份合作组建了"冀东海德堡(扶风.泾阳)水泥有限公司"。该公司目前在扶风拥有一条日产4 000吨新型干法生产线。2006年将在泾阳县开工建设一条日产5 000吨新型干法生产线。

【质量工作】全省水泥行业坚持质量第一的原则,积极推广ISO9001质量管理体系工作,加强和完善了企业的质量管理机构、管理制度,努力争创名牌,以优质的产品确保人民财产和生命的安全。截至2005年底,全行业约有80户水泥企业通过了质量管理体系认证,占企业总数的36%;获省名牌企业9户,占企业总数的4%;获国家免检荣誉称号企业8户,占企业总数的3.5%。

记　事

2001年

5月份　蒲白矿务局水泥厂日产700吨水泥熟料新型干法生产线投产。

5月份　省建材黄金行业办举办全省认证水泥企业内审员培训班,由中国水泥房建材料产品质量论证中心高级教师授课。

9月中旬　省建材黄金行业管理办公室召开了全省水泥行业工作座谈会,宣传贯彻国家关于水泥工业发展的产业政策,对全省水泥企业进行了基本情况调查。

9月30日　秦岭水泥股份公司新的日产2 000吨水泥熟料生产线一次点火成功,3天达标、月度达产。

11月下旬　省经贸委和省技术监督局联合召开了全省水泥许可证换发实施细则宣贯会,传达了全国水泥生产许可证工作会议精神,部署了全省该项工作的实施计划。

12月20日　陕西省建材工业总公司主要负责同志到陕西秦岭水泥股份公司郑重宣布,经陕西省人民政府同意,陕西秦岭水泥股份公司组建为陕西秦岭水泥集团公司，耀县水泥厂被股份公司托管。

2002 年

1月6日 陕西秦岭水泥集团成立大会隆重举行，陕西省副省长巩德顺出席成立大会并为公司揭牌，陕西省人民政府有关部门及各界代表300多人出席了揭牌仪式。

4月26日 陕西地区首条日产2 000吨水泥熟料新型干法回转窑生产线在陕西汉江建材股份有限公司正式点火投产。

5月30日 陕西省略阳县水泥厂日产700吨熟料新型干法水泥生产线投产。

10月份 陕西岐星水泥厂日产1 000吨熟料新型干法水泥生产线于正式投产。

10月14日 陕西省委副书记、代省长贾治邦等一行在铜川市委书记刘遵义、市长李晓东、副市长李荣杰以及省建材工业总公司总经理郭汉文等陪同下，来到陕西秦岭水泥(集团)股份有限公司进行调研。贾治邦在调研中指出，“秦岭水泥”要提高企业的核心竞争力。

2003 年

1月中旬 陕西省委、省政府出台了《关于加快“一线两带”建设，实现关中率先跨越发展的意见》，这将有力地推动陕西建材行业做强做大。

1月中旬 陕西省经贸委和省计委针对当前陕西有些地方盲目违规扩径改造立窑、扩张水泥生产能力及不顾全省水泥工业结构调整的总体布局进行低水平重复建设的现象，联合制定了《规范全省水泥工业项目投资建设若干意见》，并正式出台。

8月11日 陕西省省长贾治邦在岐星水泥厂考察时指出，乡镇建材企业要抢抓机遇，不断加快发展步伐，做大做强主导产业，为振兴农村经济、促进农民增收作贡献。

8月 岐山县岐星水泥厂2条日产1 000吨熟料新型干法生产线投产。

11月 冀东扶风法门寺水泥有限责任公司日产4 000吨熟料新型干法生产线投产。

12月 陕西尧柏特种水泥股份公司日产2 500吨熟料新型干法线建成。

2004 年

4月 浙江声威泾阳建材有限责任公司一期日产2 500吨熟料新型干法线投产。

5月中旬 陕西省发展计划委员会和经济贸易委员会联合下发了《陕西省水泥工业发展和结构调整的意见》。

6月 省经贸委撤销，由新组建的陕西省工业交通办公室承担建材行业管理职能。

9月 陕西社会水泥有限责任公司日产2 500吨熟料新型干法线投产。

2005 年

5月 陕西镇安秀山水泥有限责任公司日产1 200吨熟料新型干法线投产。

6月28日 浙江声威铜川建材有限责任公司日产5 000吨熟料新型干法线点火。

9月 陕西秦岭水泥集团股份有限公司铜川地区日产4 000吨熟料新型干法线点火。

12月 唐山冀东水泥股份有限公司与德国海德堡水泥集团合作组建“冀东海德堡(扶风、泾阳)水泥有限公司”。

甘肃省建筑材料工业协会水泥协会

2001 年甘肃水泥工业概况

【基本现状】2001年甘肃省水泥制造企业115户，水泥熟料生产能力980万吨，其中技改新增新型干法水泥熟料生产能力165万吨，合计新型干法水泥熟料生产能力185万吨，占水泥熟料总能力的18.88%。资产总额50.09亿元，从业人员3.7万人。全省水泥行业累计完成工业增加值6.9亿元，同比增长18.21%，生产水泥892万吨，增长21.9%，水泥产销率达98%。2001年水泥工业的经济效益趋好，拉动了甘肃建材行业整体经济效益的提高。水泥工业效益提高的原因主要有两点，一是随着西部大开发战略的实施，基础设施特别是公路交通建设投资力度加大，扩大了水泥市场的需求；二是水泥属于区域性市场销售的产品，一些水泥企业由于地理位置优越，出现了近几年来首次产销两旺的势头。

【水泥工业结构调整的进展情况】近年来，甘肃省认真落实国家关于“控制总量、调整结构、淘汰落后”的水泥工业发展方针，抓住西部大开发的发展机遇，加快发展新型干法水泥，淘汰落后水泥生产线，制止低水平重复建设，合理布局，以尽快实现全省水泥工业结构的优化。

坚持“上大关小”、堵疏结合和边远贫困地区一县一厂的原则，淘汰落后水泥工艺。关停国家明令淘汰的各类小水泥企业115户，其中取缔无水泥生产许可证企业83户，关闭小水泥企业32户。兰州市关闭小水泥企业61户，占全省关闭取缔小水泥企业总数的53%。

淘汰落后生产能力130万吨，其中淘汰无水泥生产许可证企业生产能力60万吨，淘汰窑径2.2米以下的机立窑及普立窑水泥生产能力70万吨。

2001年10月，省经贸委、省环保局、省质量监督局、省建材工业办公室等部门组成联合调查组，对永登县已关闭的31户小水泥企业擅自违法复产的问题进行了调查，要求当地政府采取果断措施，立即关闭违法复产的企业。永登县政府组成小水泥专项整治领导班子，制定整治方案，对死灰复燃的企业停止了供电，并拆除主要供电设施和生产设备，彻底关闭31户小水泥企业。之所以出现死灰复燃的问题，究其原因：一是管理不到位，放松了对已关闭企业的监督；二是受投资拉动的影响，水泥市场出现了近年来少有的热销局面，而新型干法水泥技改项目还未建成投产，尤其是自六月份以来兰州市及周边地区水泥供不应求，造成一些企业复产。

【坚持"等量淘汰"或"超量淘汰"的原则，加快发展新型干法水泥步伐】按照因地制宜、分类指导的原则，坚持合理布局，重点支持了市场前景好、有发展潜力的水泥企业实施技术改造。近两年共审批水泥技改项目18个，其中日产2 500吨新型干法熟料生产线2条（甘肃祁连山水泥集团股份有限公司实施），日产1 000吨新型干法水泥或熟料生产线9条；2001建成投产新型干法水泥生产线4条，分别是：5月兰州大通河水泥股份有限公司日产1 000吨新型干法水泥熟料生产线、7月金昌水泥（集团）有限责任公司日产1 000吨新型干法水泥生产线、11月张掖市山丹水泥（集团）有限责任公司日产1 000吨新型干法水泥熟料生产线、12月祁连山水泥集团股份有限公司日产2 500吨新型干法水泥熟料生产线。这4条生产线新增新型干法水泥熟料生产能力165万吨，使全省新型干法水泥生产能力由58万吨提高到185万吨，其比例由5.6%提高到18.88%，为甘肃水泥工业结构调整起到了积极的促进作用；已开工建设的有兰州大通河水泥股份有限公司日产1 000吨新型干法水泥熟料生产线（第2条）和兰州甘草环保建材股份有限公司日产1 000吨新型干法水泥生产线；甘肃古浪峡水泥有限责任公司和甘谷浴佛水泥有限责任公司日产700吨新型干法水泥生产线。坚持"等量淘汰"的原则，技改项目必须要有企业法人和当地政府书面承诺淘汰相应的落后水泥生产能力，才能够立项和审批。

【存在问题】一是集约化程度低，生产规模小。甘肃省最大的水泥集团"祁连山"水泥生产能力255万吨。在115户水泥企业中生产能力在20万吨以上的企业仅有11户，不到企业总数的10%，20万吨以下小型企业占到90%，水泥企业的平均规模9.4万吨。二是科技含量低。多数企业技术装备落后，自动化程度低，代表先进水平的新型干法水泥生产线只有5条；在立窑企业中，多数企业劳动生产率低，能耗高，污染严重。三是布局不够合理，各地区间发展不平衡。水泥企业已覆盖全省85%的县区，兰州和白银两市的水泥产量约占全省产量的50%，而庆阳、陇南、甘南、临夏等地州和定西地区的部分县，由于相距铁路较远，加之受当地经济发展水平的制约，水泥工业相对比较落后；三、重复建设问题和市场供需矛盾依然突出。

2002年甘肃水泥工业概况

2002年，在国家继续坚持扩大内需、对外开放等一系列宏观政策指导下，甘肃建材行业紧紧抓住西部大开发的历史机遇，贯彻落实"工业强省"战略，围绕建材工业"十五"规划确定的目标，实施水泥工业结构调整和淘汰落后，深化水泥企业改革、改制，甘肃水泥工业继续保持了较快的发展，经济运行质量得到改善，呈现出较好的发展势头。

【2002年水泥工业经济运行回顾】2002年，全省水泥工业经济运行呈现"四高三特点"。

"四高"是：

工业生产增速提高。全省115户规模以上水泥企业完成工业增加值7.92亿元，比上年增长12.5%。从月度增长趋势看，5月份以后进入快速增长，连续7个月保持14%以上的增速。受冬季建设工程停工影响，12月份增速有所回落，但仍保持两位数增长。

经济效益明显提高。水泥行业实现利润总额1.23亿元，比上年增长17.14%。

劳动生产率大幅提高。水泥制造全员劳动生产率人均22 443元，同比增加人均3 283元，增长17.14%。能力在20万吨以上的水泥企业表现出规模经济的优势，以19.7%的增速拉动全行业劳动生产率大幅提高。

水泥产量创历史新高。全省水泥产量首次突破千万吨大关，全年生产水泥1 125万吨，同比增长26.12%。新型干法水泥熟料生产能力达到370万吨，占水泥熟料能力的29%左右。

"三个特点"是：

固定资产投资增长拉动了市场需求，水泥产量大幅增加。2002年，我省固定资产投资完成575亿元，比上年增长13.8%，有力地拉动了水泥市场需求，水泥产量大幅增加，增幅26.12%，其中：能力在20万吨以上的水泥企业增幅为41.2%，产量566万吨。

水泥工业拉动了全行业整体经济运行质量。受西部大开发和固定资产投资的拉动，新型干法水泥发展步伐加快。继上年日产1 000～2 500吨4条新型干法水泥生产线投产后，2002年兰州甘草环保建材股份有限公司日产1 000吨、甘肃高崖金城水泥有限公司日产1 000吨、兰州大通河水泥股份有限公司第二条日产1 000吨、甘肃祁连山水泥集团股份有限公司第二条日产2 500吨、平凉市太统水泥有限责任公司日产700吨新型干法水泥生产线相继投产，使全省新型干法水泥有了突破性进展，水泥工业结构调整取得实质性效果，经济运行质量明显提高。2002年规模以上水泥企业完成工业增加值7.92亿元，增长12.48%；实现销售收入23.52亿元，增长19.1%；实现利润总额1.23亿元，增长17.14%；税金总额2.13亿元，增长24.89%。水泥行业的销售收入、利润、税金分别占到全行业的58.71%、79.77%、69.35%。水泥行业的产成品比上年下降7.57%，产成品存货可供销售天数由上年的90天下降到77天；资金利税率7.67%，提高0.64个百分点，高于全省建材行业平均水平1.16个百分点。

水泥工业中非国有经济和中小型企业发展速度加快，综合实力增强。通过改革、改制，中小水泥企业盈利水平和适应市场的能力进一步增强。特别是"千户百强"工程的启动，促进了中小型水泥企业的发展，涌现了兰州甘草环保建材股份有限公司、天水永固水泥有限责任公司、兰州大通河水泥股份有限公司、夏河安多水泥有限责任公司、酒泉祁峰建化水泥有限公司等一批"千户百强"工程优秀企业。

【经济运行中存在的主要问题】水泥行业效益的提高主要依靠量的增加，显现出供大于求的态势。固定资产投资、住房消费拉动了建材市场的需求，给水泥产品提供了巨大的市场空间，水泥产量以26%以上的速度在增长。但水泥产品价格下跌、产销不平衡、货款拖欠等问题比较突出。

水泥价格走低 2002年水泥平均出厂价为每吨254元，比上年吨水泥价格降低15元左右，而煤炭等原燃材料价格比上年上升，导致产品成本升高。因此，水泥行业16.6%的利润增长主要依靠26%的产量增长。

产销不平衡 2002年全省水泥产量增长22%以上，销售量仅增长14%，销售率为95.27%，而全国水泥产品销售率为97.6%，两者相比我省低了2.33个百分点；同时也比2001年降低了0.99个百分点。这说明产量和销量没有同步增长，供大于求的趋势更加突出。

货款拖欠严重 年末水泥行业应收账款净额达8.20亿元，比上年同期增加1.07亿元，增幅高达15%，而全国水泥行业的增幅为6.56%，甘肃省高出8.44个百分点；应收账款净额相当于同期销售收入的34.86%。货款拖欠给企业的生产经营带来很大的困难，资金紧张、效益下降；从另一个侧面也反映出我省水泥产品的市场竞争进一步加剧。

【不利因素】结构性供过于求的矛盾依然存在。甘肃省水泥生产能力增长较快，而淘汰落后步伐缓慢，使水泥供大于求更为突出。水泥市场竞争将更加激烈，生产经营成本升高的因素已有所增加。

内需增长乏力 甘肃省地处西部，属经济欠发达地区，下岗人员增多，再就业渠道不宽，城乡居民可支配收入增长缓慢，城市居民购房、装修热度不够，农民建房也还没有热起来。

水泥企业竞争力不强 全省水泥企业中90%是小型企业，规模小，经济实力弱，竞争能力不强，企业经营管理水平需要进一步提高。从整个水泥行业来讲，产品结构、技术结构、组织结构调整的任务还非常艰巨。

2003年甘肃省水泥工业概况

【基本现状】2003年甘肃省现有水泥生产企业122家，占全国水泥企业总数2.5%。设计总生产能力1 500万吨，其中旋窑870万吨，占58%；立窑630万吨，占42%。旋窑共有生产线55条，其中干法中空窑20条，能力69万吨；湿法窑10条，能力145万吨；立筒预热器窑7条，能力76万吨；新型干法水泥生产线14条，水泥熟料生产能力495万吨，占全省水泥熟料生产能力的33%。"十五"以来，通过大力发展新型干法水泥，水泥生产能力由1999年的1 035万吨增加到1 500万吨，增长44.9%。2003年水泥产量1 161万吨，同比增长3.2%；工业增加值6.22亿元，同比增长3.8%；现价工业总产值23.86亿元，同比增长3.25%；工业销售产值22.32亿元，同比增长3.78%；利税总额3.11亿元，同比增长9.9%，其中税金总额1.93亿元，同比增长3.74%，利润总额1.18亿元，同比增长21.38%。2003年全省水泥产量、增加值、现价工业总产值、工业销售产值及利税总额占全国水泥行业的比重分别是1.43%、1.06%、1.27%、1.20%、1.29%。

【结构调整情况】清理整顿、淘汰落后工作取得成效，立窑水泥的大规模发展基本得到遏制。近三年已淘汰落后生产能力130万吨，关停小水泥厂115户，较好地完成了计划工作目标。其中将兰州市永登县列为工作重点，省地县三级联合行动，拆除炸毁小立窑61座，根除了死灰复燃的可能。同时，通过调查、落实、整顿，立窑水泥的扩径改造基本得到遏制。

新型干法水泥取得较快发展。截至2003年全省共有日产700吨及以上新型干法水泥生产线14条。其中1998年建成1条日产700吨新型干法水泥生产线，水泥熟料生产能力20万吨；2001年建成4条线，增加新型干法水泥熟料生产能力165万吨；2002年建成5条线，增加新型干法水泥熟料生产能力185万吨；2003年建成4条线，甘肃省寿鹿山水泥有限公司日产1 000吨新型干法水泥生产线、酒钢宏达建材有限责任公司日产1 000吨新型干法水泥生产线改造工程、武山水泥厂1号立筒预热器窑改日产1 500吨预分解窑生产线、甘肃省浴佛水泥有限责任公司日产700吨新型干法水泥生产线，增加新型干法水泥熟料生产能力125万吨；总计新型干法水泥熟料生产能力495万吨。在建项目有6条，分别是平凉祁连山水泥有限公司日产2 500吨新型干法水泥生产线、甘肃西部水泥有限责任公司日产1 000吨新型干法水泥生产线和夏河安多水泥有限责任公司日产1 000吨新型干法水泥生产线、甘肃古浪峡水泥有限责任公司和兰州市贡马水泥有限责任公司日产700吨及平凉市华陇集团陇东水泥集团公司日产700吨新型干法水泥生产线，建成投产后将新增新型干法水泥熟料生产能力175万吨。

【发展中存在的问题】虽然"十五"以来全省水泥工业在

发展上取得了较快进展,但也存在一些问题,主要表现为:一是部分建设项目生产规模偏低。由于受资金和区域水泥市场的影响,全省建设的新型干法水泥生产线中,多数为日产1 000吨和日产700吨新型干法水泥生产线,致使所建项目中日产1 000吨及以下规模的项目比例偏高。二是在发展新型干法水泥的同时,淘汰落后生产能力的工作力度不够。在项目建设中都要求当地政府和项目建设单位作出了"等量或超量"淘汰落后生产能力的承诺,但项目建成后真正落实淘汰承诺的力度不大。三是区域发展不平衡。虽然在甘肃建材工业"十五"规划中对新型干法水泥项目的布局作出了明确要求,但是由于项目实施过程中受到多种因素影响,出现了兰州地区新型干法水泥项目偏多,而陇南、庆阳等地区发展相对滞后的问题。四是投产的新型干法水泥生产线效能发挥不够。主要反映在熟料强度比较低、成本优势不明显、新老工艺的产品在售价上没有拉开档次。熟料强度新型干法水泥国内最好水平达78兆帕,先进指标62~68兆帕,而我省最高62兆帕,一般在52~58兆帕之间;熟料制造成本,先进指标75元,一般在100元左右,省先进指标100元,一般在120元左右;售价,外省多数新型干法水泥比机立窑水泥高出20~30元,甘肃省则在10元左右。

【经济运行中存在的主要问题】总量控制不力,产能增长快于市场需求增长　近几年甘肃省水泥工业实施"总量控制、淘汰落后、上大关小"的政策,取得了一定的成效。通过用高新技术和先进适用技术改造和提升传统产业,新型干法水泥取得突破性进展。2000年全省仅有3条预分解窑,58万吨生产能力,发展到2003年的14条新型干法水泥生产线,495万吨新型干法水泥生产能力,占全省水泥总能力的33%。但是,在发展的同时,控制总量、淘汰落后水泥生产能力的工作难度加大,水泥生产能力由2000年的1 035万吨上升到2003年的1 500万吨。淘汰落后水泥生产能力虽然落实了100多万吨,但是个别机立窑企业自行扩径改造也增加了部分产能,由此造成水泥总量偏大,生产能力的发挥和产销率不高。2003年全国水泥产销率为98.32%,同比增长0.6个百分点,水泥产量增长15.4%;全省水泥产销率93.57%,同比增长0.48个百分点,水泥产量仅增长7.4%。

水泥售价持续下滑,煤电油料进价上升　由于甘肃省水泥行业整体供大于求,加之2002年以来外省水泥涌入天水、平凉、庆阳、陇南等地,并以低价竞争水泥市场份额,2003年全省水泥平均出厂价格每吨比上年降低了20元左右。而水泥生产的燃料煤和动力电价格上调,致使水泥销售成本上升了23.32%。

货款回收艰难、增销难增收　2003年水泥货款回收难度加大,水泥应收账款净额高达9.5亿元,占到全省建材工业应收账款净额的62.7%,比上年同期增加1.93亿元,上升25.56%,占到全年水泥工业销售收入增加额2.37亿元的81.44%,货款拖欠的趋势加重。

重点企业财务费用猛增,影响了技改项目的效益　近年来全省建材企业通过改革、改制、改造,技术装备水平迅速提高,涌现了一批具有竞争实力的骨干企业。但是,由于受地域条件、市场需求、生产规模等限制,引进外部资金和民间资金相对较少,大多数企业主要以商业银行为主渠道解决项目贷款,造成项目建成投产后财务费用猛增,影响了技改项目的实现利润和经济效益。2003年全省水泥企业财务费用11 320万元,占全行业的73%,同比增长1 897万元,增长率20.13%。以实施新型干法水泥生产线的企业上半年数据为例,永登祁连山水泥有限公司增加691万元、张掖市山丹水泥(集团)有限责任公司增加105万元、金昌水泥(集团)有限责任公司增加231万元。

2004年甘肃省水泥工业概况

2004年,甘肃省水泥工业以科学发展观为指导,贯彻落实国家宏观调控政策和省委、省政府"工业强省"战略,实施水泥工业结构调整,深化企业改革,积极推进技术进步,大力发展新型干法水泥,全省水泥工业总体上呈现了生产快速增长,产销衔接良好,结构进一步优化的良好发展态势。

【水泥工业保持较高增速】2004年,甘肃省规模以上水泥制造企业123户,实现工业增加值9.95亿元,同比增长16.4%,实现销售收入31.09亿元,同比增长17.84%,利税总额4.33亿元,同比增长17.08%,全员劳动生产率人均26 294元,同比增长14.74%,水泥产量1 327万吨,增长14.3%。新增的新型干法水泥生产能力逐步发挥,水泥工业发展速度和产品产量都有较大幅度增长。

【水泥产品产销衔接良好】全年水泥工业产品销售率为94.73%,比上年增长0.89个百分点,水泥销售基本顺畅。

【水泥工业继续保持行业重要地位】甘肃省水泥产量继2001年增长21.9%,2002年增长26.12%,2003年呈低速增长态势,较上年增长3.2%。2004年,在甘肃省固定资产投资增长15.41%(当年完成投资756亿元)的拉动下,水泥市场需求旺盛。水泥产量达1 327万吨,增长14.3%。123户规模以上水泥企业实现的工业增加值、产品销售收入、利税总额占全省建材行业的50.64%、57.88%、64.24%,继续保持行业重要地位。

【产业结构进一步优化】在国家宏观调控政策引导下,甘肃省水泥工业通过加快技术改造步伐,大力发展新型干法水泥。截至2004年全省有新型干法水泥生产线16条,其中日产2 500吨以上3条,新型干法水泥熟料生产能力达590万吨,占全部水泥熟料能力1 630万吨的36.2%,比全国平均水平高7个百分点。2004年,在建的6条新型干法水泥生产线,有2条建成投产,年新增水泥熟料生产能力95万吨。

【大中型水泥企业优势增强】甘肃省的大中型水泥企业从自身发展和形势变化的需要出发,以市场需求为导向,一方面积极探索开展跨地区的资产重组活动,通过兼并、收购等方式，实施低成本扩张，加快企业做大做强；另一方面，加大技术改造投资力度，大力发展新型干法水泥，促进产业升级。自2001年以来，甘肃祁连山水泥集团股份有限公司投资近8亿元建设了3条日产2 500吨新型干法水泥生产线，并通过收购、控股等方式实施资产重组，水泥生产能力从120万吨迅速扩大到500万吨，约占全省水泥熟料生产能力的30%，位居全省水泥行业的龙头地位。兰州大通河水泥股份公司发展迅速，在甘肃、青海两省已有4条新型干法水泥生产线，产能达到180万吨。金昌水泥(集团)有限责任公司、张掖市山丹水泥(集团)有限责任公司、甘肃省寿鹿山水泥有限公司等优势企业成为区域龙头企业。水泥制造在全省建材行业的主导地位日益显现，经济优势逐步增强。

【**存在问题**】水泥价格持续下跌，利润总额下滑，产品成本上升，货款拖欠严重。随着西部大开发战略的实施，甘肃基础建设项目增多，促进了水泥工业较快发展，特别是新型干法水泥得到突破性发展，全省水泥产能迅速增加，且快于市场实际需求的增长，规模过快增长而落后产能又得不到及时淘汰，造成水泥市场无序竞争，在全国水泥价格上涨的大背景下，甘肃水泥价格却连续三年以每吨15~20元的幅度下滑，水泥价格一直处于全国最低位。加之煤炭、电力、油、运费价格不断上涨，银行利息上调，使水泥生产成本大幅度增加，企业利润空间越来越小，部分企业出现亏损，大部分水泥企业在亏损边缘挣扎。2004年底，甘肃省123户规模以上水泥企业中有30户亏损企业，比上年增加了8户；水泥行业实现利润总额1.38亿元，同比减少利润750万元，降低5.17%；水泥工业成本费用利润率4.68%，同比降低22.64%；大型水泥企业成本费用利润率虽然高于全省水泥企业平均水平，但下降幅度较大，由2003年的10.67%降低到目前的8.06%，降低了2.61个百分点。水泥市场的无序竞争，造成货款拖欠严重。2004年末，全省规模以上水泥企业应收账款净额达10.14亿元，相当于全年水泥产品销售收入的32.58%。

2005年甘肃省水泥工业概况

2005年，甘肃省已颁发水泥生产许可证企业114户，熟料生产能力1 730万吨(不包括兰州大通河水泥股份公司在青海民和的75万吨)，水泥粉磨站5户，粉磨能力67万吨。其中：回转窑熟料生产线52条，生产能力869万吨，占熟料总能力的50.23%；机立窑生产线115条，能力861万吨，占总能力的49.77%；在回转窑熟料中：新型干法熟料生产能力670万吨，占全省水泥熟料生产能力的38.79%。水泥企业资产总额69亿元，从业人员3.78万人。2005年规模以上水泥企业87户，完成工业增加值11.03亿元，利税4.33亿元，分别占到全省建材工业的50.63%和64.26%，水泥工业是甘肃建材工业的主导行业。

【**甘肃省水泥项目建设情况**】从1998年至2005年底全省新建和改建日产700吨及以上的新型干法水泥熟料生产线19条，这19条生产线现已全部投产。其中：日产2 500吨生产线3条(不包括兰州大通河水泥股份公司在青海民和的1条)，水泥熟料生产能力225万吨；日产1 000~1 500吨生产线11条，水泥熟料生产能力345万吨；日产700吨生产线5条，水泥熟料生产能力100万吨。合计新型干法水泥熟料生产能力670万吨。这19条新型干法水泥熟料生产线分布在13户企业中。详细情况见附表甘肃省已建成新型干法水泥项目表。

【**水泥工业结构调整成效显著**】"十五"期间，通过技术改造，淘汰落后工艺，发展新型干法水泥，提高了行业技术水平和产品质量档次。2000年，甘肃省新型干法水泥年生产能力58万吨，仅占当时全省水泥生产能力1 030万吨的5%，不到全国平均水平的一半。2005年，日产700吨及以上新型干法水泥生产线达到19条，合计水泥熟料生产能力670万吨，占到全省水泥熟料生产能力的38.73%。全省水泥熟料平均标号和水泥产品质量进一步提高。

【**龙头骨干企业发展迅速**】甘肃祁连山水泥集团股份有限公司通过改造、新建和收购重组，形成了永登、天水、平凉三大生产基地，生产能力由2000年的120万吨增加到500万吨。兰州大通河水泥股份有限公司、金昌水泥(集团)有限责任公司、甘肃省寿鹿山水泥有限公司、甘肃省饮马实业集团公司、酒钢宏达建材有限责任公司等一批水泥骨干企业稳健成长，效益良好。

【**企业改革继续深化**】一批国有水泥企业完成了产权多元化改革，初步建立了现代企业制度。在国有及国有控股企业持续发展的同时，民营经济、股份制等其他经济类型得到快速成长，甘肃省水泥工业初步形成多种经济类型共同发展的格局。

【**资源综合利用和环境保护工作成效明显**】一批新型干法水泥生产线在各地建成投产，厂区建设美观，废气排放达标，水泥行业的形象得到改善。同时建材企业的节能、利废和环保意识普遍增强。建材工业成为发展循环经济、综合利用固体废弃物量最多的行业。水泥和墙体材料企业每年大约使用矿渣、钢渣、煤矸石、粉煤灰等工业固体废料500万吨。2005年全省有30多户水泥企业享受到资源综合利用的税收优惠政策。

【**行业发展中存在的突出问题**】近几年甘肃新型干法水泥得到迅速发展，但产业结构不合理的状况还没有根本改变，先进工艺和落后生产并存，机立窑等落后生产能力比重约占60%，还是占大头。企业规模小、生产集中度和劳动生产率低、低端产品比例大：水泥企业114家，平均规模约16.6万吨，低于全国平均水平；全员实物劳动生产率仅人均428吨；水泥熟料平均标号仍然偏低，水泥等级为32.5兆帕的低端产品占总产量的绝大部分。能耗高,环境保护和资源破坏问题仍然比较严重:水泥平均能耗远高于国际平均能耗指标,也高于全国平均水平;大多数中小企业环保不达标;石灰石等主要原材料开采仍存在乱采乱挖现象,资源得不到充分利用;资源综合利用优惠政策的执行方面还存在一些偏差。企业退出机制尚不成熟:由于经济欠发达,职工安置和水泥专用设备等一系列问题都难以处理和解决,淘汰落后能力的难度很大。

2001~2005 年甘肃省水泥产量

	水泥产量(万吨)		水泥熟料(万吨)	
年 份	本年	增长(%)	本年	增长(%)
2001	892	21.9	770	20.5
2002	1 125	26.12	940	22.08
2003	1 161	3.2	1 008	7.23
2004	1 327	14.3	1 170	16.07
2005	1 416	6.7	1 350	15.39

2001~2005 年甘肃省水泥行业主要经济指标

指标　　分类	2001 年	2002 年	2003 年	2004 年	2005 年
企业单位数(个)	112	115	102	123	87
亏损企业数(个)	13	13	20	30	28
亏损面	11.61	11.3	19.61	24.39	32.18
工业总产值(现价)	231 560	269 000	238 583.8	302 858.9	297 876.3
工业增加值	70 650.3	79 209.2	62 200.2	99 487.09	110 337.8
工业销售率	95.03	95.27	93.57	94.73	97.45
产品销售成本	145 531.7	175 638.2	172 000.6	236 841.3	206 681.8
产品销售费用	11 113.3	13 246.3	13 831.8	20 658.9	19 702.9
产品销售税金及附加	2 259.4	2 606.3	2 851.3	3 414.5	2 433.2
管理费用	20 869.6	24 375.3	22 967.9	30 886	21 623.5
财务费用	7 606	10 031.6	11 320.2	12 489.7	10 519.6
利息支出	7 451.1	9 777.3		12 083.4	10 077.7
利润总额	10 912.7	12 262.6	11 803.9	13 780	8 651.2
成本费用总额				300 875.9	258 527.8
应交增值税	15 873.7	18 704.9	16 408.2	26 127.1	19 884
利税总额	29 045.8	33 573.8	31 063.4	43 321.6	30 968.4
工业资金利税率(%)	7.35	7.67	7.04	7.46	5.47
流动资产平均余额	201 917.1	193 236.7	197 250.8	233 410.1	227 836.4
流动资产周转率(次)	0.97	0	1.16	1.33	1.22
应收账款净额	68 201.1	82 034.3	94 948.9	101 370.6	92 404.8
产成品	36 868.8	31 320	35 043.3	43 653.9	34 498.4
产成品存货可供销售天数(天)	91	64	73	66	60
固定资产净值平均余额	193 159.8	244 756.3	244 127.6	347 583.1	337 818.3
资产总计	535 618.8	587 821.8	612 328.9	696 086.3	629 387.5
负债总计	308 984.5	353 853.4	334 759.6	421 223.9	380 709.4
资产负债率(%)	57.69	60.2	54.67	60.51	60.49
全部从业人员平均人数(人)	36 902	35 294	32 698	37 837	29 715
增加值全员劳产率(元/人)	19 145	22 443	19 023	26 294	37 132

甘肃省已建成新型干法水泥项目表

序号	项目名称	改造投产时间	熟料（万吨）	水泥（万吨）	熟料（吨/日）
	19条生产线合计生产能力		670	770	22 500
1	兰州大通河水泥股份有限公司日产700吨新型干法水泥生产线	1989	20	23	700
2	兰州大通河水泥股份有限公司日产1 000吨新型干法水泥熟料生产线	2001.05.01	30	35	1 000
3	金昌水泥(集团)有限责任公司日产1 000吨新型干法水泥生产线	2001.08.05	30	35	1 000
4	张掖市山丹水泥(集团)有限责任公司日产1 000吨新型干法水泥熟料生产线	2001.11.16	30	35	1 000
5	永登祁连山水泥有限公司日产2 500吨新型干法水泥熟料生产线	2001.12.16	75	86	2 500
6	兰州甘草环保建材股份有限公司日产1 000吨新型干法水泥熟料生产线	2002.03.18	30	35	1 000
7	甘肃高崖金城水泥有限公司日产1 000吨窑外分解水泥生产线综合节能技改工程	2002.04.15	30	35	1 000
8	兰州大通河水泥股份有限公司日产1 000吨新型干法水泥熟料生产线	2002.04.28	30	35	1 000
9	平凉市太统水泥有限责任公司立筒窑改日产700吨预分解窑水泥生产线	2002.06.05	20	23	700
10	永登祁连山水泥有限公司日产2 500吨新型干法水泥熟料生产线	2002.12.28	75	86	2 500
11	天水祁连山水泥有限公司一号立筒预热器窑改日产1 500吨预分解窑生产线	2003.04.15	45	52	1 500
12	甘谷祁连山水泥股份有限公司日产700吨新型干法水泥生产线	2003.05.15	20	23	700
13	甘肃寿鹿山水泥有限责任公司日产1 000吨新型干法水泥生产线	2003.06.23	30	35	1 000
14	酒钢宏达建材有限责任公司日产1 000吨新型干法水泥生产线改造工程	2003.08.19	30	35	1 000
15	兰州市贡马水泥有限责任公司日产700吨新型干法水泥生产线技改工程	2004.10.08	20	23	700
16	平凉祁连山水泥有限公司日产2 500吨新型干法水泥生产线	2004.12.28	75	86	2 500
17	华陇集团陇东水泥集团公司综合利用废渣日产700吨特种水泥生产线	2005.01.28	20	23	700
18	夏河安多水泥有限责任公司日产1 000吨新型干法水泥生产线	2005.08.26	30	35	1 000
19	甘肃西部水泥有限责任公司日产1 000吨新型干法水泥生产线	2005.10.18	30	35	1 000

记 事

2001年

1月16日　省经贸委在兰州召开合肥水泥研究设计院作的甘肃古浪水泥有限公司日产700吨新型干法水泥生产线初步设计审查会。

4月17日　省经贸委在兰州召开成都建材工业设计研究院作的夏河安多水泥有限责任公司日产1 000吨新型干法水泥生产线可行性研究报告论证会。

5月1日　兰州市窑街水泥厂日产1 000吨新型干法水泥熟料生产线建成投产。

7月5日　省经贸委在兰州召开了天津水泥工业设计研究院作的甘肃祁连山水泥股份有限公司日产2 500吨新型干法熟料生产线技改工程可行性研究报告评审会。

8月5日　金昌水泥集团有限责任公司日产1 000吨新型干法水泥生产线建成投产。

8月31日　省经贸委在兰州召开南京水泥工业设计研究院作的兰州市窑街水泥厂日产1 000吨环保节能综合利用熟料生产线续建工程可行性研究报告及初步设计评审会。

10月10日　省经贸委在兰州召开成都建材工业设计研究院作的甘肃西部水泥有限责任公司日产1 000吨新型干法熟料生产线技改工程可行性研究报告评审会。

11月8日　省经贸委在兰州召开成都建材工业设计研究院作的甘肃寿鹿山水泥(集团)有限责任公司日产1 000吨新型干法水泥熟料生产线技改工程可行性研究报告论证会。

11月10日　根据全国工业产品生产许可证办公室《关于公布水泥产品生产许可证换(发)证实施细则的通知》和2001年全国水泥产品生产许可证工作会议精神，甘肃省水泥产品生产许可证审查分部，会同省质量技术监督局在兰州召开了全省水泥企业生产许可证换(发)证工作会议。126

户水泥企业的195人参加了会议。

11月16日　甘肃山丹水泥化工集团日产1 000吨新型干法水泥熟料生产线建成投产。

11月26～30日　省质量技术监督局、省建材工业办公室共同组织召开全省水泥企业生产许可证换(发)证工作会议,会议传达了全国水泥产品生产许可证工作会议精神,学习了《水泥产品生产许可证换(发)证实施细则》,安排部署了全省水泥产品换(发)证具体工作。

12月16日　甘肃祁连山水泥股份有限公司第一条日产2 500吨新型干法水泥熟料生产线建成投产。

12月26日　《甘肃省建材工业"十五"规划》在全省经贸工作会议上正式发布实施。

2002年

1月10日　甘肃省建材工业办公室提出《关于全省水泥工业发展和淘汰情况的汇报》报省经贸委。

1月24日　省经贸委在兰州召开甘肃省建材科研设计院作的兰州市贡马水泥股份有限责任公司日产700吨新型干法水泥熟料生产线技改工程可行性研究报告审查会。

1月29日　省经贸委在兰州召开成都建材工业设计研究院作的武山水泥厂1号窑技术改造工程可行性研究报告论证会。

1月29日　省经贸委在兰州召开甘肃省建材科研设计院作的甘肃天水鸳鸯水泥粉磨有限责任公司年产30万吨水泥粉磨系统建设工程可行性研究报告论证会。

1月31日　省经贸委在兰州召开甘肃省建材科研设计院作的甘肃省临洮县水泥厂节能环保新型干法水泥生产线技改工程可行性研究报告(代初步设计)论证会。

2月27日　甘肃省水泥产品生产许可证审查分部完成对全省水泥企业生产许可证申报材料的审查工作。

2月28日　甘肃省环保局组织专家对甘肃天水永固水泥有限公司日产1 000吨新型干法水泥熟料生产线进行了环境影响评价工作。

3月18日　兰州甘草环保建材股份有限公司日产1 000吨新型干法水泥熟料生产线建成投产。

3月25日　甘肃省建材工业办公室提出《甘肃省建材工业2002年总量控制、结构调整工作目标和措施》报省经贸委。

3月25日　甘肃省建材工业办公室提出《甘肃省建材工业"十五"规划实施情况的汇报》报省经贸委。

3月25日　省委副书记、省长陆浩在副省长杨志明和省有关部门负责同志陪同下到祁连山水泥集团进行调研,并听取了省建材工业办关于甘肃省建材工业"十五"规划的汇报。

4月1日　甘肃省建材工业办公室对陆浩省长在祁连山水泥集团调研时的讲话精神进行专题讨论后,提出了《关于认真贯彻陆浩省长在祁连山水泥集团调研时讲话精神,抢抓机遇把省建材工业建成支柱产业的报告》报省经贸委。

4月3日　兰州市贡马水泥有限责任公司日产700吨新型干法水泥熟料生产线技改工程环境影响评价大纲通过审查。

4月9日　在兰州召开省水泥产品生产许可证审核员工作会议。省质量技术监督局和省工业产品生产许可证水泥审查分部,对水泥产品生产许可证企业生产条件现场考核工作进行安排和部署。

4月10日　武山水泥厂1号窑技术改造工程和甘肃天水鸳鸯水泥粉磨有限责任公司年产30万吨水泥粉磨系统建设工程环境影响评价大纲通过专家审查。

4月10～30日　按照省水泥产品生产许可证审核员工作会议安排,依据水泥产品生产许可证企业生产条件现场考核办法,省建材工业办公室、省乡镇企业管理局、省建材产品质检站和有关水泥企业的61名审核员,分18个审核组,对全省125家水泥企业的产品质量、生产工艺条件、生产过程质量控制、企业基础管理四个方面20个项目进行审核,各地质量技术监督部门派观察员参加了审核。

4月15日　甘肃高崖金城水泥有限公司日产1 000吨窑外分解水泥生产线综合节能技改工程建成投产。

4月28日　兰州大通河水泥股份有限公司第2条日产1 000吨新型干法水泥熟料生产线建成投产。

5月15日　省建材工业办公室在兰州召开甘肃省建材科研设计院作的甘肃寿鹿山水泥有限责任公司日产1 000吨新型干法水泥熟料生产线节能技改工程初步设计审查会,并于5月21日,受省经贸委委托,批复白银市经贸委。

5月22日　甘肃省环保局组织专家对兰州大通河水泥股份有限公司第一条日产1 000吨新型干法水泥熟料生产线环保设施进行竣工验收,并获通过。

5月28～29日　省建材工业办公室会同省建材协会、省水泥协会共同举办《水泥企业质量管理规程》等3个行业规章培训班,目的在于加强水泥企业质量管理,规范企业生产过程质量控制,同时也是为了水泥新标准的有效实施。

6月2～10日　兰州市和永登县两级政府认真贯彻国办发[2002]33号文件精神,在永登县炸毁、拆除61家小水泥厂立窑水泥生产线,其中炸毁49座,拆除12座。

6月3日　省政府副秘书长白学林率领省经贸、环保、纪检监察、建材等部门的有关人员,在永登县召开了小水泥专项整治工作会议。

6月5日　平凉太统水泥有限责任公司日产700吨新型干法水泥生产线改造工程建成投产。

6月27～28日　全省建材信息工作座谈会和省建材协会、水泥协会第四届会员代表大会预备会议在兰州召开。

7月3日　省建材工业办公室提出《关于宕昌县水泥厂年产40万吨新型干法水泥生产线技改项目行业审查意见》

(甘建材工办函[2002]16号)报省经贸委。

7月4日　省建材工业办公室向各建材企业下发《关于认定建材工业产品质量检验机构的通知》,甘肃省建筑材料产品质量监督检验站被认定为省建筑材料工业产品质量检验机构。

7月9日　甘肃省建材工业办公室邀请省经贸委、省环保局、省建材科研设计院及企业的专家对兰州市贡马水泥有限责任公司日产700吨新型干法水泥熟料生产线技改工程初步设计草稿进行了认真讨论,提出了补充修改和进一步优化设计方案的意见。

7月17日　甘肃省环保局组织专家对甘肃省浴佛水泥股份有限公司日产700吨新型干法水泥生产线项目进行了环境影响评价工作。

8月10日　省建材工业办公室提出《甘肃新型干法水泥发展规划意见》报省经贸委。

8月23日　甘肃省环保局组织专家对甘肃寿鹿山水泥有限责任公司日产1 000吨新型干法水泥熟料生产线节能技改工程项目和兰州大通河水泥股份有限公司第二条日产1 000吨新型干法水泥熟料生产线项目进行了环境影响评价工作。

8月　国家发展改革委及中国水泥协会来省调研甘肃水泥工业发展情况,省建材工业办公室负责人陪同调研并作汇报。

9月26~27日　全省建材行业工作座谈会暨省建材工业协会、省水泥协会第四届会员代表大会在兰州召开,郝学征当选省建材工业协会第四届理事会会长,刘世勤当选省水泥协会第四届理事会会长。

9月30日　甘肃祁连山建材控股有限公司挂牌成立,甘肃祁连山建材控股有限公司是对永登水泥厂进行公司制改制而设立的,由甘肃建材国资公司控股、中国新型建材(集团)公司参股的公司制企业,公司拥有包括甘肃祁连山股份有限公司在内的14家控股、参股子公司。

12月28日　甘肃祁连山水泥股份公司第2条日产2 500吨新型干法水泥熟料生产线建成投产。

2003年

1月13日　省建材工业办公室就平凉市经贸委《关于申请平凉市峡中水泥厂异地改造建设日产1 000吨新型干法水泥生产线项目的报告》(平市经发[2002]270号)提出了行业审查意见报省经贸委。

1月15日　省建材工业办公室就庆阳市经贸委关于《甘肃省九连山水泥有限责任公司2号窑尾增设分解炉增产节能降耗工艺平衡改造项目可行性(代初设)报告》(庆经贸发[2003]4号)提出行业审查意见报省经贸委。

2月20日　省建材工业办公室制定《甘肃省水泥生产企业产品质量对比验证检验管理工作实施意见》下发各水泥企业。

4月14日　省建材工业办公室就甘肃高崖金城水泥有限公司日产1 000吨新型干法水泥生产线技改项目提出行业意见报省经贸委。

4月15日　武山水泥厂1号立筒预热器窑改日产1 500吨新型干法水泥生产线建成投产。

4月17日　省建材工业办公室提出了定西漳县水泥厂日产1 000吨新型干法水泥生产线项目的行业意见。

4月30日　省建材工业办公室对《甘肃高崖金城水泥有限公司日产1 000吨新型干法水泥生产线技改项目可行性研究报告》组织评审,形成专家评审意见报省经贸委。

5月9日　省建材工业办公室提出关于白银王岘水泥厂日产1 000吨新型干法水泥熟料生产线节能改造项目的行业意见报省经贸委。

5月15日　甘肃省浴佛水泥股份有限责任公司日产700吨新型干法水泥生产线建成投产。

5月15日　省建材工业办公室就《白银王岘水泥厂日产1 000吨新型干法水泥熟料生产线节能技改项目可行性研究报告》组织评审,形成专家评审意见报省经贸委。

6月23日　甘肃寿鹿山水泥有限责任公司日产1 000吨新型干法水泥熟料生产线节能技改工程项目建成投产。

6月26日　甘肃祁连山水泥股份有限公司受让武山水泥厂100万吨水泥的主业净资产,并与其他六个股东共同组建了天水鸳鸯水泥有限公司。

7月14日　省建筑材料工业办公室印发大力推进企业管理信息化指导意见等六个文件,要求建材企业认真学习贯彻。

7月23~24日　省建材工业办公室在张掖市山丹水泥(集团)有限责任公司召开全省建材工业企业管理创新现场会,100余户企业的代表实地考察了实行6S管理的现场情况,听取了6S管理经验交流报告和6S管理知识讲座。山丹水泥化工集团公司率先在我国建材系统导入日本松下“5S”管理模式,分别受到国家建材协会和国家企业管理协会的表彰。

7月25~31日　省建材工业办公室举办水泥企业化验室检验人员操作合格证理论培训班。

8月6日　省建材工业办公室提出关于平凉祁连山水泥有限公司日产2 500吨新型干法水泥熟料生产线项目的行业意见报省经贸委。

8月11日　省建材工业办公室决定在全省建材工业企业中开展学习山丹水泥化工集团企业管理创新的活动。

8月11日　省建材工业办公室提出关于兰州市贡马水泥有限责任公司环保节能新型干法水泥生产线技改工程初步设计的行业意见报省经贸委。

8月19日　酒钢宏达建材有限公司日产1 000吨新型干法水泥生产线改造工程建成投产。

8月22日　省建材工业办公室提出关于甘肃省水泥行业经济运行情况汇报材料报省经委。

9月4日　省建材工业办公室在兰州召开加快水泥工业结构调整研讨会及18家水泥企业董事长论坛。

9月18日　甘肃祁连山水泥股份有限公司出资在平凉建设日产5 000吨新型干法水泥熟料生产线一期工程，组建成立了平凉祁连山水泥有限公司。

11月22日　甘肃省环保局对甘肃祁连山水泥股份有限公司第2条日产2 500吨新型干法水泥生产线环保设施进行竣工验收。

2004年

2月13日　省建材工业办公室提出甘肃省水泥工业制止盲目投资加快结构调整的实施意见报省发展改革委。

2月26日　甘肃省人民政府机构改革方案实施意见公布，撤销省建材工业办公室等工业行业部门。

3月2～3日　省建材工业协会和水泥协会召开全省重点水泥企业发展项目经济运行座谈会。

3月3日　省建材工业协会和省水泥协会在兰州联合召开年度理事会预备会议。

3月25日　省建材工业办公室提出《平凉祁连山水泥有限公司105万吨规模石灰石矿山工程可行性研究报告》评审意见报省经委。

3月下旬　为贯彻落实国务院103号文件和全国水泥行业工作会议精神，甘肃省建材协会、水泥协会组织召开了全省重点水泥企业发展项目经济运行座谈会。会议形成了《甘肃省水泥行业制止盲目投资加快结构调整的初步意见》。

5月25日　根据中国建筑材料企业管理协会《关于推荐第二届全国建材行业优秀企业家创业事迹人选的通知》(建材企协[2004]06号)文件要求，甘肃省建材工业协会、省水泥协会推荐7位企业家为第二届全国建材行业优秀企业家人选。

9月16日　中国建筑材料工业协会、中国机冶建材工会全国委员会决定授予甘肃省张掖市山丹水泥(集团)有限责任公司技师刘希平、甘肃祁连山水泥股份有限公司助理工程师王宝军等4位同志"全国建材行业岗位技术能手"称号。

10月8日　兰州市贡马水泥有限责任公司日产700吨新型干法水泥生产线技改工程建成投产。

10月11日　省经委宣布原省建材工业办公室主任郝学征退休，由魏西川同志负责日常工作。

10月30日　青海拉西瓦水电站专家考察组考察祁连山水泥股份公司，实地了解中热水泥生产的基本情况和相应的供货能力情况。青海拉西瓦水电站是经国务院批准建设的西北地区最大的水电项目，也是黄河流域装机容量和发电量最大的水电站，装机容量420万千瓦。

12月23日　甘肃省机构编制委员会印发《行业协会(联合会)组建方案》的通知，在原省建筑材料工业办公室、电子信息工业办公室、机械工业办公室基础上组建甘肃省建筑材料工业协会。核定事业编制29名，保留原核定的老干部管理编制两名。其中厅级领导职数两名，处级领导职数6名。

12月28日　平凉祁连山水泥有限公司日产2 500吨新型干法水泥熟料生产线点火投产。

2005年

1月11日　省建材工业协会、省水泥协会召开兰州地区重点水泥企业价格协调会议。兰州和白银地区8户重点水泥企业负责人参加。会议制定了《兰州地区水泥行业价格自律公约》。

1月28日　甘肃华陇集团陇东水泥集团公司日产700吨新型干法水泥生产线正式投产。

3月27日　甘肃祁连山水泥集团股份有限公司、甘肃山丹水泥(集团)有限责任公司被中国建材报推介为2004年度中国建材行业知名企业，甘肃山丹水泥(集团)有限责任公司董事长吴兴虎被中国建材报推介为2004年度中国建材行业知名人物。甘肃祁连山水泥股份有限公司董事长兼控股公司总经理杨皓、兰州大通河水泥股份有限公司董事长兼总经理许仪纯、甘肃寿鹿山水泥有限责任公司董事长兼总经理刘兴泉、山丹水泥(集团)有限责任公司董事长兼总经理吴兴虎、甘肃酒泉祁峰建化有限公司董事长兼总经理魏荣国等6名同志被中国建筑材料企业管理协会评选为第二届全国建材行业优秀企业家。

7月10日　甘肃省经济委员会、甘肃省统计局、甘肃省财政厅、甘肃省地税局发布2004年度甘肃工业100强名单和最具竞争力中小企业名单。甘肃祁连山水泥集团股份有限公司、兰州大通河水泥股份有限公司、兰州甘草环保建材股份有限公司、金昌水泥集团有限责任公司、甘肃省寿鹿山水泥有限责任公司等荣获2004年度甘肃工业百强企业称号，金昌水泥集团有限责任公司和兰州大通河水泥股份有限公司荣获甘肃最具竞争力中小企业称号。

7月27日　省委组织部宣布省人民政府7月6日的任命决定：张一诚任甘肃省建筑材料工业协会会长；刘志强任副会长。至此，新的甘肃省建筑材料工业协会正式运行。

8月26日　甘肃夏河安多水泥有限责任公司日产1 000吨新型干法水泥生产线建成投产。

10月18日　甘肃西部水泥有限责任公司日产1 000吨新型干法水泥生产线建成投产。

11月18日　甘肃省经委批复同意省建筑材料工业协会内设秘书处、行业工作处和综合处。

青海省建材工业协会水泥专业委员会

【概况】截止2002年，全省拥有水泥制造企业24户，国有及年销售收入超过500万元以上非国有工业企业共有17户。其中大型企业1户，中型企业4户，从业人员5760余人，资产总额7.98亿元，年实现工业总产值(90年不变价)4.55亿元，完成工业增加值1.37亿元。水泥总装机生产能力为390万吨，其中：回转窑12条，总装机能力为190万吨，占总装机能力的48.7%，机立窑32条，装机能力为200万吨，占总装机能力的51.3%。其中近年来新建的新型干法水泥生产线2条，经过技术改造的新型干法水泥生产线3条，合计总装机能力为160万吨，占回转窑总装机能力的80.4%。机立窑27条，设计装机能力为191万吨，占总装机能力的49%。2002年水泥产量达到264万吨，比上年增长50%。从产品的品种上看，全省普通硅酸盐水泥产量占总产量的90%，52.5R以上高标号水泥仅占10%（其中：大坝水泥占2.5%、特种水泥占1%）；42.5R水泥占60%，32.5R水泥占30%。省水泥工业由于长期受到落后生产能力的影响，先进生产能力增长缓慢，从水泥生产企业的数量、企业规模结构、生产技术装备、生产能力、产品种类等方面与全国相比，比较落后。总体表现为总量需求严重不足，产品档次不高，结构性矛盾仍然十分突出，适应青海发展需要的道路水泥严重短缺，抗盐卤水泥、镁水泥、油井水泥等产品在省内基本上是空白，远远不能满足省内水电发展、道路建设等工程的需要。

根据国家经贸委《关于公布取缔、关闭、淘汰小玻璃厂小水泥厂企业（生产线）名单的通知》（国经贸建材[1997]715号）中列入关停名单企业10户，淘汰机立窑生产线5条。截止到2002年已关闭小水泥企业5户，拆除土窑5座，能力为5万吨；淘汰落后的机立窑生产线9条，能力为29.4万吨。由于青海省地广人稀，各民族自治州、县与大水泥厂的运输半径超过200公里，经请示国家经贸委经济运行局同意，暂时保留海南州水泥厂、尖扎县水泥厂、贵德县水泥厂、循化县水泥厂、化隆县水泥厂5条机立窑生产线，在今后的发展新型干法水泥生产线中逐步淘汰。由于企业的改制和重组，海南州水泥厂进行了破产重组，已经拆除了Φ2.0×8米的机立窑生产线，贵德县水泥厂改制为粉磨站。

水泥工业"十五"规划。以实施西部大开发战略为契机，坚持以市场为导向，以提高经济效益为中心，以结构调整为重点，坚持发展与淘汰并举的产业方针，走高起点建设和发展的道路，坚持资源开发和环境保护，实施可持续发展战略，以高新技术改造传统产业，实现产业结构的优化升级，促进水泥产业的结构调整，加速建材工业现代化建设的进程。"十五"发展目标：到2005年水泥工业发展的预期目标是：水泥的总装机能力达到530万吨；水泥年产量达到480万吨；水泥的工业总产值达到13亿元；新型干法水泥比重达到68%；水泥散装率达到20%。在"十五"期间，国家计划在西部地区新增新型干法窑外分解水泥熟料能力1 500万吨。发展新型干法窑外分解工艺是提高水泥企业的经济效益，形成规模化生产，实现产品结构调整、产业升级的需要，是合理利用资源、能源、保护环境、确保水泥工业可持续发展的需要。"十五"期间，要继续执行"严格禁止除新型干法之外的其他水泥生产工艺的建设项目"产业政策，组织实施一批起点高、规模大、技术工艺先进的水泥项目带动和提升水泥工业的整体竞争力。新建的新型干法水泥生产线规模要求是：西宁、海东、海西地区为日产熟料2 000吨以上，"十五"期间新上3条日产熟料2 000吨以上新型干法水泥生产工艺项目。具体是青海水泥股份有限公司、青海湟水水泥有限公司、大通河民和水泥有限公司。力争到2005年末全省水泥产量达到480万吨，实现水泥产品结构调整和优化升级。

"十五"期间，组织实施了一批起点高、规模大、技术工艺先进的水泥项目，以带动和提升全省水泥工业的整体竞争力。其中：青海水泥股份公司将年产25万吨回转窑改造为新型干法窑外分解工艺，年生产能力达到60万吨。该项目总投资12 800万元，于2002年8月18日竣工投产。互助特种水泥厂回转窑系统生产能力平衡改造项目完成后年生产能力将达到40万吨，该项目总投资2 500万元，计划2004年上半年完成。海南洲水泥股份公司日产1 000吨生产线，总投资5 000万元，计划2003年上半年竣工投产，新增生产能力30万吨。大通河民和水泥有限公司日产2 000吨新型干法生产线（国家双高一优项目），总投资22 000万元，目前已完成投资19 000万元，计划于2003年10月10日竣工点火试生产。昆仑粉磨站总投资1 800万元。湟水水泥厂改造项目总投资1 480万元。海西化工建材股份有限公司60万吨水泥项目一期30万吨生产线，该项目总投资15 000万元，计划2003年8月竣工投产。

2004年，青海省水泥制造企业24户，水泥总设计能力550万吨；其中回转窑14条（包括新型干法水泥生产线6条、湿法窑1条），设计能力为325万吨，占总设计能力的59%；机立窑34条，设计能力为225万吨，占总设计能力的41%。年设计能力40万吨以上的企业5户。2004年水泥实际产量达341万吨，比上年的307万吨增产11.08%。总资产约14亿元，从业人员达0.6万余人。青海省水泥工业虽然有了长足的发展，但还处于企业规模小、生产工艺落后、能耗高、环境污染严重、产品结构严重不合理、经济效益不理想的严峻状况；随着国家西部大开发的战略部署和青海省重点工程建设进度进一步加快，水泥市场消费量将快速增长，青海水泥工业的结构调整已迫在眉睫。

截止到2005年底，全省有水泥制造企业20户，其中能力40万吨以上的只有5户，75万吨以上的只有2户。企业平均规模27.5万吨。全省有水泥生产线42条，形成水泥生产能力为550万吨。其中旋窑14条，包括新型干法窑6条，湿法窑1条，设计能力335万吨，占总设计能力的60.91%；机立窑28条，设计能力215万吨，占总设计能力的39.09%。

2005年实际水泥产量为371万吨。以省内消费为主，少量供应西藏（约20万吨）、甘肃（约10万吨）等地。随着西部开发进一步深入展开，大量的基础设施建设，如公路、铁路、新兴城市建设等，社会和经济将会较高速度发展，水泥需求量仍处于高增长期。

青海省的水泥工业发展应主要以现有企业为依托，根据资源和市场，重点支持大企业、大集团的发展。打破地区界限，通过联合、收购、兼并、重组等方式，实施低成本扩张，发展先进、优化生产要素，淘汰落后。发挥水泥制造能消纳工业废渣和城市生活垃圾的优势，逐步开发、研究其消纳工业废弃物（如电石渣、复合肥副产磷石膏做水泥）技术。

水泥生产主要布局在西宁附近的湟源、湟中、海东等地区，建设高标号水泥、道路水泥、抗盐卤侵蚀水泥、A级和B级油井水泥及大坝水泥等特种水泥的生产基地，装备可考虑日产2 500吨及以上规模；西宁市及周边地区应尽快淘汰落后工艺技术的生产线。其次是海西地区的格尔木市或西宁到格尔木市的铁路沿线可适当考虑建设日产2 000吨左右的预分解窑生产线；在其它地区用量少，分散，交通也不方便的地区，可根据情况对现有企业进行改造。未来新建和改造的水泥生产线，其技术水平应达到国际先进水平，装备国产化率90%以上；大力推进清洁生产，无论大、小企业，环保必须达标，否则不允许生产。应根据循环经济的原理，在原料和燃料的使用上，尽可能地利用工业废渣及可燃废弃物，走以效益为中心、科技含量高、资源消耗低、环境污染少的道路才能不断向前发展。要合理利用矿山资源和再生资源（废弃物），提高综合利用率，促进可持续发展。

记事

2001年

7月6日　青海省副省长蒋洁敏在有关部门领导的陪同下，考察了大通水泥有限责任公司年产5万立方米粉煤灰加气砼砌块生产线的工作现场，在认真听取了公司总经理白文昌的工作汇报后，蒋洁敏肯定了该公司以新产品的开发促进企业持续发展的工作思路，同时鼓励企业扩大生产规模，把好产品质量关。

2002年

2月　青海省委书记苏荣考察了青海海西化工建材股份有限公司年产60万吨水泥生产线的建设施工现场，在认真听取了该公司总经理周建强的工作汇报后，对项目的建设给予肯定。他指出，青海省建材资源丰富、能源充足，建材产品具有很强的成本竞争优势。要作为优势产业加快发展。

2003年

1月18日　兰州大通河水泥股份有限公司民和日产2 500吨熟料新型干法窑水泥生产线技改项目举行开工典礼。该项目预计在2003年10月建成投产。

3月27日　青海省建材工业协会经青海省经贸委批准成立，并由青海省民政厅准予登记注册。

3月28日　青海省海西化工建材股份有限公司60万吨水泥项目一期30万吨生产线竣工投产。

6月19日　青海省建材工业协会第一届全体会员大会在西宁召开。中国建筑材料工业协会发来贺电，对青海省建材工业协会的成立表示祝贺。青海省经贸委副主任张益帮、民间组织管理局局长傅积仑及有关部门的领导与来自全省的数十名会员企业代表参加了会议。会议一致表决通过了《青海省建材工业协会章程》；选择省经委副主任周银标为协会理事长，唐立华、马宏义、杨建洲、刘柏年、温得明、杨世荣、朵藏、周建强、郑松才为副理事长，马宏义任秘书长。青海省建材工业协会的成立将对青海省建材工业结构调整及建材行业的进一步发展有着重要意义。

10月17日　青海特种水泥有限公司生产区西侧山体发生大面积滑坡地质灾害，致使正在运转的生料系统整条生产线及烘干系统、部分办公设施全部被毁损，造成直接经济损失1 222万元；灾害发生时因组织有效、撤离及时，除有两名职工负轻伤外，未造成重大伤亡事故。

11月15日　在上级有关部门的大力支持下，青海特种水泥有限公司灾后重建工程全部完工，投入正常生产，新建生料系统产能已达到设计要求，水泥生产能力将提高到40万吨以上。

11月18日　民和大通河水泥厂日产2 500吨窑外分解新型干法水泥生产线竣工投产，形成生产能力85万吨。

2004年

3月15日　在上级有关部门的大力支持下，青海鼓楼特种水泥有限公司灾后重建工程全面启动；并于当年11月15日完工投入运转，新建生料系统产能已达到设计要求，水泥生产能力将提高到40万吨以上。

6月9日　青海省建材工业协会第一届年会在西宁召开,省经委副主任、协会理事长周银标、副理事长唐立华、马宏义、杨建洲、刘柏年、郑松才参加了年会;周银标理事长作了重要讲话。会议一致通过了成立青海省建材工业协会水泥专业委员会的提议,并一致通过了青海省建材工业协会水泥专业委员会章程,选举刘柏年为会长,鄂德西、韩高升、权盛德、邱永平、杨展路、郑松才为副会长,韩高升兼任秘书长。

8月8日　召开青海省散装水泥工作领导小组会议,省政府副秘书长徐连生、省经贸委副主任周银标等单位领导参加了会议。

12月20日　根据国家经贸委发布的《国债专项资金技术改造项目竣工验收办法》规定的程序和要求,完成了青海水泥股份有限公司日产2 000吨水泥生产线技术改造国债项目的竣工验收工作。

青海省到2000年止淘汰的落后水泥生产线

序号	企业名称	企业地址	窑型	窑规格或台数	生产能力(万吨)	据国经贸建材[1999]715号文
1	青海湟中多巴水泥厂	青海省湟中县多巴镇	土立窑	1	1	已拆除
2	青海湟源东峡水泥厂	青海省湟源县东峡乡	土立窑	1	1	已拆除
3	青海民和第二水泥厂	青海省民和县川口镇	土立窑	1	1	已拆除
4	青海平安永平水泥厂	青海省平安县	土立窑	1	1	已拆除
5	青海祁連县水泥厂	青海省祁连县	土立窑	1	1	已拆除
6	青海乐都第二水泥厂	乐都县高店乡弯子村	机立窑	1－Φ1.7×7米	2	已拆除
7	青海湟中县第二水泥厂	湟中上新庄乡上峡门	机立窑	1－Φ1.7×7米	2	已拆除
8	青海湟中县第一水泥厂	湟中县甘河滩	机立窑	1－Φ1.7×7米	2	已拆除
9	青海西宁水泥厂	西宁市北川二十里铺	机立窑	1－Φ1.7×7米	2	已拆除
10	青海同仁县水泥厂	青海省同仁县麻巴乡	机立窑	1－Φ1.7×7米	2	已拆除
11	青海贵德县水泥厂	青海省贵德县河东乡	机立窑	1－Φ1.7×7米	2	已拆除
12	青海柴达木水泥厂	德令哈市昆仑路38号	机立窑	1－Φ2.0×8.1米	4	已拆除
13	青海第二水泥厂	大通县元塑乡毛家寨	机立窑	1－Φ2.0×8.1米	4	已拆除
14	青海省白水泥厂	互助县威远镇北郊	机立窑	1－Φ2.0×8.5米	4	已拆除
15	青海湟源水泥厂	湟源县大华镇拉拉口	机立窑	1－Φ2.0×8.1米	4	已拆除

注:共拆除15家的15台土、机立窑,生产能力为33万吨。

青海省到2006年止拟淘汰落后机立窑水泥生产线

序号	企业名称	企业地址	窑型	窑规格或台数	生产能力(万吨)	关停或拆除情况
1	青海门源县水泥厂	青海省海北州门源县	机立窑	1－Φ1.7×7米	2	停产
2	青海尖扎县水泥厂	青海省黄南州尖扎县	机立窑	1－Φ1.7×7米	2	停产
3	青海循化县水泥厂	青海省循化县积石镇	机立窑	1－Φ1.7×7米	2	停产
4	青海化隆县水泥厂	青海省化隆县	机立窑	1－Φ2.2×8.5米	4.4	停产
5	青海同仁县水泥厂	青海省同仁县麻巴乡	机立窑	1－Φ2.2×8.5米	4.4	停产
6	青海特种水泥有限公司	互助县威远镇北郊2号	机立窑	1－Φ2.2×8.5米	4.4	停产
7	青海第二水泥厂	大通县元塑乡毛家寨	机立窑	1－Φ2.2×8.5米	4.4	已拆除
8	青海海南州水泥厂	青海省共和县恰不恰镇	机立窑	1－Φ2.2×8.5米	4.4	已拆除
合　计:			机立窑	8	28	

青海省到2010年止拟淘汰落后机立窑水泥生产线

序号	企业名称	企业地址	窑型	窑规格或台数	生产能力（万吨）	关停或拆除情况
1	青海柴达木水泥厂	德令哈市昆仑路38号	机立窑	1－Φ2.5×8.5米	6	停产
2	青海威远水泥有限公司	互助县威远镇北郊7号	机立窑	1－Φ2.5×8.5米	6	停产
3	青海民和水泥厂	青海省民和县川口镇	机立窑	1－Φ2.4×9米	5	停产
4	青海民和水泥厂	青海省民和县川口镇	机立窑	1－Φ2.5×10米	6	停产
5	青海特种水泥有限公司	互助县威远镇北郊2号	机立窑	1－Φ2.5×10米	6	停产
6	青海乐都大峡水泥厂	乐都县大峡雨润镇	机立窑	1－Φ2.5×10米	6	停产
7	青海江河源水泥有限公司	湟源县大华镇拉拉口	机立窑	1－Φ2.5×10米	6	停产
8	青海大通水泥有限公司	大通县宁张公路33公里处	机立窑	1－Φ2.5×10.5米	6	停产
合　计：			机立窑	8	47	

青海省2006年正常运行的水泥企业生产线情况一览表

序号	企业名称	企业地址	回转窑	机立窑	生产能力（万吨）
1	青海水泥股份有限公司	青海省大通县元塑乡毛家寨	1－Φ4.0×60米 1－Φ3.5×60米	＼	100
2	民和大通河水泥有限公司	青海省民和县川口镇	1－Φ4.0×60米	＼	85
3	青海西威水泥有限公司	互助县沙塘川工业小区	＼	3－Φ3.2	50
4	青海乐都华夏水泥有限公司	青海省乐都县高店乡	＼	3－Φ3.3	45
5	青海特种水泥有限公司	互助县威远镇北郊2号	1－Φ2.5×42米 1－Φ2.7×42米	1－Φ2.8	40
6	海西化工建材股份有限公司	海西州德令哈市迎宾路13号	1－Φ4.0×150米（湿法）	＼	35
7	青海大通元塑水泥有限公司	青海省大通县元塑乡毛家寨	＼	2－Φ3.0 1－Φ2.9	20
8	青海湟水水泥有限公司	青海省湟中县甘河滩	1－Φ3.5/3×85米	＼	20
9	青海青海湖水泥有限公司	湟源县大华镇拉拉口	1－Φ3.5/3×85米	1－Φ2.8	18
10	青海新型建材工贸有限公司	青海省大通县元塑乡毛家寨	＼	3－Φ3.0	16
11	青海乐都泰宁水泥有限公司	乐都县高店乡马营湾	1－Φ2.5×45米	3－Φ3.3	16
12	浦峰集团民和水泥有限公司	青海省民和县川口镇史纳村		1－Φ2.8 1－Φ3.3	16
13	青海大通水泥有限公司	青海省大通宁张路33公里处	＼	2－Φ2.8	15
14	青海威远水泥有限公司	互助县威远镇北郊7号	1－Φ1.9×39米	1－Φ2.91－Φ3.0 1－Φ3..3	14
15	青海江河源水泥有限公司	湟源县大华镇拉拉口	1－Φ3.0×48米	＼	10
16	循化振荣水泥有限公司	青海省循化县积石镇西沟	＼	1－Φ3.2	10
17	青海海南州水泥有限公司	共和县恰不恰镇东乡卡	1－Φ2.8/2.5×45米	＼	10

续表

序号	企业名称	企业地址	回转窑	机立窑	生产能力（万吨）
18	青海贵德县水泥有限公司	贵德县河东乡麻巴村	╲	1－Φ3.2	10
19	青海格尔木西湘水泥厂	格尔木市屿中街2号	2－Φ1.9×40米	1－Φ3.0	10
20	海西州柴达木水泥股份公司	青海德令哈市昆仑路28号	1－Φ2.5×45米	╲	10

注：共15条回转窑，27条机立窑进行正常生产。能力为550万吨，其中回转窑能力为335万吨，机立窑能力215万吨。

宁夏回族自治区建材行业管理办公室

2001年概况

2001年，宁夏水泥工业固定资产投资迅速攀升，工业生产继续保持增长态势，经济效益稳步提高。全年生产水泥319万吨，同比增长13.9%；水泥行业共实现利润4 905万元。

【加快项目建设推进结构调整】宁夏西夏水泥公司投资200万元成功引进浙江巨化集团开发试验项目——“电石泥渣浆代水成球节能技术”。该技术以生产树脂的工业废渣电石泥为添加原料，经过预均化成球后，在窑内充分分解，达到改善窑内热工状况，提高熟料质量的目的。项目实施后，可年利用工业废渣5吨以上，窑台时产量增加4.5%，吨熟料煤耗、电耗均有一定幅度的下降，熟料强度提高3～4兆帕，经济效益和社会效益显著。宁夏宏威水泥股份有限公司日产1 000吨熟料新型干法旋窑生产线技术改造项目在宁夏中宁县正式开工建设。项目总投资概算8 773万元，全部由企业自筹解决。该项目作为自治区建材行业重点技改项目，主要是为了贯彻国家水泥工业产业调整的政策，全面提高企业的整体技术水平和装备水平，改变地区水泥产业结构，增强企业的市场竞争能力。宁夏赛马集团日产2 000吨水泥熟料节能技改工程（熟料部分）投料试车。该项目是赛马实业股份公司上市的配套项目，设计概算2.15亿元，实际完成投资1.78亿元；有效工期为14个月，创同类生产线建设时间最短。该项目采用先进的“湿磨干烧”生产工艺，电器及自动化选用国际先进的ABB集散控制系统。该项目的建成，是宁夏水泥工业结构调整的重要举措，为全区水泥行业向国内先进水平靠拢奠定了良好基础。

【加强培训 提高行业技术水平】由宁夏建筑材料研究院建材职业技能培训中心举办的西北地区“水泥新标准及水泥新技术讲座”在银川举行。会议邀请合肥水泥研究院的技术专家就水泥新标准及水泥新技术应用进行了深入的讲解。来自西北地区有关水泥企业的81名代表参加了本次讲座。下半年，在银川召开了由宁夏建筑材料研究院主办的西北地区水泥生产新技术讲座及疑难问题咨询会。会议特邀请我国著名水泥专家、九届全国人大代表、全国“五一”劳动奖章和国务院特殊津贴获得者，国家中青年专家、武汉理工大学博士生导师林宗寿教授来银进行专题讲座。来自宁夏及西北地区56家企业的120名代表参加了会议。会议主要就提高水泥粉磨细度和控制技术进行了全面深入的研讨。

【加快改制进度 推进企业重组】年底，宁夏第一家债转股企业——宁夏青铜峡水泥股份有限公司成立，揭牌仪式在银川举行。公司是按照青铜峡水泥集团公司与中国华融资产管理公司签订的债转股协议，以集团水泥主业为主体，与三家资产管理公司共同发起成立的。

【行业网络信息化建设取得突破性进展】以“面向全国、宣传宁夏、服务行业”为宗旨，在区墙改办、水泥散装办和建材研究院及部分建材企业的大力支持和积极配合下，宁夏建材行业管理办公室在因特网上建立了“宁夏建材行业信息网”，并于2001年5月30日顺利开通。网站开通半年来，向全区建材企业和全社会提供了大量建材行业的产业政策、行业动态、市场供销等方面的信息，受到了广大建材企业的欢迎。

2002年概况

2002年，宁夏水泥工业在国家扩大内需和西部大开发机遇的拉动下，抓住自治区固定资产投资增幅不断加大，基础设施、建设小城镇建设、房地产开发和重点建设进一步加快的有利局面，全行业广大干部职工认真学习党的十六大和自治区第九次党代会精神，努力实践“三个代表”重要思想，克服经济运行和工业生产中的诸多不利因素开拓创新，务实苦干，工业生产继续保持增长态势，经济效益稳步提高，主要经济指标达到或超过历史最好水平。2002年全区共生产水泥

377 万吨,同比增长 18.18%;水泥行业共实现利润 7 800 万元,同比增长 59%。

【重点技改项目进展加快,结构调整得到有效推动】赛马集团日产 2 000 吨新型干法生产线、宏威公司日产 1 000 吨新型干法生产线、华泰鑫公司 30 万吨水泥粉磨站全面建成投产,盐池萌生公司日产 1 000 吨新型干法正在筹措资金加快建设,青铜峡水泥集团日产 2 500 吨环保技改工程正在积极进行前期准备工作。

【加强重点行业经济运行监控,有效解决行业发展中的重大问题】2001 年下半年,由于赛马日产 2 000 吨熟料生产线和瀛海年产 35 万吨水泥生产线建成,区内优质水泥产能陡增近 100 万吨,加之来自周边省份竞争压力的不断增大,使我区水泥行业面临内涨外压、竞争加剧的严峻局面。为保证 2002 效益不滑坡,年初,在全区水泥行业座谈会上,分析形势,统一认识,并提出了具体的应对对策。一季度,建材行管办等有关部门通过深入各水泥企业,全面了解企业的生产销售计划、成本及销售价格等情况,并到内蒙西部、陕北、兰州、陇东等地区和部分重点企业调研,基本上摸清了区内市场需求和周边地区水泥产需情况。三月初召开了水泥协会会长会议,依据各企业底限成本制定了各企业自律价格,提出了行业自律措施,建立了全区水泥月产销通报制度。六月初,在全区水泥生产经营形势分析会上,通报全区水泥产销情况,并严肃批评了个别不遵守自律措施的企业,要求各水泥企业顾全大局,自觉抵制低价倾销。通过上述有效措施和办法,在各企业的通力配合下,从 5 月份开始,有效地遏制了降价竞销、效益普遍下降的不利局面,全区绝大部分企业取得了增产增效的好成绩,据统计,2002 年全区共生产水泥 377 万吨,同比增长 18.18%;水泥行业共实现利润 7 800 万元,同比增长 59%;有五户企业的利润超过了千万元,

【水泥生产许可证换发工作顺利进行】在全国展开的水泥许可证换发工作是水泥行业的一件大事,也是企业参与竞标、增强市场竞争力的有利条件。通过采取切实可行的办法,保证了我区水泥生产许可证一次性通过国家审查,维护了我区水泥行业整体利益。建材行管办等有关部门协助自治区质量技术监督局对全区 26 家水泥生产企业(其中一家粉磨站)按照现场审查办法和实施细则进行了严格的现场审查,帮助企业完善资料,指导企业现场整改。还专程赴国家工业产品生产许可证办公室水泥审查部,协调解决了赛马、青铜峡特种水泥提前发证的事项。我区隆德县隆峰水泥公司按产业政策被列为关闭企业,但隆峰水泥公司地处贫困山区,是该县主要的财政支柱,也是解决就业的重要企业,有关部门专程赴北京向国家经贸委等有关部门反映情况,争取到了国家经贸委暂缓淘汰的批复。

【散装水泥发展依然保持着良好势头】2002 年全区共完成散装水泥供应 37.02 万吨,为国家下达目标任务的 123%,同比增长 62%,增速位于全国第 2 位;散装率为 9.89%,比 2001 年提高 2.55 个百分点,2002 年我区散装水泥的发展主要呈现以下特点:一是,散装水泥供应量大幅递增,高于全区水泥总产量的增长速度。二是,优势骨干水泥生产企业继续发挥了重要的推动作用,宁夏赛马集团和青铜峡水泥集团公司共完成散装量为 26 万吨,占全区散装水泥总量的 70%。三是,散装水泥发展总的态势良好,地区间有进有退。银川市散装水泥供应量为 16.9 万吨,同比增长 6.6 万吨,增长 61%,散装率为 15%。石嘴山市,散装水泥供应量 2.1 万吨,同比略有下降,散装率为 4.2%。吴忠市,散装水泥供应量为 18 万吨,同比增加 7.7 万吨,增长 75%,散装率为 9.5%。固原市,散装水泥工作尚未推开。

【行业管理】瞄准行业前瞻性课题,积极开展调查研究。制定并印发了《宁夏建材工业"十五"规划》并印发全区贯彻实施。为了摸清周边地区油井水泥的市场情况,帮助企业开拓新的市场空间,行办会同有关单位深入陕北地区,对油井水泥的市场前景、应用情况进行了深入广泛的调研,并及时向有关企业提供市场、技术等方面的信息服务。建材行办十分重视加强和国家有关行业单位的联系,经常赴北京向国家经贸委、中国建材协会等有关部门汇报工作,沟通意见,寻求支持,为我区建材企业提供有价值的信息。去年行办向区外有关单位积极推荐青铜峡水泥集团等企业的建设项目。为了帮助大荣建材公司开拓油井水泥市场,行办在陕北调研的基础上,主动联系长庆油田为固井试用作了大量有效工作,帮助企业开拓新的市场。该企业油井水泥有望在今年进入陕北市场。为了充分发挥信息资源和人才优势,为广大建材企业提供有效的网络信息服务和联系宣传平台,将"宁夏建材信息网"委托宁夏建材研究院维护,通过每月的联系会议制度,协调各参办单位,不断增强办网水平,有效提高了网络信息服务功能。

2003 年概况

2003 年,受固定资产投资、第二产业、建筑业及房地产业投资高速增长的拉动,作为重要基础原材料工业的水泥工业,围绕加快发展和推进工业化进程这一主题,紧抓西部大开发、加快基础设施建设和城市化进程的良好机遇,不断加快结构调整和技术改造步伐,加强企业基础管理,取得了长足发展,全行业生产经营快速稳步运行,结构调整不断向前推进,行业管理能力和水平进一步提高,各项经济指标达到"九五"以来最好水平,为我区国民经济发展和各项建设事业做出了重要贡献。全区水泥行业完成的工业总产值是全区建材规模及以上企业工业总产值的 74%,实现的利润占建材行业利润总额的 92.5%,水泥总产量 494.13 万吨,比 2002 年净增 100 多万吨,同比增长 30% 以上,完成散装水泥供应量 77.51 万吨,同比增长 103%,散装率 15.32%,同比增长 5.4 %。

【重点项目建设步伐加快 行业结构调整取得新进展】由于水泥产品市场需求旺盛及建设资金的陆续到位,全区水泥

行业重点技改工程建设全面展开并开始产生效益。青铜峡水泥集团与华泰鑫水泥公司合资建设的30万吨粉磨站在上半年全面投产。青铜峡水泥集团日产2 000吨新型干法、宏威水泥公司和固原六盘山水泥厂日产1 000吨新型干法等项目分别于今年9月份开工建设。一度因建设资金不到位而停工的盐池萌生水泥公司日产1 000吨新型干法项目也在9月份重新开工。这些工程预计在2004年将陆续建成投产，将会进一步有效地调整宁夏水泥行业产业、产品和技术结构。2003年上半年，大荣建材公司成功研制出油井水泥，已有近1.5万吨销售到陕北油田，既改善了全区水泥产品结构，而且缓解了市场压力。

【水泥科研不断取得新突破，技术进步提升企业竞争力】广大企业十分重视企业技术进步工作，通过不断引进先进技术和工艺，增加了产量，提高了质量和企业效益。宁夏惠农鑫磊建材有限公司坚持走科技发展道路，引进了由武汉理工大学研制、宁夏建材研究院在我区推广的生料配料率值控制系统，使该公司一条Φ2.5×8.5米的机立窑水泥生产线焕发勃勃生机。“率值控制”的应用，有效改善了该生产线生料的易烧性，使窑面底火稳定，上火速度加快。测试结果表明，出磨生料合格率稳定在85%以上，立窑的热工制度有了保障，窑的台时产量由原来的6.7吨提高到现在的8.0吨，熟料强度提高12%，水泥混合材掺量也由过去的10%提高到15%，生料配煤量降26%，使水泥单位成本大大降低，经济效益明显提高。

【打造行业龙头企业，组织结构得到优化】区内最大建材企业宁夏赛马集团公司联合宁夏青铜峡水泥集团公司，合并组建了以水泥为主业，水泥制品、运输业、房地产开发、物资经营、机电设备安装、编织袋加工生产、化学建材全方位发展的自治区大型国有独资公司—宁夏建材集团有限公司，年水泥生产能力达200万吨，成为宁夏建材行业的龙头企业，有力地调整了全区建材行业的组织结构。集团控股上市公司宁夏赛马实业股份有限公司申请公开发行的4 880万A股2003年8月4日经中国证监会核准，于2003年8月14日在上海证券交易所成功发行，并于2003年8月29日在该所正式挂牌上市。这是全区自2000年6月以来第一家上市发行的股票，也是中国证监会实行股票上市核准制度以来宁夏第一家上市股票。本次股票每股发行价为6.7元，发行市盈率为19.82%，共募集资金30 770万元。所募集的资金主要用于偿还公司1号窑节能技改工程和石灰石矿山技改工程贷款，建设年产5 000吨UPVC管材项目和提高公司综合发展散装水泥能力。本次发行A股成功后，股份公司的注册资本、净资产和每股净资产分别由发行前的7 500万元、1.23亿元和2.38元上升到现在的1.8亿元、4.8亿元和3.95元。公司股票的成功发行，将极大增强企业的发展实力和融资能力，加快了企业做大做强的步伐。

【散装水泥推广成绩显著，商品混凝土产业方兴未艾】2003年全区共完成散装水泥供应77.51万吨，为国家下达任务的155%，同比增长103%，散装率达到15.32%，比2002年提高5.4个百分点。2003年，全区散装水泥发展主要呈现以下几个特点，一是散装水泥增幅高于区内水泥产量的增幅。2003年全区水泥产量为494.13万吨，同比增长30%以上，而2003年散装水泥增幅为103%，是水泥增幅的3倍。二是国有骨干水泥企业是推散的主导力量。区内两家国有骨干大中型企业宁夏国有宁夏青铜峡水泥集团公司和宁夏赛马水泥集团公司，2003年分别完成散装水泥22.74万吨和27.29万吨，两家企业占总供应量的65%。三是部分民营企业已逐步成为发散的重要力量。

与此同时，随着建筑业现代化发展，对混凝土质量要求的不断提高，城市重点建筑施工也要求向高效、快速和清洁发展，区内商品混凝土发展较为迅速，前景广阔。2003年，全区共有5家商品混土生产企业，总能力达到150多万立方米，除银川市外，吴忠和石嘴山两市也已经开始建设商品混土搅拌站。

【开展产品质量考核评比，努力强化企业基础管理】由自治区水泥工业协会会同区建材行业管理办室、区建材质检站和区建材职业技能鉴定站等单位共同组成考核评比小组，按照“全区水泥企业产品质量考核评比办法”的规定，对全区26家水泥生产企业的产品质量、生产工艺条件、生产过程控制、企业基础管理四大项21个考核指标进行现场查验考评，并对其水泥质量性能检验能力进行了验证。此次评比也是对全区水泥行业的整体发展水平的一次全面客观的了解，从中既可了解到宁夏水泥企业在近年来在加快发展、提高产品质量方面取得的可喜成就，也暴露出了不少值得重视和反思的问题。通过这次考核评比，各水泥企业进一步认识了自身存在的差距和不足，对改进自身的缺点与不足，不断增强企业的实力和市场竞争能力将起到积极的推动作用。通过本次考评的结果来看，全区无论是旋窑型还是立窑型水泥企业在综合能力上均有了很大提高，特别是管理水平普遍上了一个台阶，其中新型干法旋窑企业优于一般旋窑企业和立窑企业，大中型企业优于小型企业，近几年进行技术改造的企业优于维持现状的企业。

【行业管理工作】2003年，建材行业管理工作在努力克服“非典”等不利因素的情况下，行业管理工作不断强化，行业管理职能得到切实履行。通过重点分析和研究区内水泥工业的基本情况、特点和发展思路，完成了《宁夏水泥工业研究报告》。赛马集团、瀛海中宁公司水泥产品标号升级和大荣建材公司油井水泥、青铜峡水泥集团镇罗分公司以及瀛海集团灵武建材公司(原灵武特种水泥厂)生产许可证变更通过了初审；全区水泥生产企业资源综合利用和水泥包装袋生产企业进行了复审和换证工作。

同时，行业协会工作也继续稳步推进。作为全区建材工业主要协会之一的宁夏水泥协会在自治区民政厅社团管理局的指导下，在区经委、区建材行管办的领导下，协会依靠广大会员单位，充分发挥新时期行业协会的服务和协调职能，努力引导行业健康发展，积极协助政府强化行业管理，在为政府、行业、会员企业服务等方面作了一些有益工作，积极维护了行业的利益，促进了全区水泥工业不断发展。具体作了三个方面的工作：一是加强行业经济形势分析，积极以信息引导行业发展。二是组织行业产品质量评比，提高企业整体素质。三是采取多种形式，积极开展为政府、企业及会员单位的服务活动。

【瀛海集团成立全区首家建材非公有制企业党委】为认真贯彻落实党的十六大和十六届三中全会精神，促进建材非公有制经济快速健康发展，经银川市党委同意，宁夏建材行业最大的民营企业宁夏瀛海集团党委于2003年年底成立。集团党委成立以来，紧紧围绕加快集团发展的中心任务，不断加强党的建设，发挥党员的先锋模范作用，全面促进了企业的各项工作，取得了明显的成果。

【存在的主要问题】1、市场竞争激烈。2003年以来，尽管由于水泥市场需求旺盛，但由于赛马、瀛海、宏威等企业的技改新上项目全面投产，区内水泥产能增加较快，接近200万吨，加之来自周边省份竞争压力的不断增大，水泥行业仍存在着内涨外压、竞争加剧的严峻局面，水泥平均售价与去年同期相比基本持平，所得利润基本来源享受资源综合利用优惠政策。随着其它水泥技改项目的陆续投产，这种局面将会进一步加剧，要引起高度重视，防止各企业为了抢占市场，采取低价倾销的经营策略，影响全行业利益。

2、全区水泥企业竞相扩大生产规模，重复建设有抬头之势。由于连续几年水泥市场看好，区内部分地区和水泥企业受利益驱动，纷纷进行或准备扩大生产规模。据统计，已基本建成和已开工建设的水泥生产线有12条（瀛海中宁、盐池萌生、隆德隆峰、中卫太青山、瀛海灵武、建成建材、青铜峡水泥集团、西夏、宏威、贺兰金山、六盘山），还有一些企业也想再建生产线或粉磨站。以上项目中属国家鼓励的日产2 000吨新型干法生产线只有1条，相当一部分项目为日产1 000吨及以下干法旋窑生产线，甚至还有立窑等地方立项审批的项目。如果不进一步加强行业管理，采取积极的措施予以引导和制止，将极易造成重复建设的局面，给企业发展和产业结构调整带来不利影响。

2004年概况

2004年，宁夏水泥工业在自治区国民经济继续保持较快发展和自身结构调整需要的作用下，在国家采取一系列宏观调控措施的背景下，呈现了生产快速增长，效益大幅度提高，结构调整步伐加快的良好发展态势。同时，宏观调控效果逐步显现，资源、煤、电、运和信贷的制约加剧，企业生产经营成本不断上升。水泥行业固定资产投资增加较快，产能增长迅猛，市场竞争将进一步加剧。

【继续较快增长】2004年，全区生产水泥585万吨，同比增长18.42%；完成散装水泥供应约86万吨，较去年同期增长12 %左右；实现商品混凝土销售49万立方米，同比增长60%。

【利润大幅提高】全年全区固定资产投资继续保持近20%的增幅，成为拉动水泥产品销售快速增长的主要因素。水泥产销率接近98%。与2003年同期相比，普通硅酸盐水泥的吨售价平均提高了10元左右，带动全行业利润大幅增长。水泥行业目前已成为宁夏建材行业重点产业。据统计，1～12月份，水泥行业完成工业总产值12.44亿元，占全区建材行业工业总产值的近70%；实现销售收入10.25亿元，利润1.99亿元，分别占全区建材行业的61.86%和94.31%。

水泥行业占宁夏建材工业比重(亿元)

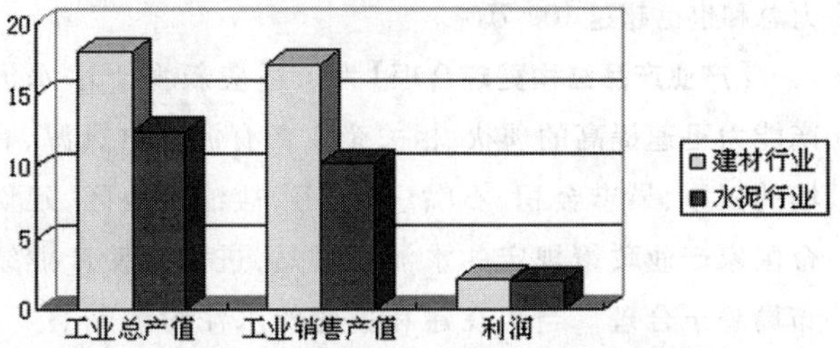

【综合利用成效显著】04年，我区水泥行业将节约资源、保护环境，实现可持续发展作为行业生产的一项主要工作，取得了可喜成果，为自治区经济社会全面协调发展做出了积极贡献。全区水泥工业利用粉煤灰、煤矸石、电石渣、双氰胺渣、炉渣、石粉、硫酸渣等各种工业固体废弃物近200万吨。水泥散装量达86万吨，全年节约优质木材2.84万立方米，节煤6 700吨，节水100万立方米，社会综合效益3 800多万元。

【固定资产投资快速增长】从总体上看，宁夏建材工业固定资产投资主要集中在水泥工业上。主要在建项目克服资金困难、设备原材料涨价和运输等诸多不利因素，建设步伐进一步加快，已完成固定资产投资5.5亿元，占总投资的80%以上。在水泥建设项目中，绝大多数为符合国家产业政策的新型干法水泥。青铜峡水泥股份公司日产2 000吨熟料环保技改工程、宏威水泥公司日产1 500吨熟料、盐池萌生水泥公司和贺兰金山公司及瀛海集团灵武特种水泥公司日产1 000吨技改项目均已建成投入试生产。金昱元公司年产30万吨水泥资源综合利用项目已完成总投资的80%以上。六盘山水泥公司日产1 000吨熟料新型干法技改项目土建工程已完成了50%左右，目前正在积极筹措资金，加快建设。截止2004年底，全区水泥生产能力达931万吨，比年初净增230万吨，其中新型干法比例达到47%，超过全国平均水平12个百分点。

【组织结构进一步优化】宁夏赛马实业股份公司的控股子公司——青铜峡水泥股份公司（赛马实业占股权的74.80%），租赁经营青铜峡水泥集团日产2 500吨熟料新型干法生产线及水泥粉磨系统。年租金为5 100万元，租赁期限为2004年12月1日至2009年11月30日。青铜峡水泥集团日产2 500吨熟料新型干法生产线是第七批国债项目，也是自治区建材行业重点技改项目，总投资19 888万元，年产优质水泥约90万吨，已于2004年10月份建成投料试车。租赁完成后，作为宁夏建材集团有限责任公司全资子公司的宁夏赛马实业公司的水泥生产能力将接近400万吨，占全区水泥总能力的40%以上。同年，集团又与宁夏宏威水泥公司完成了股份制合作，集团水泥总生产能力已达到近400万吨，生产水泥230万吨，占全区的39.3%，成为区内最大水泥生产企业，对区域市场的影响和带动力明显增强，全区水泥市场初步完成整合，区域竞争能力进一步提高。全年集团有近100万吨水泥销往区外。此外，宁夏最大的民营建材企业瀛海建材集团实力也在进一步壮大，三家子公司水泥生产能力总和也已超过100万吨。

【产业产品结构更趋合理】为了适应新型干法水泥生产能力迅速提高的现状，相关企业在有混合材资源、有市场的固原、吴忠金积、石嘴山、中卫、盐池等地区，建设符合国家产业政策规定的水泥粉磨站，进一步使产业结构布局趋于合理。当年在建和拟建的水泥粉磨站有5家，能力110万吨。

【制定《宁夏水泥工业结构调整实施意见》】为了认真贯彻落实中央加强宏观调控的措施和自治党委常委扩大会议精神，遏制盲目投资、低水平重复建设势头，区经委下发了《宁夏水泥工业结构调整实施意见》。《意见》明确提出，支持鼓励在有资源的地方建设日产2 000吨及以上规模新型干法熟料基地，大力发展特殊要求的水泥产品，加快发展大型企业集团，进一步优化产业布局，规范水泥粉磨站的发展，坚持可持续发展战略。《意见》同时还制定了严格项目审批制度、充分发挥资源综合利用政策和加强水泥生产许可证发放工作等具体措施办法保障结构调整目标的顺利实现。

【开展水泥企业化验室监督检查】按照《水泥企业质量管理规程》和《水泥企业化验室评审考核管理办法》的有关要求，对30家水泥企业(包括粉磨站)的化验室进行了监督检查。检查表明，全区水泥化验室基础管理工作进一步加强，人员素质不断提高。现全区共有水泥检验人员669人，其中95%以上的人员取得质检机构签发的操作合格证。通过严格的内部管理与检验制度，运用先进的检验技术和检验设备，保证了我区水泥产品质量的稳定和提高，其中出厂水泥合格率、富裕强度合格率和袋重合格率达到100%，其它指标也达到或接近全国先进水平。

【瞄准行业前瞻性课题，积极开展调查研究】区建材行办结合行业特点，针对影响水泥行业发展的一些重大前瞻性问题开展大量调研工作，及时反映、协调了经济运行中存在的问题，考察论证了建材行业发展中的一些重要课题，为指导行业的发展提供了翔实有力的依据。先后撰写了《宁夏水泥行业研究报告》等一系列文件和调研报告。

【抓住行业发展的重点难点，切实提高服务水平】去年以来，行办进一步强化服务意识，积极主动地开展工作，帮助企业解决生产和发展中存在的困难和问题。一是大力支持重点技改项目，有效推动结构调整。二是协助有关部门做好水泥生产许可证复审工作，全力推行国家发布的水泥行业三个重要规程。三是注重联系协调职能，为广大企业发展提供全面服务。特别是继续在全区水泥生产企业中大力开展了资源综合利用工作，节约了资源，改善了环境，提高了效益。四是及时掌握重点行业生产经营情况，努力解决行业发展中的重大问题。对近两年来区内优质水泥产能陡增，周边省份竞争压力增大，全区水泥行业面临内涨外压、竞争加剧的严峻局面进行了及时分析和预警，采取有效措施和办法加以解决。

【宁夏水泥工业协会第六届会员大会在银川召开】2004年1月8日，“宁夏水泥工业协会第六届会员大会暨全区水泥产品质量考核活动表彰大会”在银川召开。这次大会总结了宁夏水泥协会2003年的工作，分析、研究了2004年全区水泥工业面临的形势。会上，还表彰了获得“2003年全区水泥企业产品质量考核评比活动”优胜奖、优良奖和鼓励奖的18家水泥企业。大会修改了《宁夏水泥协会章程》部分条款，并根据修改后的章程，选举了第六届会员大会理事会及新一届理事会会长、副会长。宁夏建材集团董事长王广林同志当选为会长，范海龙、杨正有、李维齐、刘国华、周枫山、王春敏等六位同志为副会长。与会的各位代表还就协会今后的工作、宁夏水泥工业今后生产经营、结构调整、企业整合，特别是面临严峻的市场形势等方面的问题进行了热烈讨论，提出了许多积极、有益的建议。

【9个水泥企业产品获2004年宁夏名牌标号】按照《宁夏回族自治区名牌产品推进办法》规定的程序，在企业自愿申请的基础上，经各地级市质量技术监督局推荐，自治区质量技术监督局审核并组织有关专家组织评审，宁夏名牌战略推进委员会全体会议审议通过，全区9个水泥产品荣获2004年宁夏名牌产品称号。

【一批水泥产品通过资源综合利用认定】宁夏华泰金鑫水泥(集团)有限公司、宁夏盐池萌生水泥有限责任公司、固原长征水泥有限公司等企业的9种水泥产品，被自治区资源综合利用产品项目认定委员会认定为2004年第四批资源综合利用认定产品。

【水泥行业产能增长过快】受固定资产投资增幅加大、水泥市场需求旺盛的拉动，区内部分地区和企业加快水泥项目建设。预计到2005年，全区水泥总能力将达1 000万吨以上。并且目前在建和建成的项目中，日产2 000吨及以上新型干法生产线只有2条，日产1 500吨1条，其余为日产1 000吨和其他生产工艺。同时，近几年还陆续建成多条立窑生产线(均为地方立项审批项目)，全区立窑、湿法窑和干法中空窑等落后生产能力仍有420万吨左右，占现有总能力的60%以上。如果不采取积极的措施予以引导和制止，将极易造成低水平生产能力过剩的局面，给企业发展和产业结构调整带来不利影响。届时，产能增长过快必将引起市场竞争的加剧，供大于求的局面会导致企业效益下滑，市场形势不容乐观。

2005年概况

2005年是宁夏水泥行业遇到困难较多的一年。受国家宏观调控政策的影响，水泥行业投资规模明显下降，需求不旺和主要产品产能增长过快加剧了市场竞争；煤、电、油及运输紧张造成企业成本上升，行业生产增幅下降，亏损面有所上升，利润有所下滑。

【生产效益】全年累计生产水泥568万吨，比上年同期的585万吨下降2.9%；散装水泥完成了91万吨，同比增长15%；

重点企业生产效益下降较快，宁夏赛马实业股份有限公司全年生产水泥90.13万吨，同比下降14.95%；实现利润5 411万元，比上年同期下降8.23%。宁夏中宁赛马水泥有限公司生产水泥52.61万吨，同比下降4.35%；实现利润1 384万元，比上年同期下降47.93%。

宁夏水泥行业2005年主要指标完成情况

指标名称(规模以上企业)		单位	2000年	2005年	同比增长(%)	"十五"年均增长(%)
主要产品产量	水泥	万吨	280	568	-2.9	15.73
	新型干法比例	%	10	45	——	——
	散装水泥	万吨	50	106	21.8	16.22
	散装比例	%	5	16.7	——	——

【水泥行业结构调整成效显著】2005年以来，在青铜峡日产2 000吨、中宁赛马日产1 500吨水泥熟料、盐池萌生、贺兰金山及瀛海灵武公司日产1 000吨技改项目建成投产的基础上，金昱元建材公司年产30万吨利废水泥项目，赛马、安泰、宏威盐池等水泥粉磨站等项目陆续建成投产，使全区水泥能力突破1 000万吨，新型干法水泥的比例接近45%；全区水泥企业平均生产规模约40万吨，高于全国平均水平。总投资3亿元的宁夏赛马实业2×2 500吨新型干法水泥项目一期工程于2005年6月份开工建设，建成后可新增水泥近80万吨；赛马集团大武口年产50万吨水泥粉磨站和50万吨商品混凝土项目也开工建设；六盘山水泥公司与宁夏上陵公司成功合作，日产1 000吨新型干法水泥项目重新启动，预计2006年5月份投产。

【龙头企业不断发展壮大】宁夏建材集团的水泥生产能力已近400万吨左右，成为全区最大水泥生产企业，区域竞争能力进一步提高。全区30户非公有制骨干企业之一的瀛海建材集团水泥生产能力总和也已超过170万吨。

【新产品研制和科技创新活动活跃】吴忠水泥公司砌筑水泥通过自治区新产品鉴定；青铜峡水泥厂油井水泥生产取得成功；自治区自然科学基金项目《混凝土耐久性设计及使用寿命预测研究》进行结题验收。

【循环经济和资源综合利用成效显著】2005年以来，建材行业大力发展循环经济，努力建设节约型社会，不断加大资源综合利用力度，在行业内大力推行清洁生产，积极改善和保护环境，实现可持续发展，取得了较好的社会和经济效益。预计全年全区建材企业利用粉煤灰、煤矸石、电石渣、双氰胺渣、炉渣、石粉、硫酸渣、磷石膏等各种工业固体废弃物将达到225万吨左右；散装水泥量达106万吨；金力建材实业公司等8家清洁生产试点企业通过了区清洁生产验收小组的审核验收。金昱元集团建成30万吨水泥生产线，可充分利用其产业链产生的24万吨电石泥、6万吨粉煤灰和6万吨炉渣；宁夏金力实业集团利用窑尾余热发电效果十分显著，年消耗煤矸石约25万吨，合标煤约10万吨；利用中水114万立方米；年发电量1.58亿千瓦时。

【建材行业管理不断得到强化】作为自治区建材行业管理部门，自治区建材行业办2005年按照其职能分工，不断探索在复杂困难的局面下开展行业管理工作的新思路、新方法，切实深入基层，加强调查研究，为行业和广大企业办实事办好事。今年还扎实开展了保持共产党员先进性教育活动。通过扎实进行学习教育、党性分析和整改提高三个阶段，使行办全体党员的党性修养得到了较大提高，工作作风得到了进一步改进。行办以提高党的执政能力为切入点，加大整改力度，制定了整改措施，提高工作水平和能力，取得了良好效果。

【提出行业发展的战略方向】通过调查研究，编制完成了《宁夏建材工业"十一五"规划》、撰写了《宁夏建材工业"十五"结构调整基本情况和"十一五"思路对策》、《发展循环经济促进宁夏建材工业可持续发展》等调研报告；协助有关部门完成了"十一五"结构调整、铁路外运、中小企业及非公有制经济发展等方面的课题。

【为广大水泥企业发展提供全面服务】针对今年受国家宏观调控政策等因素导致我区水泥企业成本大幅上升，生产和效益下滑，亏损面上升，利润下滑的现状，宁夏建材行办主动深入企业，加强调查研究，及时掌握行业和企业生产经营情况，分析存在的问题和原因，撰写调研报告和政务信息，及时向有关部门和企业提供行业经济运行情况，指导企业解决发展中的问题。下半年，针对上半年行业经济运行情况，会同宁夏水泥工业协会召开了"宁夏水泥工业2005年经济运行情况分析及座谈会",通报了当前国家和自治区水泥工业经济运行情况,重点分析了目前面临的形势,研究了加强行业自律,进一步促进结构调整,保持行业平稳运行的对策和办法,受到广大企业的高度重视。协助赛马实业公司、中宁赛马公司和青铜峡水泥公司3家企业的化验室通过国家级评审;协助金昱元水泥公司和瀛海盛鑫粉磨站通过国家生产许可证现场审查;组织有关单位对金昱元水泥厂等5家企业化验室进行了评审验收。

【支持重点技改项目建设和新产品的开发推广】重点协调了金昱元30万吨利废水泥项目,赛马、安泰、宏威盐池等水泥粉磨站等项目的顺利投产以及宁夏赛马实业公司日产2 500吨新型干法顺利开工建设;协助吴忠水泥公司砌筑水泥等新产品通过自治区新产品鉴定,有效地推动了结构调整。

【做好企业资源综合利用工作】自治区国税局、地税局、环保局和建材行办等部门对固原长征水泥公司等3家建材企业进行了资源综合利用认定工作;对中宁赛马水泥公司等15家建材企业进行了资源综合利用复审工作,使上述企业享受税收优惠政策支持。自治区环保局等有关部门对贺兰金山等6家企业进行了现场审查和环评验收。积极协助赛马实业公司等4户企业作好2006年资源综合利用备选项目的申报工作。

【两家水泥企业产品获国家免检】经国家质量监督检验检疫总局审查,宁夏青铜峡水泥股份有限公司青铜峡牌水泥(P·O 52.5R、P·HSR 425、P·MH 425、道路水泥425)和宁夏瀛海建材集团有限公司瀛海牌水泥(普通硅酸盐水泥、复合硅酸盐水泥、HSRG级油井水泥)符合《产品免于质量监督检查管理办法》规定,获国家免检,有效期自2005年12月至2008年12月。此前宁夏赛马水泥实业股份公司水泥产品也获国家免检。

【徐德龙院士举办水泥工业专题报告会】中国工程院院士、西安建筑科技大学校长徐德龙,作为"院士专家赴宁夏咨询服务团"成员,2005年9月7日,应邀在自治区经委举办水泥工业专题报告会。徐院士是我国著名水泥专家,其研究领域主要是新型干法水泥工程技术和基础理论,创立了高固气比悬浮预热预分解理论,发明了水泥立筒预热三项系列技术;其多项研究成果获国家奖励和推广并申请专利,并为我国水泥工业培养了一大批工程技术人员和专家。徐院士主要从我国水泥工业发展现状和趋势、新型干法水泥和生态水泥的技术进步、水泥工业基础理论等方面进行了系统讲解和深入分析,还解答了与会人员的现场提问。来自全区20多家水泥企业的负责人和技术人员也聆听了报告。

宁夏水泥行业劳动模范和先进工作者等

姓名	性别	单位	职务	所获奖项	获奖时间
王广林	男	宁夏铜峡水泥集团公司	董事长、总经理	自治区首届优秀环境科技实业家	2002年7月
哈永生	男	宁夏铜峡水泥集团公司	副总经理	全国第二届优秀设备管理工作者	2002年12月
石砚	男	宁夏宏威水泥集团有限公司	生产部经理	自治区"五一"劳动奖章	2002年5月

记 事

2001年

3月15日 由宁夏建筑材料研究院建材职业技能培训中心举办的西北地区"水泥新标准及水泥新技术讲座"在银川举行。会议邀请合肥水泥研究院的技术专家就水泥新标准及水泥新技术应用进行了深入的讲解。来自西北地区有关水泥企业的81名代表参加了本次讲座。

3月 宁夏西夏水泥公司投资200万元成功引进浙江巨化集团开发试验项目——"电石泥渣浆代水成球节能技术"。该技术以生产树脂的工业废渣电石泥为添加原料,经过预均化成球后,在窑内充分分解,达到改善窑内热工状况,提高熟料质量的目的。项目实施后,可年利用工业废渣5吨以上,窑台时产量增加4.5%,吨熟料煤耗、电耗均有一定幅度的下降,熟料强度提高3~4兆帕,经济效益和社会效益显著。

5月30日 为了响应国家经贸委、信息产业部"政府上网工程"和"企业上网工程",由区建材行业管理办公室主办,在区墙改办、水泥散装办和建材研究院及部分建材企业的大力支持和积极配合下,"宁夏建材行业信息网"顺利在因特网开通。网站主要以"面向全国、宣传宁夏、服务行业"为宗旨,向全区建材企业和全社会提供了大量建材行业的产业政策、行业动态、市场供销等方面的信息,通过宣传产品和服务,与用户及其他企业建立实时互动的信息交换,达到生产、流通、交换、消费各环节的电子商务,最终实现企业经营管理全面信息化。

5月31日 全区散装水泥工作会议在银川召开。会议的主要内容是对"九五"期间自治区散装水泥工作进行回顾和总结,并就"十五"全区散装水泥工作提出了总体要求和布署。会议还对近年来全区发展散装水泥的先进单位和先进个人进行了表彰。

7月15日 宁夏宏威水泥股份有限公司日产1 000吨熟料新型干法旋窑生产线技术改造项目在宁夏中宁县正式

开工建设。项目总投资概算8 773万元，全部由企业自筹解决。该项目作为自治区建材行业重点技改项目，主要是为了贯彻国家水泥工业产业调整的政策，全面提高企业的整体技术水平和装备水平，改变地区水泥产业结构，增强企业的市场竞争能力。

10月18～22日　由宁夏建筑材料研究院主办的西北地区水泥生产新技术讲座及疑难问题咨询会在银川召开。会议特邀请我国著名水泥专家、九届全国人大代表、全国“五一”劳动奖章和国务院特殊津贴获得者，国家中青年专家、武汉理工大学博士生导师林宗寿教授来银进行专题讲座。来自宁夏及西北地区56家企业的120名代表参加了会议。会议主要就提高水泥粉磨细度和控制技术进行了全面深入的研讨。

11月19日　全区第一家债转股企业——宁夏青铜峡水泥股份有限公司成立揭牌仪式在银川举行，自治区经贸委的有关领导到会祝贺。公司是按照青铜峡水泥集团公司与中国华融资产管理公司签订的债转股协议，以集团水泥主业为主体，与三家资产管理公司共同发起成立的。

12月28日　宁夏赛马集团日产2 000吨水泥熟料节能技改工程（熟料部分）投料试车。该项目是赛马实业股份公司上市的配套项目，设计概算2.15亿元，实际完成投资1.78亿元；有效工期为14个月，创同类生产线建设时间最短。该项目采用先进的“湿磨干烧”生产工艺，电器及自动化选用国际先进的ABB集散控制系统。该项目的建成，是宁夏水泥工业结构调整的重要举措，为全区水泥行业向国内先进水平靠拢奠定了良好基础。

2002年

1月15日　由自治区建材行业管理办公室和区水泥协会共同组织召开的“全区水泥行业座谈会暨水泥协会年会”在银川召开。来自区内26家水泥生产企业的主要负责人和水泥协会其它会员单位、自治区有关部门的代表参加了会议。会议通报了2001年全区水泥工业生产和发展的基本情况，重点分析了2002年面临的形式和存在的突出问题，并就做好全年水泥工业生产及结构调整、许可证换发，协会建设等方面的工作提出了具体意见。

3月26日　宁夏水泥协会2002年第一次会长会议在银川召开。会议首先通报了3月协会配合自治区经贸委部署的调研活动，深入基层，对全区水泥行业进行了深入细致的调查研究、全面了解前3个月各水泥生产企业的生产经营和区内外市场的情况；着重分析了2001年和2002年以来全区水泥行业的产销情况和面临的形势。并基于以上分析，研究制定了加大协调力度，稳定价格，防止全区水泥行业效益大滑坡的自律措施，要求各企业认真执行。

5月14日　《宁夏建材工业“十五”规划》编制完成，并由自治区经贸委印发自治区各地市、县经贸委（计经局）及主要建材企业。“十五”期间，是宁夏建材工业产品结构、技结构、组织结构调优化的重要时期。《“十五”规划》是在社会主义市场经济条件下编制的一部重要的行业发展规划，在总结“九五”取得的成就和存在的主要问题的基础上，分析了“十五”期间国内外环境对宁夏建材工业发展的影响和需求，确定了“十五”建材工业发展的指导方针、主要目标和行业发展重点，提出了措施和对策，重点是引导和推进全区建材工业持续、快速、健康发展。

6月5日　宁夏水泥协会在银川召开了全区水泥生产经营形势分析会。本次会议是在当前全区水泥内涨外压的形势已经开始对企业的生产、销售产生影响的不利局面下召开的。会议的主要目的是交流情况，统一认识，维护水泥行业的利益，主要内容是通报全区水泥生产经营基本情况、分析目前生产、销售面临的严峻形势，研讨维护市场、稳定价格的办法和措施。全区各水泥企业的主要负责人、协会会长、副会长、秘书长等参加了会议。

6月26日　“西部地区水泥新技术讲座咨询会”在银川召开。会议再次邀请我国著名水泥专家，武汉理工大学博士生导师林宗寿教授来银就水泥企业在执行水泥新标准中出现的问题进行了讲解，并就各企业代表提出的疑难问题进行了认真解答。

9月3～13日　宁夏水泥工业协会组织区内部分立窑水泥企业的技术人员赴江苏、山东等地考察、学习。考察活动的主要目的是学习当今发展现代化立窑水泥企业的新技术，并参观、考察国内先进现代立窑企业。考察期间，参加了由中国建材工业经济研究会水泥专业委员会在扬州召开的发展现代化立窑水泥企业的新技术与提高产量、质量，降低能耗，治理污染现场经验交流会，参观考察了江苏长江水泥厂、磊达公司的新技改生产线及北京平谷第二水泥厂。

9月30日　宁夏宏威水泥股份有限公司日产1 000吨熟料新型干法旋窑生产线竣工并进行了全线投料试车。该项目总投资8 688万元，年生产能力达到40万吨，是宁夏第四条新型干法生产线。经过一周的试运行，于10月6日正式投产。该项目在各方的共同努力下，基本做到了资金投入经济、建设工期短、工艺技术先进、能耗低、污染小、自动化程度高，达产达标快的目标，布局简洁、流畅、优美。

10月　在第八次全国水泥化学分析大对比中，宁夏建材产品质量监督检验站、宁夏赛马实业股份公司等2个单位荣获全优秀单位；宁夏宏威水泥股份有限公司、宁夏石嘴山金力建材有限责任公司等2个单位荣获全合格单位；宁夏华泰鑫水泥集团公司、宁夏瀛海中宁建材公司和宁夏固原县水泥厂等3个单位荣获单项合格单位。

10月初　自治区人民政府52号令正式颁布了《宁夏回族自治区发展散装水泥管理办法》，并将于12月1日起正式在全区范围内开始实施。该《办法》是2002年2月份正式列入自治区人民政府的立法计划中的。《办法》是宁夏散装水泥发展的第一部政府性规章,标志着自治区散装水泥工作已纳入法制公化发展的轨道。

11月1日 自治区人民政府在银川召开了全区散装水泥工作会议。自治区政府副主席项宗西到会并发表重要讲话。会议的主要内容是宣传贯彻自治区人民政府58号令《宁夏回族自治区发展散装水泥管理办法》,提出今后一段时间发展全区散装水泥工作的具体目标和要求。区直200多家相关企业及有关部门的300多人参加了这次会议。

11月4日 中国证券监督管理委员会通过宁夏赛马实业股份有限公司申请发行股票的申请。赛马实业股份公司是1998年12月4日由宁夏赛马集团以实物投资9 300万元,联合宁夏青龙管道有限公司等4家企业共同设立的。本次预计发行流通股4 800万股。赛马实业公司将成为宁夏建材行业第一家上市发行股票的企业。

2003年

7月29日 法国拉法基公司北京代表处副总裁何耀麟先生一行专程来宁,就参与宁夏水泥行业的整合,如何做大做强宁夏水泥,并立足宁夏,开发西北市场进行了实地考察。在宁期间,何耀麟先生一行专程拜访了自治区经贸委有关领导和行业管理部门,参观了宁夏赛马水泥集团和青铜峡水泥集团。

8月4日 宁夏赛马实业股份有限公司申请公开发行的4 880万A股经中国证监会核准,于2003年8月14日在上海证券交易所成功发行,并于2003年8月29日在该所正式挂牌上市。这是宁夏自2000年6月以来第一家上市发行的股票,也是中国证监会实行股票上市核准制度以来全区第一家上市股票。本次股票每股发行价为6.7元,发行市盈率为19.82%,共募集资金30 770万元。所募集的资金主要用于偿还公司1号窑节能技改工程和石灰石矿山技改工程贷款,建设年产5 000吨UPVC管材项目和提高公司综合发展散装水泥能力。本次发行A股成功后,公司的注册资本、净资产和每股净资产分别由发行前的7 500万元、1.23亿元和2.38元上升到现在的1.8亿元、4.8亿元和3.95元。

8月12日 由自治区环保局组织,自治区建材行管办、吴忠市环保局、中宁县环保局等部门参加,对已建成的区建材重点技改工程宁夏宏威水泥有限公司日产1 000吨水泥技改项目进行了环保竣工验收。

9月10日 由自治区水泥工业协会、区建材行业管理办公室、区建材质检站和区建材职业技能鉴定站等单位组织的2003年全区水泥企业产品质量考核评比活动,考核历时一个多月。

9月19日 宁夏青铜峡水泥集团公司日产2 000吨熟料环保技改工程正式开工建设。该工程是国家经贸委第七批国债项目之一,也是自治区建材工业技改重点工程,总投资19 888万元。项目建成后,可年产各种优质高标号旋窑水泥77.5万吨,年新增销售收入12 585万元,实现利润6 373万元。

12月13日 自治区副主席张来武在银川会见了全球500强之一、世界最大建材生产企业——法国拉法基公司驻北京代表处副总裁何耀麟先生一行。

12月 经自治区国资委批准,自治区原两大国有水泥骨干龙头企业——宁夏赛马水泥(集团)有限责任公司和青铜峡水泥集团有限责任公司组建成立宁夏建材集团有限责任公司,成为新的国有资产授权经营的国有独资公司。新组建的宁夏建材集团公司,集水泥生产制造、水泥制品、UPVC管材、房地产开发、编织袋与纸袋加工、建材设备安装、汽车运输为一体,成为目前全区最大的综合性建材生产企业,也是最大的水泥生产企业。公司拥有一个控股上市子公司——宁夏赛马实业股份有限公司,7个全资子公司,2个参股子公司,拥有先进的日产1 000吨和2 000吨新型干法水泥生产线各1条,并正在建设日产2 000吨和2 500吨新型干法生产线。集团公司现已形成水泥生产能力200万吨,总资产6.8亿元,职工2 800人。

2004年

1月8日 宁夏水泥工业协会第六届会员大会暨"全区水泥产品质量考核活动"表彰大会在银川召开。这次大会总结了宁夏水泥协会2003年的工作,分析、研究了2004年全区水泥工业面临的形势。会上,还表彰了获得"2003年全区水泥企业产品质量考核评比活动"优胜奖、优良奖和鼓励奖的18家水泥企业。大会修改了《宁夏水泥协会章程》部分条款,并根据修改后的章程,选举了第六届会员大会理事会及新一届理事会会长、副会长。宁夏建材集团董事长王广林同志当选为会长,范海龙、杨正有、李维齐、刘国华、周枫山、王春敏等六位同志为副会长。

3月1日 《宁夏水泥行业发展研究报告》完成并对外发布。该报告由宁夏建材行业管理办公室起草。《报告》的发布,为今后一段时期宁夏水泥工业发展的目标和重点指明了方向,并提出了优化全区水泥工业结构的具体措施。

4月8日 宁夏水泥工业协会第六届会员大会理事会第一次会长会议于在银川召开。第六届会员大会理事会会长王广林,副会长范海龙、杨正有、李维齐、刘国华、周枫山、王春敏及协会秘书长王亚芳、副秘书长郭亮、王翠萍出席了会议。会议传达了全国水泥行业工作会议暨中国水泥协会常务理事会精神。会议还就如何维护自治区水泥行业正常生产经营秩序和行业利益,制止低水平盲目重复建设进行了研究,并提出了自律意见。会议聘任区建材行管办副主任马忠林同志为协会顾问。

5月14日 法国拉法基公司北京代表处副总裁何耀麟

先生一行再次专程来宁，与区经济委员会就如何参与宁夏水泥行业整合进行了交流和座谈。双方希望能一步拓宽合作的思路和方式，完善合作具体方案。在宁期间，何耀麟先生还与自治区有关水泥企业进行了座谈。

6月1日 《宁夏水泥工业结构调整实施意见》出台。宁夏经济委员会根据国家产业政策，结合实际，制定下发了《宁夏水泥工业结构调整实施意见》。《意见》明确提出，为了进一步加快水泥行业结构调整步伐，坚决制止盲目低水平重复建设，淘汰落后生产能力，保持水泥工业持续快速健康发展，一是要支持鼓励在有资源的地方建设日产2 000吨及以上规模新型干法熟料基地，不再发展日产1 000吨及以下规模项目。二是严格禁止新建、扩建机立窑、湿法窑、立波尔窑、中空窑等不符合国家产业政策的落后工艺生产线。严禁对机立窑进行扩径改造。三是大力发展特殊要求的产品，重点发展水利、交通、石油化工、建筑装饰等特殊要求的特性、专用水泥。四是加快发展大型企业集团，组建以水泥为主业的大型企业集团，对全区水泥行业进行有效整合，提高生产集中度，扩大对周边区域市场的辐射能力。五是进一步优化产业布局，加快优质熟料基地建设，进一步规范水泥粉磨站的发展。六是坚持可持续发展战略，重视和加强环境保护，抓好清洁生产，进一步作好资源综合利用。

7月9日 宁夏25家水泥生产企业和5家水泥粉磨站的50多名化验室负责人和骨干在银川参加了全区化验室主任资格考试。

9月 2004年宁夏名牌产品揭晓，9家水泥企业榜上有名。自治区质量技术监督局审核并组织有关专家组织评审，宁夏名牌战略推进委员会全体会议审议通过，该9家水泥企业的9个品牌的产品荣获2004年宁夏名牌产品称号。

12月1日 宁夏赛马实业股份公司的控股子公司——青铜峡水泥股份公司(赛马实业占股权的74.80%)，租赁经营青铜峡水泥集团日产2 500吨熟料新型干法生产线及水泥粉磨系统的，年租金为5 100万元，租赁期限为2004年12月1日至2009年11月30日。租赁完成后，作为宁夏建材集团有限责任公司全资子公司的宁夏赛马实业公司的水泥生产能力将接近400万吨，占全区水泥总能力的40%以上。

12月 宁夏华泰金鑫水泥(集团)有限公司、宁夏盐池萌生水泥有限责任公司、固原长征水泥有限公司和石嘴山市惠磊建材有限公司等四家企业的9种水泥产品，被自治区资源综合利用产品项目认定委员会认定为2004年第四批资源综合利用认定产品。

12月10日 自治区建材行业主管部门会同区建材质检站等单位，对30家水泥企业(包括粉磨站)的化验室进行监督检查。检查表明，现全区共有水泥检验人员669人，其中95%以上的人员取得质检机构签发的操作合格证。通过严格的内部管理与检验制度，运用先进的检验技术和检验设备，保证了水泥产品质量的稳定和提高，其中出厂水泥合格率、富裕强度合格率和袋重合格率达到100%，其它指标也达到或接近全国先进水平。

2005年

1月10日 宁夏建材行办、水泥协会联合召开了“宁夏水泥协会第六届会员大会第二次会议暨协会年会”。

1月10日 贺兰金山水泥有限公司日产1 000吨水泥生产线大窑点火。

1月14日 宁夏瀛海集团灵武特种水泥有限公司技改扩建年产50万吨水泥熟料生产线项目现场会。

1月15日 自治区党委书记陈建国会见了前来考察工作的中国材料科工集团董事长、总经理谭仲明先生，谭仲明来宁夏考察工作，同时到直属企业宁夏建材地质总队进行调研。

3月25日 经中国建筑材料工业协会验收评审，宁夏赛马实业有限公司，中宁、青铜峡水泥公司化验室获国家级证书。

6月6日 贺兰金山水泥有限公司在检修单筒冷却机时发生重大伤亡事故。

6月16日 贺兰金山水泥有限公司汇报事故整改措施并现场验收，恢复生产。

8月4日 青铜峡水泥集团日产2 000吨生产线环保验收现场审查会。

8月5日 编制宁夏建材工业“十五”结构调整基本情况和“十一五”思路对策。

8月30日 建材行办，水泥协会，联合在中卫市召开“全区水泥行业发展形势座谈会”。

9月15日 印发“2005年全区水泥工业经济运行情况分析及座谈会会议纪要”的通知，宁夏建材办字[2005]07号。

10月10日 宁夏赛马实业公司银川双鹿粉磨站投产。

12月8日 宁夏金昱元化工集团有限公司水泥厂52.5R水泥生产许可证现场审查。

12月19日 青铜峡水泥股份公司，宁夏瀛海集团水泥产品取得国家免检产品证书。

新疆维吾尔自治区建筑材料行业管理办公室

【概况】2001年水泥产量981万吨,同比增长9.5%。

为贯彻落实国家关于清理整顿“五小”工业的方针政策,到2001年上半年,共关停落后小水泥窑56座,淘汰落后生产能力99.5万吨,基本完成了自治区确定的淘汰落后任务。

在淘汰落后的同时,注重依托优势企业发展高水平项目。和静天山水泥有限责任公司日产1 000吨新型干法水泥生产线、南岗建材有限责任公司日产1 000吨新型干法水泥生产线相继建成投产。

2002年水泥产量1029.71万吨,同比增长4.97%。

2002年完成散装水泥230万吨,比2001年增长11%,散装率达到23%。《自治区散装水泥管理办法》107号政府令颁发,对散装水泥工作将起到极大的推动作用。2000年12月,自治区散装水泥办公室根据实际情况,重新修改了散装水泥管理办法,提出了立法申请。经过近两年的修改完善,并完成了全部立法程序,2002年9月29日,自治区第九届人民政府第19次常务会议通过,10月14日颁发,12月1日起实施。《自治区散装水泥管理办法》政府令的通过,体现了自治区人民政府对散装水泥事业的重视和社会各界的大力支持。

开展水泥产品生产许可证换发审查工作。根据国家总体部署,水泥产品生产许可证和化验室合格证换发证工作于2002年4月正式开始。自治区质量技术监督局在建材行办设立了水泥产品许可证审查分部,具体负责生产许可证工作的现场审查。审查分部分南、北、东疆3个组对全疆82家水泥企业进行了现场审查,其中有54家企业符合申请国家证条件,已通过初审上报了28家。对其余的不符合申请国家证条件的企业,按照国家和自治区调整结构、淘汰落后、制止低水平重复建设等政策要求和自治区工作结构调整“十五”规划要求,提出了初步意见,报政府批准。

2003年新疆维吾尔自治区水泥产量1 128万吨,同比增长9.5%。水泥工业年末形成生产能力1 474万吨,比上年末增加5.2%;其中:日产1 000吨以上新型干法水泥生产能力占15%,日产700吨及以下预分解窑和窑尾带预热器的回转窑占23%,余热发电窑占18%,中空窑占13%,机立窑占31%。

2004年新疆维吾尔自治区水泥产量1 200万吨,同比增长6.4%。水泥工业年末形成生产能力1 644万吨,比上年末增加11.5%;其中:日产700吨及以上新型干法水泥生产能力占26.3%,日产700吨以预下分解窑和窑尾带预热器的回转窑、余热发电窑、中空窑占42.9%,机立窑占30.8%。

2004年新疆青松水泥有限责任公司日产2 500吨新型水泥干法生产线、伊犁特北屯建材有限责任公司日产1 000吨新型水泥干法生产线2个项目(兵团项目)相继建成投产。

这些项目的实施,不仅增强了建材企业实力,提高了建材行业的整体装备和技术水平,也极大地推动了行业结构调整工作的进程。

累计完成了86家水泥企业生产许可证现场审查和材料上报工作,截止到2004年末,已有81家水泥企业取得国家工业产品生产许可证。

2004年新疆维吾尔自治区拥有散装水泥发放库212个,散装水泥接受库276个,散装水泥专业车397台,流动罐1 134个,散装水泥供应量330万吨,两年增长27%,散装率达到26%。

2005年,全区共有水泥企业85家,总资产91亿元,从业人员2.3万人。拥有各类水泥窑162台,生产能力1 738万吨,其中新型干法窑11台,生产能力503万吨,占总生产能力的29%;预热器及小分解窑27台,生产能力279万吨,占总生产能力的16%;余热发电窑20台,生产能力266万吨,占总生产能力的15.3%;小型中空回转窑40台,生产能力187万吨,占总生产能力的10.7%;立窑64台,生产能力503万吨,占总生产能力的29%。2005年,水泥行业实现工业增加值10.16亿元,比上年增长5%。实现工业总产值(现价)28.06亿元。实现利润0.58亿元,占自治区建材工业利润总额的14%。

经过几十年的努力,水泥工业取得了长足发展,结构进一步优化,主要表现,一是产量稳步增长。“十五”期间,全区水泥产量年均增长6.84%。2005年产量1 245万吨,占全国的1.2%。二是新型干法水泥得到进一步发展。目前,新型干法水泥生产线已有11条,其中日产2000吨以上的3条。新型干法水泥比重已由2000年的12%提高到目前的29%。三是淘汰落后成效显著。通过法律、行政等手段和市场机制,“十五”期间,累计淘汰落后生产能力100万吨,直径2米以下的立窑已基本淘汰。四是资源综合利用成效显现。自1998年开展资源综合利用认定工作以来,绝大多数水泥企业通过积极开展资源综合利用工作,结合本企业生产工艺特点,利用各类废弃物,如:粉煤灰、煤矸石、电石渣、炉渣、糖滤泥、石灰石尾矿等,收到了良好的经济效益和社会效益。特别是近两年,利用“电石法”生产PVC的兴起,产生了大量的电石渣,利用电石渣生产水泥成为水泥行业又一选择。水泥工业利用废弃物的数量占水泥产量的20%以上，占到建材工业利用废弃物总量的60%以上。水泥工业正在由污染大户向利废大户转变，对环境保护的贡献日益明显。

新疆维吾尔自治区水泥工业的特点：

第一，绿洲经济的产业布局。地处祖国大西北，远离内地，市场相对独立，水泥企业基本上是围绕绿洲经济的特点布局。全区15个地州市都建有水泥厂，水泥企业在当地经济建设中发挥着重要作用，特别是一些边远县市的水泥企业，成为当地工业支柱，财政主要来源，并解决了职工就业，维护了社会稳定。但同时也决定了全区小水泥企业多，平均规模偏小。水泥企业平均规模年产20万吨，比全国平均规模低5万吨。单线平均规模更低，只有年产10万吨。

第二，总体供需基本平衡。由于生产力布局的特点，各区域水泥市场相对独立，大部分地区的水泥基本满足本地需求。与全国水泥生产能力过剩相比，新疆水泥总体供需基本平衡，只有乌鲁木齐、昌吉、阿克苏等局部区域低水平相对过剩，少数地区尚存在季节性供不应求问题。

第三，新型干法水泥起步早，但发展缓慢。1978年5月，新疆水泥厂(新疆天山水泥股份有限公司前身)开始建设具有20世纪80年代初国际先进水平的日产熟料700吨的烧煤窑外分解窑。1988年，该企业又采取“点菜拼盘”的方式，建设了1条日产2 000吨的窑外分解窑生产线，引领了我国当时水泥工业发展的潮流。进入21世纪，全国新型干法水泥进入快速发展步入快车道，新疆新型干法水泥却发展缓慢。据统计，2000年，全区新型干法水泥生产能力比重为12%，全国为13%。到了2005年，全区新型干法水泥比重为为29%，全国平均水平达到了40%。2002、2003两年全区新型干法水泥没有增长。

第四，产业集中度高。到2005年底，新疆天山水泥股份有限公司和青松建化股份有限公司两大企业集团控制能力为880万吨，产业集中度达50%以上，而全国前十大水泥集团集中度只有13%。大企业集团生产规模的迅速扩张，对提高新疆大型企业的竞争力和控制力，加快水泥工业结构调整，起到了较大的推动作用。

长期以来，水泥工业基本满足了自治区各项建设的需要，发挥了重要的基础原材料支柱作用，但也存在一些问题。主要表现在以下三个方面。一是发展速度滞后。国家西部大开发战略实施以来，新疆水泥工业并没有实现快速增长。“十五”期间，平均发展速度只有6.84%。而同期，在产量基数已经很大的情况下，全国平均发展速度达到了12%，新型干法水泥成为发展主流。二是落后的小型回转窑多。为适应全区烟煤资源丰富，适合回转窑煅烧的特点，自80年代中后期开始，新建了一批小型中空回转窑。形成了回转窑生产能力远远大于立窑生产能力的局面。在现有生产能力中，回转窑生产能力占71%，远高于全国水平，但多数是能耗高、污染严重的小型回转窑。年产2万吨以下的超小型中空回转窑还有25台，占中空回转窑台数的62.5%，占生产能力的26%。三是能源消耗高，污染严重。2005年，全区水泥吨熟料标准煤耗191千克，尽管较2000年的212千克降低了10%，但仍比全国同期平均水平高53千克；全行业年排放主要污染物粉尘10.97万吨，占全区粉尘排放量的63.33%；烟尘2.77万吨，占全区烟尘排放量10.24%。二氧化硫2.13万吨，占全区二氧化硫排放量4.1%。粉尘排放主要来自中空回转窑和部分立窑。

2005年全疆水泥企业生产能力统计表

地区和企业名称	小计（万吨）	新型干法窑	能力（万吨）	预热器窑	能力（万吨）	余热发电窑	能力（万吨）	中空窑	能力（万吨）	机立窑	能力（万吨）
合计 162台	1 738	11台 28.94%	503	27台 16.05%	279	20台 15.30%	266	40台 10.76%	187	64台 28.94%	503
一、乌鲁木齐地区27台	479	5台	298	6台	57	4台	57	1台	2	11台	65
二、吐鲁番地区7台	55			1台	10	2台	26	4台	19		
三、哈密地区7台	45			2台	17			3台	16	2台	12
四、昌吉州15台	156			4台	47	5台	82	4台	11	2台	16
五、博州3台	31			1台	15					2台	16
六、巴州13台	153	2台	65	2台	21			3台	27	6台	40
七、阿克苏地区21台	192	1台	35	1台	6	3台	35	5台	17	11台	99
八、克州4台	37					1台	15			3台	22
九、喀什地区17台	135			1台	10			4台	11	12台	114
十、和田地区5台	41					1台	5	1台	6	3台	30

续表

地区和企业名称	小计（万吨）	新型干法窑	能力（万吨）	预热器窑	能力（万吨）	余热发电窑	能力（万吨）	中空窑	能力（万吨）	机立窑	能力（万吨）
十一、伊犁地区 14 台	140	1 台	35	3 台	28	1 台	6	3 台	22	6 台	49
十二、塔城地区 13 台	164	2 台	70	4 台	43	2 台	30	4 台	13	1 台	8
十三、阿勒泰地区 10 台	43			2 台	25			6 台	12	2 台	6
十四、石河子 6 台	68					1 台	10	2 台	32	3 台	26

注：水泥产量（2001 年：981 万吨 2002 年：1 030 万吨 2003 年：1 128 万吨 2004 年：1 200 万吨 2005 年：1 245 万吨）

2002 年度获新疆维吾尔族自治区科学技术进步奖名单

完成单位：新疆建材研究所

获奖项目：制糖滤泥代替部分石灰石在水泥原料配料中的应用推广

获奖等级：新疆维吾尔自治区科学技术进步奖二等奖

主要完成人：姜胜平、刘晓莉、朱凤玲、许秀华、刘迎春、古丽巴哈尔、巩尊华、何文杰、唐光强

记 事

2001 年

4 月 26 日　新疆天山水泥股份有限公司收购库尔勒东方水泥有限责任公司，新疆塔里木水泥有限责任公司创立。

4 月 28 日　阿克苏天山多浪水泥有限责任公司创立。

4 月 28 日　新疆天山水泥股份有限公司孙成跃荣获全国“五. 一”劳动奖章。

5 月 18 日　新疆吐鲁番天山水泥有限责任公司注册成立，6 月 9 日日产 2 500 吨的吐鲁番熟料生产线正式开工，自治区党委书记王乐泉为工程奠基。

6 月 16 日　新疆鄯善天山水泥有限责任公司创立。

7 月 17 日　新疆天山水泥股份有限公司 QC 成果荣获国家级成果奖。

12 月 8 日　新疆和静天山水泥有限责任公司年产 30 万吨日产 1 000 吨熟料生产线建成投产并一次点火投料成功。

12 月 8 日　新疆伊犁南岗建材有限责任公司日产 1 000 吨新型干法水泥生产线竣工投产。

12 月 26 日　新疆天山水泥股份有限公司被国家经贸委命名为“重合同、守信用”企业。

2002 年

2 月　新疆天山水泥股份有限公司获得中国质量协会、中华全国总工会授予的全国质量管理小组活动优秀企业。

3 月　新疆天山水泥股份有限公司“天山”牌水泥荣获国家级质量免检产品荣誉称号。

3 月　新疆天山水泥股份有限公司、德隆国际战略投资有限公司美国科尔尼管理顾问有限公司合作，对天山股份进行历时 4 个月的“创造以低成本为核心的快速成长”和管理咨询。

4 月 26 日　新疆天山水泥股份有限公司荣获自治区职业道德建设“十佳”单位。

4 月 28 日　新疆天山水泥股份有限公司荣获自治区民族团结进步模范先进集体荣誉称号。

4 月 28 日　新疆天山水泥股份有限公司技术中心主任渠华荣获全国“五·一”劳动奖章。

6 月　新疆天山水泥股份有限公司技术中心荣获第八次全国水泥化学分析大对比“全优单位”称号。

7 月 8 日　鄯善天山水泥有限责任公司“楼兰”牌复合硅酸盐水泥和“驼铃”牌普通硅酸盐水泥被中国建材市场协会评为绿色建材产品。

7 月 8 日　塔里木水泥有限责任公司生产的复合硅酸盐 32.5R 水泥和普通硅酸盐 42.5R 水泥及砌筑 275#水泥被中国建材市场协会评为绿色建材产品。

7 月　新疆天山水泥股份有限公司获得中国建筑材料工业协会授予的“全国建材工业质量管理活动优秀企业”称号。

8 月 25 日　阿克苏天山多浪水泥有限责任公司普通硅酸盐水泥荣获中国建材市场协会“绿色建材产品”证书。

9 月 25 日　阿克苏天山多浪水泥有限责任公司通过中国建材质量体系认证中心 ISO9001：2000 版质量体系认证。

9 月 29 日　自治区第九届人民政府第 19 次常务会议通过了《新疆维吾尔自治区散装水泥管理办法》，2002 年 10 月 14 日以《新疆维吾尔自治区人民政府令（第 107 号）》发布，自 2002 年 12 月 1 日起施行。

10 月 14 日　自治区财政厅、自治区经贸委联合下发《新疆散装水泥专项资金管理办法实施细则》（新财综

[2002]74号)。

10月16日　新疆天山水泥股份有限公司的天山牌32.5R、42.5R、52.5R普通硅酸盐水泥及32.5R复合硅酸盐水泥荣获中国建材市场协会"绿色建材产品"称号。

10月25日　新疆天山水泥股份有限公司与无锡湖山水泥有限公司签订了协议,共同设立"江苏天山水泥有限公司"。

11月5日　经国家人事部批准,新疆维吾尔自治区人事厅发文批准新疆天山水泥股份有限公司设立博士后科研工作站。

11月20日　新疆天山水泥股份有限公司吐鲁番熟料基地日产2 500吨熟料生产线一期工程竣工暨二期日产2 500吨熟料工程奠基。

12月　新疆天山水泥股份有限公司"天山"牌水泥获自治区著名商标荣誉称号。

12月31日　国家经济贸易委员会、财政部、国家税务总局、海关总署2002年第108号文,将天山股份技术中心列为国家第九批享受优惠政策的企业(集团)技术中心。

2003年

5月　新疆准噶尔水泥集团有限责任公司新建日产2 000吨熟料新型干法水泥生产线在乌鲁木齐动工。

6月7日　乌鲁木齐、昌吉、石河子三个地区的水泥企业签订了《乌昌石片区水泥企业自律公约》。

7月9日　新疆青松建材化工股份有限公司定价配售发行6 000万A股。该公司是以新疆阿克苏青松建材化工总厂为主发起人,联合新疆生产建设兵团农一师塔里木热电有限责任公司、新疆阿拉尔水利水电工程总公司、新疆塔里木建筑安装工程总公司等三家法人单位及自然人刘功大以发起设立方式组建的股份有限公司,于2000年11月17日登记注册,注册资本12 492.75万元。

7月18日　新疆青松建材化工股份有限公司6 000万股(A股)股票在上海证券交易所挂牌交易。股票简称"青松建材",代码:600425。

7月29日　国务院国有资产监督管理委员会正式批准新疆天山建材(集团)有限公司转让所持有的新疆天山水泥股份有限公司部分国有法人股,转让后新疆屯河投资实业股份有限公司持有新疆天山水泥股份有限公司29.42%的股权,新疆天山建材(集团)有限公司持有新疆天山水泥股份有限公司20.09%的股权。

8月27日　新疆名牌战略推进委员会2003年第3号通告:新疆天山水泥股份有限公司的"天山"牌32.5和42.5普通硅酸盐水泥,新疆屯河水泥有限责任公司的"屯河"牌32.5和42.5普通硅酸盐水泥为2003年新疆名牌产品。

2004年

5月26日　新疆伊力特北屯水泥分公司日产1 000吨熟料新型干法水泥生产线竣工投产。这是新疆建材设计院自行设计的第一条日产1 000吨熟料新型干法水泥生产线。

8月26日　新疆维吾尔自治区人民政府新政任字[2004]66号通知,任命吕志坚同志为自治区建筑材料行业管理办公室主任。免去王立新同志自治区建筑材料行业管理办公室主任职务。

8月　新疆名牌战略推进委员会2004年第3号通告:新疆青松建化股份有限公司的"青松"牌32.5、42.5普通硅酸盐水泥和阿克苏天山多浪水泥有限责任公司的"多浪"牌32.5普通硅酸盐水泥为2004年新疆名牌产品。

10月11日　新疆维吾尔自治区2002年第107号人民政府令《新疆维吾尔自治区散装水泥管理办法》经修改,以2004年第125号政府令重新公布实施。新的散装水泥管理办法只对第六条做了修改,删去了行政许可的内容,强调了新建、扩建和改建水泥生产企业,应当依法进行环境影响评价。

11月　新疆青松水泥有限责任公司(原新疆准噶尔水泥集团有限责任公司)日产2 000吨熟料新型干法水泥生产线竣工投产。

12月　全区水泥企业生产许可证换发证工作基本结束,81家水泥企业取得了生产许可证。

2005年

1月5日　新疆维吾尔自治区经济贸易委员会新经贸直党字[2005]01号《关于吕志坚同志任职的通知》,吕志坚同志任中共新疆维吾尔自治区建筑材料行业管理办公室机关总支部委员会代理书记。

1月6日　新疆维吾尔自治区经济贸易委员会新经贸党[2005]02号《关于柳奇等三位同志任职的通知》,柳奇同志任自治区建筑材料行业管理办公室副主任;孙存稳同志任自治区建筑材料行业管理办公室副主任;艾斯哈尔·茹孜同志任自治区建筑材料行业管理办公室副主任。

3月1日　在由中国(上海)住交会组委会、中国房地产业协会、中国建材企业管理协会、中城联盟、中体奥林匹克花园管理集团、中国住交会主流媒体宣传联盟、深圳市优博国际展览公司、中国建材报八家单位联合开展的推介"三名"(中国建材行业知名企业、知名品牌、知名人物)活动中,新疆天山水泥股份有限公司被推介为2004年度中国建材行业知名企业;其"天山"牌水泥被推介为2004年度中国建材行业知名品牌。

3月　由中国企业联合会、中国企业家协会主持审定的"第四届全国优秀创业企业家"名单揭晓,新疆阿克苏天山多浪水泥有限公司董事长杨兆祺榜上有名。

5月23日　新疆青松建材化工股份有限公司经2004年度股东大会审议批准,更名为新疆青松建材化工(集团)股份有限公司，并在新疆维吾尔自治区工商行政管理局登记注册。

8月 中国材料科工集团成功控股新疆天山水泥股份有限公司。新疆屯河投资股份有限公司所持6 120万股法人股（占公司股份的29.42%）正式过户给中材总公司。

12月15日 新疆青松天业水泥有限责任公司年产30万吨资源综合利用水泥项目投产。该项目主要利用新疆天业股份有限公司PVC树脂生产线产生的电石渣，年利用量20多万吨。

第四篇

经济运行情况

水泥行业经济运行情况

水泥行业经济运行情况

2001 年

【2001 年运行情况】全部国有及年产品销售收入 500 万元(含 500 万元)以上的非国有水泥企业 4 507 个,比上年增加 82 个。按经济类型分:国有经济 936 个,集团经济 1 345个,私营经济 796 个,其他内资企业 1 274 个,三资企业 156 个。按企业规模分:大型企业 129 个,中型企业 858 个,小型企业 3 520 个。全部从业人员 155.94 万人,比 2000 年减少 6.48 万人。

2001 年水泥产量 6.21 亿吨,比上年增长 4.7%,其中大中型企业水泥产量 3.33 亿吨,比上年增长 11.9%。完成工业总产值(现价)1 350.2 亿元,比上年增加 111.1 亿元,工业增加值 422.2 亿元,比上年增加 36 亿元。完成产品销售收入 1 256.1 亿元,同比增加 104.2 亿元。实现利润总额 29.8 亿元,比上年增长 20.6 亿元。税金总额 90.4 亿元,同比增加 4.7 亿元。亏损企业 1 532 个,同比减少 126 个,企业亏损面为 33.99%,比上年减少 3.48%;企业亏损额 27.02 亿元,同比减亏 7.66 亿元。产品销售成本 1 020.80 亿元,比上年上升 83.38 亿元。产品销售费用 60.59 亿元,比上年上升 1.11 亿元。管理费用 105.21 亿元,比上年上升 5.25 亿元。财务费用 46.36 亿元,比上年减少 6.09 亿元,其中利息支出 43.86 亿元,比上年减少 6.13 亿元。应收账款净额 259.17 亿元,比上年减少 10.84 亿元。资产总额 2 672.31 亿元,比上年上升 103.43 亿元。负债总计 1 789.65 亿元,比上年上升 30.03 亿元,资产负债率为 66.97%,比上年减少 1.53%。

水泥进口 10.07 万吨,累计增长 177.59%;用汇 783.21 万美元,增长 40.05%;熟料进口 270 万吨,累计增长 94.30%,用汇 5 696.3 万美元,增长 95.36%;水泥出口 610.7 万吨,累计增长率为 4.85%,创汇 19 143.67 万美元,增长率为 3.89%;熟料出口 10.24 万吨,增长率为 -56.31%,创汇 416.71 万美元,增长率为 -26.72%;

水泥及熟料出口金额占全建材行业的 6.18%。

2001 年,水泥工业和国家宏观经济形势一样,是 1994 年以来形势最好的一年。呈现如下特点:

一、企业经济效益大幅提高

全行业完成工业增加值、销售收入、利润总额、税金总额都有较大幅度提高,财务费用有较大幅度降低。产需衔接水平亦有提高,平均产销率达到 97%。水泥行业继 6 月份扭亏为盈后,盈利总额增长较快,由年初的建材业第一亏损大户,跃为第一盈利大户。全年利润总额达到 29.8 亿元,利润主要来源于国有大中型企业,海螺集团 2001 年生产水泥 1 236 万吨,同比增长 42.67%,销售水泥 1 338 万吨,同比增长 50.89%,实现利税 8.87 亿元,利润 3.69 亿元,同比上升 264.99%。加上"冀东"、"亚泰"、"天山"、"山水"、"华新"等大型国有企业,其利润总和约占全国总利润的 70% 左右。

固定资产增长高于上年 4%。资产总额增加的绝对值为 92.41 亿元,但负债只上升了 14.99 亿元,说明投资的资本结构趋于合理。

2001 年水泥产量同比增长 10.72%,其中大中型水泥产量为 11.9%。小型企业产量首次出现负增长,同比减产 769 万吨,减幅为 2.6%。这说明宏观调控政策控制了小型企业的自由发展。大中型企业的增量,主要是新投产的新型干法生产线所生产。2001 年投产的新型干法生产线为 34 条,新增熟料生产能力 1 537 万吨,折合水泥 2 200 万吨。

二、大型企业集团迅速成长

我国水泥市场的特点,一是总量过剩,二是落后工艺与先进工艺在产品成本上存在不平等竞争。国有大型企业面对这样的市场环境和加入 WTO 面临的挑战,以自己的技术优势和管理优势,采取多种方式扩大企业的生产能力,以形成规模优势。海螺集团 2001 年形成了 1 280 万吨的生产能力,渤海集团位居第二,生产能力达 700 万吨。天山集团水泥的控制能力达到 590 万吨。华新集团达 500 万吨,"中联”、“亚泰”、“越秀”集团的生产能力均在400万吨左右,腾辉地维完成了资产重组后,生产能力达到了300万吨。北京金隅集团、“秦岭”、“三狮”、“山水”、“福建水泥”、“祁连山”、“葛洲坝”、“金猫”等水泥集团都形成了一定的规模优势。

2001年投产的新型干法水泥生产线情况

规模(吨/日)	3 200	2 500	2 000	1 500	1 200	1 000	700	合计
生产线(条)	1	8	2	2	1	19	1	34
能力(万吨)	100	600	120	90	36	570	21	1 537

三、立窑企业和民营资本积极发展新型干法水泥

在国家产业政策的引导下,塔牌集团、六洞山水泥集团、桐兴水泥有限公司、天瑞集团、天宝水泥公司、安徽凤阳、大连老虎水泥厂等立窑企业都兴建了不同规模的新型干法生产线,塔牌集团投巨资建设日产5 000吨生产线。浙江省目前在建的12条新型干法生产线中,有10条生产线原来是立窑企业。这些项目资本金的主要来源是个人资本。除此之外,很多企业的扩建都吸纳了职工入股。2001年固定资产总额大幅上升,而资产负债总额相对较低,这与个人资本的投入有很大关系。

四、小水泥仍有较强的竞争能力

山东省2001年水泥产量6 925万吨,全国排名第一,利润总额5.8亿元,排名全国第二。山东省立窑水泥产量称雄全国,水泥平均价格在全国排名倒数第一或第二,这样大的立窑水泥产量,如此低廉的水泥价格,可利润总额却在全国排名第二,说明立窑水泥的低成本给企业带来了效益。水泥产量大省——浙江省和河北省在利润排名为第三和第一,产量排名为第五和第四。凡产量大省,也是立窑水泥大省。立窑多而效益也好,说明立窑水泥还有较强的竞争能力。

2001年水泥产量及利润排名

单位名称	利润排名	利润(亿元)	产量排名	产量(万吨)
浙江省	1	7.3	5	4 763
山东省	2	5.8	1	6 925
河北省	3	3.7	4	4 878

五、企业改制工作进展快,但地区反差大

浙江省水泥企业除三狮集团以外,都已完成了改制工作,三狮集团虽然没有改制,但改扩建项目均吸纳了职工入股,为下一步企业改制工作奠定了基础。广东、江苏、安徽、辽宁等省企业改制工作也进展较快,基础省份动静不大。

2002年

【2002年运行情况】全部国有及年产品销售收入500万元(含500万元)以上的非国有企业4 626个,比上年同期增加87个。按经济类型分:国有经济792个,集团经济1 184个,私营经济1 098个,其他内资企业1 387个,三资企业165个。在总计中,国有及国有控股企业1 200个。按企业规模分:大型企业134个,中型企业835个,小型企业3 657个。全部从业人员149.13万人,比上年同期减少4.94万人。

水泥产量7.04亿吨,比上年增长13.7%,其中大中型企业水泥产量3.33亿吨,比上年增长10.44%。

2002年完成工业总产值(现价)1 544.5亿元,比上年增加176.9亿元,工业增加值482.9亿元,比上年增加56.6亿元。产品销售收入1 440.1亿元,比上年增加172.3亿元。实现利润总额46.5亿元,比上年增长16.0亿元。税金总额106.1亿元,比上年增加14.4亿元。亏损企业1 465个,同比减少91个,企业亏损额为24.34亿元,比上年减亏3.19亿元。产品销售成本1 188.83亿元,比上年上升163.92亿元,增长率15.99%。产品销售费用63.39亿元,比上年上升1.91亿元,增长率3.11%。管理费用109.34亿元,比上年上升3.10亿元,增长率2.92%。财务费用45.03亿元,比上年减少1.64亿元,其中利息支出42.08亿元,比上年减少1.55亿元。应收账款净额274.43亿元,比上年减少16.9亿元,降低率6.56%。资产总额2 827.88亿元,比上年上升143.98亿元,增长率5.36%。负债总计1 838.70亿元,比上年上升60.13亿元,资产负债率为65.02%,比上年减少1.89%。

企业经济类型分类比例图

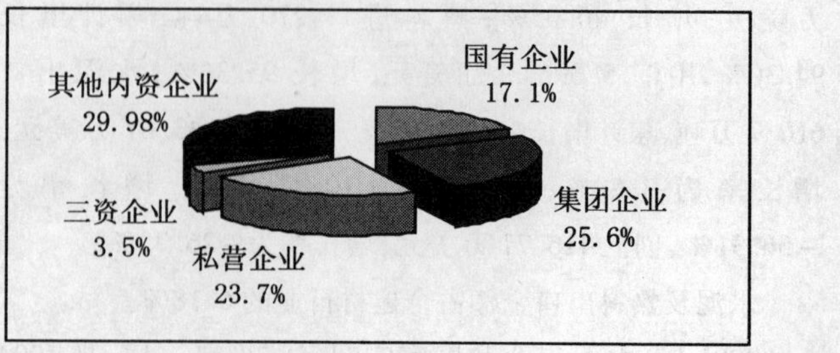

企业规模分类图

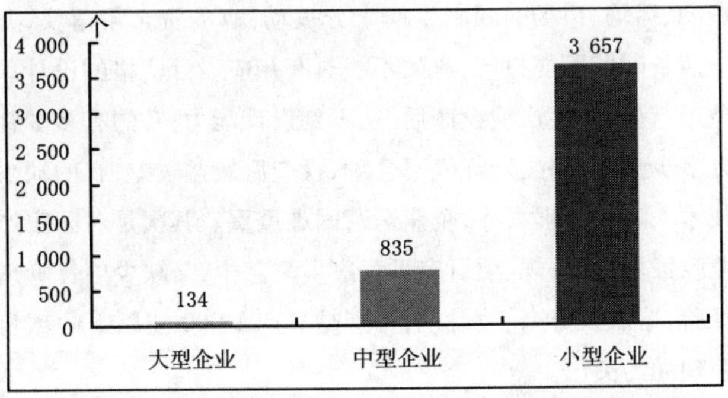

2002年进口水泥57.78万吨,上年进口10.07万吨;熟料进口179.46万吨,比上年减少33.54%;用汇3 686.72万美元。出口水泥508.74万吨,比上年减少16.70%;创汇16 043.71万美元,增长-16.19%。熟料出口8.94万吨,比上年减少12.70%;创汇438.33万美元,增长5.19%。

呈现以下特点:

一、水泥产量高速增长

全国固定资产投资的增加拉动了水泥消费大幅度增长,特点是西部地区省份产量增幅较大。如青海、西藏、甘肃、宁夏、四川水泥产量增幅分别达56.2%、15.7%、30.0%、21.8%、19.48%。其次是在经济活跃的东部沿海省份。如福建、江苏、浙江、山东,其产量增长也分别达到13.7%、17.0%、17.1%、和21.0%,另外中部地区的山西、江西、湖北水泥产量也分别增长13.96%、24.9%、11.3%。水泥产量中较为突出的问题是大中型企业增幅小于小型企业,2002年大中型企业生产水泥33 303万吨,比上年增加了3 148万吨,同比增幅为10.43%,而小型企业产量为37 168万吨,比上年同期增加5 337万吨,同比增幅达16.8%。从生产企业数看,大中型生产企业增加仅为3家,而小型企业增加了84家。虽然我国一直大力推进产业结构调整,但从水泥生产情况看,我国目前大中型水泥生产发展速度,尚不能适应水泥市场容量的增长,从而给小型水泥企业的发展提供了空间。

二、经济效益大幅度提高

大型企业是水泥行业盈利大户,大、中、小型生产企业的产量及利润见下表。

项目 类型	水泥产量(万吨)	占总产量(%)	实现利润(亿元)	占总赢利额(%)
大型	14 937	21.2	27.0	58.1
中型	18 360	26.1	11.4	24.5
小型	37 168	52.7	8.1	17.4

大、中、小型生产企业平均生产规模分别为111.4万吨、22.0万吨、10.1万吨。可见,生产规模在经济效益上占有举足轻重的地位,从各经济类型企业的经济效益情况看,私营经济与三资企业实现利润分别为6.2亿元、6.5亿元,增长幅度显著,比上年同期分别增长59.0%、182.6%。赢利能力较强的为其他内资和国有及国有控股企业,分别赢利27.9亿元和15.2亿元。竞争能力最弱的为国有企业,总体亏损0.6亿元,同比虽减亏1.3亿元,但在2002年这样好的市场形势下,尚难于扭亏,说明国有企业脱困十分的艰巨。从全国各省市水泥行业运行情况看,赢利能力较强有山东、浙江、安徽、河北和新疆,分别赢利8.83亿元、8.8亿元、5.9亿元、5.6亿元和3.4亿元。全行业亏损的省份有广西、云南、广东、湖南等,总体分析看,受生产工艺、企业规模,产能过剩等影响,水泥工业总体经济效益尚处于低水平。

三、大型企业集团迅速膨胀

面对竞争日趋激烈的水泥市场,产品价格仍是占领市场的主导因素。特别是大部分立窑企业改制后,管理费用、财务费用大幅度下降,立窑工艺本身电耗较低,再加上受地方政府的保护,税费上缴不到位,因此生产成本很低。大部分消费者购置水泥时,只要强度符合要求,挑选的就是价格,因此立窑企业在价格上很有竞争力。大型企业面对这样的市场环境和入世后的挑战,采取的主要措施就是以自己的技术和管理优势,采取各种方式,迅速扩大企业生产规模,降低生产成本,形成规模优势。海螺集团2002年比上年的生产能力翻番有余,达到2 690万吨,山水集团2002年比上年增加226万吨能力,华新集团达到600万吨。

四、立窑企业发展新型干法异军突起

我国新型干法生产技术已经成熟,并达到世界水平。由于吨投资的大幅度降低,新型干法水泥发展非常迅速,据初步统计,2002年建成投产的新型干法生产线达51条,水泥熟料生产能力3 080万吨(运转率按310天计)。

2002年投产的新型干法生产线

规模(吨/日)	条数	熟料能力(万吨/年)
1 000	26	842
2 000	5	310
2 500	14	1 085
3 200	1	99
4 000	1	124
5 000	4	620
合计	51	3 080

注:日产1 000吨级生产线中有1条日产700吨,2条日产1 200吨,2条日产1 300吨和1条日产1 500吨。

2002年投产的新型干法生产线中有28条生产线是由立窑企业建设的,熟料生产规模为1 200万吨,占总投产能力的39.0%。"陕西汉中"、"河北奎山集团"、"浙江红狮"、"金圆"、"三源"等均为立窑生产企业,其中浙江3家企业就建起了5条日产2 500吨熟料的生产线。

存在问题：

一、地区结构调整发展不平衡

近年来，水泥工业结构调整取得了很大的成绩，首先是新型干法工艺得到快速健康发展，二是淘汰落后立窑等工艺。但在市场的拉动下，低水平重复建设的苗头有所抬头，一些地方新建小回转窑和机立窑，已关闭的落后工艺企业重新开张，特别是石灰石资源比较集中的中西部地区表现尤为突出，使这些地区水泥结构调整收效甚微，和东部沿海省份相比差距继续加大。东北地区结构基础好，继续向好的方向发展，浙江、安徽是结构调整好的典范，新型干法水泥的比例逐年上升，安徽省新型干法水泥的比例已超过50%。

二、立窑企业发展新型干法亟须正确引导和帮助

立窑企业发展新型干法的积极性很高，但也出现了一些不容忽视的问题。一是盲目发展，在资源、运输、资金、市场等诸多方面落实不够的情况下，急于开工建设。投产后，受资源、运输、市场的限制生产十分被动，有的资金不落实，开工后长时间不能投产，有的不找具有相应设计资格的设计单位进行设计，生产线投产后，达不到设计能力；有的有多少钱办多少事，结果生产规模不合理，投产后效益较差；有的缺少技术人才和管理人才，企业运营困难重重。其次是对国家产业政策、法律法规、项目审批程序了解甚少，又缺少项目管理经验，造成投资高、效益差，特别是日产 1 000 吨以下的项目表现尤为突出。

三、国有企业加快改制势在必行

从 2002 年行业经济效益分布看，国有经济整体亏损。这些企业大多数是老企业，工艺落后，设备陈旧，企业负担重，职工多，离退休人员多，企业债务重，缺少发展能力，不能形成规模优势，劳动生产率低，生产成本高，效益差。这些企业必须加快改制，放下包袱，才能获得新生。

2003 年

【主要经济指标】

一、产量增长再创历史新高

2003 年全国累计水泥产量 8.25 亿吨，比上年同期增长 11.99%，创下了 1995 年以来的历史新高（见表 1 及图 1）。山东、江苏、浙江、广东、河北和河南 6 省的水泥产量在全国排名前 6 位，继续保持了水泥大省的地位，产量合计达 42 325万吨，超过全国总产量的一半以上，达到 51.3%。水泥产量增长速度超过 30% 的省份为江西和宁夏，分别达到 40.5% 和 32.3%。

表 1　1994 年以来产量增长率

年度	水泥增长率(%)
1994	14.49
1995	12.92
1996	3.27
1997	4.19
1998	4.74
1999	6.90
2000	4.19
2001	10.73
2002	9.68
2003	11.99

图 1　水泥增长率

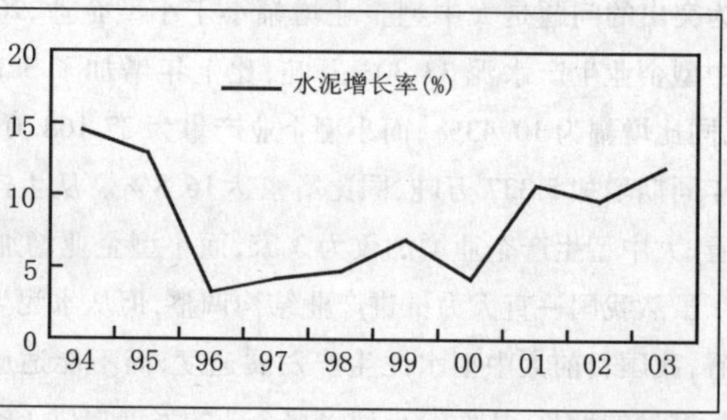

二、工业总产值与销售收入同步增长

2003 年水泥工业总产值（当年价格）完成 1 898.24 亿元，同比增长 22.34%；产品销售收入达到 1 795.51 亿元，同比增长 24.28%。

山东、浙江、江苏、广东和河北工业总产值均超过了 100 亿元，其中山东省达到了 256.60 亿元，占全国水泥工业总产值的 13.52%；山东和浙江两省水泥产品销售收入分别为 245.22 亿元和 194.00 亿元，两省之和占全国比例为 24.46%。

三、行业实现利润一路走高

2003 年行业累计实现利润 110.39 亿元，比上年同期增长 148.20%，创历史新高（见图 2）。26 个省份盈利，浙江和安徽处于前列，这两省的利润总额分别为 25.98 亿元和

17.45亿元，占行业利润总额的39.34%。国有企业利润总额同比增长4 930.42%，是各种经济类型企业中利润增长最高的。

图2 2003年1～12月利润总额

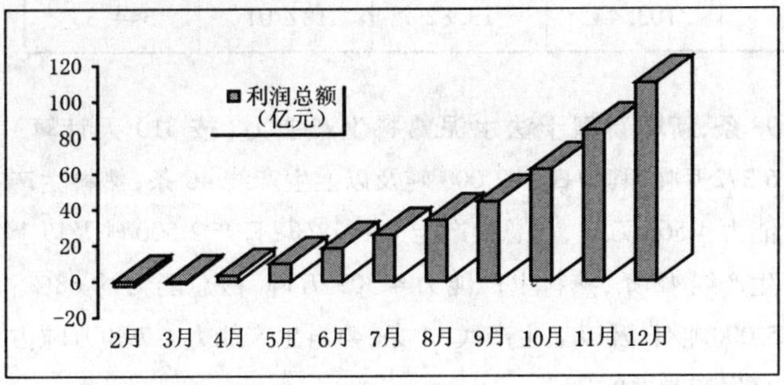

四、税金总额稳定增长

2003年全国累计上缴税金总额134.26亿元。比上年同期增长27.03%。浙江、山东、江苏、广东、河北和安徽上缴税金合计占到全国的50%左右，安徽的增长幅度达到了70.88%，为全国之首。

【运行质量整体提高】

一、固定资产投资拉动了水泥产量高速增长

从国民经济发展情况分析，2003年经济增长达到了8.5%，在国内消费增长平缓，外贸顺差明显缩小的情况下，拉动经济发展的主要因素是投资增长。据有关部门估算，投资对经济增长的贡献率在60%左右，也是拉动2003年水泥高速增长的直接原因（见表2）。2003年水泥产量8.25亿吨，比2002年净增1亿吨。

表2 2003年1～12月份固定资产投资完成情况（含水泥制品）

投资完成额		实际完成（亿元）	比上年同期增长（%）	比重（%）
		42 643.42	28.36	100.0
其中	基本建设	22 728.95	28.65	53.30
	更新改造	8 443.94	25.09	19.80
	房地产开发	10 106.12	29.72	23.70
	其他投资	1 364.41	34.61	3.20

二、经济运行质量整体提高

2003年水泥工业运行良好的标志并不仅仅是实现了产量高速增长，主要是实现了速度与效益的统一。全年累计实现利润同比增长148.2%；其次在总量扩大的同时，结构大大改善，新型干法水泥成为增长的主导；第三是行业发展的能力不断成长，企业活力明显增强，投资增长加快。

2003年企业平均规模扩大，企业平均产量由1991年的4.8万吨提高到16.8万吨，是当年的3.5倍。海南、上海、山东、江苏、浙江5省平均年产量均超过了25万吨，相继为36.17、29.91、29.74、27.37和26.74万吨；全国平均人均水泥量在1991年145千克的基础上将近增加三倍，达到561.04千克。人均产量超过650千克的省份为海南、上海、浙江、江苏、天津、福建、广东、山东、河北9个省（市），人均产量依次为1 322.61、1 200.57、919.67、843.93、841.25、712.81、697.28、687.11、685.74千克；产品的销售成本、费用、税金、管理等费用更加合理；从财务效益上分析，成本费用利润率、资产负债率均好于往年（见表3）。

表3 1～12月份全国水泥行业运行质量主要指标

吨水泥指标		财务效益及负债能力（%）		资产运营及发展能力	
吨水泥销售利润率%	6.15	成本费用利润率	6.49	总资产周转率（次）	0.56
吨水泥销售税金率%	7.48	资产负债率	62.54	应收账款周转率（次）	6.21
吨水泥利润（元）	13.60	已获利息倍数	3.28	流动资产周转率（%）	1.72
吨水泥税金（元）	16.54	资本保值增值率	119.92	总资产贡献率（%）	9.09
人均水泥产量（吨/人）	561.04				

注1：成本费用利润率：利润与成本费用的比例，成本费用总额是指产品销售成本、销售费用、管理费用和财务费用之和。

注2：已获利息倍数：息税前利润与利息费用的比例，衡量偿还借款利息的能力。

三、水泥工业投资快速增长

根据全国城镇500万元以上水泥投资项目统计，2003年全国水泥行业投资在建项目为813个，总投资809.15亿元。其中新开项目644个，总投资465.73亿元。1～12月份累计完成投资达到344.33亿元（含上年接转资金）。2003年水泥在建项目新开项目多，占全部施工项目的79.2%；按东中西部地区划分，项目分布不均匀，除海南省外，全国各省份都有在建项目，但东部地区项目资金到位迅速，且自筹资金占主要地位（见表4、5）。

表4　1~12月份水泥建设项目情况(含水泥制品)　单位:亿元

在建项目		新开项目		到位资金构成				
个	总投资	个	总投资	国家预算内	国内贷款	利用外资	企业自筹	合计
813	809.15	644	465.73	4.4	103.44	13.82	187.01	344.33

表5　水泥项目分布情况

全国		东部地区		中部地区		西部地区	
个	比重(%)	个	比重(%)	个	比重(%)	个	比重(%)
813	100	279	34.32	271	33.33	263	32.34

四、新型干法水泥熟料生产能力快速增长

据中国水泥协会统计(见表6),2003年投产的生产线共98条,新增新型干法水泥熟料生产能力(按310天计算)6 372万吨,其中日产2 000吨及以上生产线46条,熟料生产能力4 566万吨,占总投产能力的72%;日产2 500吨及以上生产线42条,熟料生产能力4 309万吨,占总能力的68%;5 000吨/日及以上生产线11条,熟料生产能力1 798万吨占总生产能力的28%。

表6　2003年底投产的新型干法水泥生产线

生产线规模(吨/日)	700~1 000	1 200~1 500	2 000~2 300	2 500	3 000	4 000	5 000	8 000	总计
条数	25	27	4	26	4	1	10	1	98
熟料能力(万吨)	757	1 049	257	2 015	372	124	1 550	248	6 372

注:日产700~1 200吨生产线中,有12条为SP窑改为NSP窑,1条为湿磨干烧生产线。

五、水泥大企业集团迅速扩张

海螺集团2003年的扩张势头仍然强劲,新增熟料生产能力占总能力29%。目前在建的生产线达13条(含4条日产10 000吨),总规模为2 635万吨熟料,2004年投产熟料规模为2 170万吨,届时熟料总能力将达到4 874万吨,牢牢确立了在中国水泥界的“巨无霸”地位。华新集团地处长江中下游,他们东进西扩,在建及拟建熟料能力达961万吨,使这个国内“老字号”企业焕发新春。山水集团是异军突起,抓住山东经济的高速发展机会,大力发展新型干法生产线,2003年投产日产5 000吨、2 500吨生产线各2条,粉磨站600万吨;冀东抓住北京奥运、开发大西北、振兴东北的机遇,在华北、东北、西北用收购、兼并、联营等形式,迅速扩张,2004年9月份前将有434万吨熟料生产能力进账。三狮在浙江经济快速发展的拉动下,迅速在省内布点,建设新线和粉磨站,并伺机在省外发展,保持在省内“老大”的地位,已跻身国内5强,2004年7月份以前,将再增加543万吨熟料生产能力。

表7　排名前5名企业集团熟料生产线及能力

企业集团名称	生产线条数及熟料能力				备注
	总条数	熟料总能力(万吨)	其中2003年新增		
			条数	能力(万吨)	
海螺	33	2 704	5	791	
华新	14	846	3	409	熟料总能力含收购企业原生产能力
山水	9	821(含70万吨立窑)	4	465	
冀东	8	790	2	233	
三狮	13	654(含30万吨立窑)	4	372	

还有天山、中联、亚泰、祁连山、秦岭、东方鼎鑫、红狮、亨达利、塔牌、越秀、浙江水泥和天瑞集团等都在加紧建设、扩张,这些企业集团所形成的生产能力将大大提高水泥生产集中度。外资企业、港台资企业中,拉法基水泥、嘉新水泥、亚

东水泥、华润水泥都在采取种种方式，积极、认真做好各项前期准备工作，选择好的地点，好的方式，好的时机进行扩张。

海螺、冀东、山水、华新已把产品伸向了海外市场，在北仑港、南通港、唐山港、泰州港、黄骅港、黄岛港分别建设了粉磨站或散装水泥出口设施，大大地加强中国水泥在国际市场的竞争力。

六、供电短缺、运输受阻是今年经济运行的主要问题

自2002年6月以来，随着全国经济的快速发展和部分地区水情、气候的异常变化，全国用电量超常增长，连续17个月平均增长速度超过15%，21个省区先后出现不同程度的限电情况。电力供应总量不足，电力设施滞后是造成电力供应紧张的根本原因；用电需求全面扩张是造成电力供需矛盾的主要因素；高耗能行业快速增长，用电结构重型化，使电力供应对经济增长的支撑能力下降，加剧了电力供需紧张的局面；持续高温、干旱、供水不足以及煤炭供应紧张等原因，增加了随机性缺电。

受电力供应短缺影响，水泥是"受灾"重点行业。国家发改委在浙江进行水泥调研时，企业反映水泥减产达到30%。因此，浙江省采取了拿用电指标换重点建设工程水泥用量的措施。而此时山东水泥以本地的煤炭、电力资源优势，开足马力生产，补充市场缺口，并且大搞"短、平、快"项目。据有关人士反映，仅山东枣庄地区2003年就建设了40多台立窑，而且不到半年就全部收回投资。2003年山东省累计水泥产量已达到9 753.73万吨。由于拉闸限电，部分地区缺水以及河道整治，造成依赖水系运输的水泥船无法畅通，铁路提速对部分路段进行改造，限制了货运。以上种种原因造成了华东地区水泥供应紧张，价格骤升。

以进入上海市场的水泥为例，水泥价格自9月以来平均每月上涨30多元（见图3）。进入11月份以来价格才开始平稳，价格水平比往年高出8%。

图3　上海建材集团散装水泥P·O42.5出厂价（元/吨）

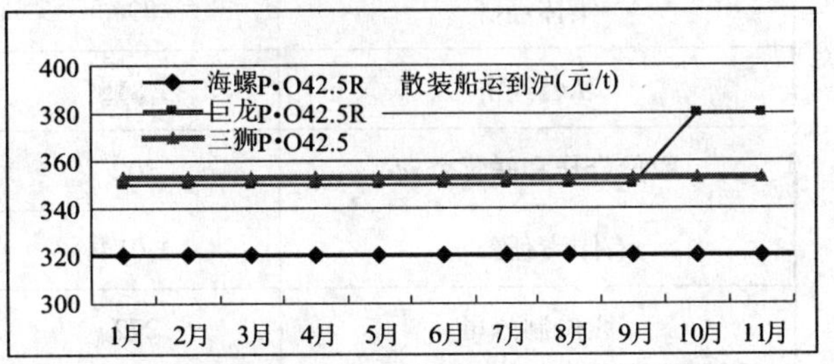

治理公路运输超载，给以公路运输为主的企业（包括原材料进厂，产品出厂）造成了重大影响。这些企业大多由当地汽车运输公司承担运输任务，由于不能超载运输，山西煤运到北京的价格由原来的290元/吨涨到400元/吨。运到北京的水泥吨运费由45元左右，涨到130元左右，因此企业损失严重。目前，销往北京的水泥已经停运。这些都是今后生产经营认真面对和研究的问题。

2004年

一、水泥产量

2004年水泥总产量公报数为9.70亿吨，同比增长12.4%。据中国水泥协会统计，其中新型干法水泥产量为3.15亿吨，同比增长67.9%，占水泥总产量的比例达到32.5%；立窑水泥产量5.76亿吨，同比增长2.3%，占水泥产量比例为59.4%；其他旋窑水泥产量为7 900万吨，同比增长-10.2%，占总产量的8.1%（见表1）。

表1　　2004年各种工艺水泥产量

水泥总产量（万吨）	其中各种工艺								
	新型干法	同比增长%	占总量%	其他旋窑	同比增长%	占总量%	立窑	同比增长%	占总量%
97 000	31 488	67.9	32.5	7 900	-10.2	8.1	57 612	2.3	59.4

二、水泥企业及从业人员

全部国有及年产品销售收入在500万元(含)以上的非国有水泥企业共5 027家(含水泥粉磨站),从业人员142.21万人(见表2)。在水泥产量比上年增加1亿吨的同时,从业人员比上年减少1.13万人。按经济类型划分,国有及国有控股企业892家,占总企业数的17.7%,从业人员43.15万,占全部从业人员的31.7%。

表2　　2004年各种经济类型企业数及从业人员

经济类型	企业数(户)	从业人员户数比例(%)	从业人员(万人)	从业人员比例(%)
国有经济	528	11	19.78	14
集体经济	898	18	19.76	14
私营经济	1 815	36	38.25	27
股份合作和联营企业	302	6	6.86	5
有限责任公司	1 014	20	35.44	25
股份制公司	272	5	16.08	11
港澳台和外资企业	198	4	6.04	4
总计	5 027	100	142.21	100

按生产规模划分,大中型企业数量占总企业数比例为24.6%,但产量占总量的65.2%(见表3)。

表3　　2004年大中小型水泥企业产量

企业规模	企业数量	占总企业数%	水泥产量(万吨)	占总产量%	平均产量(万吨/个企业)
大型	265	5.3	31 911	34.2	120.4
中型	973	19.5	28 967	31.0	29.8
小型	3 804	75.4	32 491	34.8	8.6
总计	5 042	100	93 369	100	18.6

三、总资产及分布

全行业累计总资产3 693亿元,同比增长14.1%;负债总计2 289亿元,同比增长13.2%;资产负债率61.99%,同比下降0.47%(见表4)。

表4　　2004年不同经济类型企业资产及负债率情况

经济类型	总资产	增长率(%)	总负债(亿元)	增长率(%)	资产负债率(%)	上年同期(%)
全国总计	3 692.88	14.1	2 289.13	13.2	61.99	62.46
国有经济	461.98	2.0	316.33	0.2	68.47	69.69
集体经济	286.35	3.3	202.60	-1.1	70.75	73.92
私营经济	642.28	22.6	375.54	17.6	58.47	60.98
股份合作和联营企业	118.94	16.1	77.75	14.4	65.37	66.31
有限责任公司	1 088.81	19.4	697.22	21.6	64.04	62.86

经济类型	总资产	增长率(%)	总负债(亿元)	增长率(%)	资产负债率(%)	上年同期(%)
股份制公司	639.91	10.8	387.20	13.2	60.51	59.21
港澳台和外资企业	454.62	16.3	232.48	17.0	51.14	50.83

四、生产运营情况

2004 年全国固定资产投资增速放缓，煤炭、电力、运输价格全面上涨，且在能力供不应求的情况下，水泥行业抓改革，促发展，克服了各方面的不利因素，使水泥产量高速增长，水泥市场平稳、产销率提高、利润上升，各项经济指标高于上年，水泥累计量 97 000 万吨，增长 12.4%；水泥累计产销率 98.74%，比上年增加 0.47%；完成工业总产值 24 000.97 亿元，增长 26.2%；完成工业增加值 815.20 亿元，增长 18.3%；产品销售收入 2 289.88 亿元，增长 25.5%；累计实现利润总额 136.23 亿元，增长 21.5%；累计缴纳增值税总额 14.14 亿元，增长 21.9%。

2004 年下半年始，水泥价格逐月下跌。主要受国家采取宏观调控措施，固定资产投资增速减缓，另外新型干法水泥增长速度大于落后生产能力退出的速度，市场需求增长幅度下降，总生产能力大于市场需求，造成价格下跌（见图 1）。

图 1

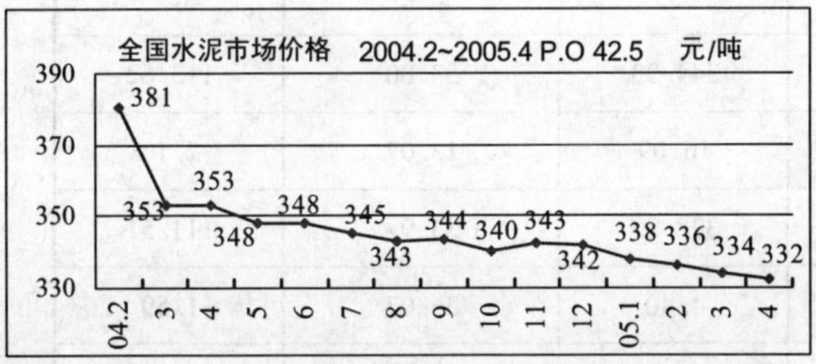

2003～2004 年华东地区新型干法水泥投产能力过于集中，落后生产能力退出有一个过程，新生产能力开拓市场也有一个过程。因此华东地区水泥价格跌幅较大（见图 2）。

图 2

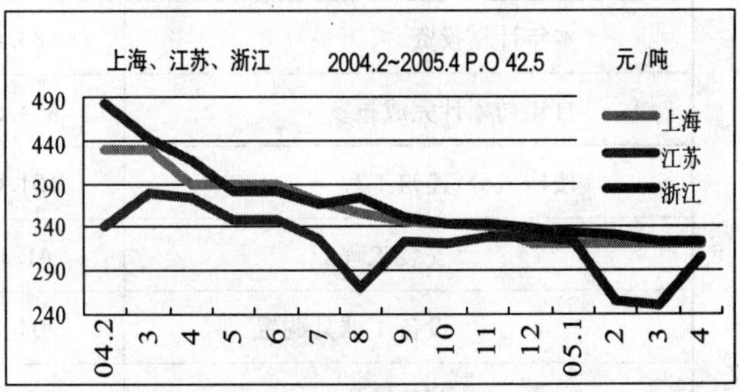

2004 年全行业出口水泥 602 万吨，创汇金额 19 427 万美元，分别比 2003 年提高 21.6% 和 21.4%；出口水泥熟料 103 万吨，创汇金额 2 839 万美元，分别比 2003 年提高了 171.1% 和 137.6%。2004 年进口水泥 110 万吨，用汇金额 3 955万美元，分别比 2003 年提高了 69.2% 和 81.3%；进口熟料 157 万吨，用汇金额 3 794 万美元，分别比 2003 年降低了 16.5% 和 12.2%（见表 5）。以上数据可以说明，一方面国际市场对水泥及熟料需求增加，另一方面，国内新型干法熟料及水泥的快速增长，从质量上满足了国际市场对高质量的需求。从出口目地国看，硅酸盐水泥主要出口到美国、韩国和香港，占总出口量的 85%。

表 5　　水泥及熟料进出口量

年份 / 项目 / 数量		2004 年		2003 年		2004 年较 2003 年增长率	
		数量（万吨）	创(用)汇（万美元）	数量（万吨）	创(用)汇（万美元）	数量（%）	创用汇（%）
出口	水泥	602	19 427	495	16 000	21.6	21.4
	熟料	103	2 839	38	1 195	171.1	137.6
进口	水泥	110	3 955	65	2 181	69.2	81.3
	熟料	157	3 794	188	4 257	－16.5	－12.2

五、固定资产投资

(1)投资额及完成项目(见表6)累计完成投资额434.55亿元,增幅为43.34%。其中:自筹资金305.97亿元,是资金来源的69.6%,增幅为63.60%,国内贷款80.22亿元,资金来源的18.2%,增幅为-22.45%;新增固定资产247.03亿元,增幅为59.01%;投产项目374个,增长5.35%;在建项目936个,增长6.00%。其中:新开项目598个,增长-7.14%。

表6　2004年水泥固定资产投资及项目(单位:亿元)

指标名称	本年累计	上年同期	增长率(%)	增减额
计划总投资	1 127.28	809.15	39.32	318.13
其中:本年新开工项目	487.45	465.73	4.66	21.71
本年计划投资	583.62	403.32	44.71	180.30
自年初累计完成投资	434.55	303.16	43.34	131.39
按构成分:建筑工程	151.02	92.56	63.15	58.45
安装工程	41.17	26.84	53.42	14.34
设备工器具购置	204.16	152.09	34.23	52.07
其他费用	38.20	31.67	20.65	6.54
本年新增固定资产	247.03	155.36	59.01	91.68
施工项目个数(个)	936	883	6.00	53
其中:本年新开工(个)	598	644	-7.14	-46
本年投产项目个数	374	355	5.35	19
本年资金来源合计	457.94	344.33	33.00	113.62
1. 上年末结余资金	18.20	16.09	13.07	2.10
2. 本年资金来源小计	439.75	328.23	33.97	111.51
(1)国家预算内资金	5.99	4.40	36.07	1.59
(2)国内贷款	80.22	103.44	-22.45	-23.22
(3)债券	0.50	0.00	0.00	0.00
(4)利用外资	20.80	13.82	50.53	6.98
(5)自筹资金	305.97	187.01	63.60	118.95
(6)其他资金来源	26.28	19.56	34.33	6.72

(2)投产的新型干法生产线:2004年投产的新型干法生产线总计143条,熟料总生产能力为12 995万吨,生产能力比2003年增长了67.9%。其中日产2 000吨及以上规模的能力占总能力的90%,日产5 000吨及以上规模生产能力占总能力的近一半,达到48.1%(见表7)。

表7　2004年全国投产新型干法生产线

规模(吨/日)	生产线数(条)	熟料能力(万吨/年)	占熟料总产能比(%)
700~900	4	101	0.77
1 000	7	217	1.67
1 200~1 500	27	1 076	8.28

续表7

规模（吨/日）	生产线数（条）	熟料能力（万吨/年）	占熟料总产能比（%）
2 000 ~ 2 400	6	384	2.96
2 500	57	4 418	34.00
2 800 ~ 3 000	6	552	4.25
5 000 ~ 6 000	32	5 007	38.53
10 000	4	1 240	9.54
合计	143	12 995	100.00

注：700 ~ 1 500 吨/日生产线中，有6条为SP窑改造为NSP，1条为干法中空窑改为NSP。

特别值得国人骄傲的是海螺集团在2004年内投产了4条日产10 000吨生产线，使我国一举成为拥有万吨生产线最多的国家。截止到2004年底，我国已拥有新型干法生产线499条，熟料总生产能力达到32 884万吨，此生产能力也居世界榜首。

2005年

一、2005年水泥工业经济运行分析

水泥工业发展取决于国民经济发展的节奏和人民生活日益提高的需要。随着国家宏观经济政策的调整、国内固定资产投资增速趋缓以及新增产能的不断释放，水泥供过于求的矛盾逐步显现。延续2004年下半年水泥运行经济效益逐渐降低的趋势，2005年继续惯性下滑，前4个月处于全行业亏损状态。

水泥工业企业界和行业全体员工通过技术创新、改进管理、节能降耗、综合利用和营销服务等各方面的努力，克服各种困难，在水泥行业步入底谷、企业运营十分困难的情况下，保持了水泥的适度增长，从5月开始实现了扭亏为盈，并使之后水泥工业的经济效益稳中有升。

图1　2005年水泥产量

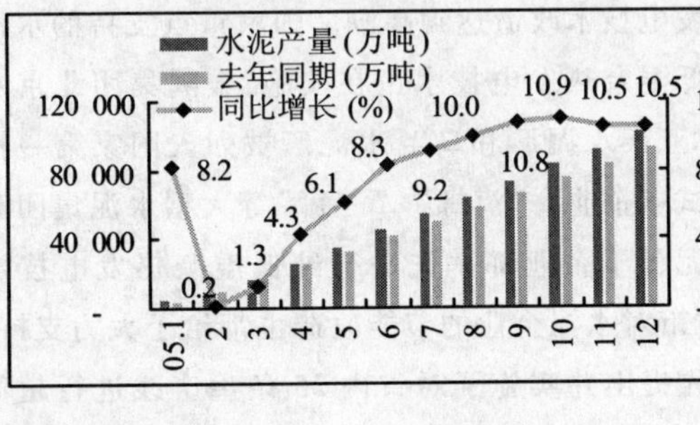

图2　水泥价格

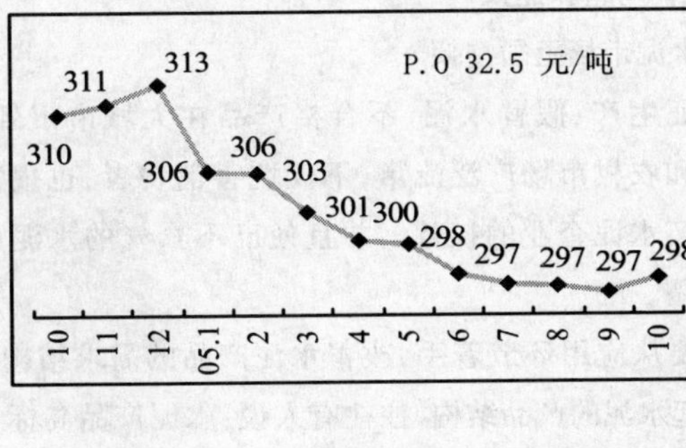

（一）水泥工业运行概况

1. 水泥产量适度增长

2005年水泥产量基本上处于平稳、适度的增长状态，截止到10月底，水泥累计产量8.39亿吨，同比增长10.94%，涨幅比上年同期回落4.31个百分点（图1. 2005年水泥产量）。水泥全年产量达到10.5亿吨左右，涨幅约8.25%。

图3　2005年水泥行业利润及同比增长

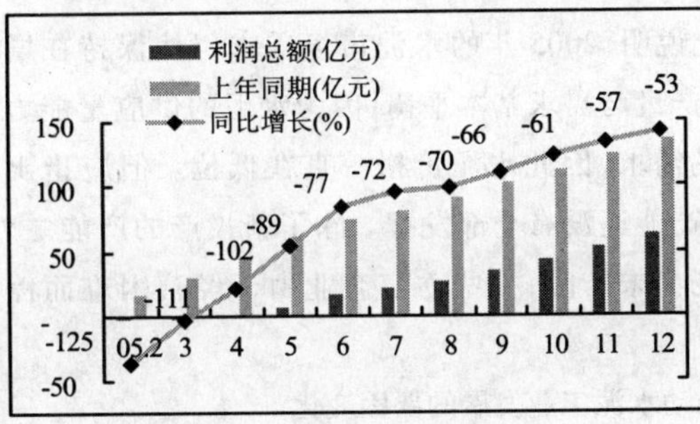

2. 水泥价格在低位趋稳

水泥价格自2004年年初的最高位滑落至2005年4、5月份趋稳后，至目前基本保持在低位区域波动（图2. 水泥价格）。东北和西北大部省区出厂价处于较高价位，华东地区处于最低水平。

3. 水泥工业全行业利润总额大幅下降

由于受到固定资产投资增幅下降和煤、电涨价的双重挤压，全行业利润大幅降低已是不容争辩的事实（图3. 2005年水泥行业利润及同比增长）。1季度全行业亏损3.48亿元，利润与上年同比下降111.3%；5月扭亏为盈后，2季度累计利润达到17.6亿元，同比下降76.53%；3季度利润达到35.18亿元，同比下降66.4%；10月份累计利润已达到44.69亿元。预计全

年水泥工业实现利润60～65亿元，比上年136亿元下降54%左右。

4. 各地区水泥发展的形势出现分化

随着国家宏观调控政策效果的显现，以及各省市GDP和固定资产投资的调整，水泥工业的运行也表现出地域性的特征。东南沿海的一些省市，如浙江、福建、广东由于固定资产投资已低于全国的平均水平，水泥工业的运行比以往艰难，稍北一点的江苏、山东、河北和中西部地区的一些省份如河南、安徽、内蒙等省区由于固定资产投资和房地产业的拉动，水泥工业运行的态势不同程度地表现出向好的趋势。

5. 水泥出口呈现上升趋势

由于国内市场目前基本饱和，水泥价格低迷，而国外一些地区需求旺盛，市场价格高于国内，促使水泥和熟料出口增长幅度大幅提高。今年前三季度我国水泥累计出口790万吨，比上年同期增长78.6%，超过了2004年全年的水泥出口量。

（二）水泥工业运行分析

1. 市场供需基本平衡、产能供大于需

从统计的数据来分析，到10月份，水泥工业库存144亿元，同比增长11.47%。与同期产量增长10.94%相比，基本属于同步增长；从销量来看，产品积压率为6.72%，与上年同比下降12.6%；销售回款率为84.10%，比上年同期增加1.23%；从水泥的价格走势看，全年基本处于低价位稳定状态。

以上说明，2005年的水泥市场需求仍然保持在增量的态势，产量与需求基本平衡，因为水泥的供应量能力大于市场的需求，因此水泥价格一直在低位。但应指出的是，目前产能还没有全部发挥。除了新投产的产能之外，因为市场尚未转暖，一些立窑企业由于经营困难而停止了运行。

2. 推动水泥工业发展的要因变化

对水泥的需求取决于市场，而水泥的市场与GDP密切相关，更受固定资产投资所左右。2005年前3季度GDP增长9.4%，固定资产投资增幅为27.7%。国家宏观调控防止了经济过热和固定资产投资过快增长，同时避免经济大起大落，固定资产投资增幅趋缓，但仍在高位运行。这是水泥工业在低谷中能够取得相对较好的效率和产量适度增长的基础条件。据有关部门预测2005年GDP增幅在9.4%左右。

3. 水泥工业运行环境艰难

经济发展的速度是稳中趋降，而煤、电的高价位又大大提高了水泥的生产成本。能源紧张、价格高位已促使工业生产企业产生两极分化；水泥产业的集中度很低，多数小企业为生存竞相降价，缺乏对市场有主控能力的企业集团，难以形成与上下游产业的谈判能力，因此在整个工业产业链的价格传递中始终处于明显的被动地位。成本上升，价格下降是2005年水泥工业运行的特点。短期内煤电价格不会回落，水泥必须走出周期的低谷，才有指望价格的回升。因此，成本和价格的双重挤压在一段时期内将会持续。

4. 形势有利于结构调整

正如业内人士所预期的一样，水泥运行低谷是结构调整的大好时机。在国家和省市加大依法淘汰落后工艺技术，关闭破坏资源、污染环境和不具备安全生产条件的企业力度的大环境下，2005年结构调整步伐继续加快，新增产能绝大多数都是新型干法工艺，部分立窑和其它窑型的落后生产工艺被淘汰出局。据不完全统计1～10月新增新型干法生产能力6 500万吨左右。预计年内新型干法水泥产量将在水泥总产量的40%左右。与此同时，企业的并购重组步伐加快，行业的集中度提高。2005年前10家生产企业的生产能力占总能力的比重将超过水泥"十五"规划所预期的17%的目标。结构的改善将加快水泥工业经济增长方式的转变，也有利于水泥工业运行早日走出低谷。

5. 水泥工业向节能、环保、循环经济的方向发展

加快节约型社会的建设促进社会经济可持续发展，已是我国的基本国策。2005年，国务院发出了《关于做好建设节约型社会近期重点工作的通知》，国家发展改革委启动了《节能中长期专项规划》提出的十大重点节能工程，并对实施工作进行具体部署。国家环保总局对于治理环境污染加强了部署，加大了治理力度。这都极大地促进了水泥工业向节能、环保、循环经济的方向发展。另一方面，由于能源紧张、环境污染严重已经制约了企业的发展，所以节能、环保、发展循环经济也正在成为企业自身的要求。2005年水泥企业利用废渣废料达到高潮；进行余热发电技术改造达到高潮。国家重点支持的水泥回转窑纯低温余热发电技术正在实施，金隅集团北京水泥厂、吉林亚泰水泥厂和乌兰水泥厂被列入国家第一批循环经济试点企业。"海螺"、"三狮"等大型水泥集团和各地的水泥骨干企业都率先进行纯低温余热发电技术改造，各省市对水泥企业的节能改造也都给予大力支持，浙江省首先提出并实施了对省内25条生产线进行超低温余热发电技术改造。

（三）问题和建议

1. 水泥市场亟须整顿

无证生产、假冒水泥、不合格产品在大城市市郊、中小城镇和农村市场广泛流窜，不仅坑害消费者，也损害着守法生产水泥企业的权益。并且使已不景气的水泥市场雪上加霜。

2. 要从应用环节着手，改善水泥产品的需求结构

提起水泥的产品结构，往往有人说：水泥产品高标号的

少,低标号的多,结构不合理。其实新型干法生产线完全能满足生产高标号水泥的要求,问题在于设计部门已经习惯于采用低标号水泥的肥梁胖柱,使我国对高标号水泥的需求量不高。所以,产品结构的改善涉及到设计工作的改革,要从设计使用部门着手。

3. 提高行业的准入门槛

应当提请国家有关部门,修订相关的标准、法规、政策,一方面从环保、节能和节省资源的角度提高行业的准入门槛;另一方面财税等方面的政策应向以新型干法为代表的先进生产力倾斜,尤其要支持环保型和资源综合利用型的水泥企业。

二、"十五"期间水泥行业发展回顾

(一)"十五"取得的主要成就

1. 水泥产品从质到量都有了飞跃的发展

图4　水泥总产量与新型干法水泥产量

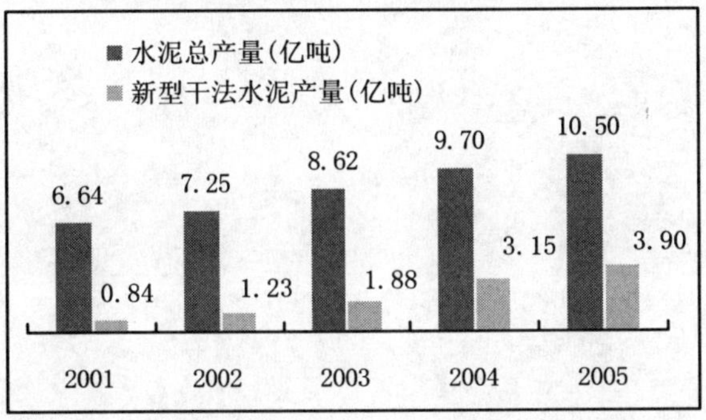

图5　水泥总产量与新型干法水泥产量增速

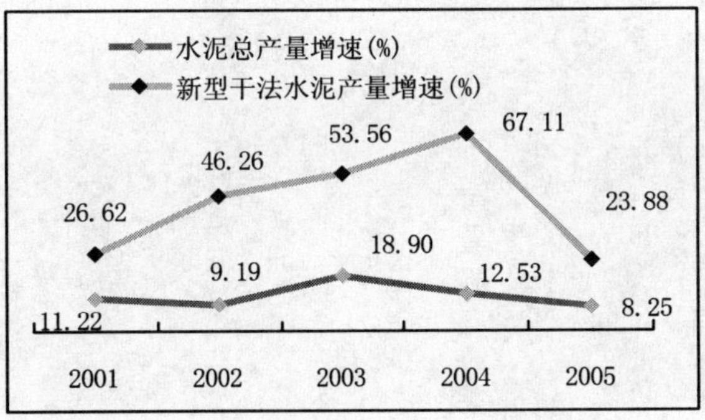

"十五"期间,国民经济的高速发展为水泥工业的成长提供了宝贵的机遇。在国家支持发展新型干法水泥、限制立窑等落后生产力的发展和市场需求的双重作用下,新型干法水泥以出人意料的高速度迅猛发展(图4、5)。在2002年就达到了12 269万吨,提前三年达到了"十五"计划的目标。预计"十五"期间新型干法水泥产量将达到3.9亿吨左右。新型干法水泥产量的大幅增长不仅提升了水泥产品整体的质量水平,也使水泥的总产量在2005年达到10.5亿吨。从图5中可以看到"十五"期间新型干法水泥产量的增速已大大超过水泥总产量的增速,新型干法水泥在"十五"期间将起到主导作用。

2. 水泥工业结构调整成效显著

截止到2005年10月份,在"十五"期间新建新型干法生产线490条,这些新型干法生产线的建成投产,使水泥工业的技术结构和产品结构有了突破性的进展。新型干法水泥占水泥总产量的比重从2001年的12.6%提高到2004年的32.5%,预计2005年达到37.0%左右(图6. 新型干法产量比重)。与此同时,立窑等落后工艺的盲目发展得到有效的遏制,并被逐步地淘汰。行业的集中度在"十五"期间得到提升,企业的平均规模由2000年的10万吨提高到2005年的20万吨,前10家生产企业的生产能力占总能力的比重将超过水泥"十五"规划所预期的17%的目标。

图6　新型干法水泥产量比重(%)

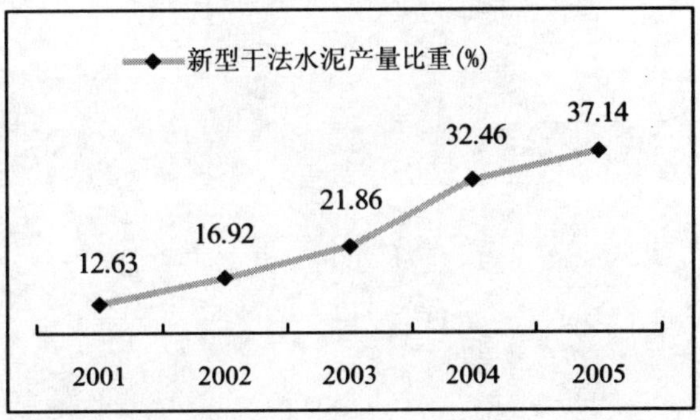

3. 技术进步成绩突出

"十五"期间水泥工业技术进步取得了可喜的成绩。日产5 000吨熟料新型干法水泥生产线成套技术装备自给率达到90%以上,基本实现了国产化。日产万吨的超大型新型干法生产线重大装备的开发取得了突破性进展,目前世界上仅有的7条日产万吨生产线中,我国就占有4条。水泥成套技术装备的出口规模逐年扩大,并占有了20%以上的国际水泥工程技术装备及工程服务市场的份额。水泥企业的信息化管理不断加强,不仅在生产流程中应用计算机控制技术,而且管理信息系统已经开始在水泥企业中应用,从而集团公司可以对所属公司在各个地区的生产和销售情况进行实时监控,能够在第一时间作出反应,提高了管理效率。

4. 企业改革的步伐加快

通过兼并重组和企业自身的发展,形成了一批大型的水泥企业集团,成为水泥行业的中坚骨干。相当数量的企业进行了改制,促成了企业资本多元化,增强了企业活力。随着改革的发展,形成了国有企业、股份制企业、民营企业共存共发展的生动活泼的新局面。

（二）存在问题

结构调整工作还很艰巨。就水泥的产量而言，立窑等落后工艺生产的水泥仍占60%；企业规模小、数量多、产业集中度低的状况还未得到根本扭转。

多数的立窑企业浪费能源、资源以及环境污染的问题还没有得到彻底解决。

第五篇

标准、专利、科技成果

水泥标准

2001年

批准的建材国家标准目录(水泥部分)

序号	标准代号	标准名称	实施日期
1	GB/T749－2001	硅酸盐水泥在硫酸盐环境中的潜在膨胀性能试验方法(代替GB/T749－1995)	2001－10－01
2	GB/T1346－2001	水泥标准稠度用水量、凝结时间,安定性检验方法(代替GB/T1346－1989)	2001－10－01

批准的建材行业标准目录(水泥部分)

序号	标准代号	标准名称	实施日期
1	JC/T355－2001	水泥机械产品型号编制方法[代替JC/T355－1984(1996)]	2001－10－01
2	JC/T825.1－2001	水泥工业用自动控制预加水成球装备双管螺旋喂料机[代替JC/T825－1988(1996)]	2001－10－01
3	JC/T825.2－2001	水泥工业用自动控制预加水成球装备盘式成球机[代替JC/T823－1988(1996)]	2001－10－01
4	JC/T825.3－2001	水泥工业用自动控制预加水成球装备双轴搅拌机[代替JC/T824－1988(1996)]	2001－10－01
5	JC/T825.4－2001	水泥工业用自动控制预加水成球装备微机自动控制系统[代替JC/T823－1988(1996)]	2001－10－01
6	JC/T878.1－2001	水泥工业用硬齿面中心传动磨机减速机	2001－10－01
7	JC/T878.2－2001	水泥工业用硬齿面边缘传动减速机	2001－10－01
8	JC/T878.3－2001	水泥工业用硬齿面窑用减速机	2001－10－01
9	JC/T878.4－2001	水泥工业用硬齿面立式磨机减速机	2001－10－01
10	JC/T878.5－2001	水泥工业用硬齿面辊压机减速机	2001－10－01
11	JC/T879－2001	水泥工业用通风机技术条件	2001－10－01
12	JC/T880－2001	水泥工业用耐热钢	2001－10－01

2002年

批准的建材国家标准目录（水泥部分）

序号	标准代号	标准名称	代替标准号	实施日期
1	GB9774－2002	水泥包装袋	GB9774－1996	2002－10－01

批准的建材行业推荐性标准目录（水泥部分）

序号	标准代号	标准名称	被替代标准号	采标情况
1	JC/T452－2002	通用水泥质量等级	JC/T452－1997	非等效采用

批准的建材行业强制性标准目录（水泥部分）

序号	标准代号	标准名称	被替代标准号	采标情况
1	JC600－2002	石灰石硅酸盐水泥	JC600－1995	修改采用EN197－1：2000《通用水泥的组成、规格要求和合格评定准则》

公布的强制性建材行业标准转为推荐性行业标准目录（水泥部分）

序号	标准编号	标准名称
1	JC334.2－1994	水泥工业用管磨机产品质量分等
2	JC357－1994	水泥工业用机械立窑
3	JC579－1995	水泥吨装袋
4	JC581－1995	固定式水泥包装机

2003年

发布的建材国家标准(节选水泥部分)

序号	标准号	标准名称	代替标准号	实施日期
2	GB/T 3183 - 2003	砌筑水泥	GB/T 3183 - 1997	2004 - 01 - 01
39	GB/T 19140 - 2003	水泥X射线荧光分析通则		2004 - 01 - 01

发布的建材行业标准(节选水泥部分)

8	JC/T 822 - 2003	水泥制品工业用离心成型机技术条件	JC/T 822 - 1996	2003 - 12 - 01
12	JC/T 912 - 2003	水泥立窑用煤技术条件		2003 - 12 - 01
19	JC/T 919 - 2003	水泥工业用链条技术条件		2003 - 12 - 01
22	JC/T 922 - 2003	水泥工业用破碎机技术条件		2003 - 12 - 01

2004年

发布的建材国家标准(节选水泥部分)

序号	标准号	标准名称	代替标准号	实施日期
1	GB 4915 - 2004	水泥工业大气污染物排放标准	GB4915 - 1996	2005 - 01 - 01

发布的建材行业标准(节选水泥部分)

序号	行业标准编号	行业标准名称	代替标准号	实施日期
1	JC/T311 - 2004	明矾石膨胀水泥	JC/T311 - 1997	2005 - 04 - 01
2	JC/T421 - 2004	水泥胶砂耐磨性试验方法	JC/T421 - 1991(1996)	2005 - 04 - 01
3	JC/T453 - 2004	自应力水泥物理检验方法	JC/T453 - 1992(1996)	2005 - 04 - 01
7	JC/T603 - 2004	水泥胶砂干缩试验方法	JC/T603 - 1995	2005 - 04 - 01
8	JC/T667 - 2004	水泥助磨剂	JC/T667 - 1997	2005 - 04 - 01
9	JC/T738 - 2004	水泥强度快速检验方法	JC/T738 - 1986(1996)	2005 - 04 - 01
20	JC/T938 - 2004	水泥工业用多风道煤粉燃烧器		2005 - 04 - 01

水泥工业大气污染物排放标准

GB4915－2004　代替 GB4915－1996

1. 范围

本标准规定了水泥工业各生产设备排气筒大气污染物排放限值、作业场所颗粒物无组织排放限值，以及环保相关管理规定等。本标准也规定了水泥制品生产的颗粒物排放要求。

本标准适用于对现有水泥工业企业及水泥制品生产企业的大气污染物排放管理，以及对新建、改建、扩建水泥矿山、水泥制造和水泥制品生产线的环境影响评价、设计、竣工验收及其建成后的大气污染物排放管理。

2. 规范性引用文件

下列文件中的条款通过本标准的引用而成为本标准的条款。凡是不注日期的引用文件，其最新版本适用于本标准。

GB16297－1996　大气污染物综合排放标准

GB18484　危险废物焚烧污染控制标准

GB/T 16157　固定污染源排气中颗粒物测定与气态污染物采样方法

GB/T 15432　环境空气 总悬浮颗粒物的测定 重量法

HJ/T 42　固定污染源排气中氮氧化物的测定 紫外分光光度法

HJ/T 43　固定污染源排气中氮氧化物的测定 盐酸萘乙二胺分光光度法

HJ/T 55　大气污染物无组织排放监测技术导则

HJ/T 56　固定污染源排气中二氧化硫的测定 碘量法

HJ/T 57　固定污染源排气中二氧化硫的测定 定电位电解法

HJ/T 67　大气固定污染源 氟化物的测定 离子选择电极法

HJ/T 76　固定污染源排放烟气连续监测系统技术要求及检测方法

HJ/T 77　多氯代二苯并二噁英和多氯代二苯并呋喃的测定 同位素稀释高分辨毛细管气相色谱/高分辨质谱法

3. 术语和定义

下列术语和定义适用于本标准。

3.1　标准状态

指温度为 273K，压力为 101 325Pa 时的状态，简称“标态”。本标准规定的大气污染物排放浓度均指标准状态下干烟气中的数值。

3.2　最高允许排放浓度

指处理设施后排气筒中污染物任何 1 小时浓度平均值不得超过的限值；或指无处理设施排气筒中污染物任何 1 小时浓度平均值不得超过的限值。

3.3　单位产品排放量

指各设备生产每吨产品所排放的有害物重量，单位 kg/t 产品。产品产量按污染物监测时段的设备实际小时产出量计算，如水泥窑、熟料冷却机以熟料产出量计算，生料磨以生料产出量计算，水泥磨以水泥产出量计算，煤磨以产生的煤粉计算，烘干机、烘干磨以产生的干物料计算。对于窑磨一体机，在窑磨联合运转时，以磨机产生的物料量计算，在水泥窑单独运转时，以水泥窑产出的熟料量计算。

3.4　无组织排放

指大气污染物不经过排气筒的无规则排放，主要包括作业场所物料堆放、开放式输送扬尘和管道、设备的含尘气体泄漏等。

低矮排气筒的排放属有组织排放，但在一定条件下也可造成与无组织排放相同的后果，因此在执行“无组织排放监控点浓度限值”指标时，由低矮排气筒造成的监控点污染物浓度增加不予扣除。

3.5　无组织排放监控点浓度限值

指监控点的污染物浓度在任何 1 小时的平均值不得超过的限值。

3.6　排气筒高度

指自排气筒（或其主体建筑构造）所在的地平面至排气筒出口计的高度。

3.7　水泥窑

指水泥熟料煅烧设备，通常包括回转窑和立窑两大类。

3.8　窑磨一体机（In－line kiln/raw mill）

指把水泥窑废气引入物料粉磨系统，利用废气余热烘干物料，窑和磨排出的废气同用一台除尘设备进行处理的窑磨联合运行的系统。

3.9　烘干机、烘干磨、煤磨和冷却机

烘干机指各种型式物料烘干设备；烘干磨指物料烘干兼粉磨设备；煤磨指各种型式煤粉制备设备；冷却机指各种类型（筒式、篦式等）冷却熟料设备。

3.10　破碎机、磨机、包装机和其他通风生产设备

破碎机指各种破碎块粒状物料设备；磨机指各种物料粉磨设备系统（不包括烘干磨和煤磨）；包装机指各种型式包装水泥设备（包括水泥散装仓）；其他通风生产设备指除上述主要生产设备以外的需要通风的生产设备，其中包括物料输送设备、料仓和各种类型贮库等。

3.11　水泥制品生产

指预拌混凝土和混凝土预制件的生产，不包括水泥用于现场搅拌的过程。

3.12　现有生产线、新建生产线

现有生产线是指本标准实施之日（2005 年 1 月 1 日）前

已建成投产或环境影响报告书已通过审批的水泥矿山、水泥制造、水泥制品生产线。

新建生产线是指本标准实施之日(2005 年 1 月 1 日)起环境影响报告书通过审批的新、改、扩建水泥矿山、水泥制造、水泥制品生产线。

4. 排放限值

4.1　生产设备排气筒大气污染物排放限值

4.1.1　在 2006 年 7 月 1 日前,现有水泥厂(含粉磨站)各生产设备(设施)排气筒中的大气污染物排放仍执行 GB4915－1996;现有水泥矿山和水泥制品厂仍执行 GB 16297－1996。

自 2006 年 7 月 1 日起至 2009 年 12 月 31 日止,现有生产线各生产设备(设施)排气筒中的颗粒物和气态污染物最高允许排放浓度及单位产品排放量不得超过表 1 规定的限值。

自 2010 年 1 月 1 日起,现有生产线各生产设备(设施)排气筒中的颗粒物和气态污染物最高允许排放浓度及单位产品排放量不得超过表 2 规定的限值。

4.1.2　自 2005 年 1 月 1 日起,新建生产线各生产设备(设施)排气筒中的颗粒物和气态污染物最高允许排放浓度及单位产品排放量不得超过表 2 规定的限值。

表 1

生产过程	生产设备	颗粒物		二氧化硫		氮氧化物(以 NO_2 计)		氟化物(以总氟计)	
		排放浓度 mg/m^3	单位产品排放量 kg/t	排放浓度 mg/m^3	单位产品排放量 kg/t	排放浓度 mg/m^3	单位产品排放量 kg/t	排放浓度 mg/m^3	单位产品排放量 kg/t
矿山开采	破碎机及其他通风生产设备	50	–	–	–	–	–	–	–
水泥制造	水泥窑及窑磨一体机 *	100	0.30	400	1.20	800	2.40	10	0.03
	烘干机、烘干磨、煤磨及冷却机	100	0.30	–	–	–	–	–	–
	破碎机、磨机、包装机及其他通风生产设备	50	0.04	–	–	–	–	–	–
水泥制品生产	水泥仓及其他通风生产设备	50	–	–	–	–	–	–	–

注: * 指烟气中 O_2 含量 10% 状态下的排放浓度及单位产品排放量。

表 2

生产过程	生产设备	颗粒物		二氧化硫		氮氧化物(以 NO_2 计)		氟化物(以总氟计)	
		排放浓度 mg/m^3	单位产品排放量 kg/t	排放浓度 mg/m^3	单位产品排放量 kg/t	排放浓度 mg/m^3	单位产品排放量 kg/t	排放浓度 mg/m^3	单位产品排放量 kg/t
矿山开采	破碎机及其他通风生产设备	30	–	–	–	–	–	–	–
水泥制造	水泥窑及窑磨一体机 *	50	0.15	200	0.60	800	2.40	5	0.015
	烘干机、烘干磨、煤磨及冷却机	50	0.15	–	–	–	–	–	–
	破碎机、磨机、包装机及其他通风生产设备	30	0.024	–	–	–	–	–	–
水泥制品生产	水泥仓及其他通风生产设备	50	–	–	–	–	–	–	–

注: * 指烟气中 O_2 含量 10% 状态下的排放浓度及单位产品排放量。

4.1.3　水泥窑焚烧危险废物时，排气中颗粒物、二氧化硫、氮氧化物、氟化物依照水泥窑建设时间，分别执行表1或表2规定的排放限值；其他污染物执行GB 18484《危险废物焚烧污染控制标准》规定的排放限值，但二噁英排放浓度最高不得超过0.1 ng TEQ/m³。

4.2　**作业场所颗粒物无组织排放限值**

现有水泥厂（含粉磨站）颗粒物无组织排放，在2006年7月1日前仍执行GB 4915－1996；现有水泥制品厂仍执行GB 16297－1996。

自2006年7月1日起现有生产线，自2005年1月1日起新建生产线，作业场所颗粒物无组织排放监控点浓度不得超过表3规定的限值。

表3

作业场所	颗粒物无组织排放监控点	浓度限值*1，mg/m³
水泥厂（含粉磨站）水泥制品厂	厂界外20m处	1.0（扣除参考值*2）

注：*1 指监控点处的总悬浮颗粒物（TSP）一小时浓度值。
*2 参考值含义见第6.2.1条。

5.其他管理规定

5.1　**颗粒物无组织排放控制要求**

5.1.1　水泥矿山、水泥制造和水泥制品生产过程，应采取有效措施，控制颗粒物无组织排放。

5.1.2　新建生产线的物料处理、输送、装卸、贮存过程应当封闭，对块石、粘湿物料、浆料以及车船装、卸料过程也可采取其他有效抑尘措施。

5.1.3　现有生产线对干粉料的处理、输送、装卸、贮存应当封闭；露天储料场应当采取防起尘、防雨水冲刷流失的措施；车船装、卸料时，应采取有效措施防止扬尘。

5.2　**非正常排放和事故排放控制要求**

5.2.1　除尘装置应与其对应的生产工艺设备同步运转。应分别计量生产工艺设备和除尘装置的年累计运转时间，以除尘装置年运转时间与生产工艺设备的年运转时间之比，考核同步运转率。

5.2.2　新建水泥窑应保证在生产工艺波动情况下除尘装置仍能正常运转，禁止非正常排放。现有水泥窑采用的除尘装置，其相对于水泥窑通风机的年同步运转率不得小于99%。

5.2.3　因除尘装置故障造成事故排放，应采取应急措施使主机设备停止运转，待除尘装置检修完毕后共同投入使用。

5.3　**排气筒高度要求**

5.3.1　除提升输送、储库下小仓的除尘设施外，生产设备排气筒（含车间排气筒）一律不得低于15米。

5.3.2　以下生产设备排气筒高度还应符合表4中的规定。

表4

生产设备名称	水泥窑及窑磨一体机				烘干机、烘干磨煤磨及冷却机			破碎机、磨机、包装机及其他通风生产设备
单线（机）生产能力，t/d	≤240	>240 ~700	>700 ~1 200	>1 200	≤500	>500 ~1 000	>1 000	高于本体建筑物3m以上
最低允许高度，m	30	45*	60	80	20	25	30	

注：*现有立窑排气筒仍按35m要求。

5.3.3 若现有水泥生产线生产设备排气筒达不到表4规定的高度，其大气污染物排放应加严控制。排放限值按下式计算。

$$C = C_0 \cdot \frac{h^2}{{h_0}^2}$$

式中：C——实际允许排放浓度，mg/Nm³；

C_0——表1或表2规定的允许排放浓度，mg/Nm³；

h——实际排气筒高度，m；

h_0——表4规定的排气筒高度，m。

5.4　**其他规定**

5.4.1　不得采用、使用《中华人民共和国大气污染防治法》第十九条规定的严重污染大气环境的落后生产工艺和设备。

5.4.2　禁止在环境空气质量一类功能区内开采矿山、生产水泥及其制品。

5.4.3　水泥窑不得用于焚烧重金属类危险废物。

水泥窑焚烧医疗废物应遵守《医疗废物集中处置技术规范》的要求。

利用水泥窑焚烧危险废物，其水泥窑或窑磨一体机的烟气处理应采用高效布袋除尘器。

6.监测

6.1　**排气筒中大气污染物的监测**

6.1.1　生产设备排气筒应设置永久采样孔并符合GB/T 16157规定的采样条件。

6.1.2　排气筒中颗粒物或气态污染物的监测采样应按GB/T 16157执行。

6.1.3　对于日常监督性监测，采样期间的工况应与当时正常工况相同。排污单位人员和实施监测人员不得任意改变当时的运行工况。以任何连续1小时的采样获得平均值，或在任何1小时内，以等时间间隔采集3个以上样品，计算平均值。

建设项目环境保护设施竣工验收监测的工况要求和采样时间频次按国家环境保护总局制定的建设项目环境保护设施竣工验收监测办法和规范执行。

6.1.4　水泥工业大气污染物分析方法见表5。

表5

序号	分析项目	手动分析方法	自动分析方法
1	颗粒物	GB/T 16157 重量法	HJ/T 76 固定污染源排放烟气连续监测系统技术要求及检测方法
2	二氧化硫	HJ/T 56 碘量法 HJ/T 57 定电位电解法	
3	氮氧化物	HJ/T 42 紫外分光光度法 HJ/T 43 盐酸萘乙二胺分光光度法	
4	氟化物	HJ/T 67 离子选择电极法	–
5	二噁英	HJ/T 77 色谱－质谱联用法	–

6.1.5　新、改、扩建水泥生产线，水泥窑及窑磨一体机排气筒（窑尾）应当安装烟气颗粒物、二氧化硫和氮氧化物连续监测装置；冷却机排气筒（窑头）应当安装烟气颗粒物连续监测装置；对现有水泥生产线，应按地方环境保护行政主管部门的规定安装连续监测装置。

连续监测装置需满足HJ/T 76《固定污染源排放烟气连续监测系统技术要求及检测方法》的要求。烟气排放连续监测装置经县级以上人民政府环境保护行政主管部门验收后，在有效期内其监测数据为有效数据。以小时平均值作为连续监测达标考核的依据。

6.2　厂界外颗粒物无组织排放的监测

6.2.1　在厂界外20米处（无明显厂界，以车间外20米处）上风方与下风方同时布点采样，将上风方的监测数据作为参考值。

6.2.2　监测按HJ/T 55《大气污染物无组织排放监测技术导则》的规定执行。

颗粒物分析方法采用GB/T 15432《环境空气 总悬浮颗粒物的测定 重量法》。

7. 标准实施

7.1　本标准由县级以上人民政府环境保护行政主管部门负责监督实施。

7.2　地方环境保护行政主管部门应根据环境管理要求，考虑水泥工业结构调整和企业达标情况，制定现有水泥生产线烟气连续监测装置的安装计划并予以公布。

7.3　各省、自治区、直辖市人民政府环境保护部门可根据本地环境管理的需求，提请省级人民政府批准，并报国家环境保护行政主管部门备案，提前实施表1或表2规定的限值。

注：该标准于2004年12月29日由国家环境保护总局、国家质量监督检验检疫总局共同发布，自2005年1月1日实施。

2005年

发布的建材国家标准（水泥部分）

2005年3月2日，国家质量监督检疫总局和国家标准化管理委员会发布2005年第2号（总第76号）公告，批准《白色硅酸盐水泥》等11项建材国家标准，这11项新标准于2005年8月1日实施，其中关于水泥的标准5项。

序号	标准号	标准名称	被代替标准	实施日期
1	GB/T1345－2005	水泥细度检验方法筛析法	GB/T 1345－1991	2005－08－01
2	GB/T1596－2005	用于水泥和混凝土中的粉煤灰	GB/T 1596－1991	2005－08－01
3	GB/T2015－2005	白色硅酸盐水泥	GB/T 2015－1991	2005－08－01

序号	标准号	标准名称	被代替标准	实施日期
4	GB/T2419－2005	水泥胶砂流动度测定方法	GB/T 2419－1994	2005－08－01
5	GB/T12957－2005	用于水泥混合材的工业废渣活性试验方法	GB/T 12957－1991	2005－08－01

2005年6月6日，国家标准化管理委员会发布2005年第6号公告（总第80号），批准《道路硅酸盐水泥》等5项国家标准，这5项新标准将于2005年12月1日起实施，其中关于水泥的标准2项。

附:2项国家标准及编号

序号	国家标准编号	国家标准名称	代替标准号	批准日期	实施日期
1	GB13693－2005	道路硅酸盐水泥	GB13693－1992	2005－04－22	2005－12－01
2	GB748－2005	抗硫酸盐硅酸盐水泥	GB748－1996	2005－04－22	2005－12－01

发布的建材行业标准（水泥部分）

国家发改委发布2005年第7号公告，批准《陶瓷墙地砖胶粘剂》等73项建材行业标准，这73项新标准将于2005年7月1日起实施，其中与水泥及水泥制品相关的新标准30项。

附:30项水泥及水泥制品行业标准及编号

序号	标准编号	标准名称	替代标准	实施日期
1	JC/T 464－2005	水泥工业用空气炮清堵器	JC/T 464－1992	2005－07－01
2	JC/T 605－2005	先张法预应力混凝土管桩钢模	JC/T 605－1995	2005－07－01
3	JC/T 613－2005	混凝土和钢筋混凝土排水管钢模	JC/T 613－1995	2005－07－01
4	JC/T 681 2005	行星式水泥胶砂搅拌机	JC/T 681－1997	2005－07－01
5	JC/T 682－2005	水泥胶砂试体成型振实台	JC/T 682－1997	2005－07－01
6	JC/T 683－2005	40mm×40mm水泥抗压夹具	JC/T 683－1997	2005－07－01
7	JC/T 723－2005	水泥胶砂振动台	JC/T 723－1982(1996)	2005－07－01
8	JC/T 724－2005	水泥胶砂电动抗折试验机	JC/T 724－1982(1996)	2005－07－01
9	JC/T 726－2005	水泥胶砂试模	JC/T 726－1997	2005－07－01
10	JC/T 727－2005	水泥净浆标准稠度与凝结时间测定仪	JC/T 727－1982(1996)	2005－07－01
11	JC/T 728－2005	水泥标准筛和筛析仪	JC/T 728－1982(1996)	2005－07－01
12	JC/T 729－2005	水泥净浆搅拌机	JC/T 729－1989(1996)	2005－07－01
13	JC/T 734－2005	水泥原料易磨性试验方法	JC/T 734－1996	2005－07－01
14	JC/T 735－2005	水泥生料易烧性试验方法	JC/T 735－1996	2005－07－01
15	JC/T 948－2005	钢纤维混凝土水箅盖		2005－07－01
16	JC/T 949－2005	混凝土制品用脱模剂		2005－07－01
17	JC/T 950－2005	预应力高强混凝土管桩用硅砂粉		2005－07－01
18	JC/T 951－2005	水泥砂浆抗裂性能试验方法		2005－07－01
19	JC/T 952－2005	玻璃纤维增强水泥永久性管状芯模		2005－07－01
20	JC/T 954－2005	水泥安定性试验用雷氏夹		2005－07－01
21	JC/T 955－2005	水泥安定性试验用沸煮箱		2005－07－01
22	JC/T 957－2005	水泥包装袋跌落试验机		2005－07－01

序号	标准编号	标准名称	替代标准	实施日期
23	JC/T 958 - 2005	水泥胶砂流动度测定仪(跳桌)		2005 - 07 - 01
24	JC/T 959 - 2005	水泥胶砂试体养护箱		2005 - 07 - 01
25	JC/T 960 - 2005	水泥胶砂强度自动压力试验机		2005 - 07 - 01
26	JC/T 961 2005	水泥胶砂耐磨性试验机		2005 - 07 - 01
27	JC/T 966 - 2005	预应力混凝土用钢棒镦头机		2005 - 07 - 01
28	JC/T 967 - 2005	混凝土瓦成型机		2005 - 07 - 01
29	JC/T 971 - 2005	水泥制品工业用水压试验机		2005 - 07 - 01
30	JC 980 - 2005	纤维水泥电缆管及其接头		2005 - 07 - 01

水泥专利

2001～2005 年水泥类发明专利

01102919 一种复配水泥的生产方法以及采用该方法制备的水泥[公开文本][审定文本]
01103143 处理工业和生活污泥的方法[公开文本][审定文本]
01106474 由矿渣和钢渣复合而成的胶结材[公开文本][审定文本]
01107009 双掺硫磺渣水泥生产技术[公开文本]
01109044 一种新型水泥促熔剂和用它生产高性能特种水泥[公开文本]
01109834 自应力砌筑水泥及其制作方法[公开文本]
01112590 粉煤灰活化剂及其制作方法[公开文本][审定文本]
01114219 钢渣水泥膨胀剂及其膨胀水泥[公开文本][审定文本]
01115009 一种水泥的生产方法[公开文本]
01119433 用低铁低挥发分煤烧制白水泥技术[公开文本]
01120430 复合硅酸盐水泥[公开文本]
01121514 烟道灰、炉渣活化剂[公开文本]
01128045 环保型无熟料水泥及其制备方法[公开文本]
01128350 一种水泥助磨剂[公开文本][审定文本]
01129019 磷渣硅酸盐水泥[公开文本]
01130236 一种硅酸盐水泥熟料[公开文本][审定文本]
01132605 用制糖滤泥干法生产的水泥[公开文本][审定文本]
01133727 利用工业废渣生产的复合硅酸盐水泥[公开文本][审定文本]
01135398 一种用工业固体废弃物生产的水泥及其工艺方法[公开文本][审定文本]
01140760 制备可流动料浆的加工助剂[公开文本]
01800305 水泥熟料、水泥组合物、水泥熟料的制造方法和含碱成份的废弃物的处理方法[公开文本][审定文本]
01800605 熔渣硬化体的制造方法[公开文本]
01804541 用于废弃物转为能源的设备中共燃烧的方法[公开文本][审定文本]
01806854 利用颗粒状水泥原料生产水泥熟料的方法和设备[公开文本][审定文本]
01807357 不风化的粘结体[公开文本]
01810038 用于氧化处理炼钢厂炉渣的方法及所得到的 LD 渣[公开文本][审定文本]
01814545 制造水泥熟料的方法和设备[公开文本]
01814782 制造水泥渣块的装置[公开文本]
01815412 水泥组合物[公开文本]
01816597 高耐性和高韧性含纤维混凝土[公开文本][审定文本]
01818708 在矿窑内混合高温气体[公开文本]
02100189 一种低热硅酸盐水泥及其制备和应用[公开文本][审定文本]
02103899 一种铝酸钙－硫铝酸钙水泥熟料及其膨胀剂的制造方法[公开文本]
02110366 磷石膏固化改性技术方法[公开文本]
02112585 水泥生料外加剂及其生产方法[公开文本]
02113344 用工业废渣生产水泥混合材的方法[公开文本]
02113415 水泥助磨掺合料[公开文本][审定文本]
02114058 工业废渣活化助磨剂[公开文本][审定文本]
02114132 磷渣活化改性剂[公开文本][审定文本]
02115112 低标号砌筑砂浆复合水泥及其制备方法[公开文本]
02115594 含有直径小于 8 毫米钢渣的矿渣硅酸盐水泥及其制备方法[公开文本][审定文本]
02115929 燃煤锅炉供热同时生产铝酸盐水泥或活性粉煤灰方法及产品[公开文本][审定文本]
02116060 综合利用煤矸石联产电、铝、水泥生产工艺[公开文本]
02116705 一种替代燃料、同时生产高压蒸汽和煅烧水泥熟料的方法和设备[公开文本][审定文本]
02118238 一种用串级磨生产高性能水泥的方法[公开文本]
02122578 钢渣改质及钢渣水泥[公开文本]
02129504 一种铝酸盐水泥制备方法及其预热装置

[公开文本]
02130755　快硬硫铝酸盐水泥制造工艺[公开文本]
02132606　大掺量粉煤灰生产复合水泥的方法[公开文本][审定文本]
02132828　环保水泥及其制作方法[公开文本]
02133634　一种利用铬渣作矿化剂制备水泥熟料的方法[公开文本]
02133829　粉煤灰水泥辅料及其用途[公开文本][审定文本]
02133991　水泥煅烧熟化剂[公开文本][审定文本]
02134700　早强高强利废的水泥[公开文本]
02135771　磷铝酸盐系统胶凝材料[公开文本][审定文本]
02136662　白色砌筑水泥及其生产方法[公开文本][审定文本]
02136663　白色硅酸盐水泥及其生产方法[公开文本][审定文本]
02138442　直接掺加分选粉煤灰的复合水泥的生产方法及制得的复合水泥[公开文本]
02138528　活化废渣复合粉和将其用于水泥、混凝土和免烧砖及制法[公开文本][审定文本]
02138885　高硫硅酸盐水泥及其生产方法[公开文本][审定文本]
02138949　发电锅炉兼烧铝酸盐、铁铝酸盐、硫铝酸盐胶凝材料的方法[公开文本][审定文本]
02139045　用粉煤灰制造高性能的水泥混合材方法[公开文本][审定文本]
02139512　用于粉状物料的高固气比交叉料流热处理装置[公开文本][审定文本]
02139552　大颗粒流态化水泥熟料煅烧装置[公开文本][审定文本]
02140665　使用高含硫量焦炭生产水泥熟料的方法[公开文本]
02141701　一种高强度水泥的生产方法[公开文本]
02144928　水泥/发电联产技术
02147732　粒料土稳定专用水泥[公开文本][审定文本]
02148314　立窑水泥煅烧节能型添加剂[公开文本]
02148932　拜尔法联合生产氧化铝和铝酸钙水泥的方法[公开文本]
02157279　一种以燃气煅烧生产水泥熟料的方法及立窑[公开文本]
02157717　水泥熟料煅烧处理废干电池技术方法[公开文本][审定文本]
02158190　凝石二元化湿水泥及其用途[公开文本][审定文本]
02160377　电厂炉膛生产水泥的配方及工艺[公开文本]
02803425　卜特兰水泥替代品及制法、使用其的硬质木片及制法[公开文本]
02805104　水泥熟料产量的提高方法[公开文本][审定文本]
02807736　松散物料冷却器的冷床[公开文本]
02810797　水固化性组合物[公开文本]
02814164　用于混凝土混合物的飞灰组合物[公开文本]
02820657　水泥混合材料、水泥组合物以及由其构成的水泥混凝土[公开文本]
02822026　具有微观粒状表面的颗粒[公开文本][审定文本]
02823786　用于在水硬水泥中分散掺加料的颗粒添加剂[公开文本]
02825375　生产具有水硬性能的矿渣的方法[公开文本]
02830156　冷压团块和造球的方法[公开文本]
03103259　火力发电厂粉煤灰直接生产水泥的方法[公开文本]
03104590　一种环保节能水泥的制造方法和专用设备[公开文本][审定文本]
03104592　利用工业废料生产硫(铁)铝酸盐水泥的工艺[公开文本]
03104594　利用工业废料生产硫(铁)铝酸盐水泥熟料的方法[公开文本][审定文本]
03112040　一种增白减缩型白色硅酸盐水泥[公开文本][审定文本]
03113121　高强管桩水泥及制作方法[公开文本][审定文本]
03113137　箅式冷却机用挠曲偏转节[公开文本][审定文本]
03116681　干法水泥生产采用转炉钢渣配料的工艺[公开文本]
03117563　快硬早强油井水泥[公开文本]
03118499　高活性胶凝材料制备装置[公开文本][审定文本]
03118920　水泥预分解窑三次风管煤粉预热、预烧方法[公开文本]
03118993　高性能胶凝材料[公开文本]
03118994　固基硅酸盐水泥[公开文本][审定文本]
03118995　高性能熟料粉[公开文本][审定文本]
03123337　黄磷熔渣生产白色及彩色硅酸盐水泥的方法[公开文本]
03127608　一种低熟料硅酸盐水泥[公开文本]
03129932　一种降低水泥窑氮氧化物排放的方法[公开文本][审定文本]
03131079　一种利用粉煤灰制备氧化铝联产水泥熟料的方法[公开文本]
03132970　易磨易碎硅酸盐水泥熟料[公开文本]

[审定文本]
03133326 用井式窑炼铁或煅烧水泥中提高透气性的方法[公开文本]
03133881 钢渣除铁工艺及其钢渣细粉的应用[公开文本]
03134376 锚固水泥[公开文本][审定文本]
03135569 大倾斜度回转窑煅烧水泥工艺及回转窑[公开文本]
03138941 钢渣水泥熟料[公开文本][审定文本]
03138942 钢渣水泥[公开文本][审定文本]
03139004 阿利特－硫铝酸钡钙水泥[公开文本][审定文本]
03143251 一种硫铝酸盐水泥改性的方法[公开文本]
03143252 一种硅酸盐水泥改性的方法[公开文本]
03143253 改性快硬硫铝酸盐水泥[公开文本]
03143254 改性低碱度硫铝酸盐水泥[公开文本]
03148078 抗渗油井水泥[公开文本]
03149561 一种以废砖为原料的水泥制备方法[公开文本]
03152992 含无水硫铝酸钙矿物的硅酸盐水泥熟料及其生产方法[公开文本][审定文本]
03158206 用工业废料生产水泥助剂的方法及该水泥助剂的用途[公开文本]
03158263 制造高标号水泥的超细矿物粉添加剂[公开文本]
03159014 活化红泥岩红色水泥的制备方法[公开文本][审定文本]
200310101378 使用飞灰和水泥将泥状沉积物改良为改良土的方法[公开文本][审定文本]
200310104171 水泥熟料煅烧循环预烧工艺及装置[公开文本]
200310104172 煤种普适性水泥熟料煅烧工艺及装置[公开文本]
200310105554 含钡硫铁铝酸盐水泥[公开文本][审定文本]
200310105713 一种水泥及其生产方法[公开文本]
200310106286 工业尾矿硅酸盐水泥[公开文本]
200310108436 利用焚烧飞灰作为混合材生产水泥的方法[公开文本]
200310108988 大掺量煤矸石复合水泥及其制备方法[公开文本]
200310109625 钡渣水泥[公开文本]
200310109672 金属尾矿(矽卡岩)生产水泥或水泥制品的方法[公开文本]
200310111984 一种用于生产水泥的混合材及其制备方法[公开文本]
200310115906 无熟料水泥的生产方法[公开文本]
200310116703 新型湿磨干烧工艺[公开文本]
200310120182 衍生自用作燃料的高硫含量石油焦炭的高硫含量的熟料和白水泥[公开文本]
200310121170 一种耐火浇注料的制备方法[公开文本]
200310122096 由高炉矿渣制备高活性渣的方法[公开文本]
03805488 用于制造水泥熟料的方法和设备[公开文本]
03806693 水泥混合料[公开文本]
03811860 用于稠砂浆的含有硫酸钙和矿物铝酸钙化合物的钙矾石粘合剂[公开文本]
03823644 制造水泥熟料的方法和装置[公开文本]
03825586 水泥窑氯硫旁通系统[公开文本]
03825874 焚烧飞灰的处理方法及装置[公开文本]
03826057 水泥混合材料
200380109310 用于包含波特兰水泥的组合物的液体促凝剂
200410001671 一种矽水泥[公开文本]
200410001845 水硬性组合物的未水合成形体、其制造方法及其使用方法[公开文本]
200410004703 富氧水泥熟料煅烧工艺[公开文本]
200410007051 水硬性组合物的部分水合成形体、其制造方法及其使用方法[公开文本]
200410008149 硅藻土改性水泥及轻质高强混凝土制备工艺[公开文本]
200410010201 水泥湿法回转窑料浆减水工艺和装置[公开文本]
200410011370 特种水泥[公开文本]
200410012393 预分解窑旁路放风与煤矸石脱水工艺[公开文本]
200410012858 水泥熟料冷却机多相介质冷却方法[公开文本][审定文本]
200410013136 氟石膏资源化改性处理的方法
200410014306 除锈喷砂废渣在生产水泥中的应用[公开文本]
200410015724 以脱硫灰渣为缓凝剂的水泥的制造方法[公开文本]
200410016138 冶金渣微粉短流程生产工艺
200410016150 利用钢渣微粉制备的地基处理材料[公开文本]
200410016744 利用城市垃圾焚烧灰渣烧制生态水泥熟料的方法[公开文本]
200410017510 一种改性石膏复合胶凝材料及其生产方法[公开文本]
200410020945 水泥催化剂[公开文本]
200410021017 一种高效水泥复合助磨剂[公开文本]
200410022400 磷矿石直接生产水泥和磷酸的方法

[公开文本][审定文本]
200410023796　钡铜水泥煅烧复合矿化剂[公开文本][审定文本]
200410023882　新型防裂轻质墙板及安装方法[公开文本]
200410024271　高氧化镁石灰石煅烧熟料的配料工艺方法
200410025867　低铝酸率配料方案在 2 000t/d 新型干法生产线上的应用[公开文本]
200410025868　高铁配料在 2 000t/d 以上新型干法生产线上的煅烧[公开文本]
200410025869　大掺量炉底渣在水泥生产中的应用[公开文本]
200410026255　一种抗裂改性水泥及其生产工艺和设备[公开文本]
200410036068　生态水泥及其制备方法与应用[公开文本]
200410036114　一种含 Q 相矿物的铝酸盐水泥材料[公开文本]
200410040164　一种高强低密度油井水泥[公开文本]
200410041159　添加复合工业废渣的抗碱集料反应水泥及其烧制方法[公开文本]
200410041472　一种缝隙型篦板的制造方法[公开文本]
200410051047　油母页岩流化床燃烧的装置和工艺[公开文本]
200410059195　亚铵法、石灰法制纸浆黑液用作水泥生产生料成球粘合剂[公开文本]
200410060278　城市生活垃圾烧制水泥的方法[公开文本]
200410060317　水泥统用生料外加剂及应用[公开文本]
200410060678　用油田含油钙质污泥制备水泥熟料的方法[公开文本]
200410060908　一种磷渣硅酸盐水泥熟料的制备方法[公开文本][审定文本]
200410060909　高活性水泥矿物形成促进剂[公开文本]
200410061064　低收缩低水化热抗裂水泥[公开文本]
200410063591　烧结熟料冷却器中的带有破碎辊的破碎装置[公开文本]
200410066089　一种遏制城市生活垃圾发酵的方法[公开文本]
200410066772　一种用于水泥颗粒分散的超塑化剂及其合成方法
200410067053　一种常温可逆温致变色水泥基材料[公开文本]
200410068173　利用城市污泥生产水泥压制品的方法[公开文本]
200410071572　一种制造水泥的方法[公开文本]
200410071859　一种纳米防水水泥及其制作方法
200410072311　电石灰烘干方法[公开文本]
200410073179　立窑水泥全黑生料对半包球烧成工艺[公开文本]
200410074411　一种高强度硅酸盐水泥熟料及其制备方法[公开文本]
200410077444　一种掺有废陶瓷的复合硅酸盐水泥及其制备方法[公开文本]
200410077453　一种掺有废陶瓷的普通硅酸盐水泥及其制备方法[公开文本]
200410079960　钢渣选铁后的尾矿及高炉水渣综合利用的方法[公开文本][审定文本]
200410081466　一种钒钛转炉钢渣用作水泥铁质校正原料的方法[公开文本]
200410085440　热分解法制取磷酸及副产水泥的方法[公开文本]
200410088850　电磁屏蔽水泥[公开文本]
200410090949　利用粉煤灰和石灰石联合生产氧化铝和水泥的方法[公开文本]
200410091476　一种利用赤泥生产水泥的方法[公开文本]
200410092887　触变早强防窜低密度水泥浆[公开文本]
200410100966　自适应式冷却高温散料炉篦元件[公开文本]
200410101508　一种煤矸石活性混合材、其制备方法以及一种高性能水泥[公开文本]
200410101509　一种粉煤灰活性混合材、其制备方法以及一种高性能水泥[公开文本]
200410155539　聚合硅酸铝水泥及其制备方法[公开文本]
200480011818　用于预热颗粒或粉末材料的方法和设备
200510003015　一种同时制备黄磷和水泥熟料或电石的方法[公开文本]
200510017348　轻质发泡水泥的生产方法[公开文本]
200510017769　一种低碱高强水泥[公开文本]
200510018768　一种早强硅酸盐水泥熟料的快速烧成方法[公开文本]
200510021024　用电石渣为原料的水泥熟料及其干法生产方法[公开文本]
200510025824　生物活性硅酸三钙自固化材料、制备方法及用途[公开文本]
200510041033　三异丙醇胺在水泥助磨剂中的应用
200510042509　快硬硫铝酸盐水泥复合缓凝剂[公开文本]
200510042922　用高硅配料在立窑中生产水泥的工艺[公开文本]
200510043657　环保节能早强矿渣水泥[公开文本]
200510044029　无焙烧环保节能矿渣水泥制造技术
200510045864　少熟料复合水泥及其生产方法[公开文本]
200510046304　纤维编织网增强自密实混凝土方法[公开文本]
200510047103　可作为水泥生料的混凝土
200510047822　一种多功能水泥助磨剂[公开文本]
200510049203　利用富氧矿物供氧特性的水泥熟料烧成方法[公开文本]
200510049204　铜、铅锌尾矿中二氧化硅活性调整的水泥熟料烧成方法[公开文本]

200510049205 石灰石分解点与二氧化硅溶出点吻合的水泥熟料烧成方法[公开文本]
200510049206 利用铜、铅锌尾矿中的能量矿物特性的水泥熟料烧成方法[公开文本]
200510053268 一种处理利用氯酸盐生产废渣泥的方法[公开文本]
200510060355 一种硅酸盐水泥生料的制备方法
200510060356 一种绿色水泥的制作方法
200510060813 水泥基防水堵漏材料
200510061999 干法回转窑应用铜铅锌尾矿的熟料烧成方法[公开文本]
200510063328 悬挂式耐高温耐磨衬板[公开文本]
200510074527 利用炼镁废渣生产水泥熟料的方法[公开文本]
200510074528 利用炼镁废渣生产砌筑水泥的方法[公开文本]
200510088764 硅酸盐水泥及其制造方法[公开文本]
200510094979 一种高阿利特硅酸盐水泥熟料及其制备方法[公开文本]
200510100013 一种在生产水泥的同时又处理污泥的方法[公开文本]
200510102500 水泥复合助磨剂、添加其的水泥及其制造方法
200510107287 节能水泥[公开文本]
200510120622 烧制白砖的生产方法[公开文本]
200510120665 利用生活垃圾焚烧炉渣生产砌筑水泥的方法[公开文本]
200510123758 一种水泥助磨增强剂及其制备方法[公开文本]
200510131686 不风化的粘结体
200510136667 用高炉液态渣生产硅酸盐水泥熟料的方法及其装置[公开文本]

01807172 活性氧化镁水泥[公开文本]
200310121646 一种可塑水泥[公开文本]
03802159 发泡防火组合物和方法[公开文本]
03813435 危险废物的处理[公开文本]
200410024435 抑制菱镁制品返卤泛霜保护液[公开文本]
200410043757 氯氧镁水泥低温促凝剂及其生产工艺[公开文本]
200410048768 常温凝结硬化的水化硅酸镁体系胶凝材料及其制备方法[公开文本]
200480012148 基于硫酸钙的组合物及其制造方法[公开文本]
200480014897 用于与铁基基质接触的组合物中的抗腐蚀添加剂
200510048574 硫柠镁材料及其应用[公开文本]
200510060708 一种防火保温板的生产方法及其机械化生产设备

01107002 高强α-半水石膏的制备工艺[公开文本]
01109834 自应力砌筑水泥及其制作方法[公开文本]
01801042 石膏组合物及相关方法[公开文本][审定文本]
01805133 增强抗永久变形的石膏组合物[公开文本]
02110366 磷石膏固化改性技术方法[公开文本]
02116312 高效硫铝酸钙型膨胀剂及工艺[公开文本]
02125369 活化石膏及制造方法[公开文本]
02138088 改性磷石膏[公开文本][审定文本]
02141721 一种用化学石膏制水泥缓凝剂的方法及装置[公开文本]
03117139 磷石膏的处理方法[公开文本][审定文本]
03118604 磷铵废渣加工磷石膏的方法[公开文本]
03126594 高浓度二氧化硫废液处理方法[公开文本][审定文本]
03134105 结晶石膏[公开文本][审定文本]
200410013136 氟石膏资源化改性处理的方法[公开文本][审定文本]
200410017510 一种改性石膏复合胶凝材料及其生产方法[公开文本]
200510087131 石灰石-石膏湿法脱硫与脱硫石膏资源化处理方法及系统[公开文本]
200510095953 用于形成复合材料的组合物

01119981 磷酸钙盐水泥和用途及制法[公开文本]
01803839 轻质预混合接缝粘接剂[公开文本][审定文本]
01820637 含有活性磷酸钙纳米颗粒的生物相容粘接剂及其制造和使用的方法[公开文本]
01822621 惰化灰渣的方法以及由所述方法获得的人造火山灰[公开文本][审定文本]
02135771 磷铝酸盐系统胶凝材料[公开文本][审定文本]
03118994 固基硅酸盐水泥[公开文本][审定文本]
200410034577 磷矿热法制磷酸和水泥的方法[公开文本]
200410036114 一种含Q相矿物的铝酸盐水泥材料[公开文本]
200410040316 含中药的磷酸钙骨水泥粉末及其制备方法[公开文本]
200510013708 潜伏性大孔透钙磷石骨水泥及其制备方法[公开文本]
200510024417 油页岩综合优化利用的方法[公开文本]
200510031351 利用硬石膏生产硫酸联产高贝利特水泥的方法[公开文本]
200510092982 可在体内降解成孔的磷酸钙骨水泥的制备方法

科技成果

2001年

获国家科技进步奖项目(水泥部分)

【高性能水泥基复合材料的研究及其工程应用开发】

(二等奖)

完成单位:武汉理工大学 湖北大学

主要完成人:胡曙光 丁庆军 吕林女 王发洲 姜从盛 覃立香 关少波 陈 江 徐 斌 刘洪超

水泥基复合材料是以水泥为胶结剂,结合各种集料、外加组分而形成的水硬性胶凝材料,它包括各类水泥制品和混凝土。高性能水泥基复合材料(High Performance Cement Based, HPCB)是通过组成、结构优化设计,采用先进技术制备的具有优异性能的新型水泥基材料。

该成果在已取得的材料界面增强机理、多相互穿网络结构模型的理论研究成果的基础上,通过大量工程实践和技术应用开发,确立了聚合物设计优选原则和用量计算方法;开发出增强纤维的表面处理和分散均匀技术、促进互穿网络结构形成工艺技术、复合材料及工程的质量控制技术以及材料性能设计技术,形成较系统的材料优化设计、制备工艺和工程应用技术。

该项目成果,在高性能水泥基复合材料性能、结构优化设计技术、制备工艺和工程应用等方面取得突破和创新,解决了传统水泥材料抗弯(折)强度不高、容易开裂、耐久性差等难点,因此在京珠高速公路工程、武汉长江三桥工程、湖北武黄高速公路工程和武汉江汉三桥及引桥工程等重点和特殊工程中获得成功应用。它的研究与成功应用意义重大,可满足和适应日益增长的重点、特殊工程的需要,并通过提升材料的使用效能,减少水泥及相关的材料用量,减少资源、能源消耗,增加工程使用寿命,以达到有效节约资源和环境保护的目的。

2003、2004年

获国家科技进步奖项目(水泥部分)

序号	获奖项目名称	完成单位	获奖种类	等级	年度
1	新型干法水泥生产关键技术与装备开发及工程化应用	天津水泥工业设计研究院	国家科技进步奖	二	2003
4	混凝土耐久性关键技术研究及工程应用	中国建筑材料科学研究院等	国家科技进步奖	二	2004
5	水泥回转窑动态检测和调整技术	武汉理工大学	国家科技发明奖	二	2003

2004年

获国家技术发明二等奖项目(水泥部分)

【混凝土耐久性关键技术研究及工程应用】 (二等奖)

主要完成单位:中国建筑材料科学研究院　中国水利水电科学研究院　武汉理工大学　北京科技大学　中国建筑科学研究院

主 要 完 成 人:姚　燕　胡曙光　田　培　李金玉　刘克忠　刘光华　王武祥　何积铨　丁　威　张利俊

混凝土耐久性是指长期使用过程中或设计预期寿命内,抵御内部病害与外部环境影响或破坏时,表现出的安全性能。近年来,国内外都发现大量建(构)筑工程因混凝土耐久性出现问题,而丧失使用功能的现象。引起了很多国家的政府与有关部门关注,致使混凝土耐久性成为国际材料领域研究热点之一。

本项目针对影响混凝土耐久性和安全性的诸多问题,从新建工程所用混凝土耐久性和原有工程混凝土破损的安全性两方面,对原材料、混凝土的制备、施工、检测、修补和混凝土性能及使用环境相关性等共性关键技术,进行了深入系统的研究开发,形成较完整的混凝土耐久性控制与破损混凝土安全性判断、检测与修补的成套技术。研制的材料与仪器均已商品化,在工程实际应用中取得良好效果。其中在混凝土安全性专家系统、皂甙类引气剂制备技术、裂缝检测仪抗干扰和可靠度控制技术等方面具有创新性。另外率先开发出抗化学侵蚀性能及耐磨性好的高贝利特水泥熟料生产技术。

该项目成果在首都机场、武汉长江三桥、同三高等级公路等近百项工程中应用和实施;建成相关生产线(或基地)11条,开发新仪器1台,有23项新材料、新技术进行了产业化生产和应用,成果转化率达100%,取得直接经济效益数亿元,间接经济效益数百亿元,主要技术指标达到国际先进水平,部分达到国际领先水平。另外,利用该项目成果制定相关标准、规范、方法、技术条件12项,对提高工程质量和安全性有重要的指导作用,社会效益十分显著。

作为重大工程类和社会公益类项目,在取得显著技术经济效益的同时,本项研究唤起了中国政府部门和工程界对混凝土耐久性的高度重视,统一了认识,使混凝土工程从以强度设计为主变为以强度和耐久性设计为主,推进了混凝土耐久性设计规范化的进程,对提高中国建筑工程质量和保证重大工程的安全性发挥了巨大的指导作用,社会效益巨大。

中国建筑材料工业协会·中国硅酸盐学会建筑材料科学技术奖获奖项目(水泥部分)

根据国家《社会力量设立科学技术奖管理办法》,由中国建筑材料工业协会和中国硅酸盐学会共同设立,国家科技部批准的《中国建筑材料工业协会·中国硅酸盐学会建筑材料科学技术奖》,2004年启动,经中国建筑材料工业科技奖励评审委员会和奖励办公室的严格评审与审核,建材科技奖励领导小组批准,本年度共授奖37项,其中:建材科技进步奖31项(一等6项、二等14项、三等11项);建材科技发明奖4项(二等3项、三等1项);建材科技基础研究奖2项(二等2项)。本奖项属社会力量办奖,相当于省、部级奖。以下为有关水泥的15个获奖项目:

科技进步类

序号	项目名称及证书编号	授奖等级	主要完成单位	主要完成人及证书编号
1	新型干法窑预分解系统集成优化与工程应用	一等	中材国际工程股份有限公司	蔡玉良 季尚行 武守富 朱德金 邢 涛 郑启权 潘 洞 赵美江 陆银坤 孙德群 赵小亮 李群峰 宋海武 李建华 丁晓龙
2	工业矿物填料精细化加工设备及工艺优化	二等	清华大学、北京圆海正粉体技术有限公司、辽宁海城福海高档滑石公司	盖国胜 徐盛明 杨玉芬 孙恒虎 王福海 张 军 陈贤树 徐福舟
3	辊压机节能粉磨技术	二等	合肥水泥研究设计院	包 玮 张永龙 王学敏 杜明星 王志凌 胡俊亚 许瑞康 董立珂 王 庆
4	TC 型液压大型充气梁篦式冷却机	二等	天津水泥工业设计研究院	林修文 陈庆十 陶从喜 曹博安 宫子杰 黄云苓 马秀宽
5	TRP140/100 大型辊压机	二等	天津水泥工业设计研究院、天津仕名机械装备有限责任公司	许 芬 张增光 柴星腾 苏占远 王仲春 赵怡德 赵宗川 梁颖涵 曾 荣
6	工业厂房微机辅助结构设计集成系统及在水泥工业上的应用	二等	天津水泥工业设计研究院	刘大跃 罗望新 陈涵萱 陈洪胜 王兆明
7	国家经济信息系统建材子系统研发建设及应用	二等	建筑材料工业信息中心	叶向阳 张广沛 胡友学 王 炎 王 澎 唐鸿钧 郑承耀 宋 玲 蒋卫族 江 源
8	高速线扫描窑胴体温度测量系统	三等	合肥水泥研究设计院	夏如铁 朱旺水 侯贵斌 王建民 李童玉
9	LMC 立窑袋除尘器	三等	合肥水泥研究设计院	胡建鹏 侯大刚 王 琦 梁显文 李 铭
10	新型高效多通道煤粉燃烧器的设计、研制及开发	三等	天津水泥工业设计研究院、天津仕名机械装备有限责任公司	白小燕 陈庆十 胡芝娟 陶从喜 李 勇
11	游离氧化钙自动测定方法研究及产品开发	三等	天津水泥工业设计研究院、天津市必尔得新技术开发有限公司	沈邦文 陈 进
12	先张法预应力混凝土薄壁管桩	三等	宁波浙东水泥制品有限公司	夏策昭 茅华正 邱风雷 吴永兴

基础研究类

序号	项目名称	授奖等级	主要完成单位	主要完成人
1	三峡大坝混凝土耐久性及破坏机理研究	二等	中国建筑材料科学研究院	陈益民 林 震 张洪滔 嵇 琳 姚 燕
2	现代分析方法研究粉煤灰处理过程中的结构变化	二等	南京工业大学	王晓钧 杨南如

技术发明类

序号	项目名称	授奖等级	主要完成单位	主要完成人
1	快速堵漏剂	三等	中国建筑材料科学研究院	王显斌 刘 云 刘克忠 方兴中 万桂琴

【新型干法窑预分解系统集成优化与工程应用】

主要完成单位:中材国际工程股份有限公司

主要完成人:蔡玉良　季尚行　武守富　朱德金　邢　涛　郑启权　潘　洞　赵美江　陆银坤　孙德群　赵小亮　李群峰　宋海武　李建华　丁晓龙

本项目所涉及到的范围属于无机非金属材料工程(080203)、化学工程(081701)和能源利用工程(080501)三个专业之间的交叉性专业学科。

主要内容:利用"三传一反"原理、在现代化学工程技术、非线性规划技术、CFD计算机模拟技术以及工程测试与控制技术的基础上,结合多年工程实践和生产验证,形成一套完整、有效、实用、适合于本专业要求且具有个性化设计特征的过程研发、装备设计和工程应用的优化控制设计技术和方法软件(Optimization & Control of Design Technology,简称OCDT技术)。OCDT技术与实际过程相结合,解决了各种条件下系列化技术装备的适应性、过程放大和优化设计的复杂技术问题,各项技术经济指标达到了国际先进水平。

技术特点:OCDT技术具有学科的交叉性、过程的复杂性、使用的灵活性,应用的有效性和实用性,产品结构的独特性。具体体现在NPC系统单元、有效组件的结构和系统优化组合上,使其构成了各种原燃料条件的低能耗、高效率、防结拱、适应能力强、运行稳定的NPC系统,满足了各类工程应用需求。实践证明,OCDT技术在保证NPC技术质量和快速实现个性化技术装备研发和工程设计方面,起到了重要的作用。

工程应用推广情况:采用OCDT技术研发和各类NPC系统,在工程中得到了广泛应用:如1 000吨/日(22套)、1 500吨/日(4套)、2 000吨/日(13套)、2 500吨/日(22套)、2 750吨/日(1套)、3 200吨/日(2套)、4 000吨/日(4套)、5 000吨/日(33套)、5 500吨/日(1套)、6 000吨/日(1套)10种规模,不少于20种类型的NPC系统应用于工程建设和生产中,其中,包括燃无烟煤、难燃煤、劣质煤技术、各种工业废渣、污泥处理等综合利用技术等。除此之外,目前正在组织进行7 200吨/日~10 000吨/日三种规模的方案设计工作,为未来国产化超大型技术装备的研发和工程应用奠定基础。

【工业矿物填料精细化加工设备及工艺优化】

主要完成单位:清华大学　北京圆海正粉体技术有限公司　辽宁海城福海高档滑石公司

主要完成人:盖国胜　徐盛明　杨玉芬　孙恒虎　王福海　张　军　陈贤树　徐福舟

"工业矿物填料精细化加工设备及工艺优化"属于矿石深加工处理技术范畴,涉及到工业矿物填料的超细粉碎、分级、改性和高纯化等内容。

本项目涉及到的基础研究有:"粉磨过程参数及系统优化"、"强湍流离心分级机内部流场的数值模拟"、"粉磨过程机械力化学改性"、"矿物填料改性及高纯化处理"等。将上述理论与实践相结合,解决了(1)传统粉磨分级设备与工艺;(2)超细粉体表面改性设备与工艺;(3)高温与化学处理组合提纯工艺;(4)超细粉体系统优化等工程问题。

主要创新点:(1)利用系统优化技术改进雷蒙磨和球磨机的结构与参数;(2)借助机械力化学和强力分散,提高工业矿物填料的表面活化度;(3)将高温与化学处理方法相结合提高硅微粉纯度;(4)成功开发了适合国情的工业矿物填料精细化加工设备与工艺优化技术。

该技术已在国内外31家企业得到直接推广(有效益证明的为15家),对传统设备(特别是建材粉磨设备)的更新换代与技术进步起到了积极的作用。国内外有近10家设备制造企业采用了该技术,其中已有200余台新型雷蒙磨设备被生产企业所采用。有效益证明的15家企业已创产值144 833.6万元,产生直接经济效益44 137.47万元。

【辊压机节能粉磨技术】

主要完成单位:合肥水泥研究设计院

主要完成人:包　玮　张永龙　王学敏　杜明星　王志凌　胡俊亚　许瑞康　董立珂　王　庆

本项目的首要目标是节能,采用国际上最新粉碎理论研究成果,采用具有简捷的工艺过程、较高的技术经济指标、清洁的生产环境完成水泥的粉磨过程,使中国的水泥生产技术及装备水平达到或超过国际先进水平。

辊压机虽然在中国水泥行业应用已有10多年的历史,但无论是引进技术生产的,还是原装进口的辊压机均存在严重制约其使用的关键技术问题,其中辊面磨损与修复没有有效的解决方案使维修成本大幅度增加;辊压机的偏辊和偏载使设备的故障率居高不下,国外公司仅仅从设备本身来作纠偏控制,未从根本上解决问题;辊压机水泥粉磨系统产品颗粒过于集中,颗粒的圆形度不够,造成水泥标准稠度需水量大幅增加,严重影响了水泥和混凝土的性能,对此,国外公司并未提出直接有效的办法,提高辊压机生产水泥的颗粒圆形度,颗粒配比人为可调成为亟待解决的关键性技术问题;此外,在工艺系统方面辊压机的加入使原有的粉磨系统变得更加复杂,如何在保证辊压机节能特点得以充分发挥的前提下,优化工艺流程、简化工艺系统提高系统概率也涉及辊压机能否广泛应用的关键问题。本项目就是针对这些关键技术问题进行立项，展开研究与攻关，在解决了这些"瓶颈"问题的同时，建立起了一整套具有自主知识产权的理论体系，为今后粉磨理论的研究与发展奠定了良好的基础。

【TC型液压大型充气梁篦式冷却机】

主要完成单位：天津水泥工业设计研究院

主要完成人：林修文　陈庆十　陶从喜　曹博安　宫子杰　黄云苓　马秀宽

本项目是为5 000吨/日水泥熟料生产线配套开发的主机设备，其主要功能是对热熟料进行冷却、热回收及输送。

工作时冷却风通过组合式充气篦床进入热熟料料层中，以TC型充气篦板及阻力篦板的特殊功能使热熟料与冷却风进行充分的热交换，对热熟料进行高效冷却和热回收，有效降低设备能耗和窑系统的热耗。

该设备为目前最大型的国产第三代篦冷机，它采用有自主知识产权的TC型充气篦床和阻力篦床，并构成独特的复合篦床；它采用自主开发的液压传动装置（包括机械装置、液压系统和电气控制装置）在国内属首创，填补了国产篦冷机液压传动技术的空白。该设备的综合性能经部级行业协会鉴定已达到国外日产5 000～8 000吨级第三代篦冷机的先进水平。

TC－日产5 000吨篦冷机于2001年中开发完成，至今已签有45台（套）的供货合同，其中14台已经投入使用。该机性能可靠，设计符合国情特点，价格仅为国外同类产品的1/3。该技术装备的成功开发和投运对推动中国新型干法生产的技术进步、生产规模大型化、产业及产品结构合理化等方面都有着重要意义。

【TRP140/100大型辊压机】

主要完成单位：天津水泥工业设计研究院　天津仕名机械装备有限责任公司

主要完成人：许　芬　张增光　柴星腾　苏占远　王仲春　赵怡德　赵宗川　梁颖涵　曾　荣

辊压机是八十年代中期问世的新型节能粉磨设备，可大幅度降低粉磨电耗，提高粉磨系统的产量。国际上辊压机技术处于领先地位的是德国的洪堡公司和伯力鸠斯，产品销售量位居世界前列。

TRP140/100大型辊压机是天津水泥工业设计研究院在大量的理论研究和试验研究、并总结前两代辊压机技术的基础上开发的第三代技术装置，主要用于水泥粉磨和原料粉磨。该机采用了"辊压机浮动压辊轴承座的摆动机构"和"辊压机折页式复合结构的夹板"专利技术，可以保证活动辊在发生较大偏斜的情况下也能安全可靠运转。主轴承采用4列柱型滚子轴承，提高了其承载能力，并使轴承寿命延长，还可采用国产润滑剂，降低了使用成本。设计了自动校偏及调整喂料装置，不必进行液压系统的调整即可平稳地调整辊压机的运行状况，保证辊压机在相对恒定的压力下运行；采用了逻辑插装式液压系统，改善了系统的弹簧刚度，提高了其可靠性；减速机采用扭力支撑结构，提高了设备的稳定性；同时对辊面、机架、传动装置和控制系统等方面进行了优化设计。

其主要技术参数如下：

设备规格：	直径1 400×1 000毫米
装机功率：	2×560千瓦
通过量：	－450吨/时
辊子线速度：	1.3米/秒

该机于2001年开始用于唐山冀东水泥有限公司第一条4 000吨/日熟料的水泥生产线的2号水泥粉磨系统中，设备运行稳定，增产节能效果显著：系统提产50%，节能10%～15%。2003年该机又在北京太行前景水泥有限公司3 000吨/日生产线中的水泥粉磨系统中投入运行，运行状况良好。

【工业厂房微机辅助结构设计集成系统及在水泥工业上的应用】

主要完成单位：天津水泥工业设计研究院

主要完成人：刘大跃　罗望新　陈涵萱　陈洪胜　王兆明

在建筑工程施工图设计阶段中，结构专业一直是工作量最大、工期最紧的专业，不仅工程计算量大，而且图纸也最多，所以结构专业的计算机辅助设计对于加快施工图设计、保证施工图质量具有十分重要的意义。天津水泥工业设计研究院于80年代开始开发微机辅助结构设计集成系统（简称MASD），全体设计人员使用MASD做设计已有十多年的历史了，经历了MASD 2.x（74规范）、MASD 3.x（89规范）和MASD 4.x（02规范）取得了巨大的效益，尤其是最近三、四年天津水泥工业设计研究院设计任务非常饱满，土建专业的设计工作压力非常大，MASD为土建室保质、保量完成任务发挥了巨大的作用。十多年中，MASD未发生过任何质量事故，所以说MASD是安全、稳定、成熟、可靠的。

MASD目前主要的先进技术特性有两个：①基于网络数据库的数据管理模式，即将MASD设计过的工程中的所有数据全部保存在网络数据库中，当做下一个类似的工程时，如果工艺流程、设备选型不变时，就可以直接套用前一个工程的数据，只修改设防烈度和地基承载力，重新计算一下就可以出图了，加快了设计进度也避免了输入数据时的人为错误，另外其他专业随时可以查看数据。这样，相关专业每次查看数据都是最新的、最大程度地减少工程中的错、漏、碰、缺。②基于 Autodesk Architectural Desktop(简称 ADT)进行开发的,而大多数类似软件是基于 Autodesk AutoCAD 进行开发的,AutoCAD 仅仅是一个绘图软件,Architectural Desktop 是一个建筑工程设计软件,功能非常强大,很多构件已被定义,所以基于 Architectural Desktop 进行开发是一项先进的技术。以上技术特性是其他同类型软件所不具备的。

【国家经济信息系统建材子系统研发建设及应用】

主要完成单位:建筑材料工业信息中心

主要完成人:叶向阳　张广沛　胡友学　王　炎　王　澎　唐鸿钧　郑承耀　宋　玲　蒋卫族　江　源

"国家经济信息系统建材子系统研发建设"(以下简称"建材子系统")是国家经济信息系统的子系统,并利用第三期日元贷款及配套非经营资金研发建设的国家级项目。

该项目自 1991 年 12 月由国家计委和国家建筑材料工业局批准正式立项并开始建设,至 2000 年 10 月项目通过国家建筑材料工业局组织的竣工验收,历时 9 年。国家经济信息系统于 2001 年 2 月通过了由国家计委组织的验收。同年,"建材子系统"在国家经济信息系统项目建设总结表彰大会上获项目组织单位颁发的项目建设一等奖。随着应用不断增加,计算机及网络设备发展较快的状况,自 2002 年起,陆续对系统重要设备和软件进行更新改造。

该"建材子系统"项目,根据国家经济信息系统建设的总体设计和建设目标,结合建材工业的特点,不仅很好地实现了项目原设计确定的建设目标,而且还及时适应情况的变化,充分利用项目设备和先进的计算机及网络通讯技术,大胆研发创新,有效地改进和增加了系统功能,其网络平台由原定的 C/S 结构单个局域网改建成具有 C/S 和 B/S 结构的 Internet/Intranet 架构网络平台,并与部委内部信息交换网和因特网联通,在该平台上设置了 WWW、EMAIL、DNS、虚拟主机等多种专用服务器,以及网络安全及防病毒系统。在应用系统建设方面除建成了原定的宏观经济预测、企业和产品信息、价格和市场信息、经济法规等应用系统外,还独立自主地研发建设了"中国建材信息总网"、"中国建材电子商务总网"、"建材重点企业统计数据网上直报及分析系统""中国玻璃钢信息网"、"中国涂料信息网"、"信息中心办公信息查询系统"和"国家建材局收文管理系统"等 7 个新的应用系统,以及《中国水泥工业数据库》、《建材统计月报信息库》等近 50 个专业数据库。从而,使整个"建材子系统"在网络性能和信息及信息技术服务等方面,均处于中国建材行业的领先水平。

"建材子系统"起点高、技术含量大,具有前瞻性,为建材行业有效利用现代电子信息技术和各种信息资源带动行业发展奠定了良好基础。系统建成运行以来,已为各级政府有关部门、建材行业及全社会,提供了良好的 ICP、ISP 和 ASP 等信息及信息技术服务,不仅对加快中国建材行业信息化建设起到了良好的示范及带动作用,而且在提供信息及信息技术服务的同时也获得了良好的社会及经济效益。

【高速线扫描窑胴体温度测量系统】

主要完成单位:合肥水泥研究设计院

主要完成人:夏如铁　朱旺水　侯贵斌　王建民　李童玉

该系统主要是解决大中型干法水泥厂回转窑的表面温度的检测和分析。系统主要包括红外线扫描仪、窑同步触发装置、窑位置检测传感器、窑位置编码器、数据采集报警装置、计算机、显示器、打印机等设备。

在水泥工业中,水泥熟料的煅烧是整个生产过程中最重要的工艺环节,回转窑是该环节的核心,它的运转情况、回转窑产出熟料的产量、质量、原燃料的消耗和成本。回转窑内温度过高、热震荡过大,会损坏回转窑的窑衬,严重时将殃及窑胴体。在回转窑运行期间及时了解窑内状况,适时采取相应措施,防止窑衬及窑胴体损坏,才有可能实现窑经济运行的目标。实际生产过程中,越冬监测回转窑内部煅烧情况是困难的;窑胴体表面周围是一个灼热的温度场,它是在窑内外多种因素作用下形成的,自然也包含了不少来自窑内的信息,这些信息在很大程度上客观地反映了胴体的情况。

本测量系统在计算机的控制下,依据窑位置编码器的信号,将采集来的数据经进一步的处理,生产不同的图像,通过对这些画面、图像的变化趋势的综合判断,操作人员可以获知窑皮均匀与否、结圈情况、窑皮或窑衬脱落位置等诸多重要信息,帮助他们有效地改善窑的操作,提高回转窑运行的经济性。

经在广州珠江水泥厂、山东鲁南水泥厂等国内几十家水泥企业应用:系统工作稳定,运行可靠,自动化程度高,整机结构设计合理,对稳定窑的操作和熟料的产、质量具有重要作用,经济和社会效益十分显著。

【LMC 立窑袋除尘器】

主要完成单位:合肥水泥研究设计院

主要完成人:胡建鹏　侯大刚　王　琦　梁显文　李　铭

采用 T 型喷吹管低压脉冲喷吹清灰技术和适用于高温的先进合成纤维针刺滤材,以及合理的钢结构设计,优化了立窑袋式除尘器的性能和在立窑上使用的适应性。收尘效果优于现有同类设备,已在100多台立窑上采用,为解决立窑污染环境的问题,提供了设备条件。

【新型高效多通道煤粉燃烧器的设计、研制及开发】

主要完成单位:天津水泥工业设计研究院　天津仕名机械装备有限责任公司

主要完成人:白小燕　陈庆十　胡芝娟　陶从喜　李　勇

新型高效多通道煤粉燃烧器是为水泥生产线配套而开发的主要设备,主要用于回转窑及分解炉内的煤粉燃烧。它的重要性主要体现在以下几个方面:① 煤粉燃烧器性能的优劣对烧成系统的热工制度产生重要的影响。水泥熟料的整个煅烧过程是一个热工过程,而水泥熟料的产量和质量取决于热工制度的合理性与先进性。② 煤粉燃烧器性能的优劣对水泥厂的节能生产产生重要的影响。燃烧器是否节能主要体现在两个方面,一是降低用煤量;另一个是尽量减少风机用风量。③ 好的煤粉燃烧器可以为国家合理使用现有煤炭资源,能适用于各种不同煤质的燃煤,包括劣质煤、低挥发份煤、无烟煤以及代用燃料。④ 性能优良的煤粉燃烧器可以降低有害物质NOx产生和排放,减少环境污染。

新型高效多通道煤粉燃烧器喷嘴采用耐高温、抗高温氧化的特殊耐热钢铸件精加工制成,为可拆分结构;易磨损部位采用了抗磨损的渗碳化钨技术处理,也为完全可拆分结构;头部采用独特的稳燃保焰结构。具有如下特点:①火焰形状规整适宜,窑内温度分布合理;②热力集中稳定,一次风用量低;③火焰调节灵活,可调范围大;④部件更换方便;⑤对煤质适应性强,可烧烟煤、劣质煤、低挥发分煤和无烟煤;⑥NO_X的生成量低;⑦适用范围广,可用于各种窑型的回转窑;⑧使用寿命长。

新型高效多通道煤粉燃烧器开发至今仅5年,已在80余条水泥熟料生产线上得到应用,其中5 000吨/日水泥熟料生产线25条,运行情况良好。其性能可靠,设计符合国情特点,价格远远低于国外同类产品的价格,可以取代进口,节省外汇;可以降低一次风用量,降低系统热耗,降低用煤量;煤质适应性强,可使用劣质煤、低挥发份煤、无烟煤以及代用燃料;减少了环境污染;使用寿命长;回转窑耐火砖使用周期长;窑的产量和运转率提高。

【游离氧化钙自动测定方法研究及产品开发】

主要完成单位:天津水泥工业设计研究院　天津市必尔得新技术开发有限公司

主要完成人:沈邦文　陈　进

游离氧化钙自动测定仪是采用微机控制的智能化仪器。主要部分包括程序控制器、水浴池、电导电极、加热器及搅拌器等组成。该仪器具有精度好、准确度高、分析快速、易操作等特点,适用于水泥厂快速测定水泥熟料中游离氧化钙含量,既而达到有效地、快速、准确地控制水泥熟料质量之目的,更简便、省时省力。

该产品操作简便易行,快速准确,解决了生产控制中的信息反馈滞后、质量监控不及时的问题,提高了工厂质量管理整体水平。

当前,水泥行业大力发展大型化、现代化的生产模式,进入了一个快速发展的高潮。那么,实现生产质量控制的自动化是必然趋势,市场的发展空间很大。而该仪器自动化程度高,用户反馈的信息说明该产品完全能符合生产控制的要求,市场前景很好。

【先张法预应力混凝土薄壁管桩】

主要完成单位:宁波浙东水泥制品有限公司

主要完成人:夏策昭　茅华正　邱风雷　吴永兴

先张法预应力混凝土薄壁管桩(PTC桩)主要用于沿海软土层较厚的地质条件的基础工程。其技术特点为,壁薄(壁厚较PHC桩薄10毫米)、配筋率小(0.45%～0.55%)、保护层一般为20毫米、端头为板接头以提高耐打性能。

先张法预应力砼管桩是一种强度可靠,造价较低,性价比合理的新型桩材。与厚壁桩相比,可节约水泥40%以上,钢材20%以上,有较强的竞争力。现已在沿海地区得到较为广泛的推广,已制定"先张法预应力混凝土薄壁管桩"(JG888/2001)行业标准。

管桩是工厂化、生产化预制桩材,具有强度高、抗弯性能好,耐久性好,施工速度快,施工现场文明,净洁,质量稳定可靠,经济合理等优越性。

先张法预应力砼管桩大量应用于工业与民用建筑、市政、冶金、港口、公路等基础建设领域,在长江三角洲和珠江三角洲地区,由于地质条件适合管桩的使用特点,管桩的需求量猛增,从而迅速形成了一个新兴的行业。

【快速堵漏剂】

主要完成单位:中国建筑材料科学研究院

主要完成人:王显斌　刘　云　刘克忠　方兴中　万桂琴

快速堵漏剂(简称FLSA)是在深入研究快凝快硬特种水泥的基础上发展起来的一种特种工程材料,主要成分是氟铝酸钙($C_{11}A_7CaF_2$)、硫铝酸钙(C_4A_3S)、铝酸钙(C_A)和硅酸二钙(C_2S),其创新点在于以特种水泥作基材,配以促凝、促硬、增强和微膨胀等组分而制成,属国内外首创。2002年获发明专利授权。该发明的产品具有快速堵漏和防水的双重性能,性能优于国外同类产品。在国内开发应用已近十年,建立了北京、浙江、辽宁、四川等生产基地,并在全国多个工程中应用。该发明的成功应用,推动了特种水泥技术进步,使其应用更宽广,满足了中国堵漏防水行业的需求。

【三峡大坝混凝土耐久性及破坏机理研究】

主要完成单位:中国建筑材料科学研究院

主 要 完 成 人:陈益民 林 震 张洪滔 嵇 琳 姚 燕

该研究是针对三峡工程进行的。采用混凝土微观、亚微观结构与宏观性能相结合的方法,对三峡大坝混凝土进行了阐明机理的基础性研究。提出的三峡大坝混凝土设计应以耐久性为主导的指导性意见,全部被三峡工程接受。主要是:强度设计以90天为准;在强度达到要求的情况下,以抗冻和抗渗指标为设计依据;规定了水泥、粉煤灰、骨料、外加剂品种和质量要求;必须使用加气剂;注意大坝混凝土贫钙化的危险,确定了粉煤灰的限量。减少大坝混凝土中水泥用量超过10%,大坝降温、控温费这两项就至少为三峡工程节支2亿元,同时还提高了工程的耐久性。经济社会效益明显。理论研究成果达到国际先进水平。其研究成果,从以强度为主转向以耐久性为主的设计新观念,不仅对三峡大坝同时对其他水工混凝土和大体积混凝土有一定的指导意义。发表论文20余篇。

【现代分析方法研究粉煤灰处理过程中的结构变化】

主要完成单位:南京工业大学

主 要 完 成 人:王晓钧 杨南如

采用气相色谱与傅立叶红外联合技术,在国内首次阐述了硅氧四面体在三甲基硅烷化过程中的结合机理,并提出分子结构模型。采用二维多量子魔角旋转核磁共振(2D 3QMAS NMR),在国内首次发现两种六配位铝氧四面体及少量不稳定四配位铝氧多面体。给出了目前国内发表的最清晰的NMR谱。发现粉煤灰树脂复合材料中,树脂的有侧基化或聚合度下降的现象。该研究阐明了粉煤灰结构特点及其加工和复合的机理,对充分、有效利用粉煤灰具有指导意义。发表论文30余篇,并被同行引用,在国内推动了核磁对无机非金属材料的科研。

2005年

中国建筑材料工业协会·中国硅酸盐学会建筑材料科学技术奖获奖项目(水泥部分)

根据《中国建筑材料工业协会·中国硅酸盐学会建筑材料科学技术奖管理办法》的规定,体现建筑材料科学技术奖评审工作公开、公平、公正的原则,加强社会的监督,现将经评审委员会评审、领导小组批准的2005年度中国建筑材料工业协会·中国硅酸盐学会建筑材料科学技术奖获奖项目名单进行公示。

本次共评出建筑材料科学技术奖技术发明类二等奖1项、三等奖1项,基础研究类二等奖1项;科技进步类一等奖3项、二等奖13项、三等奖11项。有关水泥的共14项,简介如下:

科技进步类

序号	项目名称	授奖等级	主要完成单位	主要完成人
2	10000t/d水泥熟料生产线破碎装备的研制及应用	一等	中天仕名科技集团有限公司	边汉民、彭海兰、潘新庆、何承发、王自清、李 青、柯秋璧、薛瑞斌、张长乐、杨培林

序号	项目名称	授奖等级	主要完成单位	主要完成人
3	N-TGD大高度钢丝胶带高效提升机开发与应用	一等	合肥水泥研究设计院	周　啸、陈苏琦、贾桂森、丁长征、高锦芳、李新跃、张久江
12	水泥窑尾新型行喷脉冲袋收尘器的开发与应用	二等	中天仕名科技集团有限公司	王作杰、李志军、李继海、李　勇、季永利、戴　淩、王国有、李明飞、喻宏祥、杨晓莉
14	G-17K水泥窑窑口用抗剥落浇注料	二等	北京天坛股份有限公司通达耐火技术分公司	冯运生、谢杰华、范　泳、田江涛、臧凌云
16	JS160中心传动磨机减速机	二等	重庆齿轮箱有限责任公司	颜克君、严建樵、刘　阳、赵俊渝、杨才兴、冉贞德、邱康明、王　平、陈光清、陈增金
18	高磨蚀性和粘湿性混合料的破碎工艺研究与设备开发	三等	中天仕名科技集团有限公司	廖正光、彭海兰、潘新庆、王自清、祁俊尧
19	高温高效脉喷型袋收尘器的研制	三等	合肥水泥研究设计院	徐平安、陈章水、曹　伟、田立忠、李　青
20	SCD800、SCD1000型水泥熟料槽式输送机	三等	中国建材工业建设总公司上饶机械厂	刘志福、梁云玲、彭明德、王爱民、夏际泉
22	干法脱硫除尘一体化技术与装备的研究	三等	合肥水泥研究设计院、北京工业大学	吴善淦、沈玉祥、吴　刚、穆璐莹、刘燕琴
23	承重加气混凝土开发与应用	三等	南通市支云硅酸盐制品有限公司	袁　峰、曹　健、殷亚平、纪巧英
24	抗氯盐硅酸盐水泥	三等	上海建筑材料集团水泥有限公司、上海第三航务工程局科学研究所	戴民华、王成启、胡力平、项朝璧、周国然
25	复合掺合料配制高性能混凝土的研究与应用	三等	北京东方建宇混凝土科学技术研究院、北京上地兴达混凝土有限责任公司、北京新奥混凝土有限公司	王安岭、段遵莉、路来军、尚百雨、杨玉根

技术发明类

序号	项目名称	授奖等级	主要完成单位	主要完成人
1	高性能低热硅酸盐水泥(高贝利特水泥)的制备技术及应用	二等	中国建筑材料科学研究院	隋同波、文寨军、刘克忠、王　晶、郭随华、刘　云
2	水泥混凝土装饰外墙板的制造技术	三等	北京宝贵石艺科技有限公司	张宝贵

【高性能低热硅酸盐水泥(高贝利特水泥)的制备技术及应用】

主要完成单位:中国建筑材料科学研究院

主要完成人:隋同波　文寨军　刘克忠　王　晶　郭随华　刘　云

该项目属于无机非金属材料领域。

该项目主要内容包括:⑴以硅酸二钙($C_2S \geq 50\%$)为主导矿物的高性能低热硅酸盐水泥的组成设计、材料制备与高性能化;⑵以高性能低热硅酸盐水泥为基础的高性能混凝土和高抗冻高抗裂新型大坝混凝土制备技术。

该项目采用异离子固熔、矿物组成优化设计、热历程调控工艺,实现了高贝利特水泥熟料的活化与稳定生产,解决了 C_2S 矿物的活化和高活性晶型常温稳定的国际难题。在国内外首次实现了用不同类型水泥回转窑直接制备 $C_2S \geq 50\%$、28 天强度 ≥50 兆帕、90 天以后同龄期强度高于硅酸盐水泥 10MPa 以上的高贝利特水泥。

该项目研制的以硅酸二钙($C_2S \geq 50\%$)为主导矿物的高贝利特水泥在制备工艺上具有低能源消耗、低环境负荷、低生产成本等特点,并能充分利用低品位石灰石,在性能上很好地满足了高性能混凝土的技术要求。研究成果在三峡三期围堰及导流底孔工程、首都国际机场、北京五环路等国家重点工程中应用,受到了用户好评。

该项目利用研究成果制定国家标准(低热硅酸盐水泥)1 项,获得国家发明专利 3 项,建成示范生产线 2 条,已完成成果转化 5 项。高性能低热硅酸盐水泥的研制成功,填补国内空白,经济与社会效益显著。项目成果形成了具有我国自主知识产权的高性能低热硅酸盐水泥(高贝利特水泥)制备和应用技术创新体系,为解决大体积混凝土由于温度应力而导致的开裂问题提供了新的技术途径,具有较高的理论价值,应用前景广阔,达到国际领先水平。

【10 000 吨/日水泥熟料生产线破碎装备的研制及应用】

完 成 单 位:中天仕名科技集团有限公司

主 要 完 成 人:边汉民　彭海兰　潘新庆　何承发　王自清　李　青　柯秋璧　薛瑞斌　张长乐　杨培林

项目所开发的破碎设备主要用于 10 000 吨/日水泥熟料新型干法生产线中主要原料的破碎。针对石灰石质和粘土类物料的不同物性,分别研制了双转子锤式破碎机和双齿辊式破碎机。

该项目通过整体铸造顺向篦条的排料篦板、镂空结构的承击砧和带缓冲装置的篦子调节机构等独创的结构设计保证了破碎机运转的可靠性和安全性,并有效地解决了在大型化过程中制造时遇到的主要难题。特别设计的排料篦子使本项目所开发的双转子锤式破碎机对含粘湿质成分的物料有很强的适应性,且篦板的使用寿命长。目前,采用该研究成果的池州海螺、枞阳海螺、铜陵海螺的石灰石矿山,对含有 20% 粘土的矿石,破碎机仍可正常运行。

该项目所开发的大型双转子单段锤式破碎机工作可靠,运转率高。样机经过在池州海螺两年多的实际运行检验,完全可以满足 10 000 吨/日水泥熟料生产线配套使用的需要。其主要技术性能,如对粘湿物料的适应性、可靠性、安全性、篦子使用寿命和电耗指标等,已达到当今国际先进水平。

该项目所开发的大型齿辊式破碎机,针对粘土破碎过程中堵塞和粘结的问题,设计的梳状、可调节的剔泥装置和柔性疏水树脂帘、带蓄能器的液压缸等装置,效果明显,结构合理,维护简便,过载保护灵敏可靠。经过对池州海螺工程实际使用效果测试:破碎机全年的平均产量为 343 吨/时;产品粒度 <70 毫米占 94% 以上;破碎机主机电耗为 0.45 千瓦时/吨;辊皮经一年多的运转尚未更换,

全面达到设计目标。该粘土破碎机工作可靠,运转率高,可以满足10 000吨/日水泥熟料生产线配套使用的需要。为目前国内最大生产能力的粘土类破碎机。

N-TGD钢丝胶带提升机机尾

由于其结构合理,性能可靠,而价格仅为进口产品的1/3~1/2,完全可以代替进口产品并可节约大量外汇。

该项目自投产以来,引起了广大用户的关注和兴趣,尤其是4 000吨/日以上规模的用户已有多家采用,共计销售了20余台(套),并有5台(套)已出口到越南和巴基斯坦。创造了良好的社会效益和经济效益。

【N-TGD大高度钢丝胶带高效提升机开发与应用】

主要完成单位:合肥水泥研究设计院

主要完成人:周 啸 陈苏琦 贾桂森 丁长征 高锦芳 李新跃 张久江

该项目为水泥生产的关键设备,主要用于对水泥生料等干燥粉粒状物料进行垂直输送。

在我国水泥工业新型干法生产线中,窑尾用钢丝胶带提升机属关键设备之一,过去一直依赖进口,研制具有自主知识产权的国产窑尾用钢丝胶带提升机,打破国外产品垄断我国市场的局面,是我国水泥生产企业的强烈愿望。

所研制的5 000吨/日窑尾用钢丝胶带提升机,传动部分采用悬挂式双驱动,机头布置紧凑,纵向载荷均衡;采用液力耦合器联接,实现了柔性传动;专用钢丝胶带具有高强度、防撕裂、耐高温特点;胶带接头技术和带夹材质,解决了接头处开裂、断带、落架等问题;料斗固定技术消除了料斗固定处胶带易疲劳损害、伤害滚筒等隐患;其纠偏系统效果良好。整机配置合理,传动配合优良,机电一体化程度高,可保证提升机长期稳定、可靠地运行。

经在众多水泥生产企业的实际应用证明,合肥水泥研究设计院研制的N-TGD系列窑尾用钢丝胶带提升机,提升高度超过100米,单机输送生料量达450吨/时,运行稳定可靠,可满足5 000吨/日新型干法生产线的配套。

该项成果已成为新建或改造水泥生产线的首选方案。推广应用前景十分广阔。已累计售出各种规格的提升机602台套,国内各大设计院纷纷选用。其中,用于窑尾和入库的大型提升机约314台套(2 500吨/日约228台套,5 000吨/日约86台套)。各项技术经济指标均达到国际先进水平,随主机设备运转率达100%,已投运3年的设备停机检测后,胶带未见明显磨损和老化、头轮覆胶未见明显磨损和老化、料斗连接螺栓和料斗三年未做更换。取得了非常好的经济和社会效益,已累计创产值约27 152万元,新增利税3 394万元,已走上科工贸一体化发展道路。为国家节约外汇约5 278万美元,替代气力输送装置和板链输送机年节电27 554万千瓦时,节煤20.43万吨。并已出口阿曼、越南、多米尼加、巴基斯坦等国,创汇近256万美元。

头部总成(双驱动型)

【水泥窑尾新型行喷脉冲袋收尘器的开发与应用】

主要完成单位:中天仁名科技集团有限公司

主要完成人:王作杰 李志军 李继海 李 勇 季永利 戴 浚 王国有 李明飞 喻宏祥 杨晓莉

该项目属环境保护科学技术及机械工程技术领域。

主要内容是开发了新型行喷高温袋收尘器应用于水泥窑尾及生料磨系统,并可应用水泥窑头、水泥磨及冶金电力等其它行业的废气处理。

该项目开发了集束喷嘴、单段高密长袋笼、花板与喷吹孔整体加工成型自主技术，开发了自助冷却行喷吹清灰系统专利技术并综合应用多分割净气室、免文氏管喷吹等技术。研制的除尘器具有过滤风速高、收尘效率高、运行阻力小、占地面积小、钢耗比小的特点。

研制的收尘器在国内首次用于大型干法生产线的窑磨一体化系统，采用喷雾降温。袋收尘器运行阻力低于1 000帕，粉尘排放浓度低于11.8毫克/标立方米。

该项目设备主要性能达到了同类除尘技术国际先进水平。

目前，此系列袋收尘器除首台成功应用于哈尔滨水泥厂2 500吨/日生产线外，已推广应用到国内外1 000吨/日~5 000吨/日多条生产线。如华新阳新水泥磨、华新西藏窑尾、华新恩施窑尾、华新襄樊窑尾、河南省的新乡、确山、鹤壁、黄河水泥厂、琉璃河水泥厂、华新金猫水泥厂窑尾、巴基斯坦水泥磨等十几台套。

【G-17K水泥窑窑口用抗剥落浇注料】

主要完成单位：北京天坛股份有限公司通达耐火技术分公司

主要完成人：冯运生　谢杰华　范泳　田江涛　臧凌云

G-17K水泥窑窑口用抗剥落浇注料是一种主要应用于2 500吨/日以上的大型水泥干法窑前窑口部位的高性能不定形耐火材料。

该产品的开发是在充分研究水泥窑前窑口部位耐火浇注料的损毁机理的基础上，针对目前国内使用的耐火浇注料存在着抗碱性差、易剥落等问题，主要采用高纯刚玉和莫来石为骨料，通过加入非氧化物碳化硅超微粉、优化基质组成、掺入烧结莫来石、引入高温膨胀剂等手段，综合提高产品的抗碱性能和抗剥落性能等综合性能。

G-17K水泥窑窑口用抗剥落浇注料其1350℃抗碱等级在二级水平以上(可见裂纹小于1毫米)，1100℃水冷次数在40次以上。产品具有优异的热稳定性、抗碱侵蚀性、高温抗折强度等综合性能。

该产品通过在国内多条2 500吨/日、3 000吨/日、5 000吨/日大型水泥窑上使用，使用周期均在八个月以上，取得了较好的使用效果。目前，该产品已经批量生产，其产品质量稳定，使用效果良好，取得了显著的经济效益。

【JS160中心传动磨机减速机】

主要完成单位：重庆齿轮箱有限责任公司

主要完成人：颜克君　严建樵　刘阳　赵俊渝　杨才兴　冉贞德　邱康明　王平　陈光清　陈增金

该设备创造性地综合利用了扭力轴、齿型联轴器、偏心可调滑动轴承等多项技术，解决了功率分流的均载；全部齿轮采用了渗碳淬火硬齿面，齿廓修缘和齿向修正等技术。结构设计合理，材质选择适当，工艺先进，加工精细，可靠性高，适用于中心传动磨机减速机的需要。

该设备经海门海螺水泥有限公司5 000小时带负荷运行，齿面光亮，齿面接触面积长度方向为95%，高度方向为90%，运行平稳，噪声低。各项性能指标达到设计要求。

该产品生产过程具有完整的质量保证体系，对原材料、铸件、锻件、外购件、标准件的质量控制有效，确保了产品质量。

JS160中心传动磨机减速机是国内首创，填补了国内空白。具有体积小、重量轻、传扭能力大的特点，达到国际同类减速机的先进水平，可替代进口产品。具有较好的经济效益和社会效益。

【高磨蚀性和粘湿性混合料的破碎工艺研究与设备的开发】

主要完成单位：中天仕名科技集团有限公司

主要完成人：廖正光　彭海兰　潘新庆　王自清　祁俊尧

随着水泥新标准的实施和新型干法生产工艺的推广，以砂岩、粉砂岩、泥质粉砂岩乃至掺杂其中的页岩作为硅铝质原料代替粘土配料已成为水泥工业的必然趋势，但这种原料往往同时具有高磨蚀性和粘湿性特性。为了解决这一世界性的难题，在水泥工业生产中更广泛地利用低品位原料，该项目开发了兼有给料功能和预筛分功能、适用于粘湿料的给料筛分机和具有抗磨型的单段反击式破碎机的破碎系统。

该项目采用的波动式给料筛分机加反击式破碎机处理高磨蚀性和粘湿性混合物料的生产工艺，具有创新性。由给料段和筛分段组成的波动式给料筛分机有足够高的筛分效率，最大限度地减少粘土质物料进入破碎机，避免了破碎机的堵塞，保证了破碎系统的高效率和低故障率。被筛除了绝大部分粘土的硬质物料喂入专门开发的抗磨型单段反击式破碎机，简化了工艺流程。

该项目研制的破碎系统2000年10月在巢湖东亚水泥厂投入使用，进料粒度≤700毫米，出料粒度≤70毫米，系统产量达250吨/时，经济有效地解决了处理此类物料经常遇到的堵塞和磨损等普遍性难题。其处理工艺达到国际先进水平。

在短短的4年内，抗磨型单段反击式破碎机已制造了35台，其中带预筛分给料机的系统有28套。并有3台套出口到阿曼和巴基斯坦。创造了良好的社会效益和可观的经济效益。

【高温高效脉喷型袋收尘器的研制】

主要完成单位:合肥水泥研究设计院

主要完成人:徐平安 陈章水 曹伟 田立忠 李青

高温高效脉喷型袋收尘器是针对处理水泥厂及其他工业窑炉高温含尘废气而研制的,属于环境保护技术领域。

所研制的GMC高温高效脉喷型袋收尘器,可实现在线清灰和离线清灰,专用均风预收尘装置有良好的均风效果,并采用国产覆膜玻纤滤袋成功用于高压脉喷收尘器,采用的技术路线和方案新颖先进,整机设计合理。

该项技术已应用于国内外数十家水泥企业,用户反映良好。经乌鲁木齐市环境监测中心检测,在过滤风速为0.8米/分的状况下,排放浓度25.8毫克/标立方米,优于国家排放标准;设备阻力小,重量轻,占地面积小,能长期在260℃温度下运行,滤袋使用寿命超过30个月,性价比高,经济社会效益明显。

该袋式收尘器采用国产覆膜玻纤滤料、压缩空气逐排脉喷清灰方式,在国内首先应用于水泥回转窑

窑尾烟气除尘,其技术经济指标达到国际同类产品的先进水平,具备大规模推广应用的条件。

目前,该系列设备已推广50多台(套),应用于1 000~6 000吨/日水泥生产线的高温废气处理,为设备生产企业——合肥水泥研究设计院星合华公司增加产值约1.05亿元,新增利税约2 270万元,为使用该技术的水泥企业带来9 100多万元的经济效益,现已进入大批量推广阶段,用户遍布全国各地,并出口越南。

【SCD800、1000型水泥熟料槽式输送机】

主要完成单位:中国建筑材料工业建设总公司上饶机械厂

主要完成人:刘志福 梁云玲 彭明德 王爱民 夏际泉

熟料输送机是水泥厂重要设备之一。

该项目所研制的水泥熟料槽式输送机在结构上将运行部分和牵引部分分开,受力合理;采用短节距模锻链条和多齿数传动链轮,运行平稳可靠;分块齿圈与轮毂用锥套联接,既解决了齿块的准确定位,又便于更换;冲压成形的槽板保证了料槽的刚度和密封。生产运行表明,整机结构合理,耐磨性好,电耗低,整机性能稳定可靠,24小时连续运转率完全满足5 000吨/日水泥熟料生产线的运行要求。

自2004年元月第1台交付冀东滦县水泥厂使用后,已和用户签约39台,32台已交付用户,其中出口多米尼加3台,巴基斯坦1台。

【干法脱硫除尘一体化技术与装备的研究】

完成单位:合肥水泥研究设计院 北京工业大学

主要完成人:吴善淦 沈玉祥 吴刚 穆璐莹 刘燕琴

该项目的主要技术是通过向含有粉尘和二氧化硫的烟气中喷射熟石灰干粉和反应助剂来实现脱硫的。

该项目所选定的气体反应助剂及方法,科学合理,有助于吸附有害气体;所研制的脱硫专用反应器,结构合理,具备防腐和耐高温的功能;所设计的专用袋式除尘器,能有效形成吸附层,适用于处理有害气体。整个系统克服处理系统结垢、堵塞等影响运行的问题。该项目主要是针对电力、钢铁和垃圾焚烧行业中烟气二氧化硫和有害气体含量较高、危害较大的问题而进行研究的,包括脱有害气体技术和专用的袋式除尘器技术,用于解决垃圾焚烧炉尾气、燃煤锅炉及其他含硫、含尘气体的净化,既可解决烟气的粉尘污染,又解决垃圾焚烧炉尾气中的有害气体的污染问题,同时又解决垃圾焚烧炉废渣的综合利用问题;为国内的垃圾焚烧炉尾气及废渣提供具有国际先进水平的处理处置设备。

该技术产品在贵州盘县发电厂、江西九江发电厂、绍兴市城东热电厂运行中,烟气排放均大大低于国家标准。

随着环保法规的严格和完善,烟气净化的概念将不只局限于除尘的范畴,已经扩展到二氧化硫(SO_2)、氮氧化物NO_X、二噁英(DIOXIN)等有害物质的控制和去除。粉尘排放浓度的标准也将越来越严格,除尘脱硫一体化袋式除尘器正是为满足这些要求而创新和发展的技术与装备。

【抗氯盐硅酸盐水泥】

主要完成单位:上海建筑材料集团水泥有限公司
上海第三航务工程局科学研究所

主要完成人:戴民华 王成启 胡力平 项朝璧 周国然

该项目属于无机非金属材料领域特种水泥新技术。

采用特殊配方经过高温煅烧制成的抗氯盐硅酸盐水泥熟料,通过对熟料C_3A技术指标的控制以及混合材的品种和掺合比的控制,使生产的水泥水化热和混凝土电通量明显低于普通水泥。所配制的混凝土坍落度损失小,粘聚性好,无离析、泌水现象,可泵送以及混凝土电通量小于1 000库仑的

要求，且与减水剂的相容性好。

抗氯盐硅酸盐水泥开发成功后，已应用于洋山深水港工程中，共供应 17 500 吨，配制现浇混凝土以及混凝土预制构件中，以解决重点工程混凝土构件使用寿命的问题。目前和洋山深水港签订了供保合同，2005 年将供应 6 ~ 8 万吨。

随着跨海大桥、深水港码头等海洋工程大规模建设，抗氯盐硅酸盐水泥必将成为企业新的经济增长点，同时对建材产业水泥行业的技术进步，对促进我国海洋工程的发展也具有积极意义。

第六篇

先进集体及先进个人

2001～2005年先进集体及先进个人

2001年

获全国“五一劳动奖章”的先进个人(水泥部分)

崔　宝　山西云冈水泥集团有限公司石灰石矿工程师
刘贵明　内蒙古林西兴安水泥有限责任公司车间主任
张　军　辽宁开原水泥有限责任公司车间主任
宋尚龙　吉林亚泰(集团)股份有限公司董事长
王奎廷　黑龙江牡丹江水泥集团有限责任公司董事长
吴水英　浙江江山虎山水泥有限公司化验室主任
佘节平　安徽海螺集团宁国水泥厂工程师
汪晚时　湖北华新水泥股份有限公司制造厂车间主任
郑书明　重庆黔江南海集团公司麻田坎水泥厂工人
孙成跃　新疆天山水泥公司一分厂工程师

全国建材工业优秀质量管理小组(水泥部分)

北京市琉璃河水泥厂科技质量处QC小组
山西天脊集团水泥有限公司原料车间搅拌池QC小组
山阴县三关水泥有限公司烧成车间机修QC小组
广灵县水泥总公司质量攻关QC小组
晋城市城区振兴水泥厂环保QC小组
临汾市建材水泥厂化验室QC小组
吉林省石岭水泥厂技术科QC小组
吉林亚泰水泥有限公司提高熟料、水泥三天强度QC攻关小组
哈尔滨水泥厂新线分厂5#窑工艺攻关QC小组
哈尔滨第二水泥厂环保科QC小组
黑龙江牡丹江垦区连珠山水泥厂工艺QC小组
苏州南新水泥有限公司生产部QC小组
苏州金猫水泥有限公司总师室工艺攻关QC小组
江苏湾山水泥厂三分厂制成车间QC小组
中国水泥厂装卸车间十二嘴包装机QC小组
浙江尖峰水泥有限公司金马水泥有限公司化验室QC小组
浙江三狮水泥股份有限公司原料工艺QC小组
安徽星马汽车股份有限公司提高大吨位散装水泥车平均卸灰速度及降低剩余率QC小组
安徽巢东水泥股份有限公司巢湖水泥厂化验室QC小组
安徽巢东水泥股份有限公司巢湖水泥厂潜孔钻收尘器研制QC小组
安徽巢东水泥股份有限公司东关水泥厂制造三厂水泥磨QC小组
巢湖铁道水泥厂制造车间QC小组
福建水泥股份有限公司炼石水泥厂中控室QC小组
江西万年青水泥股份有限公司制造车间达产达标QC攻关小组
兖矿集团公司水泥厂化验室技术管理QC小组
山东铝业公司水泥厂化验室QC小组
山东水泥厂制造分厂QC小组
湖北娲石股份有限公司化验室QC攻关小组
华新水泥股份有限公司制造一分厂QC攻关小组
湖北宝石水泥集团机电工程公司铸造QC小组
湖南韶峰水泥集团有限公司联合攻关QC小组
湘乡水泥制造有限公司降低磨机电耗QC小组
广州水泥厂水泥磨机工艺QC小组
东莞恒基水泥股份有限公司成品车间第一QC小组
塔牌集团金塔水泥有限公司成品车间QC小组
黄岗水泥厂立窑QC小组
贵阳水泥有限责任公司篦冷机设备改进QC小组
都匀水泥厂矿山车间QC小组
昆明水泥股份有限公司5#水泥磨QC小组
陕西省耀县水泥厂劳动耐磨材料厂QC小组
陕西汉江建材股份有限公司化验室QC小组
甘肃祁连山水泥股份有限公司质量控制中心QC小组
新疆天山股份有限公司三分厂生产科“金雷管”QC小组

新疆天龙矿业股份有限公司水泥公司三分厂 QC 小组
新疆卡子湾水泥厂旋窑股份公司包装工段 QC 小组
新疆石河子南山水泥厂石灰石矿 QC 小组
新疆卡子湾水泥厂旋窑股份公司生料钳工 QC 小组
中国建筑材料工业建设总公司平顶山电收尘器厂包装分厂包装 QC 小组

全国建材工业质量信得过班组名单(水泥部分)

山西晋牌水泥集团有限公司机动车间维修组
西山煤电集团公司水泥厂第一烧成车间生产甲班
哈尔滨水泥厂总变电所
双鸭山新时代有限责任公司制成车间生产三班
上海白水泥有限公司开发新品小组
苏州南新水泥有限公司化验室化学分析组
浙江尖峰水泥有限公司金马水泥有限公司制成二车间丁班
浙江三狮水泥股份有限公司化验室
安徽巢东水泥股份有限公司东关水泥厂制造一厂挤压磨班组
巢湖铁道水泥厂化验室荧光班
福建水泥股份有限公司炼石水泥厂化验室物检组
江西万年青水泥股份有限公司化验室质量调度班
兖矿集团公司水泥厂化验室
山东铝业公司水泥厂烧成车间乙班
华新水泥股份有限公司质量部干法荧光分析组
华新水泥股份有限公司生产部工艺技术组
湘乡水泥制造有限公司制成部磨机电耗班组
株洲市水泥厂生料车间粉磨班组
东莞恒基水泥股份有限公司化验控制组
塔牌集团金塔水泥有限公司转窑车间看火班
遵义腾辉水泥有限责任公司化验室物检组
陕西秦川水泥有限责任公司化验室质量管理小组
陕西省耀县水泥厂运输公司维修班
甘肃祁连山水泥股份有限公司质量控制中心物理组
新疆天山水泥股份有限公司二分厂烧成车间工艺组
新疆石河子南山水泥厂创新科研小组

全国建材工业质量管理小组活动优秀企业(水泥部分)

山西天脊集团水泥有限公司
山西云冈水泥集团有限公司
吉林省石岭水泥厂
吉林亚泰水泥有限公司
哈尔滨第二水泥厂
苏州南新水泥有限公司
苏州金猫水泥有限公司
中国水泥厂
浙江尖峰水泥有限公司
安徽巢东水泥股份有限公司
福建水泥股份有限公司
江西万年青水泥股份有限公司
兖矿集团公司水泥厂
山东铝业公司水泥厂
湖北娲石股份有限公司
湖南韶峰水泥集团有限公司
广东省黄岗水泥厂
云南开远水泥股份有限公司
陕西汉江建材股份有限公司
新疆天山水泥股份有限公司
中国建筑材料工业建设总公司平顶山电收尘器厂

全国建材工业全面质量管理卓越领导者(水泥部分)

北京市琉璃河水泥厂	姜德义
迁安市永固油井水泥有限公司	贾志民
西山煤电集团公司水泥厂	范俊宇
太原狮头水泥集团有限公司	邓守信
吉林省石岭水泥厂	李文栋
吉林亚泰水泥有限公司	陈向阳

哈尔滨水泥厂　**赵俊杰**
苏州南新水泥有限公司　**黄木金**
苏州金猫水泥有限公司　**郁金华**
浙江尖峰水泥有限公司　**虞建宏**
安徽巢东水泥股份有限公司　**顾国威**
福建水泥股份有限公司建福水泥厂　**刘永忠**
江西万年青水泥股份有限公司　**胡显坤**
山东铝业公司水泥厂　**于　健**
湖北娲石股份有限公司　**盛国宏**
广州水泥厂　**蔡焕荣**
东莞恒基水泥股份有限公司　**陈浩槐**
昆明水泥股份有限公司　**吴卫国**
陕西汉江建材股份有限公司　**王生平**
甘肃祁连山水泥股份有限公司　**杨　皓**
新疆天山股份有限公司　**贾志方**
中国建筑材料工业建设总公司平顶山电收尘器厂　**何新平**

2002年

获全国“五一劳动奖章”的先进个人（水泥部分）

魏仁田　辽宁渤海水泥（集团）有限责任公司总经理
佟兆启　黑龙江双鸭山市新时代水泥有限责任公司经理
刘　杰　安徽蒙城县万佛塔水泥有限公司工人技师
翟和革　福建省大田县水泥厂车间主任
何永儒　广东省阳春市国营三马水泥厂车间主任
韦昌珍　广西华宏水泥股份有限公司班长
卢碧荣　四川省通江县水泥厂工人
陈云昆　云南开远水泥股份有限公司昆明分公司技术员
渠　华　新疆建材集团天山股份有限公司高级工程师

全国“五一劳动奖状”获得单位（水泥部分）

北京水泥厂有限责任公司水泥运输部
陕西秦岭水泥股份有限公司干法分厂熟料车间中控操作班

全国建材工业优秀质量管理小组（水泥部分）

哈尔滨水泥厂烧二车间工艺 QC 小组
哈尔滨第二水泥厂转窑车间 QC 小组
黑龙江浩良河水泥有限责任公司提高预分解窑系统产、质量 QC 小组
山西云冈水泥集团有限公司包装车间质检 QC 小组
天脊集团水泥有限公司星星火 QC 小组
广灵县千福水泥有限责任公司质量攻关 QC 小组
山西晋牌水泥集团有限公司技术部 QC 小组
朔州市城区飞翔水泥厂 QC 小组
山西省孝义水泥厂环保 QC 小组
太原钢铁（集团）有限公司东山水泥厂化验室 QC 小组
山西焦煤集团有限责任公司水泥厂烧成 QC 小组
怀仁宏丰建材有限责任公司制成车间包装袋重 QC 小组
偏关县水泥厂质量攻关 QC 小组
苏州南新水泥有限公司旋生料车间 QC 小组
江西万年青水泥股份有限公司化验室 QC 小组
江西万年青水泥股份有限公司制造车间 QC 小组
樟树市顺达水泥有限公司质管部 QC 小组
山东铝业公司水泥厂质量认证 QC 小组
山东铝业公司水泥厂制成车间烘干机 QC 小组
淄博齐银水泥有限公司北厂烧成技术科车间 QC 小组
淄博齐银水泥有限公司化验室 QC 小组
山东鲁南水泥有限公司工艺 QC 小组
中国建筑材料工业建设总公司平顶山电收尘器厂包装 QC 小组
中国建筑材料工业建设总公司平顶山电收尘器厂包装分厂

轧机QC小组
陕西汉江建材股份有限公司化验室QC小组
福建水泥股份有限公司炼石水泥厂中控室QC小组
福建水泥股份有限公司炼石水泥厂化验室QC小组
华新水泥股份有限公司中心化验室干法化验站QC小组
华新水泥股份有限公司制造一分厂QC攻关小组
湖北娲厂股份有限公司全质办QC小组
广东省黄冈水泥厂生产排摊QC小组
广东省东莞市恒基水泥有限公司立窑车间QC小组
广东省梅州市塔牌集团金塔水泥有限公司原料车间生料磨QC小组
安徽巢东水泥股份有限公司东关水泥厂制造三厂原料工段QC小组
安徽巢东水泥股份有限公司巢湖塑编分公司QC小组
甘肃祁连山水泥股份有限公司矿山分厂QC小组
甘肃祁连山水泥股份有限公司粉煤灰喂料改造QC小组
甘肃祁连山水泥股份有限公司粉煤灰喂料改造QC小组
甘肃省定西地区高崖水泥厂QC小组
昆明水泥股份有限公司烧成车间四号窑QC小组
昆明水泥股份有限公司烧成车间钳焊QC小组
云南省通海县水泥厂成品车间QC小组
云南省思茅水泥厂化验室QC小组
新疆天山水泥股份有限公司天山公司二分厂原料辊压机QC小组
新疆天山水泥股份有限公司天山公司二分厂制成车间工艺质量攻关QC小组
新疆天山水泥股份有限公司天山公司一分厂制成车间水泥磨QC小组
新疆天山水泥股份有限公司屯河水泥有限责任公司企管部质量QC小组
新疆西域水泥有限责任公司包装车间QC小组
新疆西域水泥有限责任公司机修车间QC小组
新疆新工建材有限责任公司旋窑线烧成车间QC小组
新疆天龙矿业股份公司水泥公司一厂二工段QC小组
新疆青松建材化工股份公司水泥厂烧成二分厂QC小组
新疆塔里木水泥有限公司烧成车间QC小组

全国建材工业质量信得过班组名单(水泥部分)

山西云冈水泥集团有限公司采石车间质量管理小组
天脊集团水泥有限公司化验室物理组
广灵县千福水泥有限责任公司化验室物理组
苏州南新水泥有限公司化验室化学分析组
黑龙江浩良河水泥有限责任公司技术处
哈尔滨水泥厂新线分厂中控室班
山东铝业公司水泥厂动力车间仪表班
兖矿集团有限公司水泥厂生料车间自动化班
河南南阳航天水泥厂化验室质量值班组
陕西汉江建材股份有限公司机修除尘班
福建水泥股份有限公司建福水泥厂制成分厂“康必丹”水泥磨三大班
华新水泥股份有限公司矿山分厂砂页岩车间质量管理小组
华新水泥股份有限公司干法分厂质量管理小组
湖北娲石股份有限公司全质办机械工艺小组
葛洲坝股份有限公司水泥厂烧一生产四班
葛洲坝股份有限公司水泥厂制成一车间粉磨工段
广东省黄岗水泥厂设备维修班组
广东省东莞市恒基水泥有限公司立窑车间一班
广东省梅州市塔牌集团恒发建材有限公司化验室物理检验组
安徽巢东水泥股份有限公司巢湖水泥厂二分厂窑尾电收尘班组
甘肃祁连山水泥股份有限公司质量控制中心车化工段五班
甘肃省定西地区高崖水泥厂化验室物理组
新疆天山水泥股份有限公司屯河水泥有限责任公司头屯河水泥厂生产一车间质量管理小组
新疆西域水泥有限责任公司化验室质量管理小组
新疆新工建材有限责任公司立窑线烧成车间钳工班
新疆青松建材化工股份公司水泥厂化验室检测中心质量控制组

全国建材工业质量管理小组活动优秀企业(水泥部分)

山西云冈水泥集团有限公司
山阴县三关水泥有限责任公司
苏州南新水泥有限公司
樟树市顺达水泥有限公司
江西万年青水泥股份有限公司
哈尔滨水泥厂

黑龙江浩良河水泥有限责任公司
山东铝业公司水泥厂
兖矿集团有限公司水泥厂
山东鲁南水泥有限公司
陕西汉江建材股份有限公司
福建水泥股份有限公司
华新水泥股份有限公司
湖北娲石股份有限公司
广东省黄岗水泥厂
广东省东莞市恒基水泥有限公司
甘肃祁连山水泥股份有限公司
昆明水泥股份有限公司
云南省通海县水泥厂
新疆天山水泥股份有限公司
新疆屯河水泥有限责任公司
新疆天龙矿业股份公司水泥公司

全国建材工业全面质量管理卓越领导者(水泥部分)

天脊集团水泥有限公司	马兆才
广灵县千福水泥有限责任公司	仝重元
山西晋牌水泥集团有限公司	庞瑞林
山西省孝义市水泥厂	田成栓
太原钢铁(集团)有限公司东山水泥厂	李虎森
山西焦煤集团有限责任公司	范俊宇
苏州南新水泥有限公司	张长惕
江西万年青水泥股份有限公司	胡显坤
哈尔滨水泥厂	赵俊杰
黑龙江浩良河水泥有限责任公司	梁铁男
山东铝业公司水泥厂	李芝顺
兖矿集团有限公司水泥厂	任光浴
山东鲁南水泥有限公司	隋玉民
河南南阳航天水泥厂	任振河
陕西汉江建材股份有限公司	娄一樑
福建水泥股份有限公司	王继勇
华新水泥股份有限公司	冯东光
湖北娲石股份有限公司	盛国宏
广东省黄岗水泥厂	方朝顺
广东省梅州市塔牌集团金塔水泥有限公司	阮尧方
甘肃祁连山水泥股份有限公司	李生钰
甘肃定西地区高崖水泥厂	韩瑞锋
云南省通海县水泥厂	高家树
新疆天山水泥股份有限公司	朱凤友

获全国优秀工程设计奖项目(水泥部分)

项目	等级
安徽铜陵海螺日产 4 000 吨熟料生产线	2002 年全国第十次优秀工程设计奖银质奖

获中国建材工程建设优质工程奖项目(水泥部分)

序号	获奖项目	获奖单位	
1	甘肃祁连山水泥股份有限公司日产 2 000 吨新型干法水泥技改工程	承建单位	中材建设有限公司
		参建单位	甘肃省第一建筑工程有限责任公司、甘肃省第二建筑工程公司

序号	获奖项目	获奖单位	
2	安徽海螺铜陵水泥股份有限公司日产5 000吨熟料生产线工程	承建单位	苏州中材建设有限公司
		参建单位	中国化学工程第三建设公司、中国十五冶金建设有限公司第二工程公司
3	安徽巢湖东亚水泥有限责任公司日产2 000吨熟料生产线工程	承建单位	苏州中材建设有限公司
		参建单位	中国建筑八局一公司、中国十五冶金建设有限公司第二工程公司
4	河北鹿泉鼎鑫水泥有限公司日产2 500吨水泥熟料生产线工程(一)线	承建单位	邯郸中材建设有限公司
		参建单位	河北省第四建筑工程公司、天津第一建筑工程有限公司石家庄分公司、河北省国防工业建筑工程公司

中国建材工程建设工程咨询奖项目(水泥部分)

一等奖

1. 池州海螺水泥股份有限公司国产化日产8 000吨水泥熟料示范线可研报告
2. 河北省冀中水泥厂日产4 000吨水泥生产线可研报告
3. 北京市琉璃河水泥厂技术改造二期工程可研报告
4. 甘肃祁连山水泥股份有限公司技改工程日产2 000吨新型干法熟料生产线可研报告

二等奖

1. 新加坡白宫控股青州水泥有限公司日产4 000吨可研报告

2003年

获全国"五一劳动奖章"的先进个人(水泥部分)

河北冀东水泥公司制造分厂烧成工段班长　冯清旺
黑龙江牡丹江水泥集团有限责任公司车间副主任　刘　斌
黑龙江鸡西赛隆水泥制造有限公司总工程师　于春开
安徽巢东水泥集团股份公司东关水泥厂车间主任　宋文初
安徽安庆白水泥厂工人　吴江阴
中国建材集团安徽合肥水泥研究设计院项目负责人　包　玮
河南许昌老牌水泥有限公司科长　孙长江

获全国"五一劳动奖状"的先进集体(水泥部分)

内蒙古西水创业股份有限公司烧成分厂看火班

全国建材工业优秀质量管理小组(水泥部分)

山西省新绛威顿水泥有限责任公司回转窑 QC 小组
山西晋牌水泥集团有限公司水泥比表面 QC 小组
天脊集团水泥有限公司制成车间 QC 小组
太原狮头水泥有限公司开发复合硅酸盐水泥 QC 小组
大同水泥集团有限公司采石车间机电 QC 小组
山阴县三关水泥有限责任公司制成车间 QC 小组
焦作坚固水泥有限公司水泥三厂 303 车间 QC 小组
黑龙江浩良河水泥有限责任公司水泥输送系统专项改造 QC 小组
江苏北固水泥集团有限公司节煤降耗 QC 小组
合肥水泥研究设计院立式磨项目 QC 小组
福建水泥股份有限公司炼石水泥厂中控室无烟煤 QC 小组
江西万年青水泥股份有限公司化验室出厂水泥 QC 小组
江西万年青水泥股份有限公司制造车间 QC 小组
山东铝业公司水泥厂动力车间 QC 小组
山东鲁南水泥有限公司水泥生产混合材优化 QC 小组
山东淄博齐银水泥有限公司中心化验室 QC 小组
兖矿集团东华建设有限公司水泥厂化验室 QC 小组
东莞市茶山水泥厂稳定生产优质高产低煤耗立窑熟料 QC 小组
广东省东莞市恒基水泥有限公司烘干技术促进 QC 小组
广东省梅州市塔牌集团金塔水泥有限公司转窑车间旋窑 QC 小组
广东省梅州市塔牌集团恒基建材公司立窑煅烧 QC 小组
广西鱼峰水泥股份有限公司干法窑管理 QC 小组
广西鱼峰水泥股份有限公司半干法煤磨 QC 小组
广西鱼峰水泥股份有限公司生产部机械工段 QC 小组
广西鱼峰水泥股份有限公司干法磨 QC 小组
昆明水泥股份有限公司烧成车间煤磨 QC 小组
昆明水泥股份有限公司矿山车间袋收尘 QC 小组
昆明水泥股份有限公司烧成车间杜绝 3#窑头一次风机火险隐患
新疆天山水泥股份有限公司天山公司一分厂原料车间“生改水”攻关 QC 小组
新疆屯河水泥有限责任公司头屯河水泥厂生产七车间 QC 小组
新疆西域水泥有限责任公司包装车间 QC 小组
新疆新工建材有限责任公司立窑分厂辅助车间电工班 QC 小组
新疆天龙股份有限公司水泥公司一分厂六千锅炉攻关 QC 小组
新疆青松建材化工股份有限公司水泥厂化验室 QC 小组
新疆塔里木水泥股份有限公司熟料车间粉磨 QC 小组
新疆伊犁南岗建材有限责任公司伊犁水泥厂化验室 QC 小组

全国建材工业质量信得过班组(水泥部分)

唐山冀东水泥股份有限公司质量管理组
大同水泥集团有限公司石灰石质量控制组
大同水泥集团有限公司大有原料车间原料磨班
大同水泥集团有限公司烧成 5 号窑小组
太原狮头水泥股份有限公司矿山车间电铲组
晋城市振兴水泥有限公司化验室
福建水泥股份有限公司炼石水泥厂中控室
山东铝业公司水泥厂动力车间 QC 小组
河南南阳航天水泥厂烧成车间 2 班
广东省梅州市塔牌集团金塔水泥有限公司回转窑看火班
广西鱼峰水泥股份有限公司品质部化学分析组
新疆天山水泥股份有限公司二分厂制成工艺质量攻关 QC 小组
新疆屯河水泥有限责任公司头屯河水泥厂生产 8 车间 QC 小组
新疆西域水泥有限责任公司化验室 QC 小组

全国建材工业质量管理小组活动优秀企业(水泥部分)

洛阳长铝宜铁水泥厂
山阴县三关水泥有限责任公司
山西焦煤集团公司西山水泥厂
大同水泥集团有限公司

黑龙江浩良河水泥有限责任公司
江苏北固水泥集团有限公司
福建水泥股份有限公司
江西万年青水泥股份有限公司
山东铝业公司水泥厂
山东鲁南水泥有限公司
广东省黄岗水泥厂
广东省梅州市塔牌集团有限公司
广西鱼峰水泥股份有限公司
昆明水泥股份有限公司
新疆屯河水泥有限责任公司
新疆西域水泥有限责任公司
新疆青松建材化工股份有限责任公司水泥厂

全国建材工业质量管理小组活动卓越领导者(水泥部分)

唐山冀东水泥股份有限公司　刘　臣
临汾市建材水泥厂　张小红
大同水泥集团有限公司　麻向阳
山阴县超强建材有限责任公司　高凤悦
天脊集团水泥有限公司　丁立功
黑龙江浩良河水泥有限责任公司　梁铁男
江苏北固水泥集团有限公司　赵育林
福建水泥股份有限公司　陈联志
山东铝业公司水泥厂　巩庆刚
兖矿集团东华建设有限公司水泥厂　谭秀远
河南南阳航天水泥厂　顾炳发
广东省黄岗水泥厂　方朝顺
广西鱼峰水泥股份有限公司　董　斌
新疆天山水泥股份有限公司　朱凤友
新疆天龙矿业股份有限公司水泥公司　李玉文

全国建材工业质量管理小组活动优秀推进者(水泥部分)

天脊集团水泥有限公司　李爱华
朔州市朔城区飞翔水泥厂　杜　桥
福建水泥股份有限公司　张春生
山东鲁南水泥有限公司　袁亮国
广东省黄岗水泥厂　王根兴

中国建材工程建设企业优秀项目经理获奖人员(排名不分先后)

序号	申报单位	获奖人员
1	中国建材建设天津工程公司	张汉武
		孙旭光
2	天津水泥工业设计研究院	何新昇
3	成都建材工业设计研究院有限公司	刘晓毅
		平　野
4	西安建材地质工程勘察院	付　敏
		吴立明
5	中国建材建设南京矿山工程公司	蔡宏杰

序号	申报单位	获奖人员
6	苏州中材建设有限公司	冯有元
		刘仁越
		李正新
7	河北省第四建筑工程公司	线登洲
		孟庆怀
		杨振远
8	中材建设有限公司	范瑞民
		李建民
9	保定中非基础工程有限公司	赵文廷
10	北京市建筑装饰设计工程公司	简连树
11	中国建材建设西安工程公司	朱发良
		董焕民
		吴广放
		屈　睿
12	邯郸中材建设有限公司	祝敏安
		韩占京
		曾志明

国家建材工程建设优质工程奖获奖项目（水泥部分）

序号	承建单位	参建单位	获奖项目名称
1	苏州中材建设有限公司	江苏镇江四建建工集团有限公司	海螺宁国水泥厂技改工程日产5 000吨新型干法水泥生产线工程（华磊杯）
2	苏州中材建设有限公司	1. 宁夏第一建筑公司一分公司 2. 宁夏二建集团四公司	宁夏赛马实业股份有限责任公司日产2 000吨技改工程
3	中国建材建设天津工程公司	中国建材建设西安工程公司	都江堰拉法基水泥有限公司矿山工程

中国建材百强企业（水泥部分）★

1 北京金隅集团有限责任公司
3 天津水泥股份有限公司
4 唐山冀东水泥股份有限公司
8 秦皇岛浅野水泥有限公司
9 河北太行华信建材有限责任公司
10 内蒙古蒙西高新材料股份有限公司
11 大连华能一小野田水泥有限公司
12 辽宁工源水泥集团有限责任公司
13 吉林亚泰水泥有限公司
14 哈尔滨水泥厂

15 牡丹江水泥集团有限责任公司
19 上海建筑材料集团水泥有限公司
20 上海海螺水泥有限责任公司
21 江苏双龙集团有限公司
22 江南－小野田水泥有限公司
23 南京三龙水泥有限责任公司
24 江苏巨龙水泥集团有限公司
25 常州盘固水泥有限公司
26 苏州金猫水泥有限公司
28 江苏张家港海螺水泥有限公司
30 江苏九鼎集团股份有限公司
31 江苏磊达股份有限公司
32 嘉新京阳水泥有限公司
37 杭州钱潮建材集团有限公司
38 宁波海螺水泥有限公司
41 浙江山鹰建材集团公司
42 光宇集团有限公司
43 浙江兆山新星水泥集团有限公司
44 浙江尖峰集团股份有限公司
45 浙江省红狮水泥股份有限公司
46 浙江江山水泥股份有限公司
47 安徽白马山水泥厂
48 安徽荻港海螺水泥股份有限公司
50 安徽铜陵海螺水泥有限公司
51 安徽枞阳海螺水泥股份有限公司
52 安徽巢湖巢东水泥股份有限公司
53 安徽池州海螺水泥股份有限公司
54 安徽省宁国水泥厂
58 建福水泥厂福建水泥股份有限公司
59 福建炼石水泥厂
60 江西亚东水泥有限公司
61 江西万年青水泥有限公司
62 山东济南山水集团有限公司
64 山东宝山生态建材有限公司
66 山东大宇水泥(山东)有限公司
70 山东沂州水泥集团总公司
75 华新水泥股份有限公司
77 葛洲坝水泥股份有限公司
79 韶峰水泥集团有限公司
80 广州珠江水泥厂
87 广东省梅州市塔牌集团有限公司
89 东莞市华润水泥厂有限公司
92 广东亨达利水泥厂有限公司
93 广西鱼峰水泥股份有限公司
94 重庆腾辉地维水泥有限公司
95 重庆市富丰水泥集团公司
98 四川双马投资集团有限公司
99 陕西秦岭水泥股份有限公司
100 甘肃祁连山水泥股份有限公司

★中国建筑材料工业协会和国家统计局工业交通统计司依据2003年度企业产品销售收入统计数据联合评出。2003年全国建材工业共有9个行业的企业进入100强,绝大部分集中在水泥制造业。在百强企业中有59户聚集在水泥制造业,占建材百强企业近六成。59户百强水泥企业在全国4 813户水泥企业中仅占1.2%,累计生产水泥产量11 509万吨。占全国水泥产量的13.3%,资产总计达812亿元,占全部水泥制造业的25.5%;实现销售收入占全部水泥制造业的20%;实现利润总额45.6亿元,占全部水泥制造业的41.9%,在水泥行业中形成实力强的领队先锋。

中国建材二十强企业集团(水泥部分)★

安徽海螺集团有限责任公司
北京金隅集团有限责任公司
中国材料工业科工集团公司
上海建筑材料(集团)总公司
济南山水集团有限公司
冀东水泥集团有限责任公司
河南省中联集团
广州越秀水泥集团有限公司
天津市建筑材料集团(控股)有限公司
光宇集团有限公司
浙江三狮集团有限公司
华新集团有限公司
浙江尖峰集团股份有限公司

★中国建筑材料工业协会根据国家统计局提供的2003年度企业集团统计年报数据,参照国际惯例,以销售收入排序,遴选产生了2003年度中国建材20强企业集团。(其中有13家为水泥企业或水泥企业的控股公司)

2004年

获全国“五一劳动奖章”的先进个人（水泥部分）

黑龙江省北疆集团股份有限公司碾子山水泥厂厂长　王学双
襄南监狱水泥厂车间主任　马善庭

获全国“五一劳动奖状”的先进集体（水泥部分）

黑龙江省小岭水泥有限公司
上海建筑材料集团水泥有限公司销售中心
国投海南水泥有限公司制造部烧成工段机修班
西藏山南兴业水泥厂化验室
张掖市山丹水泥化工（集团）有限责任公司

全国建材工业优秀质量管理小组（水泥部分）

山西省新绛威顿水泥有限责任公司电仪QC小组
山西晋牌水泥集团有限公司技术部基建管理QC小组
天脊集团水泥有限公司原料车间星星火QC小组
大同水泥集团有限公司生产技术部能源QC小组
大同水泥集团有限公司生产技术部大有原料车间QC小组
临汾市建材水泥厂立窑车间QC小组
河南南阳航天水泥厂制成车间QC小组
河南省同力水泥有限公司质量认证小组
江西樟树市顺达水泥有限公司质管部QC小组
江西万年青水泥股份有限公司化验室出厂水泥QC小组
山东鲁南水泥有限公司配料方案优化QC小组
兖矿集团东华建设有限公司水泥厂原料车间生产QC小组
山东齐银水泥股份有限公司生产部QC小组
福建水泥股份有限公司炼石水泥厂制造分厂窑运转率QC小组
福建水泥股份有限公司炼石水泥厂制造分厂制成系统QC小组
福建水泥股份有限公司炼石水泥厂燃无烟煤技术QC小组
福建水泥股份有限公司炼石水泥厂汽修QC小组
福建水泥股份有限公司炼石水泥厂“5S”QC小组
福建省大田县岩城水泥有限责任公司质量认证工作小组
福建省永安飞桥水泥厂化验室QC小组
广东省梅州市塔牌集团金塔水泥有限公司成品车间QC小组
塔牌集团恒基建材有限公司窑前工艺QC小组
昆明水泥股份有限公司降低烘干矿渣单位电耗QC小组
昆明水泥股份有限公司化验室物理检验QC小组
广西鱼峰水泥股份有限公司半干法窑管理QC小组
广西鱼峰水泥股份有限公司半干法出库QC小组
新疆天山水泥股份有限公司天山公司二分厂熟料强度QC小组
新疆天山水泥股份有限公司天山公司二分厂制成工艺QC小组
新疆屯河水泥有限责任公司头屯河水泥厂生产7车间工艺QC小组
新疆屯河水泥有限责任公司技术中心QC小组
新疆西域水泥有限责任公司电老虎QC小组
新疆西域水泥有限责任公司化验室提高碱含量检验合作率QC小组
新疆西域水泥有限责任公司粉碎车间QC小组
新疆新工建材责任有限公司提高熟料强度QC小组
新疆塔里木水泥有限责任公司熟料车间窑尾QC小组
新疆和静天山水泥有限责任公司熟料车间破碎QC攻关小组

全国建材工业质量信得过班组(水泥部分)

大同水泥集团有限公司生产技术部分析组
大同水泥集团有限公司生产技术部物理组
大同水泥集团有限公司化验室控制1班
山东铝业公司水泥厂烧成车间丙班小组
山东齐银水泥股份有限公司体系认证小组
河南南阳航天水泥厂化验室质量值班组
福建水泥股份有限公司炼石水泥厂制造分厂烧成工段
广东省东莞市恒基水泥有限公司化验室
新疆天山水泥股份有限公司一分厂动力车间热电炉QC小组
新疆屯河水泥有限责任公司头屯河水泥厂生产一车间QC小组
新疆西域水泥有限责任公司化验室QC小组

全国建材工业质量管理小组活动优秀企业(水泥部分)

唐山冀东水泥股份有限公司
山西省新绛威顿水泥有限责任公司
大同水泥集团有限公司
山西中兴水泥有限公司
樟树市顺达水泥有限公司
江西万年青水泥股份有限公司
河南南阳航天水泥厂
洛阳长铝宜铁水泥厂
河南省同力水泥有限公司
山东铝业公司水泥厂
山东鲁南水泥有限公司
兖矿集团东华建设有限公司水泥厂
福建水泥股份有限公司
福建省大田县岩城水泥有限责任公司
福建省永安飞桥水泥厂
福建省龙岩青草盂水泥厂
广东省东莞市恒基水泥有限公司
昆明水泥股份有限公司
新疆天山水泥股份有限公司
新疆屯河水泥有限责任公司
新疆西域水泥有限责任公司

全国建材工业质量管理小组活动卓越领导者(水泥部分)

唐山冀东水泥股份有限公司	于宝池
天脊集团水泥有限公司	丁立功
大同水泥集团有限公司	白玉龙
大同水泥集团有限公司	张明亮
临汾市建材水泥厂	张小红
山西中兴水泥有限公司	田成栓
江西万年青水泥股份有限公司	胡显坤
兖矿集团东华建设有限公司水泥厂	谭秀远
山东鲁南水泥有限公司	袁亮国
山东齐银水泥股份有限公司	崔相臣
洛阳长铝宜铁水泥厂	董九鼎
福建水泥股份有限公司	杜卫东
福建省大田县岩城水泥有限责任公司	庄祖坤
福建省永安飞桥水泥厂	张生闽
福建省龙岩青草盂水泥厂	陈庆荣

全国建材工业质量管理小组活动优秀推进者(水泥部分)

天脊集团水泥有限公司　李爱华
山西晋牌水泥集团有限公司　白高利
大同水泥集团有限公司　严　华
大同水泥集团有限公司　马　华
山东鲁南水泥有限公司　许致纲
山东铝业公司水泥厂　李芝顺
福建水泥股份有限公司　陈国伟
福建水泥股份有限公司　张春生
福建省大田县岩城水泥有限责任公司　黄　祖
福建省永安飞桥水泥厂　曹宪樟
新疆天山水泥股份有限公司　黄　蓓
新疆屯河水泥有限责任公司　郭俊峰
新疆西域水泥有限责任公司　金　伟

全国建材行业岗位技术能手(水泥部分)★

北京市

李翠玲　北京水泥厂有限责任公司工程师
郭玉全　北京市琉璃河水泥厂机修工

天津市

姚振红　天津水泥股份有限公司水泥分公司工程师

河北省

翟利保　唐山冀东水泥股份有限公司电工
王文魁　鹿泉东方鼎鑫水泥有限公司工程师

山西省

杨胜利　大同水泥集团有限公司看火工

内蒙古自治区

霍　兵　内蒙古西水创业股份有限公司看火工
侯达川　内蒙古蒙西高新技术集团有限公司工程师
董跃庭　内蒙古兴安盟乌兰浩特红城水泥有限责任公司电工
钱　林　内蒙古乌兰水泥有限责任公司高级工程师
杨国喜　内蒙古乌海市蓝星集团电气维修工

辽宁省

曲　鹏　大连水泥集团有限公司助理工程师
李兴奇　辽宁工源水泥(集团)有限责任公司电气技师
李秀冬　辽宁渤海水泥有限(责任)公司看火工

吉林省

徐　刚　吉林亚泰水泥股份有限公司工程师
董俊祥　吉林亚泰水泥股份有限公司工段长

黑龙江省

尹国安　大庆油田水泥有限责任公司高级工程师
马云龙　黑龙江省小岭水泥有限责任公司高级工程师
宋晓光　黑龙江北疆集团龙江水泥有限公司工程师
葛立军　哈尔滨水泥厂高级工程师

上海市

唐　晔　上海万安企业总公司看火工
高南平　上海万安企业总公司副总工程师

江苏省

景　刚　嘉新京阳水泥有限公司维修电工
鲁卫宁　南京江南水泥有限公司高级工

浙江省

陈建文　浙江尖峰集团维修工
姚　钦　浙江三狮水泥股份有限公司工程师
姜方林　浙江虎山集团有限公司程序员

福建省

徐雪林　福建水泥股份有限公司福建水泥厂钳工
吕根壮　福建省龙岩三德水泥建材工业有限公司机修钳工
翁祖耀　厦门艾思欧标准砂有限公司经济师
陈再平　福建省南平水泥股份有限公司维修钳工

江西省

邱美玲　江西万年青水泥股份有限公司化学溶剂配制员
刘志清　江西齐峰水泥有限责任公司煅烧工

山东省

张　力　山东水泥厂回转窑窑长
袁洪钦　山东沂州水泥集团总公司电器自动化班长
王维勇　山东榴园水泥有限公司技师
丁丽君　山东建设锦宏水泥有限公司化学分析工
张宝刚　山东金鲁城水泥股份有限公司化学分析工
杨丽丽　山东铝业集团水泥有限公司物理检验工
殷朝霞　山东鲁南水泥有限公司物理检验工

河南省

王长靖　河南南阳航天水泥厂化学分析班长

郭明全 洛阳黄河水泥集团有限责任公司中控操作工
常松枝 河南省香山水泥有限责任公司工程师
王跃进 河南省孟电集团水泥有限公司高级工程师

湖北省

万炳坤 华新水泥股份有限公司电工
王化伦 湖北钟厦水泥股份有限公司炉前工
吴振华 葛洲坝集团公司水泥厂工程师

广东省

刘振峰 广州市珠江水泥有限公司中控室值班主任
冯志伟 广州水泥厂窑炉工

重庆市

王官银 重庆腾辉地维水泥有限公司化验室副主任

四川省

邹明东 四川峨眉山水泥有限公司技术员
李绍元 四川金顶(集团)股份有限公司峨眉水泥厂工程师
何淑辉 四川广安腾辉水泥有限公司高级技师
吴清孝 四川双马投资集团有限公司钳工

贵州省

冯乃权 贵州省都匀水泥厂工程师

陕西省

杨顺良 陕西秦岭水泥(集团)股份有限公司维修电工
赵钢铁 陕西秦岭水泥(集团)股份有限公司单仓泵工
周龙龙 中材汉江水泥股份有限公司工程师
王军平 陕西秦岭水泥(集团)股份有限公司维修电工
杨义兴 中材汉江水泥股份有限公司化验室副主任

甘肃省

刘希平 甘肃省张掖市山丹水泥化工集团技师
王宝军 甘肃祁连山水泥股份有限公司助理工程师

新疆维吾尔自治区

申占学 新疆西域水泥有限责任公司机修钳工
詹永平 头屯河水泥厂工程师

中国材料工业科工集团

秦以保 中材国际南京水泥工业设计研究院高级工程师

中国建筑材料集团

郭宜鸿 山东鲁南水泥有限公司高级技师
罗　帆 合肥水泥研究设计院主任
黄建国 江苏巨龙水泥集团有限公司工程师

天津水泥工业设计研究院

边汉民 高级工程师

★2004年9月16日,由中国建筑材料工业协会和中国机冶建材工会全国委员会联合评选表彰的名单

中国建材工程建设(部级)优秀工程勘察奖获奖项目名单(水泥部分)

序号	单位名称	获奖项目名称	获奖级别
1	苏州开普岩土工程有限公司、合肥建材地质工程勘察院	安徽铜陵海螺水泥有限公司日产4 000吨扩建工程岩土工程详勘	一等奖
2	江苏建材地质工程勘察院	江苏磊达股份有限公司日产2 500吨熟料新型干法旋窑生产线岩土工程勘察	二等奖
3	青海岩土工程勘察院	青海水泥股份有限公司年产20万吨水泥粉磨技改工程岩土工程详勘	表扬奖

中国建材百强企业名单(水泥部分)★

1 安徽海螺集团有限责任公司
3 北京金隅集团有限责任公司
4 中国材料工业科工集团公司
6 济南山水集团有限公司
7 浙江三狮集团有限公司
9 河北省冀东水泥集团有限责任公司
10 光宇集团有限公司
11 华新集团有限公司
12 山东沂州水泥集团总公司
14 广州越秀水泥集团有限公司

17　河南省中联集团公司
18　天津市建筑材料集团(控股)有限公司
23　广东塔牌集团有限公司
24　吉林亚泰水泥有限公司
26　江苏双龙集团有限公司
27　广东亨达利水泥厂有限公司
30　天瑞集团有限公司
31　福建省建材(控股)有限责任公司
32　浙江尖峰集团股份有限公司
34　江苏磊达股份有限公司
35　江西亚东水泥有限公司
36　兆山新星水泥集团有限公司
38　安徽巢东水泥集团有限责任公司
39　河北太行华信建材有限责任公司
43　大宇水泥(山东)有限公司
44　甘肃祁连山水泥集团股份有限公司
45　嘉新京阳水泥有限公司
46　江西万年青水泥股份有限公司
50　常州盘固水泥有限公司
52　陕西秦岭水泥(集团)股份有限公司
54　浙江虎山集团有限公司
56　广西鱼峰集团水泥有限公司
61　浙江山鹰建材集团有限公司
62　中利达集团控股有限公司
64　辽宁工源水泥集团有限责任公司
67　葛洲坝水泥股份有限公司
69　牡丹江水泥集团有限责任公司
70　南京三龙水泥有限责任公司
71　浙江兆山建材集团有限公司
75　东芫市华润水泥厂有限公司
76　内蒙古蒙西高新材料股份有限公司
78　广西华润红水河水泥有限公司
79　浙江红狮水泥股份有限公司
83　山东榴园水泥有限公司
84　鹿泉东方鼎基水泥有限公司
87　大连华能一小野田水泥有限公司
88　太原狮头集团有限公司
89　江苏金峰水泥集团有限公司
92　江南一小野田水泥有限公司
93　哈尔滨水泥厂
97　浙江江山虎球水泥有限公司

★中国建筑材料工业协会和国家统计局工业交通统计司依据2004年企业销售收入统计数据联合评出。2004年建材百强共生产水泥1.96亿吨,占当年全国水泥产量的21%。

建材百强中有51家以水泥制造为主业的企业,这51家水泥企业2004年资产总额为1 159亿元,占建材百强的48.13%;销售额为610亿元,占建材百强的48.18%,利润总额为58亿元,占建材百强的49.57%,从业人员为15.11万人,占建材百强的41.84%。

2005年

全国建材工业优秀质量管理小组名单(水泥部分)

北京市琉璃河水泥厂环境管理QC小组
北京太行前景水泥有限公司选用廉价原材料、降低水泥成本小组
山西晋牌水泥集团有限公司辊压机系统QC小组
天脊集团水泥有限公司化验室QC小组
山西新绛威顿水泥有限责任公司威顿公司窑QC小组
山东铝业公司水泥厂制成车间QC小组
中联鲁宏水泥有限责任公司配料方案优化质量管理活动小组
中联巨龙淮海水泥有限公司提高窑口耐火材料使用周期质量管理小组
兖矿集团有限责任公司化验室QC小组
云南国资水泥昆明有限公司制成车间吊车工段QC小组
云南国资水泥昆明有限公司调度室QC小组
云南国资水泥红河有限公司烧成分厂窑头维修QC小组
云南国资水泥红河有限公司制成分厂水泥磨QC小组
云南红塔滇西水泥股份有限公司生产乙班质量管理QC小组
大同水泥集团大有公司原料车间QC小组
广西鱼峰水泥股份有限公司半干法标煤QC小组
广西鱼峰水泥股份有限公司品质部干法质量管理QC小组
吉林省石岭水泥有限公司化验室QC小组
新疆天山水泥股份有限公司二分厂中控室QC小组
新疆天山水泥股份有限公司二分厂中控室自动化仪表QC小组
新疆塔里木河有限责任公司综合部QC小组
新疆屯河水泥有限责任公司头屯河水泥厂八车间工艺QC小组

新疆屯河水泥有限责任公司特种水泥厂化验室 QC 小组
江西万年青水泥股份有限公司万年水泥厂化验室 QC 上组
江西万年青水泥股份有限公司玉山水泥厂制造车间 QC 小组

全国建材工业质量信得过班组名单(水泥部分)

中联巨龙淮海水泥有限公司基础研究分析检测水平小组
大同水泥股份公司烧成车间窑头五号窑小组
吉林省石岭水泥有限责任公司化验室 QC 小组
云南国资水泥红河有限公司昆明分公司化验室出厂管理小组
山东铝业公司水泥厂检修车间检修一班
中联鲁宏水泥有限责任公司质量控制室

全国建材工业优秀质量认证小组名单(水泥部分)

中联鲁宏水泥有限责任公司质量技术服务小组
大同水泥集团有限公司质量监督认证办公室

全国建材工业质量管理小组活动优秀企业名单(水泥部分)

吉林省石岭水泥有限责任公司
山东铝业公司水泥厂
中联鲁宏水泥有限责任公司
云南国资水泥昆明有限公司
云南国资水泥红河有限公司
云南红塔滇西水泥股份有限公司
大同水泥集团有限公司
山西中兴水泥有限责任公司
朔州市朔城区飞翔水泥厂
怀仁宏丰建材有限责任公司
新疆天山水泥股份公司
新疆屯河水泥有限责任公司
江西万年青水泥股份有限公司

全国建材工业质量认证活动优秀企业名单(水泥部分)

北京市琉璃河水泥厂
广东省东莞恒基水泥有限公司
广东石井水泥公司
吉林省石岭水泥有限责任公司
山东铝业公司水泥厂
兖矿集团有限公司水泥厂

全国建材工业质量管理小组活动卓越领导者名单(水泥部分)

中联鲁宏水泥有限责任公司	魏锦强
云南国资水泥昆明有限公司	张福寿
吉林省石岭水泥有限责任公司	李文栋
江西万年青水泥股份有限公司万年水泥厂	胡显坤
江西万年青水泥股份有限公司玉山水泥厂	江尚文
云南红塔滇西水泥股份有限公司	徐敦山
山西中兴水泥有限责任公司	田成栓
朔州市朔城区飞翔水泥厂	康巨兵

全国建材工业质量认证活动卓越领导者名单(水泥部分)

北京市琉璃河水泥厂	姜德义
广州石井水泥公司	张家国
山东铝业公司水泥厂	巩庆刚
兖矿集团有限公司水泥厂	庄启斌
吉林省石岭水泥有限责任公司	董宏伟

全国建材工业质量管理小组活动优秀推进者名单(水泥部分)

北京太行前景水泥有限公司	李胜娣	山东铝业公司水泥厂	姜晓鹏
天山水泥股份公司天山公司	黄　蓓	中联鲁宏水泥有限责任公司	安宝军
新疆屯河水泥有限责任公司	郭俊峰	吉林省石岭水泥有限责任公司	吴铁伟
天山水泥股份公司南疆实业部	宁清溪	广东省东莞市恒基水泥有限公司	徐炳昆
大同水泥集团有限公司	张明亮		

全国建材工业质量认证活动优秀推进者名单(水泥部分)

北京市建筑材料科学研究院	刘京丽	山东铝业公司水泥厂	王卉东
吉林省石岭水泥有限责任公司	吴铁伟	广东石井水泥公司	陈　光

中国建材机械制造二十强企业名单

中信重型机械公司	安徽省宁国市耐磨材料总厂
中天仕名科技集团有限公司	唐山盾石机械制造有限责任公司
合肥水泥研究设计院	江苏鹏飞集团股份有限公司
沈阳矿山机械集团有限责任公司	福建海源建材机械设备有限公司
广东科达机电股份有限公司	江苏海建股份有限公司
重庆齿轮箱有限责任公司	上海新建机器厂
河南中材环保有限公司	四川矿山机器(集团)有限责任公司
南京高精齿轮股份有限公司	西安西矿环保科技有限公司
沈阳重型机械集团有限责任公司、沈阳水泥机械有限公司	常州锅炉有限公司
浙江精工科技股份有限公司	广东佛陶集团力泰机械有限公司

全国建材行业劳动模范名单(水泥部分)★

中国材料工业科工集团公司总经理	谭仲明	西藏高争集团高天水泥公司	大扎西
大同水泥有限公司大有公司原料车间主任	殷凤志	陇南市武都区水泥厂	高明军
唐山冀东水泥股份有限公司党委书记、总经理	张增光	吉林德全水泥集团股份有限公司董事长	刘德全
四川通江县正强水泥有限责任公司	卢碧荣	开原水泥有限责任公司经理	张　军
巴林右旗罕山集团水泥有限责任公司总工程师	潘　春	辽宁工源水泥(集团)有限责任公司工源水泥厂	李兴奇
内蒙古蒙西高新技术集团有限公司董事长、党委书记	刘埃林	江西水泥有限责任公司党委副书记	刘　斌
牡丹江水泥集团有限责任公司	安桂起	济南山水集团有限公司投资发展部部长	李延民
重庆腾辉地维水泥有限公司	郑明坤	黑龙江省北疆集团股份有限公司总经理	王学双

★2005 年 4 月 29 日，中国建筑材料工业协会在建材行业全国劳动模范座谈会上公布的劳动模范名单。

第一批国家循环经济试点单位(水泥部分)

为贯彻和落实科学发展观,加快推进循环经济发展,促进经济增长方式转变,按照《国务院关于做好建设节约型社会近期重点工作的通知》、《国务院关于加快发展循环经济的若干意见》(国发[2005]21、22号)要求,国家发展改革委会同国家环保总局等有关部门和省级人民政府,在重点行业、重点领域、产业园区和省市组织开展循环经济试点工作。经报请国务院同意,2005年10月27日,发布《循环经济试点工作方案》和国家循环经济试点单位(第一批)。关于水泥企业的有:

北京水泥厂有限责任公司

内蒙古乌兰水泥厂有限公司

吉林亚泰集团股份有限公司

第七篇

企业篇

部分集团材料

国际化进程

部分集团材料

中国建材二十强企业集团名单（2003年度）★

1. 安徽海螺集团有限责任公司
2. 北京金隅集团有限责任公司
3. 中国建筑材料集团公司
4. 中国材料工业科工集团公司
5. 上海建筑材料(集团)总公司
6. 济南山水集团有限公司
7. 福耀玻璃工业集团股份有限公司
8. 冀东水泥集团有限责任公司
9. 河南省中联集团公司
10. 广州越秀水泥集团有限公司
11. 天津市建筑材料集团(控股)有限公司
12. 江苏华尔润集团有限公司
13. 中国南玻集团股份有限公司
14. 光宇集团有限公司
15. 中国耀华玻璃集团有限公司
16. 浙江三狮集团有限公司
17. 华新集团有限公司
18. 中国洛阳浮法玻璃集团有限责任公司
19. 浙江尖峰集团股份有限公司
20. 宁波浙东建材集团有限公司

★2004年11月25日,中国建筑材料工业协会在京召开新闻发布会,向社会公布《中国建材二十强企业集团名单(2003年度)》。入选条件为年销售额(主营业务收入和其他业务收入之和)10亿元以上、以建材产品和活动为主营业务的企业集团。评选标准根据国家统计局提供的2003年度企业集团统计年报数据,参照国际惯例,以销售收入从大到小排序,取前二十名。

2003年水泥企业销售排行榜二十强★

1. 安徽海螺集团 2 100 万吨
2. 济南山水集团 545 万吨
3. 新疆天山股份 530 万吨
4. 唐山冀东水泥 490 万吨
5. 湖北华新水泥 420 万吨
6. 浙江三狮集团 360 万吨
7. 梅州塔牌集团 300 万吨
8. 北京金隅集团 290 万吨
9. 江苏双龙集团 290 万吨
10. 福建水泥股份 260 万吨
11. 三三〇水泥厂 250 万吨
12. 沂州水泥集团 246 万吨
13. 内蒙蒙西集团 242 万吨
14. 嘉新京阳水泥 232 万吨
15. 工源水泥集团 228 万吨
16. 四川双马集团 218 万吨
17. 太行水泥股份 218 万吨
18. 苏州金猫水泥 210 万吨
19. 安徽巢东股份 205 万吨
20. 柳州鱼峰集团 190 万吨

★中国水泥企业销量排行榜,按累计销量统计到10月份止。

2004年全国工业重点行业效益十佳企业名单（水泥）★

安徽省宁国水泥厂
铜陵海螺水泥有限公司
安徽省池州海螺水泥股份有限公司
安徽省枞阳县海螺水泥股份有限公司

华新水泥股份有限公司
安徽荻港海螺水泥股份有限公司
吉林亚泰水泥有限公司
唐山冀东水泥股份有限公司
南京三龙水泥有限责任公司
广州市珠江水泥有限公司

★据国家统计局统计，2004 年全国规模以上工业实现利润首次突破 1 万亿元，达 11 342 亿元。100 个行业 1 000 家"效益十佳"企业，在全国规模以上工业企业中占的比重仅为 0.4%，实现的利润却高达 4 892 亿元，占整个工业实现利润的 43.1%，成为中国工业效益增长的骨干力量。

2005 中国水泥十强★

企业名称	水泥 Cement			熟料 Clinker			
	产量（万吨）	占全国（%）	排名	产量（万吨）	排名	产量（万吨）	排名
海螺 Conch	4 368.00	4.11	1	5 317.00	1	5 487.00	1
山水 Sunney	1 949.91	1.83	2	1 179.82	2	1 164.70	2
三狮 Leomax	1 370.00	1.29	3	938.00	5	1 023.00	4
华新 Huaxin	1 333.32	1.25	4	854.57	6	998.20	5
冀东 Jidong	1 173.00	1.10	5	1 129.00	3	1 100.50	3
中国建材 CNBM	1 074.00	1.01	6	1 051.00	4	744.00	7
亚泰 Yatai	1 022.00	0.96	7	703.00	7	542.50	10
拉法基瑞安 Ruian	930.00	0.87	8			691.30	8
中材料集团 SINOMA	822.35	0.77	9	610.30	9	548.70	9
红狮 HONGSHI	520.00	0.49	10	620.00	8	775.10	6
Σ	14 555.58	13.68					

★中国水泥协会统计

中国水泥产量五十强（2005 年度）名单★

1. 安徽海螺水泥股份有限公司
2. 济南山水水泥集团有限公司
3. 华新水泥股份有限公司
4. 河北冀东水泥集团有限责任公司
5. 浙江三狮集团有限公司
6. 拉法基瑞安水泥有限公司
7. 吉林亚泰（集团）股份有限公司
8. 中国材料工业科工集团公司
9. 中国联合水泥有限责任公司
10. 河北太行水泥股份有限公司
11. 嘉新水泥（中国）控股股份有限公司
12. 广东塔牌集团有限公司
13. 红狮控股集团有限公司
14. 广州越秀水泥集团有限公司
15. 山东沂州水泥集团总公司
16. 日本太平洋水泥中国投资有限公司
17. 葛洲坝股份有限公司水泥厂
18. 江苏磊达股份有限公司
19. 北京金隅集团有限责任公司
20. 华润水泥控股有限公司
21. 浙江山鹰建材集团公司
22. 亚东水泥（江西、武汉、蒲城）
23. 江苏金峰水泥集团有限公司
24. 中利达集团控股有限公司
25. 福建水泥股份有限公司
26. 上海建筑材料集团水泥有限公司
27. 常州盘固水泥有限公司
28. 兆山新星水泥集团有限公司

29. 浙江虎山集团有限公司
30. 甘肃祁连山水泥集团股份有限公司
31. 广东亨达利水泥厂有限公司
32. 山东榴园水泥有限公司
33. 内蒙古蒙西高新技术集团公司
34. 浙江尖峰集团股份有限公司
35. 大宇水泥(山东)有限公司
36. 浙江兆山建材集团有限公司
37. 浙江水泥有限公司
38. 浙江桐星水泥股份有限公司
39. 辽宁工源水泥(集团)有限责任公司
40. 天瑞集团水泥总公司
41. 江西万年青水泥股份有限公司
42. 内蒙古乌兰水泥集团
43. 安徽巢东水泥集团有限责任公司
44. 天津市建筑材料集团(控股)有限公司
45. 山东铝业公司水泥厂
46. 淄博鲁中水泥有限公司
47. 广西鱼峰集团水泥有限公司
48. 泰山水泥集团有限公司
49. 江苏双龙集团有限公司
50. 太原狮头水泥股份有限公司

★根据国家统计局提供的2005年水泥产量月、年报数据,以水泥产量(水泥和商品熟料之和)为序,遴选出2005年度中国水泥产量五十强。中国建筑材料工业协会、国家统计局工业交通统计司、中国水泥协会共同发布。统计范围包括2005年内已建成投产和在2006年1月点火的生产线。只统计熟料产能,不包括水泥,因此不含粉磨站。

部分集团简介

"十五"期间,通过兼并重组和产能扩张,涌现出来一批在结构调整中取得突破进展的具有科学管理和先进技术支撑的大型水泥企业集团。该集团材料一部分是编辑部收录,一部分是企业投稿,下卷《年鉴》该栏目的内容将更加充实、完善,希望各企业积极参与,将水泥企业集团的管理经验和业绩展现在行业中的历史舞台上。(注:排序不分先后)

安徽海螺集团公司

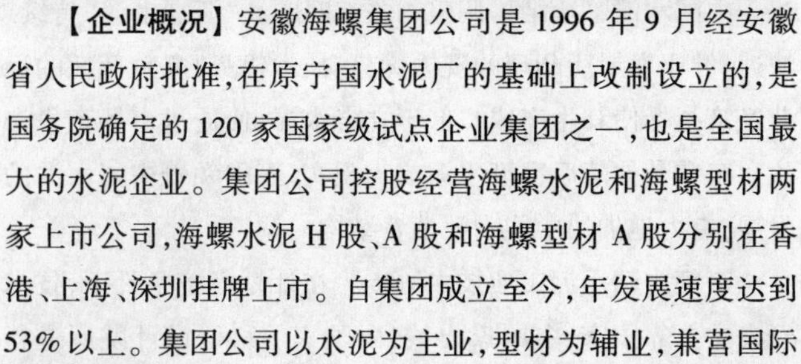

【企业概况】安徽海螺集团公司是1996年9月经安徽省人民政府批准,在原宁国水泥厂的基础上改制设立的,是国务院确定的120家国家级试点企业集团之一,也是全国最大的水泥企业。集团公司控股经营海螺水泥和海螺型材两家上市公司,海螺水泥H股、A股和海螺型材A股分别在香港、上海、深圳挂牌上市。自集团成立至今,年发展速度达到53%以上。集团公司以水泥为主业,型材为辅业,兼营国际贸易、塑料编织、航运、酒店、建筑安装等控股、参股子公司达80多家,分布在华东、华南10省、市、自治区。主导产品"海螺牌"高标号水泥采用新型干法生产技术,引进国外先进生产设备,各项实物指标均优于国家标准,并通过了ISO9002质量体系认证和产品认证,公司产品连续几年产销量均居全国同行业第一位,产品广泛用于道路、桥梁、核电站、高层建筑等国家重点项目和大量民用设施建设。2005年海螺集团已有4条日产10 000吨、1条日产8 000吨、17条日产5 000吨和8条日产2 500吨生产线投入运营。全世界现有7条日产10 000吨特大型生产线,海螺水泥就占有4条,且工艺技术装备水平远远领先于其他同类生产线。2004年,海螺集团在结构调整中得到了快速发展。他们克服煤电油运紧张、水泥市场价格下滑等不利因素的影响,全集团共生产熟料3 380万吨,同比增长62%,生产水泥3 266万吨,同比增长56.4%;水泥、熟料总销量5 590万吨,同比增长58.3%;全集团熟料总产能达4 785万吨,已进入世界水泥产能前10强。2005年,海螺集团销售收入达220亿元,在中国企业500强中位居116位;集团各水泥企业共生产熟料产量5 487万吨,水泥产量4 368万吨,水泥和熟料的销售量6 200万吨,出口水泥和熟料800多万吨。水泥主业连续11年全国第一,按产能排序已进入世界水泥前十强,名列第六位。2005年海螺集团有7条新建的日产5 000吨熟料生产线投产,增加熟料产能775万吨。

【具有的优势】海螺集团公司自成立以来,特别是中国加入世贸组织以来,企业牢牢把握国家产业结构调整和扶优扶强的机遇,瞄准世界先进水平,着眼于参与全球经济竞争,解放思想,自我加压,奋力拼搏,经过努力,水泥主业规模不断扩大,市场布点日趋完善,在华东地区形成了局部控制的局面,华南地区的发展格局基本形成并初具规模,为加速中国水泥工业结构调整、推进行业技术进步做出了重大贡献。

"海螺水泥"的发展,始终是在科学的发展战略和规划的指导下进行的,在战略发展规划的实施过程中,海螺水泥始终以企业最有影响力的区域为基础，时刻瞄准国际同行业先进水平，时刻关注世界水泥工业发展的最新动态，对规划目标、内容和具体项目不断进行完善和调整，避免了投资失误，实现了企业跨越式发展。从1998年9月开始，海螺集团通过广泛的调研，与中国国际咨询公司共同制定了集团公司第一轮战略发展规划。这一轮战略发展规划，将水泥主业的发展目标确定为:3年内水泥及商品熟料生产能力达1 500万吨，5年内水泥和商品熟料达到3 000万吨的生产能力。在“T型”发展战略指导下，通过合理开发长江沿岸的石灰石资源，充分利用长江水运成本低、运能大的优越条件，快速占领了沿江、沿海等经济发达地区高质量的水泥市场。

随着沿江基地和江浙沪等地粉磨站的快速建成，第一轮发展规划的目标很快就提前实现。面对新的形势，2002年7月，在海螺集团党代会上，经过广泛研讨，“海螺水泥”制定了新一轮战略发展规划，为制定和落实新一轮战略发展规划，集团公司在当年下半年分两次对华东、华南等地进行了大规模考察，确定了具体的发展项目。目前，规划的项目都已基本建成。2003年底，安徽省委、省政府领导在听取海螺集团主要工作汇报时，结合安徽省“861”行动计划项目的实施，提出“海螺水泥”2007年要实现水泥产销1亿吨的奋斗目标。

“海螺水泥”在发展的过程中，始终保持了行业领先地位，不断形成并巩固了自身的各项比较优势。

资源优势:“海螺水泥”已控制了长江中下游的安徽安庆、池州、铜陵、芜湖，江苏南京和浙江建德、江西分宜以及湖南、广东、广西等地100多亿吨高品位的石灰石资源，为企业可持续发展提供了可贵的资源保证，拓展了企业可持续发展的空间。

技术优势:2000年元月，集团技术中心取得国家认定的企业技术中心资格，经过多年的努力，集团国家级技术中心在大型熟料基地的规划，大型干法水泥项目的设备成套、自动控制软件编程、工程管理，大型干法水泥生产线设备调试、生产运行等方面已达到国内领先水平;集团建材设计院已能自主设计320万吨级粉磨站，配套设计大型干法生产线。

人才优势:培养和造就了一大批熟悉新型干法水泥应用技术、装备和生产运转方面的专业技术骨干和管理人员以及营销、财务、外贸、金融方面的专业人才。

资金优势:通过“海螺水泥”H股上市、“海螺水泥”A股增发和“海螺型材”A股增发，实现了企业与国际、国内资本市场的成功对接，投融资能力显著增强。在多家银行取得大额授信，并被评为AAA级企业。

市场优势:“海螺水泥”的市场覆盖华东、华南8个省市，已形成较为完善的市场网络，占有该地区较高的市场份额;海螺集团拥有自营进出口权，积累了丰富的国际贸易经验，水泥和熟料已远销到东南亚、非洲、美国等国际市场。

品牌优势:“海螺水泥”以其优良的实物品质、强大的保供能力赢得了广大用户的认可，海螺牌水泥已成为国际驰名商标。

【对行业发展做出的贡献】海螺模式:“海螺水泥”在全国水泥行业率先打破了“全能工厂”的建厂模式，在长江沿岸有资源、能源的地方建熟料基地，利用长江黄金水道的便利条件，在东南沿海等有市场、无资源的地方建水泥粉磨站、中转库，创建了国内外公认的“海螺模式”，完善并成功实施了原国家建材局制定的水泥工业“T型”发展战略。

拉动内需:在投资建设新型干法生产线的过程中，通过与国内外、行业内外设备制造厂家和设计研究部门开展广泛的技术交流，联手开发、大胆试用大型干法水泥国产装备，结束了中国大型装备重复引进、代代引进的历史，推进了装备国产化的进程，打破了多年约束中国新型干法水泥发展的瓶颈问题，有效地拉动了建材机械加工业的内需。

投资国产化:“低投资、国产化”成功的案例，影响了国家水泥项目投资政策，改写了中国新型干法生产线的投资标准，日产2 500吨、日产5 000吨干法生产线吨投资分别由前几年的900～1 200元下降到目前的180～200元。海螺致力于发展新型干法水泥的经验，坚定了全国水泥企业发展新型干法水泥的信心，原国家建材局于2000年8月出台了228号文件，使通过发展新型干法水泥、加快中国水泥工业结构调整形成共识，掀起了全国新型干法生产线的建设热潮，加速了中国建材工业的技术进步和结构调整，缩小了中国水泥工业和世界先进水平的差距。

【对行业发展的促进】“海螺水泥”的崛起，是中国改革开放20多年的缩影，对中国水泥工业具有十分重要的意义。

加速了水泥工业结构调整。“海螺水泥”新型干法熟料生产能力在2004年末已达到4 785万吨，约占当时全国新型干法熟料总生产能力的15%。“海螺水泥”拥有年产1 200万吨级的铜陵熟料基地和一批300万吨级以上的熟料基地，拥有具有国际最先进水平的4条日产万吨熟料生产线，其产量的迅速增加，直接影响着水泥工业结构的改善。开了低投资建设日产2 500吨和日产5 000吨熟料预分解窑新型干法生产线的先河。中国预分解窑新型干法的蓬勃发展得益于“海螺水泥”的无保留地输出先进技术和可靠的装备配置，解决了中国水泥工业结构调整的关键问题。“海螺水泥”持续、快速、健康发展所凸现的规模优势、技术优势，高效低耗的运营经济指标使其生产成本低于立窑水泥，使通过市场竞争淘汰立窑和其他落后窑型水泥成为现实，正引领着中国水泥的发展，有力地加快中国水泥消费结构的调整。

带领中国水泥工业技术进步。在计划经济条件下，技术开发主要靠国家，由国家出钱，由国家的科研设计院所进行技术开发工作。在社会主义市场经济的条件下，优势企业逐渐成为技术开发的主体。“海螺水泥”良好的企业资信和雄厚的技术储备事实上已成为中国水泥工业技术开发的领军企业，通过与国内外科研、设计、制造等单位的广泛合作，开发出低投资，拥有自主知识产权的工艺技术，大量采用国产化装备的日产 5 000 吨熟料新型干法生产线；利用引进的关键技术，开发出了双系列单分解炉日产 10 000 吨熟料新型干法生产系统；大型堆取料装备，高浓度电收尘，立式生料磨、煤磨和篦冷机等关键设备，均在海螺水泥试用完善后推广。海螺水泥低成本、规模化、大型化的发展态势，使中国水泥工业的国际地位得到显著提升。

整合长江三角洲和东南沿海地区的水泥市场。根据历史经验，中国长江三角洲和东南沿海水泥市场易受境外水泥和立窑水泥的冲击。境外水泥的冲击主要表现在高价垄断和低价倾销。“海螺水泥”在该地区强大的市场竞争力，使境外水泥企业无法搞垄断和倾销。“海螺水泥”作为完全靠自己奋斗成长起来的中国民族企业，为社会主义建设和发展提供着优质低价水泥，通过加快自身发展，运用市场机制，迫使立窑等落后窑型水泥逐步退出市场。

完善了水泥“T 型”发展战略，着力建造出口通道，实现与国际水泥市场的对接。“海螺水泥”坚持合理地利用资源，坚持产业和自然的和谐发展，在沿长江有资源的地区建设熟料基地，在长江三角洲无资源的地区建设水泥粉磨厂，丰富和完善了中国水泥工业“T 型”发展战略，“海螺水泥”的发展改变了以外资企业为主的“T 型”发展战略的实施格局，确立了民族企业的主导地位。

“海螺水泥”通过建设熟料基地和水泥粉磨厂，具备了产品进军国际市场的能力，沿江多个万吨级装卸散装水泥、熟料的专用码头和海煤进江中转码头，完善了物流通道，为大量出口水泥创造了条件，实现了中国水泥与国际水泥市场的对接。其中：泰州杨湾海螺水泥有限公司的 3 万吨级码头已具备 400 万吨的出口能力，张家港海螺水泥有限公司 2 万吨级码头已具备 150 万吨的出口能力。除此之外，在建的江门海螺 3 万吨级码头，拟建的泰州杨湾海螺水泥公司 3 万吨级专用码头扩建工程等建成后，“海螺水泥”将具备 1 500 万吨水泥熟料的出口能力以及 500 万吨的“海进江”煤炭中转能力。

世界水泥看中国，中国水泥看“海螺”，已成为国内外共识。

济南山水集团有限公司

【企业概况】济南山水集团有限公司是济南山水集团的核心企业，是 1997 年经济南市人民政府批准、由济南市建材局整建制改制、组建的政府授权经营的国有独资公司。系济南市 6 家、山东省 136 家重点企业集团和全国建材系统集中扶持、重点发展的 9 大集团之一。总资产 31 亿元。主要从事水泥及水泥深加工、新型建材、新材料、建材机械产品的生产制造，兼营商贸、房地产等。该集团公司以山东省为主要发展目标，山水集团水泥产业发展走的是一条依托综合优势、积极推进结构调整、大力发展新型干法水泥、低成本扩张之路。以市场为导向、实施整体规划、科学布局、有效利用当地资源、坚持技术改造与建设新线结合，购并重组与整合并举。2003 年，集团公司生产水泥 750 万吨。2004 年底水泥企业达到 17 家，熟料产能 1 500 万吨，水泥粉磨能力 2 000 万吨，成为全国第二大水泥集团。2005 年，其水泥生产能力达到 3 000 万吨左右。山水集团与摩根、鼎辉、IFC 等世界五百强企业共同投资组建为合资企业。所产“东岳”牌系列水泥，已通过国家质量、环境和计量体系认证，为全国水泥十大名牌、国家免检产品。其他产品还有水泥管道、水泥机械、塑料编织、新型墙体材料等。企业被列入山东省工业 100 强、中国建材 20 强。

企业已通过 ISO9002 和 ISO14001 国家质量、环境管理体系认证。先后荣获山东省管理示范企业、全国建材系统先进单位、全国优秀政工企业、全国“五一”劳动奖状等荣誉称号。集团主导产品“东岳”牌水泥为国家免检产品、山东省名牌产品和全国水泥十大名牌之一。

【发展战略】山水集团实施“做大水泥主业、做强工业园区”的发展战略，率先整合山东水泥、做山东水泥工业龙头的发展定位，实施东进西扩，南北辐射战略，在有资源的地方建设大型熟料基地、在有市场的地方建设水泥粉磨站，建成“济南、潍坊、淄博”三大熟料基地，构筑“济南、潍坊、淄博、青岛、东营、聊城、德州、菏泽”八大水泥市场的整体规划，加快了做大水泥主业的步伐，充分发挥山水集团在水泥技术、管理和品牌方面的优势，实施低成本扩张。先后收购长清水泥厂、青岛流亭水泥厂，整体划转潍坊水泥厂，建设了长清年产 120 万吨、青岛和聊城年产 200 万吨水泥粉磨站，新上了长清、潍坊、昌乐 3 条日产 2 500 吨和淄博、平阴 2 条日产 5 000 吨的新型干法水泥熟料生产线，已初步形成“三大熟料基地、八大水泥市场”的格局。除了整合当地水泥市场外，还将利用青岛港和日照港，开展对外出口。自 2004 年起，山水利用青岛港成功地向韩国出口水泥，完成出口 60 万吨。

在实施“做大水泥主业”的过程中，为防止战线过长带来的管理和经营风险，建立一个畅通无阻、反应灵敏、收放自如的指挥执行系统，山水集团还不失时机地进行了管理流程再造。一是，坚持“母子公司，两级管理”，不设一家孙公司，下属企业都是集团的子公司，最大限度地减少管理层次，缩短管理链条。二是，按照“统分有序、控放有度”的原则，明确集团与下属子公司的职能定位。集团负责发展战略、投资融资、技术改造、经济运行、市场开发、人力资源、企业文化等方面的统筹规划，按照“监督不干预、放权不放任、裁判不缺位”的原则，把管理企业的重点放在协调调度和运行监控上。子公司负责完成集团制定的年度计划指标，上缴投资回报，成为真正的成本控制中心和利润中心。三是，组建物流中心、销售中心、结算中心、技术中心，实现物资统一采购，产品统一销售，资金统一结算，技术统一开发。四是，利用计算机信息技术，通过集团局域网和电视监控系统，对集团下属所有企业的物流、资金流、商品流及生产现场实施远程监控。

“十五”期间，按照“东进西扩、南北辐射”，以及“在有资源的地方建设熟料基地，在有市场的地方建设水泥粉磨站”的总体思路，已建成济南、潍坊、淄博三大熟料基地，同时在济南、聊城、德州、潍坊、青岛、日照、淄博、东营、滨州等9个地市配套建设了大型水泥粉磨站。通过实施“做大水泥主业”战略，山水集团水泥产量实现了速度、规模、效益的同步增长。2005年山水集团形成以水泥、新型建材、新材料为主导产业，以水泥主业关联产业、商贸房地产为辅助产业的“三足鼎立，两翼齐飞”发展格局。销售收入达到60亿元。

“十一五”期间继续按照“做大水泥主业、跻身世界水泥十强”的发展战略，年水泥产量将达到5 000万吨，销售收入超过100亿元。

浙江三狮集团

【企业概况】浙江三狮集团位于风景秀丽的杭州，是由浙江省人民政府批准成立并重点培育的15家大型企业集团之一，集团所属骨干企业浙江三狮水泥股份有限公司是国家520户重点企业之一。三狮集团由30多家企事业单位组成，母公司为浙江三狮集团有限公司，是通过对浙江三狮水泥股份有限公司进行改造，调整股权结构，并经省政府授权设立的国有独资公司。集团公司现有总资产近30亿元，主导产品为水泥及其衍生产品。“三狮牌”水泥为国内名牌产品，已通过ISO9002质量管理体系认证，是国家级首批水泥免检产品。三狮集团已提前实现“十五”规划，年产高标号水泥2 000万吨，1999～2003年连续4年实际水泥产量位居全国三强之列。产品系列有普通水泥、纯硅酸盐水泥、特种水泥等数十个品种，被广泛用于国家重点工程，并批量出口东南亚国家和南太平洋地区；三狮还是国家建材局首批确定的12个水泥出口基地之一。三狮集团技术力量雄厚，具有独立的科研和新产品开发能力，由三狮集团独立开发的秦山核电站特供水泥、海工水泥、抗硫酸盐水泥等，具有很高的科技含量，填补了国内多项空白。目前，三狮集团每年投产建设多条日产5 000吨新型干法水泥生产线，已成长为中国水泥行业最具竞争力的企业之一。三狮集团还将通过跨地区、跨行业、跨所有制、跨国的战略，以投资、收购、兼并、联合方式，在“十五”期间已发展成为年产优质水泥5 000万吨的国家级现代化水泥基地，使水泥主业做大做强做精，跻身世界水泥工业强者之列。

【集体荣誉】浙江三狮集团是浙江省级文明单位，被授予全国建材行业先进集体称号，荣膺全国“五一”劳动奖状，2004年获得全国创新管理成果一等奖。

【集团所属水泥产业单位介绍】

浙江三狮集团湖州达强建材有限公司

浙江三狮集团有限公司的全资子公司——浙江三狮集团湖州达强建材有限公司（“湖州三狮”）的前身湖州水泥厂是一家始建于1958年的老国企，1998年由三狮集团收购，公司位于具有“南太湖明珠”之称的浙江湖州经济技术开发区内，东西走向的318国道、南北走向的104国道、有“东方小莱茵河”美誉的长湖申航道（长兴、湖州、上海）、“华东第二通道”宣杭铁路、宁杭高速公路以及在建的申苏浙皖高速公路均从区内交汇通过，形成了四通八达的铁、公、水路对外交通网络。

除了交通便利以外，“湖州三狮”的地理位置也十分优越。与周边城市距离——东距上海156公里、南邻杭州86公里、宁波200公里、西连无锡110公里、苏州90公里、常州140公里，另距乍浦港140公里。从运输经济学的角度看，恰好位于“200公里合理运输半径”的中心，同时也是中国经济最具活力和发展潜力的长三角地区的中心。

公司现拥有以"高效、环保、节能"为特点的日产1 000吨和日产2 000 吨窑外分解新型生产工艺熟料生产线各一条，水泥年产能超过150 万吨，是浙北地区的大型水泥企业之一，同时还是被湖州市政府列为打造先进水泥制造业基地的重点企业。主导产品"高翔牌"42.5、32.5 普通硅酸盐水泥分别获国家、省、市优质产品证书，2003 年获得国家质量免检证书，在环太湖流域、杭州、上海、宁波等市场上享有很高的信誉。除出口日本、韩国等国家外，还广泛用于沪宁高速公路、浦东国际机场、杭州黄龙体育中心等重点工程。

目前，浙江三狮集团湖州达强建材有限公司正大力弘扬"卓越、自强、创造、进步"的三狮企业精神，实施可持续发展战略，走以新型工业化推进区域产业循环经济的道路，全力打造"绿色、文明、精品"之新达强，为推进水泥工业结构调整和产业升级而作出新的贡献。

浙江三狮集团特种水泥有限公司

浙江三狮集团特种水泥有限公司，是浙江三狮集团控股的股份制企业，是中国最大的特种水泥生产研发基地之一，年生产经营特种水泥能力100 万吨。主要产品有：膨胀、海工、快硬系列特种水泥，新型混凝土外加剂和新型特种建材。投资500 万元建立特种水泥研发和质量控制检测中心，能及时为客户提供各种高性能特种水泥，并可根据客户的需要，研发其特殊用途的新型特种建材。

中国联合水泥有限责任公司

【企业概况】中国联合水泥有限责任公司(简称"中国联合水泥")成立于1999 年6 月。它是中国建筑材料集团公司4 大制造业板块之一，是中央企业最大的从事水泥生产制造的专业化公司。2006 年3 月23 日，中国联合水泥作为中国建材股份有限公司的核心企业之一，在香港成功上市。

"中国联合水泥"是国家重点扶持的9 大水泥集团之一，2004 年公司所属全资及控股企业年产水泥能力达到1 600万吨，居全国水泥行业前6 名。中国建材集团"中国联合水泥"现拥有全资、控股大型新型干法水泥制造企业4 家：中联鲁宏水泥有限责任公司、中联巨龙淮海水泥有限公司、中国联合水泥有限责任公司南阳分公司、青州中联鲁宏水泥有限公司。目前，山西大同水泥集团有限公司、湖南韶峰水泥集团有限公司、山东枣庄中联鲁宏水泥有限公司(原鑫厦公司)等一批大型企业即将通过战略重组融入中国建材集团"中国联合水泥"。公司所属企业遍布中国23 个省、市、自治区，主市场范围涵盖山东、江苏、河南、河北、山西和湖南六个省份。"中国联合水泥"致力于高标号水泥生产，各企业的工艺设备主要采用大型新型干法水泥生产线，现有"鲁宏"、"盖泽"、"巨龙"、"云冈"、"航天"、"子岩"、"韶峰"等品牌水泥享誉国内。

"中国联合水泥"拥有行业政策优势、企业整合优势和行业技术优势，同时"中国联合水泥"在行业中还拥有市场覆盖、信息管理、人力资源等方面的比较优势。

【发展战略】"中国联合水泥"以"善用资源、服务建设"为愿景；构建"中建材一家"和绩效导向型的企业文化；弘扬"诚信务实、团结向上"的企业理念。公司实施"绿地战略"，构建陇海线，环渤海，中原、中南三大区域市场，依靠中央企业特有的信息优势、融资优势、技术优势、政策优势和行业整合优势，与行业同仁以联合求发展，力求把公司做大做强。

"中国联合水泥"的企业宗旨是"服务社会，创造企业价值最大化"。公司的战略目标是，"十五"期间实现产销水泥3 000万吨，成为国内强势水泥集团，2010 后跨入世界水泥十强之列。

"中国联合水泥"以"满足客户，回报员工，回报股东，回报社会，促进地方经济社会发展"为己任。公司将继续以独特的经营运作模式，先进的管理理念，良好的企业形象，跨越南北、贯穿东西，坚持走产品经营与资本经营相结合道路，实现企业内外的双赢与融合兴旺。

【企业优势】中国联合水泥公司的母公司中国建筑材料集团公司直属国务院、国有资产监督管理委员会，是国家163家重点企业集团之一，享有国家资本金授权管理及兼并重组等相关优惠政策。

中国建材集团将水泥方面的优势资源投入到中国联合水泥公司，不断整合、发展壮大中国联合水泥公司。国家有关部委和国家建材工业协会对中国联合水泥公司经常性的指导与支持，使"中国联合水泥"在行业规划发展、企业市场等前沿信息方面具有很大的信息优势。

企业整合优势。公司下属的企业跨省市，分布全国，其中有联合兼并重组企业、有国家资本金出资人到位的改制企业、有部队划转企业等，中国联合水泥公司坚持建设现代企业制度，建立完善的企业法人治理结构、规范经营管理、开拓区域市场、积极推进机制创新和技术创新，建立大中联企业文化，创建学习型组织，使整合企业在较短的时间内实现扭亏为盈，或者体现优势互补。

目前公司正加快企业产品经营与资产经营的结合，与银行、地方股东及战略伙伴密切合作进行更大范围的资本重组、企业重组、文化重组，有进有退，有取有舍，整合各企业市场、技术、信息、管理、资金、人才方面资源，强化主业，共享大中联资源，形成大中联的联合协作，凸现协同效应，创造公司价值最大化。企业整合中体现的"中联"模式，正吸引着更多的企业与中国联合水泥公司进行战略联盟。

【技术优势】以国家级科研院所合肥水泥研究设计院为核心的中国联合水泥公司技术中心在中国水泥行业享有较高的声誉，科研、设计、技术水准达到国内先进水平。形成了以水泥热工、粉体工程、自动化控制、环境保护工程、水泥原料优化开采和资源综合利用为代表的优势专业，为企业的发展提供了良好的技术保障；各企业的工艺技术装备通过技术改造也已达到国内先进水平，与世界先进企业的技术合作也正在开展之中。

【下属企业生产线状况】

中联鲁宏水泥有限责任公司

中联鲁宏水泥有限责任公司位于山东滕州（原山东鲁南水泥有限公司），于1990、1991年分别建成两条日产2 000吨熟料新型干法生产线；2001年分别改造为日产2 300吨熟料新型干法生产线；2004年建成投产1条日产5 000吨熟料新型干法生产线；另在菏泽、济宁等地建有两座年产100万吨的粉磨站及两座混凝土搅拌站。目前年水泥生产能力为450万吨。

中联巨龙淮海水泥有限公司

中联巨龙淮海水泥有限公司位于江苏徐州（原江苏巨龙水泥集团有限公司），于1989年建成投产1条日产3 300吨新型干法生产线；1991年改造为日产3 700吨熟料新型干法生产线；2004年建成投产1条日产5 000吨新型干法生产线；另在阜阳、连云港、宿迁等地建有年产100万吨粉磨站3座；目前年水泥生产能力为400万吨。

中国联合水泥有限责任公司南阳分公司

中国联合水泥有限责任公司南阳分公司位于河南南阳（原河南南阳航天水泥厂），2004年建成投产1条日产3 000吨新型干法生产线；拥有4台机立窑水泥生产线；目前年水泥生产能力为180万吨。

青州中联鲁宏水泥有限责任公司

青州中联鲁宏水泥有限责任公司位于山东青州，2004年建设1条日产6 000吨新型干法生产线；另在滨州、青岛等地建有年产100万吨粉磨站2座；目前年水泥生产能力为240万吨。

邢台鑫磊建材（集团）股份有限公司

邢台鑫磊建材（集团）股份有限公司位于河北内邱，2000年建成投产1条日产1 000吨新型干法生产线；2003年建成投产1条日产2 500吨新型干法生产线；另有2台立窑水泥生产线；目前年水泥生产能力为160万吨。

山东安厦水泥集团有限公司

山东安厦水泥集团有限公司于2004年建成1条日产2 500吨新型干法生产线；另有9台立窑水泥生产线；目前年水泥生产能力为200万吨。

河南安阳海工水泥厂

河南安阳海工水泥厂，建有1座年产15万吨的粉磨站；另有3条湿法窑水泥生产线；目前年水泥生产能力为35万吨。

湖南韶峰水泥集团有限公司

湖南韶峰水泥集团有限公司于1996年建成投产1条日产2 000吨新型干法生产线；在株州、益阳等地分别建有年产60万吨粉磨站和年产80万吨粉磨站各1座；另有4条湿法窑生产线；目前年水泥生产能力为220万吨。

大同水泥集团有限公司

大同水泥集团有限公司：拥有7条湿法窑生产线；目前年水泥生产能力为140万吨。

“中国联合水泥”新型干法水泥年生产能力合计为1 600万吨，其他窑型年生产能力495万吨。

华新水泥股份有限公司

【企业概况】华新水泥股份有限公司是水泥行业具有百年历史的龙头企业，也是政府重点扶持的大型工业企业之一。1907年由清政府批准兴建，1946年重建。上世纪50年代曾被毛泽东主席誉为“远东第一”。1993年实行股份制改造，A、B两种股票在上海证券交易所挂牌上市。1999年同世界上最大的水泥制造商之一——瑞士 Holcim 建立了战略伙伴关系（该集团为公司第二大股东），提升了企业的发展水平。在新的世纪，公司坚持积极、稳妥、快速、高效的原则，以宏伟的气魄，非凡的胆识，通过新建、扩建与并购等手段，实现了超常规的扩张。

公司主要经营水泥、水泥设备、水泥包装制品的制造与销售，具有世界一流的技术，一流的设备，一流的信誉和一流的服务。公司拥有国内先进的质量保证系统，在水泥行业率先通过了ISO9001和ISO14000体系认证，又首批通过了质量管理体系2000版认证。公司所有水泥产品保持全优，“华新”、“堡垒”是全国及湖北省著名商标，“金猫”、“胜马”是中国建材行业、江苏省的著名商标，所有产品均为国家免检，其中有些产品在历史上多次荣获全国优质产品质量金奖。“华新”的品牌独具特色，在海内外享有盛誉。

公司具有极强的技术与管理优势。上世纪50年代研制的“华新窑”，是中国当时最先进的水泥制造大型设备，独领风骚数十年，成为中国水泥工业发展史上的里程碑；公司在“八五”、“九五”期间完成的4、5号窑建设项目（分别为日产2 500、5 000吨熟料），体现出优质、高效、经济的特点，为中国新型干法水泥生产线的建设积累了宝贵的经验，促进了中国干法水泥生产技术的成熟。

“十五”期间，“华新”进入了飞速发展期，先后建成了“华新宜昌”日产3 200吨熟料生产线、“华新红旗”年产80万吨粉磨站、“武钢华新”年产60万吨粉磨站、“华新南通”年产80万吨水泥粉磨站、“华新仙桃”20万吨粉磨站、“华新阳新”日产6 000吨熟料生产线等工程并投入生产；“华新恩施”日产2 000吨熟料生产线、“华新西藏”日产1 000吨熟料生产线、“华新武穴”日产5 000吨熟料生产线、“武钢华新”年产60万吨粉磨站二期工程、“华新南通”年产80万吨水泥粉磨站二期工程、“华新岳阳”80万吨水泥粉磨站等工程建设。2003年华新又成功地收购了苏州金猫水泥有限公司51%的股权，控制近12亿元的资产，成立了“华新”金猫水泥（苏州）有限公司，使华新进入了我国经济发展最快的长江三角洲地区。2005年，公司水泥年生产能力将达到2 500万吨，水泥设备年生产能力6 000吨。

“华新”具有“中国水泥工业摇篮”的美誉，为中国的水泥工业的发展和社会主义建设做出了巨大的贡献。国内外许多知名的大型水泥骨干企业，都曾留下了“华新”人的智慧和汗水。“华新”为政府、大专院校、相关科研机构和兄弟企业输送了大批优秀技术、管理人才；与武汉理工大学联合建立了博士后产业基地。历年来公司荣获地市级以上各类荣誉千余项，尤其是公司AAA信誉等级的评定，“全国优秀企业”、“全国五一劳动奖状”等荣誉的获得，使良好的企业形象锦上添花。

品牌优势——企业始建于1907年，发展至今是中国华中地区最大的水泥企业，悠久的历史创造了声誉很高的“华新牌”和“堡垒牌”水泥，1980年获中国著名商标称号，1991年、1996年、2000年被湖北省认定为著名商标；

技术优势——拥有各类工程技术人员和管理人员300人，技术力量雄厚，开发能力较强。近年来公司自主或合作研制成功和研制的新产品、新材料主要有：缓凝微膨胀水泥、超细粉、干粉砂浆、彩色水泥等；研制成功和正研制的新设备6项，涉及烧成、粉磨和包装等多方面，提高主业在市场的竞争力；有日产2 500吨、日产5 000吨级新型干法水泥生产线；

管理优势——公司培养了一批优秀的、年富力强的管理人才，已形成能与国际惯例接轨的管理模式。管理人员的平均年龄39岁，其中博士生、硕士生6名，其余人员均经过正规、系统的专业和综合管理培训；自1994年发行B股以来，公司管理层一直按国际惯例、国际会计标准评价和管理，境内外会计师事务所对公司历年经营发表了无保留审计意见。

1999年华新水泥股份有限公司与世界最大的水泥制造商——瑞士Holcim公司建立了全球战略伙伴关系，在经营理念上，专营主业是Holcim成功的一个经验，强调企业发展不仅要追求效益，更要注重观念。因此对于公司的发展，Holcim同样要求“华新”走专一化发展道路，在水泥生产上做精、做强，不盲目求大，在区域市场站稳后，再向全国市场扩张。“华新水泥”收购苏州金猫水泥有限公司51%股权就是很重要的一步棋。在投资上，Holcim要求公司收缩战线，从与水泥生产不相关的产业撤回投资。

通过与国际水泥企业的合作和交流，公司吸收了大量国外的先进管理模式和方法，形成了以营销管理为龙头，以质量和成本管理为重点的管理体系，多次被评为湖北省优秀企业，并获国家级管理荣誉奖35项。

河北省冀东水泥集团股份有限公司

【企业概况】河北省冀东水泥集团有限责任公司是1996年9月经河北省人民政府批准，在原河北省冀东水泥厂基础上按照现代企业制度规范改制组建的国有大型企业，国家520家重点企业之一。集团公司骨干企业——唐山冀东水泥股份公司是1994年5月由冀东水泥厂独家发起采取定向募集方式组建的国内集中生产规模最大的水泥公司，1996年5月冀东水泥6 000万A股股票在深交所上网发行。集团公司所属6个全资子公司、8个控股公司，总资产65亿元，在岗员工7 484人，是一个以水泥生产为主业，集水泥机械制造、机电设备安装与维修、化学建材、塑料编织袋、交通运输、针纺织品、工程监理、散装水泥储运和第三产业等多种经营为一体的大型综合经济实体。企业先后荣获“全国优秀企业(金马奖)”、“中国水泥生产大王”、“全国思想政治工作优秀企业”、“河北省最佳形象单位”、“河北省节约资源综合利用先进单位”等80多项荣誉称号，被誉为中国水泥工业排头兵。

集团公司以“盾石”牌低碱硅酸盐水泥为主导产品，包括通用、专用两大系列十几个品种，到2003年底水泥主业生产能力已达到1 200万吨，是目前中国北方最大的水泥生产集团。产品通过了ISO9000质量管理体系认证、马来西亚出口免检认证和国内首批水泥免检认证，广泛用于国家重点工程、基础设施、桥梁、公路等工程建设，出厂合格率、富裕标号合格率始终保持在100%，产品在国内外具有很高的知名度和可观的市场份额。

公司在保持水泥主业竞争优势的同时，积极发展铝塑复合管、PE供水管、塑钢门窗、干粉砂浆等新型建材。目前，公司年可生产直径16～110毫米的铝塑复合管1 000万米、绿色环保干粉建材15万吨、塑钢门窗30万平方米，并可生产塑料涂复水泥编织袋1亿条、柔性集装袋100万条。公司还突破传统水泥生产领域，不断向建材机电设备维修安装和建材机电设备产品生产发展，于1999年组建了机电设备公司，承接机电设备维修和安装业务。

集团水泥主业工艺技术先进、装备精良，在中国水泥行业一直保持优势地位。1998年与河北宝硕集团合作引进德国威格玛公司先进设备组建的塑钢门窗组装生产线，2000年从瑞士Swisscab公司引进的铝塑复合管生产线及实验室检测设备等，工艺、技术水平都居世界领先地位。2000年筹建、2001年7月投入生产的盾石干粉生产线，全套设备从奥地利筑霸王公司引进，是中国目前现代程度最高、规模最大的干粉建材生产线。

【发展战略】冀东水泥集团以振兴中国水泥工业为己任，瞄准打造中国北方超大型水泥企业集团的目标，制定并实施了“三大战略”(三北战略、一体两翼战略、奥运战略)，致力成为更具有竞争实力的综合性经济实体和中国建材行业的“四跨”型企业集团，实现水泥主业上规模，新型建材创水平。到“十五”末，冀东水泥集团公司水泥年产量将达到2 500万吨以上，工业增加值、经济效益等指标将会有更大的突破。

2004年，冀东水泥股份有限公司收入较2003年有所增长，但净利润却低于上年。2004年，公司生产水泥823.39万吨，上年同期生产水泥589.99万吨，同比增长39.56%；生产熟料699.84万吨，上年同期生产熟料532.55万吨，同比增长31.41%。销售水泥751.50万吨，上年同期销售水泥585.75万吨，同比增长28.30%；销售熟料134.83万吨，上年同期销售熟料133.84万吨，同比增长0.74%；出口水泥55.63万吨，上年同期出口8.15万吨，同比增长582.58%。

2004年，公司实现主营业务收入183 384.69万元，上年同期142 428.46万元，同比增长28.76%；实现净利润14 299.12万元，上年同期14 730.19万元，同比降低2.93%；应收账款原值35 478.11万元，上年同期46 031.14万元，同比降低22.93%，货款回收率达到105.21%。

主要控股公司及参股公司的经营情况及业绩

被投资公司名称	注册资本(万元)	净利润(万元)	总资产(万元)
唐山冀东水泥三友有限公司	10 000	842.74	38 990.86
冀东水泥吉林有限责任公司	13 000	2 867.10	49 180.27
冀东水泥磐石有限责任公司	17 900	5 109.37	43 347.39
鞍山冀东水泥有限责任公司	14 000	113.43	46 655.87
冀东水泥扶风有限责任公司	15 000	240.65	58 780.95

被投资公司名称	主要经营活动	生产能力(万吨/年)	项目进度
唐山冀东水泥三友有限公司	水泥熟料、水泥、水泥制品生产、销售及水泥技术服务	熟料:100 水泥:80	正式生产
冀东水泥吉林有限责任公司	水泥制造、销售	熟料:100 水泥:150	正式生产
冀东水泥磐石有限责任公司	水泥熟料、水泥、水泥制品生产销售、装卸	熟料:115	正式生产
鞍山冀东水泥有限责任公司	水泥熟料的生产和销售	熟料:155	正式生产
冀东水泥扶风有限责任公司	水泥、水泥熟料及石灰石生产和销售	熟料:130 水泥:160	正式生产

“冀东水泥”凭借公司在北京市场20%以上的占有率,面临着前所未有的发展机会,目前奥运基础设施建设已经全面铺开。其中北京2008年奥运会将需要33个赛场。直接投资300亿元;而基础设施的投资将近2 000亿元;北京房地产业也将进入黄金发展期。未来6年全北京市累计总投资将突破18 000亿元,年均增速将提高3个百分点,平均每年达到14%;道路交通工程建设进入高潮。从投资规模看,未来5年,在城市交通方面的投资将达到900亿元。到2008年,北京新建和改建城市道路318公里,新建城市轨道交通(新建8条地铁线路)达到138公里。以上项目投资所需的大量水泥需求必将直接提升“冀东水泥”经济效益。

“冀东水泥”不仅稳稳地占据了华北市场,2004年5月19日,子公司鞍山冀东水泥有限责任公司一期工程日产3 000吨水泥熟料生产线点火一次成功。鞍山冀东公司将成为辽南地区规模最大的水泥生产企业,将进一步提高冀东水泥在东北地区的市场竞争力,成为“冀东水泥”“扩大华北、挺进东北、开拓西北”发展战略的重要支撑点。该工程是“冀东水泥”与鞍山钢铁集团公司共同出资组建的大型水泥生产企业,公司注册资本金为1.4亿元,股东双方各占50%,工程计划总投资4.6亿元。该项目正式投产后可大量利用鞍钢“三废”资源生产水泥熟料,属环保项目。整个工程分两期进行,一期熟料工程一次点火试车成功;二期水泥及矿渣微粉工程已进入有序准备阶段,预计2005年建成投产。

吉林亚泰水泥有限公司

【企业概况】亚泰集团1993年组建,是国有控股的综合类绩优上市公司,亚泰集团A股1995年在上海证券交易所挂牌上市,目前,亚泰集团已涉足水泥、地产、医药、证券、商贸五大产业,成为多元化经营、紧密型管理的大型企业集团,总资产达到69亿元。经过多年的扩张发展,现有水泥生产能力600万吨,2004年水泥产量居全国同行业第八,利润位居全国同行业第四,在东北位居同行业之首,为东北最大水泥生产基地。吉林亚泰水泥有限公司坐落在长春市双阳区,是亚泰集团的支柱企业之一。公司现有2条日产2 000吨水泥熟料窑外分解生产线、1条日产2 500吨商品熟料窑外分解生产线和一座装机容量为1.2万千瓦的余热发电站。是一座年生产高标号水泥160万吨、商品熟料80万吨、发电量为8 350万千瓦时的大型现代化水泥生产企业,是东北水泥工业的龙头企业,也是中国水泥工业基地之一。吉林亚泰水泥有限公司第一条生产线是国家“八五”期间重点建设项目,始建于1990年,1993年建成投产。该生产线集中代表了中国第二代大型窑外分解生产线的领先水平,是国家水泥装备国产化“一条龙”示范生产线,具有经济技术指标先进、自动化程度高、质量控制可靠、环保设施齐全、占地面积少、设备大型化等特点,被原国家建材局誉为“中国第一线”。1997年企业改制后,依靠亚泰集团的各种优势,先后扩建了2条生产线和一座余热发电站,奠定了企业的坚实基础,使企业步入了良性发展的“快车道”。公司也以快速的增长和蓬勃的发展势头,被国务院专家组誉为“水泥行业最有活力企业”。“亚泰水泥”同时也是国家重点支持的水泥企业,为国家重点扶持的十大水泥生产企业之一,在东北,“亚泰水泥”是惟一受国家水泥产业政策扶持的水泥生产企业。

吉林亚泰水泥公司始终坚持“管理兴企、从严治企”的经营方针，导入“亚泰模式”，引入市场机制，深入开展“争一流管理，保一流环境，创一流效益，作一流贡献”活动，先后被评为“长春市管理十佳单位”、长春市“花园式工厂”、“省级三好企业”、“全国建材系统先进集体”、“全国质量效益型先进企业”、“全国部门造林绿化四百佳单位”等。公司生产的“鼎鹿”牌水泥先后荣获了吉林省“质量管理奖”、“省质量免检”产品、“吉林名牌”产品、“用户满意产品”、“国家推荐建材产品”、“国家免检产品”等荣誉称号。1996 年，公司通过了 ISO9002 质量管理体系认证，成为东北首家获得该认证的水泥生产企业；1999 年，顺利通过了 ISO14001 环境管理体系认证，成为吉林省首家取得该认证的水泥生产企业。2002 年 12 月，公司又顺利通过了 OHSAS18001 职业安全卫生管理体系认证，成为全国水泥行业和吉林省首家获得该认证的企业。同时也成为全国水泥行业中第一家拥有三个体系认证的企业。

2005 年，国家振兴东北老工业基地政策的逐步落实，决定了固定资产投资力度将进一步加大。

目前国内及国际大型企业集团纷纷看好东北这一市场，并有多家公司计划与亚泰集团合作。另外，亚泰集团采取独资及合资方式在黑龙江省双鸭山市建设了 2 个煤矿（年生产能力 150 万吨），保证亚泰集团水泥产业发展对燃煤的需要。按亚泰集团发展规划，到 2010 年亚泰集团水泥产业总产量达到 1 500 万吨。

上海建筑材料集团水泥有限公司

【企业概况】上海建筑材料集团水泥有限公司是上海建筑材料（集团）总公司所属的核心企业板块。公司拥有净资产 6 亿多元，员工有 3 000 人，其中包括中高级技术人员 165 名。公司实行在外省市建设熟料基地——在上海进行粉磨配制水泥——发展商品混凝土及制品、商品砂浆——各类外加剂纵向一体化经营。年生产熟料 170 万吨，水泥 450 万吨，商品混凝土 130 万方，白水泥 10 万吨，商品砂浆 40 万吨，以及彩色水泥和各类外加剂等 10 余种产品。2005 年名列中国水泥 50 强，是上海地区最具影响力的水泥及延伸产品综合性生产企业。

公司所属的核心企业有：上海水泥厂（100 万吨水泥粉磨）、浦东水泥厂（日产 1 000 吨新型干法生产线，85 万吨水泥粉磨）、万安企业总公司（日产 1 500 吨新型干法生产线，150 万吨水泥粉磨）、上海联合水泥公司（日产 2 000 吨新型干法生产线，100 万吨水泥粉磨）、上海白水泥厂（10 万吨白水泥粉磨）、长兴石灰石矿（原料基地）。

公司有生产水泥延伸产品的各类企业 8 家，其中控股的合资企业有：上海浦龙混凝土制品公司（30 万方/年）、上海洋山港基混凝土制品公司(60 万方/年)、上海和德混凝土有限公司(40 万方/年）。

公司所属的水泥企业，均具备国家颁发的水泥生产许可证并通过 ISO9000—2000 产品质量认证和质量管理体系认证；粉尘排放达到小于 30 毫克/标立方米的欧盟标准，水、声、气、渣的排放量，也大大低于国家标准。公司所属企业产品能源单耗，均达到国内同行中的较好水平。

上海建筑材料集团水泥有限公司自 2000 年重新整合组建以来，始终坚持科技兴企，发展循环经济的方针，创新地提出了“生态水泥”的理念，即以高科技和知识经济为背景，以新技术改造传统工艺和产品创新为主要特征，对传统的水泥工业高能耗、高资源浪费、高污染环境这“三高”的整治，追求资源利用最大化和污染排放最小化，使企业成为节约型、环保型、高效益的新型工业企业，追求可持续发展的经济增长方式，并取得了许多领先全国的技术改造成果。

【集团所属水泥企业单位介绍】

上海万安企业总公司

上海万安企业总公司是上海建筑材料集团水泥有限公司下属的国有全资企业。拥有一条直径 3.5 × 88 米“湿改干”水泥生产线，生产能力为年产熟料 50 万吨，年产水泥 80 ~120 万吨；“万安牌”商标是上海水泥市场的著名品牌。“万安牌”水泥为上海的城市建设、重大工程和标志性建筑做出过重大贡献。

上海万安企业总公司把坚持科技兴企，发展循环经济作为治厂方针，创新地提出了“生态水泥”的理念，即以高新技术和知识经济为背景，以新技术改造传统工艺和产品创新为主要特征，对高消耗和高污染进行整治，追求资源利用最大化和污染排放最小化，使企业成为节约型、环保型、高效益的新型企业。

近些年来，上海万安企业总公司调动广大科技人员的积极性，投入了8 000多万元的技术改造资金，围绕节能、降耗、环保先后完成了大小50余项技改项目，取得了丰硕的成绩。水泥综合能耗从170千克标煤/吨，降低到112千克标煤/吨；水泥综合电从109千瓦时/吨降低到84千瓦时/吨；粉尘排放从150毫克/标立方米降到小于50毫克/标立方米，达到了欧洲水平；水、气、声、渣的排放都大大低于环保规定的国家标准，并在改造中取得多项领先于行业的技术改造成果。

——全国第一家利用水泥回转窑处置有毒有害危险废弃物的企业

利用水泥回转窑处置有毒有害危险废弃物，在处置的过程中，对废弃物本身的热值加以了充分的利用，降低了熟料烧成煤耗，达到了环保、节能双重效果，为城市工业有毒有害废弃物的处置，提供一条安全可靠、废物利用的新途径，为环境保护做出了贡献。经检验测试，该窑一年可处理液体、半固体、固体和悬浮状等各种工业危险废弃物8 000余吨，已累计处理有毒有害废弃物5万多吨，累计创利2 000万元。这项技术通过了上海市经委和建委联合主持的技术鉴定，填补了国内这一领域的空白。此项技术成果不仅获得上海市科技进步三等奖，而且在处理过程的密封装置改进中获得2项技术发明专利。

——全国第一家利用国内技术成功开发回转窑纯低温窑尾余热发电技术并一次达标的企业

利用国内技术成功开发回转窑纯低温窑尾余热发电技术大大减少了二氧化碳污染的排放，降低了能源消耗。在此项目中，万安企业总公司获得了2项有自己知识产权的技术专利，余热发电项目也获得了上海建材行业技术革新一等奖。

——应用电-袋结合收尘新技术，粉尘排放达到欧洲先进标准

水泥窑的烟囱排放是水泥企业粉尘排放最大的污染源。万安企业总公司在上了纯低温余热发电项目后，使排放的废气温度大大降低，为进一步治理粉尘排放创造了条件。他们又瞄准了天津水泥设计院的电-袋结合收尘的最新技术，投资400余万元，将水泥窑的电收尘，改造为电-袋结合收尘，使烟囱粉尘排放达到了小于50毫克/标立方米的欧洲水平，不仅大大改善了对周围环境的影响，而且每年可以回收8万吨粉尘，降低了料耗，节约了资源。

——用先进技术淘汰落后工艺，开辟节能降耗新途径

万安企业总公司有一条80年代留下的独立水泥粉磨线，由两台直径2.2×6.8米老式圈流磨组成，工艺落后，产量低，能耗高，吨水泥粉磨电耗在42千瓦时以上。为了把水泥粉磨电耗降下来，淘汰落后粉磨工艺和设备，拆除2台直径2.2×6米的圈流水泥磨。投入5 000万元资金，采用先进的辊压机加水泥磨技术，对水泥粉磨系统进行系统节能技术改造。新建一条辊压机加一台直径3.2×13米开流磨生产线，新增年生产能力50万吨；改造在原三台直径2.4×13米的开流水泥磨的基础上，加装一台熟料辊压机，以“一带三”的方式形成辊压粉磨系统，大大提高了生产能力。技改后，水泥粉磨电耗达到28千瓦时/吨，比改造前每吨水泥电耗下降了14千瓦时，达到行业的先进水平。全年可节电1 700万千瓦时，增加效益920万元。在生产用水的循环利用上，2002年万安企业总公司利用“湿改干”后闲置的料浆大池，改造为循环水处理池，实现了水的循环利用，一年可节约用水40万吨。同时污水也实现了“零排放”。为了降低生料磨电耗，2005年万安企业总公司对生料磨1 050高压风机进行变频技术改造，每小时节电达到300千瓦时，效果相当显著。

“十五”期间，上海万安企业总公司坚持科技兴企，在国内同行中率先发展循环经济，起到了示范作用。通过技术改造，不仅熟料产量增加了49%，粉磨能力增加了200%，能耗指标大幅度下降，达到了国内先进水平，而且在改善环保、处置城市工业废弃物作资源再利用方面，为社会做出了回报。同时在企业环境整治中，绿化面积达到了20 000平方米，一座花园式水泥工厂的雏形正在上海金山崛起。

在回报社会的同时，上海万安企业总公司也得到了技术提升后的丰厚回报。2005年在上海水泥行业大面积亏损的情况下，万安企业总公司仍取得了利润2 100万元的优良业绩。更可贵的是在技术改造的实践中，锻炼和造就了一批技改能手和科技领军人才，为企业今后的发展和进一步开拓水泥行业循环经济新领域储备了人力资源。

上海浦东水泥厂

被上海市政府命名为花园工厂的浦东水泥厂是上海水泥行业中的第一家。又是上海水泥行业第一家获得GB/T24001—1996 ISO14001——1996环境管理体系认证证书。该厂还是全国第一家将水泥窑尾收尘器改为电袋结合收尘器，将水泥厂最大的污染源排放从原来的150毫克/标立方米降低为<50毫克/标立方米，达到了欧洲标准。为降低热耗，又自主开发了利用水泥窑体外部热量制生活用热水，在水泥行业节能降耗中开创了先河。

上海水泥厂

上海水泥厂是中国历史最悠久的水泥企业之一，曾在中国水泥史和民族工业史上有重要的影响，为建设资源节约型和环境友好型企业，果断地拆除工艺落后、高能耗的三台湿法窑，把全能型水泥厂调整为以粉磨为主的水泥及特种水泥配制厂，成功开发了洋山深水港建设用的抗氯盐硅盐水泥（已申请国家专利）和政府推广的商品砂浆，为提高上海散装水泥使用率和工业废渣利用率做出了贡献。

上海建筑材料集团水泥有限公司以其高质量的产品和优质的服务，是上海重大工业建设用材首选的对象。在上海建设“四个中心”和国际化大都市的历程中，大量标志性建筑和市政重大工程如东方明珠、金茂大厦、大桥、高楼、隧道、海

港、机场、轨道交通等等，到处都留下了公司产品的踪迹，上海建筑材料集团水泥有限公司为此也荣获“上海市重大工程立功竞赛优秀公司”四连冠的殊荣。

在生产水泥产品的同时，公司每年还消化钢渣、矿渣、粉煤灰、石灰石尾矿、工业废石膏等工业废弃物120余万吨，焚烧化工企业6 000多吨危险废弃物，为资源再生利用，保护环境做出了贡献。

上海建筑材料集团水泥公司在回顾总结“十五”期间的历程后，根据国家在“十一五”期间对水泥工业发展的要求和上海市建设国际化大都市的产业发展政策导向，制定了公司“十一五”发展规划。以发展循环经济和科技进步为主导，以建设资源节约型、环境友好型、技术创新型企业为目标，加快结构调整，合理布局产品；发展多元投资，加强科技创新，通过改造、兼并整合各方资源，运用现代信息技术和现代组织管理形式，建设集成经营网络，推进传统的制造业和贸易向现代服务业升级，在发展中把企业做大做强。

目前公司正在开发和建设的项目有三项：

1. RDF项目。RDF项目是引进德国水泥窑处置城市生活垃圾技术，使生活垃圾变成再生燃料，替代万安企业总公司回转窑40%的窑烧用煤。该项目开发成功，每天能消纳2 100吨原生垃圾，对节约资源，保护环境有重大的意义。

2. 利用外高桥三期高钙粉煤灰和脱硫石膏生产200万吨新型胶凝材料项目。

3. 建设上海大型水泥中转配制库项目。根据上海城市建设整体规划，“十一五”期间在保留一定的水泥生产能力的前提下，上海城市建设用水泥主要通过建设大型水泥中转配制库，引进外省市高标号纯硅水泥，利用上海钢渣、矿渣、粉煤灰等工业废弃物配制各品种各等级的散装水泥。公司积极参与政府组织的规划调查，并筹措参与建设符合现代物流、运用信息网络技术和现代组织管理形式的大型水泥中转配制库的规划建设，力争在现代化大型水泥中转配制库建设中起积极的主导作用。

上海建筑材料集团水泥有限公司2001年~2005年生产经营情况表

栏目/年份	水泥产量(万吨)	水泥销量(万吨)	销售收入(万元)	利润总额(万元)
2001	141.2	141.1	16 005.3	367.7
2002	159.1	158.3	37 068.0	1 096.6
2003	172.8	173.8	51 174.6	1 725.7
2004	196.6	192.4	61 086.5	4 659.6
2005	248.4	249.9	55 553.8	6 594.0

中国材料工业科工集团新疆天山水泥股份有限公司

【企业概况】新疆天山水泥股份有限公司(简称:公司)是以原新疆水泥厂为主发起人、改制后以募集方式设立、公开发行股票并上市的股份有限公司。从公司设立至今的7年多时间里，公司积极实施主业发展战略，提出了“创造以低成本为优势的核心竞争能力”的经营理念，通过市场资源整合、向国内经济发达地区迈进，使企业规模快速放大、水泥生产经营能力由上市最初的45万吨发展到目前控制水泥产能约1 200万吨，商品混凝土245万方。“天山股份”已从一个区域的单体生产企业快速发展成为新疆区域市场连片、华东—华南市场布点、纵延产业链、居中国水泥前列的大型水泥企业集团。

“天山股份”(股票代码:000877)设立于1998年11月，公司注册资本:20 802.24万元人民币。1999年元月“天山股份”股票在深圳证券交易所挂牌交易。公司主营业务为水泥的生产制造、销售以及商品混凝土的生产销售。公司现有员工8 000余人(男职工占70%，少数民族职工占13%左右，中专以上文化占34%)。“天山股份”目前共有11家控股公司，分布在新疆经济发展重点区域和国内经济发达的“长江三角洲”地区。

公司主要经营水泥系列产品的研制、生产、销售及相关技术服务，是西北地区最大的水泥生产厂家，最大的油井水泥生产基地和全国重要的特种水泥生产基地。是自治区质量管理“双认证”企业，公司拥有“天山牌”、“屯河牌”、“多浪牌”等3个自治区名牌产品，“天山”牌水泥为自治区免检产品。

【发展历程】历程公司战略定位是“以水泥产业为主业”，“做成全国一流的水泥企业之一”，立足于对新疆水泥产业资源的整合，并向国内经济发达地区挺进。企业经营、管理模式的定位、核心竞争能力的培育围绕公司的战略展开。通过战略规划、战略管理和战略实施，公司在市场份额、产品品牌、管理、技术和人力资源创新诸多方面处于新疆区域行业领先者地位，并积极参与经济发达地区的竞争。

1998年收购原新疆水泥厂日产2 000吨生产线，水泥产能增至115万吨；1999年7月收购新疆和静天山水泥有限公司，水泥产能增加20万吨；2000年实现与新疆屯河投资股份公司在水泥主业上的“强强联合”，成立控股公司——屯河水泥公司，水泥产能增加110万吨；2000年9月零资产收购巴州水泥厂，水泥产能增加10万吨；2000年“屯河水泥”参股伊犁南岗建材有限公司；2001年4月兼并收购成立控股公司——塔里木水泥有限公司公司，产能增30万吨；2001年4月兼并收购成立控股公司——新疆天山多浪水泥有限公司公司，产能增加45万吨；2001年5月屯河水泥破产收购并成立富蕴水泥有限公司，产能增加15万吨；2001年6月兼并收购成立控股公司——新疆鄯善天山水泥有限公司，产能增加12万吨；2001年12月新疆和静天山水泥有限公司新建项目——日产1 000吨线投产，水泥产能增加30万吨；参股公司——伊犁南岗建材有限公司新建项目——日产1 000吨线投产；2001年12月破产收购并成立新疆帕米尔水泥有限公司(后并入天山多浪公司)，产能增15万吨；2002年11月吐鲁番大河沿新建项目日产2 500吨熟料线投产，增加水泥产能90万吨；2003年1月合作设立新疆库尔勒天山神州混凝土公司；2003年1月并入屯河投资外围水泥企业，产能增加115万吨；2003年3月合作设立新疆天山筑友混凝土公司；2003年7月投资新建哈密20万吨、库车20万吨水泥粉磨站投产，同年11月，投资新建喀什60万吨水泥粉磨站投产；

到2005年"天山股份"基本完成了在新疆重点经济发达、发展地区水泥产业的整合与布局，并进入商品混凝土业。在新疆的乌鲁木齐、昌吉、吐鲁番、哈密、库尔勒、阿克苏、喀什、克孜勒苏、伊犁、塔城、阿勒泰等11个地州遍布公司的控股子公司，在新疆区域熟料产能达到530万吨、水泥生产能力达到800多万吨，占全疆水泥总产能近55%；在疆内的三大经济重镇乌鲁木齐、哈密、库尔勒形成商品混凝土生产能力85万方。为满足新疆区域经济发展需求，开发生产水泥品种多达30余种，高标号水泥在新疆区域重点工程覆盖率大于90%，特种水泥市场占有率80%以上。

2002年天山股份开始进入经济发达的华东长江三角洲、华南珠江三角洲地区寻求发展。在江苏、广东计划投资，分别新建一条日产5 000吨新型干法水泥生产线，将形成400万吨水泥/年的生产能力；2002年10月成立江苏天山水泥有限公司公司，水泥产能增加60万吨，同时介入商品混凝土业；2003年5月江苏溧阳日产5 000吨线开工，同时在无锡、苏州建设150万吨、100万吨水泥粉磨站；江苏溧阳日产5 000吨线于2004年7月建成投产。目前，在无锡、苏州等地已形成了320万吨的水泥生产能力，在无锡、苏州形成了160万方的商品砼能力。

2003年7月广东云浮日产5 000吨线开工，同时在珠海建设80万吨水泥粉磨站。2004年受"德隆危机"影响，云浮项目停建。2005年在新的大股东支持下，"天山股份"出让部分股权以及大股东增资扩股，将用于启动项目建设，2006年2月云浮项目建成投产，形成熟料产能155万吨。

【经营管理】企业的快速发展要求企业管理必须创新。"天山股份"由单一企业向集团化发展，由单一区域投资主体转向跨地区、跨地域结构投资主体，从局部地区向整体区域发展。在这一过程中，坚持思维创新，全面对公司的战略、组织、运营等环节诊断、评估与改进，探求摸索出符合企业战略、发展布局的管理模式——跨地区的事业部制管理，吸取了先进企业的经验，发掘了企业管理的内涵，实践了公司从生产型、生产经营型、经营管理型，发展成为战略经营型的集团化过程。

【人力资源管理】面对不同企业文化背景、不同所有制企业的员工走到一起，以统一的企业精神教育员工，设计适合公司战略的组织结构、建立责任与利益关联的薪酬激励体系、培育学习型组织，员工培训和广泛的交流使用，增强了广大员工强烈的责任心和高度的使命感。不仅使一大批有创新思维、运营能力的人才快速成长起来，更加丰富了企业精神和团队作风。

【科技进步】继承和发扬"天山股份"原企业的优良传统。在生产中，以节能降耗为目标，广泛采用新设备进行技术改造；依托公司拥有的自治区水泥行业惟一的国家级技术中心和博士后工作站等技术研发机构，开发新产品；在市场竞争中，积极采用新技术、新工艺、新设备和新型大规模生产工艺与技术，抢占市场先机；公司在疆内拥有新型干法水泥工艺线8条(含在建和参股公司)，占全疆新型干法线总数的80%；开发储备了30多个水泥品种以满足市场需求。

【2001～2005年度年度重大经营活动】

2001年：公司生产水泥264.96万吨，销售水泥261.2万吨，完成销售收入70 761.97万元，实现利润9 409.63万元，分别较2000年增加了72.1%、73.52%、75.27%、40.61%

完成了对原鄯善常拓建化有限公司的购并重组和黑孜苇水泥厂的破产收购，使公司的主业市场分布向东疆吐哈油田和南疆的经济重镇喀什延伸；在对外投资活动中，规避主业风险，参股了东方人寿保险股份有限公司；参股新疆西部建设股份有限公司及合作开发巴音郭楞蒙古自治州库尔勒市经苑小区的房地产项目。

2002年：收购新疆塔里木水泥有限责任公司的股权和阿克苏天山多浪水泥有限责任公司的股权，通过与无锡湖山水泥有限公司的重组，在江苏无锡设立了江苏天山水泥有限公司，2002年公司全年实现销售收入88 607.67万元，实现净利润10 200.10万元，分别较2001年增长了25.21%和8.40%。

2003年：积极拓展发展空间，增强综合竞争能力，在华东地区设立的江苏天山水泥有限公司，在华南地区设立云浮天山水泥有限公司，在矿产资源丰富的粤西地区建设大规模的水泥熟料生产线改善主营业务结构，进入水泥下游产品商品混凝土市场，形成产业效益链，实现销售收入145 491万元，实现净利润10 114万元，经营活动产生的现金流量净额为17 784万元。

2004年：公司水泥销量较2003年增长14%；商品混凝土业务取得巨大的突破，销量较上年增长104%；在销量和销售收入大幅增长的情况下，应收账款余额在销售收入中的比例由2003年底的28.9%下降至2004年底的27.4%，货款回收率的提高，在公司资金短缺情况下，缓解了经营压力，保证了公司的持续发展。

2005年:在营销实际工作中,密切关注市场、研究竞争对手,以公司的整体优势,主导了天山北坡经济带的竞合工作。在其他地区,所属子公司突破自我,采取适合当地实际情况的营销策略。2005年全年公司累计销售水泥较上年同期增长15%;实现销售收入182 956万元,净利润915万元,摆脱困境的同时,使公司沿着健康发展的轨道持续增长。

"十五"期间,"天山股份"累计产销水泥:2 669万吨,累计不含税销售收入:67.3亿元。累计上缴税金2.75亿元,累计向股东派发现金红利8 298万元,为自治区的经济发展做出了应有的贡献,对自治区的水泥行业结构调整起到积极的推动作用。

江苏金峰水泥集团有限公司

【企业概况】江苏金峰水泥集团位于溧阳市西南部的周城镇,南连天目山余脉,西依芜太运河,北接104国道和宁杭高速公路入口,239省道从厂前经过,水陆交通十分便利,1 000吨以下的船舶可直达厂区码头,企业周边地区拥有丰富的石灰石矿山资源。

江苏金峰水泥集团始建于1980年,2000年元月改制为股份有限公司。目前公司拥有固定资产近12亿元,厂区占地面积约96公顷。拥有5条新型干法水泥熟料生产线,其中一条日产2 500吨和2条日产5 000吨,选用德国进口设备技术,采用先进、可靠的工艺配方和生产技术,控制系统选用了德国西门子公司DCS计算机进行中央控制操作。无灰尘、噪声小,是目前国内最先进的环保型节能生产线。产品质量,能源消耗和环境保护均处于同行业领先地位,并具有国际先进水平,公司年产水泥能力达800万吨,是目前江苏省最大的水泥生产基地。

2004年公司在边建设边生产的同时,生产水泥210万吨,实现销售4.1亿元,创利税1.5亿元。职工平均收入达1.8万元,分别比上年增长了85.4%、71.4%、45.6%和20%。在2004年度中国私营企业纳税百强排行榜中名列第21位。2005年生产水泥504万吨,实现销售收入80 188万元,利税7 080万元,是目前江苏规模较大的水泥生产企业。

多年来,公司连续被评为"江苏省建材行业优秀企业"、"江苏省卓越绩效先进企业"、"AAA级信用企业"。2004年,"金峰牌"水泥通过国家产品质量认证和企业质量管理体系认证,并荣获"江苏省名牌产品"、"国家免检产品"等荣誉称号,在中国私营企业百强纳税排行榜中名列全国第21位。2005年公司分别通过了企业质量管理体系认证和环境管理体系认证。产品销往沪、宁、苏、锡、常等大中城市,深得用户称赞。

2004年4月,率先在全省非公有制企业中首次通过实行公推直选的方式成立了党委。公司先后被省、市授予"江苏省建材行业优秀企业"、"十佳企业"、"AAA级信用"、"江苏省纳税大户"等荣誉称号。

【生产能力】根据国家产业政策要求和国家、江苏省水泥行业发展规划,金峰集团加大技改投入,大力建设新型干法水泥生产线,2003年6月投资2.8亿元的日产2 500吨的新型干法回旋窑水泥熟料生产线一次性点火投产成功,2004年11月第一条日产4 500吨的新型干法水泥熟料生产正式点火投产,2005年12月第二条日产4 500吨的新型干法水泥生产线顺利点火投产。至此,除年产40万吨的机立窑之外,金峰生产的水泥都为新型干法旋窑生产线。新型干法水泥生产线的建设,大大提高了金峰集团的生产能力,带来了巨大的经济效益,提升了集团在行业中的地位。2003年生产水泥103万吨,完成销售收入23 400万元,实现利税10 300万元,实现综合效益14 976万元。2004年生产水泥210万吨,完成销售收入40 088万元,实现利税14 960万元,实现综合效益18 029万元。2005年公司生产水泥503万吨,完成销售收入80 188万元,实现利税15 059万元,实现综合效益21 771万元。三年以来的平均增长率分别为:121.75%、86.5%、23.1%、20.6%。

产品打入国际市场,远销中东地区。据中国建材权威性的刊物《建材工业统计》"水泥专业版"最新统计资料,在被统计的5 118个水泥生产企业中,金峰集团的水泥产量居第8位,比上年同期前移了28位,销售收入居全国第14位,比上年同期上升了72位;利润总额居第3位,同比上年提升了23位。2005年被列为中国私营纳税百强,排名全国第21位,在全省排名第三位,常州排名第一位。

【环境保护和节能降耗】金峰集团建设的三条新型干法生产线都选用德国进口设备技术,采用先进、可靠的工艺配方和生产技术,控制系统选用了德国西门子公司DCS计算机进行中内控制操作。无灰尘、噪声小,是目前国内最先进的环保型节能生产线。产品质量,能源消耗和环境保护均处于同行业领先地位,并具有国际先进水平。历年来环保投入占总固定资产投入的10%。同时,加强企业内部清洁生产管理,严格控制设备跑、冒、滴、漏,排放浓度严格控制在标准之内。2005年,企业通过了ISO14001环境管理体系认证,能耗逐年下降,目前,吨熟料标准煤耗105千克,电耗62千瓦时。新上项目全部通过环保验收,各项环保指标均达到环保要求。年度排放达到环保要求。

通过采用其他先进的设备和工艺降低能耗提高效益,如生料磨采用闭路中卸烘干生料磨和丹麦史密斯公司立磨，高效组合式选粉机，适应入磨物料水分大、出磨生料合格率要求高，以及系统产量大、运转率高的要求，确保生料保质保量供应。原料烘干全部由窑尾废气提供热源，大大降低了系统能耗。

烧成窑尾采用五级旋风预热器和在线分解炉，该种预热器，系统阻力小，热交换效率高，防堵清堵效果好，系统分离效率高，配以直线大规格管道式分解炉，充分利用了篦冷机废气（三次风），大大提高了窑外燃煤比例，为煅烧系统节能、降耗、安全、高效操作控制运转创造了极好条件。

熟料煅烧采用新型干法回转窑，为确保煅烧质量及操作控制方便可靠，燃料供给采用引进德国菲斯特公司转子秤对分解炉、入窑煤量进行计量；采用中材国际南京院开发的第三代高效煤粉燃烧器以及先进的筒体温度扫描仪、窑头工业看火装置，窑头窑尾采用新型窑封装置。出窑熟料冷却采用南京院开发制造的 LBT32016 型第三代空气梁篦冷机，冷却效果好，热回收效率高，冷却效率可达 76% 以上，篦板使用寿命大大延长。

【技术革新】公司一直十分重视资源的综合利用，如：煤矸石代替黏土，提高生料中氧化铝的含量，到 90 年代初期开始利用湿粉煤灰作外掺代替部分矿渣生产水泥，其作用是能降低出磨水泥温度，加速熟料中游离石灰的消解，改善水泥的安定性能，同时也可以调整水泥强度，降低生产成本。近几年来公司更是充分发挥新技术、新装备、新工艺的优势，不断试验利用“三废”资源，提高掺入量。成立“三废”资源综合利用委员会，并由董事长任主任，总经理任副主任，同时设置“三废”资源综合利用情况考核办公室，负责日常工作，实行三级网络管理，各部门、车间负责人为“三废”资源综合利用实施第一责任人，同时制定“三废”资源综合利用管理制度、“三废”资源综合利用工艺文件以及考核办法，考核结果直接纳入公司经济责任并与当月工资挂钩。公司通过多次小磨试验，寻找“三废”资源在水泥生产过程中的最佳应用量。在确保产品质量的同时，做到用足、用好“三废”资源。公司利用的“三废”资源 为：煤矸石、粉煤灰、炉底渣、转炉渣、硫酸渣、硫铁矿渣。

2005 年 1～12 月份公司生产 P·C 42.5 水泥 2 860 000 吨，材料总投入 4 004 000 吨，利用“三废”资源总量为 916 740 吨，在总投入量中的占有率为 32%。其中煤矸石耗用 419 942 吨，占有率为 15%。粉煤灰耗用 142 846 吨，占有率为 5%。炉底渣耗用 101 480 吨，占有率为 4%，转炉渣耗用 173 482 吨，占有率为 6%，硫酸渣耗用 72 415 吨，占有率为 2%，通过“三废”资源综合利用的前后对比，吨水泥成本下降 15 元，为支持地方建设、致富一方、繁荣地方经济做出了积极贡献。

2003～2005 年来的主要经济指标（不包括本企业使用其他商标的商品或服务的经济指标）

项目		2003 年	2004 年	2005 年
年产量（万吨）		332	386	459
年销量	国内销售量	332	386	459
	境外销售量			
	市（省）内同行业排名			1
销售额	国内销售额（万元）	23 419	40 088	80 189
	境外销售额（万元）			
	市（省）内同行业排名			1
利税	利税额（万元）	10 300	14 960	15 060
	市（省）内同行业排名			1
市场占有率	国内市场占有率（%）	0.38	0.39	0.43
	省内市场占有率（%）	4.42	4.65	4.79
	市（省）内同行业排名			1
销售区域	国内（省级区别）	浙、锡、常、南通等地区	皖、沪、宁、锡、南通等地区	皖、沪、宁、苏、锡、南通、常等地区
	境外（国家或地名）			

浙江虎山集团有限公司

【企业概况】浙江虎山集团公司由原浙江江山水泥厂改组而成。位于浙、闽、赣三省交界的江山市上铺，浙赣铁路和一级公路穿其而过，交通运输极为便利。始建于1958年，是国家“一五”时期投资兴建的浙江省第一家大型水泥企业，现为中国建材百强企业和浙江省百强民营企业。经过近50年的发展建设，已形成年产500万吨高标号水泥的规模，运作资产达15亿元。“虎山牌”系列水泥产品相继获浙江省名牌产品、出口免检产品、国家免检产品、全国用户满意产品、省著名商标和浙江省知名商号企业，首批通过了国家ISO9001质量管理体系认证，其中42.5普硅水泥在省同行业中唯一获“国家优质产品”证书。产品广泛用于核电站、大型水库、机场跑道、深水码头等国家和省重点工程及城市标志性建筑。企业先后荣获“全国五一劳动奖状”、“全国文明单位”等荣誉称号，在华东地区乃至全国享有极高的声誉。

集团公司现下辖全资、控股、参股企业20多家，主要有：浙江江山水泥股份有限公司、江山虎山电力发展有限公司、杭州虎山仓储有限公司、江西虎山岩鹰水泥有限公司、江西虎山鸡山水泥有限公司、温州市虎山散装水泥有限公司、宁波虎山散装水泥有限公司、衢州虎山混凝土有限公司、江山市中亚轻型墙体有限公司等多家企业，已形成集水泥、电力、物流、商砼、职业教育为一体的企业集团。

江西兰丰水泥集团

【企业概况】江西兰丰水泥集团有限公司是江西省最大的民营股份制水泥制造企业，注册资本3.5亿元，是江西省水泥行业重点培育企业集团之一，中国水泥协会成员单位。集团公司积极响应国家水泥行业结构调整号召，投资建设代表国内先进水平的大型新型干法生产线，分别在江西省的丰城市、抚州市、南昌县、九江彭泽县和萍乡湘东区等地拥有大型商品熟料和水泥生产基地，构筑了水泥产业石灰石开采、熟料生产、水泥生产、水泥包装制品、水泥销售和房地产开发的完整产业链。从2002年开始，集团公司除有6条大型立窑生产线外，相继建成投产了3条日产2 500吨、2条日产1 500吨新型干法生产线和2个大型水泥粉磨站，这些生产线全部经过省相关部门批准，符合国家产业政策和水泥发展规划布局。集团公司总资产达11亿元，员工1 200余人，熟料产能达到355万吨/年，水泥产能达到400万吨/年。

【企业资源与地理优势】集团公司于2000年8月在租赁面临破产的镇办小立窑厂基础上起步，经过短短不到6年的大规模新建、技术改造、并购、重组，在产业发展规模、产品品牌声誉、市场竞争能力、整体经济效益上都呈现强劲势头、取得了骄人业绩，跃居江西省水泥行业前列，创造了“兰丰发展奇迹”。而优良的资源优势、正确的区域布局正是企业快速发展的基础。集团丰城公司位于丰城市丰源工业园，紧靠丰城电厂有限公司，与丰城矿务局相邻，赣江黄金水道就在旁边，附近就是铁路干线浙赣铁路，离国家大型钢铁企业新余钢厂也仅有几十公里路程，距省会南昌也不到60公里。周边拥有丰富的煤炭、矿石、电力、粉煤灰、矿渣等资源，铁路、水路、公路等交通快捷便利。集团抚州公司选址在抚州北站，抚州水泥市场较大，但该地区无石灰石资源和大型水泥厂，而相距不到五十公里的丰城公司又是极好的熟料供应基地，在抚州建设大型粉磨站是集团公司深思熟虑后的决策。集团南昌公司位于江西省会南昌近郊，南昌是京九线上的中心枢纽站，高速公路四通八达，作为在中西部率先崛起的城市，水泥市场潜力巨大、周边辐射力强。该公司是周围几大水泥企业中离南昌中心最近的公司，旁邻浙赣铁路，北邻南昌钢铁厂，与南昌发电厂相距不远，拥有丰富的电力、矿渣、粉煤灰等资源。集团九江公司选择九江市彭泽县，主要是周边有九江发电厂、武汉钢铁厂、大量的优质矿山等丰富的物产资源，加上长江的水路低运输成本优势以及江苏、湖北、安徽、上海等大长三角经济沿江区域发展重点是高、新、尖行业，水泥制造业将淡出本土的巨大商机，该公司建设日产10 000吨熟料生产基地和可供5 000吨级船舶停靠水运专用码头，充分发挥长江黄金水道优势，扩大了区域产品的辐射范围，增强市场竞争力。集团萍乡兰丰公司是在省建行的牵头下以1.3亿元整体收购“萍乡赣西水泥有限公司”的基础上于2005年8月组建的，地处煤都萍乡市，有丰富的煤、电、石灰石资源，萍乡电厂、萍乡钢铁厂就在附近，萍乡矿务局更是远近闻名，湖南长、株、潭经济区没有石灰石资源但水泥市场空间巨大，而萍乡正有着独特的向长、株、潭经济区辐射能力的优势。经过慎重决策、精心布局，现集团已形成了以江西省内南昌、丰城为中心，九江、萍乡为重点的企业发展战略格局，为进一步深化实施“立足江西、面向省外”的战略奠定了坚实的区域基础和地利之优势。

【企业生产经营】集团公司拥有年轻干练的领导班子、经验丰富的管理人才、技术娴熟的科技人员和勤劳守纪的员工队伍。虽然2005年是水泥行业经营极为困难的一年，集团坚持以人为本，在如此恶劣的市场环境下，以稳健经营为理念，以规范管理为基础，以自我约束为保障，向内挖潜增效益、向外开拓争市场，生产经营保持较好的业绩。全年度共计生产熟料248.8万吨，生产水泥242.03万吨；销售熟料140.17万吨，水泥241.12万吨；销售收入66 903.42万元，税收总额1 496万元，利润总额3 925万元。单位熟料能耗标煤114.76千克/吨，单位水泥综合电耗92.36千瓦时/吨。全员劳动生产率2 016.92吨/人·年。

企业不断健全和完善法人治理机构，不断提高员工的福利待遇，从无拖欠职工工资；遵守法律法规，坚持依法纳税；集团被江西省农行评为“AAA”级信用企业，连续多年获得“江西省先进民营企业”、“江西省诚信企业”、“重质量、讲诚信企业”、“优秀外商投资企业”、“江西省特级纳税信誉等级企业”和宜春市、丰城市纳税大户等荣誉。

兰丰集团各公司建立了完善的质量管理、检测和售后服务体系，严格按照国家标准组织生产和控制，通过了ISO9001质量管理体系认证、水泥产品认证和“采用国际标准产品标志”认证。“兰丰”牌水泥荣获“国家免检产品”和“江西省名牌产品”称号，主导产品有：32.5、42.5、52.5等级普通、复合硅酸盐水泥；商品熟料。产品性能优良、稳定，在市场上、用户中享有“百年品质、兰丰水泥”的良好声誉，成为众多重点工程及广大用户的首选品牌。

【资源综合利用】集团各公司积极响应国家号召，大力发展循环经济，保护环境，清洁生产，创建环保、花园式工厂，并通过ISO1400环境管理体系认证。为充分利用企业周边区域多家钢铁厂丰富的废渣资源，最大程度利用萍乡钢铁厂、新余钢铁厂、南昌钢铁厂、武汉钢铁厂等大型钢铁企业丰富的矿渣资源，集团加快了100万吨/年超细矿粉项目的技改工程建设：丰城公司、九江公司40万吨/年、萍乡公司20万吨/年超细矿粉项目已全面进入建设阶段。届时将新增综合经济效益2 000万元，新增税收1 300万元。

为了充分利用周边区域多家电厂丰富的粉煤灰资源，最大限度地利用丰城、萍乡、九江、贵溪等四家电厂废粉煤灰资源及各种尾矿、废石膏，集团公司持续科学调整配方，不断提高废旧物资的再利用率，年综合利用“三废”物资总量达到150余万吨，取得了较大的经济效益和显著的社会效益，资源综合利用项目通过国家行业管理部门的审核认定。

各公司非常重视环保、清洁生产，在加强职工环保教育的同时，投入大量资金配置了较完备的环保设备，大型电收尘、袋收尘器广泛使用，公司所有生产线污染物的排放符合国家标准。长期关注水泥行业的新工艺、新技术，针对纯低温余热发电项目的社会效益和发展前景，集团公司决定在九江兰丰、丰城兰丰、萍乡兰丰三个公司实施纯低温余热发电项目，成立筹建领导小组，明确计划，目前已全面完成项目可行性研究、项目审批及设备订购工作，项目建设正有序稳步推进。

集团大力发展散装水泥，出厂水泥均设置散灰库和放散设施，购置、调配50多辆散装罐车和制作近百只散灰罐，使出厂水泥散装率达到30%，高于全省平均27%的散装率水平。

我们坚信有兰丰人的团结拼搏、敬业奉献、追求卓越的精神，有各级政府的长期支持关心，借助“加快水泥工业结构调整”契机，江西兰丰集团必将成为全省乃至全国的现代化大型水泥企业集团，再创兰丰集团发展历程的更大辉煌！

广西鱼峰集团有限公司

【企业概况】广西鱼峰集团有限公司系由原柳州水泥厂整体改制而成。其属下的广西鱼峰水泥股份有限公司建厂于1958年，目前拥有两条干法生产线和一条半干法生产线，生产能力为年产水泥350万吨，是华南地区最具影响力的水泥生产骨干企业之一。工厂位于广西柳州市西郊太阳村镇，东临柳江河，产品可通过水路直达广州、深圳、香港、澳门；南靠宜柳高速公路和黔贵铁路、枝柳铁路，拥有企业的铁路专线，交通运输十分便利。

公司主导产品“鱼峰”牌水泥，为全国名、优、特产品，先后荣获国家金质奖章、中国名牌产品、广西著名商标、广西自治区优质产品、大西南优质名牌产品、质量满意产品、全国用户满意产品等众多称号。1994年在全国水泥行业中首家通过ISO9002质量体系认证，并于2001年12月获得ISO14001国际环保体系认证。产品在国内覆盖广西、广东、海南、贵州等省，出口远销港澳地区及东南亚各国。

公司从事专业化的水泥生产已有近50年的历史，通过不断发展，公司资产已达13亿元，在拥有一大批专业技术人才的同时，逐步形成了以下几个方面的独特优势：一、中国水泥行业著名品牌，以其优质的质量和品质享誉海内外；二、公司水泥产品广泛应用于国家大型重点工程，构筑了大批国家优质工程；三、营销网络遍布华南，拥有华南地区最大的水泥出口基地。

【走环保可持续发展道路】集团着眼长远发展，在2001年初，与相关环保部门协商后，为了长远的发展需要，参照欧洲的同等工艺标准，投入1亿多元对原有生产线进行停产改造。经一年整改，到2002年1月重新投入生产后，原本在生产时四处飞散的水泥粉尘，因增加收尘设备得到很好的回收，增加了产量。目前该公司水泥生产能力达到230万吨，一跃成为华南地区最大的水泥生产骨干企业。在经济效益明显增收的同时，也减少了对周边环境的污染。为了更符合环保要求，该公司利用新型干法水泥生产线生产过程中所排放的大量废气余热进行发电，并循环用于水泥生产。余热发电项目既能减轻水泥生产过程中产生的余热对大气环境的污染，又有利于提高能源综合利用率。此项目本不属于生产过程所必需的工艺流程，但为了环保的需要，该公司还是毅然立项上马。在良好的环保意识指导下，公司已形成良性的环保生产。

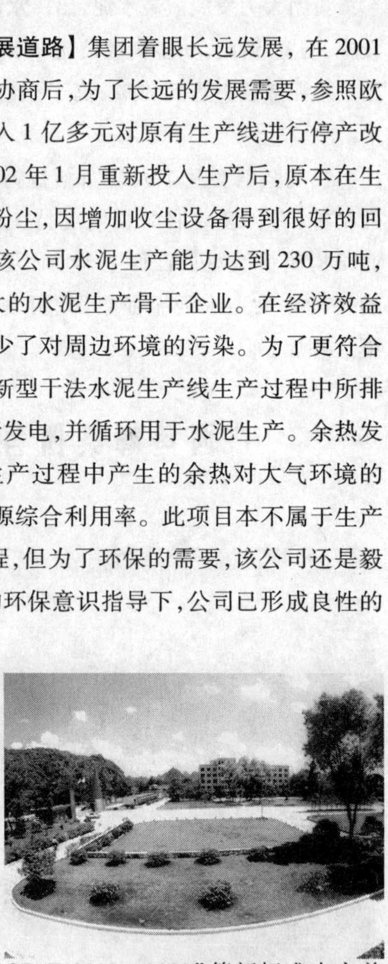

【节约型企业】广西鱼峰水泥股份公司2004年调整了管理计划，将管理中心从“计量设备”转变为“测量过程”，严格按照“JJF1112－2003”和“GB/T19022－2003”等新标准来完善公司的计量检测体系。该公司为此算了一笔“计量账”：每年按水泥产量220万吨计算，需进厂物资约90万吨，出厂物资（散装水泥）86万吨，该公司物资进出厂的测量器具经过技术改进后，误差率均已下降，如今仅此一项每年可以为企业减少约1万吨水泥的损失。广西鱼峰水泥公司完善计量体系“省”出百万利润。

2005年4月19日，广西壮族自治区质监局代表国家质检总局给鱼峰水泥股份有限公司等9家企业颁发国家《完善计量检测体系合格证书》，标志着这些企业采用国际先进标准，在经营管理、产品质量、节能降耗、安全检测、环境监测等方面的技术手段和管理水平上了一个新的台阶。

“十一五”期间，鱼峰集团将以建设“循环经济型和环境友好型企业”为目标，结合自身的竞争优势和发展条件，进一步树立和落实科学发展观，紧紧围绕建设节约型社会和循环经济的发展模式，转变发展观念，以提高企业经济效益为核心，以技术创新为动力，以市场为导向，依托现有的水泥主业，通过合理产业延伸，构建生态水泥生产体系，最大限度地减少废物排放，使企业生产、经营和环境的相互协调步入良性循环，实现公司的可持续发展。

甘肃祁连山水泥集团股份有限公司

【企业概况】甘肃祁连山水泥集团股份有限公司是以国有大型骨干企业永登水泥厂为主体改制设立的上市公司，股票简称“祁连山”，股票代码“600720”。甘肃祁连山水泥股份有限公司是甘肃建材龙头企业，也是甘肃工业强省和结构调整三大工程中的“双十”企业之一，近几年发展迅速，2004年生产水泥362万吨，同比增长33.78%，实现销售收入7亿多元，同比增长51.75%，实现利润5 307万元。2005年1月26日迁址更名后，企业将更好地发挥龙头作用，进一步整合甘肃水泥资源，实现低成本扩张；同时，也在战略上完成由“做企业”向“做产业”的转变，疏通、缩短信息链，提升上市公司的形象。公司总资产约30亿元，年水泥产量680多万吨，为甘、青、藏省（区）最大的水泥企业和西北地区特种水泥生产基地。近年来，公司紧紧抓住国家实施西部大开发战略和加快水泥产业结构调整的有利时机，坚持“突出主业、做大做强”的发展战略和“两条腿走路”的发展思路，在有资源、有市场的区域布点建线，在有企业、有潜力的区域战略整合，拥有永登、窑街、天水和平凉4大水泥生产基地，在区域市场的控制力达到70%以上，形成了“中控兰州（兰州地区、白银地区）、东突平庆（平凉、庆阳地区）、南扼陇南（天水、甘南、陇南地区）、西进青藏（青海、西藏地区）、延伸河西（河西走廊）”的战略格局，在西北水泥市场树立了一座巍巍高山，跻身全国10大水泥企业集团。

【产品情况】注册商标“祁连山”为甘肃省著名商标，“祁连山”牌水泥系列产品被认定为“陇货精品”和“国家免检产品”，独占甘肃水泥企业鳌头。目前，公司能生产23个品种的水泥系列产品。其中#525中热硅酸盐水泥荣获“国优金奖”，#525抗硫酸盐硅酸盐水泥填补国内空白。由于质量优、档次高、信誉好，“祁连山”牌系列水泥多用于国家重点工程，黄河上游的拉西瓦、刘家峡、龙羊峡等大型水电站大坝工程全部用“祁连山”牌水泥浇筑而成，毛主席纪念堂、北京亚运场馆、青藏铁路、“神舟”五号、六号宇宙飞船发射塔架等著名工程均大量使用了“祁连山”牌水泥。“祁连山”牌水泥系列产品正以“浇筑真诚、凝固永恒”为理念，为甘肃乃至西北经济社会的发展做出日益重大的贡献。

天瑞集团水泥有限公司

【企业概况】天瑞集团有限公司位于河南省汝州市，是一家以水泥、铸造、旅游、煤电铝业务为主业的大型民营企业，是河南省重点支持的百户工业企业之一。2005年，集团拥有总资产近37亿元，净资产16亿元，员工13 000余人；2005年完成销售收入23亿元，实现利税5亿元。

天瑞集团新型干法水泥生产线是经原国家经贸委批准的国家重点改造"双高一优"项目，总投资6.5亿元。产品有高标号普通水泥和低碱、中热及道路、油井等特种水泥。主要工艺设备以国产为主，引进设备有丹麦史密斯公司生产的原料立磨、德国奥蒙德公司生产的提升机，自动化控制系统从瑞士ABB公司引进。该生产线每年可利用粉煤灰、铁渣等工业废弃物45万吨，具有环保节能和资源循环利用等优点。天瑞集团水泥有限公司是天瑞集团旗下主管水泥业务的二级子公司，有7家全资或控股水泥企业，全部采用国际先进的新型干法水泥生产技术，通过多年的探索和实践，已经形成了天瑞集团独有的建厂和管理模式，在业内具有明显的技术、管理和成本优势。2001年以来，集团加快新型干法水泥的发展步伐，先后投资20多亿元发展新型干法技术。集团水泥公司拥有日产2 500吨、日产4 000吨新型干法水泥生产线各1条，日产5 000吨新型干法熟料生产线2条，年产200万吨水泥粉磨生产线和年产100万吨水泥粉磨生产线各2座；水泥生产能力达到850万吨，实现利税近3亿元，水泥产销量和效益连续七年位居河南省同行业之首。成为国内水泥行业中盈利能力强、成长性好、具有明显竞争优势的水泥企业。

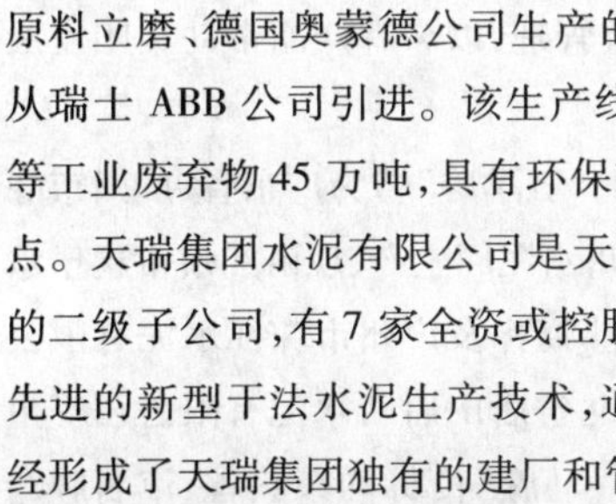

公司恪守"质量第一、用户至上、诚信为本"的经营理念。主导产品"天瑞"牌52.5、42.5、32.5级普通硅酸盐水泥、复合硅酸盐水泥、低碱水泥、道路水泥、油井水泥等品种，多次荣获"国家免检产品"、"河南省优质产品"、"河南省名牌产品"等称号，天瑞集团水泥有限公司先后获得"河南省百佳企业"和"河南省水泥行业经济效益十佳企业"荣誉称号，并通过ISO9001－2000质量管理体系认证。"天瑞"品牌深受用户的喜爱和信任，产品供不应求，远销全国二十多个省、市和地区。

天瑞集团制定了"控制资源、控制市场、技术领先、成本领先"的水泥发展定位，确立了"立足河南，拓展辽东"的水泥发展格局。目前在大连、平顶山、三门峡有4条日产5 000吨新型干法熟料生产线正在建设，到2006年底全部在建项目建成投产后，预计熟料产能达到1 132万吨，水泥产能将达到1 270万吨(均不含并购企业)。为进一步将天瑞水泥业务做大做强，2006年初天瑞集团委托中国水泥协会咨询公司制定了《天瑞水泥发展战略》，制订了水泥发展五年规划，五年内集团通过在目标市场上项目建设和企业并购，到2010年全集团将实现水泥熟料产能达到3 500万吨、水泥产能达到4 200万吨的目标。确立天瑞水泥在河南和辽东市场上的领先地位，力争跻身全国水泥企业前列！

广州越秀水泥集团有限公司

【企业概况】广州越秀水泥集团有限公司是经政府批准，于1996年9月成立的大型企业集团。目前，集团拥有全资、控股和参股企业12家，水泥年生产能力达600多万吨，商品混凝土200多万立方米。

集团属下的水泥企业包括有广州市珠江水泥有限公司、广州市越堡水泥有限公司、唐山启新水泥有限公司和花都水泥有限公司。主要生产的"粤秀"、"金羊"、"马牌"和"粤花"等水泥产品均获得质量监督免检产品和省、市名牌产品称号，被国家行业协会组织认定为绿色建筑材料产品，并通过了ISO9002质量体系认证。2001年至2004年，越秀水泥集团连续四年荣列中国最大1 000家企业集团之列，2004年入选中国建材二十强企业集团，2005年荣膺中国建材百强、水泥产量五十强，并被评为"广东省诚信示范企业"。

【科技兴企，发展多元化经营】越秀水泥集团一贯重视技术创新，坚持科学是第一生产力，积极实施科技兴企发展战略，通过引进和应用新技术、新设备、新工艺，提高企业生产能力，扩大生产规模。2000年5月，集团投入近4 000万元，利用原有设备的富余能力，对广州市珠江水泥有限公司进行提产改造，使熟料日产量从4 000吨提高到4 800吨，水泥年产量增加了25万吨，其递增量相当于建造一个中等规模的水泥厂，投资效益达到30%以上。2003年，通过进一步优化配料方案和大窑操作参数，有效提高了窑的台时产量，珠水全年平均日产熟料5 043吨。2004年，集团又投入资金，新增一台年产60万吨的水泥磨，珠水水泥年生产能力由最初设计的120万吨提升到230万吨。

建于1929年的广州水泥厂，位于广州市荔湾区西村地段，是广东省历史最长的水泥企业，是中国现代工业的一个缩影，在走过光荣的76年历程后，2005年10月29日结束生产，完成了环保迁建。这项为了满足城市建设发展的需要，由越秀集团、广州水泥股份有限公司和德国海德堡水泥集团合作，共同投资在广州花都马溪工业区兴建的广州水泥厂环保迁建工程在2004年1月正式动工，2005年4月2日点火投入生产。新广水由广州市越堡水泥有限公司管理，工厂采用当今世界水泥工业最先进的新型干法预分解窑工艺技术和装备，原设计日产熟料6 000吨，年产高标号水泥230万吨。经过一段时间的生产实践，新广水的熟料日产已提升到7 000吨。

未来几年，越秀水泥集团还将根据水泥市场的需求，继续扩充企业能力，实现在华南地区1 000万吨的年产量，力争成为华南地区最大的现代环保水泥生产基地。

越秀水泥集团在加快主业发展的同时，积极实施多元化经营战略，通过兼并企业、发展相关产业来壮大自己的实力。继1997年1月建成投产粤秀混凝土有限公司后，同年7月，成功收购了广东粤生、粤群混凝土有限公司。90年代中期，集团陆续在香港建立了领汇、越秀等多家混凝土公司，不断扩大在香港混凝土的市场占有率。2003年，年产50万立方米的粤群混凝土公司南沙分公司顺利建成投产。至此，集团的商品混凝土年生产能力达到了200多万立方米水平，为水泥的销售拓宽了渠道。

【倾力环保，创建花园式工厂】水泥生产一直被认为是资源消耗高、环境污染大的行业。越秀水泥集团在做大做强的同时，非常注重结合先进的生产技术，秉承高效、节能、环保和与自然环境互动的理念来经营和发展水泥生产，努力探索发展循环经济的路子。集团以资源综合利用为突破口，组织技术力量开展科研攻关，成功将煤矸石、硫酸渣、粉煤灰等废料资源运用到水泥生产中，被广东省列为资源利用减免税企业。同时，集团积极推广二次燃料的应用。目前，工业废料应用的二次燃料生产项目已进入生产阶段，该生产线每年消化、分解城市工业、生活垃圾5万吨，不但降低了企业生产成本，而且为城市工业废料的综合利用开辟了新途径。

水泥集团以建设环保型绿色企业为理念，引进世界先进的技术打造花园式工厂。广州市越堡水泥有限公司这家新建的现代化、环保型水泥生产企业，不但可以完全把工业废水和生活废水经处理后循环使用，真正实现废水零排放。而且，有两项环保技术居于国内领先、国际一流的地位。一是收尘技术，工厂设计的粉尘排放浓度远优于欧盟的排放标准，在国内处于遥遥领先的水平。二是废料利用技术，工厂采用国际先进的废料利用技术，将工业废料和经分选的生活废料作为部分原料和燃料使用。

始建于1889年的唐山启新水泥厂，位于唐山市中心，是中国水泥生产历史最长的一家百年老企业。为改变工厂尘土飞扬、浓烟滚滚的旧貌，集团从1999年起，共投入了1 500多万元引进新工艺、新技术改造收尘设备，并采用强化管理的手段提高企业环保水平。2003年，启新率先在自备电厂燃煤锅炉排放口安装了韩国SK公司烟尘、二氧化硫排放连续监测设备，收到了良好的效果，受到省、市领导的肯定。启新水泥厂多次被唐山市评为"绿化先进单位"。

【注重质量，塑造良好的品牌】为塑造良好的品牌形象，确保集团信誉，多年来，越秀水泥集团始终奉行"质量第一、用户至上"的宗旨，坚持以质取胜，在全体职工中树立了"今天的质量就是明天的市场，放松一份质量等于放弃一份市场"的质量观念和名牌意识，在不断引进先进技术装备加强质量控制的同时，严抓质量管理，以名牌产品带动集团发展和促进市场开拓。

广州水泥厂首创生产的"五羊牌"曾为广东省、广州市夺得首面"国优金牌"。原广州水泥厂生产、现由广州市越堡水泥有限公司继承的"金羊牌"商标及广州市珠江水泥有限公司、花都水泥有限公司、河北省唐山启新水泥有限公司等生产的"粤秀牌"、"粤花牌"、"马牌"商标均荣获省、市名牌产品称号。越秀水泥集团的产品广泛应用于深圳大亚湾岭澳核电站、虎门大桥、广州新机场、地铁、高速公路等国家重点建设工程，并远销港、澳与东南亚地区，在国内外享有良好的品牌信誉。

为水泥企业提供服务的大型集团

中国材料工业科工集团

【企业概况】中国材料工业科工集团公司（简称：中材科工集团，）组建于1983年，是国务院国有资产监督管理委员会直接管理的中央企业，中国惟一从事非金属材料及制品的科工贸一体化的大型企业集团，国务院首批56家大型试点企业集团之一。集团享有省级投资决策权、自营进出口权、外事审批权等，连续多年位居中国企业500强。中材科工集团现有直属单位及控股公司76家，其中，企业37家、国家级科研设计院13家、地质勘查单位26家，分布在全国各地，在美国、日本、中东和非洲等国和地区设有分支机构。

"三大主导产业"——非金属材料制造业、非金属材料工程业和非金属矿业。其中，非金属材料工程业在国内市场具有垄断地位，已成为国际市场上的知名品牌。

"六大核心技术"——玻璃纤维技术、玻璃钢/复合材料技术、人工晶体技术、工业陶瓷技术、新型干法水泥生产工艺及装备技术、非金属矿深加工技术。这些技术代表中国该领域的最高技术水平，部分技术水平在世界上处于领先地位。

中材科工集团具有一支素质较高的员工队伍，在市场竞争中具有人才优势。集团现有在职职工 3.3 万人，其中：各类专业技术人员占 42.5%，具有大学本科以上学历的占 20%。现有中国工程院院士 2 名，全国工程设计大师 2 名，国家有突出贡献的中青年专家、享受政府特殊津贴专家及教授级高级工程师 300 多名。

集团工程建设业具有较强的市场竞争力。在现代水泥工业工程服务领域，集团拥有世界上最完整的集研发、设计、装备制造、工程建设功能于一体的系统集成（EPC）工程总承包能力。其技术水平达到了国际先进水平，并拥有大批专有技术和国家专利。以全部国产化技术及装备建设的日产 5 000 吨和日产 10 000 吨超大型化新型干法水泥生产技术水平位居世界领先地位，显示出越来越强的竞争优势，2005 年工程合同位居世界同业第一位。集团已占有国内大型化水泥生产线新建项目的 70% 以上的设计市场、95% 以上的工程建设市场和 100% 的工程总承包市场。集团的成套技术与装备已出口到十几个国家，并首次以 EPC（交钥匙工程）方式进入欧洲市场，成为中国机电产品出口的重要组成部分。

【各项工作成就】

工程建设业　集团工程建设业优化资源配置，合理完善产业链，强化系统集成创新与服务，实施国际化战略。品牌效应与国际竞争力迅速提升，目前已成功跻身国际本行业四强行列。研发和建设成功中国日产 5 000 吨和日产 10 000 吨的大型水泥生产线，使中国水泥工业技术、大型设备研发制造技术进入国际先进水平。与国际同行业最强企业在同一平台竞争，连续成功夺标。2004 年海外市场占有率达到全球第四名，2005 年达到全球第二名。几年来，先后在伊朗、阿尔巴尼亚、意大利、西班牙、沙特、越南、法国、巴基斯坦、阿曼、阿联酋、多米尼加等中标一大批在国际上影响很大的工程总承包项目。成功地将成套装备技术和机电产品输出到国外乃至发达国家。对世界水泥工程市场的竞争格局产生了重要影响。2004 年境外合同额已占到年营业额的 30%，2005 年达到 80%。2005 年 12 月 14 日，中材国际又成功中标沙特 SCC 两条日产 10 000 吨工程总承包项目，创下国际水泥工程业单笔最大项目合同和中国最大海外工程总承包项目。

资产战略性重组　2000 年初，集团开始实施第一轮资产重组。将部分优势企业的资产以规范的公司制改造和上市为目的，设立了中材国际。中材国际通过重组取得了完整的产业链，从而获得了以最低成本提供最优服务的体系，迅速成为国际四强之一。已连续几年占据国内水泥工程总承包的市场绝对领先地位，国际市场份额迅速扩大。2005 年 4 月成功上市，表现良好，被上海证券交易所确定为"上证 180"指数股。

2004 年集团开始进入第二轮资产重组并取得进展。集团与天津水泥院重组得到国资委批准，并带动了中材国际对集团同类相关企业中有效资产的重组；整体收购汉江水泥；通过授让股权，控股天山股份。通过资产重组，组建了"中材国际"、"中材水泥"等水泥骨干企业。

国际竞争力　集团成功举办"国际水泥大会"和"国际水泥论坛"。2001～2005 年，集团各产业始终贯彻国际化战略。工程建设业咬住国际市场不放，不断培育国际品牌。SINOMA品牌已成为业内国际知名品牌。中材国际 2004 年海外业务合同占总体业务合同比重的 46.4%，海外市场占有率达到全球第四名；2005 年国际市场已超过国内市场，海外市场占有率达全球第二名，业务上中材国际已真正成为了一家国际工程公司，树立了崭新而响亮的国际品牌。公司按照工程总承包模式向业主提供从设计、装备制造与采购、工程建设、安装调试的系统集成服务，并采用国际通用的标准进行工程管理。通过实施工程总承包项目，公司锻造了一支能够在工期、质量、安全、费用、标准及民族习惯、宗教文化等各方面适应新环境、敢打硬仗的员工队伍。

【科技创新】　中材科工集团是一个科技型企业，拥有很强的科技创新能力和全面的应用开发体系。其水泥核心竞争力主要体现在非金属材料领域拥有国家级"六大核心技术"之一新型干法水泥生产工艺及装备技术。该技术水平代表中国该领域的最高技术水平。

新型干法水泥生产工艺及装备技术介绍　迄今为止，集团已自主开发了日产 10 000 吨以下不同规模的系列化水泥生产线，窑尾预分解系统组态及应用软件开发、高效推动篦式冷却机、计算机数值模拟技术在新型干法水泥生产技术开发与工程设计中应用研究、无烟煤作燃料烧制水泥熟料等多项技术达到国际先进水平；煤粉燃烧系统、湿磨干烧、余热发电、特种水泥工艺、工业废渣综合利用、生料质量控制系统、生料均化库、立磨系统设计及调试应用、钢管砼、预应力砼和预应力钢结构等多项技术达到建材行业领先水平。目前,集团开发设计的世界上规模最大的日产10 000吨水泥生产线已于2005年开工建设,预计2006年底将建成投产。上述这些重大关键技术构成了中国现代水泥工业最新成套技术及装备,在资源综合利用、环境保护、产品质量和性能、投资与成本控制等方面达到了国际先进水平,并已成为中国水泥工业实现新型工业化的惟一主流技术。目前,开工建设的几乎所有水泥项目都采用了这样的系统技术。掌握和拥有其完整的自主知识产权,是集团形成清晰的主业和核心竞争力、并获得工程服务市场较大份额的重要因素。另外,还拥有提供大型水泥厂研发、设计、制造、工程总承包等方面系统集成服务技术和功能。

科技创新与应用开发体系 集团拥有较为完善的科技创新与应用开发体系,在技术创新方面具有雄厚的实力。集团有4家国家级水泥科研设计院所、1个水泥发展研究中心、1个国家级产品质量监督检测中心、3个国家级计量认证测试单位和2个国家标准化技术委员会及标准技术归口单位。这些国家级科研设计机构、产品质检中心、计量认证测试单位和国家标准化技术委员会及标准技术归口单位,多年来承担了国家大量的重大科研、设计及产业化任务,为中国水泥工业发展做出了重大贡献。

科技队伍 集团拥有各类水泥专业技术人员共3000多人,约占水泥产业职工总人数的40%,国家工程设计大师2名,教授级高工60多名。一批中青年科技骨干逐渐担当起国家重大课题负责人,数十名专家入选国家各类重要科研、建设和勘查项目评审鉴定专家库。

【集团所属水泥产业单位介绍】

中材国际工程股份有限公司

中材国际工程股份有限公司于2001年12月经国家工商总局注册成立,现注册资金16 800万元,注册地点在南京高新技术产业开发区,2002年11月被江苏省科技厅认定为江苏省高新技术企业。2003年4月,公司被国家科学技术部认定为国家重点高新技术企业。公司2004年4月获得"全国五一劳动奖状",同年9月获得中央企业先进集体称号。公司2005年4月在上海证券交易所上市。

"中材国际"是国内惟一提供全套大中型新型干法水泥生产线的研发、设计、制造、工程建设总承包系统集成服务的大型科技型企业,具有建材建设的工程总承包能力。1999年以来,"中材国际"先后中标了都江堰拉法基(世界第一大水泥公司)水泥厂(日产3 200吨)、赫德班克(世界第二大水泥公司)苏州金猫水泥厂(日产2 750吨)、烟台东源水泥有限公司(日产3 200吨)、GCPN(新广州)水泥工程(日产6 000吨)、越南福山水泥公司(日产5 000吨)、意大利RAGUSA水泥厂技改工程(日产2 500吨)、西班牙FYM-MALAGA工程(日产3 300吨)、突尼斯CAT水泥厂技改工程(日产2 500吨)、多米尼加DOMICEM水泥厂工程(日产2 500吨)、沙特阿拉伯TAHAMAH工程(日产5 000吨)、沙特利雅得水泥公司RCC工程(日产5 000吨)、沙特阿拉伯城市水泥公司CCC项目(日产5 000吨)、HOLCIM摩洛哥SETTAT环保熟料生产线工程(日产4 000吨)等境内外总承包工程,并成为惟一一家向世界上最大几家水泥制造企业提供大型水泥厂投资项目工程总承包和在境外进行水泥工程总承包的中国企业。

"中材国际"充分利用20多年潜心研究开发掌握的新型干法水泥生产技术,将先进的研发设计技术、工程建设技术和完善的ISO9001、ISO9002质量体系有机融合,在大型水泥工业项目建设中开辟了系统集成服务新天地,致力于帮助国内外水泥工业建设企业实现工程建设项目的全面优化和建设项目运作方式的提升,这不仅适应了国内经济发展的市场化进程,同时也和国际工程项目运作模式接轨,加速了企业经营管理的迅速国际化。

"中材国际"的总体发展战略是全力发展基于系统集成服务理念的水泥工程建设增值服务模式,坚定不移地推进在国内外市场做强、做大、做新水泥工程建设服务这个主业,延伸产业链,进入水泥制造业和非金属新材料工业产业化领域。

长期以来,公司在自主研发与消化吸收国外先进技术的基础上先后开发出大批具有国内或国际领先水平的多类型水泥生产工艺线、过程控制系统以及水泥大型专用装备。公司主导了中国水泥工业的技术进步,见证了中国水泥工业工程建设的发展历程。公司在新型干法水泥生产线工艺及装备技术开发、工程设计和建设方面,拥有大量的专利及专有技术,涵盖水泥制造的整体工艺流程。公司下设的研发制造部已开发了具有独立知识产权的日产1 000吨~5 000吨等各种规模的新型干法水泥生产工艺技术及装备,并且有多项技术达到国际先进水平。该公司是国内惟一一家集水泥工业工程设计、装备采购制造、设备安装、调试、维修为一体的系统集成服务商,在大中型新型干法水泥生产系统总承包市场优势明显,占有绝对的市场份额。公司在国内大力倡导符合国际惯例的工程总承包服务模式,2002年全国工程总承包业绩在全国综合排名第5位。

公司拥有职工约3 000人,大中专毕业生约占员工总数的53%,35岁以下员工约占总数的60%,拥有工程师以上职称人数约占32%,教授级高级工程师约50名,全国工程勘察设计大师1名,有十多名员工享受政府特殊津贴。高素质的人才队伍为公司的快速发展奠定了基础。

2003年公司实现销售收入19亿元,比2002年增长76%,实现利润8 300万元,比2002年增长84%,净资产收益率约25%，公司经济效益已实现连续三年快速增长。2005年公司实现销售收入25亿元，利润1.3亿元。

天津水泥工业设计研究院

天津水泥工业设计研究院（英文缩写TCDRI），成立于1953年，是中国最早建立的主要大型国家骨干工业设计院之一，是中国建材行业中实力最雄厚的甲级设计院。2000年改制成为中央直属科技型企业，2005年根据国务院国资委的要求，与中国材料工业科工集团进行战略性重组，整体并入中国材料工业科工集团。

中国水泥发展中心（英文缩写CCDC）是由中国政府和联合国工发组织共同创建的国际水泥机构，1983年建立，附设于TCDRI。CCDC在为亚太地区培训技术人才，提供技术支持，促进国际间的技术交流并带动政府间的各项合作以及加快中国建材工业的国际化步伐、促进建材工业技术装备出口等方面发挥了重要作用。

50多年来，TCDRI引领中国水泥工业技术不断进步，为中国水泥工业的发展做出了重要贡献，创造了辉煌业绩。TCDRI集科研开发、工程设计与技术服务、机电设备制造与成套设备供货、工程总承包、备品备件物流业务于一身，已成为中国水泥工程业拥有核心竞争力的"技术服务商、装备制造商、工程承包商、备件供应商"，在国内外水泥工程建设业享有较高声誉。

——中国水泥工业技术进步的推动者

TCDRI是中国水泥工业技术进步的推动者。半个世纪以来，中国水泥工业历次重大的技术变革和成套装备均由TCDRI首先开发完成。

20世纪80～90年代，先后自主开发设计了中国第一条日产2 000吨新型干法生产线，成为中国发展新型干法水泥技术的一个里程碑；首次实现引进技术国产化"一条龙"服务于双阳水泥厂日产2 000吨新工艺线，标志着中国新型干法技术基本成熟，被誉为"中国第一线"；成功地开发了国产化的日产4 000吨生产线的成套技术与装备并用于冀东第二条生产线，以此为基础开发成功日产5 000吨新工艺装备，解决了大型化的关键技术，技术经济指标达到国际水平，已推广应用于上百条生产线。2002年，天津水泥工业设计研究院主持"十五"国家重大技术装备研制——"日产10 000吨水泥熟料新型干法生产工艺与成套设备研制"项目。该项目的完成极大地推动整体中国水泥技术装备的技术进步。

TCDRI拥有自主知识产权的日产1 000～10 000吨系列规模的新型干法水泥生产工艺技术及装备，有多项技术达到国际先进水平。TCDRI共获得国家和省部级科技成果奖、工程奖、软件奖等360多项，其中国家级科技奖、发明奖20余项；拥有各类技术专利50余项，具有国际水准和独立知识产权的专有技术几十项，并先后参加了30多个行业标准和技术规范的制定。

TCDRI在水泥工厂节能、降耗、环保和焚烧生活垃圾技术研发方面处于国内领先水平，积累了大量的成果与经验，具备工程化应用所需的技术、装备与基础设施。

——中国水泥工业工程设计的排头兵

TCDRI一直以来执中国水泥工业工程设计之牛耳，推动中国水泥工业工程设计与咨询水平的不断提高，成为中国水泥工业工程设计业的骄傲。

TCDRI始终从行业发展的战略角度大力开展技术创新和优化设计，在新型干法水泥生产线技术创新、优化设计、国产化低投资方面取得了实质性的突破，达到了项目建设工期短、工程质量好、投资省、达标达产快的效果，为中国水泥工业主要是新型干法水泥工业的发展在理论和实践上奠定了良好的基础。在推动水泥工业产业结构调整政策的有效实施、提高水泥工业的技术水平、实现水泥工业"由大变强，靠新出强"和可持续性发展以及为中国水泥工业的壮大和发展做出了重大的贡献。

TCDRI作为中国建材行业中实力最雄厚的甲级设计院，创国内水泥工程设计总量之最，共承接500余项水泥项目的工程设计，设计完成各种水泥厂300余座，其中大型新型干法生产线设计总数达到200多条，占全国大中型新型干法生产能力的60%以上。

TCDRI拥有覆盖全行业的专业队伍和技术人才，从原燃料性能研究，到水泥装备研制；从矿山开采，到水泥成品出厂；从民用建筑，到电气自动化；从资源综合利用，到处理城市工业废弃物等，为国内外用户提供先进、适用的一揽子技术解决方案。

——中国水泥行业装备开发的领头羊

TCDRI作为中国水泥行业装备开发的领头羊，推动中国水泥工业装备开发与制造能力的不断增强。从建国初期起，TCDRI在参与从国外引进水泥成套生产装备的同时，积极开展了新型水泥装备的技术开发和引进技术的消化、吸收、再创新工作，取得了一批具有自主知识产权的专有技术，研制开发并储备了大量的具有国际水准的新型装备、节能装备、环保设备、自动化控制装备及技术，促进了中国新建水泥生产线的技术装备水平不断提高和进步。

TCDRI坚持走市场化、产业化、大型化、效率化和节能、环保的可持续发展道路，所开发的破碎机、预热器、分解炉、回转窑、篦冷机、辊式磨、选粉机、辊压机、燃烧器等专业设备以及各种自动化控制系统，技术水平和性能指标均已达到国际先进水平，部分设备已超过国际先进水平。中国水泥工业各时期的技术装备几乎都是由天津院首先开发完成的，共开发设计水泥专业和通用机械设备7 000余台（套），完整覆盖了新型干法水泥生产全过程,国内水泥专业设备生产厂家的主流产品90%以上都直接或间接采用TCDRI的技术。

中天仕名科技集团有限公司(简称:集团)是天津水泥工业设计研究院投资控股的具有独立法人资格的高新技术企业。集团公司年制造能力超过5万吨,供货能力超过10万吨,在"2005中国建材机械20强"中名列第二。已成为国内技术领先、品质高端、规格齐全、信誉优良的水泥装备制造企业。

集团承担了多项国家级科研项目,研制并开发了用于日产700吨、日产1 000吨、日产2 000吨、日产3 000吨、日产4 000吨、日产5 000吨、日产6 000吨新型水泥干法生产线的专业设备,并已完成部分日产10 000吨生产线主机设备开发。有多项研究成果获得国家级及省部级奖励。集团拥有600余台大、精、尖专业优良设备和配套设施,基本形成了集设计、制造、安装、服务为一体的大型水泥装备的产业平台。正逐步成为科工贸一体化的全球供应商。

——具有国际竞争力的总承包商

TCDRI充分利用其技术与装备优势,不断延伸价值链,在水泥工程建设领域形成了特有的以"技术+装备"为核心力的工程总承包经营模式,不断为顾客提供增值服务,赢得了国际、国内市场的认可,正逐渐成长为具有强大国际竞争力的工程总承包商。

近几年来,TCDRI在水泥工程总承包方面取得了骄人业绩,先后独立完成了北京太行邦正水泥有限公司(日产3 000吨)、洪都拉斯INCEHSA公司50万吨/年粉磨站、汶莱水泥公司30万吨/年粉磨站、广西华润红水河水泥有限公司石灰石矿山工程、西藏高天水泥有限公司石灰石矿山工程、拉法基(LAFARGE)重庆水泥有限公司二线(日产2 500吨)、广东郁南粤鹰水泥有限公司(日产2 500吨)、阿曼RAYSUT水泥公司日产3 000吨、老挝水泥公司日产2 500吨等国内外水泥工厂建设的总承包项目。此外,TCDRI还承接并成功运作了几十个水泥工厂大型储库的钢结构专项工程承包项目,积累了丰富的项目管理经验,培养了一大批既有专业知识,又懂工程管理的复合型人才,全面提升了实施大型项目总承包的综合能力。

TCDRI完成的拉法基重庆水泥公司日产2 500吨项目是国内第一个为国外客户采用中国拥有完全自主知识产权的技术与装备,并由一家承包商提供专业建设的现代化水泥生产线。这个项目在工程管理领域与国际先进模式全面接轨,得到了世界上最大的水泥制造公司——拉法基公司的认可和赞许,从而奠定了TCDRI与拉法基水泥公司以工程项目总承包模式长期合作的基础。这是TCDRI将具有完全自主知识产权的技术与装备成果与世界上先进的工程管理技术以及完善的ISO质量体系有机融合的一个典型案例。

阿曼莱苏特水泥公司(RCC)日产3 000吨项目是TCDRI海外工程总承包项目之一。TCDRI在与欧洲老牌公司以及中国其他公司的投标竞争中一举中标,打破了欧洲老牌公司在阿曼水泥项目市场的垄断地位。这个项目是阿曼国目前单机生产能力最大、自动化水平最高、装备技术最先进的生产线,它的成功投产,获得了业主的高度评价,也使TCDRI成为第一个出色完成中东地区最大水泥生产项目的中国水泥工程总承包商。

目前由TCDRI作为总包商承建的从日产2 500吨、4 000吨到6 000吨的8条新型干法生产线正在越南、老挝、柬埔寨、巴基斯坦、土耳其等国家顺利实施。

——国内余热发电技术的开拓者

TCDRI在推动中国水泥工业向资源节约型和环境友好型工业转变方面,一直积极致力于资源综合利用、节约能源、环境保护等领域的研究、开发和推广应用,经过几代人的不懈努力,使水泥工业余热利用技术不断进步并逐步走向成熟。

天津能达技术发展有限公司是TCDRI的全资子公司,多年来在钢铁、化工、冶金和水泥等领域开展低温余热回收,致力于供热、制冷及发电技术和装备的研发,成果显著。这些领域包括:提高余热发电技术水平;解决余热锅炉漏风、堵灰、清灰、防磨等关键技术;在新型干法水泥生产线上配套建设符合国家产业政策的资源综合利用电站的节能技术改造;余热电站及资源综合利用电站的计算机控制技术及生产协调、运行管理等。

TCDRI的天津能达技术发展有限公司拥有一系列国内领先的专有技术:拥有中空窑水泥生产线配置立式余热锅炉的余热发电系统的技术和装备,并成功地应用于具体工程,使该技术水平和经济效益大幅提升;拥有带补燃锅炉的水泥厂中、低温余热发电技术及装备,获"八五"国家重大科技攻关成果奖,可成功回收和利用新型干法水泥生产线窑头冷却机和窑尾预热器400℃以下的低温废气余热,用于发电或热电联供;成功自主开发符合国家资源综合利用政策的资源综合利用电站技术,在充分利用水泥生产线低温废气余热的同时,采用循环流化床锅炉,燃用发热量小于3 000千卡/千克的劣质煤进行发电或热电联供;成功自主开发水泥厂纯低温余热发电技术,使中国水泥生产线的纯低温余热发电的技术装备接近或达到了世界先进水平。此项技术和装备还可广泛应用于钢铁、化工、冶金等其他产生大量低温废热资源的行业;成功地将计算机控制系统引入纯低温余热电站和资源综合利用电站的运行控制及生产管理,提高了电站的运行和管理水平,降低了电站的生产运行成本。

TCDRI的纯低温余热发电技术居国内领先地位,在大幅度降低水泥生产成本的同时也为国家节约了能源,保护了环境,收到了良好的经济效益和社会效益,为中国能源梯次开发和综合利用提供了新思路,为中国水泥工业节能新技术的应用提供了范例。

中国建材技术装备总公司

中国建材装备有限公司(简称公司)成立于1988年1月16日,原名中国建材装备公司配件维修公司,后更名为中国建材装备公司,2004年改制为中国建材装备有限公司,是大型中央企业下属的控股公司。公司专业从事建材机械成套供应、国际工程总承包、国内外工程及机电设备招标、产品销售代理等业务。多年来,公司与国内科研、设计及制造单位积极合作,通过从国外引进、消化吸收并自行开发了具有国际先进水平的建材生产设备的设计和制造技术,依靠这些技术及在此基础上所开发的设备,公司成功承接了国内外70余条水泥生产线和20余条玻璃生产线的成套设备供应、工程总承包和机电设备招标代理工作,是国内最富有建材工程项目建设经验和技术实力的专业公司之一。2005年公司承揽的阿联酋联合水泥公司日产10 000吨水泥生产线项目,是中国目前为止出口的最大规模的水泥生产线。

主要业绩:为国内外新建、扩建、改建的建材生产企业成套供应优质、低耗、高效能的专业设备及配套辅助设备,进而实现工程总承包,集设计、制造、供应、安装调试于一身,确保所建项目的达产达标,一直是中国建材装备有限公司的主业。公司充分发挥多年设备成套积累的经验和建立起的信誉优势,依靠不断深化和规范化的成套服务,抓住质量、价格、交货、服务四个重要环节,先后完成了水泥成套项目44个,并出口马来西亚、巴基斯坦、俄罗斯、埃及等10余个国家。

自80年代以来组织国内科研院所及设备制造厂家引进并吸收消化了具有国际先进水平的40多项新技术、新装备,并成功地为国内水泥工业提供了20条日产2 000吨熟料生产线。这些技术、装备及生产线的引进使中国建材装备行业具备生产制造日产1 000吨、日产2 000吨及日产4 000吨水泥熟料生产线主机和关键性辅机的能力,为中国水泥工业的发展及国内企业向东南亚、中东、拉美及非洲等新兴市场的成套设备出口及工程项目承包做出了重大贡献。在加强国际合作的同时,也同国内的科研院所、建材设备及产品生产厂家建立了良好的合作关系。在进口方面,为国内多家水泥生产厂家从国外进口了关键设备及零配件。在出口方面,先后向马来西亚、巴基斯坦、孟加拉、缅甸等第三世界国家签订并执行了多家水泥厂全套交钥匙工程项目,水泥粉磨站工程项目、水泥厂改造项目以及耐火材料等其他建材产品成套设备出口项目。

进口业务:1998年为内蒙古通辽市通玻集团的原料车间改造项目引进了德国EME公司的技术和装备,从比利时GLAVABOL公司进口了拉边机设备,从日本东芝进口了耐火材料;2001年为陕西汉江建材股份有限公司日产2 000吨水泥生产线项目进口了德国FLENDER公司的立磨减速机、PHISTER公司的转子秤、AUMUND公司的窑尾提升机、IBAU公司阀门及英国OXFORD公司的X荧光分析仪;2002年又为陕西汉江建材股份有限公司日产2 000吨水泥生产线项目引进法国FCB公司的卧式辊磨;2002年为河南南阳水泥厂两条日产3 000吨水泥生产线项目进口德国CP公司篦冷机、丹麦F. L. S公司立磨;2003年又为该厂进口德国AUMUND公司斗式提升机、瑞士ARL公司分析仪。进口总值约360万欧元;2003年为云南开远水泥厂一条日产2 500吨水泥生产线项目进口丹麦F. L. S公司立磨,德国PFISTER公司转子喂煤机,荷兰帕纳科公司X荧光光谱仪。进口总值约300万美元;2003年为云南东骏水泥有限公司一条日产5 000吨水泥生产线项目进口丹麦F. L. S公司矿渣及水泥磨、德国AUMUND公司斗式提升机及盘式输送机、德国IKN公司篦冷机、法国HGH烧成系统扫描监测装置、瑞士ARL公司X射线荧光分析仪、德国PFEIIFFER公司生料立磨、德国PFISTER公司转子喂煤机、德国CP公司混合搅拌机及卸料装置。进口总值达1 500万美元。

成套设备出口及国外工程项目承包:1992年,公司向马来西亚古晋水泥厂提供一条由天津水泥工业设计院设计的日产2 000吨水泥新型干法生产线的成套设备。现该厂的运行状况良好,实际生产能力可达日产2 500吨水泥;1993年,公司向巴基斯坦LUCK CEMENT PLANT提供两条由南京水泥工业设计院设计的日产2 000吨水泥熟料生产线生套设备,并提供相应的技术服务;1993年,公司对巴基斯坦佳瑞博水泥有限公司的3条日产600吨湿法生产厂的电收尘系统进行技术改造并提供配套设备;1997年,公司同孟加拉ANWAR水泥有限公司签订合同,承接该公司日产600吨水泥的粉磨站项目的工艺、电气设计、全厂设备供应及技术服务工作,目前已完成设备安装调试任务,并成功地达产达标;2001年,公司同缅甸第一工业部签订合同,承接缅甸年产2 400吨耐火材料生产线全套交钥匙工程项目,目前已进入土建施工阶段;2005年2月,公司同阿联酋联合水泥公司(UCC)签订日产10 000吨水泥熟料生产线工程总承包合同,目前已经进入设备安装阶段;2005年8月,公司同阿联酋联合水泥公司(UCC)签订2x210吨/时水泥粉磨站工程总承包合同,目前正在进行设备采购和土建施工。

除了在项目开拓与进出口业务方面取得长足进展以外,公司还积极强化内部质量管理与素质建设,择优引进并培养出众多素质高、经验丰富、有责任心的专业、商贸及外语水平的专业型及综合型人才,从而使公司完全具备承建国内外建材及其相关行业项目的能力(包括国内外项目的前期开发,商务谈判、合同签订与执行、工程设计、成套设备供应、安装调试、技术服务及项目后续事务处理等业务能力)。

中国建材对外经济技术合作公司

中国建材工业对外经济技术合作公司(英文简称 CBMC)是中国材料工业科工集团公司旗下的骨干企业,是以承包国外建材工业工程和其他工程为主体,以技术服务、劳务输出和国际贸易为支撑的国际型工程公司。公司注册资金1.5 亿元人民币,中国银行为公司担保。

公司自 20 世纪 60 年代创办以来,足迹遍布亚洲、非洲、拉丁美洲和欧洲的 70 多个国家和地区,业务涉及水泥、玻璃、陶瓷、砖瓦、非金属矿、土建施工等专业,实施了包括对外援助、承包工程、技术和劳务服务、合资经营等各类项目,派出了两万多人次技术和劳务人员。这些项目对所在国的经济和社会发展起到了积极的促进作用。

迄今为止,公司已建立了开展业务活动的稳固渠道,积累了执行国外项目的丰富经验,培养了熟悉外经贸业务的干练人才,铸就了严谨诚信的企业精神。公司将以集团雄厚的勘察、设计、制造、建设、安装、管理的专业技术力量为海内外客户提供先进可靠的技术、质高价廉的设备和满意周到的服务。

公司是中国对外承包工程商会和中国建筑材料工业协会的理事单位,是中国国际贸易促进委员会、中国国际商会和中国国际工程咨询协会的会员单位。公司已获得 ISO9000 质量管理体系认证证书,并获得中国外贸企业信用体系指定示范单位资质。自 1994 年以来,公司连续 5 年进入行业百强之例。

中国建材工业对外经济技术合作公司服务于国际经济技术合作领域的历史可追溯到 1956 年,从那时就开始承担中国政府下达的对外经济援助项目。进入 80 年代以来,随着中国改革开放日益深入,逐步转向以承包国外建材工业工程和其他工程为主体,以技术服务、劳务输出和国际贸易为支撑的国际型工程公司。公司先后在亚洲、非洲、欧洲、拉丁美洲、北美洲等 70 个国家和地区开展过业务和合作,并以其雄厚的实力、丰富的经验、先进的技术、优质的准备、良好的信誉、一流的服务,获得业主或合作方的信任和赞誉。

曾先后进入过原中国对外贸易经济合作部、财政部和国家统计局等部门按相关经济指标进行的百强排序,并多次受到中国政府主管部门的嘉奖。

对外承包工程:公司依托飞速发展的中国建材工业,凭借雄厚的地勘、设计、制造、建设、安装、管理力量,在国际建材成套项目工程承包市场上打开一片新天地。

90 年代初,公司作为总承包商在与诸多国际著名大公司的激烈竞标中一举中标,获得巴基斯坦军人福利基金会日产 2 000 吨水泥成套设备生产线项目,这是中国对外出口的第一条完整的日产 2 000 吨水泥成套设备生产线,该条生产线一次点火成功。公司凭借其履行合同的出色表现,又与业主签订了第二条线同等规模的水泥成套设备生产线。现在,两条生产线均已建成投产,并取得良好的效益。

土建工程:30 多年来,公司先后在冈比亚、科威特、蒙古、罗马尼亚、卢旺达、埃塞俄比亚、巴基斯坦、也门、布基纳法索、越南、柬埔寨、巴布亚新几内亚、布隆迪、博茨瓦纳、马里和中非共和国等数十个国家从事土建承包工程,完成项目近百个。这些项目施工质量优良,赢得了业主的信任和称赞,树立了公司的品牌形象。例如,公司在冈比亚承担过数十个土建项目,上至总统官邸,下至普通民宅都流下过公司施工人员的汗水。冈比亚国家领导曾多次接见公司驻冈经理部成员或出席工程竣工剪彩仪式,因此公司也在冈享有极高的知名度。公司在科威特承担的 760 多栋住宅工程、三栋高层建筑、两所学校、一个商业中心和一个清真寺,因其施工进度快、质量好,同样受到业主的好评。

技术服务和劳务合作:公司已累计派出技术服务和劳务合作人员两万多人次,足迹遍及世界各地,服务领域极为广泛,如建材生产、建筑施工、机械加工、电焊、铸造、食品加工、计算机软件开发、工程设计、经营管理、医护、制衣、厨师、宾馆服务、务农等等。派出的方式灵活多样,既可以成建制派出,也可按雇主的要求零星派出。公司派出的技术服务和劳务合作人员因认真贯彻"守约、保质、薄利、重义"的原则,技术水平高、服务质量好、适应能力强、长于经营管理和设备的运营维修,严格遵守所在国的法律,尊重当地人民的风俗习惯,而深受所在国的欢迎和好评。

对外经济技术援助:公司承担中国政府下达的对外经济援助项目的历史可追溯到 1956 年,从那时起公司先后共承担了中国政府向 30 多个国家提供的 60 多个经济技术援助项目。在执行项目的过程中始终认真贯彻中国政府制定的援外八项原则,圆满完成了中国政府交给的任务。这些项目的建成和投产不但对受援国的经济和社会发展发挥了积极作用,而且为加深受援国人民与中国人民之间的友谊做出了贡献,受到受援国政府和人民的广泛好评。

中材汉江水泥股份有限公司

中材汉江水泥股份有限公司前身汉中市水泥厂,始建于 1958 年。1993 年经陕西省人民政府批准改制为陕西汉江建材股份有限公司,2003 年由中材科工集团公司对企业进行了资产重组,2004 年更名为中材汉江水泥股份有限公司。公司股本总额为 10 765.82 万股,总资产 5.1 亿元,员工 1 400 余人,生产的"汉江"牌水泥久负盛名,拥有一条日产 2 000 吨熟料干法水泥生产线和三条机立窑生产线,具备年产 100 万吨水泥的生产能力,是陕南最大的回转窑水泥生产企业。

公司先后荣获"全国'五一'劳动奖状"、陕西省名牌产品和国优金奖称号、“全国水泥质量百佳企业”、“全国建材行业先进单位标兵”、“全国先进基层党组织”、“全国建材行业设备管理先进单位”、陕西省基层党组织“十面红旗”、“全省精神文明建设先进单位标兵”等中央、省、市、区殊荣230余项，是“中国500家最大建材工业企业”、“全国建材行业先进单位标兵”、“陕西经济明星”、“陕西省45家利润大户”之一、“全国水泥质量百佳企业”和“全国重合同守信用单位”。

公司确定的发展思路是：以市场为导向，以产业优化升级为中心，以技术创新和科技进步为途径，淘汰落后技术，加快技术改造步伐；推进企业改制，节约并合理利用资源与能源，加强环境保护，促进企业可持续发展。

以科技为先导，创造和应用先进技术；发挥区域规模优势，以客户需求为向导，垄断区域市场，进攻区外市场；提高产品产量和资本运作质量，提高核心竞争力。

公司投资3.5亿元建设的日产2 000吨水泥熟料回转窑生产线，是陕南惟一的新型干法窑外分解回转窑水泥生产线。公司主导产品为“汉江”牌水泥7个品种系列，其中32.5R型普通硅酸盐水泥获省优、部优和国优金奖称号，是陕西省首批名牌产品，全国首批出口水泥定点产品。1998年在全省建材行业首家通过ISO9002质量体系认证。产品畅销川、陕、鄂三省，广泛用于铁路、公路、国防、工业和民用等重点工程建设。

河南中材环保有限公司

河南中材环保有限公司是中国非金属材料总公司控股的大型专业环保公司，是中国环保产业龙头企业之一，全国环保产业重点骨干企业。公司先后获得国家二级企业、全国环保产业重点骨干企业、全国环保科技先进企业、国家机电产品重点出口基地企业、河南省出口创汇先进企业、河南省高新技术企业等荣誉。公司拥有进出口业务自营权和ISO9001质量体系认证、ISO14000环境体系认证。

公司在大气除尘研究、产品开发、设备制造和安装领域具有国内领先优势，享有国内惟一引进具有国际当代先进水平的电收尘器技术和袋收尘器技术，主导产品在引进国际技术基础上自主开发的“中材环保牌”电收尘器和袋收尘器，技术水平在国内处于领先地位，其中部分产品的技术指标填补了国内空白，新开发的长袋喷吹脉冲袋收尘器技术性能达到国际先进水平。公司产品广泛应用于建材、电力、冶金、化工等行业工业窑炉含尘气体的净化除尘，可为日产1 000～10 000吨新型干法水泥生产线和10～90万千瓦火电机组配套环保除尘工程和装备。产品有16大系列156个规格型号，畅销全国并出口美国、德国、澳大利亚、马来西亚、津巴布韦等40多个国家和地区。

公司近年来致力于高技术含量、高附加值和高创汇能力的产品开发与生产，极大地促进了公司技术创新和进步，提升了公司产品体系优势，市场占有率迅速提高，企业规模不断扩大。目前，公司是全国环保产业常务理事单位，全国大气环保治理行业前三强企业，国内建材行业规模最大、技术水平最高的环保企业。

中国建材上饶机械厂

中国建材工业建设总公司上饶机械厂隶属于中国材料工业科工集团总公司（国资委直辖中央企业），是水泥行业输送设备专业制造厂。拥有多型号、多品种的系列输送设备产品，其中SCD型熟料槽式输送机在国内同类设备中具有领先地位，是国家替代该类进口设备的首选国产产品，成为该厂具有特色的优质产品。该型产品在中国近几年来所上的日产2 000～10 000吨水泥熟料生产线中占有85%以上的份额，其中已有数十条日产5 000～10 000吨水泥熟料生产线订购使用了该厂生产的SCD型熟料槽式输送机。先后出口到西班牙、伊朗、巴基斯坦、印度尼西亚、多米尼加、阿尔巴尼亚、越南、缅甸、泰国等世界十几个国家，赢得了用户们的好评和充分肯定。

该厂生产的熟料输送设备在1991年通过了部级、省级优质产品鉴定，1992年荣获国家建材局科技进步二等奖，被国家科委列入“八五”期间国家级重点新产品，1993年被国家科委列入“星火”计划推荐采用的建材技术装备。2004年，SCD800型、SCD1000型熟料槽式输送机通过了国家级新产品的鉴定，荣获了国家级重点新产品的称号。2005年，SCD800型、SCD1000型熟料槽式输送机荣获了国家建材科学技术三等奖称号。同时该厂还通过了ISO9001质量体系认证和ISO18001职工健康体系认证。

主要业绩：2003年3月该厂与冀东水泥滦县有限责任公司签订了日产5 000吨生产线熟料输送机合同，这是该厂自行研发的日产5 000吨生产线熟料输送机新产品第一台供货设备。标志着该厂产品上了一个新台阶；2005年2月该厂与国内最大水泥集团—海螺集团签订了6台日产5 000吨生产线输送机供销合同，此次签约成功，不仅使该厂实现了将产品打进海螺集团这一梦寐以求的经营战略目标，也标志着该厂熟料输送机已处于国内领先地位。拓宽了产品市场新领域。

2003年该厂出口多米尼加3台日产5 000吨生产线熟料输送机设备。这是该厂自行研发的日产5 000吨熟料输送新产品首次打入国际市场，提高企业知名度，增强国内外市场竞争力，为企业未来的发展奠定了良好的基础。同时，也为该厂在发展史上谱写了具有深远历史意义的新篇章。

2001～2005 年重点联系水泥十二大集团产能、产量

2001－2005 年十二大企业集团水泥生产能力　　单位:万吨

企业名称	2001 年	2002 年	2003 年	2004 年	2005 年
	水泥能力	水泥能力	水泥能力	水泥能力	水泥能力
安徽海螺集团	963.50	2 055.00	3 585.00	7 000	5 799
冀东水泥股份	700.00	1 000.00	943.00	1 000	2 000
天山水泥股份	646.60	715.00	854.20	749.40	1 200
华新水泥股份	500.00	640.00	850.00	1 083	1 663
中联水泥公司	521.30	521.30	555.30	477.20	1 066
秦岭水泥股份	204.00	204.00	204.00	225	252
北京金隅集团	355.00	415.00	415.00	420	445
嘉新京阳水泥	239.00	272.00	288.00	304	310
浙江三狮集团	360.00	460.00	1 000.00	2 000	2 000
广西柳州鱼峰	148.00	180.00	205.00	220	225
济南山水集团	345.00	440.00	865.00	1 465	2 200
亚泰水泥集团	287.00	312.00	362.00	381	400
合计	5 269.40	7 214.30	10 126.50	15 324.60	17 560

注:数据来源:建筑材料工业信息中心提供

图示1　2001 年重点联系水泥十二大集团产能图示　　(万吨)

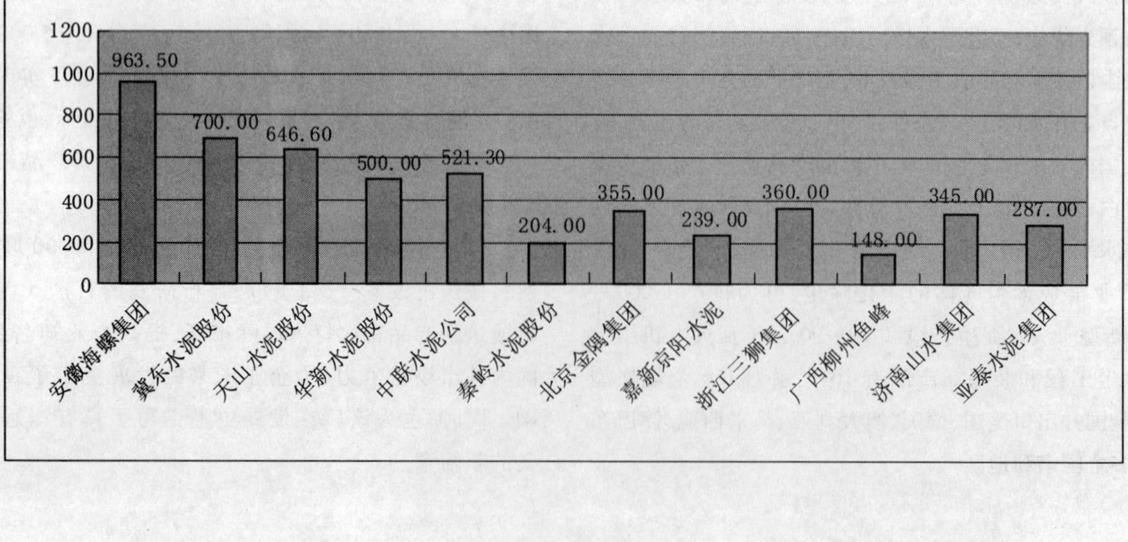

图示2　2002 年重点联系水泥十二大集团产能图示　　（万吨）

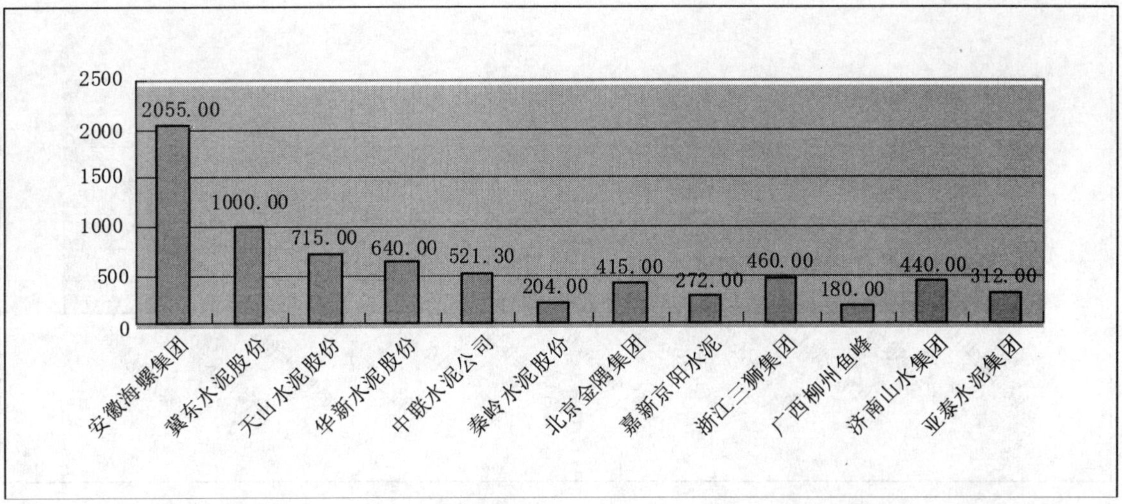

图示3　2003 年重点联系水泥十二大集团产能图示　　（万吨）

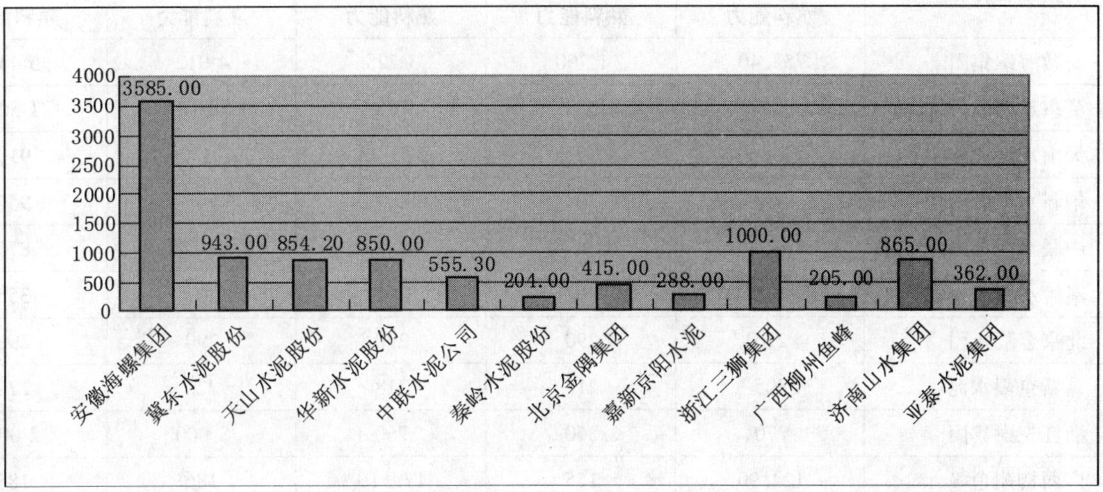

图示4　2004 年重点联系水泥十二大集团产能图示　　（万吨）

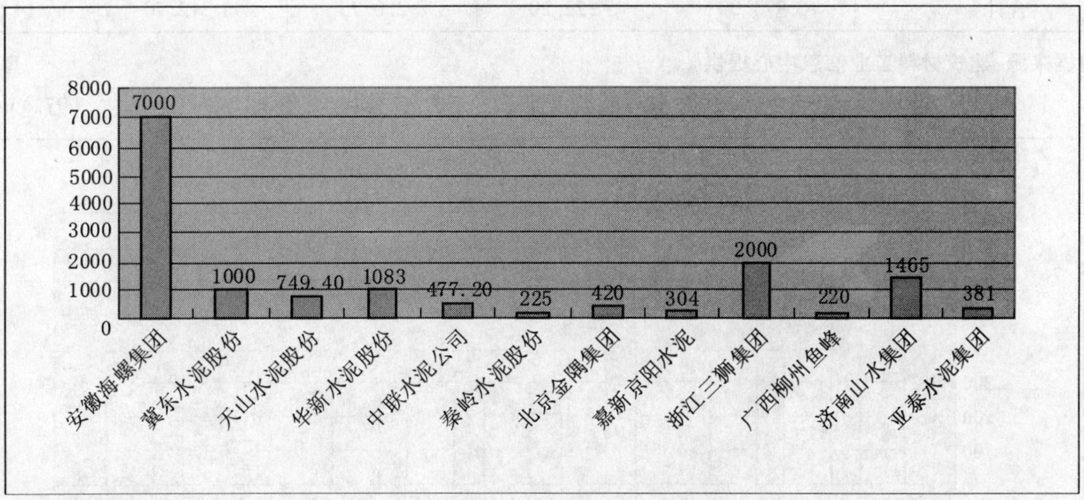

图示5 2005年重点联系水泥十二大集团产能图示 （万吨）

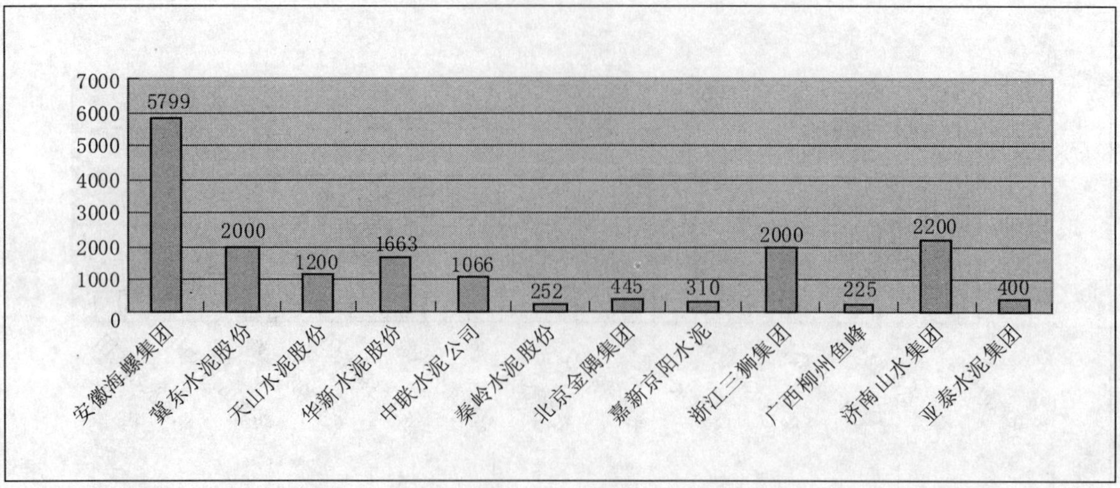

2001－2005水泥十二大企业集团熟料生产能力

企业名称	2001年 熟料能力	2002年 熟料能力	2003年 熟料能力	2004年 熟料能力	2005年 熟料能力
安徽海螺集团	752.40	1 700	3 225	4 012	5 448
冀东水泥股份	550	558	763	910	1 500
天山水泥股份	395.00	472.50	525.33	474.20	919
华新水泥股份	300	300	493.30	745	957
中联水泥公司	419.70	419.70	440.00	413.50	871
秦岭水泥股份	202	202	202	202	355
北京金隅集团	270	290	290	290	290
嘉新京阳水泥	205	217	218	220	220
浙江三狮集团	270	360	760	2 000	2 000
广西柳州鱼峰	124.90	155	179.10	186	186
济南山水集团	250.00	370	717	1437	1437
亚泰水泥集团	235.00	278	438	423	453
合计	3 974.00	5 322.20	8 250.73	11 312.70	14 636

注：数据来源：建筑材料工业信息中心提供

图示6 2001年重点联系水泥十二大集团熟料能力图示 （万吨）

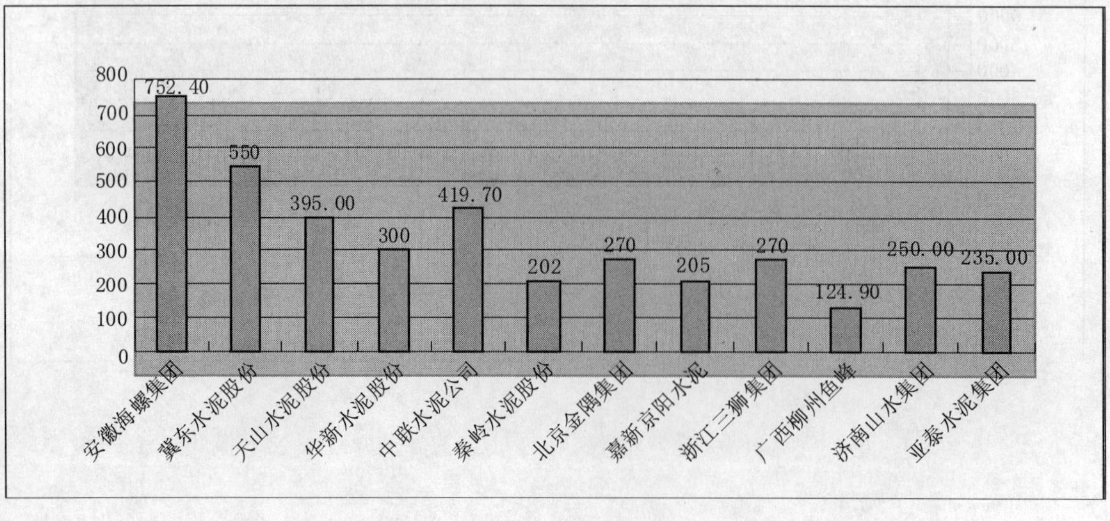

图示 7 2002 年重点联系水泥十二大集团熟料能力图示 （万吨）

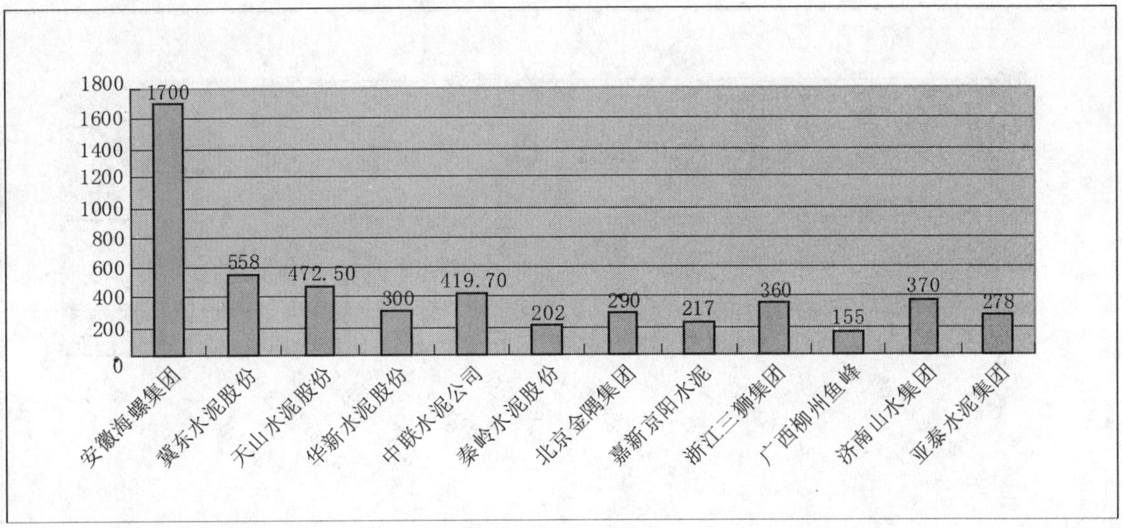

图示 8 2003 年重点联系水泥十二大集团熟料能力图示 （万吨）

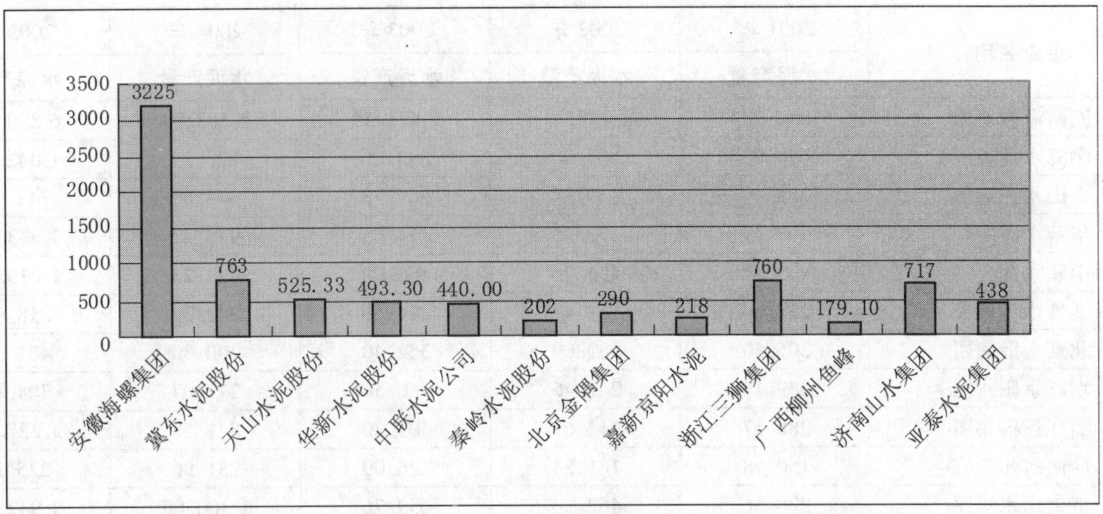

图示 9 2004 年重点联系水泥十二大集团熟料能力图示 （万吨）

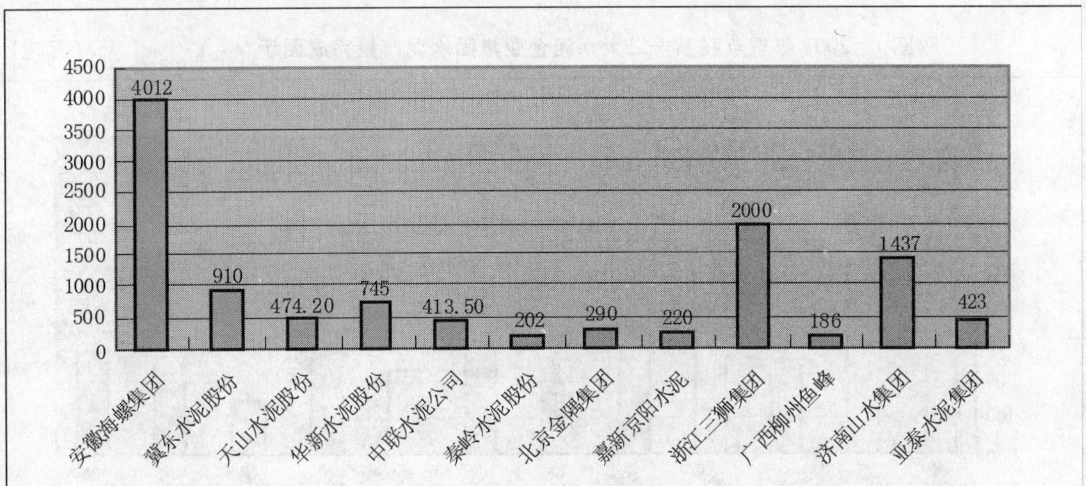

图示10　2005年重点联系水泥十二大集团熟料能力图示　　（万吨）

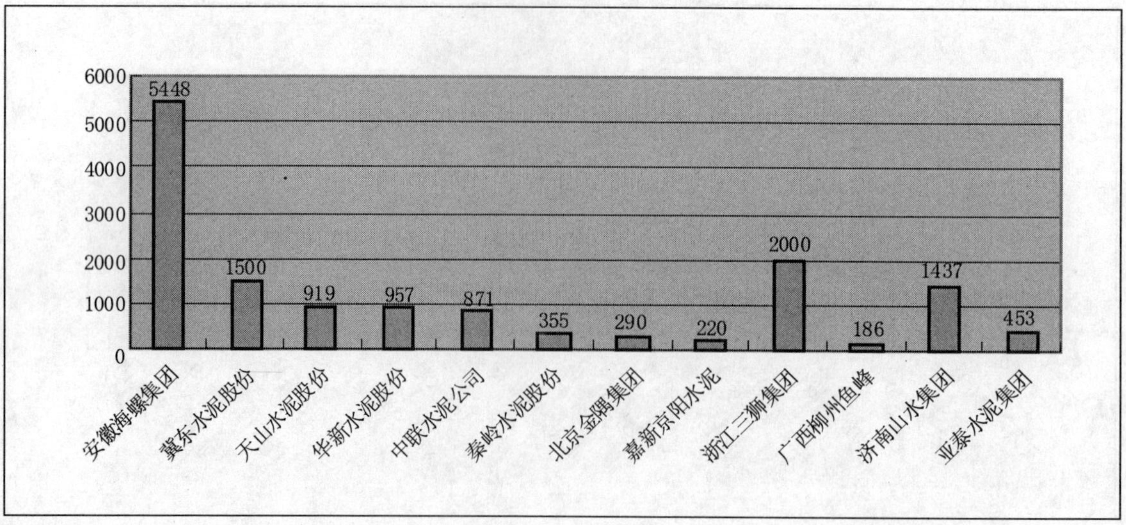

2001－2005年十二大企业集团水泥实际产量完成情况

企业名称	2001年	2002年	2003年	2004年	2005年
	水泥产量	水泥产量	水泥产量	水泥产量	水泥产量
安徽海螺集团	854.70	1 338.71	2 571.55	5 583.94	6 320.00
渤海水泥控股	670.00	667.00	892.00	823.39	1 042.44
天山水泥股份	258.49	449.34	567.78	648.67	748.00
华新水泥股份	503.69	477.95	764.65	978.42	1 333.30
中联水泥公司	465.24	496.26	460.00	459.23	1 019.00
秦岭水泥股份	172.60	161.42	214.66	242.39	218.90
北京金隅集团	305.50	332.60	352.40	400.30	461.00
嘉新京阳水泥	239.19	247.46	280.50	277.07	304.13
浙江三狮集团	288.57	414.69	401.30	841.58	1 227.80
广西柳州鱼峰	150.18	161.24	226.09	231.96	225.17
济南山水集团	278.56	462.30	659.76	1 400.00	1 942.90
亚泰水泥集团	289.20	301.20	328.67	378.98	480.00
合计	4 484.92	5 519.17	7 719.36	12 265.93	15 322.20

图1　2001年重点联系十二大水泥企业集团水泥产量完成图示　　（万吨）

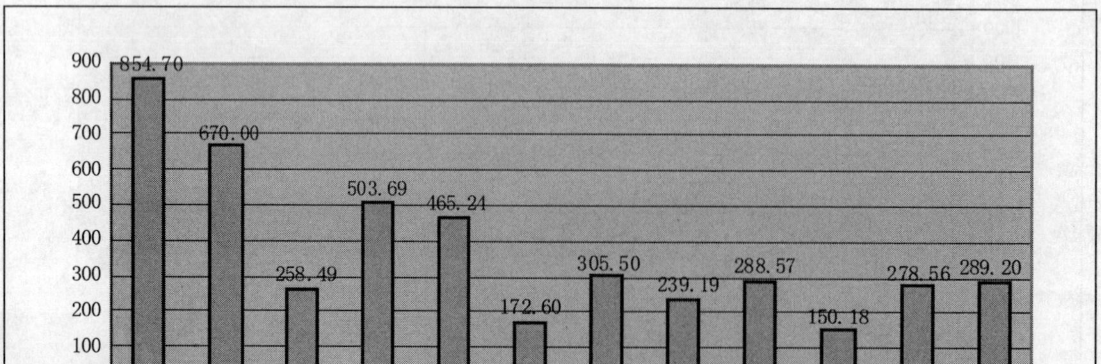

图 2　2002 年重点联系十二大水泥企业集团水泥产量完成图示　　（万吨）

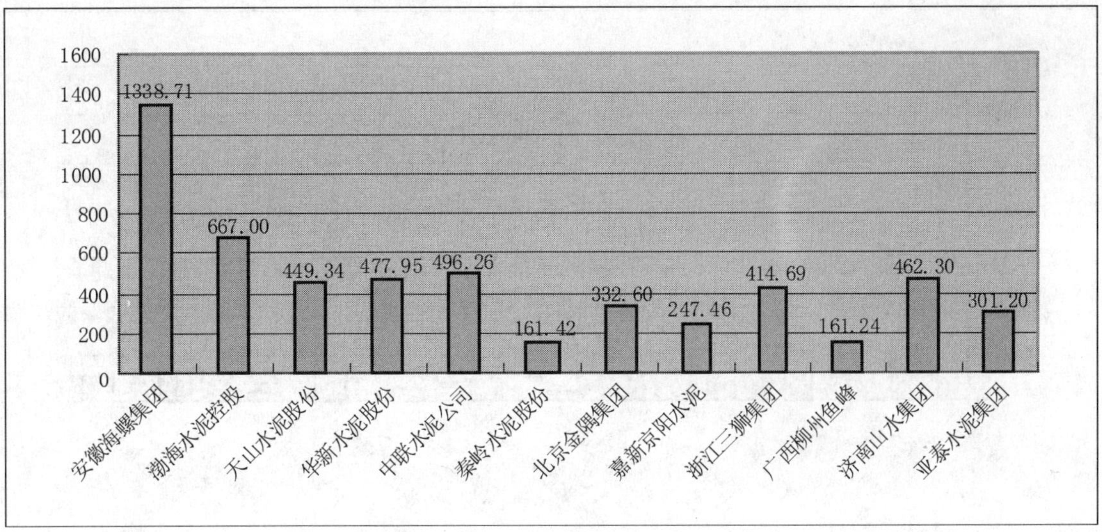

图 3　2003 年重点联系十二大水泥企业集团水泥产量完成图示　　（万吨）

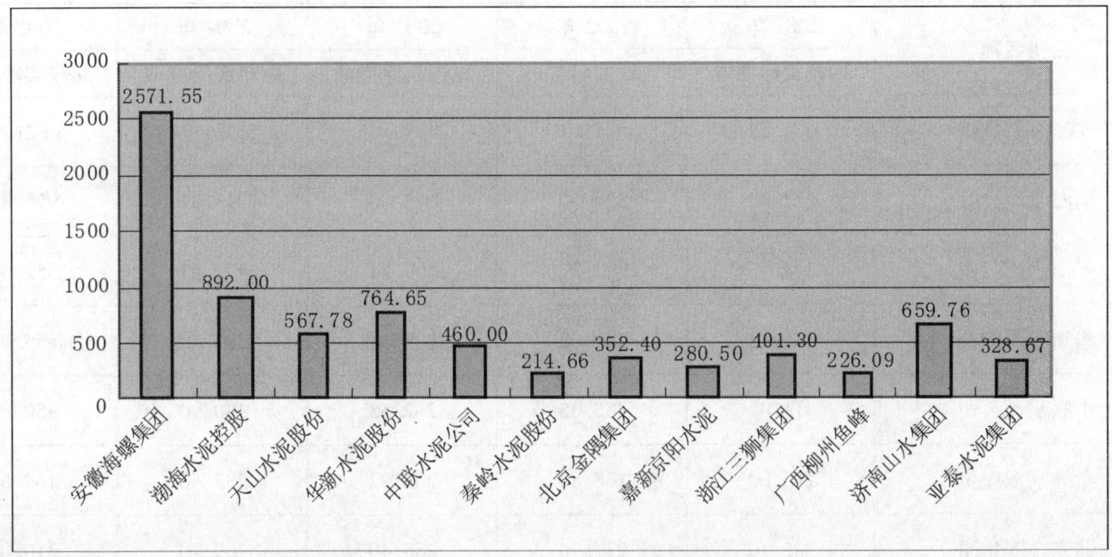

图 4　2004 年重点联系十二大水泥企业集团水泥产量完成图示　　（万吨）

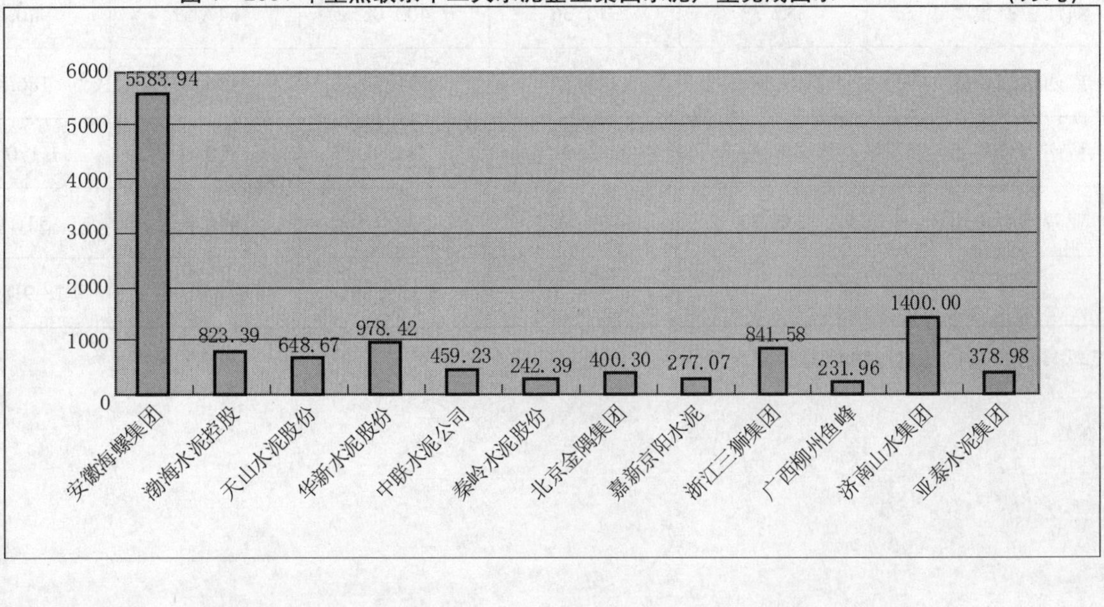

图5　2005年重点联系十二大水泥企业集团水泥产量完成图示　　　　（万吨）

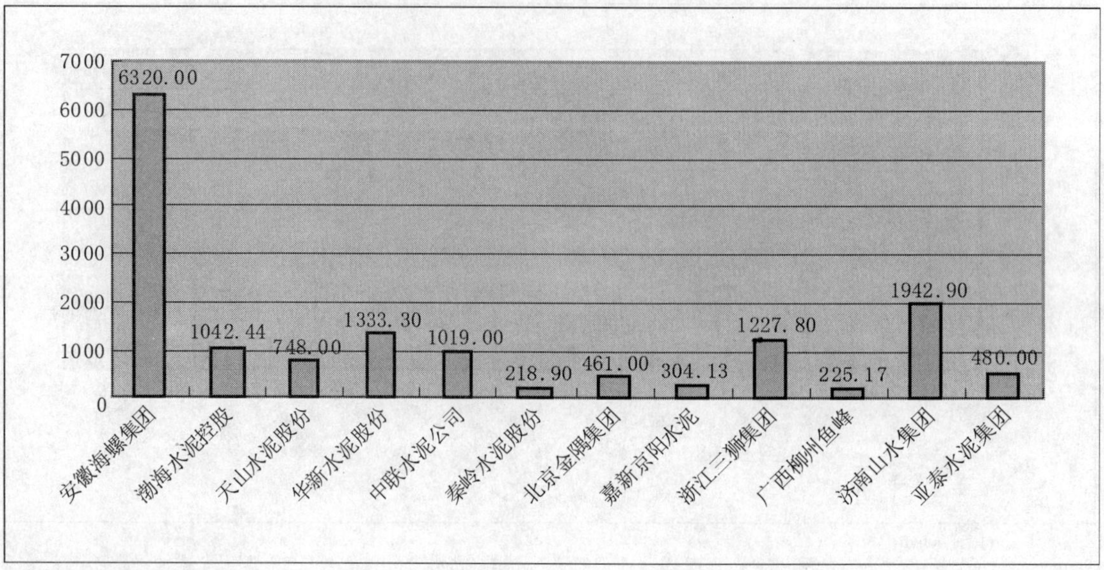

2001－2005年十二大企业集团水泥熟料实际产量

企业名称	2001年 熟料实际完成	2002年 熟料实际完成	2003年 熟料实际完成	2004年 熟料实际完成	2005年 熟料实际完成
安徽海螺集团	681.28	1 145.79	2 039.44	3 376.34	5 621.00
渤海水泥控股	552.00	558.00	778.00	818.37	955.80
天山水泥股份	248.97	292.37	399.74	472.61	552.00
华新水泥股份	281.92	299.08	878.44	703.58	855.00
中联水泥公司	411.07	435.35	262.55	380.90	350.00
秦岭水泥股份	145.00	138.84	202.97	237.40	163.60
北京金隅集团	225.10	237.90	268.40	309.70	310.00
嘉新京阳水泥	205.00	247.46	219.37	115.80	215.00
浙江三狮集团	235.37	313.36	400.08	647.57	940.00
广西柳州鱼峰	97.84	145.14	191.59	186.23	186.42
济南山水集团	246.38	283.91	415.91	800.00	1 170.00
亚泰水泥集团	235.50	276.70	332.10	446.43	531.00
合计	3 565.43	4 114.79	6 388.59	8 494.93	18 918.62

注：建筑材料工业信息中心统计马秋忠整理

图 6　2001 年重点联系十二大水泥企业集团水泥熟料产量完成图示　　　　　　（万吨）

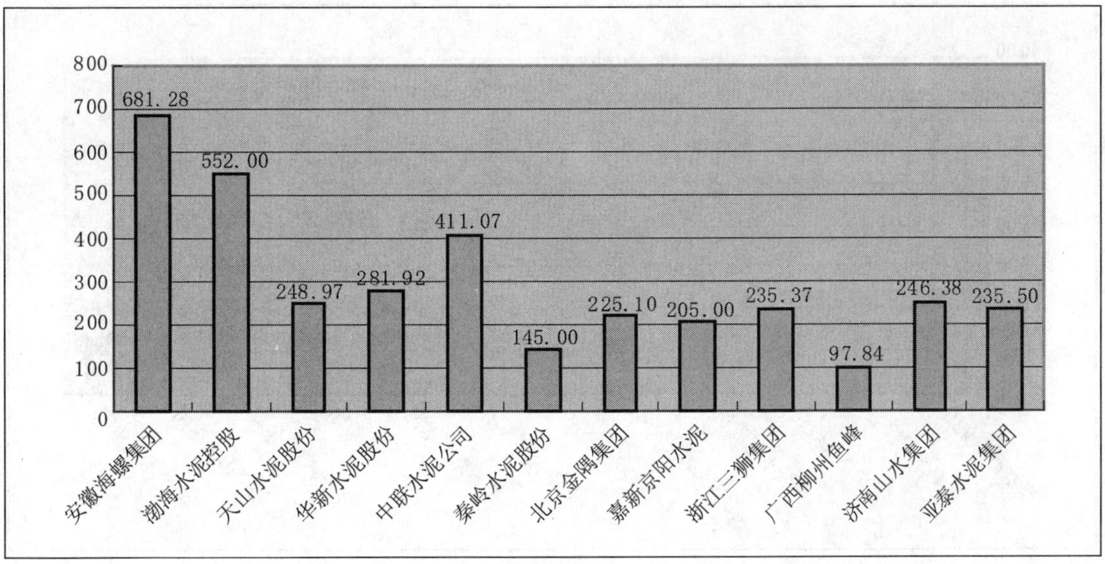

图 7　2002 年重点联系十二大水泥企业集团水泥熟料产量完成图示　　　　　　（万吨）

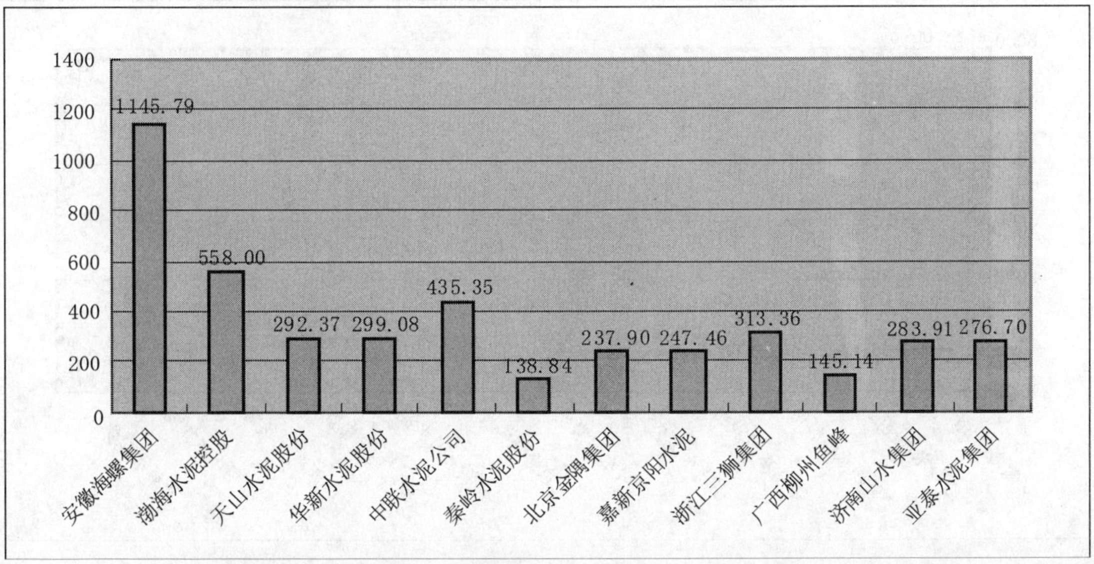

图 8　2003 年重点联系十二大水泥企业集团水泥熟料产量完成图示　　　　　　（万吨）

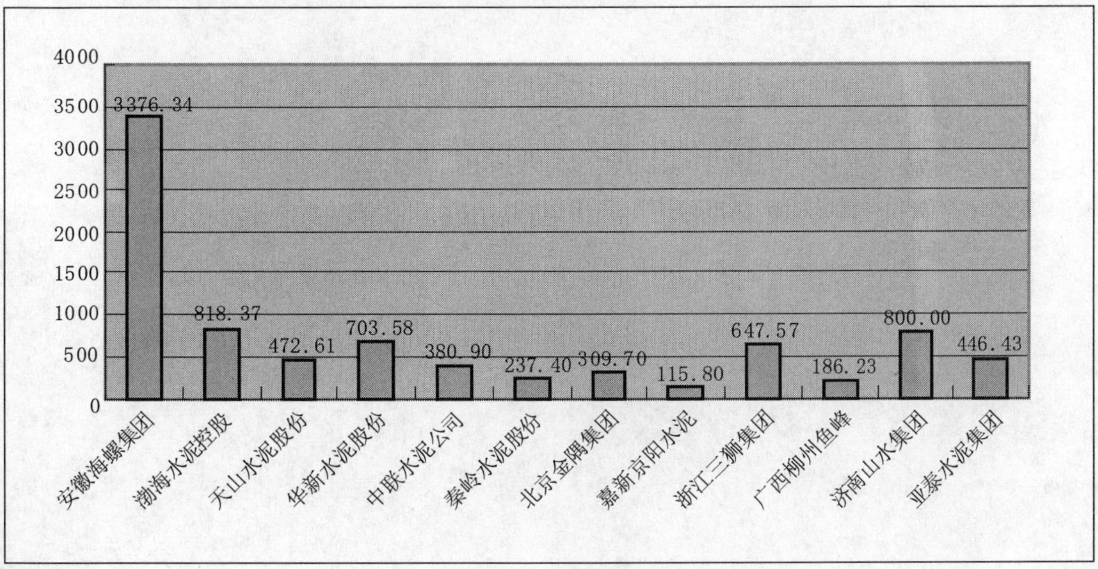

图 9　2004 年重点联系十二大水泥企业集团水泥熟料产量完成图示　（万吨）

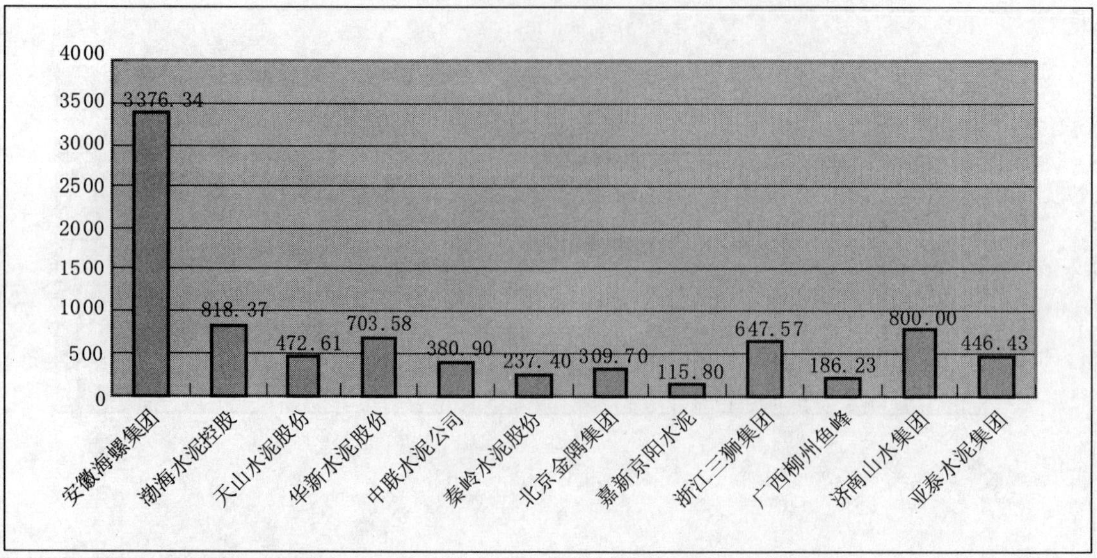

图 10　2005 年重点联系十二大水泥企业集团水泥熟料产量完成图示　（万吨）

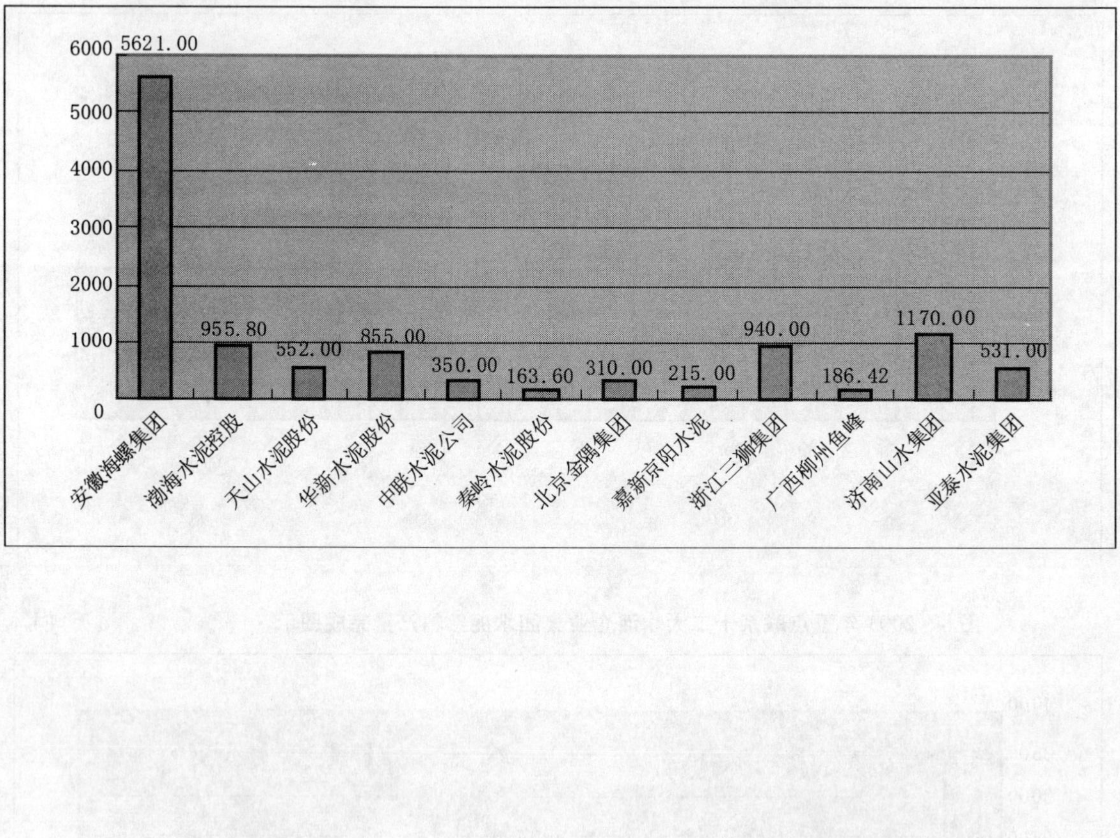

国际化进程

外资并购

——国际水泥巨头角逐中国

与国内企业逐步展开的并购重组相比,外资开疆拓土的收购都是大手笔。拉法基作为国际水泥行业的老大,进入中国市场已经多年了,在国内企业资金紧张之际,拉法基在经历多年本土化运营的实践后,2005年,先是和瑞安建业有限公司组建合资企业,一举进入中国水泥行业前三强,合并后在中国的水泥业务,包括四川、重庆、贵州、云南等地。之后又收购四川双马,整合西南地区水泥市场,一举成为西南地区水泥业的领军集团;豪西蒙是华新水泥的第二大股东,1999年入股华新水泥,力图在华中腹地扮演举足轻重的角色,并拟参与河南省水泥行业整合;海德堡主打西北市场;摩根士丹利添惠亚洲投资有限公司将联合鼎晖中国基金管理有限公司出资5 000万美元,并购山东水泥集团有限公司30%的股份,已逐步显露出欲整合境内各区域性市场的信号;墨西哥水泥集团把眼光投向华东;这一系列信号,无不预示着中国水泥市场将掀起更大的行业整合风暴。境外水泥巨头全面进军国内市场的大幕已渐次拉开。

新一轮水泥行业大整合是一场以区域整合为先导的国际水泥巨头深度参与的跨国竞争。并购重组既是结构调整的要求,又是结构调整的结果,而且是我国水泥行业健康发展的大势所趋。

拉法基瑞安成立

全球最大的建材生产企业拉法基(Lafarge)与中国西南地区最大的水泥生产企业瑞安建业有限公司于2005年8月11日宣布组建合资企业,以合并其在中国的水泥业务。这一战略联盟将在西南地区树立一个水泥业的新的领军企业,该地区是中国增长幅度最大且速度最快的地区之一。合资企业被命名为"拉法基瑞安水泥"(Lafarge Shui On Cement),分别由拉法基以及瑞安建业持有55%及45%的股份。拉法基瑞安水泥的董事长由罗康瑞先生出任,拉法基及瑞安建业委任同等数目的代表加入董事会。拉法基委任首席执行官,并负责合资企业的管理。

同年11月1日,瑞安建业与拉法基合组水泥业务的议案获得股东通过。

摩根、鼎晖入股山水集团

摩根士丹利联合鼎晖投资正式入股山东水泥业老大山水集团,以5 000万美元的代价获得山水全部水泥相关资产部分的30%股权。

2005年初,为加强引资、合作进程,摩根、鼎晖公司的代表邀请技术专家一行7人,赴山水各子公司参观考察。这次参观考察侧重了解生产线的可靠性。两公司代表在考察中对各子公司的台时、运转率、煤耗、电耗等生产技术指标,以及主机设备的产地、价格性能、使用情况进行了详细的询问。通过考察,为推进引资合作的进程,增强改制后山水集团经济实力和发展后劲,提供了必要的前提和奠定了坚实的基础。

在2005济南(香港)经贸合作项目推介会上对外公布的信息显示,"摩根士丹利添惠亚洲投资有限公司、鼎晖中国基金管理有限公司出资5 000万美元并购山东水泥集团有限公司。"

海德堡与冀东水泥联姻

2005年12月2日,冀东海德堡(泾阳扶风)水泥有限公司在陕西西安大唐芙蓉园御宴宫举行揭牌仪式。陕西省副省长洪峰、河北省领导郭士昌、中国水泥协会会长雷前治、中国水泥协会秘书长孔祥忠等出席了仪式。德国海德堡董事局董事兼总裁郭士宜、冀东水泥股份有限公司总经理张增光和雷前治会长分别做了讲话。

之前,在第八届唐山中国陶瓷博览会暨2005年唐山对外经贸洽谈会上,冀东水泥发布了转让这两家控股子公司部分股权的招商项目。最后,冀东水泥招商项目"花落"海德堡水泥,2005年9月16日,冀东水泥及冀东水泥集团公司工会与海德堡水泥及其全资子公司海德堡水泥控股香港有限公司,在河北省唐山市签订了股份购买协议。

根据股份购买协议,冀东水泥与海德堡水泥将共同控股扶风公司与泾阳公司,其中,冀东水泥仍持有扶风公司45.77%的股权,海德堡水泥持有扶风公司45.77%的股权,扶风法门寺水泥有限责任公司持有扶风公司8.46%的股权;在泾阳公司的股权结构中,冀东水泥与海德堡水泥将各自拥有50%的股权。全部股权出售价格合计为12 780万元。

拉法基瑞安成功受让四川双马股权

四川双马2005年10月20日公告称,公司的实际控制人绵阳市国有资产管理委员会拟向拉法基集团旗下的拉法基中国海外控股公司转让所持四川双马投资集团有限公司股权。双马集团系四川双马第一大股东,持有四川双马66.5%的股权,拉法基集团将通过收购双马集团进而控制四川双马。同年11月18日,四川双马对外宣布,拉法基中国海外控股公司与四川绵阳市国资委达成协议。绵阳市国资委以2.735亿元人民币的转让价将所持四川双马集团89.72%的国有股权转让给拉法基。通过此次股权转让,拉法基成为四川双马的控股公司。

收购四川双马成功,拉法基初步实现了在巴蜀地区的战略布局,并形成了对四川金顶(600678)这家老牌水泥行业上市公司的钳形包围。

国外建设项目

"十五"期间,在众多外国水泥企业进军中国市场的同时,具有建材建设工程总承包能力的中国水泥设计及施工企业由国内竞争走向国际竞争,已形成从工程设计、装备制造、建筑安装、生产调试的完善集成服务,承揽大型水泥工程建设,并且在国际上获得良好的声誉。中材科工和中国建材两大集团在该领域成绩突出,与国际同行强势企业同台竞争,取得令世界水泥业界瞩目的业绩。

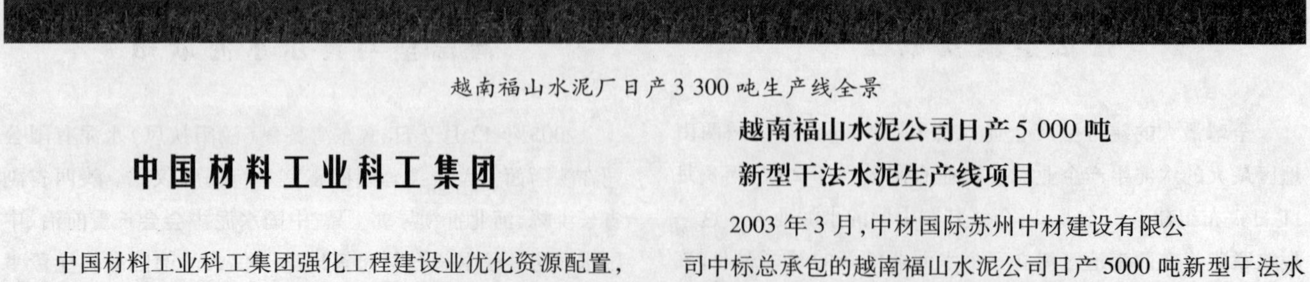

越南福山水泥厂日产3 300吨生产线全景

中国材料工业科工集团

中国材料工业科工集团强化工程建设业优化资源配置,合理完善产业链,强化系统集成创新与服务,实施国际化战略。研发和建设成功中国日产5 000吨和日产10 000吨的大型水泥生产线,使中国水泥工业技术、大型设备研发制造技术进入国际先进水平。与国际同行业最强企业在同一平台竞争,连续成功夺标。品牌效应与国际竞争力迅速提升,目前已成功跻身国际行业四强行列。2004年海外市场占有率达到全球第四名,2005年达到全球第二名。几年来,先后在伊朗、阿尔巴尼亚、意大利、西班牙、沙特阿拉伯、越南、法国、巴基斯坦、阿曼、阿联酋、多米尼加等中标一大批在国际上影响很大的工程总承包项目。成功地将成套装备技术和机电产品输出到国外乃至发达国家。对世界水泥工程市场的竞争格局产生了重要影响。2004年境外合同额占到年营业额的30%,2005年达到80%。

越南福山水泥公司日产5 000吨新型干法水泥生产线项目

2003年3月,中材国际苏州中材建设有限公司中标总承包的越南福山水泥公司日产5000吨新型干法水泥生产线项目,设计年产155万吨熟料(180万吨水泥),合同金额近8000万美元,是我国当时水泥工业获得的海外工程总承包(通称"交钥匙"工程)项目中金额最大的一个,也是当年江苏省最大的外经项目。该项目是首条主要采用中国装备,由中国人设计并担任总承包商的水泥工程项目,工程范围涵盖了从石灰石破碎至水泥出厂的土木建筑工程、设备采购、设备监制、运输、安装工程、调试、试运转、配合达产达标及性能考核的全过程服务。越南政府对此项目高度关注，将其列为国家重点工程之一。

该项目于2005年5月17日在越南海阳省金门县越南福山水泥公司举行投产仪式。越南福山水泥公司日产5 000吨新型干法水泥生产线的成功建成，彻底改变越南对中国水泥技术的偏见，进一步显示了中国材料科工集团公司强劲的实力和强大的核心竞争力，为其进一步拓展东南亚市场奠定了更加坚实的基础。该项目由天津院设计。

沙特SPCC日产5000吨总承包项目

2004年11月20日，中材国际与沙特阿拉伯王国SPCC公司签订了建设AL MAJARDAH水泥生产线工程总承包合同。根据合同，中材国际以交钥匙的方式为SPCC公司在沙特ABHA建设1条日产5 000吨水泥生产线，金额1.675亿美元，合同工期为25个月。合同的范围包括从原料破碎到水泥包装装运整个全过程。项目全部采用中材国际的技术，并由中材国际组织项目的实施及管理，整个项目按照国际通行的EPC模式进行建设。这是我国当年为止在国外承担的最大交钥匙工程，是我国在中东地区获得的建材行业最大工程总承包工程，更是我国开拓中东地区水泥工程建设市场的重大突破。

这次竞标获胜充分显示了中材国际在国际市场上的竞争力，证明中材国际是完全具有凭借自身优势与世界强手公平竞争的实力。

2005年2月7日，中国建材技术装备总公司与阿联酋哈伊马角联合水泥公司签订了建设水泥厂的承包合同，合同金额达5亿迪拉姆(约合1.37亿美元)。该水泥厂工程施工期限为21个月，规模为日产10 000吨。该项目是一项交钥匙工程，其中包括设计、土建施工、设备制造、采购运输、设备安装和调试、考核验收和后期服务等。这也是国内企业境外承包的最大规模工程。

该项目是以邀请招标的方式进行的，此前哈伊马角方邀请了欧洲、日本、印度和中国公司参加投标。在经过数轮谈判和技术交流后，哈伊马角联合水泥公司最终选择了中国建材技术装备总公司。该项合同的签订，不仅证明了中国公司的实力，显示了中国公司现代化高水准的设备制造和装备能力，极大地提高了中国建材设备在国际市场上的知名度。

2005年3月23日，中材国际工程股份有限公司同沙特利雅得水泥公司在利雅得洲际饭店正式签署日产5 000吨水泥熟料生产线合同，合同金额1.7亿美元。这是中材国际继2004年11月后在沙特签署的第二条同等规模的水泥生产线合同。本条生产线从图纸设计到设备供应、安装、调试及厂房土建工程等完全由中材国际承担，是我国在中东地区建设的较大的EPC项目之一。

中国建材装备总公司承建哈伊马角最大水泥厂项目

2005年6月，阿联酋哈伊马角联合水泥公司与阿布扎比国民银行达成贷款协议，贷款金额3.677亿迪拉姆，(约合1亿美元)，为新的水泥厂融资，新水泥厂是世界上最大的水泥厂之一，也是阿联酋最大的水厂，日产量达1万吨。哈伊马角警察局局长、联合水泥公司副董事长谢赫·塔利布和阿布扎比国民银行国内业务部总经理赛义夫·沙希在协议上签字。

阿布扎比国民银行是该笔融资贷款的主要组织者，另有

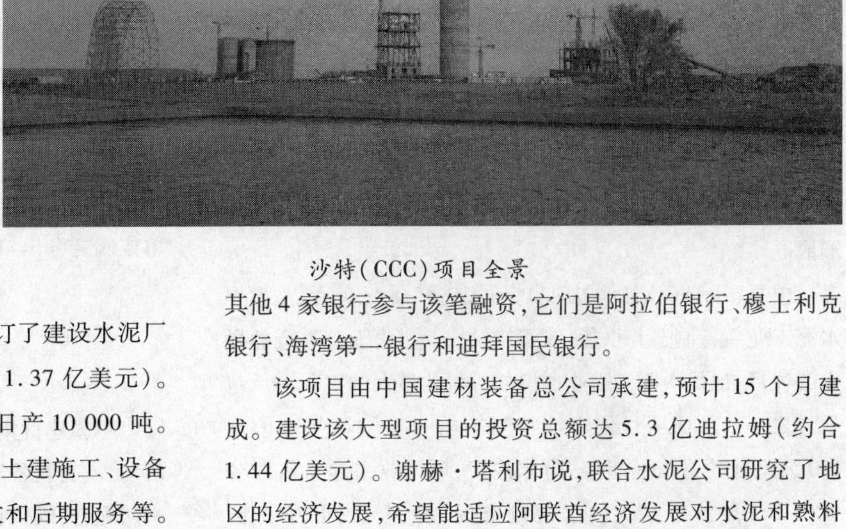

沙特(CCC)项目全景

其他4家银行参与该笔融资，它们是阿拉伯银行、穆士利克银行、海湾第一银行和迪拜国民银行。

该项目由中国建材装备总公司承建，预计15个月建成。建设该大型项目的投资总额达5.3亿迪拉姆(约合1.44亿美元)。谢赫·塔利布说，联合水泥公司研究了地区的经济发展，希望能适应阿联酋经济发展对水泥和熟料

的需求。

沙特 RCC 项目全景

中材国际与沙特城市水泥公司(CCC)签署日产 5 000 吨水泥生产线总承包合同

2005 年 7 月 9 日，中材国际工程股份有限公司与沙特阿拉伯王国城市水泥公司(CCC)正式签署日产 5 000 吨水泥生产线工程总承包合同，该项目位于沙特阿拉伯王国利雅德市附近。工程总承包合同金额为 1.675 亿美元，合同工期为 25 个月。合同范围包括整条生产线的设计、采购、制造、供货、运输、土建结构和工程、设备安装、调试、试生产等内容。该工程总承包合同不包括中标通知书中列示的电厂项目(金额为 3 250 万美元)。

中材国际签署 SCC 总承包 5.8 亿美元水泥生产线合同

2005 年 12 月 14 日，中国材料工业科工集团旗下的中材国际工程股份有限公司和沙特水泥公司在沙特阿拉伯王国达曼市科技会展中心举行了 SCC Hofuf 水泥厂两条万吨水泥生产线总承包签约仪式。这在中国水泥工程建设史上具有里程碑意义，标志着一个世界水泥工程建设市场新格局的形成。

中材国际 SCC 总承包项目合同金额 5.8 亿美元，是世界水泥工业装备制造与供货、工程建设行业历史上单笔金额最大的项目，也是中国工程业在海外取得的最大的工程总承包项目之一。SCC 项目位于沙特阿拉伯 - 王国达曼市南部 120 公里处的 Hofuf(胡富夫)水泥厂，项目业主沙特水泥公司(SCC)是沙特最大的水泥制造商。根据合同，中材国际将为 SCC 公司在 Hofuf 水泥厂同时建设两条日产万吨熟料的生产线，工期分别为自合同生效日起 30 个月和 34 个月。工程范围包括从原料破碎到水泥出厂的全部过程，包括技术开发、工程设计、装备制造与采购、建设、安装、调试运行、人员培训等，是真正意义上的完全按国际惯例实施的交钥匙(EPC 模式)总承包合同。两条生产线建成后，SCC 公司将每年新增水泥产能 700 万吨。

SCC 项目是中材国际在与几家当今世界上最大的水泥工程装备制造商同台竞技中获得的，项目夺标过程竞争异常激烈。中材国际最终凭借成熟的新型干法水泥技术、强大的工程总承包管理能力及成本优势得到了业主的信任而胜出。

万吨水泥生产线是目前世界上最大规模的水泥生产线，代表着世界水泥工艺技术的制高点。SCC 双万吨线项目将大量采用中材国际自有技术和装备，如水泥磨、大型原料预均化堆场、回转窑、预热器分解炉等关键设备，自制设备和自有技术出口将占到合同设备总额的 65%。该项目的签订显示了中国新型干法水泥技术在高端业务领域中已趋成熟并获得了世界水泥行业的认可。同时，此项目较高的技术含量以及体现重大技术装备走向世界的合同形态，也一改中国工程公司简单依靠劳务出口的传统形象。

中国建材集团

中国建材集团充分发挥集团的聚合效应，其旗下的科技研发、成套装备制造和外贸出口等各个业务单元，相互衔接，密切配合，既延长了产业链，又大大增强了我国建材成套装备的国际竞争力。

中国建材集团进出口公司有着广泛的国际业务网络和外贸出口商务经验，年进出口额已超过30亿元。合肥水泥院则有强大的水泥成套装备研发制造能力，日产2 500吨到6 000吨的水泥成套装备，在粉磨及环保技术方面处于国内领先水平。合肥院在巴基斯坦以总承包方式承接了5条大型现代化水泥生产线，其中1条日产3 000吨的已经点火。

巴基斯坦ATTOCK水泥有限公司和LUCKY水泥有限公司合作项目

2002年，中国建材集团合肥水泥研究设计院开始进军巴基斯坦市场，先后承担巴基斯坦LUCKY水泥有限公司日产3 000吨生产线（C线、D线、E线、F线）和ATTOCK－B线工程的设计、全套设备供货及安装、调试等售后在内的工程总承包服务，共计5条日产3 000吨生产线。ATTOCK－B线工程项目于2004年开始实施，中方工程技术人员从2005年7月起陆续进入工程现场。建设厂址位于卡拉奇南60公里处。按照该厂与合肥水泥院签订的合同要求，合肥水泥院和国内水泥设备制造厂家派有14名工程技术人员在施工现场进行安装指导。

2005年，安徽合肥对外经济合作金额突破2亿美元，其中合肥水泥研究院总承包巴基斯坦水泥生产线项目完成8231万美元。

中国建材集团出口沙特阿拉伯大型水泥生产成套装备总承包项目

2005年7月20日，沙特阿拉伯大型水泥生产成套装备总承包项目在沙特首都利雅得正式签约，此次签约的纳杰兰项目，即由中国建材集团进出口公司与合肥水泥院合作取得。根据当日生效的合同，中国建材集团进出口公司将在21个半月后以交钥匙的方式（EPC模式）为纳杰兰水泥公司建造一个日产6 000吨水泥熟料的大型现代化水泥工厂，合肥水泥院将提供全套的技术支持。中方全面负责设计、制

越南福山水泥有限公司日产5 000吨水泥熟料生产线

造、采购、安装及调试各项工作，建成从原料破碎到水泥包装全过程的生产线。

纳杰兰水泥项目是中国建材集团在沙特赢得的第一个大型建材成套装备出口合同，合同总金额为1.5亿美元。合同的范围包括从原料破碎到水泥包装装运整个全过程。项目全部采用最新水泥生产技术，并由中国建材集团组织项目的实施及管理，整个项目按照国际通行的EPC模式进行建设。

第八篇

中国水泥大事记

中国水泥大事记

2001年记事

一月

23日　吉林省委副书记苏荣、副省长金哲珠走访慰问了冀东吉林松江水泥厂的困难职工，高度赞扬了冀东水泥集团着眼于长远利益，为解决松江水泥厂职工就业问题而做出的努力。

领导在走访中肯定了原松江水泥厂曾经为吉林省为国家做出的贡献。对吉林省政府来说，要尽量减轻冀东公司的包袱，只有不良资产率越低，企业今后发展的活力才能越大。

24日　国家建材局局长张人为在北京建材集团董事长、党委书记张毅的陪同下到琉璃河水泥厂，慰问春节期间仍坚持在一线生产的建材职工。

张人为听取了琉璃河水泥厂的工作汇报，又亲临二期工程新线改造的现场，当得知现在的办公楼将很快拆掉改建绿地时，张人为说，首都经济的发展对北京建材集团提出了更高的要求，特别是水泥工业面临着严峻考验，必须强化环保。张人为还到烧成车间、余热发电车间等生产一线慰问职工。

二月

5日　国家经贸委正式下发《关于2001年建材行业总量控制的实施意见》，提出了5条措施。一是抓好水泥行业的结构调整，把淘汰和发展有机结合起来。二是加大清理整顿建材"两小"工作力度，狠抓已出台各项措施的落实。三是加大水泥新标准贯彻实施和检查力度。四是进一步加大制止重复建设的力度。五是切实加强领导，建立健全工作责任制。

三月

16日　三狮集团高翔水泥有限公司成立，日产1 000吨湿磨干烧节能技改工程奠基。

19～20日　全国部分骨干水泥企业转标工作座谈会召开。会议的议题是交流转标工作的进展情况、共同探讨如何做好水泥新标准实施工作。来自全国各地的20多家旋窑企业和10多家立窑企业的代表进行了广泛交流。

25日　第七届亚太水泥贸易、运输和装卸国际大会在香港举行。中国非金属矿工业（集团）总经理谭仲明在会上作了题为《中国水泥工业结构调整问题》的演讲，受到与会代表好评。

国际水泥大会是国际水泥行业的一个主要国际会议，在水泥界享有很高声誉，被认为是水泥界群英会，由国际水泥促进会主办。国际水泥促进会于1985年成立，是致力于促进水泥及其相关产品贸易、运输和装卸发展的国际会议组织。本次会议，特邀两名中国内地水泥界代表发言，以及英国、美国、德国、法国等国家的银行投资公司和技术开发企业代表也对国际水泥界动态及水泥技术最新进展进行了演讲。

27日　国家经贸委、建设部、国家质量技术监督局联合发出通知，对实施水泥新标准提出了5项要求：

水泥产品新标准是强制性国家标准，所有生产经营和使用单位都必须严格执行；加强水泥新标准的宣传；各级建设行政主管部门要组织好与水泥新标准同步实施的《普通混凝土配合比设计规程》（JGJ55—2000）的宣传贯彻工作；加强对水泥新标准实施情况的监督检查；中国建筑材料工业协会等行业组织和有关科研院所要组织力量做好新标准实施过程中的技术服务工作，及时收集、分析和帮助解决企业在执行新标准过程中遇到的问题，并向主管部门报告。

四月

1日　GB175－1999、GB1344－1999、GB12958－1999等六大通用水泥新标准正式实施。为贯彻水泥产品新标准，中国水泥房建材料产品质量认证中心（CQBM）从即日起，将实施新版的《通用水泥产品质量认证条件》，并对现有认证产品进行抽检，换发认证证书。

2～4日　展览会在北京展览馆举行，组织者组织团组赴美国、日本、德国招展，第二届展会规模大于第一届。展览会进一步展出国内外先进生产技术和装备及粉体制品，有效地促进我国粉体工业技术的发展和进步，也为我国从事粉体及粉体工业技术行业的企业、单位宣传自身、推广产品、洽谈贸易和技术合作提供了一个良好机会。

五月

10～11日　中国水泥协会在南京召开了四届三次理事会，国家经贸委经济运行局副局长牛建国出席会议，作了关于国民经济宏观运行情况及当年预测的报告。

中国建筑材料工业协会会长张人为在讲话中传达了江泽民总书记、朱镕基总理、吴邦国副总理、王忠禹国务委员等中央、国务院领导同志对行业协会工作的重要指示，构筑“政府——行业协会和联合会——企业”的工业管理模式；通报了中国建筑材料工业协会改革思路和工作情况；在分析了中国水泥工业现状后，明确提出今后水泥工业的结构调整和产业升级要把发展新型干法水泥作为惟一的选择；希望中国水泥协会努力加强自身建设，以调整产业结构，大力发展新型干法水泥为工作主线，以新观念开创中国水泥协会工作的新局面。

会议审议通过了《关于邹传胜不再担任理事长的说明及建议雷前治出任理事长》等7个提案，通过了《2000年工作报告》和《中国水泥协会2001年工作思路》，通报了全行业关切的水泥生产许可证换证工作和水泥新标准转标工作情况。通过了选举中国建筑材料工业协会副会长雷前治任中国水泥协会理事长，曾学敏任副理事长兼秘书长的决议。此外，会议还通过了14家常务理事单位。

12日　中国水泥协会第四届第三次理事会在南京召开之际，与会代表到海螺集团获港日产2 500吨新型干法生产线召开生产建设经验现场会，观摩这条国产化、优化设计低投资的样板线，听取了安徽海螺集团副总经理余彪关于获港海螺厂2条日产2 500吨生产线的全国建设情况汇报，听取了获港海螺厂席河总经理、天津院于兴敏副院长关于投资建设、调试投产、优化设计的汇报。在全体代表盛情要求下，安徽海螺集团郭文叁总裁推心置腹地与全体代表谈了海螺集团通过资金资产运作，使宁国水泥厂快速发展成为我国第一大水泥集团的主要作法及经验。

中国建筑材料工业协会会长张人为、中国水泥协会理事长雷前治先后发表了热情洋溢的讲话。

六月

27日　浙江省首条日产2 500吨新型干法线在三狮集团股份公司举行开工典礼。

30日　据国家统计局快报：截至6月底，水泥行业实现水泥全行业扭亏为盈。盈亏相抵后利润总额为2.37亿元，与2000年同期亏损2.89亿元相比，扭亏增盈5.26亿元，一举扭转了1～5月亏损的局面，其中国有及国有控股企业1～6月实现利润总额0.29亿元。

七月

25日　中国水泥协会向各省、市、自治区水泥协会发函，了解煤炭供应用运输情况。汇总情况后，先后走访煤炭运输协会、国家计委、国家经贸委等有关职能部门，并于8月3日以中水协字[2001]第011号文向国家经贸委及相关职能司反映部分重点水泥企业所面临的用煤紧张问题，呼吁政府协调解决长江以南地区的重点水泥骨干企业的煤炭库存低、有被迫停窑的危险。并建议：“一、将水泥行业列入全国煤炭重点用户行业；二、对重点水泥企业特别列入国家520家重点骨干企业的用煤，保证其用煤计划和铁路运输计划”。

八月

25～27日　中国水泥协会在安徽芜湖市召开新型干法水泥技术改造高级管理人员研讨会。拟列入“第五批国债贴息技改计划”和第二批“双高一优技术改造计划”的近40家企业的百余名代表参加了会议。中国建筑材料工业协会副会长、中国水泥协会理事长雷前治主持会议。

中国建筑材料工业协会名誉会长、中国国际工程咨询公司顾问王燕谋同志做了“中国水泥窑外分解新型干法生产的发展”的报告。阐述了新型干法水泥技术的先进性和在结构调整中的不可替代性。国家经贸委投资与规划司司长甘智和同志在会上就“水泥工业的投资”话题展开论述，还就当前国家技术改造计划中的“国债贴息”与“双高一优”计划实施情况做了说明。雷前治理事长在会议总结时，希望与会水泥企业的代表回去后，要抓住国家技术改造支持新型干法水泥发展的大好时机，学习“海螺”发展经验，练好内功，优化设计，认真组织好新型干法水泥“国债”贴息项目与“双高一优”计划项目的实施，为我国水泥产业结构调整做贡献。

27日　新疆天山建材（集团）公司举行揭牌仪式，成为新疆第一家完成债转股工作的公司。债转股后，天山建材（集团）公司的资产负债率由原来的49.79%降至17%。

新疆天山建材（集团）有限责任公司是以原新疆水泥厂和新疆建化工业总厂两个国有企业为主组建的国有独资集团公司，成立于1998年12月。成立两年多来，天山集团通过建立现代企业制度、规范法人治理结构、转换经营机制以及大力度的资本运作，由设立之初的亏损1 768万元到2000年实现净利润1 567万元（按权益法计算），短短两年实现了扭亏为盈，步入良性发展轨道。

30日　安徽省省长、省委副书记许仲林，省委常委、副省长张平，副省长黄岳忠等率省政府有关厅局20余人到安徽海螺集团考察调研，召开省长现场办公会，协调解决海螺集团发展进程中的具体问题,促进企业改革与发展。

许仲林对海螺集团今后发展提出三点希望:第一,越是在发展比较顺利的时候,越要保持清醒头脑,防止决策上的失误;第二,坚持把产品质量放在第一位,特别是在快速扩张的时候,一定要注意质量问题,要使"海螺"不仅成为中国的名牌,而且争取成为世界水泥产业的名牌;第三,加快创新步伐。希望海螺集团在水泥、型材方面跟踪世界最先进的技术,加强自主知识产权方面的发展和研究。

九月

6~7日　在江苏镇江召开了"中国水泥协会立窑研究会"筹备会议。中国水泥协会理事长雷前治主持会议并作了讲话,他首先分析了我国水泥工业尤其是立窑水泥企业的发展现状,对成立"立窑研究会"的现实作用和意义给予充分肯定。认为立窑水泥是我国水泥工业发展的一个重要组成部分,在我国水泥发展史上做出了贡献,功不可没。

12日　中国建筑材料工业协会包装分会会员大会暨全国水泥包装生产定点工作会议在青岛举行。来自全国建材包装业界的90多名代表出席会议,共商建材包装业改革发展大计。与会代表讨论通过了中国建筑材料工业协会包装分会工作规则和水泥包装袋生产定点管理办法,选举产生了新一届中国建筑材料工业协会包装分会理事会及领导机构。中国建筑材料工业协会副会长邹传胜和青岛市建材行管办的领导到会并讲话。

十月

16日　中国水泥协会在北京召开中国水泥协会四届常务理事会。会议主要内容是通报第五次会员代表大会暨五届一次理事会议日程:审议五届理事会理事、常务理事、会长人选;讨论会议有关文件;讨论评选表彰先进单位、先进个人等事宜。

16~19日　由中国建筑材料工业协会主持的全国水泥产品生产许可证工作会议在四川省广汉市召开。参加会议的有各省(市)质量技术监督局、各省(市)经贸委或建材行管办、部分省市乡镇企业局(中小企业局)和有关质检单位共186名代表。主要议题是部署新一轮水泥生产许可证换发证工作。

会议学习讨论了国家质检总局全国工业产品生产许可证办公室批准的《水泥生产许可证换(发)证实施细则》,决定成立全国工业产品生产许可证办公室水泥产品审查部并设在中国建筑材料工业协会。

19日　2001年东亚水泥行业交流会在马来西亚沙巴州哥达基那巴汝(亚庇)市举行。马来西亚、越南、印度尼西亚、香港、日本、韩国、菲律宾、台湾、泰国、文莱和中国共11个国家和地区的98名代表出席了会议。世界知名水泥公司拉法基、海德堡、太平洋水泥公司等也派员参加了会议。

中国代表团由中国水泥协会组团,雷前治理事长任团长,山东省建材行业管理办公室主任王保国、鲁南水泥厂总经理王金栋、丛林集团、冀东集团启新水泥厂、石井水泥厂、山东水泥质检站、粤秀水泥集团等单位共11名代表参加了会议。雷前治理事长代表中国水泥协会做了题为"中国水泥结构调整与持续发展"的主题报告,得到了与会代表的好评。

18~21日　2001年中国成都水泥生产技术及设备博览会在成都国际会议展览中心举行。由四川省水泥玻璃陶瓷行业协会、四川省建材科学研究院共同主办,并得到了中国水泥协会、四川省建材行业管理办公室、四川省建筑科学研究院、四川省建材产品质量检测中心、四川省建筑学会建材专业委员会的大力支持。

展会同期,由主办单位领导亲自组织专家团举行行业研讨会,并由资深专家就当前水泥工业的发展动态及21世纪的行业走向作精辟的分析及阐述;并重点围绕当年执行水泥新标准后如何对落后生产线、技术、生产工艺的更新和改善做出调整,使我国水泥工业稳步升级。

24~26日　全国重点水泥企业生产经营形势座谈会在杭州召开。会议由国家经贸委经济运行局建材处吕桂新处长主持,牛建国副局长到会并做了讲话。中国建筑材料工业协会、中国水泥协会、10个有关省(区)的经贸委(建材行管办)和30个重点水泥企业的主要负责同志等66人参加会议。就新标准实施过程中存在的问题、煤炭涨价、供应紧张、运输困难、水泥企业税收偏重、水泥行业打假、价格竞争、淘汰"两小"成果等问题实事求是地反映了地方和企业的实际情况,认真地进行了分析研究,提出了自己的看法和建议。

31日　中国水泥协会向国家经贸委经济运行局递交《关于申请将重点水泥企业生产用煤列入国家重点用户订货计划的报告》(中水协字[2001]023号)。针对2001年国家加大了煤炭行业结构调整的力度,强令关闭一些非法开采的小煤窑,煤炭总量得到了有效控制,煤炭价格有所上扬,通过严格整顿、规范公路交通运输秩序,公路运输超载现象减少,但加剧了铁路运输负担。因此全国煤炭供应和铁路货运形势均发生了很大变化,一些地区的煤炭供应和铁路运输出现了紧张状况。由于水泥行业未能列入国家煤炭重点订货计划,部分铁路路段在执行水泥厂用煤运输计划时,停、限装、更改计划现象时有发生,致使水泥企业生产用煤十分紧张。协会恳请国家经贸委经济运行局运行司能按计划给予落实。

十一月

5~7日　由中国水泥协会钢渣水泥分会会同中国硅酸

盐学会水泥分会、中国金属学会冶金环保专业委员会在湖南省娄底市召开了第九届全国工业渣利用学术会议。参加本次会议的来自全国17个省市的大专院校、科研设计单位、水泥企业、冶金企业和机械设备制造业的代表共82人。中国水泥协会秘书长曾学敏作了我国水泥工业的现状和发展方向及国家对工业渣利用的有关政策的报告。

通过本次会议与会代表认为，工业渣的资源化高价值利用是我国工业发展中的重要课题，一直受到国家有关领导部门的重视。工业渣的重要利用途径是磨细后作胶凝材料或部分取代水泥作高性能混凝土掺合料，工业渣为主要材料的轻质高强的新型墙体材料和地面建材制品。

21~23日　中国水泥协会在浙江衢州召开全国水泥湿法窑综合节能技术改造经验交流现场会，学习并推广浙江虎山集团的成功经验。

1999年，浙江虎山集团在国内率先实施全国产化的水泥生产“湿改干”。在虎山集团3号窑技改中，仅用了3 800万元投资、6个月零1天工期，实现了达产达标。单窑生产能力从原来的日产380吨猛增到1 000吨以上，同时，企业每年可降低生产成本700多万元，使低投资型国产设备的适用性和经济性得到验证，为国内200多条同类湿法窑生产线的技术改造提供了一条切实可行的途径。2001年元月，虎山集团采用全国产化设备，在充分消化吸收第一次技改成果的基础上，仅用了6 000万元投资、8个月期，完成第2条生产线技改工程，虎山集团已形成年产180万吨水泥生产能力的大型企业集团。

27日　“小浦三狮”20万吨粉磨站破土动工。

28日　由西安建筑科技大学承担的“水泥生产过程中物料贮存与输送的理论和试验研究”课题，通过中国建筑材料工业协会组织的验收。

28日　浙江建德海螺水泥有限责任公司在寿昌万松工业园办理工商注册，标志着海螺集团跨省投资兴建的第一个大型熟料生产基地正式成立。海螺集团在建德海螺公司规划建设两条日产5 000吨熟料生产线和一个年产100万吨水泥粉磨中转站。

30日　三狮集团首条日产1 000吨新型干法线在湖州建成点火投产。

十二月

1日　国家经贸委办公厅发出通知，转发了《财政部、国家税务总局关于部分资源综合利用及其他产品增值税政策问题的通知》，要求各地认真落实国家给予资源综合利用和新型墙体材料产品的优惠政策，严格按适用税率征收实心黏土砖、瓦的增值税，促进资源综合利用和新型墙体材料行业的健康发展。

10日　由世界可持续发展工商理事会和中国企业联合会主办，国家建材局情报所协办的非官方性质的“面向可持续发展的水泥工业”专题研讨会在京召开。

世界10大水泥集团中的“拉法基”、日本太平洋水泥公司、CEMEX公司主要负责人亲临会议。中国建筑材料工业协会会长张人为、中国水泥协会秘书长曾学敏等领导认真听取了代表们的发言。中国8大水泥和建材集团中的中非集团总经理谭仲明、安徽海螺水泥集团董事长郭文叁、渤海水泥股份公司董事长梁朝群、北京金隅建材集团总经理陈志达、广东越秀水泥集团董事长吴一岳、吉林亚泰水泥集团副总经理徐德复等代表出席了会议。中联水泥集团和新疆天山水泥股份有限公司等知名大企业也派员参加了会议。天津水泥设计研究院、成都建材设计研究院、中国建材研究院、合肥水泥研究设计院和南京水泥设计院的领导以及政府有关部门、大专院校、金融、环保方面的专家参会，与联合国工发组织等国际团体的代表聚集一堂，进行了坦诚的交流，为中国以及世界水泥工业的可持续发展提出了许多宝贵的意见和建议。

会上，世界可持续发展工商理事会、美国环境保护基金会、日本太平洋水泥公司还详细介绍了世界以及各自国家在保护环境、生产水泥过程中节约资源、能源、保护环境，实现“零排放”的具体做法。上海建材集团的万安企业总公司也介绍了近几年他们在生产水泥过程中处理有害废物的成功经验。

16日　甘肃首条日产2 000吨新型干法水泥生产线在祁连山水泥集团正式投产，又1条日产2 500吨新型干法线同时奠基开工，从而结束了甘肃没有大型新型干法水泥生产线的历史。

甘肃省副省长杨志明在投产暨开工典礼上发表了热情洋溢的讲话。他代表甘肃省委、省政府及兰州市委、市政府对新线的投产和另1条新线开工表示热烈祝贺。他希望祁连山水泥集团以此为契机，全面推进体制、技术、管理创新，进一步加快发展，真正将企业做大做强，从而带动甘肃水泥工业变大变强，在西部大开发中发挥龙头作用。

18日　三狮集团湖州高翔水泥有限公司日产1 000吨新型干法线顺利点火投产。

21日　由中国建筑材料科学研究院承担的“碎碾机+喷射型选粉机的终粉磨系统的研究”课题，通过中国建筑材料工业协会组织的验收。

21日　在北京平谷县水泥二厂等24家立窑企业和科研单位的倡议下，中国水泥协会立窑研究会成立。中国水泥协会理事长雷前治、原国家建材局局长王燕谋出席会议并讲话；全国人大常委李明豫出任名誉会长、中国水泥协会名誉理事长李俭之当选会长。

23日　由合肥水泥研究设计院承担的“无球磨节能粉

磨技术及设备的研究”课题,通过中国建筑材料工业协会组织的验收。

28日　2001年度全国建材行业企业管理现代化创新成果审定结果公布,一等奖为南京玻璃纤维研究设计院的“以体制创新促进企业高新技术产业化”;二等奖两项:西卓子山草原水泥股份有限公司“实物——价值型投入产出模型及软件研究”和山东鲁南水泥有限公司的“物资采购管理手册”;三等奖两项:河南省平顶山天广集团总公司的“模拟法人、市场动作”管理法和内蒙古自治区西水创业股份有限公司的“水泥粉磨技术新应用”。

2002年记事

一月

10日　中共中央宣传部、中共中央组织部、国家经贸委、中华全国总工会作出关于表彰全国思想政治工作优秀企业的决定,全国各行业百家企业获此殊荣,冀东水泥集团有限责任公司榜上有名。

22日　南京水泥工业设计研究院承担的“水泥厂筒辊磨粉磨技术及其设备”课题通过中国建筑材料工业协会组织的验收。

二月

1日　2002年水泥行业“外商投资企业新春座谈会”在北京西苑饭店举行。这次会议是由中国建材工业协会、中国水泥协会、中国建材报社和中国建材杂志社联合举办的。拉法基公司、太平洋水泥公司、三菱烟台水泥公司、大宇山东水泥公司、江西亚东水泥公司、嘉新京阳水泥公司、苏州金猫水泥公司等均派代表出席了会议。

中国水泥协会理事长雷前治主持了会议,并作了2002年中国水泥工业外部环境和形势分析的主题发言,受到与会代表的好评,代表们对水泥协会等单位举办这次座谈会表示感谢和赞同。外资水泥企业的代表交流了生产经营情况,各自介绍了发展目标和规划,并提出了一些希望水泥协会研究探讨及向有关部门反映的意见。

1日　全国科学技术奖励大会召开,会上颁布了17项国家科技进步一等奖和174项国家科技进步二等奖。其中获国家科技进步二等奖的“高性能水泥基复合机材料研究及工程应用开发”,是原武汉理工大学、现湖北大学博士生导师师胡曙光教授作为项目第一完成人研究开发的。

3日　由中国建材唐山公司总承包的都江堰拉法基年产140万吨新型干法水泥生产线一次点火投料成功。这是我国水泥工业建设史上第一个完全遵循国际惯例采用国际通行的交钥匙总承包方式招标的项目,是由世界最大的建材跨国公司之一法国拉法基集团与都江堰建材总公司合资建设的,是目前我国西部地区最大的新型干法旋窑水泥生产线。该项目采用目前世界上最先进的水泥生产工艺,总投资13亿元人民币,是我国西部大开发建设中最大的外资项目,也是欧美国家在我国投资的第一个水泥项目。

在都江堰拉法基项目点火投料庆典仪式上,中国建筑材料工业协会会长张人为对这个项目给予高度评价,他称这是“中法经济合作结出的硕果”。四川省副省长邹广严称该项目将为四川经济的发展注入新的活力,为全省的水泥结构调整和西部大开发战略的实施发挥重要作用。

9~10日　中国建筑材料工业协会会长张人为、国务院参事室副主任蒋明麟专程前往冀东水泥集团公司、中国建材建设唐山安装工程公司慰问建材职工。张人为、蒋明麟首先来到距离冀东水泥集团总部30千米的冀东三友水泥公司,听取了关于生产线投资、设备以及矿山资源情况的介绍,并对冀东水泥集团利用三友矿山公司的低碱石灰石资源,将资源优势变为产品优势的战略定位给予了充分肯定。

在与渤海水泥控股集团、冀东水泥集团领导班子成员座谈时,张人为说,冀东水泥集团对水泥行业的进步起着举足轻重的作用,“海螺”、“冀东”都是行业的领头羊,各有特色,共同进步。目前国外知名水泥企业与国内水泥企业的竞争越来越激烈,世界水泥巨头已经拉开了大举并购国内水泥企业的架势。对此,我们要认真研究竞争对手方方面面的动向,要思考我们的核心竞争力是什么,怎样提高核心竞争力;要研究企业的发展战略,如果不积极从战略上着手,企业的发展就容易迷失方向。

12日　中国建筑材料工业协会会长张人为在北京金隅集团公司董事长、党委书记张毅等的陪同下,到北京水泥厂、琉璃河水泥厂看望春节期间坚持生产的职工,祝职工们新春快乐,马年吉祥。

三月

1日　科技部在京召开了由中国建筑材料工业协会组织实施的“九五”国家重点科技攻关计划“水泥厂料层间挤压

粉磨新技术与装备研究开发”项目验收会。

4日　中国水泥协会、北京市建委、市计委、市外经委、市环保局、散装水泥办应邀与墨西哥塞梅斯集团公司访华团进行了会谈。中国水泥协会秘书长曾学敏介绍了中国水泥工业的基本状况，水泥工业结构调整的有关政策，以及外资企业已在华发展的情况，特别介绍了我国近年来大力开发西部地区，以及西部地区水泥工业更需要发展的实际情况，同时也概略介绍了水泥工业“十五”发展规划和中国水泥协会愿意为水泥企业、政府及外商竭诚搞好服务的愿望。

20～21日　第五届亚洲水泥市场国际研讨会在上海举行。该会议由新加坡技术管理中心具体组织召开，中国水泥协会协办。来自世界各国的水泥公司、建筑业、金融界、水泥协会的代表参加此次会议，会议对全球水泥形势，美国、东亚地区、印度地区的水泥需求，全球水泥运输船只及成本，水泥工业的环保革新，亚洲商品混凝土的增长及外商对中国文化的理解等方面进行研讨。

30日　被业界誉为“中国水泥工业的里程碑”的铜陵海螺水泥有限公司国内首条日产5 000吨熟料国产化示范线，由中国非金属矿业集团总承包建设完成。整个建设周期仅为13个月，项目投资2.56亿元人民币，设备国产化率已达96%以上，日产水泥熟料达5 600吨以上，其他各项指标均达到当今世界先进水平。

四月

8日　浙江红狮水泥股份有限公司(原兰溪市第六水泥厂回转窑项目筹建处)举行公司成立暨浙江省第1条日产2 500吨新型回转窑生产线点火投产仪式。标志着浙江从此结束了没有日产2 500吨窑外分解水泥生产线的历史。

该项目从2001年5月开始“三通一平”，7月土建动工，2002年2月进入设备调试，到4月8日的点火投产，短短的10个月时间，就在原本是一片荒凉贫瘠的山坡上建成了一座设备属国内领先、工艺同国际接轨的现代化水泥生产花园式企业。创国内同规模企业建设周期之最。

10～12日　2002年上海国际袋式除尘技术与设备展览会在上海国际农展中心隆重举行。中国劳动保护科学技术学会工业防尘专业委员会和全国冶金安全技术信息网共同主办此次会议。

综观国内环保展览会，均以综合性展览为主，对环保范畴内的水处理、大气污染控制、固体废物处理、噪声控制、绿化等技术和设备汇聚一堂、内容丰富、规模宏大。此次袋式除尘技术和设备展览会则是“袋式除尘”专业性的展览会，通过对国内外袋式除尘技术和设备的动态和动向的交流、展示，使对其有一个比较全面和深入的了解。

18日　财政部、国家经贸委联合发布《散装水泥专项资金征收和使用管理办法》要求各地遵照执行。《办法》指出，除国务院、财政部规定外，任何地方、部门和单位均无权改变和减免散装水泥专项资金。同时明确了违反《办法》的法律责任：对不按规定及时足额缴纳专资的袋装水泥生产企业和使用单位，对截留、挤占、挪用专项资金的单位和个人，对不按规定使用专用票据、不按规定比例使用专项资金的散装水泥行政管理部门，都将按有关法律法规给予相应的处罚。

18日　三狮集团杭州20万吨粉磨站技改工程顺利竣工投产。

25～26日　中国水泥协会在杭州召开了全国各省、市、地区水泥协会会员、秘书长、中国水泥协会副会长联席会议。会议通报了全国各地水泥生产经营形势，交流了协会的工作，同时讨论了中国水泥协会换届工作有关事宜。

本次会议还就中国水泥协会秘书处提出的“关于成立矿山专业委员会的议案”进行了审议，经充分讨论，与会的54名常务理事一致通过本议案，占常务理事的68%。会议希望中国水泥协会秘书处按有关程序要求，抓紧办理相关手续。

25～26日　四川省水泥分会成立大会在都江堰市灵岩山庄召开。这是四川省水泥玻璃陶瓷行业协会更名为四川省建筑材料工业协会以来的第一次会议。参加会议的有来自全省的水泥企业，部分市州建材主管部门(或协会)，事业单位以及相关设备制造厂家，计123个单位204人。会议明确了四川水泥分会当年要抓紧的几项重要工作及多项职能，为该省水泥行业健康有序发展做引导及服务工作。

五月

4日　山东济南山水集团青岛水泥分公司开业暨200万吨水泥生产线奠基仪式在青岛市举行。中国建材工业协会会长张人为、副会长雷前治，济南市委副书记、常务副市长徐华东，济南市副院长市长杨佩钦，原国家建材局老领导王燕谋、李俭之等出席剪彩仪式。济南山东集团制定了“东进西扩、南北辐射”的发展战略，就是在有市场的地方建粉磨站，在有资源的地方建熟料基地，沿胶济一线建成济南、潍坊、淄博三大熟料基地。他们把实施对外扩张的第一步选在了青岛，并于2001年年底成功地收购了已破产的青岛流亭水泥厂，抢先占据了进军青岛水泥市场的“桥头堡”。

18日　浙江三狮集团日产2 500吨新型干法窑外分解水泥生产线正式投产，这是该集团在短短半年时间里投产的第2条新型干法水泥生产线。浙江省省长柴松岳、副省长叶荣宝，中国建材工业协会会长张人为出席剪彩仪式。浙江三狮集团制定了“跨过钱塘江，建立新基地”的战略构想，此条生产线的投产，拉开该集团“沿江发展”的序幕。

18日　山西云冈水泥集团大同水泥股份有限公司日产2 000吨熟料生产线技改工程举行隆重的奠基仪式。中国建材工业协会副会长雷前治，山西省副省长王显政，山西省建材行管办主任龚志平，以及省经委，计委及大同市有关领导出席了奠基仪式。大同水泥股份有限公司日产2 000吨技改项目是利用公司现有的土地、铁路专用线等辅助设施，将现有的湿法回转窑采用窑外分解干法工艺进行改造。此项目分两期建设，一期工程为日产2 000吨熟料生产线技改工程，二期工程为年产68万吨水泥粉磨站技改工程，项目总投资为36 400万元（其中一期19 995万元，二期16 405万元）。该项目建成后，将新增熟料62万吨（水泥68万吨），新增销售收入21 572万元，年新增利润总额8 495万元。届时云冈集团的水泥生产规模将达到230万吨，作为全省结构调整的重点项目将对全省经济产生重要意义。该项目是国家经贸委“双高一优”项目，2002年被国家经贸委列为国债项目。

23～24日　由中国建筑材料科学研究院组织的《高性能水泥制备和应用的基础研究》专家咨询会议和第一次工作会议在北京举行。这标志着建材行业国家973项目计划正式启动。

25日　营口市耐火材料行业协会成立大会召开，97名会员代表出席了会议。会议审议通过了营口市耐火材料行业协会章程，选举产生了协会组织领导机构。营口地区是我国碱性耐火材料的主要生产基地，在碱性耐火材料深加工方面居全国领先水平，其中营口青花集团研制的一些具有高附加值和技术含量的产品达到了世界领先地位。营口市耐火材料行业协会成立后将发挥自律、协调、监督、合作的功能，对规范行业营销行为，促进该地区耐火材料工业的快速发展，将起到积极的作用。中国耐火材料行业协会会长陶若璋、辽宁省耐火材料行业协会秘书长王兆敏等领导出席了会议。

26日　三狮集团西子混凝土公司30万吨立方商品混凝土搅拌站顺利建成投产。

28日　三狮集团桐庐日产5 000吨项目破土动工。

31日　国家经贸委行业协会经验交流会在北京召开，国家经贸委欧新黔副主任出席并做了重要讲话。250多个委管协会参加了会议，会议进行了经验交流会议表彰了22个“2001年度先进协会”，中国水泥协会荣获“先进协会”称号。

六月

11～12日　在湖南省建材行管办直接参与和指导下，由韶峰水泥集团、雪峰水泥集团、金磊水泥集团、新生水泥厂等4家企业共同发起，全省15家重点水泥企业参加的首届“湖南省重点水泥企业市场协调会”在韶峰水泥集团召开。与会代表一致表示，加强合作，整体联动，采取积极有效的措施，进一步规范湖南水泥市场经营秩序，以此推动和促进湖南水泥行业的发展。

25日　福建省委书记宋德福、副书记黄瑞霖、副省长贾锡太率领省经贸委、省民政厅、省体改办等领导，到福建水泥股份有限公司炼石水泥厂调研企业改革与发展情况。

针对福建水泥股份有限公司近年的生产经营情况、利润与税收、主要经济技术指标、公司的发展目标及当前改革、发展中遇到的难点，省委领导对公司的生产经营和管理给予了高度的评价。贾锡太指出，福泥公司的困难也是国有企业的普遍困难，要解困，一要将国有股减持，应让出一部分国有股来招商引资，尽快把生产能力发展到500～600万吨，扩大规模才有发展前途；二要搞规模经营、集约化经营，扩大规模推进企业的工业化进程；三是要通过发展多种产业来解决富余人员的分流、安置问题。省领导还对福建省水泥企业的现状进行分析，对今后的发展趋势作了探讨。

28～7月12日　中国水泥协会组织部分水泥企业和设计单位赴欧洲考察水泥工厂焚烧垃圾有关情况。代表团先后访问了德国柏林水泥厂，瑞士洛桑水泥厂，豪西盟（Holcim）技术开发中心，德国水泥协会等单位，了解了这些国家对产生、处理工业和生活垃圾的法规；水泥工厂使用这些垃圾的有关标准、规定及给予的费用补偿；水泥窑以垃圾作为代用燃料，对窑炉热工制度、耐火材料、熟料质量产生的影响；水泥窑焚烧生活垃圾及工业有毒有害废弃物涉及的法律、法规标准及如何制定等情况。

七月

1日　由中国水泥协会、中国建材技术装备总公司主办的《中国水泥》杂志正式创刊发行。《中国水泥》（月刊）杂志系经新闻出版总署、国家科技部批准、登记注册，国内外公开发行的综合指导类科技期刊。中国是水泥生产大国，生产企业数千家，与水泥相关的上游下游企业数目众多，创办《中国水泥》杂志，对于国家建设和全行业的健康发展都具有重要意义。张人为、雷前治、王燕谋、甘智和等领导分别为《中国水泥》杂志创刊号撰文以示祝贺。《中国水泥》杂志作为中国水泥协会的会刊，将依托于各省、自治区、直辖市水泥协会和大中型水泥企业，面向国际国内广大读者，办成一本全方位引导水泥行业结构调整，可持续、健康发展的综合类期刊，成为广大水泥工作者的良师益友。

1日　美国混凝土学会（ACI）主席Terence C. Holland先生带领的ACI代表团一行四人在我国为期两天的访问期间，访问了建材行业综合性研究院——中国建筑材料科学研究院，院长姚燕等与来宾进行了交流。

ACI代表团在听取了中国建筑材料科学研究院在水泥和混凝土领域所取得的成果和正在开展的重大科研方向的介绍后，对我国在特种水泥、高性能混凝土等方面的研究和开发工作给予了很高评价，对GRC装饰制品表示出很大兴趣。建议通过这次访问，接纳中国建筑材料科学研究院成为团体组织会员，并成为即将在上海召开的第五届水泥混凝土国际会议的支持单位，在ACI的网站发布有关本次国际会议的相关信息，交换技术资料。双方一致认为本次交流取得圆满成功。

8～10日　中国水泥协会立窑研究会在北京召开立窑研究会专家委员会全体委员及专家会议。立窑研究会会长李俭之、副会长丁卫东出席会议并讲话。参加会议有立窑研究会专家委员会专家、立窑水泥企业共计88个单位，140余名代表。会议主要内容：审查修改“立窑水泥企业技术进步指南”送审稿；对公开征集“立窑水泥企业技术进步指南”推荐的设备、仪器、材料进行评议；讨论制定现代立窑企业标准；颁发立窑研究会专家聘书。

14～16日　中国水泥协会在青岛组织召开了中小型干法水泥旋窑改造技术研讨会。研讨会提出中小型干法水泥旋窑技改思路是经济合理，适用可靠。中小型干法水泥旋窑改造技术推广中心在此次会上宣布成立。

来自全国20多家同类型水泥企业、技术服务型企业以及部分专家、教授与会。代表们对一环（环保、节能、降耗、达标排放）、两低（投资低、能耗低）、三高（产量高、质量高、效益高）的改造目标及经济合理、适用可靠的改造思路予以了肯定，还对淄博科邦建材公司的改造成果给予了较高的评价。

19～22日　中国水泥协会在西安召开邗江、泾阳、中空窑技改经验交流会。会议主要以新型干法窑工艺技术为核心，推广“一环两低三高”改造技术。即：环保除尘达国标；低投入与低消耗（包括电耗、热耗和料耗）；产量提高、质量提高和效益提高。为满足部分企业对邗江窑、泾阳窑、中空窑采用窑外分解工艺技术的要求进行了改造经验交流，得到了一些成功的经验和失败的教训。

八月

7～11日　中国水泥协会一行16人对韩国水泥工业进行了考察。韩国水泥工业协会举行仪式欢迎中国水泥协会考察团的到来，双方举行座谈，就今后技术交流，技术合作达成一致意见。考察团还参观了韩国水泥公司浦项水泥厂，并与韩国企业高层管理人员进行了交流。

12日　河南省辉县市孟电集团年产40万吨干法水泥生产线点火投产。国家经贸委相关负责人称，这是国内水泥行业技术改造的一个样板工程，其工艺流程、控污技术等均处于当今国内同行业领先水平，对河南水泥产业与产品结构的调整和提升水泥制品质量，有着重大的推动和辐射作用。

这个项目是辉县市“十五”期间工业结构调整的重点工程，也是孟庄电厂集团开发利用发电废料和实施多元化经营的一个重要举措，总投资1亿元，完全由孟电集团自筹。工艺设备采用国内一流、国际领先的烧成技术，控污及中央控制系统使用国际DCS先进计算控制技术，整个生产过程完全实现微机控制和全封闭运行。厂区没有一点废物废气，与传统的水泥企业形成了明显反差。

27日　重点水泥企业座谈会在新疆乌鲁木齐召开，会议由国家经贸委经济运行局与中国水泥协会决定联合举办，到会者有各地的经贸委建材行管办及水泥协会人员，以及北京金隅集团、葛洲坝水泥厂、秦岭集团、祁连山集团等许多重点企业代表，气氛相当热烈。

会议就加快水泥工业结构调整，促进企业集团发展，充分发挥大型水泥企业和集团在结构调整中的作用；总结推广海螺集团、天山股份等企业经验；分析今后我国水泥发展走势，如何防范水泥集团快速发展中的风险等议题进行了座谈。

28日　天津水泥工业设计研究院院长刘志江与我国台湾幸福水泥公司董事长陈两传分别在一份建于越南海洋省、日产5 000吨水泥生产线项目的合同书上签字。由此天津院成为迄今为止我国承揽境外水泥项目规模最大（单条生产线）的国内企业，同时也标志着经过近20年水泥工业的快速成长，在顺应国际水泥产业发展潮流的进程中，中国的水泥技术与装备水平已具备了一定的国际竞争实力。

九月

1日　北京市计委、市经济委员会、市建设委员会、市环保局和市质监局联合发布通知宣布，为了保护北京市的环境，“从现在起，各有关部门一律停止审批新的水泥基建、技改项目，水泥生产总量严格控制在800万吨以下”。

据有关负责人介绍，近年来，北京市加大了水泥产品结构的调整力度，截止到2000年，北京共淘汰能耗高、污染大、质量低的小水泥生产能力175万吨，水泥生产能力由过去的993.8万吨下降到818.3万吨。全市水泥粉尘排放量每年减少6.4万吨。

6日　国务院副总理吴邦国在《外交部关于举办“国际水泥大会（亚洲）”的请示》[（2002）外管1465号]文件上，批准同意由中国非金属矿工业集团承办2003年北京“国际水泥大会”。

25日　“四川双马”与宜宾市政府签订《关于在宜宾市建设年产124万吨水泥熟料生产线的合作协议和备忘录》及其补充协议。协议约定，自协议生效之日起两个月内，以“四川双马”为主在宜宾市注册成立合资公司，建设年产124万吨水泥熟料生产线项目。

十月

1日　GB9774－2002《水泥包装袋》标准实施。规定要求，按期执行，没有过渡期。

15日　青海省委书记苏荣等领导来到青海特种水泥有限责任公司进行工作调研，在听取了公司董事长温得明的工作汇报后，对该公司依靠科技、靠新出强的发展思路给予充分的肯定。苏荣指出,青海特种水泥公司在非常困难的情况下,实施了资本多元化、管理市场化、人员社会化的改革措施,使企业从小变大、由弱变强,走出了一条国企改革、脱困与发展的成功路子,"特水模式"对国企改革具有普遍指导意义。青海特水公司始建于1970年,是目前西北地区惟一独具规模的中型特种水泥生产企业。

17~18日　中国水泥协会第四届五次暨五届一次会员代表大会在京召开。全国水泥行业的代表和协会工作者近300多人出席了会议,大会审议通过了第四届理事会的工作总结、财务报告、章程修改报告等有关文件;选举产生了第五届理事会领导机构;讨论确定了第五届理事会工作重点。中国建筑材料工业协会会长张人为代表中国建筑材料工业协会在大会上致了贺词,中国水泥协会会长雷前治作了题为《以服务为本,做好协会工作》的第四届理事会工作总结。

雷前治会长在报告中总结回顾了四届理事会以来所作的主要工作,提出了五届理事会的主要工作思路:以服务为根本宗旨,紧紧依靠全体会员单位和各省、市、地区水泥协会,为促进大企业集团的发展,推动水泥结构的调整,发挥协会应起的作用,使协会成为企业之家,政府的参谋和助手。

大会选举出第五届理事会领导班子成员,雷前治当选为会长,曾学敏当选为常务副会长兼秘书长,副会长(按姓氏笔划排列):刘志江、张才奎、李叶青、宋志平、张怀连、张丽荣、杜金弘、余彪、周汉青、胡中甲、姚季鑫、姚燕、徐惠明、徐德复、盖小健、崔玉莲、崔利军、谭仲明、诸葛培智。

18~19日　中国水泥协会在北京组织召开利用水泥窑焚烧垃圾技术研讨会。中外水泥企业、科研设计单位的代表就水泥工业回转窑处置和利用可燃工业废弃物等话题进行了交流、探讨。国务院参事室副主任、原国家建材局副局长蒋明麟向与会代表详细介绍了法国、瑞士、德国、丹麦主要水泥制造商使用可燃性废弃物的情况。

通过交流,与会代表认为,水泥窑焚烧垃圾替代原燃材料可谓条件得天独厚,而且这也是走可持续发展的客观要求,但中国水泥企业必须认识到,焚烧垃圾牵扯到很多部门,需要相应的政策法规作配套,这是一项难度很大的工作,需要做很大努力,这项工作既需积极推进又不能盲目跟从,更不能盲目照搬。

27日　在山水集团淄博万吨熟料基地第1条日产5 000吨熟料生产线开工。奠基典礼在山东省淄博市淄川区及岭子镇隆重举行。中国水泥协会会长雷前治、秘书长曾学敏以及淄博市委书记张建国、市长刘慧晏、政协主席王学刚、人大副主任张守增等有关领导出席了奠基仪式。

28日　第五届水泥与混凝土国际会议在上海拉开帷幕。中国建筑材料工业协会会长、中国硅酸盐学会理事长张人为出席会议,并在开幕式上致词。该届国际会议共有360多位来自世界各地的科研院所、高等院校、企业实体的代表参加,其中国外代表和嘉宾80人。

该届国际会议邀请了美国伊利诺伊大学先进水泥基材料研究中心 J. F. Young 教授、英国阿伯丁大学 F. P. Glasser 教授、日本东京理工大学 M. Daimon 教授、日本大学工程学院 Y. Ohama 教授、中国工程院院士唐明述教授等9位国际知名专家作为会议的国际顾问;会议组织委员会由中国硅酸盐学会各有关分会、院校和企业组成,组织委员会主任委员由中国硅酸盐学会秘书长吴兆琦担任。会议学术委员会由国内水泥、混凝土与房建材料界的知名专家学者20人组成,学术委员会名誉主席是中国建筑材料科学研究院欧阳世翕教授,主任委员由中国建筑材料科学研究院院长姚燕教授担任。会议历时4天。特邀的国内外知名专家、教授等作了14个主题报告。会议期间,代表们就五大主题——水泥制造技术及装备、混合水泥与特种水泥、水泥混凝土及制品、基础研究和测试技术、建筑材料的流通及贸易等展开学术交流。会议还设立3个学术论坛,给代表们提供充分交流的机会,其中由中国长江三峡工程开发总公司主持的主题为"三峡工程与混凝土耐久性"的技术研讨会最为引人注目。

28~31日　水泥工业粉磨系统工艺节能技术交流会在重庆市沙坪坝成功召开。会议邀请我国水泥行业知名专家,权威院所中国建材研究院、天津水泥工业设计研究院、合肥水泥工业设计研究院、成都建材工业设计研究院等院所的技术专家,围绕我国水泥工业粉磨系统的粉磨工艺及其综合节能技术对现有水泥厂粉磨工艺应用新技术及新设备所产生的工艺性能及节能降耗效果及近年来涌现的新技术、新设备等进行深入交流与探讨。使大多数水泥企业能逐步解决粉磨系统工艺技术不合理及单位产品能耗高等困扰企业发展的难题,充分优化现有粉磨工艺流程,达到生、熟料粉磨细度合理、粉磨产质量高、节能降耗,产品生产成本低的目的,使企业能够在国内外贸易商战中不断拓展市场空间。

十一月

1日　"水泥统计专用网"在浙江省水泥企业中试用,正式启用。这标志着浙江省水泥行业的统计工作迈向信息化时代,结束落后的统计计算和上报上传方法。"水泥统计专用网"于2002年5月通过了由中国建材工业协会信息部、省经贸委建材冶金煤炭行业办公室、省统计局和浙江有关高校的领导、专家参加的审定会的审定,他们对这一全国建材行业首例的省级统计网络给予充分肯定,也提出了改进意见。

1日　东亚水泥论坛在越南河内召开,是东亚国家和地区水泥制造业交流信息的例会。参加会议的有中国、日本、韩国、越南、泰国、新加坡、马来西亚、印度尼西亚、文莱、菲律宾、中国香港和台湾等国家(地区)和世界知名水泥公司。会议主要交流各国和地区水泥生产、销售、价格、进出口情况及面临的问题和前景。

中国水泥协会以雷前治会长为团长的代表团一行16人

参加了本次会议。由于越南是目前东亚地区水泥市场最活跃的国家,除参加会议外,还对越南主要省份及周边国家进行市场考察。

会议交流了各个国家和地区宏观经济发展和水泥市场的现况及需求预测。与会代表还围绕区域水泥市场在进出口、市场协调、投资规模、未来市场等方面业内关心的问题进行了讨论。会议达到了沟通情况、交流看法、加强合作的目的。

11 日　中国勘察设计协会、中国工程咨询协会在北京联合召开了"首届建设项目管理和工程总承包经验交流暨表彰大会"。会议总结交流了经验,展示了项目管理和承包成果,表彰了一批获奖工程项目以及有关项目经理,其中:工程项目管理优秀奖 10 项、工程总承包金钥匙奖 5 项、银钥匙奖 13 项、工程总承包优秀奖 31 项、获奖项目项目经理 63 名。

15 日　回转窑水泥厂节能技改暨新型干法窑生产技术经验交流会在南京举办,邀请国内各水泥科研设计院所、生产企业的专家进行研讨与交流。由中材国际(南京院)、天津院、合肥院、中国建材院、华新水泥股份有限公司、河北金牛水泥公司等单位的专家主讲:新型干法窑燃用无烟煤技术;国家九五攻关成果低热硅酸盐水泥;预分解窑高效烧成设备与技术(低压损预热器、原料与燃料适应性强的分解炉、第三代篦冷机、四通道煤粉燃烧器);立磨技术;立筒预热器窑改造技术;湿改干技术;5 000 吨/日新型干法窑生产线技术开发与实践;水泥厂自动控制系统的开发设计;新型高效选粉机的研究与应用;现代化水泥厂的技术经济管理;袋收尘技术;新型碱性耐火材料技术等。

21 日　日本水泥协会海外峰会在上海举行。此举表明,日本水泥的出口方向已发生质的变化,开始新的转移,其战略目标直指中国。

21～24 日　中国水泥协会新型干法水泥分会第四次会员代表大会在海南省海口市召开,同时中国水泥协会与国家建筑材料工业科技教育委员会共同召开第五届新型干法水泥技术交流会,会议由国投海南水泥有限公司承办。

会议进行理事会换届选举,讨论第四届理事会工作计划。交流会的主题是:优质、环保、低耗、效率与可持续发展。会议还就新型干法生产线设计、降低投资、缩短工期、创建优质工程、热工系统工程理论研究和实践结合,均衡稳定高产低耗的经验以及实施环境保护、建设清洁工厂等内容进行交流总结。

23 日　三狮集团德清年产 50 万吨粉磨站奠基。

28 日　内蒙古自治区水泥协会成立暨第一次会员代表大会在呼和浩特召开,近百名来自水泥行业的企事业单位的代表参加了会议。大会选举出理事 46 人,常务理事 22 人,内蒙古西水创业股份有限公司常务副董事长、常委书记蒋本华同志当选为会长(法人代表),内蒙古经贸委原建材行管办主任刘春继当选为秘书长。中国水泥协会常务副会长曾学敏参加了会议,对协会的成立和新当选的协会领导班子表示热烈祝贺。

十二月

5 日　中国水泥协会、中国质量报社培训部受国家质量监督检验检疫局委托,在北京举办了水泥化学检验人员国家职业资格培训考核班。参加这期培训考核班的学员是来自水泥企业、质检站等一线岗位的化学检验人员。

8 日　潍坊山水水泥有限公司成立暨日产 2 500 吨熟料生产线奠基,这是由山水集团整体划转潍坊水泥厂组建的水泥制造公司。

9 日　国家经贸委副主任谢旭人同志亲自主持了《水泥工业整顿与发展规划》论证会,中国水泥协会会长雷前治参加了这次会议。

18 日　全国人大环境资源委员会与国家经贸委共同召开的贯彻实施《中华人民共和国清洁生产促进法》座谈会,全国人大常委会副委员长邹家华出席会议并作重要讲话。邹家华强调要从战略的高度正确处理好经济、社会与资源环境的关系,依法推行清洁生产,促进经济、社会可持续发展,全面实现现代化建设第二步战略目标。

全国人大环境与资源保护委员会主任曲格平主持会议,国家经贸委主任李融荣等有关部门领导就如何贯彻《清洁生产促进法》,实现经济、社会的可持续发展作了发言。《中华人民共和国清洁生产促进法》(简称《清洁生产促进法》),于 2003 年 1 月 1 日起正式实施,建材行业被列为推行清洁生产的重点行业之一。

21 日　来自全国各地的 170 多位设计研究、高校和水泥企业的代表齐聚海口市,出席中国水泥协会新型干法水泥分会(新型干法水泥生产技术研究会)第四次理事大会暨第五届全国新型干法水泥技术交流会,共商我国新型干法水泥发展大计。

中国建筑材料工业协会副会长、中国水泥协会会长雷前治到会并讲话,他说,我国新型干法水泥的发展已进入最好的发展时期,但目前立窑水泥的产量比旋窑还是多,所以今后一段时间新型干法怎么发展都不过分。他希望新型干法

水泥企业及时交流技术、管理、制度创新等方面的经验,保证我国新型干法水泥向可持续发展方向前进。

会议审议通过了新型干法水泥生产技术研究会第三届理事会工作报告、财务报告和新修订的章程报告,选举国家建材科教委主任黄书谋为新一届中国水泥协会新型干法分会会长,陈全德为常务副会长。

23日 国家经贸委投资与规划司邀请有关专家对拟列入第三批"双高一优"项目进行评议。乔辉副司长指出,"双高一优"项目的主要作用,一是政策导向,二是投资和贷款的依据,三是国债技改投资项目的储备库。列入"双高一优"导向计划的要求有六点:第一,改造内容符合有关"专题"要求。企业技术水平高,产品市场前景好,可以促进产业优化升级;第二,优先选择优强企业,改组、改革的企业,技术创新的企业;第三,项目实施企业的银行信用等级为A级以上;第四,项目自有资金不低于30%,贷款额度小于企业净资产;第五,企业管理、经营情况好,经济效益好;第六,项目安排注意区域平衡,适当向中西部倾斜。

建材行业第三批"双高一优"专题只有一个,即"新型干法水泥及新型建材"。

31日 为了提高泉城空气质量,还省城蓝天、碧水、绿地,济南市政府分期分批地对污染严重的立窑水泥企业进行了关停治理。10月,全国最长的省城绕城高速公路建成通车后,济南市加大力度加快了淘汰工作进度,决定就位于济南市市中区的九龙水泥厂、卧虎山水泥厂、大东水泥厂立窑水泥生产线于31日前必须关停。

31日 河南省同力水泥有限公司投资2亿元人民币建设的设计生产能力日产2 500吨熟料水泥生产线在鹤壁举行了奠基仪式。

为了改变河南水泥行业规模小、工艺落后、产品质量偏低的现象,河南省政府果断决定在豫北地区鹤壁市投资6亿元兴建了豫鹤水泥有限公司日产2 000吨熟料生产线。在取得可喜成果后,如今又投资2亿元兴建同力水泥有限公司日产2 500吨熟料生产线,它的兴建为河南省水泥事业的快速发展、为鹤壁市的经济振兴起到了极大地推动作用。

2003年记事

一月

1日 《中华人民共和国清洁生产促进法》(2002年6月29日由中华人民共和国第九届全国人民代表大会常务委员会第二十八次会议通过公布并施行)。该法是推动我国经济走可持续发展道路的重要法律之一。

6日 应美国波特兰水泥协会、墨西哥水泥公司和巴西水泥协会的邀请,中国建筑材料工业协会副会长、中国水泥协会会长雷前治率建材代表团一行8人起程对美国、墨西哥、巴西进行了访问考察。

在美期间,雷前治一行访问了美国波特兰水泥协会,与波特兰水泥协会主席JOHNP·GLEASON先生及协会其他负责人进行了友好、深入的会谈。双方达成共识,为继续促进中国和美国水泥工业、混凝土制品业的进步与发展,中国水泥协会与美国波特兰水泥协会将签署合作协议,在加强协会间的交流、协会人员互访、信息交流、技术培训、专家学者授课、产品标准、应用技术规范、举办技术研讨与展览会等诸多方面开展合作。

访问墨西哥水泥公司期间,中方着重了解了墨西哥水泥公司在企业管理方面的做法和一些设想。对老厂改造、企业重组、企业并购、产品质量控制、财务控制等经验表示了极大的兴趣。

在巴西访问期间,中国建材代表团受到了巴西水泥协会热烈而隆重的欢迎。代表团还访问了巴西第一大水泥公司,世界排名第8位的VOTORANTIM集团公司。

13日 海螺集团铜陵日产5 000吨国产化示范线技术及装备交流总结会在北京世纪金源大饭店举行。全国人大常委、原国家经贸委主任盛华仁,国家经贸委副秘书长甘智和,中国建材协会会长张人为,国务院国有重点大型企业监事会主席、原国家建材局副局长乔龙德等国家有关部门、设计单位、高等院校、大型企业的有关负责同志共90多人出席了会议。中国建材协会副会长、海螺集团董事长兼总经理郭文叁,副总经理朱德金等也出席了会议。

下午,举行了海螺集团和中非集团4条日产10 000吨、6条日产5 000吨项目设备供货、安装合作合同签字仪式,合同总金额达8.3亿元。郭文叁总经理和谭仲明总经理分别代表双方在合作合同上签字。

18日 由天津水泥设计院并购重组的中天仕名(徐州)重型机械有限公司举行了隆重的揭牌仪式。中国建筑材料工业协会会长张人为,江苏省徐州市市长潘永和,天津水泥工业设计研究院院长、中天仕名(徐州)重型机械有限公司董事长刘志江等出席仪式并讲话。

20日 河北省鹿泉东方鼎鑫水泥集团日产5 000吨新

型干法水泥生产线正式投产，它标志着被誉为“冀中建材基地”鹿泉市的支柱企业东方鼎鑫集团创造了3年3条线、日产熟料超过万吨的奇迹。

27日　唐山盾石机械制造公司日产8 000吨新型干法水泥装备主机设备技术改造项目由国家经贸委正式批复被列入国家重点技术改造“双高一优”项目导向计划，总投资4 966万元。该项目是国家批准的全国建材机械行业惟一的技术改造重点项目。

二月

18日　三狮集团建德大型水泥基地举行奠基仪式。

26日　中国水泥协会会长雷前治会见墨西哥水泥公司驻日本代表瑞道夫博士和琼斯先生。外方向中方介绍了墨西哥水泥公司已在日本开展的业务，同时希望能了解中国水泥工业的概况和市场情况，以便考虑如何开展在日本、中国和东亚的业务。雷前治会长介绍了中国水泥工业在过去两年取得的成绩和存在的问题、未来的发展设想和结构调整的任务。希望外方把握机遇，同时表示中方愿意为进入中国市场发展的外国公司提供帮助。

26~27日　由中材国际南京水泥设计院牵头起草的《水泥工业用多风道煤粉燃烧器技术条件》建材行业标准，在南京通过了由国家建材工业机械标准化委员会主持的部级审议。审议会专家一致认为，该标准技术指标是先进的，论据充分、可靠，对比清楚，达到了国际先进水平，对指导生产、控制和提高产品质量有极其重要的作用。

27~28日　中国水泥协会在广州召开立窑研究会第一次年会。本次会议共有各界代表220余人到会，中国水泥协会会长雷前治、常务副会长曾学敏先后在会上发言。立窑研究会名誉会长李明豫为此次会议专门发来贺信。

立窑研究会会长李俭之在题为“讲求实效，多做实事”的工作报告中，总结回顾了立窑研究会成立一周年以来的工作情况，又对2003年的工作安排作了部署。

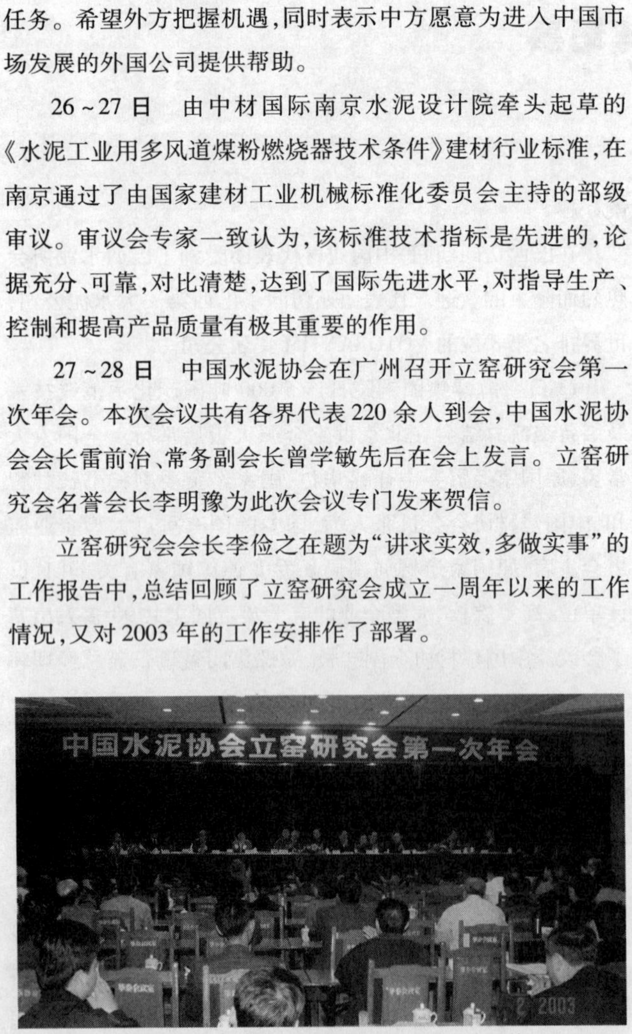

为了推进立窑研究会管理体制的改革，经本次会员代表大会选举通过，同意从2003年开始，立窑研究会的会长实行轮值会长制，并推荐山东齐银水泥(集团)公司董事长、总裁崔相臣同志为首届轮值会长，执行期限为两年。本次会议的目标是推进立窑企业的技术进步、促进立窑企业向新型干法水泥过渡，作为水泥工业结构调整的重要组成部分。会上，提出了立窑企业的发展方向。一要通过技术改造改变立窑高能耗、污染环境、质量不稳定的缺点；二要在具备条件时转向发展新型干法生产。

三月

1日　一期工程总投资规模3.3亿元、建设工期为13个月的建德红狮水泥有限公司日产5 000吨熟料的新型干法水泥生产线破土动工，这是近3年来浙江“红狮”建设的投资规模最大、生产规模最大的水泥生产线。

6日　杭州“三狮”三期工程竣工投产。

10~12日　中国建筑材料工业协会国家建材工业职业技能鉴定指定中心在北京召开了首次建材工业国家职业标准制定会议。25位来自建材企业、院校和专业协会的各职业标准主要执笔人参加了会议。

首批进入职业标准制定的有：水泥、玻璃、陶瓷、石材、石灰、石膏、玻纤、玻璃钢等。经初审，《石灰焙烧工》和《陶瓷烧成工》两个职业标准，基本符合《技术规程》要求。水泥、玻璃、陶瓷、石膏等专业标准正在制订中。

11日　满载25 206吨出口熟料的“顺赢”轮船顺利离港，海螺集团6年来首次熟料出口印度尼西亚。

14日　中材国际工程股份有限公司与越南福山水泥公司业主签下了工程建设总承包协议书。根据协议，在今后540天内，中材国际旗下的苏州中材建设有限公司将承担建设年产180万吨的水泥厂，其中核心内容是建设1条日产5 000吨熟料新型干法水泥生产线。这项协议的总金额约7亿元人民币，是我国水泥工业获得的海外工程总承包(通称“交钥匙”工程)项目中金额最大的一个。

17日　中国水泥协会为了促进水泥企业依法维权，真诚地为全国水泥企业服务，中国水泥协会为此成立了“中国水泥协会法律维权服务中心”。

27日　北京市人民政府发布了关于第九阶段控制大气污染措施的通告，对2003年控制大气污染提出明确要求。《通告》规定，在2003年年底前将关停全市所有机立窑水泥生产线；城近郊区和各远郊区县城关镇地区，凡混凝土浇注量超过100立方米的施工现场，必须使用预拌混凝土。这无疑是对散装水泥事业的发展以有力的促进。

27日　新广州水泥厂项目土地使用框架协议签字仪式在广州鸣泉居举行。广州市常务副市长林元和、越秀集团董事长区秉昌、德国海德堡水泥集团亚洲高级顾问谢宙胜、中国区首席业务总监卓应能和中共花都区委书记陈国、区长王中丙等出席签约仪式。

四月

1日　山西长治市发布通告,禁止建筑施工现场搅拌混凝土。该通告规定,主城区建筑面积在2 000平方米以上的建筑工程及所有临街建筑工程,其他区域建筑面积在5 000平方米以上的建筑工程都禁止现场搅拌,必须使用预拌混凝土。

2日　新广州水泥厂项目在花都区马溪工业区奠基。中共广州市委书记林树森、广州市长张广宁等省市领导,德国驻广州总领事馆薄达夫和各界来宾参加了奠基典礼。

11日　新疆自治区党委书记王乐泉视察新疆天山水泥股份有限公司。

12日　经湖南省人民政府批准,按资产重组、债务重组、人员安置、企业发展的并购方案,安徽海螺集团斥资2.3亿元,对湖南雪峰水泥集团生产经营性资产以及湖南雪峰水泥有限责任公司的全部股权进行并购重组。在签字仪式上,海螺集团与湖南省经贸委签署协议书,并与其他相关单位签订了《资产转让协议》和《股权转让协议》。自此,湖南"雪峰"正式加盟海螺集团。湖南省副省长郑茂清,海螺集团董事长兼党委书记郭文叁,湖南省经贸委主任林武,雪峰集团董事长王文初等出席了签字仪式。

16日　经国家工商总局核准,中国新型建筑材料(集团)公司更名为中国建筑材料集团公司。23日,中国建筑材料集团公司(简称中国建材集团)在京正式揭牌。国有重点大型企业监事会主席路耀华、中国建筑材料工业协会会长张人为为企业集团揭牌。目前,中国建材集团旗下企业有控股上市公司4家,参股上市公司9家。

15~16日　《水泥工业用铬合金铸造磨球》国家行业标准在广西桂林通过部级审议。与会专家认为,这项标准的性能参数、技术要求是先进的,论据充分可靠,达到了国际先进水平。

19日　天津水泥工业设计研究院在天津举办建院50周年招待会。国有重点大型企业监事会主席路耀华,中国建筑材料工业协会会长张人为,中国建筑材料工业协会名誉会长王燕谋,国有重点大型企业监事会主席乔龙德,国务院参事室副主任蒋明麟,中国建筑材料工业协会副会长、中国水泥协会会长雷前治,中国建材科教委主任黄书谋等来自我国水泥界的近200位杰出人士出席了招待会。招待会由天津院党委书记张江主持,院长刘志江致词。

25~28日　由国家建材技术情报研究所主办、洛阳耐火材料集团公司协办的第六届水泥窑用耐火材料新技术交流会在河南洛阳市京安牡丹城酒店召开。会议邀请从事水泥窑用耐火材料研制、配套设计的资深专家,针对新型干法水泥生产向大型化发展的趋势,研讨大型预分解窑用耐火材料的选材、配套、施工及正确使用、碱性耐火材料无铬化等有关问题。

30日　山东省委书记、省人大主任张高丽,省委副书记、省长韩寓群等省市领导来到济南山水集团,视察企业"非典"预防和生产经营情况。当看到职工情绪稳定、生产秩序井然、各项经济指标又创历史新高时,张高丽高兴地说,山水集团不仅对预防"非典"工作抓得好,而且实现了企业生产经营和各项工作的新突破、新进展,振奋人心,值得推广。

4月　中国水泥协会网开通。

五月

11~16日　第11届国际水泥化学会议在南非的德班举行。会议主题是:水泥生产、质量控制和保证;环境保护;分析技术;低能耗,特种水泥和新品种水泥;黏结剂/添加剂的相互作用;水泥填充剂,即粉煤灰(PFA)和矿渣(GGBS)等;混凝土强度;废弃物的定位;水化化学。

16 日　贵州水泥粉尘综合治理项目正式开工,项目今年底完成后,贵州水泥厂的二氧化硫及粉尘将实现达标排放,该市大气污染治理工作将取得重大进展。项目建成后,贵州水泥厂将年减少二氧化硫排放量 3 939 吨,削减粉尘排放量 9 484 吨,对贵阳市大气环境质量的改善将起到较大作用。

18 日　中国目前内河最大吨位的散装水泥专用船“长亚一号”在武汉下水。5 000 吨级散装水泥专用船“长亚一号”(长 106 米、宽 19.6 米、型深 7.2 米)由中国长江航运集团青山船厂建造,该船装卸货效率均达到每小时 600 吨,是目前中国内河最大吨位的散装水泥专用船舶。它的下水,不仅开创了散装水泥内河运输由小型化向大型化转变的先河,而且对散装水泥水上运输业的快速发展必将产生深远的影响。

29 日　河北鑫磊建材(集团)股份有限公司划转进入中国建筑材料集团公司所属中国联合水泥协议签字仪式在京举行。

六月

3 日　全国人大常委会委员长吴邦国,全国人大常委会副委员长王兆国,全国人大常委会副委员长兼秘书长盛华仁等一同视察了都江堰拉法基水泥公司,对都江堰拉法基水泥厂采用当今世界最先进的生产工艺、技术装备、环境保护措施给予了充分肯定,并高度评价了这一生态友好型水泥厂。

9 日　目前中国规模最大的年产 30 万吨硫铝酸盐水泥生产线在唐山六九水泥集团公司一次点火成功。中国建筑材料工业协会副会长、水泥工业协会会长雷前治题词“特种水泥排头兵”表示祝贺,中国建筑材料工业协会名誉会长王燕谋致贺信。

9 日　光宇集团浙江水泥(集团)有限公司 11 条日产 5 000 吨、1 条日产 10 000 吨新型干法水泥生产线设计、20 台主机设备订货合同在浙江绍兴签约。南京水泥工业设计研究院、中信重型机械公司将分别承担这些生产线和工艺设备的设计、生产任务,预计投资规模将超过 50 亿元。这是迄今为止国内水泥行业设计任务、设备订货总量最大的一项合同,也是国内水泥行业一次投资规模最大的建设项目。

13 日　我国第一台 Horomill 在牡丹江水泥集团有限责任公司正式投入工业生产;7 月 19 日完成性能考核,投入运行。

15 日　中共中央政治局常委、国家副主席曾庆红在宁夏回族自治区党委书记陈建国、自治区主席马启智等有关领导的陪同下,视察了宁夏宏威建材集团公司。在听取了集团公司董事长杨正有的工作汇报后,曾庆红对该公司依靠技术进步、实现规模发展的思路给予了肯定。他指出,要加快自治区工业经济结构的调整步伐,严格执行国家“上大改小”的水泥产业政策,淘汰落后生产力,发展新型干法水泥工艺,与时俱进,开拓创新,走新型工业化道路。

16 日　贵州水城股份有限公司日产 2 000 吨新型干法水泥熟料生产线技改工程总承包开标大会在贵州省六盘水市隆重举行。中材建设有限公司中标工程总承包。

18 日　磊达集团日产 2 500 吨一号生产线竣工。

23 日　陕西省委书记李建国在渭南市委书记刘新文等有关领导的陪同下,来到由中材国际南京水泥设计院设计、苏州中材建设有限公司负责工程施工总承包的陕西尧柏特种水泥股份有限公司进行视察、调研,并参观了正处在紧张施工建设中的日产 2 500 吨新型干法水泥熟料生产线。

27 日　新乡卫辉天瑞水泥生产基地举办了该集团第 2 条日产 5 000 吨生产线的奠基仪式。河南省天瑞集团是集铸造、水泥、煤炭、电力、旅游为一身的企业集团。进入 90 年代,公司不断深化改革,通过加强管理和创新,加快了企业发展的步伐,经济效益连年上升,被国家农业部和河南省评为“先进乡镇企业”、“特级信用企业”、“河南省科技明星企业”,集团董事长李留法先生光荣当选为第十届全国人大代表,该集团已成为河南省的知名企业。集团水泥生产线原来全部为工艺落后的立窑,为改变这种落后面貌,该集团在汝州建设了一条日产 2 500 吨生产线,投产以来,产量月平均达日产 2 800 吨。2003 年 4 月 28 日该集团在焦作开工建设了一条日产 5 000 吨生产线。这几条新型干法生产线的建设,打开了天瑞集团大举进军水泥行业的局面。

七月

1 日　由福建水泥集团公司和永定三家民营企业筹资建设的永定兴鑫水泥有限公司日产 2 500 吨生产线举行了隆重地开工奠基典礼。这条生产线坐落在福建省龙岩市永定县具有很重要的意义。第一,这条生产线的设计规模目前是福建省单线规模最大的;第二,它的建设采用了新的投资模式,国有资本和民营资本共同出资,组建规范的股份制公司,这种投资形式在水泥行业还属首创;

第三，福建水泥集团和地方企业、个人资本共同建设该项目是非常好的结合。

9日　国家发展与改革委员会副秘书长甘智和一行5人在枣庄市副市长吴承鉴的陪同下到中国建筑材料集团公司所属中国联合水泥鲁南公司调研考察。

10日　中国联合水泥有限责任公司与日本三菱综合材料株式会社、三菱商事株式会社在京签署了合作意向书。中国建筑材料集团公司总经理、中国联合水泥董事长宋志平，三菱材料水泥事业部总裁胜木恒男，三菱商事中国总代表武田胜年分别代表三方参加了签字仪式。中国建筑材料工业协会会长张人为出席了签字仪式。

此次三方签署合作意向，旨在加深原有的项目合作内容，扩大合作领域，包括在水泥生产设备的研究及开发、水泥物流业务、拓宽商品混凝土、建筑骨料及水泥下游产品等方面的合作。根据合作意向书内容，三菱综合材料将支持中国联合水泥建设日产10 000吨水泥生产线等项目，三菱综合材料和三菱商事将支持中国联合水泥进行业务联合和重组，并与中国联合水泥进一步探讨合资合作。

10日　安徽三狮和德一期日产5 000吨新型干法水泥熟料生产线在安徽广德县流洞镇奠基。

26日　在浙江虎山集团日产5 000吨新型干法生产线首期工程即将点火投产前夕，浙江省委书记习近平、副省长巴音朝鲁一行到该公司新线生产现场考察。当习近平得知该生产线投产后，企业本部年生产规模将达到300万吨时，称赞该企业取得的成绩，并指出，建材企业要通过产权制度改革实现跨越式发展。

28日　贵州省首条日产2 500吨新型干法生产线，也是目前省内单线规模最大的生产线，在水城水泥股份有限公司举行了开工奠基典礼。

28日　三狮集团"跨江战役"首战告捷，桐庐三狮一期工程日产2 500吨生产线一次点火成功。

28日　浙江绍兴三狮举行日产2 500吨新线投产庆典仪式。

29~30日　浙江省水泥协会四届四次会员代表大会在杭州召开，173家会员单位和203名个人会员聚集一堂，共商发展大计。

八月

1日　广西壮族自治区政府一号政令实施《广西壮族自治区散装水泥管理规定》。

1日　浙江富阳三狮日产5 000吨新型干法水泥生产线奠基。

3~6日　由天津水泥工业设计研究院承担设计和提供关键技术装备的国内首条采用100%无烟煤作为燃料的日产5 000吨水泥熟料生产线在广东塔牌集团顺利实现了72小时达标，平均日产熟料5 124吨。

5日　广西兴业县、安徽海螺集团建设年产360万吨新型干法水泥项目签约仪式在南宁国际大酒店隆重举行。全国政协常委陈辉光，自治区人大常委会副主任袁凤兰，自治区人民政府副主席杨道喜，自治区政协副主席章崇任；玉林市领导高雄、苏荣纲、刘胜福、杨京凯、刘军、吕坚、黄汉忠、连友农；兴业县委书记沈强、县长禤甲军，安徽海螺集团公司副总经理余彪、纪勤应等领导出席了签约仪式。

6日　甘肃省建材龙头企业甘肃祁连山水泥股份有限公司与甘肃定西地区临洮县人民政府签订合作建设日产5 000吨新型干法水泥生产线项目协议。

7日　2003年度中国创业企业家颁奖大会，在济南隆重举行。全国水泥行业2名优秀人物被授予"中国创业企业家"称号。济南山水集团有限公司董事长张才奎，浙江三狮集团有限公司董事长姚季鑫。

8月　华新水泥股份有限公司支援西部开发的百万吨新型干法水泥生产线，在湖北省恩施土家族苗族自治州所在地恩施市奠基。

16日　国家重点建设项目——德州晶华集团日产2 500吨新型干法一线竣工投产暨日产5 000吨新型干法二线开工。这项工程结束了山东德州市没有新型干法水泥的历史，并使该集团成为全国最大的粉煤灰综合利用企业。中国建筑材料工业协会会长张人为、副会长谭仲明，山东省经贸委副主任郑兴业，德州市委书记黄胜等领导出席仪式。

19日　安徽广德桐星水泥有限公司日产2 500吨新型干法熟料生产线在广德县新杭镇箭穿村举行了开工典礼。

16~22日　中国建筑材料工业协会副会长、中国水泥协会会长雷前治，国家发展和改革委员会经济运行局副局长牛建国及发改委产业政策司有关人员，在甘肃省经贸委副主任蒲承宏、甘肃省建材工业办公室主任郝学征等的陪同下，对甘肃当前水泥行业经济运行情况进行了实地调研，并与甘肃省副省长杨志明就行业发展有关问题交换了意见，并达成共识。

就甘肃水泥工业结构调整问题，雷前治提出几点建议。一是要搞好战略研究，二是要加强政策引导，三是要控制项目的合理经济规模，四是要加大淘汰落后的力度。

牛建国在座谈时希望甘肃水泥工业要搞好行业规划，增强其权威性，最好以政府令的形式予以发布；要扶持大企业，依托大企业，加快市场整合；要加大淘汰落后的力度，没有生产许可证的企业一定要关闭；要加强信息工作，引导行业健康发展。

甘肃省副省长杨志明对调研组的意见表示基本赞同。他说，西部开发拉动甘肃建材在一定时期内较快增长，这是正常的。今后地方政府要把区域经济发展同国家产业政策结合起来，将淘汰、改造发展结合起来，提高甘肃水泥行业的市场竞争力。

22日　国家发改委副秘书长甘智和在中国建筑材料集团公司总经理宋志平的陪同下，到中国联合水泥大同公司考察工作，并与大同水泥集团领导班子进行座谈。

24日　中国水泥协会受国家发展和改革委员会委托，在京组织召开了“中国水泥工业发展现状与形势分析研讨会”，来自全国各地的中国水泥协会的会长、副会长、大型水泥企业集团的老总、水泥设计院的院长和国家发展和改革委员会的官员及有关人士共40多人汇聚一堂，畅所欲言，共商发展大计。这些中国水泥界的巨头、重量级人物本着对国家、行业和企业负责的态度，客观分析了当前水泥工业发展面临的形势和存在的问题。为中国水泥工业的发展建言献策。

29日　国内首条特大型生产线——池州海螺公司日产8 000吨生产线顺利投料并生产出第一批合格熟料，突破了8 000吨设计能力，日产达8 010吨。

28～30日　中国水泥协会矿山专业委员会成立大会在天津蓟县天津矿山工程公司召开。中国水泥协会会长雷前治出席并主持大会，常务副会长兼秘书长曾学敏作了关于成立中国水泥协会矿山专业委员会的工作报告。报告强调了成立矿山专业委员会的必要性及筹备进程。会议讨论、通过专家委员会机构、宗旨和任务。

九月

2日　国家发改委联合中国水泥协会召开北京及周边地区水泥发展座谈会。来自北京及周边地区的政府及企业代表共同探讨北京水泥市场发展态势和存在的问题，国家发改委副秘书长甘智和及相关司局官员、中国水泥协会会长雷前治、秘书长曾学敏以及北京和周边省市政府、协会、企业领导等40余名代表参加了会议。

2日　中国建材集团所属中国联合水泥、中国联合水泥鲁南公司、青州市人民政府共同在山东潍坊富华大酒店隆重举行青州大型水泥熟料基地合作协议书签字仪式。山东青州大型水泥熟料基地近期规划建设2条日产6 000吨水泥熟料生产线，总投资约10亿元。

4日　第18次国际水泥大会在北京中国大饭店隆重开幕。中共中央政治局委员、国务院副总理曾培炎，全国人大副委员长傅铁山，国家发展和改革委员会副主任欧新黔，国务院国有资产监督管理委员会副主任黄淑和，中国建筑材料工业协会会长张人为，国务院派驻大型国有企业监事会主席贾成炳、乔龙德，中国企业联合会副会长陈光复，国务院参事室副主任蒋明麟，中国建筑材料工业协会副会长、中国水泥协会会长雷前治，国家发展和改革委员会经济运行局副局长牛建国等出席了开幕式。

此次大会吸引了来自5大洲45个国家和地区的200多家企业集团和团体的230多名代表。在与会的外国企业中，有水泥制造企业集团（公司）74家，设备供应商25家，国际贸易及运输公司27家，协会、学术团体7家。世界上知名的企业，如法国拉法基集团，法国水泥公司，瑞士霍利西姆公司，墨西哥西迈克斯公司，日本太平洋水泥公司，英国RMC集团，巴西沃特兰蒂姆集团，爱尔兰CRH公司，比利时CBR公司，哥伦比亚阿哥斯水泥公司，德国伯力鸠斯公司、非凡公司、福斯特公司、奥蒙德公司，丹麦史密斯公司等都有代表与会。此次会议还设立了展览区，其中外方的展位有20个，中方的展位有8个。

5日　在中国建筑材料工业协会领导和推动下，建材系统的两大认证机构——中国水泥房建材料质量认证中心和中国建材质量体系认证中心顺利完成合并重组，这标志着建材系统的认证机构从分散型走上专业化、多功能、综合性的发展道路。

7日　中国建材集团所属中国联合水泥、中国联合水泥鲁南公司与山东省枣庄政府签署在鲁南公司建设日产5 000吨水泥熟料生产线的项目合同。该项目为国家“双高一优”项目，总投资3.3亿元。

8日　由中国建筑材料工业协会和国家统计局共同评选出的2003年中国建材百强企业的名单在北京公布。

8日　由中材国际南京水泥工业设计研究院承担设计的山东淄矿集团日产5 000吨水泥熟料生产线在蒲松龄的故乡龙泉镇举行隆重的开工奠基仪式。中非集团总经理谭仲明出席仪式并发表讲话。

5～9日　由国家发展改革委员会副秘书长甘智和率其工业司、经济运行局、产业政策司及中国水泥协会、中国建材规划院及《中国水泥》杂志社记者一行，对浙江省水泥工业发展情况进行了调研。

16～18日　中国建筑材料工业协会在江西省召开了2003年全国建材工业统计工作会议，来自全国27个省、区、市及新疆生产建设兵团的建材工业主管部门、建材协会、水泥协会、建材（集团）公司和重点监测行业的水泥、玻璃、玻纤企业及相关单位的130名代表参加了会议。中国建筑材料工业协会孙向远副会长出席会议并讲话。

22日　中国散装水泥发展推广协会二届八次常务理事会在京召开。这次会议内容是：总结中国"散协"2003年上半年工作；研究中国"散协"换届有关事宜；发展新会员；研究干混砂浆专业委员会成立等有关事项。中国物流与采购联合会派联络员莅会。

23日　中非集团中材国际工程股份有限公司董事长兼中材建设有限公司董事长司国晨与投资方代表德国海德堡集团中国首席业务总监卓应能、广东越秀集团副董事长兼总经理吴一岳、广州水泥股份有限公司总经理黄克勤等，在总金额为7.34亿元的新广州水泥厂日产6 000吨项目厂区工程总承包合同书郑重签字，这是目前国内以"交钥匙"模式建设的最大的水泥工程项目。

23日　在北京召开的省区市散装办主任座谈会上，接受散装水泥管理职能不久的商务部商业改革发展司、全国散装办就该项工作的持续健康发展，提出了四点意见。

商务部商业改革发展司司长邸建凯对下步工作提出了四点意见，一是抓紧部委联合令——散装水泥管理办法和127个城市禁止现场搅拌混凝土文件的出台工作。二是加强散装水泥专项资金征收、使用、监管工作，争取专项资金政策的延续。三是商务部要很好研究散装水泥长远发展战略问题，要着手准备制定"十一五"规划。四是要积极发挥行业协会作用，依靠行业协会的力量做好工作，进行行业管理，把中国散装水泥事业推向前进。

24～10月6日　以中国水泥协会副会长、浙江三狮集团董事长兼总经理姚季鑫为团长的中国水泥协会考察团一行，赴日本考察了水泥工厂焚烧垃圾生产技术。考察团由天山水泥、福建水泥、辽宁工源、唐山启新、苏州金猫、南京三龙、青海水泥及天津水泥院等单位的代表组成。在日期间，考察团一行受到太平洋水泥公司以及宇部兴产株式会社的大力帮助和热情接待。

26～29日　2003年水泥技术大会暨第六届全国水泥技术交流大会在广东珠海召开，该会由建筑材料工业技术情报研究所、中国硅酸盐学会科普工作委员会主办。

大会全面展示以增产、节能、环保、质量、信息化与智能化、专业化与集团化、国际化为重点的水泥生产技术，体现21世纪的水泥技术及可持续发展战略。

28日　被山东省淄博市政府列为淄博建材工业园"一号工程"的山东山铝水泥有限公司日产3 000吨水泥干法生产线竣工投产。

28日　成都建材工业设计研究院在50周年院庆活动上一次签下了新广州水泥厂环保迁建日产6 000吨矿山工程、河北武安市新峰水泥公司日产3 000吨工程和山东烟台东源水泥公司日产5 000吨熟料生产线工程等3个总承包合同。

十月

2日　中共中央政治局委员、广东省委书记张德江和省政协副主席姚志彬等一行，在梅州市主要领导的陪同下到塔牌集团公司年产150万吨优质高标号水泥熟料的鑫达水泥厂和利用燃用煤矸石发电的鑫盛能源有限公司调研。

9日　中国建筑材料工业协会科教委水泥专家与法国拉法基集团公司单吉利副总裁等外国专家进行了座谈，就外国专家关心的一些问题交换了意见。此次来访，主要是希望和中国的水泥专家探讨立窑的发展情况和趋势，及拉法基在中国继续投资水泥工业的可行性和战略决策。中方专家针对外方的问题，首先指出淘汰立窑，发展新型干法是中国水泥发展的必然趋势。

中方专家指出：对拉法基公司来说，要想在中国发展，不是和立窑企业竞争，而是和中国的新型干法企业竞争。而如何降低投资成本则是关键，拉法基在都江堰的生产线成本太高，如果将来考虑用中国设计院设计生产的设备，则可大大降低投资成本，在竞争中获得更大优势。

11～14日　由中国机械工程学会磨损失效分析与抗磨技术专业委员会、中国金属学会耐磨材料学术委员会共同主办，中国机械工程学会耐磨表面技术专业委员会和中国电工学会耐磨材料专业委员会联合协会的"第十届全国耐磨材料大会"在北京隆重召开。会议邀请两院院士、国内外著名专家学者就耐磨材料的最新研究成果和发展动态做专题报告；组织国内外耐磨材料专家及同行进行交流和讨论，并举办难题招标、技术咨询、企业介绍、产品展览及商贸洽谈等多项活动。

13～23日　中国水泥考察团赴欧考察了干粉建材（也称预拌砂浆）生产技术、设备以及市场情况。

16日　国家商务部、公安部、建设部、交通部联合发出《关于限期禁止在城市城区现场搅拌混凝土的通知》。《通知》要求北京、天津、上海、重庆等124个城市从2003年12月31日起禁止现场搅拌混凝土，其他省（自治区）辖市从2005年12月31日起禁止现场搅拌混凝土。

18日　南京水泥工业设计研究院以热烈、隆重的仪式庆祝建院50周年。

国建筑材料工业协会会长张人为会上在致词中指出，南京水泥院50年来为国内外设计了数百条各种规模和类型的水泥生产线，完成了100多项科研成果，形成了一批具有自主知识产权核心技术与创新成果，开发了大批具有国内和国际先进水平的水泥生产技术和装备，取得令人瞩目的成绩。尤其是进入中非集团以来，坚持不懈地进行科研开发、技术创新和优化设计，以短工期、低投资、快达产为目标，高水平地设计建成了一批大型新型干法水泥生产线工程设计项目，对促进我国水泥工业的结构调整和技术进步做出了重要贡献。

22日　广州市委书记林树森会见来穗参加新广州水泥厂环保迁建工程项目投资方会议的德国海德堡水泥集团董事司主席鲍华一行，就双方共同关心的新广水项目建设及今后进一步加强合作等有关问题进行了亲切的交谈。市领导沈柏年、邬毅敏，越秀集团领导区秉昌、陈光松，水泥集团领导吴一岳等参加会见。

十一月

5日　海螺水泥H股成功配售7 220万股，每股售价8.2港元，共募集资金5.92亿港元，折合人民币6.28亿元。

8日　"西电东送"重点工程"贵州乌江构皮滩电站"正式开工建设；"贵州江电葛洲坝水泥有限责任公司日产1 000吨特种水泥生产线"正式投入生产运营，贵州省省长石秀诗等有关领导分别出席了两个项目的奠基和剪彩仪式。

10日　全国水泥标准化技术委员会2003年年会在浙江杭州召开，年会主要内容有：第二届技术委员会工作总结，颁发第三届技术委员会委员证书，传达国家标准化管理委员会对标委会现有运行机制的改革思路，介绍今后工作方向，审查有关标准。本次会议由浙江省水泥协会和浙江三狮集团公司协办。

10～12日　国家建筑材料行业生产力促进中心与中国硅酸盐学会自动化分会在南京江苏省转业军官培训中心组织召开"中国水泥行业X射线荧光分析技术研讨会"，有来自全国各地的60多名企业代表参加，整个会议发言积极，讨论热烈，还有很多的发言因为时间的关系而没有进行。会上组织学习了X射线荧光分析知识，交流应用经验，建立应用协作网，宣贯《水泥X射线荧光分析方法》新标准等。

18日　三狮集团举行浙江三狮水泥股份有限公司25周年厂庆暨日产5 000吨新线点火庆典。

21日　发展改革委、财政部、国土资源部、建设部、环保总局、质检总局联合发布《关于防止水泥行业盲目投资加快结构调整的若干意见》。

22日　江西亚东水泥公司瑞昌制造厂举行了第2条生产线(4 200吨/日)竣工投产仪式。

24日　国务院国有资产监督管理委员会主任李荣融及有关领导听取了中国建筑材料集团公司总经理宋志平、党委书记葛铁铭的工作汇报。李荣融表示，国资委支持中国建材集团进行必要的扩张。

24日　国务院国有资产监督管理委员会主任李荣融在听取了中国非金属矿工业(集团)总公司总经理谭仲明、党委书记于世良的工作汇报后指出，要把企业机制创新放在重要位置。

23～25日　为强化散装水泥统计管理，中国散协在福建组织召开全国散装水泥统计会议，来自20个省、自治区、直辖市的35名统计人员参加了会议。

26～29日　中国水泥协会在武夷山召开水泥工厂余热回收利用技术暨合同能源管理推广会。针对当年供电紧张的情况和节能、环保面临的形势，企业强烈要求推广水泥窑余热发电技术，解决发电并网难的问题，为此协会呼吁发改委将水泥窑余热发电列入请国家支持的政策之中，为配合此项工作的落实，协会联合世界银行节能项目推进办公室和世界环境研究北京办公室共同召开此次会议，一方面交流余热发电技术及装备，一方面进行节能项目合同能源管理的培训。

29日　中国建筑材料工业协会会长张人为、浙江建筑材料工业协会会长张余友一行到浙江三狮集团调研。

十二月

1日　山水集团举行了淄博万吨熟料基地第1条日产5 000吨生产线竣工投产典礼和二线开工奠基仪式。

1日　由中国建筑科学研究院负责起草，国家质量监督检验检疫总局发布的预拌混凝土新标准GB/T14902－2003《预拌混凝土》开始实施，它代替了GB/T14902－1994《预拌混凝土》。

5日　国务院国有资产监督管理委员会党委书记、副主任李毅中以及有关厅局负责人听取了天津水泥工业设计研究院的工作汇报。李毅中说，天津院是中央企业中一个特殊的科技型企业，是国资委所管企业中惟一的一家水泥方面的专业科技型企业，是一个历史悠久、具有相当实力的科技型企业。他要求天津院要继续承担国家设计院的职责，要在服务经济建设的同时，积极为贯彻和落实国家的宏观政策做出努力。

8日　广州市珠江水泥有限公司"粤秀牌"水泥荣获"广东省名牌产品"称号。

12日　浙江省散装办组织召开了全省预拌混凝土生产企业(搅拌站)经理会议，宣传贯彻四部"禁现"通知精神。并根据《浙江省促进散装水泥发展办法》中有关发展预拌混凝土的规定，提出了具体要求。

12日　中国材料工业科工集团公司（简称中国材料科工集团）在京正式揭牌。国务院国有资产监督管理委员会副主任黄淑和、中国建筑材料工业协会会长张人为、国有重点大型企业监事会主席贾成炳等领导参加了揭牌仪式。

16日　中国建筑材料集团公司所属合肥水泥研究设计院在合肥经济技术开发区隆重举行科技产业园一期工程竣工仪式。合肥院科技产业园占地200亩，一期工程建筑面积3.5万平方米。园内生产、实验、办公设施完善，管理规范，已成为合肥院科技成果产业化基地。合肥院科技产业园的竣工，标志着该院的科技产业进入一个新的发展时期。

18日　中国建材集团公司和天津市建材集团（控股）有限公司在北京签署了战略协议书。双方将在发展新型建筑材料、建设天津新型干法水泥基地、推进建材物流连锁业务等项目中进行实质性合作，并就企业改制、科研成果交流等达成合作方面的共识。

20～21日　中国水泥协会立窑研究会在山东省淄博市召开了本年度的工作会议。立窑研究会会长、副会长，专家委员会主任、副主任，各专家组正、副组长，特邀代表，秘书处全体人员及山东省、淄博市建材行管办的领导共50余人参加了会议。研究会崔相臣会长和专家委员会李俭之主任对2003年的工作进行了总结，立窑研究会本年度工作目标之一是将推进立窑企业的技术进步、促进立窑企业向新型干法水泥过渡，作为水泥工业结构调整的重要组成部分。因此，本年度一方面宣传立窑技术进步，一方面树立立窑发展新型干法的典型，坚持技术进步、加快淘汰落后、鼓励立窑企业走发展新型干法之路。并提出了2004年的工作建议请大家审议。全体与会代表参观了山东齐银集团。大家对崔相臣会长和李俭之主任的报告进行了认真讨论。

23日　国务院办公厅转发了103号文发改委等部门《关于制止钢铁电解铝水泥行业盲目投资若干意见的通知》，《通知》中指出，“严格禁止新建和扩建机立窑、干法中空窑、立波尔窑、湿法窑水泥项目”。

28日　山东烟台东源泉水泥有限公司在烟台举行隆重的日产3 000吨熟料生产线竣工仪式，同时举行二线日产5 000吨熟料生产线奠基典礼。

该项目是烟台电力系统向水泥行业进军的最大项目，总投资11.5亿元人民币，建成后，将形成年产300万吨高标号水泥的生产能力，成为胶东最大的水泥企业，对山东省水泥行业结构调整和地方经济发展将注入新的活力。

30日　海螺集团副总经理余彪与成都院副院长焦烽共同签订白马山日产5 000吨水泥熟料生产线工程设计合同。海螺集团携手成都院，采用成都院核心技术，共同打造高起点国产化日产5 000吨水泥熟料生产线。

31日　由中国建材工程建设协会主办的建材行业（部级）第十次优秀工程设计奖评选工作结束。这次评选涉及水泥、陶瓷、玻璃、玻纤、新型墙材生产线建设、技术改造以及城市建设、建筑工程等领域，共评选中一、二等奖各32个。其中，池州海螺2×5 000吨/日水泥熟料生产线等14项水泥工程奖获一等奖，祁连山2 200吨/日熟料生产线等19项水泥工程获二等奖。

31日　江苏省经贸委、公安厅、建设厅、交通厅等四部门联合转发了《商务部、公安部、建设部、交通部关于限期禁止在城区现场搅拌混凝土的通知》，要求南京等13个省辖市城区自从这一天起禁止现场搅拌混凝土。各省辖市散装办应尽快和建设、公安、交通等部门联系，争取支持，并结合当地实际，研究制定相关措施，及时解决“禁现”工作中存在的困难和问题，确保全省13个市从严从实落实国家四部《通知》精神，使“禁现”时间表落到实处。

2004年记事

一月

8日　重庆拉法基水泥有限公司与天津水泥工业设计研究院联合举办重庆拉法基扩建工程总承包合同签字仪式。

该项目以交钥匙工程的形式在原重庆水泥厂内扩建一条日产2 500吨熟料的新型干法水泥生产线，投产后年产水泥110万吨。由天津院承担工程项目的设计、采购、施工、试运行服务、考核、交付等工作，并对承包工程的质量、安全、工期、造价全面负责。

1月　经广州市著名商标认定委员会审议通过及广州市工商行政管理局审定，广州市珠江水泥有限公司“粤秀”牌、广州市花都水泥有限公司“粤花”牌商标荣获广州市著名商标称号。

二月

5日　国务院国资委以国资产权[2004]65号文对陕西汉江建材股份有限公司国有股权划转问题进行了批复，同意将地方政府持有国有股划转中材科工集团，中材科工集团又投入5 000万元资金进行增资扩股,占有总股本的73.39%。

20日　举行由国家发展和改革委员会工业司主办的"水泥工业产业政策及规划纲要讨论会"。参加会议讨论的有:国家发展和改革委员会工业司、产业政策司、经济运行局、投资司等相关部门的负责人、国务院参事室副主任蒋明麟、中国建筑材料工业协会副会长中国水泥协会会长雷前治、原国家建材局局长王燕谋、中国建材工业协会副会长邹传胜、中国水泥协会常务副会长曾学敏、中国建筑材料工业规划院副院长李欣;参加会议的还有部分省市计委工业处的负责人,海螺集团董事长郭文叁、中国材料科工集团总经理谭仲明、中国建筑材料集团总经理宋志平、华新水泥集团总经理李叶青、吉林亚泰水泥集团总经理徐德复、新疆天山水泥集团董事长张丽荣以及冀东水泥集团副总经理于九洲等。来自政府的官员、行业协会的代表、专家学者及企业的老总共40余人,就防止水泥行业投资过热问题、水泥工业产业政策、发展规划、结构调整以及节约能源等问题进行认真讨论,以期对即将出台的《水泥工业产业政策》和《水泥工业专项发展规划》的制订提供积极参考。

20日　国家科学技术奖励大会在京隆重举行,党和国家领导人胡锦涛、温家宝总理代表党中央、国务院在大会上讲话,国务院副总理黄菊主持了大会。2003年度共评选出国家技术发明奖19项、国家科技进步奖216项,其中水泥及混凝土类项目有3项成果获奖。

武汉理工大学张云等的"水泥回转窑动态检测和调整技术"项目获得2003年度国家技术发明奖二等奖;

天津水泥工业设计研究院刘志江等的"新型干法水泥生产关键技术与装备开发及工程化应用"项目获得2003年度国家技术进步奖二等奖;

南京水利科学研究院等单位完成的"高混凝土面板砂砾石坝关键技术研究"项目获得2003年度国家技术进步奖二等奖。

25日　中国水泥协会召开了会长会议。会长雷前治、副会长杜金弘、余彪、李叶青、姚季鑫、张丽荣、徐德复、徐惠明、盖小键、崔玉莲、刘志江、姚燕、诸葛培智、胡中甲、周汉清、曾学敏等出席了会议。雷前治通报有关领导对水泥行业发展的指示精神,介绍了水泥工业产业政策及规划纲要讨论会的有关情况。随后,大家就103号文下发后,部分地区出现了一些偏差进行了分析,希望协会通过正常渠道将企业特别是大型企业集团的声音反映给中央政府,确保水泥行业持续、稳定、健康发展。

26日　湖南韶峰水泥集团有限公司整体加盟中国建筑材料集团公司协议签字仪式在湖南长沙隆重举行。中国建材集团根据国家产业结构调整和新型干法水泥发展战略安排,将充分利用湖南省的资源优势,在湖南建设新型干法水泥基地和石膏板制造基地。

27日　全国水泥行业工作会议暨中国水泥协会2004年常务理事会在成都蓉城隆重举行。会议宣读了经会长会议审议的关于成立中国水泥协会环保专业委员会和水泥添加剂分会的议案、关于会费调整的议案,现场征求了全体常务理事和部分企业代表的意见。会议表决通过了"关于成立中国水泥协会环保专业委员会"、"关于成立中国水泥协会水泥添加剂分会"、"关于会费调整的议案"三个议案。

会议期间,国家发改委经济运行局副局长牛建国、建材处处长吕桂新先后主持召开了企业座谈会、各省市行业主管部门座谈会,听取了解国务院103号文下发后,贯彻落实情况及执行中存在的问题。与会人员分别汇报了各省机构改革及国务院103号文的落实和执行情况,大家普遍反映国务院103号文对水泥工业走健康、可持续发展之路具有重要的指导意义,这一点与会代表达成共识。但在执行过程中各地方的具体情况有所不同,如果采取"一刀切"做法,势必会影响新型干法水泥的健康发展,不利于水泥工业的结构调整。

28日　济南山水集团平阴山水水泥有限公司日产5 000吨熟料生产线点火投产。这是在中材国际南京水泥工业设计研究院与济南山水集团密切合作,完全按照业主要求度身定做的国内首条特型化生产线。

三月

8~21日　中国水泥协会组团赴美国、加拿大对水泥技术装备考察。考察内容是在线成分分析仪在水泥行业的应用,可满足混合料质量控制的要求。考察团加强了国际交流和合作。

10日　受中国水泥协会会长雷前治的委托,《中国水泥》杂志社在北京筹备了水泥行业十届人大代表恳谈联谊会,这是水泥协会、杂志社继2003年组织的第二次联谊会。

国务院参事室副主任蒋明麟,山水集团董事长张才奎,广东塔牌集团有限公司总经理徐惠明,广西鱼峰水泥集团董事长李自明,四川双马水泥(集团)有限公司董事长唐月明,河南天瑞集团总裁李留法,合肥水泥研究设计院副院长陈章水,广西华宏水泥有限公司化验室主任王永域等八位代表参加,国家发改委经济运行局副局长牛建国应邀出席。代表中除冯怡生、林宗寿、高允连因临时有其他事务无法脱身告假外,其余代表均准时出席。

雷前治会长、牛建国副局长与各位人大代表一一握手表示热烈欢迎。

12 日　由法国拉法基集团水泥运营与技术总裁贝纳德先生、拉法基亚太技术中心执行总裁布鲁诺先生等 10 人组成的高级代表团参观访问了济南山水集团。拉法基高级代表团的客人对山水集团的生产管理、技术管理和工厂环境给予很高的评价。参观结束后，双方还就生产工艺、投资管理、项目建设、环境保护等共同关心的问题进行了深入的交流和探讨，并就有关方面加强交流与合作达成了初步协议。

16 日　天津水泥工业设计研究院的第二个国际合作项目——阿曼 RAYSUT CEMENT - COMPANY(RCC)日产3 000 吨新型干法水泥生产线总承包项目举行了隆重的签字仪式。天津水泥工业设计研究院院长刘志江、RCC 总经理 Mohammed Ahmed Al Dheeb、阿曼驻华大使 Abdullah Al - Hussni、德国洪堡公司北京代表处总代理 Martin Claus 参加了签字仪式。该项目合同金额 4 500 多万美元，计划工期 21 个月。

该项目是在阿曼的南部城市塞拉莱建设 1 条日产 3 000 吨熟料的新型干法水泥生产线，主要采用天津院开发、研制的国产技术与装备，这是我国出口阿曼的第 1 条水泥生产线，也是阿曼第一次采用中国的技术与装备。项目建成后将是阿曼国内规模最大的水泥生产线，该项目的实施对打开中东地区的水泥工程建设市场将产生良好的示范作用。

18 日　浙江湖州三狮日产 2 000 吨新线建成投产。

26 日　中国水泥协会与国家发改委经济运行局在北京分别组织召开了“银行与水泥企业座谈会”，“在建项目调研会”，向人民银行以及六大商业银行说明我们水泥行业目前的运行状况与发展趋势，并向银行界提出了我们对在建项目如何处理的建议和意见，水泥协会卓有成效的工作得到了银行界的认同，也受到了在建项目企业的赞扬。

29 日　国家商务部、财政部、建设部、铁道部、交通部、国家质量监督检验检疫总局、国家环境保护总局等七部、局联合发布政令《散装水泥管理办法》(2004 第 5 号)，并于发布之日起施行，借以加快发展散装水泥，节约资源，保护和改善环境，提高经济和社会效益，促进经济与社会可持续发展。

四月

2 日　国务院赴皖督查组工业分组来海螺集团检查调研，了解集团贯彻落实国务院 103 号文件和电视电话会议精神的有关情况，听取集团对国家水泥工业宏观调控和产业政策的建议。

2 日　由中国建材机械工业协会主办的中国水泥行业政策与市场前景分析暨水泥机械行业高层论坛会召开。

中国建筑材料工业协会副会长、中国水泥协会会长雷前治，国家发改委经济运行局调研员李镜，中国建材机械工业协会会长、中国建材技术装备总公司总经理方芳结合水泥行业政策与市场前景分析及水泥机械行业的高速增长现状作了精彩的报告。

5 日　中国水泥协会以中水协便字[2004]008 号向国家工商行政管理局商标局推荐“盾石”商标为中国驰名商标的函，函中强调：唐山冀东水泥股份有限公司的“盾石”商标于 1984 年经国家工商局商标局核准登记注册，经过 20 余年的精心打造，“盾石”商标已经成为代表冀东水泥产品的特有标志，为全国同行业和广大用户所熟知。为了更好地维护名牌企业的权益，保护名牌产品的声誉，有必要通过驰名商标的认定，加大对“盾石”商标的保护力度。因此，经中国水泥协会认真研究决定，特向贵局推荐“唐山冀东水泥股份有限公司”享有专有权的“盾石”商标申请认定为中国驰名商标。

13～14 日　全国新型干法水泥大型装备国产化研讨会在洛阳召开。会议由中国水泥协会、中国建材机械工业协会、中信重型机械公司(洛矿)共同主办，探讨日产 5 000 吨以上大型装备国产化的发展状况。

研讨会上首先洛阳市副市长致欢迎辞，紧接着中国水泥协会会长雷前治做了精彩的发言，同时呼吁国内设计院、装备企业、国际贸易企业联合起来，共同进入国际大型水泥装备市场。中信重型机械公司任沁新总裁作了精彩的专题演讲。国家发改委既经济运行局李镜处长介绍了行业目前的状况和产业政策，丹麦史密斯公司代表也致了感谢辞。与会者有中国建材机械工业协会、设计单位和十几家大型水泥企业等，墨西哥 CEMAX、德国普利休斯公司等国外企业也到会参加。此次会议的主题是：与时代发展同步前行，与自然生态和谐相处。这是中国水泥行业继往开来的峰会、盛会，这更是中国水泥行业面向世界、面向未来的交流会、合作会和动员大会。

15 日　中国联合水泥有限公司河南南阳航天水泥厂日产6 000 吨熟料生产线一期工程日产 3 000 吨投产，二期点火，结束了河南南阳无新型干法水泥的历史。

16 日　由国家建材行业生产力促进中心、中国建材工业经济研究会水泥专业委员会、江苏省建筑材料工业协会主办，盐城市科行建材环保有限公司协办的全国水泥企业节能环保新技术研讨及经验交流会在江苏徐州举办。会议主要内容有：我国水泥工业发展的现状与将来；国家发改委对当前水泥工业发展的相关政策和要求；发展水泥企业当今面临的形势、任务和问题；我国水泥企业环境保护新标准；现代立窑 20 项适用技术；节能环保低投资改造技术；新型配料方案及均化技术；水泥企业粉磨系统存在问题分析；粉磨工艺改进及装备大型化技术分析；新型高效二次风选粉磨机代替双转子选粉机的发展趋势；仪器分析在当前水泥企业生产过程中的应用；布袋除尘器在机立窑粉尘治理中的应用。

19～20 日　第六届亚洲水泥市场会议在泰国曼谷举行。本次会议由 CMT 组织召开。亚洲水泥市场会议是从 1997 年创办的，每年举行一届，第一届是在马来西亚吉隆坡举行，此后分别在新加坡、香港、北京、上海召开。本次会议汇聚了来自亚洲各地水泥行业的代表,中国建材工业协会官员及相关人员参加该会,并在大会上作“中国水泥的前景”、“中国水泥行业国家投资和民营投资项目介绍”等报告。

此次会议的重点关注地区是中国和印度。首当其冲,中国和印度的水泥市场成为大会的关注焦点。此次会议的重点关注课题有:亚洲经济关键所在,如何最大限度地促进水泥工业的发展;结构调整的结果;自由贸易和反倾销规则对水泥工业的作用;混合材及矿渣市场的状况;中国的基建建设项目尤其是西部新启动的项目;煤价对亚洲水泥工业的影响;货运状况;中东地区对水泥的需求;环境状况,CO2 最低排放量的立法。

20日　全国总工会授予中材国际工程股份有限公司“全国五一劳动奖状”的授牌仪式在中材科工集团总部隆重举行。全国总工会今年授予100家单位“全国五一劳动奖状”,中材国际股份公司是全国建材系统惟一获此殊荣的企业。

21~23日　应越南水泥协会的邀请,中越两国水泥工业及技术装备交流大会在越南河内召开,大会得到了中国驻越大使馆的大力支持。越南建设部主管工业的副部长宋文峨及有关主管司的负责人、越南水泥协会会长阮文善、越南水泥总公司总经理、越南建设部建材设计研究院谢文考院长和秦维参博士及70多家水泥厂的正副总经理150多人出席了会议。中国驻越南大使齐建国、商务参赞张炽鑫以及中国水泥协会代表团22人参加了这次越南建国以来最大的水泥行业发展及技术装备交流大会。会议期间中国代表团成员介绍了中国新型干法水泥生产技术、立窑改造经验及水泥装备的总体情况,越方对中国同行介绍的情况,表现出了极大的热情。

26~27日　中国水泥协会主办的“立窑水泥企业发展新型干法研讨会”在扬州举行,鲜明突出的会议主题,吸引了众多立窑水泥企业和设计研究单位参加。大会由中国水泥协会常务副会长曾学敏主持,中国水泥协会会长雷前治、中国水泥协会高级顾问李俭之分别做了“水泥行业面临的形势和发展前景”和“立窑水泥企业的根本出路是与新型干法接轨”的报告。会议期间,8家水泥生产企业交流了他们发展新型干法水泥的经验与教训;3家设计研究院从不同角度,详细讲述了建设新型干法生产线应该注意的技术问题;5家中外设备与材料厂家介绍了自己企业产品的特点、性能和应用范围。

26日　在国家建设部组织的“工程勘察设计大师”的评选活动中,中材国际南京水泥工业设计研究院技术中心主任、高级工程师蔡玉良荣获全国工程设计大师称号。本次评出全国工程设计大师54名,在建材行业中蔡玉良是惟一获此殊荣者。同时,还评出全国工程勘察大师6名。

据介绍,“工程勘察设计大师”的评选活动由建设部主办,旨在提高我国工程建设勘察设计水平,推动技术进步,激发广大工程勘察设计人员的责任感与荣誉感。本次获奖人员的产生,是根据《工程勘察设计大师评选办法》的有关规定,经过各单位的推荐和各行业的初审,并在全国进行公示、广泛征求意见,再报建设部审定后产生的。本次评选是建国以来的第四次,全国先后共有361人获得全国“工程勘察设计大师”称号。

27日　中国散协干混砂浆专业委员会成立大会在北京召开。出席这次会议的有北京市建委王立臣副主任,中国物流与采购联合会孟国强副秘书长,商务部全国散装水泥办公室鲁纹处长,建设部建筑质量监督管理司苗喜梅工程师。

干混砂浆和预拌混凝土可以说是发展散装水泥的两个“轮子”,中国散协干混砂浆专业委员会的成立,是建设资源节约型社会的需要,标志着我国干混砂浆事业发展上了一个新台阶,干混砂浆在促进建筑施工现代化,坚持科学发展观,节约资源、保护环境,实现人和自然的协调发展方面起了重要作用。

28日　中国建材集团旗下青州中联鲁宏水泥有限公司日产12 000吨水泥熟料生产基地首期工程在山东青州举行隆重开工奠基仪式。该项目由中国凯盛国际工程公司进行工程总承包。

28日　浙江桐庐三狮二期工程顺利点火。

29日　由中材建设有限公司(CBMI)总承包的多米尼加DOMICEM项目在施工现场举行了项目仪式。

多米尼加共和国总统Hipolito出席了仪式并讲了话,并表示这个由意大利COALCEM集团投资,中华人民共和国CBMI总承包的项目对于本国的经济发展有着重要的意义,政府会全力支持该项目的顺利推进。

29日　在《水泥工业大气污染物排放标准(送审稿)》审议会上,标准修订起草单位成员,中国环境科学研究院环境标准研究所、中国建材集团合肥水泥研究设计院的有关人员向会议报告了标准修订过程和指导思想,对标准内容进行了说明,并回答了与会代表的提问。与会代表认真审议了包括上述主要修订内容在内的《水泥工业大气污染物排放标准(送审稿)》及其《编制说明》。

29日　中国联合水泥有限责任公司与枣庄市市中区国有资产经营有限公司签署了并购协议。山东安厦水泥集团加盟中国建材集团。

30日　中国材料科工集团旗下的中材建设有限公司与黎巴嫩SEAMENT集团在京举行了阿尔巴尼亚Fushe - Kruje水泥厂总承包(交钥匙工程)合同签字仪式。中材国际董事长兼中材建设董事长司国晨、黎巴嫩SEAMENT公司总经理Mark Bouri分别在合同文本上签字。

中材建设有限公司与黎巴嫩SEAMENT集团签订的阿尔巴尼亚Fushe - Kruje水泥项目,是阿尔巴尼亚迄今为止最大的外商投资项目,是中材建设有限公司签约的第5个境外总承包交钥匙项目。该项目由黎巴嫩SEAMENT集团投资兴建，位于阿尔巴尼亚首都地拉那市北28公里，将采用目前世界上先进的新型干法生产工艺，设计能力为日产3 300吨熟料，年产水泥133万吨，计划2006年初建成。

五月

14日　广州越秀水泥集团有限公司召开系统中层干部大会，由越秀集团党委书记、董事长区秉昌等领导到会宣布广州市市委组织部、市人事局关于市委、市政府对水泥集团“三合一”组合后，党委成员和行政领导班子成员调整的任免通知。至此，水泥集团、广州市珠江水泥厂、广州水泥厂三个局级单位党政领导班子实行三块牌子一套班子的改革工作基本完成。

17日　国家发展与改革委员会召开了“有关行业经济运行情况座谈会”。国家发改委主任马凯、副主任欧新黔等有关部委领导出席了会议，相关工业协会的领导参加了汇报和座谈。中国水泥协会雷前治会长出席了座谈会，介绍水泥行业经济运行情况并提出了建议。

18日　中国建筑材料工业协会、中国建筑材料科学研究院共同举办“中国建筑材料科技50年、中国建筑材料科学研究院建院50年”庆典。国家有关部委、行业协会领导，知名专家学者和国内外企业代表400多人出席庆典活动；中国建筑材料工业协会会长张人为，科技部秘书长、党组成员石定寰、中国建材研究院院长姚燕等讲话，盛赞中国建筑材料科技发展和中国建材研究院所取得的成就。

20日　国务院第二会议室，曾培炎副总理主持召开了投资形势分析会。

对于清理固定资产投资问题，曾培炎强调：固定资产投资清理要统一思想、统一认识，防止大起大落，加快结构调整。要加强领导、各负其责，中央的项目中央管，地方的项目地方管。有关行业协会和大企业要配合政府做好工作。

对清理结果要分类指导，区别对待。对国家产业政策允许上的项目，要继续支持；对没有办理申报审批手续的，该补办手续的必须补办；对严重违规违法的一定要严肃处理，该停的一定要停，做到令行禁止。

在谈到加快结构调整时，曾副总理特别指出，总体上要有堵有疏，要支持大型企业的发展，钢铁、水泥行业该上的项目还是要上，对有些薄弱环节该加强的也要加强。

25日　国家发展和改革委员会工业司在北京亚泰饭店组织召开了“利用水泥工业新型干法窑处置废弃物技术方案及可行性论证会”。国家发展和改革委员会工业司、投资司、规划司，建设部、国家环保总局、国务院参事室、中国建材协会、中国建材协会科教委、中国材料工业科工集团，以及南京工业大学、上海同济大学、北京水泥厂、吉林亚泰集团等单位的领导和专家出席论证会。会议由国务院参事室副主任蒋明麟主持。经专家认真论证，会议通过了中材国际工程股份有限公司“利用水泥工业新型干法窑处置废弃物技术方案及可行性论证”。

26日　第六届东亚水泥论坛在西安召开。中国水泥协会会长雷前治致开幕辞，陕西省政府副秘书长李玉怀致欢迎辞，国家发改委经济运行局副局长牛建国做主题演讲。论坛由中国水泥协会常务副会长曾学敏主持。

来自印度尼西亚、日本、韩国、马来西亚、菲律宾、泰国、新加坡、越南和中国台湾、香港等11个国家和地区水泥协会和企业的120名代表出席本届论坛。

论坛围绕东亚经济的发展前景、区域市场需求量的变化，以及原燃材料价格、运费、水泥价格、进出口走势进行了讨论和交流。还对水泥工业的可持续发展问题进行了探讨，中国与越南的快速发展和巨大的市场，引起了与会代表的极大兴趣。

论坛为东亚水泥界人士提供了一个共商地区水泥生产、经营及可持续发展等问题的高层对话场所塔建了相互沟通的平台。

26日　国内第1条万吨线——铜陵海螺首条万吨生产线一次点火成功，并顺利实现达产达标，这在我国水泥工业中具有里程碑的重大意义。

28日　中国建筑材料集团公司所属合肥水泥设计研究院隆重举行建院50周年系列庆祝活动。

中国建材工业协会会长张人为用简短的话语表达了对于合肥院50华诞的美好祝福。他说，合肥院走过了50年的光辉历程，取得了巨大的成绩，希望合肥院今后继续深化改革，坚持创新，在推动中国水泥工业以循环经济模式实现可持续发展方面，发挥科技这个第一生产力的作用，为中国水泥工业的发展做出更大的贡献。

5月　广州市珠江水泥有限公司荣获中国建筑材料工业协会、国家统计局、工业交通统计局联合颁发的“2003年度中国建材百强企业”称号。

六月

1日　在广西桂林市召开第六届水泥工业粉磨工艺新技术交流大会，此次会议由(国家)建筑材料工业技术情报研究所主办，合肥水泥研究设计院、清华紫光吉利达环保设备有限公司、格雷斯中国有限公司协办。邀请国内各水泥研究设计院从事水泥粉磨、环保的有关专家、学者、设计院的工程技术人员到会做专题报告，邀请水泥生产企业的相关领导及技术人员参加会议并进行技术交流。通过这次会议为从事水泥粉磨工艺节能降耗、提高产质量研究的科研单位与设备制造厂、水泥生产企业三者之间构筑了一个交流信息、研讨技术、沟通渠道、拓展市场的平台。

5日　中国首条铜陵海螺日产10 000吨生产线成功点火。

5~6日　中国水泥协会在安徽芜湖海螺召开中国水泥协会会长会议。会议主题为:分析投资形势,反映出现问题,商讨应对策略。与会代表对103号文件加深认识,科学、健康、可持续发展是水泥工业发展的必由之路。会议后,国家发改委与水泥协会与金融部门、土地、环保主管部门积极沟通,及时召开在建项目座谈会和银企座谈会,帮助水泥企业解决在调控阶段企业的困难。

7日　中国水泥协会会长雷前治、副会长徐永模等应邀到中国建筑材料集团公司所属合肥水泥设计研究院参观指导工作。雷前治一行参观了合肥院"五十年辉煌成就展"、科技产业园和辊压机生产基地,观看了建院五十周年资料片,并高度赞扬了合肥院对我国水泥行业科技进步所作的贡献。

9日　广州市副市长陈明德前往新广州水泥厂项目建设工地检查工作,听取了越秀水泥集团董事长吴一岳关于项目建设情况的工作汇报,并对项目建设的有关问题作了明确的指示。同往新广水项目检查工作的市政府办公厅、市计委、市经委、市建委、市外经局、市规划局、市环保局、市国土局和花都区等领导对新广水建设项目当前遇到的困难问题,表示尽力解决。

11日　海德堡集团监察局主席谢赋礼、董事局主席鲍华到访广州,在越秀集团副董事长陈光松和越秀水泥集团董事长吴一岳的陪同下,到新广水项目建设工地了解项目建设进度情况,并参观了广州市珠江水泥有限公司。

14日　云南东骏日产4 000吨水泥窑举行隆重的回转窑合拢仪式。该项目由苏州中材承担。

16日　台湾水泥公司在广东省台泥(英德)水泥有限公司投资建设的大型水泥生产基地一期总承包工程(2×5 000吨/日),由中材国际南京水泥工业设计研究院一举夺标,在我国台湾省台北市举行了项目总承包协议签约仪式。该项目协议总金额超过10亿元人民币,建设工期为16个月,是迄今为止中国水泥工程建设行业最大的总承包项目。

18日　中材科工集团副总经理张海会见联合国工业发展组织中国项目部副主任翰尼诗(Johannes Neubacher)、高级顾问龙迪(Dimitri de Boer),双方进行了亲切友好的会谈。

张海副总经理首先向客人介绍了中国材料科工集团的现状以及未来发展的设想,并就集团即将于今年9月在上海举办的国际水泥论坛的相关事宜与客人进行了交流。翰尼诗向张总介绍了联合国工业发展组织的概况以及在中国项目开展的情况。翰尼诗表示,联合国工业发展组织支持中国材料科工集团举办国际水泥论坛,愿意作为会议的支持单位。

26日　天津振兴水泥有限公司二线日产2 000吨技改项目建成投产。中国建筑材料工业协会会长张人为,中国建筑材料工业协会副会长 、中国水泥协会会长雷前治,天津市人大常委会副主任王德惠、梁肃、陈洪江到该公司考察工作,参加技改项目建成达产仪式。

张人为指出,水泥工业生产要以人为本,树立全面、协调、可持续发展的科学发展观,在发展循环经济中做出贡献。不仅要注重减少对环境的污染,还要利用水泥生产工艺的优势,积极发展余热发电,为处理城市垃圾、工业废弃物,保护环境作出成绩,实现企业的可持续发展。

28日　中国联合水泥山东安厦集团隆重举行日产5 000吨熟料生产线一期工程竣工投产仪式。

28日　安徽淮北矿业集团水泥公司日产2 500吨水泥熟料生产线顺利点火,结束了淮北平原没有"大水泥"的历史。

淮北市副市长孔晓宏在点火仪式上说,淮北矿业集团水泥公司日产2 500吨水泥熟料生产线项目点火,标志着安徽省水泥行业"一线三点"水泥布局基本形成,这将对促进淮北地区建材行业结构调整,加快矿区废渣综合利用,淘汰"小水泥",净化地方环境起到有力的促进作用。

28日　安徽枞阳海螺公司万吨熟料生产线点火成功。

30日　受粉尘污染所困的"立窑大市"山东省枣庄市,开始对全市立窑水泥实施彻底的粉尘污染治理。14条年产6.6万吨以下立窑水泥生产线全部被拆除,同时243条年产10万吨立窑生产线开始由企业投资1亿元进行粉尘治理。届时,1亿元环保投资将使枣庄市工业粉尘排放减少70%,使全省工业粉尘排放减少18%。

七月

6日　安徽海螺集团投资10亿元人民币兴建的、被列为国家"双高一优"项目的中国水泥厂有限公司首条日产5 000吨生产线顺利点火投产,并在8月份生产合格水泥熟料15.13万吨,做到了投产次月达产达标。

6日　中国水泥协会在北京召开了京、津、冀水泥协会会长会议。国家发改委经济运行局派员参加了会议,会议由中国水泥协会会长雷前治主持。

与会单位的代表分别就2003年和2004年上半年的水泥生产、销售、回收货款和经济运行情况及下半年的形势进行了分析,并对如何稳定北京水泥市场提高水泥企业的经济效益,发表了极有建设性的意见。

"京津冀"水泥协会携手合作,要为自律、规范、稳定的水泥市场做出贡献。三地水泥企业联合制订市场"游戏规则",维护企业利益。中国水泥协会表示尽力帮助企业协调各方面的工作,维护水泥企业的利益。

7日　中国建材对外经济技术合作公司在巴基斯坦Bestway水泥有限公司日产5 500吨熟料水泥生产线项目的总承包竞标中击败众多国际知名公司,夺得当时我国在国际市场上承揽的规模最大的水泥工程总承包合同。

9~11日　安徽铜陵海螺日产10 000吨水泥熟料生产

线通过了72小时达产达标考核。生产统计显示，该条生产线运行状况良好，3天时间共生产优质水泥熟料33 000余吨，达到和超过了设计能力。

铜陵海螺万吨级水泥熟料生产线的成功建设和顺利达产达标，是海螺集团技术创新理念和建设管理水平的重要体现，同时也标志着中材国际工程股份有限公司的设计、装备配套及建设水平，又迈上了一个新的台阶。

19～22日　为使广大矿山、工地用户了解首钢汽车产品，拓宽选型面。中国水泥协会矿山专业委员会与中国汽车工程学会矿用汽车分会在河北省承德市联合主办召开《北京首钢重汽车矿用汽车发展与使用经验交流会》。会议由北京首钢重型汽车制造厂承办。

28日　浙江富阳三狮日产5 000吨新型干法水泥生产线点火成功。

八月

10日　中国水泥协会会长雷前治、中国水泥协会常务副会长曾学敏会见了来访的苏丹企业家AL BREIR先生一行三人。AL BREIR先生表示，苏丹人非常相信中国水泥的技术和价格的竞争力，也非常钦佩中国人努力工作的精神，因此特别想深入了解中国水泥工业的情况。

雷前治在会谈中向对方简要介绍了中国水泥工业技术、装备以及我国在非洲建设的部分水泥项目工程和出口水泥参考价格等情况。雷会长表示，中方愿意在技术、装备咨询、进出口贸易、建厂项目工程设计、安装、施工等诸多方面为苏丹朋友提供多方面的帮助，积极扩大双边经贸合作。

14日　中共中央政治局委员、国务院副总理吴仪，在四川省委副书记、常务副省长蒋巨峰，四川省委常委、成都市委书记、市人大主任李春城，主管工业的副省长王杯臣，成都市委副书记、市长葛红林以及都江堰市委书记张宁生，市长刘俊林等人的陪同下，视察了都江堰拉法基水泥有限公司。

17日　中材国际成都建材院有限公司在马来西亚吉隆坡与法国拉法基集团签订了拉法基越南NhonTrach项目总承包合同。该项目是法国拉法基集团选择中国技术装备在第三国建设的第一个水泥项目。这是成都建材院完成都江堰拉法基水泥公司日产4 000吨水泥生产线矿山总承包工程和厂区设计合同以后，又一次为法国拉法基集团提供项目总承包模式的工程咨询服务。该项目的签订再次证明，成都建材院从工程设计、采购到建设的(EPC)工程总承包能力得到了世界第一大水泥制造商的高度信任。

18日　由苏州中材建设有限公司总承包的越南福山日产5 000吨水泥熟料生产线、200万吨/年水泥粉磨系统正式投料生产，系统运行顺利，各项指标均达到合同要求。

18日　中材科工集团株洲日产5 000吨新型干法水泥生产线项目签约仪式在株洲隆重举行。

19日　首批109名全国知名企业家日前在北京获得了高级职业经理资格证书，太原狮头集团有限公司董事长邓守信、济南山水集团有限公司董事长张才奎、浙江虎山集团有限公司董事长张剑星、浙江三狮集团有限公司董事长姚季鑫等知名水泥企业家首批获得高级职业经理资格证书。

23日　中国建筑材料集团公司与日本三菱集团成员企业三菱重工业株式会社、三菱综合材料株式会社、三菱商事株式会社在京签署了合作框架协议。

此次中日双方企业签署的合作框架协议，主要内容是三菱集团通过技术转让和合资方式将日产1万吨规模的水泥生产成套设备的制造技术及余热发电、废物再利用等多项水泥生产相关技术提供给中国建材集团的下属企业，支持中国建材集团进行日产万吨级水泥成套装备的国产化，并在国内及国际市场大型水泥工程项目中进行全面合作。

25～27日　中国水泥协会在秦皇岛举办"水泥粉磨新技术研讨会"。

九月

2日　在北京召开首届水泥工业资源综合利用与环境保护专题研讨暨技术交流大会，此次会议由建筑材料工业技术情报研究所、《水泥产业》杂志编辑部、全国水泥科技情报信息网共同主办。本次会议为从事水泥工业资源综合利用与环境保护的科研单位、设备制造商、生产应用企业及相关管理部门构筑一个交流信息、研讨技术、沟通渠道、开拓市场的平台。以帮助水泥企业更好地认识和适应我国水泥工业中长期发展形势的要求并及时掌握我国最新的相关产业政策，了解国内外水泥工业资源综合利用及环境保护的技术发展方向及最新的科研开发成果。

6～15日　中国水泥协会组团赴日本考察了水泥工厂焚烧垃圾生产技术。考察团由国家发改委、辽宁省发改委、辽宁工源水泥集团、陕西秦岭水泥集团、中材国际南京水泥工业设计研究院、成都建材工业设计研究院、中国建材技术装备总公司等单位代表组成。在日期间，考察团一行受到日本太平洋水泥公司的热情接待。

8～9日　世界水泥行业的盛会——国际水泥论坛在上海召开。国务院副总理黄菊为大会发来贺信。超过270名境外注册参会代表与国内的近300名代表出席会议，共同探讨推动世界水泥工业的可持续发展以及中国水泥工业在推进结构调整进程中面临的商业机会。

国务院国有资产监督管理委员会副主任黄淑和，上海市人民政府副市长杨雄，中国工业经济联合会副会长、国务院国有大型企业监事会主席韩修国，中国建筑材料工业协会会长张人为，国务院参事室副主任蒋明麟，中国建筑材料工业协会副会长、中国水泥协会会长雷前治，国家发展和改革委员会经济运行局副局长牛建国，联合国工业发展组织中国投资促进局首席代表胡援东，中国材料科工集团总经理谭仲明、党委书记于世良以及国际水泥会议组织主席马考姆等在主席台就座。

此次会议由中国材料科工集团和国际水泥会议组织共同主办。期间还举办了中外水泥行业企业家、专家、学者的专题研讨和技术讲座、宣传展示等活动，同时举办了国际水泥技术研讨会和水泥技术装备展览。

8日　浙江建德三狮日产5 000吨新型干法线点火投产暨首条国产化纯低温余热发电项目奠基。

18日　中国社会科学院公布中国上市公司企业竞争力监测结果。2004年中国最具竞争力的上市公司20强中，安徽海螺水泥股份有限公司排名第一。

20日　三狮集团长兴余热发电项目在三狮股份公司开工。

24日　水泥企业信息化（蒙西）论坛在内蒙古鄂尔多斯市蒙西高新工业园举行。到会的行业人士济济一堂，到会的有原国家建材局局长王燕谋、中国水泥协会秘书长曾学敏、浙江三狮集团、福建水泥股份有限公司等等。

此次会议主题是提升水泥企业管理者和技术人员对企业信息化的认识，引导企业信息化以及进行合理信息化规划，提高企业管理效益；集思广益、融会贯通，顺应行业发展的潮流；以及水泥行业的信息化模式探讨；同时也研讨交流蒙西集团等水泥企业信息化成功经验。

28日　一期投资9.9亿元、江苏省最大水泥熟料生产线——徐州贾汪海螺日产万吨水泥熟料生产线经过工程建设者14个月的艰苦奋战点火投产。

28日　浙江光宇集团常山水泥公司日产5 000吨新型干法水泥生产线点火仪式正式举行。该线是常山县第1条日产5000吨生产线。

28日　浙江三狮集团有限公司姚季鑫、山东泰山玻璃纤维有限公司张志法、浙江巨石集团有限公司张毓强、宁波浙东集团公司邱兴祝、中国建材报社谢镇江增补为中国建筑材料工业协会副会长。

28日　徐州海螺日产10 000吨生产线点火成功。

28日　国家重点投资项目、浙江尖峰登城水泥有限公司一期工程，日产5 000吨新型干法回转窑水泥熟料生产线在杭州富阳点火投产。

29日　国家人事部、国资委在北京全国政协礼堂隆重召开“中央企业劳动模范”和“中央企业先进集体”表彰大会，中国材料科工集团南京水泥工业设计研究院技术中心主任蔡玉良荣获“中央企业劳动模范”称号；中材国际工程股份有限公司荣获“中央企业先进集体”称号。蔡玉良参加了表彰大会受到中共中央政治局常委、国务院副总理黄菊的接见。

30日　广西平南华润鱼峰水泥有限公司一期日产5 000吨干法熟料生产线竣工点火。

30日　水泥成套设备制造基地中信重型集团公司（洛阳）与中国水泥行业三强之一的浙江三狮集团签署了中国首条日产5 000吨水泥窑纯低温余热发电项目成套制造合同。

9月　国家统计局企业调查总队和中国行业企业信息发布中心联合举行新闻发布会，广州越秀水泥集团有限公司荣列2003年度中国最大1000家大企业集团之列，并被授予证书。

十月

1日　山东泰山水泥有限公司二期工程日产5 000吨级熟料生产线成功点火。

5日　安徽铜陵海螺公司第2条万吨熟料生产线点火成功。至此我国已拥有4条万吨级水泥生产线，占据了全世界7条万吨级生产线中的一半以上。

15日　华新集团襄樊市水泥股份有限公司总投资4亿元日产4 000吨水泥项目签约仪式在南漳县落笔。这是南漳县迄今为止投资金额最大、预期效益最好的项目。

18日　在拉法基集团进入中国10年之际，中国水泥协会会长雷前治一行前往法国拉法基集团北京代表处进行调研，向拉法基中国区总裁文英勇、副总裁马维平通报了宏观调控新形势下我国水泥行业的发展状况，并就我国水泥发展现状及存在的问题征询了拉法基公司的意见，双方在热情友好的气氛中进行了会谈。

18日　广西平南华润鱼峰水泥有限公司日产5 000吨水泥生产线正式投产。

20～21日　全国水泥行业工作座谈会暨中国水泥协会五届二次会员代表大会在浙江萧山召开。大会由国家发改委经济运行局与中国水泥协会共同主办，旨在进一步巩固水泥行业宏观调控成果，以科学的发展观为指导，加快水泥工业结构调整，促进水泥行业协调发展。

会议期间代表们在三狮集团长兴水泥生产线参观

25 日　国家发改委在洛阳召开“大型新型干法水泥纯低温余热发电技术、政策研讨会”。

28 日　在第四届中国·合肥高新技术项目—资本对接会上，中国建材集团合肥水泥研究设计院与巴基斯坦 LUCKY 公司签署了日产 6 000 吨新型干法线技术和设备出口合同。这是一年之内，合肥院向巴方出口的第 5 条大型新型干法生产线。

28 日～11 月 1 日　新型干法水泥烧成设备暨水泥窑用耐火材料技术交流会在北京召开。此次会议由（国家）建筑材料工业技术情报研究所、全国水泥科技情报信息网主办，北京天坛股份有限公司通达耐火技术分公司协办。

国内各水泥科研设计院所的专家、技术研究人员以及水泥企业生产厂长、技术厂长、总工程师、技术科长等汇聚一堂，共同探讨交流。会议做题为新型干法烧成水泥熟料设备的若干技术问题、5 000 吨/日新型干法回转窑 100% 无烟煤煅烧技术的经验与实践、新型双通道煤粉燃烧器的选择与应用、再谈我国水泥窑用耐火材料的新理念、大型新型干法水泥烧成系统窑用耐火材料的配套与施工及燃用高硫煤的有关技术研究、我国水泥窑用耐火材料的发展及某些有关问题的探讨等主题演讲。

十一月

6～8 日　由江苏省建材工业协会、中国建材机械工业协会主办，盐城市吉翔达建材环保有限公司承办的全国水泥企业粉磨新技术研讨及经验现场交流会在江苏无锡隆重召开。来自全国各地的 200 多位水泥企业经理、厂长、技术骨干，协会领导，设备厂商及新闻媒体出席了会议。

会议由江苏省建材工业协会秘书长蒋琥勤主持，中国建材机械工业协会秘书长王玉敏致开幕词。会议的主要内容是粉磨新技术研讨及用户经验交流。

8 日　由苏州中材建设有限公司承建的溧阳金峰水泥有限公司 2 条日产 5 000 吨熟料生产线 B 线顺利点火成功。

8 日　安徽三狮日产 5 000 吨新型干法线点火。

11 日　西藏首条日产 2 000 吨级熟料新型干法生产线正式投产。

在雪域高原、平均海拔 3 700 米的西藏建设 1 条这种规模的水泥熟料生产线非同寻常。这条水泥生产线的投产，将结束西藏历来没有新型干法水泥的落后局面，对提高当地的水泥产品质量，调整水泥产业结构将起到积极的推动作用，掀开西藏建材工业崭新的一页。

11 日　新组建的中联鲁宏水泥有限责任公司揭牌，同时日产 5 000 吨熟料生产线技改项目建成点火投产。为适应战略发展的要求，鲁南水泥公司 2004 年 9 月改制重组，主辅分离，将核心业务组建了中联鲁宏水泥有限责任公司。根据战略规划，中联鲁宏水泥公司要建设枣庄、青州和泗水三大熟料基地；建设 10 个粉磨公司，包括已建成投产的菏泽粉磨公司、正在建设的青岛市胶南等地的粉磨公司；形成 30 个商品混凝土搅拌站，包括已建成投产的菏泽鲁宏混凝土工程公司、正在建设的济宁鲁宏混凝土工程公司。通过业务扩张，公司到 2005 年年产能达到 1 000 万吨，实现快速发展和扩张。

13 日～15 日　2004 全国水泥工业、混凝土技术及装备展在济南国际会展中心举行。此次展会由中国国际经济技术合作促进会、中国工业经济联合会信息工作委员会、中国建筑装饰协会、中国建筑装饰装修材料协会、中国建筑业协会、山东省建材工业协会共同主办。

展会充分展示水泥工业新产品，新技术，新成果，也为业内企业打造了“展示自己、了解别人、树立形象、经贸洽谈”的理想平台。展会紧跟国际行业发展新步伐，引领时代行业新潮流，与水泥工业未来主旋律和弦合拍，以环保、科技、发展为主题。

17 日　《中国水泥》杂志与《世界水泥》杂志合作签字仪式在京举行。中国建筑材料工业协会副会长、中国水泥协会会长雷前治出席签字仪式。《中国水泥》杂志总编辑张建新和来自英国的《世界水泥》杂志总编辑库克在协议上签字。

17 日　浙江三狮集团纯低温余热发电项目工程顺利破土动工。

18 日　安徽海螺集团公司和内蒙古北方重型汽车股份有限公司建立长期战略合作关系，合同金额达 1.3 亿元的 50 台 TEREX3307B(45 吨级)矿用汽车合同签字仪式在上海举行。该项目合同签订后，安徽海螺集团公司拥有内蒙古北方重型汽车股份有限公司生产的定型产品 TEREX33 系列矿用汽车 124 台、7 立方米 TEREX 液压挖掘机 16 台、1.5 立方米 ATLAS 液压挖掘机 8 台，总价值达成 3.5 亿元，已经成为 TEREX 系列产品在亚洲最大的用户。

19 日　中国材料科工集团与北京金隅集团战略合作签约仪式在金隅集团举行。中材料集团总经理谭仲明与金隅集团董事长王东分别在协议上签字。

该协议的签署标志着分别由国务院国资委和北京市国资委所监管的两家大型国企通过战略合作，互相参股改制，建立现代企业法人治理结构的序幕正式拉开；它标志着两家综合实力均居我国建材行业前列的企业集团开始战略合作，实现强强联合、资源优化配置。

20 日　中材国际工程股份有限公司在沙特阿拉伯成功签下一座总值达 20 亿元的水泥生产厂工程建设总承包合同。

根据这份合同，中材国际将在 26 个月内，在吉达附近的马加达为沙特南方水泥公司建设一座日产 5 000 吨熟料的新型干法水泥生产厂，其预热器和旋窑等烧成系统设备将采用我国具有自主知识产权的技术与装备，生料磨和部分电器控制设备将通过国际招标采购。马加达工程是中国目前在沙特的最大的出口项目。

2004 年 11 月 20 日，中材国际沙特签单 20 亿元工程建设总承包合同后合影。

25 日　海螺水泥出口美国首航仪式在泰州扬湾港举行，海螺集团成为我国第一家进入美国市场的水泥企业。

25 日　中国建筑材料工业协会在京又公布了 2003 年度中国建材二十强企业集团名单。此次公布的名单是根据国家统计局提供的 2003 年度企业集团统计年报数据，参照国际惯例，按照销售收入排序发布的。

此次公布的 20 强建材企业集团指年销售收入（主营业务收入和其他业务收入之和）在 10 亿元以上，以建材产品和活动为主营业务的企业集团。在公布的名单中，前五名是安徽海螺集团有限责任公司、北京金隅集团有限责任公司、中国建筑材料集团公司、中国材料工业科工集团公司、上海建筑材料（集团）总公司。

28 日　贵州省首条日产 2 000 吨水泥熟料新型干法生产线在贵州水城水泥股份有限公司成功点火。中国建筑材料工业协会副会长、中国水泥协会会长雷前治出席点火仪式并讲话。

十二月

1 日　中国建材机械工业协会四届二次理事扩大会议在福建省厦门市召开。2004 年，建材机械行业总体仍保持生产高速增长，效益持续提高的运行发展态势。一大批拥有自主知识产权的新技术、新产品成为我国建材机械行业的主流产品。日产 5 000 吨以上规模的新型干法水泥主机设备的国产化和日产 10 000 吨水泥厂的建成投产，标志着我国水泥工业已经站到国际先进水平的行列。

1 日　宁夏赛马实业股份公司的控股子公司青铜峡水泥股份公司签订了租赁经营青铜峡水泥集团日产 2 500 吨熟料新型干法生产线及水泥粉磨系统。租赁期限至 2009 年 11 月 30 日，年租金为 5 100 万元。

8 日　国投海南水泥有限公司二期技改扩建工程日产 2 000吨生产线在海南省昌江县生产区内举行了隆重的奠基仪式。二期技改扩建工程总投资概算 3 亿元人民币，工程由天津水泥设计研究院设计，江苏镇江四建建工集团有限公司承建，项目预计在 2005 年年底建成投产。

9 日　中国水泥协会向中国建筑材料工业协会推荐孔祥忠同志作为中国水泥协会新任秘书长人选的报告。报告称，中国水泥协会现任秘书长曾学敏同志已经退休，根据协会章程规定，经民主推荐和自荐，与建材协会人事部联合考察，2004 年 10 月 19 日，五届二次会长会议讨论，决定推荐孔祥忠同志作为新任秘书长人选。并提交中国建筑材料工业协会予以审批。

10 ~ 24 日　中国水泥协会赴澳洲考察团一行 15 人，就水泥企业的生产工艺、环境保护、产品应用、市场营销以及房产市场、市政建设进行了广泛考察。考察团成员分别来自水泥生产企业、政府管理部门以及行业协会、认证中心等单位。考察团先后到澳大利亚和新西兰的多个城市进行考察，双方就两国的水泥生产、应用以及相关产业的情况进行了全面深入的了解，同时中方考察团员也向外方介绍了中国水泥工业的概况及中国水泥协会的工作业务。

17 ~ 19 日　中共中央政治局常委、全国政协主席贾庆林在全国政协有关方面负责人石万鹏、赵喜明等陪同下到安徽芜湖市视察。安徽省委书记郭金龙，省长王金山等陪同首先视察海螺型材公司。得知海螺水泥产能为亚洲第一、世界第二，PVC 管材、型材产能位居全国第一时，贾庆林主席非常高兴，并饶有兴致地视察了海螺型材公司的生产线。

21 日　湖北省黄石市副市长董尚荣在散装办调研时指出，落实执行国家散装水泥专项资金政策没有“特区”，经济开发区不能特。他还充分肯定了该市发展散装水泥所取得的成绩，勉励散装办工作人员准确把握职能定位，巩固成绩，更上一层楼。

27 日　中联巨龙淮海水泥有限公司，日产 5 000 吨熟料生产线技改工程点火暨日产 12 000 吨熟料生产线节能环保项目签约仪式在徐州隆重举行。

28 日　湖北金龙水泥有限公司日产 2 500 吨新型干法

水泥生产线开工建设。这是鄂西北新建的第1条旋窑干法水泥生产线。也是湖北金龙水泥有限公司积极与浙江西山集团合作的结果。

该线是由西山集团投资2.2亿元建设的，预计2005年8月投产，届时可年产水泥100万吨。该线的开工建设将对整个湖北水泥工业结构调整起到积极的作用。

2005年记事

一月

1日　国家环保总局以环发[2004]184号文件发布了国家污染物排放标准《水泥工业大气污染物排放标准》正式实施。对2005年1月1日后建设(新、改、扩建)的生产线一律要求采用新型干法，并达到与国外标准大致相同的排放水平(颗粒物50毫克/标立方米)；统一了回转窑、立窑排放限值；新标准扩大标准适用范围至水泥工业生产全过程，排放限值不与环境空气质量功能区挂钩，增加对水泥窑焚烧危险废物的排放要求，增加环保相关管理规定，规定水泥窑安装烟气排放连续监测装置。

1日　重庆市200多家水泥生产企业统一上调水泥价格，平均每吨上调20元。这是响应重庆市水泥协会的号召而整体调价的。水泥生产企业的销售负责人均认为涨价幅度相对于煤炭、电力等原材料的涨幅还是太小。

据悉，重庆煤价2004年已涨了4次，从每吨100多元涨到了每吨400多元，而全市的水泥价格普遍仅为每吨180~250元，受其影响，重庆市水泥行业利润全面下滑，甚至有的区县水泥企业70%亏损。

12日　山西省长治市水泥行业结构调整研讨会暨水泥工业协会成立大会在长治召开。会议推选长钢瑞昌水泥有限公司经理张松虎为会长。中国建材工业协会、中国水泥工业协会为大会发来贺信。

长治是山西三大水泥生产基地之一，石灰石、石膏、煤电资源丰富，发展水泥优势明显。境内有晋牌水泥、天脊水泥公司、中铁三局潞州水泥公司、长钢瑞昌、瑞盛水泥等龙头企业。2004年全市水泥产量达500万吨，占全省的1/4，其中，回转窑水泥比重达53%，高于全国平均水平。由于产业分布密集，多年来各水泥企业之间无序竞争，影响了该地区水泥工业健康发展，成立水泥协会，规范市场秩序，促进水泥结构调整迫在眉睫。协会的成立，可以弥补原市建材局撤销后水泥企业之间缺乏联系协调的问题，同时也可为整合资源优势，发展该市水泥产业群，促进水泥结构调整发挥积极作用。

14日　光宇集团浙江水泥陕西富平水泥有限公司首条5 000吨新型干法水泥生产线随着项目贷款获得银行总行的正式批复，日前开始了全面建设。

该项目是光宇集团浙江水泥有限公司于2003年11月25日在“陕西省长三角招商引资洽谈会”上正式签约的项目。项目按照建设3条日产5 000吨新型干法水泥生产线规划，2条线布局，1条线建设的整体思路，计划总投资15亿元人民币。该项目是在2004年国家宏观经济调控形势下由陕西省发改委出具项目确认和核准证明的第一个水泥生产线建设项目，并列入陕西省2005年重点工程项目。预计该生产线8个月建成投产，届时，将形成年产200万吨优质高标号水泥的生产能力。

16日　中国建筑材料工业协会三届四次理事会暨建材科技工作会议在海南省召开，会议表彰了建筑材料科学技术奖获奖单位和个人。会议向获得首届建材科学技术奖的37个项目颁奖，其中一等奖6项。中材国际工程股份有限公司蔡玉良等人完成的《新型干法窑预分解系统集成优化与工程应用》为一等奖。

19日　中华全国总工会党委书记、副主席、书记处第一书记张俊九率全总送温暖慰问团，在四川省委常委、省总工会主席李登菊等人陪同下，带着党中央、国务院和中华全国总工会对全国水泥职工的关怀和问候，来到四川广能集团蓥峰特种水泥公司。

26日　甘肃祁连山水泥股份有限公司正式更名为“甘肃祁连山水泥集团股份有限公司”，同时，办公地址也由永登县迁至省城兰州市，甘肃省委副书记韩忠信、副省长杨志明为集团公司揭牌。

27日　甘肃省兰州市8家水泥大户在甘肃省建材协会和水泥协会的主持下，正式签订了《兰州地区水泥行业价格自律公约》，这标志着兰州水泥企业进入理性经营阶段。兰州地区近几年水泥价格连年大幅下滑，创下全国最低记录的不正常现象有望改观。

本次签订的8条自律公约的核心内容就是在兰州市市场实行最低限价，市区普通32.5级袋装水泥最低限价每吨265元，42.5级袋装水泥市场最代限价每吨295元。本次签约的8家水泥企业除了兰州地区的祁连山、大通河、甘草、高崖、贡马、五泉等公司以外，还有白银地区的寿鹿山公司和王岘水泥厂，这8家企业的水泥销量占兰州市场的80%以上，其产量占全省产量的50%左右。

二月

7日　中国建材技术装备总公司与阿联酋哈伊马角联合水泥公司签订了建设水泥厂的承包合同，合同金额达5亿迪拉姆，约合1.37亿美元。该水泥厂工程施工期限为21个月，规模为日产10 000吨。该项目是一项交钥匙工程，其中包括设计、土建施工、设备制造、采购运输、设备现场安装和调试、考核验收和后期服务等。这也是国内企业境外承包最大规模的工程。

14日　国家发展和改革委员会发布的第7号《公告》中，又有56项产品、试验方法和技术行业标准、17项建材机械行业标准正式公布，从7月1日起实施。

这56项产品行业标准中，涉及水泥业的有：行星式水泥胶砂搅拌机，水泥胶砂试体成型振实台，40毫米×40毫米水泥抗压夹具，水泥胶砂振动台，水泥胶砂电动抗折试验机，水泥胶砂试模，水泥净浆标准稠度与凝结时间测定仪，水泥标准筛和筛析仪，水泥净浆搅拌机，水泥原料易磨性试验方法，水泥生料易烧性试验方法，水泥砂浆抗裂性能试验方法，水泥安定性试验用雷氏夹，水泥安定性试验用沸煮箱，勃氏透气仪，水泥包装袋跌落试验机，水泥胶砂流动度测定仪（跳桌），水泥胶砂试体养护箱，水泥胶砂强度自动压力试验机，水泥胶砂耐磨性试验机，雷氏夹膨胀测定仪。

16日　国家发改委在中央电视台梅地亚中心召开庆祝《京都议定书》生效高层研讨会。中国水泥协会和石油、煤炭、电力等工业协会的代表出席了会议。

《京都议定书》正式生效，标志人类在保护地球家园方面迈出了重要的一大步。水泥企业是排放二氧化碳的大户，每生产1吨水泥熟料排放约1吨二氧化碳。一旦数年后中国承担减排义务，水泥企业首当其冲将面临巨大环保压力。所以在不久的将来，水泥企业遭遇环保风暴将不会是意外。

26日　在山西长钢（集团）新型矿渣水泥生产技术经验交流会上，中国工程院院士、西安建筑科技大学校长徐德龙，中国水泥协会会长雷前治等多名专家学者，对长钢集团瑞昌新型矿渣水泥生产技术予以肯定。雷前治指出，将熟料和矿渣分别粉磨是水泥生产中粉磨过程的一场革新。

三月

1日　Cemex集团副总裁卡斯特罗先生一行到中国建材集团公司访问，并就水泥业务领域的合作等有关问题进行探讨。中联水泥董事长宋志平对双方的合作前景充满信心，并希望中国建材集团与Cemex的合作在今年二季度有更加实质性的进展。

6日　由香港上联水泥集团与山东王晁煤电集团共同投资建设，中材国际南京水泥工业设计研究院承担工程总承包的山东联合王晁水泥有限公司日产2 500吨水泥熟料生产线通过竣工验收。

7日　广州越秀水泥集团有限公司入选2004年度中国建材行业知名企业。广州水泥厂“金羊牌”水泥、唐山启新水泥有限公司“马牌”水泥入选2004年度中国建材行业知名品牌。广州越秀水泥集团有限公司吴一岳董事长入选2004年度中国建材行业知名人物。

7～8日　纯低温余热发电（杭州）峰会在杭州隆重举行。此次会议由浙江水泥协会、广东水泥协会、福建建材协会、江苏建材协会、天津水泥工业设计研究院、成都建材工业设计研究院、中国新型建材院杭州设计院、中信重机销售总公司、华效资源有限公司、杭州锅炉集团有限公司、哈尔滨锅炉厂有限责任公司、南通万达锅炉股份有限公司、杭州汽轮机厂共同主办。

纯低温余热发电系新型干法水泥回转窑利用窑头和窑尾废气余热进行低温发电的一项新技术，也是新型干法水泥企业缓解当前电力紧张的有效途径。国家发改委对水泥工业推广纯低温余热发电有政策支持，现各地水泥企业也是跃跃欲试。这次会议就是将设计、装备和水泥企业各方组织到一起，共同探讨纯低温余热发电的应用。

8日　巴西Votorantim公司和史密斯（中国）公司一行六人，在北京拜会了中国水泥协会领导。参加会见的有会长雷前治、常务副会长曾学敏和新任秘书长孔祥忠。

巴西Votorantim公司是巴西最大的水泥制造企业，水泥年产量2 500万吨，占其国内市场的42%，并在美国和加拿大建有水泥厂。公司业务涉及钢铁、制铝、造纸、能源、饮料等领域。他们此行的目的主要是了解中国水泥工业的情况，寻求进入中国市场的机会。

中国水泥协会的领导就我国水泥工业发展趋势和出口形势及客人们关心的问题作了介绍：

2004年新型干法水泥产量占水泥总产量的32.5%，2005年新型干法的发展依然看好，新增熟料产能在1亿吨左右，新型干法水泥将占水泥总产量的40%左右。

目前水泥企业面临的最大问题是资金短缺，中国水泥协会欢迎外国投资参与新型干法水泥生产线的建设。

国家严格控制土地使用，鼓励大企业用收购的兼并方式并购小企业，利用小企业的土地和市场进行资源整合，这些做法已被大企业集团所接受。

在谈到水泥出口问题时，协会领导表示，去年中国水泥出口620万吨，预计今年水泥出口将会翻番，达到1200万吨左右，其中外资企业300～350万吨，有出口能力大企业出口600～700万吨，其他企业200万吨。但国内水泥出口遇到许多制约，主要有：价格、港口、海运和市场等问题。另外 还就中国煤炭、电力、运输的保障能力及水泥价格走势等问题，协会领导一一进行了解答。

8～9日　丹麦史密斯公司一行3人来到河南中材环保

有限公司进行参观考察。双方进行了相关技术的洽谈，并探讨了合作事宜。

10日　由中国水泥协会、中国国际贸易促进委员会建筑材料行业分会主办，中国建筑材料工业协会、中国国际贸易促进委员会支持的"第六届中国国际水泥、混凝土技术及装备展览会"在北京展览馆隆重开幕。来自国内以及丹麦、德国、法国、美国等18个国家的120余家厂商参加了展会。

国务院参事室副主任蒋明麟，中国水泥协会会长雷前治，中国水泥协会高级顾问王燕谋，中国建材工业协会副会长邹传胜，中国建材工业协会副会长、中国建材集团公司总经理宋志平，中国建材工业协会副会长、中国建材报社社长谢镇江，中国水泥协会常务副会长曾学敏等应邀参加了展会。

11日　总投资2.7亿元的唐山隆丰水泥有限公司一线工程竣工点火，该生产线为日产2 500吨新型干法水泥生产线，年产低碱水泥100万吨，达产后可实现产值2.2亿万元，利税6 000万元。

18日　国内最大的耐火材料产业研发应用平台，耐火材料行业新技术新产品的孵化器——北京金隅集团通达耐火技术公司研发中心暨2#自动化生产线在京建成并投入使用。在隆重的竣工庆典上，中国建材工业协会张人为会长、国家发改委甘智和副秘书长、中国耐火材料行业协会陶若璋会长等领导应邀参加了竣工典礼并作了重要讲话。

21日　由中国企业联合会、中国企业家协会主持审定的"第四届全国优秀创业企业家"名单揭晓。中国企联公布了第四届全国优秀创业企业家的表彰名单，53位企业家荣获了全国优秀创业企业家的称号。在当选的优秀创业企业家中，浙江尖峰集团股份公司董事长杜自弘和新疆阿克苏天山多浪水泥有限公司董事长杨兆祺榜上有名。

22日　浙江锦龙水泥公司在浙江省长兴县槐坎乡建设的日产5 000吨新型干法水泥生产线正式点火投产。浙江锦龙水泥公司由浙江康瑞投资有限公司与英国开曼能源开发有限公司共同出资组建的。此项目于2003年11月正式开工，项目总投资为人民币38 000万元。

23日　由中国水泥协会主办、厦门艾思欧标准砂公司和福建水泥股份公司协办的"2005年中国水泥出口高层论坛"在福建省厦门市召开。中国水泥协会会长雷前治、国家发改委经济运行局处长吕桂新、中国建材工业协会行业工作部副部长高原、中国水泥协会副会长曾学敏、盖小健出席了会议并做了主题发言，会议由中国水泥协会秘书长孔祥忠主持。论坛期间，企业代表发言踊跃。在介绍企业近期水泥出口概况、做法、经验后，大家就当前水泥市场形势及企业应采取的对策进行了深入探讨，并就水泥出口方面的税收政策、质量检验以及维护国家和行业信誉、利益等问题提出了许多意见和建议。面对市场中一些不正当手段竞争的现象，与会者一致呼吁，中国水泥协会和政府主管部门出面协调，规范两个市场，加强行业自律，促进水泥工业持续健康发展。会议还邀请了部分副会长单位和有出口业绩的公司（厂），来共同研究中国水泥出口战略问题。

四月

1日　国家发改委批准了228项行业标准，其中有关水泥行业标准8项2005年4月1日实施。

具体标准名称如下：明矾石膨胀水泥、水泥胶砂耐磨性试验方法、自应力水泥物理检验方法、建材工业用铬合金铸造磨球、水泥胶砂缩试验方法、水泥助磨剂、水泥强度快速检验方法、水泥工业用多通道煤粉燃烧器等。

1日　由中华人民共和国发展和改革委员会发布的建材机械行业《水泥工业用多风道煤粉燃烧器技术条件》（JC/T938－2004）新标准将于4月1日正式实施。该标准由中国建筑材料工业协会提出，由中材国际南京水泥工业设计研究院负责起草。

2日　由越秀集团、德国海德堡集团和广州水泥厂共同投资18.7亿元人民币、日产6 000吨熟料、年生产能力为230万吨优质水泥的广州水泥厂环保迁建工程（广州市越堡水泥有限公司）在这里举行了试产仪式并成功点火。新点火的广州水泥厂环保迁建工程是代表着目前国内水泥生产环保水平最好的生产线之一。作为环保生产线，新广州水泥厂投产以后，粉尘排放量将不超过20毫克/标立方米，远低于国家标准。新项目投产后，越秀集团和海德堡集团在广州地区共同投资的水泥年生产规模将达到500万吨。

8日　西藏最大的建材工业项目，世界上海拔最高的新型干法水泥生产线——西藏高天水泥有限责任公司日产2000吨级新型干法水泥生产线竣工投产。

12日　中材国际A股在上海证券交易所正式挂牌上市。

17日　总投资24亿元的国家"双高一优"重点工程、吉林省振兴老工业基地重点项目——亚泰水泥年产700万吨水泥熟料一期扩建工程日产4 000吨熟料生产线在长春市双阳区正式启动。

18日　中国建筑材料工业协会和中国水泥协会联合向国家发展和改革委员会经济运行局发函上报"我国水泥产品出口状况和政策建议"，恳请国家：一、暂缓改变现行的水泥出口退税政策，即使今后调整也要区别对待、分步实施。首先取消立窑等落后工艺生产线的产口出口退税，再逐步降低新型干法水泥出口退税率。二、加强对出口水泥的管理，建议由海关等政府有关部门与行业协会组成出口水泥监管机构，选择有条件的大型企业适量出口，防止低价倾销。

18日　中国建材集团公司副总经理、中国建筑材料科学研究院院长姚燕在中国建材院会见了法国拉法基集团中央研究院院长 Denis Maitre 先生、高级副总裁 Jacques Lukasik 先生和中国区市场销售副总裁马维平博士。双方介绍了各自的研发工作情况，对将来的合作表示出极大的兴趣和信心，并就可能合作的领域和方式进行了探讨。

19～26日　由雷前治会长率领的中国水泥访问印度代表团对印度水泥工业及相关方面进行了考察。代表团访问期间，拜会了中国驻印度大使馆科技处及商务处参赞，访问了印度水泥协会和印度联合水泥公司，参观了洼地水泥厂和西里水泥厂。访问和参观期间对双方感兴趣的问题进行了广泛的交流。印度水泥协会非常重视此次访问，做了精心安排和准备，代表团每到一处，都受到了隆重而热烈的欢迎，他们的热情使代表团成员，深深体会到印度人民对中国人民的友好情谊。

在考察小结会上，大家一致认为，虽然此次考察行程安排非常紧张，但感受到这是一次开创性的考察，不仅对印度和印度水泥工业有了一定了解，而且将增进双方水泥工业的进一步交流，为双方开展多方面合作，建立亲密关系铺平了道路。

中国水泥协会会长雷前治在考察印度水泥工业期间参观了 SHREE 工厂

中国水泥协会会长雷前治在考察印度水泥工业期间会见印度联合水泥公司(ACC)总裁

20日　国务院国有资产监督管理委员会对中国材料工业科工集团和天津水泥工业设计研究院下发《关于中国材料工业科工集团与天津水泥工业设计研究院重组的通知》。合并后，天津院与科工集团所属企业中材国际工程股份有限公司重组整合更名为中国中材国际工程股份有限公司，进一步巩固和提高在国内外大型水泥工程总承包上的技术领先水平和市场竞争优势。

23日　2004年度中国百名科学管理先进人物表彰大会在人民大会堂隆重举行，河北邢台水泥股份有限公司董事长兼总经理孟增臣榜上有名。

27日　中国建材合肥院与虎山集团联手用建设日产2 500吨的钱建设日产5 000吨新型干法生产线，浙江虎山集团有限公司与合肥水泥研究设计院所做的大胆尝试，将为中国新型干法大型生产线的建设，闯一条国产化、低投资的新路。

此条生产线，除回转窑外，将全部采用合肥院研制的主机设备。同时，该生产线也将是第一次将国产减速机用到日产5 000吨熟料新型干法生产线上。

4月　广州市越堡水泥有限公司生产部工艺工程师黄金文获广东省“五一”劳动奖章。

五月

6日　山东省省委副书记、省长韩寓群，在山东省政府秘书长刘宗元，潍坊市委书记张传林，副书记、市长张新起等陪同下，到中国建材集团旗下的青州中联鲁宏水泥有限公司日产12 000吨水泥熟料生产线建设现场调研时说，青州项目是山东中部最大的水泥生产基地，它的兴建对于调整山东水泥产业结构特别是关停资源消耗大、严重污染环境的小水泥有着非常重要的意义。

9日　安徽省池州市领导、贵池区及市直有关部门负责人就推进池州海螺三期限项目实施有关事项与海螺集团签订了合作意向书。该项目建成后，池州海螺将成为世界最大的单个水泥生产工厂和集团公司出口水泥的熟料供应基地。

据了解，池州海螺三期项目是，海螺集团在池州海螺公司原有2条日产5 000吨、1条日产8 000吨生产线的基础上，投资扩建3条日产10 000吨新型干法水泥熟料生产线，使池州海螺公司的总规模达到年产1 500万吨，项目配套建设4－5万千瓦纯低温余热发电及1 100万吨专用码头，计划总投资约30亿元人民币。

10日　山东省副省长王仁元一行在德州市委副书记、副市长苗仲华，副市长李保海等陪同下，到德州晶华集团旋窑水泥生产线线和建设中的二线视察。

晶华集团拥有两条旋窑水泥生产线，其中，年产水泥100万吨的旋窑一线(日产2 500吨)已于2003年8月建成投产，年产水泥168万吨的旋窑二线(日产4 000吨)将于今年5月底建成投产。

12日　“水泥窑处置危险废物环境管理研讨会”在北京举行。国家环保总局与挪威驻华使馆、德国技术合作公司组织召开了这次会议。来自全国各省市环保局、部分水泥企业和挪威、瑞士、德国、美国、法国、日本的一些水泥公司、科研机构近100人参加了会议,中国水泥协会常务副会长曾学敏应邀出席。

16日　越南建设部一行13人,在北京拜会了中国水泥协会会长雷前治。中国水泥协会秘书长孔祥忠、副秘书长庄春来、中国联合水泥董事长崔星太、中国建材工业协会王建华等参加了会见。

17日　中国承建海外最大规模日产5 000吨新型干法水泥生产线在越南海阳省金门县越南福山水泥公司竣工投产。中国材料工业科工集团总经理谭仲明、中材国际总裁王伟、苏州中材董事长沈军以及越南建设部、海阳省等有关部门官员出席了庆典仪式。

17日　由中国建筑材料工业地质勘查中心河南总队完成的“河南省内乡县北岗矿区水泥灰岩矿勘探报告”近日通过由河南省矿产资源储量评审中心组织的专家组的评审。经评审认定,该矿区资源储量达5.4亿吨,为河南省目前已探明的规模最大的水泥灰岩矿床。同时报告显示,该矿矿石质量优良,矿床开采技术条件良好,剥采比仅为0.006：1。

17日　由中国建筑材料科学研究院、中国水利水电科学研究院、中国三峡工程开发总公司、四川嘉华企业(集团)股份有限公司四个单位联合攻关,将低热硅酸盐水泥研制成功并列入国家标准。

该品种水泥是我国在“九五”科技攻关中列为“重中之重”的研究项目,2001年获国家发明专利,通过了产品鉴定,并获得国家四部委颁发的“九五”国家重点科技攻关计划优秀科技成果证书。该项成果属国内首创,在国际上处于领先水平。

18日　由香港水泥工会主办的第七届东亚水泥论坛在澳门拉开帷幕。会议首先由大会主席梁英华先生致开幕词。参加这次会议的有印度尼西亚代表、日本代表、韩国代表、马来西亚代表、菲律宾代表、新加坡代表、泰国代表、越南代表等。代表们也先后在会上做了关于本地区水泥形式的报告。通过此次论坛,加深了大家对东亚水泥业现状的了解,也为业界提供了交流信息、寻求合作和沟通的平台。

18日　由山水集团投资建设的山东省首条直接装船出口的水泥生产线,在日照港投产,年产能为300万吨。首航4万吨水泥将乘船出海,发往尼日利亚。

19日　中国建材工业协会和国家统计局工业交通统计司公布“2004年度中国建材百强”企业。

20日　由中国建材工业协会和国家统计局工业交通统计司联合主办的2004年度中国建材百强企业信息发布会在京举行。国家统计局工业交通统计司司长任长方、国家发改委经济运行局副局长牛建国、国资委张涛、中国建材工业协会会长张人为、党委副书记叶向阳、副会长谢振江、秘书长陈国庆等出席了发布会。会议由陈国庆秘书长主持,叶向阳副书记公布了2004年度中国建材百强名单。安徽海螺集团有限责任公司等51家水泥企业榜上有名。

21日　共计60余位地方经委、经贸委、建材行管办的负责人和大型水泥企业的老总们汇聚北京亚泰饭店,参加由国家发改委经济运行局主办的全国建材行业经济运行座谈会。国家发改委经济运行局副局长牛建国、建材处处长吕桂新,中国水泥协会会长雷前治,中国建材协会副会长邹传胜,中国水泥协会副秘书长庄春来出席了会议。会议由吕桂新主持。

为深入了解地方水泥企业及市场情况,雷前治会长前段时间相继走访了浙江、广东等市场波动较大的地区进行调研。在座谈会上他指出,当前水泥行业已走到结构调整的最关键时刻,营造良好的投资环境是时代发展的需要。淘汰落后工艺,大企业应发挥积极作用。新一轮的市场竞争不再是新型干法企业与立窑企业的竞争,而是新型干法企业之间的竞争。他呼吁大企业应联起手来调控区域市场,达到调控区域市场价格的目的。

代表们的发言集中在修订水泥产品标准,加速有条件地区立窑退出市场,发展规模不能搞一刀切,并建议将水泥生产许可证的换发与地区产业结构调整相结合等热点问题。牛建国等有关负责人对代表们的发言认真做了记录,并表示会后将组织有关部门展开调研,并及时解决行业经济运行中存在的重大的、带有倾向性和全局性的问题,及时提出可行的政策、措施和建议。

23日　浙江衢州市政府下发《关于全面淘汰落后水泥生产能力的通知》,要求在今年年底前关停该地区32条立窑水泥生产线。

目前,衢州市共有66条立窑水泥生产线。这次关停的范围主要是无水泥生产许可证、窑径在2.5米及以下、企业自己承诺限期淘汰和协商同意拆除窑径在2.5米以上的立窑水泥生产线。其中必须拆除的26条。

23日　浙江省委副书记周国富到光宇集团浙江常山水泥公司日产5 000吨生产线考察。周国富对光宇集团的良好发展形势,特别是对于光宇集团浙江常山水泥一线顺利投产给衢州市带来的经济和社会效益给予了充分肯定。

26日　海螺水泥宣布,旗下两家附属公司葵阳海螺和新宁海螺,计划斥资5.4亿元人民币,收购广西兴业海螺水泥及广西扶绥海螺水泥两家水泥公司的资产。该公司分别以代价2.67亿元人民币及2.73亿元人民币,向广西兴业海螺水泥及广西扶绥海螺水泥收购旗下水泥、熟料生产等相关资产,包括机械设备、工程物资、土地使用权等,并同意承担银行贷款,以及部分应付负债。

完成收购后,海螺预期每年水泥产能及销量可望增加

320 万吨。海螺指出，收购的资产预计于 2005 年 7 月投入试产，目前均处于在建工程，但已进入设备安装调试阶段。

海螺水泥认为，这次收购将有助于集团在华南市场的扩展。当两个项目所指的两条干法熟料生产线建成后，将使海螺水泥的熟料年产能增加 300 万吨，水泥粉磨年产能增加 320 万吨。同时预计熟料年销量增加 80 万吨，水泥年销量增加 320 万吨。

海螺水泥还称，集团将利用拟收购的两个公司的水泥和熟料生产相关资产、便利的运输系统，拓展广西东南地区和广东西南地区的水泥市场，并以广西南宁为中心，辐射越南等东盟市场，提高集团产品在该地区的销量及推动广西地区水泥工业结构调整。

28 日　由成都建材工业设计研究院有限公司为总承包商建设的年产 360 万吨新型干法水泥生产线全线建成投产。

东源水泥有限公司年产 360 万吨水泥生产线是由成都建材工业设计研究院有限公司采用设计、采购、施工一体化的“交钥匙”管理模式，分两期建设完成。首期建设的日产 3 000吨水泥熟料生产线于 2003 年 12 月顺利建成，并在较短的时间内达产达标。到目前，该生产线日产水泥熟料已稳定在 3 520 吨，综合电耗和熟料单位热耗已分别达到 93.2 千瓦时和每公斤熟料 725 千卡，其他技术指标均达到国内先进水平。

于 2004 年 5 月开工的二期工程日产 5 000 吨水泥熟料生产线，用了不到一年的时间就全面建成投产。

5 月 28 日　有着 50 年发展历史的老牌国有企业——淮南矿业集团水泥有限责任公司正式退出国有控股企业序列，取而代之的淮南舜岳水泥有限公司正式挂牌，企业员工持有新公司总股本的 51%，从而成为企业名副其实的主人。

5 月 28 日　安徽海螺集团董事长郭文叁受聘为武汉理工大学兼职教授，并担任管理科学与工程专业博士生导师。

六月

2 日　辽源金刚水泥正式举行日产 5 000 吨水泥熟料生产线(一线)竣工点火仪式。吉林省省长王珉、建设厅厅长柳青，辽源市委书记赵振起、市长王兆华出席投产点火仪式。据悉，此项目总投资 3.75 亿元，项目的环保投资超过 3 000 万元，全封闭生产，厂区生产设施以外的空地全部种植草坪，每标准立方米粉尘在 30 毫克以下，大大低于 50 毫克的国家标准。

6 日　国家标准化管理委员会发布 2005 年第 6 号公告(总第 80 号)，批准《道路硅酸盐水泥》、《抗硫酸盐硅酸盐水泥》2 项水泥行业的国家标准，这 2 项新标准于 2005 年 12 月 1 日起实施。

9～10 日　一场讨论取消“扶消费”的专题座谈会在吉林省长春市亚泰国际俱乐部举行。这次由中国水泥协会主办、吉林亚泰集团承办的座谈会引起了政府有关部门和水泥行业的高度关注，国家发改委经济运行局高秀英、财政部综合司王清剑、中国水泥协会会长雷前治、常务副会长曾学敏、秘书长孔祥忠、中国建材工业协会行业部高原出席了会议，参加会议的还包括北京、上海、天津、广东、山西、内蒙等省、市、自治区水泥协会的会长、秘书长，安徽海螺、湖北华新、浙江三狮、中国联合、吉林亚泰、福建水泥、广东塔牌、江苏京阳、江西万年、辽宁工源、河南同力、大连小野田等大中型企业的董事长、总经理共 60 余名代表参加会议。会议呼吁：“减轻水泥企业负担，到期取消扶散费。”

10 日　中国特种水泥著名品牌由中国水泥协会特种水泥分会评出。在广东省珠海市召开的“中国特种水泥著名品牌”评选会上，共有 18 家企业获此殊荣，其中苏州光华水泥厂有限公司、广东大鑫山白水泥有限公司、山东华银特种水泥股份有限公司、广西云燕特种水泥建材有限公司、河北保定德源白水泥有限公司等企业榜上有名。

中旬　为了解掌握上半年水泥行业在经济运行中出现的情况，国家发改委副秘书长兼经济运行局局长马立强、经济运行局副局长牛建国、建材处处长吕桂新及中国建材工业协会副会长邹传胜、中国水泥协会秘书长孔祥忠等一行人赴安徽海螺集团进行调研。

12 日　在“第六届全国新型干法水泥技术经验交流会”会议期间，举办了《新型干法水泥技术》专家著作、新书发布赠送活动。仪式由黄书谋同志主持。

16 日　中国建筑材料工业协会、中国水泥协会以中建材协办发[2005]070 号红头文件向财政部提交关于要求取消收取散装水泥专项资金的报告。对财政部和国家经贸委联合下发的财综[2002]23 号《散装水泥专项资金征收和使用办法》文件有效期即将到期之即，该收费相关的单位花了大量的人力、财力和时间进行公关，并请研究单位专题研究、专家论证，意在延长收费时间的做法引起广大水泥生产和应用企业的广泛关注，纷纷要求中国水泥协会向政府转达广大企业的呼声，维护会员单位的合法利益。为此，中国水泥协会会同中国建筑材料工业协会组织调研小组走访了部分水泥企业、省市水泥协会和混凝土搅拌站，并于 2005 年 6 月 9 日在长春召开了全国部分省市水泥协会和大型水泥企业主要负责人座谈会。协会和广大水泥企业一致认为：成立散装水泥协调机构和采用散装水泥收费的办法，是计划经济的产物，在世界水泥生产与应用史上既无先例，也无来者，是中国的独创，它在计划经济年代对我国推散工作曾经发挥过一定的积极作用；随着市场经济的不断完善，水泥工业结构调整取得突破性进展，吸取发达国家的经验，依靠市场运作继续推广散装水泥的时机与条件已经成熟。为此，在《散装水泥专项资金征收和使用办法》于 2005 年 12 月 31 日到期后，完全可以取消该专项资金；取消散装水泥专项资金收费后，政府应制定和完善相应政策和行政性法规，引导市场投资主体发展散装水泥的积极性，主要依靠市场的力量，推动散装水泥事业发展。

16日　黑龙江双鸭山新时代水泥有限责任公司1号窑日产1 200吨工程技改工程投产。这是双鸭山引进国际先进技术进行改造，做到当年立项、当年施工、当年投产、产量翻番的工程；是一个典型的投资少、见效快、节能降耗、保护环境，即有经济效益又有社会效益的工程；是双鸭山市地方工业企业发展史上的重要成果；是双鸭山市乃至黑龙江省民营企业的一朵奇葩。

18日　杭州市水泥协会成立，杨鸿明被选举为第一届协会会长。杭州市水泥协会前身为杭州市经委主管的杭州市水泥制造业协会和杭州市地方水泥协会，在行业协会改革趋势的推动下，这两个协会合二为一，组建成为现在的杭州市水泥协会。

杭州市的水泥产量在浙江省占有举足轻重的位置。2004年杭州市水泥产量为1 400多万吨，占全省水泥产量的五分之一，而企业平均规模才20多万吨，说明杭州市水泥企业的整体实力仍然较弱。杭州市水泥协会将协助政府做好结构调整工作，引导市场良性竞争，加强行业自律为己任，帮助水泥企业实现做大做强的发展目标。

21日　由江苏省经贸委牵头组织的中联巨龙公司纯低温余热发电项目，通过专家评审。专家认为该项目符合国家节能和资源综合利用政策，建成后将在全国水泥行业中起到很好的示范作用。

七月

4日　湖北省建设厅、公安厅、商务厅以鄂建[2005]74号文件形式下发了《进一步做好城市城区现场禁止搅拌混凝土工作的通知》。

4日　由(国家)建筑材料工业技术情报研究所、《水泥产业》杂志编辑部主办，江苏苏亚机电制造有限公司协办的“第七届水泥工业粉磨工艺节能暨环境保护技术交流会”在江苏省扬州市召开。此次会议邀请有关方面专家讲授水泥工业粉磨工艺节能在优化生产、技术创新等相关知识，并与到会企业进行交流。

6日　中国水泥协会向国家发改委经济运行局提交了《关于请求解决水泥企业生产用煤困难的报告》(中水协字[2005]019号)。针对当前水泥企业普遍反映生产用煤存在价格上涨、质量下降、运输困难等问题，协会对会员单位生产用煤情况进行了现场调研和函调。调研报告显示，目前水泥生产成本中煤、电费用已占80%左右，以及财政部、国家税务总局联合下发通知提高我国8省市区的煤炭资源税额，给水泥企业带来了巨大的压力，将危机到企业职工的切身利益和水泥行业的健康发展。建议：煤炭的质量要从源头抓起，确立煤炭质量与生产安全的等同地位，加强监督和检查；整顿煤市，严厉打击和制裁煤炭掺假、囤积哄抬煤价、运输环节暗箱操作等不法行为；实行扶优扶强政策，保证大型新型干法水泥企业，特别是大型水泥集团用煤的数量、质量及合理的价格，并提供运输方便；减少煤炭的出口，保证国内市场的需求。恳请国家发改委对目前水泥企业的困难和问题给予关注和重视，并协调有关部门出台相关政策。

9日　中国材料科工集团与沙特城市水泥公司在沙特首都利雅得，签署建设日产5 000吨新型干法水泥生产线总承包合同。该工程总承包合同金额1.675亿美元，工期25个月。

20日　中国建材集团出口沙特新型干法水泥生产成套装备总承包项目在利雅得签约。根据合同，中国建材集团与合肥水泥研究设计院联手将在21个半月后以交钥匙的方式为纳杰兰水泥公司建造1条日产6 000吨的新型干法水泥生产线。

中国驻沙特大使武春华、商务参赞李雁林，中国建材集团总经理宋志平，沙特纳杰兰水泥公司董事局主席穆罕默德等出席签字仪式。

25日　一种新的水泥熟料煅烧技术——流化床水泥熟料煅烧技术，作为日本对华绿色援助项目，正式落户山东淄博。日本川崎重工业株式会社和山东宝山生态建材有限公司近日在淄博举行了日产1 000吨水泥窑项目的签字仪式。日本川崎成套设备工程株式会社社长林敏和、山东宝山生态建材有限公司董事长张洪禄、淄博市和张店区有关领导等出席了签字仪式。

28日　安徽省副省长田维谦、科技厅厅长徐根应、合肥市副市长江明一行6人到合肥水泥院调研。田维谦一行首先来到位于合肥经济技术开发区的合肥水泥院科技产业园和中都公司，随后又参观了合肥水泥院的发展成果展示厅，详细了解了该院的科研、设计和科技成果产业化的状况。

合肥水泥院院长徐宁汇报了该院近几年的发展情况和向“专业化、大型化、国际化”方面发展的思路。他说，在这个思路下，今年上半年首次实现了时间过半完成任务过半。上半年实现了销售收入6亿多元人民币，实现出口创税4千万美元。

田维谦对合肥水泥院清晰的发展思路、清醒的头脑及危机意识，作了较高的评价，肯定了合肥水泥院所走的科研成果产业化的道路。他说，在顺利发展的过程中看到问题，难能可贵。有危机感的人没有危机，没有危机感的人才有危机。他表示安徽省和合肥市政府将对合肥水泥院以后的发展给予大力支持。

28日　山西省经济委员会发文出台《山西省推进水泥工业发展意见》。意见指出，在有资源的地方发展日产4 000吨及以上规模新型干法线，到2010年，山西新型干法水泥比重将达60%以上。

29日 《广东省建设工程项目使用袋装水泥和现场搅拌混凝土行政许可规定》由广东省第十届人民代表大会常务委员会第十九次会议通过并予以公布，自公布之日起施行。

八月

1日 国家质量监督检验检疫总局和国家标准化管理委员会近期发布公告，批准执行5项水泥新标准。新标准于8月1日起实施，老标准同时废止。这5项标准为：GB/T1345－2005《水泥细度检验方法——筛析法》、GB/T1596－2005《用于水泥和混世魔王中的粉煤灰》、GB/T2015－2005《白色硅酸盐水泥》、GB/T2419－2005《水泥砂胶流动度测定方法》、GB/T12957－2005《用于水泥混合材的工业废渣活性试验方法》。

3日 中国建筑材料工业协会以中建材协人发［2005］099号文件下达关于孔祥忠、张佰恒、秦春雨、晋占平任中国建筑材料工业协会副秘书长的通知。这是经中国建筑材料工业协会三届五次理事会通讯会议2005年6月25日审议通过的。

9日 华新水泥股份有限公司与山南地区合作共同兴建的年产30万吨水泥生产线竣工投产。中共中央政治局委员、湖北省委书记俞正声和西藏自治区政府主席向巴平措等领导，出席了竣工投产仪式，并为项目正式投产剪彩。西藏自治区党委副书记布穷、湖北省副省长阮成发及正在西藏学习考察的湖北省党政代表团全体成员参加了竣工仪式。

10日 安徽海螺集团在华南地区生产规模最大的一条干法旋窑水泥生产线日产5 000吨在广东省英德市点火投产。

11日 全球最大的建材生产企业拉法基集团与中国西南地区最大的水泥生产企业瑞安建业有限公司宣布组建合资企业，以合并两家公司在中国的水泥业务。这一战略联盟在西南地区水泥业树立起一个新的领军企业。

合资企业被命名为“拉法基瑞安水泥”，分别由拉法基和瑞安建业持有55%及45%的股份。

21日 中国企业联合会、中国企业家协会在天津公布了2005年中国企业500强和中国制造业、服务业企业500强最新排名。此次排名是按照国际通行方式，以2004年企业营业收入为入选标准，经专家委员会综合评审后确定的，安徽海螺集团有限责任公司以2 216 343万元位居中国企业500强第116位。

25日 针对当时，国内一些重要媒体纷纷登载了一条轰动性新闻：“我国成功研制出能够取代水泥的新型建筑材料——凝石”。一“石”激起千层浪，中国水泥协会陆续接到国内外水泥企业及读者的来电来函，询问凝石的有关情况。为此，中国水泥杂志、中国建材杂志联合邀请了建筑、混凝土、水泥领域的专家，清华大学廉慧珍教授、阎培渝教授、中国建材科学研究院院长姚燕教授、隋同波教授、颜碧兰教授、中国建筑科学研究院结构所何星华研究员、中国建材协会科技教育委员会主任黄书谋教授、副主任谢泽教授级高工、常委吴兆正教授级高工、吕祖良教授级高工、中国硅酸盐学会副理事长、国家建材工业协会科教委副主任潘东辉教授高工等专家召开座谈会，专家们对此事的“热炒”表示了高度关注，就“凝石”技术展开深入的探讨。中国水泥杂志社社长庄春来、总编张建新，中国建材杂志社社长秦春雨、副总编韩翠瀛出席了会议。座谈会议题：“凝石技术”的核心是什么？是最新的发明创造吗？“凝石”能够取代水泥吗？“凝石”技术能大面积推广应用吗？媒体的一些不确切的报道，会产生哪些严重后果？我们应该采用什么样的科学态度对待“凝石”？

18～28日 国家发展改革委员会经济运行局副局长牛建国、中国水泥协会会长雷前治率领由中国水泥协会秘书长孔祥忠、中国建材工业规划院副院长李欣和国家发改委产业司调研员袁克兰、经济运行局建材处处长吕桂新组成的水泥工业联合工作组赴山水集团、中联鲁宏、泰山水泥、华新水泥等大型水泥集团调研。此次调研主要是针对水泥行业整体效益下降、亏损面和亏损额扩大的现状展开的。调研以问卷和实地相结合的形式开展。通过调研，调研组进一步认清水泥工业形势并将采取相应政策措施，保障我国水泥工业的健康发展。

25日 中国材料工业科工集团收购新疆屯河投资股份有限公司所持有的天山水泥6 120万国有法人股，这样，中材科工集团将持有天山水泥29.42%的股份，成为天山水泥第一大股东，正式入主天山水泥。而新疆屯河投资股份有限公司不再持有天山水泥的股份。

26日 我国首座国产化利用日产5 000吨新型干法水泥生产线废气余热发电站——长兴煤山众盛建材有限公司纯低温余热电站工程正式启用。该发电站是采用天津水泥工业设计研究院自行开发的完全国产化余热发电系统。这标志着我国自行开发的余热发电系统，已经可以成功地应用于具有五级旋风预热器的新型干法生产线，国产设备完全可以满足余热回收、资源综合利用的要求。

27日 天山股份董事会宣布：新疆屯河投资所持有的6 120万股法人股已过户给中材总公司，中材总公司正式控股天山股份，成为第一大股东。2004年，集团所属中材总公司与新疆屯河投资股份有限公司签署股权转让协议，屯河投资持有的新疆天山水泥股份有限公司29.42%股份转让给中材总公司。2005年6月9日，天山股份的重组得到中国证监会批准；8月25日，完成股权过户。中材料集团控股天山股份，标志着第一家德隆系企业成功重组。

27日 备受社会各界关注的三狮集团长兴余热发电厂4号机组正式并网发电，标志着今后三狮每年可向社会让电6 000万千瓦时，相当于节约标准煤3万吨及大量的水资源，增加销售收入3 000万元。三狮集团在节能降耗和综合利用资源方面又迈出了一大步。

29日　第八批国债项目，德州晶华集团大坝有限公司粉煤灰综合利用日产5 000吨新型干法生产线点火庆典仪式隆重举行，中国水泥协会会长雷前治、秘书长孔祥忠及山东省、德州市的有关领导出席仪式。

29日　甘肃甘南藏族自治州最大建材工业项目——夏河安多投资(集团)有限责任公司年产30万吨新型干法水泥熟料生产线点火投产。甘肃省副省长杨志明，省委常委、省委宣传部部长励小捷出席点火仪式。

8月　广东粤生、粤群混凝土有限公司获国家混凝土协会颁发的"全国优秀混凝土企业"称号，广州地区仅三家混凝土企业获此荣誉。

九月

2日　中国建材工业协会、中国水泥协会在媒体上公开发表关于"凝石技术"的基本意见。针对"凝石"现象，协会组织专题工作组，通过专家们认真研究、分析"凝石技术"的有关资料，提出以下意见：

一、目前，据"凝石"技术持有人称："凝石技术已进入中试阶段"。但"凝石"产品尚无相关标准和使用规范。鉴此，我们建议建材生产企业对"凝石"技术项目采取审慎态度。

二、据对"凝石"发明专利和有关资料的研究、分析，"凝石"是一种化学激发类胶凝材料，目前尚无见到有充分的实验数据证明其实用性、适用性和可靠性。因此，现阶段不可能替代水泥(注：指符合国家标准生产的六大通用水泥：GB175－1999：硅酸盐水泥、普通硅酸盐水泥；GB1344－1999：矿渣硅酸盐水泥、火山灰质硅酸盐水泥、粉煤灰硅酸盐水泥；GB12958－1999：复合硅酸盐水泥)。

三、"凝石"如果作为某种特殊材料来使用，前提是应经过严格的科学实验和工程实践检验。

四、长期以来，建材行业广大科技工作者与各大专院校、科研单位，特别是冶金、化工、电力、煤炭等行业通力合作，在资源综合利用方面，取得了显著成果。据不完全统计，仅2004年，我国水泥行业利用各种工业废渣已经达到2亿吨，建材全行业利用工业废渣超过4亿吨。在国务院《关于加快发展循环经济的若干意见》、《关于做好建设节约型社会近期重点工作的通知》两个文件下发后，协会及时组织制订了"十一五"行业发展思路并分别向国家发改委、建设部、科技部作了全面汇报。为促进建材工业健康发展，协会也一如既往地积极支持行业内外高校、研究院所和企业关于固体废渣利用的各种科研开发工作。我们将支持清华大学对"凝石"技术进一步开展相关工作，对其实用性进行科学、客观的评价。

2日　国内首条全国产化装备的6 000千瓦纯低温余热发电站在浙江山鹰集团煤山众盛建材有限公司投入使用，日发电量已达15万千瓦时，可为企业日产5 000吨新型干法水泥生产线提供近30%的用电量，熟料生产成本约降低每吨15元。

9日　国家商务部确认广西壮族自治区南宁市为全国发展散装水泥示范市。南宁政府历来十分重视发展和推广散装水泥和预拌混凝土工作。2001年1月15日该市以2号政府令颁布了《南宁市发展散装水泥和预拌混凝土管理规定》，首次将发展散装水泥和预拌混凝土纳入法制化管理，在全国属首创。

9日　第九届全国水泥和混凝土化学及应用技术会议在广州召开。大会分4个分会场，用3天的时间研讨，硅酸盐及混凝土领域里的专家学者都到会参与，阵容鼎盛，有近300人参加此次盛会。

此次会议的主办单位有：中国硅酸盐学会、华南理工大学、广东省水泥工业协会、广东省硅酸盐学会水泥与混凝土专业委员会。会议议题丰富，内容包括：(1)研讨交流自2001年第八届全国会议以来在水泥和混凝土化学及应用技术领域的研究进展和成果；(2)交流国家重点基础研究发展规划"高性能水泥制备和应用的基础研究"项目的阶段研究成果；(3)为将于2006年召开的第六届国际水泥与混凝土学术会议选拔参会论文；(4)交流广东省水泥和混凝土行业生产技术进展和经验；(5)水泥化学专业委员会换届。

6～9日　第九届国际水泥大会(INTERCEM)在印度首都新德里Taj Palace Hotel顺利召开。本次大会主要讨论了亚洲和太平洋周边地区水泥生产、贸易和运输问题。来自世界各地的数百个水泥协会、水泥生产厂、投资商、贸易商、货运商齐聚一堂，就共同感兴趣的问题和彼此关心的事项进行了充分交流。中材国际副总裁吴选民先生率SINOMA代表团参加了大会。市场部副总经理史广德9月8日上午代表中材国际在大会上做了"中国水泥工业发展及中材国际的历史使命"的主题发言。中材国际还在本次大会上布置展台进行了形象展示。

16日　中国水泥协会在拉萨召开了水泥工业战略重组研讨会暨中国水泥协会会长会议。自治区副主席郝鹏出席会议并讲话。国务院国有重点大型企业监事会主席乔龙德、中国水泥协会会长雷前治和自治区主席助理秦宜智出席会议。

此次会议重点围绕"如何有效解决总量过剩导致的市场低迷问题；如何提高企业生产集中度；建议政府采取哪些可操纵性强的具体措施"三项议题展开研讨。与会代表建议：加强总量控制，实施分类指导。明确地方政府责任，尽快研究和建立落后生产能力的退出机制。

24日　国家统计局在人民大会堂举行"第五届中国大企业集团信息发布会"，向社会公布了中国企业集团的最新综合实力信息，并揭晓2004年中国1000家最大企业集团。广州越秀水泥集团有限公司再次上榜。这是越秀水泥集团自2001年参与中国企业集团1000强评选以来，连续四次获此殊荣。

29日　吉林亚泰集团与哈尔滨市政府举行了哈尔滨水泥厂重组签约仪式。吉林亚泰集团将投资20亿元，用5年左右时间，使哈尔滨水泥厂年生产能力达到1 100万吨。

30日　中材建设承建FYM公司的日产3 300吨新型干法水泥生产线在西班牙马拉加举行开工典礼。中材建设与西班牙业主共同出席了典礼，中国驻西班牙王国大使馆一等秘书孙倩媛应邀参加了庆典。

十月

10日　第二届“中国水泥信息化高峰论坛”在杭州举办。承接去年第一届的蒙西论坛，本届论坛继续由中国水泥网发起并与中国电子商务协会、中国建材工业规划院、华新水泥、福建水泥等共同主办。到会的有众多水泥企业及相关行业人士。原国家建材局局长、中国水泥网总顾问王燕谋、中国电子商务协会理事长宋玲、福建水泥公司总裁盖小健等均到会发言。此外，在上午，SAP公司赵满会经理和建材协会信息中心张广沛主任也作了精彩的主题报告。

本届论坛带给水泥企业的是：降低成本，提升效率，改变思维方式。深入探寻适合水泥企业信息化建设的模式，政府推广信息化的有关扶持政策，促进成功企业信息化管理经验的推广，加强管控一体化和集团型企业信息化运作。

14～16日　中国水泥协会会长雷前治、国家发展改革委经济运行局副局长牛建国、中国建材工业经济研究会会长刘赋捷、中国建材工业协会国际合作部副主任肖宪民、中国建材工业规划院副院长李昕一行，考察了坐落内蒙古中部的乌兰水泥集团。

15～16日　中国行业企业信息发布中心在人民大会堂召开“第二届全国工业重点行业效益十佳企业信息发布暨企业论坛”，向全国公布2004年度全国100个行业效益前十名企业。其中，水泥行业效益十佳企业有：安徽省宁国水泥厂，铜陵海螺水泥有限公司，安徽池州海螺水泥股份有限公司，安徽省枞阳县海螺水泥股份有限公司，华新水泥股份有限公司，安徽荻港海螺水泥股份有限公司，吉林亚泰水泥有限公司，唐山冀东水泥股份有限公司，南京三龙水泥有限责任公司，广州市珠江水泥有限公司。

17日　中国水泥协会会长雷前治会见了韩国水泥协会LEE DISEOK部长和随同来访的韩国建材部试验研究院首席研究员CHO JAEWOO、资深研究员KIM JONGSANG、韩国汉阳大学LEE HANSEUNG教授和韩国水泥协会PARK WON-DONG社长。中国水泥协会秘书长孔祥忠、副秘书长方玉萍、中国建材工业协会国际合作部肖宪民女士和数字水泥网执行总裁刘作毅参加了会见。

18日　“2005年水泥技术交流大会暨第七届全国水泥技术交流大会”在海口举办。本次会议主要以“促进国内外先进的水泥生产工艺技术、装备技术、技术改造及科学管理经验的交流与推广，尽快提升企业的工艺技术水平、管理水平及企业的整体竞争力”为目的，特别是根据循环经济的原理，把提高资源的利用效率，节能降耗，降低生产成本，寻找立窑的发展出路，推广和总结新型干法技术的应用经验等热点问题放在突出位置。

20日　由《新世纪水泥导报》编辑部和中国建材机械工业协会耐磨材料及抗磨技术分会联合举办的首届水泥工业用耐磨材料技术研讨会在成都举行。

以“水泥工业用耐磨材料技术的应用现状与发展”为主题的研讨会由上海和利斯高温陶瓷有限公司、洛阳和利斯高温结构陶瓷有限公司和郑州机械研究所特种焊接材料研究室协办，会议以专家讲座、技术交流和产品展示为主，内容涉及破碎机、辊压机、立磨、选粉机、管磨机等设备用耐磨材料的各个方面。

20日　由商务部主办、中国水泥协会承办为期20天的首届非洲国家水泥行业官员研修班在北京中民大厦举行开班仪式。商务部对外援助司副处长徐元杰、中国驻阿曼、苏丹国特命全权大使赵学昌、中国水泥协会会长雷前治、中国水泥协会常务副会长曾学敏出席了开班仪式。来自加纳、津巴布韦、利比里亚、塞拉利昂、苏丹、肯尼亚、博茨瓦纳等非洲国家的近20余位水泥行业官员参加了研修班。国务院参事蒋明麟给研修班发来了贺信。

雷前治会长在致辞中谈到，中国和非洲同属于第三世界国家，有着历史悠久的友好关系和合作往来。中国的水泥工业发展迅速，在生产工艺、装备、管理和国际工程承包方面均已达到世界先进水平。我国不仅水泥产量位居世界之首，还拥有4条日产10 000吨新型干法水泥生产线和海拔最高的新型干法水泥生产线。我们愿意与非洲的兄弟国家分享我们的经验，互相交流，共同发展。

此次研修班使非洲国家水泥行业官员了解到中国水泥工业的实力，也让国内的装备企业、设计院所了解到非洲国家的需求。

25日　首届中非国家水泥技术及装备合作研讨会在北京召开，国内知名的装备企业、设计院所参加了研讨会。

10月　吉林亚泰水泥有限公司顺利通过了国家环境保护总局的评审，成为全国水泥行业首家荣获“国家环境友好企业”称号。

26日　中央文明委授予乌兰水泥集团“全国文明单位”荣誉称号。

十一月

1日　国务院参事室副主任蒋明麟一行在安徽省政府参事室副主任刘光胜等陪同下视察合肥水泥研究设计院。

4日　由中国社会科学院主办，中国社科院工业经济研究所和中国经营报社承办的“2005 中国经营报企业竞争力年会”在京举行。会上发布了《中国企业竞争力报告 2005》，同时揭晓了“2005 中国上市公司综合竞争力 20 强”。安徽海螺水泥股份有限公司作为建材企业的惟一代表，继 2004 年之后，再次获得这一荣誉称号。

7 日　全国水泥矿山工作会议在湖北黄石召开。会议由中国水泥协会常务副会长曾学敏、中国水泥协会矿山专业委员会秘书长唐光荣和有关部门的领导和专家齐俊华、古万一、陈育群、李波文、冯东光、梁开水、李大康、于宝池、冯东光、纪昌华等参加了会议。会议由曾学敏副会长主持。会议的中心议题是矿山投资体制改革，矿产资源综合利用，节约能源，创建绿色矿山，科技兴矿走现代化矿山发展之路。在这次会议上，《中国水泥》杂志出版发行了《矿山专辑》，并作为会议交流资料。

9 日　拉法基集团新任首席执行官乐峰（明年 1 月 1 日正式上任，现为首席运营官），在参加重庆拉法基水泥有限公司二线投产仪式的第二天，于当地和瑞安建业有关领导正式签署了合资合同。11 月 10 日，乐峰一行匆匆赶往香港，出席在那里召开的拉法基瑞安水泥有限公司首次董事会。11 月 15 日，拉法基瑞安水泥有限公司对外宣布，以大约 3 800 万美元的价格购入四川双马投资集团 100% 的股份。这一交易将合资公司在中国的水泥年生产能力提高到 2 100 万吨，更加稳固了其在西南地区的领导地位。

11 日　广州市珠江水泥有限公司窑尾收尘技改项目：“日产 5 000 吨以上规模新型干法水泥窑尾废气处理用袋式收尘器的研制及应用”成果鉴定会在花都召开，会上中国建材专家组通过了该项目的成果鉴定。

11 日　由合肥水泥研究设计院研制开发的国内首创“日产 5 000 吨以上规模新型干法水泥窑尾废气处理用袋式除尘器”在广州珠江水泥厂通过成果鉴定。

14 日　沈阳水泥机械有限公司全体员工迎来了企业技术改造喜获丰收的一天，经过改造后的 10 米重型滚齿机，顺利完成了直径 9.1 米、模数 40、净重达 53 吨的大齿圈滚齿加工。这个超级重型大齿轮的加工完成，创造了沈阳水泥机械公司在中国机械加工史上的又一个第一，也表明了沈阳水泥机械公司的技术改造工作取得了阶段性的成果。

21 ~ 28 日　国家建筑材料工业机械标准化技术委员会在海口召开建材技术装备标准审议会。《水泥工业用管磨机》等 15 项水泥工业重要技术装备国家行业标准和 2 项配套的国家行业标准获得审议通过。

24 ~ 27 日　中国建筑材料工业协会和中国机冶建材工会共同举办的“金隅杯”水泥企业化学分析工、物理检验工技能决赛在京举行。中国建材工业协会党委书记、副会长孙向远、中国机冶建材工会副主席马方成出席大赛活动并分别讲话。

十二月

1 日　广州市越堡水泥有限公司正式投入商业营运。

2 日　冀东海德堡（扶风、泾阳）水泥有限公司成立。陕西省副省长洪峰，河北省原副省长郭世昌，德国海德堡水泥集团董事局主席谢赋礼和雷前治，邹传胜、谢镇江、徐德龙、张增光、于九洲等中外来宾 200 多人出席揭牌仪式。

5 日　中国水泥协会向财政部报送了《关于取消收取散装水泥专项资金的意见》。文中指出，经中国水泥协会专题调研，听取广大水泥企业的意见、和国家发改委有关主管部门组织的调查研究已形成一致意见：“到期后取消散装水泥专项基金的征收”。

《意见》再次表示，中国水泥协会在集中全行业广大水泥企业呼声，充分听取工业主管部门意见，并经充分论证后认为，到期后应取消散装水泥专项基金的征收。同时全国散装水泥办公室为推广散装水泥发展做出过突出贡献，建议各级政府参考国家机关的有关政策妥善安置。

8 日　广州市政协原主席陈开枝等广州市十二届人大代表到广州市越堡水泥有限公司参观，对越堡公司的建设尤其是环保工作表示满意。

8 日　中国水泥协会在重庆召开“各省市水泥协会秘书长联席会议”，各省市水泥协会秘书长及重点企业办公室 70 余名代表参加会议，中国水泥协会会长雷前治出席会议并讲话，秘书长孔祥忠主持会议。与会代表就各协会及重点企业加强信息合作，建立协会、重点企业联络员制度展开了热烈讨论。会议通过了把“各省市水泥协会秘书长联席会议”作为年度例会以及建立各省市水泥协会和重点水泥企业联络员制度的建议。

14 日　中国材料工业科工集团旗下的中材国际工程股份有限公司和沙特水泥公司在沙特阿拉伯王国达曼市科技会展中心举行了 SCC Hofuf 水泥厂两条万吨水泥生产线总承包签约仪式。这次签约标志着一个全新的世界水泥工程建设市场格局的形成。

月初　在国家建筑材料工业机械标准化技术委员会于海口召开的建材技术装备标准审议会上，《水泥工业用管磨机》等 15 项水泥工业重要技术装备国家行业标准和 2 项配套的国家行业标准获得审议通过，这使水泥工业重要技术装备标准达 80 多个，占建材工业技术装备国家行业标准总量的一半多。这次获审议通过的 15 项水泥工业重要技术装备标准，是由天津水泥工业设计研究院、上海建设路桥机械设备有限公司、朝阳重型机器有限公司、中天仕名（徐州）重型机械有限公司等分别任组长单位牵头起草的《水泥工业用管磨机》、《水泥工业用回转窑》、《水泥工业推动篦式冷却机》、《水泥机械包装机》、《水泥工业用环链（胶带）斗式提升机》（四项）、《水泥工业用烘干机》、《水泥工业用密封装置》、《水泥工业用轴瓦(轴承)》、《水泥工业用组合式选粉机》、《水泥工业用预热器分解炉》、《水泥工业用增湿塔》、《水泥工业用涂漆防锈》等。同时,还有2项配套的相关国家行业标准《热风阀门》和《三道索风阀》,也获得审议通过。在这17项标准中,有6项达到国际先进水平,有10项国际一般水平,有一项为国内先进水平,有3项标准的部分内容建议为强制性标准,其他均为推荐性标准。

19日　粤港持续发展与环保合作小组港方组长、香港环境运输工务局局长廖秀冬等一行8人在省市环保部门工作人员陪同下,到广州市越堡水泥有限公司考察环保工作情况,对越堡公司的安全生产及环保工作表示赞赏。

23日　腾达大厦5楼第八会议室,由中国水泥协会、中国水泥杂志社、数学水泥网主办的"2006中国水泥发展专家座谈会"召开。参加座谈会的有国家发改委、国务院参事室的官员,有大型水泥企业集团的老总,有水泥行业的老专家,有规划设计单位的领导,还有外资水泥企业的代表。

专家们围绕"分析经济运行形势,解读国家产业政策,指导行业健康发展"的主题,多层次、多角度、多话题展开探讨。

23日　由中冶集团建筑研究总院负责编制的《用于水泥和混凝土中的钢渣粉》和《钢渣硅酸盐水泥》两个标准的审查会在北京召开。两标准是根据国家标准化管理委员会〔2002〕87号文和〔2001〕17号文下达的任务进行标准编制的。

23日　浙江省经贸委、省财政厅联合发出的《关于我省淘汰水泥机立窑工作省级补助资金安排方案的通知》,明确了补助标准。根据《通知》,补助对象限于2005年至2007年拆除机立窑的水泥企业。补助标准为:原则上窑径为2.8米及以上的,2005年拆除每座补助13万元,2006年拆除每座窑补助11万元,2007年拆除每座补助9万元;窑径在2.8米以下的,2005年拆除每座补助11万元,2006年拆除每座补助9万元,2007年拆除每座补助7万元。

24日　鄂州市政协对政协五届二次会议上提出的重点提案《关于加大城区西南片空气中粉尘污染治理力度的提案》进行了督办。督办组要求,有关部门要严格按照《环保法》加大对相关工作的执法监控力度,污染达不到排放标准的工厂坚决不能投产,投产的工厂达不到粉尘污染排放标准的不准生产。

26日　广州市珠江水泥有限公司、广州水泥厂和广东粤生、粤群混凝土有限公司均荣获2004年度广州市发展散装水泥与预拌混凝土工作先进单位一等奖。

附　　录

中国水泥协会

协会简介

中国水泥协会(英文缩写 CCA)始建于上个世纪八十年代,她是由全国水泥及相关行业的企业、科研、设计、建设、流通及教育等单位自愿组成的行业性组织,是具有法人资格的非营利性的全国性社会团体。协会的宗旨是贯彻执行国家的方针、政策,遵守宪法、法律,遵守社会道德风尚,为行业服务,维护企业的合法权益,在政府与企业之间起桥梁和纽带作用,协助政府维护市场公平竞争秩序,推动行业健康发展。协会现有会员单位 900 多家,生产能力约占全行业 80%。

协会工作范围

1. 开展行业调查研究,掌握行业动态,提出有关经济社会发展政策和立法方面的意见和建议;

2. 收集、分析、发布国内外有关经济信息,创办刊物,开展信息、技术等咨询服务;

3. 组织展销会、展览会,举办报告会、研讨会;

4. 参与制定、修订有关国家标准,组织贯彻实施并进行监督,维护公平竞争和市场秩序;

5. 根据行业发展的要求制定行规行约并组织实施;

6. 向政府部门反映行业、会员诉求,维护会员合法权益;

7. 组织人才、技术、职业、管理、法规等培训,指导、协助会员企业改善经营管理;

8. 代表会员企业进行反倾销、反补贴、保障措施等调查、应诉和诉讼;

9. 协助会员开拓国际市场,参与协调对外贸易争议;

10. 开展国内外经济技术交流与合作,联系相关国际组织,协调会员单位的涉外活动;

11. 建设行业公共服务平台,开展产品展示、研发设计、质量检测、招商引资等服务;

12. 根据政府部门授权,承担行业规划、行业标准制定和行业统计等工作;

13. 承担法律法规授权、政府部门委托的其他职能。

组织结构示图

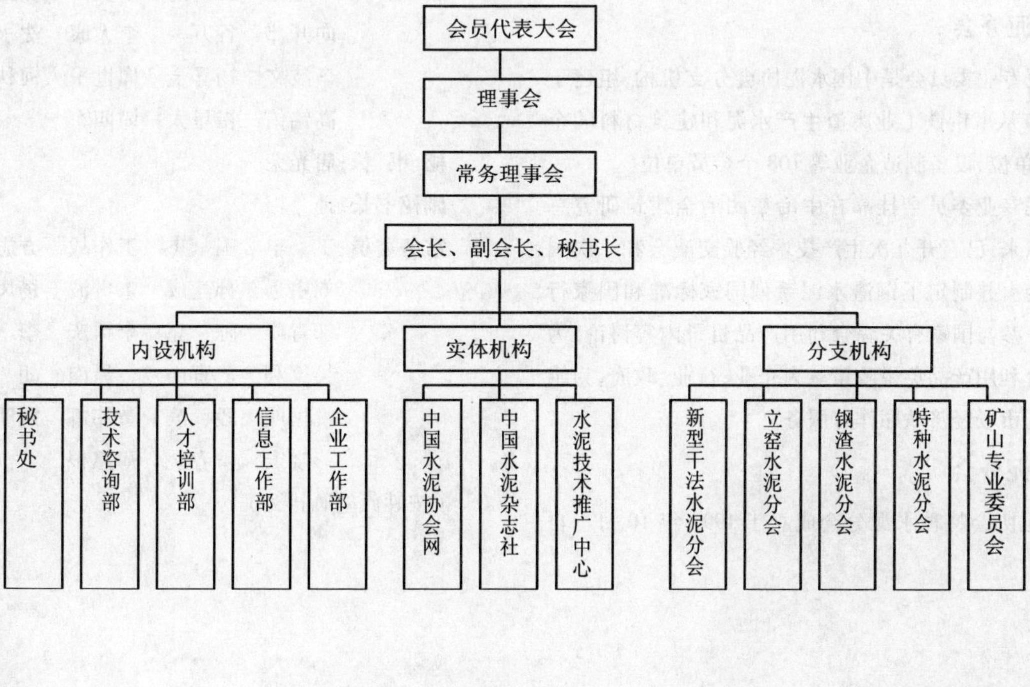

分支机构

新型干法水泥分会

中国水泥协会新型干法分会的前身是中国建材工业协会新型干法水泥生产技术研究会，又名悬浮预热和预分解窑炉分会，成立于1989年。2002年行业协会组织机构改革，并入中国水泥协会而成其分支机构。我国新型干法经过70年代的问世，至今已趋成熟，它的窑外分解技术为核心，其生产方法是高效、优质、低耗、环保和设备大型化及自动化。它代表着我国水泥工业的先进工艺技术，也是我国水泥工业发展的方向。以新型干法水泥企业为中心组建的大型企业集团迅速成长，增强了行业的国际竞争力，在行业结构调整起着主要作用。新型干法水泥产量已占水泥总量的15%以上，近期每年将以2 000万吨以上的规模高速发展。对此，新型干法分会任重道远，为取得合理的水泥行业结构发挥作用。

立窑水泥分会

立窑分会成立于2001年9月，是中国水泥协会的分支机构。40多年来，立窑水泥生产工艺技术不断发展进步，确立了在我国水泥工业中的地位，做出了历史性的贡献，它缓解了水泥市场的短缺状况，也为我国成为世界水泥大国奠定基础。目前立窑分会根据十五规划的安排，承担起在立窑企业引入技术创新的机制，以现代立窑企业的指标引导企业的技术进步，为立窑企业向新型干法工艺过渡创造条件，同时加速立窑企业形成淘汰体制。在新时期中，立窑企业窑有所为，有所不为。在水泥工业结构调整中，通过自身的努力，自助、自教、自强，发挥作用。

钢渣水泥分会

钢渣水泥专业委员会是中国水泥协会分支机构，组建于1986年。现有从事钢铁工业废渣生产水泥和建筑材料的企业、科研设计单位、设备制造企业等108个会员单位。

钢渣水泥专业委员会挂靠在中冶集团冶金建筑研究总院。自成立以来，已召开九次生产技术经验交流会和一次国际技术研讨会。并制定了钢渣水泥系列国家标准和国家行业标准七项。参与国家有关综合利用产品目录内容讨论，为企业争取综合利用产品免税政策。为企业、行业、政府，为维护公平竞争的市场经济秩序作好服务。

特种水泥分会

中国水泥协会特种水泥分会成立于1992年10月。自成立以来在水泥协会的领导下，组织不但壮大，目前有会员单位80余家。分会在品种创新，节能降耗，制定行业标准，发布行业信息，建立《全国特种水泥品种价格信息网》，以及打击假冒伪劣产品，规范特种水泥市场方面做了大量工作。并适时出版了建国以来第一本大型专集画册《中国特种水泥工业》，系统介绍了特种水泥创业状况。分会对外也取得了很大进展，目前已经和美国、法国、日本、丹麦、韩国保持着经常的联系，为企业、行业走进国际市场牵线搭桥。特种分会以为水泥行业、企业服务为宗旨，为特种水泥工业的发展做出贡献。

矿山专业委员会

水泥矿山专业委员会是在水泥行业结构调整中伴随着水泥工业体制创新和技术进步于2003年8月成立的，水泥矿山专业所面临新的形势和工作的业务需求则是它成立的基础。矿山专业委员会成立伊始恪守“保护与合理利用矿产资源”的基本国策，认真贯彻“开发与节约并举，把节约放在首位，努力提高资源利用效率及安全生产，保护环境的方针”，充分发挥和协调运用水泥矿山专业方面的科研、设计和生产企业的管理经验和技术力量，积极推进矿山工艺和装备的技术进步，确保水泥生产用石灰石供应的安全性，促进水泥矿山及水泥工业的可持续发展。

组织机构及人员名单

主　　任：曾学敏

副 主 任：于宝池　王自清　申安昌　兰建文　冯德利　向开伟　谷万一　李大康　沈永玉　李永会　李波文　杨喜金　周世平　柯秋壁　钱茂军　高铭佑　崔星太　谭四军

秘 书 长：唐光荣

副秘书长：孙　梅

常务委员：王　丰　王　杰　王作战　方志强　王建彬　刘占远　孙建成　朱贵波　杨凤清　吴执中　邬青峰　陈　亮　李勇庆　李　涛　李朝鼎　吴德利　武青山　金昌南　胡　勤　段志春　祝国明　段　滨　黄伟辉　寇明三　程三发　彭晓宏　曾春晓　薄惠根

（按姓氏笔画排列）

北京水泥行业协会简介

北京水泥工业协会于1986年11月16日成立。相继于1989年、1992年、1994年、1998年、2005年召开第二届、第三届、第四届、第五届、第六届北京水泥工业协会会员大会。20年来,协会严格按国家有关法律、法规、协会章程和北京市社团办有关规章,开展各种活动,依法纳税、勤俭办会,对北京水泥行业的发展起到了积极的作用。

根据市场经济发展的需要,为更好地为企业服务,于2005年4月7日召开的北京水泥工业协会六届三次会员大会上提出、通过,并经北京市民政局2005年4月22日批准将北京水泥工业协会更名为北京水泥行业协会。业务主管单位是北京市工业促进局,挂靠北京金隅集团。

北京水泥行业协会的宗旨是:坚持以邓小平理论和"三个代表"的重要思想为指导,坚持科学发展观,深入实际、与时俱进,加强自身建设,为企业服务、为政府服务,成为连接企业和政府之间的桥梁,发挥纽带作用。为水泥行业的可持续发展做出贡献。

协会的主要业务是:宣传贯彻党和国家的方针、政策和政府有关管部门颁发的法规,及时反映本行业的成就、问题、建议和要求;承担政府有关部门委托办理行业管理方面的工作任务;开展行业调查积极向政府有关部门提出本行业技术进步的中、长期发展规划的建议;整顿规范水泥市场,加强行业自律;开展技术咨询服务,提供国内外有关水泥行业的技术经济资料和市场信息;组织技术经验交流,为会员单位提供各种服务,帮助解决企业生产经营活动中的有关问题;建立和发展国内同行业及相关单位的联系和友好合作;维护会员单位的合法权益。

北京水泥行业协会

会　　长:胡中甲

秘 书 长:(杨喜金)张宗兴

地　　址:北京市西城区宣武门西大街129号
金隅大厦配楼A座409室

邮　　编:100031

联系电话:66416688-8219、66417347

电子邮件(E-mail):snxiehui@bbmg.com.cn

天津建材业协会水泥专委会

秘 书 长:张国荣

地　　址:天津市河东区六纬路85号

邮　　编:300012

电　　话:022-24218195　022-24221929

电子邮件:XGW@eyou.com

河北省建材工业协会简介

河北省建材工业协会成立于1989年,主要工作是调查研究、咨询服务、信息交流、化验室合格证管理,帮助企业解决生产、技术、管理、销售等方面的问题,并协助政府部门加强行业管理、提高企业管理水平、水泥产品生产许可证审查、贯彻产品新标准、推荐名牌优质产品、著名商标等工作,坚持为发展河北省的建材工业服务,为会员单位服务,为政府服务。

河北省建材工业协会和河北省水泥工业协会建立和完善了建材和水泥行业信息统计和分析系统,积极开展调查研究,多渠道收集行业的发展信息、价格信息、进出口信息,加强了经济运行分析,适时提出应对措施和建议。从而为企业生产经营服务,为行业健康发展服务,为政府制定政策提供智力支持和信息服务;协会既向政府部门反映了行业情况和企业的呼声,为政府决策当好参谋,又引导企业贯彻落实政府部门制订的方针政策,更好地促进我省水泥工业的健康发展。

协会主要领导

会　　长:葛旭东

副 会 长:曹田平　张增光　王惠文　范国良　王长林
陈　鹰　李延明　王树林　赵秉龙　李竹林
宋社平　胡玉振　赵卷英　申庆山　武增海
许汉兴　梁占绪　江俊永　蔡汝强

秘 书 长:武增海(兼)

副秘书长:陈新顺 王铁军 武建伟

监事会主席:冯志宏

地　　址:河北省石家庄市合作路129号

邮政编码:050051

电　　话:031187042331(兼传真)/85020038/85020039

山西省建筑材料工业行业管理办公室简介

主要职责

1. 负责全省建材行业的规划、协调、管理与服务。

在省经委的领导下,贯彻落实国家和省有关方针、政策、法规;根据省经委确定的总体发展规划,研究拟定建材行业专业发展规划,促进行业结构调整,规划引导行业合理布局;组织制订行业规章和技术标准;协调行业内部关系,维护公平竞争秩序;研究行业发展中的重大问题,向有关部门提出政策建议;掌握和分析行业生产动态,汇集、分析和发布行业经济技术和市场信息,提供信息咨询服务;促进建材资源综合利用,负责全省墙体材料革新与推广、管理工作,推进新型建材及制品的开发和推广应用;指导国有企业改革和组织结构调整。

2. 省建材行业办下设的3个部:综合部、规划发展部、行业管理部,变为2个部门:综合部、行业管理部。

3. 核定省建材行业办行政编制6名。(略)

4. 设置建材离退休人员管理处,负责原建材局机关离退休人员的管理和服务工作,并对本行业离退休人员管理工作进行指导、协调、督促、检查。

(据山西省机构编制委员会晋编字[2000]8号《关于省经贸委行业管理办公室机构编制的通知》)。

(据山西省人民政府办公厅晋政办发[2004]63号《山西省人民政府办公厅关于印发山西省经济委员会职能配置内设机构和人员编制方案的通知》)。

山西省建筑材料工业行业管理办公室主任:郭世刚

副 主 任:顾俊忠

离退休人员管理处处长:张玲俐。

地　　址:山西省太原市红沟路129号

邮政编码:030013

电　　话:0351-4427640

传　　真:0351-4425718、4427238

内蒙古自治区水泥协会

秘书长:孙美斌

地　址:呼和浩特市如意开发区敕勒川大街1号党政机关综合大楼1427室

邮　编:010098

电　话:0471-4826494

传　真:0471-4825119

辽宁省水泥协会

秘书长:董人文

地　址:沈阳市皇姑区北陵大街45-2

邮　编:110032

电　话:024-86896290

黑龙江建材行业协会简介

黑龙江省建材工业主管部门为省经委冶金建材黄金处

主管主任:付会廷　　**电话**:82628922

处　　长:李　捷　　**电话**:82632139

副 处 长:官英敏　　**电话**:82663024

办公地址:哈尔滨市南岗区中山路202号

邮　　编:150001

省经委冶金建材黄金处职能

按黑编(2004)14号文件规定,冶金建材黄金处主要职能是:组织贯彻国家有关冶金(含有色)、建材(含非金属矿及其制品和无机非金属新材料)、黄金行业的法律法规、经济技术政策、行业规章、规范和技术标准,研究制定行业发展规划,实施行业管理和监督;负责制定本行业近期总量、布局和运行调控方案,依法整顿生产秩序,监测、分析运行态势,协调行业内部关系,研究解决运行中的重大问题并提出政策、措施并负责本行业固定资产投资、技术创新项目的行业审查,参与申报和实施管理工伤、负责本行业科技成果的鉴定验收、推广应用和评奖推荐工作;受有关部门委托,审核非金属矿地质工业操纵杆,收集、整理、分析和发布行业信息等主要职能。

黑龙江省建材行业协会地址:哈尔滨市南岗区西大直街370号

邮　　编:150080

协会主要领导及电话

会　长:于灵彦　电　话:0451－86317064

副会长:邵恩奇　电话:0451－86317067

陈育群　电话:0451－86305947

魏　杰　电话:0451－86344614

秘书长:赵德刚　电话:0451－86343519

上海市水泥主管部门的机构情况简介

一、上海市建筑业管理办公室、上海市建材业管理办公室

1. 负责编制本市建筑、建材业发展战略、中长期规划和行业改革方案;

2. 负责工程建设规范规程、工程造价、技术标准的管理工作;

3. 负责建设工程勘察、设计、施工、监理以及工程建设重要设备材料招投标等的承包市场监督管理;

4. 负责建设工程质量、安全生产、文明施工的行政管理;指挥、处理建设工程质量和安全有关突发事件;

5. 负责建筑行业从业单位资质、执业注册资格的监督管理;负责在沪勘察、设计、施工单位以及建筑、建材业各类中介机构等的监督管理;

6. 负责建设工程材料和建筑机械设备使用的质量监督管理,负责推进建筑节能、新型建材应用、散装水泥发展和粉煤灰综合利用等管理工作;

7. 负责指导建筑、建材业从业人员的专业培训工作;

8. 负责建筑、建材行业有关信息收集、统计、分析和对外发布工作;

9. 负责建筑、建材市场的行政执法工作;

10. 负责建筑、建材业行政事业单位的业务管理工作;负责区县建筑、建材业管理的业务指导;

11. 承办领导交办的其他工作。

二、上海市建筑建材业受理服务中心

负责建筑建材业管理行政审批事项和非行政审批事项的受理办理,以及有关对外服务事项。其主要职能:负责建设工程报建、施工许可、各类企业资质审批、各类人员执业资格注册等建筑建材业市管行政审批事项的受理和发证工作;负责实施直接发包登记、跨区县工程各类合同登记、质量安全监督申报、建筑节能备案、竣工验收备案、企业和人员信息变更、企业诚信手册申领、建材备案等建筑建材业非行政审批事项的直接办理工作;负责实施建筑建材业管理相关费用的统一收取工作;负责建筑建材业管理信息系统技术服务和日常运行维护;负责受理场所、开评标和办公场所的日常服务工作以及评标专家抽取服务工作;负责对区县相关业务的指导工作。

三、上海市建筑建材业市场管理总站

负责实施市管招标工程的招投标备案、建设工程评标和相关专家库的日常管理工作;负责行政审批事项中各类企业资质和人员执业资格注册的组织专家评审工作;负责建筑业外来从业人员和综合保险管理工作;负责组织编制地方工程建设标准、规范,并开展宣传贯彻工作;负责工程建设定额编制和工程建设计价方法的研究;负责实施建筑建材业科技推广管理工作;负责本市建设领域资源综合利用和建筑节能日常管理工作;负责实施建筑建材行业调查、资料管理和综合统计工作;负责建筑建材业刊物、网站的编辑工作;负责对区县相关业务的指导工作等。

四、上海市建设工程安全质量监督总站

负责对建筑建材业各类违规行为的综合执法查处工作;负责实施市管工程质量和安全监督;负责建设工程勘察设计质量管理和实施施工图设计文件审查备案;实施推进本市工程建设标准化工作;承担工程抢险和突发事件应急处置工作;参与对建设工程重大质量安全事故的调查与处理;负责受理和参与处理各类信访和投诉,协调解决拖欠工程款和农民工工资纠纷;负责对区县相关业务的指导工作。

地　　址:上海市小木桥路683号

电　　话:021—64614788

E-mail: master@ciac.sh.cn

邮政编码:200032

上海市水泥行业协会

会　　长:诸葛培智
邮　　编:200002
地　　址:上海北京东路235号302室
电　　话:021-63212528

江苏省建材工业协会水泥分会简介

第二届江苏省建材工业协会水泥分会于2005年12月18日改选成立,是江苏省建材工业协会的分支机构,会长聂长兰。江苏省建材业协会水泥分会泥现有会员单位300余家,本会的业务范围:

(一)宣传、贯彻党和国家以及江苏省有关水泥行业的方针、政策,承办政府有关部门委托办理的事务。

(二)开展行业基本情况调查,向政府部门提出本行业技术进步、发展规划及技术、经济、政策和经济法规等方面的建议,并参与有关活动。

(三)加强横向联系和交流,协调行业内部和本行业同其他行业间的关系。

(四)为企业提供及时、准确的信息、技术、管理咨询,人才资源开发、市场拓展和营销等多方面、多层次的服务。

(五)反映会员单位的愿望和要求,维护会员单位和行业的合法权益。组织行业协商订立行规行约,建立行业自律机制,维护行业合法、公平竞争的秩序。

(六)发展与国外相关行业组织的联系,开展经济、技术等方面的合作与交流活动。在会员对外出口、利用外资、引进技术以及开拓国际市场等方面进行协调服务。

(七)编辑出版水泥协会刊物和有关行业技术进步和发展资料。

(八)指导和支持各市、县水泥协会开展工作,并组织交流其工作经验。

(九)其他有益于行业发展和会员利益的工作。

协会会长:聂长兰
电　　话:025-86637559
协会电话:025-86636142、86632890
传　　真:025-83315480
通讯地址:南京市云南路31-1号 苏建大厦10楼
邮　　编:210008

南京市水泥主管部门机构情况简介

南京市水泥协会为全市水泥企业的管理部门。主要职责为开展行业基础资料的调查、收集、整理和发布;参与本行业发展规划、产品标准、技术标准的制订,向政府提出行业发展,经济技术政策和立法方面的建议;维护企业的合法权益,协调企业关系;规范行业自我管理行为,维护行业内公平竞争;开展咨询服务,提供国内外经济技术情况和市场信息;组织本行业的研讨会,开展技术交流合作;开展职业教育培训;创办行业协会信息刊物,为会员单位服务;承办政府及有关部门委托的事项。

会　　长:张嘉渝
地　　址:南京市玄武区老虎桥20号
邮　　编:210018
电　　话:025—83691794
传　　真:025—83692956

镇江市水泥协会

会　　长:周汉清
邮　　编:212001
秘 书 长:章汉臣
电　　话:0511-5224017
地　　址:镇江市中山东路381号中山大厦11楼
传　　真:0511-5231305

浙江省水泥主管部门机构情况简介

浙江省经济贸易委员会建材冶金煤炭行业管理办公室职责

1. 组织实施产业政策，研究提出促进行业发展的经济、技术政策，监督、检查产业政策实施情况。

2. 研究制定相关的行业发展规划和提出全省产业发展的方向、重点和合理布局，推进行业结构调整。

3. 抓好行业经济运行分析和产业信息发布的具体工作，加强行业的宏观协调。

4. 研究行业发展中的重大问题，并提出建议。

5. 指导行业体制改革，指导全省建材冶金煤炭行业大企业、大集团、行业龙头企业和重点骨干企业的培育工作，具体负责联系三狮集团公司等企业。

6. 提出行业内企业固定资产投资项目的初审意见，具体负责项目实施过程中的管理；参与协调相关工业(园)区的管理工作。

7. 提出行业内企业技术创新重点项目的初审意见，协助项目实施过程中的管理。

8. 指导和联系行业协会等社会中介组织。

主　　任:丛培江
地　　址:浙江省杭州市体育场路479号
邮政编码:310007
电　　话:0571－87058093
传　　真:0571－87058139

浙江省水泥协会

会　　长:李辛龙
秘 书 长:崔小明
地　　址:杭州市潮王路238号银地大厦
电　　话:0571－88383197
邮　　编:310005

安徽省水泥协会

秘 书 长:丁楠生
副秘书长:刘功顺
地　　址:合肥市益民街17号
邮　　编:230001
电　　话:0551－2621949
传　　真:0551－2621482

福建省经贸委冶金建材行管办

主　　任:郑建华
地　　址:福州市省府路1号11座412房
邮　　编:350001
电　　话:0591－87569004
传　　真:0591－87568954

福建省龙岩市水泥同业商会

会　　长:许沂炎
地　　址:福建省龙岩市登高东路161号
邮　　编:364000
电　　话:0597-2322230

江西省建材行业主管部门简介

江西省经贸委综合行业管理办公室承担行业管理职能,内设秘书处和建材、石化、纺织、冶金、医药等五个工业处。江西省经贸委党组成员刘保朝同志任江西省经贸委综合行业管理办公室主任,刘文斌同志任建材处处长。

其主要职责是

1.研究拟定建材行业发展战略和规划,促进建材行业结构调整,引导建材行业合理布局。

2.研究提出建材行业发展的政策和规律;组织制定建材行业规范、技术标准、协调建材行业内部关系,维护公平竞争秩序;研究提出建材行业发展中的重大问题,向有关部门提出政策建议。

3.掌握、分析建材行业生产经营动态,汇集、分析、发布建材行业经济技术和市场信息,提供信息咨询服务。

4.研究提出建材行业体制改革的政策措施,指导国有企业改革和结构调整,建立现代企业制度;指导建材行业的国有企业扭亏解困、减员增效和实施再就业工程。

5.承办省政府和省经贸委交办的其他事项。

江西省经贸委综合行业管理办公室建材处
地　　址:江西省南昌市省政府大院北二路100号
邮　　编:330046
电　　话:0791-6222363
传　　真:0791-6257245。

山东省建材工业办

副 会 长:胡伟
地　　址:济南市经四路260号
邮　　编:250001
电　　话:0531-83181003
传　　真:0531-87934431

河南省建材工业协会

会　　长:朱振华
秘 书 长:王爱贞
地　　址:郑州市金水路102号
邮　　编:450014
电　　话:0371-66226887
传　　真:0371-66226554

湖北省建材投资促进中心水泥工业协会

会　　长:王化平

秘 书 长:李燕萍

地　　址:武汉市武昌中南一路45号

邮　　编:430071

电　　话:027－87128425

传　　真:027－87824251

湖南省水泥行业主管部门机构简介

湖南省水泥行业主管部门为"湖南建材行业管理办公室"。该机构2002年2月23日经湖南省人民政府办公厅批准成立,其职责为:制定全省建材行业规划和行业政策,进行行业管理,引导行业产业结构调整,维护行业竞争秩序。引导国有建材企事业单位的改革,改制和重组联合以及企业的扭亏解困,减员增效和实施再就业工程,建立现代企业制度。促进建材资源的合理开发,综合利用和环保安全,推进新型建材及制品的开发和推广应用,加快墙体材料革新和散装水泥推广工作,指导建材行业协会、学会、研究等社团组织工作。

2005年底,湖南省建材行业管理办公室主任,党组书记为秦永远(2006年4月到龄离职)。

现任领导为:樊家生　主任　党组书记

姚建洲　副主任　党组成员

柳　毅　副主任　党组成员

单位地址:长沙市劳动西路499号(6楼)

邮政编码:410007

办公室电话:0731－5530126

传　　真:0731－5535183

广东省水泥工业协会简介

广东省水泥工业协会成立于1989年,是由水泥生产企业和水泥相关企业及其经营、科研、设计、教育等有关单位自愿组成,接受广东省社团登记管理机关和省业务主管单位的指导和监督,并经广东省民政厅核准登记的具有独立法人资格的全省性水泥行业社团组织。秘书处是协会的日常办事机构,下设办公室、财务部、技术培训协作部、咨询信息部、会刊编辑部。

本会的宗旨是:积极为政府、为会员服务,充分发挥政府与企业之间的桥梁和纽带作用,遵守国家法律法规和国家政策,引导行业健康、持续、稳定发展,促进广东省社会主义市场经济体制的完善和发展。

本会的主要任务是:贯彻落实政府的方针、政策,承办政府部门委托的各项事务,配合政府实施相关的产业、贸易政策、编制行业发展规划,制定行业服务标准和质量技术标准并贯彻落实;开展调查研究,分析行业经济技术发展趋势和市场需求情况,代表会员利益,向政府部门提出建议,反映企业愿望;协调行业之间、行业内部关系,沟通国内外联络渠道,组织国内外交流和贸易活动,促进经济合作,推动横向联合;调解商务贸易和法律方面的纠纷争端,并依据市场规则制订行规行约,规范会员单位的市场行为,促进行业自律和公平竞争,维护水泥行业的共同利益和会员单位的合法权益;开展咨询服务和技术培训,为企业培训技术和管理人才,提高企业生产经营水平,收集发布国内外技术情报和市场信息,组织技术、经验交流活动,推广新产品、新工艺、新技术和新设备,促进行业技术进步。

会　　长:徐惠明

常务副会长:李　黎

地　　址:广东省广州市流花路85号西附楼一楼

邮　　编:510013

电　　话:020－86695011

广西壮族自治区经济委员会重工业处简介

根据《广西壮族自治区人民政府关于印发广西壮族自治区经济委员会主要职责、内设机构和人员编制规定的通知》(桂政办发[2004]75号)精神,广西机械、汽车、建材、冶金、有色、化工等行业管理的职能并入新组建的广西壮族自治区经济委员会重工业处。重工业处同时加挂广西汽车工业办公室牌子。

主要职能

1. 研究制订广西机械、汽车、冶金、有色、化工、建材等行业发展规划和产品的布局,推进行业结构调整;

2. 贯彻落实行业政策和法规;负责行业地方性法规的起草工作;组织制订行业技术规范;

3. 协助组织行业技改项目和技术进步项目审核上报;协助开展行业科技成果、产品质量等评审工作;

4. 协调解决行业发展中的其他重大问题。

处　　长:候　刚
副 处 长:王 珏,陈洪韬,李 健
地　　址:南宁市民主路17号
邮　　编:530023
电　　话:0771－5627751　5627633
传　　真:0771－5626568　5627633

海南发展与改革厅工业处(计划厅)

处　　长:符传智
地　　址:海南省海口市海府大道59号
邮　　编:570204
电　　话:0898－65318313
传　　真:0898－65354931

重庆市水泥主管部门情况

重庆市水泥工业主管为重庆市经济委员会,内部机构设重庆市建材行业管理处。

重庆市经委主任吴冰,负责重庆市的经济工作。(办)023－63899778

重庆市经委副主任汤宗伟分管建材工业(含水泥工业)。(办)023－63899772

重庆市经委公众信息网站域名:www.cqec.gov.cn

重庆市建材工业(含水泥工业)的业务主管和承办部门为建材行业管理处,处长何红。

(办)023－63899841

重庆市经委及建材行业管理处同一处办公

地　　址:重庆市渝中区人民路252号
邮　　编:400015
邮　　箱:ljr54720@126.com

四川省水泥协会

原四川省水泥行业协会于1986年元月成立。2000年四川省建材工业总会在机构改革中考虑建材系统社团多而分散,决定注销原有社团,新组建四川省水泥玻璃陶瓷行业协会及四川省新型建材与石材协会。2000年8月13日,四川省民政厅公告包括四川省水泥行业协会等社团注销。经筹备,当年12月20日至21日在绵阳召开四川省水泥玻璃陶瓷行业协会会员代表大会。选举印廷华为理事长,任荣为秘书长。

秘 书 长:杨渝蓉

副秘书长:窦瑞麟

地　　址:成都市新鸿路331号

邮　　编:610021

电　　话:028－84390925

传　　真:028－84390925

云南水泥主管部门机构情况简介

⑴宏观调控部门

云南省发展和改革委员会(工业处)

云南省经济委员会(重工处)

⑵行业管理部门

云南省建材工业行业协会,省政府直管单位。其职能是对全省建材工业(包括水泥行业)进行指导服务和管理。具体有五项职能:①围绕建材行业调研并提出相关意见和建议;②组织制定行规行约,建立行业自律机制;③对全省建材行业开展信息、技术、管理和人力资源开发服务及组织行业交流;④接受相关授权和委托参与制定行业规划,实施行业指导;⑤管理直属(挂靠)企事业单位。

云南省建材工业行业协会党组书记、会长:马　列

地　　址:昆明市春城路62号证券大厦十楼

邮　　编:650011

电　　话:0871－3115978(传真)

西藏水泥行业管理机构

2005年底水泥主管部门为自治区发展和改革委员会工业和产业政策处,主要职责在建材方面为负责建材行业的宏观调控、项目管理、化验室审查颁证、经济布局和结构调整。

地　　址:拉萨市北京中路22号

邮政编码:850000

处　　长:杨谦让

电　　话:0891－6333887

传　　真:0891－6328943

陕西省工业交通办公室行业协调指导处

副 处 长:潘国煜

助理调研员:李世华

地　　址:西安市新城省政府前大楼省工交办行业协调指导处

邮　　编:710004

电　　话:029－87291827

传　　真:029－87291826

甘肃省水泥主管部门机构情况

2001年2月26日,《甘肃省人民政府办公厅关于省经贸委管理的行业管理办公室(局)主要职责、内设机构和人员编制的通知》(甘政办发[2001]53号)规定,甘肃省建材工业办公室的主要职责是:

(一)负责制定行业发展规划和产业政策并组织实施,参与制定相应配套政策法规。

(二)负责组织实施行业的经济结构调整工作,并指导企业改革。

(三)负责原机关行政、事业编制人员的分流工作。

(四)负责原行政机关所办实体的处置工作。

(五)负责原机关行政事业编制离退休人员的管理,并按中央改革要求逐步实施社会统筹。

(六)定期进行行业信息统计,为政府提供决策依据,开展对行业的协调服务。

(七)承办省委、省政府及省经贸委交办的其他事项。

省建材工业办公室内设规划发展处、综合管理处。事业编制15名。

2004年2月26日,中共甘肃省委、甘肃省人民政府《关于印发甘肃省人民政府机构改革方案实施意见的通知》(省委发[2004]12号)宣布撤销省建筑材料工业办公室。

2004年12月20日,甘肃省机构编制委员会《关于印发<行业协会(联合会)组建方案>的通知》规定,在原省建筑材料工业办公室、电子信息工业办公室、机械工业办公室基础上组建甘肃省建筑材料工业协会。

甘肃省建筑材料工业协会的主要职责是:

1.围绕本行业发展中的重大问题开展调查研究,提出有关经济政策和立法方面的意见和建议;

2.开展行业统计调查工作,建立统计调查制度,负责统计信息的收集、分析、研究和发布;

3.为企业提供信息、技术、管理咨询、人力资源开发等多方面、多层次的服务,接受会员单位和社会的委托,提供有关专项服务;

4.组织拟定行规行约,协调会员关系,规范企业行为,建立行业自律机制,反映会员单位的愿望和要求,维护会员单位的合法权益;

5.加强与国内外同业间的联系,开展对外经济技术交流与合作;受政府及有关部门委托,组织开展经济技术交流与合作,帮助企业开拓市场;

6.接受政府有关部门授权和委托,参与拟定行业规划、拟定和修订本行业国家标准和行业标准等有关工作,组织会员单位贯彻实施并进行监督;

7.协助政府和企业做好本行业的思想政治工作,促进行业精神文明建设;

8.负责原行业办(局)直属企事业单位的改革、发展和党建、人事、财务及资产的管理监督;

9.负责原行业办(局)离退休人员管理、机关资产和后勤管理服务等工作;

10.承担省政府交办的其他事项。

省建筑材料工业协会内设秘书处、行业工作处和综合处。事业编制29名,保留原核定的老干部管理编制2名。

甘肃省建材工业协会联系方式

地　　址:甘肃省兰州市广场南路51号统办一号楼10层
邮政编码:730000
电子邮箱:gsjcxxb@56.com
办公室电话
会　长　张一诚:(0931)8850517
副会长:　刘志强:(0931)8850667
秘书处:(0931)8960233
行业工作处:(0931)8960235 8850622
综合处:(0931)8850541

青海省建材工业协会

【组织机构】

理 事 长:周银标
副理事长:唐立华　马宏义　杨建洲　刘柏年　闫虎平　杨世荣　尕　藏　陳玉玺　张　晨　孙忠利
秘 书 长:马宏义(兼)
内设机构:办公室(秘书处)、财务部。
分支机构:青海省建材工业协会水泥专业委员会。

【协会简介】

青海建材工业协会始建于1991年。是于1989年12月18日经省财经委批准,1991年9月10日由省民政厅核准登记注册的社会团体法人组织,挂靠在原建材局名下。但原建材协会因机构改革等诸多原因没有开展活动。

随着国家西部大开发战略的实施,给我省建材工业带来了前所未有的历史机遇。为了加快我省建材工业结构调整和发展,加强行业的管理和指导,发挥行业协会的作用,加强联系和合作,使协会成为企业和政府之间的桥梁和纽带,恢复、重组"青海省建材工业协会"已显得十分必要。在广泛听取有关企事业单位的意见和建议,经反复研究和酝酿,提出了重新恢复"青海省建材工业协会"的报告;起草、修订了《青海省建材工业协会章程》;严格按照国家和我省成立社团组织的有关要求办理了前期登记手续；上报省经贸委主管部门和省民政厅后，“青海省建材协会”于2003年3月经青海省经贸委批准成立，并由青海省民政厅准予登记注册。

建材工业协会属于行业性社会团体组织，在省经委行业主管部门的指导下开展工作，协会的宗旨是：遵守国家宪法、法律和法规，贯彻国家产业政策；为全省建材企事业单位和全行业服务；是建材企业横向联系的纽带，是企业改善经营管理和实现技术进步的参谋，是政府加强行业管理的助手。受主管部门的委托，参与行业管理，维护企业的合法权益，促进行业的健康发展。

建材工业协会的任务是：对同行业进行联络、协调、咨询和服务；与国外同行进行技术经济交流与合作，同时根据国家政策，接受政府委托进行统筹、协调和监督，为政府提供决策依据和建议，并向政府反映企业的愿望和要求，维护企业的合法权益。

【主要职能】

1. 围绕建材行业与企业在改革发展中的重大问题调查研究，提出有关经济政策和立法方面的意见和建议。

2. 反映会员和企业要求，协调会员关系，组织制定行规行约，协调同行业价格争议，规范企业行为，建立行业自律机制，以维护企业合法权益。

3. 为企业提供及时、准确的信息、技术、管理咨询、人才资源开发等多方面、多层次的服务。

4. 加强与国外同业间的联系，开展对外经济技术交流与合作，参与协调经济纠纷，组织国内外展销会、展览会、培训，帮助企业开拓市场。

5. 接受政府有关部门授权或委托，参与制定行业规划、制定修订行业标准等有关行业管理工作。

6. 接受省经委委托，对分支机构实施管理，主要是：指导分支机构依据章程开展业务活动，监督分支机构遵守法律、法规和国家政策；向省经委提出分支机构改革、调整和规范发展建议及分支机构改革变更等事宜的初审、报批工作。

7. 承担政府部门委托的其他任务。

地　　址：青海省西宁市五四西路18号

邮政编码：810008

联系电话：0971－6300209

传　　真：0971－6300671

青海省建材工业协会水泥专业委员会

【组织机构】

会　　长：刘柏年

副 会 长：鄂德西、韩高升、邱永平、杨展路、权盛德、郑松才

秘 书 长：韩高升（兼）

内设机构：办公室（秘书处）、财务部。

【专委会简介】

青海省建材工业协会水泥专业委员会成立于2004年6月9日。

为了规范市场、维护企业合法权益，稳定我省水泥市场，反对不正当竞争，促进企业间相互协作关系的健康发展，提高企业经济效益和社会效益。根据《青海省建材工业协会章程》第二章第六条第二款之规定和我省24家水泥企业自发组织成立“青海省建材工业协会水泥专业委员会”的要求，经青海省建材工业协会于2004年6月9日召开的第一届年会讨论通过，决定成立：“青海省建材工业协会水泥专业委员会”。

“青海省建材工业协会水泥专业委员会”隶属青海省建材工业协会，接受青海省建材工业协会的业务指导，并在省经委行业指导处直接指导下开展各项业务工作。“青海省建材工业协会水泥专业委员会”的性质为非经营性法人组织，由省、市产品质量检验所的领导兼名誉会长、名誉副会长；由青海省建材工业协会副理事长任会长、副会长、秘书长（专委会法人代表）；省内24家水泥企业为会员单位。下设秘书长办公室，办公地点设在青海省建材工业协会（西宁市五四西路18号）。

青海省建材工业协会水泥专业委员会［以下简称（专委会）］，是全省水泥行业的群众组织，是不受部门、地区和所有制限制的自愿联合起来的社会团体。

本专委会遵循党和国家经济建设的方针、政策，在政府有关主管部门、建材工业协会和水泥生产经营企业之间起桥梁纽带作用。本专委会不以盈利为目的，不干预企业的经营管理，服务于水泥行业的共同利益，促进全省水泥行业持续、快速、协调发展。

本专委会宗旨：遵守国家宪法、法律、法规和国家政策，为全省水泥生产、经营企业服务；依据国家《反不正当竞争法》，规范水泥市场，维护水泥生产、经营企业的合法权益；受主管部门委托，参与行业管理工作。

地　　址：青海省西宁市五四西路18号

邮政编码：810008

联系电话：0971－6300209

传　　真：0971－6300671

宁夏建材行业管理办公室简介

宁夏建材行业管理办公室成立于2000年9月，是根据转变政府职能和深化企业改革，将原宁夏建材工业总公司撤消后，其行业管理职能划入自治区经贸委。是自治区经贸委的内设机构之一。2003年机构改革，自治区经贸委改组为自治区经济委员会，建材行办仍为自治区经济委员会内设机构。其主要职能是：研究拟定自治区建材工业发展战略、行业规划，促进建材行业结构调整，引导行业例题布局；协调行业内部关系，维护公平竞争秩序；研究行业发展中的重大问题，向有关部门提出政策建议；掌握、分析建材行业生产动态，提供信息咨询服务。

主　　任：李　俊（2004年11月前）
　　　　　马忠林（2004年11月后）
副 主 任：马忠林（2004年11月前）
　　　　　郭聿维（2004年11月后）
地　　址：宁夏银川市解放西街361号自治区政府办公大楼609室
邮　　编：750001
电　　话：0951－5036906、5014858
传　　真：0951－5014858

新疆维吾尔自治区建筑材料行业管理办公室

主　　任：吕志坚
副 主 任：柳　奇　孙存稳　艾斯哈尔·茹孜
地　　址：新疆乌鲁木齐市光明路26号
邮　　编：830002
电　　话：0991－8860711 8860716
传　　真：0991－8860713

第九篇

统计数据

编制说明

受中国水泥协会委托,中国建材数量经济监理学会统计并编制了该部分内容。

工业增加值和主要财务指标统计范围为规模以上企业,即全部国有企业和年销售收入在500万元以上企业。

固定资产投资统计范围为项目计划总投资在50万元以上的建设项目。

空格或"—"表示无该项指标。

"…"表示数值不足最小单位数。

年平均增长率采用累计法计算。

产品产量

1-1 水泥产量

1980～2005年全国水泥产量(亿吨)

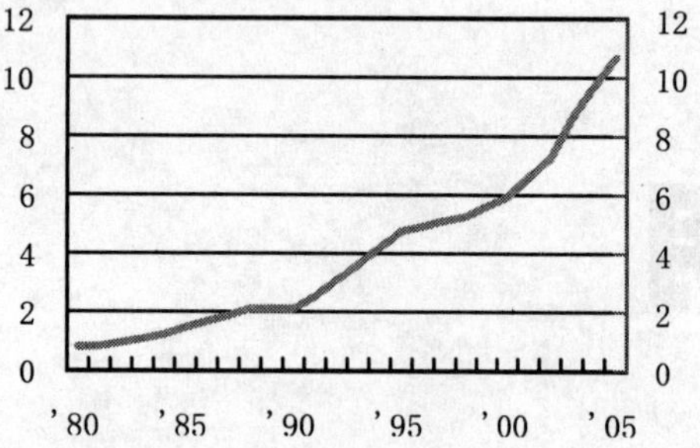

2005 年全国水泥产量 10.69 亿吨

各时期全国水泥年平均增长率

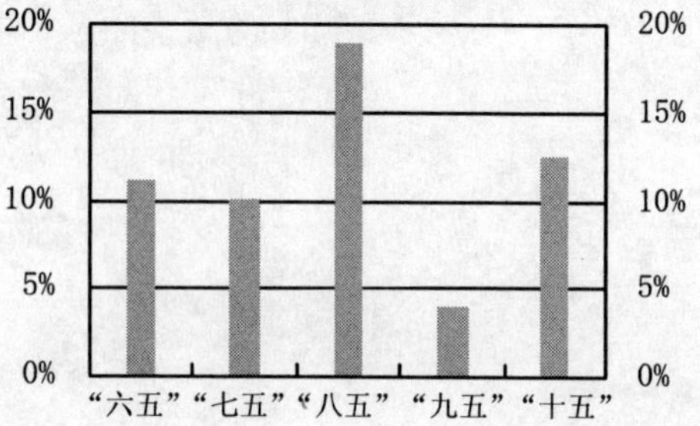

“十五”时期全国水泥年平均增长率 12.57%

“十五”时期全国水泥年增长率

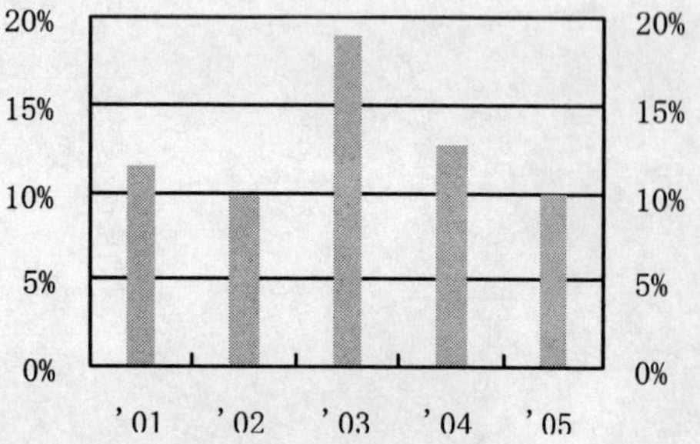

产量单位:万吨

年 度	产 量	增长率(%)	年 度	产 量	增长率(%)
1949	66		1986	16 606	13.78
			1987	18 625	12.16
1950	141	113.83	1988	21 013	12.82
1951	249	77.04	1989	21 029	0.08
1952	289	16.18	1990	20 971	-0.28
1953	388	34.17	1991	25 261	20.45
1954	460	18.47	1992	30 822	22.01
1955	450	-2.11	1993	36 333	17.88
1956	639	41.97	1994	42 119	15.92
1957	686	7.26	1995	47 591	12.99
1958	930	35.63	1996	49 212	3.41
1959	1 227	31.94	1997	51 276	4.19
1960	1 565	27.57	1998	52 706	2.79
1961	621	-60.35	1999	56 105	6.45
1962	600	-3.37	2000	59 319	5.73
1963	806	34.39	2001	66 104	11.44
1964	1 209	50.03	2002	72 535	9.73
1965	1 634	35.11	2003	86 271	18.94
			2004	97 300	12.78
1966	2 015	23.29	2005	106 885	9.85
1967	1 462	-27.42			
1968	1 262	-13.7			
1969	1 829	44.92			
1970	2 575	40.8			
			年平均增长率:		
1971	3 158	22.63	1949~2005年		14.69
1972	3 547	12.33	1978~2005年		11.07
1973	3 731	5.18			
1974	3 709	-0.58	1950~1952年		76.09
1975	4 626	24.73	“一五”时期		20.54
			“二五”时期		12.45
1976	4 670	0.93	1963~1965年		39.80
1977	5 565	19.17	“三五”时期		3.77
1978	6 524	17.24	“四五”时期		12.84
1979	7 390	13.27	“五五”时期		11.16
1980	7 986	8.07	“六五”时期		11.21
			“七五”时期		10.08
1981	8 290	3.81	“八五”时期		19.01
1982	9 520	14.84	“九五”时期		4.07
1983	10 825	13.71	“十五”时期		12.57
1984	12 302	13.64			
1985	14 595	18.64			

1－2　水泥与全社会固定资产投资增长对比

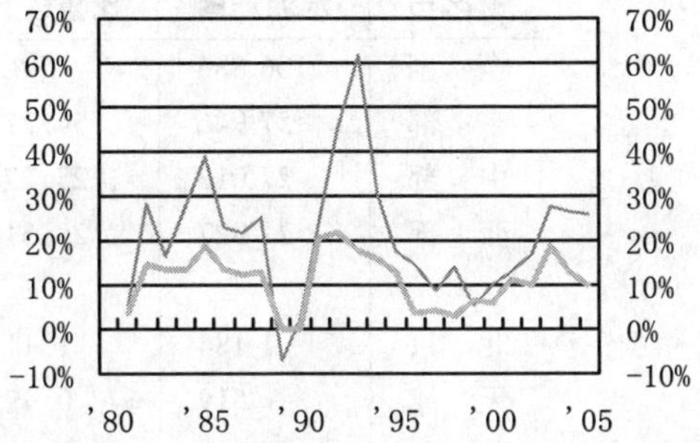

“十五”时期全社会固定资产投资完成额增长率与水泥产量增长率的比率为0.62,即全社会固定资产投资完成额增长1%,水泥产量增长0.62%。

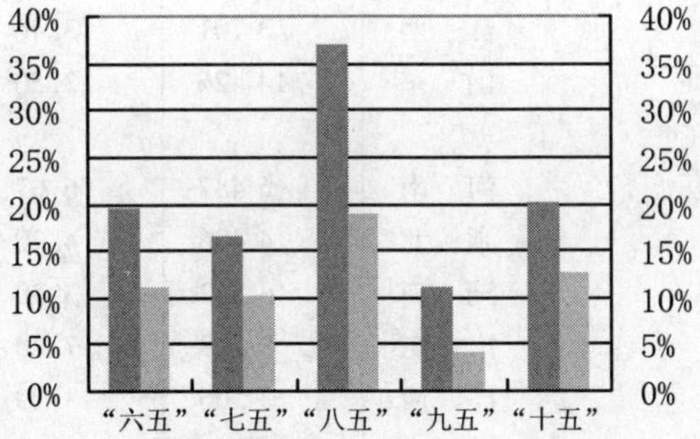

年　度	全社会固定资产投资完成额（亿元）	全社会固定资产投资完成额增长率（%）	水泥产量增长率与全社会固定资产投资完成额增长率比率
1980	911		
1981	961	5.50	0.69
1982	1 230	28.03	0.53
1983	1 430	16.23	0.84
1984	1 833	28.17	0.48
1985	2 543	38.75	0.48
1986	3 121	22.70	0.61
1987	3 792	21.51	0.57
1988	4 754	25.37	0.51
1989	4 410	－7.22	－0.01
1990	4 517	2.42	－0.12
1991	5 595	23.85	0.86
1992	8 080	44.43	0.50
1993	13 072	61.78	0.29
1994	17 042	30.37	0.52
1995	20 019	17.47	0.74
1996	22 914	14.76	0.23
1997	24 941	8.85	0.47
1998	28 406	13.89	0.20
1999	29 855	5.10	1.26
2000	32 918	10.26	0.56
2001	37 214	13.05	0.88
2002	43 500	16.89	0.58
2003	55 567	27.74	0.68
2004	70 477	26.60	0.48
2005	88 604	25.72	0.38
年平均增长率:			
“六五”时期		19.40	0.58
“七五”时期		16.53	0.61
“八五”时期		36.89	0.52
“九五”时期		11.16	0.36
“十五”时期		20.17	0.62

注:全社会固定资产投资完成额引自国家统计局《2006年中国统计摘要》。

1-3 水泥产量地区分布

东中西部水泥产量

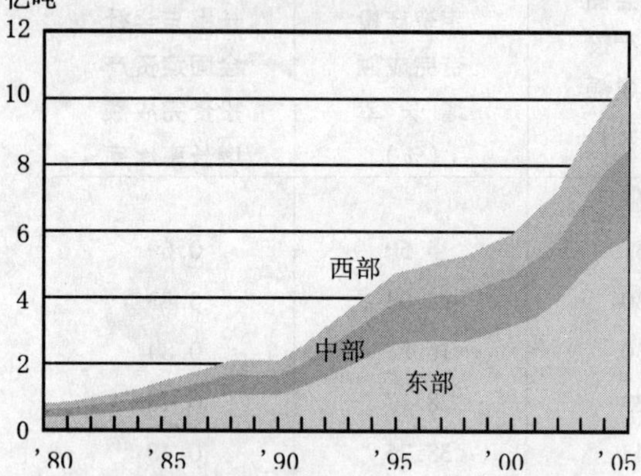

东中西部水泥年平均增长率

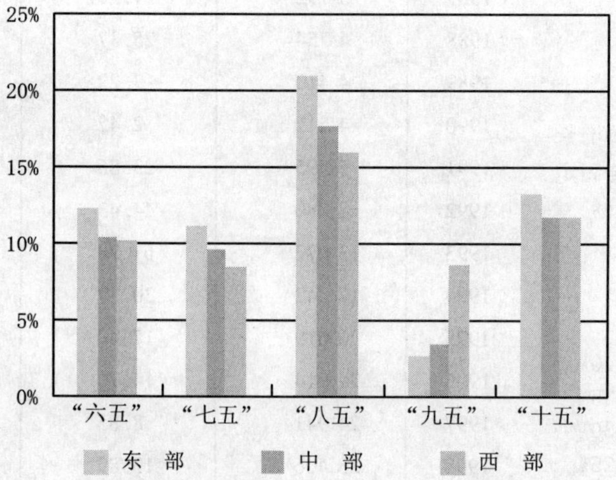

2005 年水泥产量省区市分布

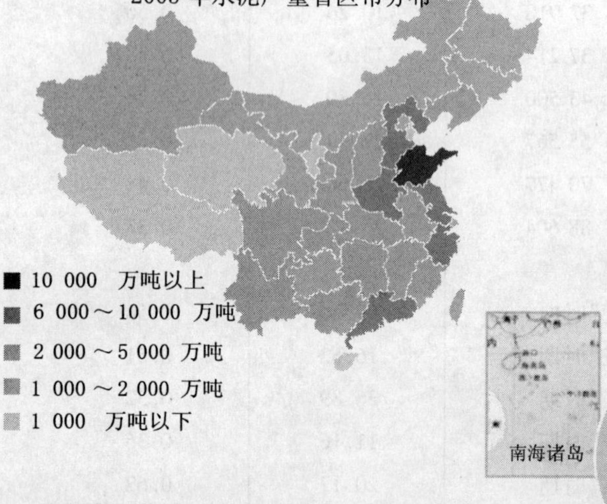

省区市水泥产量比重

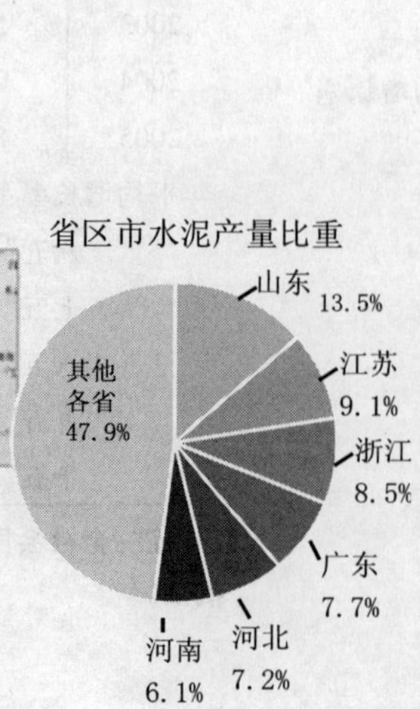

2005 年各省区市水泥产量

产量单位:万吨

省区市	水泥产量	比重%
全 国	106 885	
东 部	57 946	54.21
中 部	27 012	25.27
西 部	21 927	20.51
北 京	1 184	1.11
天 津	519	0.49
河 北	7 686	7.19
山 西	2 311	2.16
内蒙古	1 632	1.53
辽 宁	2 681	2.51
吉 林	1 719	1.61
黑龙江	1 214	1.14
上 海	1 045	0.98
江 苏	9 681	9.06
浙 江	9 129	8.54
安 徽	3 353	3.14
福 建	2 792	2.61
江 西	3 701	3.46
山 东	14 426	13.50
河 南	6 487	6.07
湖 北	4 486	4.20
湖 南	3 742	3.50
广 东	8 229	7.70
广 西	3 306	3.09
海 南	446	0.42
重 庆	2 226	2.08
四 川	4 480	4.19
贵 州	1 685	1.58
云 南	2 833	2.65
西 藏	128	0.12
陕 西	2 165	2.03
甘 肃	1 416	1.32
青 海	371	0.35
宁 夏	568	0.53
新 疆	1 245	1.17

1-4 2005年水泥熟料产量

水泥熟料与水泥产量

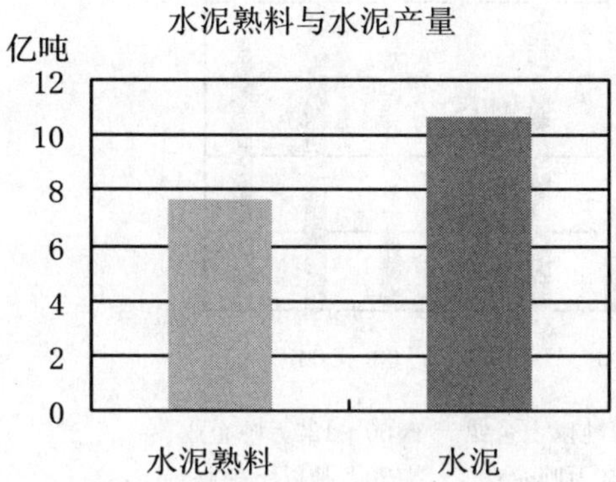

2005年全国水泥熟料产量76 472万吨，水泥熟料与水泥产量比例71.55%。

2005年预分解窑熟料产量30 201万吨，占水泥熟料的39.49%。

2005年预分解窑熟料占水泥熟料比重

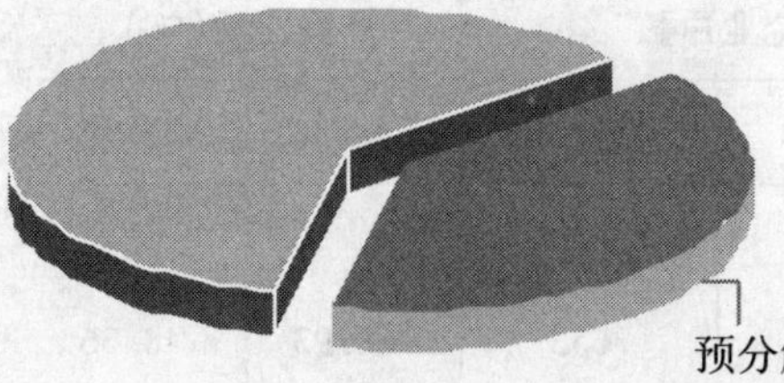

2005年水泥熟料和预分解窑熟料产量

产量单位：万吨

省区市名称	水泥熟料	熟料与水泥比例%	预分解窑熟料	预分解窑熟料占熟料比例%
全国总计	76 472	71.55	30 201	39.49
北京	767	64.75	635	82.84
天津	241	46.44	183	75.99
河北	4 196	54.60	1 630	38.84
山西	1 520	65.80	392	25.78
内蒙古	1 164	71.33	545	46.81
辽宁	1 702	63.48	564	33.14
吉林	1 549	90.11	1 093	70.58
黑龙江	866	71.34	270	31.16
上海	354	33.89	244	68.89
江苏	5 517	56.99	3 085	55.91
浙江	6 556	71.82	4 370	66.65
安徽	5 101	152.14	4 057	79.54
福建	2 284	81.80	493	21.59
江西	2 456	66.38	1 043	42.46
山东	9 832	68.16	3 640	37.02
河南	4 412	68.01	874	19.81
湖北	2 444	54.49	1 309	53.56
湖南	2 691	71.91	298	11.07
广东	6 436	78.21	1 226	19.05
广西	2 711	82.00	690	25.45
海南	331	74.04	122	36.91
重庆	1 817	81.63	550	30.27
四川	3 276	73.13	383	11.69
贵州	1 350	80.10	163	12.08
云南	2 238	79.01	624	27.88
西藏	91	71.32	41	44.86
陕西	1 733	80.07	646	37.27
甘肃	1 151	81.30	405	35.18
青海	239	64.42	104	43.56
宁夏	507	89.26	311	61.39
新疆	939	75.37	209	22.26

1－5 2005年水泥企业规模

2005年全国水泥企业6 846户，其中年产量在20万吨以上的大中型企业1 249户，产量比重从2000年的48.36%上升到68.93%。年产量在20万吨以下的小型企业5 597户，产量比重从2000年的51.64%下降到31.07%。

“十五”时期大型水泥企业迅速发展。年产量在60万吨以上大型企业个数从2000年的102户增加到2005年的361户，产量比重从2000年的19.07%上升到2005年的43.22%。其中年产量在120万吨以上的企业个数从2000年的31户增加到2005年的147户，产量比重从2000年的8.97%上升到2005年的28.19%。

2005年全国水泥企业中水泥粉磨站984户，水泥产量1.56亿吨。其中年产量在60万吨以上的粉磨站45户，产量占33.74%。

2005年全国水泥企业中熟料厂88户，水泥熟料产量4 341万吨。其中年产量在120万吨以上的熟料厂11户，产量2 561万吨，占熟料厂水泥熟料总量59%；年产量在60～120万吨之间的熟料厂10户，产量占19.67%。

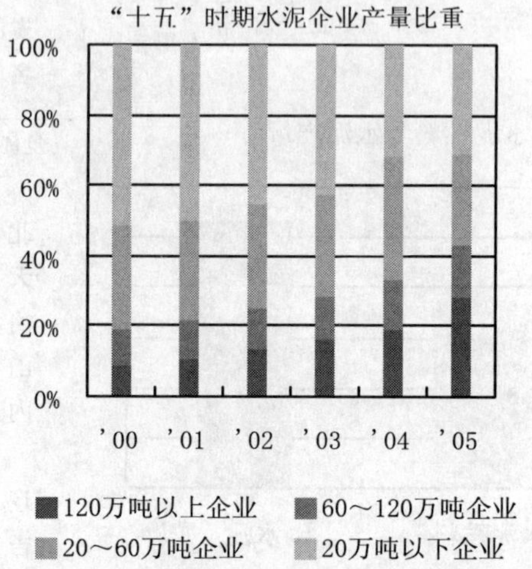

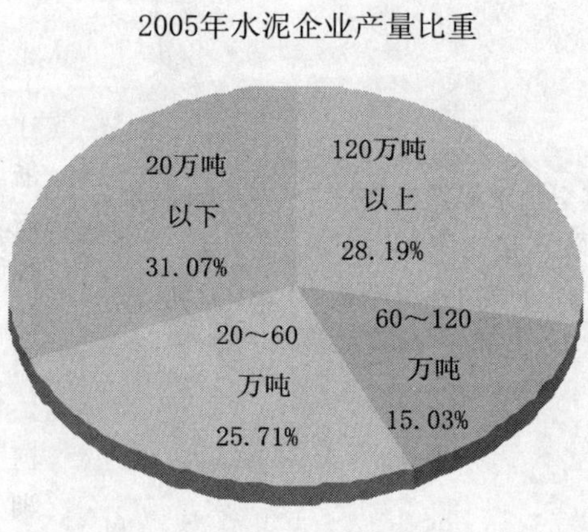

水泥企业规模

企业规模	企业户数		产量比重(%)	
	2005年	2000年	2005年	2000年
总计	6 846	6 800		
大中型企业	1 249	653	68.93	48.36
大型企业	361	102	43.22	19.07
年产120万吨以上	147	31	28.19	8.97
年产60～120万吨	214	71	15.03	10.10
中型企业(年产20～60万吨)	888	551	25.71	29.29
小型企业(年产20万吨以下)	5 597	6 147	31.07	51.64

进　出　口

2－1　历年水泥和水泥熟料出口

1981～2005年水泥和水泥熟料出口数量(万吨)

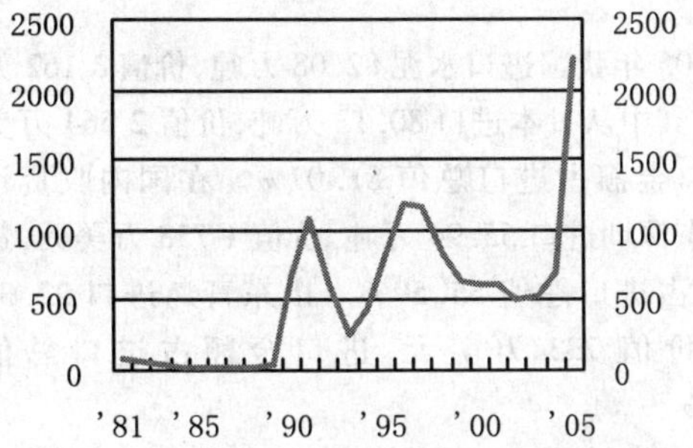

1992～2005年水泥和水泥熟料出口数量(万吨)

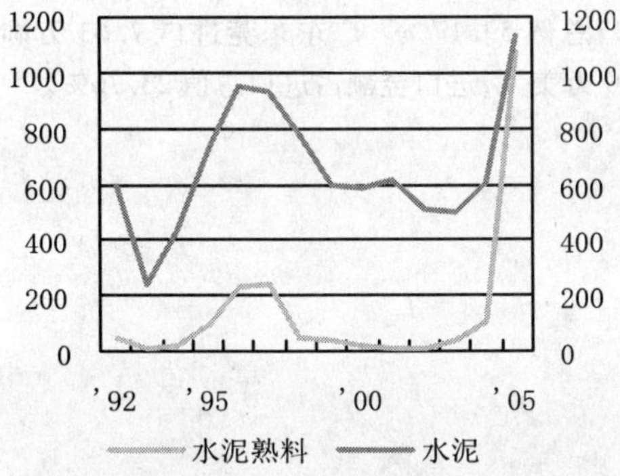

水泥和水泥熟料出口

数量:万吨 金额:万美元

年度	数量	增长率%	金额	增长率%
1981	81.68		4 156	
1982	69.99	－14.31	3 369	－18.95
1983	38.02	－45.68	1 754	－47.94
1984	17.39	－54.25	819	－53.28
1985	14.23	－18.20	591	－27.90
1986	19.24	35.27	796	34.73
1987	16.77	－12.85	723	－9.16
1988	15.22	－9.26	727	0.56
1989	43.65	186.80	1 724	137.13
1990	682.94	1 464.63	25 735	1 392.38
1991	1 073.59	57.20	44 289	72.10
1992	645.31	－39.89	25 940	－41.43
1993	244.52	－62.11	9 360	－63.92
1994	452.30	84.98	15 688	67.61
1995	818.95	81.06	29 807	90.00
1996	1 179.70	44.05	45 091	51.28
1997	1 168.45	－0.95	44 571	－1.15
1998	819.97	－29.82	29 046	－34.83
1999	635.65	－22.48	20 092	－30.83
2000	605.90	－4.68	18 996	－5.45
2001	620.94	2.48	19 560	2.97
2002	517.67	－16.63	16 482	－15.74
2003	533.21	3.00	17 158	4.10
2004	704.43	32.11	23 039	34.28
2005	2 215.73	214.54	68 460	197.14

数量:万吨 金额:万美元

年度	水泥出口				水泥熟料出口			
	数量	增长率%	金额	增长率%	数量	增长率%	金额	增长率%
1992	593.10		24 351		52.21		1 589	
1993	239.19	－59.67	9 171	－62.34	5.33	－89.79	189	－88.13
1994	428.00	78.94	15 002	63.58	24.30	355.78	686	263.43
1995	726.23	69.68	26 914	79.40	92.72	281.56	2 893	321.98
1996	948.59	30.62	37 357	38.80	231.11	149.26	7 734	167.36
1997	932.74	－1.67	36 322	－2.77	235.71	1.99	8 250	6.67
1998	776.32	－16.77	27 823	－23.40	43.65	－81.48	1 223	－85.18
1999	595.64	－23.27	19 086	－31.40	40.02	－8.33	1 006	－17.71
2000	582.46	－2.21	18 427	－3.45	23.44	－41.43	569	－43.47
2001	610.70	4.85	19 144	3.89	10.24	－56.31	417	－26.73
2002	508.74	－16.70	16 044	－16.19	8.94	－12.70	438	5.19
2003	495.25	－2.65	15 963	－0.50	37.96	324.67	1 195	172.54
2004	601.68	21.49	20 201	26.55	102.75	170.67	2 839	137.61
2005	1 137.25	89.01	40 602	100.99	1 078.49	949.66	27 858	881.38

2-2 历年水泥和水泥熟料进口

水泥和水泥熟料进口

数量:万吨 金额:万美元

年度	数量	增长率%	金额	增长率%
1981	120.93		6 731	
1982	195.36	61.55	11 003	63.47
1983	289.56	48.21	14 849	34.95
1984	326.72	12.84	14 762	-0.59
1985	365.76	11.95	15 255	3.34
1986	355.23	-2.88	15 643	2.55
1987	210.58	-40.72	9 458	-39.54
1988	151.78	-27.92	6 773	-28.39
1989	123.28	-18.77	5 824	-14.02
1990	39.66	-67.83	1 759	-69.79
1991	15.75	-60.28	762	-56.68
1992	44.37	181.73	1 839	141.27
1993	137.95	210.89	7 028	282.23
1994	134.10	-2.79	7 221	2.75
1995	31.36	-76.62	1 933	-73.23
1996	5.17	-83.51	408	-78.90
1997	16.87	226.34	1 769	333.80
1998	17.98	6.54	1 143	-35.42
1999	49.97	177.94	1 477	29.29
2000	142.58	185.36	3 475	135.22
2001	280.10	96.45	6 479	86.46
2002	237.24	-15.30	5 549	-14.37
2003	253.77	6.97	6 438	16.02
2004	266.94	5.19	7 750	20.38
2005	116.35	-56.41	4 048	-47.77

2005 年我国进口水泥 82.08 万吨,价值 3 162 万美元。其中从日本进口 80.13 万吨,价值 2 564 万美元,进口金额占进口总值 81.07%。在国内收货地中,广东深圳进口 55.94 万吨,价值 1 758 万美元,进口金额占进口总值 55.59%。山东青岛进口 22.34 万吨,价值 733 万美元,进口金额占进口总值 23.19%。

2005 年我国进口水泥熟料 34.27 万吨,价值 886 万美元。其中从日本进口 31.47 万吨,价值 804 万美元,进口金额占进口总值 90.75%。在国内收货地中,海南省进口 21.09 万吨,价值 524 万美元,进口金额占进口总值 59.17%。广东东莞进口 7.63 万吨,价值 210 万美元,进口金额占进口总值 23.76%。

数量:万吨 金额:万美元

年度	水泥出口				水泥熟料出口			
	数量	增长率%	金额	增长率%	数量	增长率%	金额	增长率%
1992	42.68		1 752		1.70		87	
1993	133.19	212.10	6 842	290.55	4.76	180.52	186	114.20
1994	131.62	-1.18	7 031	2.76	2.48	-47.95	190	2.42
1995	28.73	-78.17	1 807	-74.31	2.63	6.09	126	-33.54
1996	5.16	-82.03	402	-77.75	0.01	-99.66	6	-95.29
1997	15.94	208.81	1 752	335.84	0.93	10 283.33	18	196.14
1998	5.67	-64.46	801	-54.26	12.31	1 217.54	341	1 834.05
1999	5.76	1.65	400	-50.14	44.21	259.05	1 078	215.75
2000	3.63	-37.03	559	39.97	138.96	214.32	2 916	170.53
2001	10.07	177.59	783	40.05	270.04	94.33	5 696	95.36
2002	57.78	473.99	1 862	137.71	179.46	-33.54	3 687	-35.28
2003	65.41	13.21	2 181	17.13	188.36	4.96	4 257	15.47
2004	110.36	68.72	3 955	81.37	156.58	-16.87	3 794	-10.86
2005	82.08	-25.62	3 162	-20.05	34.27	-78.11	886	-76.66

2－3　水泥和水泥熟料出口价格变动趋势

1992～2005年水泥出口
年均离岸价格(美元/吨)

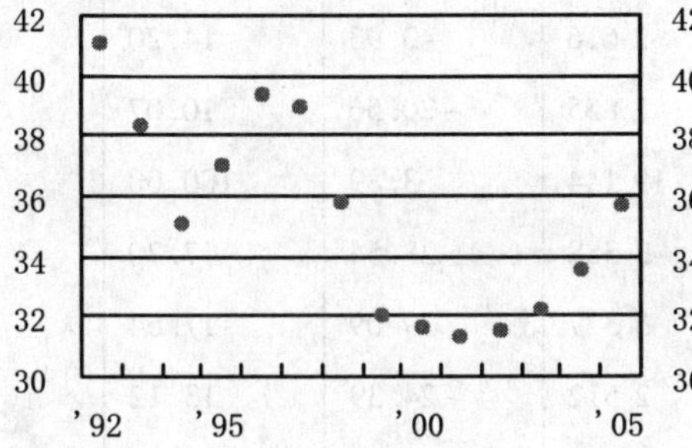

年　度	水泥年均离岸价格（美元/吨）
1992	41.06
1993	38.34
1994	35.05
1995	37.06
1996	39.38
1997	38.94
1998	35.84
1999	32.04
2000	31.64
2001	31.35
2002	31.54
2003	32.23
2004	33.57
2005	35.70

1992～2005年水泥熟料出口
年均离岸价格(美元/吨)

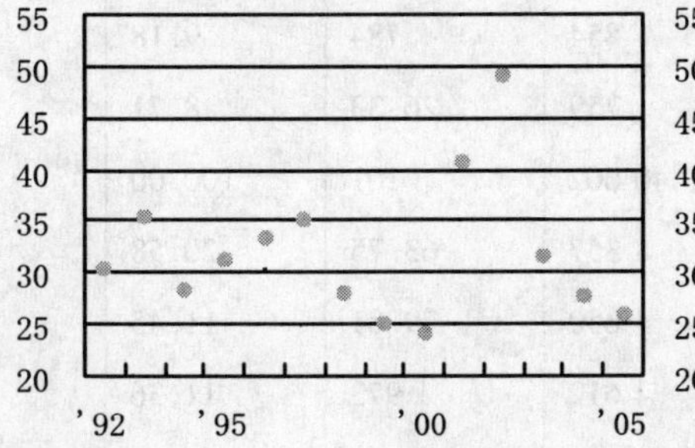

年　度	水泥熟料年均离岸价格（美元/吨）
1992	30.43
1993	35.38
1994	28.21
1995	31.20
1996	33.47
1997	35.00
1998	28.01
1999	25.14
2000	24.26
2001	40.70
2002	49.04
2003	31.47
2004	27.63
2005	25.83

2-4 历年水泥出口主要发货地

地　区	出口数量(吨)		出口金额(万美元)			年平均离岸价格(美元)
	数量	增长%	金额	增长%	比重%	
2000 年	5 824 625	-2.21	1 8427	-3.45	100.00	31.64
山东济宁	1 194 765	54.20	3 323	55.26	18.03	27.81
江苏南京	860 362	-1.15	2 636	0.79	14.30	30.63
山东烟台	866 267	-2.17	2 616	-3.93	14.20	30.20
辽宁大连	579 874	-15.26	1 855	-20.56	10.07	31.99
2001 年	6 106 962	4.85	19 144	3.89	100.00	31.35
江苏南京	1 133 358	31.73	3 388	28.54	17.70	29.89
山东烟台	1 129 829	30.42	3 377	29.09	17.64	29.89
山东济宁	932 647	-21.94	2 512	-24.39	13.12	26.94
辽宁大连	590 607	1.85	1 929	3.97	10.07	32.66
2002 年	5 087 359	-16.70	16 044	-16.19	100.00	31.54
山东烟台	887 554	-21.44	2 620	-22.42	16.33	29.52
江苏南京	876 348	-22.68	2 600	-23.24	16.21	29.67
山东济宁	864 644	-7.29	2 353	-6.34	14.67	27.21
2003 年	4 952 477	-2.65	15 963	-0.50	100.00	32.23
山东济宁	993 613	14.92	2 750	16.86	17.23	27.68
山东烟台	770 658	-13.17	2 381	-9.13	14.91	30.89
江苏南京	757 394	-13.57	2 280	-12.31	14.28	30.11
2004 年	6 016 833	21.49	20 201	26.55	100.00	33.57
山东济宁	1 628 691	63.92	5 103	85.58	25.26	31.33
山东烟台	781 570	1.42	2 586	8.64	12.80	33.09
江苏南京	643 166	-15.08	1 945	-14.71	9.63	30.24
河北唐山	594 573	810	1 854	784	9.18	31.19
辽宁大连	552 560	25.89	1 759	26.33	8.71	31.83
2005 年	11 372 467	89.01	40 602	101	100.00	35.70
山东济宁	2 614 657	60.54	8 357	63.75	20.58	31.96
山东烟台	1 108 851	41.87	4 650	79.81	11.45	41.94
江苏泰州	1 232 679	1 575	4 612	1 973	11.36	37.41
河北唐山	1 216 599	104.62	3 906	111	9.62	32.11
江苏南京	972 452	51.20	3 477	78.75	8.56	35.75
山东龙口	797 820	130	2 450	138	6.03	30.71
辽宁大连	623 271	12.80	2 233	26.97	5.50	35.83
江苏镇江	616 067	2 719	2 116	2 262	5.21	34.35

2－5　历年水泥熟料出口主要发货地

地　区	出口数量(吨)		出口金额(万美元)			年平均离岸价格(美元)
	数量	增长%	金额	增长%	比重%	
2000 年	234 387	－41.43	569	－43.47	100.00	24.26
江苏南京	122 005	－15.38	220	－37.94	38.62	18.00
山东济宁	96 397	－39.18	219	－39.48	38.55	22.75
重庆巴南区	5 869	17.18	60	11.06	10.57	102.39
2001 年	102 393	－56.31	417	－26.72	100.00	40.70
河南郑州	12 686	431.05	177	797.39	42.51	139.63
江苏南京	33 039	－72.92	63	－71.34	15.10	19.05
山东济宁	22 828	－76.32	57	－74.13	13.61	24.84
山东烟台	21 154	0.00	50	0.00	11.92	23.48
2002 年	89 389	－12.70	438	5.19	100.00	49.04
河南郑州	10 795	－14.91	145	－18.10	33.10	134.40
云南文山	17 744		46		10.50	25.94
广东东莞	11 467	332.53	45	370.22	10.28	39.28
2003 年	379 608	324.67	1195	172.54	100.00	31.47
安徽合肥	143 669		317		26.57	22.10
河南郑州	21 344	97.73	215	48.29	18.01	100.79
安徽铜陵	74 734		164		13.76	22.00
云南文山	54 248	205.73	134	191.48	11.23	24.73
2004 年	1 027 467	170.67	2839	137.61	100.00	27.63
安徽铜陵	431 764	477.73	1018	519.03	35.85	23.57
安徽芜湖	242 236		575		20.27	23.76
安徽安庆	217 726		510		17.98	23.45
2005 年	10 784 860	949.66	27 858	881.38	100.00	25.83
安徽铜陵	3 341 827	673.99	8278	713.32	29.71	24.77
安徽安庆	2 665 334	1 124.17	6545	1 182.16	23.49	24.56

2-6-1 2005 年水泥出口主要发货地

2005年水泥出口主要发货地

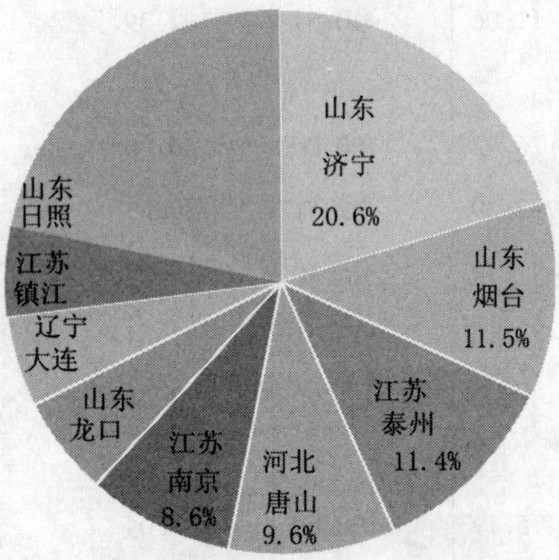

在2005年水泥出口中，"大宇"、"海螺"、"烟台三菱"、"冀东"、"江南－小野田"、"大连小野田"、"嘉新京阳"、"山水"、"华新"、"拉法基"、"越秀"、"亨达利"、"华润"等大型水泥企业集团出口水泥943万吨，价值3.34亿美元，占水泥出口总额的82.21%。

数量:吨　金额:万美元

地　区	数量	增长%	金额	增长%	比重%
总　计	11 372 467	89.01	40 602	101	100.00
山东省	5 066 852	65.16	17 436	76.40	42.94
济宁	2 614 657	60.54	8 357	63.75	20.58
烟台	1 108 851	41.87	4 650	79.81	11.45
龙口	797 820	130	2 450	138	6.03
日照	480 243		1 574		3.88
淄博	36 884	404	309	30	0.76
临沂	18 312	-36.23	55	-34.31	0.14
荷泽	5 000	9 899	20	13 838	0.05
青岛	2 042	-35.03	7	-54.78	0.02
枣庄	2 000		6		0.01
东营	860	-68.47	5	-81.62	0.01
胶州	124	-34.65	3	-34.01	0.01
江苏省	3 219 882	336	11 560	409	28.47
泰州	1 232 679	1 575	4 612	1 973	11.36
南京	972 452	51.20	3 477	78.75	8.56
镇江	616 067	2 719	2 116	2 262	5.21
南通	196 819		640		1.58
张家港	103 791		343		0.84
苏州	81 532		314		0.77
盐城	16 496		59		0.15
河北省	1 264 529	102	4 197	105	10.34
唐山	1 216 599	105	3 906	111	9.62
石家庄	38 173	21.44	226	24.57	0.56
秦皇岛	2 462		8		0.02
沧州	301	-39.29	2	-76.82	…
辽宁省	626 650	-0.84	2 248	12.78	5.54
大连	623 271	12.80	2 233	26.97	5.50
本溪	1 558	486	5	332	0.01
沈阳	1 140	243	4	190	0.01
丹东	333	-88.00	1	-88.86	…
鞍山	40	-78.49	1	-18.38	…
抚顺	100		1		…

2-6-2　2005年水泥出口主要发货地

数量:吨　金额:万美元

地　区	数量	增长%	金额	增长%	比重%
广东省	455 831	-20.53	1 684	-19.52	4.15
广州	176 684	29.29	569	35.66	1.40
肇庆	125 886	-21.23	507	-20.76	1.25
佛山	98 521	-3.12	356	-3.55	0.88
东莞	44 103	-68.23	149	-68.01	0.37
番禺	2 582	32.51	60	53.51	0.15
深圳	2 285	-27.26	16	-25.92	0.04
潮州	2 399	194	10	199	0.03
珠海	2 048	-92.31	9	-90.89	0.02
江门	1 125		5		0.01
南海	147	-87.68	1	-92.62	…
汕头	51	-75.50	1	-68.26	…
广西壮族自治区	190 521	29.27	700	37.67	1.72
柳州	86 503	106	296	142	0.73
南宁	57 108	-26.63	195	-25.59	0.48
贵港	40 910	453	183	477	0.45
玉林	2 820	-83.11	12	-84.50	0.03
防城港	1 770	321	8	321	0.02
南宁地区	874	-65.71	5	-56.11	0.01
钦州	485		1		…
湖北省	208 331	7 036	693	3 584	1.71
黄石	208 131		691		1.70
荆门	200	-87.83	2	-82.68	…
天津市	12 178	26.51	600	34.88	1.48
内蒙古自治区	124 777	12.20	402	23.34	0.99
二连浩特	105 212	13.56	328	19.58	0.81
乌兰察布	11 784	-31.06	42	-8.45	0.10
呼伦贝尔	2 116	2 360	10	1 953	0.03
巴彦淖尔	2 603	210	10	233	0.02
乌海	800		4		0.01
阿拉善	1 211	400	4	341	0.01
呼和浩特	488	411	2	608	…
满洲里	206	151	1	130	…
包头	267		1		…
赤峰	90	-25.00	1	-40.96	…
云南省	85 702	42.00	324	37.55	0.80
思茅	28 847	18.83	108	19.64	0.27
临沧	18 811	21.29	64	17.49	0.16
德宏	14 383	284	60	222	0.15
西双版纳	10 003	28.33	41	23.39	0.10
保山	5 504	826	19	720	0.05
玉溪	3 979	146	16	138	0.04
昆明	2 034	-23.44	9	-17.26	0.02
大理	2 097	5.07	6	-31.66	0.02
新疆维吾尔族自治区	39 913	705	220	382	0.54

2-6-3 2005年水泥出口主要发货地

数量:吨 金额:万美元

地　区	数量	增长%	金额	增长%	比重%
乌鲁木齐	15 165	340	112	188.7	0.28
博乐	13 966	1 693	63	1 394	0.16
哈密	4 162	2 079	20	2 555	0.05
伊宁	2 546	1 472	9	1 359	0.02
阿勒泰	1 181		5		0.01
塔城	1 470	1 370	5	1 669	0.01
喀什	1 213	12 025	4	10 235	0.01
四川省	15 524	107	146	113	0.36
乐山	15 256	117	145	118	0.36
遂宁	229	77.52	1	74.19	…
河南省	8 142	-1.84	127	-3.24	0.31
郑州	4 702	2.05	76	-1.05	0.19
洛阳	971	-3.60	16	8.38	0.04
开封	250		3		0.01
北京市	6 785	1 368	65	477	0.16
吉林省	15 494	97.75	59	115	0.15
浑江	5 538	100	21	105	0.05
延边	4 718	570	18	544	0.05
珲春	2 469	-36.61	8	-35.93	0.02
吉林市	1 656		7		0.02
集安	403	11.94	1	11.23	…
图们	331	224.51	1	131	…
浙江省	10 303	5 750	39	3 364	0.10
湖州	5 250		22		0.05
宁波	4 965		17		0.04
山西省	10 672	15.03	37	13.68	0.09
大同	10 426	18.81	33	33.61	0.08
太原	172	-42.63	3	-45.80	0.01
黑龙江省	6 447	1 881	27	754	0.07
佳木斯	3 366		11		0.03
双鸭山	1 200		6		0.01
哈尔滨	743	149	5	53.86	0.01
牡丹江	652		3		0.01
黑河	200		1		…
上海市	1 595	-64.96	27	-42.25	0.07
福建省	1 914	-10.84	7	-21.38	0.02
龙岩	1 567	-24.26	5	-34.15	0.01
厦门	310		1		0.00
甘肃省	90		3		0.01
兰州	90		3		0.01
重庆市	169	182	1	69.08	…
安徽省	121	218	1	320	…
安庆	96		1		…
海南省	45	87.50	1	133	…
海口	45	87.50	1	133	…

2-7-1　2005年水泥熟料出口主要发货地

2005年水泥熟料出口主要发货地

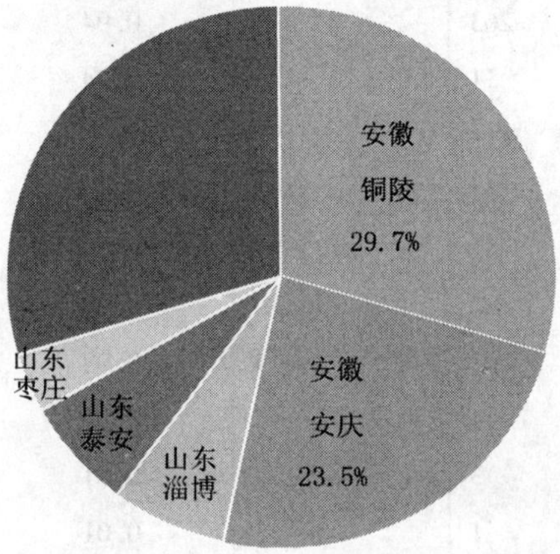

在2005年水泥熟料出口中,"海螺"、"山水"、"泰山"、"华新"、"嘉新京阳"、"冀东"、"亨达利"等大型水泥企业集团出口水泥熟料900万吨,价值2.27亿美元,占水泥熟料出口总额的81.61%。

数量:吨　金额:万美元

地　区	数量	增长%	金额	增长%	比重%
总　计	10 784 860	950	27 858	881	100.00
安徽省	6 600 696	640	16 422	681	58.95
铜陵	3 341 827	674	8 278	713	29.71
安庆	2 665 334	1 124	6 545	1 182	23.49
池州	85 812		229		0.82
芜湖	33 851	-86.03	91	-84.26	0.33
合肥	15 058		36		0.13
山东省	3 084 397	7 907	8 078	7 564	29.00
淄博	717 180		1 883		6.76
泰安	719 594	1 831	1 863	1 856	6.69
枣庄	376 420		1 010		3.62
济南	304 487	91 289	799	12 481	2.87
曲阜	266 901		703		2.52
日照	218 178		557		2.00
烟台	163 601	233 715 614	436	7 268 902	1.57
龙口	151 115		406		1.46
藤州	128 772		324		1.16
青岛	38 110	4 415	97	4 136	0.35
新泰	40		1		…
江苏省	356 999	2 223	940	2 677	3.37
镇江	236 027	23 602 600	611	2 076 844	2.19
常州	114 205		311		1.11
连云港	6 386		18		0.06
常熟	376	62 506	1	23 300	…
张家港	3		0.1		…
无锡	3		0.03		…
湖北省	318 740		835		3.00
黄石	318 740		835		3.00
广东省	200 629	20 713	562	9 226	2.02
肇庆	172 992		479		1.72
广州	27 549	3 394	79	1 713	0.28
惠州	42		3		0.01
深圳	27	-83.92	1	-47.10	…
珠海	4	17.45	0.15	207	…
番禺	1		0.02		…
江门	2	70.00	0.01	183	…

2-7-2 2005年水泥熟料出口主要发货地

数量:吨 金额:万美元

地 区	数量	增长%	金额	增长%	比重%
河南省	18 697	6.38	345	28.99	1.24
郑州	9 190	-0.55	143	8.26	0.51
洛阳	1 752	14.51	43	16.77	0.15
河北省	85 954	2 610	276	1 266	0.99
唐山	85 081	32 624	263	12 415	0.94
秦皇岛	723	67.36	11	220	0.04
云南省	80 897	194	194	191	0.70
文山	80 897	194	194	191	0.70
广西壮族自治区	14 996	93.74	57	125.59	0.20
南宁	6 114	-14.96	26	6.42	0.09
桂林	6 677	1 114	22	2 404	0.08
贵港	950		4		0.01
梧州	480		3		0.01
钦州	510		1		0.01
百色	100		0.19		…
玉林	84		0.15		…
河池	80		0.15		…
天津市	3 079	25.53	44	22.92	0.16
贵州省	2 974	-37.24	29	-32.60	0.10
贵阳	2 854		27		0.10
内蒙古自治区	11 610	124	26	117	0.09
二连浩特	11 160	210	24	199	0.09
包头	80		1		…
乌兰察布	370	-76.45	1	-81.99	…
上海市	1 469	33.54	21	93.85	0.08
北京市	608	76.56	8	48.14	0.03
江西省	1 700		7		0.02
南昌	1 700		7		0.02
新疆维吾尔族自治区	110	-0.90	5	490.09	0.02
浙江省	325	194	4	221	0.01
黑龙江省	511	54.93	3	430	0.01
山西省	226	-94.88	2	-94.50	0.01
辽宁省	186	964.19	1	113.77	…
福建省	58	107	0.26	-47.44	…

2－8 历年水泥出口主要收货地

地区	出口数量(吨)		出口金额(万美元)			年平均离岸价格(美元)
	数量	增长%	金额	增长%	比重%	
2000 年	5 824 625	-2.21	18 427	-3.45	100.00	31.64
美国	3 249 827	-11.58	9 650	-13.36	52.37	29.69
中国香港	1 484 098	9.42	5 335	4.35	28.95	35.95
韩国	546 404	238	1 631	243	8.85	29.86
2001 年	6 106 962	4.85	19 144	3.89	100.00	31.35
美国	3 058 857	-5.88	9 163	-5.04	47.87	29.96
中国香港	1 529 529	3.06	5 435	1.88	28.39	35.53
韩国	844 461	54.55	2 382	46.03	12.44	28.21
2002 年	5 087 359	-16.70	16 044	-16.19	100.00	31.54
美国	1 994 661	-34.79	5 935	-35.23	36.99	29.75
中国香港	1 022 357	-33.16	3 396	-37.52	21.16	33.21
韩国	957 082	13.34	2 837	19.08	17.68	29.64
台澎金马关税区	581 060	3 105	1 548	2 812	9.65	26.64
日本	9 779	-83.20	349	63.05	2.17	356.42
2003 年	4 952 477	-2.65	15 963	-0.50	100.00	32.23
美国	1 797 576	-9.88	5 542	-6.61	34.72	30.83
韩国	1 043 515	9.03	3 212	13.23	20.12	30.78
中国香港	853 427	-16.52	2 884	-15.07	18.07	33.79
台澎金马关税区	498 138	-14.27	1 355	-12.47	8.49	27.20
日本	26 814	174.20	429	23.05	2.69	159.94
2004 年	6 016 833	21.49	20 201	26.55	100.00	33.57
韩国	2 249 723	116	7 260	126	35.94	32.27
美国	1 943 203	8.10	6 154	11.04	30.47	31.67
中国香港	592 948	-30.52	2 083	-27.78	10.31	35.13
台澎金马关税区	265 965	-46.61	875	-35.41	4.33	32.91
安哥拉	247 240	250	721	300	3.57	29.17
日本	32 274	20.36	466	8.74	2.31	144.49
2005 年	11 372 467	89.01	40 602	101	100.00	35.70
美国	4 992 742	157	18 575	202	45.75	37.20
韩国	1 928 600	-14.27	6 499	-10.49	16.01	33.70
尼日利亚	849 612		2 600		6.40	30.60
台澎金马关税区	675 777	154	2 140	144	5.27	31.67
中国香港	499 555	-15.75	1 791	-13.99	4.41	35.86
安哥拉	444 756	79.89	1 325	83.69	3.26	29.79

2-9 历年水泥熟料出口主要收货地

地区	出口数量(吨)		出口金额(万美元)			年平均离岸价格(美元)
	数量	增长%	金额	增长%	比重%	
2000年	234 387	-41.43	569	-43.47	100.00	24.26
美国	127 774	-11.40	278	-21.36	48.96	21.79
韩国	96 495	-39.12	221	-38.88	38.93	22.95
2001年	102 393	-56.31	417	-26.72	100.00	40.70
美国	41 300	-67.68	153	-45.17	36.63	36.96
韩国	36 146	-62.54	98	-55.64	23.57	27.17
墨西哥	2 923	161	73	702	17.56	250.30
马来西亚	13 070	614 941	30	112 941	7.22	23.01
2002年	89 389	-12.70	438	5.19	100.00	49.04
越南	30 032	9 911	82	6 177	18.66	27.23
美国	7 276	-82.38	81	-47.13	18.41	110.94
墨西哥	2 341	-19.91	60	-17.62	13.75	257.45
中国香港	11 475	332	45	369	10.30	39.36
台澎金马关税区	16 760	571	43	646	9.78	25.57
2003年	379 608	325	1 195	173	100.00	31.47
台澎金马关税区	228 938	1 266	507	1 084	42.47	22.16
美国	24 761	240	226	180	18.93	91.31
越南	67 740	126	168	106	14.07	24.82
2004年	1 027 467	171	2 839	138	100.00	27.63
台澎金马关税区	420 924	83.86	998	96.66	35.15	23.70
阿拉伯联合酋长国	250 621	96 293	597	17 030	21.03	23.82
2005年	10 784 860	950	27 858	881	100.00	25.83
西班牙	2 962 512	4 702 300	7 603	701 713	27.29	25.66
阿拉伯联合酋长国	1 567 028	525	4 023	574	14.44	25.67
孟加拉国	1 381 922	2 450	3 402	2 512	12.21	24.62

2-10 2005年水泥出口主要收货地

数量:吨 金额:万美元

国家或地区	数量	增长%	金额	增长%	比重%
总 计	11 372 467	89.01	40 602	101	100.00
美国	4 992 742	157	18 575	202	45.75
韩国	1 928 600	-14.27	6 499	-10.49	16.01
尼日利亚	849 612		2 600		6.40
台澎金马关税区	675 777	154	2 140	144	5.27
中国香港	499 555	-15.75	1 791	-13.99	4.41
安哥拉	444 756	79.89	1 325	83.69	3.26
卡塔尔	228 877		763		1.88
几内亚	209 644		690		1.70
阿拉伯联合酋长国	187 894	175	601	197	1.48
澳大利亚	115 914	295	553	189	1.36
日本	51 266	58.85	509	9.23	1.25
蒙古	149 931	22.24	507	40.39	1.25
科威特	118 025		392		0.97
刚果	127 552	21.99	388	22.10	0.96
也门共和国	110 162	30 613	343	13 816	0.85
新西兰	68 527	35 042	303	4 249	0.75
缅甸	77 392	34.73	302	31.53	0.74
越南	49 132	5.09	225	12.90	0.56
智利	50 103		194		0.48
哈萨克斯坦	28 100	413	175	190	0.43
中国澳门	43 373	-44.67	167	-48.92	0.41
伊朗	53 526	14 978	165	2 029	0.41
苏丹	15 220	121	145	119	0.36
塞内加尔	38 085		133		0.33
朝鲜	38 534	86.04	127	75.77	0.31
沙特阿拉伯	28 380		105		0.26
南非	22 313	4 751	92	903	0.23
毛里求斯	27 329		85		0.21
俄罗斯联邦	17 692	69.78	80	112	0.20
新加坡	22 728	-28.98	71	-22.58	0.18
厄立特里亚	18 000		71		0.17
利比里亚	23 730		70		0.17
印度尼西亚	3 055	-51.89	64	17.08	0.16
老挝	14 671	134	58	120	0.14

2005年水泥出口主要收货地

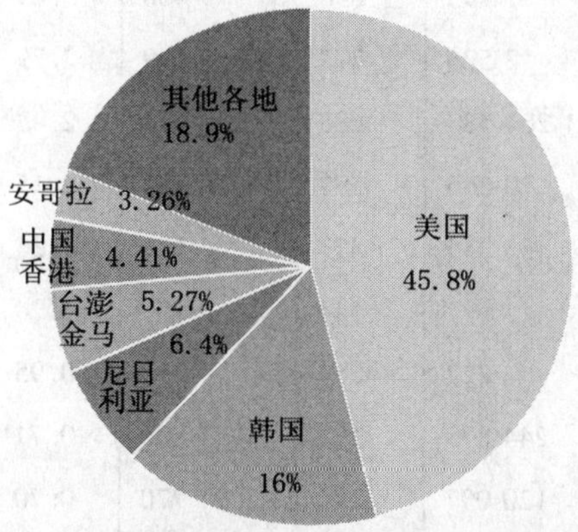

2-11 2005年水泥熟料出口主要收货地

2005年水泥熟料出口主要收货地

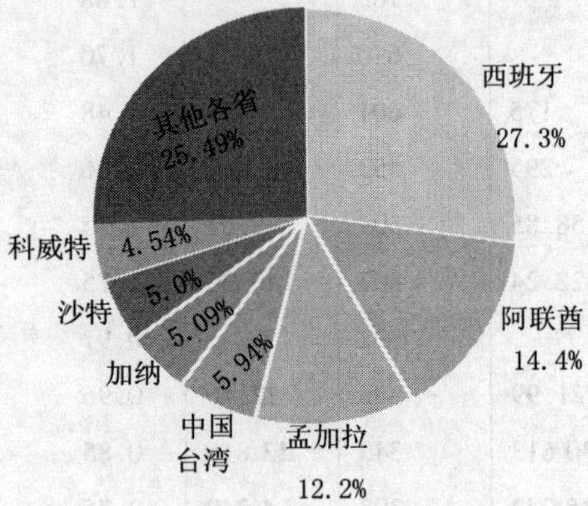

数量:吨 金额:万美元

国家或地区	数量	增长%	金额	增长%	比重%
总　计	10 784 860	950	27 858	881	100.00
西班牙	2 962 512	4 702 300	7 603	701 713	27.29
阿拉伯联合酋长国	1 567 028	525	4 023	574	14.44
孟加拉国	1 381 922	2 450	3 402	2 512	12.21
台澎金马关税区	677 673	61.00	1 656	65.98	5.94
加纳	563 813		1 417		5.09
沙特阿拉伯	512 096		1 394		5.00
科威特	508 593	1 017 184 904	1 265	126 463 640	4.54
卡塔尔	360 120	0.00	947	0.00	3.40
越南	371 020	242	911	261	3.27
美国	319 825	1 795	838	408	3.01
伊朗	274 061	13 526	777	1 669	2.79
中国香港	253 720	1 264 582	688	249 041	2.47
马来西亚	222 914	70 666	598	7 782	2.15
意大利	136 111	335 355	373	46 128	1.34
比利时	129 106		344		1.24
肯尼亚	104 024	222	264	255	0.95
塞拉利昂	76 187	244 873	197	31 006	0.71
南非	72 118	120 097	196	27 770	0.70
巴西	76 977	92.66	185	92.75	0.66
利比里亚	67 548		180		0.65
科特迪瓦	39 055		100		0.36
中国澳门	32 772	74 323	91	2 754	0.33
多米尼亚共和国	37 185	-0.17	87	-0.17	0.31
荷兰	5 946	11.84	78	13.07	0.28
韩国	5 434	-15.54	64	-15.08	0.23
日本	4 161	85.10	40	59.25	0.14
蒙古	11 530	123	24	106	0.09
英国	1 277	123	19	138	0.07
泰国	1 122	2 705	19	4 038	0.07
印度	4 483	579	13	314	0.05
俄罗斯联邦	859	231	13	162	0.04
智利	720	-72.33	11	-54.75	0.04

2-12　2005年水泥出口主要流向

国内发货地	收货国家或地区	出口数量（吨）	数量增长率（%）	出口金额（万美元）	金额增长率（%）	金额比重（%）	年平均离岸价格（美元）
山东烟台	美国	1 011 434	35.71	4 327	77.50	10.66	42.78
江苏泰州	美国	998 265	3 888	3 902	4 624	9.61	39.09
山东济宁	韩国	1 059 396	-14.86	3 523	-11.32	8.68	33.26
江苏南京	美国	901 699	59.33	3 217	88.29	7.92	35.68
河北唐山	韩国	812 079	44.59	2 583	43.88	6.36	31.80
辽宁大连	美国	621 028	12.62	2 225	27.12	5.48	35.83
山东济宁	美国	602 166	997	1 952	1 077	4.81	32.41
山东济宁	台澎金马关税区	565 994	117	1 698	123	4.18	30.00
山东龙口	安哥拉	358 344	44.94	1 057	46.54	2.60	29.49
山东日照	美国	297 992		1 001		2.46	33.58
江苏镇江	美国	292 942		984		2.42	33.57
河北唐山	美国	260 115	1 300 475	903	2 051 072	2.22	34.70
山东济宁	尼日利亚	265 759		813		2.00	30.60
广东广州	中国香港	172 900	26.54	555	32.37	1.37	32.11
山东日照	尼日利亚	166 490		514		1.26	30.85
广东肇庆	中国香港	122 439	5.96	493	9.03	1.21	40.23
江苏泰州	尼日利亚	143 104		417		1.03	29.16
山东龙口	刚果	127 552	31.89	388	30.35	0.96	30.41
广东佛山	中国香港	97 020	-4.55	349	-5.44	0.86	35.99
河北唐山	尼日利亚	109 103		348		0.86	31.86
内蒙古二连浩特	蒙古	105 212	13.56	328	19.58	0.81	31.20
山东龙口	几内亚	89 500		301		0.74	33.60
江苏镇江	新西兰	68 339		295		0.73	43.12
江苏张家港	卡塔尔	79 794		263		0.65	33.00
湖北黄石	几内亚	81 644		260		0.64	31.87
江苏南通	尼日利亚	79 744		238		0.59	29.88
江苏镇江	阿拉伯联合酋长国	71 950		237		0.58	33.00
山东龙口	卡塔尔	70 280		234		0.58	33.26
山东济宁	阿拉伯联合酋长国	70 333	3.10	219	8.16	0.54	31.14
河北石家庄	韩国	36 404	17.24	219	23.39	0.54	60.02
江苏苏州	澳大利亚	54 704		215		0.53	39.31

2－13 2005年水泥熟料出口主要流向

国内发货地	收货国家或地区	出口数量（吨）	数量增长率（%）	出口金额（万美元）	金额增长率（%）	金额比重（%）	年平均离岸价格（美元）
安徽铜陵	西班牙	855 671		2 146		7.70	25.08
安徽铜陵	孟加拉国	568 065		1 383		4.96	24.34
安徽安庆	西班牙	535 635		1 311		4.71	24.48
安徽铜陵	阿拉伯联合酋长国	456 831	220	1 176	245	4.22	25.73
安徽安庆	孟加拉国	464 318		1 138		4.08	24.50
山东泰安	西班牙	377 524		961		3.45	25.46
山东枣庄	西班牙	332 720		894		3.21	26.87
山东淄博	阿拉伯联合酋长国	286 491		756		2.71	26.38
山东曲阜	西班牙	266 901		703		2.52	26.33
湖北黄石	阿拉伯联合酋长国	258 694		677		2.43	26.16
安徽安庆	阿拉伯联合酋长国	280 024	280	670	286	2.40	23.92
安徽铜陵	台澎金马关税区	257 953	43.58	623	48.64	2.24	24.16
安徽铜陵	加纳	236 711		568		2.04	24.00
安徽铜陵	科威特	222 697		563		2.02	25.29
安徽安庆	沙特阿拉伯	190 574		545		1.96	28.62
安徽安庆	台澎金马关税区	224 086	132	539	131	1.93	24.05
安徽安庆	科威特	219 578		523		1.88	23.81
广东肇庆	中国香港	167 752		463		1.66	27.59
山东淄博	加纳	169 204		453		1.62	26.75
山东济南	阿拉伯联合酋长国	174 118		444		1.59	25.50
安徽安庆	越南	148 082	213	355	242	1.28	24.00
山东烟台	西班牙	129 868		347		1.24	26.70
安徽铜陵	美国	143 456		339		1.22	23.63
山东济南	西班牙	123 410	293 732	329	54 594	1.18	26.70
山东泰安	台澎金马关税区	128 649		328		1.18	25.50
安徽铜陵	沙特阿拉伯	130 964		325		1.17	24.85
安徽铜陵	越南	126 806		304		1.09	24.00
安徽安庆	伊朗	122 831		294		1.05	23.91
山东泰安	意大利	102 833		288		1.03	28.00
安徽铜陵	伊朗	117 044		288		1.03	24.57
山东日照	孟加拉国	113 804		281		1.01	24.70
山东日照	西班牙	104 373	0.00	276	0.00	0.99	26.44
安徽安庆	加纳	104 527	0.00	252	0.00	0.91	24.15

2－14　2005年水泥及水泥制品进出口总表

商品名称	数量(吨)	数量增长率(%)	金额(万美元)	金额增长率(%)
出口				
水泥	11 372 467	89.01	40 602	100.99
1. 白水泥	114 913	8.74	652	16.65
2. 硅酸盐水泥	11 188 893	91.49	38 855	108.60
3. 矾土水泥	28 197	0.69	951	10.65
4. 其他水凝水泥	40 464	1.10	145	-7.36
水泥熟料	10 784 860	949.66	27 858	881.38
水泥建筑用砖及砌块	407 470	13.22	1 989	18.00
水泥砖瓦	62 324	-0.82	2 192	40.64
1. 人造石制砖、瓦、扁平石	22 711		1 689	
2. 水泥或混凝土制砖、瓦、扁平石	39 613		504	
水泥构件	1 885 622	18.71	12 766	27.76
1. 混凝土管、杆、板、桩等	1 095 055	143.49	6 972	149.28
2. 其他混凝土预制结构件	790 566	-30.58	5 794	-19.48
水泥轨枕	4 704	299.48	110	1 494.44
其他水泥制品	172 488	31.10	5 302	56.98
石棉水泥瓦楞板	4 105	2.62	54	31.54
石棉水泥片、板、砖	48 394	1 17.02	944	30.51
石棉水泥管子及管子附件	66	-39.85	5	35.66
其他石棉水泥制品	35 355	201.37	740	242.61
进口				
水泥	820 821	-25.62	3 162	-20.05
1. 白水泥	2 619	-2.96	123	3.20
2. 硅酸盐水泥	809 732	-25.86	2 544	-24.44
3. 矾土水泥	4 932	-13.21	320	3.34
4. 其他水凝水泥	3 538	13.48	176	9.77
水泥熟料	342 678	-78.11	886	-76.66
水泥建筑用砖及砌块	3 358	-67.22	265	-57.35
水泥砖瓦	15 947	1.53	846	12.20
1. 人造石制砖、瓦、扁平石	14 075		766	
2. 水泥或混凝土制砖、瓦、扁平石	1 872		80	
水泥构件	3 284	610.96	60	576.77
1. 混凝土管、杆、板、桩等	2 733	1 415.28	50	2 133.92
2. 其他混凝土预制结构件	551	95.79	9	43.28
水泥轨枕	13		0.28	
其他水泥制品	11 741	-23.75	707	-31.56
石棉水泥瓦楞板	2	97.55	1	-31.16
石棉水泥片、板、砖	4 667	67.45	647	90.68
石棉水泥管子及管子附件	2	-65.29	7	-11.26
其他石棉水泥制品	138	-80.48	15	-81.89

2－15 2004年水泥及水泥制品进出口总表

商品名称	数量(吨)	数量增长率(%)	金额(万美元)	金额增长率(%)
出口				
水泥	6 016 833	21.49	20 201	26.55
1. 白水泥	105 676	－20.32	559	－17.77
2. 硅酸盐水泥	5 843 128	22.70	18 626	29.88
3. 矾土水泥	28 004	3.20	860	8.60
4. 其他水凝水泥	40 025	31.50	156	3.28
水泥熟料	1 027 467	170.67	2 839	137.61
水泥建筑用砖及砌块	359 879	－17.34	1 686	25.37
水泥砖瓦	62 838	20.85	1 559	88.21
1. 人造石制砖、瓦、扁平石				
2. 水泥或混凝土制砖、瓦、扁平石				
水泥构件	1 588 485	11.13	9 993	27.17
1. 混凝土管、杆、板、桩等	449 725	21.23	2 797	19.75
2. 其他混凝土预制结构件	1 138 760	7.59	7 196	30.32
水泥轨枕	1 178	－41.19	7	－64.31
其他水泥制品	131 567	－10.58	3 377	47.59
石棉水泥瓦楞板	4 000	40.91	41	16.31
石棉水泥片、板、砖	22 299	－53.85	723	32.65
石棉水泥管子及管子附件	110	127.52	3	21.98
其他石棉水泥制品	1 1731	7.78	216	67.24
进口				
水泥	1 103 601	68.72	3 955	81.37
1. 白水泥	2 699	33.07	119	85.37
2. 硅酸盐水泥	1 092 101	69.30	3 366	92.79
3. 矾土水泥	5 683	35.32	309	30.02
4. 其他水凝水泥	3118	11.38	161	21.21
水泥熟料	1 565 761	－16.87	3 794	－10.86
水泥建筑用砖及砌块	10 242	110.56	621	149.57
水泥砖瓦	15 706	32.45	754	50.26
1. 人造石制砖、瓦、扁平石				
2. 水泥或混凝土制砖、瓦、扁平石				
水泥构件	462	68.65	9	70.20
1. 混凝土管、杆、板、桩等	180	40.55	2	13.51
2. 其他混凝土预制结构件	282	93.42	7	105.33
水泥轨枕	0	0.00	0	0.00
其他水泥制品	15 397	1.33	1 033	54.46
石棉水泥瓦楞板	1	－94.24	1	111.16
石棉水泥片、板、砖	2 787	－10.62	339	12.40
石棉水泥管子及管子附件	5	1 291.86	8	2 405.67
其他石棉水泥制品	708	194.62	84	328.73

出厂价格

3-1-1　全国水泥平均出厂价格变动趋势

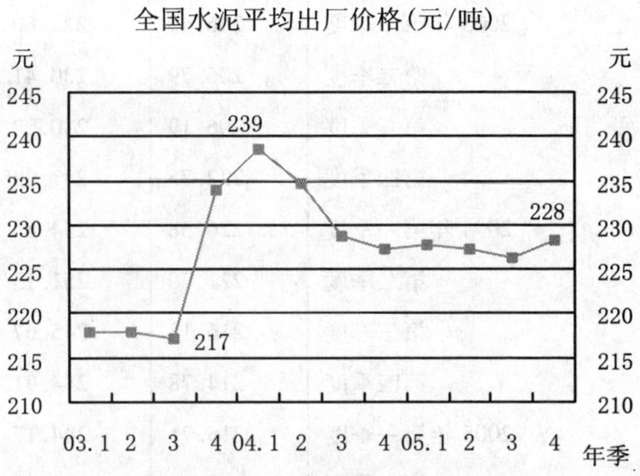

全国水泥平均出厂价格

元/吨

年　季	平均价格
2003 年第一季度	217.87
第二季度	217.89
第三季度	217.13
第四季度	233.95
2004 年第一季度	238.66
第二季度	234.55
第三季度	228.61
第四季度	227.32
2005 年第一季度	227.63
第二季度	227.26
第三季度	226.35
第四季度	228.31

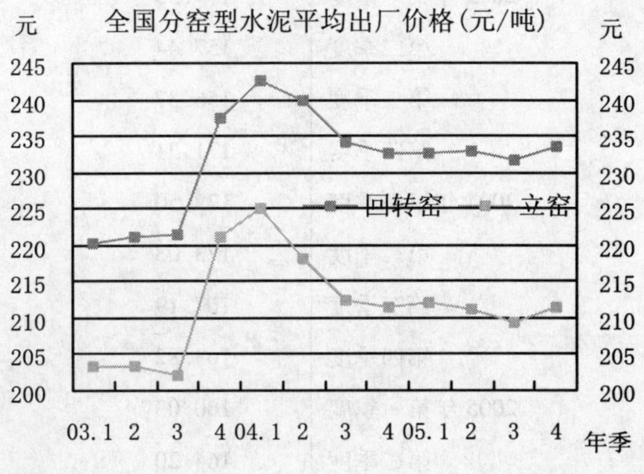

全国分窑型水泥平均出厂价格

元/吨

年　季	回转窑	立窑
2003 年第一季度	220.38	203.20
第二季度	221.27	203.41
第三季度	221.37	201.97
第四季度	237.52	221.15
2004 年第一季度	242.71	224.92
第二季度	239.81	217.97
第三季度	234.01	212.32
第四季度	232.73	211.36
2005 年第一季度	232.48	211.94
第二季度	232.89	211.12
第三季度	231.83	209.38
第四季度	233.59	211.37

3－1－2　全国水泥平均出厂价格变动趋势

全国分强度等级水泥平均出厂价格(元/吨)

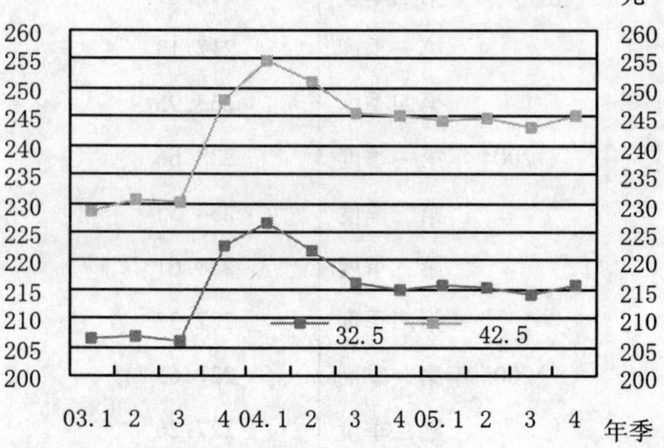

全国分强度等级水泥平均出厂价格

元/吨

年　季	32.5	42.5
2003 年第一季度	206.49	228.60
第二季度	206.79	230.41
第三季度	206.19	230.22
第四季度	222.75	247.83
2004 年第一季度	226.58	254.59
第二季度	221.70	251.15
第三季度	216.18	245.67
第四季度	214.78	244.91
2005 年第一季度	215.71	244.17
第二季度	215.11	244.87
第三季度	214.10	242.99
第四季度	215.90	244.97

全国水泥熟料平均出厂价格(元/吨)

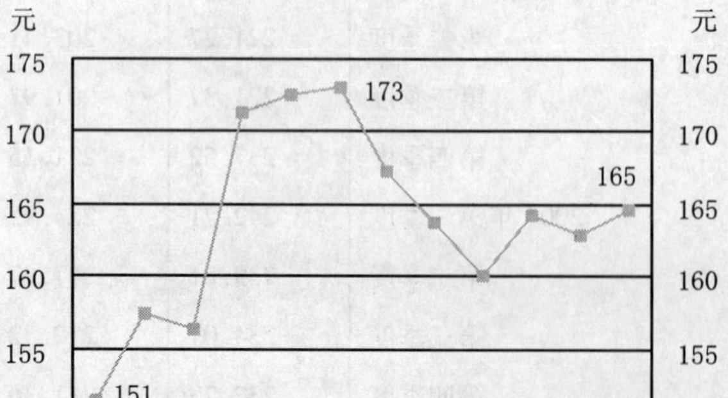

全国水泥熟料平均出厂价格

元/吨

年　季	平均价格
2003 年第一季度	151.35
第二季度	157.44
第三季度	156.37
第四季度	171.31
2004 年第一季度	172.50
第二季度	173.03
第三季度	167.19
第四季度	163.82
2005 年第一季度	160.03
第二季度	164.20
第三季度	162.86
第四季度	164.59

3-2　全国水泥平均出厂价格

元/吨

品种和强度等级	2003年1月	2003年12月	2004年12月	2005年12月
水泥	218.80	239.69	226.64	229.50
其中:回转窑水泥	220.75	243.50	231.92	235.11
立　窑水泥	203.87	227.03	211.34	211.82
强度等级32.5	207.11	228.03	214.22	216.95
强度等级42.5	228.29	254.84	243.93	246.26
强度等级52.5	277.40	307.08	291.16	293.42
水泥熟料	147.58	168.53	162.45	166.06
分品种强度等级水泥				
硅酸盐水泥	249.80	270.83	275.89	260.37
强度等级42.5	228.23	248.25	257.43	255.44
强度等级52.5	305.27	331.03	340.47	272.08
普通硅酸盐水泥	218.46	244.02	227.47	230.17
回转窑普通硅酸盐水泥	223.59	248.13	233.63	236.71
强度等级32.5	214.91	234.80	221.13	224.73
强度等级42.5	233.82	264.19	248.27	250.47
强度等级52.5	261.94	301.41	294.70	308.72
立窑普通硅酸盐水泥	205.89	234.28	213.44	214.34
强度等级32.5	199.27	229.53	206.21	207.59
强度等级42.5	220.21	245.51	233.58	234.37
低碱水泥	321.53	341.07	333.88	321.20
矿渣硅酸盐水泥	204.16	213.47	214.49	215.48
回转窑矿渣硅酸盐水泥	208.24	222.10	222.09	224.89
强度等级32.5	201.48	219.67	214.48	217.25
强度等级42.5	217.26	227.15	249.54	258.41
强度等级52.5	282.76	283.50	225.08	233.10
立窑矿渣硅酸盐水泥	195.56	196.20	201.12	200.07
强度等级32.5	194.11	193.84	198.71	195.54
强度等级42.5	204.10	206.10	208.68	213.22
粉煤灰水泥	136.08	171.08	178.22	192.22
复合硅酸盐水泥	209.52	227.96	208.39	212.44
特种水泥	315.86	286.29	290.73	300.43
砌筑水泥	170.74	185.46	175.48	180.59
道路用水泥	229.88	269.51	258.61	268.05
白色水泥	367.61	371.33	393.54	398.11
快硬水泥	405.80	364.53	343.66	345.33
大坝水泥	266.25	313.89	292.50	289.61
铝酸盐水泥	657.50	346.38	348.38	442.81

3-3 省区市水泥平均出厂价格

2003年12月省区市水泥平均出厂价格对比

2005 年 12 月省区市水泥平均出厂价格对比

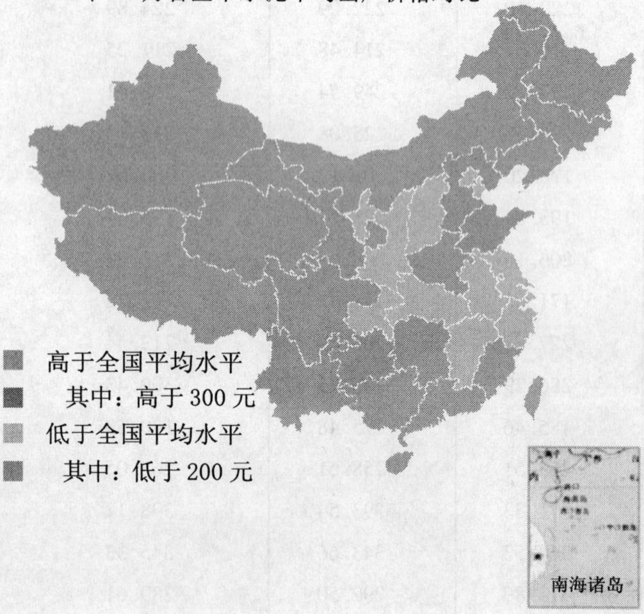

元/吨

省区市	2003 年 1 月	2003 年 12 月	2004 年 12 月	2005 年 12 月
全国	218.80	239.69	226.64	229.50
北京	226.80	210.43	222.62	213.69
天津	210.52	201.60	210.92	204.95
河北	191.35	188.47	187.51	193.92
山西	187.67	192.39	205.45	208.25
内蒙古	240.84	232.96	249.11	249.39
辽宁	237.39	222.72	225.10	230.15
吉林	250.20	263.80	254.21	244.79
黑龙江	271.25	274.59	281.69	277.07
上海	239.29	329.06	230.57	217.88
江苏	212.44	290.57	214.55	210.27
浙江	233.21	332.81	235.63	207.75
安徽	206.73	274.03	224.76	222.27
福建	216.19	304.99	263.56	239.03
江西	216.14	280.97	218.20	214.11
山东	168.89	213.56	192.11	192.58
河南	166.31	207.18	202.16	248.30
湖北	208.69	227.50	217.40	215.00
湖南	214.13	265.11	235.95	241.01
广东	244.90	293.40	289.98	262.38
广西	204.79	235.07	234.69	236.06
海南	243.73	286.00	280.72	256.10
重庆	221.06	206.36	201.76	202.41
四川	217.75	196.98	208.19	234.86
贵州	227.96	233.76	236.79	248.88
云南	231.99	238.20	262.30	279.15
西藏				
陕西	236.58	233.57	227.78	225.46
甘肃	240.89	240.05	237.72	235.86
青海	274.09	252.55	249.67	237.99
宁夏	224.09	222.27	231.56	214.01
新疆	301.43	261.17	255.10	268.54

3－4　2005 年末华北地区水泥平均出厂价格

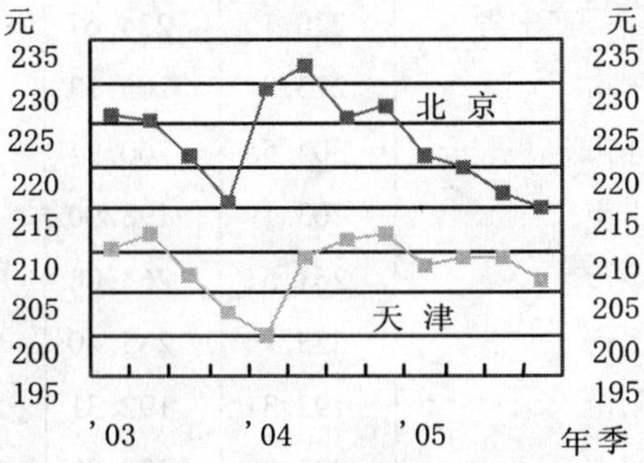

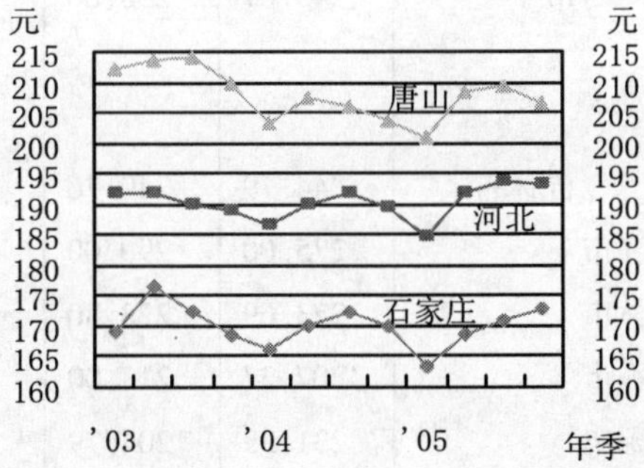

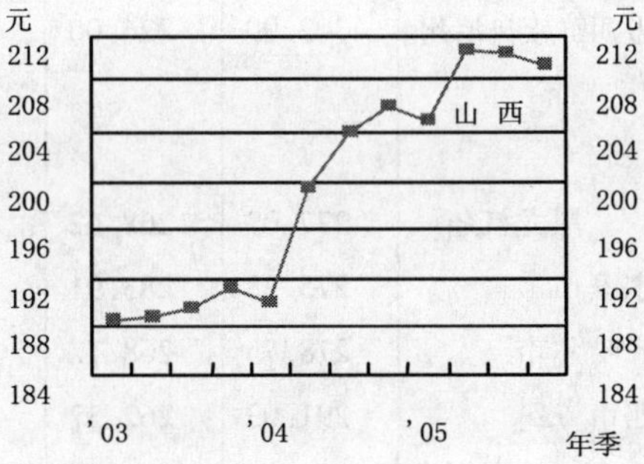

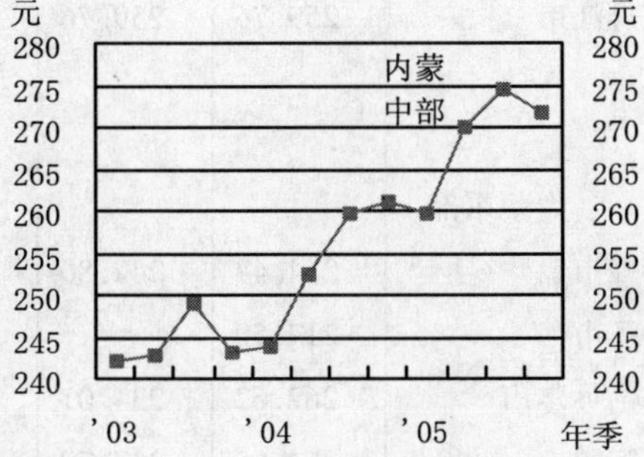

元/吨

地区名称	平均价格	其中:强度等级	
		32.5	42.5
北京市	213.69	202.02	253.09
天津市	204.95	194.07	230.33
河北省	193.92	182.68	215.98
石家庄市	174.96	160.24	211.76
唐山市	206.68	176.17	223.17
秦皇岛市	220.73	193.42	248.04
邯郸市	183.64	176.98	191.96
邢台市	256.83	261.55	247.39
保定市	188.61	186.06	
廊坊市	202.99	202.99	
山西省	208.25	202.33	222.00
太原市	213.21	198.37	235.47
大同市	191.97	187.80	202.40
长治市	217.20	204.56	248.80
运城市	206.58	198.66	223.74
吕梁市	202.30	185.38	270.00
内蒙中部			
呼和浩特市	246.21	235.86	299.15
包头市	225.00		240.00
乌兰察布市	267.00	217.50	300.00
锡林郭勒盟	328.20		366.50

3－5　2005年末东北地区水泥平均出厂价格

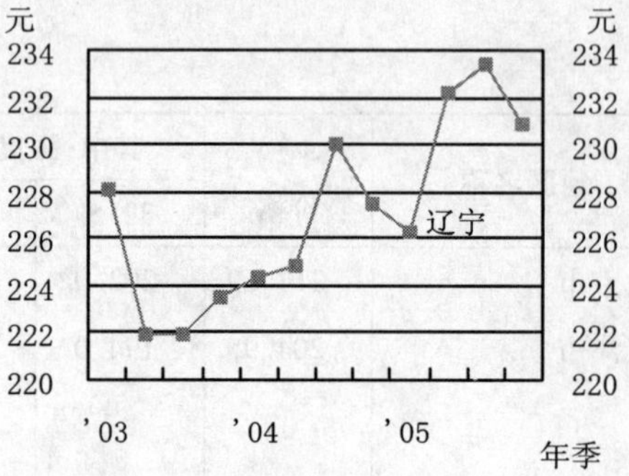

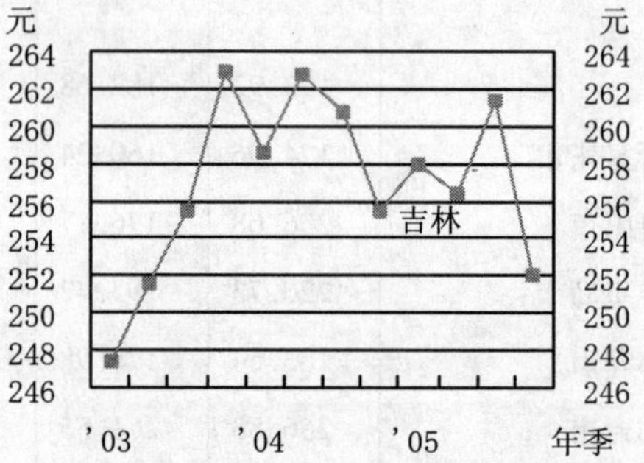

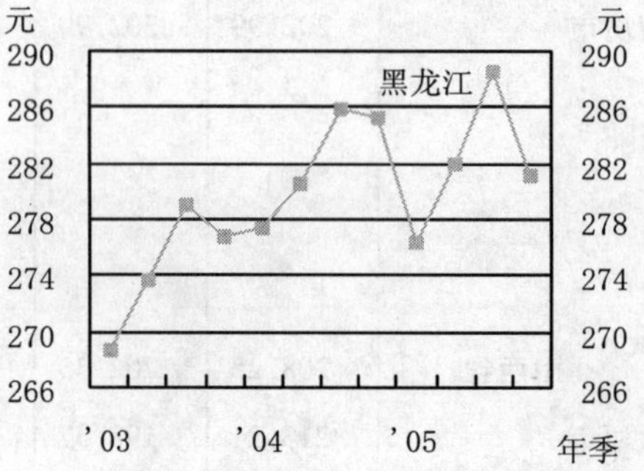

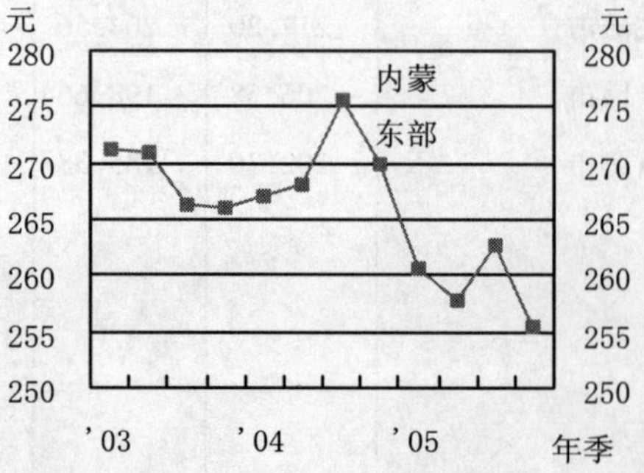

元/吨

地区名称	平均价格	其中:强度等级	
		32.5	42.5
辽宁省	230.15	224.67	255.72
沈阳市	225.39	205.13	245.65
大连市	304.55	260.94	328.48
鞍山市	203.19	198.00	218.75
抚顺市	261.51	263.08	253.72
本溪市	233.14	235.40	
辽阳市	192.31	192.31	
铁岭市	225.00	225.00	
朝阳市	214.12	210.08	230.81
葫芦岛市	243.67	258.00	
吉林省	244.79	240.76	261.88
长春市	275.00	290.00	
吉林市	223.69	228.80	228.75
四平市	207.37	213.00	
辽源市	231.33	204.79	230.50
通化市	270.00	275.00	260.00
白山市	267.17	280.00	254.33
延边朝鲜族自治州	302.00	226.00	340.00
黑龙江省	277.07	268.62	298.05
哈尔滨市	275.23	283.91	271.50
齐齐哈尔市	278.75	268.72	313.85
鸡西市	291.03	262.37	319.69
大庆市	329.42	280.00	
佳木斯市	257.01	257.01	
牡丹江市	259.76	259.76	
内蒙东部			
赤峰市	254.47	242.80	245.44
通辽市	217.50		217.50
呼伦贝尔市	262.62	234.01	291.22
兴安盟	264.65	247.70	0.00

3-6-1 2005 年末华东地区水泥平均出厂价格

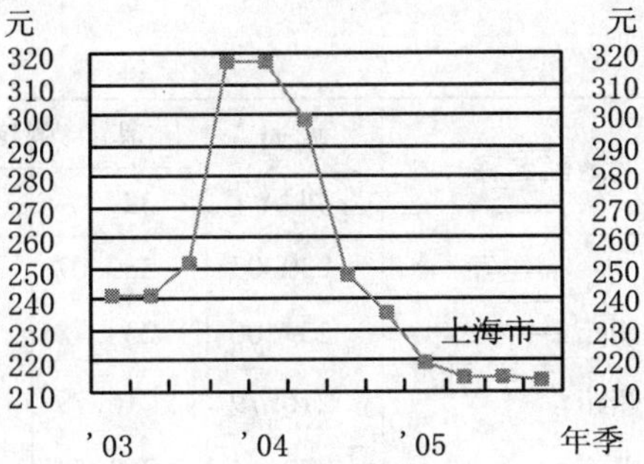

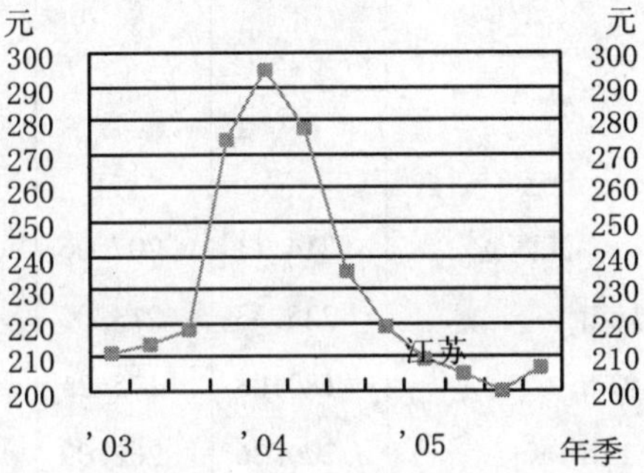

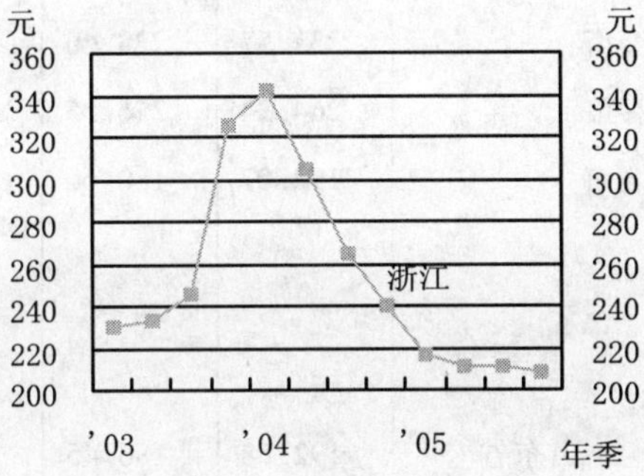

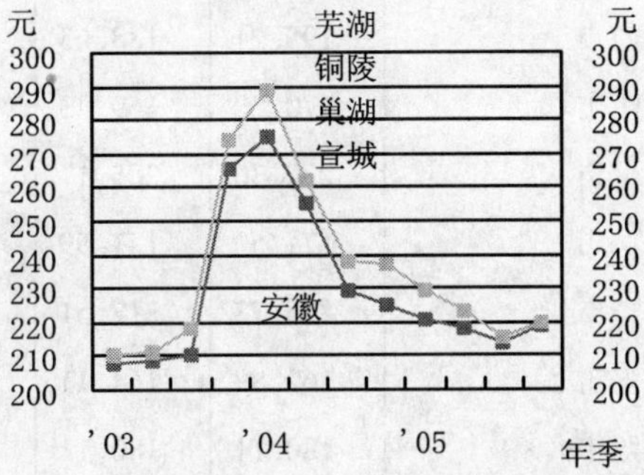

元/吨

地区名称	平均价格	其中:强度等级	
		32.5	42.5
上海市	217.88	214.80	225.94
江苏省	210.27	204.32	218.88
南京市	224.22	216.93	218.24
无锡市	215.80	214.41	227.50
徐州市	204.08	196.50	242.00
常州市	215.54	208.27	230.07
苏州市	199.74	200.85	217.53
南通市	190.60	206.84	174.36
盐城市	240.00	0.00	240.00
镇江市	201.19	190.50	211.88
浙江省	207.75	200.53	218.78
杭州市	200.02	192.18	214.63
宁波市	212.89	225.01	223.93
嘉兴市	205.75	196.14	246.00
湖州市	214.09	197.47	207.91
绍兴市	228.35	232.66	230.00
金华市	215.94	207.74	234.04
衢州市	191.04	185.31	212.52
安徽省	222.27	207.36	242.76
芜湖市	216.33	199.23	330.80
铜陵市	219.71	185.50	203.00
安庆市	217.31	226.23	232.43
滁州市	208.43	200.70	239.32
巢湖市	225.29	211.33	259.00
宣城市	228.02	216.67	256.41

3-6-2 2005年末华东地区水泥平均出厂价格

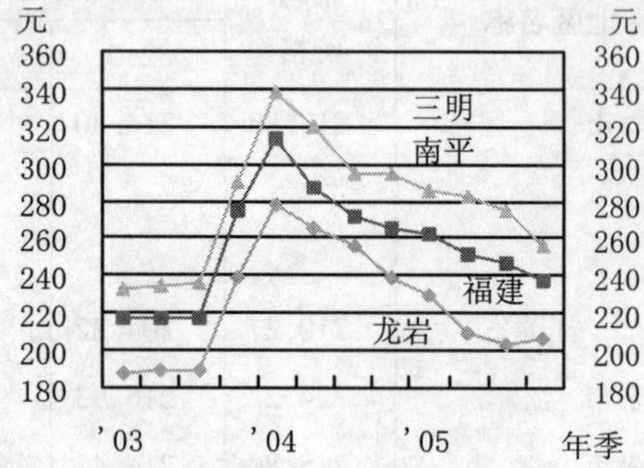

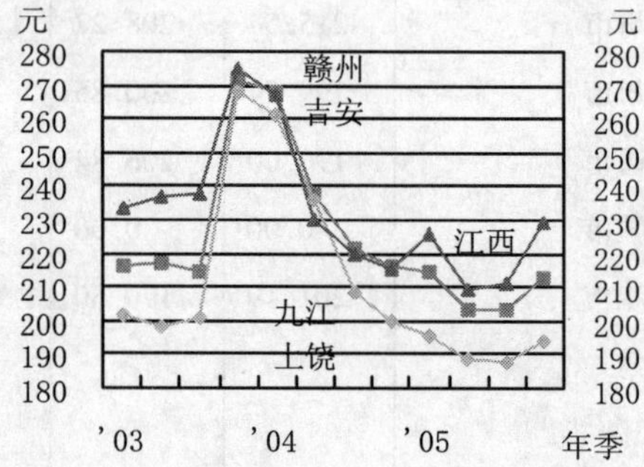

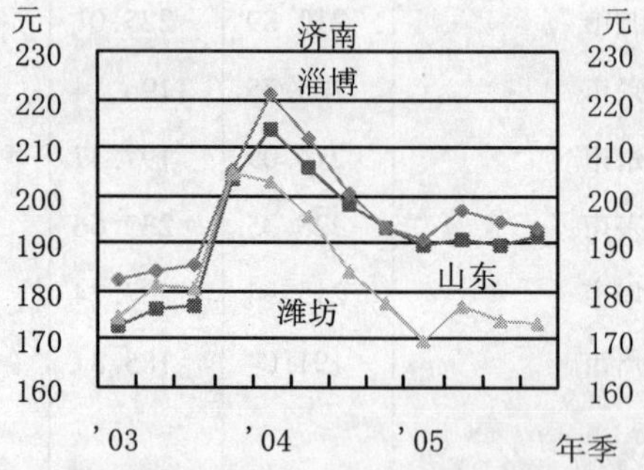

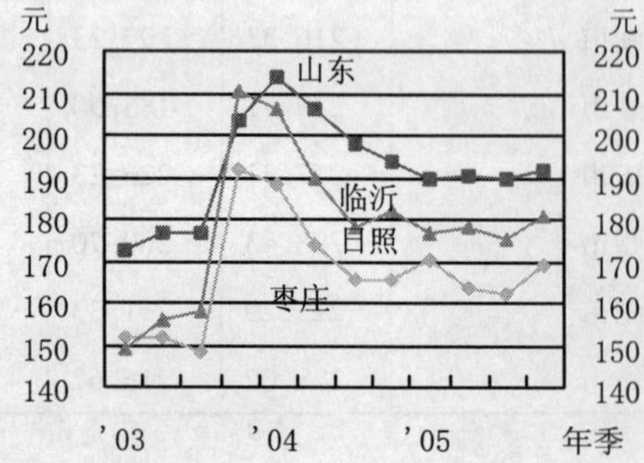

元/吨

地区名称	平均价格	其中:强度等级	
		32.5	42.5
福建省	239.03	230.07	260.29
三明市	237.00	233.78	246.88
泉州市	216.79	216.79	
南平市	279.64	269.53	289.76
龙岩市	208.21	204.56	213.68
江西省	214.11	207.06	221.19
南昌市	225.33	213.00	250.00
萍乡市	180.08	175.21	182.52
九江市	200.26	202.09	216.58
赣州市	223.25	208.38	253.00
吉安市	237.57	228.60	260.00
宜春市	264.24	226.55	
上饶市	192.07	180.60	215.00
山东省	192.58	186.45	209.62
济南市	190.96	190.27	203.53
淄博市	195.71	188.63	205.17
枣庄市	170.22	159.43	208.00
烟台市	230.30	205.17	255.43
潍坊市	171.59	171.59	
济宁市	215.73	217.51	213.60
泰安市	162.89	164.11	158.00
日照市	180.11	180.11	
临沂市	188.48	182.16	204.29
德州市	180.22	159.78	215.56

3-7-1 2005年末中南地区水泥平均出厂价格

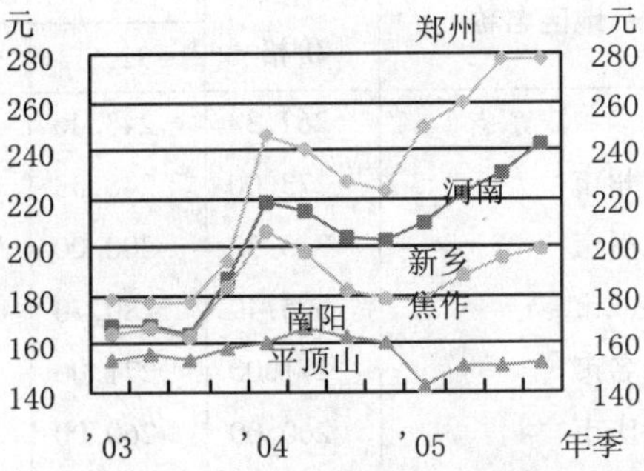

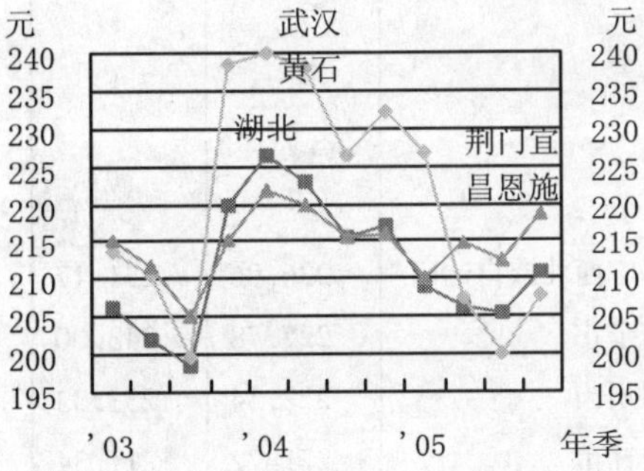

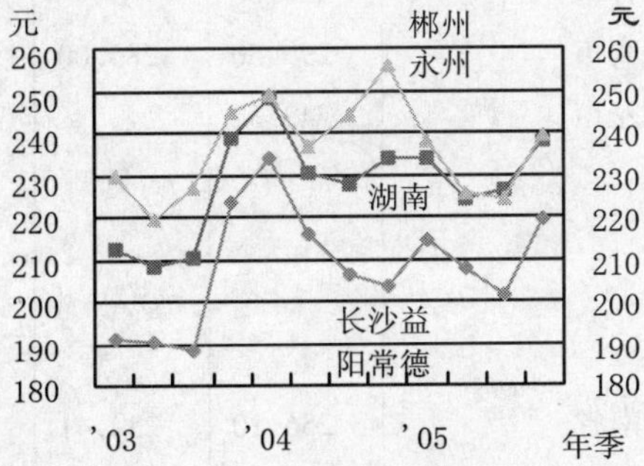

元/吨

地区名称	平均价格	其中:强度等级	
		32.5	42.5
河南省	248.30	217.68	243.73
郑州市	281.24	205.14	205.27
洛阳市	243.38	225.64	261.11
平顶山市	140.17	140.17	0.00
安阳市	240.00	240.00	0.00
鹤壁市	227.35	226.50	252.14
新乡市	179.69	168.08	202.93
焦作市	237.00	222.00	252.00
许昌市	225.85	225.85	0.00
南阳市	187.50	187.50	0.00
驻马店市	201.00	0.00	0.00
湖北省	215.00	204.97	238.81
武汉市	231.10	210.90	236.94
黄石市	196.72	204.30	203.46
十堰市	211.82	202.50	244.60
宜昌市	254.33	246.35	274.47
襄樊市	183.90	175.44	209.93
鄂州市	197.56	189.57	275.00
荆门市	237.20	210.94	257.92
恩施州	196.28	196.28	
湖南省	241.01	231.48	247.81
长沙市	228.78	209.98	256.97
株洲市	226.67	234.67	218.67
湘潭市	227.83	213.75	256.00
衡阳市	236.00	236.00	
邵阳市	273.50	256.41	290.59
岳阳市	219.50	201.00	238.00
常德市	209.39		226.51
益阳市	220.00	230.00	216.67
郴州市	253.92	194.65	218.80
永州市	225.70	223.33	228.07
怀化市	237.46	236.41	254.75
娄底市	271.75	259.58	290.00

3-7-2 2005年末中南地区水泥平均出厂价格

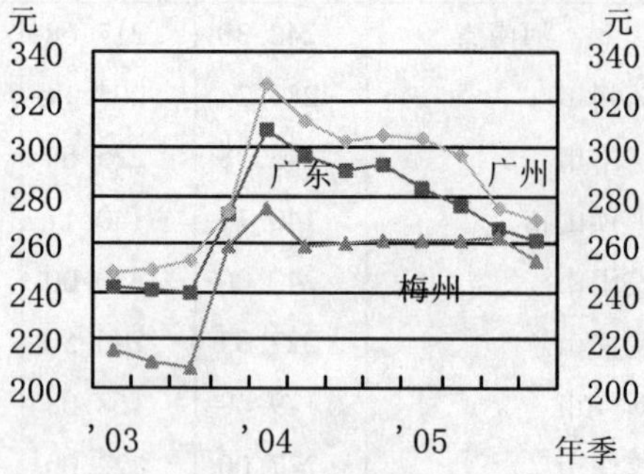

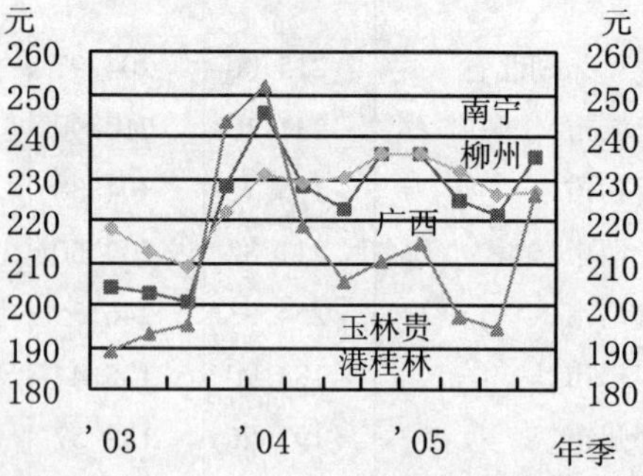

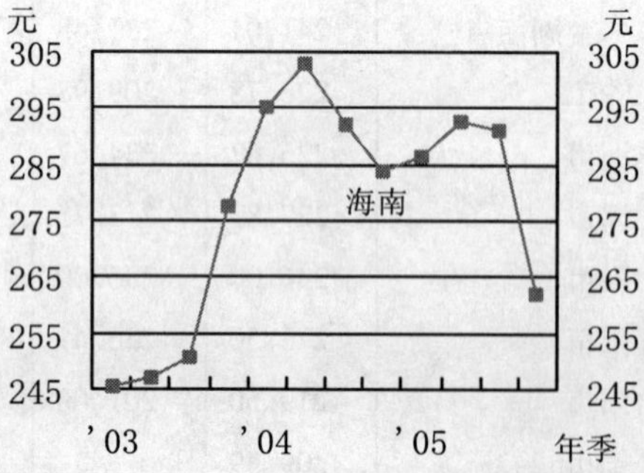

元/吨

地区名称	平均价格	其中:强度等级	
		32.5	42.5
广东省	262.38	243.46	289.05
广州市	273.00	248.33	291.50
江门市	313.33	300.00	320.00
湛江市	305.49	280.70	330.28
茂名市	271.00	271.00	
肇庆市	260.00	260.00	
梅州市	254.49	238.85	275.35
河源市	265.00	265.00	
东莞市	255.63	221.63	258.22
云浮市	253.98	234.95	273.00
广西壮族自治区	236.06	231.17	243.57
南宁市	227.78	243.00	234.03
柳州市	222.34	233.33	229.37
桂林市	221.72	211.34	253.33
梧州市	225.00	225.00	
钦州市	215.00		215.00
贵港市	236.67	240.00	230.00
玉林市	230.00		230.00
来宾市	299.50	285.00	301.00
崇左市	242.32		242.32
海南省	256.10	234.41	258.05

3-8 2005年末西南地区水泥平均出厂价格

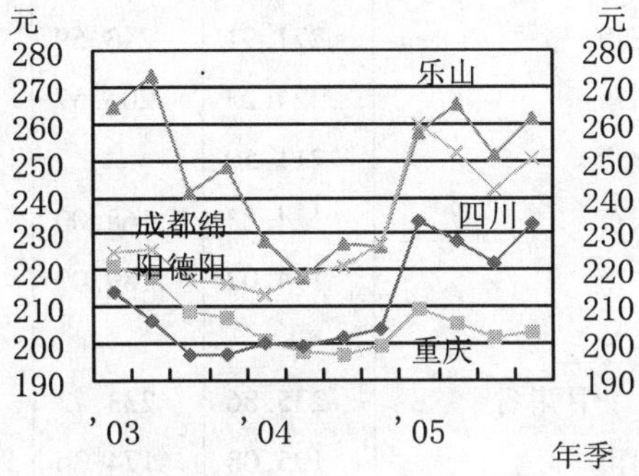

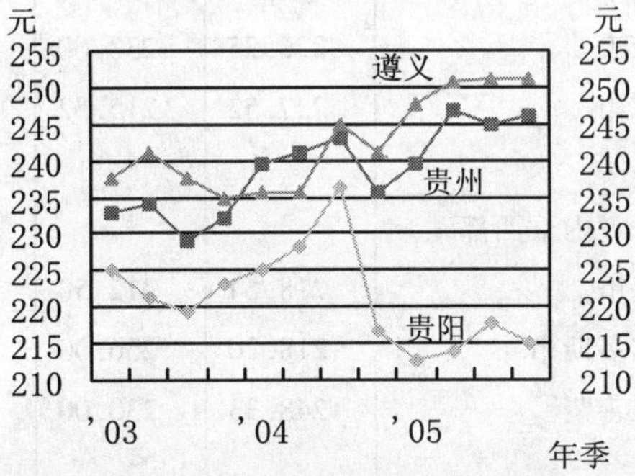

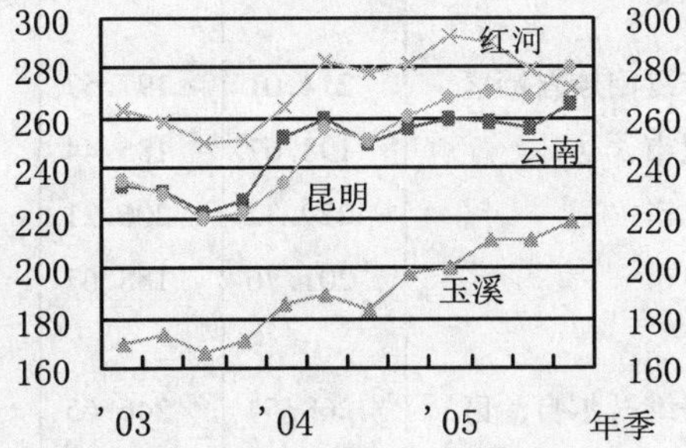

元/吨

地区名称	平均价格	其中:强度等级	
		32.5	42.5
重庆市	202.41	192.89	229.83
四川省	234.86	227.04	249.83
成都市	254.29	251.45	269.23
攀枝花市	334.87	314.48	396.06
泸州市	206.18	206.05	206.56
德阳市	252.45	219.92	302.54
绵阳市	260.10	247.70	282.01
广元市	221.72	224.85	219.04
内江市	196.92	188.20	223.02
乐山市	267.24	235.09	253.31
眉山市	223.75		223.75
宜宾市	223.41	221.08	224.63
广安市	219.03	212.50	224.83
达州市	193.37	194.40	200.00
凉山彝族自治州	305.63	277.50	320.00
贵州省	248.88	224.99	264.10
贵阳市	224.08	190.46	249.30
六盘水市	278.45	240.06	282.25
遵义市	251.54	240.61	257.00
黔西南州	230.00	0.00	230.00
黔东南州	249.75	245.00	299.00
云南省	279.15	255.59	300.22
昆明市	284.13	227.24	302.17
玉溪市	227.81	210.01	246.80
思茅市	294.33	272.50	286.00
红河州	284.68	271.95	324.97

3-9 2005年末西北地区水泥平均出厂价格

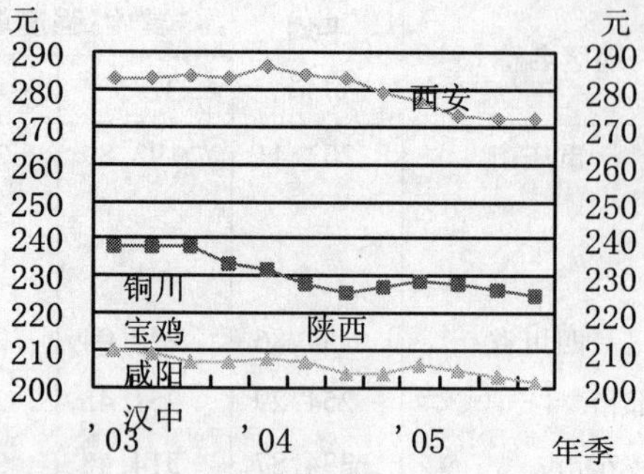

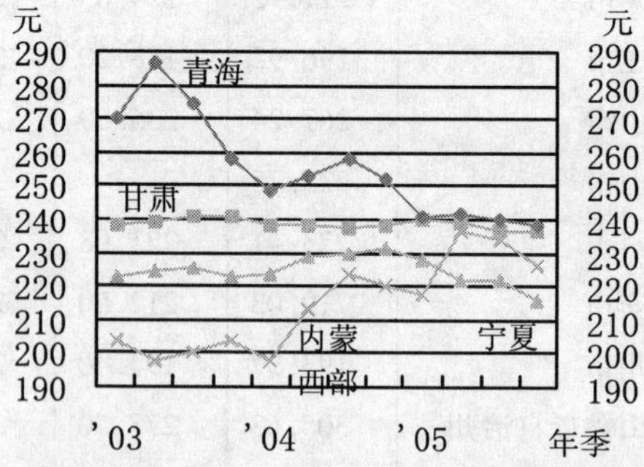

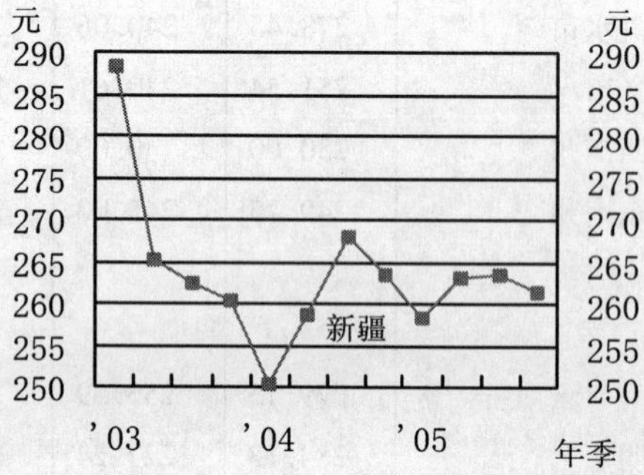

元/吨

地区名称	平均价格	其中:强度等级	
		32.5	42.5
陕西省	225.46	216.63	229.96
西安市	271.91	243.59	251.52
铜川市	224.23	205.57	242.50
宝鸡市	211.50		211.50
咸阳市	174.83	168.00	
汉中市	194.02	189.09	203.02
甘肃省	235.86	233.73	239.62
兰州市	195.08	174.36	193.23
嘉峪关市	257.25	255.64	272.55
金昌市	234.83	228.27	247.96
白银市	206.36	206.99	205.73
天水市	226.10	227.12	222.05
张掖市	226.25	233.00	206.01
平凉市	227.52	215.32	235.66
内蒙西部			
乌海市	218.64	212.50	231.88
鄂尔多斯市	218.20	256.00	265.00
阿拉善盟	248.33	230.00	257.50
青海省	237.99	223.75	241.38
西宁市	241.85	212.85	233.92
海东地区	221.87	218.21	220.00
海西州	266.33	247.00	305.00
宁夏回族自治区	214.01	197.57	205.95
银川市	198.67	185.44	225.15
吴忠市	229.32	206.21	203.35
中卫市	201.76	188.67	195.08
新疆维吾尔自治区	268.54	246.65	321.86
乌鲁木齐市	296.67	275.00	385.00
巴音郭楞州	262.62	252.74	330.27
阿克苏地区	290.00	290.00	
伊犁州	236.04	221.11	286.00
塔城地区	306.79	222.94	309.25

能源购进价格

4－1　建材企业煤电平均购进价格变动趋势

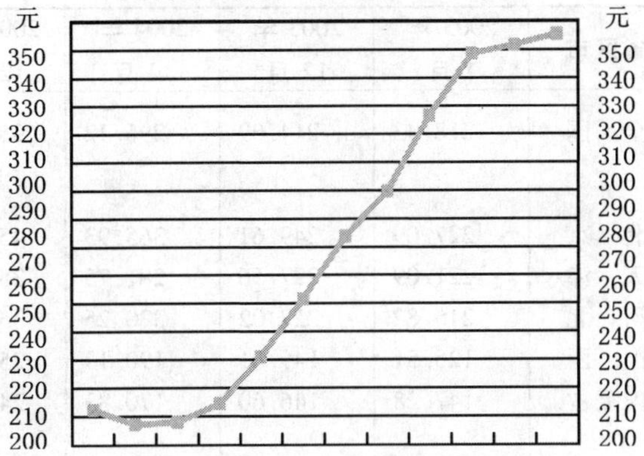

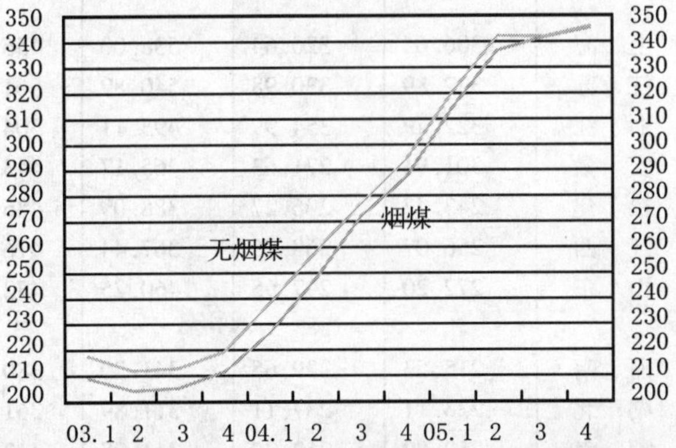

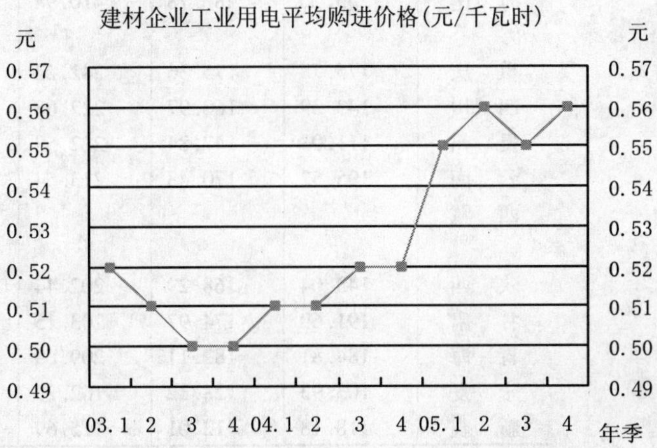

建材企业煤平均购进价格

元/吨

年　季	煤平均购进价格		
	平均价格	无烟煤	烟煤
2003 年第一季度	212.32	217.63	208.95
第二季度	207.08	211.92	204.15
第三季度	208.00	212.94	205.14
第四季度	214.50	219.38	211.60
2004 年第一季度	230.97	238.20	226.51
第二季度	251.61	258.09	247.56
第三季度	273.88	276.91	271.98
第四季度	289.88	294.18	287.14
2005 年第一季度	316.48	320.14	314.10
第二季度	338.70	342.24	336.56
第三季度	341.80	341.94	341.71
第四季度	345.63	346.05	345.34

建材企业工业用电平均购进价格

元/千瓦时

年　季	平均价格
2003 年第一季度	0.52
第二季度	0.51
第三季度	0.50
第四季度	0.50
2004 年第一季度	0.51
第二季度	0.51
第三季度	0.52
第四季度	0.52
2005 年第一季度	0.55
第二季度	0.56
第三季度	0.55
第四季度	0.56

4－2 省区市建材企业煤平均购进价格

2003年12月省区市建材企业煤平均购进价格对比

2005年12月省区市建材企业煤平均购进价格对比

元/吨

省区市	2003年1月	2003年12月	2004年12月	2005年12月
全　国	218.43	214.09	296.12	350.42
北　京	227.09	249.61	365.93	452.92
天　津	221.09	227.56	281.75	358.28
河　北	216.82	227.02	330.25	354.04
山　西	125.51	149.61	190.13	253.64
内蒙古	147.28	146.60	170.83	243.36
辽　宁	212.68	217.25	272.86	336.11
吉　林	181.42	171.54	221.90	285.51
黑龙江	197.22	195.31	203.45	293.14
上　海	306.65	320.64	538.00	456.85
江　苏	322.89	330.98	540.89	561.30
浙　江	322.49	354.99	495.11	504.98
安　徽	301.91	271.63	465.17	443.98
福　建	243.47	206.27	388.09	486.78
江　西	256.07	268.75	367.44	416.09
山　东	272.20	297.95	460.25	472.12
河　南	215.53	239.65	341.20	380.13
湖　北	233.11	237.11	311.89	361.06
湖　南	252.89	252.27	311.78	413.73
广　东	308.59	289.25	439.39	456.76
广　西	293.90	286.52	395.68	464.54
海　南	255.20	286.78	410.98	436.17
重　庆	175.78	175.36	242.22	286.41
四　川	143.39	160.97	222.03	279.52
贵　州	111.03	147.84	222.58	317.86
云　南	195.52	170.48	213.54	314.95
西　藏				
陕　西	143.04	168.29	202.44	264.74
甘　肃	191.69	174.97	203.15	214.51
青　海	184.81	182.11	209.09	252.70
宁　夏	103.93	128.32	162.29	202.00
新　疆	118.18	112.01	115.69	157.63

4－3 省区市建材企业工业用电平均购进价格

2003年12月省区市建材企业工业用电平均购进价格对比

2005年12月省区市建材企业工业用电平均购进价格对比

元/千瓦时

省区市	2003年1月	2003年12月	2004年12月	2005年12月
全　国	0.52	0.49	0.53	0.57
北　京	0.36	0.37	0.45	0.50
天　津	0.44	0.36	0.42	0.49
河　北	0.45	0.46	0.50	0.53
山　西	0.39	0.38	0.41	0.44
内蒙古	0.50	0.51	0.52	0.51
辽　宁	0.56	0.54	0.55	0.59
吉　林	0.63	0.60	0.68	0.69
黑龙江	0.54	0.53	0.55	0.55
上　海	0.54	0.66	0.60	0.59
江　苏	0.61	0.62	0.57	0.56
浙　江	0.52	0.52	0.57	0.61
安　徽	0.60	0.57	0.63	0.64
福　建	0.51	0.48	0.56	0.55
江　西	0.55	0.54	0.55	0.62
山　东	0.55	0.56	0.57	0.58
河　南	0.46	0.46	0.48	0.52
湖　北	0.56	0.52	0.53	0.56
湖　南	0.51	0.49	0.50	0.55
广　东	0.73	0.59	0.65	0.72
广　西	0.59	0.55	0.56	0.58
海　南	0.59	0.55	0.59	0.60
重　庆	0.53	0.53	0.55	0.60
四　川	0.54	0.49	0.52	0.55
贵　州	0.36	0.35	0.39	0.41
云　南	0.45	0.37	0.41	0.43
西　藏				
陕　西	0.46	0.46	0.46	0.50
甘　肃	0.46	0.47	0.48	0.48
青　海	0.44	0.38	0.40	0.40
宁　夏	0.31	0.33	0.39	0.41
新　疆	0.49	0.50	0.46	0.51

4-4 2005年末省区市建材企业煤、工业用电平均购进价格对比

2005年末省区市建材企业煤平均购进价格(元/吨)

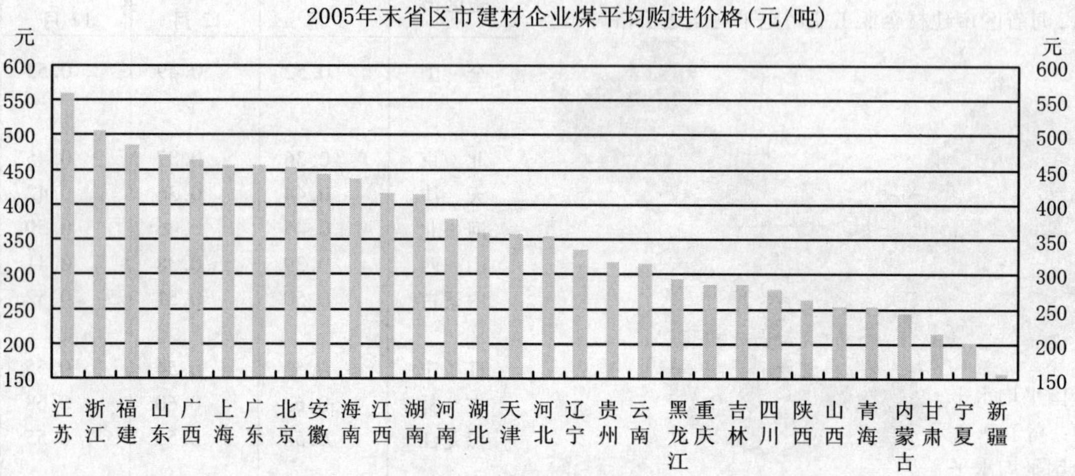

2005年省区市建材企业工业用电平均购进价格(元/吨)

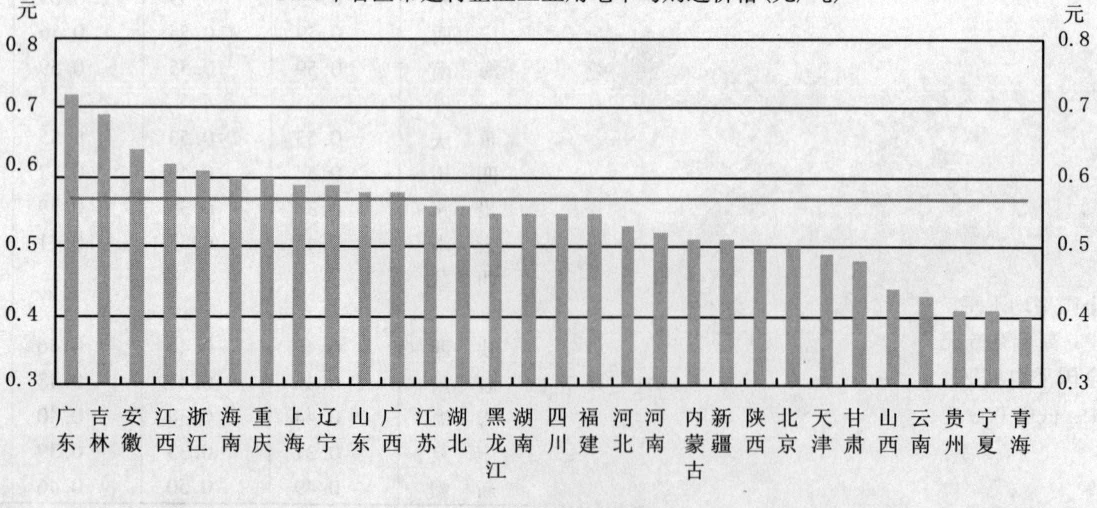

财务状况

净资产收益率：也称权益净利率或投资报酬率，是指企业报告期内的净利润与平均净资产的比率，体现投资者投入企业的自有资本获取净收益的能力，表明投资与报酬的关系，反映企业资本运营的综合效益。

总资产贡献率：指报告期内利税总额、利息支出之和与平均资产总额的比率，综合反映行业或地区全部资产获取收益的水平和投入产出状况。

总资产报酬率：指企业报告期内获得的报酬总额（利润总额与利息支出之和）与平均资产总额的比率，表示企业全部资产获取收益的水平，全面反映企业的获利能力和投入产出状况。

毛利率：即主营业务利润率，指企业报告期内主营业务利润同主营业务收入净额的比率，表明企业的单位销售收入所获的销售利润，反映企业主营业务的获利能力。

销售利润率：指企业报告期内利润总额与主营业务收入的比率，表明每百元主营业务收入的获利比率，反映企业盈利总水平。销售利润率体现了企业综合盈利能力和获利水平。销售利润率高，说明企业成本和费用低，总体获利水平高。

总资产周转率：反映企业全部资产效率。计算公式为：总资产周转率＝主营业务收入/平均资产总额

流动资产周转率：反映投入企业流动资金周转速度。计算公式为：流动资产周转率＝主营业务收入/流动资产平均余额

存货周转率：反映企业存货的周转速度。计算公式为：存货周转率＝主营业务成本/存货平均余额

应收账款周转率：反映企业应收账款的收款期，也是企业应收账款变现速度的指标。计算公式为：应收账款周转率＝主营业务收入/应收账款平均余额

资产负债率：指企业期末负债总额同资产总额的比率，表示企业总资产中通过负债筹集的数量，反映企业利用债权人提供的资金从事生产经营的能力，是衡量企业负债水平及风险程度的重要判断标准。

流动比率：指企业本年流动资产同流动负债的比率，表明企业资金流动速度，反映企业短期债务到期前可以转化为现金用于偿还流动负债的能力。

速动比率：指企业本年速动资产同流动负债的比率。

利息保障倍数：指企业在报告期内利润总额、利息支出之和与利息支出的比值，反映企业经营收益是所支付的债务利息的多少倍，从偿债资金来源角度考察企业债务利息的偿还能力。

财务状况

5-1 工业增加值和主营业务收入

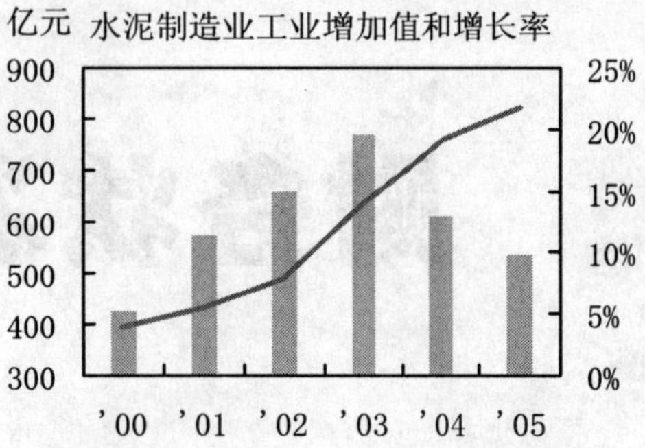

年度	工业增加值（亿元）	年增长率（%）
2000	396	5.35
2001	433	11.31
2002	492	15.02
2003	639	19.47
2004	760	13.03
2005	822	9.95
"十五"时期年平均增长率		15.41

注：工业增加值按当年价格计算，增长率和平均增长率按可比价格计算。

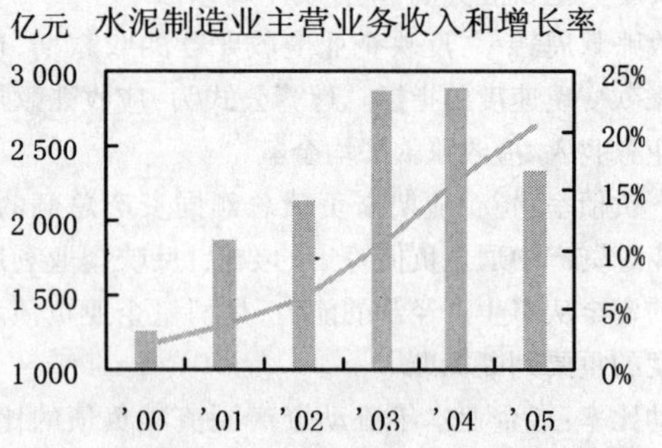

年 度	主营业务收入（亿元）	年增长率（%）
2000	1 168	3.18
2001	1 296	10.95
2002	1 479	14.10
2003	1 825	23.40
2004	2 256	23.62
2005	2 631	16.66
"十五"时期年平均增长率		15.41

2005年水泥制造业主要财务指标金额单位：亿元

指标名称	指标值
企业个数（个）	5 131
亏损企业（个）	1 863
企业亏损率（%）	36.31
工业增加值	821.89
主营业务收入	2 631.46
主营业务成本	2 272.45
主营业务税金及附加	22.01
营业费用	89.07
管理费用	140.53
财务费用	60.94
其中：利息支出	55.26
利润总额	79.19
亏损总额	53.37
利税总额	247.68
应交所得税	20.31
净利润	58.88
本年应交增值税	146.49
本年进项税额	239.93
本年销项税额	373.04
经营活动产生的现金流量净额	136.35
投资活动产生的现金流量净额	-130.31
筹资活动产生的现金流量净额	78.31

5－2　利润和利税总额

水泥制造业利润总额

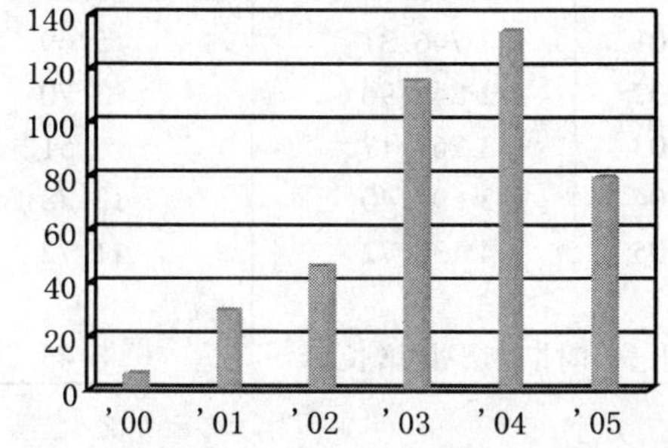

年 度	利润总额（亿元）	年增长率（%）
2000	6.33	—
2001	29.64	368.25
2002	46.53	56.98
2003	114.88	146.89
2004	133.34	16.07
2005	79.19	-40.61
“十五”时期年平均增长率		101.35

水泥制造业利税总额

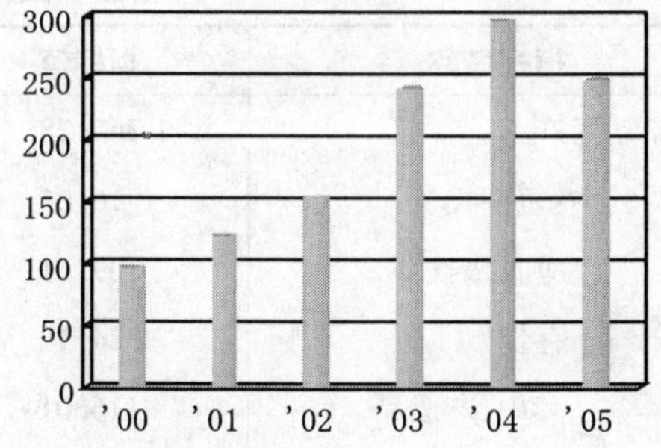

年 度	利税总额（亿元）	年增长率（%）
2000	97.03	20.43
2001	123.09	26.86
2002	154.85	25.80
2003	241.11	55.71
2004	296.65	23.04
2005	247.68	-16.51
“十五”时期年平均增长率		27.41

水泥制造业利润构成中的补贴收入

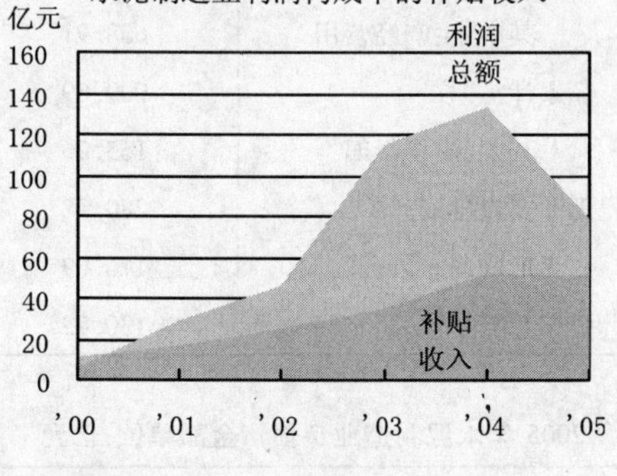

2005 年水泥制造业利润构成　　金额单位：亿元

指标名称	指标值
主营业务利润	337.01
其他业务利润	8.21
费用总额	290.53
营业利润	40.98
投资收益	4.46
补贴收入	50.46
营业外收入	10.34
营业外支出	27.26
利润总额	79.19

5-3 资产和负债总额

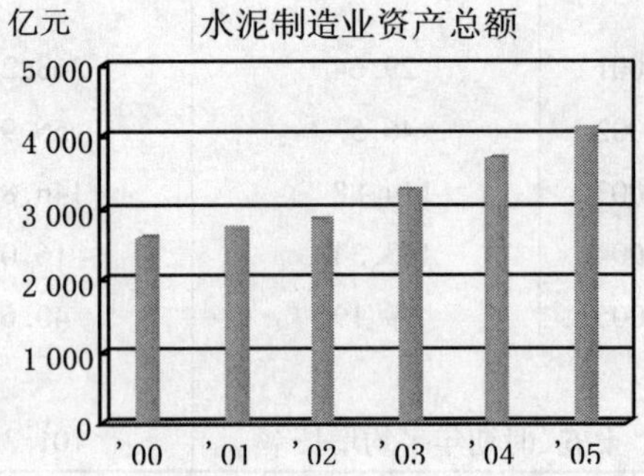

年 度	资产总额（亿元）	年增长率（%）
2000	2 598.49	-0.90
2001	2 746.31	5.69
2002	2 847.96	3.70
2003	3 261.17	14.51
2004	3 697.40	13.38
2005	4 130.72	11.72
"十五"时期年平均增长率		8.45

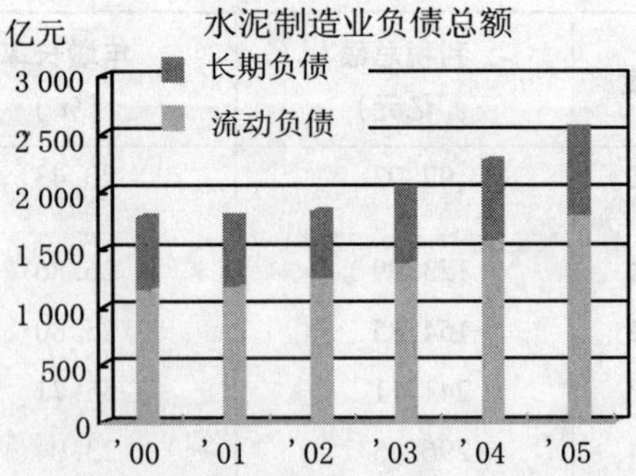

年度	负债总额	流动负债	长期负债
2000	1 773.58	1 151.25	602.32
2001	1 791.16	1 175.17	594.54
2002	1 828.15	1 236.36	577.49
2003	2 029.33	1 371.63	630.07
2004	2 272.68	1 567.49	680.63
2005	2 548.45	1 780.87	735.67

2005 年水泥制造业资产

金额单位:亿元

指标名称	指标值
流动资产	1 365.28
其中:短期投资	16.05
应收账款	309.61
存货	324.18
其中:产成品	116.01
长期投资	137.05
固定资产	2 347.40
固定资产原价	3 015.99
其中:生产经营用	2 658.91
累计折旧	909.69
其中:本年折旧	165.26
无形及递延资产	280.98
无形资产	176.69
资产总额	4 130.72

2005 年水泥制造业负债 金额单位:亿元

指标名称	指标值
流动负债	1 780.87
其中:应付账款	351.03
长期负债	735.67
负债总额	2 548.45
净资产	1 576.30

5-4 净资产

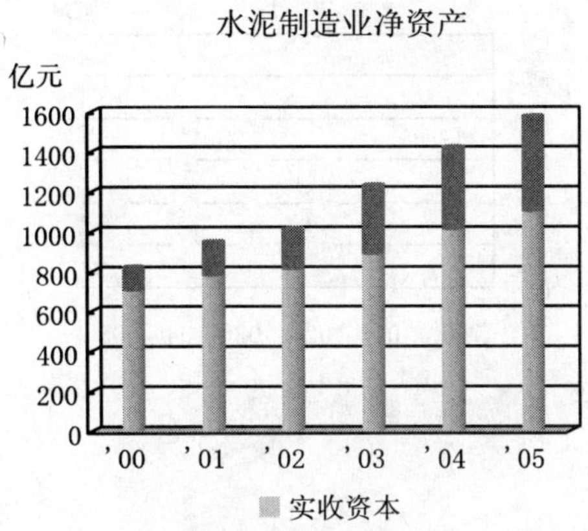

年　度	净资产(亿元)		实收资本占净资产比重(%)
	总　计	其中：实收资本	
2000	824.32	700.24	84.95
2001	950.79	775.65	81.58
2002	1 015.30	807.97	79.58
2003	1 231.83	882.73	71.66
2004	1 421.92	1 005.80	70.74
2005	1 576.30	1 095.80	69.52

"十五"时期净资产年平均增长率 13.91%

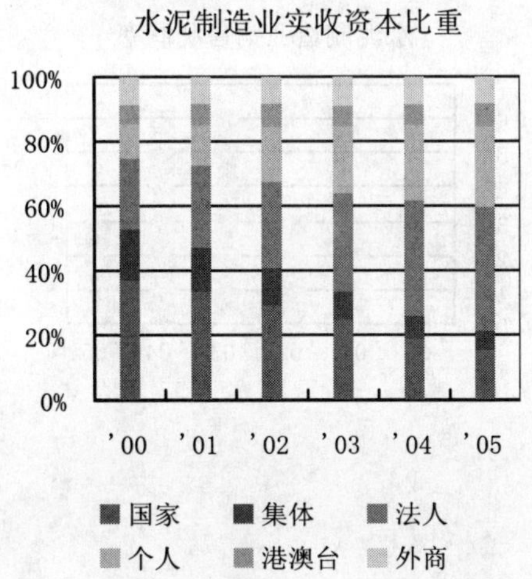

实收资本构成

分　类	资本金(亿元)		资本金比重(%)	
	2005 年	2000 年	2005 年	2000 年
国家资本金	167.74	259.18	15.31	37.01
集体资本金	66.16	110.80	6.04	15.82
法人资本金	419.73	152.55	38.30	21.79
个人资本金	274.01	75.58	25.01	10.79
港澳台资本金	78.35	41.45	7.15	5.92
外商资本金	89.81	60.68	8.20	8.67

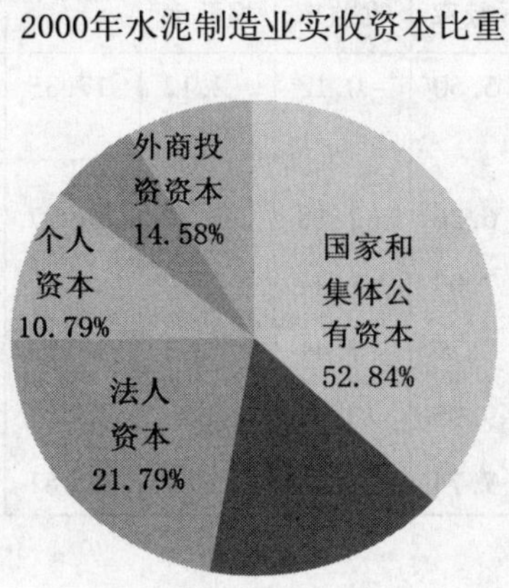

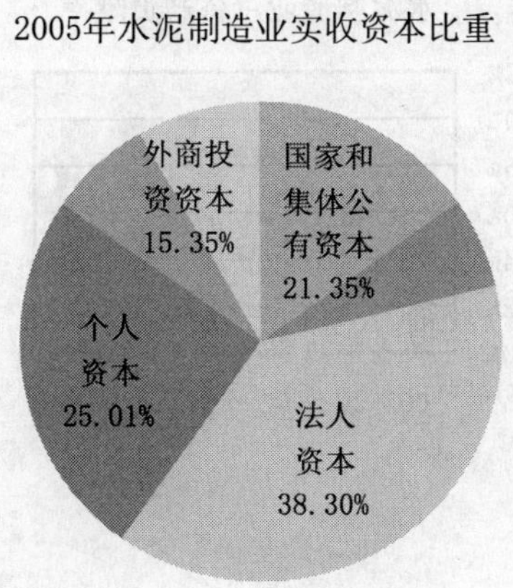

5-5 资产投入产出和盈利水平分析指标

水泥制造业净资产收益率

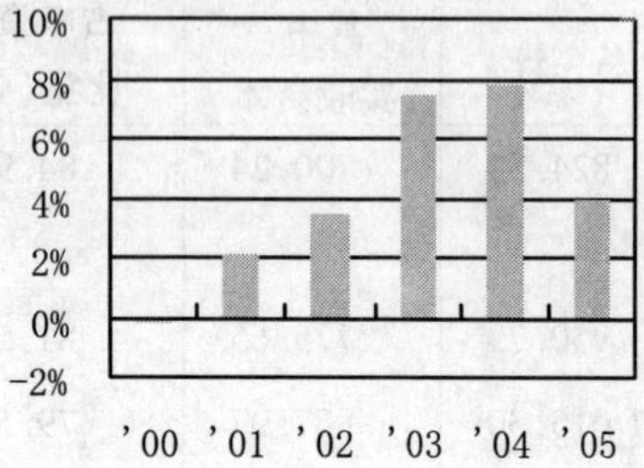

水泥制造业总资产报酬率

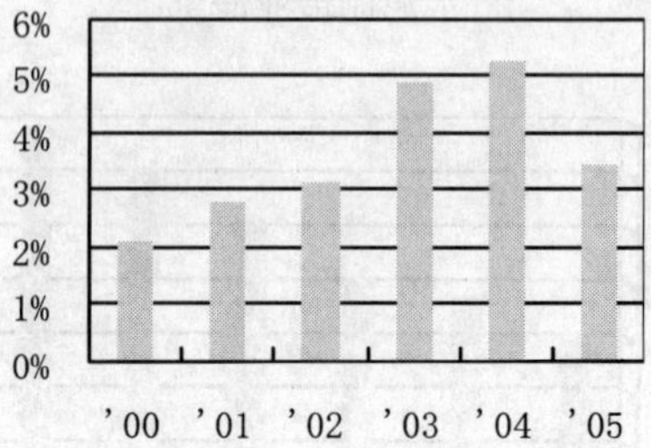

水泥制造业毛利率

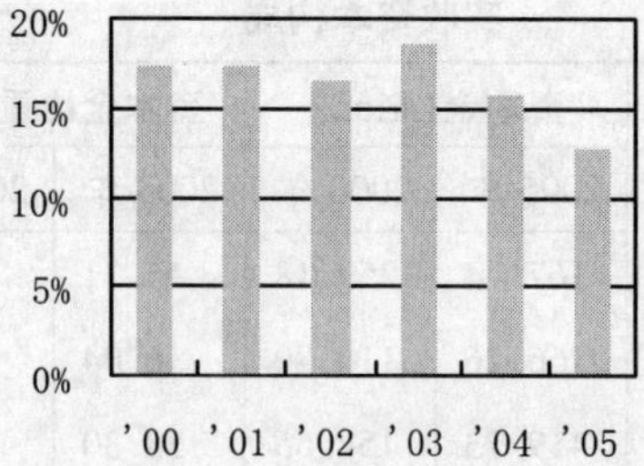

水泥制造业销售利润率

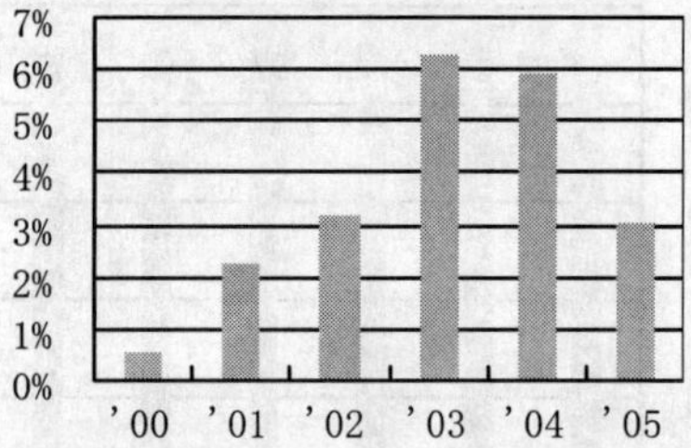

水泥制造业总资产贡献率

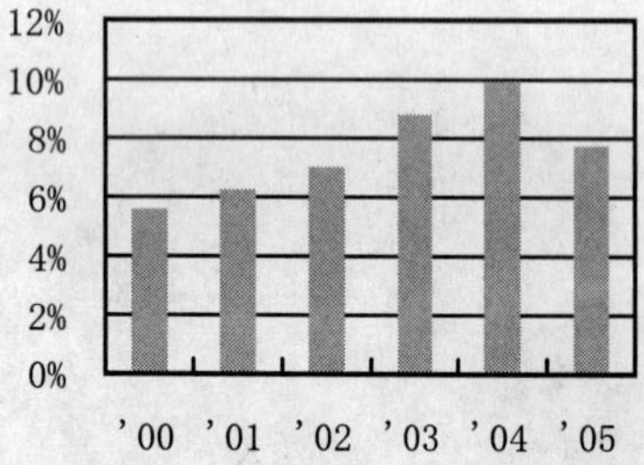

%

年　度	总资产贡献率	净资产收益率	总资产报酬率	毛利率	销售利润率
2000	5.60	-0.18	2.12	17.35	0.54
2001	6.26	2.18	2.76	17.37	2.29
2002	7.03	3.41	3.16	16.47	3.15
2003	8.79	7.41	4.92	18.53	6.30
2004	9.95	7.82	5.26	15.85	5.91
2005	7.74	3.93	3.44	12.81	3.01

5 -6　资本运营分析指标

水泥制造业总资产周转率

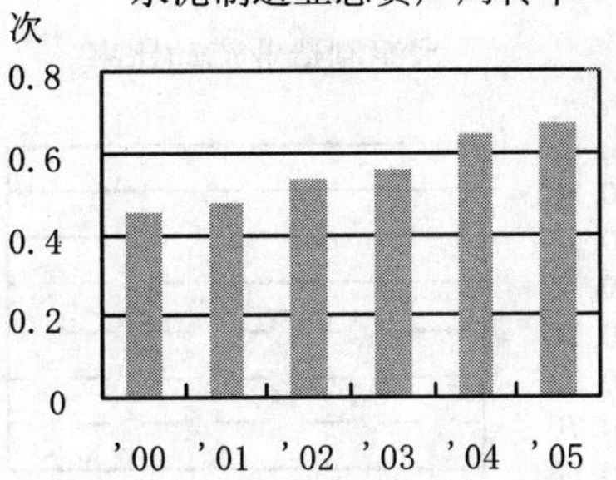

水泥制造业流动资产周转次数

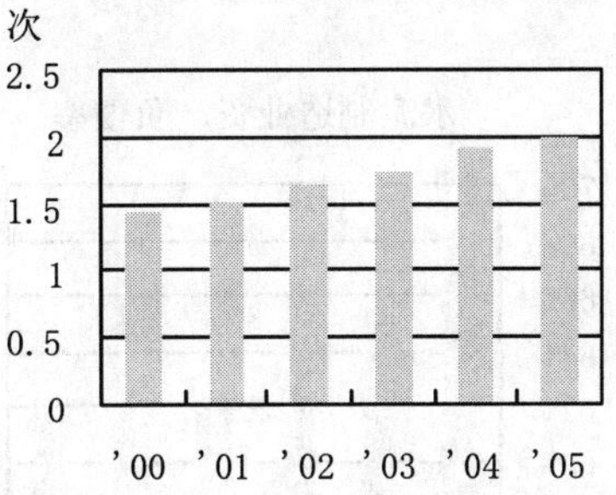

水泥制造业存货周转率

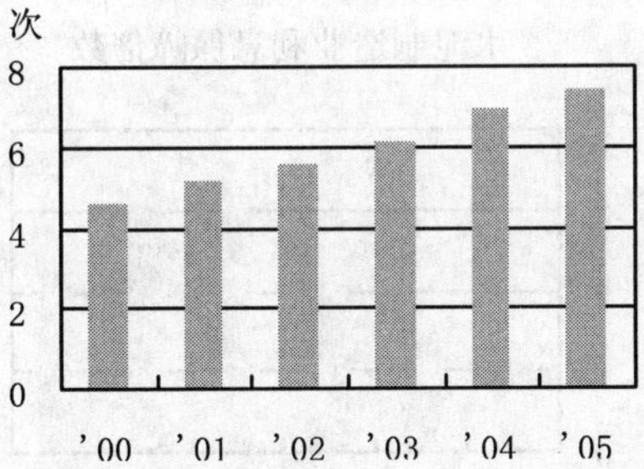

水泥制造业应收帐款周转率

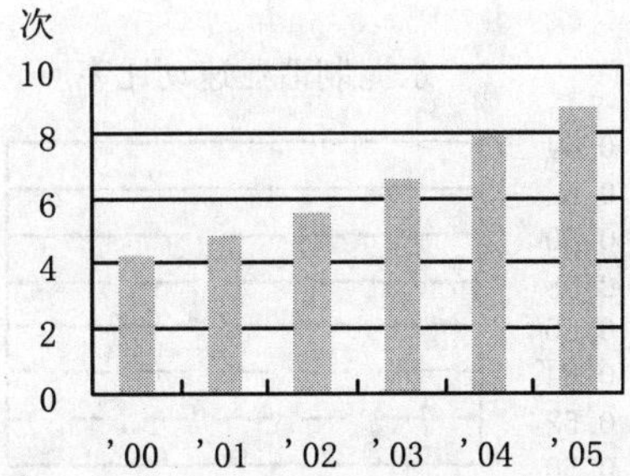

次

年　度	总资产周转率	流动资产周转次数	存　货周转率	应　收账　款周转率
2000	0.45	1.44	4.63	4.25
2001	0.48	1.52	5.15	4.81
2002	0.53	1.63	5.54	5.55
2003	0.56	1.74	6.11	6.53
2004	0.65	1.91	6.95	7.91
2005	0.67	1.99	7.47	8.76

5－7 资产负债分析指标

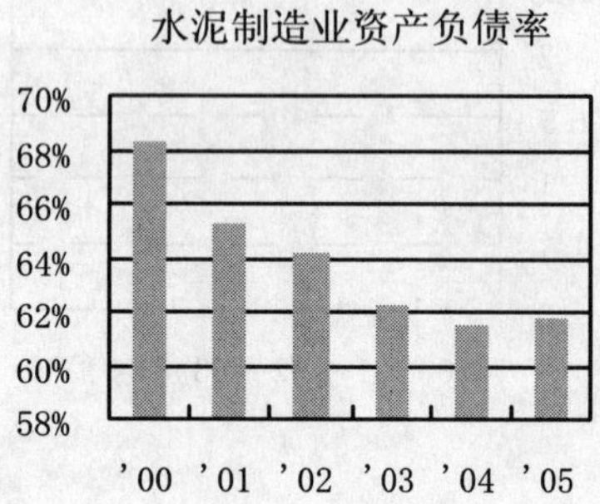

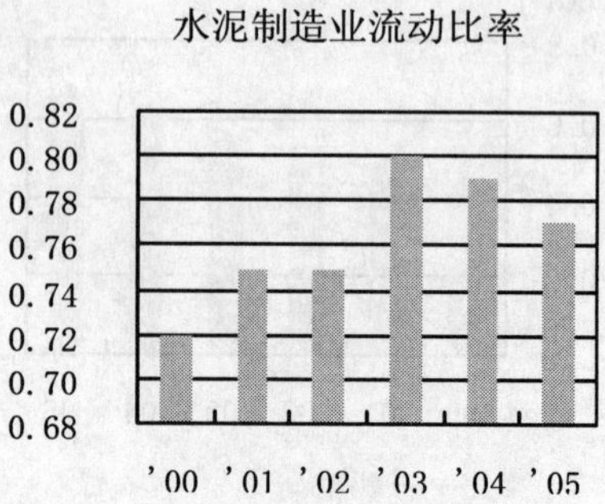

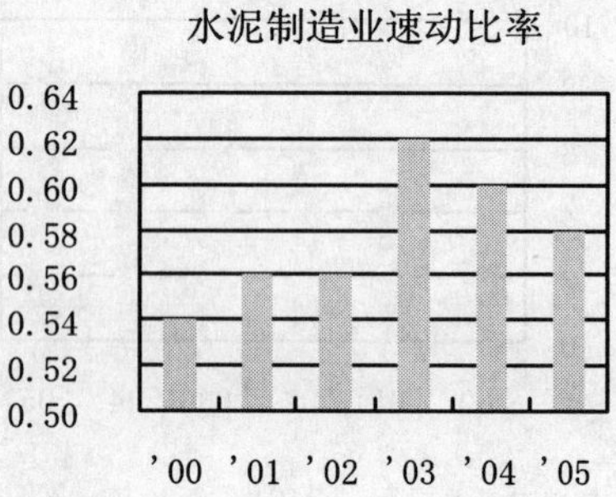

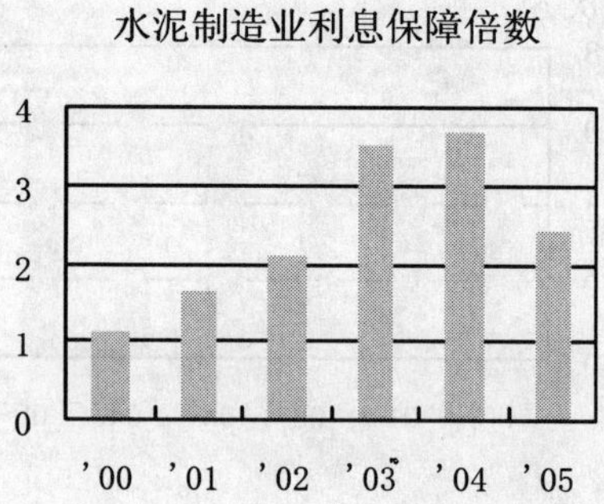

年 度	资产负债率(%)	流动比率	速动比率	利息保障倍数
2000	68.25	0.72	0.54	1.13
2001	65.22	0.75	0.56	1.67
2002	64.19	0.75	0.56	2.11
2003	62.23	0.80	0.62	3.52
2004	61.47	0.79	0.60	3.68
2005	61.70	0.77	0.58	2.43

5 -8　劳动生产率和人均工资福利费

水泥制造业从业人员

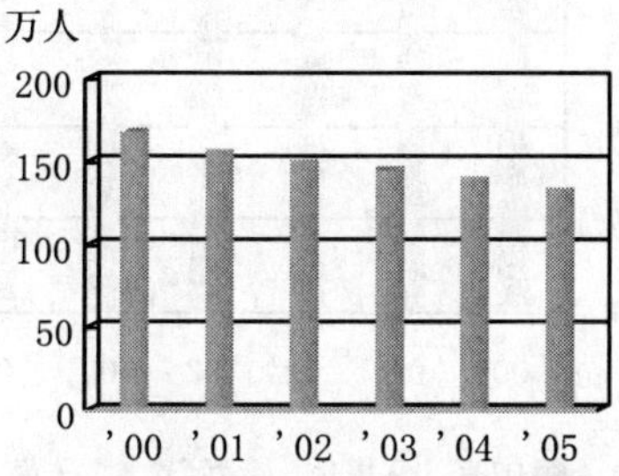

水泥制造业
工业增加值全员劳动生产率

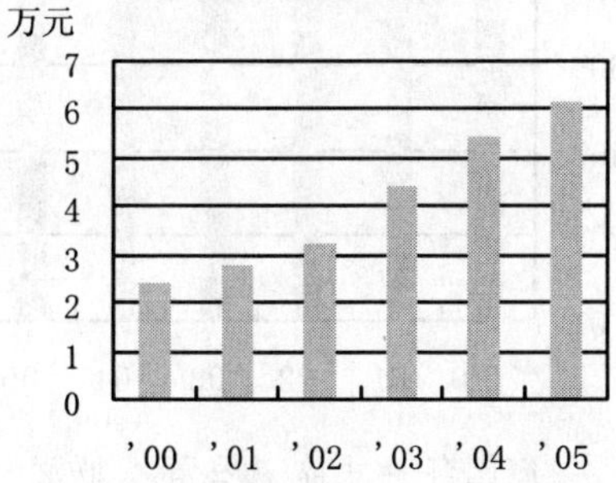

水泥制造业工资和福利费总额

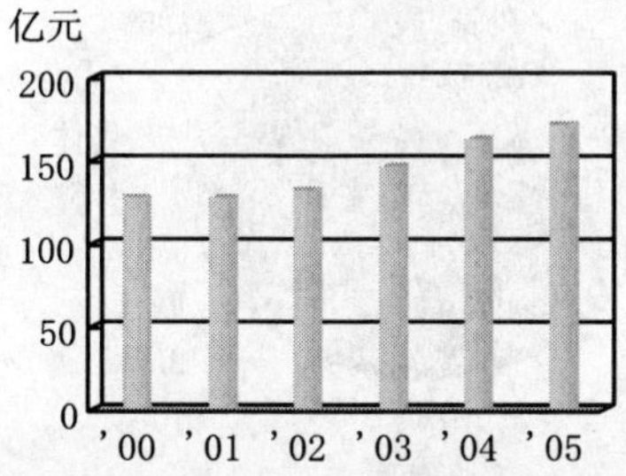

水泥制造业人均工资福利费

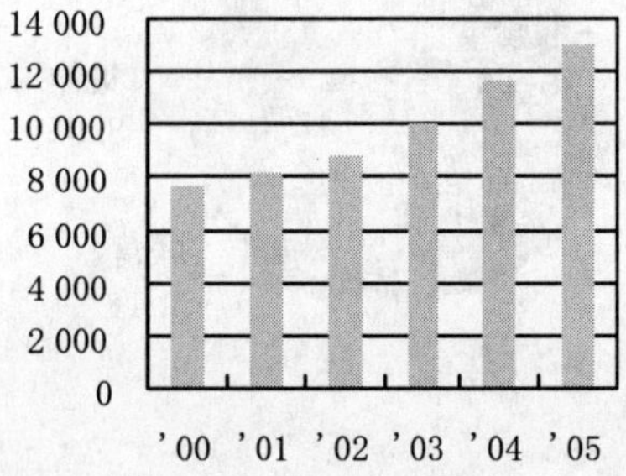

年　度	从 业 人 员 (万人)	工业增加值全员劳动生产率 (元/人)	工资和福利费总 额 (亿元)	人均年工资福利费 (元/人)
2000	166.95	23 737	128.29	7 684
2001	156.02	27 760	127.92	8 200
2002	150.22	32 725	132.30	8 807
2003	145.30	43 961	146.26	10 066
2004	139.83	54 323	162.99	11 656
2005	133.05	61 774	172.46	12 962

5-9 水泥制造业经济类型构成

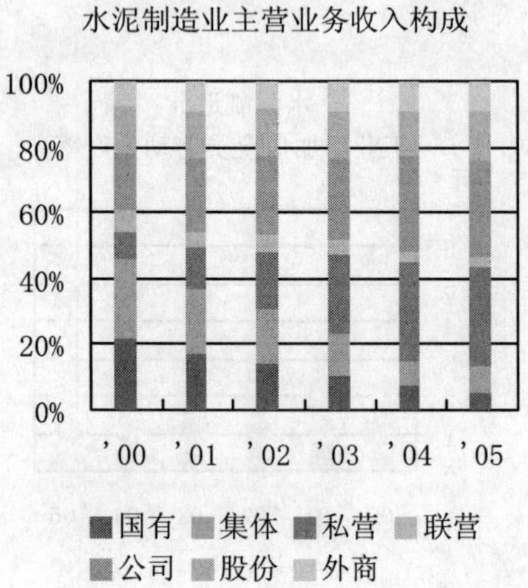

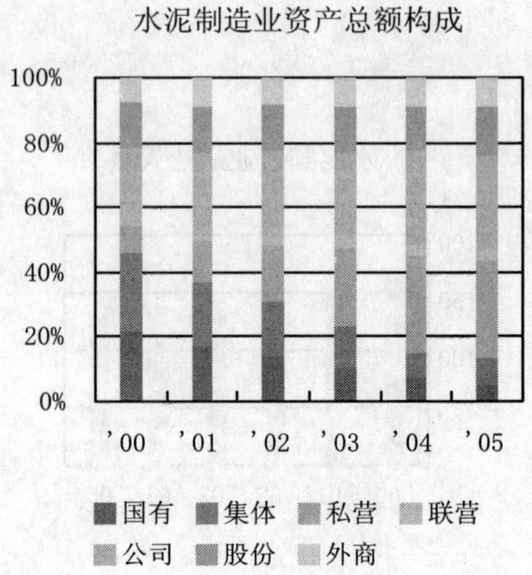

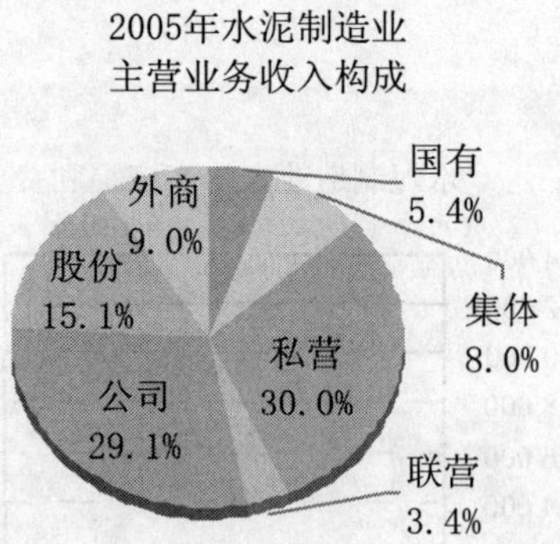

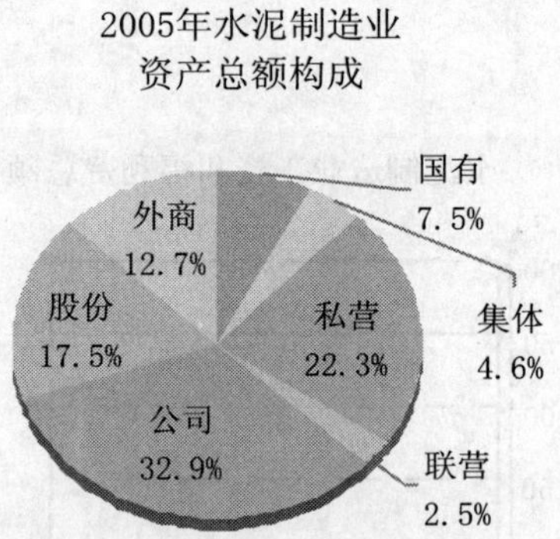

2005 年水泥制造业各经济类型主要统计指标

金额单位:亿元

经济类型	企业户数	从业人员（万人）	主营业务收入	利润总额	利税总额	资产总额
水泥制造业	5 131	133.05	2 631	79.19	247.68	4 131
国有控股企业	650	31.83	619	7.35	53.18	1 403
国有企业	365	12.87	143	-3.93	6.47	309
集体企业	624	12.17	211	9.44	21.42	190
私营企业	2 257	44.04	789	25.99	72.47	922
股份合作和联营企业	241	5.42	89	1.89	7.15	103
有限责任公司	1 168	36.91	767	18.29	70.78	1 359
股份制公司	268	15.46	397	17.58	44.76	724
外商投资企业	208	6.18	236	9.94	24.63	524

5－10　水泥制造业经济类型资本投入产出和盈利水平对比

2005年水泥制造业净资产收益率

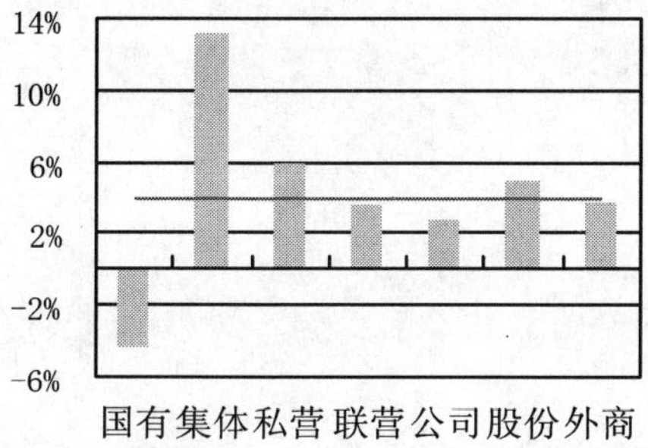

2005年水泥制造业总资产报酬率

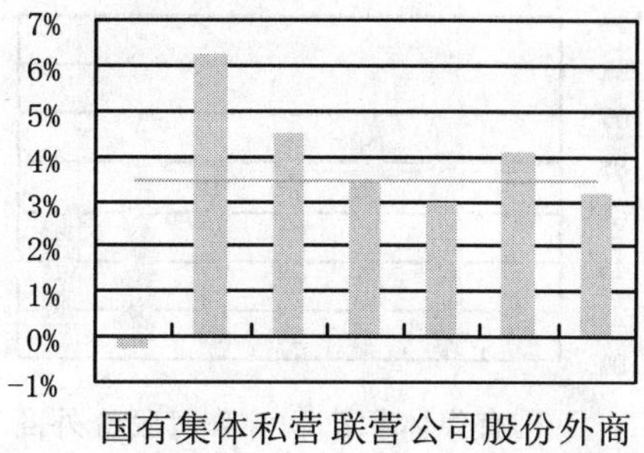

2005年水泥制造业毛利率

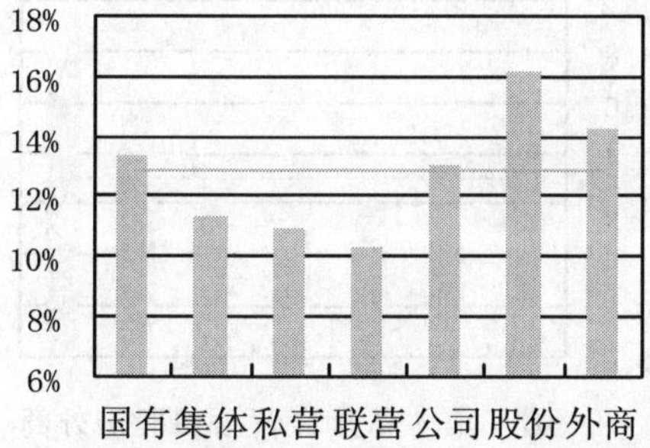

2005年水泥制造业销售利润率

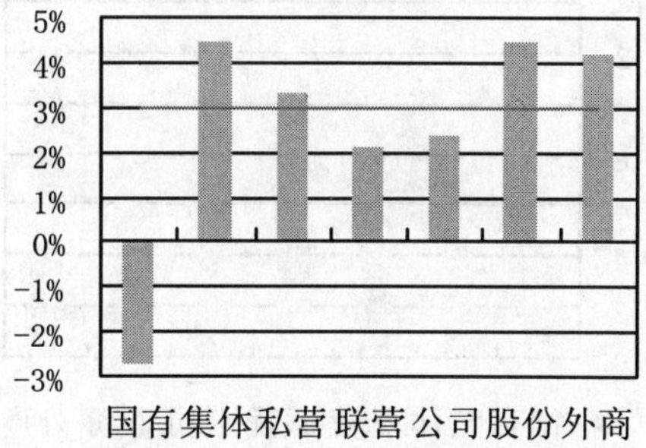

2005 年水泥制造业经济类型资本投入产出和盈利水平对比

%

经济类型	净资产收益率	总资产报酬率	毛利率	销售利润率
平均水平	3.93	3.44	12.81	3.01
国有控股企业	0.56	1.88	16.24	1.19
国有企业	-4.25	-0.26	13.34	-2.74
集体企业	13.17	6.28	11.37	4.48
私营企业	5.93	4.54	10.97	3.29
股份合作和联营企业	3.64	3.44	10.34	2.12
有限责任公司	2.77	3	13.08	2.38
股份制公司	4.91	4.09	16.2	4.43
外商投资企业	3.7	3.19	14.23	4.21

5－11 水泥制造业经济类型生产效率和人均收入对比

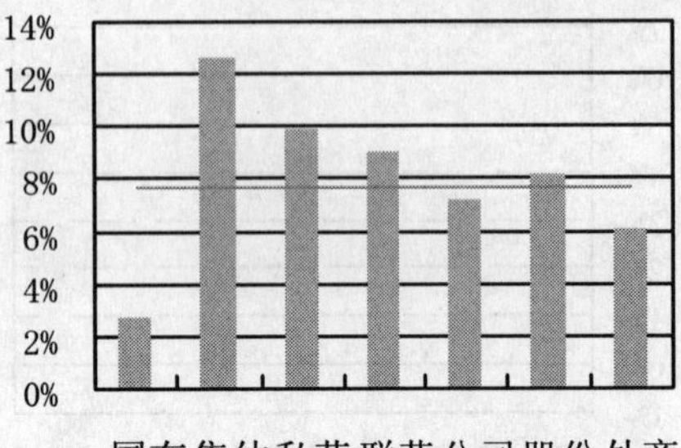

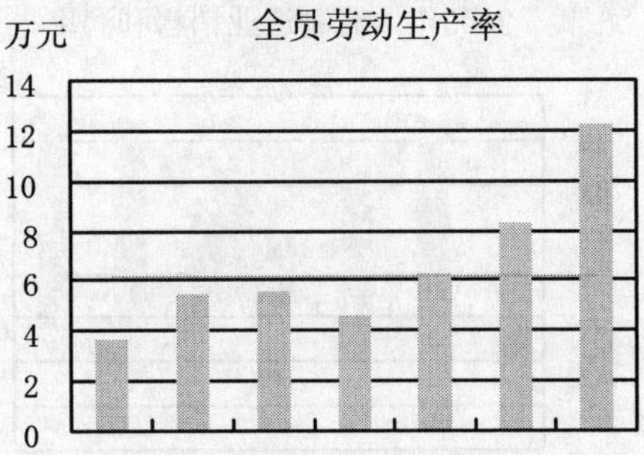

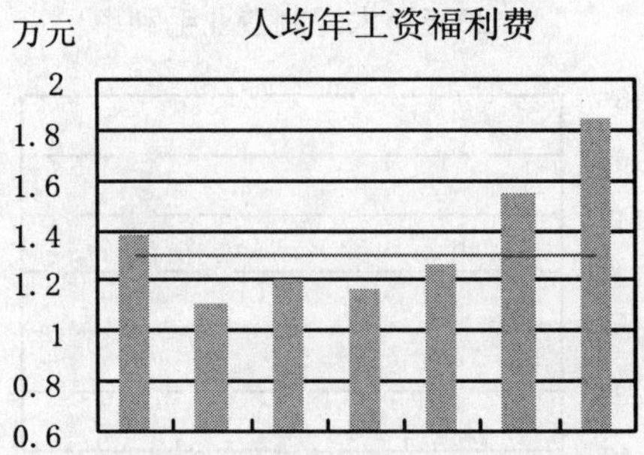

2005 年水泥制造业经济类型生产效率和人均收入对比

经济类型	总资产贡献率（%）	工业增加值全员劳动生产率（元/人）	人均年工资福利费（元/人）
平均水平	7.74	61 774	12 962
国有控股企业	5.22	62 806	15 492
国有企业	2.78	36 228	13 774
集体企业	12.61	54 730	11 082
私营企业	9.95	55 981	11 967
股份合作和联营企业	9.04	46 001	11 659
有限责任公司	7.18	63 318	12 690
股份制公司	8.13	82 890	15 505
外商投资企业	6.12	121 947	18 466

5-12　水泥制造业经济类型资本运营对比

2005年水泥制造业总资产周转率

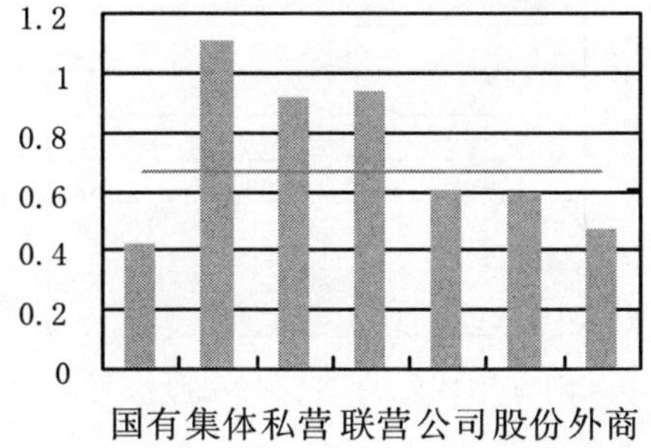

2005年水泥制造业
流动资产周转次数

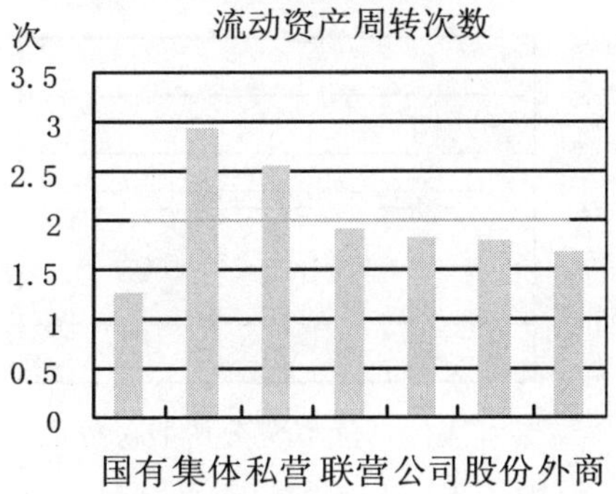

2005年水泥制造业存货周转率

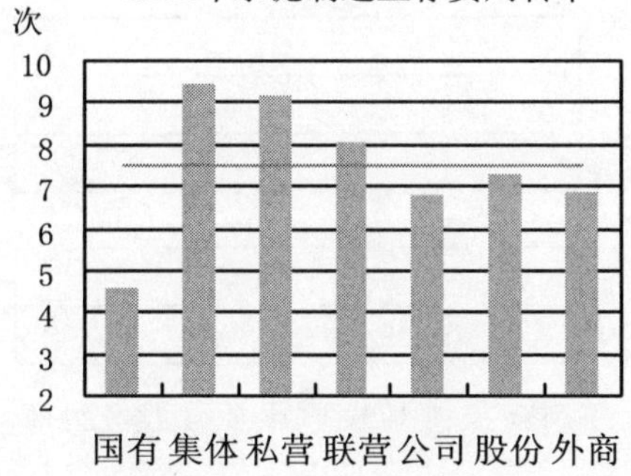

2005年水泥制造业应收帐款周转率

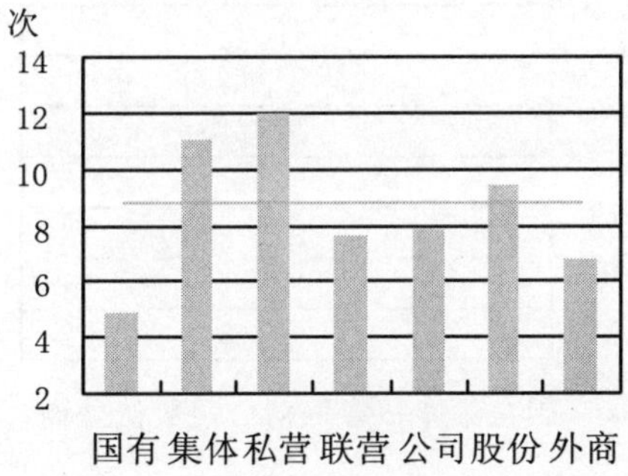

2005 年水泥制造业经济类型资本运营对比

次

经济类型	总资产周转率	流动资产周转次数	存货周转率	应收账款周转率
平均水平	0.67	1.99	7.47	8.76
国有控股企业	0.45	1.45	5.54	5.61
国有企业	0.42	1.27	4.56	4.89
集体企业	1.11	2.93	9.43	10.98
私营企业	0.92	2.56	9.18	11.99
股份合作和联营企业	0.94	1.92	8.05	7.59
有限责任公司	0.61	1.82	6.82	7.85
股份制公司	0.59	1.79	7.27	9.47
外商投资企业	0.47	1.67	6.89	6.76

5－13 水泥制造业经济类型资产负债对比

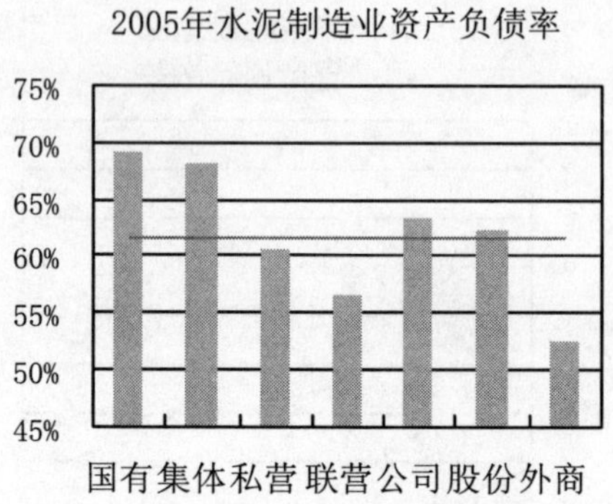

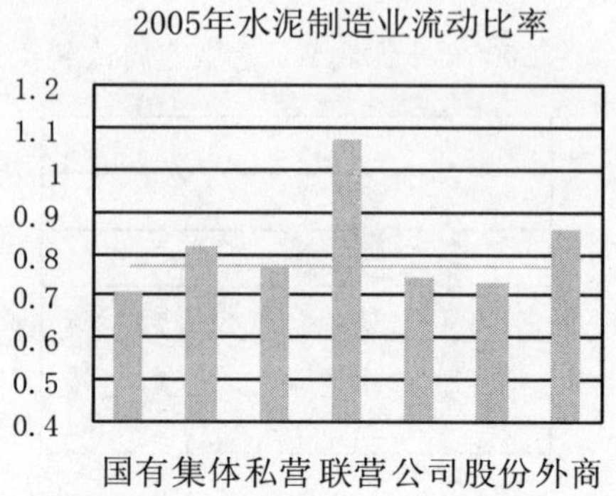

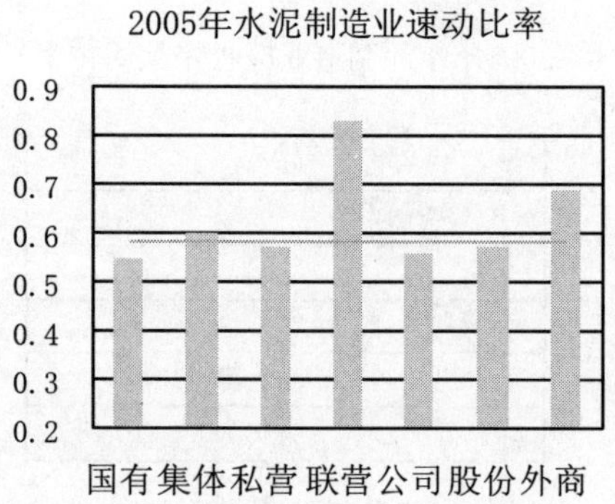

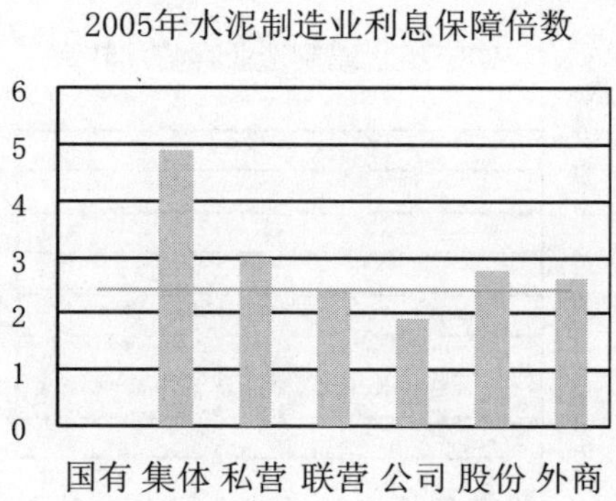

2005 年水泥制造业经济类型资产负债对比

经济类型	资产负债率(%)	流动比率	速动比率	利息保障倍数
平均水平	61.70	0.77	0.58	2.43
国有控股企业	62.81	0.75	0.58	1.40
国有企业	69.25	0.71	0.55	0.00
集体企业	68.22	0.82	0.60	4.88
私营企业	60.55	0.77	0.57	2.99
股份合作和联营企业	56.62	1.07	0.83	2.40
有限责任公司	63.32	0.74	0.56	1.94
股份制公司	62.52	0.73	0.57	2.77
外商投资企业	52.54	0.86	0.69	2.63

5-14-1 省区市水泥制造业主要财务指标

金额单位:亿元

省区市名称	企业户数	从业人员(万人)	工业增加值	“十五”时期工业增加值年平均增长率%	主营业务收入	利润总额	利税总额	“十五”时期利税总额年平均增长率%	资产总额	“十五”时期资产总额年平均增长率%
全国	5 131	133.05	821.89	15.41	2 631	79.19	247.68	27.41	4 131	8.45
北京	26	0.82	8.33	-1.35	27	1.00	3.30	10.79	63	-4.48
天津	26	0.64	4.55	9.39	17	-0.07	1.06	2.99	36	8.91
河北	379	8.36	54.62	17.14	166	9.47	18.51	20.68	258	14.81
山西	148	4.10	11.61	12.31	35	-2.12	1.20	11.30	107	7.15
内蒙古	92	2.14	18.31	15.10	42	3.36	6.71	7.24	95	21.21
辽宁	178	4.76	19.58	10.79	63	-0.10	4.16	3.81	125	5.72
吉林	65	2.02	19.58	19.81	47	4.04	7.52	16.44	92	16.88
黑龙江	82	3.13	8.20	10.07	35	-2.14	0.34	-4.42	79	7.48
上海	20	0.46	6.48	37.96	30	1.14	2.32	85.84	30	-3.18
江苏	294	7.21	64.24	18.01	237	9.31	21.16	38.23	310	6.97
浙江	267	6.09	54.49	25.19	245	1.10	14.08	38.55	403	21.96
安徽	166	4.25	46.51	22.83	122	7.07	14.69	51.25	228	16.61
福建	229	3.18	22.04	13.64	66	-3.36	0.94	24.14	91	-0.02
江西	188	4.12	27.96	26.25	80	1.58	6.65	45.22	133	7.64
山东	392	14.78	114.89	22.65	452	25.36	49.80	35.43	409	19.71
河南	255	9.23	51.97	7.34	139	6.52	15.28	41.62	202	3.47
湖北	191	5.12	36.24	10.26	100	2.78	10.05	15.50	169	6.66
湖南	321	6.53	29.57	11.39	85	1.47	7.87	74.03	105	-0.69
广东	438	9.25	63.93	8.48	209	5.35	18.84	34.10	331	-0.62
广西	230	5.84	23.96	10.26	67	0.31	5.69	35.46	131	1.67
海南	22	0.60	3.54	15.36	11	0.12	0.96		26	-5.13
重庆	119	3.33	13.90	11.78	42	0.20	3.56	39.37	81	3.70
四川	308	8.08	38.23	14.43	101	2.22	9.21	6.35	146	6.85
贵州	169	3.88	10.61	12.85	28	-1.32	1.17	4.79	61	11.80
云南	193	4.30	21.12	9.72	65	3.55	9.63	19.05	122	7.89
西藏	12	0.44	4.12	18.63	6	0.81	1.57	31.41	15	11.86
陕西	140	3.89	14.84	15.78	43	-1.65	1.74	18.83	91	13.29
甘肃	83	2.84	10.85	10.42	26	0.62	2.80	-0.54	63	10.62
青海	19	0.60	2.73	11.68	6	0.53	1.07	25.55	12	16.63
宁夏	25	0.91	4.43	18.82	12	1.43	2.41	33.31	32	13.42
新疆	54	2.16	10.45	7.97	27	0.58	3.41	5.61	83	10.02

5-14-2 省区市水泥制造业主要财务指标

%

省区市名称	总资产贡献率	净资产收益率	总资产报酬率	毛利率	销售利润率	工业增加值全员劳动生产率（元/人）	人均年工资福利费（元/人）
全　国	7.74	3.93	3.44	12.81	3.01	61 774	12 962
北　京	6.70	3.20	3.17	16.29	3.69	101 632	19 435
天　津	4.56	-1.30	1.32	9.18	-0.41	70 940	21 057
河　北	8.63	7.98	5.04	16.22	5.72	65 361	10 997
山　西	2.97	-7.90	0.01	13.93	-6.13	28 325	10 329
内蒙古	9.57	8.69	5.54	21.58	7.91	85 725	15 886
辽　宁	4.93	-1.20	1.46	13.51	-0.16	41 142	9 842
吉　林	10.74	9.61	6.51	17.70	8.56	97 042	14 919
黑龙江	1.7	-8.61	-1.56	9.56	-6.1	26 227	10 930
上　海	9.02	7.58	4.79	7.77	3.83	141 059	27 320
江　苏	8.46	6.45	4.48	10.60	3.93	89 075	16 694
浙　江	5.4	-0.06	1.96	6.72	0.45	89 430	16 040
安　徽	8.65	6.49	5.02	16.59	5.82	109 526	12 514
福　建	1.92	-8.72	-2.76	8.91	-5.11	69 253	12 458
江　西	6.7	2.42	2.68	12.39	1.98	67 954	10 500
山　东	14.78	14.09	8.28	12.47	5.61	77 760	14 779
河　南	9.54	7.00	4.85	13.86	4.69	56 332	11 005
湖　北	7.8	3.46	3.07	14.3	2.77	70 776	16 235
湖　南	8.85	2.62	2.58	13.51	1.74	45 256	12 702
广　东	7.08	4.09	2.61	10.74	2.56	69 100	14 845
广　西	5.09	0.07	1.02	12.37	0.46	41 005	10 736
海　南	5.2	1.32	1.32	15.01	1.09	59 174	9 915
重　庆	6.4	0.20	1.99	12.24	0.47	41 696	11 786
四　川	7.78	2.93	2.79	12.30	2.20	47 320	10 843
贵　州	3.63	-7.19	-0.81	16.63	-4.65	27 342	11 031
云　南	10.28	7.20	5.05	17.88	5.49	49 092	13 658
西　藏	11.6	10.33	6.29	26.79	12.83	93 631	15 428
陕　西	3.77	-7.28	0.14	15.77	-3.83	38 137	10 676
甘　肃	6.54	2.01	2.87	18.41	2.37	38 245	10 005
青　海	10.01	6.00	5.71	19.52	8.88	45 342	11 938
宁　夏	9.61	8.20	6.36	23.03	12.38	48 696	15 189
新　疆	5.74	0.85	2.39	19.47	2.17	48 381	14 323

5－14－3　省区市水泥制造业主要财务指标

省区市名称	总资产周转率(次)	流动资产周转次数(次)	存货周转率(次)	应收账款周转率(次)	资产负债率(%)	流动比率	速动比率	利息保障倍数
全　国	0.67	1.99	7.47	8.76	61.70	0.77	0.58	2.43
北　京	0.42	0.97	3.21	2.35	62.53	0.92	0.70	1.93
天　津	0.48	0.99	3.41	3.01	52.69	1.08	0.81	0.87
河　北	0.66	2.09	6.65	8.23	60.44	0.70	0.52	3.96
山　西	0.31	0.90	2.70	2.54	74.29	0.87	0.61	0
内蒙古	0.51	1.68	4.78	7.52	59.3	0.79	0.57	3.69
辽　宁	0.51	1.52	5.00	5.57	65.74	0.61	0.44	0.95
吉　林	0.58	1.63	7.04	8.07	54.21	0.71	0.57	4.12
黑龙江	0.46	1.15	4.10	3.15	66.35	0.67	0.49	0
上　海	1.07	2.05	14.17	5.13	41.88	1.48	1.28	6.96
江　苏	0.8	2.38	10.63	12.04	63.29	0.67	0.54	3.34
浙　江	0.65	1.74	9.98	10.47	62.81	0.82	0.68	1.17
安　徽	0.58	1.74	9.27	26.65	63.14	0.85	0.72	3.05
福　建	0.72	2.36	8.12	6.04	57.48	0.80	0.62	0
江　西	0.64	1.83	9.02	17.45	56.50	0.88	0.72	1.89
山　东	1.20	3.36	11.98	23.33	60.04	0.79	0.59	5.38
河　南	0.74	1.99	6.57	9.79	63.57	0.82	0.59	3.58
湖　北	0.65	2.62	7.98	11.59	58.53	0.63	0.43	2.45
湖　南	0.83	2.64	8.97	9.50	58.87	0.81	0.60	2.27
广　东	0.69	2.14	7.75	9.77	62.83	0.76	0.57	3.11
广　西	0.51	2.19	6.42	9.60	64.20	0.55	0.39	1.30
海　南	0.54	2.02	5.72	7.72	51.06	0.73	0.48	1.79
重　庆	0.56	1.76	8.24	6.86	66.90	0.79	0.65	1.15
四　川	0.72	2.17	7.97	8.46	57.39	0.80	0.58	2.31
贵　州	0.51	1.49	5.48	6.92	61.16	0.76	0.57	0
云　南	0.56	1.59	6.08	5.78	64.19	0.82	0.64	2.53
西　藏	0.44	1.61	3.59	6.10	58.27	0.88	0.62	9.53
陕　西	0.46	1.55	3.90	5.34	71.89	0.78	0.53	0.07
甘　肃	0.44	1.15	3.62	2.95	60.92	0.81	0.56	1.57
青　海	0.48	1.51	3.35	4.83	48.31	0.99	0.60	3.98
宁　夏	0.39	1.19	3.32	3.25	52.53	0.86	0.59	4.03
新　疆	0.32	0.90	3.47	2.78	61.24	0.66	0.51	1.40

5－15－1 2005年水泥制造业地区经济效益分析

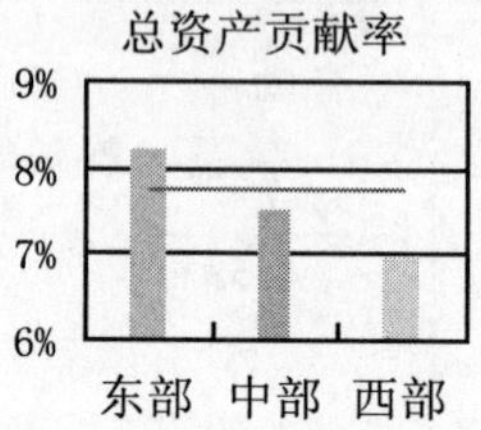

较高地区：山东、西藏、吉林、云南、青海

较低地区：黑龙江、福建、山西、贵州、陕西

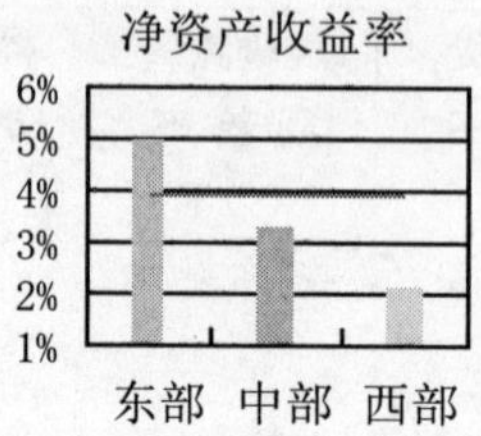

较高地区：山东、西藏、吉林、内蒙古、宁夏

较低地区：福建、黑龙江、山西、陕西、贵州

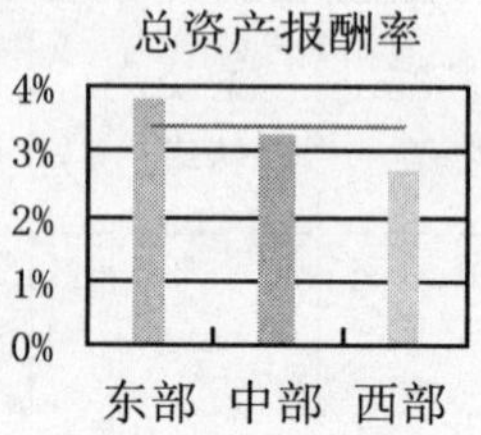

较高地区：山东、吉林、宁夏、西藏、青海

较低地区：福建、黑龙江、贵州、山西、陕西

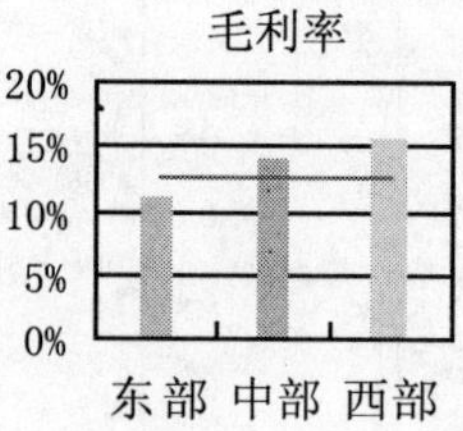

较高地区：西藏、宁夏、内蒙古、青海、新疆

较低地区：浙江、上海、福建、天津、黑龙江

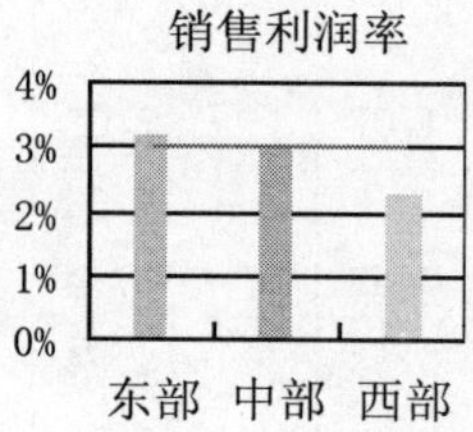

较高地区：西藏、宁夏、青海、吉林、内蒙古

较低地区：山西、黑龙江、福建、贵州、陕西

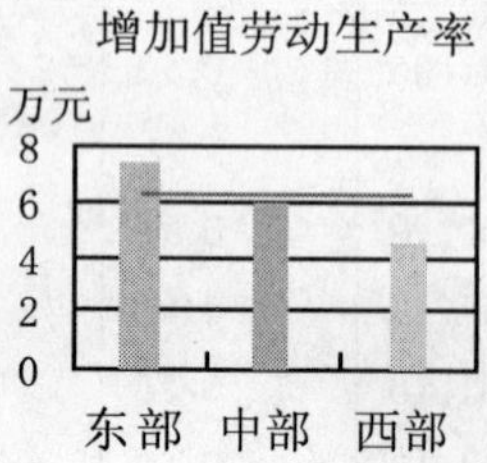

较高地区：上海、安徽、北京、吉林、西藏

较低地区：黑龙江、贵州、山西、陕西、甘肃

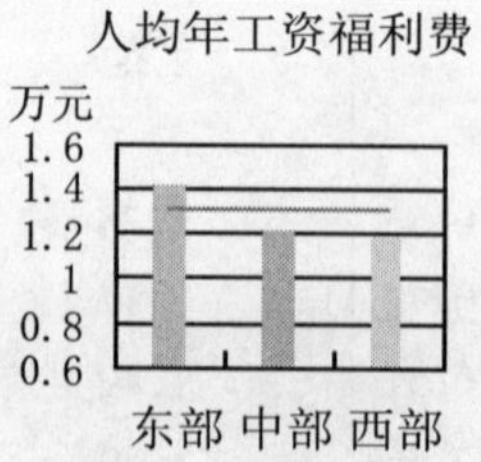

较高地区：上海、天津、北京、江苏、湖北

较低地区：辽宁、海南、甘肃、山西、江西

5－15－2 2005年水泥制造业地区经济效益分析

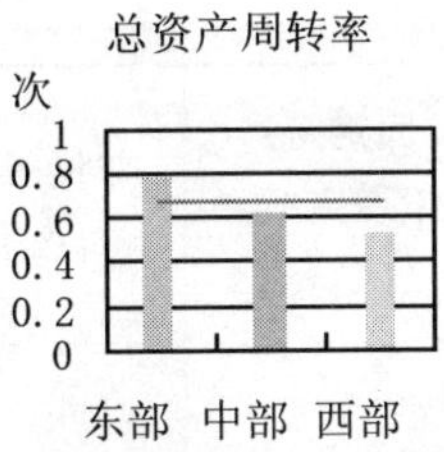

较快地区：山东、上海、湖南、江苏、河南

较慢地区：山西、新疆、宁夏、北京、甘肃

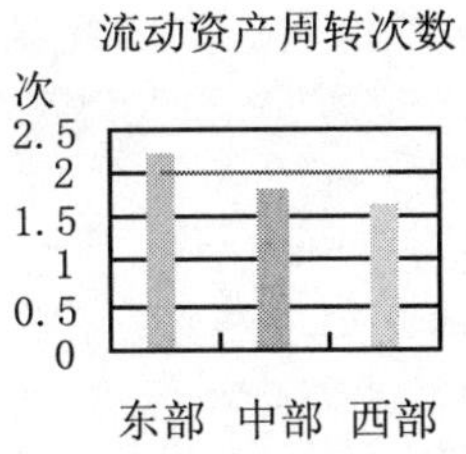

较快地区：山东、湖南、湖北、江苏、福建

较慢地区：山西、新疆、北京、天津、甘肃

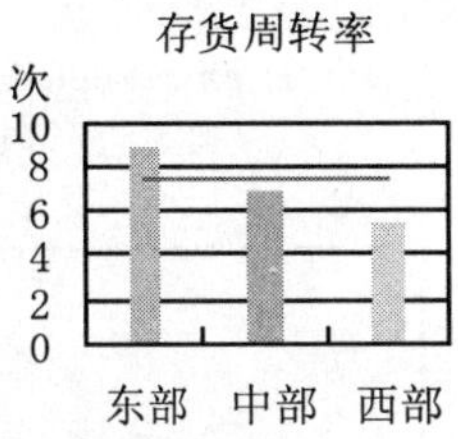

较快地区：上海、山东、江苏、浙江、安徽

较慢地区：山西、北京、宁夏、青海、天津

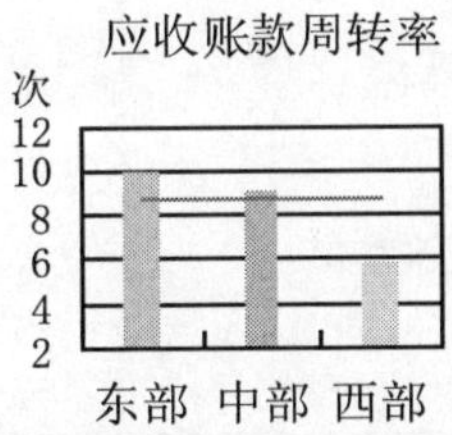

较快地区：安徽、山东、江西、江苏、湖北

较慢地区：北京、山西、新疆、甘肃、天津

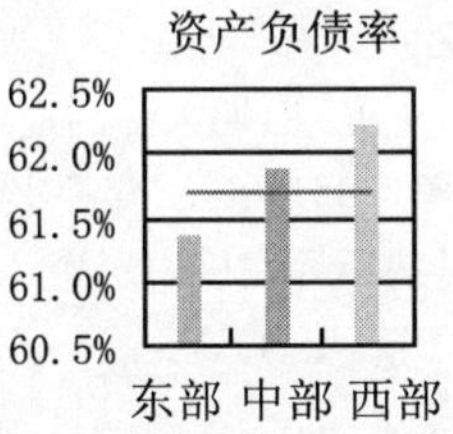

较低地区：上海、青海、海南、宁夏、天津

较高地区：山西、陕西、重庆、黑龙江、辽宁

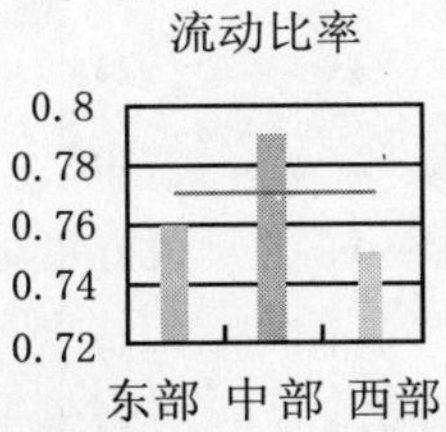

较快地区：上海、天津、青海、北京、江西

较慢地区：广西、辽宁、湖北、新疆、江苏

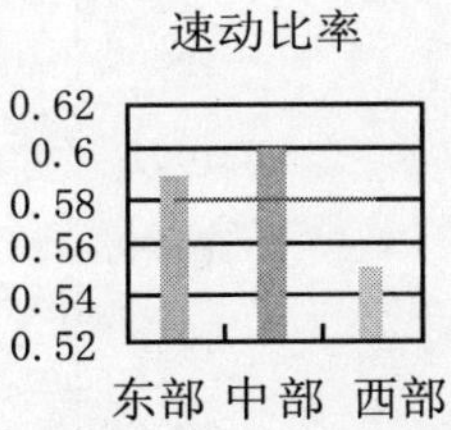

较快地区：上海、天津、安徽、江西、北京

较慢地区：广西、湖北、辽宁、海南、黑龙江

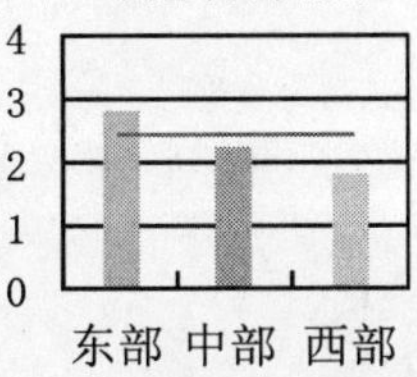

较高地区：西藏、上海、山东、吉林、宁夏

较低地区：山西、黑龙江、福建、贵州、陕西

固定资产投资

6－1 水泥制造业固定资产投资完成额

1995～2005年水泥制造业
固定资产投资完成额

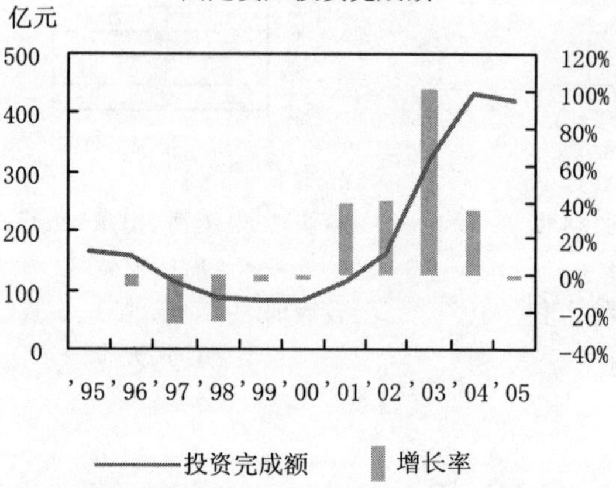

2005 年水泥制造业完成固定资产投资额 423 亿元。

“十五”时期水泥制造业累计完成固定资产投资额 1 451 亿元，年平均增长 45.75%。“九五”时期累计完成固定资产投资额 523 亿元，年平均下降 15.13%。

年　度	固定资产投资完成额（亿元）	年增长率（%）
1995	167	
1996	157	-6.01
1997	115	-26.62
1998	86	-24.99
1999	84	-2.90
2000	82	-2.43
2001	114	39.53
2002	160	40.01
2003	321	101.22
2004	433	34.99
2005	423	-2.33
年平均增长率：		
1995～2005 年		3.06
“九五”时期		-15.13
“十五”时期		45.75

水泥制造业施工项目

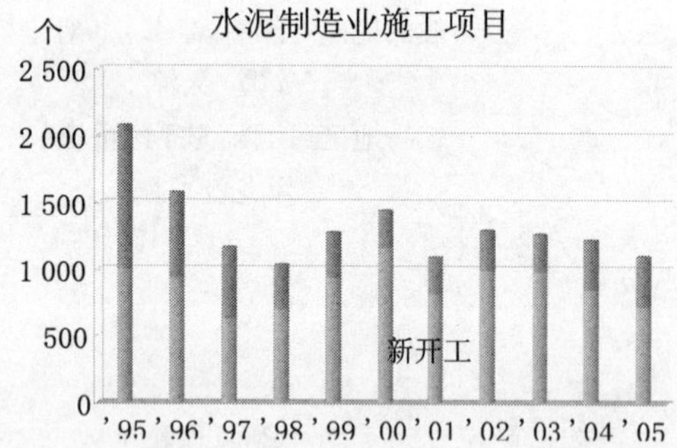

水泥制造业投产项目和新增固定资产

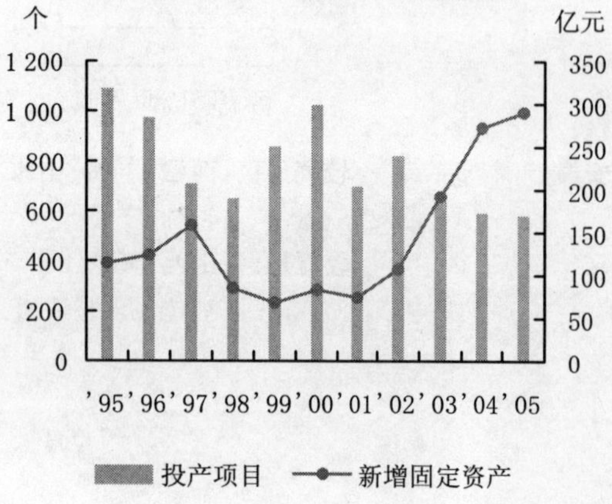

年　度	计划总投资（亿元）	施工项目个数		当年投产项目个数	当年新增固定资产（亿元）
		总计	其中：当年新开工		
1995	474	2 074	994	1 092	114
1996	493	1 575	933	974	123
1997	380	1 158	627	710	158
1998	303	1 029	695	651	85
1999	254	1 274	930	859	68
2000	222	1 439	1 153	1 024	83
2001	247	1 085	813	699	74
2002	420	1 289	987	822	107
2003	835	1 264	975	640	192
2004	1 117	1 214	842	591	272
2005	1 147	1 094	719	582	290

6-2 水泥制造业固定资产投资完成额构成

水泥制造业固定资产投资完成额构成

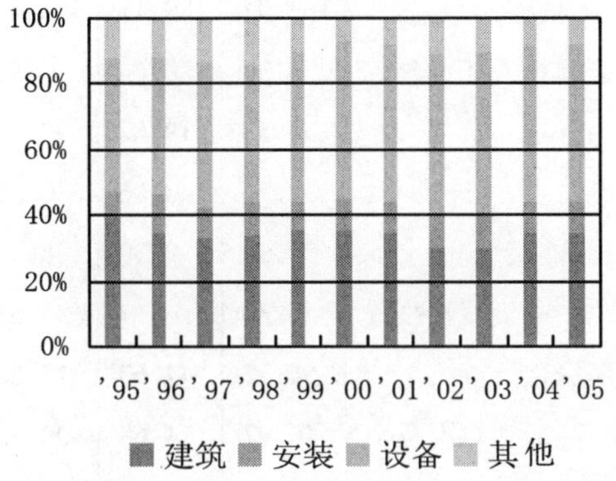

水泥制造业固定资产投资建设性质构成

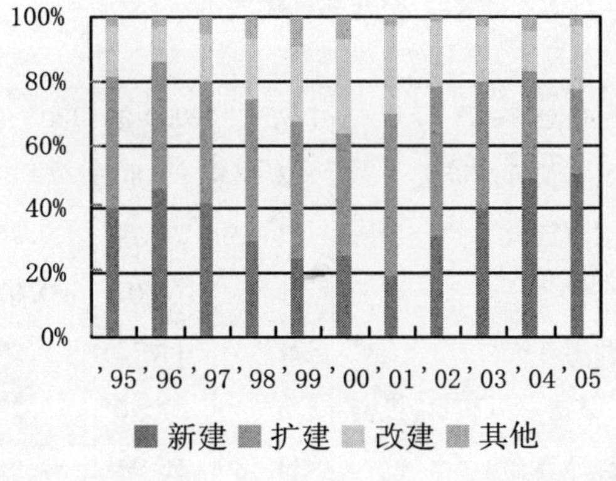

亿元

投资构成	1995年	2000年	2005年
建筑工程	65.39	28.70	147.66
安装工程	12.70	8.03	40.08
设备工器具购置	68.81	39.17	200.94
其中:购置旧设备	0.26	0.44	0.73
用于更新的设备			11.71
其他费用	19.75	5.78	34.60
其中:旧建筑物购置费	0.15	0.02	1.64
土地购置费	1.97	0.66	6.98

%

投资构成	1995年	2000年	2005年
建筑工程	39.24	35.14	34.88
安装工程	7.62	9.83	9.47
设备工器具购置	41.29	47.95	47.47
其中:购置旧设备	0.16	0.54	0.17
用于更新的设备			2.77
其他费用	11.85	7.08	8.17
其中:旧建筑物购置费	0.09	0.03	0.39
土地购置费	1.18	0.81	1.65

亿元

投资构成	1995年	2000年	2005年
新建	67.00	20.62	215.14
扩建	68.63	31.55	112.53
改建	25.44	24.08	83.24
单纯建造生活设施	2.44	2.65	0.63
迁建	2.73	1.59	8.19
恢复	0.13	0.14	0.35
单纯购置	0.28	1.05	3.21

%

投资构成	1995年	2000年	2005年
新建	40.20	25.25	50.83
扩建	41.18	38.63	26.58
改建	15.27	29.48	19.66
其他	3.35	6.64	2.92

6－3　水泥制造业固定资产投资资金来源

水泥制造业固定资产投资资金来源构成

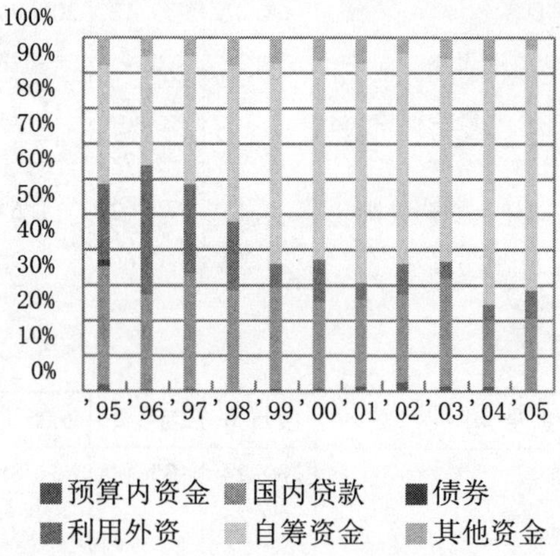

亿元

资 金 来 源	1995 年	2000 年	2005 年
资金来源合计	179.29	90.43	476.54
1. 上年末结余资金	16.32	10.32	16.12
2. 本年资金来源小计	162.97	80.11	460.42
(1)国家预算内资金	3.33	0.64	0.88
(2)国内贷款	54.58	19.82	93.26
(3)债券	2.76	0.06	0.33
(4)利用外资	34.98	9.39	36.77
其中:外商直接投资	26.30	6.17	33.51
(5)自筹资金	54.73	44.63	312.80
其中:企业自有资金	46.97	41.68	308.32
其中:发行股票	2.88	0.56	
(6)其他资金来源	12.60	5.57	16.38
其中:集资	5.02	3.07	0.62

2005年水泥制造业
固定资产投资资金来源构成

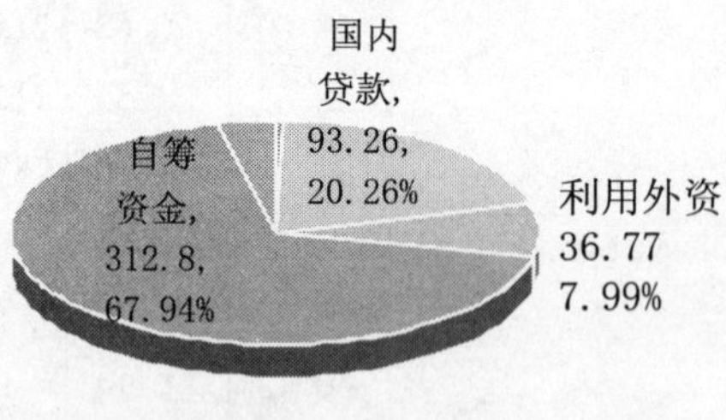

资金来源构成

%

资 金 来 源	1995 年	2000 年	2005 年
(1)国家预算内资金	2.04	0.80	0.19
(2)国内贷款	33.49	24.74	20.26
(3)债券	1.69	0.07	0.07
(4)利用外资	21.46	11.73	7.99
其中:外商直接投资	16.14	7.70	7.28
(5)自筹资金	33.58	55.71	67.94
其中:企业自有资金	28.82	52.03	66.96
其中:发行股票	1.76	0.70	
(6)其他资金来源	7.73	6.95	3.56
其中:集资	3.08	3.83	0.14

6－4　水泥制造业各经济类型固定资产投资完成额

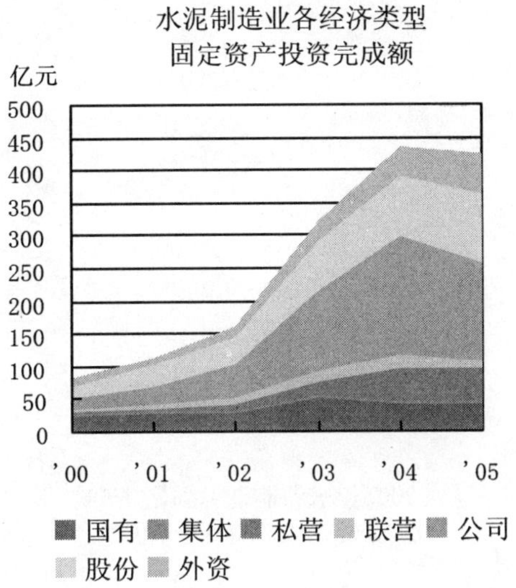

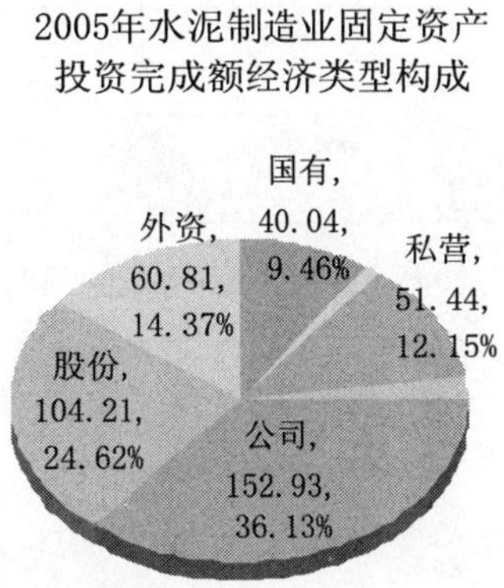

水泥制造业固定资产投资完成额

经济类型	固定资产投资完成额(亿元)		"十五"时期年平均增长率%	投资完成额比重(%)	
	2005年	2000年		2005年	2000年
总　计	423.28	81.68	45.75		
国有控股	142.43		51.65	33.65	
国有企业	40.04	24.73	14.15	9.46	30.27
集体企业	4.62	2.89	11.55	1.09	3.54
私营企业	51.44	1.73	110.46	12.15	2.12
股份合作和联营企业	9.23	3.24	49.79	2.18	3.96
有限责任公司	152.93	18.69	65.41	36.13	22.88
股份制公司	104.21	18.77	47.3	24.62	22.98
外商投资企业	60.81	11.64	36.49	14.37	14.25

6-5-1 水泥制造业按地区分固定资产投资完成额

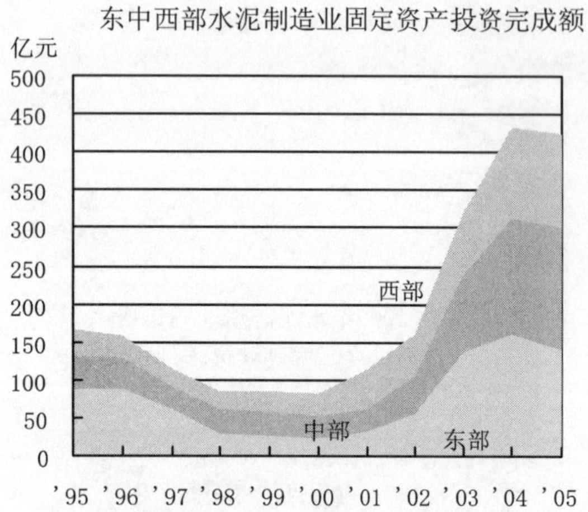

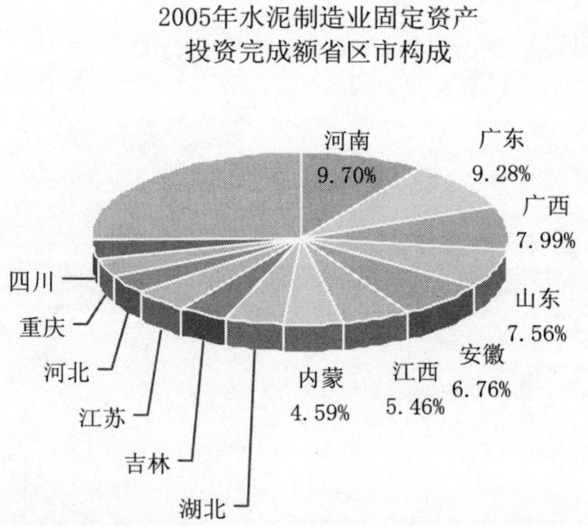

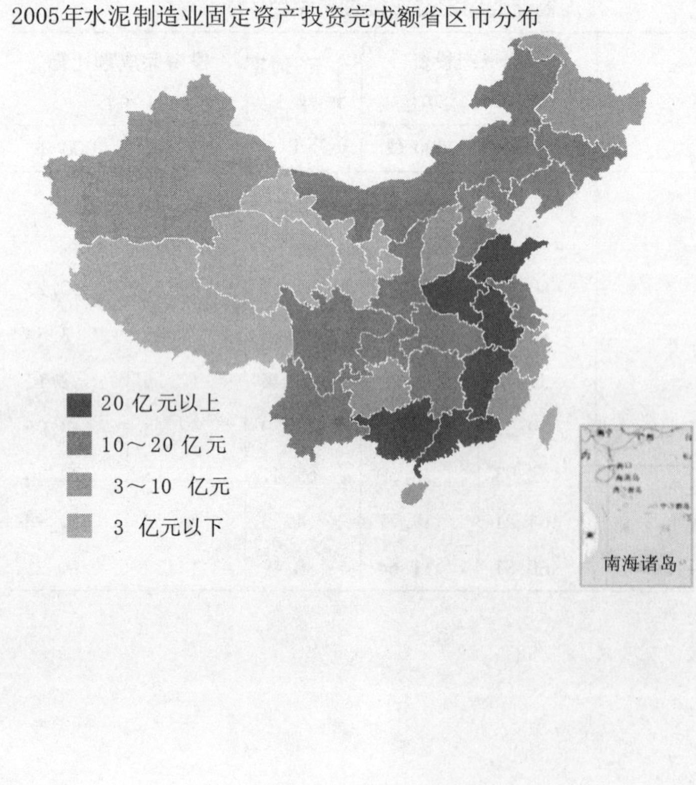

6-5-2　水泥制造业按地区分固定资产投资完成额

地区名称	投资完成额(亿元)			"十五"时期年平均增长率%	"九五"时期年平均增长率%	投资完成额比重(%)		
	2005 年	2000 年	1995 年			2005 年	2000 年	1995 年
东部沿海	139.74	22.27	89.00	57.08	-21.72	33.01	27.26	53.40
中部地区	160.99	30.34	42.68	42.81	-8.18	38.03	37.15	25.61
西部边远	122.55	29.07	34.98	38.33	-9.65	28.95	35.59	20.99
北　京	0.91	1.75	2.13	-16.66	-24.96	0.21	2.14	1.28
天　津	0.22	0.17	1.27	60.18	16.59	0.05	0.21	0.76
河　北	16.08	7.11	7.42	29.57	11.80	3.80	8.70	4.45
山　西	9.12	2.12	5.51	39.13	-29.42	2.15	2.59	3.31
内蒙古	19.41	1.76	2.83	62.50	-1.13	4.58	2.16	1.70
辽　宁	13.15	0.89	4.76	79.19	-40.85	3.11	1.10	2.86
吉　林	16.77	2.39	0.85	46.08	21.18	3.96	2.92	0.51
黑龙江	9.67	2.05	3.08	34.81	-23.28	2.28	2.50	1.85
上　海	0.02	0.14	0.55	65.83	-55.10	0.00	0.17	0.33
江　苏	16.49	2.02	20.45	72.11	-27.79	3.90	2.48	12.27
浙　江	7.37	3.63	6.31	42.66	-19.31	1.74	4.44	3.79
安　徽	28.62	7.99	8.66	40.28	-6.15	6.76	9.79	5.20
福　建	9.09	1.51	5.87	45.48	-23.17	2.15	1.85	3.52
江　西	23.11	6.71	3.24	33.67	10.67	5.46	8.22	1.94
山　东	32.00	4.04	14.62	75.38	-19.33	7.56	4.95	8.77
河　南	41.04	1.83	8.56	86.06	-13.82	9.70	2.24	5.13
湖　北	19.30	6.33	5.80	22.12	6.75	4.56	7.75	3.48
湖　南	13.36	0.93	6.98	86.95	-20.20	3.16	1.14	4.19
广　东	39.30	0.99	19.96	115.86	-41.56	9.28	1.21	11.98
广　西	33.82	0.61	8.61	128.90	-43.88	7.99	0.75	5.17
海　南	5.11	0.02	5.65	223.68	-29.04	1.21	0.02	3.39
重　庆	14.39	1.08		81.69	-28.22	3.40	1.33	
四　川	14.27	6.15	7.65	22.37	-14.81	3.37	7.53	4.59
贵　州	3.93	2.75	1.32	19.39	24.58	0.93	3.37	0.79
云　南	11.59	3.07	6.90	42.43	-27.17	2.74	3.75	4.14
西　藏	2.36	0.50	0.43	52.43	2.99	0.56	0.61	0.26
陕　西	13.41	5.21	1.66	23.74	5.88	3.17	6.38	1.00
甘　肃	2.24	1.76	1.10	31.24	5.34	0.53	2.15	0.66
青　海	0.45	0.54	0.37	30.15	26.58	0.11	0.66	0.22
宁　夏	2.47	1.27	0.72	32.24	-11.92	0.58	1.55	0.43
新　疆	4.20	4.37	3.37	8.33	-1.26	0.99	5.35	2.02

6-6 2005年省区市水泥制造业固定资产投资

金额:亿元　　项目:个

地区	本年计划投资	本年施工项目		本年投资完成额	本年投产项目	本年新增固定资产	本年资金来源				
		小计	其中:新开工				合计	上年结余	本年资金来源小计	其中:国内贷款	其中:自筹资金
总计	540.76	1 094	719	423.28	582	289.72	476.54	16.12	460.42	93.26	312.80
北京	0.91	1		0.91			0.75		0.75		0.75
天津	0.27	4	3	0.22	3	0.16	0.18		0.18		0.18
河北	18.43	44	31	16.08	22	8.91	16.02		16.02		12.02
山西	14.94	22	10	9.12	8	4.63	14.42	0.53	13.89	1.46	10.78
内蒙古	25.10	44	27	19.41	31	15.71	18.83	0.01	18.82	4.32	14.25
辽宁	14.65	36	22	13.15	23	9.74	13.53	0.01	13.53	0.96	12.07
吉林	17.56	23	19	16.77	16	8.48	16.02		16.02	7.01	8.54
黑龙江	10.39	21	15	9.67	12	11.22	9.64	0.17	9.47	0.30	9.07
上海	0.02	1	1	0.02	1	0.02	0.02	0.00	0.02		0.02
江苏	13.56	35	26	16.49	21	16.38	16.49	0.00	16.49	5.19	10.64
浙江	11.31	21	12	7.37	12	14.66	8.29	0.03	8.26	3.72	4.53
安徽	41.57	42	26	28.62	21	17.13	43.13	2.05	41.08	13.39	24.81
福建	12.44	34	24	9.09	10	3.97	9.67	0.12	9.55	1.94	4.21
江西	32.86	50	16	23.11	16	13.38	31.73	0.00	31.73	10.63	20.34
山东	44.59	53	29	32.00	12	25.33	32.31	0.16	32.15	2.95	27.66
河南	50.87	63	41	41.04	35	21.13	43.74	0.68	43.06	9.33	30.77
湖北	28.79	56	46	19.30	35	18.00	19.67	0.02	19.65	1.55	17.85
湖南	14.88	77	59	13.36	40	3.95	19.61	2.65	16.96	1.74	13.17
广东	48.11	38	22	39.30	13	16.01	42.32	4.48	37.84	3.53	24.56
广西	41.46	63	42	33.82	32	26.83	35.05	0.03	35.03	2.90	17.97
海南	5.58	8	5	5.11	3	2.54	5.26	0.00	5.26	1.80	3.45
重庆	18.23	34	18	14.39	19	7.14	16.56	0.42	16.15	5.15	7.71
四川	26.67	101	84	14.27	68	12.51	16.61	0.02	16.59	1.58	12.87
贵州	4.44	40	24	3.93	23	3.02	6.27	2.60	3.67	0.34	2.31
云南	12.21	78	48	11.59	39	8.42	11.60	1.31	10.29	4.63	5.07
西藏	2.36	3	1	2.36	3	8.00	2.36		2.36	1.91	0.25
陕西	17.70	41	28	13.41	24	2.28	16.84	0.75	16.09	5.09	10.09
甘肃	2.53	20	11	2.24	12	4.58	2.19		2.18	0.28	1.71
青海	0.60	10	8	0.45	7	0.47	0.45		0.45		0.20
宁夏	2.40	8	4	2.47	6	1.10	2.42		2.42	0.80	1.61
新疆	5.34	23	17	4.20	15	4.02	4.55	0.09	4.46	0.76	3.36

6－7　2005年末全国窑外分解窑数量和生产能力

各窑型年生产能力比重

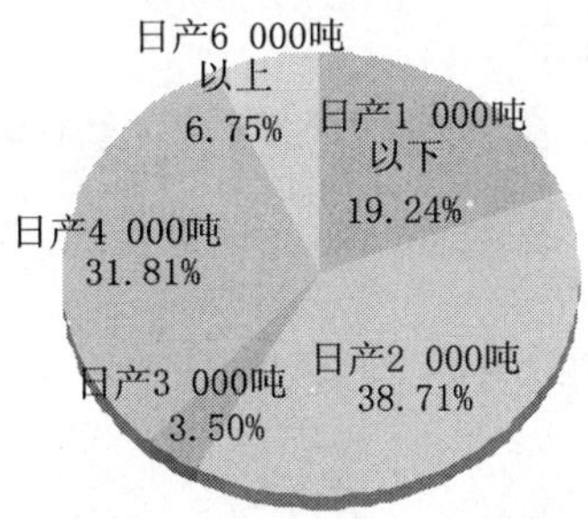

2005年末全国日产700吨及以上
窑外分解窑数量和年生产能力

按水泥熟料日生产能力分组	生产线数量（条）	熟料年生产能力	
		生产能力（万吨）	比重(%)
总　计	622	44 690	100.00
日产700～850吨	41	885	1.98
日产1 000～1 800吨	228	7 713	17.26
日产2 000～2 750吨	231	17 300	38.71
日产3 000～3 500吨	16	1 564	3.50
日产4 000～5 000吨	94	14 214	31.81
日产6 000吨以上	12	3 015	6.75

浙江、安徽、山东和江苏4省窑外分解熟料年生产能力在4 000万吨以上，其中浙江超过6 000万吨，安徽超过5 000万吨。4省共有水泥窑外分解窑228条，生产能力20 392万吨，生产能力占全国窑外分解熟料生产能力的45.63%。

广东、河南和河北3省窑外分解熟料年生产能力在2 000万吨以上。浙江、安徽、山东、江苏、广东、河南和河北7个水泥主要生产省份窑外分解熟料年生产能力占全国窑外分解熟料生产能力的60.42%。

窑外分解熟料年生产能力在1 000～2 000万吨之间的省份有湖北、江西、广西、吉林、陕西和福建6省。

2005年末全国日产700吨及以上窑外分解窑年生产能力分布

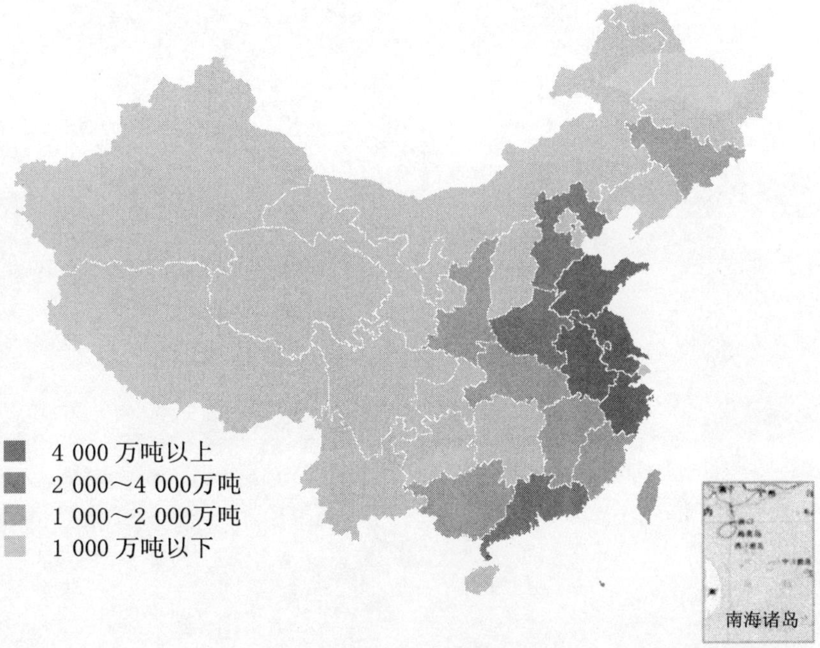

能源消耗

本篇能源消耗总量采用电热当量计算法。电热当量计算法指电力按自身的热功当量换算成标准煤，采用的折标系数为1万千瓦时=1.229吨标准煤。

万元增加值综合能耗：能源消耗总量与工业增加值比值，表明每万元工业增加值的能源综合消耗量。工业增加值按2000年价格计算，能源消耗量以标准煤为计算单位。

2005年水泥制造业能源消耗总量1.17亿吨标准煤。2002～2005年水泥制造业能源消耗总量年平均增长12.94%。

2005年水泥制造业能源消耗总量占建材工业能源消耗总量的75.49%。

原煤和电力是水泥制造业消耗的主要能源。2005年水泥制造业原煤和电力消耗折合标准煤占水泥制造业能源消耗总量的97.2%，其中原煤消耗折合标准煤占水泥制造业能源消耗总量的87.61%。

能源消耗

7－1　水泥制造业能源消耗总量

水泥制造业能源消耗总量

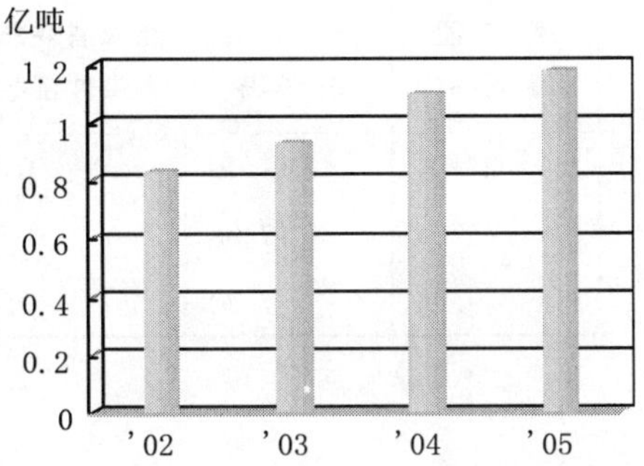

水泥制造业能源消耗总量

万吨标准煤

年 度	能源消耗总量	增长率（%）
2002	8 309	
2003	9 281	11.70
2004	10 940	17.88
2005	11 728	7.20
年平均增长率		12.94

2005 年水泥制造业能源消耗总量 1.17 亿吨标准煤。2002～2005 年水泥制造业能源消耗总量年平均增长 12.94%。

2005 年水泥制造业能源消耗总量占建材工业能源消耗总量的 75.49%。

原煤和电力是水泥制造业消耗的主要能源。2005 年水泥制造业原煤和电力消耗折合标准煤占水泥制造业能源消耗总量的 97.2%，其中原煤消耗折合标准煤占水泥制造业能源消耗总量的 87.61%。

水泥制造业能源消耗构成

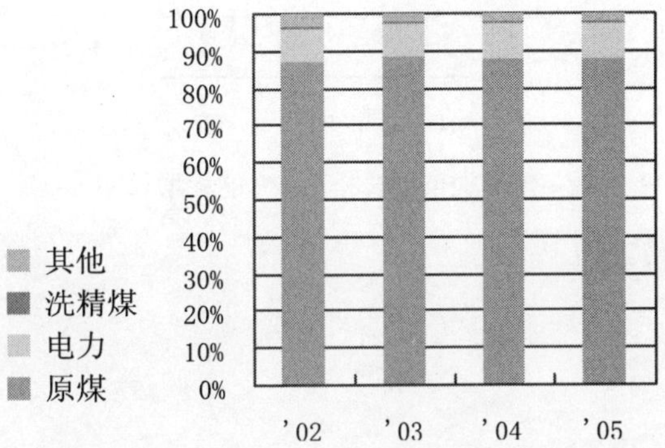

2005年水泥制造业能源消耗构成

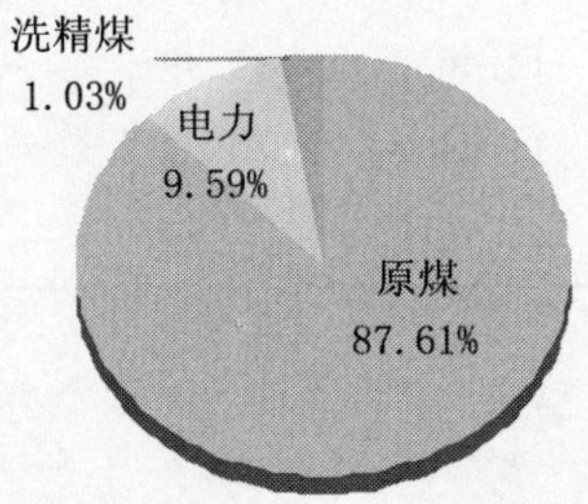

2005 年水泥制造业主要能源消耗量

能源品种	计量单位	消耗量	比重%	增长率%
原煤	万吨	14 433	87.61	6.30
电力	亿千瓦时	918	9.59	12.68
洗精煤	万吨	135	1.03	－6.86
柴油	万吨	31.11	0.39	1.78
其他洗煤	万吨	70.56	0.30	－11.31
焦炭	万吨	27.77	0.23	－24.10

7－2 水泥制造业万元增加值综合能耗

2002～2005年水泥制造业能源消耗总量年平均增长14.92%，低于同期水泥制造业增加值15.41%的增长率。水泥制造业能源消耗总量弹性系数0.84，水泥制造业每增长1个百分点，能源消耗总量增长0.84%。

水泥制造业能源消耗总量弹性系数

年 度	水泥制造业增加值增长率	能源消费总量增长率	水泥制造业能源消耗总量弹性系数
2003	27.04	11.70	0.60
2004	13.04	17.88	0.78
2005	9.94	7.20	0.43

“十五”时期水泥制造业增加值和能源消耗总量增长率

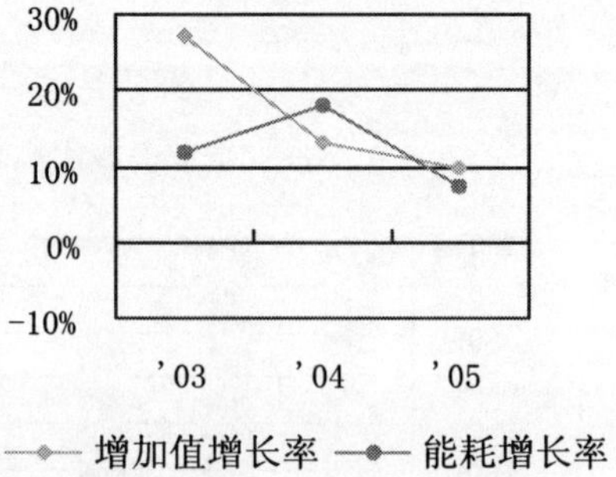

2005年水泥制造业万元增加值综合能耗14.7吨标准煤，比2002年降低1.74吨标准煤，降低幅度10.6%。

水泥制造业万元增加值综合能耗(吨标准煤)

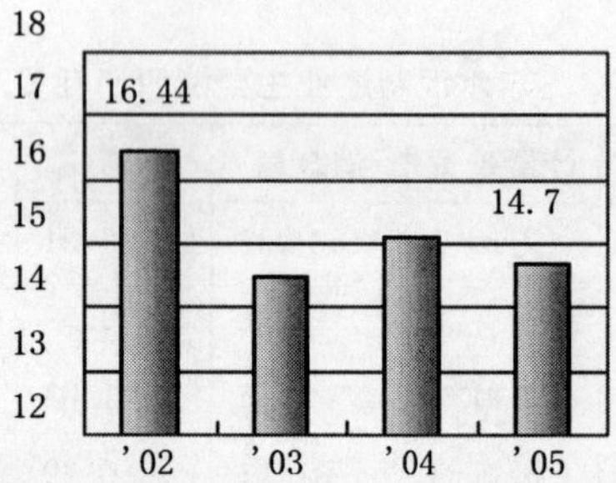

水泥制造业万元增加值综合能耗

吨标准煤

年 度	综合能耗	增减	增长率
2002	16.44		
2003	14.46	-1.99	-12.08
2004	15.08	0.62	4.28
2005	14.70	-0.38	-2.49

7－3　水泥制造业能源消耗地区对比

水泥制造业万元增加值综合能耗
（吨标准煤）

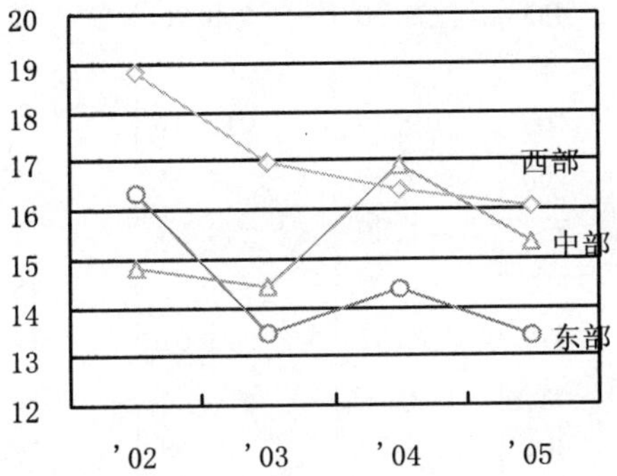

东中西部地区水泥制造业万元增加值综合能耗

吨标准煤

地　区	2002 年	2003 年	2004 年	2005 年
平 均	16.44	14.46	15.08	14.70
东 部	16.34	13.49	14.38	13.43
中 部	14.82	14.45	16.88	15.33
西 部	18.82	16.94	16.42	16.04

2005年省区市水泥制造业万元增加值综合能耗

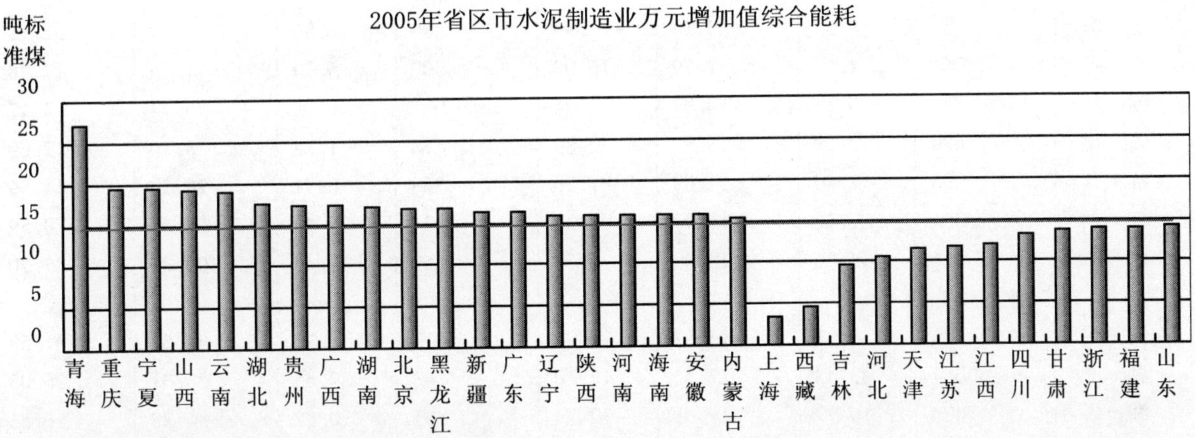

2005年水泥制造业原煤消耗
在500万吨以上的省区市

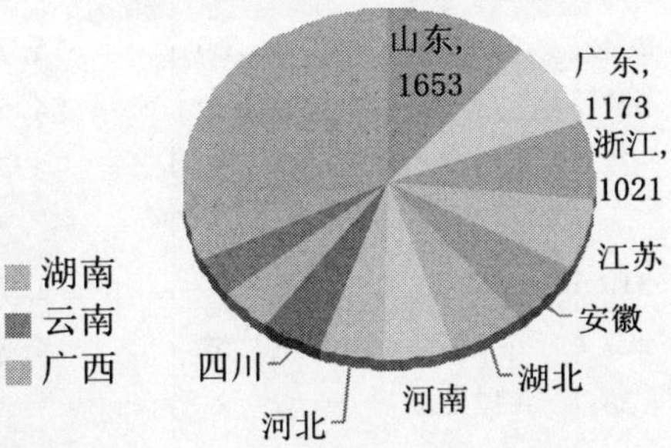

2005年水泥制造业电力消耗
在30亿千瓦时以上的省区市

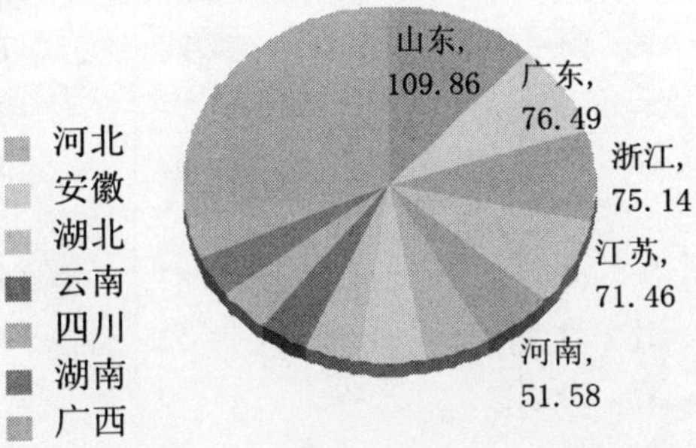

7-4 2005年省区市水泥制造业能源消耗

省区市名称	能源消费总量		万元增加值综合能耗		原煤消耗量		电力消耗量	
	万吨标准煤	增长率%	吨标准煤	增长率%	万吨	增长率%	亿千瓦时	增长率%
全国	11 728	7.20	14.70	-2.49	14 433	6.30	918.26	12.68
北京	138	20.43	16.83	29.72	160	9.39	12.37	4.53
天津	50	4.47	11.61	-5.08	60	4.99	4.93	5.45
河北	591	-2.68	10.66	-9.00	737	-1.80	48.56	-1.24
山西	221	-15.43	19.28	1.08	253	-14.37	18.48	-8.71
内蒙古	280	63.97	15.35	31.25	375	66.42	15.92	14.72
辽宁	320	-9.67	15.95	-26.65	401	-5.39	19.68	-17.81
吉林	208	11.28	9.51	-23.83	250	11.40	13.65	15.57
黑龙江	144	-20.33	16.79	4.34	171	-22.45	10.24	-9.89
上海	31	8.37	3.38	-23.96	30	5.86	5.79	32.18
江苏	760	4.97	11.79	-16.08	909	5.29	71.46	17.28
浙江	831	0.13	13.94	2.94	1 021	-6.08	75.14	4.17
安徽	690	2.59	15.79	-0.89	878	1.24	48.10	12.69
福建	298	7.40	14.02	-1.26	369	6.91	26.50	11.59
江西	354	-7.22	11.97	-24.24	435	-8.42	27.57	8.59
山东	1 416	15.74	14.09	-0.56	1 653	14.45	109.86	27.70
河南	646	7.11	15.82	-23.99	813	6.71	51.58	31.58
湖北	661	43.43	17.53	17.40	843	39.65	38.31	26.03
湖南	474	10.77	17.01	-12.78	595	10.82	34.28	6.51
广东	950	8.03	16.22	-9.81	1 173	6.73	76.49	14.16
广西	407	1.86	17.38	-20.34	523	2.98	31.53	5.66
海南	51	2.13	15.79	-25.80	55	-11.45	9.46	153.88
重庆	290	13.38	19.49	10.51	344	7.87	20.68	14.27
四川	532	2.23	13.13	-9.03	661	4.97	36.84	-1.23
贵州	193	8.78	17.40	-16.25	241	8.05	16.09	15.73
云南	423	35.87	19.02	9.84	527	35.05	37.39	54.52
西藏	17	19.60	4.59	-8.63	22	19.65	0.92	15.74
陕西	247	-7.89	15.84	-4.37	310	-8.63	19.69	-1.73
甘肃	165	-4.52	13.73	-3.34	207	-3.74	12.52	-4.85
青海	49	15.10	27.23	0.25	58	12.28	3.81	1.34
宁夏	86	-0.47	19.47	22.43	97	-0.58	7.72	13.70
新疆	205	-1.92	16.32	-6.89	261	-2.16	12.74	3.21

环境保护

固体废物：指在生产过程或建筑工程、生活中产生的固体状、半固体状和高浓度液体状废弃物，包括危险废物、废渣、粉煤灰、煤矸石、尾矿、放射性废物和其他废物等。

1.危险废物：指列入国家危险废物名录或者根据国家规定的危险废物鉴别标准和鉴别方法认定的，具有爆炸性、易燃性、易氧化性、毒性、腐蚀性、易传染性疾病等危险特性之一的废物。

2.废渣：冶炼生产中产生的高炉渣、钢渣、铁合金渣、有色金属矿渣以及燃烧设备从炉膛内排出的灰渣，不包括燃料燃烧过程中去除的烟尘。

3.粉煤灰：燃煤电厂锅炉、煤粉炉在燃煤过程中产生的固体颗粒物。

4.煤矸石：与煤层伴生的含碳量低、比煤坚硬的黑色岩石。

5.尾矿：选矿厂（包括各种金属和非金属矿石的选矿）和水冶厂排放的废物，包括赤泥（以铝土矿为原料的氧化铝厂的废渣）。

6.放射性废物：指含有天然放射性核素，其放射性比活度或污染水平超过国家审管部门规定的清洁解控水平（比活度大于2×104Bq/kg）的固体废物。

7.工业、建筑、生活垃圾等其他废物：指工业、建筑、生活垃圾、污泥及燃料燃烧过程中去除的烟尘等固体废物。工业垃圾指机械工业的切削碎屑、研磨碎屑、废砂型等；食品工业的活性炭渣；硅酸盐工业和建材工业的砖、瓦、碎砾、混凝土碎块等。污泥指工业废水处理中排出的固体沉淀物（以干泥量计）。

工业废气排放量：指企业厂区内燃料燃烧和生产工艺过程中产生的各种排入大气的含有污染物的气体的总量，以标准状态（273K，101 325Pa）计算。是燃料燃烧过程中废气排放量与生产工艺过程中废气排放量之和。

二氧化硫去除量：指燃料燃烧和生产工艺废气经过各种废气治理设施处理后，去除的二氧化硫量。

二氧化硫排放量：指在燃料燃烧和生产工艺过程中排入大气的二氧化硫总量，是燃料燃烧过程中二氧化硫排放量与生产工艺过程中二氧化硫排放量之和。

二氧化硫达标排放率：达标排放的二氧化硫量除以二氧化硫排放量。

二氧化硫去除率：二氧化硫去除量除以二氧化硫去除量与排放量之和。

烟、粉尘去除量：指企业在生产过程中产生的废气，经过各种废气治理设施处理后去除的烟尘和粉尘量。环保统计中分为烟尘去除量和粉尘去除量。

工业烟、粉尘去除量＝（除尘设备进口烟、粉尘浓度－除尘设备出口烟、粉尘浓度）×除尘系统排风量×除尘设备运行时间

除尘系统进、出口的烟、粉尘浓度，应以实测的数字为准。

烟、粉尘排放量：企业在生产过程中排入大气的烟尘和粉尘量。环保统计中分为烟尘排放量和粉尘排放量。

烟尘排放量指企业厂区内燃料燃烧过程中产生的烟气中夹带的颗粒物排放量。

粉尘排放量指企业排入大气的粉尘量。工业粉尘指在生产工艺过程中排放的能在空气中悬浮一定时间的固体颗粒，如钢铁企业的耐火材料粉尘、焦化企业的筛焦系统粉尘、烧结机的粉尘、石灰窑的粉尘、水泥企业水泥粉尘等，不包括电厂排入大气的烟尘。工业粉尘排放量可以通过除尘系统的排风量和除尘设备出口排尘浓度相乘求得，计算公式为：

粉尘排放量＝除尘设备出口废气中粉尘平均浓度×除尘系统排风量×除尘设备运行时间

烟、粉尘达标排放率：达标排放的烟、粉尘量除以烟、粉尘排放量。

烟、粉尘去除率：烟、粉尘去除量除以烟、粉尘去除量与排放量之和。

工业用水总量：指工业企业用于生产的用水总量，包括实际消耗的新鲜水量和重复用水量。新鲜水量指工业企业从地上、地下及自来水源取用的全部水量。重复用水量指企业内部循环总水量。

给水方式分为直流给水系统（新鲜水一次使用后，即以

废水形式排放)、循环给水系统(循环多次使用)、循序给水系统(或成为串级给水,按生产工序多次使用。包括处理后回用)。循环循序过程中第二次以上再使用的水量统称为循环水量。

重复用水量的计算公式为不用循环、循序用水措施所需新鲜水量与采用循环、循序用水措施后所需新鲜水量的差额。

工业用水重复利用率:工业重复用水量占工业用水总量比重。

废水治理设施数:用于防治水污染和经处理后综合利用水资源的实有设施(包括构筑物)数,以一个废水治理系统为单位统计。附属于设施内的水治理设备和配套设备不单独计算。已经报废的设施不统计在内。

工业废水排放量:指报告期内经过企业厂区所有排放口排到企业外部的工业废水量。包括生产废水、外排的直接冷却水、超标排放的矿井地下水和与工业废水混排的厂区生活污水,不包括外排的间接冷却水(清污不分流的间接冷却水应计算在废水排放量内)。

工业废水排放达标量:指废水中各项污染物指标都达到国家或地方排放标准的外排工业废水量,包括未经处理外排达标的,经废水处理设施处理后达标排放的,以及经污水处理厂处理后达标排放的。

工业废水排放达标率:指工业废水排放达标量占工业废水排放量的比重,计算公式为工业废水排放达标量除以工业废水排放量。

工业废水中污染物去除量:指生产过程排出的废水,经过各种废水治理设施处理后,除去废水中所含汞、镉、六价铬、铅等重金属和砷、挥发酚、氰化物、化学需氧量、石油类、氨氮等一般无机物和有机物等污染物本身的纯重量。

工业固体废物利用量:指通过回收、加工、循环、交换等方式,从固体废物中提取或者使其转化为可以利用的资源、能源和其他原材料的固体废物量(包括当年利用的往年工业固体废物贮存量)。如用做农业肥料、生产建筑材料、筑路等。利用量由原产生固体废物的单位统计。

工业固体废物利用率:指工业固体废物利用量占固体废物产生量的比重。计算公式为:工业固体废物利用量除以当年工业固体废料产生量与利用往年储存的工业固体废料量之和。

工业固体废物贮存量:指以利用或处置为目的,将固体废物暂时贮存或堆存在专设的贮存设施或专设的集中堆存场所内的数量。专设的固体废物贮存场所或贮存设施必须有防扩散、防流失、防渗漏、防止污染大气、水体的措施。

工业固体废物处置量:指将固体废物焚烧或者最终置于符合环境保护规定要求的场所,并不再回取的工业固体废物量(包括当年处置往年的工业固体废物贮存量)。处置方式有填埋(其中危险废物应安全填埋)、焚烧、专业贮存场(库)封场处理、深层灌注、回填矿井及海洋处置(经海洋管理部门同意投海处置)等。

工业固体废物排放量:指将所产生的固体废物排到固体废物污染防治设施、场所以外的量。不包括矿山开采的剥离废石和掘进废石(煤矸石和呈酸性或碱性的废石除外)。工业固体废物排放量的计算公式为工业固体废物产生量-工业固体废物贮存量-工业固体废物利用量-工业固体废物处置量+综合利用和处置往年储存量。

环境保护

8－1　水泥制造业固体废物利用

水泥制造业固体废物利用量

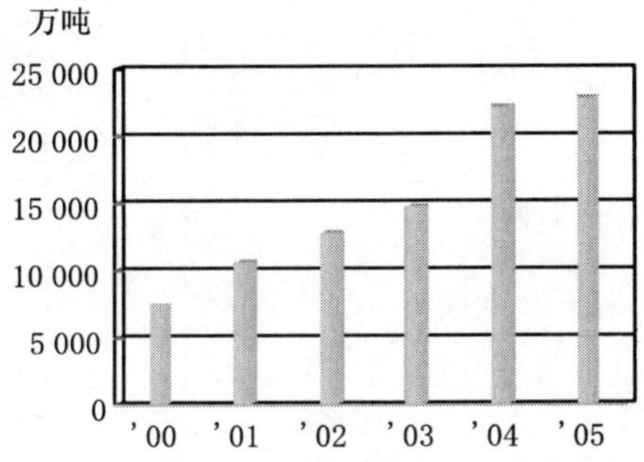

年度	固体废物利用量(万吨)	
	利用量	增长率%
2000	7 517	—
2001	10 583	40.78
2002	12 752	20.49
2003	14 713	15.38
2004	22 207	50.93
2005	22 905	3.15

水泥制造业固体废物利用构成

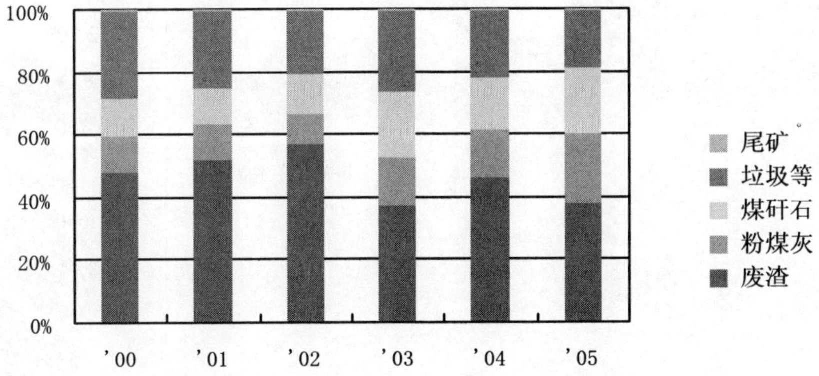

2005年水泥制造业固体废物利用构成

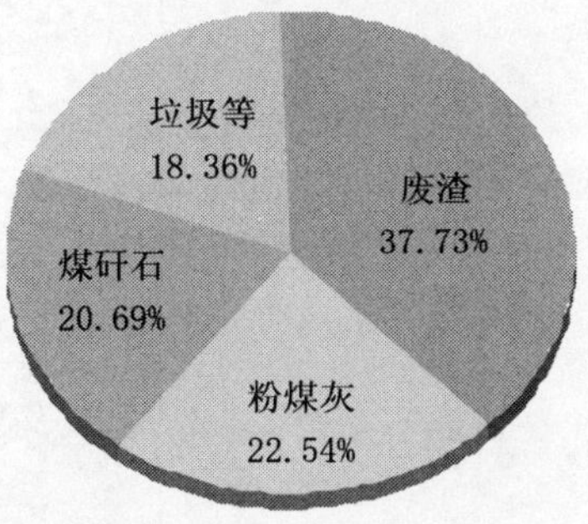

2005 年水泥制造业利用的主要固体废物

万吨

种　类	利用量	构成%
废　渣	8 643	37.73
粉煤灰	5 164	22.54
煤矸石	4 739	20.69
垃圾等	4 205	18.36
尾　矿	155	0.68

8－2　2005年省区市水泥制造业固体废物利用

2005年省区市水泥制造业固体废物利用量分布

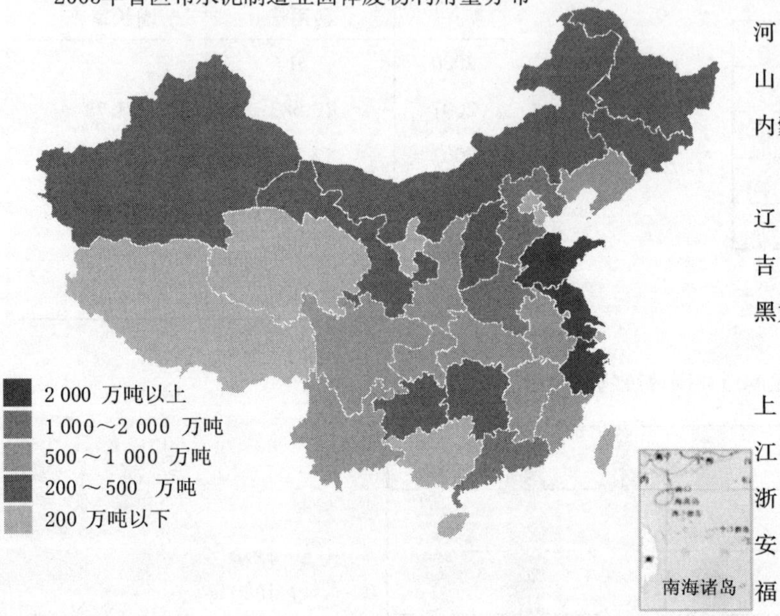

2005年省区市水泥制造业固体废物利用量比重

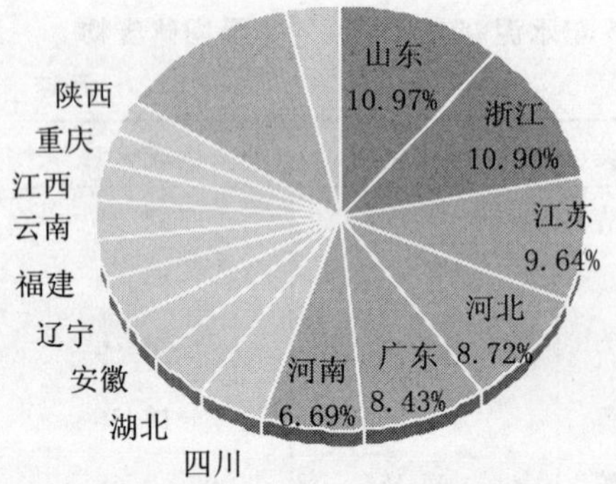

万吨

省区市	利用量	比重%
北　京	182	0.79
天　津	143	0.63
河　北	1 997	8.72
山　西	456	1.99
内蒙古	265	1.16
辽　宁	742	3.24
吉　林	361	1.58
黑龙江	336	1.47
上　海	62	0.27
江　苏	2 208	9.64
浙　江	2 498	10.90
安　徽	780	3.41
福　建	712	3.11
江　西	640	2.79
山　东	2 513	10.97
河　南	1 533	6.69
湖　北	913	3.99
湖　南	410	1.79
广　东	1 930	8.43
广　西	139	0.61
海　南	106	0.46
重　庆	589	2.57
四　川	993	4.34
贵　州	347	1.51
云　南	662	2.89
西　藏	17	0.07
陕　西	538	2.35
甘　肃	326	1.43
青　海	56	0.24
宁　夏	105	0.46
新　疆	343	1.50

8－3　2005 年水泥制造业废气排放

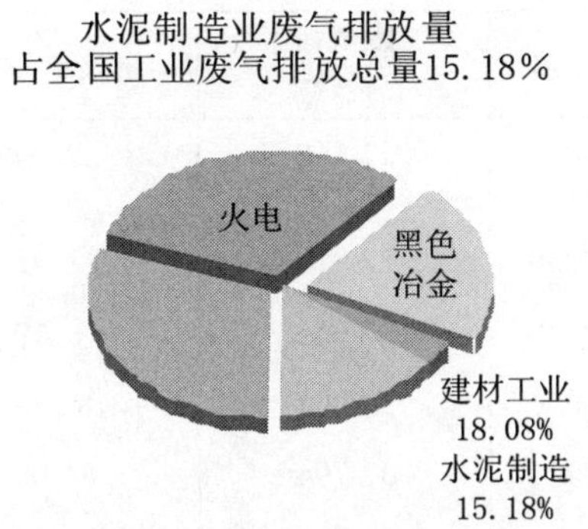

2005 年水泥制造业废气排放总量 40 843 亿标准立方米，占建材工业废气排放总量 48 628 亿标准立方米的 83.99%，占全国工业废气排放总量 268 988 亿标准立方米的 15.18%。在全国工业行业废气排放总量中，水泥制造业位于火力发电业和黑色金属冶炼及压延加工业之后列第三位。

2005 年水泥制造业二氧化硫排放量 104 万吨，占建材工业二氧化硫排放量 170 万吨的 61.46%，占全国工业二氧化硫排放总量 2 168 亿吨的 4.81%。水泥制造业二氧化硫排放量位于火力发电业、黑色金属冶炼及压延加工业、化学原料及化学制品制造业之后列第四位。

2005 年水泥制造业烟、粉尘排放量 509 万吨，占建材工业烟、粉尘排放量 702 万吨的 81.07%，占全国工业烟、粉尘排放总量 1 860 万吨的 30.58%。水泥制造业烟、粉尘排放量居全国工业行业烟、粉尘排放量首位。

8－4 水泥制造业废气排放和二氧化硫排放及处理

水泥制造业废气排放总量

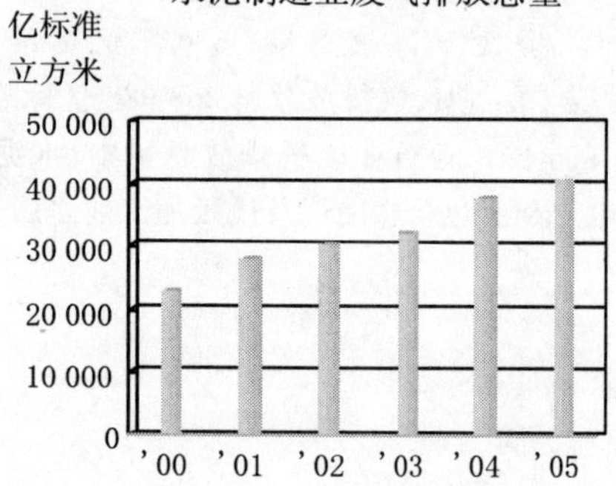

水泥制造业废气排放总量

亿标准立方米

年　度	废气排放总量	增长率(%)
2000	22 850	22.94
2001	27 975	22.43
2002	30 265	8.19
2003	32 302	6.73
2004	37 794	17.00
2005	40 843	8.07
“十五”时期年平均增长率		13.38

水泥制造业纳入环保监测范围的工业炉窑 7 734 座，其中烟尘排放达标的工业炉窑 6 199 座。水泥制造业废气治理设施 33 832 套，废气治理设施处理能力每小时 55 297 万标立方米。废气治理设施运行费用 26.65 亿元。

“十五”时期水泥制造业废气排放总量年平均增长 13.38%，高于水泥产量年平均增长率。

“十五”时期水泥制造业二氧化硫排放量年平均下降 0.77%。2005 年水泥制造业二氧化硫去除率 27.1%，比“九五”末年提高 11.31 个百分点。二氧化硫达标排放率 74.8%，比“十五”初期提高 36.57 个百分点。

水泥制造业二氧化硫排放量

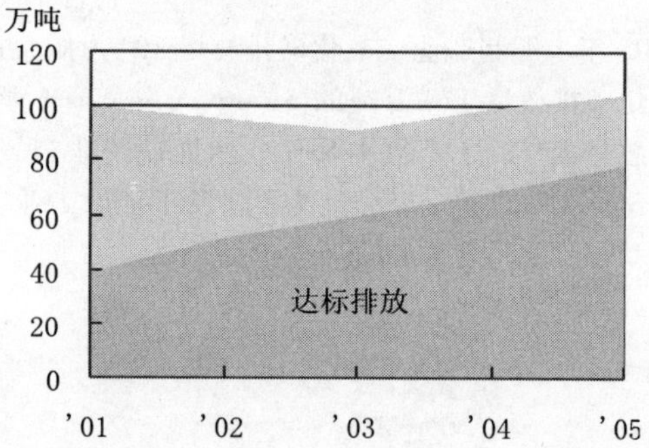

水泥制造业二氧化硫去除率和达标排放率

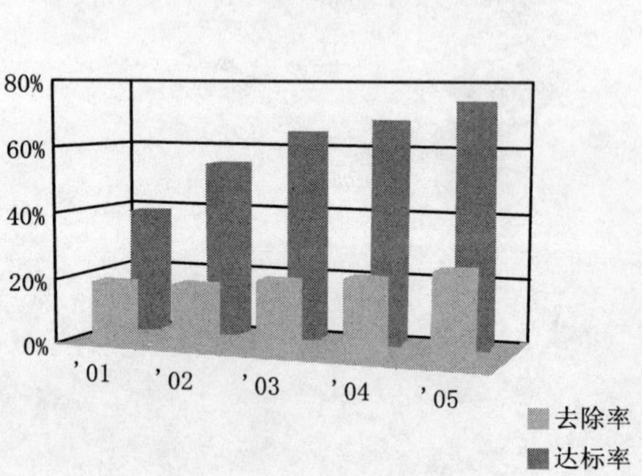

水泥制造业二氧化硫排放及处理

年度	二氧化硫排放量		二氧化硫去除率%	二氧化硫达标排放率%
	排放量(万吨)	增长%		
2000	100.34	13.52	15.79	—
2001	100.55	0.20	18.77	38.23
2002	95.11	－5.41	18.88	54.28
2003	91.51	－3.79	21.58	64.74
2004	98.87	8.04	23.79	68.74
2005	104.21	5.40	27.10	74.80
“十五”时期平均		－0.77	22.23	60.22

8－5　水泥制造业烟、粉尘排放及处理

水泥制造业烟、粉尘去除量

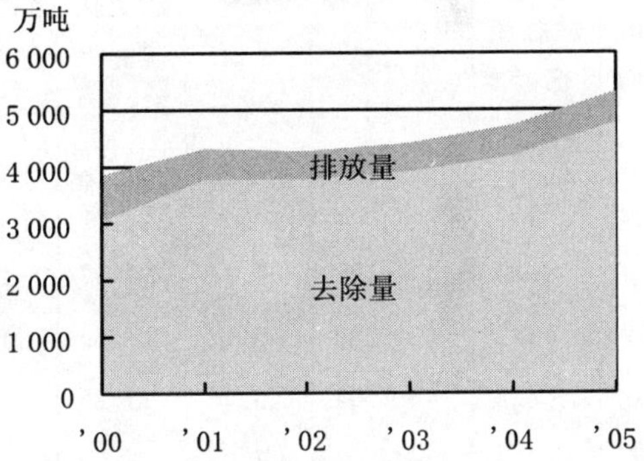

水泥制造业烟、粉尘达标排放量

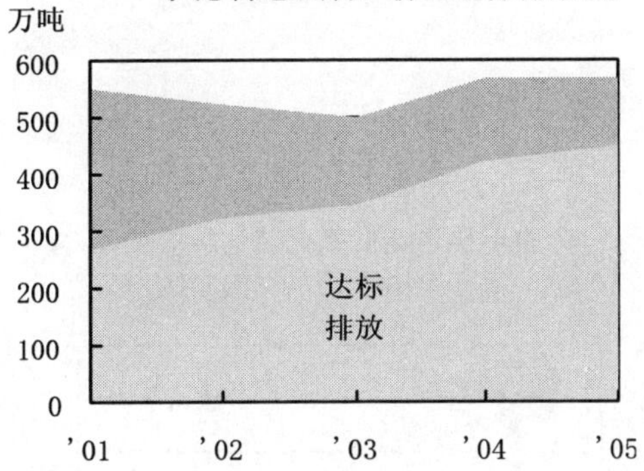

水泥制造业烟、粉尘去除率

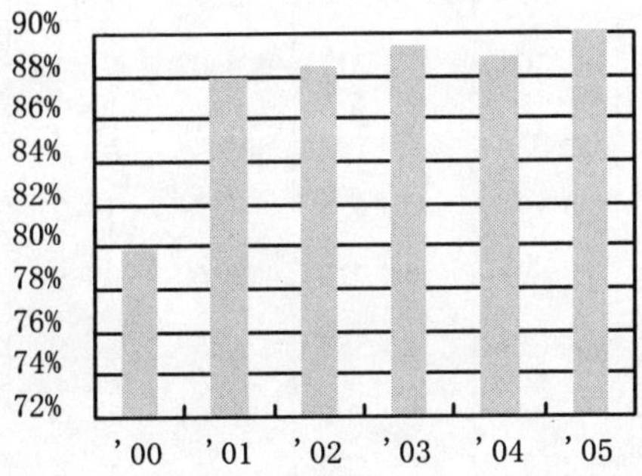

水泥制造业烟、粉尘达标排放率

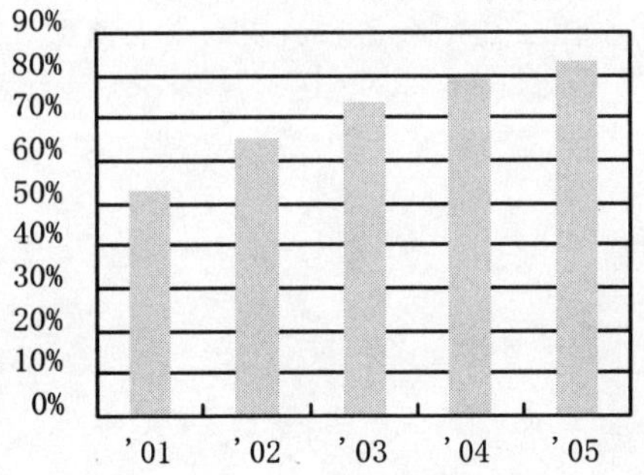

水泥制造业烟、粉烟尘排放及处理

年度	烟、粉尘去除量(万吨)		烟、粉尘去除率	烟、粉尘排放量(万吨)		烟、粉尘达标排放率%
	去除量	增长%		排放量	增长%	
2000	3 051	5.01	79.04	809	-16.76	—
2001	3 752	22.98	87.20	551	-31.91	48.89
2002	3 752	0.00	87.75	524	-4.97	61.44
2003	3 889	3.65	88.64	498	-4.85	69.52
2004	4 169	7.21	88.04	566	13.65	74.77
2005	4 764	14.26	89.33	569	0.47	79.01
"十五"时期平均		9.73	88.24	—	-13.10	66.85

8－6－1 2005 年省区市水泥制造业废气排放及处理

水泥制造业二氧化硫达标排放率
高于全国平均水平的省区市

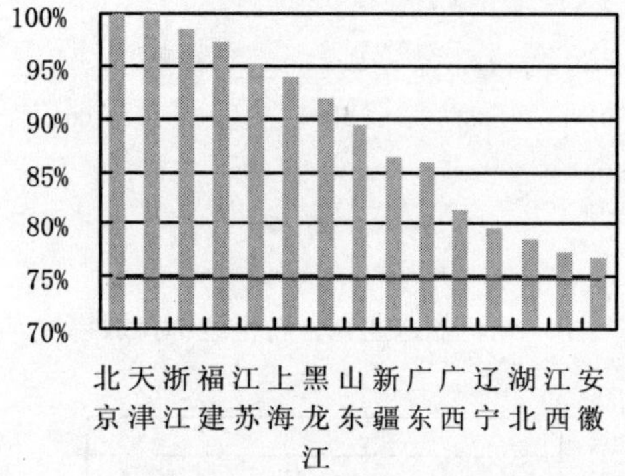

水泥制造业二氧化硫达标排放率
低于全国平均水平的省区市

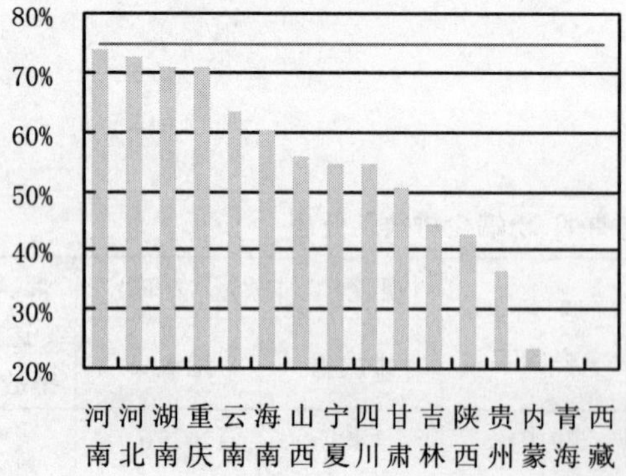

省区市名称	废气排放总量（亿标准立方米）	二氧化硫排放量		二氧化硫去除率（%）	二氧化硫达标排放率（%）
		排放量（吨）	比重（%）		
全　国	40 843	1 042 072	100.00	27.10	74.80
北　京	650	1 122	0.11	54.47	100.00
天　津	142	1 232	0.12	77.62	100.00
河　北	3 823	56 902	5.46	45.25	72.59
山　西	1 223	31 693	3.04	26.50	55.87
内蒙古	567	14 942	1.43	8.17	23.72
辽　宁	1 218	22 309	2.14	23.00	79.57
吉　林	518	10 873	1.04	33.30	44.71
黑龙江	397	10 200	0.98	12.11	91.99
上　海	103	217	0.02	91.69	93.85
江　苏	2 675	56 787	5.45	20.11	95.26
浙　江	3 945	51 468	4.94	10.23	98.42
安　徽	623	16 717	1.60	49.96	76.82
福　建	1 617	26 584	2.55	12.99	97.23
江　西	1 364	39 737	3.81	7.81	77.34
山　东	4 800	61 197	5.87	35.88	89.48
河　南	918	35 601	3.42	16.78	73.74
湖　北	1 957	44 916	4.31	34.22	78.52
湖　南	1 352	88 428	8.49	15.52	70.69
广　东	3 631	65 901	6.32	41.99	85.77
广　西	2 025	117 846	11.31	23.35	81.31
海　南	265	3 834	0.37	17.59	60.21
重　庆	1 342	93 426	8.97	29.11	70.67
四　川	1 608	71 717	6.88	22.25	54.49
贵　州	313	10 815	1.04	51.21	36.55
云　南	1 088	33 255	3.19	45.29	63.45
西　藏	13	614	0.06	0.00	0.00
陕　西	1 016	38 937	3.74	12.07	42.91
甘　肃	387	15 780	1.51	9.47	50.48
青　海	163	3 917	0.38	0.00	0.83
宁　夏	206	2 634	0.25	69.45	54.64
新　疆	895	12 472	1.20	9.87	86.28

8-6-2　2005年省区市水泥制造业废气排放及处理

2005年水泥制造业二氧化硫量排放分布

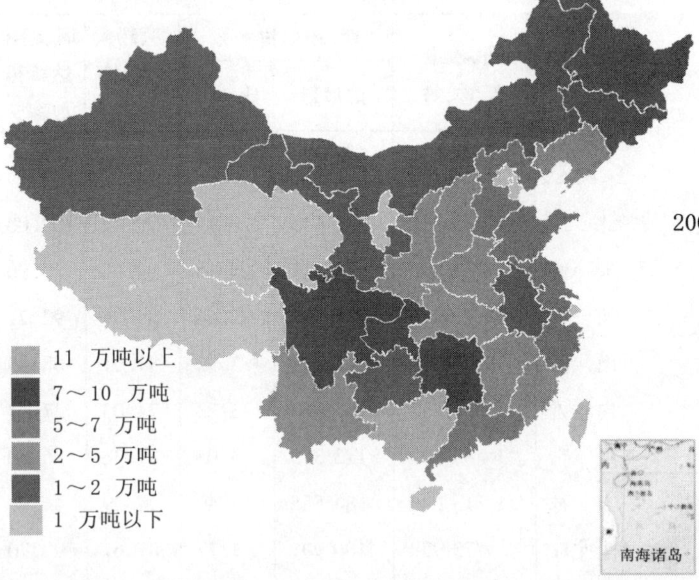

2005年水泥制造业二氧化硫排放省区市比重

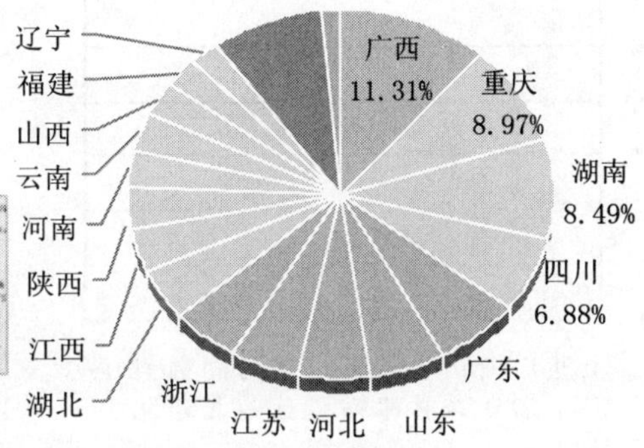

2005 年水泥制造业烟、粉尘排放量分布

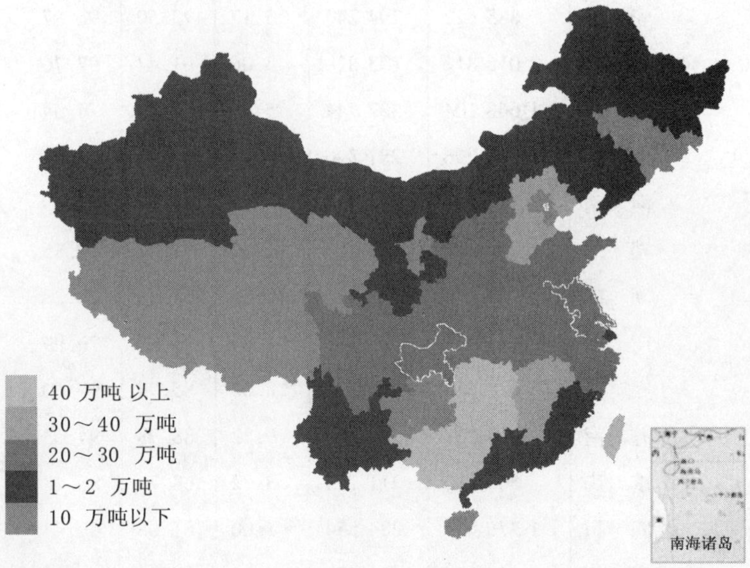

2005年水泥制造业烟、粉尘排放省区市比重

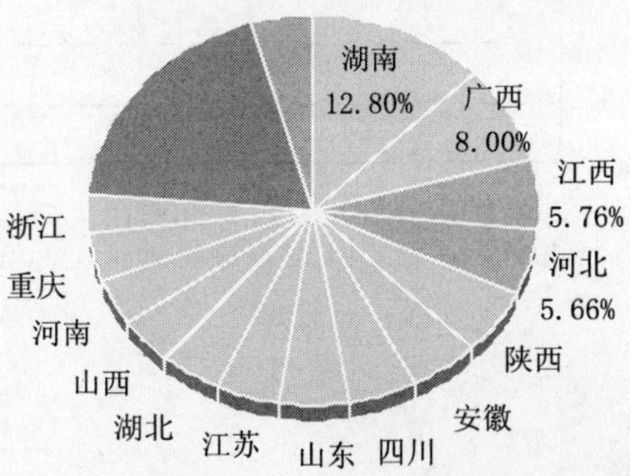

8-6-3 2005年省区市水泥制造业废气排放及处理

水泥制造业烟、粉尘去除率
高于全国平均水平的省区市

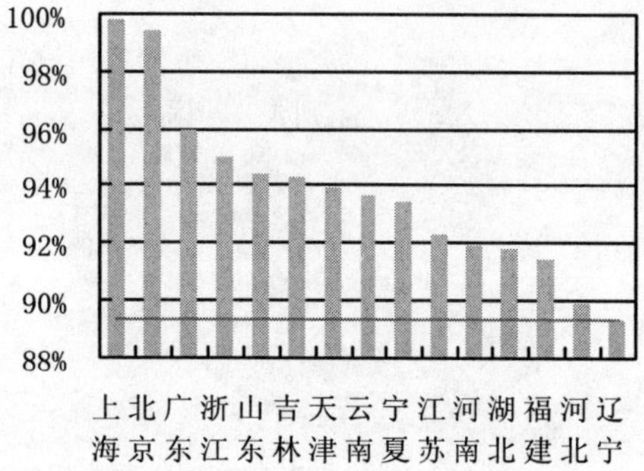

水泥制造业烟、粉尘去除率
低于全国平均水平的省区市

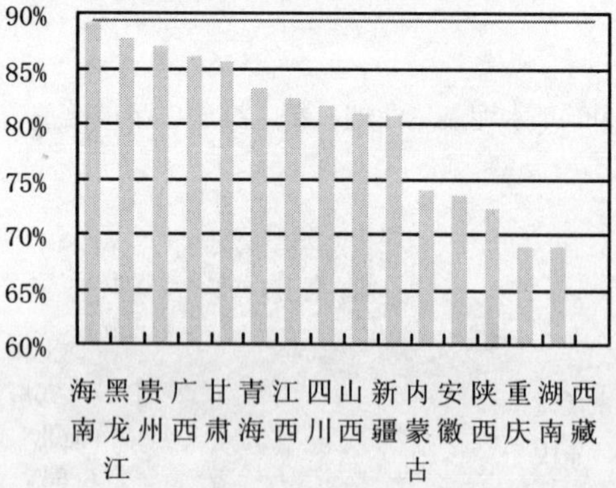

吨

省区市名称	烟、粉尘去除量	烟、粉尘排放量		烟、粉尘去除率%	烟、粉尘达标排放率%
		排放量	比重%		
全　国	47 640 032	5 688 344	100.00	89.33	79.01
北　京	1 233 535	6 615	0.12	99.42	100.00
天　津	152 835	9 117	0.16	93.92	99.90
河　北	3 129 316	321 835	5.66	89.96	92.21
山　西	1 031 451	222 821	3.92	81.01	68.43
内蒙古	568 642	183 903	3.23	74.03	27.23
辽　宁	1 583 907	173 375	3.05	89.38	86.30
吉　林	1 513 646	84 555	1.49	94.29	44.97
黑龙江	773 978	100 901	1.77	87.61	90.70
上　海	201 611	317	0.01	99.83	100.00
江　苏	3 365 507	256 673	4.51	92.36	98.25
浙　江	4 180 936	202 218	3.55	95.01	98.14
安　徽	885 622	294 244	5.17	73.50	96.87
福　建	2 015 812	173 828	3.06	91.44	97.76
江　西	1 668 104	327 744	5.76	82.43	74.54
山　东	5 182 796	281 340	4.95	94.44	97.51
河　南	2 765 728	222 440	3.91	91.97	75.69
湖　北	2 984 537	244 453	4.30	91.84	78.85
湖　南	1 737 846	728 055	12.80	68.75	74.27
广　东	2 781 215	107 375	1.89	95.98	76.99
广　西	3 020 685	455 321	8.00	85.94	90.60
海　南	108 261	12 353	0.22	88.98	94.03
重　庆	505 810	211 795	3.72	68.76	86.48
四　川	1 376 633	284 554	5.00	81.68	69.44
贵　州	664 895	91 406	1.61	87.02	31.69
云　南	1 776 198	109 807	1.93	93.71	68.96
西　藏	178	3 382	0.06	4.63	0.00
陕　西	844 004	296 603	5.21	72.40	76.21
甘　肃	643 141	100 441	1.77	85.51	67.26
青　海	222 357	41 431	0.73	83.18	27.45
宁　夏	121 931	7 901	0.14	93.43	92.41
新　疆	598 915	131 541	2.31	80.76	52.66

8-7　水泥制造业工业用水和废水排放及治理

2005年水泥制造业用水总量13.42亿吨，工业用水重复利用率61.89%，低于建材工业用水重复利用率平均水平3.74个百分点，2005年比“九五”末年提高14.65个百分点。

2005年水泥企业纳入环保监测范围的废水治理设施数1 488套，废水治理设施日处理能力193万吨，废水治理设施运行费用1.29亿元。水泥制造业废水排放量2.85亿吨，其中排入污水处理厂778万吨。工业废水排放达标率94.19%，低于建材工业平均水平0.3个百分点。“十五”时期，水泥制造业废水排放达标率稳步提高，2005年比“九五”末年提高7.4个百分点。

水泥制造业排放废水中主要污染物为化学需氧量（COD），2005年废水中化学需氧量去除量1.52万吨，排放量2.78万吠。

水泥制造业用水总量
和用水重复利用率

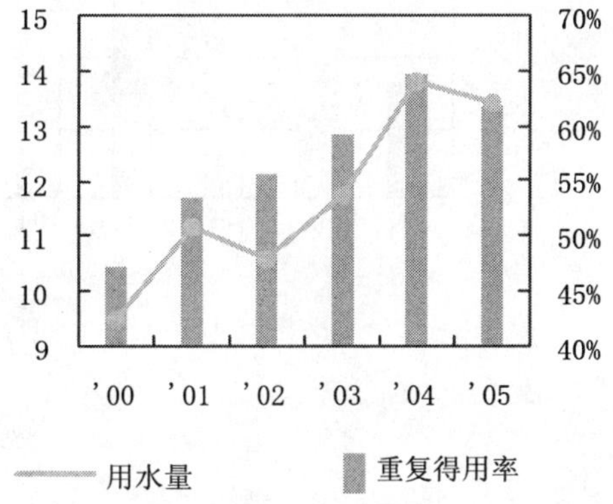

水泥制造业工业废水排放量

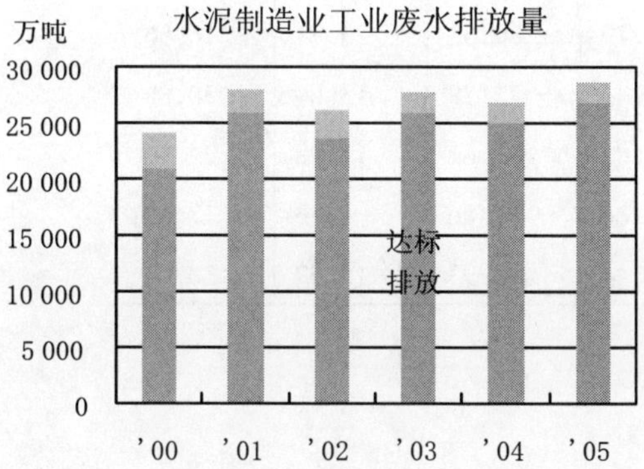

水泥制造业工业废水达标排放率

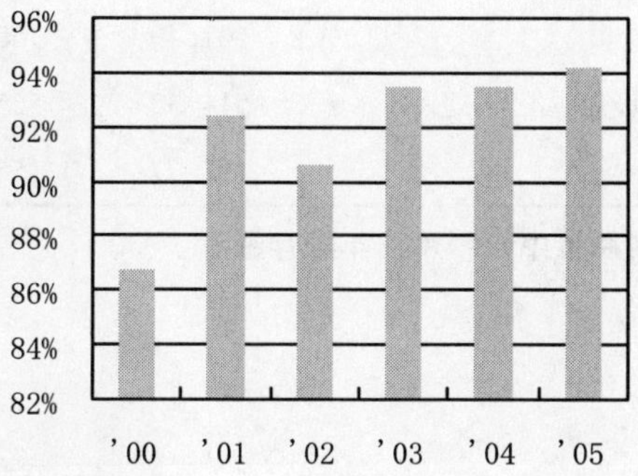

水泥制造业工业用水和重复利用率

年　度	工业用水总量（万吨）			工业用水重复利用率（%）
	总　量	新鲜水量	重　复用水量	
2000	94 927	50 084	44 843	47.24
2001	111 684	52 019	59 665	53.42
2002	105 887	47 010	58 877	55.60
2003	117 507	47 972	69 535	59.18
2004	138 115	48 870	89 245	64.62
2005	134 205	51 147	83 058	61.89

2005年水泥制造业废水排放和治理

指　标　名　称	单 位	数 量
废水治理设施数（重点调查企业）	套	1488
废水治理设施处理能力（重点调查企业）	吨/日	1 925 250
废水治理设施运行费用（重点调查企业）	亿元	1.29
工业废水排放量	万吨	28 540
其中：排入污水处理厂的	万吨	778
工业废水排放达标量	万吨	26 883
工业废水排放达标率	%	94.19
申报登记的废水排放量	万吨	10 856
工业废水中去除的化学需氧量	吨	15 220
工业废水中化学需氧量排放量	吨	27 761

8－8 水泥制造业工业固体废物产生及治理

水泥制造业工业废物产生和利用量

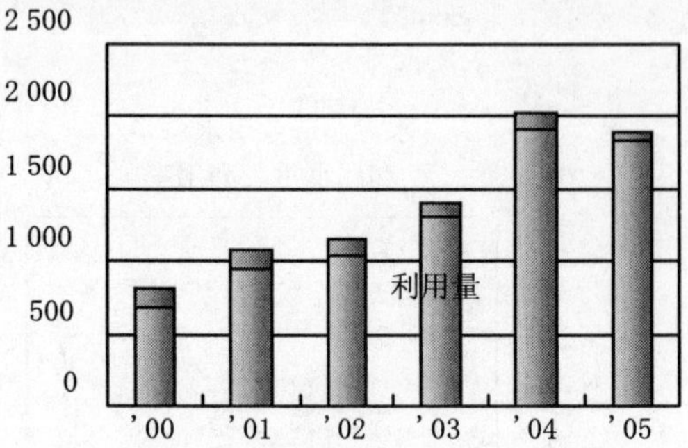

水泥制造业工业固体废物利用率

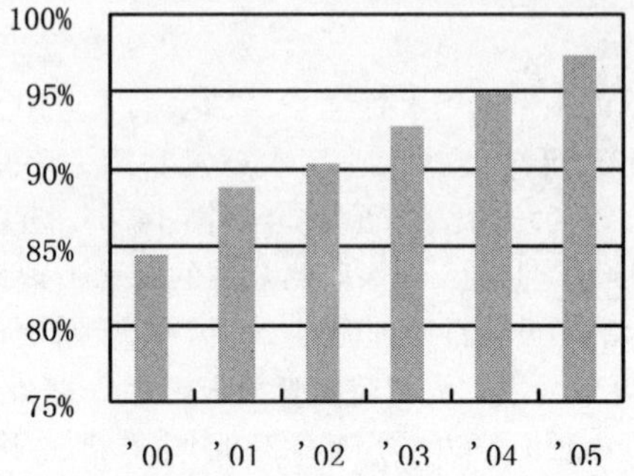

水泥制造业工业固体废物产生及利用、处置

万吨

年　度	工业固体废物		利　用 往　年 贮存量	利用率 （%）	工业固 体废物 贮存量	工业固 体废物 处置量	工业固 体废物 排放量
	产生量	其中:利用量					
2000	815	682	43.82	84.55	93.34	28.01	10.09
2001	1 072	947	48.37	88.79	89.52	25.71	16.56
2002	1 157	1 037	89.21	90.43	72.78	13.66	30.88
2003	1 409	1 302	78.66	92.83	82.62	17.28	22.69
2004	2 023	1 909	194.68	94.86	81.86	8.53	17.50
2005	1 897	1 845	173.78	97.44	43.93	15.47	30.04

2005年水泥制造业
主要工业固体废物产生量构成

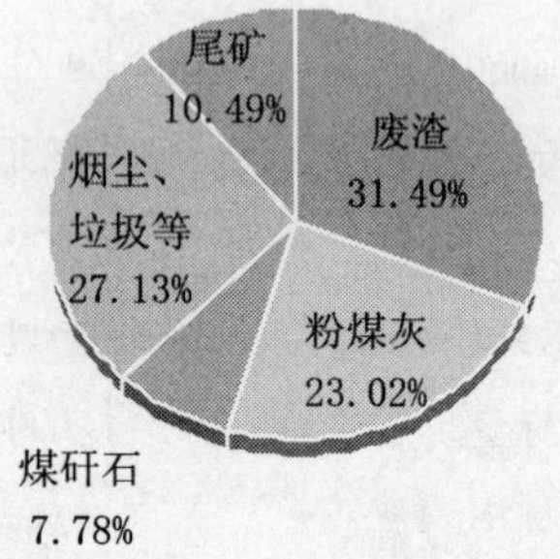

2005 年水泥制造业主要工业固体废物产生量和利用量

万吨

种　类	产生量	利用量
废　渣	596.87	634.31
粉煤灰	436.27	507.46
煤矸石	147.49	160.33
烟尘、垃圾等	514.32	525.25
尾　矿	198.77	155.27

注:利用量中含利用往年贮存量。

LEOMAX 三狮集团

在信息爆炸与经济全球化时代里，我们将倾力打造自己的数字梦想，缔造一个“水泥加鼠标”的不朽传奇。

——三狮集团董事长、总经理 姚季鑫

浙江三狮集团位于风景秀丽的中国杭州市，是由浙江省人民政府批准成立并重点培育的十五个大企业集团之一，也是省政府授权经营的大型国有企业。三狮公司现有总资产40亿元所属各子公司遍布浙江的长兴、湖州、杭州、宁波、兰溪、建德、桐庐、富阳、海宁以及上海江苏太仓、安徽广德等地。其下属重点骨干企业——浙江三狮水泥股份有限公司是国务院重扶持的全国520强企业，1999年至2005年连续七年实际水泥产销量位居全国三强之列，是目前浙江省规模最大的水泥生产企业。公司是浙江省省级文明单位，并荣获全国“五一”劳动奖状。

浙江三狮集团由28家企事业单位组成，母公司（核心层企业）为浙江三狮集团有限公司是通过对浙江三狮水泥股份有限公司进行改造，调整股权结构，并经省政府授权设立的国有独资公司。三狮公司的主导产品为水泥及其衍生产品。“三狮牌”水泥连续二十年保持产品合格率和富裕标号合格率两个100%，是浙江省名牌产品，也是国家级水泥免检产品。 产品已通过ISO9001国际质量认证和ISO14000环境管理体系认证，产品有普通水泥、纯硅水泥、特种水泥等数十个品种，被广泛用于秦山核电站、杭州萧山国际机场、杭州湾跨海大桥等国家重点工程并批量出口东南亚国家和南太平洋地区。

在浙江省委省政府的正确领导和省经贸委的指导支持下，几年来，三狮集团每年建设投产多条日产2500吨——日产5000吨新型干法水泥生产线，到2004年年底，三狮集团已经提前完成“十五”规划，达到年产水泥2000万吨的规模，成长为中国水泥行业最具竞争力的企业之一。三狮集团将继续通过跨地区、跨行业、跨所有制、跨国的“四跨”战略，以投资、收购、兼并联合的方式，发展成为国家级先进制造业基地，把水泥产品做大做强做精，实现跻身世界水泥工业十强之列的战略目标。

主导产业

非金属材料制造业

集团非金属材料制造业具有技术创新和科技成果产业化优势，在国内市场具有较强的竞争力，其主要产品均占有较高的市场份额。

集团在国内唯一拥有的、具有自主知识产权和国际先进水平的池窑拉丝成套技术已在国内 20 多家大、中型企业推广应用，成果转化率 100%。

玻璃钢／复合材料技术及产业是我国航天工业、船舶工业和航空工业国防军工配套科研生产定点单位。

人工晶体材料和超硬材料技术水平与产业水平居国内领先地位，为我国光通讯产业、国防工业等作出巨大贡献。

工业陶瓷技术及产业已形成了氧化铝陶瓷材料、石英陶瓷材料、钛酸铝陶瓷材料、氧化锆陶瓷材料、特种无机纤维材料、环保过滤陶瓷材料等主导产品体系，其产品各项性能指标达到或超过了国际同类产品水平。

非金属材料工程业

集团工程建设业具有较强的市场竞争力。在现代水泥工业工程服务领域，集团拥有世界上最完整的集研发、设计、装备制造、工程建设功能于一体的系统集成（EPC）工程总承包能力。其技术水平达到了国际先进水平，并拥有大批专有技术和国家专利。以全国产化技术及装备建设的 5000T/D 和 10000T/D 超大型化新型干法水泥生产技术水平位居世界领先地位，显示出越来越强的竞争优势，2005 工程合同位居世界同业第一位。集团已占有国内大型化水泥生产线新建项目的 70%以上的设计市场、95%以上的工程建设市场和 100%的工程总承包市场。集团的成套技术与装备已出口到十几个国家，并首次以 EPC（交钥匙工程）方式进入欧洲市场，成为我国机电产品出口的重要组成部分。

非金属矿业

集团在非金属矿行业中处领先地位，在深加工技术上占有较大优势。所属中国建材工业地勘中心及其 26 家地勘总队是我国唯一从事建材及非金属矿产资源地质勘查专业队伍，拥有建材及非金属矿山 80%以上的勘探市场。具有 120 多项具有自主知识产权的矿权，非金属矿深加工技术及装备制造具有很强的市场竞争力。集团独自拥有自主知识产权的高岭土降粘技术及设备、煤矸石—煤系高岭土煅烧技术与工艺等，已在国内各地推广应用，产生较好的经济效益；利用自主知识产权生产制造的冲击式超细粉碎与分级成套设备等系列产品的各项技术指标均达到或超过国际先进水平，产品遍布全国各地，并远销东南亚和非洲等国家。集团拥有国内最大的高岭土生产加工企业和国内品级最好、储量最大的原生金刚石矿。

中材料集团以“创新、执着、团结、领先”的企业精神，愿与各界进行广泛的交流与合作，互惠互利，共同发展。

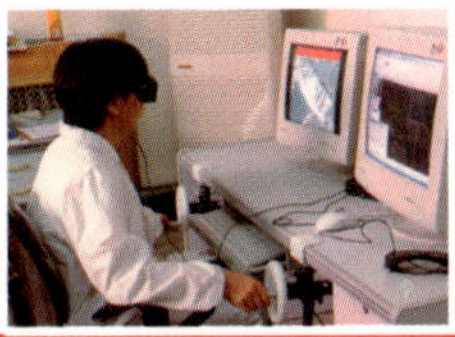

江西兰丰水泥集团有限公司

企业概况：

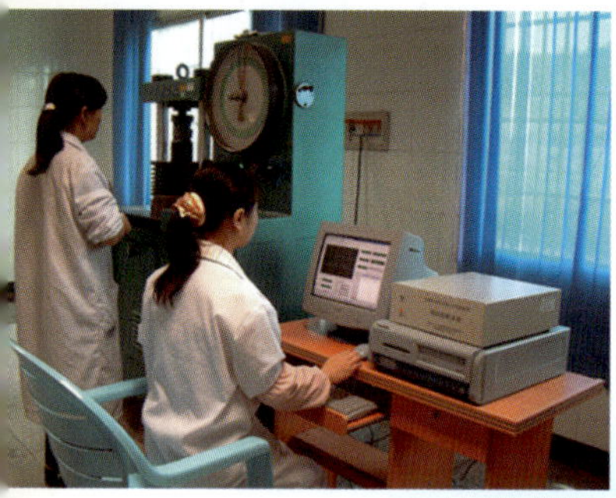

江西兰丰水泥集团有限公司是江西省最大的民营股份制水泥制造企业，注册资本3.5亿元，是江西省水泥行业重点培育企业集团之一，中国水泥协会成员单位。集团公司积极响应国家水泥行业结构调整号召，投资建设代表国内先进水平的大型新型干法生产线，分别在江西省的丰城市、抚州市、南昌县、九江彭泽县和萍乡湘东区等地拥有大型商品熟料和水泥生产基地，构筑了水泥产业石灰石开采、熟料生产、水泥生产、水泥包装制品、水泥销售和房地产开发的完整产业链。从2002年开始，集团公司除有6条大型立窑生产线（未列入此次产能申报）外，相继建成投产了3条2500t/d、2条1500t/d新型干法生产线和2个大型水泥粉磨站，这些生产线全部经过省相关部门批准，符合国家产业政策和水泥发展规划布局。截止2006年6月底，集团公司总资产达11亿元，员工1200余人，熟料产能达到355万吨/年，水泥产能达到400万吨/年。

兰丰集团
董事长、总裁赵静涧

企业生产经营

集团公司拥有年轻干练的领导班子、经验丰富的营理人才、技术娴熟的科技人员和勤劳守纪的员工队五。虽然 2005 年是水泥行业经营极为困难的一年，集团坚持以人为本，在如此恶劣的市场环境下，以稳建经营为理念，以规范管理为基础，以自我约束为保障，向内挖潜增效益、向外开拓争市场，生产经营保持较好的业绩。全年度共计生产熟料 248.8 万吨，生产水泥 242.03 万吨；销售熟料 140.17 万吨，水泥 241.12 万吨；销售收入 66903.42 万元，税收总额 496 万元，利润总额 3925 万元。单位熟料能耗标煤 14.76kg/t，单位水泥综合电耗 92.36kwh/t。全员劳动生产率 2016.92 吨 / 人 . 年。

企业不断健全和完善法人治理机构，不断提高员工的福利待遇，从无拖欠职工工资；遵守法律法规，坚持依法纳税； 集团被江西省农行评为“AAA”级信用企业，连续多年获得“江西省先进民营企业”、“江西省诚信企业”、“重质量、讲诚信企业”、“优秀外商投资企业”、“江西省特级纳税信誉等级企业”和宜春市、丰城市纳税大户等荣誉。2006 年 7 月兰丰集团被中国建设银行总行正式确认为“总行级重点客户”。

兰丰集团各公司建立了完善的质量管理、检测和售后服务体系，严格按照国家标准组织生产和控制，通过了 ISO9001 质量管理体系认证、水泥产品认证和“采用国际标准产品标志”认证。“兰丰”牌水泥荣获“国家免检产品”和“江西省名牌产品”称号，主导产品有：32.5、42.5、52.5 等级普通、复合硅酸盐水泥；商品熟料。产品性能优良、稳定，在市场上、用户中享有“百年品质、兰丰水泥”的良好声誉，成为众多重点工程及广大用户的首选品牌。

资源综合利用

集团各公司积极响应国家号召，大力发展循环经济，保护环境，清洁生产，创建环保、花园式工厂，并通过 ISO1400 环境管理体系认证。为充分利用企业周边区域多家钢铁厂丰富的废渣资源，最大程度利用萍乡钢铁厂、新余钢铁厂、南昌钢铁厂、武汉钢铁厂等大型钢铁企业丰富的矿渣资源，集团加快了 100 万吨 / 年超细矿粉项目的技改工程建设：丰城公司、九江公司 40 万吨 / 年、萍乡公司 20 万吨 / 年超细矿粉项目已全面进入建设阶段。届时将新增综合经济效益 2000 万元，新增税收 1300 万元。

为了充分利用周边区域多家电厂丰富的粉煤灰资源，最大限度地利用丰城、萍乡、九江、贵溪等四家电厂废粉煤灰资源及各种尾矿、废石膏，集团公司持续科学调整配方，不断提高废旧物资的再利用率，年综合利用“三废”物资总量达到 150 余万吨，取得了较大的经济效益和显著的社会效益，资源综合利用项目通过国家行业管理部门的审核认定。

各公司非常重视环保、清洁生产，在加强职工环保教育的同时，投入大量资金配置了较完备的环保设备，大型电收尘、袋收尘器广泛使用，公司所有生产线污染物的排放符合国家标准。长期关注水泥行业的新工艺、新技术，针对纯低温余热发电项目的社会效益和发展前景，集团公司决定在九江兰丰、丰城兰丰、萍乡兰丰三个公司实施纯低温余热发电项目，成立筹建领导小组，明确计划，目前已全面完成项目可行性研究、项目审批及设备订购工作，项目建设正有序稳步推进。

集团大力发展散装水泥，出厂水泥均设置散灰库和放散设施，购置、调配 50 多辆散装罐车和制作近百只散灰罐，使出厂水泥散装率达到 30%，高于全省平均 27% 的散装率水平。

兰丰集团丰城公司1000t/d生产线

兰丰集团丰城公司2500t/d生产线

企业发展规划

为加快企业发展，真正做大做强，实现规模效益，集团公司根据国家产业政策和水泥工业发展专项规划，明确提出了自己的第二个“五年发展规划（2006 年－2010 年）”：

1、以产业政策为导向，以创新发展为动力，加快对丰城、九江 2 条 5000t/d 和萍乡 1 条 2500t/d 新型干法生产线投资建设。计划实施南昌、九江 2 条 1500 万吨和抚州 1 条 100 万吨大型粉磨生产线的建设。

2、发挥兼并重组能力，整合有效资源，提高产业集中度。总结以往收购、兼并镇办、国有、私营企业的经验，与建行、农行等商业银行合作，计划实施收购重组萍乡 2 家水泥企业，即 2 条 2500t/d 新型干法生产线和 1 条 80 万吨水泥粉磨线（现已进入实质洽谈阶段）。还将通过合资、合作的形式建设散装水泥中转库和商品混凝土搅拌站，形成产业配套。

3、大力发展循环经济，加强资源节约和综合利用。规划的新型干法窑均将同步建设纯低温余热发电站，对丰城、九江、萍乡已投产的 3 条 2500 和 1 条 1500t/d 生产线，分别配套建设装机容量为 4.5mw、9mw 和 2.5mw 纯低温余热发电站。同时建设 3 条 40 万吨 / 年和 2 条 20 万吨 / 年超细矿粉生产线。

4、加强企业生产用灰岩的储备、开采、收购、使用管理，积极寻找新的亿吨级预备矿山，开展储备矿山的地质详勘和储量报批工作。

通过上述规划的实施，在“十一五”期末兰丰集团熟料产能将达到 950 万吨、水泥产能达到 1200 万吨、矿业产量 1500 万吨、塑业产量 1.2 亿条，年产值 30 多亿元、年利税 4 亿多元的目标，真正确立在江西省水泥市场的领先地位。

我们坚信有兰丰人的团结拼搏、敬业奉献、追求卓越的精神，有各级政府的长期支持关心，借助“加快水泥工业结构调整”契机，江西兰丰集团必将成为全省乃到全国的现代化大型水泥企业集团，再创兰丰集团发展历程的更大辉煌！

江西兰丰水泥集团有限公司
地址：江西省丰城市丰源工业园
邮编：331100
电话（传真）：0795-6241618
网址：www.china-lanfeng.com
邮箱：jt_zb@163.com

江苏金峰水泥集团

江苏金峰水泥集团位于溧阳市西南部的周城镇，南连天目山余脉，西依芜太运河，北接104国道和宁杭高速公路入口，239省道厂前经过，水陆交通十分便利，1000吨以下的船舶可直达厂区码头，企业周边地区拥有丰富的石灰石矿山资源。

江苏金峰水泥集团始建于1980年，在上级领导的关心支持和全体员工的共同努力下，通过不断技改投入，积极开展自主创新，加快产业结构调整，提高企业装备水平，公司从年产水泥10万吨发展到目前年产水泥800万吨。2005年生产水泥504万吨，实现销售收入80188万元，利税7080万元，是目前江苏规模较大的水泥生产企业。

金峰水泥有限公司党委书记、董事长徐贵生

多年来，公司连续被评为"江苏省建材行业优秀企业"、"江苏省卓越绩效先进企业"、"AAA级信用企业"。2004年在中国私营企业百强纳税排行榜中名列全国第21位。公司分别通过了企业质量管理体系认证和环境管理体系认证。"金峰牌"水泥通过了国家产品质量认证，并荣获"江苏省名牌产品"、"国家免检产品"等荣誉称号，产品销往沪、苏、锡、常等大中城市，深得用户称赞。

企业荣誉：

地址：江苏省溧阳市周城镇　　邮编：213342
办公室电话：0519—7550860　　传真：0519—7550855
网址：www.jinfengsn.com　　E—mail：jfsn@jinfengsn.com

浙江虎山集团有限公司

M.T.T

浙江虎山集团党委书记、
董事长、总裁：张剑星

浙江虎山集团公司由原浙江江山水泥厂改组而成。位于浙、闽、赣三省交界的江山市上铺，浙赣铁路和一级公路穿其而过，交通运输极为便利。

企业始建于1958年，是国家“一五”时期投资兴建的浙江省第一家大型水泥企业，现为中国建材百强企业和浙江省百强民营企业。经过近50年的发展建设，已形成年产500万吨高标号水泥的规模，运作资产达15亿元。“虎山牌”系列水泥产品相继获浙江省名牌产品、出口免检、国家免检产品、全国用户满意产品、省著名商标和浙江省知名商号企业，首批通过了国家ISO9001质量管理体系认证，其中42.5普硅水泥在省同行业中唯一获“国家优质产品”证书。产品广泛用于核电站、大型水库、机场跑道、深水码头等国家和省重点工程及城市标志性建筑。企业先后荣获“全国五一劳动奖状”、“全国文明单位”等荣誉称号，在华东地区乃至全国享有极高的声誉。

集团公司现下辖全资、控股、参股企业20多家，主要有：浙江江山水泥股份有限公司、江山虎山电力发展有限公司、杭州虎山仓储有限公司、江西虎山岩鹰水泥有限公司、江西虎山鸡山水泥有限公司、温州市虎山散装水泥有限公司、宁波虎山散装水泥有限公司、衢州虎山混凝土有限公司、江山市中亚轻型墙体有限公司等多家企业，已形成集水泥、电力、物流、商砼、职业教育为一体的企业集团。

虎山集团

工厂全景

预均化堆场

公司董事长李自明

广西鱼峰集团有限公司系由原柳州水泥厂整体改制而成。其属下的广西鱼峰水泥股份有限公司建厂于1958年，目前拥有两条干法生产线和一条半干法生产线，生产能力为年产水泥350万吨，是华南地区最具影响力的水泥生产骨干企业之一。工厂位于广西柳州市西郊太阳村镇，东临柳江河，产品可通过水路直达广州、深圳、香港、澳门；南靠宜柳高速公路和黔贵铁路、枝柳铁路，拥有企业的铁路专线，交通十分便利。

公司主导产品“鱼峰”牌水泥，为全国名、优、特产品，先后荣获国家金质奖章、中国名牌产品、广西著名商标、广西区优质产品、 大西南优质名牌产品、质量满意产品、全国用户满意产品等众多称号。1994年在全国水泥行业中首家通过ISO9002质量体系认证，并于2001年12月获得ISO14001国际环保体系认证。产品在国内覆盖广西、广东、海南、贵州等省，出口远销港澳地区及东南亚各国。

公司从事专业化的水泥生产已有近50年的历史，通过不断发展，公司资产已达13亿元，在拥有一大批专业技术人才的同时，逐步形成了以下独特优势：

一、中国水泥行业著名品牌，以其优质的质量和品质享誉海内外；

二、公司水泥产品广泛应用于国家大型重点工程，筑就了大批国家优质工程；

三、营销网络遍布华南，拥有华南地区最大的水泥出口基地。

“十一五”期间，鱼峰集团将以建设“循环经济型和环境友好型企业”为目标，结合自身的竞争优势和发展条件，进一步树立和落实科学发展观，紧紧围绕建设节约型社会和循环经济的发展模式，转变发展观念，以提高企业经济效益为核心，以技术创新为动力，以市场为导向，依托现有的水泥主业，通过合理产业延伸，构建生态水泥生产体系，最大限度地减少废物排放，使企业生产、经营和环境的相互协调步入良性循环，实现公司的可持续发展。

先进的水泥生产线

花园式工厂

2006年6月11日，天瑞干法三线点火投产，标志着天瑞集团彻底结束水泥立窑生产时代……

天瑞一线、二线

天瑞集团有限公司位于河南省汝州市，是一家以水泥、铸造、旅游、煤电铝业务为主业的大型民营企业，是河南省重点支持的百户工业企业之一。2005年末，集团拥有总资产近37亿元，净资产16亿元，员工13000余人；2005年完成销售收入23亿元，实现利税5亿元。

天瑞集团水泥有限公司是天瑞集团旗下主管水泥业务的二级母公司，有七家全资或控股水泥企业，全部采用国际先进的新型干法水泥生产技术，通过多年的探索和实践，已经形成了天瑞集团独有的建厂和管理模式，在业内具有明显的技术、管理和成本优势。2001年以来，集团加快新型干法水泥的发展步伐，先后投资20多亿元发展新型干法技术。

截至2006年9月底，集团水泥公司拥有日产2500吨、日产4000吨新型干法水泥生产线各一，日产5000吨新型干法熟料生产线2条，年产200万吨水泥粉磨生产线和年产100万吨水泥粉磨生产线各2座；水泥生产能力达到850万吨，实现利税近3亿元，水泥产销量和效益连续七年位居河南省同行业之首。成为国内水泥行业中盈利能力强、成长性好、具有明显竞争优势的水泥企业。

公司恪守“质量第一、用户至上、诚信为本”的经营理念。主导产品“天瑞”牌52.5、42.5、32.5级普通硅酸盐水泥、复合硅酸盐水泥、低碱水泥、道路水泥、油井水泥等品种，多次荣获“国家免检产品”、“河南省优质产品”、“河南省名牌产品”等称号，天瑞集团水泥有限公司先后获得“河南省百佳企业”和“河南省水泥行业经济效益十佳企业”荣誉称号，并通过ISO9001：2000质量管理体系认证。“天瑞”品牌深受用户的喜爱和信任，产品供不应求，远销全国二十多个省、市和地区。天瑞集团制定了“控制资源、控制市场、技术领先、成本领先”的水泥发展定位，确立了“立足河南，拓展辽东”的水泥发展格局。目前在大连、平顶山、三门峡有4条日产5000吨新型干法熟料生产线正在建设，到2006年底全部在建项目建成投产后，预计熟料产能达到1132万吨，水泥产能将达到1270万吨（均不含并购企业）。为进一步将天瑞水泥业务做大做强，2006年初天瑞集团委托中国水泥协会咨询公司制定了《天瑞水泥发展战略》，规划出了水泥发展五年规划，五年内集团通过在目标市场上项目建设和企业并购，到2010年全集团将实现水泥熟料产能达到3500万吨、水泥产能达到4200万吨的目标。确立天瑞水泥在河南和辽东市场上的领先地位，力争跻身全国水泥企业前列！

天瑞集团的明天将更加绚烂夺目

张怀连

中国水泥协会副会长

山东沂州集团董事长

他发明的“一种水泥的生产方法”和“湿法高压静电除尘器”分别获国家发明专利。

山东沂州水泥集团总公司系全国建材百强企业、水泥行业前十强、省百家重点企业，是以水泥生产为主，兼以热电、冶金、化工、建陶、包装袋编织、房地产为一体，跨行业、跨地区、多元化经营的国家大型企业集团。目前，集团下设沂州水泥股份有限公司、沂州焦化有限公司、淮安沂州水泥有限公司、枣庄沂州煤焦化有限公司等17个子公司，总资产超20亿元，水泥生产规模达600万吨，2005年产销水泥455.47万吨，居全国同行业第5位，销售收入达23.05亿元，居全国同行业第4位，利润2.13亿元，经济效益连续12年居山东省同行业之首，连续9年居全国同行业前列。

企业通过ISO9001质量管理体系认证，产品质量认证，连续多年获“中国建材百强企业”称号，多次荣获“省级重合同守信用企业”、“信用等级AAA级企业”、“山东省产品质量奖”、“山东省工业污染源达标排放单位”、“诚信纳税单位”、“临沂市企业利税十强”、“山东省利润大户”、“市环境友好企业”等荣誉称号，并被中国核工业部授予“信誉佳质量优为核电做贡献”的荣誉称号。

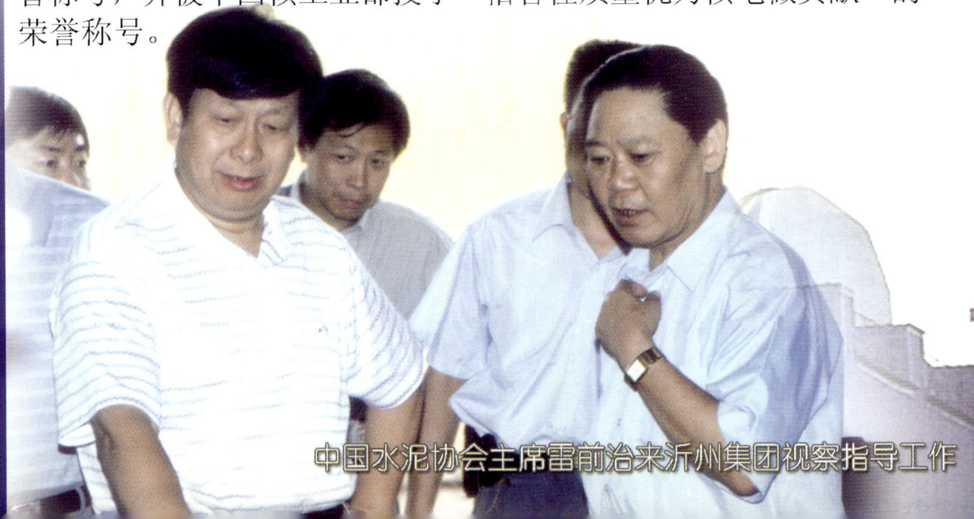

中国水泥协会主席雷前治来沂州集团视察指导工作

YIZHOU CEMENT

YIZHOU GROUP
沂州集团

山东沂州水泥集团总公司

http://www.yizhoucement.com

地址：山东省临沂市付庄镇
邮编：276018
电话：0539-8928016 8928028 8928088
传真：0539-8928888 8928666
Email: info@yizhoucement.com

巴基斯坦总理阿齐兹视察 CBMC 施工现场并接见 CBMC 总经理贺岚曦先生
Pakistan Prime Minister Shaukat Aziz visiting CBMC's working site and giving audience to Mr. He Lanxi, president of CBMC

中国建材工业对外经济技术合作公司（CBMC）是中国材料科工集团（SINOMA）旗下的一家骨干企业，一家以承包国外建材工业工程和其他工程为主，以技术服务和国际贸易为支撑的国际工程公司。

公司成立于 1965 年 12 月 8 日，其前身则可以追溯到 1956 年，当时隶属于国家建筑材料工业部，主要承担中国政府对外经济援助的建材工业项目。二十世纪八十年代中国改革开放以来，CBMC 依托飞速发展的中国建材工业，凭借雄厚的地勘、设计、制造、建设、安装和管理力量，积极开拓国际工程承包市场，成为中国建材工业对外经济技术合作的先锋，我国外经战线一支不可忽视的队伍。作为工程总承包商，CBMC 先后承担了我国对外出口的第一条日产 2000 吨和日产 5500 吨新型干法水泥生产线工程的总承包。

四十年来，CBMC 的足迹遍布亚洲、非洲、拉丁美洲和欧洲的 70 多个国家和地区，业务涉及水泥、玻璃、陶瓷、砖瓦、非金属矿和建筑施工等专业，实施了包括对外援助、承包工程、技术和劳务服务以及合资经营在内的上百个项目，创造了对外工程承包和劳务输出的辉煌业绩。

China Building-Material Industrial Corporation for Foreign Econo-Technical Cooperation (abbreviated as CBMC) is one of the pillar enterprises of China National Materials Industry Group (SINOMA), an international company that contracts the foreign building material industrial engineering and other engineering projects as its principal activity, and is engaged in technical assistance, manpower supply and international trade as its sustaining activities.

CBMC was established on December 8th 1965, but it was its precursor can be traced back to 1956 when it was subjected to Chinese Ministry of Building Material Industry and mainly undertook the foreign economic and technical aid projects donated by Chinese government in the field of building material industry.

Since China's reform and opening up from 1980's, relying upon fast development Chinese building material industry and with its strong power in geological exploration, design, manufacture, construction, erection and management, CBMC has developed actively international engineering contracting and manpower cooperation market and become a pioneer of international economical and technical cooperation in the field of building material industry and a considerable force of Chinese foreign economic field. As an EPC, CBMC has successively won the contracts of first cement production line of 2000 tpd and first line of 5500 tpd with new dry process that China ever exported.

CBMC 承建的华津水泥厂（CBMC 与津巴布韦 IDC 合资项目）
Sino-Zimbabwe Cement Plant (a joint-venture project invested by CBMC and IDC Zimbabwe) built up by CBMC

Over the past 40 years, CBMC has left its footprints in more than 70 countries and regions in Asia, Africa, Latin America and Europe, and its business activities have gone to cement, glass, porcelain and ceramics, brick, nonmetal mineral, building construction etc. It has carried out more than 100 projects including foreign aid projects, engineering contracting, joint venture, technical assistance and manpower supply, created brilliant achievements in international engineering market as well as in international manpower cooperation.

中国建材工业对外经济技术合作公司
China Building Material Industrial Corporation for Foreign Econo-Technical Cooperation

CBMC 承建的巴基斯坦 Bestway 察科瓦尔水泥厂一线
Pakistan Bestway Cement Chakwal-I built up by CBMC

中国　北京　100831　　海淀区三里河路 11 号
No. 11 Sanlihe Road, Haidian District　Beijing China　100831
Tel 电话：0086-10-88382547　Fax 传真：0086-10-68313945
http://www.cbmc-cn.com　Email:cbmc@cbmc-cn.com

依靠自主创新，加快国际化进程。

为南京凯盛题

张人为

08年夏

中国建材集团旗下的南京凯盛是中国水泥工程建设业一支新军，经过近5年的风雨历练，已初步发展成为掌握了行业高新技术的市场化、产业化、国际化的工程公司。公司现有专业齐全的各类技术人员200多人，拥有3000多平方米的现代化办公场所和近千万元的现代化办公装备；拥有国家甲级工程设计证书及对外承包工程经营资格证书。

南京凯盛始终坚持以创新推动企业发展的战略。通过机制创新调动了广大员工的积极性；通过技术创新，开发完成了适用于不同地区、不同原料、不同燃料的1300～6000t/d等各种规模的新型干法水泥生产线，并正在开展世界单线生产规模能力最大的12000t/d新型干法水泥生产技术及烧成装备的开发设计，烧成系统多项产品通过了行业部级技术鉴定并获得了"整体性能达到国内同类产品技术的先进水平，部分指标达到了国际先进水平"较高评价；通过管理创新，带动了机电设备安装、钢结构工程、纯低温余热发电和工程总承包等业务的迅速发展。

南京凯盛已承接水泥工厂及相关工程共60多项，包括10条5000t/d和6条6000t/d水泥生产线，6条矿渣微粉生产线，5项国外工程和6项总承包及总承包管理工程。此外，还承接了7项纯低温余热发电工程，7项钢结构设计安装工程，30多条水泥、玻璃生产线设备安装工程，40多项自动化控制工程。公司共获各类部级奖24项，其中7个项目获得一等奖。

南京凯盛持续加强和谐企业建设，努力打造一支"有爱心、有孝心、有责任心和有道德、有理想、有激情"的员工队伍，贯彻"超值服务，为客户创造价值"的宗旨，努力满足投资者的需求，为客户提供精细的服务。南京凯盛愿与各界朋友结伴同行，共享未来，为中国建材工业可持续发展作出更大贡献。

中国建材 | 南京凯盛

地址：中国 南京市江东北路305号 滨江广场24楼 邮编PC：210036
Add：24 floor,Binjiang Plaza.305 jiangdong North Road Nanjing China
电话Tel：+86-25-86214888 传真Fax：+86-25-86214988
http://www.tctec.com.cn E-mail:njks@tctec.com.cn

中国建材国际工程有限公司 南京凯盛水泥工业设计研究院
CNBMIEC NANJING TRIUMPH CEMENT INDUSTRY DESIGN & RESEARCH INSTITUTE
南京凯盛水泥技术工程有限公司
NANJING TRIUMPH CEMENT TECHNOLOGY ENGINEERING CO.,LTD.

浇铸真诚
凝固永恒

江西贵溪新世纪水泥有限公司

重庆科华建材（集团）有限公司

重庆万州科华水泥有限公司

浙江科华集团有限公司

主 办 单 位
成都建材工业设计研究院有限公司
新型干法水泥生产技术研究会
点滴纪录新型干法水泥技术发展历程
新型干法水泥生产技术研究会会刊
立足水泥工业结构调整
报道新型干法前沿技术
交流生产管理实用经验
推广可靠技术新型装备
CEMENT GUIDE FOR NEW EPOCH
新世纪水泥导报
CEMENT GUIDE FOR NEW EPOCH
Bimonthly Started publication in 1995
Co-sponsored by
Chengdu Design & Research Institute of Building Materials Industry (CDI)
Association of Cement Production Tech with New Type Dry Processing
www.cement-guide.com

广州越秀水泥集团有限公司是投资及经营管理水泥、商品混凝土和水泥运输的大型企业集团，旗下拥有广州市越堡水泥有限公司、广州市珠江水泥有限公司、花都水泥有限公司及河北唐山启新水泥有限公司4家水泥生产企业，水泥年生产能力达600多万吨。

越秀水泥集团生产的“金羊牌”、“粤秀牌”、“粤花牌”和“马牌”水泥获质量监督免检产品和省、市名牌产品称号，并被国家行业协会组织认定为绿色建筑材料产品，广泛应用于地铁、高速路、大型桥梁、核电站等国家重点建设工程，远销港、澳与东南亚地区，在国内外享有良好的品牌信誉。

越秀水泥集团奉行“质量第一、用户至上”的宗旨，建立了完善的销售网络，集团化的经营能为用户提供优质的产品和满意的服务。集团连续四年入选中国最大1000家大企业集团之列，2004年入选中国建材二十强企业集团。

地址：广州市西湾路148号金羊大厦11楼
水泥销售热线：（Tel）：020-86608965
传真（Fax）：020-86608538

越秀水泥集团在广州及香港投资和经营的5家商品混凝土搅拌站，能生产各种等级的商品混凝土，年产能力达200万立方米，可满足不同建设工程的需要。

山 宝
SHAN BAO
中国驰名商标
成就你的成就
——上海山宝
上海建设路桥机械设备有限公司
SHANGHAI JIANSHE LUQIAO MACHINERY CO.,LTD.
地址：上海市半淞园路480号(200011)
电话：021-63134136 传真：021-63133936
网址：http://www.shanbao-china.com

山宝
SHAN BAO

中国驰名商标

上海建设路桥机械设备有限公司

上海建设路桥机械设备有限公司－上海市高新技术企业。工厂创立于1946年，1989年与路桥(香港)有限公司合资，投资总额2000万美元，注册资本1000万美元。2005年销售额为13亿人民币，出口创汇2000万元美元。

公司以破碎筛分设备为主要产品，年销量达四千余台(套)、三万余吨、覆盖了矿山、建材、冶金、环保、交通、能源、化工、水利等八大行业。其中：各种颚式、反击式、锤式、圆锥式、辊式、剪切式等破碎机以及机电一体化破碎筛分成套设备占企业总产量的60%以上，系本企业的强势产品。

公司致力为水泥行业提供全方位的优质服务，依靠各水泥设计院所的技术力量和自身的技术实力，不断提高产品的先进性和技术含量，其中自主研发的一段反击式破碎机和用于“湿改干”、“湿磨干烧”工艺的烘干锤式破碎机已达到了当代国际先进水平，是水泥企业扩建和改造的理想设备。

山宝牌破碎设备已获“中国驰名商标”、“上海市名牌产品九连冠”、“上海市著名商标”、“质量稳定合格产品”。

满足顾客需求是山宝的追求。公司在全国建立了200余个经销服务网点，对产品终生负责是企业的经营宗旨，为用户提供满意的服务是山宝员工的质量承诺。

上海建设路桥机械设备有限公司
SHANGHAI JIANSHE LUQIAQ MACHINERY CO.,LTD.

地址：上海市半淞园路480号（200011）
电话：021-63134136 传真：021-63133936
网址：http://www.shanbao-china.com

新疆建筑材料研究所

Xinjiang Research Institute for Building Materials

地址：新疆乌鲁木齐 友好南路74号 邮编：830000 电话：4513359

水泥工程®

中国标准连续出版物刊号 ISSN 1007-038
CN 32-1449/T

双月刊

2004年江苏省优秀科技期刊
美国《化学文摘》（CA）来源期刊
美国《剑桥科学文摘：材料信息》来源期刊
俄罗斯《文摘杂志》（AJ of VINITI）来源期刊
中文科技期刊数据库收录期刊
中国学术期刊综合评价数据库来源期刊
中国期刊全文数据库收录期刊
中国核心期刊(遴选)数据库收录期刊
中国台湾华艺思博网(CEPS)收录期刊
《书生数字期刊》收录期刊

优秀期刊
江苏期刊方阵

邮发代号:28-240

关注行业技术发展
介绍企业实践经验
经得起比较的品质
值得您信任

主办:南京水泥工业设计研究院
社长:武守富　主编:宋海武
地址:南京市汉中路209
邮编:210029
电话:025-86835299
传真:025-86835300
网址:www.c-e.com.cn

sinoma
唐山中材重型机械有限公司
国外水泥工程大型设备制造出口基地
Manufacture and export basis of larger-scale equipment for overseas projects in cement industry
主要产品：
回转窑、管磨机、立磨、
堆取料机、篦式冷却机、
节能环保型分解炉
及大型钢构件等大型水泥设备
地址：河北省唐山市丰润区浭阳西大街
电话 (Tel): 0086-315-5152960
传真 (Fax): 0086-315-5152961
http://www.cbmi.com.cn
E-mail:huanbao@cbmi.com.cn
邮编 (P.C): 064000

首部《中国水泥年鉴》2001～2005卷出版面世

欢迎订阅

- 准确反映“十五”期间我国水泥行业生产经营和发展情况
- 九大篇章客观、真实记载中国水泥工业发展足迹
- 内容权威　统计数据全面准确

联系地址：北京市海淀区三里河路11号
邮　编：100831
联系人：侯小姐
电　话：010—88376671
　　　　010—68319533（传真）
开户行：工商银行北京百万庄支行
户　名：中国水泥协会
帐　号：0200001409014445122

《中国水泥年鉴（2001～2005）》订阅单

订阅单位				联系电话	
详细地址				邮政编码	
定价	480元	订阅份数		金额（小写）	
汇款金额（大写）	万　仟　佰　拾　元整				
备注					

注：此联返回中国水泥协会《中国水泥年鉴》编辑部。本期《中国水泥年鉴》不另收邮寄费。